코기토 총서

세계사상의 고전

코기토 총서 037
세계사상의 고전

형이상학

아리스토텔레스 지음 | 조대호 옮김

도서출판 길

옮긴이 조대호는 서울에서 태어나 연세대 철학과를 졸업했다. 같은 대학교 대학원에서 철학 전공으로 석사학위를 받았으며, 독일 프라이부르크 대학에서 서양고전학과 철학을 전공하여 박사학위를 받았다. 2010년 2학기부터 1년 동안 'Humboldt Research Fellow'로서 독일 마인츠 대학에서 연구한 바 있으며, 현재 연세대 철학과 교수로 있다. 저서로 *Ousia und Eidos in der Metaphysik und Biologie des Aristoteles* (2003), 『철학, 죽음을 말하다』(공저, 2004, 산해), 『아리스토텔레스의 형이상학』(2004, 문예출판사), 『지식의 통섭』(공저, 2007, 이음), *Was ist 'Leben'? Aristoteles' Anschauungen über Entstehung und Funktionsweise von 'Leben'*(공저, 2010), 『기억, 망각 그리고 상상력』(2013, 연세대학교출판문화원), 『사물의 분류와 지식의 탄생』(공저, 2014, 이학사), 『서양고대철학 2』(공저, 2016, 도서출판 길) 등이 있으며, 역서로는 『파이드로스』(플라톤, 2008, 문예출판사)가 있다. 그 외에도 고대 그리스 시문학과 철학, 특히 아리스토텔레스의 철학과 생물학에 대한 다수의 논문을 국내외에서 발표했다. 지금은 주로 동물의 습관적 행동과 인간의 윤리적 행동 사이의 상관관계에 초점을 맞추어 아리스토텔레스의 생물학과 실천철학을 현대적으로 해석하는 연구를 진행하고 있다.

코기토 총서 037
세계사상의 고전

형이상학

2017년 8월 10일 제1판 제1쇄 발행
2018년 3월 15일 제1판 제2쇄 발행
2021년 2월 10일 제1판 제3쇄 발행

2023년 8월 1일 제1판 제4쇄 인쇄
2023년 8월 10일 제1판 제4쇄 발행

지은이 | 아리스토텔레스
옮긴이 | 조대호
펴낸이 | 박우정

펴낸곳 | 도서출판 길
주소 | 06032 서울 강남구 도산대로 25길 16 우리빌딩 201호
전화 | 02) 595-3153 팩스 | 02) 595-3165
등록 | 1997년 6월 17일 제113호

ISBN 978-89-6445-145-8 93100

서양철학사에서 최초로 '형이상학'을 학문의 한 분야로 정립한 아리스토텔레스
『형이상학』에서 이루어진 연구의 주된 목적은 초월적인 대상에 대한 탐구보다는 있는 것들의 일반적 구조와 원리에 대한 탐구에 있다. 이를 통해 그는 '첫째 철학'의 본질을 규정하고 여기에 사용되는 기본적인 개념들을 새롭게 정초함으로써, 현재 우리가 철학(사유) 활동을 하는 데 중요한 터전을 마련해주었다.
(사진: 현재 스타기라의 '아리스토텔레스 공원'에 서 있는 석상 / ⓒ 조대호, 2017)

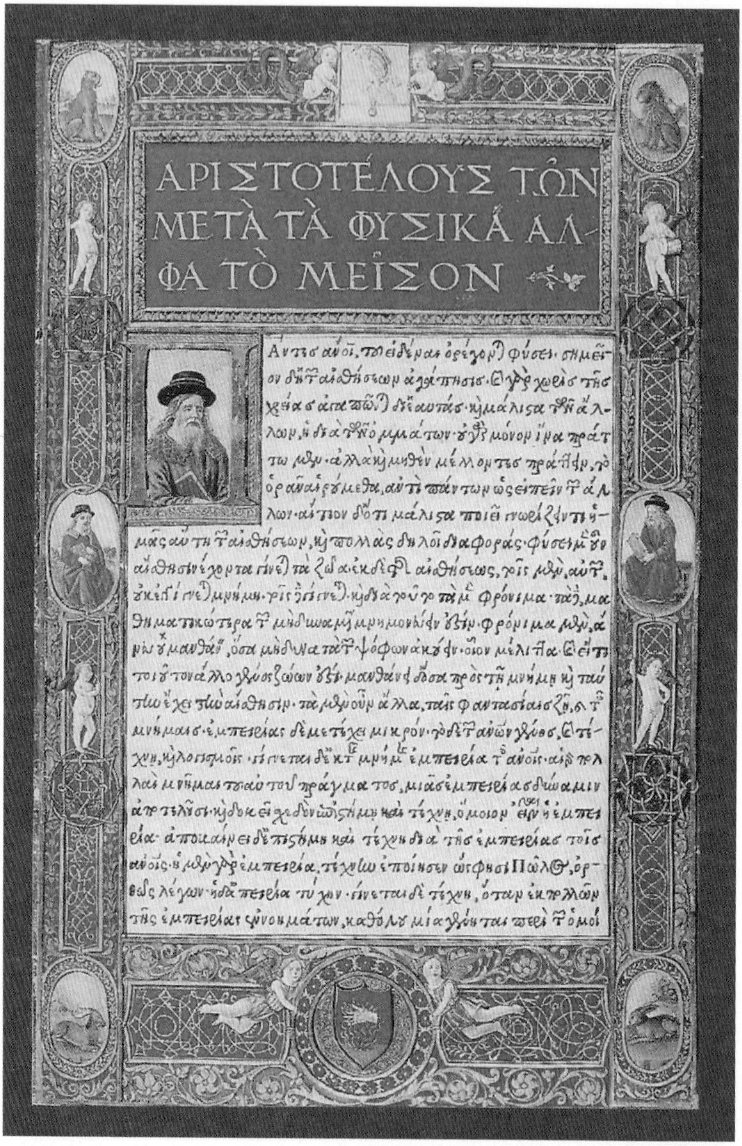

중세 후기에 출판된 『형이상학』 겉표지를 장식한 세밀화
아리스토텔레스의 저술 가운데 『형이상학』은 그 유래뿐만 아니라 내용도 다른 저술과 달리 독특하다. '형이상학'에 대한 그리스어 이름 'ta meta ta physika'는 기원전 1세기 활동했던 로도스의 안드로니코스(Andronikos v. Rhodos)가 로마에서 '아리스토텔레스 전집'을 편찬하는 과정에서 다른 저술 어디에도 속하지 않는 일군의 글들을 함께 묶어 편집한 뒤, 그것들은 '자연학 저술들'(ta physika) '뒤에'(meta) 두고 이를 '자연학에 대한 글들 뒤에 오는 것들'이라고 부른 데서 유래했다고 전해진다.

고대 아리스토텔레스주의와 신플라톤주의의 형이상학 이해를 중세 전성기의 스콜라철학에 전승한 아랍 철학자 아비센나와 아베로에스

아비센나(Avicenna, 980~1037)에게 형이상학은 신적 학문으로서 절대적 존재를 다루는 반면, 아베로에스(Averroes, 1126~1198)에 따르면 형이상학의 과제는 자연세계 안에 실재하는 것의 원리들을 탐구하는 것이다.

첫째 철학과 형이상학의 학문적 위상이 흔들리기 시작한 시기에 활동한 프랜시스 베이컨과 르네 데카르트

베이컨 이후의 경험론 진영은 새로운 자연 개념, 수학적 자연과학에 경도된 방법론, 인간의 모든 의식을 인식론적 비판 위에 정초하려는 시도들을 통해 첫째 철학과 형이상학에 대한 비판적 태도를 취했다. 형이상학적 근본학문을 가리키는 이름으로 '존재론'(Ontologia)이 일반화된 것도 이 무렵이다. 이 시기부터 형이상학은 있는 것 자체를 다루는 근본학문으로서 그 영역이 명확해진다.

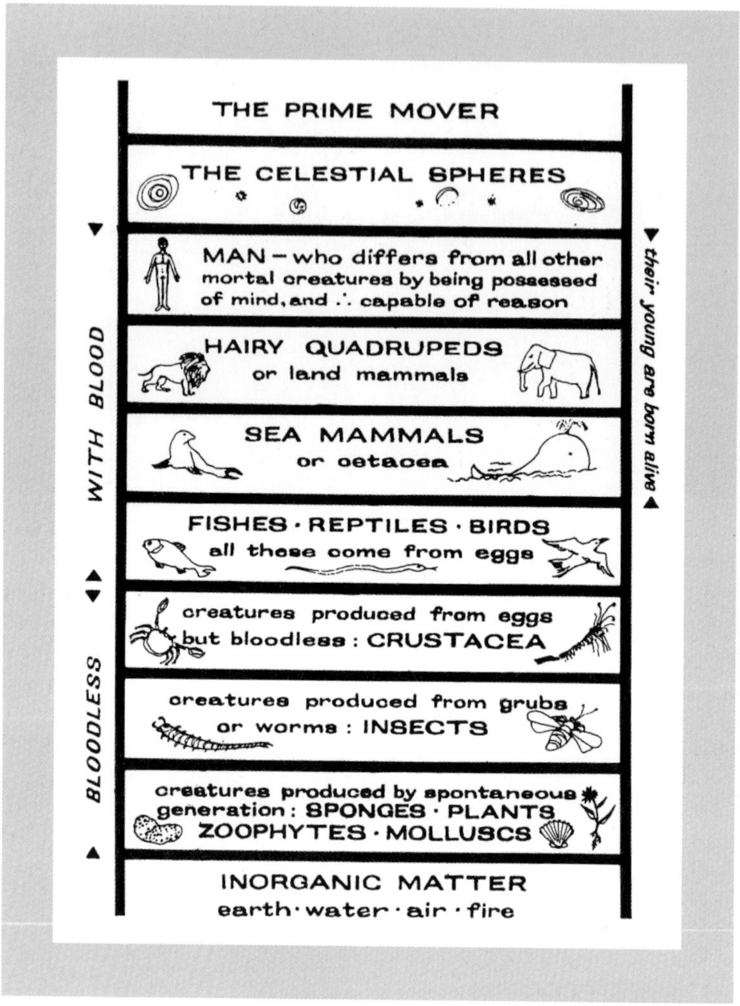

자연의 사다리

자연의 단계적 상승을 표현하는 '자연의 사다리' 관념은 아리스토텔레스의 저술 『동물부분론』 Ⅳ 5, 681a12, Ⅳ 10, 686b26과 『동물발생론』 Ⅱ 1, 733a32 아래, 그리고 『동물지』 Ⅷ 1, 588b4 아래 등에서 찾아볼 수 있다. 이에 따르면, 세계는 크게 달을 기준으로 월상계(superlunar world, 月上界)와 월하계(sublunar world, 月下界)로 나뉜다. 월하계는 4원소에서 시작해 피 없는 생물들과 피 있는 생물을 거쳐 사람에 이르고, 그 위의 월상계는 천체들과 첫째 원동자로 이루어진다. 월하계에 속한 생명체들은 생식의 방식에 따라 등급이 나뉜다(『동물발생론』 Ⅱ 1, 733a32 아래).

두 분의 스승
연세대학교의 고(故) 조우현 교수님과
독일 Albert-Ludwigs-Universität Freiburg의
Prof. Dr. Wolfgang Kullmann께
이 번역서를 바칩니다.

개정판을 내면서

이 번역서의 초판은 한국연구재단 명저번역사업의 지원을 받아 2012년 나남출판사에서 출간되었다. 그 뒤 5년이 지나 다시 개정판을 낸다. '개정판'이라고는 하지만 내용이 많이 달라지지는 않았다. 몇 군데 오탈자를 바로잡고 면의 행수를 늘려 나남출판사 판의 두 권을 한 권으로 묶은 것이 달라진 점이다. 내가 아리스토텔레스 연구자의 길을 갈 수 있도록 이끌어주신 고(故) 조우현 선생님의 20주기와 볼프강 쿨만(Wolfgang Kullmann) 선생님의 아흔 살 생신을 맞는 해에 다시 개정판을 낼 수 있어서 기쁘다.

이 기회를 빌려 아리스토텔레스 형이상학의 근본 성격을 다시 한 번 강조하고 싶다. 사람들은 흔히 '형이상학'이 형체가 없는 것들, 초자연적인 것들을 다루는 학문이라고 생각한다. 물론 이런 생각이 얼추 들어맞는 사례도 있다. 예를 들어 경험 세계를 넘어서 있는 이데아들에 대한 앎을 지향하는 플라톤의 철학은 그런 뜻에서 '형이상학적'이다. 하지만 아리스토텔레스의 경우는 사정이 다르다. 그의 '형이상학'은 초자연적인 것들을 다루는 사변적인 학문이 아니다. 거기서 탐구되는 대상은 자연물이나 인공물을 비롯해서 우리 주변에 있는 것들이다. 그럼에도 불구하고 형이상학은 물리학, 생물학, 인간학 등과 뚜렷이 구별되는데, 그 이유는 대상들을 다룰 때 그 학문이 취하는 고유한 관점 때문이다. 다시 말해서 아리스토텔레스의 형이상학은 물리적 대상들, 살아 있는 것들 등을 다루지만, 그것들을 물리적 대상'으로서', 살아 있는 것'으로서' 다루는 것이 아니라 단지 '있는 것으로서' 다룬다는 점에서 다른 개별 학문들과 구별된다. 아리스토텔레스는 이 점을 일컬어 형이상학 혹은 '첫째 철학'이 '있는 것을 있는 것인 한에서' 혹은 '있는 것인 한에서 있는 것'을 다룬다고 말한다. 이렇듯 있는 것을 '있음' 혹은 '존재'의 관점에서 다루는 형이상학은 물리적 대상이나 생명체에 고유한 차이들에 큰 관심을 두지 않는다. 그 대신 '있는 것'으로서 그것들 모두에 공통된 것들, 즉 있는 것들의 범주, 존재 방식, 구조, 원리 등이 형이상학의 중요한 탐구 대상이다.

아리스토텔레스의 『형이상학』에는 거의 2,400년 전의 생각들이 담겨 있다. 하지만 이 생각들을 서양철학사의 한 단계를 이루는 과거의 것으로 여기는 것은 잘못이다. 아리스토텔레스의 형이상학은 항상 현재적이기 때문이다. 있는 것에 대한 철학적 사유가 전개되는 곳에는 어디에나 그의 형이상학이 있었고, 있고, 앞으로도 있을 것이다. 물론 이 말은 아리스토텔레스의 생각들이 있는 것에 대한 절대적 진리라는 뜻이 아니다. 아리스토텔레스의 『형이상학』이 갖는 영원한 현재성은 그 안에서 있는 것에 대한 근본적 질문들이 던져지고 그에 대한 다양한 대답의 가능성이 철저하게 모색된다는 사실에서 비롯한다. 현대의 그 어떤 존재론도 『형이상학』의 질문들과 대답들을 피해 갈 수 없다. 또, 자연과학이 아무리 발달한다고 하더라도, 있는 것에 대한 『형이상학』의 지혜를 대신하지는 못할 것이다. 자연과학이나 여타의 과학은 분명 있는 것에 대한 우리의 통찰을 심화·확대할 수 있겠지만, '있는 것을 있는 것으로서' 다루지 않고 또 다룰 수도 없기 때문이다. 그런 뜻에서 21세기를 살아가는 사람들에게도 여전히 『형이상학』을 읽는다는 것은 과거의 지혜를 불러내어 있음에 대한 질문들을 던지고 그에 대한 사유에 참여함을 뜻한다. 아리스토텔레스에 따르면, 그런 사유 활동이야말로 인간이 도달할 수 있는 최고의 행복이다.

이 개정판이 나올 수 있도록 특별한 노력을 기울이고 성의를 다한 도서출판 길의 이승우 실장님께 감사한다. 내가 아는 한 그는 동서양의 고전을 출간하는 데 누구보다도 큰 열정을 가진 출판인이다. 이번에도 번역 원고를 꼼꼼히 읽으면서 조판 작업을 진행했다. 이 개정판이 보다 쉽게 독자들께 다가가고 최고의 지혜를 함께 나누는 데 보탬이 되기를 바란다.

2017년 6월

외솔관 연구실에서

조대호

옮긴이의 말

이 번역은 아리스토텔레스 『형이상학』의 완역이다. 2005년 한국연구재단의 명저번역사업의 지원으로 시작된 일이 5년이 지나서야 겨우 빛을 보게 되었다. 이런저런 일에 쫓기고 또 번역의 완성도를 높이기 위해서 손질하다 보니 예정보다 한 해 이상 출판이 늦어졌다.

우리가 사는 시대는 더 이상 형이상학의 시대가 아니다. 아리스토텔레스는 『형이상학』의 한 구절에서 "어떤 사람들은 상대방이 수학적 방식으로 말하지 않으면 그런 사람의 말을 들으려 하지 않고 또 어떤 사람들은 본보기를 들어 말하지 않으면 이를 받아들이려 하지 않으며 또 어떤 사람들은 시인을 증인으로 끌어들이기를 원한다"고 했지만, 이 시대를 사는 많은 사람들은 실용성과 현금가치가 없는 말에는 귀를 기울이려 하지 않는다. 이런 시대에 『형이상학』의 그 난해한 말들이 무슨 가치가 있을까?

자연이나 인간에 대한 오늘날의 지식은 2,400년 전 아리스토텔레스 시대의 그것과 비교할 수 없을 정도로 세분화·전문화되어 있지만 인간, 자연, 세계 전체를 아우르는 통합적 사유는 어디서도 찾기 힘들다. 많은 사람들은 세계 전체를 바라보는 통합적 안목에는 무관심한 채 자신들이 수행하는 연구의 실용적 가치를 광고하는 데 온 힘을 기울인다. 무반성의 실용주의가 오늘날 학문의 대세라는 사실을 누가 부인할 수 있겠는가? 오늘날에도 『형이상학』을 읽을 가치가 있다면, 이렇게 전문화되고 파편화된 연구와 실용적 정보취득에 몰두하는 가운데 잃어버린 사유의 길이 그 안에 제시되어 있다는 데서 이유를 찾아야 할 것 같다. 이 길은 반성적이고 통합적인 사유의 길이다. 이 길은 사실을 사실대로 받아들이지 않고 그것의 근거를 묻는 데서 시작해서 우리를 아포리아(*aporia*)로 몰고 간다. 인간만이 그런 사유의 길을 걷는다. 동물들은 "왜"라는 물음을 던지지도 않고 의문에 빠지지도 않기 때문이다. 『형이상학』은 "왜"라는 물음과의 궁극적인 대결의 장(場)이며, 우리의 정신으로 하여금 동물적 삶의 감각적 확실성과 편협성에서 벗어나 인간과 세계 전체를 둘러싼 불확실성과 대면하면서 이를 탐구하게 만든다. 『형이상학』의 사유는 우리를 사유하는 존재가 되게 한다. 인간과 동물의 차이에 대한 논의가 『형이상학』의 첫머리에 오는 이유가 무엇인지 우리는 깊이 음미해야 한다. 20세기에 들어 형이상학의 새로운 길을 연 마르틴 하이데거(Martin Heidegger)의 『존재와 시간』(*Sein und Zeit*)에 대해서도 똑같은 말을 할 수 있을 것이다.

『형이상학』의 우리말 번역은 그 저술의 가치에 비추어 보아도 의미 있는 일이지만, 옮긴이에게도 매우 뜻 깊은 일이었다. 이 번역은 옮긴이가 1985년부터 지난 25년 동안 수행한 아리스토텔레스 연구의 중간결산이라고 할 수 있다. 한 세대가 넘는 시간 동안, 그리고 이 번역이 이루어진 지난 5년 동안 옮긴이는 주위 여러 분들의 도움을 받았다. 방 한구석에 놓인 원고 뭉치를 보면서 한숨을 쉬곤 했던 아내는 이제 마음이 조금 홀가분해졌을 것이다. 학생시절부터 옮긴이가 학문의 길을 갈 수 있도록 인도해 주신 박영식 교수님을 비롯한 연세대 철학과의 다른 선생님들과 현재의 동료 교수님들에게도 감사드린다. 철학과의 선후배 동료들은 언제나 삶과 철학의 충실한 동반자였다. 서양고전철학회나 서양고전학회의 동료 연구자들의 격려와 성원도 번역을 해나가는 과정에서 큰 힘이 되었다. 제출된 번역 원고를 심사하면서 유용한 제언을 해준 익명의 심사위원들께도 이 자리를 빌려 감사드린다. 하지만 두 분의 은사, 나를 그리스 철학 연구의 길로 이끌어주신 연세대의 고(故) 조우현 교수님과 내가 아리스토텔레스 전문가로서 성숙할 수 있도록 가르침과 배려를 베풀어 주신 독일 프라이부르크(Freiburg) 대학의 볼프강 쿨만(Wolfgang Kullmann) 교수님이 안 계셨더라면 나의 아리스토텔레스 연구는 오늘에 이르지 못했을 것이다. 이 두 분께 이 번역서를 바친다.

완결된 번역이란 있을 수 없다. 번역이란 도달할 수 없는 것에 다가가는 일이기 때문이다. 읽는 분들의 질정과 제언을 받아들여 계속 고쳐나가는 것이 번역자가 할 수 있는 최선의 일이 아닐까 생각한다.

2012년 3월
외솔관 연구실에서
조대호

차례

III권(B)

IV권(Γ)

V권(Δ)

VI권(E)

VII권(Z)

VIII권(H)

IX권(Θ)

X권(I)

XI권(K)

XII권(Λ)

XIII권(M)

일러두기

1. 이 번역은 『형이상학』의 완역이다. 번역을 위한 원문으로는 Werner Jaeger, Aristotelis Metaphysica(OCT), Oxford 1957을 사용했다. 이 비판본과 달리 읽는 경우에는 각주에서 이를 밝혔다.
2. 난외의 숫자들 예컨대 980a 등은 벡커(I. Bekker)판의 쪽과 행을 가리킨다.
3. 번역문에 나오는 기호들은 예거(W. Jaeger)의 비판본에서 쓰인 것들이다. 참고로 말하자면, 〈 〉는 비판본에서 덧붙인 내용을, 〔 〕는 삭제한 내용을, 〔〔 〕〕은 나중에 아리스토텔레스에 의해 삽입된 것으로 추측되는 부분을 표시한다. 문장의 뜻을 분명하게 하기 위해 필요한 경우 옮긴이는 활자를 작게 해서 ( ) 안에 설명어를 덧붙였다. 번역문의 단락 구분은 로스(W. D. Ross)의 영역본의 구분을 따랐고, 영역본의 단락 구분에 따라 (1), (2)와 같은 번호를 사용했다. 원어는 각주에서만 언급했다.
4. 차례와 본문의 각 장에 붙인 제목은 D. Ross의 영어 번역본〔*Metaphysics, in*: *The works of Aristotle translated into English*, vol. I, Oxford 1928(초판: 1908)〕의 차례를 참고한 것이다.
5. 각주에서 인용한 아리스토텔레스 저술의 우리말 이름에 대해서는 부록의 "아리스토텔레스의 저술목록"을 참고하면 된다.

I권(A)

1. 앎은 감각에서 시작해서 기억과 경험과 기술을 거쳐 학문적 인식에 이른다

모든 사람은 본성적으로 알고 싶어 한다. 다양한 감각에서 오는 즐거 980a
움이 그 징표인데, 사람들은 필요와 상관없이 그 자체로서 감각을 즐기고 다른 감각보다 특히 눈을 통한 감각을 즐기기 때문이다. 왜냐하면 우리는 행동을 하기 위해서뿐만 아니라 아무 행동의도가 없을 때도 — 사람들 말대로 — 만사를 제쳐두고 보기를 선택하기 때문이다. 그 이유는 감각들 가운데 시각이 우리가 사물을 아는 데 가장 큰 구실을 하고 많은 차이점들을 밝혀준다는 데 있다.[1]

동물들은 본성적으로 감각을 가지고 태어나지만,[2] 그 중 몇몇의 경우

---

1 『감각과 감각물에 대하여』 1, 437a5 아래에서는 이와 관련해서 다음과 같이 말한다. "모든 물체는 색깔을 가지고 있는 까닭에 시각능력은 우리에게 여러 종류의 수많은 차이점들을 전달해주며, 그 결과 우리는 그것을 통해서 공통적인 것들을 가장 잘 지각할 수 있다. 내가 말하는 공통적인 것들이란 크기, 형태, 운동, 수를 말한다."

2 '동물들'(*ta zōia*)은 '감각'(*aisthēsis*)의 능력을 통해서 정의된다. 다음의 구절들 참고: 『영혼론』 II 2, 413b2-4; III 12, 434a30; 『동물부분론』 II 8, 653b22.

에는 감각으로부터 기억이 생겨나지 않는 데 반해, 몇몇의 경우에는 생
980b21 겨난다.[3] 그리고 그 때문에 뒤의 경우에 해당하는 동물들은 기억하는 능
력이 없는 것들보다 더 사려가 있고 학습능력이 뛰어난데, 소리를 듣는
능력이 없는 동물들은 사려는 있지만 배우지는 못하고(예를 들어 벌들과
25 그런 유의 다른 동물들[4]이 그렇다), 기억에 덧붙여 청각능력이 있는 것들은
배운다. 사람을 제외한 다른 동물들은 상상이나 기억에 의존해서 살아가
지만,[5] 경험[6]에는 별로 관여하지 못한다. 반면 인간종족은 기술과 추론[7]
에 의해 살아간다. 사람들에게는 기억으로부터 경험이 생겨나는데, 왜냐
981a 하면 똑같은 일에 대한 여러 번의 기억은 마침내 하나의 경험능력을 낳
기 때문이다. 그리고 경험은 학문적 인식이나 기술과 거의 동질적인 것
처럼 보이지만, 사실 학문적 인식과 기술은 경험을 통해 사람들에게 생
겨난다.[8] 왜냐하면 폴로스가 옳게 말했듯이 경험은 기술을 만들어내지

---

3 감각에서 시작해서 기억(*mnēmē*)과 경험(*empeiria*)을 거쳐 기술(*technē*)과 학문적 인식(*epistēmē*)으로 나아가는 앎의 발전단계에 대해서는 『분석론 후서』 II 19, 99b34 아래를 함께 참고.

4 개미가 이런 예에 해당한다. 『동물부분론』 II 4, 650b26 아래 참고.

5 '상상'(*phantasia*)은 『영혼론』 III 3, 429a1에서 '현실적 감각의 작용을 통해 생겨나는 운동'으로 정의된다. 모든 동물은 감각능력을 통해 외부 대상을 현실적으로 지각할 뿐만 아니라 실제 대상이 없을 때에도 상상의 능력을 통해 감각자료에 상응하는 내적인 상(像)을 가질 수 있다(III 3, 428a1). 한편, 『기억과 상기에 대하여』 1, 451a14-5의 정의에 따르면, 기억이란 상상을 떠올리면서 그와 동시에 그것이 어떤 대상에 대한 상상임을 의식하는 상태를 말한다.

6 여기서 말하는 '경험'(*empeiria*)은 단순한 감각경험이 아니라 어떤 개별적인 사태에 대한 기억을 통해 현재의 사태를 판단하고 처리할 수 있는 능력을 뜻한다. 『분석론 후서』 I 19, 100a4-5에 따르면, "동일한 것에 대한 잦은 기억으로부터 경험이 생긴다." W. D. Ross, *Aristotle's Metaphysics, a revised text with introd. and comm.* I-II, Oxford 1953(초판 1924), p. 116 참고. (다음부터는 각각 '*Metaphysics* I'과 '*Metaphysics* II'로 줄여 인용한다.)

7 보니츠(H. Bonitz)와 로스(W. D. Ross)는 'logismoi'를 각각 'Überlegung'과 'reasonings'라고 옮겼는데, 이 번역에서는 '추론'이라고 옮겼다.

8 지금 문맥에서 아리스토텔레스는 '학문적 인식'(*epistēmē*)과 '기술'(*technē*)을 엄밀하게 구별하지 않은 채, 그 둘을 경험과 비교한다. 그 둘의 차이에 대해서는 아래의 981b25 아래에서 언급된다. 이 번역에서는 'epistēmē'를 '학문적 인식', '학문', '인식'으로 옮긴다.

만, 무경험은 우연적 결과를 낳기 때문이다.[9] 기술은 경험에서 얻은 많은 생각들로부터 성질이 같은 것들에 대해 하나의 일반적 관념[10]이 생겼을 때 생겨난다. 그 이유는 이렇다. 이 병을 앓는 칼리아스에게 이러저런 치료가 통했고 소크라테스를 비롯한 여러 개인들의 경우에도 그랬다는 관념을 갖는 것은 경험에 속하는 일이다. 그에 반해 종(種)에 따라 하나로 구별되는 체질을 가진 모든 사람이 이 질병을 앓고 있을 때, 〔(예컨대 점액 체질의 사람들이나 담즙액 체질의 사람들이 몸에 열이 날 때)〕, 이 치료가 통했다고 판단하는 것은 기술에 속하는 일이다.

그런데 실제행동과 관련해서 보면, 경험은 기술과 아무 차이가 없어 보이며, 오히려 우리는 유경험자들이 경험 없이 이론을 가지고 있는 사람들보다 더 능숙하게 일을 처리하는 것을 보게 된다(그 이유는, 경험은 개별적인 것에 대한 앎이지만, 기술은 보편적인 것에 대한 앎이요, 모든 행동과 생성은 개별적인 것과 관계하기 때문이다. 말하자면 의사는 — 부수적인 뜻에서가 아니라면 — 사람을 치료하는 것이 아니라 칼리아스, 소크라테스 또는 그렇게 불리는 것들 가운데 어떤 사람, 곧 사람임이 속하는 것을 치료한다.[11] 그래

9 플라톤, 『고르기아스』(*Gorgias*) 448C 참고.

10 '관념'이라고 옮긴 'hypolēpsis'는 어떤 대상에 대해 무언인가를 긍정하거나 부정할 때 그 기본이 되는 '생각', '관념', '믿음', '판단'을 뜻한다. 그것은 i) 주관적 믿음이나 의견(*doxa*), ii) 학문적 인식(*epistēmē*), iii) (실천적) 지혜(*phronēsis*)를 모두 포괄하는 광범위한 개념으로 쓰인다. 『영혼론』 III 3, 427b24-5 참고.

11 의사는 '칼리아스'나 '소크라테스'처럼 개별적인 이름으로 불리는 개개인을 치료한다. 그런데 의사가 치료하는 칼리아스나 소크라테스는 모두 '사람이다'. 이런 의미에서 소크라테스를 치료하는 의사는 '부수적인 뜻에서'(*kata symbebēkos*) '사람'을 치료한다고 말할 수 있다. "소크라테스는 사람이다"라는 문장은 그리스어에서 "Sōkratei symbebēke to anthrōpōi einai"("소크라테스에게는 사람임이 속한다")의 형태로 표현되기 때문에, 소크라테스나 칼리아스를 가리켜 '사람임이 속하는 것'(*hōi symbebēken anthrōpōi einai*)이라고 부를 수 있다. 물론 'symbainein'은 '부수적으로 속하다'는 뜻이 아니라 — 'hyparchein'('속하다')이 그렇듯이 — 어떤 상태나 속성이 어떤 주체에 속하다는 뜻으로 보면 된다. 왜냐하면 "소크라테스가 사람이다"는 것은 소크라테스에 대한 부수적인 뜻에서의 진술이 아니라 소크라테스가 그 자체로서 가지는 본질에 대한 진술이기 때문이다.

서 만일 어떤 사람이 경험 없이 이론만 가지고 있다면, 그는 보편적인 것은 알지만 그에 속하는 개별적인 것은 알지 못해서, 치료할 때 자주 잘못을 범하게 되는데, 치료받아야 할 대상은 개별적인 사람이기 때문에 그렇다). 하지만 그럼에도 불구하고 우리는 학문적인 앎과 전문적인 앎[12]이 경험보다 기술에 더 많이 속한다고 생각하며, 기술자들이 유경험자들보다 더 지혜롭다고 믿는데, 지혜는 어떤 경우에나 학문적인 앎을 따른다고 생각하기 때문이다. 왜냐하면 앞의 사람들은 원인[13]을 알지만, 뒤의 사람들은 그렇지 않기 때문이다. 왜냐하면 유경험자들은 사실은 알지만 이유를 알지 못하는 반면, 다른 사람들은[14] 이유와 원인을 알기 때문이다. 그러므로 우리는 일꾼들에 비해 감독자들[15]이 각각의 일에 대해서 더 권위가 있고 더 많이 알고 더 지혜롭다고 생각하는데, 그 이유는 이들은 행해지는 일들의 원인들을 알고 있기 때문이다. 〔〔반면 다른 사람들[16]은 몇몇 생명이 없는 것들과 같아서, 일은 하지만 자기가 무엇을 하는지 모르는 채 일을 하는데, 이는 예컨대 불이 타오르는 것과 같다. — 그런데 생명이 없는 것들은 어떤 본성에 의해서 하나하나 기능을 수행하지만, 일꾼들은 습관에 의해서 일을 한다.〕〕 감독자들이 더 지혜롭다고 생각되는 것은, 행동능력이 있어서가 아니라 그들이 이론을 가지고 원인들을 알기 때문이다. 일반적으로 아는 자와 알지 못하는 자를 가리는 징표는 가르칠 수 있는 능력의 유무에 있으며, 이런 이유 때문에 우리는 경험보다 기술을 더 높은 수준의 인식으로 여

12 'eidenai'와 'epaiein'을 각각 문맥에 따라 옮겼다. 'epaiein'은 '지각하다', '이해하다'라는 뜻도 갖지만, 여기서는 특정한 주제에 대해 '전문적 지식을 갖다'는 뜻으로 쓰였다. II 2, 994b22에 대한 각주 참고. 이하에서 『형이상학』을 인용할 때는 벡커(Bekker)판에 의거해서 권, 장, 행만을 표시한다.

13 '원인'(*aitia*)의 여러 가지 뜻에 대해서는 V 2, 1013a24 아래를 보라.

14 기술자들(*technitai*)을 가리킨다.

15 '일꾼들'이라고 옮긴 'cheirotechnai'는 본래 전문적 지식 없이 몸으로 일하는 '손노동자들'을 가리킨다. '감독자'라고 옮긴 'architektones'의 의미에 대해서는 V 1, 1013a14에 대한 각주 참고.

16 일꾼들(*cheirotechnai*)을 가리킨다.

기는데, 기술자들은 가르칠 수 있는 능력이 있지만, 유경험자들은 그렇지 않기 때문이다. 더욱이 우리는 다양한 감각 가운데 어떤 것도 지혜로 여기지 않는데, 분명 그것들은 개별자들에 대해서는 가장 주도적인 지식들이지만, 그 어떤 것에 대해서도 그것이 왜 그런지를 말해주지 않으니, 그것이 알려주는 것은 예컨대 불이 뜨거운 이유가 아니라 불이 뜨겁다는 사실뿐이다.

그렇다면 그 종류 여하를 불문하고 공통적인 감각들[17]을 넘어선 어떤 기술을 맨 처음 발명한 사람은 발명된 기술들 가운데 어떤 것이 유용하다는 이유에서뿐만 아니라 그가 지혜롭고 다른 사람들보다 뛰어나다는 이유에서도 당연히 사람들의 놀라움을 불러일으켰을 것이다. 하지만 더 많은 기술이 발명되었고 그 가운데 어떤 것들은 필요 때문에, 어떤 것들은 여유 있는 삶[18]을 위해 있으니, 우리는 언제나 뒤의 기술들을 발명한 사람들이 앞의 기술들을 발명한 사람들보다 더 지혜롭다고 믿는다.[19] 그 이유는 그들이 가진 인식들은 유용한 쓰임을 위해 있는 것이 아니기 때문이다. 그러므로 그런 종류의 모든 발명이 이미 구비되고 난 뒤에야, 즐거움이나 필요, 그 어느 것에도 매이지 않는 학문들이 발견되었으니, 이 일은 사람들이 여가를 누렸던 여러 곳에서 최초로 일어났다. 그래서 이집트 지역에서 수학적 기술들이 맨 처음 출현했으니,[20] 그곳에서는 제사장 족속이 삶의 여가를 허락받았기 때문이다.

⟦기술이나 학문적 인식을 비롯해서 그와 같은 부류의 다른 것들 사이의 차이가 무엇인지는 윤리학 저술에서 이미 논의한 바 있지만,[21] 지금 우리 설명

---

17 981b14의 'koinas aisthēseis'는 모든 사람들이 공통적으로 갖고 있는 감각들을 가리킨다. 아래의 982a11-2 참고. 이와 달리 보다 전문적인 뜻의 '공통감각'('*koinē aisthēsis*')에 대해서는 다음의 구절들 참고: 『꿈에 대하여』 2, 455a12 아래; 『기억과 상기에 대하여』 1, 450a10-2; 『동물부분론』 IV 10, 686a31.

18 'diagōgē'의 뜻에 대해서는 XII 7, 1072b15에 대한 각주 참고.

19 A^b를 따라 'hypolambanomen'으로 읽었다.

20 플라톤의 『파이드로스』(*Phaedrus*) 274C 아래와 헤로도토스의 『역사』(*Historiae*) II 109 참고.

의 지향점은 다음과 같다. 지혜라고 불리는 것은 첫째 원인들과 원리들[22]에 관한 것이라고 누구나 생각한다.]] 그러므로 앞서 말했듯이, 유경험자는 어떤 종류의 것이든 감각을 가지고 있는 사람들보다 더 지혜롭고, 기술자는 유경험자들보다 더 지혜로우며(일꾼들보다는 감독자들이 더 지혜롭다), 이
982a 론적인 학문들이 제작적인 것들보다 더 지혜롭다는 것이 일반적 의견이다. 그러므로 지혜는 어떤 원리들과 원인들에 관한 학문적 인식임이 분명하다.

2. '지혜'(철학)의 특징들

우리는 이런 학문을 찾고 있기 때문에, 어떤 성질의 원인들과 어떤 성질의 원리들에 대한 학문이 지혜인지 살펴보아야 할 것이다. 지혜로운 사람에 대해 우리가 가지고 있는 일반적 관념들을 취해 보면, 그로부터 곧 사정이 더 분명해질 수 있을 것이다. 첫째로, 지혜로운 자는 모든 것에 대해 개별적으로 학문적 인식을 갖고 있지는 않지만 가능한 한 모든 것을 안다고 우리는 생각한다. 다음, 어렵고 사람이 알기 쉽지 않은 것을 알 수 있는 능력을 갖춘 사람, 이런 사람이 지혜로운데, 왜냐하면 감각은 모든 사람에게 공통된 것이어서, 감각을 갖는 것은 쉬운 일이요 결코 지혜로운 일이 아니기 때문이다. 또한 어떤 학문분야에서나 더 엄밀하고, 원인들에 대해 가르치는 능력이 더 뛰어난 사람이 더 지혜롭고, 학문들 중에서는 자기 목적적이요 앎을 목적으로 선택된 것이 파생적 결과들을 위해서 있는 것보다 지혜에 더 가까우며, 더 지배적인 위치에 있는 것이

21 기술이나 학문적 인식과 마찬가지로 사유의 탁월성(*aretē dianoētikē*)으로 분류되는 것들에는 '실천적 지혜'(*phronēsis*), '지혜'(*sophia*), '지성'(*nous*) 등이 있다. 이에 대해서는 『니코마코스 윤리학』 VI 3, 1139b14 아래 참고. '지혜'에 대해서는 특히 같은 책 VI 7 참고.

22 '원인'(*aitia*)과 '원리'(*archē*)의 여러 가지 뜻에 대해서는 V 1, 1012b34 아래 참고.

예속된 것보다 지혜에 더 가까우니, 그 까닭은 지혜로운 자는 지시를 받는 것이 아니라 지시를 내리고 그가 다른 사람의 말을 따르는 것이 아니라 지혜가 부족한 사람이 그의 말을 따르기 때문이다.

우리는 지혜와 지혜로운 자들에 대해 이런 종류의 관념들을 가지고 있다. 그런데 그 가운데 모든 것을 안다는 특징은 필연적으로 보편적인 학문을 가장 많이 소유한 사람에게 속해야 하는데, 왜냐하면 이 사람은 어떤 방식으로든 그 밑에 놓여 있는 것들을 모두 알기 때문이다.[23] 하지만 이것들, 즉 가장 보편적인 것들은 일반적으로 사람들이 알기에 가장 어려운데, 왜냐하면 그것들은 감각들로부터 가장 멀리 떨어져 있기 때문이다. 첫째가는 것들을 가장 많이 다루는 학문들이 학문들 가운데 가장 엄밀한 것이니, 왜냐하면 더 적은 수의 원리를 전제로 삼는 것들은 부가적 설명들을 필요로 하는 것들보다 더 엄밀하기 때문인데, 예컨대 산수가 기하학보다 더 엄밀하다. 또한 가르치는 능력에서 보면, 원인들에 대한 이론적 학문[24]이 상대적으로 더 많이 그런 능력을 갖는데, 왜냐하면 각 대상에 대해 원인들을 말해주는 사람들이 가르침을 베풀기 때문이다. 그것들을 겨냥한 앎과 인식활동은 최고의 인식 대상에 대한 학문에 속하

23 보편적인 것에 대한 학문적 인식을 가진 사람은 '그 밑에 놓여 있는 것'(*ta hypokeimena*), 즉 그 보편자에 포함되는 것을 모두 안다. 그런 뜻에서 보면, 가장 보편적인 것을 아는 사람은 가능한 한 모든 것을 아는 사람이다. 그렇다면 가장 보편적인 것은 무엇인가? 모든 것은 '있다' 혹은 '~이다'. 따라서 '있음'('~임', *einai*) 또는 '있다'('~이다', *esti*)는 모든 것에 속하는 가장 보편적인 것이다(VII 4, 1030a21 참고). 그래서 가능한 한 모든 것을 알려고 하는 지혜는 있는 것('~인 것', *on*)에 대한 탐구, 즉 존재론(*ontology*)이 된다.

24 '이론적 학문'이라고 옮긴 'theōrētikē'는 'theōrein'이라는 동사에서 온 것이다. 이 동사는 본래 한 나라의 사절(*theōros*)의 참관활동을 가리키는데, 우리말로는 '구경', '관찰', '관상', '관망', '관조' 등의 말로 옮길 수 있다. 아리스토텔레스는 인간의 활동을 세 가지로 구분하여 theōria, praxis, poiēsis로 나누는데, 이것들은 각각 순수 학문의 이론적 활동, 정치적 행동을 비롯한 실천적 활동, 어떤 것을 만들어내는 제작활동에 해당한다. 'theōrein'을 보통 '관조'(觀照)라는 말로 옮기곤 하지만, 여기서는 그 의미에 따라 '(이론적으로) 고찰하다'라고 옮긴다. 'theōria' 역시 '이론적 고찰', '이론'이라고 옮긴다.

는데, 왜냐하면 그 자체를 위해서 인식활동을 선택한 사람은 최고의 인
982b 식을 가장 우선적으로 선택할 것이니, 최고의 인식 대상에 대한 학문적 인식이 바로 그런 종류의 인식이다. 한편, 첫째가는 것들과 원인들이 최고의 인식 대상인데, 왜냐하면 바로 이것들에 의해서, 그리고 바로 이것들로부터 다른 것들이 알려지는 것이지, 그것들 밑에 놓여 있는 것들에 의해 그것들이 알려지는 것은 아니기 때문이다. 또한 각 행동의 지향점을 아는 학문은 학문들 가운데서 가장 선도적인 위치에 있고 그에 예속된 학문에 비해 더 선도적인데, 그 지향점은 각자에게 좋은 것이요, 전체적으로 볼 때 자연 전체 속에는 가장 좋은 것이 자리 잡고 있다. 그러므로 지금까지의 논의 전체로부터 따라 나오는 바, 우리가 찾는 이름은 (하나의) 동일한 학문에 붙는 것이니, 그 까닭은 그것은 바로 첫째 원리들과 원인들에 대한 이론적 학문이어야 하기 때문이다. 왜냐하면 좋음과 지향 대상은 원인들 가운데 하나이기 때문이다.

그것이 제작적인 학문이 아님은 최초로 철학을 했던 사람들의 경우를 보더라도 분명하다. 지금이나 그 첫 단계에서나 사람들은 놀라움 때문에 철학을 하기 시작했으니, 처음에는 눈앞의 갖가지 기이한 현상들에 대해 놀랐고 그 뒤에는 조금씩 앞으로 발전하면서 더 중요한 것들에 대해 의문에 사로잡혔는데, 예를 들어 달 표면의 현상들, 태양과 별들 주변에서 일어나는 현상들, 온 세계의 생성이 그런 것들에 해당한다.[25] 의문에 사로잡혀 놀라워하는 사람은 자기가 무지하다고 생각한다(이런 이유에서 보면 신화를 사랑하는 사람도 어떤 뜻에서는 지혜를 사랑하는 사람인데, 그 까닭은 신화는 놀라운 사건들로 이루어지기 때문이다). 그러므로 무지를 피하기 위해서 사람들이 철학을 시작했다면, 분명히 앎 때문에 인식활동을 추구한 것이지 유용성 때문에 그렇게 한 것이 아니다. 바로 다음과 같은

25 이 보고에 따르면, 그리스 철학의 중요한 출발점으로는 두 가지가 있다. 하나는 일식이나 월식 같은 개별적 천문현상을 설명하려는 욕망이고, 다른 하나는 우주 전체의 생성에 대한 우주론적 관심이다.

(역사적) 결과가 이를 입증한다. 즉, 삶에 필요한 것들과 편리함과 여유 있는 삶을 위한 것들이 거의 모두 마련되고 난 뒤에 그런 종류의 지혜[26]가 탐구되기 시작했던 것이다. 그러므로 분명 우리는 다른 어떤 편리함을 얻기 위해 그것을 찾는 것이 아니다. 다른 어떤 사람을 위해서가 아니라 자기 자신을 위해 사는 사람이 자유로운 사람이듯이, 여러 학문 가운데 오직 그런 것만이 자유로운 것이라고 우리는 말한다. 왜냐하면 그것만이 유일하게 자기 자신을 위해서 있기 때문이다.[27]

그런 까닭에 마땅히, 그런 학문의 소유는 사람의 일이 아니라고 생각할 수도 있을 것이다. 왜냐하면 여러 가지 측면에서 볼 때 사람들의 본성[28]은 노예적이어서 시모니데스의 말대로 "오직 신만이 그런 특권을 가질 수 있을 것"[29]이고 자신에게 어울리는 학문을 찾지 않는 것은 사람에게 가치 있는 일이 아닐 것이기 때문이다. 실제로 시인들의 말에 무언가 뜻이 있고 신적 존재가 본성적으로 질투심이 있다면, 이는 다른 무엇 983a
보다도 그 일에 해당될 것이고 (그런 학문적 인식에서) 남보다 뛰어난 사람들은 불행한 자일 수도 있다. 하지만 신적 존재는 질투할 줄 모르고, 속담에 있듯이 "노래꾼들은 거짓말을 많이 한다". 다른 어떤 학문도 그것보다 더 고귀한 것으로 여겨서는 안 된다. 왜냐하면 가장 신적인 것은 가장 고귀한 것이기도 하기 때문이다. 오직 그 학문만이 두 가지 뜻에서 그런 성질을 가질 텐데, 그것은 여러 학문 가운데 신적인 것이기 때문이다. 한편으로는 신이 소유하기에 가장 알맞다는 이유에서 그렇고, 다른 한편

26 'phronēsis'는 아리스토텔레스의 윤리학에서 '실천적 지혜'를 뜻하지만 여기서는 '지혜'라는 넓은 뜻으로 쓰였다.

27 플라톤, 『국가』(*Respublica*) 499A와 536E 참고.

28 '본성'이라고 옮긴 'physis'의 다양한 뜻에 대해서는 V 4, 1014b16 아래를 보라. 'physis'는 문맥에 따라 '본성', '자연', '자연적 원리', '자연물', '자연적인 것' 등 여러 가지 용어로 옮길 수 있다. 특히 아리스토텔레스는 'physis tis'라는 표현을 자주 사용하는데, 이 표현은 'on ti'와 거의 같은 뜻으로 쓰여서 '본성적 혹은 자연적으로 있는 것'을 가리킨다(XIV 1, 1088a23, 30).

29 플라톤, 『프로타고라스』(*Protagoras*) 341E와 344C 참고.

으로는 그것이 신적인 것들을 다룬다는 이유에서 그렇다. 이 두 가지 특징을 함께 갖는 것은 그 학문뿐인데, 일반적 의견에 따르면 신은 모든 것을 주재하는 원인들 가운데 하나이고 일종의 원리이기 때문이다. 바로 그런 학문은 신이 혼자서 또는 가장 많이 소유할 것이다. 필요성을 따지면 어떤 학문도 그것보다 더 필요하지만, 그것보다 더 좋은 것은 없다.

하지만 그런 학문적 인식의 획득은, 어떤 뜻에서 우리의 시작단계의 탐구들과 반대되는 상태로 종결되어야 한다. 그 이유는 이렇다. 앞서 말했듯이, 자동인형이나[30] 태양의 회귀나 대각선의 측정불가능성[31]과 — 어떤 것을 가장 작은 수로써도 측정할 수 없다면, 이는 '그 원인을 한 번도 생각해 보지 않은' 사람 누구에게나 놀라움을 낳는다 — 같은 사태를 대할 때 그렇듯이, 모든 사람은 사물들의 존재방식에 대한 놀라움에서 출발하지만, 마지막에는 그것과 반대되는 것과 — 속담에서 말하듯이 — 더 좋은 것으로 완결되는데, 위에서 말한 사례들의 경우 우리는 앎을 얻을 때 그런 상태에 도달한다. 대각선이 측정가능하게 될 때만큼 기하학 연구자를 놀라게 할 일은 없을 것이기 때문이다.

지금까지 탐구되는 학문의 본성이 무엇이고, 그 탐구와 과정 전체가 도달해야 할 목표점이 어떤 것인지를 이야기했다.

---

30 983a14의 'kathaper ⟨peri⟩ tōn thaumatōn tautomata ktl'을 옮기면서는 보니츠의 추정을 따랐다. H. Bonitz, *Aristotelis Metaphysica*, 2 vol., Bonn 1848-49, p. 56 참고. 이 두 권 가운데 주석서인 두 번째 권은 '*Metaphysica*'로 줄여 인용한다.

31 '태양의 회귀'(*heliou tropai*)는 '하지와 동지'를 가리킨다. '대각선의 측정불가능성'(*asymmetria tou diametrou*)이란 예컨대 두 변이 1미터인 정사각형의 대각선의 길이를 두 변의 길이를 재는 수적 단위인 정수를 통해 측정할 수 없다는 사실을 가리킨다.

3. 선대 철학자들은 세월이 지나면서 질료인, 작용인, 목적인을 알게 되었다

그런데 시작이 되는 원인들[32]에 대해 학문적 인식을 얻어야 하는 것은 분명한데 — 왜냐하면 우리는 첫째 원인을 안다고 생각할 때, 각 대상을 알고 있다고 말하기 때문이다 — , 원인들에는 네 가지 종류가 있다. 그 가운데 한 가지 원인은 실체와 본질[33]이고(왜냐하면 '무엇 때문에'[34]라는 물음은 궁극적으로 정식[35]으로 환원되는데, 그 첫째 '무엇 때문에'는 원인이요 원리이기 때문이다), 다른 원인은 질료이자 기체[36]이며, 셋째는 운동이 시작되는 출처[37]이고, 넷째는 그것과 대립하는 원인, 즉 지향 대상과 좋은 것이다(이것은 모든 생성과 운동의 목적이기 때문이다).[38] 그것들에 대해서

---

32 983a24의 'tōn ex archēs aitiōn'은 뒤따라 나오는 'prōtēn aitian'과 같은 뜻으로 쓰였다. 둘 모두 학문적 인식의 출발점 혹은 시작이 되는 원인을 가리킨다.

33 '실체'(*ousia*)와 '본질'(*to ti ēn einai*)의 동일성에 대해서는 V 8, 1017b21 아래를 보라. 또한 'to ti ēn einai'의 구문적 특이성에 대해서는 1029b14에 대한 각주 참고. Ross, *Metaphysics* I, p. 127의 설명과 D.-H. Cho, *Ousia und Eidos in der Metaphysik und Biologie des Aristoteles*, Stuttgart 2003, S. 68~74의 구문 분석 참고.

34 원어 'dia ti'는 '무엇 때문에' 혹은 '왜'로 옮길 수 있다. 'dia ti' 물음의 구조에 대해서는 VII 17에서 자세히 분석된다.

35 '정식'(*logos*)의 뜻에 대해서는 III 1, 996a2에 대한 각주 참고.

36 '기체'(*hypokeimenon*)는 '밑에'(*hypo*) '놓여 있는 것'(*keimenon* ⟨*keisthai*⟩, *to lie*)을 뜻한다. 이 말은 훗날 라틴어 'subjectum'으로 번역되었다. VII 3, 1028b36에서 기체는 '다른 것들은 그것에 대해 술어가 되지만 그것 자체는 다른 어떤 것에 대해서도 술어가 되지 않는 것'으로 정의된다. 아리스토텔레스의 철학에서 'hypokeimenon'은 주로 i) 어떤 진술의 주어를 가리키기도 하고(『범주론』 5장), ii) 어떤 성질의 담지자로서의 감각적 개체를 가리킬 때도 있으며, iii) 형상의 담지자로서의 질료(*hylē*)를 가리키기도 한다. 그 밖에 여러 가지 뜻으로 쓰인다. 한마디로 말해서 다른 어떤 것의 담지자나 또는 다른 어떤 것에 의해서 규정될 수 있는 것을 가리킨다고 보면 된다.

37 '운동이 시작되는 출처'(*hothen hē archē tēs kinēseōs*)는 간단히 말해서 '운동의 출처'를 가리키는데, 로스도 'the source of the change'라고 옮겼다. 반면 보니츠는 원문 표현에 가깝게 'die ⟨Ursache⟩, woher der Anfang der Bewegung kommt'라고 옮겼다.

38 '지향 대상'(*to hou heneka*)과 '목적'(*telos*)에 대해서는 V 2, 1013a32에 대한 각주 참고.

983b 는 이미 자연에 대한 저술에서[39] 충분히 고찰했지만, 그럼에도 불구하고 우리보다 먼저, 있는 것들에 대한 탐색에 발을 들여놓고 진리에 대해 철학을 했던 사람들의 말을 들어보자. 왜냐하면 분명히 그들도 어떤 원리들과 원인들에 대해 말하기 때문이다. 그렇다면 그들의 주장을 돌이켜보는 것은 지금의 탐구과정에 유익한 점이 있을 것이다. 왜냐하면 그렇게 함으로써 우리는 (지금 우리가 말한 것들과) 다른 부류의 원인을 발견하거나 또는 우리가 방금 말한 것들에 대해 보다 큰 확신을 갖게 될 것이기 때문이다.

최초로 철학을 했던 사람들 가운데 대다수는 오직 질료의 형태를 가진 것들만이 모든 것의 원리들이라고 생각했다. 있는 것들 모두의 구성요소이고 그것들이 생겨날 때는 그 첫 출처가 되고 소멸할 때는 마지막 귀환처가 되는 것,[40] — 실체는 밑에 남아 있지만 그 양태들은 변화한다 — 바로 그런 것을 일컬어 그들은 있는 것들의 요소[41]이자 원리라고 말한다. 이 때문에 그들은 생겨나는 일도 사라지는 일도 없다고 생각했는데, 그런 종류의 자연적 원리는 언제나 온전히 보존되기 때문이라고 한다. 이는 마치 소크라테스가 멋지게 되거나 음악적[42]이 될 때 우리가 이를 두고 소크라테스가 무제한적인 뜻에서 생겨난다고 말하지 않고, 또한 그가 그런 상태들을 잃어버릴 때 그가 사라진다고 말하지 않는데, 그 이유는 기체, 즉 소크라테스 자신은 밑에 남아 있기 때문이니, 이와 마찬가지로 그들은 그 밖의 어떤 것도 생겨나거나 사라지지 않는다고 말한다. 왜냐하면 어떤 자연적 원리가 — 하나이건 하나 이상이건 — 있어서 그것 혹은 그것들로부터 다른 것이 생겨나지만 그것 자체는 보존되어야 하기 때문이다.

---

39 『자연학』 II권 3장과 7장 참고.

40 983b8-9의 'ex hou gar estin hapanta ta onta kai ex hou gignetai prōtou kai eis ho phtheiretai teleutaion'를 풀어서 옮겼다.

41 '요소'(*stoicheion*)의 뜻에 대해서는 V 3 참고.

42 '음악적'이라고 옮긴 'mousikos'에 대해서는 V 2, 1014a6에 대한 각주 참고.

그런 종류의 원리의 수나 종(種)에 대해 사람들이 모두 똑같은 말을 하지는 않는데, 그런 철학의 시조(始祖) 탈레스는 물이 그런 원리라고 천명했다[43](이런 이유에서 그는 땅도 물 위에 떠 있다고 말한다). 아마도 그는 모든 것의 양분 속에는 습기가 있고 열기조차도 그것으로부터 생겨나고 또 그것에 의해 살아 있는 것을 보고서 그런 판단을 내렸을 것이다(생성이 유래하는 출처, 이것이 모든 것의 원리다). 이런 이유 이외에 모든 것의 씨앗은 본성상 습기를 포함하고 물은 습기 있는 것들이 가진 본성의 원리라는 사실도 그가 그런 관념을 취하게 된 이유가 되었을 것이다.

어떤 이들은[44] 먼 옛날의 선인(先人)들, 즉 지금 세대보다 훨씬 앞서 살면서 최초로 신들을 설명원리로 삼았던 사람들도 자연에 대해 이와 비슷한 생각을 가졌다고 말한다. 왜냐하면 그들은 오케아노스와 테튀스가 생성의 아비들이고,[45] 물은 신들이 하는 맹세의 대상이라고 주장했으니,[46] 〔시인들〕 자신들은 그것을 이른바 스튁스의 물이라고 불렀다. 가장 오래된 것은 가장 고귀하고 가장 고귀한 것은 맹세의 대상이라는 것이 그 이유였다. 그런데 이런 것이 자연에 대한 최초의 의견이자 오래된 의견인지는 분명치 않을 수 있지만, 어쨌건 전해 오는 말에 따르면 탈레스는 첫째 원인에 대해 그런 주장을 펼쳤다(힙폰[47]을 그런 사람들 틈에 끼어 넣는 것이 옳다고 생각하는 사람은 아무도 없을 것인데, 그의 생각은 고려할 가치가 없는 것이기 때문이다).

---

43 H. Diels — W. Kranz(Hrsg.), *Die Fragmente der Vorsokratiker*, Zürich - Hildesheim 1964, 11A12. 이하에서는 'D-K, 11 A 12'의 형식으로 줄여 인용한다. 『형이상학』 I권에서 거론된 소크라테스 이전 철학자들 한 사람 한 사람에 대한 자세한 설명은 김인곤 외 옮김, 『소크라테스 이전 철학자들의 단편 선집』, 아카넷, 2005, 678~810쪽 해설 참고.

44 플라톤, 『크라틸로스』(*Cratylus*) 402B와 『테아이테토스』(*Theaetetus*) 152A, 162D, 180C 참고.

45 『일리아스』 14. 201과 246 참고.

46 『일리아스』 2. 755; 14. 271; 15. 37 참고.

47 힙폰(Hippon)은 페리클레스 시대에 살았던 절충주의자이다. 『영혼론』 I 2, 405b2에도 그를 폄하하는 발언이 나온다. Ross, *Metaphysics* I, p. 130 참고.

반면 아낙시메네스와 디오게네스는 공기를 물보다 앞선 것으로 여겼고[48] 그것을 단순한 물체들 가운데 더 앞서는 원리로 내세운 데 반해 메타폰톤의 힙파소스와 에페소스의 헤라클레이토스는 불을,[49] 엠페도클레스는 지금까지 말했던 것들에 흙을 네 번째 것으로 부가해서 네 가지를 원리로 내세웠다[50](그는 이것들은 항상 남아 있고 생겨나는 일이 없이 (다양한 자연물 안에서) 다수와 소수의 (양적) 차이를 보일 뿐이며, 두 방향으로, 즉 하나의 상태를 향해서나 하나의 상태로부터 출발해서 서로 결합되고 분리된다고 말한다).[51]

클라조메나이의 아낙사고라스는 나이는 엠페도클레스보다 앞섰지만 활동은 그보다 늦었는데, 그는 원리들이 무한히 많다고 말한다. 그는, 거의 모든 동질체들이[52] — 물이나 불과 같은 방식으로 — 오직 결합과 분리에 의해서 (어떤 것이) 되고 해체될 뿐, 다른 방식으로는 생겨나는 일도 해체되는 일도 없이 영원히 머물러 있다고 말하기 때문이다.[53]

이런 사실들을 근거로 어떤 사람은 질료의 형태를 가진 원인이 유일한 원인이라고 생각할 수도 있을 것이다. 하지만 세대가 진행되면서 대상 자체가 그들에게 길을 터놓았고 탐구의 길로 그들을 함께 내몰았다. 모든 생성과 소멸이 어떤 하나의 원리나 그 이상의 원리들에서 유래한

48 밀레토스(Miletos)의 아낙시메네스(Anaximenes)와 아폴로니아(Apollonia)의 디오게네스(Diogenes)에 대해서는 D-K, 13 B 2와 64 A 5 등 참고.

49 메타폰톤(Metaponton)의 힙파소스(Hippasos)는 피타고라스학파의 일원이었으며, 헤라클레이토스(Herakleitos) 보다 약간 뒤늦은 시기에 살았던 것으로 추측된다. 그는 피타고라스학파의 철학과 헤라클레이토스의 철학을 절충하는 체계를 만들어냈다. Ross, *Metaphysics* I, p. 130 참고.

50 아크라가스(Akragas)의 엠페도클레스(Empedokles)에 대한 이런 발언에 대해서는 D-K, 31 B 6과 아래의 984a32-3 참고.

51 이런 뜻의 결합(*synkrinesthai*)과 분리(*diakrinesthai*)에 대해서는 D-K, 31 B 8, 9, 11, 12, 17 등 참고.

52 '동질체들'이라고 옮긴 'homoiomerē'는 본래 전체와 부분이 같은 성질을 가진 것들(*the things that are made of parts like themselves* — Ross)을 가리킨다.

53 D-K, 59 B 1, 17과 아리스토텔레스의 『자연학』 I 4, 187a20 아래(=D-K, 59 A 52) 등 참고.

다고 하자. 이런 결과가 일어나는 것은 무엇 때문이며 그 원인은 무엇인가? 이런 물음이 생기는 이유는 기체 자체는 자기 자신을 변화시키지 못하기 때문이다. 예컨대 나무나 청동은 그것들 각각에게서 일어나는 변화의 원인이 아니며, 나무가 침대를 만들고 청동이 조각상을 만드는 일은 없으며 변화의 다른 어떤 원인이 있다. 이것을 탐구한다는 것은 다른 원리[54]를 탐구한다는 뜻인데, 우리는 이것을 일컬어 운동이 시작하는 출처[55]라고 부를 수 있을 것이다. 그런데 맨 처음 그런 종류의 탐구과정에 손을 대서 기체가 하나라고 말했던 사람들[56]은 스스로 불만이 전혀 없었지만, 기체가 하나라고 주장했던 사람들 가운데 몇몇[57]은 — 마치 (두 번째 형태의 원인에 대한) 탐구에 굴복한 듯 — 그 하나와 자연 전체는 생성과 소멸의 측면에서뿐만 아니라 (이런 생각은 오래된 것이고 모든 사람이 거기에 동의했다) 다른 어떤 변화의 측면에서도 운동하지 않는다고 주장한다.[58] 그리고 이것은 그들의 고유한 생각이다. 그런데 모든 것이 하나라고 말했던 사람들 가운데 어느 누구도 이런 종류의 원인을 찾아내는 데 성공하지 못했지만, 파르메니데스는 예외이다. 그가 하나만이 아니라 어떤 뜻에서는 두 가지 원인을 내세웠다는 점만을 두고 하는 말이다.[59] 예컨대 열기와 냉기 또는 불과 흙처럼 질료적 요소들이 여럿이라고 말하는 사람들은 주장을 펴기가 훨씬 더 쉬울 것인데, 왜냐하면 이들은 불은 본성상 운동할 수 있는 능력을 가진 것으로, 물이나 흙을 비롯해서 그런 종류의 다른 것들은 그 반대의 성질을 가진 것으로 활용하기 때문이다.

---

54 질료적 원리와는 다른 원리를 가리킨다.

55 위의 983a30에 대한 각주 참고.

56 탈레스, 아낙시메네스, 헤라클레이토스 등을 가리킨다.

57 엘레아(Elea)의 철학자들을 가리킨다.

58 D-K, 28 B 7, 8 참고.

59 파르메니데스(Parmenides)는 D-K 28 B 8의 53행에서 '죽을 수밖에 없는 자'들이 감각세계를 설명하기 위해 '두 형태'(*dyo morphai*)를 끌어들인다고 말한다. 이에 대한 아리스토텔레스의 해석에 대해서는 986b31 아래를 보라. 더 자세한 논의로는 Ross, *Metaphysics* I, pp. 133～34 참고.

이런 사람들과 그런 종류의 원리들이 득세한 뒤, 그것들이 있는 것들의 본성을 생겨나게 하는 데 충분치 않았던 까닭에 사람들은 다시 — 앞서 말했듯이 — 진리 자체의 힘에 강제로 이끌려 또 다른 원리를 찾게 되었다. 왜냐하면 있는 것들 가운데 어떤 것들은 좋고 아름다운 상태에 있으며 또 어떤 것들은 생성을 통해 그런 상태에 도달하는데, 불이나 흙을 비롯해서 그런 종류의 다른 어떤 것이 그 원인이라는 것은 그럴듯하지 않고, 앞서 말한 사람들도 그렇게는 생각하지 않았기 때문이다. 또한 그토록 대단한 일을 자생성이나 우연[60] 탓으로 돌리는 것도 옳지 않았다. 그래서 어떤 사람이, 생명체들의 경우에 그렇듯이 자연 안에도 코스모스와 모든 질서의 원인으로서 지성이 내재해 있다고 말하자,[61] 그는 앞 세대 사람들의 임기응변과 비교해 볼 때 마치 깨어 있는 사람처럼 보였다. 그렇다면 우리가 알기에 아낙사고라스는 분명히 이런 이론을 택했지만, 클라조메나이의 헤르모티모스[62]가 먼저 그런 주장을 했다고 생각할 만한 근거가 있다. 따라서 이렇게 믿었던 사람들은 아름다운 상태의 원인을 동시에 있는 것들의 원리로 내세웠고, 그런 종류의 원리를 있는 것들에게서 일어나는 운동의 출처로 삼았다.

4. 하지만 그들이 그런 원인들을 다루는 방식은 적절치 않았다

헤시오도스가 처음 그런 종류의 원리를 탐구했다고 추측하는 사람이 있을 수도 있고, 에로스나 욕구를 있는 것들 안에 내재하는 원리로 내세

60 '자생성'(*to automaton*)이나 '우연'(*tychē*)에 대해서는 VII권 7장, 9장과 XI 8, 1065a27-b4 참고.

61 D-K, 59 B 12 참고.

62 클라조메나이(Klazomenai)의 헤르모티모스(Hermotimos)의 이런 주장에 대한 확실한 전거는 없다. 『영혼론』 I 2, 404a25에도 지성(*nous*)을 도입한 인물에 대한 유보적인 발언이 있다. Ross, *Metaphysics* I, p. 136 참고.

웠던 다른 어떤 인물, 예컨대 파르메니데스 같은 사람이 그랬을 수도 있다. 왜냐하면 이 사람은 만물의 생성과정을 꾸며내면서 처음에 이렇게 말하기 때문이다.

“(모든 것을 다스리는 여신은) 모든 신 가운데 에로스를 생각해 냈다.”[63]

그에 반해 헤시오도스는 이렇게 말한다.

“모든 것 가운데 가장 먼저 카오스가 생겼고, 그 다음
가슴이 넓은 가이아와 ……
모든 불멸의 신들 가운데 남다른 에로스가 생겼다.”[64]

이렇게 말한 것은 사물들을 운동하게 하고 함께 모으는 어떤 원인이 있는 것들 가운데 주어져 있어야 한다고 생각했기 때문이다. 그런데 누가 맨 처음 그런 생각을 했는지를 두고 이들 사이에 어떤 선후관계를 세워야 할지에 대해 판별하는 일은 나중으로 미루자. 하지만 자연 안에는 분명 좋은 것들과 반대되는 것들도 있어서 질서와 아름다움뿐만 아니라 985a
무질서와 추함도 있고 나쁜 것들이 좋은 것들보다 더 많고 못난 것들이 아름다운 것들보다 더 많기 때문에, 또 어떤 사람은 사랑과 싸움을 끌어들여 이것들 각각을 위에서 말한 두 부류 하나하나의 원인으로 삼는다.[65] 왜냐하면 만일 우리가 엠페도클레스를 따르면서 그가 서툴게 말했던[66] 점들은 제쳐두고 그의 기본생각을 취한다면, 우리는 사랑이 좋은 것들의 원인이고 싸움은 나쁜 것들의 원인임을 발견할 것이기 때문이다. 따라서 만일 우리가, 어떤 뜻에서는 엠페도클레스가 좋음과 나쁨을 두 원리로 주장했고 또 맨 처음 그렇게 주장했다고 말한다면, 이는 옳은 말일 수 있

---

63 D-K, 28 B 13 참고.

64 헤시오도스(Hesiodos), 『신들의 계보』(*Theoginia*) 116~20 참고.

65 질서(*taxis*)나 아름다움(*to kalon*)을 비롯한 좋은 것들(*ta agatha*)의 원인으로서 사랑(*Philia* 혹은 *Philotēs*)에 대해서는 D-K 31 B 35, 13과 B 122, 2를, 무질서(*ataxia*)나 추함(*to aischron*)을 비롯한 나쁜 것들(*ta kaka*)의 원인으로서 싸움(*Neikos*)에 대해서는 B 17, 19; B 115, 14; B 109, 3 등 참고.

66 원어 ‘psellizesthai’는 본래 어린아이들이 말할 때 그렇듯이, ‘발음이 부정확하게 말하다’라는 뜻이다. 『동물지』 IV 9, 536b8 참고.

다. 만일 모든 좋은 것의 원인은 그 자체도 좋은 것이고 〔나쁜 것의 원인은 그 자체도 나쁜 것이라고〕 말한다면 그렇다.

그렇다면 이 사람들은, 우리가 말하듯이, 우리가 자연에 대한 저술에서[67] 나누었던 두 가지 원인, 즉 질료와 운동의 출처를 어느 정도 포착한 것이 분명하지만, 그 점에서 모호할 뿐 전혀 분명치 않아서 마치 훈련이 안 된 사람들이 전쟁터에서 하는 것과 같은 행태를 보여주었다. 왜냐하면 그들은 좌충우돌 가끔 멋진 타격을 가하긴 하지만, 학문적 인식에 의거해서 그렇게 하는 것은 아닌데, 앞 세대의 사람들 역시 자기들이 무엇을 말하고 있는지 알지 못했던 것 같기 때문이다. 분명 그들은 그런 원리들을 거의 활용하지 않으며, 그렇지 않으면 미미하게 활용하고 있을 뿐이다. 왜냐하면 아낙사고라스는 세계질서를 설명하기 위해 지성을 기계장치[68]로 활용하는데, 어떤 원인에 의해 어떤 것이 필연적으로 있는가라는 의문에 맞닥뜨리면 그는 지성을 끌어들이지만, 나머지 경우에는 지성이 아니라 다른 모든 것을 생성하는 것들의 원인으로 삼기 때문이다.[69] 엠페도클레스는 이보다 더 많이 두 가지 원인들을 활용하지만, 이는 충분치 않고 그 원인들을 다루면서 일관된 설명을 찾아내지도 못한다. 왜냐하면 그에 따르면 적어도 여러 경우에 사랑은 분리를 낳고 싸움은 결합을 낳기 때문이다. 그 이유는 이렇다. 싸움에 의해 모든 것이 요소들로 갈라질 때 언제나 불이 함께 결합하여 하나가 되고 다른 요소들도 모두 그렇다. 하지만 다시 사랑에 의해 그 요소들이 함께 모여 하나가 될 때는 언제나 그 각각으로부터 부분들이 다시 분리될 수밖에 없다.[70]

---

67 『자연학』 II권 3장과 7장 참고.

68 '기계장치'(*mechanē*)는 비극의 마지막 장면에서 분규를 해결하기 위해 등장하는 신을 태운 장치를 가리킨다. 에우리피데스(Euripides)의 비극에서 사용되었는데, 예컨대 『메데아』(*Medea*)나 『헬레나』(*Helena*) 등의 마지막 장면에 이 'deus ex machina'가 등장한다.

69 아낙사고라스(Anaxagoras)의 이런 일관성 없는 태도에 대해서는 플라톤의 『파이돈』(*Phaedo*) 98BC와 『법률』(*Leges*) 967B-D도 함께 참고.

70 엠페도클레스에 따르면, 사랑이 결합의 힘이고 싸움은 분리의 힘이다(D-K, 31 B 17).

그런데 엠페도클레스는 그의 선배들과 달리 그런 원인을 나누어 끌어들인 첫 번째 사람으로서, 운동의 원리를 하나만 내세운 것이 아니라 서로 반대되는 운동에 대해 서로 다른 원리들을 내세웠고, 또한 질료적 형태의 요소들이 넷이라고 말한 첫 번째 인물이다. 하지만 그는 이 넷을 다 활용하지는 않고 그것들이 마치 둘에 지나지 않는 것처럼 다루는데, 그는 불을 그 자체로 다루고 그것과 대립하는 것들, 즉 흙과 공기와 물을 단일한 자연물처럼 다룬다. 그의 시들을 살펴보면 이것을 알 수 있을 것이다.[71]

우리의 말대로 이 철학자는 이렇게 생각했고 방금 말한 만큼의 원리들에 대해 이야기했다. 하지만 레우키포스와 그의 동료 데모크리토스는 충만한 것과 공허한 것을 요소들이라고 부르면서, 〔하나를 있는 것, 다른 하나를 있지 않은 것이라고 말하고〕 그 가운데 충만하고 단단한 것을 있는 것이요, 공허한 것을 있지 않은 것이라 하고(공허한 것도 물체에 못지않게 있다는 이유를 들어 그들은 있는 것이 있지 않은 것보다 있음의 정도가 결코 더 높지 않다고 말한다), 이것들을 일컬어 있는 것들의 질료적 원인이라고 말한다. 그리고 밑에 놓인 실체가 하나라고 여기는 사람들은 그것이 겪는 여러 양태에 의해서[72] 다른 모든 것들이 생겨난다고 보고 느슨함과 조밀함을 그런 양태들의 원리들로 내세우는데, 이와 똑같은 방식으로 이들 역시 (요소들의) 차이들이 다른 것들의 원인이라고 말한다. 그런데 그들

하지만 이에 대해 아리스토텔레스는 그 반대작용이 있을 수도 있다고 말한다. 이 말은 아마도 이렇게 풀이할 수 있을 것이다. 예컨대 불이나 물이 자연물들 가운데 흩어져 있다가 그 자연물들로 분리되어 하나로 모이면 이때 결합의 힘으로 작용하는 사랑은 동시에 자연물들을 분리시키는 힘이 되고, 불, 물, 공기, 흙 등의 부분들이 분리되어 서로 뒤섞여 이로부터 하나의 통일된 자연물이 생긴다면, 그런 분리과정에서 작용하는 힘인 싸움은 동시에 자연물들을 결합하는 힘이 되기 때문이다.

71 D-K, 31 B 62 참고. 엠페도클레스의 저술 『자연에 관하여』(*Peri Physeōs*)는 서사시의 운율인 육음보(*hexameter*)를 취한 교훈시(*didactic poem*)이기 때문에 'ek tōn epōn'이라는 표현이 쓰였다. 『시학』 2, 1447b17 아래 참고.

72 여기서 아리스토텔레스는 '밑에 놓인 실체'(*hypokeimenē ousia*)나 '양태들'(*pathē*)과 같은 자신의 철학 개념들을 빌어 원자론을 설명하고 있다.

은 차이에는 세 가지, 즉 모양과 질서와 위치가 있다고 말한다. 왜냐하면 그들의 주장에 따르면 있는 것은 오직 리듬과 상호접촉과 회전에 의해서 차이가 나기 때문이다. 그 가운데 리듬은 모양이고 상호접촉은 질서이며 회전은 위치이다.[73] 왜냐하면 A는 N과 모양이 다르고, AN은 NA와 질서가 다르며 Z는 N과 위치가 다르기 때문이다. 운동에 대해서 말하자면, 그것의 출처가 무엇이고 그것이 어떻게 있는 것들에 속하는지에 대해 그들 역시 다른 사람들과 비슷하게 등한시해서 제쳐두었다.

그렇다면 우리가 말하듯이, 두 가지 원인에 관한 한 선대 사람들은 이 정도의 탐구를 진행했던 것 같다.

5. 피타고라스학파와 엘레아학파. 피타고라스학파는 모호하게나마 형상인을 알았다

그들과 같은 시대에 그들보다 앞서 살았던 이른바 피타고라스학파는 처음으로 수학적인 학문들을 취해 이것들을 발전시켰다. 그리고 그들의 생각은 거기서 성장했기 때문에, 그런 것들의 원리들이 있는 것 모두의 원리들이라고 생각했다. 한편 그런 원리들 가운데서는 수들이 본성적으로 첫째가는 것이기 때문에, 그들은 불이나 흙이나 물보다는 수들 안에서 있는 것들이나 생겨나는 것들과의 닮은 점들을 바라본다고 생각했으니, 곧 수들의 이런저런 양태는 정의이고, 이런저런 양태는 영혼이나 지성이며, 다른 어떤 양태는 일의 고비이며 다른 것들 하나하나도 이와 마찬가지라고 생각했다. 그들은 또한 화성의 양태들과 비율들이 수 안에서

73 '모양'(*schēma*), '질서'(*taxis*), '위치'(*thesis*)는 각각 '리듬'(*rhythmos*), '상호접촉'(*diathigē*), '회전'(*tropē*)에 해당한다. 이런 세 종류의 차이 가운데 원자의 불변적 특징을 이루는 것은 모양뿐이다. 이에 대해서는 Ross, *Metaphysics* I, p. 140과 VIII 2, 1042b11 아래를 함께 참고.

표현될 수 있다고 보았다.[74]

그런데 다른 것들은 그 본성 전체가 수들을 닮은 것처럼 보였지만, 자연 전체에서는 다시 수들이 첫째가는 것으로 보였기 때문에, 그들은 수들의 요소들이 있는 것 모두의 요소들이라고 믿었고 우주 전체가 화성이자 수라고 믿었다. 그들은 수들이나 화성들 가운데, 우주의 양태들이나 부분들이나 우주의 전체 짜임새와 비교해서 그것들과 이론적 일치점을 보이는 것들이 있으면 그것들을 함께 모아 짜 맞추었다. 그리고 만일 어딘가 틈이 있으면, 그들은 전체적으로 완결된 연구가 되도록 하는 데 온 힘을 기울였다. 예컨대 그들은 10이 완전수이고 수들의 모든 본성을 포괄하고 있다고 생각해서 천상의 행성들의 수가 10이라고 말했는데, 눈에 보이는 것이 9개에 불과하므로 10번째 대지성(對地星)을 지어냈다. 이에 대해서는 다른 곳에서 더 자세하게 논의한 바 있다.[75]

하지만 우리가 검토하는 목적은 그들이 원리들로 내세운 것들이 어떤 것이고 어떻게 이것들이 앞서 말한 원인들에 속하는지를 그들에게 배우려는 데 있다. 분명 이들 역시 수가 원리이며 이것이 있는 것들의 질료이자 그것들의 속성이자 상태들이라고 생각했다. 한편, 그들에 따르면 수의 요소들은 홀수와 짝수이고, 이 가운데 앞의 것은 유한하고 뒤의 것은 무한하며, 하나는 (홀수이면서 짝수이기 때문에)[76] 그 둘로 이루어져 있는 반면, 수는 하나로부터 유래하는데, 우주 전체가 수들이다.

---

74 8도 음정, 5도 음정, 4도 음정은 각각 '2:1', '3:2', '4:3'의 수적인 관계로 표현된다. 그런 뜻에서 화성(*harmonia*)은 수들의 양태들(*pathē*)이다. 피타고라스학파는 기본 음정들이 수 1, 2, 3, 4 사이의 비율(*logos*)로 표현될 수 있음을 발견했고, 이 네 정수를 합한 10이 완전수라고 보았다.

75 이에 대해서는 『천체론』 II권 13장과 부분적으로 전승된 단편 『피타고라스학파에 대하여』(*De Pythagoreis*) 1513a40-b20 참고.

76 어떤 뜻에서 홀수(*to artion*)는 유한하고(*peperasmenon*) 짝수(*to peritton*)는 무한한지(*apeiron*)는 분명치 않다. 이에 대한 여러 가지 가능한 해석으로는 Ross, *Metaphysics* I, p. 148 참고. 1은 홀수에 더하면 짝수가 되고, 짝수에 더하면 홀수가 되기 때문에 홀수이면서 짝수라고 보았던 것 같다.

이 학파에 속한 다른 사람들은 원리가 10개라고 말하면서 그것들을 두 축으로 나누었는데, 다음과 같은 것들이 그에 해당한다.

한계	무한자
홀수성	짝수성
하나	다수
오른쪽	왼쪽
수	암
정지	운동
곧음	굽음
빛	어둠
좋음	나쁨
정사각형	직사각형

크로톤의 알크마이온[77]도 이런 방식으로 생각했던 것 같은데, 그가 앞서 말한 사람들에게서 그 이론을 취했거나 이 사람들이 그에게서 그 이론을 받아들였거나 둘 중의 하나이다. 왜냐하면 〔피타고라스가 늙었을 때 장년에 이른〕 알크마이온은 그들과 비슷한 방식으로 주장을 천명했기 때문이다. 즉, 그는 인간과 관련된 여러 가지 것들을 둘로 나누지만, 방금 비교한 다른 사람들처럼 (수적으로) 규정된 반대관계들을 주장하는 것이 아니라 그저 임의적인 것들, 예컨대 하양과 검정, 단것과 매운 것, 좋음과 나쁨, 큼과 작음을 내세운다. 그래서 알크마이온은 나머지 대립자들에 대해서는 불확정적으로 대강의 생각을 펼친 데 반해, 피타고라스학파
986b 는 반대상태의 수가 얼마이고 그에 해당하는 것들이 어떤 것들인지 분

77 크로톤(Kroton)의 알크마이온(Alkmaion)은 기원전 500년을 전후해서 활동했던 의사이자 자연학자이다. 피타고라스의 제자였거나 적어도 그와 친분이 있었던 것으로 보인다.

명히 밝혔다.

그렇다면 그 양측으로부터[78] 우리는 반대자들이 있는 것들의 원리들이라는 사실만큼은 취할 수 있다. 하지만 그 수가 얼마이고 그에 해당하는 것들이 어떤 것인지는 한쪽 사람들에게서 취할 수 있다. 하지만 이 원리들이 앞서 말한 원인들과 어떻게 함께 묶일 수 있는지에 대해서는 그들은 분명하게 규정하지 않았으니, 그들은 그 요소들을 질료적 형태로 분류한 것 같다. 왜냐하면 그들의 말에 따르면 실체는 그것들을 내재적 부분들로 삼아 이루어져 있기 때문이다.

이런 논의들을 근거로 삼아 우리는 자연의 요소들이 여럿이라고 말한 옛 사람들의 생각을 충분히 살펴볼 수 있다. 그에 반해 모든 것이 하나의 자연물이라고 천명한 사람들이 있는데, 주장의 유려함이나 자연과의 일치성에 비추어 볼 때 이들이 모두 똑같지는 않다. 이들에 관한 논의는 원인들에 대한 현재의 고찰에 전혀 부합하지 않는다. 왜냐하면 그들은 몇몇 자연연구자들처럼 있는 것이 하나라고 전제하면서도 그 하나를 질료로 삼아 그것으로부터 있는 것이 생겨난다고 보는 것이 아니라 다른 방식으로 주장하기 때문이다. 자연연구자들이 운동을 덧붙여 모든 것이 생성한다고 주장하는 데 반해, 이들은 어떤 것도 운동하지 않는다고 말한다. 그렇지만 다음과 같은 정도의 논의는 현재 우리의 고찰에 적절하다. 즉, 파르메니데스는 정식에 따라서[79] 하나인 것을 취한 반면, 멜릿소스는 질료의 측면에서 하나인 것에 매달렸다. 그 때문에 한 사람은 하나가 유한하다고 말하는 데 반해, 다른 사람은 그것이 무한하다고 말한다.[80] 그

78 알크마이온과 피타고라스학파를 말한다.

79 986b14의 'kata ton logon'은 말 그대로 옮기면 '로고스에 따라서'이다. 하지만 이때 '로고스'는 다양한 뜻을 갖기 때문에 '정식에 따라서', '정의에 따라서' 또는 '논리적으로' 등으로 옮길 수 있다. 986b32의 경우도 마찬가지다. 파르메니데스의 다음 단편을 참고(D-K 28 B 7f.). "초점 없는 눈과 울림이 가득한 귀와 혓바닥을 이리저리/ 놀리지 말고, 내가 말한 논란 많은 반박을 로고스(*logos*)를 가지고/ 판단하라. (그러면) 오직 있다의 길이 말할 거리로 남느니라 (……)."

80 『자연학』 I 2, 185a32-b3, III 6, 207a15-7 참고.

런가 하면 크세노파네스는 이들 가운데 첫 번째로 하나를 인식한 사람인데 (왜냐하면 사람들 말에 따르면 파르메니데스는 그의 제자이기 때문이다) 분명하게 밝힌 것은 아무것도 없고, 그 둘 가운데 어느 하나의 본성도 건드리지 못한 것 같다. 그는 우주 전체에 눈을 돌려 신은 하나라고 말했을 뿐이다. 그러므로 이들은, 우리가 이미 말했듯이, 현재의 탐구에서 제쳐두어야겠다. 그 가운데 두 사람, 즉 크세노파네스와 멜릿소스는 상대적으로 더 투박하기 때문에 완전히 제쳐두어야겠지만, 파르메니데스는 더 높은 통찰을 가지고 주장을 펼친 것 같다. 왜냐하면 그는 있는 것 이외에 있지 않은 것은 결코 있지 않다고 주장하면서, 하나, 즉 있는 것은 필연적으로 있지만 다른 것은 전혀 없다고 생각한다(이 점에 대해서는 우리가 자연에 대한 저술[81]에서 더욱 더 분명하게 논의한 바 있다). 하지만 그는 어쩔 수 없이 현상적인 것들을 따를 수밖에 없게 되자 정식에서 보면 하나가 있지만 감각의 측면에서는 여럿이 있다고 가정하고서 다시 두 원인과 두 원리를 내세우면서, 열기와 냉기, 즉 불과 흙을 든다. 그리고 그는 이
987a 것들 가운데 열기는 있는 것 편에, 다른 하나는 있지 않은 것 편에 배치한다.

그렇다면 앞서 했던 이야기들과, 우리가 옆에서 함께 의논했던 지혜로운 사람들로부터 우리는 이상의 것을 파악했다. 지혜를 가졌던 최초의 사람들은 원리를 질료적인 것으로 여겼는데 (왜냐하면 물과 불과 그런 종류의 것들은 물체이기 때문이다), 이들 가운데 어떤 사람들은 질료적 원리가 하나라고 본 반면, 어떤 사람들은 여럿이라고 보았다. 하지만 그럼에도 불구하고 양쪽 사람 모두 그런 원리들을 질료적 형태를 가진 것으로 여겼다. 하지만 또 어떤 사람들은 그런 원리에 덧붙여 운동의 출처가 되는 원리를 내세웠는데, 이들 가운데 어떤 사람들은 그런 원리를 하나로 보았고 어떤 사람들은 둘로 보았다.

그런데 이탈리아의 철학자들이 등장하기까지 이들과 독립적으로 다

81 『자연학』 I권 3장 참고.

른 철학자들은 이런 문제들에 대해 훨씬 더 모호하게 이야기했으니, 앞서 우리가 말했듯이 이들은 사실상 두 가지 종류의 원인을 활용했고, 그 가운데 하나, 즉 운동의 출처를 놓고 어떤 사람들은 그것이 하나라고 주장했고, 어떤 사람들은 둘이라고 주장했다. 그러나 피타고라스학파는 이와 동일한 방식으로 두 가지 원리가 있다고 말했지만, 그들의 고유한 이론을 덧붙였으니, 그들은 유한자와 무한자가 불이나 흙이나 그런 종류의 다른 어떤 것과 같은 성질을 지닌 다른 어떤 자연물들이 아니라 무한자 자체와 하나 자체는 그것들을 술어로 갖는 것들의 실체라고 생각했고, 그런 이유에서 수 역시 모든 것의 실체라고 생각했던 것이다. 이제 그들은 이런 문제들에 대해 이런 방식으로 생각을 천명했고, 또한 ‘무엇’[82]에 대해서 말하고 정의하기 시작했지만, 문제를 너무 단순하게 다루었다. 왜냐하면 그들은 피상적인 정의를 내렸고, 진술된 정의가 속할 수 있는 첫 번째 것, 바로 이것을 사물의 실체로 간주했기 때문인데, 이는 마치 어떤 사람이 ‘두 배’는 가장 먼저 2들에 속한다는 이유를 들어 두 배와 2가 동일하다고 생각하는 것과 마찬가지다. 하지만 이유로 든 사실이 옳다고 해도 두 배임과 2임[83]은 동일하지 않을 것이다. 만일 그것들이 동일하다면, 하나가 여럿이 될 터인데, 그들은 실제로 그런 결과에 이른다.[84] 그렇다면 최초의 철학자들과 〔그 뒤의 다른 사람들로부터〕 취할 수 있는 것은 이 정도이다.

---

82 ‘무엇’이라고 옮긴 ‘ti esti’의 쓰임과 의미에 대해서는 VII 1, 1028a16 아래 참고.

83 ‘두 배임’과 ‘둘임’은 각각 ‘to einai diplasiōi’와 ‘〈to einai〉 dyadi’를 옮긴 것이다. 예컨대 “4는 2의 두 배이다”라고 말하거나 “8은 4의 두 배이다”라고 말한다면, ‘두 배임’(*to be double*)이 그 두 진술에서 술어의 자리에 온다. 그리고 이 술어를 두고 우리는 그 ‘두 배임’이란 ‘무엇’인가라고 물을 수 있다. 이런 물음에 대한 대답내용은 곧 ‘두 배임’에 대한 정의(*horismos*)가 될 터인데, 이 정의내용을 표현하는 것이 ‘to einai diplasiōi’, 즉 두 배임의 본질이다. 이런 뜻의 ‘~임’의 용법에 대해서는 VII 4 참고.

84 예컨대 1은 점과 지성, 4는 정의(正義)와 입체, 2는 영혼과 믿음(의견)이 되는 등 하나의 수가 여럿이 된다. 위의 985b29 아래 참고.

6. 플라톤의 철학. 이 철학은 질료인과 형상인만을 활용한다

지금까지 말한 철학들에 뒤이어 플라톤의 연구가 출현했는데, 이 연구는 많은 점에서 앞 사람들을 따랐지만 이탈리아의 철학자들과 구별되는 고유한 점들이 있다. 플라톤은 젊은 시절 처음으로 크라튈로스와 헤라클레이토스의 의견들에 친숙하게 되었다. 이런 의견들에 따르면 모든 감각물은 언제나 흘러가는 상태에 있어서 이것들에 관한 학문적 인식은
987b 존재하지 않는데,[85] 그는 나중까지 이런 생각을 그대로 견지했다. 하지만 소크라테스는 윤리적인 것들에 대해서 연구하면서 자연 전체에 대해서는 아무 관심도 두지 않았지만, 윤리적인 것들에서 보편자를 찾고, 최초로 정의들에 생각의 방향을 맞추었다. 플라톤은 그의 가르침을 받아들이면서 다음과 같은 이유 때문에 정의는 감각물들이 아니라 그와 다른 것들에 대해서 성립한다고 생각했다. 즉, 그는 감각물들은 언제나 변화하고 있기 때문에 그것들 중 어떤 것에 대해서도 공통의 정의가 있을 수 없다고 생각했던 것이다. 플라톤은 그런 종류의 있는 것들을 이데아들이라고 불렀고, 모든 감각물은 그것들과 떨어져 있으면서 그것들에 따라서 이름을 얻는다고 말했다.[86] 형상들과 같은 이름의 여러 사물들은 관여에 의해 있기 때문이라는 것이다.[87] 그러나 그는 '관여'란 말을 쓰면서 이름만 바꿨을 뿐이다. 왜냐하면 피타고라스학파는 있는 것들이 수들의 모방에 의해서 있다고 말하는데, 플라톤은 이름만 바꾸어, 관여에 의해서 있다고 말하기 때문이다. 그렇지만 형상들에의 관여나 모방이 어떤 것인지는 공동의 탐구과제로 남겨두었다.

더 나아가 플라톤은 감각물들과 형상들 이외에 이것들 중간에 수학적

---

85 IV 5, 1010a10 아래 참고.

86 987b8-9: "ta d' aisthēta para tauta kai kata tauta legesthai panta".

87 예거(Jaeger)를 따라 사본의 'polla tōn synonymōn'을 빼고 읽었다. 형상들과 그것들에의 '관여'(*methexis*)에 대해서는 예컨대 『파이돈』 100C를 보라.

인 것들[88]이 있다고 말하면서, 이것들은 영원하고 운동하지 않는 점에서는 감각물들과 다르지만, 형상 그 자체는 각각 하나뿐인데 비해 수학적인 것들은 같은 것이 여럿 있다는 점에서 형상들과 다르다고 한다.

형상들이 다른 것들의 원인이라는 이유를 들어 그는 그 형상들의 요소들이 있는 것 모두의 요소들이라고 생각했다.[89] 그래서 질료라는 뜻에서는 큼과 작음이 원리들이고 실체라는 뜻에서는 하나가 원리라는 말인데, 왜냐하면 그것들을 출처로 해서[90] 하나에 관여함으로써 형상들이 존재하기 때문이라는 것이다.[91] 하지만 하나는 실체이지 다른 어떤 것에 대해 진술되는 술어가 아니라고 말하는 점에서 그는 피타고라스학파와 비슷하게 주장했으며,[92] 또한 수들이 다른 것들의 실체의 원인들이라고 말하는 점에서도 이 학파와 같은 입장을 취한다. 하지만 그는 무한자를 하나로 보는 대신 둘을 내세워 무한자가 큼과 작음으로 이루어진다고 보는데, 이 점은 플라톤에 고유한 점이다.[93] 또한 플라톤은 수들이 감각물들과 떨어져서 존재한다고 말하는 반면, 피타고라스학파는 사물들이 그 자체로서 수들이라고 말하면서[94] 수학적인 것들을 형상들과 감각물들

88 '수학적인 것들'(*ta mathēmatika*)이란 '예컨대 수나 선이나 그와 동류의 것들'을 가리킨다. 즉, 수나 기하학적 도형과 같은 수학의 대상들을 가리킨다. XIII 1, 1076a18 참고.

89 형상들(*eidē*)에 대한 이론은 형상들의 요소들(*stoicheia*)에 대한 이론으로 발전한다. 이어지는 논의는 이른바 '쓰이지 않은 이론'(*Die ungeschriebene Lehre*)의 내용을 이룬다.

90 987b21의 'ex ekeinōn'에서 쓰인 전치사 'ex'(*from*)는 질료적인 부분을 가리킨다. V 24, 1023a26-9를 보라.

91 형상들은 모두 큼과 작음(*to mega kai to mikron*)을 질료로 삼고, 하나(*hen*)에 관여함으로써 존재한다는 말이다. 그런 점에서 다음과 같은 유비적 관계가 성립한다. 감각물: 물질적 질료: 형상 = 형상: 큼과 작음: 하나. 아래의 988a10-1과 988b4-5 참고.

92 '하나'(*hen*)의 존재론적 지위에 대한 피타고라스학파와 플라톤의 이론은 아리스토텔레스의 생각과 반대된다. 아리스토텔레스에 따르면, '하나'는 가장 보편적인 술어일 뿐 어떤 것의 실체도 아니다. III 4, 1001a4 아래와 VII 16, 1040b16 아래 참고.

93 형상들이 존재하는 데 질료 구실을 하는 '큼과 작음'(*to megalon kai mikron*)은 '둘'(*dyas*), '무한자'(*to apeiron*) 등으로 불린다.

94 아래의 990a22 아래 참고.

중간에 놓지 않는다. 그런데 그가 하나와 수들을 사물들과 떨어져 있는 것으로 보는 점은 피타고라스학파와 같지 않고, 그가 형상들을 도입한 것은 정의들을 통해 이루어지는 고찰 탓이며[95] (왜냐하면 앞 세대 사람들은 변증술에 관여하지 않았기 때문이다) 그가 둘을 하나와 다른 별개의 실
988a 체로 만든 것은 수들이 — 소수(素數)들을 제외하고는[96] — 마치 거푸집에서 생겨나듯 그것으로부터 쉽게 생겨난다고 믿었기 때문이다.

하지만 실제 결과는 그와 반대인데, 그의 주장은 이치에 맞지 않기 때문이다. 왜냐하면 그들은 질료로부터 여럿이 생겨나는 데 반해 형상은 단 한 번 다른 것을 낳는다고 주장하지만, 현상적으로 보면 하나의 질료로부터는 하나의 탁자가 생겨나지만 형상을 부여하는 사람은 혼자서 여럿을 만들어내기 때문이다. 암수의 관계도 이와 마찬가지다. 왜냐하면 암컷은 한 차례의 교접에 의해 임신을 하지만, 수컷은 여러 상대를 임신시키기 때문이다. 하지만 이것들은 앞서 말한 원리들의 닮은꼴들이다.[97]

그렇다면 플라톤은 우리가 찾는 것들과 관련해서 이런 설명을 했다. 즉, 지금까지 말했던 것을 통해서 볼 때 분명한 점은 그가 두 가지 원인, 즉 '무엇'이라는 뜻의 원인과 질료라는 뜻의 원인만을 활용했다는 사실이다(왜냐하면 형상들은 다른 사물들에 있어서 '무엇'의 원인이고, 형상들에

---

95 '정의들을 통해 이루어지는 고찰'(*dia tēn en tais logois skepsin*)에 대해서는 『파이돈』 99E 참고.

96 Ross, *Metaphysics* I, pp. 173~74 참고. 로스에 따르면, 아리스토텔레스의 발언은 사실에 잘 부합하지 않는다. 실제로 1과 무한자인 둘로부터 아무 문제없이 생겨날 수 있는 것은 2와 이것의 멱수들뿐이다. XIV 3, 1091a9-12 참고. 『파르메니데스』 143C-144A에 따르면, 3은 1과 2의 덧셈에 의해서 생기고 (여기서 말하는 2는 2라는 수를 가리키는 것이지 — 아리스토텔레스가 말하는 것처럼 — 무한자인 2가 아니다) 3보다 더 큰 수들은 2와 3을 곱해서 얻는다. 소수들도 예외가 아니다. 플라톤은 마치 더 큰 수들이 모두 곱셈을 통해 얻어질 수 있는 것처럼 말한다. 플라톤의 저술 어디에도 아리스토텔레스가 여기서 말하는 것에 꼭 들어맞는 것은 없다.

97 수컷과 암컷은 각각 플라톤이 말하는 하나와 둘을 닮았다는 점에서 '원리들의 닮은꼴들'(*mimēmata tōn archōn*)이라고 불린다. 아리스토텔레스의 생물학에 따르면, 수컷과 암컷은 각각 형상과 질료를 제공한다. 『동물발생론』 I 20, 729a9-10; II 4, 738b26 아래 참고. 'mimēmata'는 '모방물들'이라고도 옮길 수 있겠다.

있어서는 하나가 그런 원인이기 때문이다).[98] 기체에 해당하는 질료가 어떤 것인지도 분명한데, 감각물들의 경우에는 형상들이 그것들에 대해 술어가 되고 형상들의 경우에는 하나가 그것에 대해 술어가 되는데, 이 질료는 둘, 즉 큼과 작음이다. 또한 그는 좋음과 나쁨의 원인을 요소들 탓으로 돌리면서 그 가운데 하나는 한 요소의 탓으로, 다른 하나는 다른 요소의 탓으로 여겼으니, 이는 우리가 이미 말했듯이[99] 선대 철학자들 가운데 어떤 사람들, 즉 엠페도클레스와 아낙사고라스가 시도했던 작업과 다를 바 없다.

7. 네 가지 원인에 대한 여러 철학이론의 관계

어떤 사람들이 어떤 방식으로 원리들과 진리에 대해 말했는지에 대해 우리는 대강의 요점을 추려 돌이켜 보았다. 그럼에도 불구하고 우리는 이들로부터 다음과 같은 점을 얻었다. 원리와 원인에 대해 말한 사람들 가운데 어느 누구도 자연에 대한 저술에서[100] 우리가 규정한 내용 이상의 것을 말한 바 없으며, 누구나 모호하게나마 어느 정도 그것들을 건드렸음이 분명하다. 어떤 사람들은 원리가 질료라고 말하면서 하나를 전제하기도 하고 여럿을 전제하기도 하며, 그에 해당하는 것으로 물체를 내세우기도 하고 비물체적인 것을 내세우기도 한다(예컨대 플라톤은 질료에 해당하는 것으로 큼과 작음을 주장하고, 이탈리아의 철학자들은 무한자를, 엠페도클레스는 불과 흙과 물과 공기를, 아낙사고라스는 무한한 수의 동질체들을 내세운다. 사실 이들은 모두 이런 종류의 원인을 붙잡았고, 또한 공기나 불이나 물 혹은 불보다는 밀도가 높고 공기보다는 밀도가 낮은 것을 내세운 사람

98 아래의 988b4-6을 보라.
99 위의 984b15-19와 32-b10 참고.
100 『자연학』 II권 3장과 7장 참고.

들[101] 역시 마찬가지다. 왜냐하면 어떤 사람들은 첫째 요소가 그런 성질을 가진다고 말했기 때문이다).

이들이 그런 원인만을 취한 데 반해, 다른 어떤 사람들은 운동이 시작하는 출처[102]에 대해 이야기했으니, 예컨대 사랑과 싸움, 지성 또는 시작을 낳는 에로스에 대해 말한 사람들이 그렇다.

하지만 본질과 실체는 어느 누구도 분명하게 제시하지 못했으니, 그런
988b 생각에 가장 접근한 사람들은 형상들을 내세운 사람들이다. 그 이유는 이렇다. 그들은 감각물들에 대해서는 형상들을, 이데아들에 대해서는 하나를 원리로 제시하지만, 그들의 생각에 따르면 이것들은 질료도 아니고 운동의 원리도 아니다. 왜냐하면 그것들은 오히려 부동의 상태나 정지의 원인이라고 그들은 말하기 때문이다. 그들은 다른 것들 각각에 대해서는 형상들을 그것들의 본질로 제시하고, 형상들에 대해서는 하나를 그 본질로 제시한다.[103] 하지만 그들은 행동과 변화와 운동의 지향 대상이 어떤 뜻에서는 원인이지만, 그 뜻은 이런 뜻, 즉 그 본성이 원인이라고 할 때 이 말의 뜻과는 다르다고 말한다.[104] 지성이나 사랑을 주장하는 사람들은 이런 원인들을 좋은 것으로 내세우긴 하지만, 그렇다고 해서 있는 것들 가운데 어떤 것이 존재하거나 생성하는 것이 그것들을 '위해서'라고는 말하지 않고 그것들에서 시작해서 운동들이 있다고 말한다.[105] 이

101 이런 성질의 실체에 대해서는 『자연학』 I 4, 187a14와 『생성·소멸론』 II 1, 328b35; II 5, 332a21에서 언급된다. 누가 이런 실체를 내세웠는지에 대해서는 이미 오래전부터 논란이 있었다. 알렉산더(Alexander)(60.8)는 아낙시만드로스의 무한자를 그런 성질의 실체로 보았지만, 그 근거는 약하다. 로스(*Metpahysics* I, p. 178)의 추측대로 아낙시메네스의 추종자들이 그런 실체를 내세웠다고 보는 것이 더 신빙성이 있다.

102 '운동이 시작하는 출처'(*hothen hē archē tēs kinēseōs*)에 대해서는 983a30에 대한 각주 참고.

103 위의 988a10 아래와 987b22에 대한 각주 참고.

104 988b7-8의 'houtō de ou legousin oud' honper pephyken'은 우리말로 옮기기 쉽지 않다. 그 뜻은 지향 대상(*to hou heneka*)이 질료나 형상이라는 뜻에서가 아니라 목적이라는 뜻에서 원인이라는 말이다.

105 아낙사고라스가 내세운 '지성'(*nous*)이나 엠페도클레스가 내세운 '사랑'(*philia*)은 목

와 똑같이 하나와 있는 것을 주장하는 사람들도 이런 종류의 자연적 원리가 실체의 원인이라고 말하지만, 그렇다고 해서 실체가 존재하거나 생성하는 것이 그것을 '위해서'라고는 말하지 않으며, 결국 그들은 좋음을 원인이라고 주장하면서도 어떤 뜻에서는 주장하지 않는 결과에 이른다. 왜냐하면 그들은 무제한적인 뜻에서가 아니라 부수적인 뜻에서 좋음을 원인으로 내세우기 때문이다.[106]

이 모든 이들은, 비록 또 다른 원인에 손을 대는 데까지 능력이 미치지 못했지만, 원인들의 수나 종류에 대한 우리의 규정이 옳다는 사실에 대해서 증인 노릇을 하는 것 같다. 게다가 원리들에 대한 탐구는 이 모든 원리들을 탐구하거나 아니면 그 가운데 어느 한 종류의 원인을 탐구하는 것이어야 한다는 사실도 분명하다. 이제 이와 관련해서 생겨날 수 있는 의문들, 즉 위에서 말한 사람들이 각각 어떤 말을 했고 그들이 원리들에 대해 어떤 입장을 취했는지에 대해서 자세히 검토해 보자.

8. 플라톤 이전 철학자들에 대한 비판

모든 것이 하나라고 말하고 단일한 자연물을 질료로 내세우면서 이 질료가 물체적인 것이요 크기를 가진다고 보는 사람들은 분명 여러 가지 면에서 잘못을 범하고 있다. 왜냐하면 그들은 오로지 물체적 요소들만을 내세울 뿐 비물체적 요소들은 — 〔비물체적인 것들이 있음에도 불구하고〕[107] — 무시하기 때문이다. 그리고 그들은 생성과 소멸에 대해서 그 원인들을 제시하려 하고 모든 것에 대해 자연학적 연구를 하면서도 실

적인이라는 뜻에서가 아니라 운동인이라는 뜻에서 원인이라는 말이다.

106 좋음(*to agathon*)을 목적인으로서 이해했던 것이 아니라 그것을 그저 사랑이나 지성이 작용함으로써 발생하는 부수적 또는 우연적(*kata symbebēkos*) 결과로 파악했다는 말이다.

107 위의 988a25 참고.

제로는 운동의 원인을 부정한다. 또한 실체와 '무엇'을 어떤 것의 원인으로 내세우지 않으며, 게다가 안이하게 흙 이외의 단순한 물체들 가운데 아무것이나 골라서 이것을 원리라고 말하는데, 그것들이 상대방으로부터 어떻게 생겨나는지에 대해서는 고려하지 않는다. 내 말은 불, 물, 흙, 공기를 두고 하는 말이다. 왜냐하면 그것들은 어떤 때는 결합에 의해서 또 어떤 때는 분리에 의해서 상대방으로부터 생겨나며, 이때 어떤 것이 앞서고 어떤 것이 뒤에 오는가에 따라 엄청난 차이가 있기 때문이다. 그 이유는 이렇다. (1) 어떤 것에서 다른 것들이 생겨날 때 첫 출처가 되고 그것이 결합해서 그런 생성이 일어난다면, 그 첫 출처에 해당하는 것은 모든 것 가운데 가장 요소다운 것일 터인데, 물체들 가운데 가장 입자가 작고 가장 미세한 것[108]이 그런 성질을 가질 것이다. 이런 이유 때문에 불을 원리로 내세우는 사람들이 가장 동의할 만한 주장을 하는 셈일 것이다. 하지만 다른 사람들도 저마다 물체들의 요소가 이런 성질을 가진다는 데 동의할 것이다. 적어도 하나의 원리를 내세우는 사람들 가운데 어느 누구도 흙이 요소라고 주장하지는 않았는데, 이는 분명 흙의 입자가 크기 때문일 것이다(그에 반해 나머지 세 요소들 가운데 하나하나는 저마다 지지자[109]를 얻었으니, 왜냐하면 어떤 사람들은 불이, 어떤 사람들은 물이, 어떤 사람들은 공기가 요소라고 말하기 때문이다.[110] 하지만 많은 사람들이 그렇게 하는 것과 달리 그들이 흙도 요소라고 주장하지 않는 이유는 무엇인가? 왜냐하면 사람들은 모든 것이 흙이라고 말하고, 헤시오도스도 흙이 물체들 가운데 가장 먼저 생겼다고 말하기 때문이다.[111] 이런 믿음은 이렇듯 대중의 오래된 관념이었다). 이런 논변에 따르면 물체적 요소들을 내세우는 사람들

---

108 989a1: "to mikromerestaton kai leptotaton".

109 '지지자'라고 옮긴 'kritēs'는 본래 재판이나 경연대회 등에서 어느 한쪽의 편을 들어 판정하는 사람을 가리킨다.

110 위의 983b18 아래 참고.

111 헤시오도스의 『신들의 계보』(*Theogonia*)(116~7)에 따르면 맨 처음에는 카오스(Chaos)가 있었고, 이어서 가이아(Gaia)가 생겨나기 때문이다.

가운데 불 이외의 어떤 것을 주장하는 사람이나 공기보다는 밀도가 높고 물보다 밀도가 낮은 어떤 것을 주장하는 사람은 옳은 말을 하는 셈이 아닐 것이다. 하지만 (2) 생성에서 뒤서는 것이 본성적으로 앞서고 열처리를 통해 결합된 것[112]이 생성에서 뒤에 온다면, 우리가 말했던 것들과 반대되는 것이 옳을 것이다. 즉, 물이 공기보다 앞서고, 흙이 물보다 앞서야 한다.

우리가 말한 것과 같은 성질을 가진 하나의 원인을 내세운 사람들에 대해서는 이 정도의 이야기로 끝내자. 하지만 그런 것들을 여럿 내세우는 사람이 있다면 이 사람에게도 같은 말을 할 수 있는데, 예컨대 엠페도클레스는 네 가지 물체가 질료라고 말한다. 왜냐하면 그는 한편으로는 앞선 말한 것과 동일한 결론에 도달하며, 다른 한편으로는 그에게만 고유한 결론에 도달할 수밖에 없기 때문이다. 그 이유는 이렇다. 우리가 보기에 이것들은 상대방에게서 생겨나는데, 동일한 물체가 항상 불이나 흙의 상태에 머물러 있는 것은 아니기 때문이다(이에 대해서는 자연에 대한 저술[113]에서 이미 말했다). 또한 운동의 원인에 대해서도 그 원인으로 하나를 내세워야 할지 아니면 둘을 내세워야 할지에 대해 그는 전혀 옳은 주장을 하지도 않았고 이치에 맞게 주장하지도 않았다고 우리는 생각할 수밖에 없다. 전체적으로 볼 때 이렇게 말하는 사람들은 변이[114]를 부정하는 결과에 이를 수밖에 없으니, 왜냐하면 그들의 의견에 따르면 차가운 것은 뜨거운 것으로부터 생겨나지 않을 것이고 뜨거운 것이 차가운 것으로부터 생겨나는 일도 없을 것이기 때문이다. 왜냐하면 만일 그런 일이 실제로 일어난다면, 그런 반대자들 자체를 수동적으로 수용하는 어

112 989a16: "to pepemmenon kai synkekrimenon". 'pepsis'의 개념에 대해서는 VII 16, 1040b9에 대한 각주 참고. 『기상학』 IV 2, 380a4 참고.

113 『천체론』 III권 7장 참고.

114 아리스토텔레스에 따르면, 운동(*kinēsis*) 또는 변화(*metabolē*)에는 네 종류가 있다. 실체의 생성(*genesis*)과 소멸(*phthora*), 양의 증가(*auxēsis*)와 감소(*phthisis*), 성질의 변화로서의 변이(*alloiōsis*), 장소이동(*phora*)이 그에 해당한다. XII 2, 1069b9 아래 참고.

떤 것이 있을 것이고 불이 되고 물이 되는 하나의 자연물이 있을 터인데, 엠페도클레스는 이를 부정하기 때문이다.[115]

만일 어떤 사람이 아낙사고라스는 두 가지 요소를 말했다고 생각한다면, 이는 가장 이치에 맞는 생각일 것이다. 아낙사고라스 자신은 이런 주장을 분명하게 정식화하지 않았지만 그를 이끌어주는 사람들이 있었다면 그는 반드시 그런 생각에 따랐을 것이다. 처음에 모든 것이 뒤섞여 있었다는 말은 다른 이유를 고려해 보아도 불합리한 주장이지만, 다음과 같은 두 가지 이유에서도 그렇다. 그것이 사실이라면 모든 것이 뒤섞이지 않은 상태로 선재했어야 한다는 결론이 따라 나오고, 또 모든 것이 아무렇게나 마구 뒤섞이는 것은 본성에 맞지 않는 일이다. 더욱이 그런 의견에 따르면 양태들과 부수적인 것들이 실체들과 분리될 것이다(왜냐하면 결합과 분리는 동일한 것들에게서 일어나기 때문이다). 그렇지만 만일 우리가 그를 좇아 그가 말하려고 하는 바를 분명하게 정식화해낸다면, 그는 분명 참신한 주장을 하는 것처럼 보인다. 왜냐하면 만일 아무것도 분리되어 있지 않다면, 그런 상태에 있는 실체에 대해서 참인 진술은 아무것도 없을 것이기 때문이다.[116] 예컨대 그것은 하얗지도 않고 검지도 않으며 회색도 아니고 다른 어떤 색깔도 아니고 불가불 아무 색깔도 없을 것이라는 말이다. 왜냐하면 색깔이 있다면, 그런 색깔 중 어느 하나를 가질 것이기 때문이다. 그리고 이와 마찬가지로 동일한 논변에 의거해 볼 때 그것은 냄새도 없고 그와 같은 어떤 성질도 갖지 못할 것인데, 왜냐하면 그것은 어떤 성질을 지닌 것도 아니고 양을 지닌 것도 아니며 그 어떤 것일 수도 없기 때문이다. 왜냐하면 만일 그렇지 않다면, 개별 형상들 중에서 어떤 것이 그것에 속할 것인데, 모든 것이 뒤섞여 있는 한 그런 일은 불가능하기 때문이다. 왜냐하면 그런 형상은 처음부터 분리되어 있어야 하는데, 그의 말에 따르면 지성을 빼놓고는 모든 것이 뒤섞여 있으

115 일반적으로 989a25-30("전체적으로 …… 때문이다")은 난외주석(*gloss*)으로 간주된다.
116 IV 4, 1007b26 아래 참고.

며, 지성만이 뒤섞임이 없고 순수하기 때문이다.[117] 이로부터 그는 하나와 (왜냐하면 이것은 단순하고 뒤섞임이 없기 때문이다) 다른 것이 원리들이라고 주장하는 결과에 이르는데, 이 다른 것은 예컨대 아직 불확정적이고 특정한 형상에 관여하기 이전 상태에 놓여 있는 무한자와 같은 성질을 가질 것이다. 따라서 그의 주장은 옳지도 않고 분명하지도 않지만, 그는 나중에 사람들이 하는 말들이나 (지금에 와서) 보다 분명히 드러난 것과 비슷한 어떤 것을 의도하고 있다.[118]

하지만 이들은 생성과 소멸과 운동에 대한 논의에 안주했을 뿐인데, 왜냐하면 그들은 거의 전적으로 그런 종류의 실체에 대해서 원리들과 원인들을 탐구하기 때문이다. 하지만 있는 것 모두에 대한 이론을 내세우고, 있는 것 가운데 일부는 감각물들로 여기고 일부는 감각적이 아닌 것들로 간주하는 사람들은 그 두 부류에 대한 탐색을 수행하고 있음이 분명하다. 그런 까닭에 우리는 그들 주변에 머물면서, 지금 우리 앞에 과제로 놓여 있는 고찰과 결부시켜 볼 때 그들의 주장 가운데 옳은 것은 무엇이고 옳지 않은 것은 무엇인지 살펴보는 것이 좋을 것이다.

이른바 피타고라스학파는 자연연구자들의 경우보다 더 생소한 원리들과 요소들을 활용한다(그 이유는 그들이 감각물들 가운데서 그것들을 선택하지 않은 데 있는데, 수학적인 것들은 — 천문학의 대상들을 빼놓고는 — 운동하지 않는 것들에 속하기 때문이다). 그렇지만 그들의 논의와 연구는 모두 자연에 대한 것인데, 왜냐하면 그들은 천계의 생성을 다루며 그것 990a
의 부분들이나 양태들이나 작용들과 관련해서 천계에서 일어나는 부수적 현상을 주의 깊게 관찰하기 때문이다. 그리고 그들은 이런 것들을 설명하면서 원리들과 원인들을 사용하는데, 이때 그들은 감각적이고 이른바 하늘에 둘러싸여 있는 것만이 있는 것이라고 보는 점에서 다른 자연

117 아낙사고라스의 지성(*nous*)은 (다른 것들과) '뒤섞임이 없고'(*amigēs*) '순수하다'(*katha ros*). 이에 대해서는 D-K, 59 B 11, 12와 『영혼론』 III 5, 430a17-8을 함께 참고.

118 989a20-1은 로스를 따라 'tois nyn phainemenois mallon'으로 읽었다.

연구자들과 의견을 같이한다. 하지만 그들의 주장에 따르면, 우리가 앞서 말했듯이,[119] 그들이 내세우는 원인들과 원리들은 더 위에 있는 것들을 향해 상승하기[120]에 충분하며 자연에 대한 다른 이론들보다 그런 것들에 더욱 더 부합한다. 하지만 한계와 무한자와 홀수와 짝수가 기체로서 밑에 놓여 있을 뿐이라면 어떻게 운동이 있을 수 있는지, 또는 운동과 변화가 없이 어떻게 생성과 소멸이 가능하며 천계를 두루 거쳐 회전하는 행성들의 작용[121]이 어떻게 가능한지에 대해서 그들은 아무 말도 하지 않는다.

또한 우리가 그들에 동조해서 연장물이 그것들로 이루어져 있다는 주장을 받아들이건 이것이 증명되건 여전히 이런 의문이 생긴다. 어째서 어떤 물체들은 가벼움을, 어떤 물체들은 무거움을 갖는 것일까? 왜냐하면 그들이 내세운 전제들이나 주장들을 놓고 볼 때, 그들은 수학적인 것들은 물론 감각적인 물체들에 대해서도 아무것도 말하지 않기 때문이다. 그래서 그들은 불이나 흙이나 그런 종류의 다른 물체들에 대해서 어떤 종류의 설명도 하는 것이 없으니, 내가 생각하건대 그들은 감각적인 것들에 고유하게 적용되는 말을 할 것이 없었기 때문이다.

또한 우리는 다음과 같은 두 의견, 즉 수의 양태들이나 수가 처음이나 지금이나, 하늘에 있고 거기서 발생하는 일들의 원인이라는 것과 이 코스모스를 이루는 이 수 외에는 다른 어떤 수도 없다는 것을 어떻게 받아들여야 하는가? 이런 물음이 생기는 이유는 이렇다. 그들에 따르면 어떤 특정한 구역에는 의견과 고비가 있고,[122] 그것보다 약간 더 높거나 낮은 곳에는 불의나 판정이나 결합이 있다.[123] 그리고 그들은 논증을 통해 주

---

119 위의 989b31-3 참고.

120 990a6-7: "epanabēnai epi ta anōterō tōn ontōn".

121 위의 986a10을 보라.

122 '의견'(*doxa*)과 '고비'(*kairos*)는 각각 3(또는 2) 및 7과 동일시되었다. 그것들이 우주의 어떤 구역에 자리잡고 있는지는 확실치 않다.

123 990a23의 '약간 더 높거나 낮은 곳'(*mikron anōthen ē katōthen*)은 우주의 중심에서 더

장하기를 이것들 하나하나는 수이며, 그에 따라 바로 이 구역에는 수들로 이루어진 연장물들이 여럿 있다는 결과가 따라 나온다고 말하면서, 그런 양태들이 각자의 구역에 알맞기 때문에 그렇다고 그 이유를 댄다. 이것이 사실이라면, 그것들 각각에 해당하는 것으로 우리가 취해야 하는 그 수는 천계 안에 있는 수와 동일한 수인가 아니면 그것과 다른 수인가? 왜냐하면 플라톤은 그것이 다른 수라고 말하기 때문이다. 그렇지만 그 역시 이런 물체들과 그것들의 원인들이 수라고 말하는데, 원인들에 해당하는 것은 지성적인 수들이고 다른 것들은 감각적인 수들이라고 말한다.[124]

9. 이데아론에 대한 비판

피타고라스학파에 대한 논의는 이제 그만두자. 이들에 대해서는 이 정도 다룬 것으로 충분하기 때문이다. 하지만 이데아들을 원인들로 내세우

먼 곳과 거기에 더 가까운 곳을 가리킨다. '불의'(*adikia*)가 어떤 수와 동일한지는 분명치 않다. '판정'(판별, *krisis*)은 — 고대의 주석가 아스클레피우스(Asclepius)에 따르면 — 6과 같다. 왜냐하면 1은 수가 아니라고 할 때, 6은 2개의 홀수로 나뉠 수 있는 첫째 수이기 때문이다. 아스클레피우스에 따르면, '결합'(*mixis*)은 12이다. 왜냐하면 이 수는 짝수 6이 2개가 합쳐서 이루어지거나 홀수 3이 4개가 합쳐 이루어지는 수이기 때문이다. 하지만 피타고라스학파는 사물들과 수를 동일시하면서 10을 넘어서지 않았기 때문에 홀수와 짝수의 합인 5를 '결합'의 수로 보는 것이 더 옳을 것이다. Ross, *Metaphysics* I, p. 184 참고.

124 플라톤의 수 관념에 대한 아리스토텔레스의 증언에 따르면 수에는 i) 이데아의 수와, ii) 이데아와 감각물들 사이에 있는 중간자로서의 수가 있다(987b14 참고). 이와 달리 990a29-32에서 아리스토텔레스는 지성을 통해 사유될 수 있는 수, 즉 '지성적인 수'(*noētoi arithmoi*)와 감각을 통해 지각될 수 있는 수, 즉 '감각적인 수'(*aisthētoi arithmoi*)를 구별한다. 여기서 말하는 '지성적인 수'는 아마도 이데아의 수와 중간자로서의 수를 포괄하는 개념인 듯하고, '감각적인 수'는 플라톤이 『필레보스』 56D에서 말하는 것과 같은 '병영의 수'(2)나 '소(牛)의 수'(2) 등을 가리키는 것으로 보아야 할 것이다.

는 사람들에 대해 말하자면, 이들은 첫째로 우리 눈앞에 있는 것들의 원
990b 인들을 파악하려고 탐구하면서 그것들과 같은 수의 다른 것들을 끌어들였으니, 이는 마치 수를 세려고 하는 사람이 (눈앞에) 있는 것들의 수가 적으면 셈할 수 없다고 생각하고서 셈할 것을 더 많이 만들어 수를 세려고 하는 것과 비슷하다. 왜냐하면 그들은 우리 눈앞에 있는 것들의 원인들을 탐구하면서 이것들로부터 그 형상들로 나아갔는데, 이 형상들은 우리 앞에 있는 것들과 수가 거의 같거나 그것들보다 적지 않기 때문이다. 왜냐하면 각 개별자에 대해 그것과 이름이 같으면서 그 (개별적) 실체들과 떨어져 있는[125] 어떤 것이 있으며, 다른 것들의 경우에도 여럿에 대한 하나가 있으니 이는 그 여럿에 해당하는 것이 (여기 있는) 이 개별적인 것들인 경우나 영원한 것들인 경우나 사정이 다르지 않기 때문이다.

또한 우리가 형상들이 있다는 사실을 밝힐 때 사용하는 여러 증명 가운데 분명한 것은 아무것도 없다. 어떤 경우에는 추론의 필연성이 없고, 어떤 경우에는 우리가 생각하기에 형상들을 갖지 않는 것들에 대해서도 형상들이 있게 되는 결과가 따라 나온다.[126] 학문적 인식들에 의거한 증명에 따르면 학문의 대상이 되는 모든 것에 대해 형상이 있고, 여럿에 대한 하나의 증명에 따르면 부정적인 것들에 대해서도 형상이 있으며,[127] 어떤 것이 소멸한 뒤에라도 사유의 대상이 되는 어떤 것이 있다는 증명에 따르면 가멸적인 것들에 대해서도 형상들이 있다(이런 것들에 대한 어떤 상상내용[128]이 존재하기 때문이다). 또한 보다 엄밀한 증명들의 경우, 어떤 증명들은 우리가 그 자체로서 독립된 유를 인정하지 않는 관계들에 대

125 예거는 990b7의 'kai para ousias'의 자리를 바꾸었지만, 여기서는 전승된 사본들을 따라 그대로 두고 읽었다.

126 아래의 995b6-7 참고.

127 여기서 말하는 '부정적인 것들'(*apophaseis*) 또는 '부정태들'에 대한 이데아란 악의 이데아, 추함의 이데아, 나쁨의 이데아, 다름의 이데아, 비존재의 이데아 등을 말한다.

128 '상상내용'(*phantasma*)에 대해서는 980b26에 대한 각주 참고.

해 이데아들을 만들어내고,[129] 또 어떤 증명들은 제3의 인간을 낳는다.[130]

그리고 일반적으로 형상들에 대한 논변들은 우리가 이데아들의 존재보다 더 높은 수준의 존재를 부여하길 원하는 것들을 부정하게 되는 결과에 이른다.[131] 왜냐하면 그 논변들에 따르면 둘이 아니라 수가 먼저 있고 수보다는 관계가 있으며 이것이 그 자체로서 있는 것보다 앞선다는 결론과 함께,[132] 다른 결론들이 따라 나오기 때문인데, 이데아 이론을 따르는 사람들 중 몇몇은 그런 결론들에 반대한다.

또한 우리가 이데아들이 있다고 말하면서 그 근거로 삼았던 관념[133]에 따르면 실체들에 대해서뿐만 아니라 다른 많은 것들에 대해서도 형상들이 있을 것이다(왜냐하면 실체들에 대해서뿐만 아니라 다른 것들에 대해서도 하나의 개념이 있으며, 실체에 대해서만 학문이 있는 것이 아니기 때문이다. 그런데 이로부터 앞서 말한 것과 같은 종류의 다른 문제들이 수없이 따라 나온다). (추론의) 필연성에 따르거나 이데아 이론에 따르면, 형상들은 다른 것들이 관여할 수 있는 것이므로 실체들의 이데아들밖에는 있을 수 없기 때문이다. 그 이유는 그것들이 관여의 대상이 되는 것은 부수적 방식에 의해서가 아니고, (이데아들에 관여하는) 다른 것들은 다른 어떤 기체에 대해 술어가 되지 않는 방식으로 있는 한에서 각각의 이데아에 관여

129 플라톤은 『파이돈』 74A-77A와 『국가』 479A-480A 등에서 관계 개념들의 이데아, 예컨대 '같음 자체'에 대해서 말한다.

130 이른바 '제3인간'(*tritos anthrōpos*) 논변에 대해서는 VII 13, 1039a2-3, 『소피스테스식 반박』 22, 178b36-179a10을 보라. 그 논변은 『파르메니데스』(*Parmenides*) 132A-133A에도 나온다. 어떤 개별적인 사람과 사람의 이데아가 '사람'이라는 점에서 서로 동일하다면, 개별적인 사람과 사람의 이데아가 함께 관여하는 '제3의 사람'이 있어야 한다는 것이 그 논변의 골자이다. 더 자세한 설명은 Bonitz, *Metaphysica*, p. 113과 Ross, *Metaphysics* I, p. 195 참고.

131 990b19의 'hoi legontes eidē'는 빼고 읽었다.

132 수(*arithmos*)는 그 자체로서 있는 것(*to kath' hauto*)이 아니라 언제나 '어떤 것의' 수라는 뜻에서 관계적인 것(*to pros ti*)이라고 말할 수 있을 것이다. 이런 뜻에서 관계적인 수가, 플라톤이 첫째 원리로 내세우는 무한자 2(*dyas*)에 앞서게 될 것이다.

133 원어 'hypolēpsis'에 대해서는 981a7에 대한 각주 참고.

하기 때문이다(예컨대 어떤 것이 두 배 자체에 관여한다면, 그것은 또한 영원함 자체에도 관여하지만, 이는 부수적 방식으로 그런데 그 까닭은 두 배에는 영원함이 부수적으로 속하기 때문이다).[134] 따라서 형상들은 실체일 것이다. 그렇다면 동일한 낱말들이 우리 주변에 있는 실체들과 거기 이데아계에 있는 실체들을 가리키는 셈이다. (그렇지 않다면 여기 있는 것들과 떨어져서 어떤 것이 있다는 말, 즉 여럿에 대한 하나가 있다는 말은 무슨 뜻인가?)[135] 그리고 만일 이데아들과 그것들에 관여하는 것들에 대해 하나의 동일한 형상이 있다면, 그것은 그 둘 모두에 공통된 어떤 것일 것이다. 왜냐하면 가멸적인 2들과 수는 많지만 영원한 2들에 대해 하나이자 동일한 2가 있다면 어째서 2 자체와 개별적인 2들에 대해서는 그렇지 않겠는가? 그러나 만일 동일한 형상이 없다면, 그것들은 이름만 같은 것들일 터이어서, 마치 어떤 사람이 그것들 사이의 어떤 공통성도 고려하지 않은 채 칼리아스와 목상(木像)을 '사람'이라고 부르는 것과 사정이 같을 것이다.[136]

그러나[137] 무엇보다도, 도대체 형상들이 감각물들에 대해서 — 이것들이 영원한 것이건 생성하고 소멸하는 것이건 — 무슨 도움이 되는가라는 의문을 제기하는 사람이 있을 수 있다. 왜냐하면 형상은 그 두 종류의 감각물들이 겪는 어떤 종류의 운동과 변화에 대해서도 원인이 되

134 두 배 자체(*autodiplasion*)는 영원하다. 따라서 어떤 것이 두 배 자체에 관여한다면, 그것은 동시에 부수적인 뜻에서 영원함 자체(*aidion*)에 관여하게 될 것이다. 990b33-4의 'symbebēke gar tōi diplasiōi aidiōi einai'의 구문적 특징에 대해서는 VII 5, 1030b21에 대한 각주 참고.

135 이데아가 '여럿에 대한 하나'(hen epi pollōn)라면 개별적인 사람들에 대해 하나의 이데아, 즉 사람의 이데아가 있을 것이다. 그리고 개별적인 사람들과 사람의 이데아는 모두 실체의 성격을 가질 것이다. 그렇다면 사람의 이데아는 실체들의 실체가 될 것이다.

136 990b2-991b8의 내용은 XIII 4, 1078b34-1079b3과 동일하다. 예컨대 아름다움의 이데아와 아름다운 것들 사이에는 어떤 공통점이 있어야 한다. 그렇지 않다면 그것들은 이름만 같은 것들(*homonyma*), 즉 동음이의적인 것이 될 것이기 때문이다. 그렇다면 그들 사이의 공통점은 무엇인가?

137 991a8-b9의 내용은 XIII 5, 1079b12-1080a8과 똑같다. 다만 앞의 경우에는 주어가 '우리'인 반면, 뒤에서는 '그들'이라는 데 차이가 있다.

지 못하기 때문이다. 더욱이 형상들은 다른 것들에 대한 학문적 인식에도 아무 도움을 주지 못하며 (왜냐하면 형상들은 감각물들의 실체가 아닌데, (그것들이 만일 감각물들의 실체라면) 그것들 안에 있을 것이기 때문이다), 그것들에 관여하는 것들 안에 내재하지 않기 때문에 그것들의 있음에도 도움을 주지 못한다.[138] 따라서 하양이 다른 것과 뒤섞여서 하얀 것의 원인이 되는 것과 같은 뜻으로 형상들이 원인이 된다고 생각해 볼 수는 있을 것이다. 하지만 가장 먼저 아낙사고라스가, 나중에는 에우독소스[139]와 다른 사람들이 의문을 품고 내세운 그런 설명은 너무 유동적이다(그런 생각에 상충하는 여러 가지 불가능한 점들을 끌어 모으기는 쉽기 때문이다).

더욱이 일상어법의 어떤 용법에 비추어보더라도 다른 것들이 형상들 '로부터' 유래한다는 말은 이해하기 어렵다.[140] 그것들은 본보기이며 다른 것들은 그것들에 '관여한다'는 것은 공허한 말이며 시적 비유[141]에 지나지 않는다. (만일 이데아들이 본보기라면) 이데아들을 바라보면서 작용하는 것은 무엇인가? 어떤 것이든 다른 것을 모방하지 않고서도 그것과 닮거나 닮게 될 수 있으니, 소크라테스가 있건 없건 소크라테스와 같은 사람이 생겨날 수 있는 것과 마찬가지다. 소크라테스가 영원하다고 하더라도 사정은 분명 똑같다. 그리고 동일한 것에 대해 여러 본보기가 있어서, 예컨대 사람에 대해서는 '동물'과 '두 발 가짐'이 있을 것이고 그와 동시에 '사람 자체'도 있을 것이다. 또한 형상들은 감각물들뿐만 아니라 형상들 자체의 본보기일 것인데, 예컨대 유는 그 유에 속하는 종들의 본보

138 '있음의 원인'(*aition tou einai*)으로서 실체 개념에 대한 V 8, 1017b14 아래의 진술 참고.

139 에우독소스(Eudoxos)는 기원전 4세기에 활동했던 천문학자이다. 아리스토텔레스는 XII 8, 1073b17 아래에서 그의 천문학 이론을 소개한다. 에우독소스는 플라톤의 이데아론을 받아들이면서도 이데아의 분리가능성을 부정하고 이데아를 감각물에 내재하는 것으로 본 듯하다. Ross, *Metaphysics* I, p. 198 참고.

140 '~로부터'(*ek tinos*)의 여러 가지 뜻에 대해서는 V 24 참고.

141 원어 'metaphorai poiētikai'에서 'metaphora'의 뜻에 대해서는 V 3, 1014b3에 대한 각주 참고.

991b 기일 것이다. 따라서 동일한 것이 본보기이면서 모방물일 것이다.[142]

또한 생각건대 실체와 그 실체가 속하는 것은 분리가능하지 않을 텐데, 어떻게 이데아들이 사물들의 실체들이면서 그것들과 분리되어 있을 수 있겠는가? 『파이돈』에서는 이런 방식으로 형상들이 있음과 생성의 원인이 된다고 말한다.[143] 하지만 형상들이 있다고 하더라도, 운동을 낳는 것이 없는 한, 그것들에 관여하는 것들은 생겨나지 않으며, 우리가 그것들에 대해서는 형상들을 인정하지 않는 다른 많은 사물, 예컨대 집이나 반지도 생겨나는데,[144] 그렇다면 우리가 이데아들을 인정하는 다른 것들 역시, 방금 말한 것들을 낳는 원인들과 같은 종류의 원인들에 의해서 있거나 생겨날 수 있음이 분명하다.

또한 형상들이 수라면, 그것들은 어떻게 원인일 수 있는가? 있는 것들은 서로 다른 수들이기 때문인가? 예컨대 어떤 수는 사람이고, 어떤 수는 소크라테스이며 또 어떤 수는 칼리아스인가? 어떤 이유에서 그런 수들은 이런 수들의 원인이라는 말인가?[145] 설령 앞의 것들은 영원하고 뒤의 것들은 그렇지 않다고 하더라도 아무 차이가 없을 것이다. 하지만 만일 우리 주변에 있는 것들, 예컨대 협화음이 수적인 비율이기 때문에 그렇다면, 분명 그런 비율들이 속하는 다른 어떤 부류의 것들이 있다. 그런데 만일 그에 해당하는 것, 즉 질료가 특정한 어떤 것이라면, 분명 그 수들 자체 역시 서로 다른 것들 사이의 비율일 것이다. 예컨대 만일 칼리아스가 불과 흙과 물과 공기의 수적인 비율[146]이라면, 그의 이데아 역시 다른 어떤 종류의 기체들의 수일 것이다. 그리고 사람 자체는 — 그것이 어떤 수이건 그렇지 않건 — 다른 어떤 것들의 수적인 비율이지 엄밀한

142 형상들은 감각물들에 대해서는 본보기(*paradeigma*)가 되지만 상위의 다른 형상에 대해서는 모방물 또는 닮은꼴(*eikōn*)이 된다는 말이다.

143 『파이돈』 100C-E 참고.

144 VII 8, 1033b20 아래 참고.

145 어떤 뜻에서 이데아들에 해당하는 수는 이 감각물들에 해당하는 수들의 원인인가?

146 991b16-7: "ei estin ho Kallias logos en arithmois pyros kai gēs kai hydatos kai aeros".

뜻에서의 수는 아닐 것이고, 이런 이유에서 볼 때 어떤 〈이데아도〉 수가 아닐 것이다.

또한 여러 수들로부터 하나의 수가 생겨나긴 하지만, 어떻게 여러 형상들로부터 하나의 형상이 생겨나는가? 그리고 만일 수가 여러 수들 자체로부터 생겨나는 것이 아니라 어떤 수 안에 있는 모나스들, 예컨대 10,000 안에 있는 모나스들로부터 생겨난다면, 모나스들은 어떤 상태에 있는가? 만일 그것들이 동종적이라면, 많은 불합리한 결과가 따라 나올 것이고, 만일 동종적이 아니라면, 즉 하나의 수 안에 있는 모나스들도 서로 다르고 다른 수들 안에 있는 모나스들도 모두 서로 다르다면, 그때도 결과는 마찬가지일 것이다.[147] 모나스들은 속성이 없는데, 어떤 점에서 그것들이 서로 다르다는 말인가? 이것은 이치에 맞지 않고, 생각에 일관성도 없다.

또한 그들은 산수의 대상이 되는 또 다른 부류의 수와 일부 사람들이 말하는 모든 중간자를 꾸며내야 하는데, 이것들은 어떻게 존재하며 또 어떤 원리들로부터 존재하는가? 또는 무엇 때문에 그것들은 여기에 있는 것들과 그 자체로서 있는 것들 사이의 중간에 있어야 하는가?

또한 2 안에 있는 모나스들은 각각 그에 선행하는 어떤 2로부터 생겨나야 하는데, 이는 불가능한 일이다.

또한 무엇 때문에 수는 함께 취하면 하나인가?

또한 앞서 말한 것에 덧붙여, 만일 모나스들이 서로 차이가 있다면, (플라톤주의자들은) 그것들에 대해 마치 요소들이 넷이나 둘이라고 말하는 사람들과 같은 방식으로 말해야 할 것이다. 왜냐하면 이런 사람들은 각각 공통적인 것, 예컨대 물체를 요소라고 부르지 않고, 불과 흙을 요소라고 부르는데, 이때 이것들에 공통적인 것, 즉 물체가 있는지 없는지는 문제되지 않는다. 그러나 다른 한편으로 (플라톤주의자들은) 하나가 불이나 물처럼 동질체라고 말한다. 그런데 만일 이것이 사실이라면, 수들은 실체

147 수의 단위로서 모나스(*monas*)와 관련된 문제들에 대해서는 XIII 6 참고.

들이 아닐 것이고,[148] 만일 하나 자체인 어떤 것이 있고 이것이 원리라면, '하나'는 여러 가지 뜻으로 쓰임이 분명하다. 그렇지 않다면, 그 이론은 성립되지 않는다.

우리는 실체들을 원리들로 환원하려는 뜻을 가지고 선들은 짧음과 긺으로부터, 즉 어떤 종류의 작음과 큼으로부터 생겨난다고 말하고, 평면은 넓음과 좁음으로부터, 물체는 깊음과 얕음으로부터 생겨난다고 말한다.[149] 하지만 그렇다면 평면은 어떻게 선을 포함하고, 입체는 어떻게 선과 평면을 포함하는가? 왜냐하면 넓음과 좁음은 깊음이나 얕음과 다른 부류이기 때문이다. 그렇다면 많음과 적음은 지금 말한 것들과 다른 부류이기 때문에 수가 그것들 안에 내재하지 않듯이, 위에 있는 것들 가운데 그 어떤 것도 아래 있는 것들 안에 내재하지 않을 것이다. 하지만 또한 넓음은 깊음을 포함하는 부류가 아닌데, 사실이 그렇다면 물체는 평면의 일종이 될 것이기 때문이다.[150] 또한 점들은 어떤 원리에 의거해서 (선 안에) 내재하게 되는가? 플라톤은 이런 부류에 속하는 것들에 대해 기하학적 교설이라고 반발했지만,[151] 다른 한편으로는 불가분적인 선들을 일컬어 선의 원리라고 불렀고, 이런 원리를 자주 내세운다. 하지만 그것들에는 어떤 한계가 있을 수밖에 없으니, 선의 존재를 주장하는 논변은 점의 존재도 함께 주장하는 셈이다.

일반적으로 지혜는 눈에 드러난 것들의 원인을 탐구하지만, 우리는 이를 제쳐두었다(왜냐하면 우리는 변화가 시작되는 출처에 대해서 아무것도 말하지 않기 때문이다).[152] 반면 감각적인 것들의 실체에 대해 말한다고 생

148 이런 경우 수들은 일상적인 수학적 수들에 불과하다. XIII 7, 1081a5-12 참고.

149 선(*grammē*), 평면(*epipedon*), 물체(*sōma*)의 구분에 대해서는 V 6, 1016 b24 아래 참고.

150 992a10-9와 관련해서는 XIII 9, 1085a9-19 참고.

151 '기하학적 교설'(*geōmetrikos dogma*)과 관련된 이런 주장에 대해서는 『국가』 VII, 533B 아래 참고.

152 여기서 아리스토텔레스는 플라톤주의자의 입장에서 '우리'라는 말을 쓴다.

각하면서 우리는 또 다른 종류의 실체들이 있다고 말하지만, 어떻게 이것들이 감각물들의 실체들이 되는지에 대한 우리의 설명은 공허한 말을 하는 것이다. 왜냐하면 '관여한다'는 말은, 우리가 앞서 말했듯이,[153] 아무 뜻도 없기 때문이다.

또한 형상들은, 우리가 보기에 학문들에서 모든 지성적 산출활동과 자연적 산출활동의 근거를 이루는 원인에 해당하는 것,[154] 즉 우리가 원리들 가운데 하나로 여기는 그런 종류의 원인[155]과 아무 상관도 없다. 그 대신 수학이 요즘 사람들[156]에게는 철학이 되어버렸으니, 이는 수학적인 학문들이 다른 것들을 위해서 있다는 말과 일치하지 않는다.[157] 992b

또 어떤 사람은 질료라는 뜻에서 밑에 놓여 있는 실체를 수학적 인식에 더 합당한 대상으로 생각하면서, 그것은 질료가 아니라 실체 및 기체에 대한 술어이자 그것들[158]에 속하는 차이라고 생각할 수도 있을 것이다. 그들은 예컨대 큼과 작음을, 자연연구자들도 느슨함과 조밀함[159]을 두고 그렇게 말하듯이, 기체에 속하는 첫째 차이들이라고 말하는데, 왜냐하면 그것들은 일종의 초과와 부족[160]이기 때문이다. 운동에 관해서 보더라도, 만일 큼과 작음이 운동이라면, 분명 형상들도 운동할 것이다. 하지만 만일 그렇지 않다면, 운동은 어디서 왔는가? 그래서 자연에 대한

---

153 위의 991a20-2를 보라.

154 992a30-1의 'di' ho kai pas nous kai pasa physis poiei'(*that for the sake both all mind and the whole of nature are operative-Ross*)를 풀어 옮겼다.

155 목적인을 가리킨다.

156 플라톤이 죽은 뒤 아카데미아의 교장이 된 스페우시포스(Speusippos)를 두고 하는 말이다. XIV 3, 1090b13 아래에서 아리스토텔레스는 스페우시포스의 이론이 온 세계의 실체(*he tou pantos ousia*)를 짜임새 없는 '삽화적인 것'(*epeisodiōdēs*)으로 만든다고 비판한다.

157 플라톤, 『국가』 VII, 531D와 533B-E 참고.

158 실체와 기체를 가리킨다.

159 I 4, 985b11-2 참고.

160 '초과와 부족'(*hyperochē kai elleipsis*)은 쉽게 말해서 '양적 차이'를 뜻한다. 이 개념은 특히 아리스토텔레스의 생물학에서 동물을 분류하는 데 중요한 기준으로 쓰인다. 예컨대 『동물지』 I 1, 486a21 아래 참고.

고찰 전체가 부정된다.

그리고 쉽게 보이는 것, 즉 모든 것이 하나임을 보이는 일은 성취되지 않는다. 왜냐하면 표본 제시법[161]을 통해서 이루어진 것은 모든 것이 하나라는 증명이 아니라 — 우리가 그 모든 논의를 받아들인다면 — 하나 자체가 있다는 증명뿐이다. 그리고 만일 보편자가 유라는 것을 우리가 인정하지 않는다면, 그런 증명조차 성립되지 않는데, 어떤 경우에는 보편자가 유일 수 없기 때문이다.[162]

또한 수들 다음에 오는 선과 평면과 입체에 대해 그것들이 어떻게 존재하고 존재할 수 있을지, 그리고 그것들이 어떤 능력을 갖는지에 대해 아무 설명도 없는데, 왜냐하면 그것들은 형상들일 수도 없고(그것들은 수가 아니기 때문이다), 중간자들일 수도 없으며(이것들은 수학적인 것들이기 때문이다) 가멸적인 것들일 수도 없고, 거기에 다시 추가되는 네 번째의 또 다른 부류임이 분명하기 때문이다.[163]

일반적으로 '있는 것'의 여러 가지 뜻을 분석함이 없이 있는 것들의 요소들을 발견하기는 불가능하다. 특히, 어떤 성격의 요소들로 있는 것이 이루어지는지에 대한 탐색이 이런 방식으로 이루어질 경우에는 더욱 더 그렇다. 왜냐하면 '능동'이나 '수동'이나 '직선'이 어떤 것들로 이루어지는지 파악하기란 사실 가능하지 않고, 만일 그런 일이 가능하다면,

161 여기서 '표본 제시법'이라고 옮긴 'ekthesis'는 아리스토텔레스의 논리학 저술에서 결론의 참을 입증하는 사례 제시의 방법을 뜻하기도 하고(『분석론 전서』 28a23, b14, 30a9, 11, 12, b31, 57a35), 삼단논법의 형식을 갖추지 않은 논변에 등장하는 용어들을 적절한 삼단논법의 형태로 배치하는 절차를 뜻하기도 한다(『분석론 전서』 48a1, 25, 29, 49b6, 33, 50a1). 그에 반해 992b10에서는 'ekthesis'가 보편적인 이데아들의 존재를 입증하기 위해서 개별적인 사례들과 독립된 보편적인 것을 제시하는 절차를 가리킨다고 보아야 할 것이다. 즉, 여러 개의 같은 것들과 독립적으로 같음 자체가 있다는 주장을 정당화하는 절차를 가리킨다고 볼 수 있다. Alexander, 124.9-125.4와 Ross, *Metaphysics* I, pp. 208~09 참고. XIV 3, 1090a17에 대한 각주 참고.

162 예컨대 '하나'(*hen*)와 '있는 것'(*on*)은 가장 보편적인 술어가 되지만, 유(*genos*)는 아니다. III 3, 998b22와 VII 16, 1040b21 아래 참고.

163 XIII 6, 1080b23-30; 9, 1085a7-9 참고.

이는 오로지 실체들의 경우에만 가능하기 때문이다. 따라서 있는 것들 모두의 요소들을 탐색하는 것이나 누군가가 그것들을 가지고 있다고 생각하는 것은 옳은 일이 아니다.

또한 어떻게 우리는 모든 것의 요소들에 대해 배움을 얻을 수 있을까?[164] 왜냐하면 분명 미리 어떤 것을 알고서 시작할 수는 없기 때문이다. 그 이유는 이렇다. 기하학을 배우는 사람은 다른 것들에 대해서는 미리 알고 있을 수 있지만, 그 학문의 대상이 되고 그가 장차 배우려고 하는 것들에 대해서는 아무것도 미리 알고 있는 것이 없는데, 이는 다른 학문들의 경우에도 마찬가지이다. 따라서 만일 어떤 사람들이 말하는 것과 같은 성격을 가진 모든 것에 대한 학문이 있다면, 그것을 배우고 있는 사람은 아무것도 미리 알 수 없을 것이다. 하지만 모든 배움은 — 그 전체이건 일부이건 — 미리 알려져 있는 것들을 수단으로 해서 이루어지는데, 이는 논증을 통한 배움의 경우나 정의들을 통한 배움의 경우나 마찬가지다.[165] 왜냐하면 정의를 이루는 것들은 미리 알려져 있어야 하고 친숙한 것이어야 하기 때문이다.[166] 귀납을 통한 배움의 경우도 마찬가지 993a
다. 다른 한편, 만일 우리가 앎을 본성적으로 타고난다면,[167] 어떻게 우리가 학문들 가운데 가장 우세한 것을 갖고 있으면서도 그것을 망각하는지, 놀라운 일이 아닐 수 없다.

또한 어떻게 우리는 사물들이 무엇으로 이루어져 있는지를 알며, 어떻게 이것이 분명히 밝혀질 수 있을까? 왜냐하면 여기서도 의문이 생겨나

164 아리스토텔레스는 플라톤의 변증술(*dialektikē*)처럼 모든 것을 아는 보편학을 인정하지 않는다. 이에 대한 자세한 논의로는 W. Kullmann, *Aristoteles und die moderne Wissenschaft*, Stuttgart 1998, S. 14 아래와 S. 83~84 참고.

165 『분석론 후서』 I 1, 71a1 아래에서 아리스토텔레스는 "모든 가르침과 논변을 통한 배움(*mathēsis dianoētikē*)은 선재하는 지식에서부터 생겨난다"라고 말한다. 『니코마코스 윤리학』 VII 3, 1139b26-7도 함께 참고.

166 『분석론 후서』 I 2, 71b19-22 참고.

167 여기서 아리스토텔레스가 비판의 표적으로 삼는 플라톤의 상기(*anamnēsis*) 이론에 대해서는 『메논』(*Menon*) 81C와 『파이돈』 72E 참고.

기 때문이다. 마치 일부 음절들의 경우에 그렇듯이, 거기에 대해서는 논란이 있을 수 있기 때문이다. 왜냐하면 어떤 사람들은 ζα가 ς와 δ와 α로 이루어진다고 주장하는 반면, 또 어떤 사람들은 그것이 독립적인 목소리이며 우리에게 친숙한 것들에 속해 있지 않은 것이라고 주장하기 때문이다.[168]

또한 감각이 대상으로 삼는 것들의 경우 우리는 그것들에 대한 감각을 갖지 않은 상태로 어떻게 그것들을 알 수 있을까? 하지만 마치 합성된 말소리들이 저마다 고유한 철자들로 이루어져 있듯이, 모든 것에 대해서 그것을 이루는 요소들이 동일하다면, 우리는 그렇게 말할 수밖에 없을 것이다.[169]

10. 철학사를 돌이켜보면 네 가지 원인 이외에 다른 원인이 없다는 사실이 드러난다

이제 모든 사람이 자연학 저술[170]에서 말한 원인들을 탐구하는 것 같고 우리가 이것들 이외의 어떤 원인도 제시할 수 없다는 사실은 앞에서 했던 논의에 의거해 볼 때 분명하다. 하지만 이 원인들에 대한 그들의 탐구는 모호하며, 어떤 뜻에서는 앞 세대의 철학자들 모두가 그것들에 대해서 논의했지만, 어떤 뜻에서는 전혀 논의한 것이 없다. 최초의 철학은 그것들을 다루면서 말이 서툰 사람과 같은 모습을 보이고 있으니, 이

---

168 그리스어의 철자 'ζ'(*zeta*)는 'd' 소리와 's' 소리가 합쳐진 복음(復音), 즉 '합성된 말소리'(*synthetoi phōnai*)이다.

169 로스(*Metaphysics* I, p. 211)의 다음 주석을 참고하라. "만일 모든 것이 동일한 요소들로 이루어진다면, 색깔들은 소리와 동일한 요소들을 가질 것이고, 소리를 들은 사람은 반드시 색깔도 알게 될 것이다."

170 『자연학』 II권 3장과 7장 참고.

는 그것이 미숙하고 시작단계에 있는 탓이다.[171] 왜냐하면 엠페도클레스도 뼈가 비율에 의해서 있다고 말하는데, 이것은 본질이요 각 사물의 실체이다.[172] 하지만 이와 마찬가지로 살뿐만 아니라 다른 것들도 필연적으로 비율 〈때문에〉 있을 수밖에 없으니 그렇지 않으면 하나의 통일체를 이루지 못한다. 그러므로 살과 뼈를 비롯해서 다른 것들도 각각 그 비율 때문에 있는 것이지 질료, 즉 그가 말하는 불과 흙과 물과 공기 때문에 있는 것이 아니다. 하지만 다른 사람이 그런 말을 했다면 그는 반드시 그 말에 동의할 수밖에 없었겠지만, 그 스스로 분명한 주장을 하지는 못했다.

그런데 이런 문제들에 대해서는 앞에서 이미 밝힌 바 있다. 하지만 이와 동일한 문제들에 대해 의문을 가진 사람이 있을 수 있으니, 다시 이 논의로 되돌아가 보기로 하자. 왜냐하면 아마도 우리는 그것들을 근거로 삼아 나중에 나올 의문들을 해결할 수 있는 길을 찾을 수 있을 것이기 때문이다.

---

171 예거의 텍스트대로 993a16-7의 'kai to prōton'은 빼고 읽었다.

172 D-K, 31 B 96 참고. '본질'(*to ti ēn einai*)과 '각 사물의 실체'(*ousia tou pragmatos*)의 동일성에 대해서는 V 8, 1017b21-3 참고.

Ⅱ권(α)

1. 철학연구에 대한 일반적 고찰

진리에 대한 이론적 고찰[1]은 어떤 면에서는 어렵고 어떤 면에서는 쉽다. 그 징표는 다음과 같은 사실에 있다. 어느 누구도 진리를 합당하게 찾아낼 수 있는 능력이 없지만 우리가 완전히 진리에서 벗어나 있는 것은 아니며, 사람들은 각자 자연에 대하여 무언가 말을 하고 혼자서는 진리에 기여하는 것이 전혀 없거나 그 기여의 정도가 사소하지만, 그것들이 함께 모이면 그로부터 무언가 대단한 것이 생겨난다. 따라서 우리가 "누가 대문을 못 맞추겠는가?"라는 속담[2]을 말할 때와 사정이 같다면, 그런 면에서는 진리를 찾는 것은 쉬운 일이지만, 그 전체는 가져도 (세세한) 부분은 가질 수 없는 사실을 놓고 보면 진리를 찾는 것은 어렵다.

하지만 아마도 그 어려움은 두 가지 유형으로 나뉠 텐데, 그 원인은 사물 안에 있는 것이 아니라 우리 안에 있을 것이다. 왜냐하면 박쥐의 눈이

1 993a30: "hē peri tēs alētheias theōria".

2 이 속담은 대략 대문을 화살로 맞추기는 쉽지만 정해진 과녁을 맞추기는 어렵다는 뜻인 듯하다. Ross, *Metaphysics* I, p. 214 참고.

한낮의 햇빛에 대해 갖는 관계는 우리의 영혼 안에 있는 지성이 모든 것 가운데 본성적으로 가장 분명한 것에 대해 갖는 관계와 같기 때문이다.

하지만 우리는 우리가 공유할 수 있는 의견들을 가지고 있는 사람들뿐만 아니라 피상적으로 생각을 천명한 사람들에게도 마땅히 고마워해야 한다. 왜냐하면 이들도 무언가 기여한 바가 있기 때문인데, 우리의 현재 상태는 그들이 앞서 연마한 결과이다. 만일 티모테오스[3]가 없었다면, 우리는 우리가 지금 가진 시가(詩歌)의 많은 부분이 없을 것이고, 만일 프뤼니스가 없었다면, 티모테오스는 없었을 것이다.[4] 진리에 대해 생각을 천명했던 사람들의 경우에도 똑같다. 왜냐하면 몇몇 사람들로부터 우리는 어떤 의견들을 물려받았고, 다른 사람들은 그들이 등장한 원인이 되었기 때문이다.

철학이 진리에 대한 학문[5]이라고 불리는 것은 옳은 일이다. 왜냐하면 이론적인 학문의 목적은 진리이고, 실천적인 학문의 목적은 행동이기 때문이다(설령 실천적인 사람들이 사실이 어떤지를 살펴본다고 하더라도, 그들은 영원한 것이 아니고 관계적인 것이나 눈앞의 문제[6]를 고찰하기 때문이다). 그런데 원인을 모르고서는 우리는 진리를 알지 못한다. 하지만 어떤 것이 있어서 그것에 따라서 다른 것들에 같은 이름이 속한다면, 그런 이름의 근거가 되는 것은 다른 것들에 비해 가장 높은 수준으로 그런 이름을 갖는다(예컨대 불이 가장 뜨거운데, 그것은 다른 것들에 속하는 열기의 원인이기 때문이다). 따라서 뒤에 오는 것들이 진리가 되게 하는 원인은 가장

---

3 티모테우스(Timotheos)는 유명한 시인이자 음악가인데, 밀레토스(Miletos) 출신이지만 주로 아테네에서 활동했다. 기원전 446년에 태어난 것으로 알려져 있고 기원전 357년에 죽었다.

4 프뤼니스(Phrynis)에 대해서는 알려진 것이 거의 없다. 그를 언급한 문헌에 대해서는 Ross, *Metaphysics* I, p. 215 참고.

5 993b20: "epistēmē tēs alētheias".

6 993b22는 로스를 따라 'ou to aidion all' ho pros ti'로 읽었다. 예컨대 아리스토텔레스의 중용이론에 따르면, 올바른 행동을 하려는 사람은 '우리와의 관계에서 중간'(*to meson to pros hēmas*)에 오는 행동을 선택한다. 『니코마코스 윤리학』 II 3, 1106a29 아래 참고.

높은 수준의 진리이다. 그런 까닭에 항상 있는 것들의 원리들은 필연적으로 〈항상〉 가장 높은 수준의 진리일 수밖에 없다(왜냐하면 그것들은 단순히 특정한 때 진리가 아니고, 그것들을 진리이게 하는 다른 어떤 원인이 있는 것도 아니며, 오히려 그것들이 다른 것들을 진리이게 하는 원인이기 때문이다). 그러므로 각 사물들에 있어서 그것의 있음의 정도와 진리의 정도는 서로 상응한다.

2. 원인들의 계열은 무한할 수 없고 원인들의 종류 역시 무한할 수 없다

그러나 어떤 원리가 있으며 있는 것들의 원인들이 직선적인 계열에 994a
서나 그 종에서나 무한하지 않다는 것은 분명하다. 그 이유는 이렇다. (1) 어떤 것이 질료 구실을 하는 다른 어떤 것으로부터 생겨날 때, 이 과정은 무한히 진행될 수 없다(예컨대 살은 흙으로부터 생겨나고 흙은 공기로부터 생겨나며 공기는 불로부터 생겨나면서, 이런 과정이 멈추지 않는 일은 있을 수 없다). 또한 운동이 시작하는 출처의 경우도 마찬가지다(예컨대 사람은 공기의 작용에 의해 움직이고 이것은 태양의 작용에 의해 움직이며 태양은 싸움의 작용에 의해 움직이면서, 이런 과정에 한계가 없을 수는 없다). 이와 마찬가지로 지향 대상도 무한히 진행될 수 없는데, 산보가 건강을 위해 있고 이것은 행복을 위해 있으며 행복은 다른 어떤 것을 위해 있는 것과 같은 방식으로 어떤 것이 언제나 다른 어떤 것을 위해서 있는 것은 불가능한 일이다.[7] 본질의 경우에도 사정은 똑같다. 왜냐하면 바깥에 최종적인 것과 앞서는 것을 가지는 중간들의 경우 앞서는 것은 필연적으로 그것보다 뒤에 오는 것들의 원인이어야 하는데, 왜냐하면 만일 우리가 그 셋 가운데 어떤 것이 원인인지 말해야 한다면, 우리는 첫 번째 것을 지적

7 행복(*eudaimonia*)은 다른 어떤 것도 목적으로 하지 않는 가장 좋은 것, 즉 최고선(*to ariston*)이다. 『니코마코스 윤리학』 I 7, 1097a25 아래를 보라.

하기 때문이다. 최종적인 것은 그렇지 않은데, 왜냐하면 마지막에 오는 것은 어떤 것의 원인도 아니기 때문이다. 중간도 그렇지 않은데, 그것은 하나[8]의 원인일 뿐이기 때문이다(이때 중간이 하나인지 여럿인지, 무한한지 유한한지는 전혀 상관이 없다). 하지만 이런 방식으로 무한한 계열을 이루는 것들이나 일반적으로 무한한 것 가운데 모든 부분은 똑같이 지금 있는 것에 이르기까지의 중간자들이며, 따라서 첫째가는 것이 없다면, 원인은 전혀 존재하지 않을 것이다.[9]

또한 위쪽은 시작이 있지만 아래쪽은 무한히 진행해서, 불에서 물이 나오고 이것에서 흙이 나오는 방식으로 항상 다른 어떤 유가 생겨나는 것은 있을 수 없는 일이다. 그 이유는 이렇다. 어떤 것이 다른 어떤 것으로부터 생긴다고 할 때 거기에는 두 가지 뜻이 있다.[10] 〔"이스트미아 경기로부터 올림피아 경기가 생긴다"고 말할 때처럼 어떤 것이 다른 어떤 것 뒤에 일어난다는 뜻에서 그렇거나〕 ① 아이가 변해서 그로부터 사내가 생긴다는 뜻에서 그렇거나, ② 물로부터 공기가 생긴다는 뜻에서 그렇다. 아이로부터 사내가 생긴다고 말할 때 이것은 생성과정 중에 있는 것으로부터 완전히 생성된 것이 생긴다는 뜻이거나 목적을 향해 나가는 것으로부터 목적을 성취한 것이 생긴다는 뜻이다[11](항상 중간이 있는데, 있음과 있지 않음의 중간에는 생성이 있고, 이와 마찬가지로 생겨나는 것은 있는 것과 있지 않은 것 중간에 있기 때문이다. 왜냐하면 배우는 사람은 생성과정 중에 있는 학자이며, 바로 이를 일컬어 "배우는 사람으로부터 학자가 생긴다"고 사람들은 말한다). 그에 반해 "공기로부터 물이 생긴다"는 뜻에서 어떤 것이

8 중간(*to meson*)은 마지막에 오는 것(*to teleutaion*)의 원인이다.

9 994a1-19에서 아리스토텔레스는 네 가지 원인, 즉 질료, 운동인, 목적인, 본질에서 언제나 첫째가는 것(*to prōton*)이 있다고 말한다.

10 '~으로부터'(*ek tinos*)의 다양한 의미에 대해서는 V 24 참고.

11 'telos'는 '목적', '끝', '완성'의 뜻을 함께 갖기 때문에, 원문의 'ek tou epiteloumenou to tetelesmenon 〈gignesthai〉'는 "끝(완성)을 향해 나가는 것으로부터 끝에 도달한 것(완성된 것)이 생겨난다"라는 말도 된다.

다른 것으로부터 생긴다면, 이때 어느 하나는 소멸한다. 그런 까닭에 앞의 경우에 해당하는 것들은 서로 가역적 관계에 있지 않으며, 사내로부 994b
터 아이가 생겨나는 경우는 없다(생겨나는 것은 생성으로부터 생기는 것이 아니고 있는 것은 생성 뒤에 있다. 왜냐하면 바로 이런 방식으로 낮은 아침으로부터 생기는데, 낮은 아침 뒤에 있기 때문이다. 그런 까닭에 아침은 낮으로부터 생길 수 없다). 뒤의 생성에 해당하는 것들은 가역적이다. 하지만 두 경우 모두 생성의 과정이 무한히 진행되기는 불가능하다. 한쪽의 경우 중간에 있는 것들에 대해 필연적으로 끝이 있어야 하고, 다른 쪽의 경우 서로 가역적이기 때문인데, 하나의 소멸은 다른 하나의 생성이다.

그와 동시에, 첫째가는 것은 영원하기 때문에 소멸할 수 없다. 왜냐하면 생성은 위쪽으로 무한히 진행되지 못하기 때문에, 만일 첫째가는 것이 소멸하고 그것으로부터 어떤 것이 생겨난다면, 그 첫째가는 것은 필연적으로 영원하지 않은 것일 수밖에 없기 때문이다.[12]

더욱이 지향 대상은 목적이고,[13] 그것 자체는 다른 것을 위해서 있지 않지만 다른 것들은 그것을 위해서 있다면 바로 이에 해당하는 것이 그

12 994b6-9의 뜻은 분명치 않다. 그와 관련된 두 가지 어려움에 대해 로스는 다음과 같이 말한다. "(1) 제일 원인은 영원하기 때문에 소멸할 수 없다는 말은 초점을 잃은 것처럼 보인다. 왜냐하면 영원성은 소멸불가능성을 함축하기 때문이다. 하지만 이 발언에 대한 설명은 바로 앞에 나오는 말에 담겨 있다. 아리스토텔레스는 방금 한 종류의 질료인, 즉 그 자체는 소멸하고 그로부터 그것을 원인으로 해서 어떤 것이 생겨나는 경우의 질료인에 대해서 말했다. 이를 실마리로 삼아 아리스토텔레스는 제일 질료는 그런 성질을 가진 것일 수 없다고 말한다. 그 질료가 그로부터 생겨나는 것에 대해 가진 관계는 아이가 어른에 대해서, 즉 아직 생성과정 중에 있는 것이 생성과정을 완료한 것에 대해서 갖는 관계와 같다. (2) "왜냐하면 …… 없기 때문이다"라는 생략구문으로 보아야만 그 뜻을 이해할 수 있다. 그 뜻은 다음과 같다. "왜냐하면 생성은 위쪽 방향으로 무한히 진행되지 못하기 때문에, 〈어떤 영원하고 첫째 원인이 있어야 한다. 하지만〉 만일 첫째가는 것이 소멸하고 그것으로부터 어떤 것이 생겨난다면, 그 첫 번째 것은 필연적으로 영원하지 않은 것일 수밖에 없기 때문이다." Ross, *Metaphysics* I, p. 218.

13 'to hou heneka'와 'telos'를 각각 '지향 대상'과 '목적'으로 옮겼는데, 이에 대해서는 V 2, 1013a33에 대한 각주 참고.

런 목적이다. 따라서 만일 이런 성격을 가진 최종적인 것이 있다면, 그 과정은 무한하지 않을 것이다. 반면 만일 그런 성격을 가진 것이 전혀 없다면, 지향 대상은 없을 것이다. 무한한 계열을 내세우는 사람들은 자신도 모르는 사이에 좋음의 본성을 부정하는 셈이 될 것이다(하지만 한계에 도달하려는 뜻이 없다면 어느 누구도 어떤 것을 하려고 하지 않을 것이다).[14] 또한 그런 것들 가운데는 지성도 속해 있지 않을 텐데, 왜냐하면 적어도 지성을 가진 사람은 항상 어떤 것을 위해서 행동하고, 이 어떤 것에 해당하는 것이 바로 한계이기 때문인데, 목적은 한계이다.

하지만 본질 역시 더 상세한 정식으로 이루어진 다른 정의로 환원될 수 없다.[15] 왜냐하면 처음 정의가 언제나 더 뛰어난 정의이고 뒤에 오는 정의는 그렇지 않기 때문인데, 그 이유는 어떤 계열에서 첫째가는 것이 없다면, 그것에 이어지는 것도 없기 때문이다. 또한 그런 말을 하는 사람들은 인식활동을 부정하는 셈이니, 왜냐하면 불가분적인 것에 이르기 전에는 완결된 앎이 존재할 수 없기 때문이다. (일상의) 앎도 가능하지 않은데,[16] 그런 방식으로 무한한 것을 어떻게 사유할 수 있을 것인가? 그 이유는 이렇다. 지금 논의되는 사정은 선(線)의 경우와 같지 않다. 선의 경

---

14 '한계'(*peras*)는 곧 '목적'(*telos*)이고, 모든 행동은 특정한 목적을 성취하기 위해서 이루어지기 때문이다. 물론 이때 행동이 지향하는 목적은 좋은 것 또는 좋게 보이는 것이다. 『니코마코스 윤리학』 I 1, 1094a1 아래 참고.

15 하나의 정의(*horismos*)가 다른 정의로 무한히 환원될 수 없다는 뜻이다. 예컨대 사람에 대한 정의로서 '이성적인 동물' 대신에 '이성적인, 감각능력을 가진 생명체'라는 정식(*logos*)을 제시할 수는 있을 것이다. 하지만 이런 과정이 무한히 진행될 수는 없다.

16 여기서 '학문적 인식활동', '완결된 앎', '(일상의) 앎'은 각각 'epistasthai', 'eidenai', 'gignōskein'을 옮긴 것이다. 이 낱말들은 모두 '앎' 또는 '알다'라는 뜻을 갖지만, 더 세분하자면 'gignōskein'은 일상적 일들에 대한 앎을 포함한 일반적인 뜻에서의 앎을, 'horan'(보다)의 현재완료형 'oida'(*I have seen = I know*)의 부정사인 'eidenai'는 봄을 통해 이미 얻은 앎이나 알고 있는 상태를, 'epistasthai'는 논증을 통한 학문적 인식으로서의 앎을 뜻한다. 'eidenai'와 'epistasthai'는 동의어로 쓰일 때도 있지만, 이 가운데 후자가 보다 전문적인 용어로 쓰인다. 위의 낱말들 이외에도 'gnōrizein'도 자주 쓰이는데, 이 낱말은 감각을 통한 앎(980a26, 1036a6)까지 포함하며 'gignōskein'과 거의 구별 없이 쓰인다.

우 분할의 과정이 멈추지 않지만, 어딘가에서 멈추지 않고서는 사유가 불가능하다(그런 까닭에 선을 무한히 나누는 사람은 그 절단부들을 셀 수 없을 것이다). 하지만 운동하는 것 안에서는 질료도 반드시 생각해야 한다.[17] 그리고 어떤 것도 무한할 수 없다.[18] 만일 사실이 그렇지 않다면, 적어도 무한자의 본질은 무한하지 않다.

하지만 (2) 원인들의 종들이 수적으로 무한하다면, 그때 역시 인식은 있을 수 없을 것이니, 왜냐하면 우리는 원인들을 알 때 어떤 것을 알고 있다고 생각하기 때문이다. 하지만 더하기를 해서 늘어나는 무한한 것은 유한한 시간 안에 다 통과할 수 없기 때문이다.

3. 탐구내용이 다르면 방법도 다르다

청강은 습관에 따라 다른 결과를 낳는다. 왜냐하면 우리는 우리에게 습관화된 방식대로 다른 사람이 말하기를 원하는데, 이에 어긋난 것은 995a 부적절해 보이고 친숙하지 않음 탓에 훨씬 더 알 수 없고 생소하게 여겨지기 때문이다. 왜냐하면 친숙한 것이 알기 쉽기 때문이다. 친숙한 것이

17 994b25-6의 'alla kai tēn hylēn en kinoumenōi noein anankē'는 뜻이 분명치 않다. 그래서 로스는 이를 'alla kai tēn holēn ou kinoumenōi noein anankē'('*but the whole line also must be apprehended by something in us that does not move from part to part*')로 읽었다. 하지만 이런 추정 역시 만족스러운 것은 아니다. 994b23-7에서는 선의 무한한 분할가능성과 같은 뜻에서의 무한 개념은 질료를 가진 운동체에 적용될 수 없다는 뜻으로 이해해야 할 것이다. 그리고 이렇게 본다면, 뒷문장의 '무한한 것'(*apeiron*)은 질료를 가지고 운동하는 무한자를 가리키는 것으로 보아야 할 것이다. 995a14 아래에서 아리스토텔레스는 수학적 인식과 자연학적 인식의 차이에 대해 말한다. 보니츠는 이 구절을 그런 뜻으로 이해한다. Bonitz, *Metaphysica*, p. 134 참고.

18 994b26-7의 'kai apeirōi oudeni estin einai'은 두 가지 방식으로 해석될 수 있다. 1) "어떤 무한한 것에도 있음이 속하지 않는다." 즉, 무한한 것이란 존재할 수 없다; 2) "어떤 것에도 무한자임은 속하지 않는다." 즉, 그 무한자임(*to be infinite*)을 본질로 갖는 것은 존재하지 않는다.

얼마나 큰 힘을 갖는지는 관습법들이 잘 보여주는데, 거기서는 습관으로 말미암아 신화적이고 유치한 것들이 그것들에 대한 인식보다 더 큰 힘을 미친다. 그래서 어떤 사람들은 상대방이 수학적 방식으로 말하지 않으면 그런 사람의 말을 들으려 하지 않고 또 어떤 사람들은 본보기를 들어 말하지 않으면 이를 받아들이려 하지 않으며 또 어떤 사람들은 시인을 증인으로 끌어들이기를 원한다. 그리고 어떤 사람들은 모든 것에서 엄밀성을 구하고, 또 어떤 사람들은 엄밀한 것에 염증을 느끼는데, 이는 그가 그 내용을 전체적으로 이해할 능력이 없거나 그것을 시답지 않은 것으로 여기기 때문이다. 왜냐하면 엄밀성은 그런 성질을 가진 것이어서, 어떤 사람들은 그것을 상거래뿐만 아니라 논변에서도 자유인답지 않은 것으로 여기기 때문이다.[19] 그런 까닭에 우리는 개별적인 경우마다 상황을 어떻게 받아들여야 하는지 그 방법을 미리 배운 상태에 있어야 하는데, 학문과 학문의 방법을 동시에 탐구하는 것은 이치에 맞지 않기[20] 때문이다. 사실 이것들 가운데 어느 하나를 얻는 것도 쉬운 일이 아니다.

수학적 엄밀성을 모든 것에서 요구해서는 안 되고, 질료를 갖지 않는 것들을 다룰 때 그것을 요구해야 한다. 그러므로 그 방식은 자연학에 맞지 않는데, 모든 자연물은 아마도 질료를 가질 것이기 때문이다. 그러므로 첫 번째로 자연이 무엇인지[21] 살펴보아야 하는데, 그렇게 해야 자연학이 어떤 대상들을 다루는지 〔원인들과 원리들을 이론적으로 연구하는 것이 하나의 학문에 속하는 일인지 아니면 여러 학문에 속하는 일인지〕 분명해질 것이기 때문이다.

---

19 '자유인다움' 또는 '관후'(寬厚, *eleutheria*)와 '자유인답지 못함'(*aneleutheria*)에 대해서는 『니코마코스 윤리학』 IV권 1장 참고. 아리스토텔레스는 여기서 'eleutheria'를 재물을 다루는 행동과 관련된 탁월성(*aretē*)으로 소개하는데, 이와 대비되는 'aneleutheria'란 재물을 다루는 데서의 '인색'(吝嗇)을 가리킨다.

20 995a13-4: "atopon hama zētein epistēmēn kai tropon epistēmēs".

21 995a18: "ti estin hē physis". 'physis'의 여러 가지 뜻에 대해서는 V 4 참고.

Ⅲ권(B)

1. 철학이 다루어야 할 의문들에 대한 개관

탐구되는 학문[1]과 관련해서 우리는 먼저 의문을 가져야 할 주제들에 먼저 눈을 돌려야 한다. 사람들마다 서로 다른 생각을 내세웠던 것들과 이런 것들과 별도로 그냥 간과된 것들이 그런 주제들에 해당한다. 의문을 해결할 뜻을 세운 사람들에게는 의문을 올바로 제기하는 것이 유익하다.[2] 왜냐하면 뒤에 오는 의문의 해결은 앞선 의문거리들에 대한 풀이이므로, 결박을 알아차리지 못하는 사람들은 그것을 풀어낼 수 없지만, 우리의 생각에 담긴 의문은 대상을 둘러싼 그 결박을 밝혀주기 때문이다. 어떤 사람이 의문을 가진다면, 그런 점에서 그는 결박되어 있는 사람들과 비슷한 상태에 놓여 있어서, 그는 어느 쪽으로도 앞으로 나아갈 수 없다. 이 때문에 모든 어려움을 미리 고찰한 상태에 있어야 하는데, 지금

---

1 원어 'epizētoumenē epistēmē'는 '우리가 찾는 학문'이라고 이해하면 그 뜻이 더 분명할 것이다. 이 학문에 대해서는 I 2, 982a4, 21 참고.

2 II권의 첫 구절에서부터 'aporēsai'(의문을 갖다), 'euporēsai'(의문을 해결하다), 'diaporēsai'(의문을 제기하다), 'euporia'(의문의 해결) 등 'aporia'에 어원을 둔 낱말들이 이어서 등장한다.

말한 이유에서뿐만 아니라 첫 단계에서 의문을 제기하지 않은 채 탐구하는 사람들은 어디로 가야 할지 알지 못하는 사람들과 같다는 이유에 995b 서도 그렇다. 더욱이 그런 사람은 자기가 찾고 있는 것을 발견했는지 그렇지 않은지도 분간하지 못한다.[3] 그런 사람에게는 목적이 분명치 않지만, 먼저 의문을 가졌던 사람에게는 분명하다. 또한 재판에서 쌍방의 말을 듣고 난 사람처럼 서로 상충하는 주장들을 모두 듣고 난 사람이 판정을 내리기에 더 좋은 입장에 있을 수밖에 없다.

첫째 의문은 예비논의에서 우리가 의문을 제기했던 것들과 관련된 것인데, 다음과 같은 물음들이 그에 해당한다. (1) 원인들을 이론적으로 고찰하는 일은 하나의 학문에 속하는가 아니면 여러 학문에 속하는가,[4] 그리고 (2) 실체의 첫째 원리들을 아는 것만이 (우리가 탐구하는) 그 학문에 속하는가 아니면 모든 논증의 출발점이 되는 원리들을 아는 것도 그 학문에 속하는가? 예컨대 동일한 하나의 사태를 동시에 긍정하면서 부정하는 것이 가능한가 그렇지 않은가라는 물음을 비롯해서 그런 종류의 다른 물음들이 그에 해당한다.[5] 또한 (3) 만일 그 학문이 실체에 대한 것이라면, 한 학문이 모든 실체를 다루는가 아니면 더 많은 학문이 그렇게 하는가,[6] 그리고 더 많은 학문이 그렇게 한다면, 그 학문들은 모두 같은 부류인가, 아니면 그 중 일부는 지혜들이라고 부르고 일부는 다른 어떤 것이라고 불러야 하는가? 그리고 이것도 우리가 반드시 탐구해야 할 물음에 속하는데, (4) 감각적인 실체들만 있다고 말해야 하는가 아니면 그것들과 떨어져서 다른 실체들도 있다고 말해야 하는가,[7] 그리고 실체들은 한 종류인가 아니면 여러 부류의 실체들이 있는가, 예컨대 형상들

3 플라톤의 『메논』 80A-E에서는 이런 뜻에서 '배움'(*mathēsis*)의 역설이 논의된다. 『분석론 후서』 I 1, 71a29 아래도 함께 참고.

4 III 2, 996a18-b26 참고.

5 III 2, 996b26-997a15 참고.

6 III 2, 997a15-25 참고.

7 VII 2, 1028b27 아래 참고.

을 내세우고 그것들과 감각적인 것들 중간에 수학적인 것들을 내세우는 사람들이 주장하듯이,[8] 여러 부류의 실체들이 있는가? 우리가 주장하는 바와 같이 우리는 이런 것들에 대해 살펴보아야 하고, 또한 (5) 그 이론적 고찰이 실체들만을 다루는지 아니면 실체들에 그 자체로서 부수적인 것들[9]도 함께 다루는지도 살펴보아야 한다.[10] 하지만 이런 것들에 덧붙여 동일함과 다름, 질(質)의 같음과 다름, 반대, 앞서는 것과 뒤서는 것[11]을 비롯해서 그런 종류의 다른 모든 것에 대해서도 살펴보아야 한다. 이런 것들에 대해 변증가들은 오로지 일반적 통념들에 의지해서 고찰하면서 탐색하려고 하는데, 그 모든 것에 대해 고찰하는 것은 어떤 학문에 속하는 일일까? 또한 이런 것들에 그 자체의 본성에 따라 부수적으로 속하는 것들도 다루어야 하는데, 이것들 각각이 무엇인가라는 물음뿐만 아니라 어느 하나가 다른 하나에 반대되는지도 함께 다루어야 한다.[12] 또한 (6) 원리들과 요소들이 유들인지 아니면 각 대상이 나뉠 때 그 마지막에 오는 내재적인 것들[13]인지가 의문거리이다. 그리고 (7) 만일 그것들이 유들이라면, 불가분적인 것들에 대한 진술에서 최종(最終)의 유들이 그런가 아니면 첫째가는 것들이 그런가, 예컨대 '생명체'와 '사람' 가운데 어떤 것이 원리이고 개별자로부터 더 독립적인가?[14] 그리고 가장 무게를 두어 탐구하고 연구해야 할 물음은 (8) 질료와 떨어져서 어떤 자립

8 III 2, 997a34-998a19 참고. 플라톤주의자들이 이런 주장을 편다. I 6, 987b27-8을 보라.

9 '그 자체로서 부수적인 것들'(*ta symbebēkota kath' hauta*)에 대해서는 V 30, 1025a30 아래 참고.

10 III 2, 997a25-34 참고.

11 원어는 'tauton', 'heteron', 'homoion', 'anomoion', 'enantiotēs', 'proteton', 'hysteron'이 쓰였다.

12 IV 2, 1003b22-1005a18 참고.

13 '그 마지막에 오는 내재적인 것들'(*eis ha diairetai enhyparchonta*)이란 분석의 결과 마지막에 도달하는 내재적 원리들을 가리킨다. 예컨대 복합실체를 이루는 질료와 형상이 그런 원리에 해당한다.

14 III 3, 998b14-999a23 참고.

적인 원인이 있는가 그렇지 않은가, 이것은 분리가능한가 그렇지 않은가, 그것은 수가 하나인가 아니면 여럿인가라는 물음이다. 그리고 복합체와 떨어져서 (질료에 대해 어떤 것이 술어가 될 때, 그것을 일컬어 나는 복합체라고 한다[15]) 어떤 것이 있는가 아니면 아무것도 없는가, 아니면 어떤 것들의 경우에는 그런 것이 있고 어떤 것들의 경우에는 없는가, 그리고 그런 것들은 어떤 성격을 가진 것들인가가 의문거리다.[16] 또한 (9) 원리들은 수적으로 제한되어 있는지 아니면 종적으로 제한되어 있는지가 의문거리인데, 이는 정식[17] 안에 있는 원리들의 경우나 기체 안에 있는 원리들의 경우나 똑같이 의문거리이다. 그리고 (10) 가멸적인 것들과 불멸하는 것들의 원리들이 동일한가 다른가, 그리고 그런 원리들은 모두 불멸하는가 아니면 가멸적인 것들의 경우 그 원리들이 소멸하는가[18]가 의문거리이다. 또한 (11) 모든 것 중에서 가장 어렵고 가장 큰 의문을 낳는 것은 다음과 같은 물음이다. 피타고라스학파나 플라톤이 말한 바 있는 하나와 있는 것은 (그것들을 술어로 삼는 것과) 다른 어떤 것이 아니라 있는

---

15 III 4, 999a33-4와 VII 3, 1029a23-4 참고.

16 III 4, 999a24-b24 참고.

17 원어 'logos'를 로스는 '정의'라고 옮겼고, 지금의 논의 맥락에서 보면 이 번역은 적절하다. 하지만 'logos'는 『형이상학』 전체에 걸쳐 '정의'(*horismos* 혹은 *horos*)보다 외연이 훨씬 더 넓다. 예컨대 'logos'는 '낱말', '어구', '진술', '논변', '이론', '설명' 등 다양한 수준의 언어적 구조물은 물론 수적인 '비율'을 가리키기도 한다. 'logos'의 이 모든 뜻을 포괄할 수 있는 우리말은 없기 때문에, '로고스'라는 말을 그대로 사용하는 것이 최선일 수도 있다. 하지만 번역의 필요에 따라 'logos'를 문맥에 따라 다양한 우리말로 옮겼다. 특히 이 번역에서는 'logos'에 대한 번역어로서 '정식'(定式, *formular*)을 자주 사용한다. '정식'이란 어떤 사물이 지닌 질적이거나 양적인 성질에 대한 언어적 정식과 수적인 정식을 함께 포괄한다는 점에서 유용한 표현이다. 예컨대 '두 발 가진 동물'은 사람에 대한 언어적 정식(VII 12, 1037b11-3)이고, '2:1'은 옥타브에 대한 수적인 정식(V 2, 1013a27-8)이다. 한편, 'logos'는 언어적 정식이나 수적인 정식뿐만 아니라 그런 정식에 의해 제시되는 대상 자체, 즉 형상이나 비율을 가리키기도 한다(VII 11, 1036b5; VIII 1, 1042a28; XII 2, 1069b34; I 5, 985b32; I 9, 991b13, 17, 19; I 10, 993a17).

18 III 4, 1000a5-1001a3과 X 10, 1058b26 아래 참고.

것들의 실체인가, 혹은 만일 그렇지 않다면, 기체가, 예컨대 엠페도클레스는 사랑이라고 말하고, 어떤 사람은 불, 어떤 사람은 물, 어떤 사람은 공기라고[19] 말하는 것이 다른 어떤 것인가?[20] 또한 (12) 원리들은 보편적인지 개별적인 사물들과 같은 방식으로 있는지가 의문거리이다.[21] 또한 (13) 그것들은 가능적으로 있는지 현실적으로 있는지,[22] 또한 운동과 관련해서 그렇게 불리는 것과 다른 뜻에서 그런지가 의문인데,[23] 왜냐하면 이런 것들은 많은 의문을 낳을 수 있기 때문이다. 더욱이 (14) 수들과 선들과 도형들과 점들은 일종의 실체인가 그렇지 않은가, 그리고 그것들이 실체라면 감각물들과 분리된 상태에 있는가 아니면 이것들 안에 내재해 있는가?[24] 이런 모든 문제들에 대해서는 의문을 해결해서 진리를 찾아내기 어려울 뿐만 아니라 논리적으로 올바른 의문을 제기하기도 쉽지 않다.

2. 의문들에 대한 자세한 논의들

(i) 하나의 학문이 네 가지 원인을 모두 다룰 수 있는가?

(ii) 공리들을 다루는 것은 실체에 대한 학문인가, 그렇지 않다면 어떤 학문이 그것들을 다루는가?

(iii) 하나의 학문이 모든 실체를 다룰 수 있는가?

---

19 불을 기체로 여긴 사람은 힙파소스(Hippasos)와 헤라클레이토스(D-K, 22 B 30)이고, 물을 기체로 여긴 사람은 탈레스(D-K, 11 A 12)이다. 공기를 기체로 여긴 사람은 아낙시메네스(D-K, 13 B 2)와 아폴로니아의 디오게네스(D-K, 64 A 5)이다.

20 III 4, 1001a4-b25 참고.

21 III 6, 1003a5-7 참고.

22 III 6, 1002b32-1003a5 참고.

23 '가능태'(*dynamis*)와 '현실태'(*energeia*)는 본래 운동(*kinēsis*)과 관련된 개념들이다. IX 1, 1046a1-2 참고.

24 III 5, 1001b26-1002b11 참고.

(iv) 실체에 대한 학문은 실체에 속하는 부수적인 것들도 함께 다루는가?

(v) 감각적이 아닌 실체들도 있는가? 그렇다면 그 종류는 얼마나 되는가?

(i) 먼저, 우리가 첫 번째로 언급한 물음, 즉 모든 부류의 원인을 이론적으로 고찰하는 일이 하나의 학문에 속하는지 아니면 더 많은 학문에 속하는지를 살펴보기로 하자. 원리들이 서로 반대되지 않는다면 그것들을 아는 것이 어떻게 하나의 학문에 속할 수 있을까?

또한 있는 것들 가운데는 모든 원리들이 속하지 않는 것들이 여럿 있다.[25] 예컨대 운동하지 않는 것들에 어떻게 운동의 원리나 좋음의 본성이 속할 수 있는가? 그 이유는 이렇다. 어떤 것이 그 자체로서 좋고 그 자신의 본성 때문에 그렇다면, 그런 것은 모두 목적이고 그런 뜻에서 원인이니, 그 까닭은 다른 것들은 그것들을 위해서 생겨나고 있는 데 비해 어떤 행동의 목적이자 지향 대상이 되는 것은 목적이니, 모든 행동은 운동을 동반하기 때문이다. 그러므로 운동하지 않는 것들 안에는 그런 원리[26]도 들어 있을 수 없고 좋음 자체도 들어 있을 수 없다. 그런 까닭에 수학에서는 그런 원인에 의거해서 아무것도 제시되지 않고 "이것이 더 좋다"거나 "이것이 더 나쁘다"는 사실에 의거한 논증이란 존재하지 않으며 결코 어느 누구도 그런 것들을 거론하지 않는다. 따라서 이런 이유 때문에 소피스테스들 가운데 어떤 사람들, 예컨대 아리스티포스[27]는 그런 것들을 우습게 여겼다. 왜냐하면 다른 기술들의 경우, 예컨대 목공술이나 제화술과 같은 손기술의 경우조차 "이것이 더 좋다"거나 "이것이 더 나쁘
996b 다"는 사실을 이유로 드는데, 수학적인 학문들은 좋은 것과 나쁜 것들에

25 있는 것 모두가 똑같이 모든 원리들을 갖는 것은 아니라는 말인 듯하다.

26 운동의 원리(*kinēseōs archē*)를 가리킨다.

27 아리스티포스(Aristippos)는 프로타고라스처럼 지식에 대한 주관주의적 의견을 내세웠던 소피스테스로 알려져 있다. Ross, *Metaphysics* I, p. 228 참고.

대해 아무 설명도 제시하지 않는다고 그는 말한다.

하지만 원인들을 다루는 학문들이 여럿이고 저마다 다른 원리를 대상으로 삼는다면, 우리가 찾는 학문[28]은 그 가운데 어떤 것이고, 그런 원리들을 소유한 사람들 가운데 어떤 사람을 우리가 탐구하는 대상에 대해 가장 학문적으로 아는 사람이라고 말해야 하는가? 왜냐하면 동일한 것에 모든 방식의 원인들이 속할 수 있기 때문인데, 예컨대 집의 경우 운동의 출처는 기술과 건축가이고, 지향 대상은 건축물이고 질료는 흙과 돌이며, 형상은 정식이다.[29] 그렇다면 앞서 규정한 내용들에 의거해 볼 때,[30] 여러 학문 가운데 어떤 것을 '지혜'라고 불러야 하는가라는 물음에 대해서 그 각각의 학문을 그런 것으로 내세울 만한 근거가 있다. 그 이유는 이렇다. 그것이 가장 지배적이고 주도적인 학문인 한, 그리고 다른 학문들이 마치 노예들처럼 그에 맞서 반대의견을 말할 수 없는 한, 목적과 좋음을 다루는 학문이 그런 성격을 가진다(왜냐하면 다른 것들은 그것을 위해서 있기 때문이다). 하지만 앞서 규정했듯이[31] 그것이 첫째 원인들과 최고의 인식 대상을 다루는 한, 실체에 대한 학문이 그런 성격을 가질 것이다. 왜냐하면 동일한 것에 대해서 여러 방식의 인식활동이 있을 수 있지만, 우리는 그것이 이러저러하게 있다는 사실을 근거로 해서 그 대상이 무엇인지를 아는 사람이 이러저러하게 있지 않다는 사실을 근거로 해서 아는 사람보다 더 많이 알고 있다고 말하고, 또 그런 사람들 가운데 어떤 사람이 다른 사람보다 상대적으로 더 많이 알고 있다고 말하며, 그 대상이 본성적으로 갖는 양이나 성질이나 능동적 작용이나 수동적 작용을 아는 사람보다는 그것이 '무엇'인지를 아는 사람이 가장 많이 알고 있다고 말하기 때문이다.[32] 또한 다른 경우에도 이와 마찬가지여서 〔논증들이

---

28 996b3의 'tēn zētoumenēn'은 995a24에서 말한 'epizētoumenē epistēmē'를 가리킨다.

29 '정식'(*logos*)에 대해서는 III 1, 996a2에 대한 각주 참고.

30 I 2, 982a8-19 참고.

31 I 2, 982a30-b2 참고.

32 VII 1, 1028a36 아래 참고.

다루는) 각 대상이 '무엇'인지를 우리가 아는 것은 우리가 그것이 '무엇'인지를 알고 있을 때 성립한다고 생각하는데, 예컨대 그것이 비례중항의 발견이라는 사실을 알고 있을 때 사각형의 작도가 무엇인지에 대한 앎이 존재한다고 생각한다.[33] 반면 수많은 생성이나 행동 및 모든 종류의 변화와 관련해서 우리는 그 운동의 원리를 인식하고 있을 때 그것들을 알고 있다고 생각한다. 하지만 이것은 목적과 다른 것이고 그것과 대립하는 것이어서, 그런 원인들을 하나하나 이론적으로 고찰하는 것은 다른 학문에 속하는 일처럼 보일 것이다.[34]

(ii) 하지만 논증의 원리들에 대해서도, 그것들이 하나의 학문에 속하는지 아니면 더 많은 학문에 속하는지에 대해 논란의 여지가 있다(모든 논증의 출발점이 되는 공통의 의견들[35]을 일컬어 나는 논증의 원리들이라고 부른다). 예컨대 모든 것은 필연적으로 긍정되거나 부정되어야 한다, 어떤 것이 있으면서 있지 않는 것은 불가능하다[36]는 것을 비롯해서 그런 종류의 다른 전제들이 그런 원리들에 해당한다. 그런 것들에 대한 학문과 실체에 대한 학문은 하나의 학문인가 아니면 다른 학문인가, 그리고 그것들이 하나의 학문이 아니라면 지금 우리가 찾는 학문은 그 둘 가운데 어떤 것이라고 말해야 하는가? 그런데 그런 것들이 하나의 학문[37]에 속한다고 보는 것은 이치에 맞지 않는다. 그 이유는 이렇다. 그런 원리들에 대해 전문적 앎을 갖는 것이 기하학이나 다른 어떤 학문에 더 고유한 일

33 『영혼론』 II 2, 413a19-20 참고.

34 996a18-b26에 대해서는 위의 995b4-6과 XI 1, 1059a20-3 참고. 특히 996a21-b1에 대해서는 1059a34-8 참고.

35 '공통의 의견들'(*koinai doxai*)은 이어지는 예에서 밝혀지듯이, 모순율, 배중률과 같은 모든 추론에 공통되는 원리들을 가리킨다.

36 "어떤 것이 있으면서 있지 않는 것은 불가능하다"(*adynaton anankē hama einai kai mē einai*)는 'einai'의 계사적 용법에 따라 이렇게 옮길 수도 있다. "어떤 것이 갑이면서 갑이 아니기는 불가능하다."

37 여기서 말하는 '하나의 학문'(*mia epistēmē*)이란 기하학이나 천문학과 같은 특정한 분과학문을 뜻한다.

이어야 하는 이유는 무엇인가? 하지만 만일 그것들이 어떤 학문에나 똑같이 속하지만 모든 학문에 속할 수 있는 것이 아니라면,[38] 그것들에 대해 아는 것은 다른 학문들의 고유한 과제일 수 없을 뿐만 아니라 실체들을 아는 학문의 고유한 과제일 수도 없다. 또한 어떤 방식으로 그것들에 대한 학문이 가능할까? 이런 물음을 던지는 이유는 이렇다. 그것들이 각각 어떤 것인지 우리는 지금도 알고 있다. 왜냐하면 다른 기술들도 그것들을 이미 알려진 사실로 활용하기 때문이다. 하지만 논증적 학문이 그것들을 다룬다면, 그 학문은 기체로서 어떤 유를 필요로 할 것이며, 그 학문이 다루는 것들 가운데 일부는 속성들이고 다른 일부는 공리들일 것이다(왜냐하면 모든 것에 대해서 논증이 있을 수는 없기 때문이다). 그 이유는 논증은 반드시 어떤 출발점들에서 시작해서 특정한 대상에 대해서 특정한 사태들을 밝혀내기 때문이다.[39] 따라서 논증되는 것 모두를 포괄하는 어떤 하나의 유가 있다는 결론이 나온다. 왜냐하면 모든 논증은 공리들을 사용하기 때문이다.

그러나 만일 실체에 대한 학문과 공리들에 대한 학문이 서로 다르다면, 그것들 가운데 어떤 것이 더 주도적이고 더 앞서는가? 왜냐하면 공리들은 가장 보편적이고 모든 것의 원리들이기 때문이다. 만일 그것들을 다루는 것이 철학자의 일이 아니라면, 그것들과 관련해서 참과 거짓을 이론적으로 고찰하는 일이 다른 누구에게 속하겠는가?[40]

---

38 모든 논증적 학문(*apodeiktikē epistēmē*)은 모순율이나 배중률을 사용하지만, 그렇다고 해서 그런 모든 학문이 그런 논증의 원리들(*apodeiktikai archai*) 자체를 탐구의 대상으로 삼지는 않는다는 말이다. IV 3, 1005a23 아래를 보라.

39 『분석론 후서』 I 7, 75a39 아래에 따르면, 논증은 다음의 세 요소로 이루어진다. i) 논증되는 것, 즉 결론(*symperama*), ii) 논증의 출발점(*ex hōn*) 구실을 하는 공리들(*axiōmata*), iii) 기체로서 밑에 놓여 있는 유(*to genos to hypokeimenon*)이다. 논증은 이 유에 속하는 속성들(*pathē*), 즉 공리들로부터 '그 자체로 따라 나오는 것들' 혹은 '그 자체로서 부수적인 것들'(*ta kath' hauta symbebēkota*)을 드러낸다.

40 996b26-997a15와 관련해서는 위의 995b6-10과 XI 1, 1059a23-6 참고. 이 의문에 대한 대답으로는 IV권 3장 참고.

(iii) 일반적으로 모든 실체에 대해 하나의 학문이 있는가 아니면 더 많은 학문이 있는가? 만일 그런 학문이 하나가 아니라면, 이 학문[41]은 어떤 종류의 실체를 대상으로 삼는가? 하나의 학문이 모든 실체를 다룬다는 설명은 이치에 맞지 않는다. 그 이유는 이렇다. 만일 모든 논증적 학문이 특정한 기체와 관련해서 공통의 의견들을 출발점으로 삼아 (그 기체에) 그 자체로서 부수적인 것들을 이론적으로 고찰한다면, 하나의 논증적 학문이 부수적인 것들을 모두 다룰 것이다. 그런데 동일한 유를 대상으로 삼아 동일한 의견들로부터 출발해서 그 자체의 본성에 따라 부수적인 것들을 고찰하는 것은 동일한 학문이 할 일이다. 왜냐하면 (논증이 관계하는) 대상은 하나의 학문에 속하며, (논증이 출발점으로 삼는) 원리들도 하나의 학문에 속하기 때문이다. 이 학문들이 동일하거나 다르거나 마찬가지다. 그러므로 부수적인 것들도 그런데, 이는 동일한 학문들이 그것들을 고찰하건 그런 학문들로 이루어진 하나의 학문이 그렇게 하건 마찬가지다.[42]

(iv) 또한 이론적 고찰은 실체들만을 다루는가, 아니면 그것들에 부수적인 것들도 함께 다루는가? 내 말의 뜻은 예를 들면 이런 것이다. 만일 입체가 어떤 종류의 실체이고 선과 평면도 그렇다면, 그것들을 인식하는 것과 그런 것들 각각의 유에 속하는 부수적인 것들에 대해 — 수학적인 학문들은 이런 것들과 관련해서 논증을 제시한다 — 인식하는 것은 동일한 학문에 속하는가 아니면 다른 학문에 속하는가? 왜냐하면 만일 그것들이 동일한 학문에 속하는 일이라면, 실체에 대한 학문도 논증적 학

41 계속해서 995a24의 'epizētoumenē epistēmē'가 논의의 대상이다.

42 997a22-5의 논변에 대해서는 로스(*Metaphysics* I, p. 230)의 다음과 같은 주석을 참고하라. "만일 'peri ho'(탐구의 대상), 탐구주제가 되는 유, 즉 모든 실체들이 한 학문의 대상이고, 또 논증의 출발점들(*ex hōn*), 즉 공리들이 한 학문의 대상이라면, 이 두 학문이 동일한 것이건 다른 것이건 상관없이 …… 그로부터 따라 나오는 것들, 부수적인 것들(*symbebēkota*)(= *pathē*)은 한 학문의 대상, 즉 만일 그 두 학문이 같다면 그 두 학문의 대상이 될 것이고, 그렇지 않고 만일 그 두 학문이 서로 다르다면, 그것들로 이루어진 한 학문의 대상이 될 것이다." 997a15-25에 대해서는 위의 995b10-3과 XI 1, 1059a26-9 참고. 이 아포리아에 대한 대답으로는 IV 2, 1004a2-9와 VI권 1장을 보라.

문 가운데 하나이겠지만, 일반적 의견에 따르면 '무엇'에 대해서는 논증이 존재하지 않는다. 그러나 만일 그것들이 다른 학문에 속한다면, 어떤 학문이 실체와 관련해서 그것에 속하는 부수적인 것들을 이론적으로 고찰한다는 말인가? 이것을 밝히는 것은 더할 나위 없이 어려운 일이다.[43]

(v) 또한 감각적 실체들만 있다고 말해야 하는가 아니면 그것들과 떨어져서 다른 실체들도 있다고 말해야 하는가? 실체들은 한 종류인가 아 997b
니면 여러 부류의 실체들이 있는가? 예컨대 형상들과 중간자들을 내세우는 사람들은 뒤의 입장에 서 있는데, 이들은 중간자들과 관련해서 수학적인 학문들이 존재한다고 말한다. 그런데 어떤 뜻에서 형상들이 원인들이고 그 자체로 있는 실체라고 우리가 말하는지에 대해서는 앞서 그것들을 다룬 글에서[44] 말한 바 있다. 이 이론은 여러 측면에서 불만족스럽지만, 무엇보다도 다음과 같은 점이 불합리하다. 즉, 그 이론은 한편으로는 (감각적인) 우주 안에 있는 것들과 떨어져서 어떤 자연적인 것들이 있다고 말하면서,[45] 다른 한편으로는 이것들이 감각물들과 똑같지만, 하나는 영원하고 다른 하나는 가멸적인 데 차이가 있을 뿐이라고 말한다. 왜냐하면 그들의 말에 따르면 사람 자체와 말 자체와 건강 자체가 있는데, 이런 주장은 한편으로는 신들이 있다고 말하면서 신들은 사람의 모습을 하고 있다고 말하는 사람들의 주장과 전혀 다를 바 없이 비슷하기 때문이다. 왜냐하면 이 사람들이 했던 일이 영원한 인간들을 만들어내는 것밖에 아무것도 아니라면, 플라톤주의자들은 형상들을 영원한 감각물들로 만들 뿐이기 때문이다.

또한 어떤 사람이 형상들이나 감각물들과 따로 중간자들을 내세운다면, 그는 수많은 의문에 직면할 것이다. 왜냐하면 선들 자체나 감각적인

43 997a25-34에 대해서는 III 1, 995b18-20과 XI 1, 1059a29-34 참고. 이 아포리아에 대한 대답으로는 IV 2, 1003b22-1005a18 참고.

44 I권 6장과 9장을 가리킨다.

45 『파이드로스』 247C 아래에는 이데아계가 '천계 위의 구역'(*hyperouranios topos*)으로 그려져 있다.

선들과 떨어져서 선들이 있을 것이고 다른 유에 속하는 각 사물의 경우에도 이와 같을 것이 분명하기 때문이다.[46] 그 결과 만일 천문학이 수학적인 학문들 가운데 하나라면, 감각적인 천계와 떨어져서 또 다른 천계가 있을 것이고 이와 똑같이 (감각적인 천체들과 떨어져서) 태양과 달과 다른 천체들이 있을 것이다. 하지만 어떻게 그런 것들이 있다고 믿어야 하는가? 왜냐하면 그것들이 운동하지 않는다고 설명하는 것도 이치에 맞지 않지만, 그렇다고 해서 그것들이 운동한다고 말하는 것도 전혀 불가능하기 때문이다. 광학이나 수학적인 화성학이 다루는 대상들의 경우에도 사정이 똑같다.[47] 왜냐하면 (위에서 제시한 것과) 똑같은 이유에서 그것들이 감각물들과 떨어져서 존재하기란 불가능하기 때문이다. 왜냐하면 만일 (형상들과 감각물들 사이에) 중간적인 감각물들과 (그것들에 대한) 감각들이 있다면, 동물들 자체와 가멸적인 동물들 사이에는 중간적인 동물들도 있을 것이 분명하기 때문이다. 어떤 사람은 그런 학문들[48]이 어떤 성격을 가지고 있는 것들과 관련해서 탐구하는지 의문을 가질 수도 있다. 왜냐하면 기하학과 측량술의 유일한 차이가, 그 중 하나는 우리가 감각하는 것들을 대상으로 삼고 다른 하나는 감각할 수 없는 것들을 대상으로 삼는 데 있다면, 의술과 따로 의술 자체와 이 개별적인 의술의 중간에 다른 어떤 학문이 있을 것이고 이는 다른 기술들 하나하나의 경우에도 마찬가지일 것이기 때문이다. 하지만 어떻게 이런 일이 가능할까? 왜냐하면 그 경우 감각적으로 건강한 것들과 건강 자체와 떨어져서 어떤 건강한 것들이 있을 것이기 때문이다. 측량술이 감각적이고 가멸적인 연장물들을 다룬다는 것도 참이 아닌데, 그 이유는 그 대상들이 소멸하면 측량술도 소멸할 것이기 때문이다.

46 중간자 선, 중간자 평면, 중간자 입체 등을 말한다.

47 아리스토텔레스의 학문분류에 따르면, 천문학(*astrologia*)과 광학(*optikē*), 화성학(*harmonikē*), 기하학(*geōmetria*) 등은 모두 수학적인 학문에 속한다. VI 2, 1026a27에 대한 각주 참고.

48 수학적인 학문들, 예컨대 천문학, 광학, 수학적인 화성학을 말한다.

하지만 다른 한편으로 천문학은 감각적인 연장물들에 대한 것도 이 감각적인 천계에 대한 것도 아닐 것이다. 왜냐하면 감각적인 선들은 기하학자가 말하는 것과 같은 성질을 갖지 못하기 때문이다(왜냐하면 감각물들 가운데 어떤 것도 그가 말하는 것과 같은 뜻에서 직선이나 곡선이 아니기 때문이다. 둥근 고리는 직선 자와 한 점에서 만나지 않고,[49] 실제로는 프로타고라스가 기하학자들을 반박하면서 말했던 것과 사정이 같다).[50] 천문학이 설명의 대상으로 삼는 천계의 운동들과 회전운동들[51]도 (실제의 그것들과) 성질이 같지 않고, 기하학의 기호들도 실제의 별들과 동일한 본성을 갖지 않는다. 그런가 하면 형상들과 감각물들 사이에 중간자들이라고 불리는 것들이 있지만 이것들은 감각물들과 분리되어 있는 것이 아니라 그것들 안에 있다고 말하는 사람들이 있다.[52] 이들이 도달하는 해결할 수 없는 결론들을 모두 하나하나 따지려면 더 많은 논변이 필요하겠지만, 다음과 같은 점들을 살펴보는 것으로 충분하다. 그 중간자들의 경우에만 사정이 그렇다는 것은 이치에 맞지 않고, 형상들도 감각물들 안에 있을 수 있음이 분명하다. 왜냐하면 그 둘 모두에 동일한 논변이 적용되기 때문이다. 더욱이 (이 이론에 따르면) 2개의 물체가 똑같은 장소에 있어야 할 것이고, 그것들은 운동하는 감각물들 안에 있기 때문에 운동하지 않을 수 없을 것이다. 하지만 일반적으로 말해서 한편으로 그것들을 있는 것으로 내세우면서 또 다른 한편으로 그것들이 감각물들 안에 있다고 한다면, 그렇

49 둥근 고리(*ho kyklos*)와 직선 자(*kanōn*)는 각각 곡선과 직선의 감각적 사례이다. 즉, 감각세계 안에는 기하학에 의해 정의되는 곡선과 직선은 실제로 존재하지 않는다는 말이다.

50 로스는 디오게네스 라에르티오스(Diogenes Laertios)(ix. 55)가 언급한 『수학적인 학문들에 대하여』(*Peri ton Mathematon*)를 가리키는 것으로 추측한다.

51 행성들의 회전운동들(*helikes*)에 대해서는 『티마이오스』 39A 참고.

52 이런 의견은 XIII 1,1076a33, 38-b11에서 다시 언급된다. XIV 3, 1090a20에서는 피타고라스학파가 그런 의견을 내세웠다고 말한다. 하지만 구체적으로 어떤 사람들을 가리키는지는 분명치 않다. 일부 플라톤주의자들이 그랬을 수 있다. 이에 대해서는 Ross, *Metaphysics* I, pp. 232~33 참고.

게 하는 것은 무엇을 위해서인가? 왜냐하면 그 경우 우리가 앞서 거론했던 것들과 동일한 불합리한 결과들이 따라 나올 것이기 때문이다. 즉, 이 천계와 떨어져서 다른 어떤 천계가 있어야 할 것이니,[53] 이것이 분리되어 있는 것이 아니라 동일한 장소에 있다는 데 차이가 있을 뿐일 것인데, 동일한 장소에 있는 것은 더욱 더 불가능한 일이다.[54]

3. (vi) 유들이 사물들의 첫째 원리들인가, 아니면 사물들에 내재하는 부분들이 첫째 원리들인가?
(vii) 유들이 원리들이라면, 최상의 유들이 그런가 아니면 불가분적인 것들이 그런가?

(vi) 이런 문제들과 관련해서 진리에 이르기 위해 어떤 설명을 제시해야 하는지는 커다란 의문이지만, 원리들과 관련해서도 마찬가지다. 즉, 우리는 유들이 요소들이자 원리들이라고 생각해야 할까 아니면 각 사물에 내재하는 첫째 구성부분들이 원리들이라고 생각해야 할까? 예컨대 목소리의 요소들과 원리들에 해당하는 것은 목소리들을 이루는 첫째 구성부분들이지, '목소리'라고 하는 공통적인 것[55]이 아니다. 또한 우리는 한편으로는 그 자체가 논증의 대상들이면서 다른 한편으로 다른 기하학 명제들에 대한 — 그런 명제들 전부이건 아니면 그 가운데 일부이건 — 논증들 안에 내재하는 것들을 일컬어 기하학 명제들[56]의 요소들이라고 부른다. 또한 물체들의 요소들이 여럿이라고 말하는 사람들이 있는가 하

53 위의 997b16 아래 참고.

54 997a34-998a19에 대해서는 III 1, 995b13-8과 XI 1, 1059a38-b21 참고. 이 의문에 대한 대답으로는 XII권 6-10장, XIII권, XIV권 참고.

55 '공통적인 것'(*to koinon*)은 위에서 말한 유(*genos*)를 가리킨다. '목소리'(*phōnē*)라는 유는 여러 목소리에 공통적인 술어가 된다.

56 '기하학 명제들'(*diagrammata*)에 대해서는 V 3, 1014a36에 대한 각주 참고.

면 하나라고 말하는 사람들이 있으니, 이들은 함께 결합되어 〔합성체를 이루는〕 요소들을 일컬어 원리들이라고 부른다. 예컨대 엠페도클레스는 불과 물을 비롯해서 나머지 것들이 있는 것들의 구성부분으로서 그것들 안에 내재하는 요소들이라고 말하지만, 그것들을 있는 것들의 유들이라고는 말하지 않는다. 더욱이 예컨대 침대의 경우처럼 다른 것들의 경우에도 만일 어떤 사람이 그것들의 본성을 찾아보려는 의도를 갖고 있다면, 그것이 어떤 구성부분들로 이루어져 있고 어떤 방식으로 그것들이 결합되어 있는지를 〈알 때〉, 그는 그때 그것의 본성을 아는 것이다.

그렇다면 이런 논의에 따른다면, 유들은 있는 것들의 원리들이 아닐 것이다. 하지만 우리가 각 대상을 아는 것은 정의들을 통해서인데 유들은 정의의 원리들이기 때문에,[57] 유들은 정의가능한 것들의 원리들일 수밖에 없다. 또한 있는 것들에 대해 인식을 가진다는 것이 우리가 그 대상들을 부를 때 준거로 삼는 종들에 대한 인식을 가진다는 것을 뜻한다면, 유들은 종들의 원리들이다.[58] 하나와 있는 것이나 큼과 작음을 있는 것들의 요소들이라고 말하는 사람들이 있는데,[59] 이들 가운데 일부는 그것들을 유들로 여기는 듯하다.

하지만 그 둘 가운데 어떤 방식으로도 원리들을 논의하기란 불가능하다. 왜냐하면 실체의 정식은 하나이지만, 유들을 통해 이루어지는 정의와 내재적 구성부분들을 제시하는 정의는 다르기 때문이다.[60]

(vii) 더욱이 설령 유들이 최고 수준의 원리들이라고 하더라도, 다음과 같은 의문이 생긴다. 유들 가운데 첫째가는 것들을 원리들이라고 불러

57 예컨대 '사람'에 대한 정의가 '이성적인 동물'이라면, 이 정의 안에 포함되어 있는 '동물'이라는 유는 정의의 한 요소이자 원리(*archē*), 즉 정의의 출발점이다. 그런 뜻에서 유들(*genē*)은 존재의 원리가 아니라 인식의 원리이다.

58 우리는 개별적인 감각물들을 일컬어 '사람', '말', '개'라고 부르는데, 이는 종(*eidos*)에 따른 명칭이다. 개별자들은 종에 따라, 즉 종에 의거해서 인식된다.

59 III 1, 996a6 아래와 I 6, 987b20 아래 참고.

60 998a20-b14에 대해서는 위의 995b27-9 참고. 이 의문에 대한 대답으로는 VII권 10장과 13장 참고.

야 하는가 아니면 불가분적인 것들[61]에 대해 술어가 되는 최종적인 것들을 원리들이라고 불러야 하는가?[62] 왜냐하면 이 문제에 대해서는 논란의 여지가 있기 때문이다. 왜냐하면 만일 언제나 보편자들이 더 높은 수준의 원리들이라면, 유들 가운데 최상의 것들이 원리들일 것인데, 왜냐하면 이것들은 모든 것들에 대해서 술어가 되기 때문이다. 그렇다면 있는 것들의 원리들은 첫째 유들과 그 수가 같을 것이고, 따라서 '있는 것'과 '하나'는 원리들이자 실체들이 될 것이다. 왜냐하면 이것들은 〔있는 것들〕 모두에 대해 최고 수준의 술어가 되기 때문이다. 하지만 '하나'도 '있는 것'도 있는 것들의 하나의 유일 수 없다. 그 이유는 이렇다. 필연적으로 각각의 유에는 차이들[63]이 속하고 그 차이들은 각각 하나일 수밖에 없다. 그런데 유에 속하는 종들이 고유한 차이들에 대해 술어가 되거나 유가 그 자신에 속하는 종들 없이 있는 것은 불가능한 일이다. 따라서 '하나'나 '있는 것'이 유라면, 어떤 차이도 있는 것이거나 하나일 수 없을 것이다.[64] 하지만 만일 그것들이 유가 아니라면, 원리들도 될 수 없을

---

61 '불가분적인 것'(*atoma*)은 더 이상 다른 종들로 분할될 수 없는 최하의 종(*infima species*)을 가리킬 수도 있고 감각적인 개체들을 가리킬 수도 있다. 여기서는 이 두 가지 가능성 가운데 어떤 것을 뜻하는지 분명치 않다. 아래 999a15에 대한 각주 참고.

62 '첫째가는 것들'(*ta prōta*)에는 모든 것들에 대해 술어가 되는 '있는 것'이나 '하나' 등이 해당될 것이고, '최종적인 것들' 혹은 '궁극적인 것들'(*ta eschata*)에는 개별자들에 대해 술어가 되는 '사람', '말', '소' 같은 종(*eidos*)들이 해당될 것이다.

63 998b23의 'diaphora'를 '종차'(種差)라고 하지 않고 '차이'라고 옮겼다. 이에 대해서는 VII 12, 1037b32에 대한 각주 참고.

64 예컨대 '동물'이라는 유에는 '네 발 가진', '두 발 가진' 등의 차이들이 속하며, 그 차이는 물론 각각 하나의 차이이다. 그런데 만일 '있는 것'이나 '하나'가 유라면, 이것들은 그것들에 속하는 차이들에 대해 술어가 될 수 있는가? 물론 그 차이들은 '있는 것'이고 '하나'이다. 그러나 이것은, '있는 것'이나 '하나'가 유인한, 불가능한 일이다. 그 이유는 더 하위의 유들과 차이들 사이의 관계를 보면 분명해진다. 예컨대 '육상동물'이라는 유에는 여러 차이들과 저마다 고유한 차이들을 가진 종들, 예컨대 소, 말, 사람 등이 속한다. 하지만 이런 종들은 그것들이 가진 고유한 차이들에 대해 술어가 될 수 없다. 예컨대 '말'이라는 종이 '네 발 가진'이라는 차이에 술어가 될 수 없다. 왜냐하면 "'네 발 가짐'은 말이다"라는 진술은 무의미하기 때문이다.

텐데, 유들이 원리라고 한다면 그렇다. 또한 차이들과 결합된 중간의 유들은 불가분적인 것들[65]에 이르기까지 유들이 될 것이다. 하지만 일반적 생각에 따르면 어떤 유들은 그렇고 어떤 것들은 그렇지 않은 듯하다. 게다가 차이들이 유들보다 더욱 더 원리들일 텐데, 만일 이 차이들도 원리들이라면, 원리들은 말 그대로 무한할 것이니, 어떤 사람이 첫째 유[66]를 원리로 내세운다면 특히 그렇다. 그러나 또한 '하나'가 더 높은 수준에서 원리의 성격을 가진다고 해 보자. 분할불가능한 것은 하나이고, 분할불가능한 것은 모두 양의 측면이나 종의 측면에서 분할불가능하며, 종의 측면에서 분할불가능한 것은 다른 것에 더 앞서고 유들은 종들로 분할가능하기 때문에, 마지막 술어가 되는 것이 더욱 높은 수준의 하나일 것이다.[67] 왜냐하면 사람은 개별적인 사람들을 포함하는 유가 아니기 때문이다. 또한 앞서는 것과 뒤서는 것의 구분[68]이 있는 경우 어떤 것들에 대해 술어가 되는 것은 그 어떤 것들과 떨어져서 있을 수 없다. 예컨대 둘이 수들 가운데 첫째가는 것이라면, 수에 속하는 여러 종들과 떨어져서 어떤 수가 있을 수는 없으며, 마찬가지로 도형에 속하는 여러 종들과 떨어져서 도형이 있을 수도 없다.[69] 그리고 만일 이런 것들의 유들이 그렇지 않다면, 다른 것들의 유들이 종들과 떨어져서 있기란 어려운 일이다. 왜냐하면 그런 것들에 대해 최고 수준의 유들이 있다는 것은 일반적 의견이기 때문이다. 하지만 불가분적인 것들의 경우에는 앞서는 것과 뒤에

65 '차이들과 결합된 중간의 유들'(*ta metaxy syllambanomena meta tōn diaphorōn*)이란 예컨대 생물과 사람 중간에 오는 동물과 같은 것이다. '동물'은 '감각을 가진 생명체'라고 정의한다면, 이렇게 정의된 '동물'은 최고 유도 아니고 최종적 종도 아닌 중간자이다. '불가분적인 것'(*atoma*)에 대해서는 998b16에 대한 각주 참고.

66 '실체', '양', '성질'과 같은 범주들이 첫째 유이다.

67 '하나'를 '분할불가능성'(*adiaireton*)의 뜻으로 이해한다면(X 1, 1052b16), 종들로 나뉘는 유보다 더 이상 하위의 종으로 나뉠 수 없는 종이 — 예컨대 '사람'이나 '말'이 — 더 높은 수준의 원리, 즉 유보다 더 높은 수준의 원리가 될 것이다.

68 앞서는 것(*proteron*)과 뒤서는 것(*hysteron*)에 대해서는 V장 11장 참고.

69 예컨대 삼각형, 사각형 등 특정한 종류의 도형(*schēma*)과 떨어져서(*para*) 그것들과 나란히 어떤 도형, 즉 도형의 유가 있을 수는 없다. 위의 998b25 참고.

오는 것의 구분이 없다. 또한 더 좋은 것과 더 나쁜 것의 구별이 있는 것들의 경우 항상 더 좋은 것이 앞서며, 따라서 이것들을 포괄하는 유도 존재하지 않을 것이다.

그렇다면 이런 논의에 의거해 볼 때 불가분적인 것들에 대해 술어가 되는 것들[70]이 유들보다 더 높은 수준의 원리들인 듯하다. 하지만 어떤 뜻에서 이것들을 원리로 생각해야 할지는 대답하기 어려운 문제이다. 왜냐하면 원리와 원인은 그것을 원리로 갖는 대상과 떨어져 있어야 하고 그것들과 분리될 수 있어야 하기 때문이다. 무엇 때문에 우리는 개별적인 것들과 떨어져서 그런 성질의 것이 있다고 생각해야 할까? 그런 것은 모든 것들에 대해 보편적으로 술어가 된다고 말하는 데 그쳐서 안 되는 이유는 무엇일까? 만일 지금 말한 것이 그 이유라면, 우리는 더 보편적인 것이 더 높은 수준의 원리들이라고 생각해야 할 것이고 그 결과 첫째 유들이 원리들이 될 것이다.[71]

4. (viii) 개별적인 것들과 떨어져 있는 어떤 것이 있는가?
(ix) 첫째 원리들은 각각 종이 하나인가 아니면 수가 하나인가?
(x) 가멸적인 것들과 불멸적인 것들의 원리들은 같은가?
(xi) 있는 것과 하나는 실체들인가 아니면 속성들인가?

(viii) 이런 물음들과 이어져 있으면서 모든 것 가운데 가장 어렵고 이론적인 고찰의 필요성에서 볼 때 가장 절실한 의문이 있는데, 이제 이것

70 999a15의 '불가분적인 것들에 대해 술어가 되는 것들'(*ta epi tōn atomōn katēgoroumena*)이라는 표현은 i) 불가분적인 개체들에 대해 술어가 되는 종을 가리킬 수도 있고, ii) 불가분적인 종들에 대해 술어가 되는 가장 낮은 수준의 유를 가리킬 수도 있다.

71 998b14-999a23에 대해서는 위의 995b29-31 참고. 그에 대한 대답으로는 VII 12, 1038a19와 VII 13을 보라. 이 의문과 앞선 의문과 관련해서는 XI 1, 1059b21-1060a1 참고.

에 대해 논의할 차례이다. 만일 개별자들과 떨어져서 아무것도 없고 개별자들은 무한하다면, 그 무한한 것들에 대해 어떻게 학문적 인식을 얻을 수 있을까? 왜냐하면 하나이자 동일한 어떤 것이 있고 보편적인 어떤 것이 주어져 있는 한에서 우리는 모든 것을 알기 때문이다.

하지만 만일 이것이 필연적이고, 마땅히 개별자들과 떨어져서 어떤 것이 있어야 한다면, 필연적으로 개별자들과 떨어져서 유들이 — 최종적인 것들이건 첫째 유들이건 — 있어야 할 것이다. 그런데 이것이 불가능하다는 사실과 관련해서는 방금 의문을 제기한 바 있다.[72]

더욱이 여하튼 복합체와 떨어져서 — 질료에 대해 어떤 것이 술어가 될 때 그것을 일컬어 나는 복합체라고 부른다[73] — 어떤 것이 있다고 치자. 그렇다면 모든 경우에 그런 복합체와 떨어져서 어떤 것이 있어야 하는가, 어떤 경우에는 그런 것들과 떨어져서 어떤 것이 있고, 어떤 경우에는 그런 것들과 떨어져서 아무것도 없는가, 아니면 어떤 경우에도 떨어져 있는 것이 없는가? (A) 그런데 만일 개별자들과 떨어져서 아무것도 없다면, 지성적인 것은 전혀 없고 모든 것은 감각가능할 것이며 어떤 것에 대해서도 학문적 인식이 존재할 수 없을 것이다. 누군가가 감각을 학문적 인식이라고 말하지 않는다면 말이다. 더욱이 영원한 것도 운동하지 않는 것도 없을 터인데, 그 이유는 모든 감각물은 소멸하고 운동 가운데 있기 때문이다. 하지만 영원한 것이 전혀 없다면, 생성도 불가능하다. 왜냐하면 생겨나는 것과 생성의 출처가 있고 이런 것들[74] 가운데 최종적인 것은 — 만일 이런 계열에 끝이 있고 있지 않은 것으로부터 생성이 이루어지는 것은 불가능하다면 — 필연적으로, 생겨날 수 없는 것이어야 하기 때문이다. 더욱이 생성과 운동이 있다면, 필연적으로 한계도 있어야 하는데, 왜냐하면 어떤 운동도 무한하지 않고 모든 운동에는 끝이 있

72 III권 3장의 논의를 가리킨다.

73 III 1, 995b35와 VII 3, 1029a23-4 참고.

74 '생성의 출처가 되는 것'(*ex hou gignetai*)을 가리킨다.

으니, 생성이 불가능한 것은 생겨날 수 없고, 그에 반해 생겨난 것은 그것이 생겨나자마자 필연적으로 있을 수밖에 없기 때문이다. 더욱이 만일 질료가 생겨나지 않는다는 이유에서 (복합체에 앞서) 있다면, 어떤 특정한 시점에서 그 질료가 생성을 통해 되는 것, 즉 실체가 (처음부터) 있어야 한다는 것은 더욱 더 이치에 맞는데,[75] 왜냐하면 이것도 질료도 없다면, 전혀 아무것도 없을 것이기 때문이다. 하지만 만일 이것이 불가능한 일이라면, 복합체와 떨어져서 어떤 것, 즉 형태나 형상이 반드시 존재해야 한다.

그러나 다시 (B) 만일 어떤 사람이 이런 가정을 내세운다면, 어떤 경우에 그런 가정이 정당하고 어떤 경우에 그렇지 않은지 의문이 생긴다. 왜냐하면 분명 모든 경우에 그럴 수 있는 것은 아니기 때문인데, 그 이유는 우리는 개별적인 집들과 떨어져서 어떤 집이 있다는 가정을 내세우지 않을 것이기 때문이다.[76] 게다가 모든 것들, 예컨대 사람들의 실체는 하나인가? 하지만 이는 불합리하다. 왜냐하면 하나의 실체를 갖는 것들은 모두 하나이기 때문이다.[77] 하지만 실체들은 여럿이고 서로 차이가 있는가?[78] 이 또한 이치에 맞지 않는다. 동시에 어떻게 질료는 각각의 개별자가 되며, 또한 어떻게 복합체는 그 둘 다인가?[79]

(ix) 원리들에 대해서 어떤 사람은 다음과 같은 의문을 제기할 수 있을 것이다. 만일 그것들이 종이 하나일 뿐이라면, 어떤 것도 수가 하나는 아닐 것이고, 하나 자체와 있는 것 자체도 그렇지 않을 것이다. 모든 것에 공통된 어떤 하나가 없다면, 어떻게 학문적 인식이 있겠는가?

---

75 여기서 말하는 실체란 질료와 형상으로 이루어진 복합실체(*synolos ousia*)가 아니라 '형상'이라는 뜻의 실체를 말한다. 질료와 형상의 선재(先在)에 대해서는 VII 8, 1033a25 아래 참고.

76 VII 8, 1033b20 아래 참고.

77 VII 13, 1038b14-5 참고.

78 예컨대 사람들의 실체는 여럿이고 사람마다 모두 다른가?

79 999a24-b24에 대해서는 위의 995b31-6과 XI 2, 1060a3-27, b23-8 참고. 그에 대한 대답으로는 다음의 장들을 참고: VII 8, 13, 14; XII 6-10; XIII 10.

그러나 만일 원리들이 각각 수가 하나이고 단일하면서, 감각물들의 경우처럼 서로 다른 것들에 대해 서로 다른 원리들이 있는 것이 아니라면(예컨대 이 음절이 (다른 개별적인 음절과) 종이 동일하다면 그것의 원리들 역시 종이 동일한데, 왜냐하면 이것들도 (종은 동일하면서) 수가 서로 다르기 때문이다), 만일 이와 같지 않고[80] 있는 것들의 원리들이 수가 하나라면, 요소들과 떨어져서 다른 아무것도 존재하지 않을 것이다(왜냐하면 '수가 하나'와 '개별적'은 똑같은 말이기 때문이다. 그래서 우리는 개별적인 것을 일컬어 '수가 하나'라고 하고 그것들에 술어가 되는 것을 일컬어 보편자라고 한다). 따라서 이는 마치 목소리의 요소들이 수적으로 제한되어 있는 경우와 그 상황이 같을 것이다. 이 경우 전체 철자는 요소들이 있는 만큼 — 만일 이 요소들이 둘이나 그 이상이 아니라면 — 있을 것이다.[81]

(x) 지금 사람들에게나 이전 사람들에게나 어떤 것 못지않게 어려운 문제가 남아 있는데, 그것은 가멸적인 것들과 불멸적인 것들의 원리들이 동일한가 다른가라는 의문이다. 만일 그것들이 동일하다면, 어떻게 어떤 것들은 가멸적이고 어떤 것들은 불멸적인가, 어떤 이유 때문에 그런가? 헤시오도스의 추종자들을 비롯해서 모든 신학자들은 자신들의 눈에 그럴 듯해 보이는 생각을 해냈지만, 우리들의 관심사에는 주의를 기울이지 않았다. 왜냐하면 그들은 신들을 원리들로 삼으면서 신들로부터 모든 것이 생겨났고 넥타와 암브로시아를 먹지 않은 것들은 죽는다고 말하는데,[82] 이들은 분명 자신들에게는 친숙하게 이런 말들을 사용하고 있지만, 그런 주장은 당장 이 원인들을 다른 데 적용하는 문제와 관련해서 볼 때 우리의 이해능력을 벗어나게 된다. 그 이유는 이렇다. 만일 불멸하는 것들이 즐거움 때문에 그것들에 손을 댄다면, 넥타와 암브로시아는 결코

80 999b31의 '이와 같지 않고'(*mē houtōs*)는 방금 예로 든 음절의 사례를 부정하는 뜻으로 보아야 할 것이다.

81 999b24-1000a4에 대해서는 III 1, 996a1-2와 XI 2, 1060b28-30 참고. 그에 대한 대답으로는 VII권 14장, XII권 4장과 5장, XIII권 10장 참고.

82 『일리아스』 5. 341~2와 『오뒷세이아』 5. 93 참고.

그들의 있음의 원인이 아니다. 반면 그것들이 (살아) 있기 위해 그것들에 손을 댄다면, 어떻게 영원한 것들이 음식을 필요로 하겠는가? 신화적으로 꾸며낸 생각들에 대해 진지하게 고찰하는 것은 가치 있는 일이 아니다. 하지만 논증을 통해 주장을 내세우는 사람들에게는 우리가 귀를 기울여, 동일한 것들로부터 유래함에도 불구하고 도대체 무엇 때문에 있는 것들 가운데 어떤 것들은 본성상 영원하고 어떤 것들은 소멸하는지 캐물어보아야 한다. 하지만 그들은 원인을 제시하지도 않을 뿐더러 그들의 주장이 사실에 부합한다는 것도 이치에 맞지 않기 때문에, 분명 영원한 것들과 소멸하는 것들의 원리들이나 원인들은 동일하지 않을 것이다. 왜냐하면 가장 일관된 주장을 펼친다고 여겨지는 사람은 엠페도클레스인데, 이 사람도 똑같은 잘못을 범하기 때문이다. 즉, 그는 소멸의 원인인 싸움을 원리로 내세우지만, 그에 못지않게 싸움은 — 하나를 제외하고는 — 모든 것을 생겨나게 하는 것처럼 보일 수 있는데, 그 이유는 그 신을 빼놓고 다른 것들은 모두 싸움으로부터 생겨나기 때문이다. 적어도 그는 다음과 같이 말한다.

"있었고 있고 앞으로 있을 것들은 모두 그것들로부터 유래한다. 나무들과 남자와 여자들, 길짐승들과 새들과 물에 사는 물고기들, 그리고 오래 사는 신들은 그것들로부터 갈라져 나왔다."[83]

그리고 이런 발언들을 떠나서도 그의 주장은 분명하다. 왜냐하면 있는
1000b 것들 안에 싸움이 내재하지 않는다면, 그의 말대로 모든 것은 하나일 것이기 때문이다. 모든 것이 함께 모일 때,[84] 그때 싸움은 맨 가장자리에 서 있다. 그런 까닭에 그는 결국 가장 행복한 신은 다른 것들보다 지혜가 부족하다는 결론에 이르는데, 그는 모든 요소를 알지 못하기 때문이다. 왜냐하면 그는 자기 자신 안에 싸움을 포함하지 않는데, 지식은 같은 것에 의해 같은 것을 아는 것이기 때문이다. 그는 이렇게 말한다.

83 D-K, 31 B 21 참고.

84 D-K, 31 B 36 참고.

"우리는 흙으로써 흙을 보고 물로써 물을, 에테르로써 신적인 에테르를, 불로써 소멸을 낳는 불을, 애정으로써 애정을, 끔찍한 싸움으로써 싸움을 본다."[85]

하지만 다음과 같은 점은 — 이것이 우리의 논변의 출발점이었는데 — 분명하다. 엠페도클레스에 따르면 싸움은 소멸의 원인이면서 그에 못지않게 있음의 원인이라는 결론이 따라 나온다. 이와 마찬가지로 사랑도 있음의 원인에 그칠 수 없는데, 왜냐하면 그것은 다른 것들을 하나의 상태로 끌어 모음으로써 그것들을 소멸하게 하기 때문이다. 그리고 동시에 그는 변화 자체의 원인에 대해 아무 말도 하지 않은 채 그저 그것들이 본성상 그렇다고 말할 뿐이다.

"강력한 맹세에 따라 그들에게 차례대로 정해진 시간이 꽉 찬 뒤 (구체의) 지체 안에서 싸움이 크게 자라나 권좌에 뛰어올랐다."[86]

이에 따르면 변화가 일어나는 것은 필연적이지만, 그는 그런 필연성의 어떤 원인도 제시하지 않는다. 하지만 그럼에도 불구하고 이만큼은 그가 유일하게 주장의 일관성을 고수한다. 왜냐하면 그는 있는 것들 가운데 가멸적인 것들과 불멸적인 것들을 나누지 않고, 요소들을 제외하고는 모든 것을 가멸적인 것으로 보기 때문이다.[87] 하지만 우리가 다루는 의문은, 만일 있는 것들이 동일한 것들을 원리로 가진다면 무엇 때문에 어떤 것들은 소멸하고 어떤 것들은 그렇지 않는가라는 것이다.

그렇다면 (그 둘에 대해) 동일한 원리들이 있을 수 없을 것이라는 데 대한 이야기는 이 정도로 해 두자. 하지만 만일 그 원리들이 서로 다르다면, 이것들도 불멸하는가 가멸적인가라는 한 가지 의문이 생긴다. 그 이유는 이렇다. 만일 그것들이 소멸한다면, 분명 그것들 역시 필연적으로 다른 어떤 것들로부터 유래할 수밖에 없는데, 모든 것들은 자신들이 유

85 D-K, 31 B 109 참고.
86 D-K, 31 B 30 참고.
87 D-K, 31 B 17, 특히 27행 아래 참고.

래한 것들로 되돌아가기 때문이다. 그러므로 그 원리들과 다르면서 그것들에 앞서는 원리들이 있다는 결론이 따라 나온다. 하지만 이는 불가능한데, 어딘가에 끝나는 지점이 있건 그 과정이 무한히 진행되건 사정은 마찬가지다. 또한 만일 그 원리들이 없어진다면, 어떻게 가멸적인 것들이 있을 수 있겠는가? 하지만 만일 그 원리들이 불멸한다면, 무엇 때문에 이들 불멸하는 원리들 중 어떤 것들에게서는 가멸적인 것들이 생겨나고 어떤 것들에게서는 불멸하는 것들이 생겨나는가? 이는 이치에 맞지 않고, 불가능한 일이거나 그에 대한 긴 설명을 필요로 한다. 또한 어느 누구도 다른 원리들을 제시하려고 착수한 적이 없고 모든 것의 원리들이 동일하다고 말한다. 하지만 그들은 처음에 제기된 의문을[88] 마치 사소한 것인 듯 여기면서 수박 겉핥기식으로 다룰 뿐이다.[89]

(xi) 모든 것 가운데 고찰하기 가장 어려우면서 진리를 인식하는 데 가장 필요한 것은 다음과 같은 의문이다. 도대체 있는 것과 하나는 있는 것들의 실체들인가, 그리고 그것들은 각각 다른 어떤 것과 무관하게[90] 하나이고 있는 것인가, 아니면 다른 어떤 자연물이 밑에 놓여 있다고 가정하고서 그것들이 대체 무엇인지를 탐구해야 할까? 왜냐하면 어떤 사람들은 그것들이 앞에서 말한 것과 같은 본성을 가진다고 생각하는 데 반해, 또 어떤 사람들은 뒤에서 말한 것과 같은 본성을 가진다고 생각하기 때문이다. 플라톤과 피타고라스학파는 있는 것과 하나는 다른 것 때문이 아니라 그들의 본성에 따라서 그렇다고, 즉 그것의 실체가 하나임과 있

---

88 위의 1000a5-b21을 가리킨다.

89 1000a5-1001a3에 대해서는 III 1, 996a2-4와 XI 2, 1060a27-36 참고. 그에 대한 대답으로는 VII 7-10 참고.

90 '다른 어떤 것과 무관하게'라고 의역한 원문의 분사구문 'heteron ti on'은 해석하기 어렵다. 여기서 문제되는 것은 '있는 것'이나 '하나'가 그 본성상 다른 것과 관련해서 그것에 대한 술어로서만 존재하는가, 아니면 그 자체로서 자립적으로 존재하는가라는 질문이다. 로스의 번역 "whether each of them, without being anything else, is being and unity are"와 보니츠의 번역 "ob …… jedes von beiden nicht, indem es jeweils für etwas anderes steht, das eine seiend, das andere eines ist"도 그런 뜻이다.

는 것임이기 때문에[91] 그렇다고 말한다. 반면 자연학자들, 예컨대 엠페도클레스는 마치 그것들을 더 인식가능한 것으로 환원하는 것 같은 방식을 취해서, 하나가 무엇인지를 말한다. 왜냐하면 그는 사랑이 그런 것이라고 말하는 것처럼 보일 수 있는데, 그에 따르면 사랑은 모든 것에 대해 그것이 하나로서 있게 하는 원인이기 때문이다.[92] 어떤 사람들은 불이, 또 어떤 사람들은 공기가 여기서 말하는 하나이자 있는 것이라고 말하면서,[93] 있는 것들은 그것들로부터 유래해서 있고 생겨났다고 주장한다. 여러 요소를 내세우는 사람들도 이와 똑같은데, 왜냐하면 이들 역시 원리들로 내세우는 것들의 수만큼 하나와 있는 것이 여럿 있다고 말할 수밖에 없기 때문이다.

(A) 만일 어떤 사람이 하나와 있는 것을 어떤 종류의 실체로 내세울 수 없다면, 보편적인 것들 가운데 다른 어떤 것도 실체가 아니라는 결론이 따라 나온다. 왜냐하면 그것들은 모든 것 중에서 가장 보편적인 것이기 때문이다.[94] 그러나 만일 하나 자체나 있는 것 자체가 없다면, 다른 것들 가운데 어떤 것도 개별자들과 떨어져서 존재하기 어렵다. 또한 하나가 실체가 아니라면, 수 또한 있는 것들과 분리된 자연물일 수 없을 것이다. 왜냐하면 수는 모나스들이고 모나스는 본성상 일종의 하나[95]이기 때

91 '하나임'(*to heni einai*)과 '있는 것임'(*to onti einai*)은 각각 하나와 있는 것의 본질을 가리킨다. 따라서 있는 것과 하나의 '실체가 하나임과 있는 것임 때문에' 있다는 말은 그 둘이 각각 고유한 본질을 가지고서 존재한다는 말이다.

92 III 1, 996a8 아래 참고.

93 위의 996a9에 대한 각주 참고.

94 VII권 13장과 16장 참고.

95 'monas'에 대한 정의로는 V 6, 1016b24-5 참고. '본성상 일종의 하나'는 'hoper hen ti estin'을 의역한 표현이다. 로스는 "and the unit is precisely a certain kind of one"이라고, 보니츠는 "…… die Einheit aber ist ihrem Wesen nach Eines"라고 옮겼다. 로스(*Metaphysics* I, p. 244)의 주석에 의거해서 설명하자면, 'hoper'의 용법은 다음과 같다. 우리가 "A가 hoper B이다"(*A is hoper B*)라고 말한다면, 이때 B는 A에 대해 단순히 술어가 되는 것이 아니라 동일한 내포적인 뜻을 가진다. 즉, A와 B는 일군의 동일한 속성들을 가리키는 두 이름이다. 『분석론 후서』 I 22, 83a24의 진술은 그런 뜻이다. "ta men ousian sēmainonta hoper ekeino ē hoper ekeino ti sēmainei"("어떤 것의 본

문이다.

(B) 그러나 만일 하나 자체와 있는 것 자체가 있다면, 필연적으로 하나와 있는 것이 그것들의 실체일 수밖에 없다.[96] 왜냐하면 다른 어떤 것들에 대해 보편적 술어가 되는 것은 다른 어떤 것이 아니라 바로 그것들이기 때문이다. 하지만 만일 있는 것 자체와 하나 자체가 있다면, 어떻게 그것들과 떨어져서 다른 어떤 것이 있을 수 있는지, 즉 어떻게 있는 것들이 하나 이상일 수 있을지 많은 의문이 생겨난다. 왜냐하면 있는 것과 다른 것은 있는 것이 아니고 파르메니데스의 말대로 있는 것들은 모두 하나이며[97] 바로 이것이 있는 것이라는 결론이 필연적으로 따라 나오기 때문이다.

하지만 두 경우 모두 어려움이 있다. 왜냐하면 하나를 실체로 가정하지 않건 하나 자체가 있다고 가정하건, 수는 실체일 수 없기 때문이다. 하나를 실체로 가정하지 않는다면, 무엇 때문에 그런 결과가 따라 나오는지에 대해서는 앞에서 이미 말한 바 있다.[98] 반면 만일 그것이 사실이라면, 있는 것에 대해서도 똑같은 물음이 제기된다.[99] 하나 자체와 떨어져서 어떤 것으로부터 다른 어떤 하나가 있을 수 있겠는가? 왜냐하면 (그런 경우) 필연적으로 하나 아닌 것이 있어야 하기 때문이다. 하지만 있는 것은 모두 하나이거나 여럿이며, 여럿에 해당하는 것은 각각 하나이다.

또한 하나 자체가 분할불가능하다면, 제논의 공리에 따라[100] 아무것도

질을 가리키는 용어들은 그것이 무엇인지 또는 그것이 어떤 종류의 것인지를 가리킨다"). 즉, B가 A의 본질 또는 정의이라면, "A is hoper B"라고 말한다. 또는 B가 A에 대한 정의 안에 등장하는 유(類) 개념이라면, "A is hoper B ti"라는 형태의 진술이 쓰인다. 'hoper'의 쓰임에 대해서는 VII 4, 1030a3 참고.

96 VII 6, 1031b8-9 참고.

97 D-K, 28 B 8, 특히 42행 아래 참고.

98 위의 a24-7 참고.

99 위의 a31-b1 참고.

100 파르메니데스도 있는 것이 하나이며 분할불가능하다고 말한다(D-K, 28 B 23). 하지

없을 것이다. 왜냐하면 그의 말에 따르면 무언가를 더할 때 더 커지지도 않고 뺄 때 더 작아지지도 않는 것이 있다면 이것은 있는 것들에 속하지 않기 때문이다. 이 주장은 있는 것이 크기를 갖고 크기를 갖는 것은 물질적인 것이 분명하다는 가정에 근거를 두고 있으니, 그 이유는 물질적인 것은 모든 측면에서 볼 때 있는 것이기 때문이다. 하지만 다른 것들의 경우에는 무언가를 더할 때 더 커지는 것들이 있고 그렇지 않은 것들이 있는데, 표면과 선은 앞의 경우이고, 점과 모나스는 뒤의 경우이다.[101] 하지만 그의 고찰은 서툴다. 그의 주장에 맞서 옹호될 수 있는 방식으로 분할불가능한 어떤 것이 있을 수도 있는데, 왜냐하면 그렇게 분할불가능한 것이 더해져서 어떤 것을 더 크게 만들지는 않지만 더 많게 할 수 있기 때문이다. 하지만 어떻게 그런 종류의 하나나 그런 종류의 더 많은 것으로부터 크기가 유래할 수 있을까? 왜냐하면 그런 주장은 선이 점들로부터 유래한다고 말하는 것과 똑같을 것이기 때문이다.

하지만 만일 어떤 사람이 — 몇몇 사람들이 그렇게 하듯이[102] — 수는 하나 자체와 하나가 아닌 어떤 것으로부터 생겨난다고 가정한다면, 그때도 그에 못지않게 탐구해야 할 물음이 있다. 즉, 무엇 때문에 그리고 어떻게 거기서 생겨난 것이 어떤 경우는 수이고 어떤 경우는 크기인가? 만일 하나가 아닌 것이 양적 비동일성이고 (그 두 경우에 대해) 동일한 자연적 원리라고 한다면, 어떻게 이 물음에 대해 대답해야 할까? 왜냐하면 어떻게 크기들이 하나와 그런 것[103]으로부터 생겨나는지도 분명치 않고, 어

만 제논의 주장이 파르메니데스가 말하는 하나를 공격의 목표로 삼고 있다고는 보기 어렵다. 그것은 아마도 다른 종류의 하나, 즉 피타고라스학파가 내세우는 더 이상 나뉠 수 없는 것으로서의 하나, 예컨대 점이나 모나스를 겨냥한 발언일 것이다. 그렇게 본다면, 제논은 점이나 모나스와 같은 것으로부터 자연세계의 구성을 설명할 수 없다는 사실을 비판하는 셈이다. Ross, *Metaphysics* I, pp. 245~46 참고.

101 예컨대 한 선에 다른 선이 더해지면, 선의 길이가 늘어난다. 하지만 연장 없는 점에 점을 덧붙인다고 본래의 점이 더 커지지는 않을 것이다.

102 플라톤을 염두에 두고 하는 말이다. 이와 관련해서는 XIII 7, 1081a24 아래 참고.

103 하나가 아닌 것(*to mē hen*), 즉 양적 비동일성(*anisotēs*)을 가리킨다.

떻게 크기들이 어떤 수와 그런 것으로부터 생겨나는지도 분명치 않기 때문이다.[104]

5. (xii) 수학의 대상들은 실체들인가?

(xii) 이런 물음들에 이어지는 의문은 수와 물체와 평면과 점들이 실체들인가 그렇지 않은가라는 물음이다. 왜냐하면 만일 그것들이 실체들이 아니라면, 있는 것이 무엇이고 있는 것들 가운데 어떤 것들이 실체들에 해당하는가라는 물음은 논의영역에서 사라져버리기 때문이다.[105] 왜냐하면 양태들이나 운동들이나 관계들이나 배치상태들이나 비율들은 어떤 것의 실체도 가리키지 않는 것처럼 보이기 때문인데, 그 이유는 그것들은 모두 어떤 기체에 대해 술어가 되는 것이지 '이것'이 아니기 때문이다. 하지만 최고 수준의 실체로 여겨질 수 있으며, 합성된 물체들을 이루는 물과 흙과 불과 공기를 두고 말한다면, 이것들이 지닌 열기와 냉기를 비롯해서 그런 종류의 양태들은 실체들이 아닌 데 반해, 그런 본성을 가진 물체만이 유일하게 있는 것이자 어떤 실체로서 밑에 남아 있다. 그렇지만 물체는 표면에 비해 더 낮은 수준의 실체이고, 표면은 선에 비해, 선은 모나스와 점에 비해 더 낮은 수준의 실체인데, 물체는 이런 것들에 의해서 제한되기 때문이다. 왜냐하면 다른 것들은 물체 없이 있을 수 없지만 물체는 그런 기하학적 대상들 없이 있을 수 없는 것처럼 보이기 때문이다. 그런 까닭에 앞 세대의 많은 사람들은 물체가 실체이며 다른 것들은 그것의 양태들이고 결국 물질적인 것의 원리들이 있는 것들의 원리들이라고 생각했다. 하지만 이들보다 더 지혜로운 후대 사람들은[106]

104 1001a4-b25에 대해서는 III 1, 996a4-9 참고. 그에 대한 대답으로는 VII 16, 1040b16-24와 X 2 참고.

105 아래의 1002a27 아래 참고.

수들이 원리들이라고 생각했다. 그런데 앞서 말했듯이 만일 이것들이 실체들이 아니라면 도무지 실체도, 있는 것도 존재하지 않는 셈이 된다. 왜냐하면 그것들에 부수적으로 속하는 것들을 그렇게 부르는 것은 정당하지 않기 때문이다.[107]

하지만 우리가 한편으로는 선들과 점들이 물체들보다 더 높은 수준의 실체라는 데 동의하면서 다른 한편으로 이것들이 어떤 종류의 물체들에 속하는지 간파하지 못한다면 (왜냐하면 그것들이 감각물들 안에 있는 것은 불가능하기 때문이다) 도무지 실체란 없을 것이다. 또한 이것들은 모두 물체들이 나뉜 분할체들, 즉 물체들이 넓이나 깊이나 길이의 차원에서 나뉜 것들이다. 더욱이 이와 같은 방식으로 입체 안에는 그 종류를 불문하고 어떤 모양이 속해 있고 그렇지 않다면 입체는 존재하지 않을 것이다. 그 결과 만일 돌덩이 안에 헤르메스가 속해 있지 않다면, 입방체 안에는 입방체의 절반도 경계가 정해진 어떤 것으로서 속해 있지 않을 것이고, 따라서 평면도 속해 있지 않을 것이다. 왜냐하면 어떤 종류의 평면이 그 안에 속해 있다면, 그 절반의 경계를 정하는 것도 그 안에 속해 있을 것이기 때문이다. 그리고 동일한 논변이 선이나 점이나 모나스에도 적용된다. 그러므로 만일 물체가 최고 수준의 실체이고 그것보다는 기하학적 대상들이 더 높은 수준의 실체인데, 이것들이 실체가 아니라면, 있는 것이 무엇이고 있는 것들의 실체는 무엇인가라는 물음은 논의영역에서 사라져버리게 된다. 왜냐하면 앞서 말한 것에 덧붙여 생성 및 소멸과 관련해서 이치에 맞지 않는 결과들도 따라 나오기 때문이다. 그 이유는 이렇다. 만일 실체가 이전에는 없다가 지금 있고 이전에 있다가 나중에 없게 된다면, 실체는 생성과정과 소멸과정을 거쳐 그런 변화를 겪는 것 같다.
그런데 점들과 선들과 평면들은 있을 때가 있고 없을 때가 있지만 생성 1002b
과정이나 소멸과정을 거칠 수 없다. 그 이유는 이렇다. 물체들이 맞붙거

106 피타고라스학파와 플라톤을 가리킨다.

107 1001b26-1002a14에 대해서는 V 8과 VII 2 참고.

나 나뉘면, 붙음과 동시에 하나가 되고 나뉨과 동시에 둘이 된다. 그러므로 그것들이 결합된다면 이전의 경계는 사라져버려서 더 이상 있지 않고, 분할된다면 이전에 있지 않았던 경계들이 있는 셈이다. 왜냐하면 분할불가능한 점이 둘로 나뉜다는 말은 거짓이기 때문이다. 그리고 만일 어떤 것이 (일정한 과정을 거쳐) 생겨나고 소멸한다면, 그것은 어떤 것으로부터 생긴다. 이는 시간 속에 있는 지금의 경우에도 비슷한데,[108] 왜냐하면 이것은 생성과정이나 소멸과정을 거칠 수 없지만 그럼에도 불구하고 언제나 다른 것처럼 보이는데, 이는 그것이 어떤 실체가 아님을 말해준다.[109] 분명 점들과 선들과 평면들의 경우도 사정이 이와 같은데, 동일한 논변이 그것들에 적용되기 때문이다. 왜냐하면 그것들은 모두 똑같이 한계이거나 분할체들이기 때문이다.[110]

6. (xiii) 감각물들이나 수학의 대상들뿐만 아니라 이데아들도 있는가? (xiv) 첫째 원리들은 가능적으로 있는가 아니면 현실적으로 있는가? (xv) 첫째 원리들은 보편자인가 개별자인가?

(xiii) 일반적으로 도대체 무엇 때문에 감각물들이나 중간자들과[111] 따로 또 다른 종류의 것들, 예컨대 우리가[112] 형상들로 내세우는 것과 같은 것들을 찾아야 하는지 의문을 제기할 사람도 있을 것이다. 다음과 같은 사실에 그 이유가 있다고 생각해 보자. 만일 수학적인 것들이 다른

108 아리스토텔레스에 따르면, '지금'(*nyn*)은 한계이다. 즉, 지금은 '어떤 시간의 시작이면서 다른 시간의 끝'이다(『자연학』 IV 12, 222a10-3).

109 1002b7-8은 'einai, hōs ouk'으로 읽었다.

110 수를 비롯한 기하학의 대상들이 실체인가라는 물음에 대한 대답으로는 XIII 1-3(특히 1090b5-13)과 6-9, XIV 1-3, 5, 6을 보라. 1001a4 아래(의문 11), 1001b26 아래(의문 14)와 관련해서는 XI 2, 1060a36-b19 참고.

111 '중간자들'(*ta metaxy*)에 대해서는 I 6, 987b14-8 참고.

112 아리스토텔레스는 플라톤주의자의 입장에서 말하고 있다.

점에서는 여기 있는 것들[113]과 다르지만 동종적(同種的)인 것들이 여럿 있다[114]는 점에서는 다를 것이 전혀 없어서, 그것들의 원리들이 수적으로 제한될 수 없다고 해 보자(우리 주변에 있는 모든 글자들[115]의 원리들은 수에 제한이 없지만, 종에서는 — 만일 어떤 사람이 이 개별적인 음절과 이 개별적인 목소리의 원리들을 취하지 않는다면 — 제한되어 있다. 이 개별적인 음절이나 이 목소리의 원리들은 심지어 수적으로도 제한이 있을 것이다. 중간자들의 경우에도 사정이 같은데, 그 경우 동종적인 것들은 (수적으로) 무한하기 때문이다). 그렇다면 감각물들이나 수학적인 것들과 떨어져서 어떤 이들이 형상들이라고 부르는 것과 같은 종류의 다른 대상들이 없다면, 〔종뿐만 아니라〕 수가 하나인 실체는 없을 것이고[116] 있는 것들의 원리들도 수에는 제한이 없고 오직 종에만 제한이 있을 것이다. 만일 이것이 필연적이라면, 이와 같은 이유에서 필연적으로 형상들도 존재한다는 주장을 내세워야 한다. 왜냐하면 그렇게 주장하는 사람들이 잘 짜인 설명을 내놓지 못한다고 하더라도, 그들이 의도하는 것은 바로 그 점이며, 그들은 그것들이 있다고 말할 수밖에 없는데, 형상 하나하나는 실체이며 그 가운데 어떤 것도 부수적인 뜻에서 있는 것이 아니기 때문이다.[117]

그러나 형상들이 있고 원리들이 종이 하나가 아니라 수가 하나라는 가정을 우리가 내세운다면, 우리가 앞에서 말했듯이[118] 그런 생각으로부터는 필연적으로 불가능한 결과들이 따라 나온다.[119]

---

113 '여기 있는 것들'이라고 옮긴 'ta deuro'는 우리 주변에 있는 감각물들을 가리킨다.

114 예컨대 정삼각형에는 면적의 크기가 서로 다른 정삼각형들이 여럿 있는데, 이것들은 모두 정삼각형이라는 점에서 동종적이다(*homoeidē*).

115 '우리 주변에 있는 모든 글자들'(*ta enthauta grammata*)은 문자 그대로 번역하면 '여기 있는 글자들'이다. 'ta deuro'와 뜻이 같다.

116 전승된 사본들에 따르면, 1002b24는 'ouk estai mia arithmōi kai eidei'로 읽어야 한다. 이에 따르면, '종뿐만 아니라 수가 하나'란 각각 하나의 독립된 종을 이루는 하나하나의 이데아를 가리키는 표현으로 볼 수 있을 것 같다.

117 VII 6, 1031a28 아래 참고.

118 III 4, 999b27-1000a4 참고.

119 (15)는 III권 1장에서는 논의되지 않지만, (4), (8), (14)는 같은 성격의 의문들이다.

(xiv) 이런 것들과 밀접한 관계에 있는 의문은 요소들이 가능적으로 있는가, 아니면 다른 어떤 방식으로 있는가라는 물음이다. 그 이유는 이렇
1003a 다. 만일 그것들이 다른 어떤 방식으로 있다면, 그 원리들에 앞서서 다른 것이 있을 것이다(가능태는 현실적 원인에 앞서며,[120] 가능적인 것이 모두 현실적으로 있어야 할 필연성은 없기 때문이다). 하지만 만일 요소들이 가능적으로 있다면, 있는 것들 가운데 아무것도 있지 않을 수 있다. 왜냐하면 아직 (현실적으로) 있지 않은 것도 가능한 것이기 때문이다. 왜냐하면 있지 않은 것은 생겨나지만, 있을 수 없는 것들에 속하는 것은 어떤 것도 생겨나지 않기 때문이다.[121]

(xv) 우리는 원리들에 대해서 이런 의문들뿐만 아니라, 그것들이 보편자인가 아니면 — 앞서 말한 것처럼 — 개별자인가라는 의문을 반드시 제기해야 한다. 그 이유는 이렇다. 만일 보편자라면, 그것들은 실체가 아닐 것이다(왜냐하면 공통적인 것들 가운데 어떤 것도 '이것'이 아니라 '이런저런 것'을 가리키는데, 실체는 '이것'이기 때문이다.[122] 반면 만일 공통적으로 술어가 되는 것이 '이것'이자 하나라면,[123] 소크라테스는 여러 〔동물〕이 될 것이다. 즉, 소크라테스는 그 자신이거나 사람이면서 동물일 것인데, 만일 이것들이 각각 '이것'이고 하나를 가리킨다면 그렇다).

원리들이 보편자라면 그런 결과가 따라 나온다. 반면 만일 원리들이 보편자가 아니라 개별자들과 같은 방식으로 존재한다면, 그런 원리들은 학문적 인식의 대상이 될 수 없을 것이다. 왜냐하면 어떤 것을 대상으로

---

120 가능태(*dynamis*, 능력, 가능성)와 현실태(*energeia*, 현실적인 활동, 현실적인 것) 사이의 선행관계에 대해서는 IX권 8장 참고.

121 여기서 '있지 않은 것'(*to mē on*)은 현실적으로는 아직 있지 않지만 생겨날 수 있다는 뜻에서 가능적으로 있는 것을, '있을 수 없는 것들'(*ta einai adynata*)은 있을 수 있는 가능성이 없는 것을 뜻한다. 1002b32-1003a5에 대해서는 III 1, 996a10-1 참고. 그에 대한 대답으로는 IX권 8장과 XII권 6장과 7장을 보라.

122 '이것'(*tode ti*)과 '이런저런 것'(*toionde*)의 구별에 대해서는 VII 8, 1033b24에 대한 각주 참고.

123 1003a10은 로스를 따라 읽었다.

갖건 학문적 인식은 보편적이기 때문이다. 그러므로 만일 그런 것들에 대한 인식이 있으려면, 그런 것들에 앞서는 또 다른 원리들, 즉 보편적으로 술어가 되는 원리들이 있어야 할 것이다.[124]

---

124 1003a5-17과 관련해서는 위의 996a 9-10과 XI 2,1060b19-23 참고. 그에 대한 대답으로는 VII권 13장과 15장, 그리고 XIV권 10장 참고.

Ⅳ권(Γ)

1. 우리의 목적은 있는 것 자체에 대한 탐구이다

있는 것을 있는 것인 한에서[1] 그리고 그것에 그 자체로서 속하는 것들을 이론적으로 고찰하는 어떤 학문이 있다. 하지만 그것은 개별 학문들 가운데 어느 것과도 같지 않은데, 그 이유는 다른 학문들 가운데 어떤 것도 있는 것을 있는 것인 한에서 보편적으로 탐색하지 않기 때문이다. 그런 학문들은 있는 것의 한 부분을 떼어내서 그것에 속하는 부수적인 것[2]을 이론적으로 고찰하는데, 예컨대 수학적인 학문들이 그렇다.[3] 우

1 'on hēi on'을 보니츠와 로스는 각각 'das Seinde als solches'와 'being qua being'으로 옮겼다. 우리말로는 '있는 것을 있는 것인 한에서', '있는 것을 있는 것으로서', '있는 것을 있음의 측면에서' 등으로 옮길 수 있다.

2 '부수적인 것'(*to symbebēkos*)에 대해서는 V 30, 1025a30 아래와 VI 1, 1025b14에 대한 각주를 함께 참고.

3 모든 학문은 있는 것(*on*)을 다룬다. 하지만 예컨대 수학적인 학문들은 있는 것을 다루되, '양적이고 연속적인 측면에서'(*hēi posa kai synechē*, XI 3, 1061a34-5) 다룰 뿐이며, 그런 점에서 있는 것을 있는 것인 한에서 '그 자체로서'(*kath' hauto*) 고찰하지는 않는다. 있는 것을 '운동에 관여하는 한에서'(*hēi kinēseōs metechei*, XI 3, 1061b7) 다루는 자연학의 경우도 마찬가지이다.

리는 원리들과 최고의 원인들을 찾고 있기 때문에, 분명 그 자체로서 이런 것들을 갖는 어떤 자연적인 것이 반드시 있어야 한다. 그래서 만일 있는 것들의 요소들을 찾는 사람들이 찾았던 것이 바로 그런 원리들이라면, 그 요소들은 필연적으로 있는 것에 속하되, 부수적인 뜻에서가 아니라 그것이 있는 것인 한에서 속해야 한다. 그러므로 우리는 있는 것인 한에서 있는 것에 속하는 첫째 원인들을 파악해야 한다.

2. 그러므로 우리는 첫 번째 뜻에서 있는 것, 즉 실체를 탐구하고, 하나와 여럿, 그것으로부터 파생되는 반대자들, 그리고 있는 것과 실체에 속하는 부수적인 것들을 탐구해야 한다

'있는 것'은 여러 가지 뜻으로 쓰이지만,[4] 하나와의 관계 속에서, 즉 어떤 하나의 자연적인 것과의 관계 속에서 쓰이는 것이지 동음이의적으로 쓰이는 것이 아니다.[5] 그 사정은 이렇다. '건강한'은 모두 건강과의 관

---

4 아리스토텔레스 존재론의 핵심 테제인 "to de on legetai men pollachōs"는 "'있는 것'이라는 말은 여러 가지 뜻으로 쓰인다"라고 옮길 수도 있다.

5 『범주론』 1장에서 아리스토텔레스는 용어의 쓰임과 관련해서 대상을 세 부류로 나눈다. 첫째, 예컨대 실제 사람과 그림 속의 사람은 모두 '동물'(*zōion*)이라고 불리지만 두 경우 '동물'이라는 용어는 의미가 똑같지 않은데, 이 경우 실제 사람과 그림 속의 사람은 'homōnyma'('이름만 같은 것' 또는 '同音異意적인 것들')라고 불린다. 둘째로 사람과 소에 대해서는 '동물'이라는 용어가 적용될 뿐만 아니라 적용된 용어의 의미도 똑같다. 이런 경우 사람과 소는 'synonyma'('同意적인 것들')이다. 셋째로는 'parōnyma'('파생적인 것들')가 있는데, 예컨대 '문법학'이라는 말에서 '문법학자'라는 말이 파생되었고, '용기'에서 '용기 있는'이라는 말이 파생되었는데, 이런 것들은 'parōnyma'라고 불린다. 이 구분에 따르면 '있는 것들'은 동음이의적인 것들도 아니고 동의적인 것들도 아니며, 파생적인 것들에 가깝다. 왜냐하면 있는 것들은 모두 첫 번째 뜻에서 있는 것(*prōton on*), 즉 실체에 의존해서 '있는 것'이라고 불리기 때문이다. 다만 있는 것들 사이에 통용되는 '하나와의 관계'(*pros-hen relation*)는 엄밀한 뜻에서의 '하나에 따르는 관계'(*kata-hen relation*)와 구별해야 한다(1003b12 아래 참고). Ross, *Metaphysics* I, p. 256 참고.

계 속에서 쓰이는데, 어떤 것은 건강을 지켜준다는 뜻에서, 어떤 것은 건강을 낳는다는 뜻에서, 어떤 것은 건강의 징후라는 뜻에서, 어떤 것은 건강의 수용자라는 뜻에서 그렇게 불리고, '의술적'이라는 말 역시 의술과 1003b
의 관계 속에서 쓰인다(그 까닭은 어떤 것은 의술을 소유하고 있다는 뜻에서, 어떤 것은 의술에 본성적으로 적합하다는 뜻에서, 어떤 것은 의술의 작용이라는 뜻에서 '의술적이다'고 불리기 때문인데, 우리는 이와 똑같은 방식으로 쓰이는 다른 말들을 찾아내게 될 것이다).[6] 이와 마찬가지로 '있는 것' 역시 여러 가지 뜻으로 쓰이지만 그 모두가 하나의 원리와 관계를 맺고 있으니, 그 까닭은 어떤 것들은 실체라는 이유에서 있는 것이라고 불리고, 어떤 것들은 실체의 양태들이라는 이유에서, 어떤 것들은 실체에 이르는 과정, 실체의 소멸이나 결여나 성질, 실체를 만들어내는 것이나 낳는 것이라는 이유에서나 혹은 실체와의 관계에 따라 일컬어지는 것들 가운데 속해 있다는 이유에서, 또는 그것들 가운데 어느 하나의 부정이거나 실체의 부정이라는 이유에서 있는 것이라고 불리니,[7] 그런 이유 때문에 우리는 있지 않은 것에 대해서도 그것이 '있지 않다'고 말한다.[8] 그런데 건강한 것들 모두에 대해서 하나의 학문이 있으니, 다른 것들의 경우도 사정이 같다. 왜냐하면 하나에 따라서 일컬어지는 것들뿐만 아니라 하나의 자연적인 것과의 관계 속에서 일컬어지는 것들을 이론적으로 고찰하는 것 또한 하나의 학문이 할 일이기 때문인데, 그것들도 어떻게 보면 하나에 따라서 있는 것들이기 때문이다. 그러므로 있는 것들을 있는 것들인 한에서[9] 이론적으로 고찰하는 것은 하나의 학문의 과제임이 분명하

---

6 VII 4, 1030a32 아래 참고.

7 VII 1, 1028a13 아래 참고.

8 VII 4, 1030a25 아래 참고. 예컨대 황금산, 날개 달린 말처럼 실제로는 있지 않은 허구적인 것을 두고 "그런 것들은 있지 않다"라고 말할 수 있다. 하지만 있지 않은 것(*to mē on*) 역시 있는 것과 마찬가지로 범주에 따라 구별될 수 있고, 그 가운데서도 실체의 범주가 가장 앞선다.

9 1003b15-6의 'ta onta hei onta' 역시 '있는 것들을 있음의 측면에서' 또는 '있는 것들을 있는 것들로서'라고 옮길 수도 있다. 로스는 "(……) it is the work of one science also to

다. ― 그러나 어디에서나 학문은 주로 첫째가는 것을 다루며, 다른 것들은 그것에 의존하고 또 그것에 의해 그 이름을 얻는다. 그런데 만일 이것이 실체라면, 철학자는 마땅히 실체들의 원리들과 원인들을 소유해야 할 것이다.

어떤 경우든 하나의 유에 대해서는 감각도 하나이고 학문도 하나인데, 예컨대 문법학은 하나의 학문으로서 모든 목소리를 이론적으로 고찰한다. 그러므로 있는 것인 한에서 있는 것에 속하는 종들을 고찰하는 것은 유(類)적으로 하나인 학문에 속하는 일이며 그것의 종들을 연구하는 것은 그 학문의 여러 종에 해당하는 여러 분과에 속하는 일이다.

[[그런데 '있는 것'과 '하나'는, 하나의 정식에 의해 그 뜻이 밝혀진다는 뜻에서 그렇지는 않지만, '원리'와 '원인'이 그렇듯이 서로 따른다는 뜻에서는 동일한 것이요 본성적으로 하나이다(설령 우리가 앞에서 말한 것과 같은 뜻에서 그렇다고 상정해도 아무 차이가 없으며 오히려 그렇게 하는 것이 더 유익할 것이다). 왜냐하면 '한 사람'과 '사람'은 동일하고 '있는 사람'과 '사람'도 그와 마찬가지이며,[10] '한 사람이고 있는 한 사람'이라고 표현을 중첩시켜도 그것이 드러내는 것은 다른 것이 아니기 때문이다(분명 그 둘은 생성의 측면에서나 소멸의 측면에서나 분리되지 않으며, 이는 하나의 경우에도 마찬가지다). 그러므로 분명 이런 경우에는 어떤 것을 부가해도 그것이 지시하는 것은 동일하며 하나는 있는 것과 떨어져 있는 다른 어떤 것이 아니다.[11] 또한 각자의 실체는 ― 부수적인 뜻에서 하나라는 것과 다른 뜻에서 ― 하나인데,[12] 어떤 것의 '무엇'에 해

---

study the things that are, qua being"으로 옮겼다.

10 1003b26-7은 로스를 따라 'tauto gar heis anthrōpos kai anthrōpos, kai ōn anthrōpos kai anthrōpos (……)'로 읽었다.

11 이 진술은 모호한 점이 없지 않지만, 거기에는 ― 로스의 추측대로 ― 다음과 같은 뜻이 담겨 있다고 볼 수 있다. '있는 것'(*on*)과 '하나'(*hen*)는 있으면서 하나인 개별적인 것과 떨어져(*para*) 있지 않다. 따라서 그것들은 서로간에도 떨어져 있지 않다. 아리스토텔레스는 있는 것과 하나가 이렇게 개별적인 것들과 떨어져 있는 것이 아니라는 이유를 들어 그것들은 독립된 실체일 수 없다고 말한다. VII 16, 1040b21 아래를 보라.

12 '부수적인 뜻에서의 하나'(*hen kata symbebēkos*)에 대해서는 V 6, 1015b16 아래 참고.

당하는 것[13]의 경우에도 이와 마찬가지다. 그러므로 하나의 종들이 있는 만큼 있는 것의 종들도 여럿이다. 그 종들에 대해, 예컨대 동일성이나 질의 동일성을 비롯한 그런 종류의 다른 것들에 대해서 그것들이 각각 '무엇'인지를 고찰하는 것은 유적으로 동일한 학문에 속하는 일이다. 그리고 거의 모든 반대자들은 동일한 원리로 환원된다. 이런 것들은 '반대자들에 대한 선별적 탐구'[14]에서 우리가 이미 고찰한 것으로 해 두자.〕〕

실체들의 수만큼 철학의 부분들도 많이 있으며, 따라서 그것들 가운데는 필연적으로 첫째가는 것과 그에 이어지는 것이 있을 수밖에 없다. 왜냐하면 있는 것은 즉시 유들로 나뉘기 때문이다.[15] 그러므로 여러 학문도 이런 유들에 상응한다. 왜냐하면 철학자는 수학자라고 불리는 사람과 똑같은 처지에 놓여 있으니, 수학적인 학문에는 부분들이 있어서 첫째 학문과 둘째 학문이 있고 계속해서 다른 것들이 있기 때문이다.[16]

그런데 대립자들을 이론적으로 고찰하는 것은 하나의 학문에 속하는 일이고 다수는 하나와 대립한다. 〔〔부정과 결여를 고찰하는 것은 하나의 학문에 속하는 일인데, 그 이유는 두 경우 모두 부정이나 결여를 갖는 하나가 고찰의 대상이기 때문이다.[17] 〈그 이유는 이렇다〉 어떤 것이 주어져 있지 않다고

13 1003b33의 'hoper on ti'는 그 뜻에 따라 의역했다. 'hoper'의 쓰임에 대해서는 III 4, 1001a26에 대한 각주 참고.

14 1004a2의 'tēi eklogēi tōn enantiōn'은 디오게네스 라에르티오스(V 21)의 아리스토텔레스 저술목록에 소개된 『반대자들에 대하여』(*Peri enantiōn*)를 가리키는 듯하다. Ross, *Metaphysics* I, p. 259 참고. 아래의 1004b34와 I 3, 1054a30도 함께 참고.

15 1004a5의 'to hen'은 빼고 읽었다. 원문의 'hyparchei gar euthys genē echonta to on'을 그대로 옮기면 "있는 것은 즉시 유들을 가진 것으로 주어져 있다" 정도가 된다. 있는 것은 직접적으로 범주들(*katēgoriai*)로 나뉘며, 이때 모든 범주에 공통적인 상위의 유로서 '있는 것'은 없다는 말이다.

16 이 구절의 의미에 대해서는 다음의 구절들 참고: III 1, 995b10-3; 2, 997a15-25; VI 1, 특히 1026a7 아래.

17 '부정'(*apophasis*)과 '결여'(*sterēsis*)는 이렇게 구별할 수 있을 것이다. '부정'은 단순히 어떤 것이 없거나 어떤 것이 다른 것에 속하지 않을 때 그런 사태를 가리켜 쓰인다. 반면 '결여'의 첫째 뜻은 '본성적으로 소유되는 것들 가운데 어떤 것을 갖지 않을 때' 그 말이 쓰인다. 결여의 여러 가지 뜻에 대해서는 V 22, 1022b22 아래 참고.

말할 때 우리는 무제한적인 뜻에서 그렇게 말하거나 또는 그것이 어떤 유에 속해 있지 않다는 뜻에서 그렇게 말한다. 그런데 뒤의 경우 †그 하나에는 그것이 부정되고 있다는 점과 별도로 차이가 덧붙는데,† 그 이유는 부정은 그것의 부재(不在)이기 때문이다. 반면 결여의 경우에는 어떤 자연물이 밑에 놓여 있고 결여는 그것에 대해 술어가 된다.[18])〕〔다수는 하나와 대립해 있으며〕, 따라서 위에서 말한 것들에 대한 대립자들, 즉 다름, 질의 비동일, 양의 비동일[19]을 비롯해서 이것들에 따라서 또는 다수 및 하나에 따라서 일컬어지는 것들에 대해 아는 것도 위에서 말한 학문에 속한다. 반대도 그것들 가운데 하나인데, 그 이유는 반대는 일종의 차이이고, 차이는 다름이기 때문이다.[20] 그러므로 '하나'가 여러 가지 뜻으로 쓰이기 때문에, 지금 말한 것들도 여러 가지 뜻으로 쓰이지만, 그럼에도 불구하고 그것들 모두에 대해 아는 것은 하나의 학문이 할 일이니, 그 이유는 어떤 개념이 서로 다른 학문에 속한다면, 이는 그 개념이 여러 가지 뜻으로 쓰이는 탓에 그런 것이 아니라 그것에 대한 개념 규정들이 하나에 따라서 쓰이지도 않고 또한 하나와의 관계 속에서 쓰이지도 않는 탓이기 때문이다.[21] 그러나 예컨대 '하나'라고 불리는 것들이 모두 첫 번째 뜻에서 하나와의 관계 속에서 그렇게 불리듯이, 모든 것은 첫째가는 것으로 환원되는데, 동일성과 다름 및 그와 반대되는 것들의 경우에도 사정이 똑같다고 말해야 한다. 그러므로 우리는 각 개념의 여러 가지 뜻을 나눈 뒤 각 범주 안에서 첫째가는 것과 관련해서 다른 것들이 어떻게 그것과의 관계 속에서 쓰이는지, 설명을 제시해야 한다. 왜냐하면 어떤 것들은 그것을 가진다는 이유에서, 어떤 것들은 그것을 만들어낸다는 이유에서, 또 어떤

---

18 결여는 언제나 어떤 것의 결여이다.

19 '다름'(*heteron*), '질의 비동일'(*anomoion*), '양의 비동일'(*anison*)에 대해서는 X 3, 1054a32에 대한 각주 참고.

20 X 3, 1054b31 아래 참고.

21 '하나에 따라서'(*kata hen*)나 '하나와의 관계 속에서'(*pros hen*)의 의미에 대해서는 위의 1003a33에 대한 각주 참고.

것들은 그런 종류의 다른 방식에 따라서 그렇게 불릴 것이기 때문이다.

그렇다면 분명 〔의문들에 대한 글[22]에서 말한 바와 같이〕 그런 것들[23]이나 실체에 대해서 설명하는 것은 하나의 학문이 할 일이며(이것은 의문점들에 대한 글에서 다룬 문제들 가운데 하나였다[24]), 모든 것에 대해 이론적 1004b 으로 고찰할 수 있는 능력을 갖추는 것은 철학자의 일이다. 왜냐하면 만일 그것이 철학자의 일이 아니라면, 소크라테스와 앉아 있는 소크라테스가 동일한지, 그 가운데 어느 하나가 다른 하나와 반대되는 것인지, 반대되는 것은 무엇이고 얼마나 여러 가지 뜻으로 쓰이는지를 탐색하는 사람은 누구이겠는가? 그런 종류의 다른 것들에 대해서도 마찬가지다. 그런데 그것들은 하나인 한에서 하나와 있는 것인 한에서 있는 것에 그 자체로서 속하는 속성들이지, 어떤 것이 수인 한에서 또는 선(線)인 한에서 또는 불(火)인 한에서 속하는 속성들이 아니기 때문에, 그것들이 무엇이고 그것들에 속하는 부수적인 것들이 어떤 것인지를 아는 것도 바로 그 학문이 할 일이다. 그것들에 대해 탐색하는 사람들의 잘못은, 그들이 철학을 하지 않는다는 데 있는 것이 아니라 실체가 그것들에 앞서는 것임을 헤아리지 못하는 데 있으니, 그들은 실체에 대해 전혀 전문적으로 알지 못한다. 수인 한에서 수에 속하는 고유한 속성들이 있고 (예컨대 홀수성과 짝수성, (공통적인 단위에 의한) 측정가능성과 양적 동일성, 초과와 부족이 그렇다) 이것들이 그 자체로서 그리고 다른 것들과의 관계 속에서 수들에 속하는 것과 마찬가지로 (입체와 운동하지 않는 것과 운동하는 것과 무게가 없는 것과 무게를 가진 것에는 다른 고유한 속성들이 있다), 있는 것인 한에서 있는 것에 속하는 고유한 것들이 있고 바로 이것들에 대해 철학자는 진리를 탐색한다. 그 징표는 이렇다. 변증가들과 소피스테스들은 철

22 III 1, 995b18-27과 2, 997a25-34를 보라.

23 '하나'(*hen*)와 관련된 개념들, 예컨대 '동일성'(*auto*), '양적 동일성'(*ison*), '질적 동일성'(*homoion*)이나 그에 반대되는 개념들을 가리킨다.

24 III 1, 995b18-27과 2, 997a25-34 참고.

학자와 겉모양이 똑같은데, 그 이유는 소피스테스의 기술은 단지 겉보기의 지혜일 뿐이기 때문이다. 변증가들도 모든 것에 대해서 대화를 하는데, 있는 것은 모든 것에 공통적이며, 그 사람들이 모든 것에 대해서 대화하는 것은 분명 그것이 철학에 고유한 일이기 때문이다. 그 이유는 소피스테스의 기술과 변증술은 철학이 다루는 것과 동일한 유의 주변을 맴돌지만, 철학은 그 능력을 쓰는 방식에서 변증술과 다르고, 삶의 목적을 선택하는 데서 소피스테스의 기술과 다르기 때문이다. 실제로 변증술은 철학이 인식하는 것들에 대해 시험을 일삼고, 소피스테스의 기술은 겉모양은 철학처럼 보이지만 실제로는 그렇지 않다.

또한 반대자들 가운데 한 축은 결여이고,[25] 모든 반대자들은 있는 것과 있지 않은 것, 하나와 다수로 환원되는데, 예컨대 정지는 하나에 속하고 운동은 다수에 속한다. 그런데 거의 모든 사람은 있는 것들과 실체가 반대자들로 구성된다는 데 생각이 일치한다. 적어도 반대자들을 원리들로 내세우는 점에서는 모두가 똑같은데, 왜냐하면 어떤 사람들은[26] 홀수성과 짝수성을, 어떤 사람들은[27] 뜨거운 것과 차가운 것을, 어떤 사람들은[28] 한계와 무한자를, 어떤 사람들은[29] 사랑과 싸움을 원리들이라고 주장하기 때문이다. 그리고 다른 모든 것들은 분명 하나와 다수로 환
1005a 원되며 (이 환원을 그대로 받아들이도록 하자[30]), 전체적으로 볼 때 다른 사람들이 주장하는 원리들은 이 부류들에 속한다. 그렇다면 이런 것들로부터도 있는 것인 한에서 있는 것을 이론적으로 고찰하는 것이 하나의 학문이 할 일임이 분명하다. 왜냐하면 모든 것은 반대자들이거나 반대자들

---

25 I 5, 986a23 참고.

26 피타고라스학파를 말한다. I 5, 986a15 아래(=D-K, 58 B 5) 참고.

27 '믿음의 길'에서 파르메니데스가 그런 주장을 한다. 『생성·소멸론』 II 9, 336a3(=D-K, 28 A 35) 참고.

28 플라톤주의자들을 가리킨다. I 6, 987b26 아래 참고.

29 엠페도클레스를 가리킨다. D-K, 31 B 17 참고.

30 위의 1004b29와 X권 3장 참고.

로부터 유래하며, 하나와 다수는 반대자들의 두 원리이기 때문이다. 이것들은 하나의 학문에 속하는데, 그것들이 한 가지 뜻을 갖건 갖지 않건 사정은 다르지 않다. 아마도 두 번째 경우가 진리일 것이다. 하지만 비록 '하나'가 여러 가지 뜻으로 쓰인다고 하더라도[31] 나머지 것들은 모두 첫째가는 것과의 관계 속에서 쓰일 것이며 반대자들도 이와 마찬가지이다. 〔〔그리고[32] 이는, 비록 있는 것이나 하나가 보편자가 아니고 모든 것들에 대해 동일하다고 해도 그렇고 그것들이 (개별적인 것들과) 분리가능하다고 하더라도 그렇다. 아마도 분리가능하지 않을 것이다. 어떤 것들은 하나와의 관계 속에서 또 어떤 것들은 계열을 이루면서 통일성을 가진다.〕〕 그리고 이런 이유에서 반대, 완전성, 하나, 있는 것, 동일성 또는 다름이 무엇인지를 고찰하는 것은 기하학자가 할 일이 아닌데, 기하학자는 전제들에서 출발한다. 그렇다면 있는 것인 한에서 있는 것과 있는 것인 한에서 그것에 속하는 것들을 고찰하는 것은 하나의 학문이 할 일임이 분명하며, 동일한 이론적인 학문이 실체들뿐만 아니라 그에 속하는 것들도 함께 고찰해야 한다는 것도 분명한데, 앞에서 말한 것들[33]을 비롯해서 앞서는 것과 뒤에 오는 것, 유와 종, 전체와 부분 및 그런 종류의 다른 것들이 그에 해당한다.

3. 우리는 또한 첫째 공리들, 특히 모순율을 탐구해야 한다[34]

수학에서 이른바 공리들[35]이라고 불리는 것들을 다루는 일과 실체를

---

31 '하나'의 여러 가지 뜻에 대해서는 V권 6장 참고.

32 1005a8은 원문대로 'kai dia touto'를 빼고 읽었다.

33 위의 1005a12를 가리킨다.

34 모순율에 대한 이 장의 논의와 관련해서는 III 1, 995b6-10과 2, 996b26-997a15 참고.

35 아리스토텔레스가 말하는 '공리들'(*axiōmata*)에는 모순율이나 배중률 이외에 "같은 것에서 같은 것을 빼면 같은 것이 남는다"와 같은 수학의 기본원리들도 있다. XI 4,

다루는 일이 하나의 학문이 할 일인지 아니면 다른 학문이 할 일인지 말해야 한다. 그것들에 대한 고찰도 하나의 학문, 즉 철학자의 학문의 과제임이 분명한데, 왜냐하면 그것들은 있는 것 모두에 속하는 것이지 다른 것들과 분리돼서 특정한 유에만 고유하게 속하는 것이 아니기 때문이다. 모든 사람이 그런 공리들을 사용하는데, 그 이유는 그것들은 있는 것인 한에서 있는 것에 속하고 각각의 유는 있는 것이기 때문이다. 하지만 사람들은 자신들이 만족할 만한 범위 안에서만, 즉 그들이 논증들의 대상으로 삼는 유가 미치는 범위 안에서만 그것들을 제시한다. 따라서 그것들이 있는 것인 한에서 모든 것에 속한다는 사실은 분명하기 때문에(왜냐하면 그것은[36] 모든 것에 공통적인 것이기 때문이다), 그것들에 대한 이론적 고찰 역시 있는 것인 한에서 있는 것에 대해서 아는 사람이 할 일이다. 그렇기 때문에 (있는 것을) 부분적으로 탐색하는 사람들 가운데 어느 누구도 그런 공리들에 대해 그것들이 참인지 그렇지 않은지 설명하려고 하지 않는데, 기하학자도 산수학자도 그렇다. 다만 몇몇 자연학자들이 그런 시도를 했으니, 이들은 그럴듯한 방식으로 이 일을 수행했다. 왜냐하면 그들은 오직 자신들만이 자연 전체와 있는 것에 대해 주목한다고 생각했기 때문이다. 하지만 자연학자보다 상위에 있는 사람도 있기 때문에 (자연은 있는 것들의 한 가지 유이기 때문이다) 그 공리들에 대한 고찰 역시 보편적으로[37] 있는 것과 첫째 실체에 대해 고찰하는 사람이 할 일일
1005b 것이다.[38] 자연학도 일종의 지혜이지만 첫째 지혜는 아니다.[39] 〔〔그 공리들을 다루는 사람들 가운데 어떤 이들은 어떤 방식으로 그것들을 받아들여야

1061b20과 『분석론 후서』 I 9, 76a41과 I 11, 77a30 참고.

36 앞의 '있는 것인 한에서'(*hēi on*) '있는 것'을 가리킨다.

37 1005a35의 'peri to'는 빼고 읽었다.

38 1005a34-6은 로스를 따라 읽었다. 예거의 텍스트에 따르면, 이렇게 옮길 수 있을 것이다. "그 공리들에 대한 탐색 역시 그 보편자와 첫째 실체에 대해 연구하는 사람이 할 일일 것이다." 이 경우 '보편자'(*to katholou*)는 물론 '있는 것'을 가리킨다.

39 VI권 1장과 XI권 4장 참고.

하는지에 대해 진리를 말해 보려고 시도했는데,[40] 그들이 그렇게 하는 것은 분석론의 이론들[41]에 대한 무지 탓이다. 왜냐하면 그것들에 대해 미리 탐색한 뒤에 다른 연구에 접근해야지 그 이론들에 대해 강의를 듣는 처지에 그것들에 대해 탐구해서는 안될 일이기 때문이다.〛

그렇다면 추론의 원리들에 대해서[42] 탐색하는 것도 철학자, 즉 자연적으로 있는 모든 실체에 대해 이론적으로 고찰하는 사람의 과제임이 분명하다. 각각의 유에 대해 가장 잘 아는 사람은 마땅히 그 대상에 속하는 가장 확고한 원리들을 설명할 수 있어야 하며, 따라서 있는 것인 한에서 있는 것들을 다루는 사람 역시 모든 것 가운데 가장 확고한 원리들을 설명할 수 있어야 한다. 철학자가 바로 그런 사람이다. 그리고 모든 원리 가운데 가장 확고한 원리에 대해서는 잘못을 범하는 것이 불가능하다. 왜냐하면 그런 원리는 필연적으로 가장 잘 알려져 있고 (왜냐하면 모든 사람은 자신들이 알지 못하는 것들에 대해 잘못을 범하기 때문이다) 무전제적인 것[43]이어야 하기 때문이다. 왜냐하면 있는 것들 가운데 어떤 것이든 그것을 아는 사람은 필연적으로 그런 원리를 소유하고 있어야 하기 때문인데, 이런 원리는 전제가 아니다. 어떤 대상이든 그것을 아는 사람은 필연적으로 그 원리를 알아야 하며, 반드시 이 원리를 지니고 다른 연구에 접근해야 한다. 그런 원리가 모든 것 가운데 가장 확고한 원리임은 분명하다. 그러면 어떤 것이 그런 원리인가, 이제 이 문제에 대해서 논의

---

40 안티스테네스(Antisthenes)를 염두에 둔 말인 것 같다. 안티스테네스에 대해서는 V 29, 1024b32에 대한 각주 참고. Ross, *Metaphysics* I, pp. 262~63 참고.

41 원어는 'ta analytika'이다. 여기서는 특히 오르가논의 『분석론 후서』에서 제시된 이론들을 가리킨다.

42 '추론의 원리들에 대하여'(*peri tōn syllogistikōn archōn*)는 이어지는 IV권 전체 논의의 제목이 된다.

43 '무전제적인 것'(*to anhypotheton*)이라는 개념은 본래 플라톤이 기하학 등의 분과학문과 변증술(*dialektikē*)을 대비하면서 사용한 개념이다. 그에 따르면 기하학은 가설적 전제를 학문의 출발점으로 삼는 데 반해, 변증술은 전제를 제거하고 무전제적 원리로 상승해 나가며 이 원리로부터 세계를 이해한다. 『국가』 VI, 511B 참고.

해 보자. 동일한 것이 동일한 것에 동일한 측면에서 속하면서 동시에 속하지 않기는 불가능하다는 것이 그런 원리이다(우리는 여기서 다른 부가적 규정들을 덧붙일 수 있을 텐데, 이런 규정들은 논리적인 어려움에 맞서 이미 덧붙여진 것으로 치자). 사실 이것은 모든 원리 가운데 가장 확고한 원리인데, 왜냐하면 이것은 위에서 말한 규정에 부합하기 때문이다. 어느 누구도 동일한 것이 있으면서 있지 않다고 생각하기는 불가능하다.[44] 헤라클레이토스가 그런 말을 했다고 생각하는 사람들이 있지만, 어떤 사람이 말을 하면서 그 말을 꼭 믿어야 할 필연성은 없기 때문이다.[45] 그런데 만일 반대되는 것들이 동일한 것에 동시에 속할 수 없다면 (이런 전제에도 일반적 규정들이 이미 덧붙여져 있다고 하자) 또한 어떤 의견을 부정하는 의견은 그 의견에 반대되는 것이라고 전제한다면, 똑같은 사람이 동일한 것을 두고 그것이 있으면서 동시에 있지 않다고 생각하는 것은 분명 불가능하다. 왜냐하면 어떤 사람이 이와 관련해서 잘못을 범했다면, 그는 반대되는 두 가지 의견을 동시에 가질 수 있을 것이기 때문이다. 그러므로 논증을 하는 사람들은 모두 이 궁극적인 의견으로 논증을 환원하는데, 그것은 본성적으로 다른 모든 공리들에 대해서도 그것들의 원리이기 때문이다.[46]

---

44 1005b23-4: "adynaton gar hontinoun tauton hypolambanein einai kai mē einai". 여기서 'einai'와 'mē einai'는 물론 '있다'와 '있지 않다'라는 뜻과 더불어 '~이다'와 '~이 아니다'라는 뜻을 함께 갖는다. 아래의 1006b21-2 참고.

45 헤라클레이토스의 단편 D-K, 22 B 49a 참고. "우리는 똑같은 강물에 들어가고 들어가지 않는다. 우리는 있고 있지 않다." 헤라클레이토스의 이론에 대해서는 IV 5, 1010a10; 7, 1012a24, 34; XI 5, 1062a31-5도 함께 참고.

46 모순율의 지위와 관련된 이런 주장(1005b8-34)에 대해서는 XI 5, 1061b34 -1062a2 참고.

4. 이 법칙을 부정할 때 생기는 심각한 어려움들

앞서 말했듯이 동일한 것이 있으면서 있지 않는 것이 가능하다고 스스로 말하면서 또 그렇게 믿는 사람들이 있다.[47] 자연학자들 가운데서도 여러 사람들[48]이 그런 말을 쓴다. 하지만 이제 우리는 어떤 것이 있으면서 동시에 있지 않기는 불가능하다고 말했으며, 이를 통해 이것이 모든 원리 가운데 가장 확고한 원리임을 밝혔다. 이 원리마저 논증하기를 요구하는 사람들이 있지만,[49] 이런 요구는 무지에서 나오는 것이다. 왜냐하면 논증을 찾아야 할 것과 찾을 수 없는 것을 가리지 못하는 것은 교육의 부재를 드러내는 일이기 때문이다. 완전히 모든 것에 대한 논증은 있을 수 없다(이는 무한히 진행될 것이고 그 결과 논증이란 존재할 수 없게 될 것이기 때문이다).[50] 하지만 만일 논증을 찾아서는 안될 것들이 있다면, 그들은 어떤 것을 두고 (우리가 지금 말하는 원리보다) 더 높은 수준으로 그런 성격을 가진 원리라고 주장하려는 것인지 설명할 길이 없을 것이다.

하지만 우리는 그 주장에 대해서도 그것이 불가능하다는 사실을 반박을 통해 논증할 길이 있는데,[51] 만일 우리의 반대자가 어떤 말이든 말만 내뱉으면, 그렇게 할 수 있다. 하지만 만일 그가 아무 말도 하지 않는다면, 아무것에 대해서도 주장을 하지 않는 사람을 상대로 해서 — 그가 아무것에 대해서도 주장을 하지 않는다는 바로 그 점을 두고 — 그에 반대하는 논변을 찾는 것은 우스운 일일 것이다. 왜냐하면 그런 사람은 그

47 1005b23-5에서 말한 헤라클레이토스나 그를 따르는 사람들을 가리키는 듯하다.

48 메가라(Megara)학파를 두고 하는 말인 듯하다. 메가라학파와 그 학파의 이론에 대한 다른 논의에 대해서는 IX 3, 1046b29에 대한 각주 참고.

49 안티스테네스를 두고 하는 말인 듯하다.

50 『분석론 후서』 I 3, 72b5 아래 참고.

51 모순율의 정당성은 논증의 대상이 아니다. 왜냐하면 모든 논증은 그 법칙을 이미 전제하고 시작하기 때문이다. 하지만 모순율의 정당성을 부정적인 방식으로(*via negationis*), 즉 그것을 부정하는 주장에 대한 반박을 통해(*elenktikōs*) 간접적으로 증명할 길은 있다.

런 상태에 놓여 있다는 측면에서 보면 식물과 유사하기 때문이다. 하지만 나는 반박을 통한 논증은 (일반적) 논증과 서로 차이가 있다고 말하는데, 왜냐하면 논증을 하는 사람은 출발점에 놓인 것을 되묻는 듯이 보일 수 있겠지만,[52] 그에 반해 다른 사람이 그런 일의 원인제공자라면 그에 맞서 반박이 있을 수 있으니 이것은 논증이 아니기 때문이다.[53] 그런데 그런 모든 경우 출발점에 해당하는 요구조건은 어떤 것이 있거나 또는 없다고 말해야 한다는 것이 아니라(어떤 사람은 이것을 논증되어야 할 것을 처음부터 요구하는 것으로 생각할 수도 있을 것이다[54]), 자기 자신에게나 다른 사람에게나 말이 뜻을 가져야 한다는 것인데, 이것은 어떤 사람이 말을 한다면 그 말이 성립하기 위한 필연조건이기 때문이다. 왜냐하면 만일 어떤 사람이 그런 요구조건을 충족시키지 못한다면, 그런 사람은 진술능력이 없는 사람일 것이다. 자기 자신과의 관계에서도 그렇고 타인과의 관계에서도 그렇다. 그런데 어떤 사람이 이 점을 인정한다면, 논증이 가능할 텐데, 왜냐하면 이미 무엇인가 확정된 것이 있을 것이기 때문이다. 하지만 그런 논증이 필요하도록 원인을 제공한 사람은 논증하는 사람이 아니라 논변을 기다리는 사람이다.[55] 왜냐하면 그는 논변을 부정하면서 논변을 기다리고 있기 때문이다.[56] 〔(또한 이것을 인정한 사람은 논증

52 논증을 하는 사람이 논증의 전제가 되는 모순율 자체를 논증하려고 한다면 그렇다는 말이다.

53 위의 1006a5-18을 보라. XI 5, 1062a2-5 참고.

54 우리가 모순율의 타당성을 부정하는 주장을 반박하기 위해 "모든 것은 있거나 없다"라는 주장을 깔고 시작한다면, 이것은 논점선취의 오류에 해당할 것이라는 말이다. 이런 논점선취의 오류를 피하기 위해 아리스토텔레스는 다른 것을 '반박을 통한 논증'(*to elenktikōs apodeixai*, 1006a15-6)의 전제로 내세운다. 그것은 "자기 자신에게나 다른 사람에게나 말이 뜻을 가져야 한다"(*sēmainein ti kai hautōi kai allōi*, 1006a21)라는 조건이다. 이것은 물론 모든 언어적 행동의 기본 요구조건일 것이다. 뜻 없는 말은 아무 말도 아닐 것이고, 아무 말도 아닌 것에 대해 대꾸한다는 것은 — 1006a13-4에서 이미 지적했듯이 — 우스운 일이 될 것이다.

55 위의 1006a16-8을 보라.

56 모순율을 부정하는 사람은 한편으로 그 원리를 부정함으로써 그것을 기초로 이루어지는 논증을 부정하면서, 다른 한편으로는 모순율을 전제로 해서 이루어질 수밖에 없는

과 따로 참인 것이 있다는 사실을 이미 받아들인 셈이다.〕)

그렇다면 첫째로, 적어도 이것만큼은 진리임이 분명하다. 즉, '있다'나 '있지 않다'는 낱말은 어떤 것을 가리키며, 따라서 모든 것이 어떤 특정한 상태에 있으면서 그런 상태에 있지 않은 것은 아니라는 사실이 그것이다.[57] 또한 '사람'이 한 대상을 가리키고, 이것이 두 발 가진 동물이라고 해 보자. '한 대상을 가리킨다'[58]는 말의 뜻은 다음과 같다. 즉, 만일 '사람'이 'X'라면, 어떤 대상이 '사람'인 한, 이 'X'는 (이 사람에게 있어) '사람임'을 뜻할 것이다.[59] (어떤 사람은 낱말이 여러 대상을 가리킨다고 말할 수도 있겠지만, 그 수가 제한되어 있기만 하다면 아무 차이가 없는데, 각 정식에 대해 다른 이름을 붙일 수 있을 것이기 때문이다. 예를 들어 보자. 만일 그가[60] '사람'이 가리키는 것이 하나가 아니라 여럿이라고 말한다면, 그 중 하나에는 '두 발 가진 동물'이라는 정식이 속할 것이고, 그 낱말이 가리키는 것들의 수가 제한되어 있다면 그것들에 대해 여러 개의 다른 정식들이 있을 것이다〔왜냐하면 각 정식마다 그에 고유한 낱말을 붙일 수 있겠기 때문이다〕). 하지만 만일 그럴 수 없고 그 낱말이 가리키는 것이 무한하다고 말한다면, 그 경우에는 분명 어떤 정식도 존재할 수 없을 것이다. 왜냐하면 '하나를 가리키지 않는다'는 것은 곧 아무것도 가리키지 않는다는 뜻이며, 이름들이 아무것도 가리키지

논증을 기다리고 있다. 1006a26의 'anairōn gar logon hypomenei logon'은 "논리를 부정하면서 논리를 기다린다"라고 옮길 수도 있다.

57 로스의 번역을 옮기면 이렇다. "not everything will be 'so and not so'". 'so and not so'라는 표현에 대해서는 플라톤의 『테아이테토스』 183A 참고.

58 1006a32: "hen sēmainein".

59 원문의 표현방식을 우리말로 옮기기는 어렵지만, 로스의 영어 번역은 본래의 진술을 이해하는 데 도움을 준다. "…… if 'man' means 'X', then if A is a man 'X' will be what 'being a man' means for him." 예컨대 '사람'이 '두 발 가진 동물'이라고 하자. 소크라테스가 '사람'이라면, 그는 동시에 '두 발 가진 동물'일 것이다. 다시 말해서 '두 발 가진 동물임'은 소크라테스에게 속한다. 보니츠의 다음과 같은 번역도 함께 참고하라. "Wenn 'Mensch' dies bedeutet, so wird, falls etwas ein Mensch ist, sein Wesen, Mensch zu sein, hierin liegen."

60 1006b2의 조건문(*ei mē phaiē*)에서는 주어가 생략되어 있지만, 모순율을 반박하려는 사람을 의미상의 주어로 보아야 할 것이다.

않는다면 사람들 사이의 대화는 단절될 터이니, 진리의 관점에서 보아도 그렇고 자기 자신과 나누는 대화의 관점에서 보아도 그렇다. 왜냐하면 어느 누구도 하나의 대상을 사유하지 않고서는 사유를 할 수 없고, 만일 사유가 가능하다면 그 대상에 대해 하나의 이름을 붙일 수 있을 것이기 때문이다).

그렇다면 처음에 반박했던 대로,[61] 낱말이 어떤 것을 가리키며 하나의 대상을 가리킨다고 해 보자. '사람'이 하나의 대상에 대해서 쓰일 뿐만 아니라 하나의 대상을 가리킨다면,[62] '사람이다'가 사람이 아닌 것을[63] 가리키는 일은 있을 수 없다('한 대상을 가리킨다'는 말은 '한 대상에 대해서 무엇인가를 가리킨다'[64]와 뜻이 같지 않다. 왜냐하면 뒤의 경우에는 '음악적', '하얀', '사람'은 하나의 대상을 가리킬 수 있게 될 것이고,[65] 따라서 모든 것이 하나가 될 것이기 때문이다. 왜냐하면 그것들은 같은 이름이 될 것이기 때문이다).[66]

그리고 동음이의적인 것의 경우를 제외한다면 동일한 것이 있으면서 있지 않기란 불가능하다. 우리가 '사람'이라고 부르는 것을 다른 사람들은 '사람이 아닌 것'[67]이라고 부를 때가 그런 경우에 해당한다. 하지만

---

61 위의 1006a21과 31을 보라.

62 로스의 번역을 참고하라. "(……) the name has a meaning and has one meaning."

63 1006b13-4의 'hoper me einai anthrōpōi'를 로스는 'not being a man'이라고 옮겼다. 'hoper'의 다른 쓰임에 의거해서 본다면, 그 표현은 '사람이 아님에 본질적으로 속하는 것' 또는 '본질적으로 사람이 아닌 것' 등으로 풀이할 수 있을 것이다. 'hoper'의 쓰임에 대해서는 III 4, 1001a26에 대한 각주 참고.

64 1006b15-6에서는 'to hen sēmainein'('having one significance')과 'to kath' henos sēmainein'('*signifying something about one subject*')을 구별하고 있다.

65 예컨대 소크라테스에 대해서(*kata*) "소크라테스는 사람이다", "소크라테스는 (얼굴이) 하얗다", "소크라테스는 음악적이다"라고 말할 수 있다. 여기서 '사람', '하얗다', '음악적이다'는 모두 '하나의 대상에 대해서 무언가를 가리킨다'. 즉, 그것들은 한 대상에 대해 술어가 된다. 그럼에도 불구하고 '사람', '하얗다', '음악적이다'가 가리키는 것은 모두 다르다. 그것들은 각각 하나의 개체, 하나의 색깔, 하나의 상태를 가리키기 때문이다.

66 원어 'synōnyma'는 '뜻이 같다' 혹은 '하나의 지시 대상을 가진다'라는 뜻으로 쓰였다.

67 원어는 'mē anthrōpos'('*not-man*')이다. 전체 문장은, 예컨대 우리가 '인간'이라고 부

여기서 우리가 의문으로 삼는 것은 이름에서가 아니라 실제 사물에서 동일한 것이 사람이면서 사람이 아닐 수 있는가라는 문제이다. 하지만 만일 '사람'과 '사람이 아닌 것'이 다른 것을 가리키지 않는다면, '사람이 아니다'도 '사람이다'와 다른 것을 가리키지 않을 것이고, 결과적으로 '사람이다'는 '사람이 아니다'일 것인데, 그것들은 하나이겠기 때문이다.[68] 왜냐하면 '하나이다'가 뜻하는 것은 바로 이것, 즉 '의복'과 '옷'이 그렇듯 그것에 대한 정식이 하나라는 사실이기 때문이다. 그리고 만일 '사람이다'와 '사람이 아니다'가 하나라면, 그것들은 하나의 대상을 가리킬 것이다. 하지만 그것들이 다른 것을 가리킨다는 것은 이미 밝혀진 바 있다.[69] 그렇다면 어떤 것에 대해 그것이 '사람'이라고 말하는 것이 참이라면, 그것은 필연적으로 두 발 가진 동물일 수밖에 없다(왜냐하면 '사람'이 가리켰던 것은 바로 그것이기 때문이다[70]). 하지만 이것이 필연적이라면, 동일한 것이 〈그때〉 두 발 가진 동물이 아닐 수는 없다('필연적이다'가 뜻하는 것은 바로 이것, 즉 그것이 〔사람이〕 아니기는 불가능하다는 것이기 때문이다). 그렇다면 동일한 것이 사람이면서 동시에 사람이 아니라는 말은 참일 수 없다.

동일한 논변이 '사람이 아니다'에도 적용된다. '하얗다'와 '사람이다' 1007a
가 서로 다르다면, '사람이다'와 '사람이 아닌 것이다'[71]는 다른 것을 가리키는데, 그 이유는 이 둘은 ('하얗다'와 '사람이다'보다) 더 많이 대립하며,

---

르는 것을 일컬어 다른 사람은 '비인간'(非人間)이라고 부르는 경우를 염두에 두고 하는 말이다.

68 1006b22-5에 대해서는 다음과 같은 로스의 영어 번역을 참고하라. "Now if 'man' and 'not-man' mean nothing different, obviously 'not being a man' will mean nothing different from 'being a man'; so that 'being a man' will be 'not being a man'."

69 위의 1006b11-5 참고.

70 위의 1006a31-2에서 '사람'은 이미 '두 발 가진 동물'로 정의되었다.

71 1007a1-2: "to gar anthrōpōi einai kai to mē anthrōpōi einai heteron sēmainei". 여기서 'to mē anthrōpōi einai'와 1006b24의 'to mē einai anthrōpōi'는 구별해야 한다. 로스는 이 두 표현을 각각 'being a not-man'과 'not being a man'으로 옮겼는데, 우리말 번역에서도 '사람이 아닌 것이다'와 '사람이 아니다'로 옮긴다.

따라서 다른 것을 가리키기 때문이다. 하지만 만일 그가 '하얗다'가 ('사람이다'와) 동일한 하나의 대상을 가리킨다[72]고 말한다면, 우리는 앞서 했던 말[73]을 다시 한번 되풀이하게 될 것이다. 즉, 우리는 대립자들뿐만 아니라 모든 것이 하나가 될 것이라고 말하게 될 것이다. 하지만 이것이 있을 수 없는 일이라면, 앞서 주장했던 것이 결론으로 따라 나온다. 우리에게 반대하는 사람이 우리의 질문에 대답하기만 하면 그렇게 된다.

그리고 만일 그가 단순한 질문에 대해 부정적인 대답들을 덧붙인다면, 그는 그 질문에 대답하는 것이 아니다. 그 이유는 이렇다. 동일한 것이 사람이면서 하얗고 수없이 많은 다른 것들이 되는 것을 가로막는 것은 전혀 없다. 하지만 그렇다고 하더라도 "이것은 사람이다"라는 말이 참인지 아닌지를 묻는 사람이 있다면, 하나를 가리키는 것을 대답으로 제시해야지 "그것은 하얗고 키가 크다"라고 덧붙여서는 안 된다. 왜냐하면 부수적인 것들은 무한히 많기 때문에 그것들을 하나하나 열거하기란 불가능하기 때문이다.[74] 그렇다면 (우리의 주장에 반대하는 사람이) 그런 것들을 모두 열거하건 아무것도 열거하지 않건 그대로 내버려두자. 이때도 사정은 마찬가지여서, 동일한 것이 수천 번 사람이면서 사람이 아니라고 하더라도, "이것은 사람인가?"라는 질문에 대답할 때 "그것은 동시에 사람이 아니다"는 대답을 덧붙여서는 안 된다. 부수적으로 그것에 속하는 다른 것들을 덧붙여서 해당 주체가 그런지 아닌지를 말하는 경우가 아니라면 말이다.[75] 그리고 만일 그가 위에서 말한 것과 같은 대답을 덧붙인

72 "'하얗다'가 동일한 하나의 대상을 가리킨다"라는 말은 문맥을 놓고 볼 때, "'하얗다'가 '사람이다'가 가리키는 것과 동일한 하나의 대상을 가리킨다"는 뜻일 것이다. 위의 1006b15 아래의 논변 참고.

73 위의 1006b17 참고.

74 예컨대 눈앞에 있는 소크라테스를 가리켜 "이것은 사람이다"라고 말하는 것은 참이지만, 그런 진술 외에도 "이것은 하얗다", "이것은 키가 크다", "이것은 교양이 있다" 등, 소크라테스에게 부수적으로 속하는 것들을 진술하는 무수히 많은 참인 진술들이 있다.

75 "이것은 사람인가?"라는 물음에 대해서 "이것은 사람이다"라고 대답하고 "이것은 하얗다", "이것은 키가 크다"라고 말하는 것은 충분히 가능하다. 그러나 '하양'은 '사람'

다면, 그는 대화를 하고 있지 않은 셈이다.[76]

일반적으로 볼 때 그런 말을 하는 사람은 실체와 본질을 부정한다.[77] 왜냐하면 그들은 모든 것이 부수적이며 본질적으로 사람임에 해당하는 것이나 동물임[78]에 해당하는 것은 없다고 말하는 결과에 이를 수밖에 없기 때문이다. 그 이유는 이렇다. 만일 '사람임'에 해당하는 어떤 것이 있다면, 이것은 사람이 아닌 것임이나 사람이 아님과 다를 것이다[79](하지만 그 둘은 '사람임'의 부정태들이다[80]). 왜냐하면 그것이 가리킨 것은 하나였고, 바로 이것은 어떤 것의 실체이기 때문이다. 그런데 X가 어떤 것의 실체를 가리킨다고 함은 그 X가 바로 어떤 것에 (본질적으로) 속하는 존재임을 뜻한다.[81] 왜냐하면 그 어떤 것에 속해서 그것의 사람임을 이루는 것이, 사람이 아닌 것임을 이루는 것이나 사람이 아님을 이루는 것과 똑같다면, 그 어떤 것의 실체는 (사람임이 아니라) 다른 어떤 것이 될 것이기 때문이다. 따라서 우리의 반대자들은 필연적으로 어떤 것에 대해서도 정식[82]이 존재하지 않으며 모든 것은 부수적이라고 주장해야 할 것이

이 아니라는 이유를 들어, "이것은 하얗다"를 "이것은 사람이 아니다"로 대치시켜 말하는 것은 부적절하다.

76 1006a18-1007a20과 관련해서는 XI 5, 1062a5-20 참고. 특히 1006b28-34와 관련해서는 1062a20-3 참고.

77 그런 사람은 "소크라테스는 사람이다"라는 진술과 "소크라테스는 하얗다"라는 진술 사이의 차이를 구별하지 않은 채, 그 두 진술이 참이라면 "소크라테스는 사람이면서 사람이 아니다"라고 생각하기 때문이다.

78 1007a27의 'hoper anthrōpōi einai'를 '본질적으로 사람임에 해당하는 것'이라고 옮겼다. 이 표현은 "소크라테스는 사람이다"라고 말할 때, 바로 술어의 자리에 오는 '사람이다'의 구체적 내용을 이루는 것 전체, 즉 '사람의 본질'을 가리킨다. 그런 뜻에서 로스는 그 표현을 'being essentially a man'이라고 옮겼다. 보니츠의 번역 'Ein-Mensch-sein an sich'도 같은 뜻을 담고 있다.

79 1007a24에서 '사람이 아닌 것임'이나 '사람이 아님'에 해당하는 표현은 각각 'mē anthrōpōi einai'와 'mē einai anthrōpōi'(1006b24 참고)이다.

80 모든 것에 대해서 긍정과 부정이 동시에 가능하다고 생각하는 사람들은 이 부정태들(*apophaseis*)도 '사람임'과 더불어 동시에 술어가 될 수 있어야 한다고 생각한다.

81 예컨대 "사람은 이성적인 동물이다"가 사람에 대한 정의라고 한다면, 이때 '이성적인 동물임'이 바로 사람의 실체, 즉 사람에게 본질적으로 속하는 존재이다.

다. 왜냐하면 실체와 부수적인 것은 바로 그런 점에 의해 규정되기 때문이다. 즉, 하양이 사람에 부수적인 것은 사람이 하얗기 때문이지 사람이 하양 그 자체이기 때문이 아니다. 그러나 만일 모든 것이 부수적인 뜻에서 술어로 쓰인다면, 그것들의 주체가 되는 첫 번째 것[83]은 아무것도 없을 텐데, 부수적인 것은 언제나 어떤 기체에 대한 술어를 가리키기 때문

1007b 이다. 그렇다면 이로부터 무한퇴행이 생겨날 수밖에 없다. 하지만 이는 불가능한데, 그렇게 되면 2개 이상의 항들도 서로 연결되지 못하기 때문이다. 그 이유는 이렇다. (1) 부수적인 것은 다른 부수적인 것에 부수적으로 속할 수 없다. 이것이 가능한 것은 2개의 부수적인 것이 동일한 것에 속하는 경우, 예컨대 하양이나 음악성이 둘 다 사람에게 부수적으로 속해서 "하얀 것은 음악적이다" 또는 "음악적인 것은 하얗다"고 말하는 경우뿐이다.[84] 그러나 (2) 소크라테스가 음악적이라면, 그 이유는 그 둘이 다른 어떤 것에 부수적으로 속한다는 데 있는 것이 아니다. 그렇다면 어떤 것들은 뒤의 방식에 따라서, 어떤 것들은 앞의 방식에 따라서 '부수적'이라고 불리기 때문에 (a) 하양이 소크라테스에게 속한다는 뜻에서 그렇게 불리는 것들은 위쪽 방향으로 무한히 진행될 수 없다.[85] 예컨대 하얀 소크라테스에게 다른 어떤 것이 부수적으로 속하는 일은 없으니, 그 이유는 그것들 모두로부터 어떤 통일체가 생겨나지 않기 때문이다.[86] 또한 (b) 다른 어떤 것, 예컨대 음악성이 하양에 부수적으로 속할 수도 없는데, 그 이유는 음악성이 하양에 부수적으로 속하지 않듯이 뒤의 것도 앞의 것에 부수적으로 속하지 않기 때문이다. 그리고 그와 동시

---

82 여기서 '정식'(*logos*)은 물론 어떤 것의 실체(*tinos ousia*, 1007a26)를 드러내는 정의(*horismos*)를 말한다.

83 1007a34의 'prōton to kath' hou'에서 'to kath' hou'를 '주체가 되는 것'이라고 옮긴 이유에 대해서는 1049a28에 대한 각주 참고.

84 이러한 진술방식에 대해서는 V 6, 1015b16 아래 참고.

85 술어의 방향으로 무한히 진행될 수 없다는 뜻이다.

86 '하얀 소크라테스'(Sōkrates leukos)는 본래적 의미에서의 통일체(*hen*)가 아니다.

에, 우리가 이미 규정했듯이, 어떤 것들은 이런 방식으로 부수적 관계에 있지만, 또 어떤 것들은 음악적인 것이 소크라테스에게 속한다는 뜻에서 부수적 관계에 있다. 그리고 뒤의 방식에 해당하는 것들은 부수적인 것이 다른 부수적인 것에 부수적으로 속하는 경우가 아니고, 다른 방식에 해당하는 것들만이 그런데, 결과적으로 모든 것이 부수적일 수는 없다.[87] 그렇다면 이렇게 보아도 실체를 가리키는 것이 있을 것이다. 그런데 이것이 사실이라면, 모순적인 것들이 동시에 술어가 될 수 없다는 것은 이미 밝혀진 셈이다.

또한 만일 모순적인 것들이 모두 동일한 대상에 대해 동시에 참이라면, 분명 모든 것은 하나가 될 것이다. 왜냐하면 프로타고라스의 이론[88]을 따르는 사람들이 필연적으로 그런 결과에 이르게 되듯이, 만일 모든 것에 대해 어떤 것을 긍정하거나 부정할 수 있다면, 동일한 것이 삼단군선(三段軍船)이고 벽이며 사람일 것이기 때문이다. 왜냐하면 만일 어떤 사람이 보기에 사람이 삼단군선이 아닌 것으로 보인다면, 그것은 분명 삼단군선이 아닐 것이고, 따라서 그들[89]의 말대로 모순적인 진술이 둘 다 참이라면 사람은 삼단군선이기도 할 것이기 때문이다. 그리고 아낙사고라스가 말한 대로 모든 것이 혼재해 있으며,[90] 따라서 어느 것 하나도 참이 될 수 없을 것이다. 그렇다면 그들은 불확정적인 것을 두고 말하는 듯하며, 그들 자신은 있는 것에 대해 말하고 있다고 생각하지만 실제로는 있지 않은 것에 대해서 말하고 있으니, 불확정적인 것은 가능적으로는 있지만 완전한 상태에는 있지 않은 것이기도 하기 때문이다. 그렇지

---

87 무한한 수의 부수적인 것(*to symbebēkos*), 예컨대 하양, 음악성, 문법적 지식 등이 함께 모여서 하나의 통일체를 이루기는 불가능하다. 어딘가에 그것들을 부수적인 것으로 갖는 실체가 있어야 한다.

88 이른바 '인간 척도설'(*Homo-mensura-Satz*)을 염두에 두고 하는 말이다. IV 5, 1009a6 아래를 보라. X 1, 1053a36에 대한 각주도 함께 참고.

89 1007b22-3의 '프로타고라스의 이론을 따르는 사람들'(*tois ton Prōtagorou legousi logon*)을 가리킨다.

90 1007b26: "homou panta chrēmata". D-K, 59 B 1 참고.

만 그들은 모든 것에 대해 〈모든 속성을〉 긍정하거나 부정해야 하는데, 각 대상에 그것 자체를 부정하는 진술은 속하지만 그것에 속하지 않는 다른 것을 부정하는 진술은 속하지 않는다고 생각하는 것은 불합리하기 때문이다. 예컨대 사람에 대해 "그는 사람이 아니다"라고 말하는 것이 참이라면, "그는 삼단군선이다"라거나 "그는 삼단군선이 아니다"라는 말도 분명 참일 것이다. 그래서 만일 긍정이 성립한다면, 필연적으로 부정도 성립해야 한다. 반면 긍정이 성립하지 않는다면, 적어도 부정은 그 진술의 주체 자체에 대한 부정보다는 더 높은 정도로 그 주체에 속할 것이다.[91] 그래서 만일 앞의 부정이 성립한다면, (사람이) 삼단군선임을 부정하는 진술도 성립할 것이고, 만일 이것이 성립한다면, 긍정하는 진술도 성립할 것이다.[92]

그런 의견을 주장하는 사람들에게는 이와 같은 결론이 따라 나오며, 더 나아가서는 긍정이나 부정이 필연적이 아니라는 결론[93]도 따라 나온다. 왜냐하면 어떤 것이 사람이면서 사람이 아니라는 말이 참이라면, 그것은 분명 사람도 아니고 사람이 아닌 것도 아닐 것이다. 왜냐하면 그 두 발언에 상응해서 그것들에 대한 부정이 있을 것이고,[94] 만일 앞의 것[95]이 2개의 술어로 이루어진 하나의 단일한 진술이라면, 뒤의 것도 그것을 부정하는 하나의 단일한 진술일 것이기 때문이다.[96]

91 예컨대 "사람은 삼단군선이다"라는 말이 성립하지 않는다면, 적어도 "사람은 삼단군선이 아니다"라는 말은 "사람은 사람이 아니다"는 말에 비해 더 높은 정도로 '사람'에 대해 진술될 수 있을 것이다.

92 1007b18-1008a2와 관련해서는 XI 5, 1062a23-30 참고.

93 긍정(*kataphasis*)도 부정(*apophasis*)도 필요하지 않다는 뜻이다.

94 예컨대 어떤 대상에 대해서 이루어진 "그것은 사람이면서 사람이 아니다"라는 말을 두 진술, 즉 "그것은 사람이다"와 "그것은 사람이 아니다"로 나눈다면, 그 각각에 대해 "그것은 사람이 아니다"와 "그것은 사람이 아닌 것이 아니다"라는 2개의 부정판단이 성립할 것이다.

95 어떤 것이 '사람이면서 사람이 아니다'(*anthrōpos kai ouk anthrōpos*, 1008a4-5)라는 말을 가리킨다.

96 이에 대해서는 XI 1062a36-b7 참고.

또한 그 주장은 두 가지 가능성을 가진다. 즉, 그것은 모든 경우에 똑같이 적용되어서, 어떤 대상이 하야면서 하얗지 않고 있으면서 있지 않고, 다른 모든 긍정과 부정도 이와 똑같은 방식으로 양립가능하거나, 아니면 그 주장은 어떤 진술들의 경우에는 적용되고 어떤 진술들의 경우에는 그렇지 않을 것이다. 그리고 만일 그 주장이 모든 경우에 적용되는 것이 아니라면, 이에 해당하는 경우의 진술들은 사람들이 의견일치를 본 진술들일 것이다. 반대로 만일 그 주장이 모든 경우에 적용된다면, 다시 두 가지 가능성이 있다. 즉, 어떤 것들에 대한 진술이 있다면 그것에 대한 부정도 있을 것이고, 부정이 있다면 긍정도 있을 것이다. 혹은 어떤 것들에 대해서 긍정이 있다면 그것들에 대해서 부정도 있겠지만, 어떤 것들에 대해 부정이 있다고 해서 항상 긍정이 있는 것은 아닐 것이다. 그리고 (a) 뒤의 경우라면 확고부동하지 않은 어떤 것이 있을 것이고 이것은 확고한 의견일 것이며, '있지 않다' 또는 '~이 아니다'가 확고하고 인식가능한 것이라면, 그것에 반대되는 진술은 더욱 더 인식가능한 것일 것이다.[97] 하지만 (b) 부정이 가능한 모든 것에 대해 진술하는 것이 똑같이 가능하다면, 술어를 나누고서 (예컨대 어떤 것이 하얗다고 말하고, 다시 그것이 하얗지 않다고 말한다고 해 보자) 참인 진술을 해야 하거나 그렇지 않거나 둘 중의 하나다. 그리고 (i) 만일 술어를 나누어 사용하는 것이 참이 아니라면, 우리의 반대자는 일관된 말을 하지 않는 셈이고, 아무것도 존재하지 않는다(있지 않은 것이 어떻게 말을 하거나 걸을 수 있겠는가?). 그리고 앞서 말했듯이[98] 모든 것이 하나가 될 터이니, 동일한 것이 사람이자 신이자 삼단군선이자 〈돌〉일 것이고, 그것들에 모순적인 것들 역시 똑같을 것이다(왜냐하면 모순된 것들이 각각의 대상에 대해 똑같이 술어가 될 수 있다면, 어떤 것도 다른 것과 다르지 않을 것이니, 만일 그것들이 서로

97 어떤 대상에 대한 긍정판단은 그것에 대한 부정판단보다 더 많은 것을 우리에게 알려준다는 뜻에서 그렇다.

98 위의 1006b17과 1007a6 참고.

다르다면, 이 차이는 그것에 참된 것이고 고유한 것이 될 것이기 때문이다). 그리고 (ii) 어떤 사람이 술어를 나누어서 참인 진술을 할 수 있다고 하더라도, 역시 같은 결과가 따라 나오며, 거기에 덧붙여 모든 사람이 하는 말이 참이고 모든 사람이 하는 말이 거짓일 수 있을 것이며, 말을 하는 사람은 자기 자신이 거짓을 말하고 있다는 사실을 인정하는 셈이다. 그리고 그를 대상으로 하는 탐색은 아무 대상도 갖지 못할 것이 분명한데, 그가 말하는 것은 아무것도 없기 때문이다. 왜냐하면 그는 긍정하지도 부정하지도 않고, 긍정하면서 부정하기 때문이다. 그런 다음에는 또다시 그는 이 둘을 부정하면서, 긍정하지도 않았고 긍정하지 않지도 않았다고 말할 것이기 때문이다. 왜냐하면 만일 그렇지 않다면, 거기에는 어떤 정해진 것이 있을 것이기 때문이다.

또한 만일 어떤 긍정이 참일 때 그에 대한 부정은 거짓이고, 이것이 참일 때 긍정은 거짓이라면, 동일한 것을 동시에 긍정하면서 부정하는 말
1008b 은 참일 수 없다. 하지만 그럼에도 불구하고 그들은 이것이 처음부터 놓여 있던 문제[99]라고 주장할 것이다.

또한 어떤 것이 이러저러하다고 말하거나 이러저러하지 않다고 생각하는 사람은 잘못을 범하는 것이고, 그 둘을 모두 긍정하는 사람은 진리를 말하는 것인가? 그 둘을 모두 긍정하는 사람의 말이 진리라면, 있는 것들의 본성이 그렇다는 말은 무엇을 뜻하는가? 반면 만일 그가 진리를 말하는 것은 아니지만 다른 사람에 비해서 상대적으로 더 큰 진리를 말하고 있다면, 그때 이미 있는 것들은 어떤 확정된 성격을 가질 것이니, 이것은 참일 것이고, 참이면서 동시에 참이 아닐 수는 없을 것이다. 반면 만일 모든 사람이 똑같이 거짓과 참을 말한다면, 그런 상태에 있는 사람은 발설도 발언도 할 수 없을 것이다. 왜냐하면 그는 동일한 것을 말하면서 말하지 않는 셈이기 때문이다. 그리고 만일 그가 아무것도 판단하지 않으면서 (어떤 것이 이러저러하다고) 생각하면서 생각하지 않는다면, 그는

99 1008b1의 'to ex archēs keimenon'은 '선결(先決) 문제'를 뜻한다.

식물과 무엇이 다르겠는가? 이로부터 따라 나오는 더 없이 분명한 사실은, 그런 주장을 하는 사람들을 비롯해서 다른 어느 누구도 그런 입장을 견지할 수 없다는 점이다. 메가라로 걸어가야 한다고 생각한 사람이 그곳으로 걸어가고, 집에 머물러 있지 않는 것은 무엇 때문인가? 그가 우연히 그 길을 택해서, 날이 밝기 무섭게 우물 속이나 낭떠러지 아래로 가지 않는 것은 무엇 때문인가? 분명히 그는 그곳으로 가는 것이 좋지 않으면서 좋다고 생각하지 않았기 때문에 그런 일을 회피하는 것이 아닌가? 그렇다면 그는 어떤 것이 더 좋고 어떤 것이 더 좋지 않다고 판단하고 있음이 분명하다. 그러나 만일 이것이 사실이라면, 그는 필연적으로, 어떤 것은 사람이고 어떤 것은 사람이 아니며 또 어떤 것은 달고 어떤 것은 달지 않다고 판단해야 한다. 왜냐하면 물을 마시는 것이나 사람을 만나는 것이 좋다고 생각하고 나서 이것들을 찾아 나선다면, 이 경우 그는 아무 차이도 두지 않고 어떤 것을 찾아 나서거나 판단하는 것이 아니기 때문이다. 그렇지 않고 그가 보기에 동일한 것이 사람이고 사람이 아니라면, 그는 앞의 경우와 달리 행동을 해야 한다. 하지만 방금 말했듯이 회피할 것과 그렇지 않은 것을 구분하지 않는 사람이 없다는 것은 분명한 사실이다. 그러므로 생각건대 모든 사람은 — 비록 모든 것에 대해서 다 그런 것은 아니라고 해도 — 더 좋은 것과 더 나쁜 것에 대해서 단적으로 그렇다고 믿는다.[100] 그리고 만일 그들이 학문적 인식이 없이 의견을 가진 상태에 있다면, 더더욱 진리에 마음을 써야 하는데, 이는 마치 병든 사람이 건강한 사람보다 건강에 더 관심을 써야 하는 것과 마찬가지다. 왜냐하면 의견을 가지고 있는 사람은 학문적 인식이 있는 사람과 비교해 볼 때 진리의 관점에서 건강하지 못한 상태에 놓여 있는 셈이기 때문이다.

또한 만일 아무리 모든 것이 이러저러하면서 이러저러하지 않은 상태에 있다고 하더라도, 있는 것들의 본성 가운데는 상대적으로 많고 적은

---

100 1008b12-27에 대해서는 XI 6, 1063a28-35 참고.

것이 있으니, 그 이유는 우리는 둘과 셋을 똑같이 짝수라고는 말할 수 없고, 넷을 다섯이라고 생각하는 사람과 넷을 천(千)이라고 생각하는 사람은 둘 다 잘못 생각하고 있어도 그 둘이 똑같지는 않기 때문이다. 만일 그들이 똑같지 않다면, 분명 한 사람은 다른 사람보다 틀린 정도가 덜 하며, 따라서 더 많이 참이다. 따라서 만일 어떤 것을 더 많이 가지고 있는 것이 기준에 더 가깝다면, 더 많이 참인 것에 가까이 있는, 참인 어떤 것이 있을 것이다. 설령 그런 것이 없다고 하더라도, 더 확고하고 더 참인 것이 이미 존재하며, 이제 우리는 사고를 통해 어떤 것을 확정하는 일을 방해하는 극단적인 주장을 물리친 셈이 될 것이다.

5. 모순율의 부정과 프로타고라스의 상대성 이론 사이의 상관관계. 이 이론에 대한 반박

프로타고라스의 이론도 동일한 의견을 출발점으로 삼으며,[101] 필연적으로 그 두 이론은 똑같이 참이거나 참이 아닐 것이다. 그 이유는 이렇다. 한편에서 볼 때 만일 주관적인 의견들이나 겉으로 나타나는 현상들이 모두 참이라면, 모든 것은 동시에 참이면서 거짓일 수밖에 없다. 왜냐하면 수많은 사람들은 서로 반대되는 생각을 하고 있고 자신들과 동일한 의견을 갖지 않은 사람들은 잘못을 범하고 있다고 생각하며, 따라서 동일한 것이 있으면서 있지 않을 수밖에 없기 때문이다.[102] 그리고 다른 한편에서 볼 때 만일 이것이 사실이라면, 주관적인 의견은 모두 참이어야 한다. 왜냐하면 잘못된 의견을 가진 사람들과 참인 의견을 가진 사람들은 서로 대립하는 믿음을 갖고 있기 때문이다. 그래서 만일 있는 것들

101 1007b20 아래 참고.

102 1009a11 아래의 'hōst' anankē to auto einai te kai mē einia'에서 'einai'는 계사적 용법에 따라 옮겨야 뜻이 더 잘 통한다. "동일한 것이 ~이면서 ~이 아닐 수밖에 없다."

이 실제로 그렇다면, 모든 사람은 저마다 옳은 셈이 된다.

그렇다면 그 두 이론 모두 동일한 생각을 출발점으로 삼고 있음이 분명하다. 하지만 그 모든 반대의견에 통용되는 동일한 대응방식이 있는 것은 아니다. 왜냐하면 어떤 사람들에게는 설득이 필요하고 어떤 사람들에게는 강제가 필요하기 때문이다. 의문에 사로잡혀 그런 처지에 놓인 사람들의 경우는 무지를 치료하기가 쉽다(왜냐하면 그들에 대한 대응은 논변과 관련된 것이 아니라 생각과 관련된 것이기 때문이다). 하지만 어떤 논변을 내세우기 위해 말을 하는 사람들의 경우 그들을 치료하는 길은 목소리와 낱말들 안에 담긴 논변을 반박하는 데 있다.[103]

의문을 가진 사람들의 경우 그들이 가진 의견은 다양한 감각에서 온 것이다. (1) 즉, 사람들이 모순적인 것들이나 반대되는 것들이 동시에 성립한다고 생각한 것은 그들이 동일한 것으로부터 서로 반대되는 것들이 생겨나는 것을 보았기 때문이다. 그런데 있지 않은 것이 생겨날 수 없다면, 그 둘에 똑같이 해당하는 것이 미리 주어져 있어야 하는데,[104] 이는 모든 것이 모든 것 안에서 뒤섞여 있다는 아낙사고라스의 말[105]이 뜻하는 바와 같고 데모크리토스도 같은 말을 한다. 왜냐하면 그는 모든 부분 안에는 공허한 것과 충만한 것이 똑같이 들어있지만, 그 가운데 하나는 있는 것이고 다른 것은 있지 않은 것이라고 말하기 때문이다.[106] 그렇다면 이런 것들을 생각의 근거로 삼는 사람들에 대해서 우리는 이렇게 대답한다. 즉, 그들은 어떤 뜻에서는 옳은 말을 하고 있지만 어떤 뜻에서는 모르는 것이 있으니, 그 이유는 '있는 것'은 두 가지 뜻으로 쓰이기 때문이다. 그래서 어떤 뜻에서는 있지 않은 것으로부터 무언가가 생겨날 수

103 1009a16-22에 대해서는 XI 6, 1063b7-16 참고.

104 어떤 주체 S가 F가 되기도 하고 ~F가 되기도 한다면, 그 S는 반대자들인 F와 ~F에 대해 동일한 기체이다.

105 1009a27: "memichthai pan en panti". D-K, 59 B 11을 함께 참고.

106 D-K, 67 A 6(= I 4, 985b5 아래). 1009a6-16, 22-30에 대해서는 XI 6, 1062b12-24도 함께 참고.

있다고 말할 수 있지만, 어떤 뜻에서는 그렇지 않은데, 동일한 것이 있으면서 있지 않을 수 있지만, 동일한 뜻에서 그런 것은 아니다. 즉, 가능적으로는 동일한 것이 반대상태에 있을 수 있지만, 완전한 상태에서는 그렇지 않다.[107] 또한 우리는 있는 것들 가운데, 운동이나 소멸이나 생성이 전혀 속하지 않는 다른 어떤 실체가 있다고 생각해야 한다는 것을 그들이 받아들이기를 요구할 것이다.

1009b 그리고 (2) 이와 마찬가지로 어떤 사람들은 겉으로 나타나는 현상들에 속한 진리를 내세우는데, 이들의 생각도 다양한 감각에서 온 것이다. 그 이유는 이렇다. 그들의 생각에 따르면 진리는 다수에 의해서도 소수에 의해서도 판별되어서는 안 되고, 동일한 것이 거기서 단맛을 느끼는 사람들에게는 단 것 같고 쓴맛을 느끼는 사람들에게는 쓴 것처럼 보인다. 따라서 만일 모든 사람이 병든 상태에 있거나 모든 사람이 정신이 나간 상태에 있고, 두세 사람만이 건강하거나 지성을 가진 상태에 있다면, 이 두세 사람들은 병든 상태에 있고 정신이 나간 것처럼 보이고, 다른 사람들이 그렇지 않은 것으로 보일 것이다.

또한 그들의 주장에 따르면 동일한 대상들의 경우에도 그것들이 우리에게 나타내는 현상과 여러 다른 동물에게 나타내는 현상은 서로 반대되며, 심지어 각 개인 자신의 감각에 비추어 보더라도 사물들이 항상 똑같이 보이지 않는다. 그렇다면 이것들 가운데 어떤 것이 참이고 어떤 것이 거짓인지 분명치 않다. 그런 까닭에 데모크리토스는 어떤 것도 참이 아니거나 적어도 우리에게는 그것이 불분명하다고 말한다.[108]

그리고 일반적으로 이들은 사려가 감각이며 그때의 감각은 변이(變異)라고 생각하기 때문에 감각적으로 나타나는 현상은 필연적으로 참일 수

107 1009a30-6에 대해서는 XI 6, 1062b24-33 참고.

108 D-K, 68 A 112. 다음의 단편들도 함께 참고하라. D-K, 68 A 134, B 7, B 8, B 117. 이 마지막 단편에 따르면, 데모크리토스는 "사실 우리는 아무것도 알지 못한다. 진리는 심연에 있기 때문이다"라고 말한다.

밖에 없다고 말한다. 왜냐하면 바로 이런 것이 계기가 되어 엠페도클레스나 데모크리토스는 물론 거의 모든 사람들이 그와 같은 의견에 말려들게 되었기 때문이다. 왜냐하면 엠페도클레스는 사람들의 (신체) 상태가 바뀌면 사려작용도 바뀐다고 말하기 때문이다.

"현재 놓인 상태에 따라서 지혜가 사람들 안에서 생겨난다."[109]

다른 곳에서 그는 이렇게 말한다.

"사람들의 본성이 변화하는 정도에 따라 그들의 사려작용도 항상 달라진다."[110]

파르메니데스도 같은 뜻으로 이렇게 말한다.

"굴절 많은 지체들의 혼합이 시시각각 처한 상태에 따라 서로 다른 상태의 지각이 사람들에게 다가온다. 왜냐하면 생각은 동일한 것이니, 이것은 지체들의 본성으로서 사람들 모두에게 개인마다 속해 있어서, 더 많은 것이 지각내용이기 때문이다."[111]

아낙사고라스가 그의 몇몇 동료들에게 했던 말도 기억나는데, 있는 것들은 그들이 생각하는 대로 자신들에게 존재한다는 말이 그것이다. 헥토르가 돌에 맞아 정신을 잃었을 때 "다른 것을 사려하면서 뻗어있었다"[112]고 노래한 것을 미루어 호메로스도 그런 의견을 가졌음이 분명하다고 그들은 말한다. 정신이 나간 사람들도 동일한 것들을 사려하지는 않지만 무언가를 사려한다는 뜻으로 그들은 그 구절을 풀이했던 것이다. 그렇다면 두 가지 사려가 있다면 있는 것들도 이러저러한 상태에 있으면서 동시에 그런 상태에 있지 않음이 분명하다.[113] 그런 관점에서 보면 거기서

109 D-K, 31 B 106(=『영혼론』 III 3, 427a21) 참고.

110 D-K, 31 B 108. B 106과 108은 둘 다, 인간의 신체상태에 앎이나 생각(*phronein*, *phronēsis*)이 좌우됨을 뜻한다.

111 D-K, 28 B 16. 몸을 이루는 여러 요소들 가운데 특정한 상황에서 어떤 것들이 더 많은가에 따라 지각(*noos*)이나 지각내용(*noēma*)이 달라진다는 뜻이다. 예컨대 사람의 몸이 물, 불, 흙, 공기로 이루어져 있다면, 이 가운데 물의 기운이 더 센가, 아니면 불의 기운이 더 센가에 따라 사람의 생각이 달라진다는 말이다.

112 『일리아스』 23. 698.

따라 나오는 결론은 더없이 해결하기 어렵다. 왜냐하면 가능한 한 참일 수 있는 것을 가장 잘 파악한 사람들이 — 이들은 그것을 가장 잘 탐구하고 사랑하는 사람들이다 — 그런 의견들을 가지고 있고 진리에 대해 그런 주장들을 내세운다면, 철학을 하는 데 처음 손을 댄 사람들이 기가 죽는 것이 어찌 당연한 일이 아니겠는가? 왜냐하면 진리를 탐구하는 것은 새 꽁무니를 쫓는 것과 다를 바 없을 것이기 때문이다.

1010a 그들에게 그런 의견이 생겨난 이유는, 그들이 한편으로는 있는 것들과 관련해서 진리에 주목했지만, 다른 한편으로는 감각물들만을 있는 것들이라고 생각한 데 있다. 감각물 안에는 불확정적인 것에 속하는 본성, 즉 우리가 앞서 말한 뜻에서[114] 있는 것에 속하는 본성이 많이 들어 있다. 그런 까닭에 그들은 말을 그럴 듯하게 하지만 그 말은 옳지 않다(왜냐하면 이렇게 말하는 것이 에피카르모스가 크세노파네스에 맞서서 했던 말보다 더 적절하기 때문이다).[115] 또한 그들은 이 자연 전체가 운동 중에 있는 것을 보았고 변화하는 것에 대해서는 전혀 참인 진술이 존재하지 않기 때문에 온갖 방식으로 모든 측면에서 변화하는 것에 대해서는 참인 진술이 가능하지 않다고 생각했다. 바로 이런 생각으로부터 앞서 언급했던 사람들의 더없이 극단적인 의견이 생겨났으니, 이것은 바로 헤라클레이토스를 추종한다고 자처하는 사람들의 의견이고 크라튈로스가 가졌던 것과 같은 종류의 의견이다.[116] 이 사람은 궁극적으로 어떤 말도 해서는 안 된다고 생각했고 손가락만을 움직였을 뿐이며, "동일한 강물에 두 번 들어

---

113 1009a38-b33에 대해서는 XI 6, 1063a35-b7 참고.

114 1009a32 참고. 감각물 안에는 질료(*hylē*)가 들어 있고, 이 질료는 감각물의 불확정성(*to aoriston*)의 원인이 된다. VI 2, 1027a13 아래와 VII 10, 1036a8 아래를 보라.

115 에피카르모스(Epicharmos)는 크세노파네스(Xenophanes)의 의견들이 '그럴듯하지도 않고 참도 아니다'라고 말했거나 그 의견들은 '참이지만 그럴듯하지 않다'라고 말했을 것으로 추측된다. 플라톤의 『테아이테토스』(152E)에서 에피카르모스는 엘레아학파에 반대해서, 모든 것은 영원한 생성과 소멸의 과정에 있다고 주장한다. Ross, *Metaphysics* I, p. 276 참고.

116 I 6, 987a32 아래 참고.

갈 수 없다"[117]고 말했다는 이유로 헤라클레이토스를 비난했으니, 그 자신은 단 한 번도 들어갈 수 없다고 생각했기 때문이다.

하지만 우리는 이런 이론에 맞서 이렇게 말한다. 즉, 변화하는 것이 변화의 과정에 있을 때 있지 않다고 생각한 점에서 그들의 주장은 근거가 있지만 거기에는 논란의 여지가 있다. 그 이유는 이렇다. 어떤 성질을 상실하는 것은 상실되는 것에 속하는 어떤 것을 아직 가지고 있으며, 생겨나는 것의 일부는 필연적으로 미리 있어야 한다. 일반적으로 어떤 것이 소멸한다면, 무언가 있는 것이 놓여 있어야 하고, 어떤 것이 생성한다면, 생성의 출처와 생성의 작용인이 놓여 있어야 한다. 그리고 이런 과정은 무한히 진행될 수 없다.[118] 하지만 이런 것들은 제쳐두고 이렇게 말해 보자. 질적인 측면에서의 변화와 양적인 측면에서의 변화는 동일한 것이 아니다. 그렇다면 어떤 것이 양의 측면에서 불변하지 않는다고 해도, 형상의 측면에서는 우리는 각 대상을 인식한다.[119] 또한 그렇게 생각하는 사람들에 대한 비판이 정당한 이유는 그들이 감각물들 중에서도 소수가 그렇다는 것을 보고서 우주 전체에 대해 똑같이 주장하기 때문이다. 왜냐하면 우리 주변의 감각세계는 끊임없는 소멸과 생성의 과정 중에 놓여 있지만 이것은 — 말하자면 — 전체의 일부도 되지 않기 때문에, 우리 주변에 있는 것들을 이유로 들어 그렇지 않은 것들을 배척하기보다는 뒤의 것들을 이유로 들어 앞의 것들을 용인하는 것이 더 옳은 일일 것이다.[120] 또한 우리는 이 사람들에게 앞서 말했던 것들[121]과 똑같은 대답을 하게 될 것이다. 왜냐하면 운동하지 않는 어떤 자연적 원리가 있다는 사실[122]을 그들에게 보여주어야 하며 그렇게 그들을 설득해야 한다. 실

---

117 D-K, 22 B 91 참고.

118 생성의 선행조건에 대해서는 VII권 8장 참고.

119 1010a22-5에 대해서는 XI 6, 1063a22-8 참고.

120 1010a25-32에 대해서는 XI 6, 1063a10-7 참고.

121 1009a36-8 참고.

122 1010a34의 'estin akinētos tis physis'와 관련해서는 XII 7, 1072a24-6 참고.

제로 어떤 것이 있으면서 동시에 있지 않다고 말하는 사람들은 모든 것은 운동하는 것이 아니라 정지해 있다고 말해야 하는 결과에 이른다. 왜냐하면 그런 대상이 변화를 통해 도달하는 것이 존재하지 않기 때문인데, 그 이유는 모든 것이 모든 것에 속하기 때문이다.

1010b 진리에 대하여 우리는 겉으로 나타나는 현상이 모두 참은 아니라고 말해야 한다. 첫째로, 비록 감각은 그에 고유한 대상에 대해 잘못을 범하는 일이 없지만,[123] 그럼에도 불구하고 상상은 그런 감각과 동일한 것이 아니다.[124] 또한 그들이 이런 문제, 즉 크기와 색깔은 멀리 있는 사람에게 보이는 크기나 성질을 가지고 있는가 아니면 가까이 있는 사람에게 보이는 크기나 성질을 갖고 있는가, 그리고 그것들은 건강한 사람들에게 보이는 성질을 갖고 있는가 아니면 병든 사람들에게 보이는 성질을 갖고 있는가, 사물들은 허약한 사람에게 보이는 상태의 무게를 가지고 있는가 아니면 힘센 사람에게 보이는 무게를 가지고 있는가, 그리고 잠자는 사람에게 보이는 것이 참인가 깨어 있는 사람들에게 보이는 것이 참인가 등의 문제에서 의문을 제기한다면, 이는 놀랄 만한 일이다. 왜냐하면 그들이 실제로 그렇게 오락가락하는 생각을 갖고 있지 않다는 것은 분명한 사실이기 때문이다. 실제로는 리비아에 있으면서 어느 날 밤 아테네에 있다고 생각하고서 공회당으로 발길을 옮길 사람은 아무도 없기 때문이다. 또한 플라톤도 말했듯이[125] 앞으로 일어날 일에 대해서, 예

---

123 각 감각은 자신의 고유한 대상들(*idia aisthēta*), 예컨대 시각은 색깔에 대해서, 청각은 소리에 대해서 잘못을 범하는 일이 없다. 이에 대해서는 『영혼론』 II 6, 418a12, III 3, 427b12, III 6, 430b29; 『감각과 감각물에 대하여』 4, 442b8 참고.

124 아리스토텔레스는 『영혼론』 III 3, 428a24 아래에서, 플라톤이 '상상'(*phantasia*)을 '의견과 감각의 결속'(*symplokē doxēs kai aisthēseōs*)으로 본다고 비판한다(『티마이오스』 52A와 『소피스테스』 264A 참고). 아리스토텔레스의 경우에는 'phanta sia'가 '감각이나 사유에 나타난 것'이라는 뜻에서 '현상'(*phainomena*)과 같은 뜻으로 쓰이기도 하지만, '상상물' 혹은 '상상내용'(*phatasma*)을 낳는 능력이라는 뜻으로도 쓰인다. I 1, 980b26에 대한 각주 참고.

125 플라톤, 『테아이테토스』 178B-179A.

컨대 환자가 앞으로 건강하게 될지 그렇지 않을지에 대해서 의사가 가진 의견과 무지한 자가 가진 의견이 똑같이 주도권을 갖지는 못한다. 또한 감각들 자체를 놓고 보아도 이질적인 대상에 대한 감각과 고유한 대상에 대한 감각 또는 가까운 대상에 대한 감각과 멀리 있는 대상에 대한 감각[126]이 동일한 주도권을 갖지는 못하고, 색깔에 대해서는 미각이 아니라 시각이, 냄새에 대해서는 시각이 아니라 후각이 주도권을 가진다. 이런 감각 하나하나가 동일한 시점에 동일한 대상에 대해서, 그것이 이러저러하면서 동시에 이러저러하지 않다고 말해주는 일은 결코 없다. 심지어 다른 시점에서도 특정한 성질에 대해서 하나하나의 감각이 우왕좌왕하는 일은 없으며, 그런 성질이 부수적으로 속하는 대상에 대해서만 그런 일이 일어난다. 내 말의 뜻은 이런 것이다. 예컨대 동일한 포도주가 그 상태가 변화하거나 사람의 몸 상태가 변화함에 따라 어떤 때는 달 수도 있고 어떤 때는 달지 않게 여겨질 때가 있다. 하지만 그것이 있을 때 갖는 것과 같은 성질의 단맛만큼은 결코 바뀌지 않으며 그것에 대한 믿음은 언제나 참이며, 앞으로 단맛을 가질 것은 필연적으로 특정한 성질을 가질 수밖에 없다.[127] 그런데 그 모든 주장은 이런 필연성을 부정하면서, 어떤 것에 대해서도 실체가 없듯이 어떤 것도 필연적으로 존재하지 않는다는 결론을 낳는다. 왜냐하면 필연적인 것은 달리 있을 수 없으며, 따라서 어떤 것이 필연적으로 있다면 이러저러하면서 그렇지 않게 있을 수 없기 때문이다.[128]

---

126 전승된 사본에 따르면, 1010b16은 'hē tou plēsion kai tou autēs'이다. 예거는 로스의 추측에 의거해서 'tou autēs'를 'tou hautēs'로 읽었다. 하지만 보니츠는 'tou apothen'으로 읽었다. 여기서는 보니츠(*Metaphysica*, p. 206)를 따라서 읽었다. 실제로 위의 1010b5에서 아리스토텔레스는 '멀리 있는'(*apothen*) 대상에 대한 감각과 '가까이 있는'(*engythen*) 대상에 대한 감각을 비교하고 있다. 다른 해석에 대해서는 Ross, *Metaphysics* I, p. 277의 주석 참고.

127 포도주는 사람에 따라서 또 사정에 따라서 단맛을 낼 수도 있고 내지 않을 수도 있지만, 포도주에 속하는 단맛 자체는 언제나 일정한 성질을 가진다. 1010b1-26에 대해서는 XI 6, 1062b33-1063a10 참고.

일반적으로 볼 때, 만일 있는 것이 감각물뿐이라면, 생명이 있는 것들이 없을 경우 아무것도 없을 것인데, 왜냐하면 그런 경우에는 감각이 없을 것이기 때문이다. 그런데 그럴 경우 감각물도 감각내용도 존재하지 않는다는 것은 옳을 수 있지만 (왜냐하면 그런 것들은 감각하는 것에게 속하는 양태이기 때문이다[129]), 감각이 없으면 감각을 낳는 기체도 존재하지 않는다는 것은 불가능한 일이다. 왜냐하면 감각은 분명 자기 자신을 대상으로 하는 것이 아니며, 감각과 떨어져 있는 어떤 것이 있으니, 이것은 필연적으로 감각에 앞서 있어야 하기 때문이다.[130] 왜냐하면 운동을 낳는 것은 운동하는 것보다 본성적으로 앞서며, 그것들이 서로 관계적인 것들이라고 해도 사정은 마찬가지이기 때문이다.

6. 프로타고라스에 대한 추가 반박

그런 확신을 가지고 있거나 그런 논변들만을 내세우는 사람들 중에는 의문을 가진 사람들도 일부 있다. 왜냐하면 이들은 건강한 사람을 판별하는 사람은 누구이며 일반적으로 각 대상을 올바로 판별하는 사람을 판별하는 사람은 누구인가라는 물음을 탐구하기 때문이다. 이런 종류의 의문점들은 우리가 지금 잠을 자고 있는가 깨어 있는가라는 의문과 성질이 같으며, 그런 종류의 의문들은 모두 동일한 것으로 귀착된다. 즉, 그들은 모든 것에 대해 논변이 있기를 요구한다. 왜냐하면 그들은 원리[131]를 찾고 있으며, 그런 원리를 논증을 통해 파악하는 길을 찾기 때

---

128 '필연적인'(*ex anankēs*) 것에 대한 이런 정의에 대해서는 V 5, 1015a33 아래를 보라.

129 1010b33: "tou gar aisthanomenou pathos touto esti". 『영혼론』 II 5, 416b33-4의 정의에 따르면, 감각은 수동적인 작용(*paschein*)이자 감각 대상에 의해 일어나는 질적 변이(*alloiōsis*)이다. 그런 뜻에서 감각물(*ta aisthēta*)이나 감각내용(*aisthēmata*)은 수동적인 작용을 통해 감각하는 것, 즉 감각의 주체에서 발생한 변이의 양태(*pathos*)이다.

130 감각물(*ta aisthēta*)은 감각적 지각작용에 앞서서 미리 존재한다는 말이다.

문인데, 그들이 그 일에 확신이 없다는 사실은 그들의 행동에서 분명하게 드러난다. 하지만 방금 우리가 말한 점에서 그들은 곤경에 처해 있으니, 그 이유는 그들은 논변이 존재하지 않는 것들에 대해서 논변을 찾고 있기 때문이다. 왜냐하면 논증의 원리 자체는 논증이 아니기 때문이다.[132]

이제 이들은 이에 대해 쉽게 확신을 갖겠지만 (왜냐하면 그 점을 파악하기란 어려운 일이 아니기 때문이다), 논변에 속한 강제만을 찾는 사람들[133]은 불가능한 것을 찾고 있으니, 왜냐하면 그들은 애당초 반대되는 것을 말하면서 다른 사람이 그것에 반대되는 것을 말하기를 요구하기 때문이다.[134] 하지만 모든 것이 다른 것과의 관계 속에 있는 것이 아니고 어떤 것들은 그 자체로서 있다면, 현상이 모두 참일 수는 없을 것이다. 왜냐하면 현상은 어떤 사람에게 겉으로 나타나는 것이기 때문이다.[135] 따라서 모든 현상이 참이라고 주장하는 사람은 있는 것들을 모두 관계적인 것으로 만든다. 그런 이유 때문에 논변 안에서 강제를 찾으면서 동시에 논변 제시를 요구하는 사람들은, 현상은 (그 자체로서) 있는 것이 아니라 일정한 사람에게 일정한 때 일정한 방식에 따라 일정한 모습으로 나타난다는 데 주의해야 한다. 그리고 만일 그들이 자신들의 의견에 대한 논변을 제시하되 그 방식이 이와 같지 않다면, 그들은 곧바로 (본래 의도에) 반대되는 것을 말하는 결과에 이르게 될 것이다. 왜냐하면 동일한 것[136]이 시각에는 꿀처럼 보이지만 미각에는 그렇지 않을 수 있고, 우리 눈은 둘

---

131 원어 'archē'를 '시작' 또는 '출발점'의 뜻으로 이해한다면, 그 뜻이 분명해질 것이다.

132 1011a13: "apodeixeōs gar archē ouk apodeixis estin".

133 1011a15의 'hoi en tōi logōi tēn bian monon zētountes'는 곧 거부할 수 없는 필연성을 지닌 추론을 찾는 사람들을 가리킨다.

134 1011a16의 'enantia gar eipein axiousin, eythys enantia legontes'를 직역했다. 로스의 다음과 같은 의역을 참고하라. "for they demand to be allowed to contradict themselves — a claim which contradicts itself from the very first."

135 모든 현상은 그 자체로서(*kath' hauta*) 있는 것이 아니라 감각 주체나 인식 주체와의 관계 속에(*pros ti*) 있다.

136 1011a26의 'tōi autōi'는 'to auto'로 읽었다.

이기 때문에 두 눈의 시각능력이 같지 않다면 대상들은 각 시각에 똑같지 않게 보일 수 있기 때문이다. 앞에서 말한 근거들을 내세워 현상은 참이며 그런 이유에서 모든 것은 똑같이 거짓이면서 참이라고 말하고, 그 이유를 사물들이 모든 사람에게 똑같이 보이지 않으며 동일한 사람에게도 항상 동일하게 보이는 것이 아니라 동일한 시간에 반대되는 모습을 보이는 일도 자주 있다는 데서 찾는 사람들에 맞서 (왜냐하면 손가락을 겹쳤을 때 촉각은 그것들이 둘이라고 말해주지만, 시각은 하나라고 말해주
1011b 기 때문이다) 우리는 이렇게 말한다. "그렇다. 하지만 동일한 감각에 대해 그 감각의 동일한 부분에서 동일한 방식으로 동일한 시간에 그런 것은 아니며, 따라서 (이런 제한조건을 둔다면) 현상적인 것은 참일 수 있을 것이다."[137] 하지만 아마도 이런 이유에서 보자면 의문에 이끌린 탓이 아니라 논변을 내세우기 위해서 주장을 펴는 사람들은 불가불 현상은 (그 자체로서) 참이 아니라 어떤 사람에게 참이라고 말할 수밖에 없다. 그리고 앞서 이미 말했듯이, 그 사람들은 불가불 모든 것이 관계 속에 있는 것, 즉 의견이나 감각과의 관계 속에 있는 것이라고 주장할 수밖에 없으며, 결과적으로 먼저 그런 의견을 가진 사람이 없다면 어떤 것도 생겨나거나 있을 수 없을 것이다.[138] 하지만 만일 어떤 것이 (그 자체로서) 생겨났거나 있다면, 모든 것이 의견과의 관계 속에 있는 것이 아님은 분명하다. 또한 만일 어떤 것이 하나라면, 어떤 하나와의 관계나 어떤 확정된 것과의 관계 속에서 그럴 것이다. 그리고 만일 동일한 것이 양적으로 절반이면서 같다면, 그것이 (그것보다) 두 배인 것과의 관계에서 양적으로 같은 것은 아니다.[139] 그래서 만일 의견을 갖는 것과의 관계 속에서 사람과 의견의

137 1011a28-b1의 문장은 문법적으로 불완전하다. 여기서는 뜻에 따라 의역했다.

138 모든 것이 관계 속에 있다면 그 관계를 떠나서는 아무것도 존재하지 않을 것이기 때문이다.

139 예컨대 4가 절반이면서 같다면, 8과의 관계에서 절반이고 4와의 관계에서는 같다. 모순적인 것처럼 보이는 "4는 절반이면서 같다"라는 진술은 이런 관계 속에서 의미를 가진다.

대상이 동일하다면, 의견을 갖는 것이 아니라 의견의 대상이 사람일 것이다.[140] 각 사물이 의견을 갖는 것과의 관계 속에 있다면, 의견을 갖는 것은 그 종류에서 무한히 많은 것들과의 관계 속에 있게 될 것이다.

(1) 서로 대립하는 발언들이 동시에 참이 아니라는 것이 모든 것 가운데 가장 확고한 의견이라는 사실과, (2) 그렇게 말하는 사람들이 이르게 되는 결과가 무엇이며, (3) 무엇 때문에 그들이 그렇게 말하는지에 대해서는 이 정도 이야기로 충분하다. 그러나 모순적인 진술이 동일한 대상에 대해서 동시에 참이기는 불가능하기 때문에, 서로 반대되는 것들이 동일한 것에 동시에 속하는 것이 불가능하다는 것도 분명하다. 왜냐하면 서로 반대되는 것들 가운데 한쪽은 다른 쪽의 반대자임에 못지않게 그것의 결여, 즉 본질의 결여인데, 결여는 어떤 일정한 유에 속하는 술어의 부정이다. 그런데 만일 긍정과 부정이 동시에 참일 수 없다면, 반대되는 것들이 동시에 어떤 것에 속하는 것도 불가능하며, 그런 일은 그 둘이 특정한 관계 속에서 동일한 것에 속하는 경우나, 아니면 하나는 어떤 특정한 관계 속에서 그것에 속하고 다른 하나는 무제한적으로 그것에 속하는 경우에나 가능할 것이다.[141]

---

140 이 말의 뜻은 이렇다. 만일 다른 사람이 소크라테스를 사람이라고 생각하기 때문에 소크라테스가 사람이라고 가정해 보자. 그렇다면, 사람으로서 소크라테스의 존재는 그를 사람이라고 생각하는 사람, 즉 사유 주체와의 관계 속에 놓여 있을 것이다. 이런 관계 속에서 소크라테스는 다른 사유 주체와의 관계 속에 있는 것, 즉 사유의 대상이 될 것이다. 그리고 이것이 그의 존재의 전부라면, 그는 사유의 대상일 뿐 사유의 주체는 될 수 없을 것이다. 그에 대한 로스(*Metaphysics* I, p. 282)의 풀이 참고.

141 예컨대 동일한 포도주라고 하더라도 어떤 사람에게는 그것이 단맛이 나고 어떤 사람에게는 그렇지 않을 수 있다. 또 8도, 4도, 5도의 음정에 따라 울리는 음악소리는 무제한적으로는 조화롭지만, 그럼에도 불구하고 어떤 사람에게는 그것이 조화롭게 들리지 않을 수도 있다. 1011b17-22에 대해서는 XI 6, 1063b17-9 참고.

7. 배중률 옹호

그러나 모순관계의 중간에는 아무것도 있을 수 없으며, 모든 진술은 필연적으로 어떤 대상에 대해서 어떤 것을 긍정하거나 부정할 수밖에 없다.[142] 이것은, 먼저 참과 거짓에 대한 정의에 의거해 볼 때 분명하다. 왜냐하면 있는 것을 있지 않다고 말하거나 있지 않은 것을 있다고 말하는 것은 거짓이고, 있는 것을 있다고 말하고 있지 않은 것을 있지 않다고 말하는 것은 참이며, 따라서 어떤 것이 있다고 하거나 있지 않다고 하는 사람의 진술은 참이나 거짓일 것이기 때문이다.[143] 하지만 있는 것도 아니고 있지 않은 것도 아닌 것을 두고는 그것이 '있지 않다'거나 '있다'고 말할 수 없다 — 또한 모순관계의 중간에 어떤 것이 있다면, 그것은 회색이 검정과 하양 사이에 있는 것과 같은 방식으로 존재하거나 아니면 사람도 말도 아닌 것이 사람과 말 사이에 있는 것과 같은 방식으로 존재할 것이다. 그런데 (a) 만일 그것이 뒤의 방식을 취한다면, 그것은 어떤 변화도 겪지 않을 것이다.[144] (왜냐하면 변화는 좋지 않은 것으로부터 좋은 것 쪽으로 일어나거나 좋은 것으로부터 좋지 않은 것 쪽으로 일어나기 때문이다), 하지만 우리는 언제나 변화의 현상을 목격한다(왜냐하면 변화는 대립
1012a 자들[145]이나 중간 쪽으로 진행되기 때문이다). 반면 (b) 만일 실제로 중간이 존재한다면,[146] 이런 경우에도 하얀 것 쪽으로의 생성이 있겠지만, 이 생

---

142 이제 배중률(*law of excluded middle*)의 타당성이 논의의 주제가 된다.

143 원어 'to on'과 'to mē on'을 여기서는 각각 '있는 것'과 '있지 않은 것'으로 옮겼지만, 그 두 표현은 물론 '~인 것'과 '~이 아닌 것'으로 옮길 수도 있다. 즉, A인 것을 'A이다'라고 말하면 이 말은 참(*alēthes*)이고, A인 것을 'A가 아니다'라고 말하면 이 말은 거짓(*pseudos*)이다. 참과 거짓에 대한 이런 정의에 대해서는 V 7, 1017a31 아래와 IX 9, 1051b1 아래 참고.

144 사람이 말(馬)로 변화하거나(*metaballein*) 말이 사람으로 변화하는 경우는 없다. 따라서 있는 것과 있지 않은 것의 관계가 사람과 말의 관계와 같다면, 있는 것으로부터 있지 않은 것으로, 또는 있지 않은 것으로부터 있는 것으로의 변화는 불가능할 것이다.

145 여기서 말하는 대립자들(*ta antikeimena*)이란 모순관계에 있는 대립자들이 아니라 반대관계에 있는 대립자들을 말한다.

성은 하얗지 않은 것으로부터 일어나는 것이 아닐 텐데, 우리는 그런 것을 본 적이 없다[147] — 또한 사고는, 그것이 참이거나 거짓인 경우, 언제나 모든 사고와 사유의 대상[148]을 긍정하거나 부정한다. 이는 정의상 분명하다. 그런데 긍정이나 부정을 통해 일정한 방식으로 결합시킬 때 그것은 참이지만, 다른 방식으로 그렇게 하면 거짓이다 — 또한 단순히 논변을 내세우기 위해서 그런 말을 하는 것이 아니라면, 모든 모순적인 진술 사이에 중간이 있어야 한다. 그러므로 참도 아니고 참이 아닌 것도 아닌 말이 있을 것이고, 있는 것과 있지 않은 것과 떨어져서 그 둘 가운데 어떤 것도 아닌 것이 있을 것이며, 따라서 생성 및 소멸과 떨어져 있는 어떤 종류의 변화도 있게 될 것이다 — 또한 어떤 것의 부정이 그 반대자를 동반하는 경우가 있는데, 이런 경우에도 모두 중간이 있을 것이니, 예컨대 홀수도 아니고 홀수 아닌 것도 아닌 수가 있을 것이다. 하지만 이는 불가능한데, 정의에 비추어 볼 때 분명하다 — 또한 그 과정은 무한히 진행될 터인데, 그렇게 되면 있는 것들은 (지금보다) 한 배 반은 물론 그 이상이 될 것이다.[149] 왜냐하면 그 중간의 것을 긍정과 부정의 측면에서 또다시 부정하는 것이 가능할 것이고,[150] 그 새로운 것은 하나의 독립된 대상이 될 것이기 때문인데, 그것의 본질은 다른 것들과 다르기 때문

---

146 예컨대 검정과 하양 사이에 회색이 있는 것처럼 중간(*metaxy*)이 존재한다면. X 7, 1057a18 아래 참고.

147 예컨대 회색 물체가 하얀 물체로 변화한다면, 이 변화는 하얗지 않은 것이 하얀 것이 되는 변화이다. 하지만 있지도 않고 있지 않은 것도 아닌 어떤 것이 있는 것이 된다면, 이것은 있지 않은 것이 있는 것이 되는 변화가 아니다.

148 우리말에서 '사고'와 '사유'는 흔히 구별 없이 쓰이지만, 여기서는 추론적 사고(*dianoia*)와 직관적 사유(*noēsis*)의 구분을 고려하여 원어 'to dianoēton kai noēton'을 이렇게 옮겼다.

149 있는 것(A)과 있지 않은 것(~A) 사이에 있는 것도 아니고 있지 않은 것도 아닌 어떤 것 B가 있다면, 다시 B와 ~B 사이에도 다른 어떤 중간 C가 있을 것이고, 이 과정은 무한히 진행될 것이다.

150 예를 들어 A∧~A를 B라고 한다면, B를 부정한 ~B가 있을 것이고, 다시 B∧~B가 있을 수 있다.

이다 — 또한 어떤 것이 하얀지에 대해 질문받았을 때 '그렇지 않다'라고 대답한다면, 그로써 그것이 하얗다는 것을 이미 부정한 셈이다. 그것이 '하얗지 않다'는 부정이기 때문이다.

어떤 사람들에게는 이런 의견이 다른 역설들과 같은 모습으로 다가왔다. 왜냐하면 논쟁적 논변들을 해결할 수 없을 때는 언제나 그 논변에 굴복해 그 논변의 결론이 참임을 받아들이기 때문이다. 그런데 어떤 사람들은 이런 이유 때문에 그런 주장을 하고, 또 어떤 사람들[151]은 모든 것에 대한 논변을 찾기 때문에 그런 주장을 하게 된다. 그런 모든 사람들과 상대할 때 논의의 출발점은 정의에 있다. 하지만 정의는 그들이 반드시 무언가 가리키는 것이 있어야 한다는 데 근거를 두고 있다. 왜냐하면 어떤 낱말이 가리키는 것에 대한 정식이 곧 정의일 것이기 때문이다.[152] 모든 것이 있으면서 있지 않다는 헤라클레이토스의 이론은 모든 것을 참으로 만들며, 모순관계의 중간에 어떤 것이 있다는 아낙사고라스의 이론은 모든 것을 거짓으로 만드는 것 같다. 왜냐하면 사물들이 뒤섞여 있을 경우 그 혼돈은 좋은 것도 좋지 않은 것도 아니며, 따라서 그런 것에 대해서는 어떤 참인 진술도 존재하지 않기 때문이다.

8. 모든 진술이 참은 아니며, 모든 진술이 거짓일 수도 없다. 모든 것이 정지해 있는 것도 아니고, 모든 것이 운동 가운데 있을 수도 없다

이렇게 규정해 놓고 보면, 몇몇 사람들이 그렇게 주장하듯이 모든 것에 대해 한 가지 방식으로 말하는 주장들은 성립할 수 없으니, 아무것도 참이 아니라고 말하는 사람들의 주장이 그렇고(왜냐하면 그들은 모든 진술이 "정사각형의 대각선은 (다른 변들과 같은 단위로) 측정될 수 있다"는 진술과

151 안티스테네스(Antisthenes)를 두고 하는 말일 것이다.

152 1011b23-1012a24에 대해서는 XI 6, 1063b19-24 참고.

같은 성격을 갖는 것을 가로막는 것은 아무것도 없다고 말하기 때문이다), 모든 것이 참이라고 말하는 사람들의 주장이 그렇다. 왜냐하면 이런 주장들은 헤라클레이토스의 주장과 거의 다를 바 없기 때문인데, 그 이유는 "모든 것이 참이고 모든 것이 거짓이다"고 말하는 사람은 이런 진술들을 하나하나 따로 떼어서도 말하는 셈이며, 따라서 앞의 것이 불가능하다면, 뒤의 것도 불가능하기 때문이다. 또한 모순적인 진술들이 동시에 1012b
참일 수 없다는 것이 분명하다면, 그 모두가 거짓일 수도 없다. 물론 이것은 앞서 말했던 것에 비추어 볼 때 더 가능성이 있는 일처럼 보일 수도 있다 — 하지만 그런 모든 이론에 맞서서 우리가 요구해야 하는 것은, 위에서 제시된 논변에서도 이미 말했듯이,[153] 어떤 것이 있거나 있지 않아야 한다는 것이 아니라 무언가 가리키는 것이 있어야 한다는 것이며, 따라서 정의에서 출발해서 논의하면서 거짓이나 참이 무엇을 가리키는지 파악해야 한다. 그런데 만일 어떤 것을 긍정하는 것이 참이고 그것을 부정하는 것이 거짓이라면, 모든 것이 거짓이기는 불가능한데, 왜냐하면 모순적인 진술들 가운데 어느 한쪽은 필연적으로 참이어야 하기 때문이다. 또한 만일 모든 대상에 대해서 필연적으로 그것을 긍정하거나 부정할 수밖에 없다면, 양쪽 모두 거짓이기는 불가능한데, 모순적인 진술들 가운데 한쪽이 거짓이기 때문이다 — 실제로 그런 주장들을 내세우는 사람들에게는 혼란스러운 결과가 따라 나오기도 하는데, 즉 그들은 자기 자신을 부정하는 셈이 된다. 왜냐하면 모든 것이 참이라고 말하는 사람은 그 자신에 반대하는 주장도 참으로 만드는 셈이며, 따라서 자기 자신의 주장을 참이 아닌 것으로 만드는 셈이다(왜냐하면 그에 반대하는 사람은 그의 주장이 참이 아니라고 말하기 때문이다). 그런가 하면 모든 것이 거짓이라고 말하는 사람은 그 스스로 자기 자신의 주장을 거짓으로 만드는 셈이다[154] — 그런가 하면 만일 앞의 사람은 자신에게 반대하는 주장

153 IV 4, 1006a18-22 참고.

154 1012a24-b18에 대해서는 XI 6, 1063b24-35 참고. 특히 b13-8에 대해서는 XI 5,

에는 예외를 두어 그 진술만은 참이 아니라고 말하고, 뒤의 사람은 자신의 주장에는 예외를 두어 그 진술만은 거짓이 아니라고 말한다면, 그럼에도 불구하고 그들은 참이거나 거짓인 진술들을 무한히 많이 요청하게 되는 결과에 이르는데, 왜냐하면 참인 진술이 참이라고 말하는 진술이 참이고, 이 과정은 무한히 진행되기 때문이다.

〔(분명 모든 것이 정지해 있다고 말하는 사람들의 주장도 참이 아니고 모든 것이 운동하고 있다고 말하는 사람들의 주장도 참이 아니다. 그 이유는 이렇다. 만일 모든 것이 정지해 있다면, 동일한 진술들이 항상 참이고 항상 거짓일 터이겠지만, 분명 참과 거짓은 변화한다. 왜냐하면 어떤 진술을 하는 사람은 자기 자신이 과거에는 있지 않았고 미래에는 있지 않을 것이라고 말하기 때문이다. 반면 만일 모든 것이 운동하고 있다면, 참인 것은 있지 않을 것이며, 그러므로 모든 것은 거짓일 것이다. 하지만 이미 밝혀졌듯이 이것은 불가능한 일이다. 또한 있는 것이 변화하는 것은 필연적이다. 왜냐하면 변화는 어떤 것으로부터 어떤 것으로의 이행이기 때문이다. 하지만 모든 것은 정지해 있을 때가 있고 운동할 때가 있지만 영원히 정지해 있거나 영원히 운동하지는 않는다는 주장 역시 사실이 아니다. 왜냐하면 운동하는 것들을 영원히 운동하게 하는 어떤 것이 있으며, 이 첫째 원동자 자체는 운동하지 않기 때문이다.)〕

1062b7-9 참고.

V권(Δ)

1. '아르케'(*archē*, 시작, 원리, 우두머리)

'아르케'는 다음과 같은 것들을 뜻한다. (1) 어떤 것의 부분, 즉 누군가가 운동을 할 때 그 첫 출처, 예컨대 선이나 길의 이쪽에는 이쪽 아르케 1013a
가 있고, 반대쪽에는 그쪽 아르케가 있다. (2) 어떤 것이 생겨날 때 최적(最適)의 출처, 예컨대 배움의 경우 첫째가는 것이나 대상의 아르케로부터 시작할 것이 아니라 가장 쉽게 배울 수 있는 것으로부터 시작해야 할 때가 가끔 있다.[1] (3) 어떤 것이 생겨날 때 첫 출처가 되면서 생겨나는 것 안에 내재하는 부분, 예컨대 배의 용골이나 집의 토대가 아르케인데, 동물들의 경우 어떤 사람들은 심장을, 어떤 사람들은 뇌를, 또 어떤 사람들은 그런 종류의 다른 어떤 것을 내세운다.[2] (4) 어떤 것이 생겨날 때 본성

1 '우리에게 더 앞서고 더 알기 쉬운 것'(*proteron kai gnorimoteron hemin*)과 '무제한적인 뜻에서 더 앞서는 것'(*proteron haplos*)이 있는데, 앞의 것이 인식이나 배움(*mathēsis*)의 출발점이다. VII 3, 1029b3 아래와 『분석론 후서』 I 2, 71b34 아래 참고.

2 심장중심설의 지지자에는 엠페도클레스(D-K, 31A84, 97), 데모크리토스(D-K, B1, 10), 아리스토텔레스(『잠과 깸에 대하여』 2, 456a5; 『장수와 단명에 대하여』 3, 468b28, 469a4, 17; 『호흡에 대하여』 478b33 아래; 『동물부분론』 II 1, 647a31)가 있고, 뇌중심

상 그 첫 출처가 되지만 생겨나는 것 안에 내재하지 않는 것과 운동 및 변화가 시작되는 첫 출처, 예컨대 아이는 아비와 어미에게서 생기고, 싸움은 비방에서 생긴다. (5) 운동하는 것들의 운동과 변화하는 것들의 변화를 자신의 선택에 따라 좌우하는 자가 아르케인데, 예컨대 나라마다 '아르카이'가 있고, 재력가들과 왕들과 독재자들이 '아르카이'라고 불리며, 기술들도 그렇게 불리는데, 그 가운데 감독술이 가장 본래적인 뜻에서 그렇게 불린다.[3] 또한 (6) 어떤 대상에 대한 인식의 첫 출처, 이것도 아르케라고 불리는데, 예컨대 논증의 경우 전제들이 그에 해당한다[4](하지만 원인들도 똑같이 여러 가지 뜻으로 쓰이는데, 왜냐하면 모든 원인은 아르케이기 때문이다). 그러므로 모든 아르케에 공통적인 점은, 어떤 것이 있거나 생기거나 알려질 때 그 첫 출처라는 데 있다. 하지만 그 가운데 어떤 것들은 안에 내재하고, 어떤 것들은 밖에 있다. 따라서 본성, 요소, 사고, 선택, 실체,[5] 지향 대상[6]이 아르케인데, 왜냐하면 많은 경우 좋은 것과 아

설의 지지자로는 알크마이온(Alkmaion)(D-K, 24A8), 히포(Hippo)(D-K, 38A3), 플라톤(『티마이오스』 44D)이 있다. 뇌중심설을 주장했던 사람들에는 피타고라스학파의 영향권에 있던 의사, 생리학자, 철학자들이 속한다.

3 'archē'에는 '시작'(*beginning*)과 '지배'(*ruling, governing*)의 뜻이 같이 들어 있기 때문에, 여기서 말하는 'archai'(*rulers*)는 '우두머리들'로 번역될 수 있을 것이다. 한편, 여기서 '감독술'(監督術)이라고 옮긴 'architektonikē'란 'ar chitektōn의 기술 또는 능력'을 뜻한다. 'archē'(지배, 시작)와 'tektōn'(목수 또는 일반적으로 기술자)의 복합어 'architektōn'은 'chief-artificer', 'master-builder', 'director of works'를 뜻하고, 남이 시키는 일을 하는 일꾼, 즉 손노동자(*cheirotechnēs*)와 반대되는 뜻을 가진다. 아테네의 비극 시대에는 디오니소스 제전이나 국가에서 주관하는 비극공연의 총감독을 뜻하기도 했다. 이런 'architektonikē'에 적절한 우리말을 찾기는 어렵지만, 대략 '감독술', '(총)기획술', '관리술', 특정한 경우에는 '건축술'이라고 옮길 수 있다.

4 원어 'hypotheseis'는 보통 아직 정당화되지 않은 가설적 전제를 뜻하지만, 여기서는 일반적 의미에서 논증의 전제들(*protaseis, premises*)이라고 이해해도 좋을 것이다. Ross, *Metaphysics* I, p. 291 참고. 'hypotheseis'의 다른 뜻에 대해서는 플라톤의 『파이돈』 100A와 『분석론 후서』 I 2, 72a20-4; I 11, 76b23-34; 76b35-77a4 등 참고.

5 V 8에서 확인할 수 있듯이, '실체'(*ousia*)에는 두 가지 의미가 있는데, '아르케'라고 불리는 것은 주로 '본질'(*to ti ēn einai*)이라는 뜻의 실체이다. V 8, 1017b21-3과 VII 17, 1041b30-1 참고.

름다운 것은 앎과 운동의 아르케이기 때문이다.[7]

2. '원인'(*aition*)[8]

'원인'은 다음과 같은 것들을 뜻한다. (1) 어떤 것이 생겨날 때 그 구성 부분으로서 생겨나는 것 안에 내재하는 것, 예컨대 조각상에는 청동이, 접시에는 은이, 그리고 그것들을 포함하는 유들[9]이 원인이라고 불린다. (2) 형상과 본보기, 즉 본질에 대한 정식과 그것을 포함하는 유들과 (예컨대 옥타브의 경우 2:1의 비율이 그렇고 일반적으로 수가 그렇다) 그 정식에 속한 부분들이 그렇게 불린다. (3) 변화와 정지가 시작되는 출처, 예컨대 조언자는 (행동의) 원인이고 아비는 아이의 원인이며, 일반적으로 만드는 것은 만들어지는 것의 원인이요 변화를 낳을 수 있는 것은 변화하는 것의 원인이다. (4) 목적, 즉 지향 대상이라는 뜻의 원인이 있는데,[10] 예컨대 건강은 산책의 원인이다. 무엇 때문에 산책을 할까? 이에 대해 우리는 '건강하기 위해서'라고 대답하며, 우리는 이렇게 말함으로써 원인을 제시했다고 생각한다. 또한 다른 어떤 것이 운동을 일으킨 다음 그 목적에 이르기까지 중간에 오는 것들도 원인이라고 불리는데, 예컨대 건강에 이르기까지 중간에 오는 체중감량, 배설, 약초, 도구가 그렇다. 왜냐하면 1013b

6 아래 1013a33의 'to hou heneka'에 대한 각주 참고.

7 결국 위에서 제시된 'archē'의 다양한 뜻 가운데 (5)는 '우두머리'로 옮기면 적당하겠고, 나머지는 '시작', '원리' 등의 우리말로 옮길 수 있을 것이다.

8 이 장의 내용은 『자연학』 II 3, 194b23-195b21과 동일하다.

9 예컨대 청동이나 은과 같은 것을 포함하는 '금속'이라는 유(類, *genos*)를 말한다.

10 원어 'telos'와 'to hou heneka'의 지시 대상은 보통 같다. 하지만 'telos'가 주로 어떤 과정의 '끝', '마지막', '완성'을 뜻한다면, 'to hou heneka'는 관계사절을 줄여 만든 개념으로서, 임의의 대상 갑이 을을 '위해서' 있다고 할 때 을에 해당하는 것을 가리킨다. 로스는 두 용어를 각각 'end'와 'that for the sake of which'로 옮겼는데, 이 둘을 구별하기 위해 이 번역에서는 각각 '목적' 또는 '끝'과 '지향 대상' 또는 '지향점'이라는 말을 사용한다.

이 모든 것은 그 목적을 이루기 위해서 있지만, 그 중 어떤 것들은 도구이고, 어떤 것들은 작용이라는 데 차이가 있다.

그렇다면 '원인'은 대략 이만큼 여러 가지 뜻으로 쓰이며, 그 결과 '원인'이 여러 가지 뜻으로 쓰여서 동일한 것에 대해 많은 원인이 있는데, 이는 부수적인 뜻에서[11] 그런 것이 아니다(예컨대 조각술과 청동은, 다른 어떤 측면에서가 아니라 조각상인 한에서[12] 조각상의 원인이다. 하지만 그 방식은 동일하지 않은데, 하나는 질료라는 뜻에서, 다른 하나는 운동의 출처라는 뜻에서 원인이다). 또한 (여러 원인들은) 상대방에 대해 원인이 되기도 한다(예컨대 일은 좋은 몸 상태의 원인이 되기도 하고, 또 뒤의 것이 일의 원인이 되기도 하는데, 하지만 동일한 방식으로 그렇지는 않고, 하나는 목적이라는 뜻에서, 다른 하나는 운동의 시작이라는 뜻에서 그렇다). 또한 동일한 것이 반대되는 것들의 원인이 되기도 하는데, 왜냐하면 어떤 것이 옆에 있음[13]으로써 어떤 특정한 사태의 원인이 된다면, 우리는 때때로 그것의 있지 않음을 그 사태와 반대되는 일의 원인으로 삼기도 하는데, 예컨대 선장의 부재(不在)가 배의 전복(顚覆)의 원인이라면, 그의 현재(現在)는 안전의 원인이다. 하지만 둘, 즉 현재와 부재 모두 운동을 낳는 것이라는 뜻에서 원인이다.

지금 말한 원인들은 모두 더 없이 분명한 네 가지 방식으로 나뉜다. 그 이유는 이렇다. 음절의 철자들, 제작물의 재료, 불이나 흙을 비롯해서 그런 종류의 모든 물체들, 전체의 부분들, 결론의 전제들, 이것들은 구성부

---

11 원어 'kata symbebēkos'의 뜻에 대해서는 V 30, 1025a14에 대한 각주 참고.

12 1013b7에서 'ou kath' heteron ti all' hēi andrias'(not in respect of anything but *qua* statue — Ross)가 쓰인 이유는 다음과 같다. 조각가와 청동은 둘 다 조각상이 있기 위한 필요조건으로서 조각상의 원인이다. 하지만 조각상이 우연히 흉기로 쓰일 수도 있다. 이때 흉기로 쓰인 조각상에 대해서도 조각가와 청동이 그 원인이라고 말할 수는 없다.

13 1013b12의 'paron'(when present)을 '옆에 있음'이라고 옮겼다. 'parousia'는 이어지는 선장의 예에서 볼 수 있듯이 '함께 있음', '임재'(臨在), '현재'(現在) 등의 뜻을 가진다. 'apousia'는 그와 반대되는 '있지 않음', '부재'(不在)를 뜻한다.

분이라는 뜻에서 원인이지만, 이 가운데 어떤 것들은 — 예컨대 부분들이 그렇다 — 기체라는 뜻에서, 어떤 것은 본질이라는 뜻에서, 즉 전체나 합성구조나 형상이라는 뜻에서 원인이다.[14] 한편 씨나 의사나 조언자를 비롯해서 일반적으로 만드는 것, 이것들은 모두 변화와 정지가 시작되는 출처이다. 또한 나머지 것들은 목적이자 좋은 것이라는 뜻에서 다른 것들의 원인인데, 왜냐하면 지향 대상은 가장 좋은 것이요 다른 것들의 목적을 뜻하기 때문이다. 실제로 좋은 것을 두고 그렇게 말하는지 겉보기에 좋은 것을 두고 그렇게 말하는지에 대해서는 차이를 두지 말자.[15]

원인들에는 이런 것들이 있고 그 종은 그만큼 많은데, '원인들'이라는 말이 쓰이는 방식은 수가 많지만, 이것들 역시 주요 항목에 따라 간추리면 많지 않다. 왜냐하면 '원인'은 여러 가지 뜻으로 쓰이지만, 동종적인 것들 사이에서도[16] 어떤 것은 다른 것보다 앞서거나 뒤서기 때문이다. 예컨대 건강의 원인은 의사와 기술자이며, 옥타브의 원인은 2:1의 비율과 수이며,[17] 개별적인 것들 가운데 어떤 것을 택하든 언제나 그것을 포섭하는 것들이 있다. 또한 부수적[18] 원인과 그런 것들의 유들이 있으니, 예컨대 조각상의 원인은 어떤 뜻에서는 폴뤼클레이토스이고 어떤 뜻에서는 조각가인데, 그 이유는 조각가에게는 폴뤼클레이토스임이 부수적 1014a

---

14 질료(*hylē*)와 형상(*eidos*)은 모두 'ex hou'(*that from which* — Ross)라는 뜻에서, 즉 내재적인 구성부분, 요소, 원리라는 뜻에서 사물의 원인이다. 전체(*holon*), 합성구조(*synthesis*), 형상이 본질적 원리가 된다는 생각에 대해서는 『동물부분론』 I 5, 645a30 아래 참고. 'synthesis'에 대해서는 특히 『동물부분론』 II 1, 646a12 아래 참고. 이에 따르면, 생명체의 조직과 기관, 유기체 전체는 모두 하위 수준의 질료들이 일정한 'synthesis'(합성구조)에 의해 결합되어 이루어진 'syntheta'(합성체들)이다.

15 1013b27의 '실제로 좋은 것'(*agathon*)과 '겉보기에 좋은 것'(*phainomenon agathon*)의 구분에 대해서는 XII 7, 1072a27 아래 참고.

16 '동종적인 것들'(*homoeidē*)이란 예컨대 같은 질료인이나 형상인 또는 작용인을 가리킨다. 같은 질료인이나 형상인이라 하더라도 그 안에 차이가 있다는 말은, 이를테면 건강의 운동인에 해당하는 것들 사이에도 더 구분이 가능하다는 뜻이다.

17 앞의 1013a28 참고.

18 '부수적인'(*kata symbebēkos*)의 여러 가지 뜻에 대해서는 V 30, 1025a4에 대한 각주 참고.

으로 속하기 때문이다.[19] 그리고 부수적인 것을 포섭하는 것들도 원인인데, 예컨대 사람이 조각상의 원인이고, 혹은 일반적으로 말해서 생명체가 그것의 원인인데, 그 이유는 폴뤼클레이토스는 사람이고, 사람은 동물이기 때문이다. 하지만 부수적인 것들 가운데 어떤 것들은 다른 것들보다 더 멀거나 가까운데, 예컨대 〔폴뤼클레이토스나 사람을 (조각상의 원인이라고) 말하는 데 그치지 않고〕 하얀 사람과 음악적인 사람이 조각상의 원인이라고 말할 때 그렇다.[20] (c) 하지만 모든 것, 즉 고유한 뜻에서 원인이라고 불리는 것들이나 부수적인 뜻에서 원인이라고 불리는 것들 가운데 어떤 것들은 능력이 있는 것이라는 뜻에서, 어떤 것들은 현실적으로 활동하는 것이라는 뜻에서 원인이라고 불리는데, 예컨대 건축가와 집을 짓고 있는 건축가가 건축과정의 원인이라고 불린다.[21]

그 원인들을 원인으로 해서 있는 것들에 대해서도 이미 했던 말과 같은 말을 할 수 있는데,[22] 예컨대 이 조각상, 조각상 또는 일반적으로 상(像)에 대해서나 이 청동, 청동 또는 일반적으로 질료에 대해서 그런 말

19 "그 조각가는 폴뤼클레이토스이다"를 그리스말로 바꾸면 "그 조각가에는 폴뤼클레이토스임이 속한다"(*symbebēke toi andriantopōi Polykleitoi einai, to be Poclitus belongs to the sculptor*)이다(I 9, 990b32-3 참고). 하지만 조각가가 꼭 폴뤼클레이토스일 필요는 없다. 즉, '조각가'에 대한 정의내용에 'to be Polyclitus'는 속하지 않는다.

20 예컨대 "이 조각상은 누가 만들었나?"라는 물음에 대해 '조각가'라고 대답할 수도 있지만, '폴뤼클레이토스', '사람', '동물'은 물론 '음악적 소양이 있는 사람'이 만들었다거나 '얼굴이 하얀 사람'이 만들었다고도 말할 수 있다. 여기서 '음악적'이라고 옮긴 'mousikos'는 본래 'mousikē'와 관련된 것들을 가리키는 형용사인데, 'mousikē'는 음악뿐만 아니라 모든 문예(文藝)를 총괄하는 개념이므로 'mousikos'의 본래 뜻은 '문예를 익힌', '교양 있는'에 가깝다. 하지만 'mousikos'의 일상적인 뜻은 여기서 그렇게 중요하지 않으므로 편의상 '음악적'이라고 옮긴다. 『형이상학』에서 아리스토텔레스는 어떤 주체에 부수적으로 속하는 것의 사례로서 'mousikos'와 'leukos'('하얀', '창백한')를 자주 사용한다.

21 1014a8의 '능력이 있는 것이라는 뜻'(*hōs dynamena*)과 '현실적으로 활동하는 것이라는 뜻'(*hōs energounta*)에서의 원인의 구별에 대해서는 『자연학』 II 3, 194a33 아래 참고.

22 조각가가 조각상의 원인이라면, 어떤 뜻에서는 조각상의 형태나 질료 역시 조각가에 의해서 있는 것이라고 볼 수 있기 때문에 이런 말을 하는 듯하다.

을 할 수 있으며, 부수적인 것들의 경우에도 마찬가지다. 이 부수적인 것들이나 앞에서 말한 고유한 원인들을 연결된 상태로 제시할 수 있을 텐데, 예컨대 '폴뤼클레이토스'나 '조각가'라고 말하지 않고, '조각가 폴뤼클레이토스'라고 말할 수 있다.

그렇지만 이 모든 것은 수가 여섯이며, 각각 두 가지 방식으로 말해진다.[23] 왜냐하면 (A) 개별자와 유, 부수적인 것과 그것의 유, 연결된 상태로 말해지는 것들과 단순하게 말해지는 것들이 있으며, (B) 이것들은 모두 현실적인 것과 가능적인 것으로 나뉠 수 있기 때문이다. 이 둘은 다음과 같은 점에 차이가 있다. 즉, 현실적인 것들과 개별적인 것들은 그것들을 원인들로 삼는 것들과 동시에 있거나 있지 않은데, 예컨대 병을 치료하는 이 사람은 건강을 회복하는 이 사람과 동시에 있고, 이 건축가는 건축과정에 있는 이 집과 동시에 있는 반면, 가능적인 것들은 항상 그렇지는 않은데, 왜냐하면 집과 건축가는 동시에 소멸하지 않기 때문이다.[24]

3. '요소'(*stoicheion*)

'요소'는 다음과 같은 것을 뜻한다. (1) 어떤 것 안에 내재하는 첫째 구성부분으로서, 종의 측면에서 다른 종으로 나뉠 수 없는 것이 요소이다. 예컨대 목소리의 요소들은 목소리를 구성하고 목소리가 나뉠 때 도달하는 최종적인 부분들이 되지만, 그것들은[25] (목소리와) 종(種)이 다른 목소리들로 나뉠 수 없으며, 만일 나뉜다면, 그 부분들은 (목소리들과) 동종적일 텐데,[26] 예컨대 물의 부분은 물이지, 음절의 부분이 아니다. 이와 같이

23 로스(*Metaphysics* I, p. 292)는 다음과 같이 구분한다. (1) the individual cause, (2) the genus of the individual cause, (3) the incidental cause, (4) the genus of the incidental cause, (5) the combination of (1) and (3), (6) the combination of (2) and (4).

24 『자연학』 II 2, 194a33 참고.

25 목소리의 요소들 또는 음소(音素)들(*phōnēs stoicheia*)을 가리킨다.

물체의 요소들에 대해 말하는 사람들은 ('요소'라는 말로써) 물체가 나뉠 때 도달하는 최종적인 부분들을 뜻하는데, 그런 요소들은 더 이상 종의 측면에서 차이가 나는 다른 부분들로 나뉘지 않는다. 그런 종류의 것들이 하나이건 여럿이건, 사람들은 그것들을 일컬어 요소라고 부른다.[27] 기하학 명제들[28]의 요소들이나 일반적으로 논증의 요소들이라는 말도 이와 비슷하게 쓰인다. 왜냐하면 여러 논증에 내재하는 첫째 논증들, 이것들이 논증들의 요소들이라고 불리기 때문이다. 하나의 중 개념에 의해 연결된 세 개념으로 이루어지는 첫째 삼단논법들이 그런 성질을 가진다.[29]

(2) 사람들은 이런 뜻에서 시작해서 그 말뜻을 옮겨,[30] 하나이고 작아서 여럿에 두루 쓰일 수 있는 것을 일컬어 요소라고 부르는데, 이런 이유에서 작고 단순하고 분할불가능한 것이 요소라고 불린다. 이로부터, 가장 보편적인 것들[31]이 요소라고 불리게 되었으니, 그 이유는 그것들은 각각 하나이자 단순한 것으로서 여럿에, 즉 모든 것이나 또는 가능한 한 여럿에 속하기 때문이다. 그로부터 또 어떤 사람들은 하나와 점(點)이 시

---

26 장모음은 나뉠 수 있다. 하지만 그것은 동종의(*homoeidē*) 단모음들로 나뉠 따름이다.

27 이에 대한 더 자세한 논의는 아래의 1014b32를 보라.

28 '기하학의 명제들'(*diagrammata*)에 대해서는 『범주론』 12, 14a39 참고. 하지만 IX 9, 1051a22나 『소피스테스식 반박』 I 16, 175a27에서는 그것이 기하학의 명제를 가리키는지 도형을 가리키는지 뜻이 분명치 않다. Ross, *Metaphysics*, I p. 234 참고.

29 '첫째 삼단논법들'(*prōtoi syllogismoi*)은 삼단논법을 이어놓은 추론(*sorites*)과 구별되는 단순한 삼단논법을 가리킨다. Ross, *Metaphysics* I, p. 295 참고.

30 1014b2의 'metapherontes'를 '말뜻을 옮겨'라고 번역했다. 'metapherein'은 본래 'to carry over', 'transfer'의 뜻이며, 수사학에서는 'to use a word in a changed sense'의 뜻으로 쓰인다. 따라서 본문의 'metapherontes'는 'transfering the word'(Ross)를 뜻한다. I 9, 991a22에서 아리스토텔레스는 감각물들이 이데아들에 '관여한다'라는 말이 'metaphorai poiētikai'에 지나지 않는다고 비판한다.

31 '가장 보편적인 것들'(*ta malista katholou*)이 무엇을 가리키는지는 분명치 않다. 알렉산더(Alexander)(355, 30)는 그 표현이 최고류들(*megista genē*), 즉 범주들을 가리키는 것이라고 보는 반면에 보니츠(*Metaphysica*, p. 227)는 『토피카』 IV 1, 120b13과 121b11 등의 구절을 근거로 삼아 유(*genos*), 종(*eidos*), 종차(*diaphora*) 등을 '가장 보편적인 것들'로 이해한다.

작들이라고 생각하게 되었다. 그런데 '유'라고 불리는 것들은 보편적이고 분할불가능하기 때문에(왜냐하면 그것들에 대해서는 정식이 존재하지 않기 때문이다[32]), 어떤 사람들은 유들을 요소들이라고 부르며 그것들을 차이들보다 더 높은 수준의 요소로 여기는데, 그 이유는 유가 (차이보다) 더 보편적이기 때문이다. 왜냐하면 차이가 주어져 있는 곳에는 유도 그 뒤를 따르지만,[33] 유가 있는 곳 어디에서나 차이가 그 뒤를 따르는 것은 아니기 때문이다. ('요소'라는 말이 가진) 이 모든 뜻에 공통적인 것은, 각 사물의 요소란 각 사물에 내재하는 첫째가는 것이라는 점이다.[34]

4. '퓌지스'(*physis*, 생성, 본성, 자연물)[35]

'퓌지스'는 다음과 같은 것들을 뜻한다. (1) 자라나는 것들의 생성이 퓌지스인데, 예컨대 '위'(*y*)를 늘려 장음으로 발음할 때 그렇다.[36] (2) 자라나는 것 안에 내재하면서 자라남이 유래하는 첫 구성부분[37]이 퓌지스

---

32 'summa genera', 즉 최고류들은 상위의 유와 종차들로 나뉠 수 없기 때문에 그것들에 대해서는 정식(*logos*), 즉 정의(*horismos*)라는 뜻에서의 정식이 있을 수 없다.

33 예컨대 '두 발 가진'이나 '날개 달린'과 같은 차이(*diaphora*)는 어떤 유(*genos*)에 — 이 경우에는 '동물'이라는 유에 — 속하는 차이이다. 그런 점에서 유는 언제나 차이에 수반된다.

34 '요소'(*stoicheia*)는 물리적 구성요소뿐만 아니라 논리적 구성요소까지 함께 포괄하는 뜻에서 '각 대상에 내재하는 첫째가는 것'(*to prōton hyparchon hekastou*)이다.

35 이 장의 내용과 관련해서는 『자연학』 II권 1장의 'physis'의 다양한 의미에 대한 설명을 함께 참고.

36 'physis'에서 'y'를 길게 발음하면 '자라나는 것들의 생성'(*hē tōn phyomenōn genesis*)을 뜻한다.

37 1014b17-8의 'ex hou phyetai'는 어떤 것이 생기거나 자라날 때 그 출발점이 되는 부분을 가리키는데, 로스는 이것을 'the inherent starting-point of growth'라고 옮겼다. 하지만 구체적으로 생장(生長)의 내재적 출발점에 해당하는 것이 무엇인지는 분명치 않다. 알렉산더(357, 14)는 질료를, 보니츠(*Metaphysica*, p. 228)는 예컨대 씨앗을 그에 해당하는 것으로 본다. 하지만 'ex hou phyetai'는 1014b18 아래에서 제시하는 운동

이다. (3) 자연적으로 있는 것들 각각에서 일어나는 첫 운동이 그것 자체의 본성에 따라서[38] 그 안에서 일어날 때 그 운동의 출처가 되는 것이 퓌지스이다. 다른 어떤 것에 의해 크기가 증가하는 것들을 일컬어 '자란다'고 하는데, 이는 접촉과 유기적 통일성의 소유에 의해서 일어나기도 하고, 배의 경우처럼 유기적 결착에 의해서 일어나기도 한다.[39] (i) 유기적 통일성[40]과 접촉은 서로 다른데,[41] 왜냐하면 후자의 경우 접촉 이외에 다른 어떤 것도 있을 필요가 없지만, 유기적 통일성을 이루어 함께 자라는 것들의 경우에는 동일한 어떤 것이 그 둘 안에 속해서 이것이 — 접촉과 다른 방식으로 — 유기적 통일성을 지니는 성장을 낳고 그 둘이 — 성질의 측면에서는 아니지만 — 연속성이나 양의 측면에서 하나가 되도록 한다. (4) 자연적으로 있는 것들 가운데 어떤 것이 있거나 생겨날 때 그 첫 구성부분이 되면서 모양이 없고[42] 자기 자신의 능력으로는 변화할 수 없는 것이 퓌지스라고 불리는데, 예컨대 조각상이나 청동 기구들의 경우 청동이 퓌지스라고 불리고, 목기(木器)들의 경우에는 나

의 원리, 질료, 본질 등을 모두 포괄하는 표현일 수 있다.

38 1014b19의 'hēi auto'를 '그 자체의 본성에 따라서'라고 옮겼다. 예컨대 동물은 그 자신의 본성에 의해 운동하지만, 또 어떤 때는 힘에 의해 운동할 수도 있다. 어떤 개체에서 일어나는 자생적 운동의 출처가 곧 퓌지스이다. 1013a 5-6에 따르면, 예컨대 심장이나 뇌가 그런 뜻에서 퓌지스에 해당할 것이다.

39 1014b18 아래에서 아리스토텔레스는 운동의 내적 원리를 퓌지스라고 부르면서, 이런 뜻의 퓌지스를 둘로 구분한다. 즉, i) 자생적 생장의 경우 운동의 원리와, ii) 타자 의존적 생장의 경우 운동의 원리가 있다. 타자에 의존하는 생장의 경우 운동이 일어나는 방식은 다시 둘로 구분된다. 예컨대 영양섭취 과정에서 음식물과 신체의 접촉(*haptesthai*)이 일어난다. 그리고 이런 접촉에 의해 살과 뼈가 함께 붙어 자라기도 하고, 영양분을 얻은 어미에 의존해서 배(胚, *embrya*)가 자라기도 한다. 여기서 앞의 경우는 '유기적 통일성'(*sympephykenai*)에 의한 성장에, 뒤의 경우는 '유기적 결착'(*prospephykenai*)에 의한 성장에 해당한다.

40 '유기적 통일성'이라고 옮긴 'symphysis'(organic unity — Ross) 안에는 '함께 자람'의 뜻이 담겨 있어, 유기체의 '유기적 생장'으로도 풀어 옮길 수 있을 것이다.

41 '유기적 통일성'(*symphysis*)과 '접촉'(*haphē*)에 대해서는 XI 12, 1069a5-12 참고.

42 'arhythmistos'를 '모양이 없다'로 옮겼다. '모양'이라는 뜻의 'rythmos'에 대해서는 I 4, 985b15 아래 참고.

무가 그렇게 불린다. 다른 경우에도 이와 같은데, 왜냐하면 각 사물은 그것들을 구성부분으로 삼아 있고, 첫째 질료는 끝까지 보존되기 때문이다.[43] 왜냐하면 자연적으로 있는 것들의 요소들을 일컬어 사람들이 퓌지스라고 부르는 것은 바로 그런 용법에 따른 것이기 때문인데, 어떤 사람들은 불을, 어떤 사람들은 흙을, 어떤 사람들은 공기를, 어떤 사람들은 물을, 또 어떤 사람들은 그런 종류의 다른 어떤 것을 그런 퓌지스라고 일컫는가 하면, 어떤 사람들은 그것들 가운데 몇몇을, 어떤 사람들은 그것들 모두를 퓌지스라고 부른다. (5) 또 어떤 용법에 따르면 자연적으로 있는 것들의 실체[44]가 퓌지스라고 불리는데, 예컨대 첫째 합성구조[45]를 퓌지스라고 부르는 사람들이나 엠페도클레스가 그래서, 그는 이렇게 말한다.

> 있는 것들 가운데 어떤 것에도 퓌지스는 없고
> 다만 결합과 결합된 것들의 해체가 있을 뿐이니,
> 퓌지스는 사람들이 만든 이름이다.

이런 이유에서 자연적으로 있거나 생겨나는 것들의 경우, 본성상 그것들이 생겨나거나 있게 하는 구성부분이 이미 주어져 있다고 하더라도, 형상이나 형태를 갖지 못한다면 퓌지스를 가진다고 말하지 않는다. 그런데 그 둘로 이루어진 것[46]은 자연적으로 있는데, 예컨대 동물들과 그것들의 부분들이 그렇다. 첫째 질료가 퓌지스라고 불리고 ('첫째 질료'에

---

43 '첫째 질료'(*prōtē hylē*)에 대해서는 1015a7 아래 참고.

44 1014b36의 '자연적으로 있는 것들의 실체'(*hē tōn physei ontōn ousia*)란 본질(*to ti ēn einai*)을 가리킨다. VII 17, 1041b30과 VIII 3, 1043b22-3 참고. '본질'이라는 뜻의 실체는 1015a13에서 말하는 실체, 즉 자연적 개체라는 뜻의 실체와 구분해야 한다.

45 '첫째 합성구조'(*prōtē synthesis*)에 대해서는 V 2, 1013b23에 대한 각주 참고.

46 '둘로 이루어진 것'(*to ex amphoterōn*)은 질료라는 뜻의 본성(*physis*)과 형상이라는 뜻의 본성으로 이루어진 것을 가리킨다.

는 두 가지 뜻이 있다. 어떤 것과 비교해서 첫째가는 것이 있고, 일반적으로 첫째가는 것이 있으니, 예컨대 청동 제작물들의 경우 이것들과 비교하면 청동이 첫째가는 것이지만, 용해될 수 있는 것들이 모두 물이라면 물이 첫째가는 것일 수 있다) 형상과 실체가 퓌지스라고 불리는데, 이것은 생성의 목적이다. (6) 말뜻이 옮겨져 일반적으로 모든 실체가 퓌지스라고 불리는데, 퓌지스도 일종의 실체이기 때문이다.

지금까지의 논의에 따르면 첫 번째이자 주도적인 뜻에서 퓌지스라고 불리는 것은 운동의 원리를 그 자체의 본성에 따라 자기 안에 가지고 있는 것들의 실체인데, 왜냐하면 질료는 그것의[47] 수용자라는 이유에서 퓌지스라고 불리고, 생성이나 성장은 그 실체에서 유래하는 운동들이라는 이유에서 퓌지스라고 불리기 때문이다. 그리고 바로 그것이 자연적으로 있는 것들의 운동의 원리인데, 이것은 가능적으로 있거나 완전한 상태로 내재한다.[48]

5. '필연적'(*anankaion*)

'필연적'은 다음과 같은 것을 뜻한다. (1) (a) 보조원인[49]이라는 뜻에

---

47 '운동'(*kinēsis*)을 가리킨다.

48 결국 위에서 제시된 퓌지스의 다양한 뜻 가운데 (1)은 '생성'이라고 옮기면 적당하겠지만, (2), (3), (4), (5)는 모두 '본성'으로 옮길 수 있을 것이다. 그 가운데 (2)는 어떤 종류의 본성인지에 대한 명확한 구분이 없이 쓰이고, (3), (4), (5)는 각각 운동인이라는 뜻의 본성, 질료라는 뜻의 본성, 본질 또는 형상이라는 뜻의 본성을 가리킨다. 반면 (6)은 자기 안에 운동의 원리를 가지고 있는 개별적 실체 혹은 자연물을 가리킨다. 그 밖에 'physis'는 자연 전체나 자연적 원리 등을 뜻하기도 한다.

49 '보조원인'이라고 옮긴 'synaition'은 '목적'(*telos*)과 대비되는 개념이다. 예컨대 생명체의 목적은 자신의 본성에 걸맞게 살아가는 것이다. 즉, 삶이 생명체의 목적이다. 그런데 이런 목적은 호흡이나 영양섭취 없이는 이루어질 수 없다. 이런 뜻에서 어떤 목적을 이루기 위해서 필요한 것을 가리켜 'synaition'이라고 부른다. 이 용어는 — 스콜라철학의 개념을 사용하자면 — *conditio sine qua non*, 즉 필요조건에 해당하며, '보조

서, 그것 없이는 삶이 있을 수 없는 것이 필연적이라고 불린다. 예컨대 호흡이나 영양섭취는 생명체에 필연적인데, 왜냐하면 그것들이 없으면 생명체가 있을 수 없기 때문이다. (b) 그것 없이는 좋은 것이 있거나 생겨날 수 없는 것이나 또는 나쁜 것을 없애거나 그것에서 벗어날 수 없는 것이 필연적인데, 예컨대 약을 먹는 것은 아프지 않기 위해서 필연적이며[50] 재물을 얻기 위해서는 아이기나를 향한 항해가 필연적이다. (2) 강제하는 것과 강제는 '필연적'이라고 불리는데, 이것은 충동[51]이나 선택을 가로막고 방해하는 것이니, 왜냐하면 강제하는 것은 필연적이라고 불리며,[52] 그런 이유에서 고통을 주는 것이기도 하기 때문이다. 에우에노스가 말하듯이, "모든 필연적인 것은 본성상 괴로운 것이다."[53] 그리고 강제는 일종의 필연인데, 소포클레스는 "강제가 나로 하여금 어쩔 수 없이 이런 일들을 하게 만드는구나"[54]라고 말한다. 또한 일반적 생각에 따르면 필연은 설득해도 바꿀 수 없는 것인데, 이는 옳은 생각이다. 왜냐하면 그것은 선택이나 추론에 따른 움직임에 반대되는 것이기 때문이다.[55] 또한 (3) 다른 방식으로 있을 수 없는 것을 일컬어 우리는 그런 상태가 필연적이라고 말한다. 그리고 바로 그런 뜻에서 필연적인 것에 의거해서 다른 것들도 모두 필연적이라고 불리는데, 그 이유는 이렇다. 강요당함으로 말미암아 자신의 충동대로 어떤 것을 할 수 없을 때, 이를 두고 강

원인' 또는 '부수원인'이라고 옮길 수 있다.

50 우리말에 더 가깝게 옮기면 '필요하다'가 될 것이다.

51 '충동'이라고 옮긴 'hormē'는 본래 마음(*thymos*)의 격한 움직임을 뜻한다. 법이나 이성은 이런 충동에 강제력을 행사한다. 『니코마코스 윤리학』의 다음 구절들을 참고: I 13, 1102b21; III 8, 1116b30; X 9, 1180a23.

52 '강제하는 것'(*to biaion*)이라는 뜻에서 '필연적인 것'은 '피할 수 없는 것'을 뜻한다.

53 에우에노스(Euenos)는 파로스 섬 출신의 소피스테스이자 엘레게이아 시인으로서 소크라테스와 같은 시대에 살았다. 『수사학』 I 11, 1370a10 참고.

54 소포클레스의 비극 『엘렉트라』(*Electra*) 256행의 인용이다. "all' hē bia me taut' anankazei poiein."

55 '선택'(*prohairesis*)과 '추론'(*logismos*)에 대해서는 다음의 구절들을 참고: 『니코마코스 윤리학』 VII 6, 1149b34; III 2; VI 7, 1141b14.

1015b 요하는 것이 필연적으로 어떤 일을 (능동적으로) 행하거나 (수동적으로) 겪게 했다고 말하는데, 바로 그런 필연성 때문에 달리 할 수 없었다는 생각에서 그렇게 말한다. 그리고 삶과 좋은 것을 이루는 데 필요한 보조원인들의 경우도 마찬가지인데, 왜냐하면 어떤 것들 없이는 좋은 것을 이루거나 삶을 유지할 수 없을 때, 바로 그런 것들이 필연적인 것이며 그런 원인은 일종의 필연이기 때문이다. 논증 역시 필연적인 것들에 속하는데, 그 이유는 어떤 논증이 무제한적으로 타당하다면, 달리 있을 수 있는 가능성이 없기 때문이다.[56] 추론을 구성하는 것들이 다른 방식으로 있을 수 없다면, 그 원인은 첫째가는 것들이다.

어떤 경우 다른 것이 그것들을 필연적이게 하는 원인인 반면, 어떤 것들의 경우에는 그 원인이 결코 다른 것에 있지 않고, 오히려 그것들 때문에 다른 것들이 필연적으로 있게 된다. 그러므로 첫 번째이자 주도적인 뜻에서 필연적인 것은 단순한 것이다. 왜냐하면 그것은 여러 가지 방식으로 있을 수 없는 것이며, 따라서 이렇게도 있고 저렇게도 있을 수는 없다. 만일 그럴 수 있다면, 그것은 애당초 여러 가지 방식으로 있을 수 있을 것이다. 따라서 영원하고 운동하지 않는 것들이 있다면, 그것들에 대해서는 어떤 강제적인 것도, 본성에 어긋나는 것도 없다.[57]

---

56 예컨대 삼각형의 내각의 합이 180도라는 사실이 논증(*apodeixis*)을 통해 드러난다면, 그런 사실은 '달리 있을 수 없다'(*ouk endechetai allōs echein*)는 뜻에서 필연적이다.

57 '영원하고 운동하지 않는'(*aidia kai akinēta*) 것들은 오로지 한 가지 정해진 방식으로만 있을 뿐 다른 방식으로 있을 가능성이 없는데, 그런 필연성의 근거는 그 자체 안에 있다. 반면에 다른 것들이 어떤 필연성을 띠고 일정한 방식으로 존재한다면, 그 원인은 그 내적 필연성을 갖고 있는 영원하고 단순한 것들이다. IX 10, 1051b15 아래 참고.

6. '하나'(*hen*), '여럿'(*polla*)[58]

'하나'라고 불리는 것에는 (1) 부수적인 뜻에서[59] 하나인 것이 있고, (2) 그 자체로서[60] 하나인 것이 있다. (1) 부수적인 뜻에서 하나인 것에는[61] 예컨대 '코리스코스와 음악적인 것', '음악적 코리스코스'('코리스코스와 음악적인 것'이라고 말하는 것과 '음악적 코리스코스'라고 말하는 것은 동일하다),[62] '음악적인 것과 정의로운 것', '음악적이고 정의로운 코리스코스'가 있다. 왜냐하면 이것들은 모두 부수적인 뜻에서 하나라고 불리는데, '정의로운 것과 음악적인 것'이 하나인 것은 그것들이 하나의 실체에 부수적으로 속하기 때문이고, '음악적인 것과 코리스코스'가 하나인 것은 앞의 것이 뒤의 것에 속하기 때문이다. 이와 마찬가지로 어떤 뜻에서는 '음악적 코리스코스'와 '코리스코스'가 하나인데, 그 이유는 그 어구의 부분들 가운데 어떤 것이 다른 것에 부수적으로 속하기 때문이니, 예컨대 음악적인 것은 코리스코스에게 부수적으로 속한다. '음악적 코리스코스'와 '정의로운 코리스코스'도 부수적인 뜻에서 하나인데, 그 이유는 그 둘 각각의 한 부분이 하나의 동일한 것[63]에 부수적으로

---

58 이 장의 내용과 관련해서는 X권 1장의 'hen'에 대한 설명을 함께 참고.

59 '부수적인 뜻에서'(*kata symbebēkos*)에 대해서는 V 30, 1025a4에 대한 각주 참고.

60 일반적으로 'kata symbebēkos'의 상대 개념으로 쓰인 'kath' hauto'는 '그 자체로서' 또는 '그 자체의 본성에 따라서'(*by its own nature* — Ross)라고 옮긴다. V 18, 1022a24 아래 참고.

61 '부수적인 뜻에서 하나'(*hen kata symbebēkos*)란 본성에 의해서가 아니라 사실적 연접(*de facto conjuntion*)에 의해서 하나인 것을 말한다. 아래에서 다음과 같은 것들이 그 사례로 언급된다. (a) 실체-부수적인 것(코리스코스와 음악적 소양), (b) 부수적인 것-다른 부수적인 것(음악적 소양과 정의로운 태도), (c) 실체-부수성과 동일한 실체-다른 부수성(음악적 코리스코스와 정의로운 코리스코스), (d) 실체-부수성과 실체(음악적 코리스코스와 코리스코스), (e) 유-부수성과 유(사람과 음악적인 사람). 이 가운데 (a)가 근본적인 것이며, 다른 것들은 그에 의존한다. Ross, *Metaphysics* I, p. 301 참고.

62 1015b19는 로스를 따라 'hen'을 빼고 읽었다.

63 코리스코스를 가리킨다.

속하기 때문이다. 유나 어떤 보편적인 이름에 대해 부수적인 것이 술어로 쓰일 때도 마찬가지인데, 예컨대 사람과 '음악적인 사람'은 똑같으니, 그 이유는 하나의 실체인 사람에게 음악적인 것이 부수적으로 속한다는 것이거나 또는 그 둘이 어떤 개별자, 즉 코리스코스에게 속하기 때문이다.[64] 다만 그 둘이[65] 똑같은 방식으로 (개별자에) 속하지는 않는데, 하나는 아마도 유이면서 실체 안에 있는 것[66]으로서 그럴 것이고, 다른 것은 실체의 상태나 속성으로서 그렇다.[67]

그렇다면 부수적인 뜻에서 하나라고 불리는 것들은 이상과 같은 뜻에서 그렇게 불린다. (2) 그 자체로서 하나라고 불리는 것들 가운데 (a) 어
1016a 떤 것들은 연속적이기 때문에 그렇게 불리는데, 예컨대 꾸러미는 끈에 의해, 나무 조각들은 접착제에 의해 연속적이다. 그리고 선은, 비록 꺾였어도 연속적이며 하나라고 불리는데, 이는 신체의 각 부분, 예컨대 다리와 팔의 경우에도 마찬가지다. 그런데 이런 것들 가운데 본성에 따라서 연속적인 것들[68]이 기술에 의해 그런 것보다 더 높은 수준의 하나이다.[69]

---

64 "음악적인 사람은 사람이다"라는 진술은 두 가지 방식으로 해석될 수 있다. 그것은 음악적인 것이 사람에게 속한다는 사태를 진술하거나 또는 음악적인 것과 사람이 모두 특정한 개별자, 즉 코리스코스에게 속하기 때문에 그런 진술이 가능하다.

65 코리스코스에 대한 진술에 등장하는 '사람'(*anthrōpos*)과 '음악적'(*mousikos*)을 가리킨다.

66 보편자 '사람'이 코리스코스와 같은 사람 '안에'(*en*) 있다는 뜻이 아니라 코리스코스의 본질을 진술하는 정식, 예컨대 '이성적인 사람'이라는 정식 '안에' 있다는 뜻이다. V 18, 1022a27 아래 참고.

67 "어떤 사람은 음악적이다"(*A man is musical*)라는 진술은 다음과 같은 두 가지 경우에 타당하다. i) 음악적인 어떤 사람이 있다(*There is a man who is musical*); ii) 코리스코스는 사람이고 그는 음악적이다(*Coriscos is a man and he is musical*). ii)의 경우 두 진술은 서로 다른 종류의 진술이다. "코리스코스는 사람이다"(*Coriscos is a man*)는 코리스코스가 무엇인지에 대한 진술인 데 반해, "코리스코스는 음악적이다"(*Coriscos is musical*)는 코리스코스에 어떤 상태가 속해 있음을 말하는 진술이다. '실체의 상태(*hexis*)나 속성(*pathos*)'이라는 표현에서 '상태'와 '속성'은 각각 어떤 개별자가 태어나면서 가지고 있거나 습관을 통해 획득한 상태나, 각 개별자의 본질에는 속하지 않지만 그로부터 따라 나오는 고유한 속성을 가리키는 것으로 보아야 할 것이다. '상태'와 '속성'의 대비에 대해서는 986a17과 1020a19 참고.

그 자체의 본성상 단일한 운동에 따라 운동하고 다른 방식으로는 운동할 수 없는 것을 일컬어 '연속적'이라고 하는데, 하나의 운동은 분할불가능한 것, 즉 시간적으로 분할불가능한 것에 속한다.[70] 하지만 접촉에 의존함이 없이 하나인 것들은 그 자체로서 연속적인데, 만일 나무 조각들을 함께 접착시켜 놓으면, 우리는 그것들을 하나의 나무라고도 부르지도 않고, 하나의 물체라고도 부르지도 않으며, 다른 어떤 형태의 연속체라고도 부르지 않을 것이기 때문이다. 일반적으로 연속적인 것은 비록 마디가 있다고 하더라도 하나라고 불리며, 마디가 없는 것들이 더 높은 수준에서 하나라고 불리는데, 예컨대 정강이와 엉덩이는 다리보다 더 높은 수준의 하나이니, 다리의 운동은 하나일 수 없기 때문이다. 직선은 꺾인 선보다 더 높은 수준의 하나이다. 우리는 꺾여서 각이 있는 선을 하나라고도 부르고 하나가 아니라고도 하는데, 왜냐하면 그것의 운동은 동시적이 아닐 수도 있고 동시적일 수도 있기 때문이다. 하지만 직선의 운동은 항상 동시적이며, (직선의 경우) 크기를 가진 어떤 부분도 — 꺾인 선의 경우에 그렇듯이 — 일부는 운동하고 일부는 정지해 있는 일은 일어날 수 없다.[71]

(b) 또 다른 뜻에서 (i) 어떤 것들은 그것들의 기체가 종(種)에 차이가 없다는 이유에서 '하나'라고 불리는데, 감각적으로 분할불가능한 형상을 갖는 것들은 분할불가능하다.[72] 여기서 말하는 기체란 끝과의 관계에

---

68 '본성에 따라서 연속적인 것들'(*ta physei synechē*)이란 살과 뼈나 팔과 다리 등을 가리킨다.

69 본성적인 연속성을 갖는 통일체가 기술에 의해 연속된 통일체보다 더 높은 수준의 통일성을 갖고 있다. 예컨대 사람이나 책상이나 모두 여러 부분으로 이루어진 통일체이지만, 이 가운데 사람에게 속하는 통일성이 책상에 속하는 것보다 더 우월하다. V 26, 1023b34 아래 참고.

70 '연속체' 혹은 '연속적인 것들'(*ta synechē*), 즉 붙어 있는 것들은 동시에 움직인다.

71 1015b36-1016a17에서 다룬 연속체의 하나 또는 통일성은 결국 본성적 연속체와 기술적 연속체, 더 높은 수준의 연속체와 더 낮은 수준의 연속체 등으로 나뉜다.

72 1016a18-9: "adiaphora de hōn adiareton to eidos kata tēn aisthēsin".

서 볼 때 첫째가는 것이나 또는 마지막에 오는 것을 뜻한다. 왜냐하면 포도주가 하나라고 불리고 물 역시 하나라고 불리는 것은 그것들이 종의 측면에서 분할불가능한 것인 한에서 그렇고, 그런가 하면 모든 액즙, 예컨대 올리브유와 포도주가 '하나'라고 불리고 용해될 수 있는 것들도 그렇게 불리는데, 그 이유는 그 모든 것의 최종적인 기체는 동일하기 때문이다. 왜냐하면 그것들은 모두 물 또는 공기이기 때문이다.[73] (ii) 대립적인 차이들 때문에 서로 차이가 있다고 하더라도 하나의 유에 속하는 것들도 하나라고 불린다. 이 모든 것들이 하나라고 불리는 것은 그 차이들 밑에 기체로 놓여 있는 유가 하나이기 때문인데 (예컨대 말과 사람과 개는 모두 동물이라는 이유에서 하나이다), 그 뜻은 하나의 질료를 갖는 것들이 하나라고 불리는 것과 그 방식이 비슷하다.[74] 그것들은 어떤 때는 이런 뜻에서 하나라고 불리지만, 어떤 때는 상위의 유가 동일한 것이라는 〈이유에서〉 그러하다. 즉, 어떤 유에 속하는 마지막 종들이 있다면, 이것들은 그런 것들보다 더 상위의 유의 측면에서 하나라고 불린다.[75] 예컨대 이등변삼각형과 등변삼각형은 동일한 하나의 도형이니, 그 이유는 그것 둘 다 삼각형이기 때문이다. 하지만 그것들은 동일한 삼각형이 아니다.

---

73 '최종적인 기체'(*eschaton hypokeimenon*)의 예로서 물이나 공기를 드는 아리스토텔레스의 진술은 탈레스나 아낙시메네스를 연상시킨다.

74 이 관계는 다음과 같은 비례식으로써 표현할 수 있을 것이다. 기체: 형상: 복합체 = 유: 차이: 종. 이에 대해서는 아래의 1024b9 참고.

75 1016a29-30의 원문이나 의미에 대해서는 논란이 많다. 예거는 30행의 'ta anōterō toutōn'을 삭제했지만, 여기서는 알렉산더(365, 22)와 보니츠(*Metaphysica*, p. 236)에 따라 'to anōterō toutōn'을 넣어서 읽었다. 이렇게 읽으면 원문의 뜻은 대체적으로 다음과 같이 풀이할 수 있다. x라는 유에 속하는 마지막 종들(*teleutai eidē*) a, b, c 등이 있고, 또다시 x가 더 상위의 유(*anō genos*)인 y에 속하는 경우, a, b, c 등은 y의 측면에서 모두 하나라고 말할 수 있다. 예컨대 이등변삼각형과 정삼각형은 모두 '삼각형'이라는 유에 속하지만, 삼각형이라는 유는 다시 '도형'이라는 더 높은 유에 속한다. 그러므로 "이등변삼각형과 정삼각형은 모두 도형이다" 또는 "그것들은 모두 도형이라는 측면에서 하나다"라고 말할 수 있다. Ross, *Metaphysics* I, p. 303도 함께 참고.

(c) 어떤 대상들의 경우 그 중 어느 하나의 본질을 진술하는 정식이 그 대상이 본질적으로 무엇인지를 제시하는 다른 정식과 비교해서 분할불가능하다면, 그런 대상들은 하나라고 불린다.[76] (모든 정식은 그 자체로 볼 때는 분할가능하다.[77]) 왜냐하면 이처럼, 크기가 커졌다가 작아지는 것도 정식이 하나라는 이유에서 하나이기 때문인데, 이는 평면들의 경우 그것들의 형상에 대한 정식이 하나인 것과 마찬가지다.[78] 일반적으로 어떤 것들이 있어서, 그것들의 본질을 사유하는 사유가 분할불가능하고 시간에서나 장소에서나 정식에서도 분리가 가능하지 않다면, 그런 것들은 가장 본래적인 뜻에서 하나라고 불리는데, 실체에 해당하는 것들이 그런 것들에 속한다. 왜냐하면 일반적으로 분할을 허용하지 않는 것들은, 분할을 허용하지 않는 한에서 하나라고 불리기 때문이다. 예컨대 어떤 것들이 사람인 한에서 분할을 허용하지 않는다면, 그것들은 하나의 사람이고, 동물인 한에서 그렇다면, 하나의 동물이며, 크기인 한에서 그렇다면, 하나의 크기이다. 그러므로 대다수는 다른 어떤 것을 (능동적으로) 행하거나 갖거나 (수동적으로) 수용하거나 또는 어떤 것과 관계함에 의해서 하나라고 불리는 반면,[79] 첫 번째 뜻에서 하나라고 불리는 것들은 하나의 실체를 갖는 것들인데, 그것들은 연속성이나 형상이나 정식에서 하나이다.

---

76 1016a34는 보니츠와 로스를 따라 'dēlounta ti ēn einai to pragma'로 읽었다. 여기서 '본질을 진술하는 정식'(*ho logos ho to ti ti ēn einai legōn*)이란 물론 정의(*horismos*)를 가리키는데, 원문의 내용은 다음과 같이 풀이할 수 있다. 예컨대 소크라테스의 키는 작았다가 커질 수 있다. 또한 소크라테스는 교양이 없다가 교양을 갖출 수도 있다. 하지만 어느 경우에나 소크라테스는 본질적으로 어떤 존재인가에 대한 물음에 대해 대답하는 정식(*logos*), 즉 정의는 똑같다. 이렇게 동일한 정의를 갖는 대상들은 하나라고 불릴 수 있다. 알렉산더(366, 10)와 보니츠(*Metaphysica*, p. 237) 참고.

77 정식의 분할가능성이나 정식의 부분들에 대해서는 VII 11과 VIII 1 참고.

78 예컨대 여러 정사각형은 크기에는 차이가 있다고 하더라도 '4개의 길이가 같은 직선으로 이루어진 폐쇄 평면도형'이라는 점에서는 모두 하나이다.

79 이 꿀과 저 꿀은 하나인데, 그 둘은 동일한 맛을 내기 때문이다. 이 음악가와 저 음악가는 하나인데, 그 둘은 동일한 능력을 갖고 있기 때문이다. 여기서 열을 받은 것은 저기서 열을 받은 것과 하나인데, 그 둘은 모두 똑같이 열을 받았기 때문이다.

왜냐하면 우리는 연속적이지 않은 것들이나 하나의 형상을 갖지 않거나 하나의 정식을 갖지 않는 것들을 여럿으로 셈하기 때문이다.

또 어떤 뜻에서 우리는 어떤 것이든, 양적 연속체인 한에서 그것을 하나라고 말하지만, 또 어떤 뜻에서는 전체가 아니면, 즉 하나의 형상을 가지고 있지 않다면, 하나라고 부르지 않는다. 예컨대 신발의 부분들이 어떻게 구성되어 있는지에 대해 상관치 않고 그것들을 보고 똑같이 하나라고 부르지는 않을 것이기 때문인데, 그것들이 가진 연속성 때문이 아니라면 그렇게 부르지 않을 것이고, 신발의 부분들이 신발이 되고 이미 어떤 형상을 갖게 되어 있는 경우에 하나라고 부른다. 이런 이유 때문에 원은 선들 가운데 가장 본래적인 뜻에서 하나인데, 그것은 전체이고 완전하기 때문이다.

(3) 하나의 본질은 수의 어떤 시작이라는 데 있으니,[80] 그 이유는 첫째 척도는 시작이기 때문이다. 왜냐하면 우리가 인식할 때 첫째 척도로 삼는 것, 이것이 바로 각 유의 첫째 척도이기 때문이다. 그러므로 하나는 각 유와 관련해서 인식할 수 있는 것의 시작이다. 하지만 모든 유에 걸쳐 하나가 동일하지는 않다. 어떤 때는 4분음[81]이 하나이고, 어떤 때는 모음이나 자음이 하나이다. 또한 무게에는 다른 척도가 있고 운동에는 또 다른 척도가 있다. 하지만 어떤 경우든 하나는 양의 측면이나 종의 측면에서 분할불가능하다. 그런데 양적으로 분할불가능한 것들 가운데, 어떤 차원에서도 분할불가능하며 위치를 갖지 않는 것은 '모나스'라고 불리고, 어떤 차원에서도 분할불가능하지만 위치를 점유하는 것은 '점'이라

80 1016b18은 로스를 따라 'to de heni einai archēi tini estin arithmou einai'로 읽었다. 이에 따르면, '하나의 본질' 혹은 '하나임'(*to heni einai*)은 수의 시작 혹은 원리(*archē*)라는 데 있다. 다음의 구절들을 참고: V 15, 1021a13; X 1, 1052b18; XIV 1, 1087b33. '하나임'(*to heni einai*)에 대해서는 VII 17, 1041a19 참고.

81 '4분음'(分音, *diesis*)은 음정의 최소 단위이다. 피타고라스학파의 필로라오스(Philolaos)와 아리스토텔레스의 제자 아리스토크세노스(Aristoxenos)가 그에 대한 이론을 제시했다. Ross, *Metaphysics* I, p. 304 참고.

고 불리며, 한 차원에서 분할가능한 것은 '선', 두 차원에서 분할가능한 것은 '평면', 세 차원 모두에 걸쳐 양적으로 분할가능한 것은 '물체'라고 불린다. 거꾸로 두 차원에서 분할가능한 것은 면이고, 한 차원에서 분할가능한 것은 선이며, 어떤 차원에서도 양적으로 분할불가능한 것은 점과 모나스인데, 이 가운데 위치를 점유하지 않는 것은 모나스이고, 위치를 점유하는 것은 점이다.

또한 어떤 것들은 수의 측면에서 하나이고, 어떤 것들은 종의 측면에서 하나이며, 어떤 것들은 유의 측면에서 하나이고, 어떤 것들은 유비의 측면에서 하나인데,[82] 하나의 질료를 갖는 것들은 수가 하나이고, 하나의 정식을 갖는 것들은 종이 하나이며, 동일한 범주형태를 갖는 것들[83]은 유가 하나이며, 서로 비례관계에 있는 것들은 유비의 측면에서 하나이다. 그런데 항상 뒤에 오는 것은 앞에 오는 것들을 따른다. 예컨대 수가 하나인 것은 종도 하나이지만, 종이 하나인 것들 모두가 수적으로 하나는 아니다. 하지만 종이 하나인 것들은 모두 유가 하나이며, 반면 유가 하나인 것들 모두가 종적으로 하나는 아니지만, 유비적으로는 하나이다. 1017a
하지만 유비적으로 하나인 것들 모두가 유가 하나는 아니다.

여럿이 하나에 대립적인 뜻으로 쓰이리라는 것도 분명한데, 왜냐하면 어떤 것들은 연속적이 아니라는 이유에서, 어떤 것들은 종적으로 다른 질료를 갖고 있다는 이유에서 — 이 질료가 첫째 질료일 수도 있고 마지막 질료일 수도 있다[84] — , 또 어떤 것들은 본질에 대해 진술하는 여러

82 '수의 측면에서 하나'(*hen kat' arithmon*), '종의 측면에서 하나'(*hen kat' eidos*), '유의 측면에서 하나'(*hen kata genos*), '유비의 측면에서 하나'(*hen ka' analogian*)의 구분은 특히 아리스토텔레스의 분류학에서 중요한 구실을 한다. 이에 대해서는 『동물부분론』 I 3과 『동물지』 I 1 참고. 예컨대 소크라테스는 수적으로 하나이고, 소크라테스와 플라톤은 종적으로 하나(사람)이며, 사람과 말은 유적으로 하나(동물)이다. 한편, 물고기의 지느러미와 새의 날개는 모두 운동기관이라는 점에서 유비적으로 하나이다. 즉, 물고기 : 지느러미 = 새 : 날개의 비례관계가 있다.

83 1016b33-4의 '동일한 범주 형태를 갖는 것들'(*hōn to auto schēma tēs katēgorias*)은 동일한 범주에 속하는 것들을 가리킨다.

정식을 가진다는 이유에서 여럿이라고 불리기 때문이다.

7. '있는 것'(*on*)

'있는 것'(또는 '~인 것')은 (1) 어떤 때는 부수적인 뜻에서[85] 쓰이고, (2) 어떤 때는 '그 자체로서'라는 뜻에서 쓰인다.[86]

(1) 부수적인 뜻에서 있는 것은 예컨대 우리가 "그 정의로운 사람은 음악적이다", "그 사람은 음악적이다", "음악적인 것은 사람이다"고 말하는 경우에 해당하는데, 이는 "음악적인 사람이 집을 짓고 있다"고 말하는 것과 비슷하고 이렇게 말하는 것은 집을 짓는 자에게 음악적임이 부수적으로 속하거나 또는 음악적인 자에게 집을 짓는 자임이 부수적으로

---

84 '첫째 질료'(*prōtē hylē*)와 '마지막 질료'(*teleutaia hylē*)에 대해서는 위의 1016a19 아래 참고.

85 아래의 1025a33 아래에서 확인할 수 있듯이, '부수적'(*kata symbebēkos*)이라는 말은 두 가지 뜻을 가진다. 그것은 (1) 어떤 것에 우연히 부수적으로 따라가는 것을 가리키기도 하고, (2) 어떤 것의 본질로부터 부수적으로 따라 나오는 것을 가리키기도 한다. 앞의 것은 '우연적'이라고 옮길 수 있지만, 뒤의 것은 그렇지 않다. 용어의 통일성을 위해서 '부수적'이라고 옮겼지만, 이 장에서는 'kata symbebēkos'가 (1)의 뜻으로 쓰였다는 것을 염두에 두어야 한다. VI권 2장도 함께 참고.

86 이 장은 "X is Y" 형식의 진술에서 드러나는 'is'의 다양한 의미에 대해서 다룬다. 부사적 표현을 넣어 표현하자면, 그 의미는 다음과 같이 간단하게 구별할 수 있을 것이다. (1) "X is Y"는 "X is accidentally Y"의 뜻을 가질 수 있는데, 예컨대 "The man is musical"이 이런 경우에 해당한다. 여기서 표현되는 것은 '부수적인 뜻에서 있는 것'이다; (2) "X is Y"는 "X is in virtue of itself Y"의 뜻으로 쓰이기도 하는데, 예컨대 "The man is a substance", "White is a quality"가 이런 경우에 해당한다. 이런 진술들은 각각 "The man is in virtue of himself a substance"와 "White is in virtue of itself a quality"의 뜻을 가지며, 거기서 드러나는 것은 '그 자체로서 있는 것' 또는 '본질적으로 있는 것'이다; (3) "X is Y"는 "X is truly Y" 또는 "It is true that X is Y"의 뜻을 가진다. 동사 'esti' 또는 'ouk esti'가 문장의 첫머리에 올 때 그렇다; (4) "X is Y"는 "X is actually Y" 또는 "X is potentially Y"라는 두 가지 뜻으로 쓰일 수 있다. 예컨대 "The Hermes is in the stone"이나 "The half of the line is in the line"의 경우 이 진술들은 "헤르메스가 돌 안에 조각될 수 있다" 또는 "선이 나뉘면 반선(半線)이 생겨날 수 있다"는 뜻이다.

속하기 때문이다. 왜냐하면 "갑이 을이다"는 "을이 갑에 부수적으로 속한다"는 뜻을 갖기 때문이다. 앞서 말한 것들의 경우에도 이와 같은데, 그 이유는 이렇다. "그 사람은 음악적이다" 또는 "음악적인 자는 사람이다"고 말하거나 "하얀 사람은 음악적이다"거나 "음악적인 사람은 하얗다"고 말하는 경우, 둘이 동일한 것에 부수적으로 속하기 때문에 그럴 수 있고, 어떤 것이 있는 것에 부수적으로 속하기 때문에 그럴 수도 있으며, "음악적인 자는 사람이다"[87]의 경우에는 음악적인 것[88]이 이것에 부수적으로 속하기 때문에 그렇게 말할 수 있다(이런 뜻에서 하얗지 않은 것에 대해서도 그것이 '있다'고 말하는데, 이는 그것을 부수적인 뜻에서 속하는 것으로 갖는 것이 있기 때문이다).[89] 따라서 부수적인 뜻에서 '있다'('~이다')고 불리는 것들은, 둘이 동일한 것에 속하거나[90] 어떤 부수적인 것이 있는 것에 속하거나[91] 진술의 주어 자리에 오는 것이 속하는 것 자체가 있기 때문에 그렇게 불린다.[92]

---

87 1017a15의 "음악적인 자는 사람이다"(*ton mousikon anthrōpon, the musician is a man*)는 a14의 "음악적인 자는 사람이다"(*ton anthrōpon …… mousikon, the man is musical*)와 같은 내용의 진술이다.

88 1017a17의 '음악적인 것'(*to mousikon, the musical*)은 '음악성을 가진 것'과 '음악적 교양'을 모두 가리킬 수 있는데, 이는 예컨대 '하얀 것'(*to leukon, the white*)이 '하얀 것' 또는 '창백한 사람'과 '하얀 색깔' 자체를 가리킬 수 있는 것과 마찬가지이다(VII 6, 1031b22 참고). 여기서 '음악적인 것이 이것에 속하기 때문에'라는 말은 "'음악적 소양'이 '사람'에게 속하기 때문에"라는 뜻이다.

89 "하얗지 않은 것이 있다"(*The not-white is*)는 "있는 어떤 것이 하얗지 않다"(*Something that exists is not-white*)와 같은 뜻이다. 여기서 하얗지 않은 것 또는 하얗지 않음(*not-white*)은 명시되지 않은 어떤 대상에 속해 있으며, 그렇기 때문에 "하얗지 않은 것이 있다"는 진술이 가능하다.

90 "하얀 사람은 음악적이다"거나 "음악적인 사람은 하얗다"가 이에 해당한다. 이 진술은 모두 "The man is white and musical"의 뜻이고, 이것은 결국 'white'와 'musical'이라는 두 상태가 'man'에 속함을 뜻한다.

91 "그 사람은 음악적이다"라는 진술은 음악적이라는 상태가 있는 것, 즉 그 사람에 속한다는 사실을 표현한다.

92 1017a21-2의 원문은 해석하기가 쉽지 않다. 그에 대한 로스의 번역은 다음과 같다: "〔……〕 because the subject which has as an attribute that of which it is itself predicated,

(2) '그 자체로서 있다(~이다)'고 불리는 것에는 범주의 형태들이 가리키는 것만큼 그 수가 많은데, 왜냐하면 범주의 형태들의 수만큼 여러 가지 뜻으로 '있다'('이다')가 쓰이기 때문이다. 그런데 술어들 가운데 어떤 것들은 '무엇'을 가리키고, 어떤 것들은 성질을, 어떤 것들은 양을, 어떤 것들은 관계를, 어떤 것들은 능동이나 수동을, 어떤 것들은 장소를, 어떤 것들은 때를 가리키는데, '있다'는 이것들 하나하나와 동일한 것을 가리킨다. 왜냐하면 "사람이 건강하게 있다"와 "사람이 건강하다"[93] 사이에는 아무 차이도 없고, "사람이 걷고 있다"와 "사람이 자르고 있다"는 "사람이 걷는다"와 "사람이 자른다"와 아무 차이도 없으며, 다른 경우에도 이와 같기 때문이다.

(3) 또한 '있다'('~이다')는 어떤 사실이 참이라는 것을 뜻하고, '있지 않다'('~이 아니다')는 어떤 사실이 참이 아니라 거짓임을 뜻하며, 긍정과 부정의 경우에도 이와 같다.[94] 예컨대 "소크라테스는 음악적*이다*"[95]는 이 진술이 참임을 뜻하고, "소크라테스는 하얗지 *않다*"[96]도 이 진술이

---

itself is." 그 뜻은 다음과 같이 풀이할 수 있을 것이다. 위에서 든 사례들 가운데 "음악적인 것은 사람이다"라는 진술에서 문법적으로 주어의 자리에 오는 것은 '음악적인 것'이다. 하지만 사실 그런 진술이 표현하는 사태는 음악적인 것을 속성으로 갖는 사람이 있기 때문에 성립한다. 아래의 1017b30 참고.

93 우리가 "사람은 건강하다"라고 할 때 그렇듯이 그에 해당하는 그리스어 문장 'anthrōpos hygiainei'에서는 '있다' 또는 '이다'(*esti*)가 드러나지 않지만, 사실 그 말은 '사람은 건강하게 있다'(*anthrōpos hygiainōn estin*)와 똑같다. 그런 뜻에서 '건강하다', '자르다'와 같은 술어들을 포함하는 능동(*poiein*)의 범주 역시 있음의 범주 가운데 하나이다.

94 IX 10, 1051a34 아래 참고.

95 1017a33: "esti Sokrates mousikos". "소크라테스는 음악적이다"라는 말은 보통 "Sokrates mousikos esti"의 형태를 취한다. 하지만 'esti Sokrates mousikos'에서는 동사 'esti'가 문장의 첫머리에 온다. 이런 경우 'esti'는 소크라테스가 음악적이라는 사실이 '참이다'는 것을 강조한다.

96 1017a34: "esti Sokrates ou leukos". 이 경우 'esti'는 소크라테스가 하얗지 않다는 사실이 '참이다'는 것을 강조하기 위해서 문장의 첫머리에 온다. 그런 점에서 그 문장은 단순히 소크라테스가 하얗지 않다는 사실을 진술하는 문장인 'Sokrates ou leukos esti'와 어순이 다르다.

참임을 뜻한다. 반면 "대각선은 (다른 변들과 같은 단위로) 측정가능하지 *않다*"는 그것이 거짓임을 뜻한다.[97]

(4) 또한 '있다'('~이다')와 '있는 것'('~인 것')은, 앞에서 말한 것들 가운데 어떤 것들은 가능적으로 있고, 어떤 것들은 완전한 상태에 있음을 가리킨다. 왜냐하면 우리는 가능적으로 보는 것과 완전한 상태에서 보는 것[98]에 대해서 똑같이 우리는 그것이 '보고 있다'고 말하고, '알다'의 경우도 마찬가지로 앎을 사용할 수 있는 능력을 가진 사람과 그것을 (현실적으로) 사용하고 있는 사람에 대해서 그 말을 사용하며 정지상태에 있는 것과 정지할 수 있는 능력을 가진 것에 대해 똑같이 '정지한다'고 말하기 때문이다. 실체들의 경우도 이와 같다. 왜냐하면 우리는 헤르메스가 돌덩이 안에 있다고 말하고, 반선(半線)이 선 안에 있다고 말하며, 아직 익지 않은 것을 두고 그것이 곡식이라고 말하기 때문이다. 언제 가능적으로 있다고 말하고, 언제 그렇게 말하지 않는지에 대해서는 다른 곳에서 규정해야 한다.[99]

8. '실체'(*ousia*)

'실체'는 다음과 같은 것들을 뜻한다. (1) 단순한 물체들, 예컨대 흙, 불, 물이나 그런 종류의 것들과 일반적으로 물체들과 그것들로 이루어진 것들, 즉 생물과 다이몬들[100]과 그것들의 부분들이 실체라고 불린다. 이

97 1017a35: "ouk estin hē diametros symmetros". 이 문장 역시 단순히 "사각형의 대각선은 (다른 두 선과 함께) 측정될 수 없다"에 해당하는 문장인 'hē diametros ou symmetros estin'의 경우와 달리, 'ouk esti'를 앞으로 빼내서 사각형의 대각선이 두 선과 함께 측정될 수 있다는 것이 참이 아님을 강조한다.

98 '가능적으로 보는 것'(*to dynamei horōn*)과 '완전한 상태에서 보는 것'(*to entelecheiai horōn*)은 각각 '볼 수 있는 능력을 가진 것'과 '현실적으로 보는 활동 가운데 있는 것'의 의미로 이해하면 된다.

99 IX권 7장 참고.

것들이 모두 실체라고 불리는 것은, 그것들은 다른 기체에 대해 술어가 되지 않지만 다른 것들은 그것들에 대해 술어가 되기 때문이다.[101] (2) 다른 뜻에서는 있음의 원인[102]으로서, 다른 기체에 대해서 술어가 되지 않는 것들 안에 내재해 있는 것이 실체라고 불리는데, 예컨대 생명체의 경우에는 영혼이 그렇다.[103] (3) 또한 그런 것들 안에 내재하는 부분들로서, 그것들을 제한하고 '이것'이 되게 하는 것들이 실체인데, 이것들이 사라지면 전체도 사라진다. 예컨대 — 어떤 사람들의 주장에 따르면 — 평면이 사라지면 물체가 사라지고, 선이 사라지면 평면이 사라진다. 어떤 사람들의 의견에 따르면 일반적으로 수가 그런 성격을 가진다[104](왜냐하면 수가 사라지면 아무것도 없고, 수는 모든 것을 제한하기 때문이다).[105] (4) 또한 정의를 자신에 대한 정식으로 갖는 본질이 실체인데, 이것은 각자의 실체이다.

---

100 '다이몬들'(*daimonia*)은 달 위 세계(月上界)의 천체들을 가리킨다. 천체들은 '신적인 것들'(*theia*)이라고도 불린다. 다음의 구절들을 참고: VII 2, 1028b13; VI 1, 1026a18; XII 8, 1074a30.

101 이런 뜻에서 '기체'(*hypokeimenon*)로서의 실체 개념에 대해서는 『범주론』 5장 참고.

102 실체가 '있음의 원인'(*aition tou einai*)이라고 할 때, 이때의 실체는 물론 본질(*to ti ēn einai*)을 가리킨다. 이에 대해서는 VIII 2, 1043a2 아래 구절 참고.

103 『영혼론』 II 4, 415b12-4와 VII 10, 1035b14-5 참고.

104 (2)가 생명체의 존재원인을 가리킨다면, (3)은 기하학적 형태들을 비롯해서 모든 생명이 없는 물체들의 존재원인을 가리킨다. 그런 존재원인에 해당하는 것이 무엇인지에 대해 아리스토텔레스는 자신의 의견을 구체적으로 명시하지 않고 피타고라스학파의 이론에 의거해서 수가 모든 것의 존재원인이라고 말할 뿐이다. 한편, 생명체의 형상이나 무생물의 형상에 대해서뿐만 아니라 그런 실체의 범주 이외의 다른 범주들에 속하는 것들, 예컨대 색깔이나 크기 등에 대해서도 우리는 그것이 '무엇'(*ti esti*)인지를 묻고 그에 대한 정의를 내릴 수 있다. 예컨대 "하양은 일정한 파장을 가진 색깔이다"라는 정식은 정의이며, 이 정의는 하양의 본질을 표현한다. 그리고 이 경우 '일정한 파장을 가진 색깔임'은 바로 하양의 본질, 즉 하양의 실체(*ousia of white*)이다. 이런 넓은 의미의 '실체' 또는 '본질'에 대해서는 VII 4, 1030a18 아래 참고.

105 모든 물체는 길이, 넓이, 무게 등을 가진다. 이런 연장 형태들은 저마다 다른 기준 또는 척도에 의해 측정될 수 있지만, 모든 척도에 공통된 것은 수이다. 즉, 3cm, 5㎡, 9kg 등 여러 가지 척도가 쓰이지만, 그것들은 궁극적으로 모두 수이다.

결과적으로 '실체'는 두 가지 용법으로 쓰이는데, 한편으로는 다른 것에 대해 더 이상 술어가 되지 않는 최종적인 기체와 다른 한편으로는 '이것'이며 분리가능한 것이 실체이니, 이런 성질을 갖는 것은 각 대상의 형태와 형상이다.[106]

9. **'동일하다'**(*auto*), **'다르다'**(*hetera*), **'차이가 있다'**(*diaphora*), **'동질적이다'**(*homoia*), **'이질적이다'**(*anomoia*)[107]

'동일하다'는 다음과 같은 것들을 뜻한다. (1) 부수적인 뜻에서 동일하다고 불리는 것들이 있는데, 예컨대 하얀 것과 음악적인 것이 동일한 이유는 그 둘이 동일한 것에 부수적으로 속하기 때문이고,[108] 어떤 사람과 음악적인 것이 동일한 이유는 뒤의 것이 앞의 것에 부수적으로 속하기 때문이다.[109] 음악적인 것이 사람인 까닭은 그것이 그 사람에 부수적으로 속하기 때문이다.[110] 그 전체는 그 둘 가운데 어느 하나와 동일하고 그 둘은 각각 그 전체와 동일한데, 왜냐하면 사람과 음악적인 것은 음악적인 사람과 동일하다고 말하고 이것도 앞의 둘과 동일하다고 말하기 때문이다[111](이런 이유 때문에 이것들은 모두 보편적인 진술의 대상이 되지

106 결국 '실체'에는 두 가지 의미가 있는데, 그 용어는 어떤 물질적인 '것'을 가리키기도 하고, 어떤 대상의 본질을 가리키기도 한다. 그리고 이 가운데 첫 번째 뜻의 실체에 해당하는 것은 최종적인 기체(*hypokeimenon*)이고, 두 번째 뜻의 실체에 해당하는 것은 각 사물의 형상(*eidos*) 혹은 형태(*morphē*)이다. 이를 염두에 두고 로스도 'ousia'를 때로는 'substance'로, 때로는 'essence'로 옮긴다. 실체의 두 가지 특징, 즉 '이것'(*tode ti*)과 분리가능성(*chōriston*)의 의미에 대해서는 VII 3, 1029a30에 대한 각주 참고.

107 이 장에서 다루는 다양한 종류의 '같음' 혹은 '동일'(*auto*), 다름(*heteron*), 차이(*diaphora*)와 관련해서는 X 3의 설명과 『토피카』 I 7의 관련된 설명 참고.

108 V 7, 1017a16 참고.

109 V 7, 1017a17-8 참고.

110 V 7, 1017a21-2 참고.

111 "음악적인 사람은 사람이다"거나 "음악적인 사람은 음악적이다"라고 우리는 말할

않는다. 왜냐하면 모든 사람이 음악적인 것과 동일하다는 말은 참이 아니기 때문이다. 보편적인 것들은 (어떤 것에) 그 자체로서 속하는 데 반해, 부수적인 것들은 그 자체로서는 속하지 않는다. 하지만 개별적인 것들에 대해서는 아무 제한 없이 그것들이 술어로 쓰이는데, 왜냐하면 일반적 의견에 따르면 소크라테스와 음악적인 소크라테스는 동일하기 때문이다. 하지만 소크라테스는 여럿에 대해 술어로 쓰이지 않는데, 이런 이유 때문에 '모든 사람'이라고 말하는 것처럼 '모든 소크라테스'라는 말은 쓰지 않는다).

어떤 것들은 이와 같은 뜻에서 '동일하다'고 불리지만, 또 어떤 것들은 그 자체로서 그렇게 불리는데, 여기에는 '하나'가 갖는 뜻만큼[112] 여러 가지 뜻이 있다. 왜냐하면 종이나 수가 하나인 질료를 갖는 것들은 동일하다고 일컬어지고, 하나의 실체를 갖는 것들도 그렇게 불리기 때문이다. 따라서 동일성은 일종의 단일성임이 분명한데, 즉 (여럿이 있을 때) 여럿의 있음에 속하는 단일성이거나[113] 또는 어느 하나를 여럿으로 여길 때 그 하나의 있음에 속하는 단일성임이 분명하다. 예컨대 어떤 것을 두고 그것이 자기 자신과 동일하다고 말할 때가 뒤의 경우에 해당하는데, 왜냐하면 이 경우 하나인 것을 둘처럼 여기기 때문이다.

하나 이상의 형상이나 질료나 실체에 대한 정식을 갖는 것들은 '다르다'라고 일컬어지며, 일반적으로 말해서 '다르다'는 '동일하다'와 대립적인 뜻으로 쓰인다.

'차이가 있다'고 불리는 것에는 (1) 어떤 측면에서는 동일하면서 서로 다른 것들, 즉 단순히 수가 그런 것이 아니라 종이나 유가 다르거나 유비적으로 다른 것들이 있고, (2) 다른 유를 갖는 것들과 반대자들과 실체에서 다름을 갖는 것들이 있다.[114]

수 있다. 이런 뜻에서 음악적인 사람은 사람이나 음악적인 것과 동일하다. 아래의 1018b34 참고.

112 V 6, 1015b34 아래와 1016b31 아래 참고.

113 예컨대 이 사람과 저 사람은 '여럿'이지만, 그 둘 모두 '사람'이라는 뜻에서 '단일한' 대상으로 여길 수 있다.

'동질적이다'고 불리는 것에는 모든 측면에서 동일한 속성을 갖는 것들이 있으며, 다른 면보다 동일한 속성이 더 많은 것들도 그렇게 불리며, 하나의 성질을 갖는 것들도 그렇게 불린다. 그리고 어떤 것이 반대자들과 관련된 어떤 측면에서 변이를 받아들일 수 있을 때[115] 그 반대자들 가운데 더 많은 부분이나 더 중요한 부분을 (다른 것과) 공유한다면, 그것은 그 다른 것과 성질이 같다고 불린다. '이질적이다'는 '동질적이다'와 대립적인 뜻으로 쓰인다.[116]

10. '대립적이다'(*antikeimenon*), '반대되다'(*enantion*), '종이 다르다'(*hetera tōi eidei*), '종이 같다'(*tauta tōi eidei*)

'대립적이다'라고 불리는 것들에는 모순, 반대되는 것들, 관계적인 것들, 결여와 소유상태,[117] 생성과 소멸의 최종 출발점과 종결점이 있다. 또한 둘을 모두 받아들일 수 있는 수용자에 동시에 속할 수 없는 것들, 이것들도 '대립적'이라고 일컬어지는데, 그런 것들 자체도 그렇고 그것들의 구성부분들도 그렇다. 왜냐하면 회색과 하양은 동일한 것에 동시에 속할 수 없으며, 그런 이유 때문에 그것들의 구성부분들도 서로 대립적이다.[118]

---

114 서로 다른 종에 속하거나 다른 유에 속하는 것들, 반대자들(*ta enantia*), 본질이 다른 것들을 일컬어 '차이가 있다' 또는 '차이가 난다'(*diaphora*)라고 말한다. 소크라테스나 플라톤을 가리켜 그 둘이 '차이가 있다'고는 말하지 않는다.

115 '변이를 받아들일 수 있다'(*alloiousthai endechetai*)는 뜨거운 것과 차가운 것, 젖은 것과 마른 것, 거친 것과 부드러운 것과 같은 서로 반대되는 속성에 있어서의 변화를 말한다.

116 'homoia'는 '동질적이다', '질이 같다'로, 'anhomoia'는 '이질적이다', '질이 다르다'로 옮긴다.

117 네 가지 형태의 대립, 즉 '모순'(*antiphasis*), '반대되는 것들'(*tanantia*), '관계적인 것들'(*ta pros ti*), '결여와 소유상태'(*sterēsis kai hexis*)에 대해서는 다음의 구절들을 참고: X 4, 1055a38 아래; X 7, 1057a33 아래; 『범주론』 10, 11b17 아래.

'반대되다'라고 불리는 것에는 (1) 유의 측면에서 차이가 있는 것들 중 동일한 것에 동시에 속할 수 없는 것들이 있고,[119] (2) 동일한 유에 속하는 것들 가운데 가장 크게 차이가 있는 것들이 있으며,[120] (3) 동일한 수용자 안에 속하는 것들 가운데 가장 크게 차이가 있는 것들이 있고,[121] (4) 동일한 능력에 귀속하는 것들 가운데 가장 크게 차이가 있는 것들이 있으며,[122] (5) 무제한적인 측면에서나 유의 측면에서나 종의 측면에서 가장 큰 차이를 갖는 것들이 있다.[123] 다른 것들은 그와 다른 뜻에서 반대되는 것들이라고 불리는데, 그 중 어떤 것들은 그런 반대되는 것들을 갖기 때문에, 어떤 것들은 그런 것들을 받아들이는 수용자이기 때문에, 또 어떤 것들은 그런 것들을 능동적으로 행할 수 있는 것이거나 수동적으로 수용할 수 있는 것이거나, (현실적으로) 그런 것들을 행하거나 수용하거나, 그런 반대되는 것들의 상실이나 획득이거나, 그런 것들의 소유상태이거나 결여이기 때문에 그렇게 불린다. '하나'와 '있는 것'은 여러 가지 뜻으로 쓰이기 때문에, 그것들에 따라서 일컬어지는 다른 것들 역시 그런 다양한 용법을 따를 수밖에 없으며, 결과적으로 '동일하다', '다르

118 회색과 하양은 그 자체로서는 서로 대립하지 않지만, 회색을 구성하는 것들, 즉 검정색과 하얀색은 서로 대립적이다.

119 예컨대 건강과 질병은 각각 좋은 것과 나쁜 것의 유(*genos*)에 속하지만, 동시에 사람의 몸에 속할 수(*pareinai*) 없다. 정의와 불의도 각각 탁월성(*aretē*)의 유와 악덕(*kakia*)의 유에 속하지만, 그것들은 동시에 영혼에 속할 수 없다. 『범주론』 11, 14a20과 『토피카』 VII 3, 153a36 참고.

120 좋음(*agathon*)과 나쁨(*kakon*)은 넓게 보면 모두 성질(*poion*)의 유에 속하지만, 서로 '가장 크게 차이가 난다'(*pleiston diapheronta*). 다음의 구절들을 참고: 『범주론』 6, 6a17; 『분석론 후서』 I 4, 73b21; 『생성 · 소멸론』 I 7, 324a2.

121 예컨대 영혼에 속하는 이성적 상태와 비이성적 상태가 그렇다.

122 의술능력은 사람에게 건강을 줄 수도 있지만, 질병을 줄 수도 있다. X 4, 1055a31 아래 참고.

123 유의 측면에서(*kata genos*) 가장 큰 차이(*diaphora megista*)를 갖는 것들에는 예컨대 탁월성(*aretē*)과 악덕(*kakia*)이 있는데, 이것들은 서로 유가 다르기 때문이다. 종의 측면에서(*kata eidos*) 가장 큰 차이를 갖는 것들에는 예컨대 검정과 하양이 있는데, 이것들은 색깔이라는 동일한 종에 속하지만 서로 가장 큰 차이를 갖는다.

다', '반대되다'도 각각의 범주에 따라 뜻이 다르다.

〔('종이 다르다'고 불리는 것에는 동일한 유에 속하면서 서로 상하관계에 있 1018b
지 않은 것들이 있고,[124] 동일한 유에 속하면서 차이가 있는 것들이 있으며,[125] 실체 안에 속하면서 서로 반대상태에 있는 것들[126]이 있다. 반대되는 것들은 종이 서로 다른데, 모든 반대되는 것들이 그렇거나 첫 번째 뜻에서 그렇게 불리는 것들이 그렇다.[127] 그리고 특정한 유 안에 있는 마지막 종에 속해 있는 것들에 대한 정식은 서로 다르며(예컨대 사람과 말은 유에서는 불가분적이지만 그것들에 대한 정식은 다르다[128]), 동일한 실체 안에 있으면서 차이가 있는 것들도 서로 다르다. '종이 동일하다'는 이것들과 대립적인 뜻으로 쓰인다.)〕

---

124 예컨대 말과 소는 '동일한 유에 속하면서 서로 상하관계에 있지 않은 것들'(*hosa tautou genous onta mē hypallēla esti*)에 해당한다.

125 '동일한 유에 속하면서 차이가 있는 것들'(*hosa en tōi autōi genei onta diaphoran echei*)이 앞에서 말한 '동일한 유에 속하면서 서로 상하관계에 있지 않은 것들'과 어떻게 다른지는 분명치 않다. 하나의 유에 속하고 서로 상하관계에 있지만 그럼에도 불구하고 서로 차이가 있는 것들은 구체적으로 어떤 것인가? 예컨대 기하학과 평면기하학은 모두 '지식'이라는 유에 속하고, 그 가운데 평면기하학은 기하학에 예속되지만, 그 둘은 서로 차이가 있다고 말한다면, 이 경우 우리는 기하학과 평면기하학이 '종이 다르다'라고 말할 수 있을 것이다. 로스(*Metaphysics* I, p. 315)는 그런 뜻에서 "이 정의는 앞의 정의보다 포괄적이다. 그것은 서로 상하관계에 있는 종들을 포함하기 때문이다"라고 말한다.

126 예컨대 건강과 질병. 동일한 실체가 어떤 때에는 건강했다가 어떤 때에는 병에 걸린다면, 이 두 상태는 동일한 실체에 속하면서 반대상태들(*enantiōseis*)이다.

127 1018a25-31과 31-5가 각각 그 두 경우에 해당한다.

128 사람이나 말은 유적으로는 모두 하나이다. 예컨대 그것들은 모두 '동물'이다. 즉, 사람과 말은 '동물'이라는 유의 측면에서는 서로 나뉘지 않는다는 뜻에서 '불가분적'(*atoma*)이다. 하지만 그것들은 서로 차이가 있고, 그래서 그것들 각각에 대한 정의는 다르다. 여기서 '종'(*eidos*) 개념의 쓰임에 주목해야 한다. 이 개념은 정의나 불의와 같은 윤리적 개념 등의 경우에는 상대적 구분을 허용한다. 예컨대 검정과 하양을 포함하는 색깔은 상위의 개념인 성질에 비하면 종이고, 검정과 하양에 비하면 유라고 부를 수 있다. 하지만 생물체의 분류의 경우에는 그렇지 않다. 여기서 사람과 말 같은 부류는 마지막 종(*teleutaion eidos*)이다. 예컨대 사람이라는 종에 이오니아인과 도리아인이 속한다고 해서, 이오니아인과 도리아인에 비해 사람이 유가 된다고는 말하지 않는다.

11. '앞서다'(*proteron*), '뒤서다'(*hysteron*)[129]

'앞서다'와 '뒤서다'는 다음과 같은 것을 뜻한다. (1) 각각의 유에서 어떤 것이 첫째가는 것이자 시작이라고 할 때, 그 시작, 즉 제한 없이 본성적으로 그렇거나 어떤 것과의 관계, 장소 또는 누군가에 의해 확정된 어떤 시작에 더 가까이 있다는 이유에서 어떤 것들은 그렇게 불린다. 예컨대 어떤 것들이 장소의 측면에서 '앞선다'고 불리는 것은 본성적으로 확정된 어떤 지점(예컨대 중간이나 최종점)에 가까이 있거나 임의적인 어떤 것에 가까이 있기 때문이고, 반면에 더 멀리 있는 것들은 '뒤선다'고 불린다. 또 어떤 것들은 시간의 측면에서 그렇게 불린다(그 이유는 이렇다. 그 가운데 일부는 현재 시점에서 더 멀리 떨어져 있기 때문에 그렇게 불리는데, 이를테면 과거 사건들의 경우에 그렇다. 왜냐하면 트로이아 전쟁은 페르시아 전쟁에 앞서는데, 앞의 것이 현재의 시점으로부터 더 멀리 떨어져 있기 때문이다. 또 어떤 것들은 현재의 시점에 더 가까이 있기 때문에 그렇게 불리는데, 예컨대 미래의 사건들의 경우가 그렇다. 왜냐하면 네메아 경기는 퓌티아 경기보다 앞서는데, 우리가 현재의 시점을 시작이자 처음으로 잡는다면 앞의 것이 〔현재의 시점에〕 더 가깝기 때문이다). 어떤 것들은 운동의 측면에서 그렇게 불린다(왜냐하면 첫째 운동인에 가까이 있는 것이 앞서기 때문인데, 예컨대 아이는 어른에 앞선다.[130] 그것도 무제한적인 뜻에서 시작이기 때문이다). 어떤 것들은 능력의 측면에서 그렇게 불린다(왜냐하면 능력이 우월한 것, 즉 더 능력이 있는 것이 앞서기 때문이다. 다른 것, 즉 그 뒤에 오는 것은 그것의 선택에 따를 수밖에 없으며, 따라서 앞의 것이 움직이게 하지 않으면 뒤의 것도 움직이지 않고 앞의 것이 움직이게 하면 뒤의 것도 움직인다. 여기서 선택은 시작이다). 어떤 것들은 질서의 측면에서 그렇게 불린다(어떤 확정된 하나

129 이 장의 내용과 관련해서는 『범주론』 12장을 함께 참고.

130 소크라테스의 아버지를 '첫째 운동인'(*to prōton kinēsan*)으로 보면, 아이 소크라테스가 어른 소크라테스보다 앞선다.

와의 관계 속에서 일정한 비율에 따라 거리를 두고 있는 것들이 그에 해당한다. 예컨대 코러스에서는 두 번째 사람이 세 번째 사람보다 앞서고 뤼라에서는 두 번째로 낮은 현이 가장 낮은 현[131]보다 앞선다. 왜냐하면 앞의 경우에는 코로스의 지휘자가, 뒤의 경우에는 중간 현이 시작이기 때문이다).

지금 말한 것들은 이런 뜻에서 앞선다고 불리지만, (2) 다른 뜻에서는 지식에서 앞서는 것이 무제한적인 뜻에서 앞선다고 불린다. 이런 것들 가운데 정식의 측면에서 앞서는 것들과 감각의 측면에서 앞서는 것들은 다르다. 왜냐하면 정식의 측면에서는 보편자들이 앞서지만, 감각의 측면에서는 개별자들이 앞서기 때문이다. 그리고 정식의 측면에서는 다시 부수적인 것이 전체에 앞서는데, 예컨대 '음악적'이 '음악적인 사람'에 앞선다. 왜냐하면 전체 정식은 부분 없이 존재하지 않을 것이기 때문이다. 하지만 음악성은 음악적인 어떤 주체 없이는 있을 수 없다.[132]

(3) 또한 앞선 것들에 속하는 속성들이 (뒤에 오는 것에 속하는 속성들보다) 앞선다고 불리는데, 예컨대 곧음이 부드러움보다 앞선다. 왜냐하면 앞의 것은 선이 그 자체로서 갖는 속성이고, 뒤의 것은 표면의 속성이기 때문이다.

어떤 것들은 이런 뜻에서 '앞서다'거나 '뒤서다'라고 불리지만, (4) 또 어떤 것들은 본성과 실체의 측면에서 앞선다고 불리는데, 이런 것들은 다른 것들 없이 있을 수 있지만 다른 것들은 그것들 없이 있을 수 없다. 이런 구별을 했던 사람은 플라톤이다.[133] 〔'있다'('~이다')는 여러 가지 뜻으로 쓰이기 때문에, 첫째로는 기체가 앞서고, 그런 까닭에 실체가 앞서지만, 그 다음으로 가능성의 측면과 완전한 상태의 측면에서 보면 사정이 다르

131 '두 번째 낮은 현'(*paranētē*)과 '가장 낮은 현'(*nētē*)에 관련해서는 『자연학』 VII 4, 248b9 아래와 V 1, 224b34 참고.

132 VII 1, 1028a20 아래와 『범주론』 5, 2b5 아래 참고.

133 그런 구분이 분명하게 드러난 플라톤 대화편의 구절은 없다. 로스의 추측대로, 아리스토텔레스는 플라톤이 구술로써 가르친 내용을 염두에 두고 있다고 보아야 할 것이다. Ross, *Metaphysics* I, p. 317 참고.

다. 왜냐하면 어떤 것들은 가능태의 측면에서 앞서고 어떤 것들은 완전한 상태의 측면에서 앞서기 때문인데, 예컨대 가능태의 측면에서는 반선이 전체 선에 앞서고 부분이 전체에 앞서며 질료가 실체에 앞서지만, 완전한 상태의 측면에서는 그것들이 뒤선다. 왜냐하면 그것들은 전체가 분해된 뒤에야 완전한 상태에 존재할 것이기 때문이다.[134)] 그러므로 어떤 뜻에서 '앞선다'거나 '뒤선다'고 불리는 모든 것은 이런 측면에서 그렇게 일컬어진다. 왜냐하면 어떤 것들은 생성의 측면에서 다른 것들 없이는 존재할 수 없으니, 이를테면 전체는 부분들 없이 있을 수 없고, 어떤 것들은 소멸의 측면에서 그런데, 부분과 전체의 관계가 그렇기 때문이다.[135] 다른 것들과 이와 마찬가지이다.

12. '뒤나미스'(*dynamis*, 가능태, 능력, 가능성), '능력이 있다'(*dynaton*), '무능력'(*adynamia*), '가능하다'(*dynaton*), '능력이 없다' 혹은 '불가능하다'(*adynaton*)

'뒤나미스'는 다음과 같은 것을 뜻한다. (1) 다른 것 안에 또는 다른 것인 한에서의 자기 안에 있는, 운동과 변화의 원리가 뒤나미스라고 불리는데, 예컨대 건축술은 건축되는 것 안에 속하지 않는 뒤나미스인 데 반해, 의술은 뒤나미스로서 치료받는 사람 안에 속할 수 있지만, 치료받는 사람인 한에서의 자기 안에 속하지는 않는다.[136] 그렇다면 이런 뜻에서

134 가능태(*dynamis*)와 완전한 상태(*entelecheia*)의 선후관계에 대해서는 IX 8, 1049b4 아래 참고.

135 전체가 소멸한 뒤에야 부분이 현실적으로 존재한다는 말이다.

136 1019a16이나 18에서 각각 '다른 것인 한에서의 자기'(hēi heteron, the same thing *qua* other)나 '치료받는 사람인 한에서의 사람'(*hēi iatreuomenos*)이라는 제한구문을 도입한 이유는 이렇게 설명할 수 있다. 예컨대 어떤 의사가 자신의 몸을 치료한다고 해 보자. 이 경우 동일한 의사가 치료하는 자로서의 의사와 치료받는 자로 나뉠 수 있다. 이 경우 의술은 어떤 뜻에서는 치료받는 자 안에 속해 있지만, 엄밀하게 말하자면

다른 것 안에 또는 다른 것인 한에서의 자기 안에 속하는, 변화와 운동의 원리가 뒤나미스이다. (2) 다른 것에 의해서나 다른 것인 한에서의 자기에 의해서 일어나는 (변화와 운동의 원리가) 뒤나미스이다. 왜냐하면 이 뒤나미스에 따라서 수동적인 주체[137]가 무언가를 수동적으로 받아들인다면, 이를 두고서 우리는 그것이 수동적으로 작용할 수 있는 것이라고 말하기 때문인데, 그것이 받아들이는 내용을 가리지 않고 그렇게 말할 때가 있고, 모든 양태와 관련된 수동적 작용이 아니라 더 좋은 쪽으로의 수동적 작용을 두고 그렇게 말할 때가 있다. (3) 이런 것을 잘하거나 선택한 대로 행할 수 있는 능력이 뒤나미스라고 불리는데, 왜냐하면 우리는 때때로, 걷거나 말을 하지만 그저 단순히 그렇게 할 뿐 잘하거나 선택한 대로 하지 못하는 사람들을 두고, 그들이 말하거나 걷는 능력이 있다고 말하지 않기 때문인데, (4) 수동적 작용의 경우에도 이와 같다. (5) 어떤 상태들이 있어서 이것들 때문에 전혀 수동적 변화를 겪지 않거나 변화되지 않거나 또는 빠른 시간 안에 쉽게 나쁜 상태로 변화되지 않는 경우가 있는데, 그런 상태들이 뒤나미스라고 불린다. 왜냐하면 어떤 것이 부서지거나 쪼개지거나 꺾이거나 완전히 소멸한다면, 이는 어떤 능력이 있기 때문이 아니라 능력이 없고 무언가 부족하기 때문에 일어나는 일이기 때문이다. 한편, 뒤나미스 때문에, 그리고 어떤 능력이 있거나 일정한 상태에 있기 때문에 거의 수동적 변화를 겪지 않거나 약간의 변화만을 받는 것들은 앞서 말한 종류의 변화들을 받아들이지 않는다.

'뒤나미스'는 이렇듯 여러 가지 뜻으로 쓰이기 때문에, '능력이 있다'

'치료받는 자로서의' 의사가 아니라 '치료하는 자로서의' 의사 안에 속해 있다고 말해야 한다.

137 1019a21의 'to paschon paschei ti'(a patient suffers anything — Ross)는 우리말로 옮기기 쉽지 않다. 동사 'paschein'는 다른 것에 의해 수동적으로 어떤 것을 받아들임을 뜻하는데, '작용을 받다', '어떤 일을 겪다' 등으로 옮길 수 있다. 이 번역에서는 'paschein'이 실사(實辭)로 쓰일 때는 '수동', '수동적 작용' 등으로 옮긴다. 이에 대해서는 V 21, 1022b21에 대한 각주와 IX 1, 1046a12에 대한 각주 참고.

도 다음과 같이 여러 가지 뜻으로 쓰인다. 어떤 뜻에서는 다른 것 안에서 또는 다른 것인 한에서의 자기 안에서 일어나는 운동이나 변화의 — 정지를 낳을 수 있는 것도 '능력이 있는 것'이기 때문이다 — 시작을 낳을 수 있는 것이 그렇게 불릴 것이다. 또 어떤 뜻에서는 다른 것이 영향을 미칠 수 있는 뒤나미스를 어떤 것에 대해 가지고 있다면, 뒤의 것이 그렇게 불린다. 또 어떤 뜻에서는 임의의 어떤 것 쪽으로, 즉 더 나쁜 것이나 더 좋은 것 쪽으로 변화할 수 있는 뒤나미스를 가지고 있는 것이 그렇게 불린다(그 이유는 이렇다. 일반적 생각에 따르면 소멸하는 것조차도 소멸할 수 있는 능력이 있다. 만일 이런 일이 불가능하다면, 그것은 소멸하지 않을 것이다. 그런데 그것은 그런 상태에 알맞은 어떤 배치상태[138]와 원인과 원리를 가지고 있다. 생각건대 어떤 때는 무언가를 갖기 때문에 '능력이 있다'고 불리고, 어떤 때는 그런 것을 결여하고 있기 때문에 그렇게 불린다. 하지만 만일 결여가 일종의 상태라면, 모든 것은 어떤 것을 가짐으로써 ('능력이 있다'거나 '할 수 있다'고 불릴 것이며), 만일 그렇지 않다면, 이는 동음이의적으로 그렇게 불릴 뿐인데, 결과적으로 어떤 것이든 어떤 상태나 원리를 가지고 있기 때문에 '능력이 있다'고 불리거나, — 만일 결여를 '가진다'고 말할 수 있다면 — 그런 것[139]의 결여를 가지기 때문에 '능력이 있다'고 일컬어진다).[140] 또 어떤 뜻에서는 그 자체와는 다른 것이나 다른 것인 한에서의 자기 자신이 그것을 소멸시키는 뒤나미스와 원리를 갖지 않기 때문에 '능력이 있다'고 불린다.[141] 또한 이것들은 모두, 결과적으로 그것이 단순히 생기거나 생기지 않는다는 이유에서나 혹은 어떤 것이 잘 생긴다는 이유에서 '능력이 있다'라고

---

138 '배치상태'(*diathesis*)에 대해서는 V 19 참고.

139 앞에서 말한 '상태'(*hexis*)나 '원리'(*archē*)에 해당하는 것을 가리킨다.

140 1019b8의 'tōi te echein hexin tina kai archēn esti dynaton'은 예거의 텍스트를 따라 빼고 읽었다.

141 어떤 것이 다른 것이나 또는 다른 것으로서 여겨지는 한에서의 자기 자신의 작용에 의해 소멸되지 않을 때, 그것은 저항능력이 있다는 뜻에서 '능력이 있다' 또는 '할 수 있다'라고 일컬어진다는 말이다.

불린다. 이런 종류의 뒤나미스는 생명이 없는 것들, 예컨대 도구들 안에 들어 있다. 왜냐하면 우리는 한편으로 뤼라가 소리를 낼 수 있다고 말하지만, 다른 한편, 만일 그것이 좋은 소리를 내지 못하면, 그렇지 않다고 말하기 때문이다.

'무능력'이란 뒤나미스, 즉 앞에서 말했던 성질을 가진 원리의 결여인데, 이런 결여가 전체적으로 나타나는 경우도 있고, 본성상 그런 능력을 가진 것에서 나타나는 경우도 있으며 본성상 그런 능력을 이미 가진 뒤에 나타나는 경우도 있다. 왜냐하면 아이와 사내와 거세된 사내가 생식능력이 없다고 말할 때 그 뜻이 똑같지는 않을 것이기 때문이다. 또한 각각의 뒤나미스에 상응해서 그것과 대립하는 무능력이 있는데, 단순한 운동능력과 대립하는 것이 있고 훌륭한 운동능력과 대립하는 것이 있다.

'능력이 없다'고 불리는 것들 가운데 어떤 것들은 방금 말한 무능력 때문에 그렇게 불리는 반면, 어떤 것들은 또 다른 뜻에서 '가능하다'거나 '불가능하다'고 불린다.[142] 어떤 것의 반대가 필연적으로 참일 때 그 어떤 것을 일컬어 '불가능하다'고 하는데, 예컨대 사각형의 대각선은 (다른 변들과 같은 단위로) 측정될 수 없는데, 왜냐하면 그런 것은 거짓이고, 그것의 반대는 참일 뿐만 아니라 필연적이기 때문이다.[143] 따라서 대각선의 측정가능성은 거짓일 뿐만 아니라 필연적으로 거짓이다. 그것의 반대, 즉 가능한 것은 그에 대한 반대가 필연적으로 거짓이 아닐 때 존재하는데, 예컨대 어떤 사람이 앉아 있는 것은 가능하다. 왜냐하면 사람이 앉아 있지 않다는 것은 필연성을 수반하는 거짓이 아니기 때문이다. 그러므로 '가능하다'는 어떤 뜻에서는, 앞서 말했듯이, 필연적으로 거짓이 아닌 것을, 어떤 뜻에서는 참인 것을, 또 어떤 뜻에서는 참일 수 있는 것을 가리킨다. 기하학에서 말하는 '뒤나미스'는 전이된 뜻에서 그렇게 불린

142 여기서 'dynaton'과 'adynaton'은 양상적 의미에서 '가능하다'와 '불가능하다'를 뜻한다. 이에 대해서는 『명제론』 12, 21a34 아래 참고.

143 1019b26의 'asymmetron einai'는 빼고 읽었다.

다.[144] 이런 뜻에서 '가능하다'고 불리는 것들은 뒤나미스와 무관하다.[145]
1020a 뒤나미스에 따라서 일컬어지는 것들은 모두 첫째 뒤나미스 하나와의 관계 속에서 그렇게 불리는데, 이것은 다른 것 안에 또는 다른 것인 한에서의 자기 안에 있는 변화의 원리이다. 왜냐하면 나머지 것들이 '능력이 있다'고 불린다면, 이는 다른 어떤 것이 그것들에 대해 그런 뒤나미스를 갖기 때문이거나 그런 것을 갖지 않기 때문이거나 또는 일정한 방식으로 갖기 때문이다. '능력이 없다'의 경우도 이와 같다. 그러므로 첫째 뒤나미스에 대한 주도적인 뜻의 정의는 '다른 것 안에 또는 다른 것인 한에서의 자기 안에 있는 변화의 원리'일 것이다.[146]

13. **'양'**(*poson*)[147]

'양'은 내재하는 것들로 분할가능한 것을 일컫는데, 이때 내재하는 것들은 각각 본성적으로 하나이며 '이것'이다. 그런데 양적인 것은, 그것

---

144 이에 대해서는 IX 1, 1046a7-8 참고.

145 위에서 방금 말한 것들은 '가능하다'라는 뜻에서 'dynaton'이라고 불리는데, 그런 것들은 '능력'이라는 뜻의 'dynamis'와 무관하다는 말이다.

146 결국 'dynamis'가 갖는 가장 중요한 뜻은 '능력'(*power, potency*)이라는 뜻인데, 이 능력은 다양한 종류의 능력, 즉 (1) 어떤 작용을 수행할 수 있는 능동적인 작용(作用)의 능력, (2) 어떤 작용을 받을 수 있는 수동적인 작용〔受用〕의 능력, (3) 어떤 작용을 잘 수행할 수 있는 뛰어난 능력, (4) 어떤 작용을 잘 받아들이는 뛰어난 능력, (5) 악화작용에 맞서는 저항력(抵抗力) 또는 내성(耐性) 등으로 나뉜다. 이것과 별도로 'dynamis'는 양상적인 개념으로서 '가능성'(*possibility*)을 뜻할 수도 있다. 앞으로 이 두 의미를 분명히 구별해야 할 경우는 'dynamis'를 각각 '능력'이나 '가능성'으로 옮기고, 그렇지 않을 때는 '가능태'로 옮긴다. 'dynamis'가 '능력'의 뜻으로 쓰이는 것을 고려한다면, 부사형인 'dynamei'도 '능력에 따라서', '능력의 상태에서'로 옮길 수 있겠지만, 'dynamis'의 두 가지 의미를 특별히 반영하지 않고 '가능적으로' 또는 '가능적인'이라고 옮긴다. 'dynamis'의 형용사 형태인 'dynaton'도 '능력이 있다', '할 수 있다', '가능하다'로 옮긴다.

147 이 장의 내용과 관련해서는 『범주론』 6장을 함께 참고.

을 셈할 수 있다면 다수이고, 측정할 수 있다면 크기이다. '다수'란 연속적이 아닌 것들로 나뉠 수 있는 가능성을 가진 것을 뜻하고, '크기'는 연속적인 것들로 나뉠 수 있는 가능성을 가진 것을 뜻한다. 크기 가운데 한 차원에서 연속적인 것은 '길이'라고 하고, 두 차원에서 연속적인 것은 '넓이'라고 하며, 세 차원에서 연속적인 것은 '깊이'라고 한다.[148] 이들 가운데 다수가 제한되면 수이고, 길이가 제한되면 선이며, 넓이가 제한되면 표면이고, 깊이가 제한되면 물체이다.

또한 어떤 것들은 그 자체의 본성에 따라서 양적인 것들이라고 불리는 반면, 어떤 것들은 부수적으로 그렇게 불리는데, 예컨대 선은 그 자체의 본성에 따라서 양적인 것인 데 반해 음악적인 것은 부수적으로 그렇다. 그 자체의 본성에 따라서 양적인 것들 가운데 어떤 것들은 실체의 측면에서 그런데, 예컨대 선은 양적인 것이고(그것이 '무엇'인지를 진술하는 정식 안에는 어떤 양적인 것이 놓여 있기 때문이다), 어떤 것들은 그런 종류의 실체에 속하는 속성들과 상태들인데, 예컨대 많음과 적음, 긺과 짧음, 넓음과 좁음, 깊음과 얕음, 〔무거움과 가벼움〕을 비롯해서 그런 성질의 것들이 그렇다. 또한 큼과 작음이나 더 큼과 더 작음은 — 그 자체의 본성에 따라서나 다른 것과의 관계 속에서나 — 그 자체의 본성에 따라서 양에 속하는 속성들이다. 하지만 그런 낱말들은 말뜻이 옮겨져 다른 것들에 대해서도 쓰인다. 부수적인 뜻에서 양이라고 불리는 것들 가운데 어떤 것들은, 앞서 말했던 뜻에서, 즉 음악적인 것이나 하얀 것은 그것들이 속해 있는 것이 양적인 것이라는 이유에서 그렇게 불린다는 뜻에서 '양'이라고 불리고, 또 어떤 것들은 운동이나 시간이 그렇다는 뜻에서 '양'이라고 불리는데, 왜냐하면 이들은 그것들을 상태로 갖는 것들이 분할가능하다는 이유에서 양적이고 연속적인 것이라고 불리기 때문이다. 이는 운동하는 것이 아니라 운동이 이루어진 곳을 염두에 두고 하는 말이다.[149]

148 '크기'(*megethos*)와 관련된 이런 구별에 대해서는 V 6, 1016b24 아래 참고.
149 아리스토텔레스는 운동체의 분할불가능성이 아니라 운동이 일어나는 공간의 분할불

왜냐하면 그것이 양적인 것이기 때문에 운동이 양적인 것이고, 또 운동이 양적인 것이기 때문에 시간이 양적인 것이다.

14. '성질'(*poion*)[150]

'성질'은 다음과 같은 것을 뜻한다. (1) 어떤 뜻에서는 실체의 차이가 성질이라고 불리는데, 예컨대 사람이 어떤 성질의 생명체인 것은 두 발을 가지기 때문이고, 말이 그런 것은 네 발을 가지기 때문이며, 원이 어떤 성질의 도형인 것은 각이 없기 때문인데, 그 이유는 차이가 실체의 측
1020b 면에서의 성질이라는 데 있다. 이런 뜻에서 성질은 실체의 차이를 뜻하고,[151] (2) 다른 뜻에서는 운동하지 않는, 수학의 대상들이 그렇게 불리는데, 수들을 일컬어 성질을 갖는 것들이라고 말할 때 그렇다. 예컨대 한 차원만을 갖는 것이 아니라 평면과 입체가 모방하는 합성된 수들이 그렇고 (그런 것들은 두 번 또는 세 번 곱한 양들이다)[152] 일반적으로 양과 떨어져서 (수의) 실체에 속하는 것이 그런데, 왜냐하면 각자의 실체는 그것이 단번에 그런 것[153]이기 때문인데, 예컨대 6의 실체는 어떤 수를 두 배

가능성을 염두에 두고 운동과 시간의 양적 성격을 말한다. 즉, 운동은 가능한 일정한 공간 안에서 일어나는 것이기 때문에 양적인 것이고, 시간은 다시 그런 양적 운동의 속성이기 때문에 양적인 것이다.

150 이 장의 내용과 관련해서는 'poion'의 여러 가지 뜻에 대한 『범주론』 8장의 설명을 함께 참고. 'poion'과 'pathos'의 차이에 대해서는 'pathos'의 다양한 뜻을 설명하는 V 21 참고.

151 로스를 따라 'diaphora ousias'를 넣어 읽었다. '실체의 차이'(*diaphora ousias*)에서 '실체'는 물론 '본질'이라는 뜻에서의 실체이기 때문에, '실체의 차이'란 곧 본질적 차이를 뜻한다. '실체의 차이'와 성질(*poiotēs*)의 관계에 대해서는 다음의 구절들을 참고: 『범주론』 5, 3b20; XI 12, 1068b18 아래; 『토피카』 VI 6, 144a20 아래.

152 '합성된 수들'(*hoi synthetoi*), 즉 '두 번 또는 세 번 곱한 양들'(*hoi posakis posoi ē posakis posakis posoi*)은 각각 2차원의 평면이나 3차원의 입체를 가리킨다. 평면의 넓이가 4라면, 이것은 2를 두 번 곱한 수이고, 입체의 부피가 9라면 이것은 3을 세 번 곱한 수이다. Alexander, 399, 30 참고.

나 세 배로 한 것이 아니라 단번에 그런 것인데, 6은 단번에 6이다.

성질은 또한 (3) 운동하는 실체들의 상태들을 뜻하는데, 이에 해당하는 것에는 예컨대 뜨거움과 차가움, 하양과 검정, 무거움과 가벼움을 비롯해서 그런 종류의 것들이 있으니, 그런 것들이 변화한다면, 우리는 물체들이 그런 측면에서 질적으로 변화한다고 말한다. 또한 성질은 (4) 탁월성과 악덕을 비롯해서 일반적으로 나쁨이나 좋음과 관련되어 있다.

그렇다면 성질은 대체로 두 가지 뜻으로 쓰이는데, 그 중 하나가 가장 주도적이다. 왜냐하면 첫째 성질은 실체의 차이이고 (여러 수 안에 있는 성질도 그런 종류의 성질의 한 부분인데, 그 이유는 그것은 실체들의 차이이지 운동하는 것들에 속하거나 또는 운동하는 것인 한에서 대상들에 속하는 것이 아니기 때문이다), 다른 성질에는 운동하는 것인 한에서 운동하는 것들에 속하는 양태들이 있는데, 여러 운동에 속하는 차이들이 그렇다. 탁월성과 무능은 양태들의 한 부분인데, 왜냐하면 그것들은 운동과 현실적 활동의 여러 가지 차이들을 보여주기 때문이다. 운동 중에 있는 것들이 능동적 작용이나 수동적 작용을 잘 행하거나 잘못 행하는 것은 바로 그런 차이들 때문이다. 왜냐하면 어떤 방식으로 운동하거나 현실적으로 활동하는 능력을 가진 것은 좋고, 그와 다른 방식으로, 즉 그와 반대되는 방식으로 운동하거나 현실적으로 활동하는 능력을 가진 것은 나쁘기 때문이다. 좋음이나 나쁨은 가장 본래적으로는 생명이 있는 것들과 관련된 성질을 가리키고, 그 가운데 특히 선택하는 것들과 관련된 성질을 가리킨다.

153 1020b7의 'to hapax'는 보니츠(*Metaphysica*, p. 259)를 따라 'ho hapax'로 읽어서 '단번에 그런 것'이라고 옮겼다. 그에 대한 로스의 번역을 참고: "e. g. that of 6 is not what it is twice or thrice, but what it is once; for 6 is once 6."

15. '관계'(*pros ti*)[154]

'관계'는 다음과 같은 것들을 뜻한다. (1) 두 배가 절반에 대해 갖는 관계가 있고 세 배가 1/3에 대해 갖는 관계가 있으니, 일반적으로 n배가 1/n에 대해 갖는 관계와 초과하는 것이 부족한 것에 대해 갖는 관계가 있다. (2) 뜨겁게 할 수 있는 것이 뜨겁게 될 수 있는 것에 대해 갖는 관계가 있고 절단할 수 있는 것이 절단될 수 있는 것에 대해 갖는 관계가 있으니, 일반적으로 능동적으로 작용할 수 있는 것이 수동적으로 작용할 수 있는 것[155]에 대해 갖는 관계가 있다. (3) 측정될 수 있는 것이 척도에 대해 갖는 관계, 인식될 수 있는 것이 인식에 대해 갖는 관계, 감각될 수 있는 것이 감각에 대해 갖는 관계가 있다.

(1) 첫 번째 관계항들은 — 무제한적으로나 제한적으로 — 수들 자체나 하나에 대해 수적인 관계를 가진다(예컨대 두 배는 하나에 대해 일정한 수적인 관계에 있으며, 여러 배는 하나에 대해 수적인 관계를 갖지만, 이는 개별적인 방식으로 확정된 관계처럼 정해진 것이 아니다. 3/2이 2/3에 대해 갖는 관계는 일정한 수에 대한 수적인 관계이며, n+1/n이 n/n+1에 갖는 관계는 확정되지 않은 수적인 관계인데, 이는 여러 배가 하나에 대해서 갖는 관계와 같다. 초과하는 것은 부족한 것에 대해 일반적으로 확정되지 않은 수적인 관계를 가진다. 왜냐하면 수는 공통의 단위에 의해 측정가능한데, 공통의 단위에 의해 측정가능하지 않은 것에 대해서는 '수'라는 말이 쓰이지 않기 때문이다. 초과하는 것이 부족한 것에 대해 갖는 관계는 어느 정도이거나 그 이상이지만, 그 정도는 정해져 있지 않다. 그 둘은 그때의 우연적인 사정에 따라 같거나 같지 않다.) 이런 모든 관계는 수로써 표현되고 수에 속하는 양태들이며, 양의

---

154 'pros ti'의 여러 가지 뜻에 대해서는 『범주론』 7장을 함께 참고.

155 1020b30의 'to poiētikon'과 'to pathētikon'은 그리스어에 포함된 능동성과 수동성을 분명히 하기 위해서 각각 '능동적으로 작용할 수 있는 것'과 '수동적으로 작용할 수 있는 것'이라고 풀어 옮겼다.

같음이나 질의 같음이나 동일은 또 다른 뜻의 관계이다[156](왜냐하면 이 모든 것은 하나에 의거해서 일컬어지는데, 하나의 실체를 갖는 것들은 '동일하다'고 하고, 하나의 성질을 갖는 것들은 '질이 같다'고 하며, 하나의 양을 갖는 것들은 '양이 같다'고 하기 때문이다. 하나는 수의 시작이자 척도이며, 따라서 이 모든 관계는 수적인 관계이지만, 그 방식은 똑같지 않다).

(2) 능동적으로 작용할 수 있는 것과 수동적으로 작용할 수 있는 것들은 작용을 행하거나 작용을 받을 수 있는 능력과 그런 능력들의 현실적 활동들에 의존하는데, 예컨대 뜨겁게 할 수 있는 것이 뜨겁게 될 수 있는 것에 대해 갖는 관계는 그것이 그렇게 할 수 있는 능력을 갖기 때문에 성립하고, 또한 뜨겁게 하는 것이 뜨겁게 되는 것에 대해 갖는 관계와 절단하는 것이 절단되는 것에 대해 갖는 관계는 그것들이 현실적으로 그런 활동을 하기 때문에 성립한다. 하지만 수적인 관계들에는 현실적 활동들이 속하지 않으며, 여기서 예외가 되는 방식에 대해서는 다른 곳에서 말한 바 있다.[157] 그것들에는 운동과 관련된 현실적 활동들이 속하지 않는다. 능력과 관련된 관계들 가운데 어떤 것들은 시간적 측면에서도 다른 것과 관계를 갖는데, 예컨대 이미 능동적으로 작용을 행한 것은 이미 행해진 것과 관계를 갖고 앞으로 능동적으로 작용을 행할 것은 앞으로 행해질 것과 관계를 가진다. 왜냐하면 이와 같이 아버지는 아이의 아버지라고 불리기 때문인데, 그 가운데 하나는 이미 능동적으로 작용을 행한 것이고 다른 하나는 그런 작용을 받은 결과이다. 또한 어떤 관계들은 능력의 결여와 관련되어 있는데, 예컨대 능력이 없는 것이나 그렇게 불리는 것들, 예컨대 보여질 수 없는 것이 그런 경우에 해당한다.

그러므로 수나 능력의 측면에서 다른 것과 관계를 갖는 것들은 모두

---

156 1021a9-10의 'ison', 'homoion', 'tauto'를 각각 '양의 같음'(等量, *equal*), '질의 같음'(同質, *like*), '동일'(同一, *same*)로 옮겼다.

157 로스(*Metaphysics* I, p. 330)의 추측에 따르면, 전승되지 않는 『이데아들에 대하여』(*Peri ideōn*)와 『피타고라스학파의 이론에 대하여』(*Peri tēs tōn Pythagorikōn doxēs*)를 가리킨다.

그것 자체가 본질적으로 다른 어떤 것과 관련되어 있기 때문에[158] 그 어떤 것에 대해 관계를 갖는 것이지, 다른 것이 그것에 대해 관계를 가지기 때문에 그런 것이 아니다. 하지만 (3) 측정될 수 있는 것이나 인식될 수 있는 것이나 사고될 수 있는 것은 다른 것이 그것과 관계를 갖기 때문에 관계를 가진다.[159] 왜냐하면 사고될 수 있는 것은 그것에 대해 사고가 가능하다는 사실을 뜻하지만, 사고는 그 사고가 속하는 것과 관계를 가진다는 말은 옳지 않다(왜냐하면 그럴 경우 동일한 것을 두 번 말하는 셈이 될 것이기 때문이다).[160] 이와 마찬가지로 시각은 어떤 것에 대한 시각이지만, 그 시각이 속하는 것에 속하는 시각은 아니며 (물론 그런 말이 참일 수도 있다), 색깔이나 그런 종류의 것에 대해 관계를 가진다. 하지만 앞서 말한 방식에 따르면 동일한 것을 두 번 말하게 될 터인데, "시각은 시각이 속하는 것에 속한다"[161]고 말하게 될 것이다.

그 자체의 본성에 따라 관계를 갖는 것들 가운데 어떤 것들은 이런 뜻에서 (관계를 가진다고) 하지만, 또 어떤 것들은 본성적으로 그런 것들을 포

---

158 1021a28의 'tōi hoper estin allou legesthai 〔(auto ho estin)〕, alla mē tōi allo pros ekeino'를 우리말로 옮기기는 어렵다. 로스는 이를 'because their very essence includes in its nature, not because something else involves a reference to it'이라고 풀어 옮겼는데, 이 번역에서도 그런 뜻으로 풀어 옮겼다. 'hoper'의 쓰임에 대해서는 III 4, 1001a26에 대한 각주 참고.

159 '측정될 수 있는 것'(*to metrēton*), '인식될 수 있는 것'(*to epistēton*), '사고될 수 있는 것'(*to dianoēton*)은 각각 측정하는 사람, 인식의 주체, 사고의 주체와 관계를 맺음으로써 일정한 관계 속에 놓이게 된다.

160 1021a31-2의 'ouk esti d' hē dianoia pros touto hou esti dianoia'(but the thought is not relative to that of which it is the thought — Ross)는 해석하기 쉽지 않지만, 아마도 다음과 같은 뜻으로 풀이할 수 있을 것이다. 예컨대 "시각은 색깔에 대해서 관계를 가진다"라거나 "사고는 형상에 대해서 관계를 가진다"라고 말할 수 있다. 하지만 "시각은 시각이 속하는 것에 대한 시각이다"나 "사고는 사고가 속하는 것에 대한 사고이다"라는 말은 적절한 표현이 아닌데, 그것은 같은 말을 되풀이하는 것이기 때문이다. Alexander, 406, 35와 Ross, *Metaphysics* I, p. 330 참고.

161 1021b3의 'estin ⟨hē⟩ opsis hou estin 〔hē〕 opsis'(the sight is of that of which it is — Ross)에서 'estin ⟨hē⟩ opsis'는 두 번 되풀이된다.

함하는 유들이기 때문에 그렇게 일컬어지는데, 예컨대 의술이 관계적인 것들에 속하는 이유는, 일반적 의견에 따를 때 그것의 유, 즉 인식이 관계적인 것이기 때문이다. 또한 그것들을 가짐으로써 어떤 것들이 다른 어떤 것과 관계를 갖게 되는 성질들이 있는데, 예컨대 양적 동일성은 양이 동일한 것이 관계 속에 있기 때문에 관계이고, 질의 동일성은 질이 동일한 것이 관계 속에 있기 때문에 관계가 된다.[162] 반면 부수적인 뜻에서 관계를 갖는 것들이 있는데, 예컨대 어떤 사람이 다른 어떤 것에 대해 관계를 갖는 것은 그에게 어떤 것의 두 배임이 속하기 때문인데, 이것은 관계적인 것에 속한다.[163] 또한 하양은 어떤 것에 대해 관계를 갖는 것인데, 동일한 것에 두 배임과 하양임이 속한다면 그렇다.

16. **'완전하다', '완벽하다'**(*teleios*)

'완전하다'는 다음과 같은 것들을 뜻한다. (1) 그것 밖에서 아무것도, 어느 한 부분도 취할 수 없는 것이 완전한데, 예컨대 밖에서 그 시간의 부분에 해당하는 어떤 시간도 취할 수 없는 것을 완전한 시간이라고 한다. (2) 탁월성이나 잘함의 측면에서 볼 때 어떤 유 안에서 능가하는 것을 갖지 않는 것을 일컬어 '완벽하다'고 하는데, 예컨대 의사가 완벽하다거나 피리 연주자가 완벽하다고 불리는 것은 그들이 자신들에게 종적으로 고유한 탁월성의 측면에서 아무것도 모자라지 않기 때문이다. 그리고 이와 같은 방식으로 말뜻을 옮겨[164] 나쁜 것들에도 적용하여 완벽한 고소꾼이나 완벽한 도둑이라는 말이 사용되는데, 왜냐하면 예컨대 (능력

162 'isotēs'와 'homoitēs'를 각각 '양적 동일성'과 '질적 동일성'으로 옮겼다.

163 예컨대 소크라테스는 그 자체로서는 관계적인 것이 아니다. 하지만 소크라테스는 노예 소년보다 키가 '더 크다'라고 말한다면, 이때 소크라테스에게는 노예 소년보다 키가 더 크다는 부수적인 규정이 속하기 때문에, 관계적인 것이 된다.

164 V 3, 1014b3에 대한 각주 참고.

이) 좋은 도둑이나 좋은 고소꾼이라는 말을 쓸 때 그렇듯이 우리는 그들이 '좋다'고 말하기 때문이다. 그리고 탁월성은 일종의 완성이다. 왜냐하면 각 사물이나 모든 실체는, 각자에게 종적으로 고유한 탁월성의 측면에서 볼 때 그것의 본성적인 크기에서 아무것도 모자라지 않을 때 완전하다고 일컬어지기 때문이다. (3) 또한 끝이 훌륭한 경우 끝에 이른 것들을 일컬어 완전하다고 하는데, 왜냐하면 그것들은 끝을 가진다는 뜻에서 완전하다고 불리기 때문이다. 그러므로 끝은 최종적인 것들에 속하기 때문에, 나쁜 것들에 대해서도 그 말뜻을 옮겨, 그것들이 완전히 사라졌다거나 완전히 소멸했다고 말하는데, 소멸이나 부패과정에서 아무것도 모자람이 없이 최종적인 상태에 있을 때 그런 말을 쓴다. 그러므로 전이된 뜻에서 종말을 일컬어 끝이라고 하는데, 왜냐하면 그 둘은 모두 최종적이기 때문이다. 하지만 목적과 지향 대상은 최종적이다. 그러므로 그 자체의 본성에 따라서 완전하다고 불리는 것들은 이처럼 여러 가지 뜻으로 일컬어지는데, 그 가운데 어떤 것들은 잘함의 측면에서 볼 때 아무것도 모자라지 않고 어떤 점에서도 그것을 능가하는 것이 없으며 그것 밖
1022a 에서 어떤 것도 취할 수 없는 것들이다. 어떤 것들은 일반적으로 각각의 유 안에서 자신을 능가하는 것을 갖지 않으며 그것에 속하는 어떤 부분도 자기 자신밖에 갖지 않는 것들이다. 또 어떤 것들은 지금 말한 것들에 의거해서 완전하다고 불리는데, 그런 성질의 것을 무언가 만들어내거나 소유하거나 그런 것에 부합하거나 아니면 여하한 방식으로건 첫 번째 뜻에서 완전하다고 일컬어지는 것들과의 관계 속에서 있기 때문에 그렇게 불린다.

17. **'한계'**(*peras*)

'한계'는 다음과 같은 것들을 뜻한다. (1) 어떤 대상의 최종적인 것이 그렇게 불리는데, 이것은 첫째가는 것이므로 그것 밖에서는 아무것도 취

할 수 없고 그것이 첫째가는 것이므로 모든 것은 그것 안에 있다.[165] (2) 크기의 형상 또는 크기를 가진 것의 형상이 될 수 있는 것이 그렇게 불린다. (3) 각 대상의 끝이 한계라고 불린다(그것을 향해서 운동과 행동이 이루어지며 그것으로부터는 아무것도 일어나지 않는다. 물론 어떤 때는 끝이 둘 모두, 즉 시작점이자 귀결점이다).[166] (4) 지향 대상과 각 사물의 실체와 각 사물의 본질이 그렇게 불리는데, 왜냐하면 이것은 지식의 한계이며,[167] 지식의 한계라면 그것은 또한 대상의 한계이기도 하다. 그렇다면 분명 '아르케'가 여러 가지 뜻으로 쓰이는 것과 똑같이 '한계'도 여러 가지 뜻으로 쓰이며, 그것은 더 많은 뜻으로 쓰이는데, 왜냐하면 아르케는 일종의 한계이지만, 모든 아르케가 한계는 아니기 때문이다.

18. '~에 따라서'(*kath' ho*), '그 자체로서'(*kath' hauto*)

'~에 따라서'는 여러 가지 뜻으로 쓰인다.[168] (1) 형상과 각 사물의 실체가 그렇게 불리는데, 예컨대 어떤 것이 좋다면, 그것은 좋음 자체에 따라서 그렇다. (2) 어떤 것이 본성상 그 안에 생겨나는 첫 번째 것에 대해

165 예컨대 어떤 원에 속하는 것들은 모두 원의 '한계'(*peras*) 안에 있다. 또는 건축과 같은 과정을 시작과 끝이 있는 하나의 직선으로 생각해 보면, '최종적인 것'(*ta eschata*), 즉 양극을 넘어서는 어떤 건축행위도 없고, 건축행위와 관련된 모든 것은 이 극단 '안에' 있다.

166 예컨대 의사의 치료행위는 건강을 치료행위의 '끝', 즉 '목적'(*telos*)으로 삼는다. 즉, 환자가 되찾은 건강은 치료행위의 완성이자 끝이다. 건강을 회복한 사람에게는 치료를 하지 않는다. 하지만 어떤 뜻에서 건강은 치료행위의 시작이기도 하다. 왜냐하면 의사는 처음부터 건강한 상태를 얻기 위해서 치료행위를 시작하기 때문이다.

167 I 3, 983a28 아래와 VII 9, 1034a31 참고.

168 1022a14의 "to kath' ho legetai pollachōs"에 대한 로스의 번역은 "'That in virtue of which' has several meanings"이다. 풀이하면 갑이 을에 따라서, 을 때문에 또는 을 덕분에 있다고 할 때, 그 을에 해당하는 것이 'to kah' ho', 즉 'that in virtue of which'이다. 이 장에서는 그러니까 을의 자리에 오는 것들이 어떤 것들이 있는지를 소개한다.

그 말이 쓰이는데, 예컨대 색깔은 표면 안에 생긴다. 그러므로 첫째로는 형상에 대해서 '~에 따라서'라는 말이 쓰이고, 둘째로는 각 사물의 기체 및 각 사물의 첫째 기체에 대해서 그런 말이 쓰인다. 하지만 일반적으로 말하자면 '~에 따라서'는 원인과 똑같이 여러 가지 뜻으로 쓰인다. 왜냐하면 "무엇에 따라서 그가 왔는가?"[169]는 "무엇을 위해서 그가 왔는가?"라는 말과 같은 뜻이고, (4) "무엇에 따라서 오류추론이 이루어졌는가?" 또는 "무엇에 따라서 추론이 이루어졌는가?"는 "무엇이 추론의 원인인가?"나 "무엇이 오류추론의 원인인가?"와 같은 뜻이기 때문이다. 또한 (5) '~에 따라서'는 위치와 관련해서도 쓰이는데, "어떤 것을 따라서 그는 서 있다"[170] 또는 "어떤 것을 따라서 그는 걷고 있다"고 우리는 말하기 때문이다.[171] 그것들은 모두 위치와 장소를 가리킨다.

그러므로 '그 자체로서'도 여러 가지 뜻으로 쓰일 수밖에 없다.[172] 그 이유는 이렇다. (1) 각 사물의 본질에 대해 '그 자체로서'라는 말이 쓰이는데, 예컨대 칼리아스는 그 자체로서 칼리아스이자 칼리아스의 본질이다. (2) '무엇'에 속하는 것들[173]이 그렇게 불리는데, 예컨대 칼리아스는 그 자체로서 동물이니, 왜냐하면 (칼리아스에 대한) 정식 안에는 '동물'이 들어 있기 때문인데, 칼리아스는 어떤 동물이기 때문이다. (3) 또한 어떤 것이 자신 안이나 또는 자신에게 속한 부분들 중 한 부분 안에 어떤 것을

---

169 1022a20의 'kata ti elēlythen'(in virtue of what has he come?)은 "무엇 때문에 그가 왔는가?"의 뜻이다.

170 1022a23의 'kath' ho hestēken'(at which he stands)은 "어떤 쪽으로 그는 서 있다"의 뜻이다.

171 결국 "갑이 을에 따라서 있다" 또는 "갑이 을 때문에 있다"라고 말할 때, 형상(즉, 본질이라는 뜻의 실체), 질료, 운동인, 목적이 을의 자리에 올 수 있다.

172 V 6, 1015b16에 대한 주석 참고.

173 1022a27-8의 '무엇에 속하는 것들'(*hosa en tōi ti estin hyparchei*)을 로스는 "whatever is present in the 'what'"이라고 옮겼는데, 그 말의 뜻은 다음과 같다. 우리가 예컨대 '사람'을 앞에 두고 "사람이란 무엇인가?"라고 묻는다면, "사람은 두 발 가진 동물이다"라고 대답할 것이다. 바로 사람이 '무엇'인지를 표현하는 이 진술 안에 들어 있는 '두 발 가진'과 '동물' 등을 가리켜 '무엇에 속하는 것들'이라고 한다.

받아들였고 그것의 첫째 수용자라면, (그 수용자는 그 자체로서 그 어떤 것이라고 불리는데), 예컨대 표면은 그 자체로서 하얗고 사람은 그 자체로서 살아 있으니, 왜냐하면 영혼은 사람의 한 부분이요, 이 부분은 생명이 속하는 첫 번째 것이기 때문이다. (4) 또한 다른 원인을 갖지 않는 것에 대해서 '그 자체로서'라는 말이 쓰이는데, 왜냐하면 사람에 대해서는 여러 원인, 즉 동물과 두 발 가진 상태가 있지만, 그럼에도 불구하고 사람은 그 자체로서 사람이기 때문이다. 또한 (5) 유일하게 어떤 것에 속하고, 더욱이 그 유일성의 측면에서 그것에 속하는 것들을 일컬어 그 자체로서 어떤 것에 속한다고 말하는데, 왜냐하면 그것들이 속하는 것은 그 자체로서 분리되어 있기 때문이다.

19. **'배치상태'**(*diathesis*)

'배치상태'는 부분들을 가지고 있는 것들의 질서, 즉 장소나 능력이나 1022b
종에 따른 질서를 뜻한다. 왜냐하면 '디아테시스'라는 말이 보여주듯이, 거기에는 어떤 '테시스'가 있어야 하기 때문이다.[174]

20. **'(소유)상태'**(*hexis*)

'소유상태'는 다음과 같은 것들을 뜻한다. (1) 예컨대 가진 자와 그가 가진 것에 속하는 어떤 현실태가 그렇게 불리는데, 그것은 일종의 행동

174 '배치상태'라고 옮긴 'diathesis'나 그에 대한 영어 번역어 'disposition'은 우리말로 옮기기 쉽지 않다. 이 말은 '상태'라고 옮길 수도 있겠지만, 그 상태는 일정한 요소들의 '위치'(*thesis*) 또는 '배치'에 의해 결정된다는 뜻이 담겨 있기 때문에 '배치상태'라고 옮겼다. 예컨대 건강은 일종의 상태이지만, 건강한 상태는 우리 몸의 다양한 체액들, 예컨대 피, 점액, 흑담즙, 황담즙 등이 균형 있게 배치되어 있을 때 이루어진다.

이나 운동과 같다. 왜냐하면 하나가 만들고 다른 하나가 만들어질 때 그 중간에 만듦이 있으며, 이와 마찬가지로 옷을 가진 사람과 그가 가진 옷 사이에 소유상태가 있기 때문이다. 그렇다면 이런 소유상태를 가질 수 없음은 분명하다. 왜냐하면 만일 우리가 가진 것을 가진 상태를 가진다면, 이는 무한히 진행되기 때문이다. (2) 다른 뜻에서는 배치상태, 즉 어떤 배치관계에 있는 것이 좋거나 나쁜 상태에 있도록 하는 근거가 되는 상태가 그렇게 불리는데, 그런 상태는 그 자체의 본성을 따르거나 다른 어떤 것과 관계를 맺고 있는데, 예컨대 건강은 어떤 종류의 소유상태이다. 왜냐하면 건강은 그런 종류의 상태이기 때문이다. 또한 (3) 그런 종류의 상태에 속하는 한 부분이 있다면, 그 경우에 소유상태라는 말이 쓰이는데, 그런 이유 때문에 부분들의 탁월성도 일종의 소유상태이다.[175]

21. **'파토스'**(*pathos*)

'파토스'란 다음과 같은 것들을 뜻한다. (1) 변이가 일어날 수 있는 측면이 되는 성질이 그렇게 불리는데, 예컨대 하양과 검정, 단맛과 쓴맛, 무거움과 가벼움을 비롯해서 그와 같은 종류의 것들이 그렇다. (2) 그런 것들의 현실태들, 즉 이미 일어난 변이들이 그렇게 불린다. (3) 그런 변화들 가운데 해로운 변이나 운동들이 그렇게 불릴 때가 더 많고, 무엇보

175 'hexis'를 여기서는 '소유상태'라고 옮겼다. 'hexis'의 동사형 'echein'은 목적어와 함께 쓰이면 '~을 가지다'라는 뜻의 타동사이지만, 부사와 함께 쓰이면 '~한 상태이다'라는 뜻의 자동사로 쓰인다. (1)과 (2)에 해당하는 'hexis'의 뜻은 그런 구분에 상응해서 각각 '가짐' 혹은 '소유'(*having*)와 '상태'(*habit, disposition*)를 뜻한다. (3)은 여러 가지 상태 가운데 보다 항구적이고 지속적인 상태, 즉 습성 또는 성향(*habit, permanent state*)을 뜻한다. 영혼의 부분들에 속하는 습성의 탁월성(*aretē*)은 그런 뜻에서 'hexis'이다(『니코마코스 윤리학』 II권 5장 참고). (2)와 (3)의 의미구분에 대해서는 『범주론』 8, 8b25-9a13 참고. (1)에 대해서는 '가지다'(*echein*)에 대한 아래 V 23의 설명 참고.

다도 고통스런 수난(受難)이 그렇게 불린다. (4) 커다란 불행〔과 고통〕이 파토스라고 불린다.[176]

22. '결여'(*sterēsis*)

'결여'는 다음과 같은 경우들에 쓰인다. (1) 본성적으로 소유되는 것들 중 어떤 것을 갖지 않을 때 그 말이 쓰인다.[177] 우리가 말하는 대상이 그것을 본성적으로 갖지 않는 경우에도 그 말이 쓰이는데, 예컨대 식물은 눈(眼)을 결여하고 있다고 말한다. (2) 어떤 것이 — 그것 자체나 그것이 속한 부류가 — 어떤 것을 본성적으로 가질 수 있음에도 불구하고 갖지 못하는 경우 그 말이 쓰이는데, 예컨대 눈먼 사람과 두더지가 시각을 결여하고 있다고 말하는 것은 뜻이 다르다. 왜냐하면 한 경우에는 부류의 측면에서 그렇고 다른 경우에는 (해당 개체) 그 자체의 측면에서 그렇기 때문이다.[178] (3) 본성적으로 가질 수 있고 가질 만한 때에 이르렀지만, 갖지 않는 경우 그런 말이 쓰인다. 왜냐하면 눈이 먼 상태는 일종의 결여이지만, 눈이 멀었다는 말은 모든 연령대에 걸쳐서 쓰이는 것이 아니라

---

176 'pathos'의 다양한 뜻을 포괄하는 우리말을 찾기란 어렵다. 위의 구분에 따르면, 파토스에는 (1) 변이에 따라 생겨나고 사라지는 성질(*poiotēs*)(V 14, 1020b9; XII 2, 1069b12), (2) 성질의 변이(*alloiōseis*) 자체(『정치학』 VIII 7, 1342a5), (3) 해로운 변이(『동물부분론』 III 4, 667b9, 『호흡에 대하여』 20, 479b26), (4) 수난(受難, *blabē*), 극단적인 불행(*symphora*)이나 고통(『시학』 11, 1452b9-13; 『수사학』 II 5, 1382b31) 등이 있다. 이 모든 의미의 배후에는 동사 'paschein'의 '작용을 받다', '어떤 일을 겪다'라는 뜻이 놓여 있다. 즉, 자연물은 질적 변이를 받아들임(*paschein*)으로써 일정한 속성이나 성질을 갖게 되거나 일정한 양태에 놓이게 되는데, 그런 수동적 '변이' 자체뿐만 아니라 변이의 결과로서 생겨나는 일정한 '속성'이나 '양태'를 일컬어 모두 'pathos'라고 한다. 이런 'pathos'의 쓰임과 관련해서는 예컨대 XIII 3, 1078a5-8 참고.

177 IX 1, 1046a31 아래 참고.

178 두더지는 부류(*genos*) 전체가 시각을 결여하고 있다. 하지만 어떤 사람이 눈이 멀었다면, 이는 그 사람 개인의 일이다.

본성적으로 가질 만한 때이지만 갖지 않을 경우에 쓰이기 때문이다. 이와 마찬가지로 어떤 것이 〈본성적으로〉 시각을 가질 수 있는 매체 안에 있고 해당 기관을 갖고 해당 대상과의 관계 속에서 조건이 마련되어 있음에도 불구하고 시각을 갖지 못한다면 눈이 멀었다고 말한다.[179] 어떤 것의 강제적인 박탈도 결여라고 불린다.[180]

부정의 접두어를 갖는 부정어들이 쓰이는 수만큼 많은 수의 결여상태들이 있다.[181] 본성상 그럴 수 있음에도 불구하고 양적 동일성을 갖지 않기 때문에 '같지 않다'고 하고, 색깔을 전혀 갖지 않거나 색깔이 희미하기 때문에 '보이지 않다'고 하며, 다리가 전혀 없거나 불완전하기 때문에 '다리가 없다'라고 한다. 또한 가진 것의 수가 적기 때문에 그런 부정어가 쓰이기도 하는데, '씨가 없다'[182]는 말이 그런데, 어떤 불완전한 상태에 있기 때문에 그 말이 쓰인다. 또한 빨리 되지 않거나 잘되지 않기 때문에 그런 말이 쓰이는데, 예컨대 '쪼개지지 않는다'는 쪼개지지 않는다는 이유에서뿐만 아니라 빨리 잘 쪼개지지 않는다는 이유에서도 쓰인다. 어떤 것을 전혀 갖지 않기 때문에 그 말이 쓰이기도 하는데, 왜냐하면 외눈박이가 아니라 두 눈 모두 시력이 없는 사람을 일컬어 '눈이 멀었다'고 하기 때문이다. 그런 이유 때문에 모든 사람이 좋거나 나쁘거나, 정의롭거나 불의한 것이 아니고 그 중간도 있다.

---

179 1022b30-1: "homoiōs de kai en hōi an ēi pephykos kai kath' ho kai pros ho kai hōs, an mē echēi 〔pephykos〕". 축약된 원문을 앞의 내용을 참작해서 우리말로 옮겼다. 로스의 다음 번역을 참고하라. "Similarly a thing is called blind if it has not sight in the medium in which, and in respect of the organ in respect of which, and with reference to the object with reference to which, and in the circumstances in which, it would naturally have it." Alexander, 419, 8 아래와 Bonitz, *Metaphysica*, p. 269 참고.

180 'sterēsis'의 이런 두 가지 의미, 즉 '결여'라는 뜻과 '강제적인 박탈'(biaia aphairesis)이라는 뜻을 재현하는 우리말을 찾기는 어렵다. 하지만 영어의 'privation'은 그 두 가지 뜻을 함께 가진다.

181 여기서 말하는 '부정어들'(*apophaseis*)이란 부정의 접두어 'a'로 이루어진 단어들, 즉 'anison'(양이 같지 않다), 'apoun'(다리가 없다), 'ahoraton'(보이지 않다) 등을 뜻한다.

182 '씨가 없다'(*apyrēnon*)라는 표현에 대해서는 『영혼론』 II 10, 422a29 참고.

23. '가지다'(*echein*), '어떤 것 안에 있다'(*en tini einai*)[183]

'가지다'는 여러 가지 뜻으로 쓰인다. 그것은 (1) 어떤 것을 자신의 본성이나 자신의 추동력에 따라서[184] 이끈다는 뜻인데, 이 때문에 "열기가 사람을 가진다", "독재자들이 나라를 가진다", "옷을 몸에 감싼 사람은 옷을 가진다"고 말한다. (2) 어떤 것이 수용자 안에 속할 때 그 수용자에 대해 그 말이 쓰이는데, 청동은 사람의 형상을 가지고 몸은 질병을 가진다. (3) 둘러싸인 것들을 둘러싼 것에 대해서 그 말이 쓰이는데, 왜냐하면 우리는 둘러싼 것을 두고 그것이 다른 것을 '가진다'('수용한다')고 말하기 때문이다. 예컨대 우리는 "그릇이 물을 가진다", "도시가 사람들을 가진다", "배가 뱃사람들을 가진다"고 말한다. 이와 마찬가지로 전체도 부분들을 가진다. (4) 자신의 추동력에 따라서 움직이거나 행동하는 것을 가로막는 것을 두고, 이것이 어떤 것을 '가진다'('지탱한다')고 말하는데, 예컨대 기둥들은 지붕의 무게를 가진다. 시인들은 아틀라스가 하늘을 가진다고 묘사하는데,[185] 이는 그렇지 않으면 하늘이 땅을 덮칠 수도 있다는 생각에서 온 것이며, 몇몇 자연연구자들이 하는 말도 이와 마찬가지다. 이와 같은 뜻에서 함께 잇는 것도 그것이 함께 잇는 것들을 가진다고 하는데, 이는 그렇지 않으면 함께 이어진 것들이 자신의 추동력에 따라 해체되어 분리될 것이라는 생각에서 온 것이다.

'어떤 것 안에 있다'도 '가지다'에 상응해서 여러 가지 유사한 용법으로 쓰인다.[186]

---

183 'echein'에 대한 『범주론』 15장의 설명을 함께 참고.

184 '충동' 혹은 '추동력'(*hormē*)에 대해서는 V 5, 1015a27에 대한 각주 참고.

185 이 두 경우 '가지다'는 물론 '지지하다', '지탱하다', '떠받치다'를 뜻한다.

186 예컨대 "그릇이 물을 가지다", "도시가 사람들을 가지다", "배가 뱃사람들을 가지다" 등은 "물이 그릇 안에 있다", "사람들이 도시 안에 있다", "뱃사람들이 배 안에 있다" 등 '~ 안에 있다'(*en tini einai*)의 형태로 바꿔 쓸 수 있기 때문이다.

24. '어떤 것으로부터 있다'(*ek tinos einai*)

'어떤 것으로부터 있다'는 다음과 같은 것들을 뜻한다.[187] (1) 그것은 질료에 해당하는 어떤 것으로 이루어져 있음을 뜻하는데, 여기에는 두 가지 방식이 있으니, 첫째 유나 최후의 종에 따라서 그렇게 말한다. 예컨대 우리는 모든 주조물들이 액체로 이루어져 있다고 말하기도 하고, 동상이 청동으로 이루어져 있다고 한다. 그 말은 (2) 운동을 낳는 첫째 원리에 해당하는 어떤 것으로부터 유래함을 뜻한다(예컨대 싸움은 무엇으로부터 유래하는가? 그것은 비방으로부터 유래하는데, 왜냐하면 이것이 싸움의 시작이기 때문이다). 그 말은 (3) 질료와 형태의 합성체로부터 생긴다는 것을 뜻하기도 하는데, 예컨대 전체로부터 부분들이 생기고 『일리아스』로부터 이야기가 생기며 집으로부터 돌무더기가 생긴다고 말한다. 왜냐하면 형태는 끝이고 끝을 가진 것은 완전한 것이기 때문이다. 그런가 하면 (4) 형상은 부분으로 이루어져 있는데, 예컨대 사람은 두 발을 가진
1023b 상태로 이루어져 있고 음절은 철자로 이루어져 있다. 왜냐하면 이런 경우는 조각상이 청동으로 이루어진 것과 다른데, 합성된 실체는 질료적 실체로 이루어져 있지만, 형상 역시 그 형상의 질료로 이루어져 있기 때문이다.[188] 어떤 경우에는 이런 뜻에서 '어떤 것으로부터 있다'고 말하지

---

187 어색하지만 'ek tinos einai'를 문자 그대로 옮겨 '어떤 것으로부터 있다'라고 옮긴다. 영어의 'to be from something'도 어색한 탓인지, 로스도 'to come from something'이라고 의역했다. 우리말에서도 "갑이 을로부터 유래하다", "갑이 을로부터 생기다", "갑이 을로 이루어져 있다"라고 풀어서 옮길 수도 있겠지만, 그 어느 것도 'ek tinos einai'의 모든 용법을 포괄하지는 못한다. 이 번역에서는 'ek tinos'에 강조점을 두어 "갑이 을로 이루어지다", "갑이 을로부터 유래하다" 등으로 옮기기도 했다.

188 1023b2의 "형상 역시 형상의 질료로 이루어져 있다"(*kai to eidos ek tēs tou eidous hylēs*)는 말의 뜻은 분명치 않다. 로스는 '형상에 대한 정의 안에 포함되는 요소들'을 염두에 둔 표현으로 본다(*Metaphysics* I, p. 339 참고). 위의 1023a35의 "형상은 부분으로 이루어져 있는데"라는 표현이나 이어지는 예를 보면 특정한 대상, 예컨대 사람이나 음절의 전체 형상이 부분들로 이루어져 있다는 사실을 가리키는 표현인 듯하다. V 25, 1023b20 참고.

만, (5) 다른 경우에는 어떤 것이 그런 다양한 뜻의 출처에 속하는 어떤 부분에 따라서 있을 때 그렇게 불린다. 예컨대 아비와 어미로부터 아이가 생기고, 흙으로부터 나무들이 생기는데, 그 이유는 그런 것들은 그런 출처들의 어떤 부분으로부터 생기기 때문이다.[189] 또한 (6) 시간적으로 뒤에 오는 것을 두고 그렇게 말한다. 예컨대 밤은 낮으로부터 생기고 폭풍은 좋은 날씨로부터 생기는데, 그 이유는 하나가 다른 것 뒤에 오기 때문이다. 그 가운데 어떤 것들은 상대 쪽 방향으로 변화를 겪기 때문에 그렇게 불리는데, 지금 말한 경우들이 그렇고, 어떤 것들은 단순히 시간적으로 이어진다는 이유 하나만으로 그렇게 불리는데, 예컨대 주야평분점(晝夜平分点)으로부터 항해가 이루어졌다는 말은 항해가 주야평분점 뒤에 이루어졌기 때문에 하는 말이고, 디오니소스 제전으로부터 타르겔리온 제전이 이루어졌다는 말은 이 제전이 디오니소스 제전 뒤에 오기 때문에 하는 말이다.[190]

25. '부분'(*meros*)

'부분'은 다음과 같은 것들을 뜻한다. (1) (a) 그 방식을 가릴 것 없이 양이 분할될 때 그 결과물이 부분이라고 불린다. 왜냐하면 양의 측면에서 양적인 것으로부터 덜어낸 것은 언제나 그 양의 부분이라고 불리기 때문인데, 예컨대 둘은 어떤 뜻에서 셋의 부분이라고 불린다. (b) 위에서 말한 것들 가운데 (전체의) 측정단위가 되는 것들만이 부분이라고 불리는

189 예컨대 아이는 아비의 한 부분(*meros*)(= 정액)과 어미의 한 부분(= 경혈)으로부터 생긴다. VIII 4, 1044a34 아래 참고.

190 디오니시아 제전(Dionysia)은 엘라페볼리온(Elaphebolion) 달 9일부터 14일까지(3월 하순) 열렸던 디오니소스를 기리는 농경제였고, 타르겔리아 제전(Thargēlia)은 타르겔리온(Thargelion) 달의 6일과 7일(5월 말)에 아테네에서 아폴론을 위해 열렸던 축제이다.

데, 이런 이유 때문에 둘은 어떤 뜻에서는 셋의 부분이지만 어떤 뜻에서는 그렇지 않다.[191] (2) 양적인 측면과 상관없이 어떤 것이 종의 측면에서 분할될 때 그 결과물이 있는데, 이것들이 분할되는 그것의 부분이라고 불린다.[192] 이런 이유에서 사람들은 종들이 유의 부분들이라고 말한다. (3) 전체를 나눌 때 그 결과물이 되거나 함께 전체를 구성하는 것들이 부분이라고 불리는데, 그 전체가 형상이건 형상을 가진 것이건 마찬가지이다. 예컨대 청동도 청동 구나 청동 사각형의 부분이고 (청동은 형상이 속해 있는 질료이다), 각(角)도 부분이다. (4) 각 대상을 드러내는 정식 안에 있는 것들, 이것들도 전체의 부분들이다. 그러므로 유가 종의 부분이라고 불리기도 하지만, 다른 뜻에서는 종이 유의 부분이라고 불린다.

26. **'전체'**(*holon*), **'전부'**(*pan*), **'모든 것들'**(*panta*)

'전체'는 다음과 같은 것들을 뜻한다. (1) 본성적으로 그 전체를 이루는 구성부분들 가운데 어떤 부분도 빠짐없이 갖추고 있는 것과, (2) (어떤 것들이 포섭되어 있을 때) 그 포섭된 것들이 하나가 되도록 포섭하는 것이 그렇게 불리는데, 여기에는 두 가지 뜻이 있다. 왜냐하면 각자가 하나인 경우가 있고 그것들로 하나가 이루어져 있는 경우가 있다. 왜냐하면 (a) 보편자, 즉 어떤 것들에 대해 전체적으로 술어가 되면서 (그것 자체가) 일종의 전체 구실을 하는 것은 각 대상에 대해 술어가 됨으로써 여럿을 포섭

---

191 셋은 둘로 나뉘어 떨어지지 않기 때문이다.

192 1023b17-8의 'eis ha to eidos dihairetheiē an aneu tou posou, kai tauta moria legetai toutou'의 뜻은 다소 모호하다. 이 문장을 직역하면 "양적인 측면과 상관없이 종이 분할될 때 그 결과물이 있는데, 이것들이 그것의 부분이라고 불린다" 정도로 옮길 수 있다. 로스도 이렇게 보고 "The elements into which a kind might be divided apart from the quantity are also called parts of it"이라고 옮겼다. 하지만 원문의 'to eidos'를 이른바 'accusativus respectus'(측면의 4격)로 이해할 수도 있다. 여기서는 이 점을 고려해서 우리말로 옮겼다.

하지만 그 여럿은 각각 하나로서 있다는 뜻에서 보편적이기 때문인데, 예컨대 사람, 말, 신은 각각 하나이니, 그것들은 모두 생명체인 탓이다. 반면 (b) 연속적이며 한계를 가진 것이 있는데, 그것은 여러 내재적인 부분으로 이루어진 어떤 하나이고, 특히 그 부분들은 가능적으로 그 안에 들어 있고, 그렇지 않을 때 완전한 상태에 있다.[193] 하지만 그런 것들[194] 자체를 두고 말하자면 그 가운데 본성에 의해 있는 것들이 기술에 의해 있는 것들보다 더 그런 성질을 갖는데, 이는 우리가 '하나'를 다룬 곳에서[195] 말한 바와 같이, 전체성은 일종의 단일성이기 때문이다.

(3) 또한 시작과 중간과 끝을 갖는 양적인 것 중에서, 위치에 따라 아무 차이가 나지 않으면 '전부'라고 불리고, 위치에 따라 차이가 나면 '전체'라고 불린다. 하지만 그 둘 다일 수 있는 것들은 '전체'이자 '전부'라고 불린다. 위치변화에도 불구하고 그 본성이 똑같이 유지되지만 형태는 유지되지 않는 것들이 그런 것들에 해당하는데, 예컨대 밀랍과 옷이 그렇다. 왜냐하면 그것들은 전체이자 전부라고 불리기 때문인데, 이 두 가지 성격을 모두 갖기 때문이다. 하지만 물과 물기 있는 것들과 수는 전부라고 불리지만, '전체 수'나 '전체 물'이라는 말은 — 말뜻이 옮겨져 그렇게 불리는 경우를 제외한다면 — 쓰이지 않는다. 그 전부가 하나로 취급되는 경우에는 '모든 것'이라는 말을 쓰지만, 나뉘어져 있는 것들로서 취급되는 경우에는 '모든 것들'이라는 말이 쓰인다. '이 모든 수', '이 모든 모나스들'이라는 말이 그렇다.[196]

---

193 예컨대 '사람'이라는 종은 소크라테스나 플라톤과 같은 개인들을 포섭하는(*periechein*) 보편자(*katholou*)인데, 그 안에 속하는 소크라테스와 플라톤 등은 저마다 하나의 독립된 개별자이다. 반면 소크라테스는 '연속적이며 한계를 가진 것'(*to synechès kai peperasmenon*)으로서 하나의 전체인데, 그에 속해 있는 부분들, 예컨대 팔과 다리는 하나의 독립된 개체가 되지 못한다.

194 '전체'(*holon*)라고 불리는 것들을 가리킨다.

195 V 6, 1016a4 아래를 가리킨다.

196 1024a10의 '이 모든 수'(*pas houtos ho arithmos*)와 '이 모든 모나스들'(*pasai hautai hai monades*)을 로스는 각각 'this total number'와 'all these units'로 옮겼다.

27. '불구'(*kolobon*)

'불구'[197]라는 말은 양적인 것에 속하는 아무것에 대해서나 쓰이는 것이 아니고, 그렇게 불리기 위해서는 부분을 가지고 전체이어야 한다. 왜냐하면 둘은 그 가운데 하나가 떨어져 나가도 불구라고 불리지 않으며 (왜냐하면 불구의 경우 떨려 나간 것과 남은 것은 똑같지 않기 때문이다)[198] 일반적으로 어떤 수도 불구라고 불리지 않는다. 왜냐하면 ('불구'라고 불리기 위해서는) 실체는 남아 있어야 하기 때문이다. 만일 물병이 불구라면, 그래도 여전히 그것은 물병이지만, 수는 동일한 것이 아니다.[199] 더욱이 이질적(異質的)인 부분들인 경우에도 그것들 모두가 그렇게 불리지 않으며 (왜냐하면 어떤 뜻에서 보면 수는 성질이 다른 부분들, 예컨대 둘과 셋을 갖기 때문이다),[200] 위치에 따라 아무 차이가 나지 않는 것들은 일반적으로 어떤 것도 불구라고 불리지 않는데, 예컨대 물이나 불이 그렇다. 그런 이름으로 불리기 위해서는 위치를 실체적인 것으로 갖는 것들이어야 한다. 또한 그런 것들은 연속적이어야 한다. 왜냐하면 화성은 이질적인 부분들로 이루어져 있고 위치를 갖지만,[201] 불구가 되지는 않기 때문이다. 더욱이 전체가 되는 것들의 경우, 그 가운데 아무 부분이나 결여되어 있다고 해도 불구라고 불리는 것은 아니다. 결여된 부분이 실체의 중추적 부분[202] 이어서도 안 되고 임의적인 부분이어서도 안 된다. 예컨대 물병에 구멍

---

197 'kolobos'는 예컨대 팔이나 다리가 '떨어져나가'(*aphairoumenos*) 불구가 된 몸을 가리킬 때 쓰인다. 하지만 손잡이가 잘려 나간 물병에 대해서도 그 말이 쓰인다. 따라서 이 두 가지 뜻을 함께 갖는 우리말을 찾기는 힘들다. 여기서는 편의상 '불구'라는 말로 옮겼다.

198 예컨대 팔이 없는 사람의 경우에 떨어져 나간 팔과 팔 없이 남은 사람의 몸은 똑같은 것이 아니다. 하지만 둘에서 하나를 빼면 그 뺀 하나와 남은 하나는 똑같다.

199 예컨대 물병은 손잡이가 떨어져 나가도 여전히 물병이지만, 3에서 1이 떨어져 나가면 더 이상 3이 아니다. VIII 3, 1043b36 아래 참고.

200 5는 서로 다른 두 부분, 예컨대 2와 3으로 이루어지지만, 이 이질적인 부분들(*anhomoiomerē*)의 위치나 순서, 즉 2+3인가 3+2인가는 중요하지 않다.

201 '화성'(*harmonia*)은 성질이 다른 소리들의 배치에 의해서 이루어지기 때문이다.

이 나면 그것은 불구가 아니고 귀나 모서리가 없을 때만 불구이며, 사람은 살이나 비장이 없으면 불구가 아니고 솟은 부분[203]이 없을 때 그런데, 이것도 솟은 부분 전부를 두고 하는 말이 아니라 그 전체가 떨어져 나간 다음에는 다시 생겨나지 않는 부분을 두고 하는 말이다. 그런 이유 때문에 중 머리는 불구가 아니다.

28. **'게노스'**(*genos*), **'게노스가 다르다'**(*hetera tōi genei*)

'게노스'는 다음과 같은 경우에 쓰인다. (1) 동일한 형상을 가진 무리의 연속적 생성이 있을 때 그 말이 쓰이는데, 예컨대 '사람들의 게노스가 있는 동안'이라는 말은 '그들의 연속적 생성이 있는 한'이라는 뜻이다.[204] (2) 그 말은 또한 어떤 무리를 있게 한 첫째 운동인[205]에 대해서 쓰인다. 왜냐하면 헬라스 사람들이나 이오니아 사람들은 이런 뜻에서 게노스라고 불리는데, 앞의 사람들은 헬렌을, 뒤의 사람들은 이온을 맨 처음 낳은 자로 해서 있기 때문에 그렇게 불린다. 그리고 질료보다는 낳은 자를 시작으로 삼는 자손들이 더욱 더 게노스라고 불린다[206](왜냐하면 여

---

202 '실체의 중추적 부분들'(*ta kyria tēs ousias*)은 — 아래에서 그 예가 제시되듯이 — 생명체가 살아가기 위해서 없어서는 안될 부분, 예컨대, 심장, 뇌, 비장 등을 가리킨다. 위의 '실체는 남아 있어야 한다'(*tēn ousian dei menein*, a15)와 '그런 이름으로 불리기 위해서는 위치를 실체적인 것으로 갖는 것들이어야 한다'(*dei toiauta einai ha kata tēn ousia thesin echei*, a20)를 함께 참고.

203 예컨대 팔이나 다리는 신체의 끝에 솟은 부분(*akrōtērion ti*)이다.

204 1024a29-30의 '동일한 형상을 가진 무리의 연속적 생성'(*hē genesis synechēs tōn to eidos echontōn to auto*)이란 동종적인 개체들의 생성을 뜻한다. 이 경우 'genos'는 '종'(*species*)과 외연이 같다.

205 '첫째 운동인'(*prōton kinēsan*)은 한 집단의 시조(始祖), 즉 '맨 처음 낳은 자'(*prōton gennēsan*, a34)를 가리킨다.

206 질료의 제공자인 어미 쪽보다는 작용인이나 형상인을 제공하는 아비 쪽을 중심으로 'genos'라는 말이 쓰인다는 뜻이다. 이때 'genos'는 부계 또는 모계 중심의 '씨족', '종족', '가계', '가문'을 가리킨다.

성을 시조로 삼아서 게노스라는 말이 쓰이는 경우도 있기 때문인데, 퓌라의 자 1024b 손들이 그렇다). (3) 어떤 뜻에서 '평면'은 여러 평면도형들의 게노스라고 불리고, '입체'는 여러 입체들의 게노스라고 불리는데,[207] 왜냐하면 그 각각의 도형들은 이런저런 성질의 평면이거나 이러저런 성질의 입체이기 때문이다. 즉, 그것은[208] 여러 차이들의 밑에 놓인 기체이다. 또 어떤 뜻에서는 정식의 첫 번째 내재적인 구성부분으로서, '무엇' 안에서 언급되는 것[209]을 가리키는데, 이것이 게노스인 바, 이것의 차이들을 일컬어 성질들이라고 한다. '게노스'는 이렇듯 여러 가지 뜻으로 쓰이는데, (1) 어떤 경우는 동일한 형상의 연속적 생성에 의거해서 쓰이고, (2) 어떤 경우는 (그것이 낳는 것들과) 같은 종에 속하는 첫째 운동인에 의거해서 쓰이며, (3) 또 어떤 경우는 질료의 뜻으로 쓰이는데, 왜냐하면 차이와 성질을 갖는 것은 바로 기체인데, 이것을 일컬어 우리는 질료라고 부른다.

'게노스가 다르다'는 말은, 서로 다른 것을 첫째 기체로 갖는 것들과, 어느 하나가 다른 것으로 환원되지 않으며 그 둘이 동일한 것으로 환원되지도[210] 않는 관계에 있는 것들에 대해서 쓰인다(예컨대 형상과 질료는 게노스가 다르다). 또한 있는 것의 범주형태가 서로 다르다면, 그렇게 서로 다른 범주에 속하는 것들은 게노스가 다르다(왜냐하면 있는 것들 가운

---

207 이렇게 '평면'(*epipedon*), '입체'(*stereon*) 등의 기하학적 대상에 대해서 쓰이는 경우에 'genos'는 분류학적 맥락에서의 '유'(*genus*)를 가리킨다.

208 평면이나 입체를 가리킨다.

209 1024b4의 'en tois logois to prōton enhyparchon, ho legetai en tōi ti esti'란 어떤 사물이 '무엇'인지를 진술하는 정식(*logos*) 안에서 처음으로 언급되는 것을 가리킨다. 예컨대 '이성적인 동물'(*zōion echon logon*)이라고 정식을 통해 사람을 정의한다면, 여기서 '동물'이 그에 해당한다. 유가 처음 언급된다고 말하는 이유는 그리스어 표현에서는 '동물'(*zōion*)이 '이성적인'(*echon logon*)보다 앞에 오기 때문이다. 다음의 구절들을 참고: 『분석론 후서』 I 21, 82b37 아래; II 6, 92a6-7; II 13, 96b1 아래.

210 'analyesthai'는 '분석되다', '환원되다' 등의 말로 옮길 수 있지만, 여기서는 보다 '환원되다', '소급되다'의 뜻에 가깝다. 이어지는 예에서 알 수 있듯이, 형상이 질료로 환원되는 일도 없고 그 반대의 경우도 없다. 또한 형상과 질료가 함께 환원되는 공통의 어떤 것도 없다. 그런 뜻에서 형상과 질료는 '게노스가 다르다'라고 할 수 있다.

데 어떤 것들은 '무엇'을 가리키고, 어떤 것들은 어떤 성질을 가리키고, 또 어떤 것들은 앞에서 나눈 방식에 따라[211] 저마다 다른 것을 가리키기 때문이다). 왜냐하면 그것들은 어느 하나가 다른 것으로 환원되지도 않고 (그 둘이) 어떤 것 하나로 환원되지도 않기 때문이다.

29. '거짓'(*pseudos*)

'거짓'은 (1) 어떤 뜻에서는 대상[212]으로서 거짓인 것을 뜻하는데, 그 가운데 어떤 경우는 (a) 그것이 결합되어 있지 않거나 합성이 불가능하다는 이유에서 거짓이라고 불린다. 예컨대 "대각선이 (다른 변들과 같은 단위로) 측정가능하다"거나 "네가 앉아 있다"고 말할 때 그런데, 왜냐하면 이것들 중 하나는 언제나 거짓이고 다른 하나는 일정한 때 거짓이기 때문이다. 그런 두 가지 뜻에서 그것들은 있지 않은 것들이기 때문이다. (b) 어떤 경우 있는 것이기는 하지만 본성상 (실제로) 있는 모습 그대로 나타나지 않거나 (실제로) 있지 않은 데 있는 것처럼 나타나는 것이 거짓이라고 불리는데, 예컨대 무대그림[213]이나 꿈이 그렇다. 왜냐하면 이런 것들은 어떤 것으로서 있긴 하지만 그것들이 만들어내는 상상에 실제로 상응하지 않기 때문이다. 그러므로 사물들은 이런 뜻에서 거짓이라고 불리는데, 그 이유는 그것들이 있지 않거나 또는 그것들로부터 생겨난 상상이 실제로 있는 것은 아니기 때문이다.

---

211 V 7, 1017a24-7 참고.

212 1024a17의 'pragma'는 '대상', '사물', '사태'를 가리키는데, 이어지는 설명에 따르면 i) 있지 않은 대상이나 사태(예컨대 대각선의 측정가능성)나, ii) 실제와 달리 다른 가상을 낳는 사물은 '거짓' 혹은 '가짜'이다.

213 '무대그림'(*skiagraphia*)은 명암의 대비를 통해 큰 윤곽만을 그린 그림인데, 멀리서 보면 실제와 비슷한 그럴 듯한 효과를 낸다. 『수사학』 1414a9와 플라톤의 『테아이테토스』 208E, 『파이돈』 69B 등 참고.

(2) 거짓 진술은, 그것이 거짓인 한, 있지 않은 것들에 대한 진술이며,[214] 따라서 모든 진술은 참인 진술이 대상으로 가지는 것과 다른 것을 대상으로 삼으면 거짓이다. 예컨대 원에 대한 진술이 삼각형을 대상으로 삼는다면 거짓이다. 어떤 뜻에서 각 대상에 대해 하나의 진술, 즉 그것의 본질에 대한 진술이 있지만, 어떤 뜻에서는 여러 진술이 있는데, 왜냐하면 대상 자체와 일정한 양태에 있는 대상은 어떻게 보면 동일하기 때문이다. 예컨대 소크라테스와 음악적인 소크라테스가 그렇다[215](하지만 거짓 진술은 어떤 대상도 없는, 단순히 진술일 따름이다).[216] 그러므로 안티스테네스[217]는, 그것에 고유한 진술을 사용하지 않고서는 대상에 대한 어떤 진술도 없다. 즉, 하나의 대상에 대해 하나의 진술이 있다고 생각했는데, 이것은 순진한 생각이었다. 그로부터는 반박이란 있을 수 없으며,[218]

---

214 1024b26-7의 'logos de pseudēs ho tōn mē ontōn, hēi pseudēs ktl'는 "거짓 진술은, 그것이 거짓인 한, 있지 않은 것들에 대한 진술이다"라고 옮길 수도 있고, "있지 않은 것들에 대한 진술은, 그것이 거짓인 한에서, 거짓 진술이다"라고 옮길 수도 있다. 로스의 번역 "A false account is the account of non-existent objects, in so far as it is false"와 보니츠의 번역 "Eine Aussage aber ist falsch, wenn sie, insofern sie falsch, auf nicht Seiendes geht"를 함께 참고.

215 예컨대 소크라테스의 본질에 대한 진술은 하나이지만, 그에게 부수적으로 속하는 우연적인 사태에 대한 진술들은 여럿이다.

216 1024b31의 'ho de pseudēs logos outhenos estin haplōs logos'에서 'haplōs'를 알렉산더(400, 16)는 'kyriōs'와 같은 뜻으로 보고 전체 문장을, 거짓진술은 엄밀한 뜻의 진술, 즉 정의가 아니라는 뜻으로 풀이한다. 로스도 이 해석을 따른다. 하지만 본문에서는 거짓진술은 '단순히'(*haplōs*) 빈말에 지나지 않는다는 뜻으로 보는 것이 더 적절할 듯하다.

217 안티스테네스(Antisthenes)는 대략 기원전 440년에서 365년까지 살았던 철학자이다. 젊은 시절 그는 고르기아스(Gorgias), 엘리스의 히피아스(Hippias of Elis), 프로디코스(Prodikos) 등에게서 수사학을 배웠지만, 나중에 소크라테스의 열광적인 추종자가 되었고, 견유파(*Kynikoi*)의 창시자가 된다.

218 이런 뜻의 '반박'(*antilegein*)불가능성에 대해서는 『에우튀데모스』 285E-286B와 『토피카』 I 11, 104b21 참고. 질레스피(Gillespie)는 본문과 『토피카』에서 언급된 안티스테네스의 논변을 다음과 같이 재구성한다. "A와 B가 동일한 것에 대해 주장을 한다고 해 보자. …… A와 B는 대화를 하면서 그 대상에 대해 여러 가지 발언을 하는데, 그때 그들은 필시 그 대상을 동일한 이름으로 부르겠지만, 그들이 그 이름에 대해 동일한

심지어 거짓을 말하는 것도 있을 수 없다는 결론이 따라 나온다.[219] 각 대상은 그 자체에 대한 진술에 의해서뿐만 아니라 다른 것에 대한 진술을 통해서도 진술될 수 있으며, 그런 진술은 전적으로 거짓일 수도 있고, 어떤 방식으로 참일 수도 있다. 예컨대 여덟이 둘이라는 개념을 통해 제곱수로 진술될 수 있는 것과 마찬가지다.

그런데 어떤 것들은 지금 말한 뜻에서 거짓이라고 불리지만, (3) 그런 (거짓) 진술들을 다루는 데 능숙하고 그런 것들을 선호하되, 다른 어떤 목적 때문이 아니라 그런 일 자체를 위해서 그렇게 하는 사람은 거짓된 사람이다. 다른 사람들에게 그런 진술들을 심어 넣는 사람이 그런 사람인데, 이는 우리가 거짓된 상상을 만들어내는 것들을 일컬어 거짓된 것이라고 부르는 것과 마찬가지이다. 그렇기 때문에 『히피아스』에 있는 논변, 즉 동일한 사람이 거짓되고 참되다는 논변은 기만적이다.[220] 왜냐하면 그 논변은 거짓말을 할 수 있는 능력이 있는 사람을 거짓된 사람으로 여기기 때문이다(앎이 있는 사람과 지혜로운 사람이 그런 사람이다). 또한 의도적으로 나쁜 짓을 〈하는〉 사람이 더 낫다는 논변도 그렇다. 이는 — 의도적으로 다리를 저는 사람은 의도 없이 그런 사람보다 더 낫다는 —

로고스 또는 올바른 로고스를 꼭 부가해야 할 필요는 없다. 그 어떤 경우에도 그들이 서로 반박한다고는 말할 수 없다. 만일 그 둘이 동일한 로고스를 염두에 두고 있다면, 그들은 의견을 같이 한다. 만일 한 사람은 올바른 로고스를 갖고 있고 다른 사람은 그렇지 않다면, 그들은 서로 다른 것들에 대해 말하는 셈이다. 만일 그 둘 모두 잘못된 로고스를 염두에 두고 있다면, 어느 누구도 그 대상에 대해 말하는 것이 아니다." Ross, *Metaphysics* I, p. 347에서 재인용.

219 『에우튀데모스』 283E-284C와 『크라틸로스』 429D에서 언급된 안티스테네스의 논변, 즉 '거짓을 말하는 것'(*pseudesthai*)을 불가능하게 만드는 논변이 다음과 같은 주장으로 이루어졌으리라고 로스는 추측한다. 어떤 것을 말하는 사람은 누구나 있는 것을 말한다(*to on legei*). 그런데 있는 것을 말한다고 함은 〔*alēthēs*(참)에 대한 정의에 따라〕 참을 말함(*talēthē legein*)을 뜻한다. 그러므로 어느 누구도 거짓을 말하지 않는다(*pseudē legei*). "그 역설의 목적은 오류의 존재사실을 부정하는 데 있는 것이 아니라 거짓이 있지 않은 것을 말하는 것이라는 정의를 부정하는 데 있다. 다시 말해서 거짓은 달리 생각함(*allodoxia*)이다"(Gillespie). Ross, *Metaphysics* I, pp. 347~48 참고.

220 이 논변에 대해서는 『소(小) 히피아스』(*Hippias Minor*) 373C 아래 참고.

귀납에 의거한 잘못된 결론이다. 여기서 '다리를 절다'는 말은 '흉내내다'는 뜻이다. 왜냐하면 만일 그가 의도적으로 다리를 전다면, 그는 더 못하기 때문인데, 이는 습성의 경우에도 마찬가지다.[221]

30. '부수적이다'(*symbebēkos*)

'부수적이다'[222]는 (1) 어떤 것에 속해서 그것에 대해 참인 진술을 이

---

221 아리스토텔레스에 따르면, 소개된 『소 히피아스』의 논변은 두 가지 잘못을 범하고 있다. (1) 그 논변은 거짓말을 할 수 있는 능력이 있는 사람(*ho dynamenos pseudesthai*)이 거짓된 사람(*pseudos anthrōpos*) 혹은 거짓말쟁이라고 가정한다. '거짓된 사람'이라는 말은 거짓말을 할 수 있는 능력이 있는 사람이 아니라 실제로 거짓말을 선택한 사람에게 해당하는 말이다. 예컨대 의사는 치유능력도 있지만 병을 줄 수도 있는 능력도 있다. 그는 '앎이 있는 사람과 지혜로운 사람'(*ho eidōs kai ho phronimos*)에 속한다. 하지만 그렇다고 해서 의사를 '병을 주는 사람'이라고는 부르지 않는 것과 마찬가지다. 환자에게 의도적으로 병을 주는 의사가 있다면, 그를 일컬어 '병을 주는 사람'이라고 부를 수 있을 것이다. (2) "의도적으로 나쁜 짓을 〈하는〉 사람이 더 낫다는 논변"(*ton hekonta phaulon beltiō*)은 잘못된 것이다. 이 가정은 잘못된 귀납의 결과이기 때문이다. "의도적으로 다리를 저는 사람이 의도 없이 다리를 저는 사람보다 낫다"라고 말할 수 있는 경우가 물론 있다. 하지만 이 말의 뜻은 다만 "의도적으로 다리를 저는 흉내를 내는 사람은 실제로 그런 사람보다 더 낫다"라는 것일 뿐이다. 만일 어떤 사람이 의도적으로 자기 다리를 부러뜨려 다리를 절게 되었다고 한다면, 그를 두고 그런 의도 없이 다리를 저는 사람보다 더 나은 사람이라고 말할 수 있겠는가? 이는 습성(*ēthos*)의 경우에도 마찬가지이다. 고의적으로 거짓말을 하려는 사람은 의도 없이 그렇게 하는 사람보다 못하다. Ross, *Metaphysics* I, p. 348 참고.

222 'symbebēkos'는 보통 'kata symbebēkos'라는 부사구의 형태로 자주 쓰이는데, 라틴어의 'per accidens'로 번역되었고 지금은 'by accident'로 번역된다. 'accidere'는 'ac + cado', 즉 'to fall down', 'to fall to'를 뜻하는데, 즉 어떤 것에 떨어져 속하는 것을 일컬어 'accidens'라고 한다. 그리스어 'symbainein'은 '함께 가다'라는 뜻이다. 즉, 어떤 것이 있을 때 그것에 따라붙는 것을 일컬어 'ta symbebēkota'라고 부른다. V 30의 설명에 따르면, '부수적이다'(*symbebēkos*) 의 두 가지 뜻을 가진다. (1) '어떤 것에 속해서 그것에 대해 참된 진술을 이루지만, 필연적으로(*ex anankēs*) 그렇지도 대다수의 경우에(*epi to poly*) 그렇지도 않은 것'이 '부수적인 것'이다. 이때 '부수적'이라는 말은 '우연적'이라는 말과 뜻이 같다. 하지만 (2) '어떤 주체에 그것 자체의 본성에 따라서

루지만, 필연적으로 그렇지도 대다수의 경우에 그렇지도 않은 것을 뜻한다. 예컨대 어떤 사람이 나무를 심기 위해 구덩이를 파다가 보물을 발견하는 경우가 그렇다. 말하자면 보물의 발견은 구덩이를 파는 사람에게 부수적으로 속한다. 왜냐하면 그 경우 하나가 다른 하나로부터 생기거나 그것에 따라 오는 것은 필연적이 아니며, 대다수의 경우 어떤 사람이 구덩이를 파다가 보물을 발견할 수 있는 것도 아니기 때문이다. 또한 음악적인 사람이 창백할 수 있다. 하지만 이는 필연적으로 그렇지도 대다수의 경우에 그렇지도 않은데, 우리는 그런 것을 일컬어 부수적이라고 부른다. 그러므로 어떤 것에 속하는 것과 그런 것의 주체가 되는 것이 있어서, 앞의 것들 가운데 몇몇이 어떤 곳에서 어떤 때 주체들에 속하지만, 그렇게 되는 이유가 바로 그 주체나 지금이나 여기에 있지 않다면, 그렇게 속하는 것은 부수적일 것이다. 부수적인 것에 대해서는 어떤 확정된 원인도 없고 우연적 사건이 그 원인인데, 이것은 확정할 수 없는 것이다. 어떤 사람이 그곳에 가려는 의도 때문이 아니라 폭풍에 떠밀리거나 해적들에게 납치되어 아이기나에 간다면, 아이기나에 간 것은 그 사람에게 부수적인 것이다. 부수적인 것은 생겨나서 실제로 있지만, 그 일은 그것 자체의 본성이 아니라 다른 것에서 기인한다. 왜냐하면 폭풍은 그가 가기를 희망했던 곳에 가지 못하게 된 일의 원인이기 때문인데, 〔그곳은 바로 아이기나였다〕.[223]

'부수적'은 (2) 또 다른 뜻에서는, 예컨대 어떤 주체에 그것 자체의 본

속하긴 하지만 그것의 실체 안에는 속해 있지 않은 것들'(*hosa hyparchei hekastōi kath' hauto mē en tēi ousiai onta*)을 일컬어 '부수적인 것'이라고 부르기도 하는데, 예를 들어 "삼각형의 내각의 합이 180도이다"라고 말한다면, 180도에 해당하는 내각의 합은 우연적인 뜻에서가 아니라 그 자체로서 삼각형에 속하는 것이지만, 그렇다고 해서 그것이 삼각형의 본질에 속하는 것은 아니다. 따라서 이런 두 번째 뜻에서 '부수적인 것'은 어떤 대상의 본질에 속하지 않으면서, 본질에 '따라붙는 것' 또는 본질로부터 '따라 나오는 것'을 말한다.

223 아이기나(Aigina)는 방금 든 표류의 예에서와 달리, 본래의 목적지에 대한 이름으로 등장해서 논지를 흐리는 것으로 보아 예거는 이 구절을 삭제했다.

성에 따라서 속하긴 하지만 그것의 실체 안에는 속해 있지 않은 것들을 뜻하는데, 예컨대 두 직각을 내각의 합으로 가진다는 사실이 삼각형에 속할 때 그렇다. 이런 것들은 영원할 수 있지만, 앞의 경우에 해당하는 것들은 어떤 것도 그렇지 않다. 그에 대한 설명은 다른 곳에서 했다.[224]

224 『분석론 후서』 I 6, 75a18-22, 39-41; 10, 76b11-6 참고.

Ⅵ권(E)

1. 신학, 즉 있는 것 자체에 대한 학문은 다른 이론적인 학문들, 즉 수학이나 자연학과 다르다

우리는 있는 것들의 원리들과 원인들을 탐구하되, 분명 있는 것인 한 1025b
에서 그렇게 한다. 왜냐하면 건강이나 좋은 상태에는 원인이 있고, 수학적인 것들에도 원리들과 요소들과 원인들이 있으며, 일반적으로 사고의 학문이나 사고에 일정한 방식으로 관여하는 학문[1]은 모두 — 더 엄밀하거나 더 단순한 — 원인들과 원리들을 다룬다. 하지만 그런 것들은 모두 있는 것의 일부, 즉 있는 것의 한 유에 국한해서 그것에 대해 연구할 뿐, 무제한적인 뜻에서 있는 것, 즉 있는 것인 한에서 있는 것에 대해서는 연구하지 않고, '무엇'에 대해서도 아무 설명을 하지 않은 채, 그것을 출발점으로 삼은 뒤 — 어떤 학문들은 그것을 감각에 분명한 것으로 받아들이고, 어떤 학문들은 '무엇'을 전제로 취한다[2] — 그런 방식으로 자신들

1 '사고의 학문'(*epistēmē dianoētikē*)은 아래의 1025b21에서 분명하게 드러나듯이, '실천학'(*praktikē*)이나 '제작학'(*poiētikē*)에 대비되는 이론학(*theōretikē*)을 가리킨다.

2 "'무엇'을 전제(*hypothesis*)로 취한다"라는 말은 어떤 대상에 대한 본질적인 규정을, 더

이 다루는 유에 그 자체로서 속하는 것들을 — 더 필연성이 있거나 더 취약한 — 논증을 통해 밝힌다.[3] 그러므로 실체와 '무엇'에 대해 논증이 존재하지 않는다는 사실은 그런 종류의 귀납을 통해 분명히 드러나는데, (실체와 '무엇'에 대해서는) 다른 방식의 해명이 있다. 이와 같이 개별 학문들은 그들이 연구하는 유가 있는지 없는지에 대해 아무것도 말하지 않으니, 그 이유는 어떤 것이 '무엇'인지와 그것이 있는지 여부를 밝히는 것은 하나의 동일한 사고에 속하는 일이기 때문이다.

자연에 대한 학문도 있는 것 가운데 한 유를 대상으로 삼는데(왜냐하면 그것은 운동과 정지의 원리를 자기 안에 갖고 있는 실체에 대한 것이기 때문이다[4]), 그것은 분명 실천적인 것도 제작적인 것도 아니다(왜냐하면 제작적인 학문들의 경우 그 원리는 제작하는 사람 안에 있으니 지성이나 기술이나 어떤 능력이 그 원리에 해당하고, 행동들의 경우 그 원리는 행위자 안에 있으니 선택[5]이 그 원리이기 때문이다. 그 까닭은 행동의 대상과 선택의 대상이 동일하기 때문이다). 따라서 만일 모든 사고가 실천적이거나 제작적이거나 이론적이라면, 자연에 대한 것은 이론적인 것이겠지만, 그 대상은 운동할 수 있는 것과 대다수의 경우에 적용되는 정식에 따라 규정되기는 하지만

이상 설명할 수 없는 가설적 전제, 즉 학문적 논증의 출발점 또는 원리(*archē*)로 내세움을 뜻한다. 이에 대해서는 『분석론 후서』 I 2, 72a20과 그에 대한 로스의 주석 참고. 플라톤, 『국가』 510C와 533B-C도 함께 참고.

3 개별 학문의 일반적 성격과 방법에 대한 이런 설명은 『분석론 후서』, 특히 I권 1-10장의 논증이론 가운데 소개되어 있다. 이에 따르면, 개별적인 학문은 언제나 하나의 유(*genos*)를 고유한 대상으로 삼지만 그 유의 실재 여부나 그것의 본질, 곧 그것이 '무엇'인지는 따로 설명하지 않고 그것을 다만 원리 혹은 시작으로서 전제할 뿐이다. 그렇게 원리로서 설정된 대상의 본질로부터 어떤 것들이 따라 나오는지를 논증을 통해 제시하는 데 개별적인 학문의 관심이 있다. 이렇게 대상의 본질에 의거해서 논증되는 것들을 일컬어 아리스토텔레스는 '유에 그 자체로서 속하는 것들'(*ta kath' hauta hyparchonta* 또는 *ta kath' hauta symbebēkota*)이라고 부른다. 이런 것들은 각 대상에 본성적으로 또는 각 대상 자체에 속한다는 점에서는 대상의 본질과 같지만, 그것들은 본질 그 자체가 아니라 다만 본질로부터 따라 나오는 것들이다.

4 『자연학』 II 1, 192b13 아래 참고.

5 '선택'(*prohairesis*)에 대해서는 『니코마코스 윤리학』 III권 2장 참고.

분리가능하지 않은 실체[6]일 것이다. 하지만 본질과 정식이 어떤 방식으로 있는지를 간과해서는 안 되는데, 그것이 없다면 탐구는 아무것도 해내지 못하기 때문이다. 정의되는 것들과 '무엇'에 해당하는 것들 가운데 어떤 것들은 딱부리와 같은 방식으로 있고, 또 어떤 것들은 볼록함과 같은 방식으로 있다.[7] 딱부리는 질료와 결합되어 있는 반면 (왜냐하면 딱부리는 볼록한 눈이기 때문이다), 볼록함은 감각적인 질료 없이 있다는 점이 그 둘의 차이다. 그래서 모든 자연적인 것들,[8] 예컨대 코, 눈, 얼굴, 살, 뼈를 비롯해서 생명체 전체와 잎사귀, 뿌리, 나무껍질을 비롯해서 식물 전체가 딱부리와 같은 방식으로 진술의 대상이 된다면(왜냐하면 그것들 가운데 어떤 것에 대한 정식도 운동을 떠나서는 성립하지 않고 언제나 질료를 포함하기 때문이다[9]), 자연에 대한 학문에서 우리가 어떻게 '무엇'을 탐구하고 정의해야 할지는 분명하며, 그런 이유 때문에 영혼에 대한 이론적 고찰도 그 일부는, 즉 질료 없이는 존재하지 않는 영혼을 다루는 한에서는 자연학자의 일이다.[10] 자연학이 이론적인 학문이라는 사실은 이로부터

---

6 1025b28은 'peri ousian tēn kata ton logon hōs epi to poly, hōs ou chōriston monon'로 읽었다. 여기서 말하는 '대다수의 경우에 적용되는 정식에 따라 규정되기는 하지만 분리가능하지 않은 실체'란 형상(*eidos*)이라는 뜻의 실체를 가리키는 것으로 보아야 할 것이다. 자연물의 형상은 정식의 대상이긴 하지만 구체적인 질료와 분리되어 있을 수 없다. 그것이 분리가능하다면, 오로지 정식에서 그럴 뿐이다. VII 3, 1029a30에 대한 각주 참고.

7 아리스토텔레스가 드는 예는 'simon'(snub nose)과 'koilon'(concavity)이다. 'simon'은 우리말의 '안장코'에 해당하는 표현으로 콧날이 오목한 코를 가리킨다. 아리스토텔레스는 'simon'을 질료(코)와 형상(오목한 형태)이 결합된 복합체의 사례로 자주 인용한다. VII 5, 1037b17에 대한 각주 참고.

8 VII 2, 1028b10과 XIV 3, 1090a32의 '자연적 물체들'(*physika sōmata*)과 비교.

9 XI 7, 1064a23-4 참고. 이 두 구절의 의미에 대한 더 자세한 설명은 VII 11, 1036b24 아래에서 얻을 수 있는데, 여기서 아리스토텔레스는 생명체를 정의할 때 질료를 배제할 수 없는 이유에 대해 설명한다.

10 『동물부분론』 I 1, 641a18-33 참고. 이에 따르면 육체에 매어 있지 않은 지성(*nous*)을 제외한 다른 모든 영혼의 기능들, 예컨대 영양섭취능력, 운동능력 등은 자연학자의 탐구 대상이다.

분명하지만, 수학도 이론적인 학문이다. 하지만 그것이 운동하지 않고 분리가능한 것들을 다루는지는 지금으로서는 분명치 않다. 몇몇 분야는 분명 (수학적인 대상들을) 부동적인 한에서 그리고 분리가능한 한에서 이론적으로 고찰한다. 하지만 만일 영원하고 부동적이고 분리가능한 어떤 것이 있다면, 그것을 아는 것은 이론적인 학문에 속하는 일이 분명하지만, 그것은 자연학의 일도 〔자연학은 운동하는 것들을 대상으로 삼기 때문이다〕 수학의 일도 아니고 그 둘보다 앞서는 학문의 몫이다. 왜냐하면 자연학은 분리가능하지만 부동적이지 않은 것들을 대상으로 하고, 수학의 몇몇 분야는 부동적이지만 아마도 분리가능하지 않고 질료 안에 있는 상태의 대상들에 대한 것이기 때문이다.[11] 반면 첫째 학문[12]은 분리가능하고 부동적인 것들에 대한 것이다.

그런데 모든 원인은 필연적으로 영원할 수밖에 없지만, 방금 말한 것들이 특히 그렇다. 왜냐하면 그것들은 신적인 것들 중에서 눈에 보이는 것들[13]에 대한 원인들이기 때문이다. 그러므로 세 분야의 이론적인 철학, 즉 수학과 자연학과 신학이 있을 것이다.[14] 왜냐하면 만일 신적인 것이 어딘가에 속한다면, 분명히 그것은 본성적으로 그런 것 안에 속하고, 가장 고귀한 학문은 마땅히 가장 고귀한 유에 대한 것이어야 하기 때문이다. 그렇다면 이론적 학문들은 다른 학문들에 비해 더 선택할 가치가 있지만, 이론적인 학문들 중에서는 그 학문이 더 선택할 가치가 있다.

어떤 사람은 첫째 철학이 보편적인지 아니면 어느 하나의 유, 즉 특정

---

11 예컨대 기하학적 형태들은 그 자체로서 분리되어 있을 수 있는 것이 아니라 질료 안에 있는 것이다. 그것들은 오로지 '떼어냄' 혹은 '추상'(*aphairesis*)을 통해 분리될 수 있을 뿐이다. XI 3, 1061a28 아래 참고.

12 1026a16의 'hē prōtē'는 물론 아래 1026a29에서 말하는 'prōtē epistēmē'를 가리킨다.

13 1026a18의 'tois phanerois tōn theiōn'은 우리 눈에 보이는 신적인 것들, 즉 천체들을 말한다. VII 16, 1040b34-1041a2와 『동물부분론』 I 5, 644a25 아래 참고. 천체들의 운동을 낳는 것은 '분리가능하고 부동적인 것들'(*chōrista kai akinēta*)이다.

14 '이론적인 철학'(*theōretikē philosophia*)은 수학(*mathēmatikē*), 자연학(*physikē*), 신학(*theologikē*)으로 삼분(三分)된다.

한 자연물에 대한 것인지 의문을 가질 수도 있을 것이다(왜냐하면 수학적인 학문들 사이에서도 탐구방식이 동일하지 않아서, 기하학과 천문학은 특정한 자연물을 대상으로 삼는 반면, 보편적인 학문[15]은 그것들 모두에 공통적이기 때문이다). 그런데 만일 자연적으로 이루어진 실체들과 떨어져서 다른 어떤 실체가 있지 않다면, 자연학이 첫째 학문이 되겠지만, 만일 운동하지 않는 어떤 실체가 있다면, 이것에 대한 학문이 (자연학에) 앞서고 첫째 철학이 될 터이니, 그것은 첫째간다는 이유에서 보편적이기도 하다. 있는 것을 있는 것인 한에서 이론적으로 고찰하는 것, 즉 있는 것이 무엇이고 있는 것인 한에서 있는 것에 속하는 것들을 고찰하는 것도 그 학문이 할 일이다.[16]

2. '있는 것'의 네 가지 뜻. 이 가운데 (i) 우연적인 뜻에서 있는 것은 학문의 대상이 아니다

그러나 무제한적인 뜻에서 '있는 것'은 여러 가지 뜻으로 쓰여서, 그 가운데 하나는 우연적인 뜻에서[17] 있는 것이었고, 다른 하나는 참이라는

15 수학적인 학문들 가운데는 기하학(*geōmetria*), 천문학(*astrologia*), 산수(*arithmētikē*) 등이 있다. 보니츠에 따르면, 아리스토텔레스는 산수를 '보편적인 수학'(*hē katholou*)이라고 부른다(*Metaphysica* II, p. 285). 하지만 '보편적인 수학'이란— 로스가 추측하듯이 — 기하학이나 산수보다 더 적용범위가 넓은 학문을 가리키는 것일 수도 있다. 이에 대해서는 Ross, *Metaphysics* I, pp. 356~57 참고.

16 1026a23-32의 논변을 로스는 다음과 같이 요약한다. "신학은 다른 이론적인 학문들보다 더 먼저 선택해야 한다. 왜냐하면 만일 그것이 보편적인지 아니면 어떤 특정한 부류의 있는 것을 탐구하는지를 물음으로 제기한다면, 우리의 대답은 이렇기 때문이다. 그것은 첫 번째 종류의 있는 것을 탐구하며, 그것은 다른 모든 있는 것에 근본이 되는 것을 제시한다. 그러므로 그것은 첫 번째 것이면서 보편적이며, 그 두 가지 의미에서 학문들 가운데 최고의 자리를 차지한다." 다음의 글들도 함께 참고. Bonitz, *Metaphysica* II, p. 285; Patzig, 앞의 글, S. 191~92; J. Barnes(ed.), 앞의 책, pp. 106~07; Ch. Kirwan, *Aristotle's Metaphysics Books Γ, Δ, Ε*, Oxford 1984, pp. 188~89.

17 '우연적인 뜻에서'라고 옮긴 'kata symbebēkos'는 어떤 전제로부터 필연적으로 따라 나

뜻에서 있는 것이었으며 있지 않은 것은 거짓을 뜻했다.[18] 이것들과 별
1026b 도로 범주의 형태들이 있고(예컨대 '무엇', 성질, 양, 장소, 때를 비롯해서 그런 방식으로 '있는 것'이 가리키는 다른 것이 그에 해당한다), 또한 이것들과 별도로 가능적으로 있는 것과 현실적으로 있는 것이 있다.[19] '있는 것'은 이렇게 여러 가지 뜻으로 쓰이기 때문에 그 가운데 첫째로 우연적인 뜻에서 있는 것에 대해서, 그것에 대해서는 어떤 이론적 고찰도 존재하지 않는다는 것을 말해야 한다. 그 징표는 다음과 같다. 실천적인 것이건 제작적인 것이건 이론적인 것이건 그 어떤 학문도 그것에 관심을 기울이지 않는다. 왜냐하면 집을 제작하는 사람이라고 해서 그 집이 생겨날 때 그와 동시에 그것에 우연적으로 따라 나오는 것들을 모두 만들지는 않기 때문인데, 그런 것들은 무한하기 때문이다. 제작된 집이 어떤 사람들에게는 즐겁고, 어떤 사람들에게는 불편하며, 또 어떤 사람들에게는 이로울 수 있으며, 간단히 말해서 그 집이 있는 것들 중 어느 것과도 다르게 되는 것을 가로막는 점은 아무것도 없기 때문이다. 그 가운데 어떤 것도 건축술의 관심거리가 아니다. 그와 똑같은 방식으로 기하학자 역시 그런 뜻에서 도형들에 부수적인 것들을 고찰하지 않으며, '삼각형'과 '내각의 합이 두 직각인 삼각형'이 다른 것인지도 고찰하지 않는다. 그리고 이는 당연한 일인데, 우연적인 것은 실제로 단순한 이름과 같은 것이기 때문이다. 그런 까닭에 플라톤이 소피스테스의 기술을 있지 않은 것을 다루는 것으로 분류한 것은 어떤 뜻에서 보면 잘못이 아니다.[20] 왜냐하면 소피스테스들의 논변들은 모든 것 가운데 — 말하자면 — 가장

오는 것을 가리키기도 한다. 이런 경우 'kata symbebēkos'를 '우연적'인 것이 아니라 정의로부터 따라 나온다는 뜻에서 '부수적'인 것을 가리킨다. 하지만 이 장에서는 'kata symbebēkos'가 어떤 이론적 고찰의 대상도 될 수 없는 것을 가리킨다. 이를 감안하여 이 장에서는 'kata symbebēkos'를 '우연적'이라고 옮겼다. 'kata symbebēkos'의 여러 가지 뜻에 대해서는 V 30, 1025a4 아래 참고.

18 '있는 것'(*on*)의 이런 여러 가지 뜻에 대해서는 V권 7장 참고.

19 V 7, 1017a35 아래 참고.

20 플라톤, 『소피스테스』 237A와 254A 참고.

우연적인 것을 그 대상으로 삼아, 음악적인 것과 문법적인 것이 동일한지 다른지,[21] 음악적인 코리스코스와 코리스코스가 동일한지 다른지,[22] 있긴 하지만 영원하지 않은 것은 모두 생겨난 것인지, 그래서 만일 어떤 사람이 음악적 상태에 있으면서 문법을 알게 되었다면, 그는 또한 문법을 아는 상태에 있으면서 음악적이 되었다는 것인지 등을 다루는데,[23] 그들의 다른 논변들도 모두 그런 식이다. 우연적인 것은 분명 있지 않은 것에 가깝다. 그리고 이는 다음과 같은 논변들을 통해 볼 때 분명하다. 즉, 다른 뜻에서 있는 것들에는 생성과 소멸이 속하지만, 우연적인 것들의 경우에는 그렇지 않다. 하지만 그럼에도 불구하고 우리는 가능한 한 우연적인 것에 대해서도, 그것의 본성이 무엇이고 그것이 어떤 원인 때

---

21 로스(*Metaphysics* I, p. 359)는 알렉산더의 주석에 의거해서 이 논변을 다음과 같이 구성한다.

소크라테스는 문법적이다(=문법적인 지식이 있다).
∴ 문법적인 소크라테스는 소크라테스와 동일하다.
∴ 음악적인 소크라테스는 소크라테스와 동일하다.
∴ 음악적인 소크라테스와 문법적인 소크라테스는 동일하다.
∴ 문법적인 것과 음악적인 것은 동일하다.
그러나 만일 이것이 사실이라면, 문법적인 것이 있을 경우 음악적인 것도 있을 것이다.
하지만 아리스타르코스는 문법적이지만 음악적이지는 않다.
따라서 문법적인 것과 음악적인 것은 동일하지 않다.

22 '코리스코스'(Koriskos)가 '음악적인 코리스코스'(*mousikos Koriskos*)와 같다면, 뒤의 것은 '음악적인 음악적인 코리스코스'와 같을 것이고 이런 과정은 무한히 진행된다. 유사한 논변에 대해서는『소피스테스식 반박』13, 173a34를 보라.

23 로스(*Metaphysics* I, p. 359)의 해석에 따르면, 이 구절의 의미는 다음과 같다. 지금 A라는 상태에 있지만 이전부터 항상 그랬던 것은 아닌 것은 생성을 통해 그 A라는 상태에 있게 됐을 수밖에 없다. 이것은 자연스런 생각이다. 하지만 소피스테스들은 다음과 같은 귀류법을 사용해서 그런 생각을 부정했던 것 같다. 만일 어떤 사람이 음악적 상태에 있다가 문법적이게 되었다면, 그는 지금 음악적 상태에 있으면서 문법적이다. 그리고 만일 이것이 사실이라면, 그는 문법적 상태에 있고 음악적이다. 그러나 그가 문법적 상태에 있으면서 이전부터 항상 음악적이었던 것은 아니다. 따라서 만일 지금 A라는 상태에 있지만 이전부터 항상 그랬던 것은 아닌 것이 생성과정을 통해 그 A라는 상태에 있게 되었을 수밖에 없다면, 그는 문법적 상태에 있다가 음악적이게 되었다. 즉, 그는 음악적이기 전에 문법적이었어야 하고, 문법적이기 전에 음악적이었어야 한다. 하지만 이것은 이치에 맞지 않는다.

문에 있는지를 이야기해야 한다. 왜냐하면 무엇 때문에 그것에 대해서는 학문이 존재하지 않는지, 그 이유가 그와 함께 분명해질 것이기 때문이다.

그런데 있는 것들 가운데 어떤 것들은 항상 동일한 상태에 있으면서 필연적으로 있는 반면(여기서 '필연적'이라는 말은 강제적이라는 뜻이 아니라 달리 있을 수 없다는 뜻이다[24]), 어떤 것들은 필연적으로 있지도 않고 항상 그렇지도 않으며 대다수의 경우에 그런데,[25] …… 이것이 우연적인 것의 있음에 대한 원리이자 원인이다. 왜냐하면 항상 그렇지도 않고 대다수의 경우에 그렇지도 않은 것을 일컬어 우리는 우연적이라고 부르기 때문이다. 예컨대 삼복 때 겨울 날씨와 추위가 닥치면 이것은 우연적인 일이라고 말하지만, 그때 폭염과 더위가 닥치면 그렇게 말하지 않는데, 그 가운데 하나는 항상 또는 대다수의 경우에 그런 반면, 다른 하나는 둘 중 어느 것도 아니기 때문이다. 또한 사람이 하얀 것은 우연적이지만 (왜냐하면 사람이 항상 그런 것도 대다수의 경우에 그런 것도 아니기 때문이다) 사람이 동물이라는 것은 우연적이 아니다. 또한 건축가가 병을 치료하는 것은 우연적인 일인데, 그 본성상 이런 일을 하는 것은 건축가가 아니라 의사이며 건축가가 의사인 것은 우연적인 일이기 때문이다.[26] 즐거움을 주는 것을 목적으로 삼는 요리사도 몸에 좋은 것을 제공할 수 있겠지만, 이는 요리사의 기술에 의해서 일어나는 일은 아니다. 그렇기 때문에 그런 일은 우연적이며, 그가 그런 일을 하는 것은 사실이지만 무제한적인 뜻에서 그런 것은 아니라고 우리는 말한다. 왜냐하면 다른 것들의 경우

24 '필연적'(*ex anankēs*)의 여러 가지 뜻에 대해서는 V권 5장 참고.

25 예거의 추정대로 1026b30의 'epi to poly' 뒤에는 'ta d' oute aei outh' hōs epi to poly' (항상 그렇지도 않고 대다수의 경우에 그렇지도 않은 것)가 첨가되어야 할 것이다. 따라서 뒷문장의 '이것'은 '항상 그렇지도 않고 대다수의 경우에 그렇지도 않은 것'을 가리킨다. 아래 1027a7-8에 따르면, 우연적인 것의 원인은 그 자체도 우연적이다.

26 어쩌다가 건축가가 동시에 의사일 수 있지만, 이것은 '항상' 그런 것도 '대다수의 경우에' 그런 것도 아니다.

에는[27] 그것들에 상응하는 제작능력들이 있지만, 우연적인 것들의 경우에는 그것들에 상응하는 어떤 기술도 없고 어떤 확정된 능력도 없기 때문인데, 우연적인 뜻에서 있는 것들이나 그렇게 생겨나는 것들의 경우에는 그 원인 역시 우연적이기 때문이다. 그러므로 모든 것이 필연적이면서 항상 있거나 그런 방식으로 생겨나는 것은 아니고 많은 것들은 대다수의 경우에 생겨나는 결과이기 때문에, 우연적인 것이 있어야 한다. 예컨대 하얀 사람이 음악적인 것은 항상 있는 일도 아니고 대다수의 경우에 있는 일도 아니지만, 어떤 때는 그런 일이 생기기 때문에, 그것은 우연적인 일이 될 것이다(그렇지 않다면, 모든 것이 필연적일 것이다). 그러므로 대다수의 경우에 일어나는 사태와 어긋나게 다른 방식으로 있을 수 있는 가능성을 가진 질료[28]가 우연적인 것의 원인일 것이다. 그리고 우리는 이것을 출발점으로 취해, 항상 그렇지도 않고 대다수의 경우에 그렇지도 않은 어떤 것이 전혀 없는지를 논의해야 한다. 분명 이것은 불가능한 일일 것이다. 그렇다면 이런 것들 이외에 어떤 것, 즉 어쨌건 이미 일어났고 우연적인 것[29]이 실제로 있다. 하지만 대다수의 경우에 일어나는 사태가 있다면,[30] '항상'은 어떤 것에도 속하지 않을까, 아니면 영원한 것들이 있을까? 이것들에 대해서는 나중에 살펴보아야겠지만,[31] 우연적인 것에 대해 학문이 없다는 것은 분명하다. 왜냐하면 모든 학문은 항상 그렇거나 대다수의 경우에 그런 것을 다루기 때문이다(그렇지 않다면 어떻게 배우거나 다른 사람을 가르칠 수 있을까? 왜냐하면 배우거나 가르치기 위해서는, 예컨대 꿀물은 대다수의 경우 환자에게 도움이 된다는 식으로 항상 또는 대다수의 경우에 일어나는 일로 확정해야 하기 때문이다). 반면 그런

27 1027a5의 'eniote'는 빼고 읽었다.

28 질료(*hylē*)의 이런 가능성에 대해서는 VII 15, 1039b29 아래 참고.

29 1027a17: "to hopoter' etyche kai kata symbebēkos".

30 1027a18은 크라이스트(W. Christ)를 따라 'esti men to hōs epi to poly'의 뜻으로 읽었다.

31 이에 대해서는 XII권 6-8장에서 논의된다.

일반적 원칙에 어긋나는 것은 (학문적인) 진술의 대상이 될 수 없다. 어떤 때, 예컨대 새 달이 뜰 때 꿀물이 그런 효과를 내지 않는다는 것은 진술의 대상이 될 수 없다. 왜냐하면 새 달이 뜰 때 그렇다는 것도 (학문적 진술의 대상이 되려면) 항상 또는 대다수의 경우에 일어나는 일이어야 하기 때문이다. 하지만 우연적인 것은 이에 어긋난다. 그렇다면 지금까지 우연적인 것이 무엇이고 그것은 무엇 때문에 있는지에 대해 이야기했고 그것에 대해서는 학문이 존재하지 않는다는 사실에 대해 이야기했다.

3. 우연적인 것의 본성과 유래

원리들과 원인들이 생겨나고 소멸하지만 생성과정과 소멸과정을 거치지 않는다는 것은 분명하다.[32] 왜냐하면 만일 그렇지 않다면 모든 것은 필연적으로 있을 텐데, 생겨나고 소멸하는 것에 대해서는 반드시 어떤 원인이 있어야 하고 이것은 우연적인 뜻에서의 원인이어서는 안 되기 때문이다. 어떤 것 A는 장차 있을까 그렇지 않을까? 만일 다른 어떤 B가 생겨난다면, A는 있을 것이고, 그렇지 않으면 있지 않을 것이다. 또 만일 C가 생겨난다면, B가 있을 것이다. 그리고 이런 방식으로 제한된 양의 시간으로부터 시간이 계속 줄어든다면 어떤 사람은 분명 현재의 시점에 이를 것이다. 이로부터 다음과 같은 결과가 따라 나온다. 만일 그가 밖으로 나가면 폭행에 의해 죽게 될 것이다. 그는 목이 마르면 밖으로 나갈 것이고, 다른 어떤 일이 일어나면 그는 목이 마를 것이다. 이렇게 해서 우리는 현재 주어져 있는 상황이나 과거에 발생한 어떤 사건에 이르게 될 것이다. 예컨대 목이 마르면 그는 밖으로 나갈 것이다. 그리고 그가 매운 음식을 먹는다면 목이 마르게 될 것이다. 매운 음식을 먹는 일은 실제로 일어나거나 일어나지 않는다. 따라서 그는 필연적으로 죽거

32 VIII 3, 1043b14 아래와 그에 대한 각주 참고.

나 죽지 않을 것이다. 이와 마찬가지로 어떤 사람이 과거에 발생한 일로 건너뛴다고 하더라도 동일한 논변이 성립한다. 왜냐하면 이것, 즉 발생한 일은 어떤 것 안에 이미 주어져 있기 때문이다. 그러므로 앞으로 일어날 일은 모두 필연적으로 일어날 것인데, 예컨대 생명체가 죽는 것이 그렇다. 왜냐하면 이미 어떤 일이 발생했기 때문인데, 예컨대 살아 있는 것 안에는 반대자들이 들어 있다. 하지만 만일 그가 병으로 죽을지 아니면 폭행에 의해 죽을지는 아직 정해져 있지 않고, 다른 어떤 일이 발생하는 데 달려 있다. 그렇다면 분명 그 과정은 어떤 출발점까지 진행되겠지만, 이것은 더 이상 다른 어떤 것으로 진행되지 않는다. 그렇다면 그 출발점은 우연적인 사건의 출발점일 것이고 그것이 발생하는 데는 다른 어떤 원인도 존재하지 않을 것이다. 하지만 이런 성격의 환원이 어떤 종류의 출발점과 어떤 종류의 원인으로 종결되는지, 즉 질료로 종결되는지 아니면 지향점으로 종결되는지 아니면 운동인으로 종결되는지는 주의 깊게 살펴보아야 한다.[33]

4. (ii) 참이라는 뜻에서 있는 것은 첫 번째 뜻에서 있는 것이 아니다

이제 우연적인 뜻에서 있는 것은 제쳐두자. 이에 대해서는 충분히 규

33 다음과 같은 로스의 설명을 참고하라. "일반적으로 사건들은 일련의 원인들의 필연적 결과로서 일어난다. 예컨대 죽음은 살아 있는 몸 안에 반대되는 요소들이 내재하는 데서 생기는 필연적 결과이다. 하지만 어떤 인과연쇄의 시작이 되지만 그 자체는 다른 어떤 인과연쇄의 결과가 아닌 사건들도 있다. 그런 것들을 두고 우리는 결코 '그것들에 선행하는 조건들이 충족되었고 그 결과로서 그것들이 일어났다'라고는 말할 수 없다. 어떤 때는 그런 일들이 있고, 어떤 때는 없기 때문이다. 하지만 그것들은 결코 어떤 과정을 거쳐 생겨나지 않는다. 아리스토텔레스는 자유의지의 탓으로 돌릴 수 있는 사건들을 염두에 두고 있는 듯하다. 예컨대 어떤 사람이 매운 음식을 먹는 것과 같은 사건이 그렇다. 일단 어떤 사람이 이런 일을 하면, 그의 죽음이 어떤 확정된 방식을 취할지 확실해진다. 하지만 그렇게 하기 전까지는 오직 그가 죽는다는 사실만이 확실할 따름이다." 더 자세한 내용은 Ross, *Metaphysics* I, pp. 362~63 참고.

정되었기 때문이다. 참이라는 뜻에서 있는 것과 거짓이라는 뜻에서 있지 않은 것은 합성과 분할에 달려 있고, 참과 거짓은 함께 한 쌍의 모순적 진술을 배분하는 데 달려 있다(그 이유는 이렇다. 참은 주어와 술어가 실제로 결합되어 있을 때 이를 긍정하는 데서 성립하고 그것들이 분할되어 있을 때 이를 부정하는 데서 성립한다. 반면 거짓은 이런 배분과 모순적이다. 어떤 것들을 함께 생각하거나 분리해서 생각하는 것이 어떻게 일어나는지에 대해서는 또 다른 설명이 필요하다. '함께'나 '분리해서'라는 말을 사용하는 것은 그것들이 계열을 이루지 않고 어떤 통일체를 이룬다는 사실을 표현하기 위해서이다). 거짓과 참은, 예컨대 좋은 것은 참이고 나쁜 것은 그 자체가 거짓이라는 식으로 사물들 안에 있는 것이 아니라 사고 안에 있다. 하지만 단순한 것들과 '무엇'의 경우에는 참과 거짓이 사고 안에조차 존재하지 않는다. 그렇기 때문에 이런 뜻에서 있는 것과 있지 않은 것에 대해서 고찰해야 할 것들은 나중에 살펴보아야 한다.[34] 하지만 연합과 분할은 사고 속에 있는 것이지 사물들 안에 있는 것이 아니며, 이런 뜻에서 있는 것은 주도적인 뜻에서 있는 것과 다르기 때문에(사고는 어떤 것이 '무엇'인지 또한 그것이 어떤 성질이나 양이나 다른 어떤 것을 가지고 있다는 사실을 결합이나 분할을 통해 파악하기 때문이다), 우연적으로 있는 것과 참이라는 뜻에서 있는 것은 떼어내야 한다. 왜냐하면 앞의 것의 원인은 확정되어 있지 않고 뒤의 것의 원인은 사유의 어떤 상태인데, 이 둘은 모두 있는 것의 나머지 유와 관계를 맺고 있을 뿐 그런 것과 독립적으로 특정한 본성을 가지고 있는 것을 밝혀주지는 않기 때문이다. 그런 까닭에 이런 것들은 제쳐두고 있는 것인 한에서 있는 것 자체의 원인들과 원리들을 살펴보아야 한다(있는 것이 여러 가지 뜻으로 쓰인다는 사실은 각 낱말의 여러 가지 뜻을 다룬 글에서 분명해졌다).[35]

---

34 IX권 10장 참고.

35 VI권 2-4장의 논의와 관련해서는 XI 7, 1064b15-1065a26 참고.

Ⅶ권(Z)

1. '있는 것'에 대한 탐구는 일차적으로 실체에 대한 탐구이다

앞서 낱말의 여러 가지 뜻에 대한 글[1]에서 우리가 나누어 설명했듯이, '있는 것'은 여러 가지 뜻으로 쓰인다.[2] 왜냐하면 그것은 어떤 때는 '무엇'과 '이것'을 가리키고,[3] 어떤 때는 성질, 양 또는 그와 같은 방식으로 1028a10

1 앞의 V권을 가리킨다.

2 V 7, 1017a7 아래 참고.

3 아리스토텔레스는 '있는 것'(*on*)의 여러 가지 뜻을 나누면서 '무엇'(*ti esti*)과 '이것'(*tode ti*)을 '첫째로 있는 것'(*prōton on*)으로 든다. 이 논의 맥락에서 그 두 용어의 쓰임은 다음과 같이 설명할 수 있다. 우리 눈앞에 있는 개별자들은 지시가능한 대상이다. 우리는 예컨대 '이 사람', '이 말', '이 책상'이라는 말을 써서 우리 앞에 있는 개별적인 대상들을 가리킬 수 있는데, 이런 이유에서 아리스토텔레스는 지시사(*demonstrativum*)를 포함한 용어인 '이것'(*tode ti*, '*this somewhat*')을 개별적인 것들을 가리킬 때 사용한다('이것'은 개별적인 형상을 가리킬 때도 쓰이는데, 이에 대해서는 VII 3, 1029a30에 대한 주석 참고). 한편, 우리는 눈앞에 있는 개별적인 것들에 대해 "이것은 무엇인가?"라고 물을 수 있는데, 이에 대해 우리는 "이것은 사람이다", "이것은 말이다", "이것은 동물이다"라고 대답한다. 그리스어의 의문문 'X는 무엇인가?'를 실사(實辭)로 바꾼 용어인 '무엇'(*ti esti*)은 그런 진술들 가운데 등장하는 '사람', '말', '동물'과 같은 종(種, *eidos*)이나 유(類, *genos*) 개념을 두루 가리키는 용어로 쓰인다. 그런 점에서 '이것'과 '무엇'은 우리에게 잘 알려진 『범주론』의 첫째 범주인 실체(*ousia*)의 범주에 속하는 첫째 실

술어가 되는 것들 가운데 어느 하나를 가리키기 때문이다. '있는 것'은 이처럼 여러 가지 뜻으로 쓰이지만, 분명히 그 가운데 첫째로 있는 것은 실체를 가리키는 '무엇'인 반면 (그 이유는 이것이 어떤 성질의 것인지를 말할 때 우리는 '좋다'거나 '나쁘다'고 말하지, '(크기가) 세 완척이다'거나 '사람이다'라고 말하지 않고, 반면 그것이 '무엇'인지를 말할 때는 '하얗다'거나 '뜨겁다'거나 '(크기가) 세 완척이다'라고 말하는 대신 '사람이다', '신이다'라고 말하기 때문이다) 다른 것들은 모두 그렇게 있는 것에 속하는 양이라거나 성질이라거나 상태라거나 그런 유의 다른 어떤 것이라는 이유에서 '있는 것'이라고 불린다. 그러므로 걸음과 건강함과 앉아 있음을 두고 어떤 사람은 그것들 하나하나가 있는 것인지 있지 않은 것인지 의문을 가질 수 있을 것이고, 그와 같은 종류의 다른 것들에 대해서도 동일한 의문을 품을 수 있을 터인데, 그 까닭은 그것들 가운데 어느 것도 본성상 그 자체로서 있거나 실체와 분리되어 있을 수는 없고, 오히려 만일 어떤 것이 있다면, 걷는 것, 앉아 있는 것, 건강한 것이 있는 것들에 속하기 때문이다.[4] 하지만 이것들은 분명, 그것들 밑에 확정된 기체가 (이것은 실체요 개별자이다) 놓여 있기 때문에 있는 것이고, 그것은 그런 종류의 진술[5] 안에 출현하는데, 그 까닭은 '좋은'이나 '앉아 있는'이라는 말은 그것 없이는 쓰이지 않기 때문이다. 그렇다면 앞서 말한 것들 각각은 바로 이것[6] 때문

체(*prōtē ousia*)와 둘째 실체(*deutera ousia*)에 상응한다. 이런 실체 구분에 대해서는 『범주론』 2, 1a24-5와 5, 2b 아래 참고. 'tode ti'의 뜻에 대한 고전적 논의로는 J. A. Smith, "ΤΟΔΕ ΤΙ in Aristotle", *Classical Review* 35, 1921, p. 19 참고.

4 아리스토텔레스는 본문에서 '걸음과 건강함과 앉아 있음'(*to badizein kai to hygiainein kai to kathēsthai*)을 '걷는 것, 앉아 있는 것, 건강한 것'(*to badizon …… kai to kathēmenon kai to hygiainon*)과 대비하는데, 그의 표현법에 주목해야 한다. 여기서 쓰인 동사의 부정형(예컨대, *to badizein*)과 분사형(예컨대, *to badizon*)은 각각 어떤 주체에게도 속하지 않는 행동인 '걸음'과 걸음을 걷고 있는 주체인 '걷는 것'을 가리킨다. 이때 '걸음'이 어떤 주체에도 속함이 없이 분리되어(*chōrizesthai*) 그 자체로서(*kath' hauto*) 있을 수 없지만, '걷는 것'은 그 자체로서 있다.

5 'katēgoria'는 '범주'가 아니라 '진술'의 뜻으로 쓰였다.

6 실체, 즉 개별자를 가리킨다.

에 있다는 것이 분명하며, 따라서 첫째로 있는 것, 즉 어떤 제한된 뜻에서 있는 것이 아니라 무제한적으로 있는 것[7]은 실체일 것이다.

그런데 '첫째'는 여러 가지 뜻으로 쓰이지만, 모든 측면에서 실체는 첫째인데, 정식에서, 지식에서, 시간에서 그렇다.[8] 그 이유는 이렇다. 술어가 되는 다른 것들 가운데 어떤 것도 분리가능하지 않고, 오로지 실체만이 그럴 수 있다.[9] 또한 그것은 정식에서 첫째이며(왜냐하면 각 대상에 대한 정식 가운데는 실체에 대한 정식이 내재하기 때문이다[10]), 우리는 사람이나 불이 '무엇'인지 알았을 때 각 대상을 가장 잘 알고 있다고 생각하

---

7 VI 1, 1025b9에서도 아리스토텔레스는 '무제한적인 뜻에서 있는 것'(*on haplōs*)이라는 표현을 써서 이것을 '어떤 제한된 뜻에서 있는 것'(*on ti, some particular being*)과 대비한다. 하지만 VII 1에서 그 표현이 의미하는 바는 그 경우와 다르다. VI 1에서는 'on haplōs'가 'on hēi on'(*being qua being*), 즉 '있는 것인 한에서 있는 것' 또는 '있음의 측면에서 있는 것'과 동의적인 표현으로서 무제한적인 뜻에서 있는 것, 있는 것 자체를 가리키는 반면, VII 1에서는 다른 어떤 것에 의존함이 없이 있는 것, 즉 실체를 가리킨다.

8 '첫째'(*prōton*)의 여러 가지 뜻에 대해서는 VII 13, 1038b27 아래와 XII 1, 1069a19 아래를 함께 참고.

9 이 구절의 뜻에 대해서는 논란이 많다. "술어가 되는 다른 것들 가운데 어떤 것도 분리가능하지 않고, 오로지 실체만이 그럴 수 있다"라는 표현은 다른 곳에서는 '실체나 본성에서의' 선행성을 가리킬 때 쓰이며, 이런 선행성은 시간적인 선행성과 구별되기 때문이다(V 11, 1018b14 아래; 1019a2-3; IX 8, 1049b11-2 참고). 하지만 지금의 논의 맥락에서는, 앉아 있음이나 걸음 등이 있으려면 그것에 앞서서 그런 상태나 활동의 주체가 되는 개별적 실체가 '앞서' 있어야 한다는 뜻으로 받아들여야 할 것이다. VIII 1, 1042a32 아래 참고.

10 사람들은 보통 여기서 쓰인 '정식'(*logos*)을 정의(*horismos*)를 가리키는 것으로 보면서, 아리스토텔레스의 발언을 "다른 술어에 대한 정의 가운데는 실체에 대한 정의가 포함되어 있어야 한다"라는 뜻으로 풀이한다(Ross, *Metaphysics* II, p. 165 참고). 하지만 'logos'를 굳이 '정의'의 뜻으로 좁혀서 해석할 이유는 없다. 왜냐하면 'logos'는 낱말, 어구, 진술, 논변 등 여러 수준의 언어적 표현을 뜻하기 때문이다. 그래서 아리스토텔레스의 발언은, 1028a28 아래의 진술과 같은 뜻에서, '좋은'이나 '앉아 있는'이라는 말을 비롯해서 다른 범주에 속하는 것들을 가리키는 말(*logos*)이 언제나 그런 것들이 속해 있는 실체와 관련해서만, 즉 그런 실체를 가리키는 말과 관련해서만 쓰일 수 있다는 뜻으로 이해해야 할 것이다. 'logos'에 대해서는 II 1, 996a2에 대한 각주를 함께 참고.

1028b 며,[11] 성질이나 양이나 장소 등을 두고도 그것들 각각에 대해 양이 '무엇'인지 성질이 '무엇'인지를 알았을 때, 그것을 알고 있다고 말한다.[12]

그러므로 옛날이나 지금이나 언제나 탐구 대상이 되고 언제나 의문거리인 것, 즉 있는 것은 무엇인가라는 물음은 실체란 무엇인가라는 물음이니[13](왜냐하면 그것을 두고 어떤 사람들은[14] 그것이 하나라고 말하는 반면, 어떤 사람들은 하나 이상이라고 말하고, 또 어떤 사람들은[15] 수가 유한하다고 말하고, 어떤 사람들은[16] 수가 무한하다고 말하기 때문이다), 우리는 가장 많이, 가장 먼저 그리고 전적으로, 그런 뜻으로 있는 것에 대해 그것이 무엇인지를 이론적으로 고찰해야 한다.

2. 실체에 해당하는 것들에 대한 여러 가지 의견

일반적 의견에 따르면, 실체가 물체들에 속한다는 것은 더 없이 분명하다(그런 이유 때문에 우리는 동물들과 식물들과 그것들의 부분들이 실체라고 부르며, 자연적 물체들, 예컨대 불, 물, 흙을 비롯해서 그런 종류의 것들 각각

11 II 2, 996b17 아래 참고.

12 '무엇'은 물론 실체들에 대한 보편적 술어들, 이를테면 종(*eidos*)이나 유(*genos*)를 가리킨다. 하지만 우리는 실체가 아닌 '하양'과 같은 성질에 대해서도 그것이 '무엇'인지 말할 수 있다. 그런 뜻에서 '무엇'은 첫째로는 실체의 범주에서 쓰이지만, 파생적으로는 다른 범주에서도 쓰인다. 이에 대해서는 아래의 VII 4, 1030a17 아래 참고.

13 이 부분에 대해서는 플라톤의 대화편 『소피스테스』(*Sophistes*) 244A 참고. 여기서 플라톤은 '손님'의 입을 빌려 이렇게 묻는다. "(……) '있는 것'(*on*)이라는 말을 쓸 때, 당신들이 가리키려는 것은 도대체 무엇인가? (……) 왜냐하면 분명 당신들은 그에 대해 이미 알고 있지만, 우리는 이전에는 알고 있다고 생각했었는데, 지금은 어려움에 처해 있다."

14 밀레토스학파의 철학자들을 가리킨다. I 3, 983b6 아래 참고.

15 수를 모든 것의 원리로 내세운 피타고라스학파나 네 가지 뿌리들(*rhizōmata*)을 말한 엠페도클레스가 그런 사람들에 해당한다. D-K, 58 B 4, B 5와 31 B 6 참고.

16 아낙사고라스와 원자론자들은 각각 무수한 씨앗들(*spermata*)이나 원자들(*atoma*)이 모든 것의 원리라고 말한다. D-K, 59 B 4, 67 A 7, 68 A 37, A 57 참고.

과 그것들의 부분들이나 그것들로 이루어진 것들 — 그것들 가운데 일부로부터 유래하건 그것들 모두로부터 유래하건 아무 차이가 없다 — , 이를테면 하늘과 그것의 부분들인 별들과 달과 태양을 우리는 실체라고 부른다).[17] 하지만 오로지 이것들만이 실체인지 아니면 다른 실체들도 있는지, 그것들 가운데 일부가 실체인지 아니면 다른 것들도[18] 그런지, 또는 그것들 가운데 어떤 것도 실체가 아니고 다른 어떤 것들이 실체인지, 이런 문제들을 살펴보아야 한다.[19]

어떤 사람들의 의견에 따르면 물체들이 갖는 한계들, 이를테면 표면, 선, 점, 하나가 실체들이며, 그것들이 물체나 입체보다 더 높은 수준의 실체이다.[20] 또한 어떤 사람들은 그런 종류의 것들 가운데 아무것도 감각적인 것들과 떨어져 있지 않다고 생각하는 데 반해, 다른 사람들은 수도 더 많고 더 높은 수준에 있는 영원한 것들이 있다고 생각하는데, 플라톤은 형상들과 수학적인 것들을 두 부류의 실체로 내세우고, 세 번째 실체로 감각적인 물체들을 내세운다.[21] 그런가 하면 스페우시포스는 하나에서 시작해서 여러 부류의 실체들을 이끌어내고, 각각의 실체에 대해 서로 다른 원리들을 상정하는데, 그는 수들의 원리와 연장물들의 원리와 영혼의 원리를 내세우면서, 이와 같은 방식으로 실체들을 늘려간다.[22] 한

---

17 V 8, 1017b10 아래 참고.

18 1028b14의 'kai allōn'은 로스를 따라 'kai allai'로 읽었다.

19 여기 소개된 실체의 목록은 V 8, 1017b10-4에서 제시된 것과 일치한다. 다만 아리스토텔레스는 VII 16에서 물, 불, 흙, 공기나 식물과 동물의 부분들이 다만 가능적인(*dynamei*) 실체라고 불릴 수 있다고 분명히 말한다. VII 16, 1040b5 아래 참고.

20 '실체'를 '한계들'(*perata*)로 이해하는 피타고라스학파의 이론에 대해서는 V 8, 1017b17 아래 참고.

21 이런 이론에 대해서는 다음의 구절들을 참고: XIII 4, 1078b31 아래; 6, 1080b16 아래; XIV 3, 1090a30 아래.

22 스페우시포스(Speusippos)의 이론에 대해서는 XII 10, 1075b37 아래와 XIV 3, 1090b20 아래 참고. 여기서 아리스토텔레스는 스페우시포스의 이론을 두고, 그것은 자연 전체를 구성이 엉성한 비극처럼 '삽화적인 것'(*epeisodiōdēs*, 1090b19)으로 만든다고 비판한다.

편, 어떤 사람들은 형상들과 수들은 본성이 동일하며, 이것들에 이어지는 다른 것들, 즉 선과 면이 오고, 마침내 우주의 실체와 감각적인 것들이 있게 된다고 말한다.[23]

그러면 그런 의견들을 두고 어떤 이론이 옳고 어떤 이론이 옳지 않은지, 어떤 것들이 실체들인지, 감각적인 실체들과 떨어져서 어떤 실체들이 있는지 없는지, 그것들[24]은 어떤 방식으로 있는지, (감각적 실체들과) 분리가능한 어떤 실체가 있는지, 왜 그것이 있고 어떤 방식으로 있는지, 아니면 감각적인 실체들과 떨어져서는 어떤 실체도 없는지를 고찰해야 하는데,[25] 먼저 실체가 무엇인지 개관한 뒤에 그렇게 해야 한다.

3. 실체의 네 후보자. 본질, 보편자, 유, 기체. 기체에 해당하는 것에는 질료와 형상과 그 둘의 복합체가 있다. 질료와 복합체, 즉 복합실체가 첫째 실체일 수 없는 이유. 형상에 대한 탐구의 선행성

'실체'라는 말은, 더 많은 뜻에서가 아니라면, 주로 네 가지 뜻으로 쓰이는데, 그 까닭은 일반적 의견에 따르면 본질, 보편자, 유가 각자의 실체이고, 그 가운데 네 번째 것은 기체이기 때문이다.[26]

---

23 크세노크라테스(Xenokrates)의 이론을 두고 하는 말인 듯하다. 이에 대해서는 다음의 구절들을 참고: XII 1, 1069a35 아래; XIII 6, 1080b22, 28; 9, 1086a5 아래; XIV 3, 1090b28 아래. 1083b2의 평가에 따르면, 크세노크라테스의 이론은 수에 대한 아카데미아학파의 이론들 가운데 '가장 열등하다'(*cheirista*).

24 감각적 실체들(*aisthētai ousiai*)을 가리킨다.

25 이런 탐구기획에 대한 언급으로는 예컨대 VII 11, 1037a11 아래와 17, 1041a7 아래 참고.

26 여기 나열된 실체의 네 후보자는 크게 두 부류로 나뉜다. 본질(*to ti ēn einai*), 보편자(*katholou*), 유(*genos*)는 '각자의 실체'(*ousia hekastou*) 또는 '각 사물의 실체'(*ousia tou pragmatos*, VII 12, 1038a19-20)라는 뜻의 실체의 후보자들이라면, 기체(基體, *hypokeimenon*)는 그렇지 않은 것 같다. 이 가운데 기체라는 뜻에서의 실체 개념은 일반적으로 인정되는 것이면서 아리스토텔레스 자신도 이미 『범주론』에서 수용했던 것이

그런데 기체는 다른 것들은 그것에 대해 술어가 되지만 그것 자체는 다른 어떤 것에 대해서도 술어가 되지 않는 것이다. 따라서 우리는 첫째로 이것에 대해 규정해야 하는데, 그 까닭은 첫째 기체[27]가 실체라는 것 1029a
은 가장 일반적인 의견이기 때문이다. 그런 종류의 것으로는 어떤 뜻에서 보면 질료가, 어떤 뜻에서는 형태가,[28] 셋째로는 그것들의 복합체가 있는데(내가 말하는 질료는 예컨대 청동과 같은 것이고, 형태는 겉보기의 모양이며, 그것들의 복합체는 사람의 조각상 〔전체〕이다), 따라서 형상이 질료보다 더 앞서고 더 높은 수준에서 있는 것이라면, 동일한 논변에 의해 그것은 그 둘의 복합체에 비해서도 그럴 것이다. 실체가 도대체 무엇인가라는 물음에 대해, 그것은 기체에 대해 술어가 되지 않지만 다른 것들은 그것에 대해 술어가 된다는 사실을 이제 개괄적으로 이야기했다. 하지만 그렇게 남겨두어서는 안 되는데, 그것만으로는 충분하지 않기 때문이다. 왜냐하면 그런 말 자체가 불분명할 뿐만 아니라 그렇게 보면 질료가 실체가 되기 때문이다.[29]

다(5, 2a11 아래 참고). 반면 'ousia hekastou'로서의 실체 개념은 『형이상학』 VII에서 새로운 탐구주제로 등장한다.

27 '첫째 기체'(*to hypokeimenon prōton*)는 진술의 궁극적인 주어 구실을 하는 개별자를 가리킨다. 예컨대 개별자가 아닌 보편적인 종(種, *eidos*) 개념인 '사람'도 "사람은 이성적인 동물이다"와 같은 진술의 주어 구실을 할 수 있지만, 그것은 궁극적인 주어가 되지는 못한다. 그런 점에서 사람, 말(馬)과 같은 종은 '첫째 기체'일 수 없다. 『범주론』 5, 2b19 아래 참고.

28 형태(*morphē*) 또는 형상(*eidos*), 이를테면 영혼이 어떤 뜻에서 기체, 즉 어떤 것의 작용을 받아 영혼에 속하는 상태나 그 본성상 그에 속하는 속성(*pathos*)의 밑에 놓여 있는 것이 될 수 있는지에 대해서는 다음의 구절들 참고: VIII 7, 1049a27 아래; 『범주론』 2, 1a25 아래; 『영혼론』 I 1, 402a9. 마지막 구절에서 아리스토텔레스는 이렇게 말한다. "이것들(= 영혼에 부수적으로 속하는 것들) 가운데 어떤 것들은 영혼의 고유한 속성들(*idia pathē*)이고, 어떤 것들은 영혼에 의해서 생명체들에게 속하는 듯하다." 'pathos'의 여러 가지 뜻에 대해서는 V 21 참고.

29 기체가 실체라는 주장을 끝까지 견지할 경우에 속성 밑에 놓여 있는 기체, 즉 감각적 개별자보다는 오히려 감각적 개별자 밑에 놓여 있는 기체, 즉 질료가 더욱 엄밀한 뜻에서 실체가 될 것이고, 그 결과 질료가 실체라는 결론에 이르게 되는데, 아리스토텔레스는 그런 결론을 받아들이지 않는다. 그래서 그는 이어지는 1029a10 아래에서, 기

왜냐하면 만일 질료가 실체가 아니라면, 다른 어떤 것이 있는지 시야에서 사라져버린다. 왜냐하면 다른 것들을 모두 제거하고 나면, 분명 밑에 남는 것이 아무것도 없기 때문이다. 그 이유는 이렇다. 다른 것들은 물체들의 양태들이거나 그것들로써 만들어진 것이거나 그것들의 능력이고, 그런가 하면 길이나 넓이나 깊이는 양적인 것들이지 실체들이 아니요(양적인 것은 실체가 아니기 때문이다), 반대로 그런 것들을 자기 안에 속하는 것으로 가지고 있는 첫째가는 것, 바로 이것이 실체이다. 그러나 길이와 넓이와 깊이를 덜어내면, 우리는 이것들에 의해 제한된 어떤 것을 빼놓고는 아무것도 남지 않는 것을 보게 되는데, 결국 이런 관점에서 그 문제를 고찰하는 사람들에게는 질료가 유일한 실체로 나타날 수밖에 없다.[30] 내가 여기서 말하는 질료란 그 자체로 보아서는 어떤 종류의 것도 아니고 양적인 것도 아니며, 있는 것을 정의하는 수단[31]이 되는 다른 어떤 것이라고도 부를 수 없는 것이다. 왜냐하면 이것들 하나하나를 술어로 취하는 어떤 것이 있으니, 그것에 속하는 있음은 술어들 하나하나와 다른 것이어서(왜냐하면 다른 것들은 실체에 대해 술어가 되지만, 그것 자체는 질료에 대해 술어가 되기 때문이다[32]), 결국 그 최종적인 것은 그 자체로서는 어떤 종류의 것도 아니요 양적인 것도 아니요 다른 어떤 것도 아니기 때문이다.[33] 심지어는 그것들의 부정태들도 아닌데, 그 이유는 이것

체가 실체라는 생각에 따르면 감각적 개별자보다 그것의 질료가 실체의 자리를 차지하게 됨을 밝히는 한편, 그에 덧붙여 그런 결론의 부당성을 보인다.

30 아리스토텔레스는 초기 그리스 자연철학자들의 입장이 이런 것이라고 본다. I 3, 983b6 아래 참고.

31 '있는 것을 정의하는 수단'(*hois ōristhai to on*)은 범주들(*katēgoriai*)을 가리킨다.

32 III 1, 995b35와 III 4, 999a33-4 참고.

33 나무나 돌은 각각 책상이나 조각상의 질료이다. 하지만 이런 뜻의 질료는 그것을 재료로 삼아 만들어진 책상이나 조각상과 비교해 볼 때 형태를 갖고 있지 않지만, 그 자체로는 그 나름의 형태, 예컨대 나무나 돌 자체의 형태와 성질을 가지고 있다. 반면, 아리스토텔레스가 VII 3에서 말하는 최종적인 것(*to eschaton*)으로서의 질료는 완전히 불확정적인 것, 이를테면 아낙시만드로스의 무한자(*apeiron*)와 같은 것을 가리킨다. 이것은 '부정태들'(*apophaseis*), 즉 '색깔이 없는 것', '부피를 갖지 않는 것' 등의 부정적

들은 부수적인 뜻에서 그것에 속할 것이기 때문이다. 이런 관점을 따르는 사람에게는 질료가 실체라는 결론이 따라 나온다. 하지만 이는 불가능한 일이다. 왜냐하면 일반적 의견에 따르면 분리가능성과 '이것'은 주로 실체에 속하기 때문인데, 이런 이유로 말미암아 형상과 둘로 이루어진 것이 질료보다 더 높은 수준의 실체로 생각될 것이다.[34]

그런데 두 부분으로 이루어진 실체는 — 즉 질료와 형상으로 이루어진 실체를 말한다 — 제쳐 두어야 한다. 이것은 뒤에 오는 것이요 분명하기 때문이다. 질료 역시 어떻게 보면 분명하다. 그래서 세 번째 실체에 대해 고찰해야 하는데, 이것은 가장 어려운 주제이기 때문이다. 실체들이 감각적인 것들 가운데 있다는 데는 사람들이 동의하는데, 이것들 중에서 먼저 실체를 찾아야 한다. 〔〔왜냐하면 그런 뒤에 더 잘 알 수 있는 것으 1029b3
로 나아가는 것이 유용하기 때문이다. 왜냐하면 이렇듯 배움은 어떤 경우에든 본성적으로 덜 인식가능한 것을 거쳐 더 인식가능한 것들로 나아가기 때문이다.[35] 이것이 바로 해야 할 일이니, 여러 가지 행동의 경우 각자에게 좋은 것들

술어들을 통해서조차도 규정될 수 없다. D-K 12 B 1, A 9, A 16 참고.

34 아리스토텔레스는 '분리가능성'(*chōriston*)과 '이것'(*tode ti*)을 실체의 두 가지 본질적인 징표로 제시함으로써, '기체'(*hypokeimenon*) 개념을 통해 실체를 정의할 때 그로부터 따라 나오는 결론을 피하려고 한다. 질료와 형상으로 이루어진 것(*to ex amphoin*), 즉 복합실체(예를 들어 이 말이나 이 사람)는 혼자 떨어져 있고 지시가능한 것이라는 점에서 분리가능한 것이자 '이것'이다. 그에 반해 형상은 질료를 배제한 채 정의될 수 있는 것이라는 이유에서 분리가능한 것, 즉 '정식에서 분리가능한 것'(*tōi logōi chōriston*, VIII 1, 1042a 29; 『자연학』 II 1, 193b4-5도 함께 참고)이다. 형상은 '이것'이라고 불리는데, 이 표현의 뜻에 논란이 많다. 하지만 아리스토텔레스는 사물 안에 들어 있는 형상이 각 사물에 고유한 것이요 개별적인 것임을 분명히 하기 위해 형상에 대해 '이것'이라는 표현을 쓴 것으로 보인다. 이를테면 호메로스의 조각상의 형태는 하나의 개별적인 형태이며, 다른 조각상의 형태, 이를테면 이순신 장군의 조각상의 형태와 다르다. 마찬가지로 각 사람의 형상, 즉 각 사람의 생김새나 영혼은 저마다 다르며, 그런 뜻에서 '이것'이다.

35 배움(*mathēsis*)이 '우리에게 더 앞서는 것'(*proteron pros hēmas*)에서 시작해서 '본성적으로 더 앞서는 것'(*proteron tēi physei*)으로 나아가야 한다는 아리스토텔레스 방법론에 대해서는 V 1, 1013a2-4와 『분석론 후서』 I 2, 71b34 아래 참고.

에서 시작해서 무제한적으로 좋은 것들을 각자에게 좋은 것으로 만들어야 하듯이, 자신에게 더 인식가능한 것에서 시작해서 본성적으로 인식가능한 것을 자신에게 인식가능한 것으로 만들어야 한다. 개개인들에게 인식가능하고 가장 먼저 있는 것들은 흔히 아주 적은 정도로 인식가능한 것이며, 실재성이 적거나 전혀 없다. 그렇지만 하찮은 정도이긴 하지만 각자에게 인식가능한 것들에서 시작해서 무제한적으로 인식가능한 것을 아는 데 이르도록 힘써야 하는데, 앞서 말했듯이, 그런 것들을 거쳐 앞으로 나아가야 하는 것이다.]]

4. 본질은 무엇이며, 그것은 어떤 것들에 속하는가? 즉, 어떤 것들이 정의의 대상인가? 본질은 일차적으로 실체에 속한다

1 처음에[36] 우리는 실체를 정의하는 여러 방식을 나누었는데, 일반적 의
13 견에 따르면 그 가운데 하나는 본질이었으므로, 이것에 대해 고찰해야 한다. 먼저 논리적 관점에서[37] 그것과 관련된 몇 가지 점을 말해보기로 하자. 어떤 대상이 그 자체로서 무엇인지를 말하는 진술 속에서 드러나는 것, 그것이 각자의 본질이다.[38] 이를테면 너의 본질은 음악적임이 아

---

36 VII 3, 1028b33-6을 가리킨다.

37 이어지는 본질(*to ti ēn einai*)에 대한 논의가 정식(*logos*) 및 정의(*horismos*)의 관점에서 이루어지기 때문에 '논리적 관점에서'(*logikōs*)라는 표현이 쓰였다.

38 아리스토텔레스는 각 사물의 본질(*to ti en einai hekastōi*)을 일컬어 'ho legetai kath' hauto'라고 정의한다(V 17, 1022a25-7). 로스는 그 구절을 "The essence of each thing is what it is said to be *propter se*"라고 옮겼다. 즉, 우리가 어떤 대상 '갑'에 대해, 그것이 '그 자체로서' '을'이라고 말할 수 있다면, 바로 이 '을'이 갑의 본질이라는 말이다. 우리말로써는 원문의 압축된 표현을 그대로 옮기기 힘들기 때문에 여기서는 내용에 따라 풀어 옮겼다. 보니츠의 다음 번역도 함께 참고하라. "Zuerst nun wollen wir darüber einiges im allgemeinen sagen, nämlich daß das Wesenswas für ein jedes Ding das ist, als welches es an sich bezeichnet wird." Frede-Patzig: "Und zunächst wollen wir darüber einiges rein formale Bemerkungen machen, nämlich daß das 'Was es heißt, dies zu sein' einer jeden Sache das ist, als was sie von ihr selbst her bezeichnet wird."

닌데,[39] 그 까닭은 너는 너 자체로서 음악적이 아니기 때문이다. 네가 너 자체로서 무엇이라고 일컬어진다면, 그 '무엇'에 해당하는 것이 너의 본질이다. 하지만 이런 것 전부가 본질은 아닌데, 그 까닭은 "표면은 하얗다"라고 말할 때와 같은 방식으로 각 대상이 그 자체로서 무엇인지 말하는 진술 속에서 드러나는 것은 본질이 아니기 때문인데, 표면의 본질은 하양임이 아니기 때문에 그렇다. 나아가서 그 둘의 복합체, 하얀 표면임 역시 표면의 본질은 아닌데, 그 까닭은 표면 자체가 거기에 부가되어 있기 때문이다.[40] 그러므로 (정의의) 대상 자체는 포함하지 않으면서 그 대상이 무엇인지 말하는 정식, 이것이 각자의 본질에 대한 정식이니, 따라서 하얀 표면임이 부드러운 표면임과 같다면, 하양의 본질과 부드러움의 본질은 동일한 것이요 하나일 것이다.[41] 하지만 다른 범주들에 두루 걸쳐 합성체가 있기 때문에 (왜냐하면 성질, 양, 때, 장소, 운동과 같은 것 각각의 경우 어떤 기체가 그 밑에 놓여 있기 때문이다), 그런 것들 각각의 본질에 대한 정식이 있는지, 이를테면 하얀 사람[42]과 같은 종류의 것들에 본질

39 1029b14-5: "ou gar esti to soi einai to mousikōi einai". 로스는 이를 'For being you is not being musical'로 옮겼다. 원문에 따라 보면, 앞의 'to soi einai'는 'to ti ēn einai soi'와 바꿀 수 있는 표현이고, 따라서 '너의 본질'로 옮길 수 있다. 하지만 뒤의 'to mousikōi einai'를 예컨대 '음악성의 본질'로 옮겨서 "너의 본질은 음악성의 본질이 아니다"라고 말하는 것은 무의미하다. 'to mousikōi einai'('음악적임', '*to be musical*')가 쓰인 이유는 다음과 같다. "너는 음악적이다"는 그리스어로 "soi hyparchei to mousikōi einai" 또는 "soi symbebēke to mousikōi einai"(너에게 음악적임이 속한다)로 옮길 수 있다(이 구문에 대해서는 예컨대 IV 2, 1013b36-7 참고). 그리고 이때 'to mousikōi einai'는 주어인 '너'에게 속하는 '음악적임', 즉 음악적 존재(*being musical*)를 가리킨다. "ou gar esti to soi einai to mousikōi einai"(너의 본질은 음악적임이 아니다)라는 문장이 말하려고 하는 바는, "soi symbebēke to mousikōi einai"와 같은 진술에서 너에게 귀속된 '음악적 존재'(*to mousikōi einai*)는 너 자체에 속하는 것, 즉 너의 본질이 아니라는 뜻으로 보아야 할 것이다.

40 "표면은 하얀 표면이다"라고 말한다면, 이 정식에는 정의의 대상인 '표면' 자체가 부가되어 있어(*prosesti*) 표면에 대한 정의로는 적당하지 않다. 그것은 일종의 동어반복(*tautology*)이기 때문이다.

41 이것은 물론 받아들일 수 없는 결론이다.

42 합성체(*to syntheton*)의 예로 도입된 '하얀 사람'(*leukos anthrōpos*)은 피부색이 하얀 사

이 속하는지를 살펴보아야 한다. 그것의 이름을 '두루마기'[43]라고 해 보자. 두루마기의 본질은 무엇인가? 그것은[44] 어떤 것이 그 자체로서 무엇인지를 말하는 진술의 대상이 아니다. 아니, 어떤 것이 그 자체로서 무엇인지를 말하는 진술이 아니라고 말할 때, 거기에는 두 가지 뜻이 있는데, 하나는 부가에 의해 진술이 이루어질 경우이고 다른 하나는 그렇지 않은 경우이다. 한 경우는 정의 대상이 다른 것에 부가되어서 진술이 이루어지는 경우인데, 이를테면 하양의 본질을 정의하면서 하얀 사람에 대한 정식을 제시하는 경우가 그에 해당한다. 다른 경우는 다른 것이 정의 대상에 부가되어 있는 경우인데, 이를테면 '두루마기'가 하얀 사람을 가리키는데, 그 '두루마기'를 '하얀 것'으로 정의한다면 그런 사태가 빚어진
1030a 다.[45] 하얀 사람은 하얗지만, 그렇다고 하더라도 하양의 본질은 아니다. 아니, 두루마기의 본질은 도대체 본질에 해당하는 것인가, 그렇지 않은가? 왜냐하면 '이것'이 무엇인지를 말할 때, 바로 이 '무엇'에 해당하는 것이 본질이기 때문이다.[46] 어느 하나가 다른 하나에 대해 진술될 때, 이런 진술은 '이것'이 본질적으로 무엇인지[47]를 드러내는 것이 아니다. 이

람 또는 얼굴이 창백한 사람을 가리키는 듯하다.

43 '두루마기'라고 옮긴 'himation'은 본래 '겉옷'을 뜻한다. 하지만 그 말은 단지 임의로 선택된 용어에 지나지 않기 때문에 어떤 말로 옮기든 크게 문제되지 않는다(아래의 1045a26 참고). 그래서 여기서는 다소 생소할 수는 있지만 '두루마기'라는 말로 옮긴다.

44 두루마기의 본질(*to himatiōi einai*)을 가리킨다.

45 예컨대 '하얀 사람'은 '사람'에 '하양'이 부가되어 있는 합성체인데, 이런 복합성을 무시하고 '하얀 사람'을 정의하면서 오로지 '하양'에 대한 정식을 제시한다면, 이는 부가(*prosthesis*)의 오류에 반대되는 오류, 즉 생략(*aphairēsis*)의 오류를 범하는 셈이다(아래 1030a33 참고). M. Frede und G. Patzig, *Aristoteles 'Metaphysik Z'. Text und Übersetzung und Kommentar*, Bd. 1. Einleitung, Text und Übersetzung, Bd. 2. Kommentar, München 1988, S. 63을 함께 참고하라(다음부터는 '*Metaphysik Z* I'과 '*Metaphysik Z* II'로 줄여 인용한다).

46 1030a3의 'hoper gar ⟨tode⟩ ti esti to ti ēn einai'를 그 의미에 따라 풀어 옮겼다. 로스는 'For the essence is precisely what something is'라고 옮겼다. 'hoper'의 쓰임에 대해서는 III 4, 1001a26에 대한 각주 참고.

를테면 '하얀 사람'은 '이것'이 본질적으로 무엇인지를 드러내는 표현이 아닌데, '이것'은 오직 실체들에만 속하기 때문이다.[48] 그러므로 어떤 대상들에 대한 정식이 정의일 때 그런 대상들에 본질이 속한다. 그런데 이름이 정식이 가리키는 것과 동일한 것을 가리킨다고 해서 정의가 성립하는 것은 아니고(왜냐하면 그렇다면 모든 정식이 정의[49]일 것이니, 그 까닭은 어떤 종류의 정식에 대해서나 이름이 있을 것이고, 결국 『일리아스』 역시 정의에 해당할 것이기 때문이다[50]), 정식이 첫째가는 것[51]을 대상으로 할 때 정의가 성립하는데, 그런 것들에 대한 진술은 어느 하나가 다른 하나에 대해 술어가 되는 진술형태를 취하지 않는다. 그러므로 어떤 유에 속하는 종들을 제외하고는 어떤 것에도 본질은 속하지 않을 것이고, 오직 그런 것들에만 속할 것이다[52](왜냐하면 일반적 의견에 따르면 이것들에 대한

---

47 1030a4: "hoper tode ti".

48 실체들만이 지시가능한 '이것'(*tode ti*)이고, 엄밀한 의미에서 본질을 가질 수 있다. 그에 반해 '하얀 사람'은 실체와 성질이 결합된 부수적 복합체 또는 우연적 복합체이기 때문에 엄밀한 뜻에서 본질을 가질 수 없고, 따라서 정의될 수도 없다. '두루마기'에 대한 정식, "두루마기는 하얀 사람이다"는 '사람'에 대한 정의, "사람은 두 발 가진 동물이다"와 겉보기는 비슷하지만, 내적 구조는 전혀 다르다. 왜냐하면 하얗이라는 성질은 사람에게 속하는 부수적인 성질인 데 반해, 두 발 가짐의 성질은 동물이라는 유를 사람이라는 종으로 규정하는 종차이기 때문이다. 실체들만이 지시가능한 '이것'이고, 엄밀한 의미에서 본질을 가질 수 있다는 말은 본질의 개별성을 인정하는 말로 해석할 수 있는데, 사실 다음과 같은 여러 표현들은 이런 해석을 뒷받침한다. to ti ēn einai Kalliai(1022a27), to soi einai(1029b14-15), ⟨to⟩ Sōkratei einai(1032a8), ⟨to⟩ psychēi einai(1036a1), to tēide tēi oikia ⟨einai⟩(1039b25).

49 위의 1030a7에서와 달리 여기서는 'horismos' 대신 'horos'가 '정의'의 뜻으로 쓰였다.

50 이름(*onoma*)과 정식(*logos*)이 동일한 것을 가리킨다고 해서 그때 쓰인 정식이 모두 정의(*horismos, horos*)가 되는 것은 아니다. 이를테면 '일리아스'라는 이름과 서사시 작품 『일리아스』— 이 또한 넓은 의미에서 정식이다 — 는 동일한 것을 가리키지만, 그렇다고 해서 작품 『일리아스』 전체가 정의는 아니다.

51 '첫째가는 것'(*prōton ti*)은 1028a14의 첫째로 있는 것(*prōton on*)을 가리킨다.

52 1030a11-2의 'ouk estai ara oudeni tōn mē genous eidōn hyparchon to ti ēn einai'에서 'tōn mē genous eidōn'을 프레데-파치히(Frede-Patzig)는 '유에 속하는 형상들'(*die Formen einer Gattung*)로 옮긴다. 하지만 거기서 말하는 'eidē'는 '형상'(*form*)이 아니라 '종'(種, *species*)을 가리킨다고 보아야 옳을 것이다. 다시 말해서 종이 정의에 합당

정식은 관여의 관계나 기체와 속성의 관계에 의한 것도, 부수적인 관계에 의한 것도 아니기 때문이다). 다른 것들 각각의 경우 그것에 대해 이름이 있다면 그 이름이 가리키는 것이 무엇인지를 진술하는 정식, 즉 이것이 저것에 속한다는 사실을 말하는 정식이 있을 것이고, 또한 단순한 정식 대신 더 엄밀하게 부연설명을 하는 정식이 있을 것이지만, 그렇다고 해서 정의나 본질이 있는 것은 아닐 것이다.

아니, 정의나 '무엇'은 여러 가지 뜻으로 쓰이는가? 왜냐하면 '무엇'은 어떤 방식으로는 실체와 '이것'을 가리키지만, 어떤 방식으로는 술어가 되는 것 하나하나를, 즉 양이나 성질이나 그런 종류의 다른 것들을 가리키기 때문이다. 그 이유는 이렇다. '있다'('~이다')는 모든 것에 속하지만 똑같은 방식으로 그런 것이 아니라 어떤 것에는 첫 번째 뜻에서, 다른 것들에는 후속적인 뜻으로 속하는데, 이와 마찬가지로 '무엇'은 무제한적으로는 실체에, 제한된 뜻으로는 다른 것들에 속한다.[53] 왜냐하면 우리는 성질에 대해서도 그것이 '무엇'인지 말할 것이기 때문인데, 결국 성질은 '무엇'에 해당하는 것들 가운데 하나이지만, 무제한적인 뜻에서 그렇지는 않고, 마치 있지 않은 것을 두고 어떤 사람들이 — 언어적으로 — 있지 않은 것이 있다고 말할 때 이것이 무제한적인 뜻에서 그런 것이 아니라 있지 않다는 뜻에서 그렇듯이,[54] 성질의 경우에도 마찬가지이다. 그렇다면 우리는 각 대상이 있는 방식보다는 각 대상에 대한 진술이 따라야 하는 방식에 대해서 고찰해야 한다. 그런데 지금까지 말한 것

한 본질을 가진다는 말이다.

53 '있다'(~이다, *esti*)라는 말이 첫째로는 실체의 범주에 속하는 것들에 대해서, 파생적으로는 혹은 후속적인 뜻으로(*hepomenōs*) 다른 범주에 속하는 것들에 대해서 쓰이듯이, '무엇'(*ti esti*)도 첫째로는 실체의 범주 안에서, 후속적으로는 다른 범주 안에서 쓰일 수 있다는 말이다. '있는 것'(*on*) 또는 '있음'(*einai*)의 다양한 쓰임에 대해서는 V 7, 1017a24 아래 참고.

54 이를테면 우리는 '둥근 삼각형'이나 '황금 산'처럼 있지 않은 것(*to mē on*)들을 두고 "있지 않은 것이 있다"라고 말할 수 있다. 이 경우에는 있지 않은 것들에 대해서도 '있다'라는 말이 쓰이는 셈이다.

은 이제 분명하기 때문에, 본질은 — '무엇'이 그렇듯이 — 첫 번째 뜻에서나 무제한적인 뜻에서는 실체에 속하고 그 다음으로는 다른 것들에 속할 것이니, 이것은 무제한적인 뜻의 본질이 아니라 성질의 본질이거나 양의 본질이다. 왜냐하면 그것들이 '있는 것'이라고 불리는 것은 동음이의적인 뜻으로 그렇거나 또는 부가나 생략에 의해 그렇기 때문인데, 이는 마치 인식될 수 없는 것이 인식될 수 있다고 말하는 것과 같다.[55] 사실 말의 그런 쓰임은 동음이의적인 것도 아니고 일의적인 것도 아니며, 마치 '의술적'이라는 말이 그렇듯이 동일한 하나와의 관계 속에서 쓰이는 것이지, 동일한 하나를 뜻하는 것도, 그렇다고 해서 동음이의적인 뜻으로 쓰이는 것도 아닌데, 그 까닭은 육체와 치료작용과 도구는 모두 '의술적'이라고 불리지만 그 말은 동음이의적인 것도 아니고 하나의 뜻에 따라서 그런 것도 아니며 하나와의 관계 속에서 그렇게 쓰이기 때문이다.[56] 하지만 둘 중 어떤 방식으로 사실을 표현하려고 하건 아무런 차이가 없지만, 분명한 것은 첫 번째이자 무제한적인 뜻에서 정의와 본질은 실체들에 속한다는 사실이다. 그것들은 다른 것들에도 똑같이 속하지만, 다만 첫 번째 뜻에서는 그렇지 않다. 왜냐하면 우리가 이런 사실을 내세운다면, 〈이름과〉 정식이 동일한 것을 가리킬 경우 그런 대상에 대해서 정의가 있다는 결론이 필연적으로 따라 나오는 것은 아니기 때문인데, 특정한 정식만이 정의 구실을 한다. 이런 경우는 정식이 어느 하나를 대상으로 하되, 『일리아스』나 서로 연결된 말들처럼 연속성에 의해서 형성된 하나가 아니라 '하나'라는 말의 여러 가지 뜻에 상응해서 하나일 때 성립한다.[57] '하나'는 '있는 것'과 똑같은 방식으로 쓰이는데, '있는 것'은

55 불가지론자들이 "신들이 알 수 없는 존재임을 알았다"라고 말한다면, 이 경우가 그에 해당할 것이다.

56 '동음이의적으로'(*homōnymōs*), '하나의 뜻에 따라서'(*kath' hen*), '하나와의 관계 속에서'(*pros hen*)의 의미에 대해서는 『범주론』 1장과 III 2, 1003a34에 대한 각주 참고.

57 '하나'(*hen*)의 여러 가지 뜻에 대해서는 V 6, 1015b16 아래와 X 3, 1054a32 아래 참고.

어떤 때는 '이것'을, 어떤 때는 양을, 어떤 때는 성질을 가리킨다. 그러므로 하얀 사람에 대해서도 정식과 정의가 있겠지만, 하양이나 사람에 대한 것과는 다른 방식으로 정의가 있다.

5. 실체와 부수적인 것이 결속된 것들의 경우에는—엄밀한 뜻에서 보면—그것에 대한 본질도 없고, 정의도 없다

만일 어떤 사람이 부가에 의해 생겨난 정식이 정의임을 부정한다면, 단순하지 않고 결속된 것들 가운데 어떤 것에 대해 정의가 있을까라는 의문이 생기는데, 그 까닭은 그것들에 대한 정식은 분명 부가에 의해 생겨날 수밖에 없기 때문이다. 내 말의 뜻은 이렇다. 예컨대 눈과 볼록한 형태가 있고, 그 가운데 '이것'이 '이것' 안에 있음으로써 그 둘로부터 생겨난 것이 딱부리 형태인데,[58] 볼록한 형태나 딱부리 형태는 부수적인 뜻에서 눈에 속하는 양태가 아니라, 그 자체로서 눈에 속한다.[59] 이는 하

58 아리스토텔레스가 '단순하지 않고 결속된 것들'(*ta ouch hapla alla syndedyas mena*) 혹은 '이것 안에 있는 이것'(*tode en tōide*)의 예로 들고 있는 것은 'simotēs'(*snubness*, 안장코의 형태)이다. 이 용어는 콧날이 오목하게 들어간 코, 즉 안장코(*simon*)의 형태를 가리킨다. 아리스토텔레스는 질료와 형상이 결합된 복합체의 사례로서 'simon'을 자주 드는데, 안장코는 코(질료)와 콧날의 오목한 형태(형상)가 결합되어 이루어진 것이기 때문이다. 그리고 이때 그는 코의 오목한 형태를 이르는 말인 'simotēs'를 일반적으로 오목한 형태를 가리키는 말인 'koilon'과 구별하는데, 후자의 낱말은 굽은 다리나 콧날 등 오목하거나 굽어 있는 것들 모두에 대해 쓰이지만, 'simotēs'는 오직 콧날의 오목한 형태만을 가리키기 때문이다. 이 번역에서는 'simon'과 'simotēs' 대신 볼록 튀어나온 눈을 가리키는 우리말인 '딱부리'(=눈딱부리)와 '볼록한 형태'로 예를 바꿨는데, 이에 대해서는 VI 1, 1025b32에 대한 각주 참고.

59 모든 눈이 '그 자체로서' 또는 '그 자체의 본성에 따라서'(*kath' hauto*) 딱부리 눈은 아니다. 하지만 '딱부리'를 '볼록하게 튀어나온 눈'이라고 정의한다면, 그 정의 가운데는 '눈'이 필연적으로 들어간다. 그런 뜻에서 '딱부리 형태'는 눈에 '그 자체로서' 속한다고 말한다. '그 자체로서'의 이런 의미에 대해서는 『분석론 후서』 I 4, 73a34 아래 참고.

양이 칼리아스나 사람에게 속하는 방식을 따르는 것이 아니라(왜냐하면 사람임은 하얀 칼리아스에 속해 있기 때문이다[60]), '수컷'이 동물에, '같음'이 양에 속하는 방식을, 즉 '그 자체로서' 속한다고 일컬어지는 모든 것들이 속하는 방식을 따른다.[61] 그런데 그것들에 대한 말 가운데는 그 속성의 담지자에 대한 정식이나 이름이 들어가며, 분리되어서는 밝혀질 수 없으니, 이는 마치 '하양'에 대해서는 '사람'을 언급하지 않고서도 말을 할 수 있지만, '암컷'에 대해서는 '동물'을 언급하지 않고서는 말을 할 수 없는 것과 같다.[62] 그러므로 그것들 가운데 어떤 것에 대해서도 본질과 정의가 존재하지 않거나, 만일 존재한다면, 앞서 말했듯이 다른 방식으로 있을 것이다.

그것들과 관련된 또 다른 의문도 있다. 그 이유는 이렇다. 만일 딱부리 눈과 볼록한 눈이 동일한 것이라면, 딱부리 형태와 볼록한 형태는 동일할 것이다. 그러나 만일 그렇지 않고, 그 이유가 딱부리 형태에 대해서는, 그런 형태를 그 자체에 속하는 속성으로서 갖는 것을 떠나서는 말을 할 수 없다는 데 있다면(왜냐하면 딱부리 형태는 눈 안에 있는 볼록한 형태이기 때문이다), '딱부리 눈'이라는 말을 쓰는 것이 불가능하거나 아니면 동일한 말을 두 번 써서 '볼록한 눈 눈'이라고 말할 수밖에 없을 것이다

60 "칼리아스는 하얗다"는 하양이 칼리아스에 속함을 뜻한다. 그런데 칼리아스는 사람이다. 따라서 하양은 칼리아스에 속할 뿐만 아니라 사람에게도 속한다. "'사람임'이 하얀 칼리아스에 속한다"는 표현방식에 대해서는 I 1, 981a20도 함께 참고. 여기서 아리스토텔레스는 소크라테스나 칼리아스를 가리켜 'hōi symbebēken anthrōpōi einai'(사람임이 속하는 것)라는 표현을 쓰는데, 그 이유는 "소크라테스는 사람이다"는 그리스어에서 "Sōkratei symbebēke to anthrōpōi einai"(소크라테스에게는 사람임이 속한다)의 형태로 표현될 수 있기 때문이다.

61 '딱부리 형태'를 정의하려면 그것을 속성으로 갖는 주체인 '눈'을 언급하지 않을 수 없듯이, '수컷' 혹은 '수'(男性, *to arren*)를 정의하려면 그것을 속성으로 갖는 주체인 '동물'(*zōion*)을 언급하지 않을 수 없다. 그런 뜻에서 '딱부리 형태'나 '수컷'은 각각 눈과 동물에 '그 자체로서' 속한다고 말한다.

62 '수컷'(*to arren*)과 '암컷'(*to thēly*)이 '동물'에 대해서 갖는 관계에 대해서는 X권 9장 참고.

(왜냐하면 '딱부리 눈'은 '볼록한 눈 눈'이 될 것이기 때문이다). 그런 이유 때문에 그런 것들에는 본질이 속하는 것은 당치 않게 될 것이다. 그렇지 않다면, 무한히 이어져, 딱부리 눈 눈에는 또다시 다른 것이 내재할 것이기 때문이다.[63]

1031a 그렇다면 분명 실체에 대해서만 정의가 있다. 왜냐하면 만일 다른 범주들에 대해서도 정의가 있다면, 그 정의는 어떤 것을 부가함으로써 얻을 수밖에 없기 때문이다. 예컨대 〔성질이 그렇고〕 홀수성이 그런데, 홀수성은 '수' 없이는 정의될 수 없고, 암컷 또한 '동물' 없이는 정의될 수 없기 때문이다(내가 '부가에 의해서' 말한다고 할 때, 그것은 이런 사례들에서 그렇듯이 우리가 동일한 것을 두 번 말하게 되는 경우들을 두고 말하는 것이다). 하지만 만일 이것이 참말이라면, 홀수처럼 결속된 것들에 대해서도 정의가 존재하지 않을 것이다[64](그러나 이 점은 우리가 사용하는 정식들이 엄밀하지 않기 때문에 눈에 드러나지 않는다). 반면 만일 이것들에 대해서도 정의들이 있다면, 이는 다른 어떤 방식에 따라서 그렇거나, 아니면 우리가 말했듯이 정의와 본질은 여러 가지 뜻으로 쓰여서, 어떤 뜻에서는 실체들 이외에는 어떤 것에도 정의와 본질이 속하지 않지만, 어떤 뜻에서는 그렇지 않다고 말해야 한다. 그렇다면 분명 정의는 본질에 대한 정식이며, 본질은 가장 높은 수준으로 첫 번째이자 무제한적인 뜻에서는 오로지 실체들에만 속한다.

63 이런 논리적 난점에 대해서는 『소피스테스식 반박』 I 31, 181b37 아래 참고.

64 홀수는 '수'(*arithmos*)와 '홀수성'(*peritton*)이 합쳐진 것이라는 뜻에서 결속된(*syndyazomenon*) 것이다. '홀수'라는 우리말에는 그런 사실이 드러나지 않지만 원어 'arithomos perittos'나 영어의 'odd number'에서는 그 점이 분명하게 드러난다.

6. 본질과 각 사물은 동일한가 다른가? 첫째가면서 그 자체로서 있는 것들의 경우 각 사물과 그것의 본질은 동일하다

우리는 본질과 각 사물이 동일한지 다른지를 고찰해야 한다.[65] 이것은 실체에 대한 고찰에 얼마간 유용하기 때문인데, 그 까닭은 일반적 의견에 따르면 각 사물은 그 자신의 실체와 다른 것이 아니고 각자의 실체를 일컬어 본질이라고 부르기 때문이다.

그런데 부수적 통일체[66]의 경우, 그 둘은 다를 것 같은데, 예컨대 하얀 사람은 하얀 사람의 본질과 다를 것이다(그 이유는 이렇다. 만일 그 둘이 동일하다면, 사람의 본질과 하얀 사람의 본질이 동일할 텐데, 그 까닭은 사람들의 말대로, 사람과 하얀 사람은 동일한 것이어서, 결과적으로 하얀 사람의 본질과 사람의 본질은 동일할 것이기 때문이다.[67] 아니 부수적 통일체들이 (자신들의 본질과) 동일하다는 결론이 필연적으로 따라 나오지는 않을 텐데, 그 까닭은 끝

---

65 '각 사물' 혹은 '각자'라고 옮길 수 있는 'hekaston'은 'to kath' hekaston'과 구별해야 한다. 'to kath' hekaston'은 개별적인 것, 곧 개별적인 감각물이나 개별적인 종(예컨대 사람, 말, 소)을 가리킬 때 쓰인다(『동물부분론』 I 1, 639a15 아래와 I 4, 644a29 아래 참고). 반면 'hekaston'은 개별자를 뜻하는 것이 아니라 — 개별자나 보편자를 가릴 것 없이 — 어떤 문맥에서 다뤄지는 각 사물을 가리킨다. 그래서 로스는 'each thing'으로 옮겼다. 따라서 6장에서 논의되는 것은 단순히 감각적인 개별자와 그것의 본질이 동일한가의 문제가 아니라 — 논의 대상이 보편자인지 개별자인지, 어떤 범주에 속해 있는 것인지를 불문하고 — 각 대상이 그것의 본질과 동일한가의 문제이다. 1031b27 아래에서 아리스토텔레스는 하양이라는 양태(*pathos*)를 예로 들어, 그것이 자신의 본질과 동일하다고 말할 수 있는 것은 그 때문이다.

66 원어 'ta legomena kata symbebēkota'를 그대로 옮기면 '부수적인 뜻에서 일컬어지는 것들'이라고 해야겠지만, 여기서는 로스의 번역 'accidental unities'가 본뜻을 적절하게 표현한다고 보기 때문에, '부수적 통일체'라고 옮겼다.

67 아리스토텔레스는 여기서 부수적 통일체의 한 사례로서 '하얀 사람'을 취해 그것이 '하얀 사람의 본질'과 동일할 수 없음을 논증한다. 귀류법의 형식을 취한 그 논증의 내용은 이렇다. (1) 하얀 사람(*leukos anthrōpos*) = 하얀 사람의 본질(*to leukōi anthrōipōi einai*)이라고 가정해 보자. (2) 사람 = 하얀 사람이고, (3) 사람 = 사람의 본질이기 때문에, 결국 사람의 본질 = 하얀 사람의 본질이라는 결론이 나온다. 하지만 이 결론은 참이 아니다. 따라서 처음의 가정 (1)은 참이 아니다.

에 오는 것들은 똑같은 뜻에서 (중 개념과) 동일한 것이 아닐 터이기 때문이다.[68] 하지만 그런 결론이 따라 나온다고 주장할 수도 있을 것이다. 즉, 끝에 오는 것들이, 예컨대 하양임과 음악적임이 그렇듯이, 부수적인 뜻에서[69] 동일하다고 주장할 수도 있을 것이다. 하지만 그럴 것 같지 않다[70]).

그에 반해 그 자체로서 있는 것들[71]의 경우, 그 각각은 각자의 본질과 필연적으로 동일한가? 예컨대 만일 자신들에 앞서는 다른 어떤 실체도 자연물도 갖지 않는 어떤 실체들, 즉 사람들이 이데아들이라고 부르는 것과 같은 종류의 실체들이 있다면, 어떨까? 만일 좋음 자체와 좋음의 본질이 다르고, 동물과 동물의 본질이 다르고, 있는 것의 본질과 있는 것

---

68 로스는 이 구절을 다음과 같이 옮겼다. "But perhaps it does not follow that the essence of accidental unities should be the same as that of the simple terms. For the extreme terms are not in the same way identical with the middle term." 그리고 그런 해석에서 출발해서 로스는 이 구절을 앞의 귀류법적 논증의 타당성을 부정하는 발언으로 받아들인다. 하지만 로스의 번역은 원문의 "ē ouk anankē hosa kata symbebēkos einai tauta, ou gar hōsautōs ta akra gignetai tauta"와 상당한 거리가 있다. 보니츠의 번역이 맥락에 더 알맞다. "Aber es folgt nicht mit Notwendigkeit, daß Ding und Wesenswas bei Akzidenzien dasselbe sei, denn in den Prämissen ist nicht auf gleiche Weise das Prädikat mit dem Subjekt identisch"(*Metaphysica* II, pp. 316~17을 참고하라). 이렇게 보면 이 발언은 앞의 귀류법적 논증의 타당성을 부정하기 위한 것이 아니라, 부수적 통일체와 그것의 본질이 동일하다는 결론이 어떤 경우에도 '필연적으로' 따라 나오지 않는다는 뜻으로 보아야 할 것이다. 예컨대 (1) 사람 = 사람의 본질, (2) 사람 = 하얀 사람을 전제로 삼아, (3) 하얀 사람 = 하얀 사람의 본질이라는 결론을 이끌어낸다면, 전제 (1)의 경우 동일성은 필연적인 것이지만, (2)의 경우 동일성은 단지 우연적인 것이기 때문에, 그 두 전제로부터는 (3)의 결론이 '필연적으로' 따라 나오지는 않는다. 아래의 VII 11, 1037b5-8 참고.

69 1031a27은, 사본 Π를 따라 'ta'를 삭제하고 'kata symbebēkos'를 부사적으로 읽었다.

70 아리스토텔레스는 앞에서 하얀 사람과 하얀 사람의 본질 사이에 어떤 필연적 동일성도 없다는 사실을 밝힌 다음, 이제 그 둘 사이에는 부수적 혹은 우연적 동일성도 없다고 말하려는 듯하다. 이를테면 칼리아스가 하얗고 또한 음악적이라면, 하양임과 음악적임은 모두 칼리아스에게 속한다는 점에서 부수적으로(=우연적으로) 동일하다(V 6, 1015b19 아래 참고). 그것들은 우연적으로 칼리아스에게 속해 하나가 되어 있다는 뜻에서 그렇다. 하지만 부수적 통일체와 그것의 본질 사이에는 이런 종류의 우연적 동일성조차도 존재하지 않는다.

71 원어 'ta kath' hauta legomena'를 로스는 'self-subsistent things'로 옮겼다.

1031b 이 다르다면, 방금 말한 것들[72] 이외에 다른 실체들과 자연물들과 이데아들이 있게 될 것이며, 또한 만일 본질이 실체라면, 그 다른 것들이 (상대적으로) 앞서고 〈더 높은 수준의〉 실체일 것이다. 또한 그것들이 서로 떨어져 있다면, 그들 중 한 부류에 대해서는 학문적 인식이 있을 수 없을 것이고, 다른 것들은 있는 것이 될 수 없을 것이다(좋음 자체에 좋음의 본질이 속하지 않고, 뒤의 것에는 '좋다'가 속하지 않는다면, 이를 두고 나는 '떨어져 있다'라고 말한다[73]). 그 이유는 이렇다. 각 사물에 대한 학문적 인식은 우리가 그것의 본질을 알았을 때 성립한다. 그런데 좋음에 대해서나 다른 것들에 대해서나 사정은 똑같아서 결국 좋음의 본질이 좋지 않다면, 있는 것의 본질은 있지 않고 하나의 본질은 하나가 아닐 것이니, 모든 본질은 똑같이 있거나 전부 없거나 하기 때문에, 결국 있는 것의 본질이 있는 것이 아니라면, 다른 본질들 가운데 어느 것도 있지 않을 것이다. 더욱이 좋음의 본질이 속하지 않는 것은 좋지 않다. 따라서 필연적으로 좋음과 좋음의 본질, 아름다움과 아름다움의 본질은 하나여야 하는데, 다른 것에 의존해서 있지 않고 그 자체로서 첫 번째 뜻에서 있는 것들[74]은 모두 그렇다. 이는 그런 것들이 굳이 형상들이 아니라고 하더라도 충분히 성립되는 점이지만, 그것들이 형상들이라면 더욱 그럴 것이

72 위에서 말한 좋음 자체(*auto to agathon*), 동물 자체, 있는 것 자체를 가리킨다. 이런 표현들에 대해서는 VII 16, 1040b32 아래 참고.

73 아리스토텔레스는 '좋음의 본질'과 '~이 좋다'는 술어적 규정을 각각 'to agathōi einai'와 'to einai agathon'으로 구별해서 표현한다. 또한 여기서는 다른 곳에서와 달리 '분리'를 가리키는 말로써 'chōrizesthai'(VII 16, 1040b6, XIII 10, 1087a7) 대신 'apolelymenai'를 썼다.

74 1031b13-4의 'hosa mē kat' allo legetai, alla kath' hauta kai prota'를 말 그대로 옮기면, '다른 것에 따라서 (어떤 것이라고) 불리지 않고 그 자체로서 첫 번째 뜻에서 (어떤 것이라고) 불리는 것'이라고 바꿀 수 있을 텐데, 플라톤의 이데아들이 그런 것이다. 왜냐하면 이데아론에 따르면, 예컨대 '아름답다'라고 불리는 것들은 모두 아름다움의 이데아에의 관여(*methexis*)에 의해 '아름다운 것'이라고 불리지만, 아름다움의 이데아 자체는 다른 것들에 앞서 그 자체로서 첫 번째 뜻에서 '아름다운 것'이라고 불리기 때문이다. 플라톤의 『파이돈』 78D, 100C 참고.

다(그와 동시에 분명한 점은, 만일 어떤 사람들의 말대로 이데아들이 있다면, 기체는 실체일 수 없으리라는 사실이다. 왜냐하면 그것들은 실체들이지만, 다른 기체에 대해 술어가 되지 않아야 하는데, 만일 그렇지 않다면, 그것들은 관여에 의해서 있을 것이기 때문이다). 이런 논변들에 따르면, 각 사물 자체와 그것의 본질은 결코 부수적인 뜻에서 하나이고 동일한 것이 아니며, 이는 또한 각 사물을 인식한다는 것이 본질을 인식한다는 것을 뜻한다는 이유에서도 그런데, 결과적으로 사례 제시를 통해 보더라도 그 둘은 필연적으로 하나로 드러난다(그러나 '음악적인 것'이나 '하얀 것'과 같은 부수적인 술어의 경우, 그것들은 두 가지를 가리키기 때문에, 본질과 그것들 각각이 동일하다고 말하는 것은 참이 아니다. 하양이 속하는 대상과 부수적 성질이 모두 하얀 것이기 때문에,[75] 어떤 뜻에서는 부수적인 것과 그것의 본질은 동일하지만, 어떤 뜻에서는 그렇지 않다. 왜냐하면 하양의 본질은 하얀 것에 해당하는 사람이나 하얀 사람과는 동일하지 않지만, 하양이라는 양태와는 동일하기 때문이다).[76] 만일 본질들 하나하나에 어떤 이름을 내세운다면, 그로부터 불합리성이 분명하게 드러날 터인데,[77] 그 까닭은 첫째가는 것 이외에 또 다른 본질이 있을 것이기 때문이니, 예컨대 말(馬)의 본질에 두 번째 본질이 속할 것이다. 하지만 본질이 실체라고 한다면, 어째서 처음부터 어떤 것들이 즉시 본질이 될 수 없다는 말인가? 하지만 지금까지 했
1032a 던 말로부터 분명하게 드러나듯이, 사실 각 사물과 그것의 본질은 하나일 뿐만 아니라 그것들에 대한 정식 역시 동일하다. 왜냐하면 하나의 본질과 하나가 하나임은 부수적인 일이 아니기 때문이다. 더욱이 그것들이

75 우리는 하얀 색깔뿐만 아니라 하얀 물건에 대해서도 '하얀 것'(*leukon*)이라고 말한다. 다시 말해서 어떤 성질뿐만 아니라 실체의 범주에 속하는 개별적인 대상들에 대해서도 '하얀 것'이라는 말을 쓸 수 있다.

76 하얀 사물을 두고 '하얀 것'이라고 말할 경우, 그때 하얀 것은 하양의 본질과 똑같지 않지만, '하얀 것'이라는 말이 색깔 '하양'을 가리킨다면, 이때 하얀 것은 하양의 본질과 똑같다.

77 1031b3에서 말한 것과 같은 뜻의 '떨어져 있음'(*apolelymenai*)의 부당함을 말한다.

서로 다르다면, 그 과정은 무한히 진행될 것이니, 그 까닭은 하나의 본질과 하나가 있을 것이고, 그것들에 대해서도 동일한 논변이 적용될 것이기 때문이다.[78]

그렇다면 분명 첫 번째 뜻에서 그 자체로서 있는 것들의 경우 각 사물과 각자의 본질은 동일한 것이고 하나다. 이 전제에 대한 소피스테스식 반박들이나 소크라테스와 소크라테스의 본질이 동일한가라는 문제는 동일한 해결방법을 통해 해결된다. 왜냐하면 어떤 예들을 취해 문제를 제기하건 해답을 제시하건 아무 차이도 없기 때문이다. 그렇다면 우리는 지금까지, 어떻게 본질은 각 사물과 동일하고 어떻게 동일하지 않은지를 이야기했다.

7. 생성에 대한 분석: 본성적 생성, 기술적 제작, 자생적 생성

생겨나는 것들 중에서 어떤 것은 본성에 따라서, 어떤 것들은 기술에 의해서 또 어떤 것들은 자생적으로 생겨나지만, 생겨나는 것은 모두 어떤 것의 작용에 의해 어떤 것으로부터 어떤 것이 된다.[79] 그런데 여기서 내가 말하는 '어떤 것'은 어떤 범주에나 속하는데, 그것은 '이것'일 수도 있고, 어떤 양일 수도 있으며, 어떤 성질일 수도 있고, 어떤 장소일 수도 있기 때문이다.[80]

---

78 만일 하나의 본질(*ti ēn einai tou henos*)이 하나(*hen*)와 다르다면, 하나의 본질의 본질은 또다시 하나의 본질과 다를 것이며, 그렇듯 무한히 진행될 것이다.

79 7장의 첫머리에는 4원인설이 간략하게 표현되어 있는데, 그에 따르면 본성적(*physei*) 생성, 기술적(*technēi*) 제작, 자생적(*apo tautomatou*) 생성은 "어떤 것의 작용에 의해(*hypo tinos*) 어떤 것으로부터(*ek tinos*) 어떤 것(*ti*)이 된다." 즉, 작용인, 질료인, 목적인을 계기로 가진다. 그리고 생성의 지향점이 되는 목적인은 생성과정을 통해 실현되는 형상인과 동일하다. 4원인설에 대해서는 V 2, 1013a24 아래와 『자연학』 II 3, 195a15 아래를 함께 참고.

80 생성은 네 범주에서 일어난다. 실체의 범주에는 생성(*genesis*)과 소멸(*phthora*), 양의 범

본성적 생성들이란 본성에서 시작해서 생겨나는 것들의 생성들을 말하는데,[81] 생성의 출처를 일컬어 질료라고 하고, 생성의 작용인은 본성에 따라 있는 것들 가운데 하나이며, (생성의 결과로서 생겨나는) 어떤 것은 사람이거나 식물, 또는 우리가 가장 일반적으로 실체라고 부르는 그런 것들 중의 어느 하나이다 — 생겨나는 것은, 본성에 따라 생겨나건 기술에 의해 생겨나건, 모두 질료를 갖는데, 그 까닭은 그것들 각각은 있을 수도 있고 있지 않을 수도 있으니, 이런 가능성은 바로 각 사물 안에 있는 질료에 있기 때문이다. 일반적으로 생성의 출처도 본성이고, 생성의 종결점도 본성이며,[82] (왜냐하면 생겨나는 것은 본성을 갖기 때문인데, 이를테면 식물이나 동물이 그렇다). 또한 생성의 작용인은 형상이라는 뜻의 본성인데, 이 본성은 동종적이다(하지만 그것은 다른 것 안에 있으니, 그 까닭은 사람이 사람을 낳기 때문이다).[83]

본성에 의해서 생겨나는 것들은 이런 방식으로 생겨나지만, 다른 생성들은 제작이라고 불린다. 모든 제작은 기술이나 능력 혹은 사고에서 비롯한다. 하지만 그것들 가운데 어떤 것들은 자생적으로 또는 우연[84]에 의해 생겨나는데, 그 과정은 본성으로부터 생겨나는 것들의 생성과정과

주에는 증가(*auxēsis*)와 감소(*phthisis*), 성질의 범주에서는 변이(*alloiōsis*), 장소의 범주에서는 이동(*phora*)이 있다. VIII 1, 1042a32 아래와 XII 2, 1069b9 아래 참고.

81 생성의 시작 및 원리로서 'physis'에 대해서는 V 4, 1014b18 아래 참고.

82 '생성의 출처'(*ex hou*)가 질료라면, '생성의 종결점'(*kath' ho*)은 위에서 말한 생겨나는 '어떤 것'(*ti*)에 해당한다.

83 본성적 생성이 형상을 작용인(*hyph' hou*)으로 해서 이루어진다는 말은, 집짓기가 건축가의 머릿속에 있는 집의 형상에 의해 이루어진다는 것과 같은 뜻으로 받아들여야 할 것이다. 사람에게서 사람이 태어날 때 실제로 작용인 구실을 하는 것은 아비가 제공한 정액(*spermata* 혹은 *gonē*) 속의 열기이며, 이 열기가 사람의 형상을 만들어내기에 적합한 일정한 운동방식에 따라 경혈(*katamenia* 혹은 *epimenia*)에 작용해서 새로운 사람이 생긴다(참고: XII 6, 1071b30-1; 『동물발생론』 I 20, 729a21 아래; II 4, 738b20 아래). 이때 낳는 자와 생겨난 자의 형상은 사람의 형상이라는 점에서 동종적(同種的, *homoeides*)이지만, 다른 개별자 안에 있다. 형상의 내재성에 대해서는 아래의 1033a34와 1033b7-8 참고.

84 우연(*tychē*)에 대한 정의는 XI 8, 1065a30-1 참고.

비슷하다. 왜냐하면 그런 경우 동일한 것이 씨로부터 생겨나기도 하고 씨 없이 생겨나기도 하기 때문이다.[85] 이런 것들에 대해서는 나중에 살펴보아야 하지만, 기술로부터 생겨나는 것들의 경우 형상은 영혼 안에 1032b 있다(나는 각 사물의 본질과 첫째 실체를 일컬어 형상이라고 부른다[86]). 서로 반대되는 것들에는 어떤 측면에서 보면 동일한 형상이 속하는데, 그 까닭은 결여[87]의 실체는 그것과 대립하는 실체인 바, 예컨대 건강은 질병의 실체이며, 건강이 부재(不在)함으로써 질병이 있고, 건강은 영혼 속에 있는 정식이고 인식이기 때문이다. 건강한 것은 다음과 같은 사유과정을 거쳐 생긴다. 이것이 건강이기 때문에, 건강해지려면 필연적으로 이것, 이를테면 (육체의) 균형상태가 먼저 있어야 하고, 이것이 있으려면, 열기가 있어야 한다. (의사는) 이렇게 자신이 실행할 수 있는 최종적인 것에 이르기까지 계속 사유해 나간다. 그런 다음 (사유과정의) 최종적인 것으로부터 시작되는 운동을 제작이라고 하는데, 그 목적은 건강하게 하는 데 있다. 그러므로 어떤 측면에서 보면 건강은 건강으로부터 생겨나고, 집은 집으로부터 생겨나는 결과가 되는데, 즉 질료 없는 것으로부터 질료를 가진 것이 생겨난다.[88] 왜냐하면 의술이나 건축술은 건강의 형상이요 집의 형상이기 때문인데, 질료 없는 실체를 일컬어 나는 본질이라고 부른다. 생성과 운동의 과정들 가운데 하나는 사유라고 불리고, 다른 하나는 제작이라고 불리는데, 시작, 즉 형상으로부터 진행되는 것은 사유이고, 사유의 마지막 지점으로부터 진행되는 것은 제작이다. 중간에 있는 다른 것들도 각각 이와 같은 방식으로 생겨난다. 내 말의 뜻은 이렇다. 예컨대

85 씨(*sperma*)로부터 생겨나는 경우와 그렇지 않은 경우에 대해서는 『동물발생론』 I 1, 715a18 아래 참고.

86 첫째 실체(*prōtē ousia*)에 대한 『범주론』 I 5, 2a11-6의 정의와 비교.

87 '결여'(*sterēsis*) 또는 '결여상태'의 다양한 뜻에 대해서는 V 22, 1022b22 아래 참고.

88 아직 질료 안에 실현되지 않은 형상으로부터 질료 안에 실현된 형상이 생겨난다. 다시 말해서 질료 없는 실체(*ousia aneu hylēs*)(=형상)로부터 질료 있는 실체(=질료화된 형상, 감각적 실체)가 생겨난다.

사람이 건강하려면, (육체가) 균형상태에 있어야 한다. 그러면 (육체가) 균형상태에 있다는 것은 무엇인가? 그것은 이런저런 것이고, 이것은 몸이 열기를 얻을 때 생겨날 것이다. 그러나 이것[89]은 또 무엇인가? 그런저런 것이다. 그리고 이것은 실현가능한 것으로 주어져 있으며, 이 가능성은 이미 의사의 수중에 놓여 있다.

제작의 원리와 건강하게 하는 운동이 시작하는[90] 출처는, 그 운동이 기술로부터 진행되는 경우, 영혼 안에 있는 형상이다.[91] 그에 반해 자생적으로 그렇게 되는 경우, 그 과정은, 어떤 사람이 기술에 의해서 제작할 때 그 제작의 시작이 되는 것으로부터 진행되는데, 이는 마치 치료를 할 때 그 과정이 열기를 만들어내는 일로부터 진행되는 것과 마찬가지다 (의사는 마찰을 통해 그런 일을 한다). 따라서 육체 안의 열기는 건강의 일부이거나, 아니면 그 열기에 뒤이어 〈직접 또는〉 여러 단계를 거쳐서 건강의 일부가 따라 나온다. 그런데 이것, 즉 (건강의) 일부를 만들어내는 것은 최종적인 것이면서 동시에 그 자체가 건강의 한 부분인데, 집의 경우나 (예를 들어 돌이 그에 해당한다) 다른 경우나 이와 같다. 그러므로 사람들이 말하듯이, 아무것도 먼저 주어져 있지 않으면 생성은 불가능하다.[92] 그렇다면 어떤 부분이 필연적으로 주어져 있어야 함이 분명한데, 왜냐하면 질료는 부분이기 때문이다(이것은 생성과정에 내재하고 바로 그것이

---

89 몸의 열기를 회복하는 것을 가리킨다.

90 '제작의 원리'라고 옮긴 'to poioun'은 '만드는 것'을 뜻한다. '건강하게 하는 운동' (*kinēsis tou hygiainein*)이란 물론 치료과정을 가리킨다.

91 『동물발생론』 I 18, 724b2-6 참고. 우리는 어떤 뜻에서 건축가의 머릿속에 든 설계도가 집을 '만든다'라고 말할 수 있다. 이런 뜻에서 영혼 안에 있는 형상(*to en tēi psychēi eidos*)은 '만드는 것' 혹은 '제작의 원리'(*to poioun*)라고 불릴 수 있다. 하지만 이 말은 물론, 형상에 따라 모든 건축과정이 진행된다는 뜻일 뿐, 건축과정에서 일꾼들이나 도구들이 하는 일을 형상이 수행한다는 뜻은 아니다. 이렇듯 설계도와 건축도구들의 기능이 서로 다르듯이, 형상과 작용인의 기능은 서로 다르다. 형상이 무언가 신비적인 형태로 비물질적인 작용을 수행한다는 생각은 아리스토텔레스 철학에서는 낯선 것이다.

92 질료의 선재(先在, *proyparchein*)는 모든 생성의 필요조건이다. 형상의 선재 역시 마찬가지이다. 아래의 VII 9, 1034b12 아래 참고.

1033a

생성을 거쳐 어떤 것이 되기 때문이다). 그러나 그것은 정식 안에 있는 것들에도 속하는가?[93] 우리는 청동 원(圓)에 대해 그것이 무엇인지, 두 가지 방식으로 말할 수 있는데, 질료를 두고 말할 때는 그것이 청동이라고 말할 수 있고, 형상을 두고 말할 때는 그것이 이런저런 모양이라고 말할 수 있다. 그리고 이것[94]은 (청동 원이) 속하는 첫째 유이다. 청동 원은 그래서 자신의 정식 안에 질료를 포함한다.[95] 질료라는 뜻에서 생성의 출처가 되는 것을 두고 말하자면, 생겨나는 것들을 부를 때 (그 질료의 이름을 따라) '어떤 것'이라고 부르지 않고, '어떤 것으로 된'[96]이라고 부르는데, 예를 들어 조각상은 '돌'이 아니라 '돌로 된' 것이다. 하지만 건강하게 되는 사람은, 건강하게 되는 과정의 출처에 해당하는 것에 따라 일컬어지지 않는다. 왜냐하면 이 경우 생성의 출처는 결여이고 밑에 놓인 기체이기 때문인데, 이것을 우리는 질료라고 부른다(예를 들어 "사람이 건강하게 된다"고 말할 수도 있고, "병자가 건강하게 된다"고 말할 수도 있다). 하지만 보통, 사람으로부터 건강하게 된다고 말하기보다는 결여, 예를 들어 병든 상태로부터 건강하게 된다고 말할 때가 더 많은데, 그 이유는 건강한 사람은 병자라고 불리지 않지만, 사람이라고는 불리며, 사람이 건강하기 때문이다. 하지만 결여를 일컫는 분명한 이름이 없을 때가 있으니, 예를 들어 청동이 어떤 모양을 결여한 상태에 있거나 벽돌이나 목재가 집이 되지 않은 상태에 있을 경우가 그런데, 병든 상태로부터 (건강이 생기듯이), 바로 그것들로부터 생성이 이루어진다. 그러므로 앞서 말한 경우 그것이 생겨날 때 출처가 된 것에 따라 생겨난 것에 이름을 붙이지 않듯이, 방금

93 이 물음의 의미와 그에 대한 아리스토텔레스의 대답에 대해서는 VII 10, 1035a25 아래 참고.

94 원의 이런저런 모양(*schēma toionde*)을 가리킨다.

95 '청동 원'(*chalkous kyklos*)을 '청동으로 된 이런저런 모양'이라고 정의한다면, 이 정의 안에서는 질료, 즉 청동(*chalkos*)이 언급된다. 그런 뜻에서 청동 원에 대한 정의의 방식은 안장코나 딱부리에 대한 정의의 방식과 같다. VI 1, 1025b34 아래 참고.

96 '어떤 것으로 된'(*ekeininon*)의 뜻에 대해서는 IX 7, 1049a33-4 참고.

말한 경우에도 조각상은 나무가 아니라 나무로 된 것이고, 청동이 아니라 청동으로 된 것이며, 돌이 아니라 돌로 된 것이다. 집은 벽돌로 된 것이지 벽돌이 아니다. 왜냐하면 자세히 살펴보면, 나무로부터 조각상이 생겨나고 벽돌로부터 집이 생겨난다고 아무런 조건 없이 말하지는 않기 때문인데, 그 까닭은 생성의 출처가 되는 것은 그대로 머물러 있는 것이 아니라 변화를 겪어야 하기 때문이다. 그래서 우리는 그렇게 표현한다.[97]

8. 형상은 생성과정을 겪지 않고 질료 안에 실현된다. 하지만 그것은 개별자들과 떨어져서 미리 존재하지 않는다. 같은 종에 속하는 다른 개별자 안에 있는 형상이 생성의 원리이다

생겨나는 것은 어떤 것의 작용에 의해(생성의 시작이 유래하는 출처를 두고 하는 말이다), 어떤 것으로부터(이것을 결여가 아니라 질료라고 하자. 어떤 뜻에서 우리가 그렇게 말하는지는 앞에서 이미 언급했다), 어떤 것이 (이것은 구형이나 원형 또는 그런 것들 가운데 어느 하나이다) 되기 때문에, 밑에 놓인 기체, 예컨대 청동을 만들지 않듯이, 구형도 만들지 않는다.[98] (형상을) 만든다고 말하면, 이는 오직 부수적인 뜻에서, 즉 청동 구는 구형이고 그 청동 구를 만든다는 뜻에서 그럴 뿐이다.[99] '이것'을 만든다는 것

97 논지를 요약하면 다음과 같다. 조각상은 그 질료의 이름을 따서 '돌'(*lithos*)이라고 부르지 않고 '돌로 된 것'(*lithinos*)이라고 부른다. 그에 반해 조각상의 형태를 결여한 상태에 대한 이름은 따로 없기 때문에, 결여상태에 따라서는 이름을 부르지 않는다. 반면 병자가 건강하게 되는 경우에 건강이 생겨나게 되는 질료에 해당하는 것은 사람이기 때문에 "사람이 건강하게 되었다"라고 말하기도 하고, 건강의 결여상태인 병든 상태에 따라 "병자가 건강하게 되었다" 또는 "병든 상태로부터 건강하게 되었다"라고 말하기도 한다.

98 XII 3, 1069b35-6 참고.

99 어떤 개별적인 공(球, *sphaira*)을 만드는 사람은 부수적인 뜻에서는(*kata symbebēkos*) 공을 만드는 셈이다. 왜냐하면 그가 만든 개별적인 공은 공이기 때문이다. 이는 마치 한 사람의 개인을 치료하는 의사가 부수적인 뜻에서는 사람을 치료하는 것과 마찬가

은 말 그대로 밑에 놓인 기체로부터 '이것'을 만든다는 것을 뜻한다(청동을 둥글게 만든다는 것은 둥근 형태나 구형을 만든다는 것이 아니라 다른 어떤 것을 만든다는 것을 염두에 두고 하는 말이다. 즉, 이 형상[100]을 다른 어떤 것 안에 만든다는 뜻이다. 왜냐하면 만일 이 형상을 만든다면, 다른 어떤 것으로부터 1033b 그것을 만들어야 할 것이고, 그 어떤 것이 밑에 놓여 있어야 할 것이기 때문이다. 예를 들어 청동 구를 만든다면, 이는 곧 이것, 즉 청동으로부터 이것, 즉 구형을 만드는 것이다). 그래서 만일 이것 자체까지 만든다면, 그 만드는 방식은 앞서와 똑같을 것이 분명하고, 생성들은 무한히 진행될 것이다.[101] 그렇다면 분명 형상은 — 우리가 감각적인 것 안에 있는 형태를 어떤 이름으로 부르건 상관없다 — 생겨나지 않고 그것의 생성은 없으며, 본질도 생겨나지 않는다[102](왜냐하면 이것은 기술의 작용이나 본성의 작용에 의해서 또는 어떤 능력에 의해서 다른 것 안에 생겨나는 것이다[103]). 만드는 사람은, 청동 구가 있도록 만드는데, 청동과 구형으로부터 그렇게 만든다. 이것 안에 형상을 만드는데, 이것이 바로 청동 구이다. 구형의 본질도 마찬가지여서, 만일 그것이 무제한적인 뜻에서 생겨난다면, 그것은 어떤 것으로부터 어떤 것이 될 것이다. 왜냐하면 생겨나는 것은 언제나 나뉠 수 있는 것이어야 할 것이고, 그 한 부분은 이것이고, 다른 부분은 저것

지이다. 이에 대해서는 I 1, 981a18 아래 참고.

100 '이 형상'이라고 옮긴 'to eidos touto'에서 지시사 'touto'의 쓰임에 유의해야 한다. 왜냐하면 이 표현은 형상의 개별성을 시사하기 때문이다. 형상의 개별성을 가리키는 이런 표현으로는 VII 11, 1037a9를 함께 참고.

101 어떤 것을 만든다는 것은 어떤 질료로부터 어떤 형태를 만든다는 말이다. 그런데 질료에 부가되는 형태 자체를 만들어낸다면, 그 형태 자체는 다시 어떤 질료와 어떤 형태로부터 만들어내야 할 것이다. 그래서 무한퇴행이 발생한다.

102 VIII 3, 1043b14 아래 참고. E. Rolfes, *Aristoteles*, *Metaphysik*, 2 Bde., Leipzig 1904, Bd. 2의 S. 201, Anm. 37을 보라. 다음부터는 '*Metaphysik* 1' 또는 '*Metaphysik* 2'로 줄여 인용한다.

103 예를 들어 집짓기의 경우 건축가의 영혼 안에 있던 집의 형상이 건축재료에 실현되고, 사람이 생겨나는 경우 아비의 정액 안에 있던 아비의 형상이 어미가 제공한 질료(경혈)에서 실현된다. 다음의 구절들을 참고: VIII 4, 1044a 34 아래; 『동물발생론』 II 4, 738b20-7; II 1, 734b28-36.

이니, 즉 하나는 질료이고 하나는 형상이기 때문이다. 그래서 구형이 '중심으로부터 모든 방향으로 같은 거리에 있는 도형'이라고 한다면, 그 가운데 한 부분은 사람이 만드는 것을 자기 안에 포함하는 것이고, 다른 부분은 이것 안에 속하는 것이며,[104] 그 전체가 바로 생겨난 것, 예컨대 청동 구이다. (e) 그러므로 지금까지 말한 것으로부터 다음과 같은 사실이 분명해진다. 형상이나 실체라고 불리는 것은 생겨나지 않지만, 이것에 따라 이름을 얻는 복합실체는 생겨난다. 모든 생겨나는 것 안에는 질료가 들어 있으며, 그 한 부분은 이것이고, 다른 한 부분은 저것이다.

그러면 (여기 있는) 이 개별적인 구들과 떨어져서 어떤 구가 있거나 이 벽돌들과 떨어져서 집이 있는가? 만일 그렇다면, '이것'은 결코 생겨나지 못할 것이다. 그런 것은 '이런저런 것'을 가리키는 것이지, '이것'이면서 확정된 것은 아니다. '이것'으로부터 '이런저런 것'을 만들거나 낳는다.[105] 그리고 어떤 것이 생겨났을 때, 그 생겨난 것은 이런저런 이것이다.[106] 이것 전체, 칼리아스와 소크라테스는 이 청동 구와 같고, 사람이

104 여기서 말하는 두 부분은 각각 질료와 형상 또는 유(*genos*)와 종차(*diaphora*)를 가리킨다.

105 개별적인 공이나 벽돌과 나무로 이루어진 개별적인 집은 지시할 수 있는 '이것'(*tode ti*)이고 확정된 것(*hōrismenon*)으로서 실체이다. 그에 반해 보편적인 공이나 보편적인 집은 독립적으로 존재할 수 있는 실체가 아니라(VII 16, 1040b26 아래 참고) 그런 개별적 실체들을 보편적으로 추상한 것이며(VII 10, 1035b27 아래; 11, 1037a5 아래 참고), 따라서 그것은 '이것'이라고 지시가능한 것이 아니라 '이런저런 것'(*toionde*)이라고 기술(記述)가능한 것일 뿐이다. 그래서 아리스토텔레스는 '이것'이라는 표현을 써서 실체를 '이런저런 것'이라고 표현함으로써 보편자나 보편적 속성을 가리킨다(III 6, 1003a8-9와 VII 13, 1039a1-2, 15-6 참고). 그리고 아리스토텔레스에 따르면, '이런저런 것'에 해당하는 보편성은 언제나 '이것'인 개별자에 부수적으로 따라 나온다. "'이것'으로부터 '이런저런 것'을 만들거나 낳는다"(*poiei kai gennai ek toude toionde*)라는 말은 보편성에 대한 개별자의 선행성을 표현한다. 자연적 생성의 경우 어떤 뜻에서 보편자가 개별자를 따르는지에 대해서는 『동물발생론』 IV 3, 768b5 아래 참고. 조대호, 「『동물의 생성에 대하여』를 통해 본 아리스토텔레스의 유전이론」, 『과학철학』 9, 제5권 제2호, 2002, 149쪽 아래도 함께 참고.

106 '이런저런 이것'이라고 옮긴 'tode toionde'는 '이 이런저런 것'이라고도 옮길 수 있는데, 예컨대 이 사람, 이 말, 이 집처럼 어떤 보편성을 갖춘 개별자를 가리킨다. 보니츠

나 생명체는 일반적인 청동 구[107]와 같다. 그렇다면 분명, 형상들로 이루어진 원인[108]은, 만일 형상들을 주장하는 어떤 사람들이 습관적으로 주장하듯 정말 그것들이 개별적인 것들과 떨어져 있다면, 생성이나 실체와 관련해서 아무 쓸모가 없다. 그리고 이런 이유에서 그것들은 그 자체로 있는 실체들일 수 없을 것이다.[109] 어떤 경우 분명히 낳는 자는 생겨나는 것과 성질이 같은데, 수적으로 동일하다거나 하나라는 뜻이 아니라 종적으로 그렇다는 말이다. 예컨대 자연물의 경우가 그런데 — 사람이 사람을 낳기 때문이다 — 암말이 노새를 낳듯이, 본성에 어긋나게 어떤 것이 생겨날 때를 제외하고는 언제나 그렇다(하지만 이 경우에도 사정은 유사하 1034a
다. 말과 나귀에 공통적으로 적용될 수 있는 것, 즉 최근류는 이름이 없지만,[110] 그것은 그 둘을 똑같이 포섭할 것이니, 노새의 경우가 그렇다). 그러므로 형상을 본보기로 꾸며내야 할 이유가 전혀 없음이 분명하고〔왜냐하면 (만일 형상들이 있다면) 그것을 무엇보다도 이것들에 대해서[111] 찾아야 할 것이기 때문인데, 이것들이 가장 높은 수준의 실체들이기 때문이다[112]〕, 낳는 자는 무엇

와 로스는 'tode toionde'를 각각 'ein so beschaffenes Etwas'와 'this such'로 옮겼다.

107 '일반적인 청동 구'(*sphaira chalē holōs*)는 개별성을 사상(捨象)하고 일반화해서 말하는(*holōs*) 청동 구를 가리킨다.

108 '형상들로 이루어진 원인'(*aitia tōn eidōn*)이라고 할 때, '형상들'은 물론 플라톤의 이데아들을 가리킨다.

109 형상들이 '그 자체로 있는 실체들'(*ousiai kath' hautas*)일 수 없다는 데 대해서는 I 9, 991a11과 VII 16, 1040b27 아래의 이데아론에 대한 비판 참고.

110 『동물지』 I 6, 490b31 아래에서는 말, 나귀, 노새 등을 포섭하면서 그것들에 가장 가까이 있는 '최근류'(最近類, *engutata genos*)를 일컬어 '바리짐승'(*lophoura*)이라고 부른다.

111 'toutois'의 의미는 분명치 않다. 하지만 1034a4의 구절 'ousiai gar hai malista hautai'와 결부시켜 보면, 'toutois'는 자연물들, 가장 높은 수준의 실체들을 가리킬 것이다. 즉, 플라톤주의자들이 이데아를 상정한다면, 무엇보다도 자연물들에 대해 이데아를 상정해야 할 것이라는 말이다. XII 3, 1070a18 아래 참고.

112 '가장 높은 수준의 실체들'(ousiai malista)이라는 표현이나 VII 7, 1032a19의 발언을 통해 분명히 알 수 있듯이, 아리스토텔레스는 『범주론』뿐만 아니라 『형이상학』의 실체론에서도 자연적인 감각적 실체들이 실체라는 생각을 버리지 않는다.

을 만들어내고 또 질료 안에 형상이 있도록 하는 원인이 되기에 충분하다. 전체, 즉 이 개별적인 살과 뼈 속에 있는 이런저런 형상이 바로 칼리아스이고 소크라테스이다.[113] 그것들은 질료 때문에 서로 다르지만(질료는 서로 다르기 때문이다), 종은 동일하다(종은 불가분적이기 때문이다).[114]

9. 자생적 생성이 일어나는 경우들. 실체 이외의 다른 범주에서 일어나는 생성의 조건들

어떤 사람은 이런 의문을 가질 수 있을 것이다. 무엇 때문에 어떤 것들, 예를 들어 건강은 기술을 통해 생겨나기도 하고 자생적으로 생겨나기도 하는데, 어떤 것들, 예를 들어 집은 그렇지 않은가? 그 이유는 이렇

113 '이런저런 형상'(*to toionde eidos*)이라는 표현은 'hē kata to eidos legomenē physis hē homoeidēs'(1032a24)와 동의적(同義的) 표현이다. 'toionde'나 'homoeidēs'는 모두 형상의 종적 보편성을 표현한다. 하지만 그런 보편성을 가진다고 해서 형상이 'katholou'(보편자)는 아니다. 왜냐하면 아리스토텔레스는 형상을 '이것'이라고 부름으로써 형상의 개별성을 분명히 하기 때문이다(V 8, 1017b25-6; VII 3, 1029a28-9). 간단히 말하자면, '이것'과 '이런저런 것'으로써 표현되는 형상은 종적 보편성에 따라 그 특징을 기술할 수 있는 개별적인 것이라고 말할 수 있다.

114 '불가분적'(*atomon*)이라고 일컬어지는 'eidos'를 '종'(*species*)으로 옮겨야 할지, 아니면 '형상'(*form*)으로 옮겨야 할지는 판단하기 어렵다. 보니츠와 로스는 뒤의 해석을, 롤페스(Rolfes)와 프레데-파치히는 앞의 해석을 취한다. 어쨌건 이 구절과 관련해서 다음과 같은 점을 지적해야 할 것이다. 아리스토텔레스 연구자들은 이 구절을 근거로 삼아 질료가 개별성의 원리라고 주장해왔다. 하지만 1034a5-8은 그저 개별자들이 질료를 가짐으로써 공간적으로 서로 분리되어 있다는 사실을 말할 뿐, 개별자의 모든 개별성이 질료에서 유래한다는 것을 함축하지는 않는다. 아리스토텔레스에 따르면, 사람의 몸과 영혼은 각각 질료와 형상에 해당하는데, 각 개인의 개별성을 몸의 차이에 놓여 있을 뿐이라고 말하는 것은 이치에 맞지 않기 때문이다. 개별성의 원인에 대한 설명은 나중에 『동물발생론』 IV권에 담겨 있다. 1034a5-8에 대한 그런 해석으로는 Frede-Patzig, *Metaphysik Z* II, S. 147과 D.-H. Cho, *Ousia und Eidos in der Metaphysik und Biologie des Aristoteles*, Stuttgart 2003, S. 88 아래 참고. 생물학적 맥락에서 개별성이 어떻게 설명되는지에 대해서는 조대호, 「유전이론」, 142쪽 아래를 함께 참고.

다. 어떤 경우 질료는 기술적 제작물 가운데 어떤 것을 만들거나 그것이 생겨날 때 생성의 출발점이 되고 그것 안에는 생겨날 것의 한 부분이 들어 있는데, 어떤 질료는 제 힘으로 운동할 수 있는 성질을 갖고 있는 반면, 어떤 것은 그렇지 않다. 그리고 그런 성질을 갖고 있는 질료 가운데 또 어떤 것은 일정한 방식으로 운동할 수 있는 데 반해, 어떤 것은 그럴 수 없으니, 그 까닭은 많은 것들은 제 힘으로 운동할 수는 있지만, 그 운동이 일정한 방식으로 이루어지지는 않기 때문인데, 예를 들어 춤이 그렇다. 그러므로 그런 성질의 질료, 예를 들어 돌로 된 것들은 다른 것의 작용에 의하지 않고서는 일정한 방식으로 운동할 수 없지만, 다른 방식으로는 제 힘으로 운동할 수 있다[불의 경우도 그렇다]. 이런 이유 때문에 어떤 것들은 기술을 가진 자 없이는 있을 수 없지만, 어떤 것들은 기술을 가진 자 없이도 있을 수 있다. 왜냐하면 운동은 기술을 갖지 않은 것들의 작용에 의해 일어날 수도 있으니, 그런 것들은 다른 것의 작용에 의해서나 또는 (생겨날 것의) 어떤 부분을 출처로 삼아 운동할 수 있는 능력을 갖고 있기 때문이다. 지금 말한 것으로부터 따라 나오는 분명한 사실은, 어떤 측면에서는 모든 것은 이름이 같은 것으로부터[115] 생겨나거나(예를 들어 자연적으로 있는 것들이 그렇다), 같은 이름으로 불리는 부분으로부터 생겨나거나(예를 들어 집은 집으로부터, 즉 지성에 의해 파악된 집으로부터 생기는데, 그 까닭은 기술은 형상이기 때문이다) 또는 (생겨날 것의) 어떤 부분을 안에 가진 것으로부터 생긴다.[116] 생성이 부수적인 뜻에서 이루어지

115 여기서 '이름이 같은 것으로부터'(*ex homonymou*)에서 'homonymos'는 '이름만 같은 것'(동음이의적인 것)이 아니라 '이름이 같은 것', 즉 종적으로 동일한 것을 가리키며, 예컨대 XII 3, 1070a5의 'synōnymos'와 같은 뜻으로 쓰였다. 본성적 생성의 이런 동종성(同種性, *synonymity*)을 아리스토텔레스는 "사람이 사람을 낳는다"라는 말로 형식화한다. 다음의 구절들을 참고: VII 7, 1032a25; XII 3, 1070a28; XIV 5, 1092a16; 『동물부분론』 I 1, 640a25; 『동물발생론』 II 1, 735a20-1.

116 1034a25는 프레데-파치히를 따라 'ē ex echontos ti meros'로 읽었다. 아리스토텔레스는 집짓기와 치료의 예를 든다. 집짓기의 경우에 집은 영혼 안에 있는 집의 형상, 즉 지성을 통해 파악된 집으로부터 생긴다. 치료의 경우에 건강은 마찰을 통해 열을 만

는 경우를 제외하면 모두 이와 같은데, 그 이유는 제작의 원인은 그 제작에 본질적인 첫 부분이기 때문이다. 말하자면 운동[117] 가운데 있는 열기가 몸의 열기를 만들어냈다. 이것은 건강이거나 (건강의) 한 부분이다. 또는 그것에 뒤이어 건강의 한 부분이 뒤따라 나오거나 건강 자체가 따라 나온다. 그러므로 (건강하게) 만든다는 말을 하는 이유는 열기가 어떤 것을 만들어내고 이것을 뒤따라 건강이 따라 나오기 때문이다.[118] 그러므로 추론에서 그렇듯이, 모든 것의 시작은 실체이다. 왜냐하면 '무엇'에 해당하는 것으로부터 추론들이 시작하듯이, 생성들도 거기서 시작하기 때문이다. 자연적으로 이루어진 것들의 경우에도 사정은 유사하다. 왜냐
1034b 하면 씨가 어떤 것을 만들어내는 방식은 기술자가 기술에 의해 제작물들을 만들어내는 방식과 같은데, 씨는 가능적으로 형상을 그 안에 가지고 있다.[119] 그리고 씨의 출처는 어떤 뜻에서 (태어나는 것과) 이름이 같다. 왜냐하면 사람에게서 사람이 생겨난다는 식으로 모든 것을 탐구해서는 안 되는데, 남자에게서 여자가 생겨나기 때문이다[120]〔태어난 것이 불완전

들어냄으로써 생겨나는데, 이 열기는 건강이거나 건강의 한 부분이다.

117 치료를 위해 의사가 행하는 마찰운동을 말한다.

118 마찰운동의 열기가 몸의 열기를 낳고 이로부터 건강이 생긴다. 1034a30은 보니츠에 따라 'tēn hygieian'을 빼고 읽었다. Bonitz, *Metaphysica* II, p. 330 참고.

119 아리스토텔레스에 따르면, '무엇' 또는 본질에 대한 언어적 진술인 정의는 추론(*syllogismoi*)의 시작 또는 원리(*archē*)이고, 이로부터 추론이 따라 나온다(I 2, 983a27 아래 참고). 논증(*apodeixis*)이 실체 또는 본질에 의존하듯이, 생성과정 전체도 생겨날 것의 본질에 의존한다. 기술적 제작이 어떤 방식으로 질료 없는 실체, 형상, 본질에 의존하는지는 이미 1032b6-14에서 예시되었다. 본성적 생성의 경우도 마찬가지이다. 왜냐하면 정액 속에 가능적으로(*dynamei*) 들어 있는 생명체의 형상은 생겨날 생명체의 본질을 규정하며, 발생과정 전체는 그 형상에 따라 조직되기 때문이다. 그런 뜻에서 아리스토텔레스는 "생성은 실체를 위해서 있다"라고 말한다(『동물부분론』 I 1, 640a16 아래 참고).

120 남자가 내놓은 씨(*sperma*)에서 여자가 태어날 수도 있다. 이 경우 남자와 여자는 똑같이 '사람'이라고 불리긴 하지만, 성(性)이 다르다. 아리스토텔레스는 여성 또는 암컷을 '결함 있는 남성 또는 수컷'(*arren pepērōmenon*, 『동물발생론』 II 3, 737a27)이라고 부른다.

한 것일 때는 예외인데, 그런 이유 때문에 노새에게서는 노새가 생겨나지 않는다[121]〕. 하지만 앞서 말했듯이,[122] 자생적으로 생겨나는 것들의 경우 그것들의 질료는 그 자신의 힘으로 씨가 만들어내는 것[123]과 동일한 방식의 운동을 수행할 수 있는 능력을 갖는 반면, 그런 능력이 없는 질료를 가진 것들의 경우, (그것들과 종이) 같은 것들로부터 생겨나는 것 이외의 다른 방식으로는 생성이 이루어질 수 없다.

〔(그러나 우리의 논변은 실체에 대해서 그것의 형상이 생겨나지 않는다는 사실을 밝혀줄 뿐만 아니라, 그 논변은 첫째가는 모든 것, 예컨대 양과 성질과 다른 범주들에 대해서 공통적으로 적용된다. 왜냐하면 청동 구는 생겨나지만 구형도 청동도 생겨나지 않으며, 청동 자체의 경우에도, 만일 그것이 생겨난다면, 사정이 같을 터인데[124](왜냐하면 질료와 형상은 언제나 미리 주어져 있어야 하기 때문이다), 이는 실체의 범주뿐만 아니라 성질, 양을 비롯한 다른 범주들의 경우에도 마찬가지다. 왜냐하면 생겨나는 것은 성질이 아니라 그 성질의 나무이며, 양이 아니라 그런 양의 나무나 동물이기 때문이다. 그러나 우리는 이러한

---

121 노새는 불완전한 동물(*pērōma*)이기 때문에 생식능력이 없다. 노새의 생식력 부재를 생물학적으로 거론한 최초의 인물 중 한 사람은 알크마이온(Alkmaion)으로 알려져 있다. 그에 대한 간접기록으로는 다음과 같은 말이 전한다. "알크마이온에 따르면 노새들 가운데 수컷은 정액이 묽고 차가워서 생식능력이 없고, 암컷은 자궁이 벌어지지 않기(*anachaskein*) 때문에 생식능력이 없다"(D-K, 24 B 3). 노새의 생식불능에 대한 아리스토텔레스의 설명에 대해서는 『동물발생론』 II 7, 747a23 아래 참고.

122 위의 1034a9-32를 보라. 거기서는 의술의 도움 없이 저절로 병이 낫는 경우를 예로 들어 자생적 생성을 설명한 반면, 지금 논의에서는 자연물의 생성이 저절로 일어나는 경우를 설명한다. 여기서 말하는 생식은 보통 유성생식과 대비되어 '자발적 생성'(*spontaneous generation*)이라고 불렸던 생식을 말한다. 이런 종류의 생식에 대한 아리스토텔레스의 의견에 대해서는 『동물발생론』 I 1, 715a18 아래 참고.

123 씨 또는 정액이 만들어내는 운동이 어떤 것이고, 그것이 어떻게 생명체를 만들어내는지에 대해서는 조대호, 「유전이론」, 142쪽 아래 참고.

124 예를 들어 청동이 생겨나려면, 상대적으로 더 단순한 질료와 그 질료에 부가되어 청동을 만들어내는 일정한 형상이 먼저 있어야 한다. 아리스토텔레스에 따르면, 가장 단순한 원소는 물, 불, 흙, 공기이므로 이것들이 일정한 방식으로 결합되어 청동, 금, 은 같은 것들이 생긴다. 『기상학』 IV 10, 388a13 아래 참고.

사례들로부터 실체의 고유성을 파악해야 하는데, 그것은 바로 (실체가 있으려면) 필연적으로 그것을 만들어내는 또 다른 실체가 완전한 상태에 미리 주어져 있어야 한다는 사실이니, 예컨대 동물이 생겨난다면, 다른 동물이 미리 있어야 한다. 하지만 성질이나 양이 그런 방식으로 있어야 할 필연성은 없고, 그것은 다만 가능적으로 있을 뿐이다.])

10. 부분들에 대한 정식은 전체에 대한 정식 안에 포함되는가?

정의는 정식이고 모든 정식은 부분들을 갖는데, 정식이 사물에 대해 갖는 관계는 정식의 부분들이 사물의 부분들에 대해 갖는 관계와 똑같기 때문에, 부분들에 대한 정식이 전체에 대한 정식 안에 내재하는가 그렇지 않는가라는 의문이 생긴다.[125] 왜냐하면 어떤 경우에는 분명히 내재하고 어떤 경우에는 그렇지 않기 때문이다. 그 까닭은 원에 대한 정식은 분선(分線)들에 대한 정식을 포함하지 않지만, 음절에 대한 정식은 철자들에 대한 정식을 포함하기 때문이다.[126] 그렇지만 음절이 철자들로

125 정식(*logos*)과 그것의 대상이 되는 사물(*pragma*)의 동형관계(*isomorphism*)에서 유래하는 이 물음을 우리는 "전체에 대한 정의 가운데 부분에 대한 정의가 들어가는가?"가 아니라 "전체에 대한 정의 가운데 부분을 가리키는 말이 들어가는가?"라는 취지의 질문으로 이해해야 한다. 아리스토텔레스의 용어법에 대해서는 1035b6 아래 참고. Frede-Patzig, *Metaphysik Z* II, S. 167~68도 함께 참고.

126 "원은 중심으로부터 모든 방향으로 똑같은 거리에 있는 점들로 이루어진 도형이다"라는 정식을 통해 원을 정의한다면, 이 정의 가운데는 '분선들'(*tmēmata*)이 언급되지 않는다. 하지만 음절 'ba'를 'ba는 b와 a로 이루어진 음절이다'라고 정의한다면, 이 정의 안에는 철자(*stoicheia*) b와 a가 언급된다. 이와 관련해 아래에서 제시된 대답에 따르면, 분선들은 원의 형태의 부분들이 아니라 질료의 부분들이기 때문에 원에 대한 정식 안에 포함되지 않는다. 반면 철자들은 음절의 형상의 부분들이기 때문에 음절에 대한 정식 안에 포함된다. 하지만 이어지는 구절에서 확인할 수 있듯이, 설령 분선들이 원의 질료라고 하더라도, 그때 질료의 의미는 청동으로 만든 원을 두고 청동이 청동 원의 질료라고 말할 때와는 다르다. 분선들과 청동을 비교해 보면, 분선들은 원의 형상에 더 가깝다. 한편 철자들은 음절의 형상의 부분들이지만, 모든 철자가 그런 것

나뉘듯이, 원 또한 분선들로 나뉜다. 더욱이 부분들이 전체에 앞선다면, 예각은 직각의 부분이고 손가락은 동물의 부분이기에, 예각은 직각에 앞서고 손가락은 사람에 앞설 것이다. 그러나 뒤의 것이 앞서는 것 같은데, 그 까닭은 부분들에 대한 정식 가운데 전체가 언급되고, 떨어져 있을 수 있다는 사실을 보더라도 전체가 부분들에 앞서기 때문이다.[127]

아마도 '부분'은 여러 가지 뜻으로 쓰일 터인데,[128] 그 가운데 하나는 양적 척도를 의미한다. 하지만 이런 뜻은 논의에서 제쳐두고, 실체를 이루는 부분들이 어떤 것인지를 고찰해야 한다. 이제 질료와 형상과 그것들의 복합체가 있고 질료와 형상과 그것들의 복합체가 실체라면,[129] 어떤 때는 질료 역시 어떤 것의 부분이라고 불리지만, 어떤 때는 그렇지 않고 형상에 대한 정식을 이루는 것들이 어떤 것의 부분이라고 불린다. 예를 들어 볼록한 형태의 경우 살은 그것의 부분이 아니지만(살은 볼록한 형태가 생겨나는 질료이기 때문이다), 딱부리 형태의 경우에는 살이 그것의 부분이다. 또한 청동상이라는 복합체의 경우 청동은 그것의 부분이지만, 청동상의 형상에 대해 말하자면 청동은 그것의 부분이 아니다(형상과 형상을 갖는 것은 '어떤 것'이라고 불려야 하지만, 질료적인 것은 그 자체로서 그렇게 불릴 수 없다).[130] 그렇기 때문에 원에 대한 정식은 분선들에 대한 정식을 포함하지 않지만, 음절에 대한 정식은 철자들에 대한 정식을

은 아니다. 밀랍으로 만든 철자들은 음절의 형상의 부분이 아니라 음절의 재료이다.

127 '손가락'을 '사람의 이런저런 부분'(*toionde meros anthrōpou*, 1035b11)이라고 정의한다면, 이 정의 가운데는 '사람'이라는 말이 들어가 있다. 그리고 손가락은 그 자체로서 분리되어 있을 수 없지만, 사람은 그 자체로서 분리되어 있을 수 있다.

128 '부분'(*meros*)의 여러 가지 뜻에 대해서는 V 25, 1023b12 아래 참고.

129 여기서 아리스토텔레스가 말하는 질료(*hylē*), 형상(*eidos*), 복합체(*to ek toutōn*)의 삼분(三分)은 이미 VII 3, 1029a1 아래에서 제시된 것과 똑같다. 『영혼론』 II 1, 412a6-9 참고.

130 이를테면 호메로스의 조각상 전체나 그 조각상의 형상 또는 형태(*eidos*)는 어떤 것(*hekaston*), 즉 '호메로스'라고 부를 수 있지만, 조각상의 재료('질료적인 것', *to hylikon*)인 청동을 앞에 놓고는 그것을 '호메로스'라고 부르지 않는다. VII 11, 1037a7-8 참고.

포함하는데, 그 까닭은 철자들은 질료가 아니라 형상에 대한 정식의 부분들이지만, 분선들은 (원의) 형상이 거기에 생겨나는 질료라는 뜻에서 부분들이기 때문이다. 그렇지만 둥근 형태가 청동 안에 생길 때와 비교해보면, 이런 경우의 청동보다는 분선들이 형상에 더 가깝다.[131] 그러나 어떤 뜻에서 보면 모든 종류의 철자가 음절에 대한 정식 안에 내재하지는 않는데, 예를 들어 특정한 밀랍 글자들이나 공기 중에 있는 글자들의 경우가 그렇다.[132] 그 까닭은 이것들 역시 감각적인 질료라는 뜻에서 음절의 부분이기 때문이다. 그런데 선은 반선들로 나뉘면 소멸하고, 사람은 뼈, 근육, 살로 나뉘면 소멸하며, 그런 이유에서 선이나 사람은 그런 부분들을 실체의 부분들로 갖기는 하지만, 그것들은 다만 질료라는 뜻의 부분들이니, 그것들은 복합체의 부분들이기는 하지만, 정식이 대상으로 삼는 형상의 부분은 아니며,[133] 따라서 정식들 안에도 내재하지 않는다.[134] 그렇다면 어떤 경우에는 그런 부분들에 대한 정식이 내재하겠지만,[135] 다른 경우, 〔(즉, 질료와 결합된 형상에 대한 정식이 아닐 경우)〕 그 안에는 (그런 부분들에 대한 정식이) 내재할 필요가 없다. 바로 이런 이유 때문에 어떤 것들은 그들이 소멸해서 되돌아가는 것들을 원리들로 삼아 이루어지지만, 다른 것들은 그렇지 않다.

---

131 원의 분선들도 어떤 뜻에서는 원의 질료이지만, 다른 뜻의 질료, 곧 청동 원의 재료인 청동보다는 형태 또는 형상에 더 가깝다.

132 '공기 중에 있는 글자들'은 물론 목소리(*phōnē*)를 말한다. VII 12, 1038a6 참고.

133 뼈와 살과 근육 같은 것들은 사람의 재료 또는 질료, 즉 감각적인 질료(*hylē aisthētē*)이다. 하지만 그것은 사람의 형상의 질료는 아니며, 그렇기 때문에 사람의 형상에 대한 정식 안에는 포함되지 않는다. 복합체인 사람 전체에 대한 정식의 경우에는 어떨까? 물론 그것들은 몸의 부분으로서 사람에 대한 정식 가운데서 언급될 수 있지만, 이때 언급되는 것은 감각적이고 개별적인 것으로서의 몸이 아니라 물질성과 개별성을 배제한 추상적인 것, 즉 사유에 의해 파악된 것으로서의 몸, '지성적인 질료'(*hylē noētē*, 1036a10)이다.

134 사람에 대한 정식 안에 몸이 언급되지 않는다는 뜻이 아니라, 사람의 형상에 대한 정식 안에 몸이 들어가지 않는다는 말이다.

135 사람은 질료와 형상의 복합체인 만큼, 그에 대한 정식에서는 몸의 부분들이 언급된다. VI 1, 1025b34 아래와 XI 7, 1064a23 아래 참고.

그렇다면 형상과 질료가 함께 결합되어 이루어진 것들, 예컨대 딱부리나 청동 원의 경우, 그것들은 소멸되어 그 구성부분들로 되돌아가며 질료가 그것들의 부분이다.[136] 그에 반해 질료와 결합되지 않고 질료 없이 있는 것들의 경우, 그것들에 대한 정식들은 오로지 형상만을 그 대상으로 삼으며, 그것들은 소멸하지 않는데, 전혀 소멸하지 않는다는 뜻에서 그렇거나 아니면 앞의 경우와 같은 방식으로는 소멸하지 않는다는 뜻에서 그렇다.[137] 따라서 형상과 질료가 함께 결합되어 이루어진 것들의 경우에는 질료적인 부분들이 그것들의 원리들이자 부분들이지만, 형상의 경우에는 그것의 부분들도 원리들도 아니다. 이런 이유 때문에 진흙 조각상은 소멸하여 진흙으로 되돌아가고, 청동 구는 청동으로, 칼리아스는 살과 뼈로, 원은 분선들로 되돌아가는데, 질료와 결합된 원이 있기 때문이다. 왜냐하면 '원'이라는 이름은 무제한적인 뜻의 원[138]과 개별적인 원 1035b
에 대해 의미구분 없이 동음이의적으로 쓰이는데, 개별적인 것들에 고유한 이름이 없기 때문이다.

이제 이상의 논의를 통해 진리가 밝혀졌지만, 그럼에도 불구하고 문제를 다시 취해서 더 분명하게 이야기해 보자. 정식의 부분들이면서 정식이 나뉘는 것들 — 이것들은 전부나 그 일부가 정식에 앞선다. 그러나 직각에 대한 정식은 예각에 대한 정식으로 나뉘지 않지만, 예각에 대한 정식은 직각에 대한 정식으로 나뉜다. 왜냐하면 '예각'을 정의하는 사람은 '직각'을 사용하기 때문인데, 예각은 '직각보다 작은 각'이기 때문에 그렇다.[139] 원과 반원의 경우에도 사정이 같은데, 왜냐하면 반원은 원을 통해 정의되고, 손가락은 (사람) 전체를 통해 정의되는데, 손가락은 '사람의 이런저런 부분'이기 때문이다. 그러므로 질료라는 뜻에서 부분들이

---

136 VII 7, 1033a1 아래의 논의 참고.

137 이 말의 뜻에 대해서는 VII 15, 1039b25 아래 참고.

138 '무제한적인 뜻의 원'(*ho te haplōs legomenos* ⟨*kyklos*⟩)은 질료를 배제한 형상으로서의 원을 가리킨다.

139 이에 대해서는 XIII 8, 1084b7-9 참고.

면서 분할의 종결점인 질료적인 것들은 뒤에 온다. 반면 정식의 부분들이면서 정식에 따르는 실체의 부분들인 것들은, 그 전부 또는 일부가 (전체에) 앞선다. 그런데 동물들의 영혼은 — 이것은 생명이 있는 것의 실체이기 때문에 — 정식에 따르는 실체이자 형상이며 이런저런 성질을 가진 육체의 본질이다.[140](왜냐하면 각 〔부분〕을 올바로 정의하려면, 기능을 떠나서는 정의가 이루어질 수 없고, 그런 기능은 감각을 떠나서는 있을 수 없기 때문이다). 따라서 영혼의 부분들은 그 전부나 일부가 복합체인 동물에 앞서고, 이는 다른 개별자들의 경우에도 마찬가지이다. 반면 육체와 그것의 부분들은 이런 실체[141] 뒤에 오는데, 이런 것들, 즉 질료적인 부분들로 나뉘는 것은 실체가 아니라 복합체이다. 이런 부분들은 어떤 뜻에서는 복합체에 앞서지만, 어떤 뜻에서는 그렇지 않다(왜냐하면 그것들은 분리되어 있을 수 없기 때문인데, 손가락은 어떤 상태에서나 동물의 부분이 아니니, 죽은 손가락은 이름만 같다). 하지만 어떤 것들은 동시적이다. 즉, 중추적 부분들 및 정식과 실체가 놓여 있는 첫째 부분, 예컨대 심장이나 뇌가 그런데,[142] 둘 중 어떤 것이 그런 부분이건 아무 상관이 없다. 하지만 사람이나 말을 비롯해서 그와 같은 방식으로 개별자들에 적용되는 것들, 즉 보편적인 것들은 실체가 아니라, 보편적 관점에서 취한 개별적인 정식과 개별적인 질료로 이루어진 일종의 복합체이다.[143] 반면 소크라테스

140 즉, '정식에 따르는 실체'(*ousia kata ton logon*), '형상'(*eidos*), '이런저런 성질을 가진 몸의 본질'(*to ti ēn einai tōi toiōide sōmati*)은 모두 동의적 표현이며, 지금의 논의 맥락에서는 모두 생명체의 영혼을 가리킨다. 이에 대해서는 조대호, 「아리스토텔레스 본질론의 생물학적 측면: Metaphysica VII권을 중심으로」, 『철학연구』 제56집, 2002, 203~06쪽 참고.

141 물론 형상이라는 뜻의 실체, 즉 첫째 실체(*prōtē ousia*)를 말한다.

142 정식에 따르는 실체(*ousia kata ton logon*), 즉 영혼의 중심기능이 자리잡고 있는 신체부위는 생명체 전체와 '동시적'(*hama*)이다. 심장중심설의 입장에서 보면 심장(*kardia*)이, 뇌(*enkephalos*)중심설에 따라 보면 뇌가 그런 부위에 해당한다. V 1, 1013a4 아래에 대한 각주 참고.

143 '사람'이나 '말' 같이 '개별자들에 적용되는 것들'(*ta epi tōn kath' hekasta*)이 '보편적 관점에서 취한 개별적인 정식과 개별적인 질료로 이루어진 일종의 복합체'(*synholon*

는 최종적 질료로 이루어진 개별자이고, 다른 경우도 마찬가지다.

그러므로 '부분'은 형상(내가 말하는 형상이란 본질을 일컫는다[144])의 부분이거나 형상과 질료의 복합체의 부분이거나 아니면 〈질료〉 자체의 부분이다. 그러나 오직 형상의 부분들만이 정식의 부분들이지만, 정식은 1036a
보편자를 대상으로 삼는데, 그 이유는 원의 본질은 원과 동일하고 영혼의 본질은 영혼과 동일하기 때문이다.[145] 반면 복합체, 예컨대 이 원을 비롯해서 감각적이거나 지성적인 개별자들 가운데 어느 것 — 지성적인 것들이란 이를테면 수학적인 것들을 말하고, 감각적인 것들은 청동 원들이나 나무 원들을 말한다 — , 그런 것들에 대해서는 정의가 존재하지 않고, 그것들은 (직관적) 사유나 감각을 통해 알려지며, 이런 완전한 상태를 벗어난 뒤에는 그것들이 있는지 없는지 분명하지 않지만, 그것들은 언제나 보편적인 정식에 의해 진술되고 알려진다.[146] 그에 반해 질료는

---

ti ek toudi tou logou kai tēsdi tēs hylēs hōs katholou)라는 말의 뜻은 다음과 같다. 사람이나 말 같은 보편자(*katholou*)는 실체, 즉 형상이나 로고스에 따르는 실체라는 의미에서의 실체가 아니라 이른바 '구체적 보편자'(*universal concrete*)이다. 이를테면 개개인들은 각각 개별적인 영혼과 개별적인 몸으로 이루어져 있지만, 우리는 개개인들이 아니라 일반적인 사람을 두고 "사람은 영혼과 몸으로 이루어져 있다"라고 말할 수 있는데, 여기서 말한 영혼과 몸은 특정한 영혼과 몸을 일반화해서 부르는 이름이다. 이런 뜻의 '구체적 보편자'의 관념은 VII 11, 1037a6-7에도 분명하게 표현되어 있다. 그에 대한 고전적 논의로는 Chung-Hwan Chen, "Universal Concrete: A Typical Aristotelian Duplication of Reality", *Phronesis* 9, 1964, pp. 48~57 참고.

144 'eidos'는 종(種, *species*)을 가리키기도 하고 형상(*form, shape*)을 가리키기도 한다. 각 사물의 형상은 그것의 본질을 이룬다. 이 장에서 말하는 'eidos'가 종이 아니라 형상임을 분명히 하기 위해 아리스토텔레스는 "내가 말하는 eidos는 본질(*to ti ēn einai*)을 일컫는다"라고 덧붙인다. VII 7, 1032b1-2에서도 마찬가지이다.

145 영혼의 본질(*psychēi einai*)과 영혼(*psychē*)의 동일성에 대해서는 이미 VII 6, 1031a28 아래에서 다루었다. 그런데 여기서 원이나 영혼처럼 질료와 결합되어 있지 않은 형상에 대한 정의와 관련해 다음과 같은 점을 지적해야 한다. 그것들에 대한 정식은 물론 질료적인 부분들을 포함하지 않는다. 하지만 이런 뜻의 형상에 대한 정식, 이를테면 사람의 영혼에 대한 정식은 소크라테스의 영혼이나 플라톤의 영혼 같은 개별적인 형상을 대상으로 삼는 것이 아니라 그런 모든 개별적 영혼에 대해 공통적인 술어가 될 수 있는 보편자, 즉 사람의 영혼 일반을 그 대상으로 삼는다.

그 자체로서는 알 수 없다. 〔(하지만 질료에는 감각적인 것과 지성적인 것이 있는데, 감각적인 것이란 청동과 나무를 비롯해서 운동할 수 있는 질료를 말하고, 지성적인 것이란 감각 대상들 안에 있긴 하지만 감각적이 아닌 측면에서 파악된 것, 예컨대 수학적인 것들을 말한다.[147])〕 지금까지 우리는, 전체와 부분이 어떤 관계에 있고 앞서는 것과 뒤에 오는 것이 어떤 관계에 있는지에 대해 이야기했다.

이제 어떤 사람이, 직각, 원, 동물이 앞서는지 아니면, 그것들이 나뉘어져 되돌아가고 그것들을 이루는 것들, 즉 부분들이 앞서는지 묻는다면, 이런 물음에 대해서는, 그것은 아무 조건 없이 단순하게 대답할 수 있는 문제가 아니라고 대응할 수밖에 없다. 그 이유는 이렇다. 영혼과 영혼을 가진 것이 생명체라면, 달리 말해서 각자의 영혼이 하나의 생명체라면,[148] 그리고 원의 본질이 원이고 직각의 본질과 직각의 실체가 직각이라면, 어떤 것이 다른 어떤 것 뒤에 온다고, 예컨대 정식 안에 있는 부분들과 개별적 직각 뒤에 온다고 말해야 하지만(왜냐하면 직각에는 질료

---

146 형상에 대한 정식이건 복합체에 대한 정식이건 간에, 모든 정식은 보편적인 것을 대상으로 한다. 형상은 — 그것이 비록 각 사물 안에 개별적으로 들어 있다고 하더라도 — 일반화를 거쳐 보편적인 정식에 의해(*tōi katholou logōi*) 정의되며, 복합체 역시 마찬가지로 보편적인 정식에 의해 정의된다. 앞의 구절은 질료를 포함하는 복합체에 대해 어떤 종류의 정의도 없다는 뜻으로 이해해서는 안 된다. 개별적인 복합체, 예컨대 소크라테스나 플라톤에 대해서는 물론 어떤 정의도 없지만, 그런 것들은 보편적인 이름에 따라 '사람'이라고 불리며, '사람인 한에서' 그것들에 대한 정의가 있다. 이런 종류의 정의가 어떤 부분들로 이루어지는지에 대한 설명은 VII 11, 1036b2 아래, 특히 26 아래를 보라. 정의가 오로지 형상만을 대상으로 한다는 주장(Frede-Paztig, *Metaphysik Z* II, S. 191)은 그 근거가 약하다. 이에 대한 더 자세한 논의는 D.-H. Cho, *Ousia und Eidos*, S. 102 아래 참고.

147 앞서 든 예에서 원을 나눌 때 얻는 분선들은 지성을 통해 사유될 수 있는 질료, 즉 '지성적인' 질료에 해당할 것이다. 감각적인 질료(*aisthētē hylē*)와 지성적인 질료(*noētē hylē*)의 구분에 대해서는 VII 11, 1037a4-5도 함께 참고.

148 이를테면 소크라테스의 영혼을 두고도 어떤 뜻에서는 '소크라테스'라고 부를 수 있다. 이는 호메로스의 형상을 두고 '호메로스'라고 부를 수 있는 것과 마찬가지이다. 1035a7 아래와 그 구절에 대한 각주 참고. VII 11, 1037a7 아래도 함께 참고.

와 함께 있는 것, 즉 청동으로 된 직각과 그림으로 그린 개별적인 선들 안에 있는 직각도 있기 때문이다),[149] 질료 없는 직선은 어떤 측면에서는 정식 안에 있는 부분들 뒤에 오지만, 어떤 측면에서는 개별자 안에 있는 부분들보다 앞서기에 아무 조건 없이 단순하게 말해서는 안 된다. 그러나 영혼과 생명체가 다르고 그 둘이 똑같지 않다면, 앞서 말한 바와 같은 방식으로 어떤 부분들은 앞서고 어떤 부분들은 그렇지 않다고 말해야 한다.

11. 어떤 부분들이 형상의 부분이고, 어떤 부분들이 복합실체의 부분인가?

당연히 생겨나는 또 다른 의문은, 형상에 속하는 부분들은 어떤 것이고, (형상에는 속하지 않고) 결합된 것에 속하는 부분들은 어떤 것인가이다. 이것이 분명하지 않다면, 각 대상을 정의하기가 불가능한데, 그 까닭은 정의는 보편자와 형상을 대상으로 하기 때문이다.[150] 그래서 만일 어떤 종류의 부분들이 질료에 해당하고 어떤 것들이 그렇지 않은지가 분명하지 않다면, 사물에 대한 정식 역시 분명치 않을 것이다.

종이 다른 것들에 생겨나는 것들의 경우, 예컨대 청동이나 돌이나 나무에 생겨나는 원(圓)의 경우, 사정은 분명해 보인다. 즉, 이 경우 청동도 돌도 원의 실체에 속하지 않는데, 그 까닭은 원의 실체는 그것들과 분리되어 있기 때문이다. 반면 보기에 분리되지 않은 것들의 경우, 이 경우

149 질료를 배제한 채 원의 형태만을 가리켜 그것을 '원'이라고 부른다면, 이때 원의 형태 또는 원은 그것의 부분들, 즉 원에 대한 정의 안에 들어 있는 것들 뒤에 온다. 반면에 직선의 형태만을 두고 그것을 '직선'이라고 부른다면, 다른 직선들, 즉 질료 속에 구현되어 있는 직선, 이를테면 청동 직선은 그런 직선의 형태 또는 직선 뒤에 온다.

150 소크라테스나 칼리아스 같은 사람을 두고 말하자면, 각 개인의 영혼은 각자의 고유한 형상(*idion eidos*, XII 5, 1071a14)에 해당한다. 반면 개인들에 대해 공통적으로 술어가 되는 보편적인 종의 명칭인 '사람'은 보편자(*katholou*)이다. 다음의 구절들을 참고: VII 10, 1035b14 아래; 1035b27 아래; 8, 1033b24 아래; XII 5, 1071a27 아래.

1036b 에도 앞의 경우와 사정이 같다고 말하지 못할 이유는 없다. 이를테면 모든 원이 청동으로 이루어져 있다고 하더라도 앞에서 말했던 것과 똑같이 말할 수 있는데, 청동이 형상의 〈부분〉이 아니라는 사실에는 아무 차이가 없기 때문이다. 하지만 사고를 통해 그것을 떼어내기는 어려운 일이다. 예컨대 사람의 형상은 항상 살과 뼈나 그런 종류의 부분들 안에서 겉으로 나타나는데,[151] 그렇다면 이런 것들 역시 형상과 정식의 부분들인가? 아니, 그렇지 않고, 그것들은 질료이다.[152] 하지만 (사람의 형상이) 다른 것들에도 생겨나는 일은 없기 때문에 우리는 그 형상을 분리할 수 없다. 그런 분리는 가능할 것 같지만, 언제 그런지 분명하지 않기 때문에, 어떤 사람들은 원이나 삼각형을 두고 이미 의문을 제기했다. 그들의 의견에 따르면 선들이나 연속성에 의거해서 원이나 삼각형을 정의하는 것은 적절치 않으며, 그것들에 대한 정식 가운데 그런 것들이 쓰인다면, 그 방식은 살과 뼈가 사람에 대한 정식 가운데서 쓰이고 청동과 돌이 조각상에 대한 정식 가운데서 쓰이는 것과 똑같다.[153] 그리고 그들은 모든 것을 수들로 환원해서 '선'에 대한 정식은 '2'에 대한 정식이라고 말한다. 그리고 이데아들을 주장하는 사람들 가운데 어떤 사람들은 '2'가 선(線) 자체라고 말하고, 또 어떤 사람들은 그것이 선의 형상이라고 말하는데, 그들에 따르면 어떤 경우에는 형상과 그 형상이 속하는 것(예컨대 '2'와

151 아리스토텔레스는 사람의 형상(*to tou anthrōpou eidos*)에 해당하는 것으로 보통 영혼을 든다(VII 10, 1035b14 아래; 11, 1037a27 아래; 『영혼론』 II 1, 412a19 아래). 하지만 '형상'은 — 본래 의미에 따라 — 겉보기의 형태(*morphē*)나 모양(*schēma*)을 가리킬 때도 많이 있다. 다시 말해서 사람의 '형상'은 사람 몸의 기능뿐만 아니라 몸의 형태와 생김새를 가리키기도 하는데(VII 8, 1033b6; 『동물지』 I 1, 486a16; 『동물발생론』 I 11, 719a7), 1036b3의 '사람의 형상'은 두 번째 뜻으로 이해해야 할 것이다. 그런 형태론(*morphology*)적 의미에서의 '형상' 개념에 대해서는 조대호, 「아리스토텔레스의 논리학과 생물학에서 게노스와 에이도스의 쓰임」, 『논리연구』 제5집, 제1호, 2001, 128쪽 아래 참고.

152 XI 9, 1058b5 아래 참고.

153 살과 뼈가 사람의 질료이듯이, 선과 연속체는 삼각형의 질료이기 때문에, 삼각형에 대한 정의에서는 선과 연속체가 배제될 수밖에 없으리라는 말이다.

2의 형상)이 동일하지만, 선의 경우에는 이미 그렇지 않기 때문이다. 그 결과 겉으로 보기에 서로 다른 형상을 가지고 있는 여럿에 대해 하나의 형상이 있다는 결론이 따라 나오며(이 결론은 피타고라스학파가 도달한 결론이다), 하나를 모든 것의 형상 자체로 내세우면서 다른 것들은 형상들이 아니라고 주장할 수 있게 되는데, 이렇게 되면 모든 것은 하나가 될 것이다.[154]

정의에 대한 논의가 어떤 어려움을 수반하는지, 어떤 이유에서 그런지는 지금까지 이야기한 바와 같다. 따라서 이렇게 모든 것을 형상으로 환원하면서 질료를 떼어내는 것은 쓸 데 없는 일이다. 왜냐하면 어떤 것들은 확실히 '이것 안에 있는 이것'[155] 혹은 이런저런 상태에 있는 개별적인 것들이기 때문이다. 그리고 연하의 소크라테스[156]가 사용하곤 했던 동물의 비유는 올바른 것이 아닌데, 왜냐하면 그것은 우리를 진리에서 멀어지게 하고, 마치 원이 청동 없이 있을 수 있듯이 사람도 몸의 부분들 없이 있을 수 있다고 가정하게 만들기 때문이다. 하지만 두 경우는 같지 않은데, 그 까닭은 동물은 감각물 가운데 하나이며 운동을 떠나서는 정의될 수 없고,[157] 따라서 부분들이 어떤 일정한 상태에 있다는 사실을 떠

154 롤페스(*Metaphysik* 2, S. 203, Anm. 50)의 해석을 따라 우리는 이 구절을 다음과 같이 풀이할 수 있을 것이다. 예를 들어 삼각형, 삼단논법, 물체들은 모두 하나의 형상에 속하게 될 터인데, 그 이유는 그것들이 각각 세 변, 세 개의 진술, 세 차원으로 이루어져 있기 때문이다. 마찬가지로 오직 하나만이 수의 본질이 된다고 말할 수도 있을 터인데, 왜냐하면 플라톤에 따르면 수는 형상에 해당하는 하나(1)와 질료에 해당하는 한정이 없는 둘(2)로부터 생겨나기 때문이다. I 6, 987b20 아래와 XIII 6, 1080b6 아래 참고.

155 '이것 안에 있는 이것'은 'tod' en tōide'를 직역한 것으로, 특정한 개별적인 질료 안에 있는 특정한 개별적인 형상을 가리킨다. 그런 뜻에서 로스는 'tod' en tōide'를 'a particular form in a particular matter'로 옮겼다. 감각적 실체의 복합구조를 가리키는 이 표현에 대해서는 위의 1030b18과 다음의 구절들을 함께 참고: 『영혼론』 III 4, 429b14; 『동물부분론』 I 1, 640b26.

156 '연하의 소크라테스'(*Sōkratēs ho neōteros*)는 테아이테토스와 동년배인 소크라테스학파의 인물이다. 플라톤의 대화편 『테아이테토스』 147D, 『소피스테스』 218B에 등장한다.

나서는 정의될 수 없기 때문이다. 손은 어떤 상태에서나 사람의 부분이 아니라 기능을 수행할 능력을 갖추어서 생명이 있을 때 사람의 부분이기 때문이다. 살아있지 않으면 부분이 아니다.

〔(수학의 대상들에 관해서 보자. 왜 부분들에 대한 정식들은 전체에 대한 정식의 부분들이 아닌가? 예컨대 왜 반원들은 원에 대한 정식 안에 포함되지 않는가?[158] 그것들은 감각물이 아니기 때문이다. 아니, 아마도 이 점은 별 차이를
1037a 낳지 않을 것이다. 왜냐하면 어떤 것들은 감각의 대상이 아니지만 질료를 가질 것이기 때문인데, 본질과 형상 그 자체가 아니라 '이것'인 것에는 모두 어떤 질료가 들어 있다. 그렇다면 앞서 말했듯이, 반원들은 보편적인 원의 부분들은 아니지만, 개별적인 원들의 부분들이기는 할 것인데, 그 까닭은 질료에는 감각적인 것과 지성적인 것이 있기 때문이다.)〕

영혼은 첫째 실체이고 육체는 질료이며, 사람이나 동물은 보편적 관점에서 취한 그 둘의 복합체이다.[159] 그에 반해 '소크라테스'나 '코리스코스'는, 만일 영혼도 그렇게 불릴 수 있다면, 두 가지 의미를 갖는데(왜냐하면 어떤 사람들은 그런 이름으로써 영혼을 가리키고, 또 어떤 사람들은 복합체를 가리키기 때문이다), 만일 그 이름들이 무제한적인 뜻에서 이 개별적

157 1036b28-9의 'aisthēton gar ti to zōion, kai aneu kinēseōs ouk estin horisasthai'는 생명체를 정의하기 위해서는 단지 영혼만을 고려하는 것으로는 충분하지 않다는 것을 시사한다. 조대호, 「본질론」, 206쪽 아래 참고.

158 1034b22 아래의 질문과 같은 뜻으로 이해해야 한다. 즉, 왜 전체의 부분들은 전체에 대한 정식에서 언급되지 않는가가 문제이다. 왜 '반원들'(*ta hēmikyklia*)은 원에 대한 정의 안에 포함되지 않는가? 물론 수학적인 대상들은 감각물이 아니다. 따라서 원에 대한 정의 가운데서 원의 부분인 반원들을 언급하는 것이 가능하다고 생각할 수도 있다. 왜냐하면 그런 것은 원에 대한 정의에 청동이나 나무 같은 질료적인 부분들을 포함시키는 것과 다른 일이기 때문이다. 그럼에도 불구하고 원에 대한 정의에서 반원들을 언급하는 것은 올바른 일이 아닌데, 그 이유는 반원들은 지성을 통해 알 수 있다는 뜻에서 '지성적인' 혹은 '가지적(可知的)인' 질료(*hylē noētē*)의 부분들이기 때문이다(1036a9 아래 참고). 본질과 형상 그 자체를 제외한 개별적인 것들 안에는 모두 질료가 들어 있고, 특히 수학이 다루는 개별 대상들 안에는 지성적인 질료가 들어 있다. 이를테면 이런 질료는 보편적인 원의 형상을 정의할 때는 언급되지 않는다.

159 1035b27-31과 그에 대한 각주 참고.

인 영혼과 이 개별적인 몸을 뜻한다면, 개별자도 보편자와 같은 방식으로 이루어져 있다.[160]

그런 종류의 실체들에 속하는 질료와 떨어져서 다른 종류의 질료가 있는지, 이것들과는 다른 실체, 예컨대 수들이나 그런 종류의 것들을 탐구해야 하는지의 문제는 나중에 고찰해야 한다.[161] 왜냐하면 우리는 이를 위해서 감각적 실체들의 본성을 규정하려고 하는데, 감각적인 실체들에 대한 이론적 고찰은 어떤 측면에서 보면 자연학, 즉 둘째 철학의 일이기 때문인데,[162] 자연학자는 질료에 대해서뿐만 아니라 정식에 따르는 〈실체에 대해서〉도 알아야 하고, 뒤의 것에 대해서 더 많이 알아야 한다. 하지만 정의들의 경우, 정식 안에 있는 것들이 어떻게 정의의 부분들이 되며, 무엇 때문에 정의는 하나의 정식인지가 문제로 제기되는데(사물은 분명 하나이지만, 그것은 부분들을 가지고 있기 때문에 어떤 것에 의해서 그 대상이 하나인가라는 물음이 제기되기 때문이다), 이에 대해서는 나중에 살펴보아야 한다.[163]

이제까지 본질이 무엇이고 어떤 뜻에서 그것이 그 자체로서 있는 것인지[164]에 대해서 모든 것에 적용되는 보편적 논의를 진행했다. 또한 어떤 경우에 본질에 대한 정식이 정의되는 것의 부분들을 포함하고 어떤 경우에 그렇지 않은지 그 이유와 실체에 대한 정식 안에는 질료에 해당하는 부분들이 내재하지 않는다는 사실에 대해서도 이야기했는데, 그 까닭은 그 부분들은 그런 뜻의 실체에 속하는 부분들이 아니라 복합실체

---

160 1037a9에서 아리스토텔레스는 지시대명사를 포함한 표현 'hē psychē hēde kai 〈to〉 sōma tode'(this particular soul and this particular body — Ross)를 써서 영혼과 몸의 개별성을 분명하게 표현한다. 개별자와 보편자 사이에는 다음과 같은 비례관계가 있다. 소크라테스: 소크라테스의 영혼: 소크라테스의 몸 = 사람: 사람의 영혼: 사람의 몸.

161 아래의 XIII권과 XIV권을 가리킨다.

162 '둘째 철학'(*deutera philosophia*)으로서의 자연학(*hē physikē*)의 위치에 대해서는 VI 1, 1026a24 아래 참고.

163 정의 대상 및 정의의 단일성 문제는 VII권 12장과 VIII권 6장에서 더 자세히 논의된다.

164 VII 4, 1029b14의 'to ti ēn einai'에 대한 정의 참고.

에 속하는 것이라는 데 있으니, 이것에 대해서는 어떤 뜻에서는 정식이 있지만, 어떤 뜻에서는 없다. 다시 말해서 질료와 함께 있을 때는 그것에 대한 정식이 없고(질료는 불확정적이기 때문이다), 첫째 실체에 의거해서는 정식이 있으니, 예컨대 사람의 경우에는 영혼에 대한 정식이 있다. 왜냐하면 실체는 안에 있는 형상이고, 이것과 질료가 합쳐져서 복합실체가 생겨나기 때문인데, 예컨대 볼록한 형태가 그런 형상에 해당한다(왜냐하면 이것과 눈이 합쳐져서 딱부리 눈과 딱부리 형태가 생기기 때문이다).[165] 하지만 복합실체, 예컨대 딱부리 눈이나 칼리아스 안에는 질료가 내재한다. 어떤 것들, 예컨대 첫째 실체들의 경우(내가 말하는 첫째 실체란, 어떤 것, 즉 기체로서 밑에 놓여 있는 것 안에 다른 어떤 것이 속함으로써 있는 것이 아닌 것을 말한다) 각 대상과 본질은 동일하지만,[166] 질료에 해당하는 것이나 질료와 함께 결합된 것에 해당하는 것들은 자신들의 본질과 동일하지 않으며, 소크라테스와 음악적인 소양처럼 부수적으로 하나인 경우에도 마찬가지인데, 그것들은 부수적인 뜻에서 동일하기 때문이다.[167]

---

165 로스를 따라 a31-2의 'dis …… ris'를 삭제하고 읽었다. 1037a25 아래의 논의를 근거로 내세워 많은 연구자들은 오직 형상, 즉 '안에 있는 형상'(*eidos enon*)만이 정의의 대상이고, 복합실체(*synolos ousia*)에 대해서는 정의가 없다고 말한다(Frede-Patzig, *Metaphysik Z* II, S. 219 참고). 이런 해석에 따르면, 예컨대 '사람'에 대한 정의는 없고, 그저 사람의 영혼에 대한 정의만이 있다. 하지만 이는 지나친 해석일 것이다. 왜냐하면 사람을 포함한 생명체에 대한 정의에서 질료적 부분이 언급된다는 것은 이미 1036b28 아래와 VI 1, 1025b34 아래에서 분명하게 천명되기 때문이다. 1037a25 아래에서 아리스토텔레스가 복합실체의 정의가능성을 부정하면서 염두에 두는 것은 분명 개별적인 복합실체일 것이다. 그런 실체는 불확정적인(*aoriston*) 질료를 포함하고 있기 때문에 정의가 불가능하다(1036a5 아래; 1039b27 아래). 하지만 질료와 형상을 보편적으로 취해 얻은 '사람'과 같은 보편적 복합체(*universal concrete*)에 대해서는 질료를 포함하는 정의가 있을 수 있다. 1036a7 아래에 대한 각주 참고.

166 1037b2의 'hoion kampylotēs …… estin'(예컨대 굴곡의 형태와 굴곡의 본질은, 만일 그것이 첫 번째 것이라면 똑같다)은 예거를 따라 빼고 읽었다.

167 VII 6, 1031a19-28과 그에 대한 주석 참고.

12. 정의 대상의 단일성은 어디에 있는가? 종차와 유의 관계

이제 『분석론』에서 정의에 대해 말하지 않고 남겨두었던 내용에 대해 먼저 이야기하기로 하자.[168] 왜냐하면 거기서 제기된 의문은[169] 실체에 대한 논의에 유용하기 때문이다. 내가 말하는 의문은 이런 것이다. 우리가 어떤 대상을 두고 그것에 대한 정식이 정의라고 말할 때, 예컨대 사람을 대상으로 삼는 정식인 '두 발 가진 동물'이 — 이것을 사람에 대한 정식이라고 하자 — 정의라고 말할 때, 그 대상은 도대체 무엇 때문에 하나인가?[170] 무엇 때문에 그것은 하나이지, 여럿, 즉 동물과 두 발 가진 것이 아닌가? 사람과 하양을 놓고 보면, 그 가운데 어느 하나가 다른 하나에 속하지 않을 때는 여럿이 있지만, 그렇지 않고 하나가 다른 하나에 속하고 기체, 즉 사람이 어떤 상태를 수용할 때는 하나가 있다(왜냐하면 그럴 때 하나가 생겨나서 하얀 사람이 있기 때문이다).[171] 한편, 그때[172] 어느 하나가 다른 것에 관여하는 것은 아닌데, 그 까닭은 유는 차이들[173]에 관여하는 것 같지 않기 때문이다(왜냐하면 그렇지 않다면, 동일한 것이 반대되는 것들에 관여하게 될 터이기 때문인데, 차이들은 반대되는 것들이며 그것들에 의해 유가 서로 다른 것으로 나뉘기 때문에 그렇다).[174] 하지만 설령 관여

168 『분석론 후서』 II 3-11, 13 참고.

169 『분석론 후서』 II 6, 92a29-30에서 아리스토텔레스는 다음과 같이 묻는다. "왜 사람은 땅에 사는 두 발 가진 동물이고, 동물+땅에 사는 것+두 발 가진 것이 아닌가?"

170 '하나'(*hen*)는 물론 통일체(*unity*)의 뜻으로 쓰인 것이다. '하나'의 여러 가지 뜻에 대해서는 V 6, 1016b23 아래 참고.

171 다시 말해서 사람과 하양은 부수적인 또는 우연적인 관계에 있어서, 사람이 '어떤 양태를 수용'(*pathēi ti*)해서 하양이 사람에게 속할(*hyparchein*) 때만 하얀 사람이라는 통일체가 있다(V 6, 1015b20 아래). 하지만 '두 발 가진 동물'의 경우는 사정이 다르다.

172 '동물'과 '두 발 가진'이 정의 안에서 하나의 통일체를 이루고 있을 때를 가리킨다.

173 '차이들'이라고 옮긴 'diaphorai'는 지금의 논의 문맥에서는 물론 '종차(種差)들'을 가리킨다. 아래 1037b32에 대한 각주 참고.

174 예컨대 동물이라는 유는 날개 있는 것과 날개 없는 것으로 나뉜다. 이때 날개 있는 것과 날개 없는 것은 서로 반대되는 것(*enantia*)이고, 만일 유가 차이들에 관여한다(*metechein*)면, 서로 반대되는 차이에 관여할 것인데, 이는 불가능한 일이다. VII 14,

의 관계가 성립한다고 하더라도, 차이들이 여럿 있다면, 예컨대 '발이 있는', '두 발 가진', '날개 없는' 등 여럿 있다면, 동일한 논변이 제기된다. 어떤 이유 때문에 이것들은 하나이고 여럿이 아닌가? 그것들이 어느 한 대상에 내재한다는 이유 때문에 그런 것은 아니다. 왜냐하면 그런 방식으로라면 모든 것들로부터 하나가 생겨날 것이기 때문이다. 하지만 정의 안에 있는 것들은 하나이어야 하는데, 그 까닭은 정의는 단일성을 가진 정식이며 실체를 대상으로 삼으며, 그 결과 정의는 하나인 어떤 것에 대한 정식이어야 하기 때문이다.[175] 왜냐하면 우리가 말하듯이, 실체는 어떤 것 하나이자 '이것'을 가리키기 때문이다.

우리는 먼저 분할의 방법에 의거한 정의들에 대해 살펴보아야 한다.[176] 왜냐하면 정의 안에는 첫째 유와 차이들[177] 이외에는 다른 아무것도 없고, 그 밖에 다른 유들은 첫째 유와 그것과 함께 결합된 차이들로 이루어지기 때문인데, 예컨대 첫째 유는 동물이고, 그에 이어져서 두 발 가진 동물이 오며, 그 뒤에 다시 두 발 가진 날개 없는 동물이 온다. 더 많은 용

1039b2 아래 참고.

175 이에 대해서는 VII 4, 1030a7 아래를 보라.

176 VII권 12장에서 아리스토텔레스는 유와 종차의 단일성을 밝히기 위해 수직적(*vertical*)이고 단선적인 방식으로 진행해서 마지막 차이에 이르는 분할(*dihairesis*)의 방법을 분석의 사례로 취한다. 하지만 이 장에서 예로 든 정의의 사례는 그저 편의적인 이유 때문에 취한 것인 듯하다. 『동물부분론』 I권 2-3장에서 아리스토텔레스가 제시하는 정의의 이론에 따르면, 그렇게 단선적인 분할의 절차에 의해 얻어진 하나의 차이는 정의 대상의 본성을 드러내는 종차가 될 수 없다. 거기서 그는 동시에 여러 개의 차이들을 결합하는 수평적(*horizontal*)이고 다선적인 정의의 방법을 제시한다. 이 방법은 VII 12, 1037b30-1038a1에도 예시되어 있다. 아리스토텔레스의 정의의 이론에 대한 더 자세한 논의로는 『동물부분론』 I, 2-3에 대한 주석인 W. Kullmann, *Wissen-schaft und Methode*, Berlin-New York 1974, S. 53~71과 D.-H. Cho, *Ousia und Eidos*, S. 184~93 참고.

177 'diaphora'를 '종차'라고 옮기지 않고 그저 '차이'라고 옮긴 이유는, 유를 개별적인 종으로 나누어 나가는 단계에서 등장하는 모든 'diaphorai'가 종차는 아니기 때문이다. 특정한 유 안에서 종을 제한하는 차이를 일컬어 '종차'라고 부를 수 있을 터인데, 아리스토텔레스는 이런 종차를 일컬어 '종을 만드는 차이'(*eidospoios diaphora*)라고 부른다. 『토피카』 VI 6, 143b7 아래를 보라.

어를 써서 말하는 경우에도 사정은 똑같다. 일반적으로 말하자면, 더 많은 용어를 써서 말하건 더 적은 용어를 써서 말하건, 다시 말해서 보다 적은 용어를 써서 말하건 오로지 2개의 용어를 써서 말하건 아무런 차이가 없으니,[178] 그 둘 가운데 하나는 차이이고 하나는 유인데, 예컨대 '두 발 가진 동물'에서 '동물'은 유이고 다른 것은 차이다. 그런데 만일 유가 그 유에 속하는 종들과 떨어져서 무제한적으로 존재하지 못한다면,[179] 혹은 달리 말해서 만일 그것은 있긴 하지만 질료라는 뜻에서 있다면(왜냐하면 목소리는 유이자 질료이고, 차이들이 그것으로부터 여러 종류의 목소리들, 즉 철자들을 만들어내기 때문이다), 분명 정의는 차이들로 이루어진 정식이다. 1038a

하지만 차이의 차이를 따라 분할을 진행해야 한다.[180] 예컨대 '발이 있는'은 동물에 속하는 하나의 차이이며, 다시 발이 있는 동물에 속하는 차이를 찾을 때는 바로 발이 있는 한에서 그것에 속하는 차이를 알아내야 하며, 따라서 — 올바로 논의를 진행할 경우에는 — 발을 가진 것 중 일부는 날개 있는 것이고, 일부는 날개 없는 것이라고 말해서는 안 되고(그렇게 하는 것은 무능력한 탓이다), (발이 있는 것 가운데) 일부는 발이 갈라진 것이고, 일부는 발이 갈라지지 않은 것이라고 말해야 하는데, 이런 것들이 발의 차이이기 때문인데, 갈라진 발은 발의 일종이기 때문이다. 그리고 그 과정은 언제나 차이가 없는 것들에 이를 때까지 진행되어야 하는데, 그때는 차이들의 수만큼 여러 종의 발이 있을 것이고, 발이 있는 동물들의 종은 그 차이들과 수가 같을 것이다. 사정이 이렇다면, 분명 마지

178 예컨대 사람을 '두 발 가진 동물'이라고 정의할 수도 있지만, 더 많은 종차들을 사용해서 '육지에 살고, 두 발이 있으며, 날개가 없는 동물'이라고 정의할 수도 있다. 이런 경우 여러 개의 종차가 정의 가운데 등장하지만, 그것들은 모두 정의의 한 부분, 즉 '종차'일 따름이다. 『분석론 후서』 IV 5, 91b39-40과 『토피카』 V 3, 132a1 아래 참고.

179 유가 그에 속하는 종들과 떨어져서(*para ta hōs genous eidē*) 있을 수 없다는 아리스토텔레스의 생각에 대해서는 VII 13, 1038b33을 함께 참고.

180 1038a9-10: "dei ge dihaireisthai tēn tēs diaphoras diaphoran".

막 차이는 각 사물의 실체이자 정의일 것이니,[181] 정의들 속에서 동일한 것들을 여러 번 언급하는 것은 옳지 않은데, 그것은 불필요한 일이기 때문이다. 하지만 이런 일이 실제로 일어나는데, 왜냐하면 '발이 있고 두 발이 있는 동물'이라고 우리가 말한다면, 이는 '발을 가지고 두 발을 가진'이라고 말하는 것과 다를 바 없기 때문이다. 그리고 이것을 고유한 분할의 절차에 따라 나눈다면, 우리는 차이들이 있는 만큼 여러 번 동일한 것을 말하게 될 것이다. 만일 우리가 차이의 차이를 취한다면, 단 하나의 마지막 차이가 형상이고 실체이겠지만, 그렇지 않고 만일 부수적인 것들에 따라 나눈다면, 예컨대 발이 있는 것을 하얀 것과 검은 것으로 나눈다면, 그 갈래[182]의 수 만큼 차이들이 있을 것이다. 그러므로 분명 정의는 차이들로 이루어지는 정식, 다시 말해서 차이들 가운데 올바른 절차에 따라 얻어진 마지막 차이로 이루어지는 정식이다. 만일 누군가 사람에 대한 정의와 같은 종류의 여러 정의들을 취해 그 순서를 바꾸어 '두 발이 있고 발이 있는 동물'이라고 말해보면, 그 점이 분명하게 드러날 것인데, 왜냐하면 '두 발이 있는'을 말하고 나면 '발이 있는'이라는 말은 불필요한 것이기 때문이다. 실체 안에는 아무 순서도 없는데, 어떻게 한 요소는 앞서고 다른 요소는 뒤에 온다고 생각할 수 있겠는가?[183] 그러면 분할의 방법에 의거한 정의들에 대해서 그것들이 어떤 본성을 갖고 있는지에 대해 말하는 첫 시도로서는 이 정도로 만족하기로 하자.

---

181 1038a19-20: "phaneron hoti hē teleutaia diaphora hē ousia tou pragmatos estai kai ho horismos".

182 'tomē'는 '절단된 부분'을 뜻하지만, 여기서는 '갈래'가 적절한 번역일 것이다.

183 정의를 하면서 '두 발 가진'을 앞세우건 '발이 있는'을 앞세우건 간에, 아무 차이도 없기 때문에 그 둘을 함께 묶어 언급할 필요가 없다. 마지막 차이(*teleutaia diaphora*)에는 이미 그에 이르는 과정에서 언급한 차이들이 포함되어 있기 때문이다.

13. 보편자는 실체도 아니고 어떤 것의 실체 안에 내재하는 것일 수도 없다

우리의 탐색은 실체에 대한 것이니, 다시 그 문제로 되돌아가기로 하자. 기체와 본질과 그것들의 복합체가 실체라고 불리지만, 보편자도 그렇게 불린다.[184] 그런데 둘에 대해서는 이미 말했지만(본질과 기체에 대해서는 이미 말했는데, 어떤 것이 '밑에 놓여 있다'고 말할 때는 두 가지 뜻이 있다. 동물이 상태들 밑에 놓여 있을 때처럼 어떤 것이 '이것'으로서 밑에 있는 경우와 어떤 것이 질료로서 완전한 상태의 밑에 있는 경우이다[185]), 하지만 어떤 사람들의 의견에 따르면 보편자 또한 최고 수준의 원인이요 보편자는 원리이다. 그러므로 이것에 대해서도 검토해 보자.

왜냐하면 보편적으로 일컬어지는 것들 가운데 어떤 것도 실체일 수 없기 때문이다.[186] 그 이유는 첫째로 각자의 실체는 각 대상에 고유하고 다른 것에 속하지 않지만, 보편자는 공통적이기 때문인데, 그 본성상 여럿에 속하는 것을 일컬어 보편자라고 부른다.[187] 그렇다면 그것은 어떤 것의 실체이겠는가? 모든 것의 실체이거나 아무것의 실체도 아닐 터인데, 모든 것의 실체일 수는 없다. 그리고 그것이 어느 것 하나의 실체라면, 다른 것들도 그것과 똑같을 것인데, 그 까닭은 그것들의 실체가 하나이고 본질도 하나인 것들이 있다면, 그것들 역시 하나일 것이기 때문이다.

---

184 여기서 아리스토텔레스는 VII 3, 1028b33 아래에서 소개한 실체의 의미구분으로 되돌아간다.

185 기체(*hypokeimenon*) 혹은 '밑에 놓여 있다'(*hypokeisthai*)의 두 가지 뜻은 다음과 같은 비례식으로 표현할 수 있다. 소크라테스: (피부의) 하양 = 소크라테스의 질료: 소크라테스. 즉, '기체'는 완전한 상태(*entelecheia*)에 있는 개별자(소크라테스)와 그의 질료를 함께 가리킬 수 있다. IX 7, 1049a27 아래 참고.

186 X 2, 1053b16 아래 참고.

187 보편자(*katholou*)는 — '사람'이나 '동물'이 그렇듯이 — 여럿에 적용되는 공통적인(*koinon*) 술어를 가리킨다. 보편자에 대한 이런 정의에 대해서는 다음의 구절들을 참고: 『명제론』 7, 17a39 아래; 『분석론 전서』 I 27, 43a25 아래.

또한 기체에 대해 술어가 되지 않는 것이 실체라고 불리지만, 보편자는 항상 어떤 기체에 대한 술어가 된다.[188]

하지만 본질과 같은 뜻에서 실체일 수는 없다고 하더라도, 마치 '동물'이 '사람'이나 '말' 안에 있듯이 본질 안에 내재할 수는 있을까?[189] 그렇다면 분명 그것에 대한 어떤 정식이 있을 것이다.[190] 하지만 실체 안에 있는 것들 모두에 대해 어떤 정식이 있는 것이 아니라고 해도 상관없다. 그것은, 마치 '사람'이 그것이 속한 사람의 실체가 되는 것과 같은 방식으로 어떤 것의 실체일 것이며, 따라서 동일한 결과가 따라 나올 터이니, 그 까닭은 보편자, 예컨대 동물은[191] 어떤 종 안에 그에 고유한 것으로서 속해서 그것의 실체가 될 것이기 때문이다.[192] 더욱이 '이것'이자 실체가

---

188 보편자가 실체일 수 없다는 말은 결국 두 가지 뜻으로 풀이할 수 있다. 첫째로, '각자의 실체'(*ousia hekastou*)가 될 수 없다는 뜻에서 보편자는 실체일 수 없다. 왜냐하면 각자의 실체는 각 대상에 고유한(*idia*) 것인데, 보편자는 여럿에 공통적인 것이기 때문이다. 둘째로, 보편자는 기체(*hypokeimenon*)가 될 수 없다는 뜻에서도 실체일 수 없다. 왜냐하면 엄밀한 의미에서 기체는 다른 어떤 기체에 대해서도 술어가 될 수 없는 것(*to mē kath' hypokei-menou*)인데 반해, 보편자는 다른 것에 대해 술어가 되기 때문이다.

189 이에 대해서는 XIII 9, 1085a23 아래 참고. 설령 보편자가 실체, 즉 각자의 실체(= 본질)라는 뜻에서 실체가 될 수 없다고 하더라도, 보편자가 그런 실체 안에(*en*) 속해 있다(*enhyparchein*)고 볼 수는 있지 않을까? 이어지는 논의에서 아리스토텔레스는 이런 가능성도 받아들이지 않는다.

190 보편자가 어떤 대상의 본질 안에 속하면서 그것에 대한 정의의 한 부분이 되고, 그런 뜻에서 그 대상의 실체가 된다고 가정해 보자. 사실이 그렇다면, 예컨대 사람에 대한 정의 안에 속하는 '동물'은 사람의 본질의 일부가 되고 그런 뜻에서 사람의 실체의 일부가 될 것이다. 하지만 이 보편자 자체, 즉 '동물'을 두고 보면 그것에 대한 정의 안에는 더 상위의 보편자(예컨대 '생물')가 속할 것이고, 그 결과 사람의 실체 안에는 더욱 보편적인 다른 것이 속하게 되어 무한퇴행이 일어날 것이다. Ross, *Metaphysics* II, p. 210 참고.

191 예거는 1038b23의 'hoion to zōion'을 삭제했지만, 여기서는 다른 사본들에 따라 넣어 읽었다.

192 예를 들어 "소크라테스는 사람이다"와 "사람은 동물이다"라는 두 정식을 취해 보자. 소크라테스에 대해 술어가 되는 '사람'이 소크라테스 안에 속해서 그것의 실체가 된다고 가정하면, 마찬가지로 사람에 대해 술어가 되는 '동물'에 대해서도 똑같은 가정이 가능할 것이다. 다시 말해서 사람이라는 종이 어떤 사람 안에 들어가서 그것의 실

어떤 것들로 이루어진다고 할 때, 이 어떤 것들이 실체나 '이것'이 아니고 어떤 성질이 되는 것은 불가능하고 불합리한 일이니, 그 까닭은 그럴 경우 실체가 아닌 성질이 실체, 즉 '이것'에 앞설 것이기 때문이다. 이것은 불가능한 일이니, 속성들은 정식에서도 시간에서도 생성에서도 실체를 앞서지 않기 때문인데, 그것들은 분리가능하지 않다는 이유에서 그렇다.[193] 더욱이 보편자는 실체인 소크라테스 안에 실체로서 내재할 것이고, 그 결과 그것은 둘의 실체가 될 것이다.[194] 만일 사람이나 그와 같은 방식으로 일컬어지는 것들이 실체라면, 일반적으로 다음과 같은 결론이 따라 나온다. (그것들에 대한) 정식에 속하는 것들 가운데 어떤 것도 실체가 아니고, 또한 그 어떤 것도 그것들과 분리되어 있지 않으며, 다른 어떤 것 안에 있지도 않다. 내 말의 뜻은, 동물은 특정한 종들과 떨어져서 있을 수 없고, 정식들 안에 있는 다른 어떤 것도 그럴 수 없다는 말이다.[195]

체가 되듯이, 동물이라는 유는 사람이라는 종 안에 들어가서 그것의 실체가 된다고 말해야 하는데, 이는 불가능한 일이다. 동물은 사람뿐만 아니라 다른 여러 종의 동물들에 대해서도 술어가 되기 때문이다.

193 예를 들어 '사람'이나 '동물' 같은 보편자가 가리키는 것은 '이것'이라고 지시할 수 있는 개별자가 아니라 그런 개별자가 가지고 있는 일반적 성질 및 속성이다(『범주론』 5, 3b19-21). 그런 보편자, 더 정확하게 말해서 보편자가 가리키는 어떤 보편적인 성질은 '이것'인 실체에 앞서서 그것의 구성원리가 될 수 없다. 그것들은 따로 떨어져 있을 수 없고 오직 '이것'인 실체에 빌붙어 있기 때문인데, 이렇게 빌붙어 있는 것들이 그것들에 앞서 있는 개별적인 실체의 실체(= 본질)나 그 실체의 구성원리가 되는 일은 있을 수 없다.

194 1038b29-30은 로스를 따라 'eti tōi Sōkratei enhyparxei ousia ousiai ktl'로 읽었다. 이 논증은 주로 유에 해당하는 보편자를 겨냥한 것으로 보인다. 예를 들어 '동물'이라는 보편자는 사람에 대한 정식 속에도 들어 있고 소크라테스에 대한 정식 속에도 들어 있다. 그런 보편자가 실체가 된다면, 그것은 둘의 실체가 될 것이다. 이를테면 동물이라는 유는 사람의 실체이기도 하고 소크라테스의 실체이기도 할 것이다. Frede-Patzig, *Metaphysik Z* II, S. 258 참고.

195 이 논증은 분명히 유적인 보편자를 겨냥하고 있다. 사람이나 말과 같은 종이 실체라고 가정해 보자. 이런 종들에 대한 정식 안에는 물론 유, 곧 '동물'이 들어 있지만, 이런 유적인 보편자는 결코 실체가 될 수도 없을 뿐만 아니라 실체 안에 속해 있을 수도 없다. 실체일 수 없는 이유는 유가 언제나 하위의 종들로 분할가능하다는 뜻에서 그 자체로 완결된 자립체일 수 없기 때문이고(VII 12, 1038a5 참고), 실체 안에 속해 있

이런 점들을 통해 살펴보면, 보편적으로 속하는 것들 가운데 어떤 것
1039a 도 실체가 아니라는 사실과 공통적으로 술어가 되는 것들 가운데 어떤
것도 '이것'이 아니라 '이런저런 것'을 가리킨다는 사실이 분명하다.[196] 만일 그렇지 않다면, 다른 많은 어려운 결과들뿐만 아니라 '제3의 인간'도 따라 나온다.[197]

이런 점은 다음과 같이 살펴보아도 분명하다. 실체가 완전한 상태로 내재하는 실체들로 이루어지기란 불가능한데, 그 까닭은 이렇게 완전한 상태에 있는 둘은 결코 완전한 상태의 하나가 될 수 없고, 가능적으로 있는 둘이 있다면, 그것들이 하나가 될 수 있을 것이기 때문이다(예컨대 길이가 두 배인 선이 두 반선들로 이루어진다면, 이때 두 반선들은 가능적으로 있는 것인데, 그 까닭은 완전한 상태는 (반선들을) 분리하기 때문이다).[198] 따라서 만일 실체가 하나라면, 그것은 이러한 방식으로 내재해 있는 실체들로 이루어질 수는 없을 것이다.[199] 이 점에서 데모크리토스의 말이 옳다. 그는 하나가 둘로 이루어질 수도 없고, 둘이 하나로부터 생겨날 수도 없다고 말하는데, 그는 크기에서 불가분적인 것들을 실체들이라고 주장한다.[200] 그렇다면 분명, 어떤 사람들의 말대로 수가 모나스들의 합성이라면,[201] 수의 상태에 대해서도 똑같이 말할 수 있을 것인데, 그 까닭은 둘

을 수 없는 이유는 유가 여러 종에 공통된 것이어서 배타적으로 어느 한 종 안에 들어있을 수 없기 때문이다.

196 여기서 말하는 '이것'(*tode ti*)과 '이런저런 것'(*toionde*)의 차이에 대해서는 VII 8, 1033b19 아래에 대한 주석 참고.

197 '제3의 인간'(*ho tritos anthrōpos*)에 대해서는 I 9, 990b17에 대한 각주 참고.

198 예컨대 길이 10센티미터의 선은 가능적으로는(*dynamei*) 길이 5센티미터의 선 둘로 나뉠 수 있지만, 현실적으로는 하나의 선이다. 만일 5센티미터의 두 선이 완전한 상태로(*entelecheiai*) 분리되어 있다면, 그것들은 하나의 선을 이루지 못한다.

199 하나의 실체는 자신 안에 현실적 상태 또는 완전한 상태(*entelecheia*)의 실체들을 여럿 포함할 수 없다.

200 여기서 말하는 '불가분적인 것들'(*atoma*)이란 물론 원자들을 가리킨다. D-K, 68 A 42 참고.

201 수가 모나스들(*monades*)의 합성(*synthesis*)이라는 생각에 대해서는 XIII 6, 1080b30-1 참고.

은 하나가 아니거나 그것 안에는 모나스가 완전한 상태로 내재하지 않거나 둘 중의 하나일 것이기 때문이다.

하지만 이런 결과는 어려움을 낳는다. 그 이유는 이렇다. 보편자가 '이것'이 아니라 '이런저런 것'을 가리킨다는 이유 때문에 어떤 실체도 보편자들로 이루어질 수 없다면, 그리고 어떠한 실체도 완전한 상태의 실체들로 이루어진 합성체일 수 없다면, 모든 실체는 합성적이 아닌 것일 테고, 따라서 어떤 실체에 대해서도 정식이 존재할 수 없을 것이다.[202] 하지만 정의가 오직 실체만을 대상으로 삼거나 아니면 주로 그것을 대상으로 삼는다는 것이 모든 사람들의 의견이고 또한 우리가 이미 이야기한 바인데,[203] 이제 그것에 대해서도 정의가 있을 수 없게 된다. 그러면 어떤 것에 대해서도 정의가 있을 수 없거나, 아니면 어떤 뜻에서는 있을 것이고 어떤 뜻에서는 있지 않을 것이다. 그리고 우리가 말하는 바는 뒤에 오는 논의에서 보다 분명해질 것이다.[204]

14. 그러므로 한편으로는 이데아들을 실체로 여기면서 다른 한편으로는 그것들이 다른 이데아들로 이루어졌다고 주장하는 것은 심각한 잘못이다

이데아들이 실체들이고 분리가능하다고 말하면서 동시에 형상이 유와 차이들로 이루어진다고 주장하는 사람들에게 따라 나오는 결과가 어떤 것인지는 바로 이 사실들을 놓고 볼 때 분명하다. 형상들이 있고 또 동물이 인간과 말 안에 있다면, 그것은[205] 수적으로 하나이자 동일한 것

202 왜냐하면 정식은 복합적이기 때문이다.
203 VII 4, 1031a12 아래 참고.
204 VII권 15장과 VIII권 6장 참고.
205 '동물'(*zōion*)의 이데아를 가리킨다.

이거나 아니면 다른 것이다. 정식에서 보면 그것은 하나임이 분명한데, 그 까닭은 진술을 하는 사람은 둘 가운데 어느 경우에나 동일한 정식을 사용할 것이기 때문이다.[206] 그런데 만일 그 자체로 있는 어떤 사람 자체가 '이것'이면서 분리된 상태에 있다면, 그것의 구성부분들, 예컨대 동물과 두 발 가진 것 역시 '이것'을 가리키고 분리가능하고 실체들이어야 하며, 따라서 동물도 그럴 것이다.[207]

그런데 만일 네가 너 자신과 하나이고 동일하듯이 말 안에 있는 것과 사람 안에 있는 것이 하나이고 동일한 것이라면, 어떻게 분리되어 있는 것들 안에 있는 것이 하나일 수 있으며, 또 무엇 때문에 이 동물이 자기 자신과 분리되지 않을까? 나아가서 만일 그것이 '두 발 가진'과 '많은 발을 가진'에 관여한다면, 그로부터 어떤 불가능한 결과가 따라 나오는데, 그 까닭은 하나이며 '이것'인 그것에 동시에 반대되는 것들이 속할 것이기 때문이다.[208] 하지만 만일 그렇지 않다면, 누군가 동물은 두 발을 갖거나 또는 많은 발을 가진다고 말할 때, 그 방식은 어떤 것일까? 아마도 그 둘이 '함께 있다', '붙어 있다', '섞여 있다'[209]고 말할지도 모르지만, 그것들은 모두 불합리하다.

각자 안에 있는 것이 다른 것이라고 해 보자.[210] 그러면 동물을 자신의 실체로 갖는 것들은 말 그대로 무한할 것인데, 그 까닭은 사람이 동물을 구성부분으로 갖는 것은 부수적인 일이 아니기 때문이다.[211] 또한 동물

206 사람과 말에 대한 진술 가운데서 쓰인 '동물'의 의미는 똑같다. 『범주론』 1, 1a6 아래 참고.

207 사람의 이데아가 분리된(*chōrista*) 실체이고 그것에 대한 정의가 '두 발 가진 동물'이라면, 동물의 이데아 역시 사람의 이데아와 마찬가지로 분리된 실체이어야 할 것이다.

208 동물의 이데아는 두 발을 가지면서 동시에 네 발을 가져야 한다. VII 12, 1037b19 아래 참고.

209 '함께 있다', '붙어 있다', '섞여 있다'에 대한 원어는 각각 'synkeitai', 'haptetai', 'memiktai'이다.

210 사람 안에 있는 동물(= 동물의 이데아)과 말 안에 있는 동물이 다르다고 보는 경우를 말한다.

211 모든 사람은 본질적으로 또는 그 자체로서 동물이므로(V 8, 1022a27 아래), 사람의

자체가 여럿 있을 터인데, 그 까닭은 개별 종 안에 있는 동물은 (그 종의) 실체일 것이기 때문이다(왜냐하면 그 종은 다른 어떤 것에 따라서 일컬어지지 않기 때문인데, 만일 그렇지 않다면, 사람은 어떤 것으로 이루어질 것이고 그의 유가 그 어떤 것이 될 것이다).[212] 또한 사람을 이루고 있는 것들은 모두 이데아들이 될 것이다. 그런데 갑의 이데아가 을의 실체일 수는 없는 일이니(이는 불가능하기 때문이다), 결국 동물들 안에 있는 각각의 동물이 동물 자체가 될 것이다.[213] 더욱이 각각의 종 안에 있는 이 동물은 무엇으로부터 생겨나며, 그것은 어떻게 동물 자체로부터 생겨나는가?[214] 동물 자체가 동물의 실체라면, 어떻게 동물이 동물 자체와 떨어져 있을 수 있는가?

감각물들의 경우에도 동일한 결과가 따라 나오며 그것들보다 더 불합리한 결과들도 따라 나온다. 사정이 이렇듯 불가능하다면, 어떤 사람들이 주장하는 것과 달리 그것들의 형상들[215]이 없음이 분명하다.

15. 개별자에 대해서는 정의가 불가능하다. 감각적인 개별자의 경우나 이데아들과 같은 지성적인 개별자의 경우나 마찬가지이다

복합체와 정식은 서로 다른 종류의 실체이기 때문에(내가 말하는 한 종

수만큼 동물의 수도 많을 것이다.

212 사람이라는 종(*eidos*)과 말이라는 종에 대한 정식은 '동물'이라는 유(*genos*)를 취할 따름이다. 만일 그렇지 않다면, 다른 것이 그것들에 대한 정식 안에 속하게 될 것이고, 바로 이것이 사람이나 말의 유가 될 것이다.

213 사람 안에 동물의 이데아가 속해 있다면, 이 이데아는 다른 것 안에 들어가서 그것의 실체가 될 수 없다. 따라서 서로 다른 종 안에는 저마다 다른 동물의 이데아가 들어 있어야 하고, 동물 종 각각에 속해 있는 동물은 저마다 동물 자체가 될 것이다.

214 보니츠(*Metaphysica* II, p. 351)를 따라 'pōs ex autou zōion'으로 읽을 수 있다. 이 경우 다음과 같이 옮길 수 있다. "'동물'은 어떻게 그것으로부터 생겨나는가?"

215 감각적 사물들의 형상들 또는 이데아들을 말한다.

류의 실체는 질료와 결합된 정식이고, 다른 종류의 실체는 단순한 정식[216]이다), 앞의 뜻에서 실체라고 불리는 것들은 소멸하지만(왜냐하면 그것들은 생성하기 때문이다), 정식은 소멸과정을 거친다는 뜻에서는 소멸하지 않고[217](왜냐하면 그것은 생성하지 않는데, 생겨나는 것은 집의 본질이 아니라 이 집의 본질이다[218]), 생성과 소멸 없이 있고 있지 않은데, 그 까닭은 이미 밝혀졌듯이, 어느 누구도 그것들을 낳거나 만들어내지 않기 때문이다.[219] 이 때문에 개별적인 감각적 실체들에 대해서는 정의도 없고 논증도 없으니, 그 이유는 이렇다. 그런 실체들은 질료를 갖는데, 질료는 본성상 있을 수도 있고 없을 수도 있으며, 그로 말미암아 모든 개별적인 실체들은 소멸한다. 그런데 논증은 필연적인 것들과 관계하고 학문적인 정의 또한 그렇다.[220] 그리고 학문적 인식이 어떤 때는 학문적 인식이고 어

---

216 '단순한 정식'이라고 옮긴 'logos haplōs'를 로스는 'the formular in its generality'로 옮겼지만, 여기서 'haplōs'는 '질료와 결합된'(*syn tēi hylēi syneil ēmenos*) 정식과 대립적인 뜻으로 이해해야 할 것이다. 결국 질료와 함께 결합된 정식과 단순한 정식은 각각 질료적인 실체(= 감각적 실체)와 질료 없는 실체(= 형상 또는 본질)를 가리킨다. 질료적인 실체와 질료 없는 실체의 구분에 대해서는 VII 7, 1032b11 아래와 11, 1037a29 아래 참고.

217 정식에 따르는 실체, 즉 형상은 생성과정(*gignesthai*)이나 소멸과정(*phtheiresthai*)을 겪는 일이 없이 있거나 없다. VIII 3, 1043b15와 VI 3, 1027a29-30 참고.

218 '집의 본질'(*to oikiai einai*)이 보편적이라면, '이 집의 본질'(*to tēide tēi oikiai* 〈*sc. einai*〉)은 개별적일 것이다.

219 이 구절의 뜻은 풀이하기 쉽지 않다. 하지만 거기서 아리스토텔레스가 정식의 생성(*genesis*)과 소멸(*phthora*)을 전적으로 부정한다고는 볼 수 없다. 그 구절은 정식이 감각적인 실체가 겪는 것과 똑같은 뜻에서의 생성과 소멸을 겪지 않는다는 뜻으로 받아들여야 할 것이다(VII 10, 1035a28 아래 참고). 예컨대 각 사람은 발생과정에서 아비의 형상이 전달됨으로써 생겨난다. 즉, 사람이 태어나기에 앞서 형상은 이미 그의 아비 안에 있다. 그런 뜻에서 보면, 분명 사람의 형상은, 사람이 생겨난다고 말할 때와 똑같은 뜻에서 '생겨난다'라고 말할 수 없다. 하지만 어떤 뜻에서는, 즉 아비의 형상이 전달되고 그 과정에서 아비의 형상과 닮고 자식에게 고유한 형상이 생겨난다는 뜻에서 보면, 형상도 생겨난다고 말할 수 있다. 그리고 이런 뜻에서 사람에게 고유한 형상은 소멸한다. 죽음과 함께 그의 몸의 형태와 몸의 기능(= 영혼)도 사라진다. 지성(*nous*)은 예외이다. XII 3, 1070a24 아래와 『영혼론』 III 5, 430a20 아래 참고.

220 『분석론 전서』 II 21, 67a39 아래 참고.

떤 때는 무지인 경우는 있을 수 없고 그런 가변성을 갖는 것은 의견인 것과 마찬가지로, 논증과 정의 역시 그런 가변성을 가질 수 없고 달리 있을 수 있는 것에 관계하는 것은 의견이다. 사실이 이렇다면, 감각적 실체들에 대해서는 정의도 논증도 있을 수 없음이 분명하다. 왜냐하면 소멸하는 것들은, 그것들이 감각에서 벗어나고 나면, 그것들에 대한 학문적 인식을 갖고 있는 사람에게 분명하게 드러나지 않게 되고, 설령 그것들에 대한 정식들이 영혼 속에 보존된다고 하더라도, 정의나 논증은 더 이상 존재하지 않을 것이다. 그러므로 정의에 뜻을 둔 사람들 가운데 어떤 사람이 개별자들 가운데 어느 하나를 정의한다면, 그는 그 정의가 항상 부정될 수 있다는 사실을 잊지 말아야 한다. 왜냐하면 그것들은 정의될 수 없기 때문이다.

어떤 이데아도 정의될 수 없다. 그 이유는 이렇다. 사람들의 주장에 따르면, 이데아는 개별자이고 분리가능하다. 그러나 정식은 필연적으로 이름들로 이루어지는데, 정의하는 사람이 그 이름들을 만들지는 않을 것이다(왜냐하면 그럴 경우 사람들은 그 이름의 뜻을 알 수 없을 것이기 때문이다). 그런데 이미 정립된 이름들은 모든 것에 공통적으로 쓰이며, 따라서 그것들은 (정의 대상에 대해서뿐만 아니라) 다른 것에도 속한다. 예컨대 어떤 사람이 너를 정의하려고 한다면, 그는 '마른 동물'이라고 부르거나 '창백한 동물'이라고 부르거나 또는 다른 대상에도 속하는 다른 어떤 말을 사용할 것이다. 만일 이에 맞서 어떤 사람이, 이 모든 이름은 독립적으로는 여럿에 속하지만, 함께 쓰일 때는 오직 이것 하나에만 속하지 못할 이유가 없다고 말한다면, 이에 대해 다음과 같이 대답해야 한다. 첫째로, 예컨대 '두 발 가진 동물'이라는 이름이 동물과 두 발 가진 것에 속하듯이,[221] 그것들도[222] 둘에 속한다(그리고 영원한 것들의 경우에는 더욱 더 그럴 수밖에 없는데, 그것들은[223] 합성체에 앞서며 그것의 부분들이기 때문이다.

221 이에 대해서는 Ross, *Metaphysics* II, p. 215 참고.

222 '마른 동물'(*zōion ischnon*) 또는 '창백한 동물'(*zōion leukon*)이라는 표현을 가리킨다.

더욱이 사람이 분리가능하다면, 그것들도 분리가능하다. 왜냐하면 어떤 것도 분리가능하지 않거나 둘 다 분리가능할 것이기 때문이다. 그래서 만일 어떤 것도 그렇지 않다면, 유는 종들과 떨어져서 있을 수 없을 것이고, 만일 모두 떨어져 있다면, 차이도 떨어져 있어야 할 것이다). 또한 동물과 두 발 가진 것은 있음의 측면에서 (두 발 가진 동물보다) 앞서서, (뒤의 것이 소멸해도 앞의 둘은) 함께 소멸하지 않을 것이다.[224] 또한 만일 이데아가 이데아들로 이루어진다면(구성부분들은 (복합체보다) 더 단순하기 때문에), 이데아를 이루고 있는 것들, 예컨대 '동물'과 '두 발 가진 것' 역시 여럿에 대해 술어가 되어야 할 것이다. 만일 그렇지 않다면, 그것들이 어떻게 인식될 수 있겠는가? 왜냐하면 그 경우에는 하나 이상 여럿에 대해 술어가 될 수 없는 이데아가 있을 터이기 때문이다. 하지만 이는 불가능한 일처럼 보이는데, 모든 이데아는 다른 것들이 관여할 수 있는 것이다. 그렇다면 앞서 말했듯이, 영원한 것들에 속하는 것들, 특히 태양이나 달처럼 하나뿐인 것들은 정의가 불가능하다는 사실을 사람들은 모르고 있다. 왜냐하면 사람들은, '땅 둘레를 도는'이나 '밤에 사라지는' 것과 같은 술어처럼, 그것들이 없다고 해도 태양은 남아있게 될 것들을 부가함으로써 잘못을 범하기 때문이다(왜냐하면 그들의 생각에 따르면, 만일 태양이 멈추거나 밤에도 볼 수 있다면, 그것은 더 이상 태양이 아니라는 결론이 따라 나오는데, 사실이 그렇다면, 이는 터무니없는 일이기 때문이다. '태양'은 어떤 실체를 가리키기 때문에 그렇다).[225] 또한 (태양을 정의하면서) 다른 것에도 술어가 될 수 있는 것들

223 예컨대 동물의 이데아와 두 발 가짐의 이데아를 말한다.

224 오언스(J. Owens)의 해석대로 "구성요소들은 그것들로 이루어진 복합체에 앞설 것이기 때문에 그들이 가진 본래의 일반성을 잃지 않는다"라는 뜻일 것이다. J. Owens, *The Doctrine of Being in the Aristotelian Metaphysics*, Toronto 1978(초판 1951), p. 372 참고.

225 태양은 실체이고, '땅 둘레를 도는'(*peri gēn ion*)이나 '밤에 사라지는'(*nyktikryphes*) 것과 같은 것들은 그 실체에 부수적으로 속하는 것들을 가리키기 때문에, 태양은 그런 부수적인 것들과 무관하게 존재할 수 있다는 뜻일 것이다. 만일 그것들이 태양의 실체를 표현하지 않는다면, 그런 것들만을 나열해서는 태양에 대한 정의에 이를 수 없

을 제시하는 것도 잘못이니, 예컨대 다른 천체가 그런 성질을 갖게 되면, 그것은 분명 태양이 될 것이다. 결국 정식은 공통적인 반면,[226] 태양은, 1040b
클레온이나 소크라테스가 그렇듯, 개별자들 중 하나다. 이데아론의 지지자들 가운데 어느 누구도 이데아에 대한 정의를 제시하지 못하는 이유는 무엇인가? 그들이 이데아를 정의하려고 시도해본다면, 지금까지 한 말이 참이라는 것이 분명하게 드러날 것이다.

16. 감각물의 부분들은 가능적인 것들에 지나지 않는다. '하나'와 '있는 것'은 사물들의 실체가 아니다

사람들이 실체라고 생각하는 것들 가운데 대다수는 분명 가능태들에 불과하다.[227] 이를테면 동물들의 부분들과(이것들 가운데 어떤 것도 분리되어 있을 수 없고, 분리될 경우 그 모두는 질료로서 있기 때문이다), 흙, 불, 공기가 그런데, 그 까닭은 그것들 가운데 어떤 것도 하나가 아니고, 그것들이 열처리되어[228] 그것들로부터 어떤 하나의 통일체가 생겨나기 전까지는 단순한 더미에 지나지 않기 때문이다.[229] 물론 어떤 사람은 생명이 있는 것들의 부분들과 그것들과 관계가 밀접한 영혼의 부분들이 그 둘 모

다. 왜냐하면 태양에 대한 정의는 태양이 '그 자체로서' 무엇인지를 진술하는 정식이어야 하기 때문이다.

226 1040a34-b1: "koinos ara ho logos".

227 이런 뜻에서의 '가능태들'(*dynameis*)에 대해서는 VIII 1, 1042a27 아래와 XII 5, 1071a10 참고.

228 1040b9에서 사용된 동사 'pettein'은 본래 열을 통해 음식물을 익히거나 소화시키는 과정을 가리키는 용어이면서, 아리스토텔레스의 생물학 저술에서는 생명체의 발생을 가능하게 하는 생화학적 과정을 가리키는 일반적 용어로 쓰인다. 즉, 생명체는 아비의 정액 속에 있는 열기(*pneuma*)에 의해 어미가 제공한 질료가 열처리됨으로써 생겨나는데, 이 과정을 일컬어 'pepsis'라고 부른다. 다음 구절들을 참고: 『기상학』 IV 2, 379b18; 3, 381b7; 『동물발생론』 IV 1, 765b15.

229 '통일체'(*hen*)와 '더미'(*sōros*)의 대비에 대해서는 아래 VII 17, 1041b11-2 참고.

두에 해당한다고, 즉 완전한 상태에 있기도 하고 가능적으로 있기도 하다고 가정할 수도 있다. 어떤 동물들은 몸의 여러 마디에 운동의 원리들을 가지고 있기 때문에, 몸이 절단되어도 살아있다고 그들은 주장한다.[230] 하지만 그것이 사실이라고 하더라도, 신체의 모든 부분들은, 그것들이 — 강제나 유기적 통일성에 의해서가 아니라 — 본성상 하나이면서 연속적일 경우, 언제나 가능적으로 있을 터인데,[231] 위의 경우에 해당하는 현상은 비정상(非正常)이기 때문이다.

'하나'는 '있는 것'과 같은 방식으로 쓰이고,[232] 하나인 것의 실체는 하나이고, 하나의 실체를 갖는 것들은 수적으로 하나이기 때문에, 분명 하나도, 있는 것도 여러 대상들의 실체일 수 없으니, 이는 요소임이나 원리임이 실체일 수 없는 것과 마찬가지다.[233] 하지만 우리는, 그렇다면 원리가 무엇인지를 탐구하고 있으니, 이렇게 하는 것은 대상을 더 잘 알려질 수 있는 것으로 이끌어가기 위해서이다. 따라서 그것들 중에서 있는 것이나 하나는 원리나 요소나 원인에 비해 상대적으로 더 실체이긴 하지만, 그것들 역시 실체는 아닌데, 그 까닭은 어떤 공통적인 것도 실체가 아니기 때문이다.[234] 왜냐하면 실체는 자기 자신[235]이나 그것을 갖고 있

230 예컨대 곤충들이나 식물들이 그렇다. 이에 대해서는 『동물부분론』 IV 6, 682b21-32를 보라. 이 구절에 대한 분석은 D.-H. Cho, *Ousia und Eidos*, S. 231 아래 참고.

231 이 구절의 진술은, 실체는 현실적으로 있는 여러 실체들로 이루어질 수 없다는 VII 13, 1039a3 아래의 주장과 일치한다.

232 '하나'(*hen*)와 '있는 것'(*on*)의 이런 쓰임에 대해서는 다음의 구절들을 참고: IV 2, 1004b5 아래; VII 5, 1030b10 아래; X 2, 1053b16 아래.

233 예를 들어 물이나 불에 대해 "물은 요소이다" 또는 "물은 원리이다"라고 말한다고 해보자. 이런 진술에서 우리가 물이나 불에 귀속시키는 '요소임'(*to stoicheiōi einai, to be an element*)이나 '원리임'(*to archē einai, to be a principle*)은 물이나 불의 실체일 수 없다. 왜냐하면 '요소임'이나 '원리임'은 물이나 불 이외에 다른 것들에도 속하기 때문이다. 마찬가지로 우리는 우리 앞에 있는 사람들이나 동물들 하나하나에 대해서 "이것은 하나이다"(또는 "이것은 하나의 통일체이다") 또는 "이것은 있는 것이다"라고 말할 수 있는데, 이때 '하나'나 '있는 것'은 모든 것에 공통적(*koinon*)이기 때문에 실체일 수 없다. X 2, 1053b20-1을 보라.

234 로스(*Metaphysics* II, p. 220)의 말대로 '하나'와 '있는 것'은 '있는 것들 모두에 공통

는 것에 — 이것에 그 실체가 속한다 — 속할 뿐 그 밖의 다른 어떤 것에도 속하지 않기 때문이다. 더욱이 하나는 동시에 여러 곳에 있을 수 없는 반면, 공통적인 것은 동시에 여러 곳에 속한다. 그러므로 보편자들 가운데 어떤 것도 개별자들과 떨어져서 분리되어 존재하지 않는다.[236]

하지만 형상들을 주장하는 사람들은 그것들을 분리된 것으로 여기는데, 만일 형상들이 실체라면, 그 말은 옳다. 하지만 그들은 여럿에 대한 하나가 형상이라고 말하는데, 이 말은 옳지 않다.[237] 그들이 이데아론을 내세우는 이유는 개별적이고 감각적인 실체들과 떨어져 있는 그런 종류의 불멸하는 실체들이 어떤 것인지를 제시할 수 없는 데 있다. 그래서 그들은 감각적인 것들에(우리는 이것들을 알고 있기 때문이다) '자체'라는 말을 덧붙인 뒤,[238] 가멸적인 사물들과 종적으로 동일한 것들, 즉 사람 자체나 말 자체를 만들어낸다. 하지만 설령 우리가 별들을 본 적이 없다고 하더라도, 그럼에도 불구하고 그것들은 항상 우리가 알고 있던 실체들과 떨어져 있는 영원한 실체들이었다고 나는 생각한다. 그러므로 비록 우리가 지금은 (감각적이 아닌 실체들로) 어떤 것들이 있는지 알지 못한다고 하더라도, 그런 실체들이 있다는 것은 필연적이다.[239] 그렇다면 보편자들 가운데 어떤 것도 실체가 아니라는 사실과 어떤 실체도 실체들로 이루어지지 않는다는 사실은 분명하다.

적으로 적용되는, 보편자들 가운데 가장 외연이 넓은 것'(*the widest of all universals, common to all things whatsoever*)이다.

235 1040b24는 다른 사본들에 따라 'hautēi'로 읽었다.

236 VII 8, 1033b20 아래 참고.

237 이데아론자들은 서로 양립할 수 없는 두 가지 속성을 형상에 부여한다. 만일 형상이 실체라면, 그 자체로서 존재하겠지만, 형상을 그렇게 자립적으로 존재하는 실체로 여기면서 동시에 그것을 개별적인 것에 공통된 보편자, 즉 '여럿에 대한 하나'(*to hen epi pollōn*)로 내세우는 것은 부당하다는 것이 아리스토텔레스의 비판의 요지이다.

238 '자체'(*auto*)의 이런 쓰임에 대해서는 『파이돈』 78D 참고.

239 이런 뜻의 '영원한 실체들'(*ousiai aidioi*)에 대해서는 XII 1, 1069a30 아래와 『동물부분론』 I 5, 644b22 아래 참고.

17. 실체는 질료를 어떤 특정한 통일체로 만드는 원인 또는 형상이다. 이것은 감각물 안에 있지만 질료적 요소들과 구별된다

실체가 무엇이고 어떤 종류의 것이라고 말해야 하는지, 다른 출발점을 취해 다시 이야기해 보자. 왜냐하면 그런 논의를 통해 감각적인 실체들과 분리된 실체에 대해서도 분명해질 것이기 때문이다. 그런데 실체는 일종의 원리이자 원인이기 때문에, 이로부터 찾아나가야 한다.

'무엇 때문에'라는 물음은 항상 "무엇 때문에 어떤 것이 다른 어떤 것에 속하는가?"[240]의 형태로 탐구된다. 그 이유는 이렇다. 무엇 때문에 음악적인 사람이 음악적인 사람인지를 탐구한다는 것은 — 이미 말했듯이 — 무엇 때문에 그 사람이 음악적인지를 탐구하는 것이거나 아니면 다른 어떤 것이다. 그런데 "무엇 때문에 어떤 것이 그 자체인가?"라는 물음에서는 아무것도 탐구되는 것이 없다(왜냐하면 사실과 있음은 — 예컨대 달이 월식을 한다는 사실을 두고 하는 말이다 — 분명하게 (그런 질문에 앞서 미리) 주어져 있어야 하는데,[241] 어떤 것이 그 자체라는 것은 "무엇 때문에 사람이 사람인가?" 또는 "무엇 때문에 음악적인 사람이 음악적인가?"와 같은 모든 물음에 대한 하나의 설명이자 하나의 원인이며, 이런 물음들에 대해서는 기껏해야, 각 사물은 자기 자신과의 관계에서 분할불가능하며, 이것이 바로 하나임을 뜻한다고 말할 수 있을 뿐이기 때문이다. 이는 모든 것에 공통된 것이요 간단한 대답에 지나지 않는다). 하지만 "무엇 때문에 사람은 이런저런 동물인가?"를 탐구하는 것은 가능하다. 그렇다면 무엇 때문에 이 사람이 사람인지를 탐구하는 일이 없음은 분명하며, 따라서 무엇 때문에 어떤 것이 다른 어떤 것에 속하는지가 탐구의 대상이다(어떤 것이 어떤 것에 속한다는 사실은 분명해야 하는데, 그렇지 않다면 탐구의 대상이 전혀 없기 때문이

---

240 1041a11: "dia ti allo allōi tini hyparchei".

241 '무엇 때문에' 혹은 '왜'(*dia ti*)라는 질문에 선행하는 사실(*hoti*)과 있음(*einai*)은 각각 'X는 Y이다' 혹은 'X가 있다'라는 형태로 일반화될 수 있을 것이다. 탐구의 대상이 되는 질문들에 대한 일반적 논의로는 『분석론 후서』 II 1, 89b23 아래 참고.

다). 예를 들어 "무엇 때문에 천둥이 치는가?"는 "무엇 때문에 구름 속에서 소리가 나는가?"와 같다. 이렇듯 무엇 때문에 어떤 것이 다른 어떤 것에 속하는지가 탐구의 대상이다. 또한 무엇 때문에 이것들, 예컨대 벽돌들과 돌들은 집인가? 분명 이 물음은 원인을 찾고 있으니 〔이것은 정식의 관점에서 보면 본질이지만〕, 어떤 때는 지향 대상이 그것에 해당하는데, 예컨대 집이나 침대의 경우에 그렇고, 어떤 때는 운동을 낳은 첫째 원인이 그런데, 이것 또한 원인이기 때문이다. 하지만 그런 원인은 생성과정과 소멸과정을 다룰 때 탐구되고, 앞의 것은 있음을 다룰 때 탐구된다. 주어와 술어가 구분되어 있지 않은 경우에는 대체로 탐구 대상이 눈에 드러나지 않는다. 예컨대 "무엇 때문에 사람이 있는가?"[242]를 탐구할 때 그런데, 그 이유는 이 진술은 단순해서 어떤 것이 주어이고 어떤 것이 술어인 1041b
지 구분이 안 되기 때문이다. 그러니 마땅히 그 둘을 구분하고 난 뒤에 탐구해야 하는데, 만일 그렇게 하지 않으면 아무것도 탐구하지 않는 것과 무언가를 탐구하는 것에 공통적으로 걸쳐 있는 셈이 되기 때문이다. 우리는 어떤 것이 있다는 사실을 미리 주어져 있는 것으로 가지고 있어야 하기 때문에, 우리가 탐구하는 것은 무엇 때문에 질료가 〈어떤 것〉인가라는 물음임이 분명하다. 예컨대 무엇 때문에 이것들[243]은 집인가? 그 이유는 집의 본질인 것이 그것들에 속하기 때문이다.[244] 무엇 때문에 이것은 사람인가? 또는 무엇 때문에 이 육체는 이런저런 상태에 놓여 있는가?[245] 그러므로 우리가 탐구하는 것은 질료에 대한 원인인데 〔이것은 형

---

242 문맥에 비추어 볼 때, 1041b1의 물음 'ti anthrōpos esti'는 'dia ti anthrōpos esti'의 뜻으로 이해해야 할 것이다. Bonitz, *Metaphysica* II, p. 360 참고. 그에 대한 보니츠의 번역은 다음과 같다. "Der Gegenstand der Untersuchung ist dann besonders dunkel, wenn die Frage nicht so ausgedrückt ist, daß etwas von einem andern ausgesagt wird. Z. b. man fragt, warum der Mensch ist, darum, weil dies einfach und schlechthin ausgedrückt ist, (……)".

243 집의 질료 구실을 하는 것들, 예컨대 이 벽돌과 돌들을 말한다.

244 1041b6: "hoti hyparchei ho ēn oikia einai".

245 1041b6-7: "kai anthrōpos todi, ē to sōma touto todi echon". 이에 대한 로스의 번역은

상이며), 그것에 의해서 질료는 (특정한 종에 속하는) 어떤 것[246]으로 있으니, 그 원인이 바로 실체이다. 그렇다면 단순한 것들에 대해서는 탐구도 가르침도 없고 그런 것들과는 다른 방식의 탐구가 있음이 분명하다.

어떤 것으로 이루어진 합성체는 그 전부가 하나의 통일체를 이루고 있어서, 더미와 같은 상태가 아니라 음절과 같은 상태로 있다.[247] 음절은 여러 개의 철자가 아니고, ba는 b와 a와 동일한 것이 아니며,[248] 살 역시 불과 흙이 아니다(왜냐하면 (전체가) 해체되면 어떤 것들, 예컨대 살과 음절은 더 이상 남아 있지 않지만, 철자들은 남아 있고, 불과 흙도 그렇기 때문이다). 그렇다면 음절은 단순히 철자들, 즉 모음과 자음에 지나지 않는 것이 아니라 다른 어떤 것이기도 하며, 살은 단순히 불과 흙 또는 뜨거운 것과 차가운 것에 지나지 않는 것이 아니라 다른 어떤 것이기도 하다. 그러면 만일 그 어떤 것[249] 자체도 필연적으로 요소이거나 요소들로 이루어질 수밖에 없다고 생각해 보자. 만일 그것이 요소라면, 동일한 논변이 다시 성립될 것이다(왜냐하면 그 요소와 불과 흙으로 살이 이루어지고 그것들 이외에 또 다른 어떤 것이 있다면, 결과적으로 이런 과정은 무한히 진행되기 때문이다). 반면 만일 그것이 요소로 이루어져 있다면, 그것은 분명 하나의 요소가 아니라 여러 요소로 이루어진 것일 테고, 만일 그렇지 않다면 그것 자체가 요소일 것이다. 결과적으로 그 합성체에 대해서 살이나 음절에 대해 말한 것과 동일한 논변을 사용할 수 있을 것이다. 그래서 그것은[250] 요소가 아닌 어떤 것이며, 바로 그것이 이것을 살이게 하고, 이것을

이렇다. "And why is this individual thing, or this body having this form, a man?"

246 보니츠와 로스를 따라 'hōi ti estin'에서의 'ti'를 의문사가 아니라 부정사(*indefinitum*)의 뜻으로 읽었다.

247 '통일체'(*hen*)와 '더미'(*sōros*)의 대비에 대해서는 VII 16, 1040b8-9 참고. 이어지는 부분에서는 질료를 종적인 규정성을 갖는 어떤 것이 되게 하는 원인인 실체가 어떤 것인지를 단계적으로 규명한다.

248 XII 4, 1070b5-6을 보라.

249 '다른 어떤 것'(*heteron ti*)에 해당하는 것을 말한다.

250 요소들(*stoicheia*)을 하나의 통일된 전체로 만들어주는 어떤 것을 가리킨다.

음절이게 하는 원인이라고 생각할 수 있으며, 다른 경우에도 마찬가지이다. 그것은 각자의 실체이다(왜냐하면 그것은 있음의 첫째 원인[251]이기 때문이다). 하지만 어떤 것들은 사물들의 실체들이 아니지만, 본성적으로 〔본성에 의해서〕 이루어진 여러 종류의 실체들이 있는데, 그런 경우에는 바로 그 본성이 그것들의 실체로 밝혀질 것이니, 그것은 요소가 아니라 원리이다. 그에 반해 요소는 어떤 것이 해체되어 되돌아가는 것이면서 질료로서 사물에 내재하는 것인데, 예컨대 a와 b는 음절의 요소이다.[252]

---

251 '있음의 첫째 원인'(*aition prōton tou einai*)은 특정한 질료가 종적인 규정성을 가진 어떤 개별자로서 있게 만들어주는 원인을 가리킨다. V 8, 1017b15와 『영혼론』 II 4, 415b12에서 아리스토텔레스는 영혼을 일컬어 생명체의 '있음의 원인'이라고 부른다.

252 모든 복합체는 질료와 형상으로 이루어진다는 것이 아리스토텔레스의 생각인데, 여기서 질료와 형상은 각각 '요소'(*stoicheion*)와 '원리'(*archē*)라고 불린다.

Ⅷ권(H)

1. 감각적 실체들에 대한 논의의 계속. 그런 실체들의 질료도 그 자체가 실체이다

1042a 지금까지 말했던 것들로부터 결론을 끌어내고, 그 요점을 간추린 다음 끝을 맺어야 한다. 앞서 말했듯이 우리의 탐구 대상은 실체들의 원인들과 원리들과 요소들이다.[1] 그런데 어떤 것들은 누구나 실체로 인정하지만, 어떤 것들에 대해서는 사람들마다 고유한 주장을 천명했다. 자연적인 실체들은 일반적으로 인정되는 것들인데, 예컨대 불, 흙, 물, 공기를 비롯해서 다른 단순한 물체들, 그 다음 식물들과 그 부분들 및 동물들과 그 부분들, 마지막으로는 하늘과 그 부분들이 그렇다.[2] 한편, 어떤 사람들은 고유한 이론을 내세워 형상들과 수학적인 것들이 실체라고 말한다.[3] 하지만 또 어떤 논변에 따르면 본질과 기체가 실체라는 결론이 따라 나온다. 달리 보면 종들보다는 유가 더 높은 수준의 실체이고, 보편자가

---

1 VII 1 참고.

2 V 1, 1017b10 아래 참고.

3 VII 2와 V 7, 1017b17 아래 참고.

개별자들보다 더 높은 수준의 실체인데,[4] 이데아들도 보편자나 유와 일치한다(왜냐하면 그것들이 실체라는 생각은 동일한 논변에 의거한 것이기 때문이다). 그런데 본질은 실체이고 그것에 대한 정식은 정의이기 때문에, 이런 이유에서 우리는 정의와 그 자체로서 있는 것에 대해 규정했다.[5] 그리고 정의는 정식이고 정식은 부분들을 갖기 때문에, 우리는 반드시 그 부분들을 대상으로 삼아, 어떤 성질의 부분들이 실체의 부분들이고 또 어떤 성질의 부분들이 그렇지 않은지를 간파해야 했고, 또 그것들[6]이 정의의 부분들인지도 살펴보아야 했다.[7] 또한 우리는 보편자도 유도 실체가 아니라는 결론을 얻었다.[8] 하지만 이데아들과 수학의 대상들에 대해서는 나중에 살펴보아야 하는데,[9] 왜냐하면 어떤 사람들은 그것들이 감각적인 실체들과 떨어져서 있다고 말하기 때문이다.

그러면 이제 일반적으로 인정되는 실체들에 대해 논의해 보자. 이에 해당하는 것은 감각적 실체들인데, 모든 감각적 실체는 질료를 가진다. 하지만 기체가 실체인데, 그에 해당하는 것은 어떤 뜻에서 보면 질료이고(현실적으로 '이것'이 아니지만 가능적으로는 '이것'인 것을 일컬어 나는 질료라고 부른다), 어떤 뜻에서 보면 정식과 형태인데, 이것은 '이것'으로서 정식에서 분리가능하다.[10] 세 번째로는 그 둘의 복합체가 있는데, 오직 이것만이 생성과 소멸을 겪으며[11] 무제한적인 뜻에서 분리가능하다. 정식에 따르는 실체들 가운데 어떤 것들은 분리가능하지만 어떤 것들은

4 VII 3, 1028b33-6 참고.

5 VII 4-6, 12, 15 참고.

6 실체의 부분들(*ousias merē*)을 가리킨다.

7 VII 10-1 참고.

8 VII, 13-4와 VII 16, 1040b16-1041a5 참고.

9 이 탐구는 XIII권과 XIV권에서 이루어진다.

10 정식에서의 분리가능성(*tōi logōi chōriston*)의 의미에 대해서는 V 8, 1017b26에 대한 각주와 VII 3, 1029a30에 대한 각주 참고.

11 복합체(*to ek toutōn*)와 달리 형상은 생성과정이나 소멸과정을 겪음이 없이 있거나 없다. VIII 3, 1043b15와 VI 3, 1027a29 참고.

그렇지 않다.[12]

하지만 질료도 실체라는 것은 분명한 사실이다. 그 이유는 이렇다. 모든 대립적인 변화에는 그 변화의 밑에 놓여 있는 어떤 기체가 있으니, 예컨대 장소의 측면에서는 지금은 여기 있지만 다시 다른 곳에 있는 것이 있고, 증가의 측면에서는 지금은 이 정도의 크기이지만 다시 더 작아지거나 더 커지는 것이 있고, 변이의 측면에서는 지금은 건강하지만 다시 병을 얻는 것이 있다. 그런데 이와 똑같이 실체의 측면에서도 지금은 생성과정에 있지만 다시 소멸과정에 있는 것이 있으며, 지금은 '이것'이라는 뜻의 기체이지만 다시 결여라는 뜻의 기체가 되는 것이 있다.[13] 사실 다른 변화들은 이 변화를 따르지만, 그와 반대로 나머지 변화들 가운데 어느 하나나 둘은 그런 실체적 변화가 뒤따르는 것은 아니다. 왜냐하면 어떤 것이 장소적 질료를 가진다고 해서, 그것이 생성과 소멸의 질료를 가져야 할 필연성은 없기 때문이다.[14] 무제한적인 뜻의 생성과정과 무제한적이 아닌 생성과정 사이의 차이가 무엇인지는 자연학 저술에서 이미 이야기한 바 있다.[15]

---

12 분리가능한 '정식에 따르는 실체'(*ousia kata ton logon*)로 어떤 것을 염두에 두고 있는지는 분명치 않다. 로스(*Metaphysica* II, p. 227)의 추측대로, 지성(*nous*)을 가리켜서 하는 말일 수도 있다.

13 로스는 1042b2-3의 이 문장을 앞 문장과 결부시켜 다음과 같이 옮겼다. "and similarly in respect of substance there is something that is now being generated and again being destroyed, and now (sc. in the case of destruction) underlies the process as a 'this' and again (sc. in the case of generation) underlies it in respect of a privation of positive character." 하지만 이런 해석이 꼭 필요한 것은 아니다. 뒤의 문장은 그저 우리의 신체가 지금은 어떤 형상을 가지고 있지만, 나중에는 형상을 잃고 그저 물체로 되돌아간다는 뜻으로 읽어도 된다.

14 예컨대 천체들은 장소운동을 하며 그런 점에서 장소운동에 필요한 기체를 갖고 있지만, 생겨나거나 사라지지 않는다. 즉, 그것들은 장소적 질료(*hylē topikē*)만을 가질 뿐, 생성과 소멸의 질료를 갖지는 않는다. VIII 4, 1044b8 참고.

15 『자연학』 V 1, 225a12-20; 『생성·소멸론』 I 2, 317a17-31 참고.

2. 형상과 현실적인 것의 주요 유형들. 질료에 대한 정의, 형상에 대한 정의, 질료와 형상의 복합체에 대한 정의

기체와 질료라는 뜻의 실체는 일반적으로 인정을 받지만, 그것은 가능적 실체이기 때문에, 감각적 실체들 가운데 어떤 것이 현실적 실체인지를 이야기하는 일이 남아 있다. 그런데 데모크리토스는 세 가지 종류의 차이가 있다고 생각한 것 같다. 그에 따르면 기체에 해당하는 물체, 즉 질료는 하나이자 동일한 것이지만, 리듬, 즉 모양이나 회전, 즉 위치나 상호접촉, 즉 질서에 의해서 차이가 나기 때문이다.[16] 하지만 분명 차이에는 여러 가지가 있다. 예컨대 어떤 것들은 그것들이 가진 질료의 합성구조[17]에 의해 이름이 불리는데, 꿀물처럼 혼합에 의해 차이가 나는 것들이 그렇고, 어떤 것들은 다발처럼 묶음에 의해서, 어떤 것들은 서책(書冊)처럼 접착에 의해서, 어떤 것들은 상자처럼 못질에 의해서, 또 어떤 것들은 이 가운데 여러 방식에 의해서 이름이 불린다. 또 어떤 것들은 문지방과 상인방처럼 위치에 의해서(이것들은 놓여 있는 방식에 차이가 나기 때문이다), 어떤 것들은 아침식사와 저녁식사처럼 시간에 의해서, 어떤 것들은 바람(風)처럼 장소에 의해서 이름이 불린다. 또 어떤 것들은 딱딱함과 부드러움, 조밀함과 느슨함, 마름과 젖음과 같은 감각적인 성질들에 의해서 이름이 불리는데, 그 가운데 어떤 것들은 이런 성질들 가운데 일부에 의해서, 다른 것들은 이것들 모두에 의해서 이름이 불리며, 일반적으로 어떤 것들은 초과에 의해서, 어떤 것들은 부족에 의해서 그 이름을 얻는다. 따라서 분명 '있다'('~이다')도 이와 똑같이 여러 가지 뜻으로 쓰인다. 왜냐하면 문지방이 있는 것은 그것이 이런저런 방식으로 놓여 있기 때문인데, 〈문지방의〉 있음[18]은 그것이 그런 방식으로 놓여 있음

16 I 4, 985b13-9 참고.

17 '합성구조'(*synthesis*)에 대해서는 V 2, 1013b22-3에 대한 각주 참고.

18 1042b27의 'to einai 〈oudōi〉'는 글자 그대로 옮기면 '문지방임'이 될 것이고, 그 뜻은

을 뜻하며, 얼음의 있음[19]은 그것이 이런저런 방식으로 굳어있음을 뜻한다. 한편, 어떤 것들의 경우 그것들의 있음은 이 모든 것에 의해서 정의될 터인데, 그 가운데 어떤 것들은 뒤섞임에 의해서, 어떤 것들은 혼합에 의해서, 어떤 것들은 묶임에 의해서, 어떤 것들은 응집에 의해서 정의될 것이고, 또 어떤 것들은 다른 차이들을 통해 정의될 것이니, 예컨대 손이나 발이 그렇다. 그렇다면 우리는 차이들의 부류들을 파악해야 하는데 (왜냐하면 그것들은 있음의 원리들[20]일 것이기 때문이다), 있는 것들은 예컨대 상대적인 많음과 적음이나 조밀함과 느슨함을 비롯해서 그런 종류의 다른 것들에 의해서 차이가 나는데, 왜냐하면 이것들은 모두 초과와 부족이기 때문이다.[21] 그러나 모양이나 부드러움과 거침에 의해 차이가 나는 것은 모두 곧음과 굽음에 의한 것이다. 또 어떤 것들의 경우 그것들의 있음은 뒤섞임 때문일 것이고, 그것들의 있지 않음은 그것과 대립적이다.[22]

실체가 각 사물의 있음의 원인이라면,[23] 그런 것들 각각의 있음의 원인은 그런 차이들 안에서 찾아야 한다는 사실이 이로부터 분명하다. 그런 것들 가운데 어떤 것도 — 설령 그것이 (질료와) 함께 결속된 것이라고 하더라도 — 실체가 아니지만, 각 경우에는 실체에 상응하는 유비적 대응

문지방을 문지방으로 만드는 것, 즉 문지방의 본질을 가리킨다.

19 1042b27-8의 'to krystallōi einai' 역시 '얼음임', 즉 얼음의 본질을 가리킨다.

20 1042b32-3의 'archai tou einai'에서 'einai'는 지금까지 살펴본 것과 같이 어떤 것의 '있음' 또는 어떤 것 '임'을 뜻한다.

21 여기서 소개되는 초과와 부족(*hyperochē kai elleipsis*)은 아리스토텔레스의 생물학 저술에서 동물들의 형태적 특징들을 규정할 때 중요한 역할을 한다. 예컨대 『동물부분론』 I 4, 644b7 아래와 『동물지』 I 1, 486a25 아래 참고.

22 1043a1의 'to mē einai'는 '있지 않음', 정확히 말해서 '~이 아님'을 뜻한다. 예컨대 물과 불과 흙 등이 일정한 비율로 뒤섞일 때 살이나 피가 있다면, 그런 뒤섞임이 없을 때에는 살이 없을 것이다. 그런 뜻에서 '살임'과 '살이 아님'은 뒤섞임 또는 결합의 유무에 의해 결정된다. 이런 결합의 비율이라는 뜻의 실체 또는 본질 개념에 대해서는 다음과 같은 구절들을 참고: I 10, 993a17 아래; XIV 2, 1092b17 아래; 『영혼론』 I 4, 408a12 아래; 『동물발생론』 II 1, 734b33 아래.

23 있음의 원인(*aition tou einai*)이라는 뜻의 실체에 대해서는 V 8, 1017b15 참고.

자가 있다. 즉, 실체들의 경우 질료에 대해 술어가 되는 것은 현실태 자체이듯이, 다른 정의들의 경우에도 그에 해당하는 것이 가장 중요하다.[24] 예컨대 만일 문지방을 정의해야 한다면, 우리는 이런저런 방식으로 놓여 있는 나무나 돌이라고 말하고, 집은 이런저런 방식으로 놓여 있는 벽돌과 목재들이라고 말하며(어떤 경우에는 지향 대상도 있을 수도 있다), 만일 얼음을 정의해야 한다면, 우리는 이러저런 방식으로 응결되었거나 딱딱해진 물이라고 말하고, 협화음은 높은 소리와 낮은 소리의 이런저런 결합이라고 말하며, 다른 경우에서도 이와 똑같다.

질료가 다르면 현실태가 다르고 정식도 다르다는 것이 이로부터 분명하다. 왜냐하면 어떤 경우에는 (현실태에 해당하는 것이) 합성구조이고, 어떤 경우에는 결합이며, 또 어떤 경우에는 우리가 앞서 말한 것들 가운데 어느 하나이기 때문이다. 따라서 정의를 하는 사람들 가운데 어떤 사람들은 집이 무엇인지를 말하면서, 그것이 돌, 벽돌, 목재라고 말하는데, 이들은 가능적인 집에 대해 말하는 셈이니, 왜냐하면 그것들은 질료이기 때문이다. 그러나 (집이 무엇인지를 말하면서) 육체와 재산을 보호하는 처소라고 하거나 또는 그와 같은 것을 제시하는 사람들은 현실적인 집에 대해 말하는 셈이며, 이 둘을 함께 붙여 정의하는 사람들은 세 번째 실체, 즉 그 둘로 이루어진 실체[25]에 대해 말하고 있는 것이다(왜냐하면 생각건대 차이들을 제시하는 정식은 형상과 현실태를 대상으로 하는 반면, 내재적

24 실체의 범주에 속하는 것들은 질료와 형상으로 나뉘고, 이 가운데 형상이 현실태(*energeia*)이다. 다른 범주에 속하는 것들도 이런 방식으로 질료에 상응하는 요소와 형상에 상응하는 요소로 나뉠 수 있다. 예컨대 협화음(*symphonia*)을 '높은 소리와 낮은 소리의 이런저런 결합'(*oxeōs kai baeos mixis toiadi*)이라고 정의한다면, 이 정의 가운데 높은 소리와 낮은 소리는 질료에 해당하는 요소이고, 이런저런 결합의 방식은 형상에 해당하는 요소일 것이다. 1043a22 아래의 예들을 참고. 바로 이런 유비적 관계에 의거해서 VII 12, 1038a18 아래에서는 마지막 차이(*teleutaia diaphora*)를 각 사물의 실체(*ousia tou pragmatos*)라고 부른다.

25 1043a19의 'tēn ek toutōn ousian'이란 물론 질료와 형상으로 이루어진 복합실체를 말한다.

인 부분들을 제시하는 정식은 오히려 질료를 대상으로 하기 때문이다). 그리고 아르키타스[26]가 받아들이곤 했던 것과 같은 종류의 정의들 역시 사정이 마찬가지인데, 왜냐하면 그것들은 복합체[27]를 대상으로 하기 때문이다. 예컨대 무풍(無風)상태[28]란 무엇인가? 그것을 공기층 안의 평온이라고 정의한다면, 공기는 질료이고 평온은 현실태이자 실체이다. 평정[29]이란 무엇인가? 그것을 바다의 고요함이라고 정의한다면, 질료라는 뜻의 기체는 바다이고 현실태와 형태는 균형상태다. 그러면 이상의 논의로부터 감각적 실체가 무엇이고 어떻게 있는지는 분명하다. 그 가운데 어떤 것은 질료라는 뜻에서 그렇고, 다른 것은 형태와 현실태라는 뜻에서 그러하며,[30] 세 번째 것은 이 둘의 복합체이다.

3. 형상과 질료적 요소들의 구분. 정의에 대한 안티스테네스의 공격. 정의와 수의 유사성

우리는 하나의 이름이 합성실체를 가리키는지, 아니면 현실태와 형태를 가리키는지 드러나지 않을 때가 가끔 있다는 사실을 알아야 한다. 예컨대 '집'이 공통적인 것[31]에 대한 기호로서 이런저런 방식으로 놓인 벽돌과 돌로 이루어진 보호처를 가리키는지, 아니면 현실태와 형상에 대한

---

26 아르키타스(Archytas)는 남부 이탈리아의 타렌툼(Tarentum) 출신으로 대략 기원전 427~347년까지 살았던 피타고라스학파의 철학자이자 수학자였다. 플라톤이 361년 남부 이탈리아를 방문했을 때, 그와 교우관계를 맺었다고 한다.

27 1043a22에는 형상과 질료의 복합체를 가리키는 말로 'to synamphō'가 쓰인 점이 특이하다.

28 '무풍상태'라고 옮긴 'nēnemia'란 'anemos'(바람)가 없는 상태를 가리킨다.

29 '평정'이라고 옮긴 'galēnē'는 바다의 고요함(*stillness of the sea*)을 가리키는 말인데, 적절한 우리말을 찾기란 쉽지 않다.

30 이것이 위의 1042b10-1에서 제기한 물음, 즉 "감각적 실체들 가운데 어떤 것이 현실적인 실체인가"에 대한 최종적인 대답이다.

31 '공통적인 것'(*to koinon*)은 문맥을 통해 볼 때, 질료와 형상의 복합체를 가리킨다.

기호로서 보호처를 가리키는지 드러나지 않을 때가 가끔 있고, '선'이 길이 안에 있는 둘인지 아니면 둘인지, '생명체'가 몸 안에 있는 영혼인지 아니면 영혼인지 — 왜냐하면 이것은 어떤 몸의 실체이자 현실태이기 때문이다[32] — 드러나지 않을 때가 가끔 있다. 하지만 '생명체'는 그 양쪽 모두에 대해 쓰일 수 있지만, 그 말은 하나의 정식을 가진다는 뜻에서가 아니라 하나와의 관계를 갖고 있다는 뜻에서 그렇게 불린다.[33] 하
1043b 지만 그런 점은 다른 목적에서는 중요하지만, 감각적 실체에 대한 탐구 목적에서는 중요하지 않은데, 본질은 형상과 현실태에 속하기 때문이다. 왜냐하면 영혼과 영혼의 본질은 동일하지만, 사람과 사람의 본질은 동일하지 않은데,[34] 영혼도 사람이라고 불릴 수 있다면 그때는 예외가 될 것이다. 이와 마찬가지로 어떻게 보면 대상과 그것의 본질은 똑같지만, 어떻게 보면 그렇지 않다. 탐구를 해보면 알 수 있지만, 음절은 분명 철자들과 합성구조로 이루어진 것이 아니고, 집도 벽돌들과 합성구조로 이루어진 것이 아니다.[35] 그리고 이는 올바른 관찰인데, 왜냐하면 합성구조나 결합은 그런 합성구조나 결합이 속하는 것들을 구성부분으로 해서 이루어지지 않기 때문이다.[36] 이는 다른 모든 경우에도 마찬가지인데, 예컨대 문지방이 위치에 의해 구별된다면, 위치가 문지방을 구성부분으로 해

32 『영혼론』 II 1, 412a21-2; II 2, 414a18-9 참고.

33 1043a36-7의 'ouch ōs heni logōi legomenon all' pros hen'은 해석하기 쉽지 않다. 아마도 그 뜻은 다음과 같이 풀이할 수 있을 것이다. 예컨대 '생명체'라는 말이 생명체 전체와 그것의 형상인 영혼에 대해 쓰일 때 그에 대한 정의내용은 물론 다르다. 하지만 모든 생명체는 영혼을 가짐으로써 생명체라고 불리기 때문에, '생명체' 또는 '살아 있는 것'이라는 말은 먼저 영혼에 대해서 쓰이고, 그것과의 관계에서 살아 있는 유기체 전체에 대해서 쓰인다고 볼 수 있다. 『동물부분론』 I 1, 641a23 아래 참고.

34 1043b2-3의 'psychē men gar kai phychēi einai tauton, anthrōpōi de kai anthrōpos ou tauton'은 "왜냐하면 영혼과 영혼임은 동일하지만, 사람과 사람임은 동일하지 않기 때문이다"라고도 옮길 수 있다. 로스의 다음과 같은 번역 참고. "For 'soul' and 'to be soul' are the same, but 'to be man' and 'man' are not the same." VII 10, 1036a1-2 참고.

35 이 구절에 대해서는 로스의 다음과 같은 번역 참고. "(……) the syllable does not consist of the letters + juxtaposition, nor is the house bricks + juxtaposition." 즉, 합성구조 자체가 다른 요소들과 같이 취급될 수 없다는 뜻이다.

서 이루어지는 것이 아니라 문지방이 위치를 구성부분으로 해서 이루어지기 때문이다. 사람 역시 동물과 두 발 가진 것이 아니라, 만일 이것들이 질료라면 이것들과 별도로 어떤 것이 있어야 하는데, 이것은 요소도 아니고 요소로 이루어진 것도 아니며 실체인데,[37] 이것을 배제하고서 사람들이 제시하는 것은 질료이다. 그래서 만일 그런 것이 있음의 원인이자 실체의 원인이라면, 우리는 그것을 실체 자체라고 부를 수 있을 것이다.[38]

(그렇다면 이것은 영원하거나 아니면 소멸과정을 거치지 않고 소멸하고 생성과정을 거치지 않고 생겨나야 한다.[39] 그러나 다른 곳에서[40] 이미 증명을 통해 밝혔듯이, 어느 누구도 형상을 만들거나 낳지 않는다. 만들어지는 것은 '이것'이고, 생겨나는 것은 (질료와 형상의) 복합체이다. 소멸하는 것들의 실체들이 분리가능한지는 아직 분명치 않다. 다만 어떤 경우에는 분리될 수 없음이 분명한데, 개별적인 사례들과 떨어져서 있을 수 없는 것들, 예컨대 집이나 도구의 경우에 그렇다.[41] 그렇다면 바로 이것들은 물론, 자연적으로 이루어지지 않은 것들에 속하는 어떤 것도 실체들에 해당하지 않을 것이다. 왜냐하면 우리는

36 VII 17, 1041b11 아래 참고.

37 1043b12-3은 보니츠와 로스를 따라 'all' hē ousia ho exhairountes tēn hylēn legousin'으로 읽었다.

38 이 구절은 예거의 텍스트를 따라 읽었다. 로스는 이 구절(b13-4)을 달리 읽어 다음과 같이 옮긴다. "If, then, this is the cause of the things' being, and if the cause of its being is its substance, they will not be stating the substance itself." 로스의 이런 독해가 실체 개념에 대한 아리스토텔레스의 생각에 더 부합하는 것은 사실이다. 실체의 두 가지 의미에 대한 아리스토텔레스의 생각은 다음과 같다. "출발점은 감각적 실체라는 뜻의 실체이고, 이것의 있음의 원인이 탐구 대상이다. 그리고 이것을 아리스토텔레스는 다시 실체라고 부르는데, 이제 이것은 (감각적 실체 안에 있는) 본질이나 형상의 뜻을 가진다"(H. Seidl, *Aristoteles, Metaphysik*, Bd. I, Hamburg 1991, S. XXIV). Ross, *Metaphysics* II, p. 232의 주석을 함께 참고.

39 다음의 구절들을 참고: VI 2, 1027a29-30; VII 8, 1033b5 아래; VII 15, 1039b23 아래.

40 VII 8, 특히 1033b1 아래 참고.

41 그렇다고 해서 자연물들의 경우에 그것의 실체에 해당하는 본성(*physis*)이 개체와 따로 떨어져 있을 수 있다는 뜻은 아니다. 아리스토텔레스는 형상들이 개별자들과 떨어져 있다는 플라톤주의자들의 생각을 불필요한 것으로 여긴다. VII 8, 1033b26 아래 참고.

오로지 본성만을 소멸하는 것들 안에 있는 실체로 내세울 수 있을 것이기 때문이다).[42]

따라서 안티스테네스학파[43]와 그처럼 무식한 사람들이 제기하곤 했던 문제가 맞을 때가 있는데, 그들에 따르면 어떤 것이 '무엇'인지는 정의될 수 없고(정의란 장광설[44]이기 때문이다), 어떤 성질의 것인지를 가르칠 수 있을 뿐인데,[45] 예컨대 은이 '무엇'인지 정의할 수는 없고, 그것이 주석과 같다고 말할 수 있을 뿐이다.[46] 그러므로 정의와 정식이 대상으로 삼을 수 있는 실체가 있으니, 예컨대 합성실체가 그런데, 이것은 감각적인 것일 수도 있고 지성적인 것일 수도 있다.[47] 하지만 이 실체를 이루는 첫째 구성부분들은 정의될 수 없으니, 그 까닭은 정의를 하는 정식은 어떤 것을 어떤 것에 대해 진술하며,[48] 그 한 부분은 질료에 해당하고, 다른 부분은 형태에 해당해야 하기 때문이다.

또한 만일 실체들이 어떤 뜻에서 수들이라면, 그것들이 이런 방식으로 있고 무엇 때문에 어떤 사람들이 주장하듯 모나스들로 이루어지지 않는지,[49] 그 이유도 분명한데, 왜냐하면 정의는 일종의 수이기 때문이다.[50] 그 이유는 이렇다. (1) 그것은 나뉠 수 있는 것이어서 나뉠 수 없는 것으

---

42 이런 뜻의 '본성'(*physis*)에 대해서는 VII 17, 1041b29-31 참고.

43 안티스테네스에 대해서는 V 29, 1024b32에 대한 각주 참고.

44 '장광설'(長廣舌)이라고 옮긴 1043b26의 'makros logos'는 글자 그대로 하면 '긴 말' 정도로 바꿀 수 있을 것이다. 아리스토텔레스에 따르면, 안티스테네스학파는 긴 말은 단순한 본질을 제시하는 '정의'(*horos*)가 되기에 부적합하다고 보았다. 'makros logos' 라는 말의 부정적 의미에 대해서는 XIV 3, 1091a7 참고. 더 자세한 내용에 대해서는 Ross, *Metaphysics* II, pp. 232~33의 주석 참고.

45 1043b27의 'horisasthai d' ou'는 빼고 읽었다.

46 은과 주석의 질적 동일성에 대해서는 X 3, 1054b12 참고.

47 아리스토텔레스는 보통 수학적 대상들을 지성적 합성실체로 여긴다. VII 10, 1036a2 아래 참고.

48 '정의를 하는 정식'(*logos horistikos*)이 유와 차이로 이루어진다는 사실을 두고 하는 말이다.

49 피타고라스학파와 플라톤을 두고 하는 말이다. 모나스(*monas*)에 대해서는 V 6, 1016b24 아래 참고.

로 환원되는데(정식들은 무한하지 않기 때문이다), 수 역시 그런 본성을 가진다. 그리고 (2) 수를 이루는 것들 가운데 어느 하나가 빠지거나 부가되면, 비록 극히 적은 부분이 빠지거나 부가된다고 하더라도, 그 수는 더 이상 똑같은 수가 아니라 다른 수가 되는데, 이와 마찬가지로 정의와 본질은 어떤 부분이 그로부터 빠지거나 부가되면 더 이상 존재하지 않는다. (3) 수에는 그것을 하나로 만드는 어떤 것이 있어야 하는데,[51] 앞서 말한 사람들은 그것을 〔하나라면〕 하나로 만드는 것이 무엇인지를 말할 능력이 없다(그렇지 않다면 그것은 (하나로서) 있지 않고 마치 더미와 같고,[52] 만일 그것이 (하나로서) 있다면 여러 구성부분으로부터 그것을 하나로 만드는 것이 무엇인지를 말해야 하기 때문이다). 그리고 정의는 하나인데, 이와 마찬가지로 그들은 그것을 하나로 만드는 것이 무엇인지를 말할 능력이 없다. 그리고 이는 당연한 결과인데, 동일한 논변이 거기에 적용될 수 있기 때문이다. 그리고 우리가 이미 설명한 방식으로 실체는 하나이지만, 그것은 어떤 사람들이 주장하듯이 모나스나 점과 같은 종류의 것이 아니고, 어떤 완전한 상태이자 본성이다. 그리고 (4) 수에 많고 적음이 없듯이,[53] 형상이라는 뜻의 실체도 마찬가지이며, 많고 적음이 있는 경우가 있다면, 질료와 함께 있는 실체가 그렇다. 그렇다면 이른바 실체들의 생성과 소멸에 대해서 그것이 어떻게 일어날 수 있고, 어떻게 불가능한지, 그리고 (사물들을) 수로 환원하는 이론에 대해서는 이 정도로 해 두자.

---

50 정의와 수에 대한 논의는 아래 6장에서 계속된다.

51 1044a2의 'gar'는 빼고 읽었다. 또한 1044a3은 'ton arithmon'을 보니츠를 따라 'tōi arithmōi'로 바꿔 읽었다. Bonitz, *Metaphysica* II, p. 370 참고.

52 VII 17, 1041b11 아래와 XIII 8, 1084b22 참고.

53 물론 2는 1보다 더 많다. 하지만 2는 모두 똑같다. 어떤 2가 다른 2보다 더 적거나 더 많은 경우는 없다.

4. 고유한 질료와 그렇지 않은 질료. 속성의 기체는 질료가 아니라 구체적 개별자이다

질료적 실체에 대해서 우리가 간과해서 안될 점은, 비록 모든 것이 첫째 동일자나 또는 첫째 동일자들[54]로부터 생겨나고 동일한 질료가 생겨나는 것들의 원리라고 하더라도, 각 사물에는 어떤 고유한 질료가 있다는 사실이다. 예컨대 점액의 고유한 질료는 단 것들이나 기름진 것들이고, 담즙의 질료는 쓴 것이나 그런 종류의 다른 어떤 것이다. 그러나 이런 것들[55]은 아마도 동일한 것으로부터 생겨날 것이다. 한 질료가 다른 것의 질료라면, 동일한 것에 대해 여러 질료가 있을 텐데, 예컨대 만일 기름진 것이 단 것으로부터 생겨난다면,[56] 점액은 기름진 것과 단 것으로부터 생겨난다. 하지만 그것은 담즙으로부터 생겨나는데, 담즙은 첫째 질료로 소급되기 때문이다.[57] 왜냐하면 어떤 것이 다른 것으로부터 생긴다고 할 때 거기에는 두 가지 뜻이 있으니, 그것은 일정한 과정을 거쳐 그런 일이 일어난다는 뜻일 수도 있고 어떤 것이 원리로의 분석을 통해 얻어진 것으로부터 생긴다는 뜻일 수도 있다. 하지만 질료는 하나이지만, 운동을 낳는 원인 때문에 그것으로부터 다른 것이 생겨날 수 있으니, 예컨대 나무에서 궤짝과 침대가 생겨날 수 있다. 하지만 어떤 경우에는 사물들이 서로 다르면, 필연적으로 질료가 다를 수밖에 없는데, 예컨대 톱은 나무에서 생겨날 수 없으니, 이는 운동을 낳는 원인의 힘으로도 되지 않는다. 왜냐하면 양털이나 나무로부터는 톱을 만들어낼 수 없을 것이기 때문이다. 그러나 만일 동일한 것을 다른 질료로부터 만들어낼 수

---

54 1044a16의 'tōn autōn hōs prōtōn'은 물, 불, 흙, 공기의 4원소를 가리킨다.

55 점액이나 당분의 질료 구실을 하는 단 것이나 신 것 등의 '고유한 질료'(*oikeia hylē*)를 가리킨다.

56 『영혼론』 II 10, 422b12와 『감각과 감각물에 대하여』 4, 442a17 참고.

57 1044a23에서 말하는 '첫째 질료'(*prōtē hylē*)가 무엇을 염두에 둔 것인지는 분명치 않다. V 4, 1015a7과 V 6, 1016a23 참고.

있다면, 분명 기술과 운동인에 해당하는 원리가 똑같은데, 왜냐하면 만일 질료가 다르고 운동인도 다르다면, 거기서 생겨난 것도 다르기 때문이다.

어떤 사람이 원인을 탐구하는 경우, 원인들은 여러 가지 뜻으로 쓰이기 때문에[58] 가능한 원인들을 모두 말해야 한다. 예를 들어 사람의 경우 질료라는 뜻의 원인은 무엇인가? 아마도 경혈일 것이다. 운동인이라는 뜻의 원인은 무엇인가? 아마도 씨일 것이다. 형상이라는 뜻의 원인은 무엇인가? 본질이다. 지향 대상이라는 뜻의 원인은 무엇인가? 목적이다. 하지만 뒤의 둘은 아마도 동일할 것이다.[59] 하지만 우리는 가장 가까운 원인들을 제시해야 한다. 〈예컨대〉 질료는 무엇인가라고 묻는다고 해 보자. 이런 물음에 대해 우리는 불이나 흙이 아니라 고유한 질료를 제시해야 한다.[60]

그러므로 자연적이고 생성하는 실체들을 두고 볼 때, 그렇게 여럿이 원인들에 해당하고 그 원인들을 알아야 한다면, 올바로 탐색하려는 사람은 반드시 이런 방식으로 탐색해야 한다. 그러나 자연적이지만 영원한 실체들에 대해서는 다른 설명이 적용된다. 왜냐하면 어떤 것들은 질료를 갖지 않거나 혹은 그런 종류의 질료가 아니라 장소운동에 알맞은 질료만을 가질 것이기 때문이다.[61] 자연적으로 있지만 실체가 아닌 것들

58 V 2 참고.

59 『생성 · 소멸론』 II 9, 335b6 참고.

60 즉, 사람도 모든 자연물과 마찬가지로 궁극적으로는 불이나 흙으로 환원되고, 그렇게 본다면 어떤 뜻에서 이런 것들이 사람의 질료라고 말할 수도 있다. 하지만 사람의 질료가 무엇인가라는 물음에 대해 불이나 흙이라고 지적하는 것은 적절하지 않다. 그 물음에 대해서는 가장 가까이 있는 질료, 즉 사람의 고유한 질료를 제시해야 하는데, 이런 뜻에서 본다면 사람의 고유한 질료에 해당하는 것은 물론 어미에게서 오는 경혈(*katamēnia*)이다. 『동물발생론』 I 19, 727a2 아래와 I 20, 729a10 아래 참고. 운동인 또는 작용인의 구실을 하는 씨 혹은 정액(*sperma*)에 대해서는 VII 9, 1034b1에 대한 각주 참고.

61 1044b7-8에서 말하는 '장소운동에 알맞은 질료'(*hylē kata topon kinētēn*)란 VIII 1, 1042b6에서 언급된 '장소적 질료'(*hylē topikē*)를 말한다.

에게는 질료가 없고, 그것들의 기체는 실체이다.[62] 예컨대 월식의 원인은 무엇이며, 그것의 질료는 무엇인가? 질료는 없고, 월식을 겪는 것은 바로 달이다. 달빛을 소멸시키는 운동인은 무엇인가? 지구이다. 이런 현상의 지향 대상은 아마도 존재하지 않을 것이다.[63] 형상에 해당하는 것은 정식이지만, 그 정식이 원인을 동반하지 않는다면, 그 내용은 분명치 않다. 예컨대 월식이란 무엇인가? 빛의 결여이다. 그러나 만일 우리가 '지구가 중간에 끼어듦에 의해 생겨나는'이라는 말을 부가한다면, 이것은 원인을 포함하는 정식이다.[64] 하지만 잠의 경우에는 그런 현상을 받아들이는 첫째 수동적인 주체가 무엇인지 분명하지 않다. 우리는 그것이 동물이라고 말해야 할까? 그렇다. 하지만 이것은 동물의 어떤 부분 탓인데, 이 첫째 수동적인 주체는 무엇인가? 심장이나 혹은 그것이 아닌 어떤 것이다.[65] 그 다음, 그것은 어떤 것의 작용에 의해 일어나는가? 그 다음, 전체 동물이 아니라 그 첫째 수동적인 주체에 속하는 양태는 어떤 것인가? 우리는 그것을 이런저런 부동(不動)의 상태라고 말해야 할까? 그렇다. 하지만 그런 것은 그 첫째 수동적인 주체가 어떤 작용을 받음으로써 일어나는가?

62 즉, 감각적인 실체의 기체는 질료이지만, 그런 실체에 속하는 속성이나 양태 등의 기체는 감각적인 실체 자체이다. VII 1, 1028a26 아래와 IX 7, 1049a29 아래 참고.

63 월식(*ekleipsis*)과 같은 자연현상에 대해서는 지향 대상(*to hou heneka*) 또는 목적(*telos*)이 없다.

64 '지구가 중간에 끼어듦으로써 생겨나는 빛의 결여'라고 월식을 정의한다면, 이런 정식은 원인을 포함하는 정식이다. 하지만 '빛의 결여'(*sterēsis*)라는 진술은 월식의 원인을 포함하는 정식이 아니다.

65 『잠과 깸에 대하여』에 따르면, '잠'이라는 현상을 겪는 첫째 수동적인 주체(*to prōton paschon*)가 유혈동물의 경우에는 심장(456a4)이고, 무혈동물의 경우에는 심장에 상응하는 기관이다. 더 자세한 내용에 대해서는 Ross, *Metaphysics* II, p. 235 참고.

5. 질료와 반대상태들의 관계

어떤 것들은 생성과 소멸의 과정을 거치지 않은 채 있고 있지 않기 때문에[66] — 예컨대 점들이 있다고 말할 수 있다면 그것들이 그렇고 일반적으로 형상들과 형태들이 그렇다(왜냐하면 생겨나는 것이 모두 어떤 것으로부터 어떤 것이 된다면, 하양이 생겨나는 것이 아니라 나무가 하얗게 되는 것이기 때문이다) — 모든 반대자들이 상대방으로부터 생겨날 수 있는 것은 아니고, 하얀 사람이 검은 사람으로부터 생겨나는 것과 하양이 검정으로부터 생겨나는 것은 그 뜻이 다르다. 또한 모든 것이 질료를 갖는 것이 아니라 쌍방 사이에 진행되는 생성과 변화를 겪는 것들이 질료를 가진다. 변화의 과정을 거치지 않고 있거나 있지 않은 것들은 질료를 갖지 않는다.

각 사물의 질료가 반대되는 것들과 어떤 방식으로 관계하는지는 의문거리다. 예를 들어 만일 육체가 가능적으로 건강하고 질병이 건강에 반대된다면, 육체는 가능적으로 그 두 상태에 있는 것인가? 그리고 물은 가능적으로 포도주이면서 초산[67]인가? 아마도 그것은 한편으로는 어떤 소유상태와 형상에 의해서 어떤 것의 질료이고, 다른 한편으로는 결여와 본성에 어긋난 부패에 의해서 어떤 것의 질료일 것이다. 또한 (초산이 포도주로부터 생겨남에도 불구하고) 무엇 때문에 포도주를 초산의 질료라고 말하거나 가능적인 초산이라고 말할 수 없는지, 그리고 왜 살아 있는 동물을 가능적인 시체라고 말할 수 없는지도 의문이다. 아마도 그렇게는 말할 수 없을 텐데, 여기서 문제되는 소멸들은 부수적인 결과이니, 생명체의 질료 자체는 소멸 때문에 시체의 가능성이자 질료이고 물과 초산의 경우도 마찬가지이다.[68] 왜냐하면 시체와 초산이 각각 살아 있는

66 VIII 3, 1043b14-6 참고.

67 여기서 '초산'(*oxos*)이란 포도주 본래의 맛을 잃어 식초처럼 시큼하게 된 포도주를 가리킨다.

것과 포도주로부터 생겨나는 것은 밤이 낮으로부터 생겨나는 것과 같은 이치이기 때문이다. 그리고 이렇듯 (서로 반대되는) 상대자들로 변화하는 것들은 질료로 되돌아가야 하는데, 예컨대 시체에서 살아 있는 것이 생겨난다면 시체는 먼저 질료로 돌아가고 그런 다음에 그것으로부터 살아 있는 것이 생겨난다. 마찬가지로 초산은 먼저 물로 돌아가고 그런 다음 포도주가 된다.

6. 정의의 통일성의 근거. 유가 차이의 가능태라면, 차이는 유의 현실태이다

정의들과 수들에 대해서 앞서 거론한 문제로 되돌아가 보자.[69] 그것들이 하나인 원인은 무엇인가?[70] 여러 부분들을 포함하고 있으면서 그 전부가 단순한 더미가 아니라 그 부분들과 별도로 어떤 전체가 있는 것들의 경우에는 모두 어떤 원인이 있으니, 물체들의 경우 어떤 때는 접촉이 원인이 되어 그것들이 하나이고, 어떤 때는 접착성이나 그런 종류의 다른 어떤 성질이 원인이 되어 그렇게 되기 때문이다. 하지만 정의가 하나의 정식인 것은 『일리아스』의 경우처럼 함께 묶음 때문이 아니라 그것이 하나를 대상으로 삼기 때문이다.[71] 그렇다면 사람을 하나로 만드는 것은 무엇인가? 또 무엇 때문에 그것은 여럿, 예컨대 동물+두 발 가짐이 아니라 하나인가? 게다가 어떤 사람들의 말대로 동물 자체와 두 발 가짐 자

68 살아 있는 사람은 '그 자체로서' 시체의 가능성이나 질료가 아니라 '부수적인 뜻에서', 즉 소멸 혹은 부패 때문에 그렇다.

69 VII 12와 VIII 3, 1044a2-6 참고.

70 부분들이 하나의 통일체를 이루는 이유에 대한 물음이다. 아래에서는 'hen'을 '하나' 혹은 '통일체'로 옮긴다.

71 VII권 4장의 논의 참고. 서사시 『일리아스』는 여러 이야기를 함께 묶음으로서 이루어진 하나의 작품이다.

체가 있다면,[72] 어떻게 그럴 수 있겠는가? 무엇 때문에 사람이 그것들 자체가 아닌가?[73] 그리고 무엇 때문에 사람들은 사람에도, 어떤 하나에도 관여하지 않고, 둘, 즉 동물과 두 발 가짐에 관여함으로써 사람이게 된다는 말인가? 일반적으로 말해서 무엇 때문에 사람은 하나가 아니라 여럿, 즉 동물과 두 발 가짐일까? 사람들이 정의와 진술에 대해 습관적으로 취하는 태도에 의거해서 그 문제에 접근한다면, 분명 원인을 제시할 수도 없고 그 의문을 해결할 수도 없다.[74]

하지만 우리가 말하듯이 하나는 질료이고 다른 하나는 형상이며, 하나는 가능태이고 다른 하나는 현실태라면, 우리가 탐구하는 것은 더 이상 의문거리가 아닐 것이다. 왜냐하면 그 문제는 '두루마기'[75]에 대한 정의가 '둥근 형태의 청동'이라면, 그때 생길 수 있는 것과 동일한 의문거리이기 때문인데, 그 까닭은 그 이름(즉, '두루마기')은 그 정식('둥근 형태의 청동')에 대한 기호일 것이며, 따라서 둥근 형태와 청동이 하나인 원인이 무엇인가가 탐구거리이기 때문이다. 하나는 질료이고 다른 하나는 형상이라고 그 이유를 댄다면, 의문은 더 이상 나타나지 않는다. 그렇다면 생성하는 것들의 경우, 가능적으로 있는 것이 현실적으로 있게 된다면, 그런 일의 원인으로서 제작자를 제외하고 달리 무엇이 있는가?[76] 가능적

---

72 동물 자체(*auto ti zōion*)와 두 발 가짐 자체(*auto dipoun*)는 물론 이데아를 내세운 사람들을 염두에 둔 표현일 것이다.

73 로스는 1045a17의 'dia ti gar ouk ekeina auta ho anthrōpos esti'를 다음과 같이 옮겼다. "Why are not those Forms themselves the man ……." 하지만 이 문장의 주어는 '사람'이라고 보아야 할 것이다. 보니츠의 번역은 다음과 같다. "Warum ist dann der Mensch nicht jenes beides selbst ……." 왜 사람은 두 이데아, 즉 동물의 이데아와 두 발 가짐의 이데아가 아닌가?라는 물음이다.

74 관여(*methexis*)의 개념을 통해서는 정의의 단일성, 즉 왜 사람은 '동물+두 발 가짐'이 아니라 하나의 통일체인지를 설명할 수 없다는 이유에서 아리스토텔레스는 플라톤과 플라톤주의자들을 비판한다.

75 여기서 '두루마기'(*himation*)라는 이름은 VII 4, 1029b27-8에서와 마찬가지로 임의로 선택한 이름일 뿐이다.

76 '제작자'(*to poiēsan*)란 가능적으로 있는 것(*to dynamei on*)을 현실적으로(*energeiai*) 있는 것으로 만드는 원리를 가리킨다. 예컨대 가능적인 집인 벽돌이나 나무 등을 현실적

인 구(球)가 현실적인 구로 되는 데는 다른 어떤 원인도 없고, 그것이 바로 둘 각각의 본질이었을 뿐이다.[77] 하지만 질료 가운데 어떤 것은 지성적이고, 어떤 것은 감각적이며, 정식의 한 부분은 질료이고 다른 부분은 현실태인데, 〔예컨대 원은 평면 도형이다〕[78] 반면 지성적인 것이든 감각적
1045b 인 것이든 아무 질료도 갖지 않는 것들의 경우, 그 각각은 즉시 본성적으로 하나인 어떤 것인데, 이는 본성적으로 있는 어떤 것,[79] 즉 '이것', 성질, 양의 경우와 마찬가지이며 — 이런 이유 때문에 '있는 것'도 '하나'도 그것들에 대한 정의 안에 내재하지 않는다 — 본질도, 있는 어떤 것과 마찬가지로, 즉시 하나인 것이기 때문에, 그것들 가운데 어떤 것을 하나이게 만드는 원인이나 있는 것의 한 부류를 하나이게 만드는 원인이 달리 어디에 있지 않다.[80] 왜냐하면 그 각각은 직접적으로 있는 것이자 하

인 집으로 만드는 건축가는 '제작자'이다.

77 가능적인 구(*dynamei sphaira*), 즉 구가 될 수 있는 것의 본질은 현실적인 구(*energeiai sphaira*)가 되는 데 있고, 현실적인 구의 본질은 가능적인 구로부터 제작된다는 데 있다는 뜻이다.

78 이 예는 원에 대한 충분한 정의라고 보기는 어렵지만, 예컨대 "원은 평면도형이다"라고 정의한다면, 이 정의 가운데 '도형'(*schēma*)은 질료에, '평면'(*epipedon*)은 형상에 해당한다고 볼 수도 있다(V 27, 1024a36 아래를 참고하라). 마찬가지로 "사람은 두 발 가진 동물이다"라고 정의한다면, 유(*genos*)인 '동물'은 질료에, 종차(*diaphora*)인 '두 발 가진'은 형상에 해당한다. V 28, 1024b6 아래 참고. VII 10, 1036a9에서 소개된 '지성적인 질료'의 개념과 비교하라.

79 1045a36과 1045b1의 'euthys hoper hen ti'와 'hoper on ti'를 각각 '즉시 본성적으로 하나인 어떤 것'과 '본성적으로 있는 어떤 것'이라고 옮겼다. 다른 어떤 것에 의해서가 아니라 그 자체의 본성상 하나인 것, 있는 것을 가리킨다. 뒤의 '본성적으로 있는 어떤 것'(*hoper on ti*)은 물론 범주(*katēgoria*)를 가리킨다. 보통 정의의 대상들은 두 요소, 즉 질료에 해당하는 요소(유, *genos*)와 형상에 해당하는 요소(종차, *diaphora*)로 이루어진 정식에 의해 정의되지만, 실체, 성질, 양 등은 최고류들(1024b12 아래)이기 때문에 그런 방식으로는 정의되지 않는다(V 3, 1014b9 아래). 이를테면 실체를 '어떠어떠한 차이를 가지고 있는 것'이라는 형태의 정식을 통해 정의할 수 있으리라고 생각할 수 있지만, 이런 정식은 차이들과 유에 의한 정의가 아니다. 왜냐하면 아리스토텔레스에 따르면 '있는 것'(*on*)은 유가 아니기 때문이다. III 3, 998b22 참고.

80 본질(*to ti ēn einai*)은 — 형상과 질료로 이루어진 감각적 실체와 달리 — 질료를 포함하지 않는다는 뜻에서, 범주는 — 종차와 유로 이루어진 다른 정의 대상들과 달리 —

나인 것일 뿐, '있는 것'이나 '하나'를 유로 삼아 그것 안에 있지도 않고, 개별적인 것들과 떨어져서 분리가능한 것으로서 있지도 않기 때문이다.

(하나와 관련된) 이런 의문으로 말미암아 어떤 사람들은 '관여' 이론을 내세우면서, 관여의 원인은 무엇이고, 관여한다는 것은 무엇인지 의문을 제기한다. 그런가 하면 또 어떤 사람들은 '공존'[81]이라는 것을 내세우는데, 이를테면 뤼코프론[82]은 학문적 인식이 인식활동과 영혼의 공존이라고 말한다. 또 어떤 사람들은 삶이란 영혼과 육체의 '합성' 또는 '결속'이라고 말한다. 하지만 모든 경우에 대해 동일한 논변이 적용된다. 왜냐하면 건강은 영혼과 육체의 '공존'이거나 '합성'이거나 '결속'이고, 청동 삼각형이 있다는 것은 청동과 삼각형의 '합성'일 것이며, 하얀 것은 표면과 하양의 '합성'이기 때문이다. 그런 주장들이 생기는 이유는, 사람들이 가능태와 완전한 상태의 단일성을 만들어내는 정식과 그것들 사이의 차이를 찾는 데 있다. 〔〔하지만 이미 말했듯이, 최종적인 질료와 형태는 동일한 것이자 하나이고, 〈하나는〉 가능태이고 다른 하나는 현실태이니, 결과적으로 (그것들이 하나인 이유를 묻는 것은) 하나에 대해서 그것이 하나인 원인이 무엇인지를 찾는 것과 다를 바 없다. 왜냐하면 각 대상은 하나인 어떤 것이기 때문인데,[83] 가능태와 현실태는 어떤 뜻에서 하나이다. 따라서 가능태로부터 현실태로 운동하게 하는 것 말고는 달리 어떤 원인도 없다.[84] 반면 질료를 갖지 않은 것들은 모두 무제한적인 뜻에서 본성적으로 하나인 어떤 것이다.〕〕

상위의 유를 갖지 않는다는 뜻에서 '즉시' 혹은 '직접적으로 하나'(*euthys hen*)이다. 본질이나 범주는 이렇듯 즉시 하나이기 때문에, 그것들이 하나인 이유를 다른 데서 찾을 수 없다.

81 '공존'이라고 옮긴 'synousia'는 '함께 있음'을 뜻한다.

82 뤼코프론(Lykophrōn)은 고르기아스학파의 연설가이자 소피스테스이다. 그의 이름은 다음과 같은 구절에 나온다. 『소피스테스식 반박』 I 15, 174b32; 『자연학』 I 2, 185b28; 『수사학』 III 2, 1405b36, 1406a7.

83 이에 대해서는 VII 17, 1041a19 아래 참고.

84 위의 1045a30-1과 XII 10, 1075b34 아래 참고.

IX권(Θ)

1. ‘가능태’와 ‘현실태’의 측면에서 본 있음. 가장 주도적인 뜻의 ‘가능태’는 능동적 작용의 능력과 수동적 작용의 능력이다

그러면 첫 번째 뜻에서 있으며, 있는 것의 다른 모든 범주들이 준거점으로서 관계하고 있는 것, 즉 실체에 대해서는 지금까지 이야기했다.[1] 이렇게 말하는 이유는 다른 것들, 즉 양이나 성질을 비롯해서 그런 방식으로 불리는 다른 것들은 실체에 대한 정식에 따라서 ‘있다’고 일컬어지기 때문이다. 왜냐하면 이 논의의 첫머리에[2] 우리가 이야기했듯이, 모든 것은 실체에 대한 정식을 포함할 것이기 때문이다.[3] 그런데 ‘있는 것’은 어떤 뜻에서는 ‘무엇’이나 성질이나 양이라는 이유에서 그렇게 불리지만, 또 어떤 뜻에서는 ‘가능태’와 ‘완전한 상태’에 따라서, 그리고 기능에 따라서 불리기 때문에, 우리는 ‘가능태’와 ‘완전한 상태’에 대해서도 규정하되, 먼저 가장 주도적인 뜻에서의 ‘가능태’에 대해서 규정하기로 하자.

---

1 위의 VII권과 VIII권에서는 실체에 대한 이론적 고찰이 이루어졌다.

2 위의 VII 1을 가리킨다.

3 VII 1, 1028a35 아래와 그에 대한 각주 참고.

1046a 물론 이런 뜻의 '가능태'가 우리가 지금 의도하는 것과 관련해서 가장 유용한 것은 아니다. 왜냐하면 '가능태'와 '현실태'는 단순히 운동과 관련된 용법들을 넘어서 더 광범위하게 쓰이기 때문이다.[4] 하지만 우리는 그 첫 번째 뜻의 '가능태'에 대해서 다룬 뒤, '현실태'를 설명하면서[5] 다른 뜻에 대해서도 다루게 될 것이다.

그런데 '뒤나미스'(가능태)와 '할 수 있다'가 여러 가지 뜻으로 쓰인다는 것은 우리가 이미 다른 곳에서 설명한 바 있다.[6] 하지만 그 가운데 동

---

4 아래에서 소개되는 '현실태'(*energeia*)와 '완전한 상태'(*entelecheia*)에 대해서는 다음과 같은 사실을 염두에 두어야 한다. 1047a30-1에서 아리스토텔레스는 "'에네르게이아'(*energeia*)라는 말은 '엔텔레케이아'(*entelecheia*)와 연관되어 있지만, 주로 운동들로부터 다른 것들로 그 뜻이 확대되었다"라고 말한다(1021a20-1을 함께 참고). 또한 1050a21-3에서는 "그러니까 기능(*ergon*)은 목적(*telos*)이요, 현실태(*energeia*)는 그 기능이니, 그런 까닭에 '에네르게이아'라는 말은 '에르곤'에서 파생해서 '엔텔레케이아'를 가리키게 되었다"라고 말한다. 이 두 진술을 종합해 보면 'energeia'와 'entelecheia'는 다음과 같이 이해할 수 있다. 어원적으로 풀이하면, 'energeia'는 '활동 또는 기능(*ergon*) 안에(*en*) 있는 것' 또는 '활동 또는 기능을 안에 가지고 있는 것'을 가리킨다. 그런데 어떤 것이 활동하거나 기능을 수행한다는 것은 곧 그 대상이 본연의 목적이나 완전한 상태에 도달해 있음을 뜻한다. 그런 뜻에서 아리스토텔레스는 "'에네르게이아'라는 말은 '에르곤'에서 파생해서 완전한 상태(*entelecheia*)를 가리키게 되었다"라고 말한다. 로스는 'entelecheia'가 'to enteles echon'(완전성을 가진)이나 'entelōs echon'(완전한 상태에 있는)으로부터 만들어낸 추상명사라고 추측한다(Ross, *Metaphysics* II, p. 245). 이런 맥락에서 'energeia'와 그 동사형인 'energein'은 각각 'dynamis'와 그 동사형인 'dynasthai'의 상대 개념이 된다. 즉, 'dynamis'와 'dynasthai'가 각각 '능력'과 '능력이 있다', '할 수 있다'는 뜻이라면, 'energeia'는 각각 어떤 능력을 현실적으로 실현하는 '운동', '활동', '기능', '작용'을 뜻하고, 'energein'은 '현실적으로 활동하다', '기능을 수행하다' 또는 '작용하다'를 뜻한다. 이런 뜻에서 'energeia'는 '현실태', '현실적인 것', '현실적인 활동' 등으로 옮길 수 있다. 반면 'entelecheia'는 '완전한 것', '완전한 상태' 등으로 번역이 가능하다. 한편, 『형이상학』 IX에서만이 아니라 아리스토텔레스의 저술 전체에 걸쳐 빈번히 쓰이는 부사적인 형태인 'energeiai'는 '현실적으로', '현실적인', '현실적인 상태에'로, 'entelecheiai'는 '완전한 상태에', '완전한' 등으로 옮길 수 있다. 'dynamis'가 '능력'과 '가능성'의 두 가지 뜻을 갖는 만큼, 그것의 부사형 'dynamei'는 '가능적으로', '가능적인', '가능적인 상태에' 등으로 옮긴다. V 12, 1029a6에 대한 각주 참고.

5 IX 6, 1048a27-b6을 가리킨다.

6 V 12 참고.

음이의적인 뜻에서 '뒤나미스'라고 불리는 것들은 제쳐두기로 하자. 왜냐하면 어떤 것들은 어떤 유사성 때문에 그렇게 불리는데, 우리가 기하학에서 어떤 것이 일정한 방식으로 있는지 그렇지 않은지에 따라 '거듭제곱'과 그렇지 않은 것을 나누는 경우가 그렇다.[7] 하지만 같은 종에 속하는 것들은 모두 일종의 원리들이며 첫째가는 것 하나와의 관계 속에서 그렇게 불리는데,[8] 이에 해당하는 것은 다른 것 안에 또는 다른 것인 한에서의 자기 안에 있는 변화의 원리이다.[9] 그 이유는 이렇다. 어떤 것은 수동적 작용의 능력인데,[10] 이것은 수동적인 주체 자체 안에 있는, 다른 것에 의해서나 다른 것인 한에서의 자기 자신에 의해서 일어나는 수동적 변화의 원리이다.[11] 또 어떤 것은 악화(惡化)나 소멸을 향한 수동적 변화를 겪지 않음의 상태인데, 이런 것은 다른 것 또는 다른 것인 한에서의 자기 자신에 의해서, 즉 (그 안에 있는) 변화의 원리에 의해서 일어난다. 이 모든 정의 안에는 첫 번째 능력에 대한 정식[12]이 포함되어 있다. 또한

7 V 12, 1019b33 참고. 영어의 'power'가 '능력'이라는 뜻과 '거듭제곱'이라는 뜻을 함께 갖듯이, 그리스어 'dynamis도 마찬가지이다.

8 여기서 말하는 같은 종에 속하는 '뒤나미스'란 모두 '능력'이라는 뜻의 '뒤나미스'를 가리킨다. '하나와의 관계'(*pros prōtēn mian*)에 대해서는 IV 2, 1003a33 아래와 VII 4, 1030b1 아래 참고.

9 V 12, 1020a5에서 내려진 '첫째 뒤나미스에 대한 가장 주도적인 뜻의 정의', '다른 것 안에 또는 다른 것인 한에서의 자기 안에 있는 변화의 원리' 참고.

10 여기서 '수동적 작용(受用)의 능력'이라고 옮긴 1046a11-2의 'hē tou paschein dynamis'는 말 그대로 옮기면 '작용받음의 능력'이 될 것이다. 마찬가지로 1046a20의 'hē tou poiein dynamis'는 '작용함의 능력' 또는 '만듦의 능력'이 될 것이다. 하지만 여기서는 두 능력을 분명히 대비하기 위해서 각각 '수동적 작용의 능력'과 '능동적 작용의 능력'이라고 옮겼다. 'to paschon'과 'to poioun'도 '작용을 받는 것'과 '작용하는 것'이라고 옮길 수 있지만, 여기서는 뜻을 더욱 분명히 하기 위해 '수동적 작용의 주체'와 '능동적 작용의 주체'로 풀어 옮겼다. 'to poiētikon'과 'to pathētikon'은 '능동적으로 작용할 수 있는 것'과 '수동적으로 작용할 수 있는 것'으로 옮긴다. 아래의 X 5, 1048a6 참고.

11 V 12, 1019a20 아래 참고.

12 V 12, 1020a5와 IX 1, 1046a10-1에서 제시된 'dynamis'에 대한 정의, 즉 '다른 것 안에 또는 다른 것인 한에서의 자기 안에 있는 변화의 원리'를 가리킨다.

이런 뜻에서 능력이라고 불리는 것에는 단순한 능동적 작용이나 수동적 작용의 능력이 있고, 그런 작용이 잘 이루어지는 경우의 능력이 있으니,[13] 결과적으로 이런 것들에 대한 정식 안에는 어떤 방식으로든 그것들에 앞서는 여러 능력에 대한 개념들이 포함되어 있다.

그렇다면 분명, 어떤 뜻에서 능동적 작용과 수동적 작용의 능력은 하나이지만(왜냐하면 어떤 것이 '능력이 있다'고 불리는 것은 그것 자체가 수동적 작용의 능력을 가진다는 이유에서 그렇기도 하고, 그것 자체에 의해서 다른 것이 수동적 작용의 능력을 가진다는 이유에서 그렇기도 하기 때문이다), 어떤 뜻에서는 (능동적 작용과 수동적 작용의 능력은) 다르다. 그 이유는 이렇다. 그 하나는 수동적인 주체 안에 있다. 왜냐하면 이 주체는 어떤 원리를 가지고 있으며, 질료도 일종의 원리이기 때문인데, 그런 수동적인 주체는 변화를 겪고, 이는 저마다 다른 것의 작용에 의해서 일어난다. 왜냐하면 기름진 것은 연소할 수 있고, 타격을 받을 수 있는 것은 깨질 수 있으며, 다른 것들의 경우에도 이와 같기 때문이다. 다른 능력은 능동적인 주체 안에 있으니, 예컨대 열기와 건축술이 그런데, 앞의 것은 열을 낳는 것 안에 있고, 뒤의 것은 건축가 안에 있다. 이런 이유 때문에 유기적 통일성을 갖는 한, 동일한 것이 자기 자신에 의해서 작용을 받을 수는 없는데, 그것은 하나이지 다른 것이 아니기 때문이다. 그리고 '무능력'과 '능력이 없다'는 그런 능력에 반대되는 결여이므로, 결국 모든 경우 동일한 것에 속하면서 동일한 것과 관련된 능력과 그에 상응하는 무능력이 있다.[14] 하지만 결여는 여러 가지 뜻으로 쓰인다.[15] 왜냐하면 (1) 어떤 것을 갖지 않은 것뿐만 아니라, (2) 어떤 것을 본성적으로 가질 수 있음에도 불구하고 갖지 못하는 것도 그렇게 불리기 때문인데, 뒤의 것과 관련해서는, (a) 일반적으로 그런 경우와, (b) 본성적으로 가질 만한 때 그런 경우가

13 V 12, 1019a23 아래 참고.

14 V 12, 1019b15 아래와 XI 10, 1058b27-8 참고.

15 V 22, 1022b22 아래 참고.

있고,[16] 또한 (α) 어떤 특정한 방식으로, 예컨대 완전히 그런 경우가 있고, (β) 방식의 차이와 무관하게 그런 경우가 있다. 하지만 어떤 경우 본성적으로 가질 수 있지만 강제에 의해 갖지 못한 경우가 있는데, 이를 두고 우리는 '박탈되었다'고 말한다.[17]

2. 비이성적 능력의 단순성과 이성적 능력의 양면성

그런 원리들은 어떤 경우 생명이 없는 것들 안에 내재하고 어떤 경우
생명이 있는 것들, 즉 영혼이나 영혼의 이성적인 부분 안에 있기 때문에, 1046b
분명 능력들 중 어떤 것들은 비이성적이고, 어떤 것들은 이성을 동반할 것이다.[18] 이런 이유에서 모든 기술과 제작적인 학문들은 능력들이다. 왜냐하면 그것들은 다른 것 안에 또는 다른 것인 한에서의 자기 안에 있는 변화의 원리들이기 때문이다.

그리고 이성을 동반하는 모든 능력은 동일한 것이 반대결과를 낳을 수 있는 반면, 비이성적인 것들은 단 하나의 결과를 낳는데, 예컨대 뜨거운 것은 뜨겁게 할 뿐이지만 의술은 질병과 건강을 만들어낼 수 있다. 그 이유는 이렇다. 학문은 이성능력인데,[19] 동일한 이성능력이 — 비록 똑같은 방식으로 그렇게 하는 것은 아니지만 — 어떤 대상과 그것의 결여를 밝혀내고,[20] 어떤 뜻에서는 그 둘 모두에, 또 어떤 뜻에서는 (결여보다는) 주어져 있는 사태에 보다 많이 관계한다. 그 결과 그런 학문들은 반대되

---

16 V 22, 1022b27-8 참고.

17 물론 '결여'(*sterēsis*)는 이런 박탈(*esterēsthai*)의 결과이다.

18 1046b에서 능력들(*dynameis*)을 두 종류로, 즉 'hai alogoi'와 'hai meta logou'로 나누는데, 이에 대한 번역은 어렵다. 여기서는 이 둘을 각각 '비이성적 능력들'과 '이성을 동반하는 능력들'로 옮긴다. 이하에서는 'logos'를 '이성' 혹은 '이성능력'으로 옮긴다.

19 1046b7-8: "aition de hoti logos estin hē epistēmē". 참고로 말하면, 로스는 'logos'를 'rational formular'로, 보니츠는 'Begriff'로 옮겼다.

20 예컨대 의술은 건강과 그것의 결여인 질병을 밝혀낸다.

는 것들을 다루는데, 그 하나는 그것들 자체의 본성에 따라서, 다른 하나는 그것들 자체의 본성과 직접적인 관계없이 다룬다. 왜냐하면 이성능력은 어떤 것은 그 자체의 본성에 따라서 다루고, 어떤 것은 어떤 부수적인 뜻에서 다루기 때문인데, 이성능력이 부정과 배제를 통해 반대되는 것을 밝힌다는 이유에서 그렇다. 첫째 결여는 반대되는 것인데, 그것은 다른 것의 배제이기 때문이다. 하지만 반대되는 것들은 동일한 주체 안에 생겨나지 않고,[21] 학문은 이성능력을 가진 능력이며, 영혼은 운동의 원리를 소유하기 때문에, 건강한 것[22]은 건강을 만들어내고 뜨거운 것은 뜨거움을 만들어내며 차가운 것은 차가움을 만들어낼 뿐이지만, 학문을 아는 사람은 둘을 함께 만들어낸다. 왜냐하면 이성능력은 — 그 방식이 똑같지는 않아도 — 둘을 함께 다루며 운동의 원리를 갖는 영혼 안에 있기 때문이다. 그러므로 이성능력은 동일한 원리에서 출발해서, 동일한 것에 그 둘을 결부시킴으로써 이들을 운동하게 할 것이다.[23] 이런 이유 때문에 이성적으로 무언가를 할 수 있는 것들은, 이성능력이 없이 그런 것들에 반대되는 것들을 만들어내는데, 왜냐하면 반대되는 것들은 하나의 원리, 즉 이성능력에 포섭되기 때문이다.[24]

그리고 분명히 단순한 능동적 작용이나 수동적 작용의 능력은 그런 일을 잘 수행하는 능력을 따르는 반면, 뒤의 것이 항상 앞의 것을 따르는 것은 아니다. 왜냐하면 어떤 일을 잘하는 사람은 반드시 그 일을 하지만,

---

21 V 10, 1018a25 아래 참고.

22 '건강한 것'(*to hygiainon*)은 건강에 좋은 음식이나 약초 정도로 이해하면 될 것이다.

23 예컨대 의사의 영혼 안에 있는 의술이 건강과 질병을 모두 건강에 대한 의학적 지식과 결부시킴으로써, 그 둘에 영향을 끼친다는 뜻으로 이해하면 된다.

24 1046b24의 'miai gar archēi periechetai, tōi logōi'에서 주어는 분명치 않다. 로스처럼 이성능력이 낳는 결과물들(*the products of the former*)이라고 볼 수도 있고, 보니츠처럼 반대되는 것들(*das Entgegengesetzte*)이라고 볼 수도 있는데, 그 함축된 의미는 다르지 않다. 의술의 예를 다시 들자면, 의술이라는 이성적인 능력(*logos*)은 질병과 건강을 낳는데, 이 두 가지 결과는 모두 의술의 로고스 혹은 의학적 지식과 관계를 맺고 있다는 말이다.

어떤 일을 단순히 하는 데 불과한 사람이 반드시 그것을 잘하는 것은 아니기 때문이다.

3. 가능태 혹은 능력을 부정하는 메가라학파에 대한 비판

예컨대 메가라학파[25]처럼 현실적인 활동[26]을 할 때만 능력이 있는 것이고 현실적인 활동을 하지 않을 때는 능력이 없는 것이라고 말하는 사람들이 있다. 예컨대 집을 짓고 있지 않은 사람은 집을 지을 능력이 없는 것이고 집을 짓고 있을 때 집을 짓는 것이며, 다른 경우에도 이와 같다고 그들은 말한다. 이들의 주장에서 따라 나오는 불합리한 결과들은 간파하기는 어렵지 않다.

그 이유는 이렇다. (그들의 주장이 옳다면) 분명 어떤 사람이 집을 짓고 있지 않을 때는 건축가가 아닐 것이고(왜냐하면 건축가임[27]은 집을 지을 수 있음을 뜻하기 때문이다), 다른 기술의 경우에도 이와 마찬가지다. 그런데
어떤 시점에서 그것들을 배워 획득하지 않고서는 그런 종류의 기술들을 1047a
가질 수 없고, 언젠가 그것들을 잃어버리지 않고서는 — 망각이나 (수동적으로 겪은) 양태나 시간에 의해서 상실하는 경우가 있다. 하지만 그 기술 자체가 소멸하는 일은 없는데, 그것은 언제나 있기 때문이다. — 그것

25 'dynamis'에 대한 메가라학파(*hoi Megarikoi*)의 견해에 대해서는 아리스토텔레스의 발언을 제외하고는 크로노스의 디오도로스(Diodoros, 기원전 307년 사망)의 기록이 최초의 것이다. 이에 따르면, 메가라학파는 — 파르메니데스의 논리를 계승해서 — "참으로 있지 않은 것은 어떤 것도 가능하지 않다"라고 주장했다. 아리스토텔레스는 가능성의 존재를 부정하는 이런 주장의 불합리한 결과들을 통해 메가라학파의 주장을 반박한다. Ross, *Metaphysics* II, p. 244 참고.

26 IX 3, 1047a30에 대한 각주 참고.

27 '건축가임'은 'to oikodomōi einai'를 옮긴 것이며, 건축가의 본질을 가리킨다. "'건축가이다'라는 말은 '집을 지을 수 있다'를 뜻하기 때문이다"라고 이해하면 뜻이 더 분명해 질 것이다.

들을 갖지 않을 수 없다면, 일을 그치는 경우 그 기술을 가지지 않고, 어떤 방식으로든 그 기술을 획득하면 즉시 다시 집을 짓는다는 말인가? 그리고 생명이 없는 것들의 경우도 이와 같은데, 왜냐하면 (현실적으로) 감각되고 있지 않다면, 어떤 것도 차갑거나 뜨겁거나 달콤하지 않을 것이고 일반적으로 어떤 감각가능한 것도 되지 못할 것이기 때문이다.[28] 결국 그 사람들은 프로타고라스의 주장을 내세우게 되는 결과에 이를 것이다.[29] 하지만 (이런 주장에 따를 경우) 감각을 하지 않는다면, 즉 현실적인 감각활동을 하지 않는다면, 어떤 것도 감각을 갖지 못할 것이다. 그런데 만일 본성적으로 능력을 가지고 있고 그런 능력을 갖추게 된 때에 이르러 여전히 그런 상태에 있음에도 불구하고, (현실적으로) 시각을 갖지 않는 것을 일컬어 눈이 멀었다고 한다면, 똑같은 사람들이 하루에도 수십 번 장님이 될 것이고, 또 귀머거리가 될 것이다.

또한 만일 능력을 박탈당한 것을 일컬어 능력이 없다고 한다면, (현실적으로 아직) 생겨나지 않은 것은 생겨날 수 있는 능력이 없을 것이다. 하지만 생겨날 수 있는 능력이 없는 것을 두고 그것이 지금 있거나 앞으로 있을 거라고 말하는 사람은 거짓을 말하는 셈일 것이므로('능력이 없다'는 그런 뜻을 갖기 때문이다[30]), 결국 이런 주장들은 운동과 생성을 부정하는 결과에 이른다. 그 이유는 이렇다. (그 주장들이 옳다면) 서 있는 사람은 항상 서 있을 것이고 앉아 있는 사람은 항상 앉아 있을 것이다. 왜냐하면 어떤 사람이 앉아 있다면 그는 일어서지 못할 터인데, 일어설 수 있는 능력이 없는 사람은 다시 일어서는 것이 불가능할 것이기 때문이다. 그런데 만일 이렇게 말할 수 없다면, 분명 능력과 현실적 활동은 다르다(앞

28 『영혼론』 II 7, 418a29 아래와 419a9 아래 참고. 아리스토텔레스에 따르면, 색깔이나 맛과 같은 감각성질은 감각기관의 감각활동이 있을 때 현실적으로 존재하지만, 그런 감각을 낳을 수 있는 능력은 대상 자체 안에 가능적으로 혹은 잠재적으로 주어져 있다.

29 프로타고라스의 감각이론과 상대주의에 대해서는 IV권 5장과 6장 참고.

30 '생겨날 수 있는 능력이 없는 것'(*to adynaton genesthai*, 1047a12)은 지금도 있지 않고 앞으로도 있을 수 없는 것을 뜻하기 때문이다.

서 소개한 주장들은 능력과 현실적 활동을 똑같은 것으로 만들어버리며, 그런 이유에서 볼 때 그것들이 부정하려고 하는 것은 사소한 것이 아니다). 그 결과 있을 수 있는 능력은 있지만 (현실적으로) 있지 않을 수 있고[31] 있지 않을 수 있는 능력은 있지만 (현실적으로) 있을 수 있으며 다른 범주들의 경우도 이와 같아서, 걸을 수 있는 능력은 있지만 걷고 있지 않을 수 있고 걷지 않을 수 있는 능력은 있어도 걷고 있을 수 있다. 어떤 것이 능력이 있다고 함은, 그것이 능력을 가지고 있으며 그에 해당하는 현실적 활동이 그것에 속하는 데 아무런 불가능한 점이 없음을 뜻한다. 내 말은, 예컨대 어떤 것이 앉을 수 있는 능력이 있고 앉을 수 있다면,[32] 그것에 앉는 활동이 속하는 데 아무 불가능한 점이 없다는 뜻이다. 그리고 (다른 것에 의해) 운동하게 됨이나 (다른 것을) 운동하게 함, 일어섬이나 일어서게 함, 있음이나 생겨남, 있지 않음이나 생겨나지 않음, 이런 것들에 대해 그렇게 할 수 있는 능력이 있다고 말할 때도 마찬가지다.

'에네르게이아'라는 말은 '엔텔레케이아'와 연관되어 있지만, 주로 운동들로부터 다른 것들로 그 뜻이 확대되었다.[33] 왜냐하면 일반적 의견에 따르면 '에네르게이아'는 대다수의 경우 운동이기 때문이다. 이런 이유 때문에 사람들은 있지 않은 것들에 운동은 부여하지 않아도 다른 술어들을 부여하는데, 예컨대 있지 않은 것은 사유될 수 있고 욕구될 수 있어도,[34] 운동하지는 않는다. 이는 (있지 않은 것들은) 현실적으로는 있지 않지만 언젠가 현실적으로 있을 것이기 때문이다. 왜냐하면 있지 않은 것들 1047b
가운데 어떤 것들은 가능적으로 있기 때문이다.[35] 하지만 그것들은 있지

---

31 1047a20-1: "endechetai dynaton men ti einai mē einai de". 로스는 "it is possible that a thing may be capable of being and not be"라고 옮겼다. 'endechesthai'와 'dynaton'은 모두 '가능하다', '~일 수 있다'를 뜻하지만, 여기서는 앞의 것은 사실적 혹은 논리적 가능성을, 뒤의 것은 능력을 뜻한다.

32 여기서도 'dynaton'과 'endechetai'가 함께 쓰였다.

33 아래의 X 8, 1050a21-2 참고.

34 '있지 않은 것들'(*ta mē onta*)에 대한 사유가능성을 마련하는 점에서 아리스토텔레스는 있지 않은 것의 사유가능성을 부정한 파르메니데스와 다르다(D-K, 28 B 3).

않은데, 그 이유는 그것들이 완전한 상태에 있지 않기 때문이다.

4. 가능성이라는 뜻의 가능태

앞서 말했듯이 (현실적 활동이) 그것에 따르는 한에서 어떤 것이 '가능하다'고 일컬어진다면, "이것은 이런저런 가능성이 있지만 그렇게 되는 일은 없을 것이다"라는 말은 분명 참일 수 없으니, 이런 식으로 말한다면 있을 수 없는 것들은 사라져버릴 것이다.[36] 내가 뜻하는 것은, 예컨대 어떤 사람이 — 있을 수 없는 것을 고려하지 않은 채 — "사각형의 대각선은 측정이 가능하지만 측정되는 일은 없을 것이다"라고 말하는 경우인데, 그 이유는 (그것이 참이라면) 어떤 것이 있거나 생겨날 수 있는 가능성은 가지고 있으면서 지금 있지 않을 뿐만 아니라 앞으로 있지 않아도 문제될 것이 전혀 없겠기 때문이다.[37] 하지만 앞에서 이루어진 논의들로부터 필연적으로 다음과 같은 결론이 따라 나온다. 즉, 어떤 것이 (현실적으로는 어떤 상태에) 있지 않지만 그런 상태에 있거나 있게 되는 것이 가능하다고 전제해도, 불가능할 것이 전혀 없다. 하지만 (위의 사례의 경우) 그런

---

35 이 문장이나 앞 문장에서 '현실적으로 있다'와 '가능적으로 있다'는 물론 '현실적 활동을 하고 있다', '능력을 가지고 있다'의 뜻이다. 두 경우 모두 아리스토텔레스는 'energeia'와 'dynamis'를 부사적으로 사용하는데, 이하에서는 이 둘을 각각 '현실적으로', '가능적으로'라고 옮긴다.

36 이 장에서는 '능력'(*potency*)보다는 '가능성'(*possibility*)의 의미에서의 'dynamis'가 논의된다. 가능성과 현실성을 구분하지 않으면, '있을 수 없는 것들'(*ta adynata einai*)은 사라져버리고 '불가능성'(*adynaton*)의 개념이 들어설 자리가 없다는 것이 아리스토텔레스의 논변의 요지이다.

37 "사각형의 대각선은 측정가능하지만 측정되는 일은 없을 것이다"(*dynaton tēn diametron metrēthēnai ou mentoi metrēthēsesthai*)라고 말하는 것은 옳지 않다. 이런 말은 현실화될 수 없는 가능성 또는 능력이 있음을 가정하는 셈이기 때문이다. 하지만 현실화될 수 없는 능력 또는 가능성을 가정하는 일이 허용된다면, 가능성과 불가능성 또는 능력과 무능력은 더 이상 구분할 수 없게 된다.

일이 불가능하다는 결론이 따라 나올 것인데, 왜냐하면 대각선의 측정은 불가능하기 때문이다. 그 이유는 거짓과 불가능한 것은 동일하지 않기 때문이다. 말하자면 (네가 현실적으로 앉아 있는데) 네가 지금 서 있다고 말하는 것은 거짓이지만, 불가능하지는 않다.

하지만 그와 동시에 분명한 점은, 만일 A가 있을 때 필연적으로 B가 있다면, A가 있을 가능성이 있을 때 필연적으로 B가 있을 가능성도 있다는 사실이다. 그 이유는 이렇다.[38] B가 있을 가능성이 필연적이 아니라면, 그것이 있을 가능성이 없어도 아무 문제가 없다. 이제 A가 가능하다고 해 보자. A가 있는 것이 가능할 경우, A가 실제로 있다고 가정한다면, 아무 불가능한 결과가 따라 나오지 않는다. 그리고 그 경우 B는 필연적으로 있다. 하지만 B는 불가능했다.[39] B가 불가능하다고 해 보자. 만일 B가 불가능하다면, A 역시 필연적으로 그럴 수밖에 없다. 그런데 앞의 것은 불가능한 것이었고, 따라서 뒤의 것 역시 불가능하다. 따라서 만일 A가 있다면 필연적으로 B도 있는 관계 속에 두 항이 놓여 있다면, A가 가능하면 B도 가능할 것이다. 만일 A와 B가 이런 관계 속에 있는데 그런 조건에서[40] B가 가능하지 않다면, A와 B는 이미 가정한 것과 같은 관계에 놓여 있지 않은 셈이 될 것이다. 그리고 만일 A가 있을 가능성이 있을 때 필연적으로 B가 있을 가능성도 있다면, 만일 A가 실제로 있다면, 이때 B가 실제로 있는 것 역시 필연적이다. 왜냐하면 A가 있는 것이 가능

38 "A가 있을 때 필연적으로 B가 있다면, A가 있을 가능성이 있다면 B가 있을 가능성도 필연적이다"(*ei tou A ontos anankē to B einai, kai dynatou ontos einai tou A kai to B anankē einai dynaton*)라는 진술을 증명하려는 아리스토텔레스의 논증은 귀류법적이다. 즉, 이 논증은 "A가 있을 때 필연적으로 B가 있지만, A가 있을 가능성이 있다고 해서 필연적으로 B가 있을 가능성이 있는 것은 아니다"라는 가정을 세우고 이를 반박하는 데서 시작한다.

39 위에서 "B가 있을 가능성이 필연적이 아니라면, 그것이 있을 가능성이 없다고 해도 아무 문제가 없다"(*ei gar mē anankē dynaton einai, outhen kōlyei mē einai dynaton einai*)라고 가정했기 때문이다.

40 A가 가능하다고 전제할 때를 뜻한다.

할 때 필연적으로 B가 있을 가능성이 있다는 말은, 만일 A가 일정한 때 일정한 방식으로, 즉 그렇게 있을 가능성이 있다고 가정된 방식으로 있다면, B 역시 필연적으로, 그때 그런 방식으로 있을 수밖에 없음을 뜻하기 때문이다.

5. 능력을 얻는 방식과 능력의 실현조건들

모든 능력 가운데 어떤 것들은 감각처럼 타고난 것이고 어떤 것들은 피리 연주능력처럼 습관에 의해 생겨나며 또 어떤 것들은 다양한 기술능력처럼 배움을 통해 생겨나기 때문에, 그 중 일부, 즉 습관과 이성능력에 의해 생겨나는 것들은 선행(先行)활동을 통해 생겨날 수밖에 없지만, 그렇지 않고 수동적 작용과 관련된 능력들은 그런 일이 필요하지 않다.[41]

1048a 그런데 '능력이 있다'는 어떤 것을 할 수 있는 능력이 있음을 뜻하고, 이는 일정한 때 일정한 방식으로, 그리고 그것에 대한 규정에 부가되어 있어야 하는 다른 모든 측면과 관계해서 이루어지기 때문에, 어떤 것들은 이성능력에 따라 운동을 낳을 수 있고 그런 것들에 속하는 능력들은 이성능력을 동반하는 반면, 어떤 것들은 비이성적이고 그것들에 속하는 능력들도 비이성적이다.[42] 앞의 것들은 반드시 생명이 있는 것에 속해 있을 수밖에 없지만, 뒤의 것들은 (생명체와 무생물) 둘 다에 속하며, 그 중 한 쪽의 능력들은[43] 작용할 수 있는 것과 작용을 받을 수 있는 것[44]이 — 가능한 방식으로 — 만날 때 필연적으로 그 중 하나는 작용을 하고 다른

---

41 다양한 능력을 얻는 방식에 대해서는 『니코마코스 윤리학』 II 1, 1103a26 아래 참고.

42 위의 1046b1 아래에서 이루어진 이성적 능력들과 비이성적 능력들 사이의 구분 참고.

43 비이성적인 것들(*ta aloga*)에 속하는 비이성적 능력들(*dynameis alogoi*)을 가리킨다.

44 1048a6의 'to poiētikon'과 'to pathētikon'에 대해서는 IX 1, 1046a12에 대한 각주를 함께 참고.

하나는 작용을 받지만, 다른 쪽의 능력들은 그럴 필연성이 없다. 그 이유는 이렇다. 비이성적 능력들은 모두 단 하나의 결과를 만들어내지만, 이성적 능력들은 반대결과들을 만들어낼 수 있고, 따라서 반대되는 것들을 함께 만들어낼 것이다. 하지만 이는[45] 불가능하다. 따라서 불가불 다른 주도적인 것이 있어야 하는데, 욕망이나 선택이 그에 해당한다.[46] 왜냐하면 행위자가 주도적인 것에 이끌려 (반대되는 것들) 둘 중 어느 하나에 대한 욕망을 가지면, 그는 능력에 알맞은 조건이 마련된 상태에서 (수동적으로) 작용할 수 있는 것과 만날 때 자신이 욕망하는 것을 행할 것이기 때문이다. 그러므로 이성능력에 따라 무언가를 할 수 있는 능력이 있는 행위자는 어떤 경우든, 자신이 할 수 있는 능력의 범위 안에서 주어진 조건에 따라 자신이 욕망하는 것을 행할 수밖에 없는데, 그는 작용받을 수 있는 것이 앞에 있고 일정한 조건이 마련된 상태에서[47] 그런 능력을 갖는다. 그렇지 않다면, 행위자는 행동을 할 수 없을 것이다('외부의 방해요인이 아무것도 없다면'이라는 규정을 덧붙이는 것은 더 이상 필요하지 않다. 왜냐하면 행위자가 (행동) 능력을 갖는 것은 행동을 행할 수 있는 능력의 존재방식에 상응하는데, 이 능력은 모든 조건이 아니라 일정한 조건에서 존재하며 외적 방해요인들은 그 조건에서 배제되기 때문이다. (그 능력에 대한) 규정에 포함된 몇몇 내용들이 그것들을 배제한다). 그러므로 설령 어떤 사람이 두 가지 일이나 반대되는 것들을 동시에 행하려는 의지나 욕구를 갖는다고 해도, 그렇게 하지 못할 터인데, 그는 이런 방식으로 그것들을 행할 능력이 없고, 함께 행할 수 있는 능력도 없기 때문이다. 그는 자신의 능력의 범위 안에 있는 것들을 지금까지 말한 방식으로 행할 것이다.[48]

---

45 동시에 반대자(*enantia*)를 결과로 낳는 것을 가리킨다.

46 '욕망'(*orexis*)이나 '선택'(*proairesis*)이 '주도적인 것'(*to kyrion*)이라는 말은, 동물적 욕구(*epithymia*)와 같은 직접적인 욕망이나 숙고를 거친 욕망(*bouletikē orexis*)인 선택이 행동을 결정하는 원리라는 뜻이다. 『니코마코스 윤리학』 III 2-3 참고.

47 1048a16의 'poiein'은 빼고 읽었다.

48 1048a23의 독해와 번역은 보니츠(*Metaphysica*, p. 392)의 분석을 따른다.

6. 가능태와 현실태의 구분. 특별한 뜻의 가능태. 현실적 활동과 운동의 구분

운동과 관련된 능력에 대해서는 이미 이야기했으니,[49] 현실태에 대해서 현실태가 무엇이고 그 본성이 어떤지 규정해 보자. 왜냐하면 (이런 설명을 하는 가운데) 우리는 능력이 있는 것과 관련해서도, 그것이 — 무제한적인 뜻에서건 특정한 뜻에서건 — 본성상 다른 것을 운동하게 할 수 있는 것이나 다른 것에 의해 운동할 수 있는 것을 뜻할 뿐만 아니라 다른 뜻으로도 쓰인다는 사실을 분명하게 알게 될 터이니, 이런 이유 때문에 우리는 탐구를 진행하면서 그것들에 대해 두루 살펴보았던 것이다.

우리가 '가능적'이라고 부르는 것과 같지 않은 방식으로 어떤 대상이 주어져 있을 때, 그것이 바로 현실태이다. 우리는 예컨대 나무 안에 헤르메스가 가능적으로 있고 전체 선 안에는 절반의 선이 가능적으로 있으며 (그것이 떨어져 나올 수 있기 때문이다) 학문을 알고 있지만 이론적인 고찰활동을 하지 않는 사람을 일컬어 가능적으로 있다고 말하는데,[50] 그는 이론적인 활동을 할 수 있는 능력이 있기 때문이다. 그와 대비되는 것이 현실적으로 있는 것이다. 개별적인 것들의 경우 우리가 말하려는 점
1048b 은 귀납[51]에 의해 분명해지는데, 모든 것에 대해 정의를 찾아서는 안 되고 유비적 대응관계에 의해서[52] 전체를 개관해야 한다. 집을 지을 수 있

---

49 IX 1-5의 논의 주제는 '운동과 관련된 능력'으로 이것은 운동의 능력이라는 뜻에서의 뒤나미스, 즉 가능태였다.

50 이를테면 기하학 지식을 습득해 가지고는 있지만, 지금 이 순간 기하학 연구활동을 하지 않는 경우가 이에 해당한다. 『영혼론』 II 1, 412a22 아래와 『동물발생론』 II 1, 735a9 아래 참고.

51 '귀납'(*epagogē*)이란 '개별적인 것들로부터 출발해서 보편적인 것에 이르는 방법'(『토피카』 I 12, 105a13-4)이다.

52 'analogon'을 문맥에 따라 '유비적 대응관계' 혹은 '유비적 대응자'(1043a5)로 옮긴다. '유비'(*analogia*)는 — 아리스토텔레스의 정의에 따르면 — '비율들의 균등성'(*isotēs logōn*)이며 '적어도 4개의 항으로 이루어진다.' 『니코마코스 윤리학』 V 3, 1131a31-2 참고.

는 자에 대해 집을 짓고 있는 자, 잠자는 자에 대해 깨어있는 자, 눈을 감았지만 시력이 있는 자에 대해 보고 있는 자, 질료에 대해 질료를 깎아낸 것, 그리고 제작될 수 있는 것에 대해 제작된 것은 서로 유비적 대응관계에 있다. 이런 비교항들 가운데 한쪽은 현실태로, 다른 한쪽은 가능태로 분류된다고 해 보자. 모든 것은 똑같은 방식에 따라서가 아니라 유비관계에 의해서, 즉 갑이 을 안에 있거나 을에 대해 갖는 관계는 병이 정 안에 있거나 정에 대해 갖는 관계와 같다는 이유에서 현실적으로 있다고 불린다. 왜냐하면 어떤 때는 능력에 대한 운동이, 어떤 때는 어떤 질료에 대한 실체가 현실적인 것이라고 일컬어지기 때문이다.

무한한 것과 공허한 것이나 그런 종류의 다른 것들이 가능적으로 있다거나 현실적으로 있다고 말할 때, 이는 다른 많은 것들, 예컨대 보는 것과 걷는 것과 보이는 것에 대해 그런 말을 할 때와 그 뜻이 다르다.[53] 그 이유는 이렇다. 뒤의 것들은 특정한 시점에 아무 제한 없이 참이 될 수 있는데, 왜냐하면 보이는 것은 (지금) 보이기 때문에 그렇게 불리기도 하지만, 보일 수 있는 능력이 있기 때문에 그렇게 불리기도 한다. 하지만 무한한 것이 가능적으로 있다면, 이는 그것이 장차 현실적으로 분리가능한 것이 될 수 있다는 뜻에서가 아니라 지식의 대상으로서 분리가능하다는 뜻에서 그렇기 때문이다. 왜냐하면 분할이 끝나지 않는다는 사실은 이러한 (분할의) 현실적 활동이 가능적으로 존재한다는 사실을 보여줄 뿐, 그 무한한 것이 분리되어 존재한다는 것을 보여주지는 않기 때문이다.

〔〔한계를 갖는 행동들 가운데 그 어떤 것도 목적은 아니고 목적과 관계를 맺고 있으니, 예컨대 살을 빼는 일이나 살빼기가[54] 그렇다. 어떤 사람이 살을 뺄 때 신체의 부분들 자체는 운동하고 있어도, 그 운동이 지향하는 목적이 아직 주

53 1048b10-1은 로스를 따라 "legetai dynamei kai energeiai ⟨ē⟩ pollois tōn ontōn (……)"으로 읽었다.

54 1048b19는 로스에 따라 'ischnasia'(살빼기)를 넣어서 읽었다.

어져 있지 않은데, 이런 운동은 행동, 적어도 완전한 행동은 아니다(왜냐하면 그런 운동은 목적이 아니기 때문이다).[55] 반면 어떤 운동 안에 목적이 내재한다면, 그것은 행동이다. 예컨대 사람은 보면서 〈보았고〉 이해하면서 〈이해했고〉 사유하면서 사유했지만,[56] 배우면서 이미 배웠거나 건강해지면서 건강을 얻은 것은 아니다. 우리는 잘 살면서 잘 살았고, 행복하면서 행복했다. 그렇지 않다면, 살을 빼는 과정 중에 있을 때 그렇듯이, 지금은 그렇지 않아도 언젠가 그런 일이 끝나겠지만, 우리는 살고 있고 이미 살았다. 분명 이것들 중 어떤 것들은 운동이라고 부르고, 어떤 것들은 현실적 활동이라고 불러야 한다.[57] 왜냐하면 모든 운동은 불완전하기 때문인데, 살빼기, 배움, 걷기, 집짓기가 그렇다. 이것들은 운동들이고 분명히 불완전하다. 왜냐하면 우리가 걸으면서 동시에 이미 걸은 것은 아니고, 집을 지으면서 이미 집을 지은 것은 아니며, 생겨나면서 동시에 이미 생겨난 것은 아니기 때문이다. 운동을 하면서 이미 운동을 완료한 것은 아니고, 그 둘은 다른데, 운동과 운동의 완료는 다르다.[58] 반면 동일한 주체가 동시에 이미 보았고 보고 있으며, 사유하면서 이미 사유를 완료했다. 그

55 살을 빼는 과정 자체가 살빼기의 목적(*telos*)은 아니라는 뜻이다.

56 1048b23-4에서 아리스토텔레스는 현실적 활동의 완전성 또는 무시간성을 동사의 현재시제와 완료시제를 사용해서 표현한다. "hoion horai hama 〈kai heōrake,〉 kai phronei 〈kai pephronēke,〉 kai noei kai nenoēken (……)." 이에 대한 로스의 번역을 참고하라. "E. g. at the same time we are seeing and have seen, are understanding and have understood, are thinking and have thought ……." 실천적 지혜(*phronēsis*)와 지성(*nous*)의 차이에 대해서는 『니코마코스 윤리학』 VI 5-6 참고. 그에 따르면 실천적 지혜는 '인간에게 좋은 것들이나 나쁜 것들과 관련해서 이성(*logos*)을 가지고 행동할 수 있는 참된 상태(*hexis*)'(1140b20-1)이고, 지성, 즉 직관 또는 직관적 사유는 학문적 인식(*epistēmē*)의 '원리들'(*archai*)에 대한 앎(1141a7-8)이다. 이런 뜻의 지성에 대해서는 『분석론 후서』 II 19, 100b15 아래도 함께 참고.

57 『니코마코스 윤리학』 X 4에서 아리스토텔레스는 목적(*telos*)을 향한 과정인 불완전한 운동(*atelēs kinēsis*, 1174a22)과 목적을 이미 자기 안에 가지고 있는 완전한 현실적 활동(*teleia energeia*, 1174b16)을 구분한다. 이런 뜻에서 운동은 '가능적인 한에서 가능적인 것의 현실태'(*energeia tou dynamei hēi toiouton*, XI 9, 1065b16)이나 '가능적인 것인 한에서 가능적인 것의 완전한 상태'(*energeia tou dynamei, hē tou dynamei ontos entelecheia, hēi toiouton*, 『자연학』 III 1, 201a10)로 정의된다.

58 1048b33은 로스를 따라 "all' heteron, kai kinei kai kekinēken"을 넣어 읽었다.

러므로 이런 것을 나는 현실적인 활동이라고 부르고, 앞의 것을 운동이라고 부른다.]] 현실태가 무엇이고 어떤 본성을 갖는지는 지금까지의 논의나 그런 종류의 논의들에 의해 우리에게 분명해진 것으로 해 두자.

7. 언제 어떤 것은 가능적으로 있는가? 질료와 부수적인 것으로부터 파생된 명칭의 사용방식

그러나 각 대상이 언제 가능적으로 있고 언제 그렇지 않은지를 규정해야 한다. 왜냐하면 아무 때나 그렇지는 않기 때문이다. 예컨대 흙은 가능적으로 사람인가? 아마 그렇지 않고, 씨[59]가 이미 생겼을 때 그렇거나, 아마 그때도 그렇지 않을 것이다. 따라서 이는 다음과 같은 경우와 마찬가지다. 의술에 의해서나 우연에 의해서나 모든 것이 건강하게 되는 것은 아니고 그럴 수 있는 능력이 있는 어떤 것이 있는데, 이것이 가능적으로 건강한 것이다. (1) 사고에서 시작해서 가능적으로 있는 것으로부터 완전한 상태에 있는 것이 생겨난다고 할 때, 그런 생성에 대한 정의는, (사고의 주체가) 그것을 바라고 외부의 방해가 전혀 없을 때 그런 일이 생긴다는 데 있다. 반면 다른 경우, 즉 건강해지는 것 안에서 (우연히) 그런 일이 일어날 때, 그에 대한 정의는, 그것 안에 있는 것들 가운데 어떤 것의 방해도 없을 때 그런 일이 생긴다는 데 있다.[60] 집이 가능적으로 있다고 말할 때도 마찬가지다. 만일 그것, 즉 질료 안에 있는 것들 가운데 집이 생기는 것을 방해하는 것이 아무것도 없고 부가해서 생겨나거나 떨어져 나가거나 변화되어야 할 것이 아무것도 없다면, 그것은 가능적인

59 '씨'로 옮긴 'sperma'는 식물의 경우에는 씨를, 동물의 경우에는 수컷이 내주는 정액을 가리킨다. 'gonē'라고도 불린다. 『동물발생론』 I 18, 724b12 아래 참고.

60 앞에서 나눈 두 가지 경우, 즉 의술에 의해서 건강하게 되는 경우와 우연히 건강해지는 경우를 나누어 논의하면서 그 각각의 경우를 어떻게 규정해야 할 것인지를 말하고 있다. VII 7, 1032a27 아래 참고.

집이다. 그리고 이는 생성의 원리가 밖에 있는 다른 것들의 경우에도 마찬가지다. (2) (생성의 원리가) 생성하는 것 자체 안에 있는 것들의 경우, 그런 것들은 외부의 방해가 아무것도 없을 때 자신의 힘으로 어떤 것이 될 것이다. 예컨대 씨는 아직 가능적인 사람이 아닌데, 왜냐하면 그것은 다른 것 안에서 변화를 거쳐야 하기 때문이다. 하지만 어떤 것이 자기 자신에게 속한 원리에 의해서 그렇게 될 수 있는 성질을 가진다면, 그것은 이미 가능적인 사람이다.[61] 반면 앞의 것은 다른 원리를 필요로 하는데, 이는 흙이 아직 가능적인 조각상이 아닌 것과 마찬가지다(왜냐하면 그것은 변화를 거친 뒤에야 청동이 될 것이기 때문이다).

생각건대 우리가 어떤 이름으로 부르는 대상은 '이것'이 아니라 '어떤 것으로 된' 것이다.[62] 예컨대 상자는 나무가 아니라 나무로 된 것이고, 나무는 흙이 아니라 흙으로 된 것이며, 흙은 다시 — 만일 이런 식으로 나간다면 — 다른 '어떤 것'이 아니라 '어떤 것으로 된' 것이다. 언제나 그 어떤 것은 가능적으로 무제한적인 뜻에서 그 다음에 오는 것이다.[63] 예컨대 상자는 흙으로 된 것도 흙도 아니고 나무로 된 것이다. 왜냐하면 나무는 가능적인 상자이며 상자의 질료는 바로 그것인데, 무제한적인 뜻에서의 나무는 무제한적인 뜻에서 상자의 질료이고, 이 나무는 이 상자

---

61 예컨대 사람의 씨(정액)는 아직 가능적인 사람이 아니다. 왜냐하면 그것은 그 자체의 힘으로는 사람이 될 수 없고, 사람이 되려면 씨가 모태에 들어가 어미의 피에 작용해서 배아가 생겨나야 하는데, 이 배아가 비로소 가능적인 사람이다. 그것은 이미 생성의 원리(*archē tēs geneseōs*)를 자기 안에 갖고 있기 때문이다. 『동물발생론』 I 20, 728b32 아래 참고.

62 1049a18-9의 'eoike de ho legomen einai ou tode all' ekeinon'에 대한 로스의 번역을 참고하라. "It seems that when we call a thing not something else but 'thaten'." VII 7, 1033a6-7도 함께 참고.

63 예컨대 어떤 질료에서 흙이 생기고, 흙에서 나무가 생기고, 나무에서 상자가 생기는 일련의 과정을 생각한다면, 나무는 가능적으로 그 뒤에 오는 것, 즉 상자이고, 흙은 가능적으로 그 뒤에 오는 것, 즉 나무이다. 물론 이때 어떤 특정한 나무가 가능적인 상자라거나 어떤 특정한 흙이 가능적인 나무라고 말하지는 않기 때문에, 아리스토텔레스는 "언제나 그 어떤 것(=다른 것의 질료)은 가능적으로 무제한적인 뜻에서 그 다음에 오는 것(= 그 질료에서 생겨난 것)이다"라고 덧붙인다.

의 질료이다. 그런데 만일 더 이상 다른 어떤 것에 의거해서 '어떤 것으로 된'이라고 불리는 첫째가는 것이 있다면, 이것은 첫째 질료인데, 예컨대 흙은 공기로 된 것이지만, 공기는 불이 아니라 불로 된 것이라면, 불은 첫째 질료이고 '이것'이 아니다.[64] 왜냐하면 주체[65]와 기체는 바로 이 점에서, 즉 '이것'인가 그렇지 않은가에 의해 구별되기 때문이다. 예컨대 양태들의 기체는 사람, 즉 육체와 영혼이고, 양태에 해당하는 것은 음악적 교양과 하양이다(어떤 사람에게 음악적 교양이 생겨날 경우 그 사람은 '음악'이라고 불리는 것이 아니라 '음악적'이라고 불리고 사람은 '하양'이 아니라 '하얀 것'이라고 불리며, '걸음'이나 '운동'이 아니라 '걷는 것'이나 '운동하는 것'이라고 불리는데, 이는 '어떤 것으로 된'[66]이라는 표현과 같다). 이렇게 불리는 것들의 경우 그 최종적인 것은 실체이지만, 이렇게 불리지 않고 어떤 형상과 '이것'이 술어일 경우 그 최종적인 것은 질료와 질료적 실체이다.[67] 그리고 '어떤 것으로 된'이라는 명칭이 질료와 상태들과 관

64 질료적인 측면에서 사물을 분석할 때, 그 최종 지점에 오는 첫째 질료(*prōtē hylē*)는 '이것'(*tode ti*)이라고 지칭되는 데 필요한 어떤 개별성도 갖지 않는다. VII 3, 1029a20 아래의 질료 개념 참고.

65 1049a28의 '주체'(*to kath' hou*)는 '다른 것들의 주어가 되는 것', 또는 '다른 것들을 술어로 갖는 것'이라고 옮길 수도 있겠지만, 여기서는 간단히 '주체'라고 옮겼다. 그 어구의 보다 완전한 형태에 대해서는 VII 3, 1028b36(〈*to*〉 *kath' hou ta alla legetai*) 참고. V 8, 1017b13-4의 실체에 대한 정의도 함께 참고.

66 VII 7, 1033a7 참고.

67 아리스토텔레스의 철학에서는 주어-술어의 형식으로 이루어진 진술들을 크게 두 종류로 분류할 수 있다. 첫째는 "소크라테스는 음악적이다"와 같은 형태의 진술이다. 이 진술은 음악적 교양이 소크라테스에게 속한다는 사실을 표현한다. 이 경우 음악적 교양의 최종적 기체(*eschaton hypokeimenon*)는 물론 소크라테스이다. 둘째는 "이 나무는 책상이다"와 같은 형태의 진술인데, 이 진술은 나무라는 질료에 책상의 형상(*eidos*)이 속한다는 사실을 표현한다. 이 경우에는 나무가 기체이고, 책상의 형상은 그 기체에 속한다. 이런 점을 염두에 두고 아리스토텔레스는 형상이 술어(*to katēgoroumenon*)의 자리에 온다고 말한다. 물론 여기서 술어의 자리에 온다고 아리스토텔레스가 말하는 책상의 형상이 '책상'이라고 불리는 보편자는 아니다. 엄밀하게 말해서 나무라는 질료에 책상의 형태 또는 책상의 형상이 속하고, 그럼으로써 "이 나무는 책상이다"라는 진술이 가능해진다.

1049b 련해서 쓰이는 것은 결과적으로 옳다. 왜냐하면 그 둘은 불확정적이기 때문이다.[68]

지금까지 우리는 어떤 대상이 언제 가능적으로 있다고 말해야 하고 언제 그렇다고 말할 수 없는지에 대해 이야기했다.

8. 정식과 시간과 실체의 측면에서 볼 때 현실태는 가능태에 대해 앞선다. 영원하거나 필연적인 것은 가능태를 갖지 않는다

'앞서다'는 여러 가지 뜻으로 쓰이기 때문에,[69] 현실태가 가능태(능력)에 앞선다는 것은 분명하다. 나는 여기서 다른 것 안에 또는 다른 것인 한에서의 자기 안에 있는 변화의 원리라는 뜻의 가능태(능력)뿐만 아니라 모든 종류의 운동과 정지의 원리를 가리켜 말하는 것이다. 왜냐하면 본성은 능력이 속하는 것과 동일한 유에 속하는데,[70] 그것은 운동의 원리이지만, 다른 것 안에 있지 않고, 자기 자신 안에 있기 때문이다.

(1) 현실태는 그런 종류의 모든 가능태에, 정식에서뿐만 아니라 실체

68 아리스토텔레스가 되풀이해서 강조하듯이, 두 종류의 파생적 술어가 있다. 그 하나는 기체의 질료에서 파생된 것인데, 예컨대 '나무로 된' 것이 그에 해당하고, 다른 하나는 기체에 부수적인 것들에서 파생된 것인데, 예컨대 '음악적'이 그에 해당한다. 질료와 부수적인 것들은 불확정적(*aoriston*)이라는 데 공통점이 있다. 질료는 — 상대적으로 — 아무 특성도 갖지 않고 부수적인 것들은 본질적인 술어들처럼 어떤 고유한 기체에 국한되어 있지 않다는 점에서 그렇다. 이와 동시에 아리스토텔레스는 두 종류의 기체가 있다고 말하는데, 하나는 형상이나 본질의 밑바탕에 놓인 순수한 질료이고, 다른 하나는 부수적인 것들의 밑바탕에 놓인 완전한 개체이다. VII 13, 1038b4 아래 참고.

69 V 11, 1018b9 아래 참고.

70 1049b8-9의 'gignetai en tautōi gar'는 예거(Jaeger)를 따라 빼고 읽었다. 자연물은 자기 안에 운동과 변화의 원리를 갖는데, 이 원리를 일컬어 '본성'(*physis*)이라고 한다. 이런 본성을 갖는 자연물은 자기 자신을 변화시키는 능력을 자기 자신 안에 가지고 있다. 'physis'의 여러 가지 의미에 대해서는 V 4, 1014b16 아래와 『자연학』 II 1, 192b13 아래 참고.

에서도 앞서지만, 시간에서 보면 어떤 뜻에서는 앞서고 어떤 뜻에서는 그렇지 않다. 정식에서 현실태가 가능태에 앞선다는 것은 분명하다. 왜냐하면 첫 번째 뜻에서 능력을 가진 것은 어떤 현실적 활동을 행할 수 있다는 이유에서 가능적이기 때문인데, 예컨대 집을 지을 수 있는 능력이 있는 자를 일컬어 '집을 지을 수 있다'고 하고, 볼 수 있는 능력이 있는 것을 일컬어 '볼 수 있다'고 하며, 보일 수 있는 능력이 있는 것을 일컬어 '보일 수 있다'고 한다. 동일한 설명이 다른 것들에도 적용되는데, 결과적으로 어느 하나에 대한 정식과 지식은 다른 하나에 대한 정식과 지식에 앞설 수밖에 없다.

(2) 시간에서는 다음과 같은 뜻에서 현실태가 앞선다. 즉, 종이 동일하면서 현실적으로 있는 것은 — 수적으로는 그렇지 않다고 하더라도 — (가능태에) 앞선다. 내 말은 이런 뜻이다. 이미 현실적으로 있는 개별적인 사람이나 곡식이나 보는 자보다는 질료[71]나 씨나 보는 능력을 가진 것이 시간적으로 앞서는데, 이런 것들은 가능적으로 사람이고 곡식이며 보는 자이지만, 현실적으로는 아직 그렇지 않다. 하지만 그것들에 시간적으로 앞서서 다른 것들이 현실적으로 있으니, 이것들로부터 앞에서 말한 것들이 생겨났다. 왜냐하면 현실적으로 있는 것은 언제나 현실적으로 있는 것의 작용에 의해 가능적으로 있는 것으로부터 생겨나기 때문인데, 예컨대 사람은 사람으로부터, 음악적인 사람은 음악적인 사람에 의해 생겨나는 바, 항상 운동을 낳는 첫 번째 것이 있으니, 이 원동자는 이미 현실적으로 있다. 실체에 대한 논의에서 말했듯이, 생겨나는 것은 모두 어떤 것으로부터 어떤 것의 작용에 의해 어떤 것이 되는데, 작용을 하는 어떤 것은 생겨난 것과 종적으로 동일하다.[72] 이 때문에 집을 지어본 적이 없이 집을 지을 수 있거나 키타라를 연주해본 적이 없이 키타라를 연주할 수

71 사람의 질료는 어미가 제공하는 피(경혈, *katamēnia*)이다. VIII 4, 1044a34-5와 『동물 발생론』 I 20, 729a21 아래와 II 4, 738b20 아래 참고.

72 VII 7, 1032a13-4와 24-5 참고.

있는 경우는 있을 수 없으니, 왜냐하면 키타라 연주를 배우는 사람은 키타라를 연주하면서 키타라 연주를 배우며, 다른 경우도 마찬가지이기 때문이다. 이로부터 소피스테스식 반박, 즉 어떤 사람이 학문적 인식을 갖지 못한 채 그 학문적 인식이 다루는 일을 행할 것이라는 반박이 생겼는데,[73] 왜냐하면 배움의 과정에 있는 사람은 아직 학문적 인식을 갖고 있지 않기 때문이다. 하지만 생겨나는 것의 어떤 부분은 이미 생겨난 상태에 있고 일반적으로 볼 때 운동하는 것의 어떤 부분은 이미 운동을 마친
1050a 상태에 있으며(이는 운동에 대한 저술[74]에서 분명히 밝혀졌다), 배우는 자 또한 학문적 인식의 일부를 반드시 가지고 있어야 한다.[75] 그렇다면 이런 뜻에서도 역시, 현실태가 생성 및 시간에서 가능태에 앞선다는 사실이 분명히 드러난다.

(3) 하지만 실체에서도 그렇다.[76] 첫째로, (a) 생성에서 뒤서는 것은 형상과 실체에서 앞선다는 이유에서 그렇고(예를 들면 어른이 아이보다 앞서고 사람이 씨보다 앞서는데, 그 중 하나는 이미 형상을 가지고 있지만, 다른 것은 그렇지 않기 때문이다[77]), 또한 생겨나는 것은 모두 원리이자 목적을 향

---

73 이에 대한 자세한 논의는 『분석론 후서』 I 1, 71a26 아래와 플라톤, 『메논』 80D 참고.

74 『자연학』 VI 6을 가리킨다.

75 예컨대 수학적 능력이 아직 수학적 인식을 갖지 않은 사람의 계산활동에 의해 생겨날 수 있다는 말은, 아직 수학적 인식을 갖지 않은 사람이 계산활동을 한다는 말이기 때문에 모순적이라는 것이 소피스테스식 반박(*sophistikos elenkos*)의 내용이다(Bonitz, *Metaphysica*, p. 402 참고). 이에 대해 아리스토텔레스는 수학을 배우는 사람은 어떤 뜻에서 이미 수학적 인식을 가지고 있다고 대응한다. 그에 따르면 사람은 타고난 계산능력이 있으며, 수학을 배우는 과정의 계산활동은 이 능력을 현실화시켜 완전한 수학적 인식을 지닌 상태로 만드는 일이다. 다시 말해서 사람에게는 타고난 계산능력이 있고, 이를 바탕으로 계산활동을 통해 현실적으로 실현된 계산능력을 습득한다. 그런 뜻에서 이 두 번째 의미에서의 계산능력(*dynamis*)은 배우는 과정의 계산활동(*energeia*)으로부터 생겨난다.

76 현실태가 실체에서 가능태에 앞선다는 말은, 현실적인 것은 가능적인 것보다 더욱 실재적이고 완전한 실체임을 뜻한다.

77 식물의 씨나 사람의 씨(정액, *sperma*)는 어떤 의미에서는 형상을 갖추고 있다. 하지만 가능적으로 그럴 뿐이다. VII 9, 1034a33 아래와 『동물발생론』 II 1, 735a5 아래 참고.

해 나아간다는 이유에서도 그런데(왜냐하면 지향 대상은 원리이며, 생성은 목적을 위해서 있기 때문이다[78]), 현실태는 목적이요 이것을 위해서 가능태가 획득된다. 왜냐하면 동물들이 보는 것은 시각을 갖기 위해서가 아니라 거꾸로 그들은 보기 위해서 시각을 갖는 것이고, 마찬가지로 집 짓는 기술은 집을 짓기 위해서 있으며 이론적 지식은 이론적 고찰활동을 위해서 있는 것이지, 이론적 지식을 갖기 위해서 이론적 활동을 하는 것은 아니기 때문이다. 연습을 하는 사람들의 경우는 그렇지 않겠지만, 이들은 실제로 이론적 고찰활동을 하는 것이 아니고 어떤 제한된 뜻에서 그렇게 할 뿐이다.[79] 또한 질료가 가능적으로 있는 것은 그것이 형상에 도달할 수 있기 때문이며, 질료가 현실적으로 있다면 그때 그것은 형상 안에 있다. 운동이 최종목적인 다른 경우에도 이와 같아서, 가르치는 사람들은 학생이 이론적 활동을 하는 것을 눈앞에 보여주고 나서야 끝을 보여주었다고 생각하는데, 자연도 이와 마찬가지이다. 왜냐하면 만일 그렇지 않다면, 이는 파우손의 헤르메스와 사정이 같게 될 터인데, 그 이유는 학문적 인식은, 그 조각상이 그렇듯이, 안에 있는지 밖에 있는지 분명치 않겠기 때문이다.[80] 그러니까 기능(*ergon*)은 목적(*telos*)이요, 현실

조대호, 「『동물의 생성에 대하여』를 통해 본 아리스토텔레스의 생성이론」, 『서양고전학연구』 제18집, 2002, 115쪽 아래도 함께 참고.

78 이 구절을 올바로 이해하려면 'archē'는 '시작'과 '원리'라는 뜻을, 'telos'는 '끝'과 '목적'이라는 뜻을 갖는다는 사실에 주목해야 한다. 생성은 끝에 오는 것에 도달하기 '위해서'(*heneka*) 진행된다. 그런 뜻에서 생성과정의 끝은 생성과정의 목적이다. 이를테면 아이가 자라나 어른이 되는 성장과정의 경우에 어른은 성장과정의 끝이자 동시에 그 과정의 목적인데, 그 까닭은 성장과정은 어른이 되기 '위해서' 있기 때문이다. 한편, 이런 뜻의 목적은 성장과정이 시작될 때부터 이미 그 과정의 지향점으로 놓여 있었던 것이다. 그래서 성장과정의 끝 혹은 목적은 동시에 그 과정의 시작 혹은 원리이기도 하다. VII 7의 기술적 제작의 예와 『동물부분론』 I 1, 640a18 아래 참고.

79 1050a14의 'hē oti ouden deontai theōrein'은 빼고 읽었다. 이 말의 뜻은 분명하지 않다. 이 구절에 대한 해석의 어려움에 대해서는 Ross, *Metaphysics* II, p. 264 참고.

80 조각가 파우손은 돌을 쪼아서 헤르메스를 조각해 넣었는데, 겉보기에는 마치 돌에서 솟아나온 부조(浮彫)처럼 보였다. 마찬가지로 어떤 사람이 학문적 활동을 하고 있지 않다면, 그가 학문적 지식을 실제로 가지고 있는지 그렇지 않은지를 분간할 수 없을

태(*energeia*)는 그 기능이니, 그런 까닭에 '에네르게이아'라는 말은 '에르곤'에서 파생해서 '엔텔레케이아'를 가리키게 되었다.[81]

어떤 경우에는 활용이 최종적인 것이고(예컨대 시각의 경우에는 보는 활동이 그에 해당하는데, 시각작용으로부터는 그것 자체와 다른 어떤 것도 생겨나지 않는다), 어떤 경우에는 어떤 결과가 생겨나지만(이를테면 건축술로부터는 건축활동과 떨어져서 집이 생겨난다), 어쨌건 앞의 경우에는 활용이 목적이고, 뒤의 경우에는 활용이 능력보다 목적에 더 가까운데, 왜냐하면 건축활동은 건축되는 것 안에 있고 집과 동시에 생겨나고 집과 동시에 있기 때문이다.[82]

그렇다면 활용과 떨어져서 생겨나는 다른 어떤 것이 있는 경우, 현실적 활동은 만들어지는 것 안에 있으니, 예컨대 건축활동은 건축되는 것 안에 있고 직조(織造)는 직조되는 것 안에 있으며, 다른 모든 것들의 경우도 이와 같아서 일반적으로 말하자면 운동은 운동하는 것 안에 있다. 반면 현실적 활동과 떨어져서 다른 어떤 제작물이 없는 경우, 현실적 활동은 행위자 안에 있으니, 예컨대 보는 활동은 보는 사람 안에 있고 이론적 고찰은 이론적으로 고찰하는 사람 안에 있고 삶은 영혼 안에 있고 따라서 행복도 그런데, 왜냐하면 행복은 특정한 성질의 삶이기 때문이다.[83]

따라서 분명히 실체와 형상은 현실태이다. 이런 근거에서 분명 현실태가 실체의 측면에서 가능태에 앞서며, 앞서 말했듯이[84] 현실태가 있으면 항상 다른 현실태가 그것에 시간적으로 앞서고, 이는 영원한 첫째 원동

것이라는 말이다.

81 엄밀하게 말해서 'energeia'는 능력의 현실적 활동(*activity*) 또는 능력의 현실화(*actualization*)를 뜻하는 반면, 'entelecheia'는 현실화의 목적(*telos*)이 되는 활동의 상태(*actuality*)나 완전한 상태(*perfection*)를 가리킨다. IX 1, 1046a4에 대한 각주 참고.

82 운동이 운동하는 물체 안에 있듯이, 집짓기는 짓는 과정 중에 있는 집 안에 있다. 집을 짓는 활동은 아직 그 목적인 집을 만들어내는 데까지는 이르지 못했지만, 그럼에도 불구하고 집을 지을 수 있는 능력에 비하면 그 활동의 최종목적에 더 가까이 있다.

83 『니코마코스 윤리학』 I 8, 1098b12-22 참고.

84 IX 8, 1049b17-29 참고.

자의 현실적 활동으로까지 이어진다.[85]

그러나 (b) 현실태는 보다 주도적인 뜻에서도 앞서는데, 왜냐하면 영원한 것들은 실체의 측면에서 가멸적인 것들에 앞서고, 영원한 것은 결코 가능적으로 있지 않기 때문이다. 그에 대한 설명은 이렇다. 모든 능력은 동시에 대립적이다. 왜냐하면 어떤 것에 속할 능력이 없는 것은 어떤 것에도 (현실적으로) 속할 수 없겠지만, 가능적인 것은 모두 현실적으로 있지 않을 수 있기 때문이다.[86] 그래서 있을 수 있는 가능성을 가진 것은 있을 수도 있고 있지 않을 수도 있는데, 왜냐하면 동일한 것이 있음과 있지 않음의 가능성을 갖고 있기 때문이다. 한편, 있지 않을 수 있는 가능성을 가진 것은 있지 않을 수 있으며, 있지 않을 수 있는 것은 소멸할 수 있으니, 무제한적인 뜻에서 그럴 수도 있고, 어떤 것이 있지 않을 수 있다고 말할 때 우리가 고려하는 어떤 제한된 측면에서, 즉 장소나 양이나 성질에서 그럴 수도 있는데, '무제한적인 뜻에서'라는 말은 '실체에서'를 뜻한다. 그러므로 무제한적인 뜻에서 소멸하지 않는 것들 중 어떤 것도 무제한적인 뜻에서 가능적으로 있지 않은데[87](그렇다고 해도 특정한 측면에서는, 예컨대 양이나 장소에서는 변화를 겪을 수 있다), 따라서 그것들은 모두 현실적으로 있다. 필연적으로 있는 것들도 모두 그렇다[88](하지만 이런 것들은 첫째가는 것들인데, 왜냐하면 그것들이 없다면, 아무것도 없을 것이기 때문이다). 운동도, 만일 그것이 영원한 것이라면, 가능적으로 있을 수

85 '영원한 첫째 원동자의 현실적 활동'(*he energeia tou aei kinountos prō tōs*)에 대해서는 신에 대한 XII 7, 1072b27 아래의 진술 참고.

86 1050b10-1: "to dynaton de pan endechetai mē energein". 애당초 불가능한 일은 어떤 경우에도 현실적이 될 수 없지만, 가능적인 것은 어떤 경우에는 현실적인 상태에, 어떤 경우에는 현실적이 아닌 상태에 있을 수 있다.

87 다시 말해서 영원한 것들(*ta aidia*, 1050b6-7), 즉 실체의 측면에서 생성하거나 소멸하지 않은 것은 실체의 측면에서는 있거나 있지 않을 수 있는 가능성을 갖지 않는다는 뜻이다. 물론 그런 것들은 실체와는 다른 측면, 즉 양적인 면이나 질적인 면에서는 변화의 가능성을 가진다.

88 예컨대 XII 7, 1072b7-8에 따르면, "운동을 낳지만 그 자신은 운동하지 않고 현실적인 활동 가운데 있는 것이 있다면, 그것은 어떤 방식으로도 달리 있을 수 없다."

없으며, 만일 영원히 운동하는 것이 있다면, 그것도 마찬가지일 것인데, 그것은 어디에서 와서 어디로 간다는 뜻을 제외하고는 (그것이 그런 질료[89]를 갖는 것을 가로막는 점은 없다) 다른 운동의 능력을 갖지 않는다. 그런 이유 때문에 해와 별들과 천계 전체는 영원히 현실적인 활동 가운데 있는데, 자연학자들이 염려하듯,[90] 그것들이 멈춰 서지 않을까 걱정할 필요는 없다. 그것들은 지칠 줄 모르고 움직이는데, 왜냐하면 그것들의 운동은 가멸적인 것들의 운동처럼 대립의 가능성에 매어 있어 연속적인 운동이 힘겹지 않기 때문이니, 이런 사태의 원인은 (해당 대상의) 실체가 현실적인 활동이 아니라 질료와 가능성이라는 데 있다.[91]

변화 속에 있는 것들, 예컨대 흙이나 불과 같은 것들도 불멸하는 것들을 모방한다. 왜냐하면 그것들도 언제나 현실적으로 활동하고 있기 때문인데, 그것들은 그 자체의 본성에 따라서 자기 안에 운동을 지니고 있다. 반면 위에서 규정한 다른 능력은 모두 대립의 능력인데, 왜냐하면 어떤 방식으로 다른 것을 움직일 수 있는 능력을 가진 것은 그렇지 않은 방식으로 그것을 움직일 수도 있기 때문이다. 이성적인 능력들이 그렇다. 반면 비이성적인 능력들은 똑같은 것들이 옆에 있느냐 그렇지 않느냐에 따라 대립적인 결과를 낳을 수 있다. 그러므로 만일 변증론자들[92]이 이데아들이라고 부르는 것과 같은 종류의 자연적인 것들이나 실체들이 있
1051a 다면, 학문 자체보다도 훨씬 더 학문적인 것이 있을 것이고 운동 자체보다도 훨씬 더 운동하는 것이 있을 것이니, 왜냐하면 이것들은 더 높은 수준의 현실태들일 것이며, 학문 자체나 운동 자체는 그런 것들의 가능태

89 VIII 1, 1042b6에서는 이렇게 이동(*phora*)에 적합한 질료를 일컬어 '장소적 질료'(*hylē topikē*)라고 부른다. VIII 4, 1044b7-8도 함께 참고.

90 엠페도클레스를 두고 하는 말이다. 『천체론』 II 1, 284a24 참고.

91 동물, 식물, 사람과 같은 가멸적인 감각적 실체들은 본질적으로 질료를 포함하며, 그에 따라 있음과 있지 않음의 가능성을 함께 가지고 있다. VII 7, 1032a20 아래를 보라.

92 형상들을 내세운 플라톤주의자들은 정의, 즉 'logos' 안에서 있는 것들을 탐구하려고 했기 때문에 '변증론자들'(*hoi en tois logois*)이라고 불린다. I 6, 987b31 참고.

들일 것이기 때문이다.

그렇다면 분명 현실태가 가능태 및 모든 변화의 원리에 앞선다.

9. 좋은 현실적인 활동이 능력보다 더 좋고, 나쁜 현실적인 활동은 능력보다 더 나쁘다. 그러므로 자연세계 안에는 어떤 분리된 나쁨의 원리도 없다. 현실적 활동을 통해 찾아내는 기하학의 진리들

현실적인 활동이 훌륭한 능력보다 더 좋고 더 고귀하다는 사실은 다음과 같은 사실을 통해 볼 때 분명하다. 어떤 것을 할 수 있는 능력에 따라서 이름이 불리는 것들은 똑같은 것이 그 반대되는 것을 할 수 있는 능력이 있는데, 예컨대 건강해질 수 있다고 불리는 것은 똑같이 병이 들 수 있으며, 동일한 것이 그 두 능력을 동시에 가진다. 왜냐하면 건강해지는 것과 병이 드는 것, 정지와 운동, 집을 짓는 것과 집을 허무는 것, 집이 되는 것과 허물어지는 것에는 동일한 능력이 속하기 때문이다.[93] 그렇다면 반대되는 것을 할 수 있는 능력은 동시에 주어져 있지만, 반대되는 것들이 동시에 있는 것은 불가능하며, 현실태들, 예컨대 건강함과 병듦이 동시에 있는 것은 불가능한 까닭에, 그것들 가운데 어느 하나는 필연적으로 좋은 것일 수밖에 없지만 무엇인가를 할 수 있는 능력은 양면적이거나 아니면 중립적이다. 그러므로 현실태가 더 좋다. 하지만 나쁜 것들의 경우에도 그 끝과 현실태는 능력보다 반드시 더 나쁠 수밖에 없다. 왜냐하면 할 수 있는 능력이 있는 것은 똑같은 상태에서 반대되는 것을 둘 다 할 수 있기 때문이다. 그러므로 분명 나쁜 것은 대상들과 떨어져 있는 것이 아닌데, 왜냐하면 나쁜 것은 본성상 능력보다 뒤에 오기 때문이다. 그러므로 처음부터 있고 영원한 것들 가운데는 나쁜 것도 없고 잘못도 없

93 예컨대 건축가는 집을 지을 수도 있고 집을 허물 수도 있으며, 건축자재들은 집이 될 수도 있고 허물어질 수도 있다.

으며 파멸되는 일도 없다(왜냐하면 파멸은 나쁜 것들에 속하기 때문이다).

기하학의 명제들[94]도 현실적인 활동에 의해서 발견되는데, 왜냐하면 우리는 나누는 활동을 통해 그것들을 발견하기 때문이다.[95] 만일 그것들이 이미 나뉜 상태에 있었다면, 그것들은 분명히 드러나 있겠지만, 현재는 가능적인 상태에 있다. 무엇 때문에 삼각형의 내각의 합은 두 직각과 같은가? 그 이유는 한 점 주위의 각들의 총합이 2개의 직각과 같기 때문이다. 그래서 만일 빗변에 대해 평행선이 그어져 있었다면, 그것을 본 사람에게는 그런 정리가 즉시 분명했을 것이다. 무엇 때문에 반원 안에 있는 각은 모든 경우에 직각인가? 그 이유는, 만일 세 변의 길이, 즉 두 밑변과 그 중심으로부터 세운 수직선의 길이가 같다면, 앞의 명제를 이미 아는 상태에서 그것을 보는 사람에게는 그런 사실이 분명할 것이다. 그렇다면 분명 가능적으로 있는 것들은 현실적인 활동으로 이끌려감으로써 발견된다. 그 이유는 (기하학자의) 사유는 현실적인 활동이기 때문이다. 그러므로 능력은 현실적인 활동에서 나오고, 이런 이유 때문에 우리는 작도를 행함으로써 그에 대해 알게 된다(물론 수적으로 동일한 현실적 활동은 생성에서 (능력보다) 뒤에 온다).

94 '기하학의 명제들'(*diagrammata*)에 대해서는 V 3, 1014a36에 대한 각주 참고.

95 여기서 아리스토텔레스는 에우클레이데스(Eukleides)의 이른바 『기하학원론』(*Stoicheia*) 1, 32와 3, 31의 명제에 대한 증명을 소개한다. 그 가운데 삼각형의 내각의 합이 두 직각과 같다는 명제(1, 32)는 아래의 첫째 그림을 통해 다음과 같이 증명된다. 선분 BC를 D까지 그리고, BA의 평행선 CE를 위쪽으로 그린다. 그렇다면 각 CAB = ACE이고 ABC = ECD이다(1, 29). 따라서 BCA + CAB + ABC = BCA + ACE + ECD이다. 그리고 이것은 BCA + ACD와 같은데, 이 각의 합계는 두 직각과 같다(1, 13). 그러므로 삼각형의 내각의 합은 두 직각과 같다. 반원 안에 있는 각이 직각이라는 두 번째 명제(3,31)에 대한 증명에 대해서는 Ross, *Metaphysics* II, p. 270 참고.

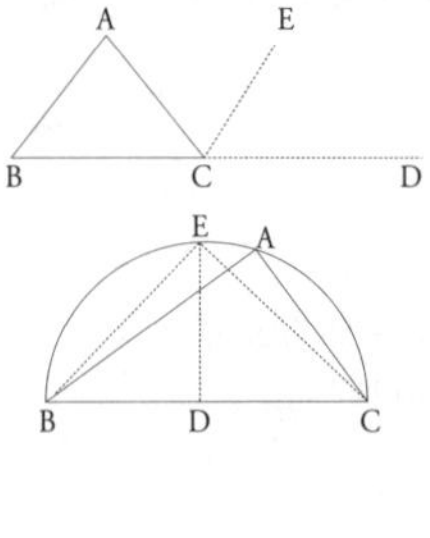

10. 참이라는 뜻에서의 있음. 합성된 것들과 합성되지 않은 것들의 경우 참의 의미

'있는 것'과 '있지 않은 것'은 어떤 때는 범주들의 형태에 따라서 쓰이고, 어떤 때는 그것들의 가능태 및 현실태나 그와 반대되는 것들에 따라서 쓰이며, 마지막으로는 참과 거짓의 뜻으로 쓰인다.[96] 그런데 이 마지막 것은 대상들의 측면에서 그것들의 결합과 분할에 의존하기 때문에, 분할된 것을 분할되었다고 생각하고 결합된 것을 결합되었다고 생각하는 사람은 참을 말하고 있지만, 대상들과 반대되는 생각을 가진 사람은 잘못을 범하고 있다. 그렇다면 언제 참이나 거짓이라고 불리는 것이 있고 또 언제 있지 않을까? 이 말의 뜻이 무엇인지 살펴보아야 한다. 네가 하얗다는 것이 참이라고 우리가 생각하기 때문에 네가 하얀 것이 아니라, 네가 하얗기 때문에 우리가 그렇게 말하면 참이다. 그런데 어떤 것들은 언제나 결합되어 있어서 분할이 불가능하고, 어떤 것들은 언제나 분할되어 있어서 결합이 불가능한 반면, 또 어떤 것들은 반대되는 것들을 받아들일 수 있는데,[97] 왜냐하면 '~이다'('있다')는 결합되어 하나임을 뜻하는 반면, '~이 아니다'('있지 않다')는 결합되지 않은 채 여럿임을 뜻하기 때문이다. 그렇다면 (결합과 분할을) 받아들일 수 있는 것들에 대해서는 동일한 의견과 주장이 거짓이 되기도 하고 참이 되기도 하는데, 그것들은 어떤 때는 참일 수 있고 어떤 때는 거짓일 수 있다. 반면 달리 있을 수 없는 것들에 대해서는 어떤 때는 참이 되고 어떤 때는 거짓이 되는 일은 없고, 동일한 것들이[98] 언제나 참이거나 거짓이다.

합성되지 않은 것들의 경우[99] '~이다'와 '~이 아니다', 참과 거짓은

---

96 IV 7, 1011b25 아래와 V 7, 1017a31 아래 참고.

97 결합(*synkeisthai*)되기도 하고 분할(*dieresthai*)되기도 한다는 뜻이다.

98 1051b17은 보니츠를 따라 'tauta'로 읽었다.

99 '합성되지 않은 것들'이라고 옮긴 1051b17의 'asyntheta'가 무엇을 가리키는지는 분명치 않다. XII권에 등장하는 순수 형상, 즉 신을 비롯한 부동의 원동자들을 가리키는

무엇을 뜻하는가? 왜냐하면 그것들은, 이를테면 "나무는 하얗다"거나 "대각선은 측정불가능하다"처럼, 결합될 때는 있고(~이고) 분할되어 있을 때는 있지 않다(~이지 않다)는 식의 합성물이 아니기 때문이다. 참과 거짓 역시 지금 예로 든 것들의 경우와 같지 않다. 아마도 그런 것들의 경우[100] 참이 (합성적인 것들의 경우에 성립하는 것과) 똑같지 않듯이, 있음(~임)도 똑같은 것이 아닐 것이다. 그 경우 참이나 거짓이 있는데, 접촉과 발언은 참이고[101](발언과 긍정은 같은 것이 아니기 때문이다[102]), 무지란 접촉하지 않음일 것이다. 왜냐하면 '무엇'에 대해서는 — 부수적인 뜻에서 그런 경우를 제외한다면 — 착오에 빠지는 것이 불가능하기 때문이다.[103] 합성되지 않은 실체들의 경우에도 이와 마찬가지인데, 그 이유는 그런 것들의 경우에는 잘못이 있을 수 없기 때문이다. 그것들은 모두 가능적이 아니라 현실적으로 있으니, 그 이유는 이렇다. (만일 그것들이 가능적으로 있다면) 생겨나거나 소멸하겠지만, 있는 것 자체는 생겨나지도 않고 소멸하지도 않는데, (만일 그것이 생겨나거나 소멸한다면) 어떤 것으로부터 생겨날 것이기 때문이다. 어떤 것의 '무엇'에 해당하는 것이며[104] 현실적

것일 수도 있고, 로스(*Metaphysics* II, p. 276)의 추측대로 "소크라테스는 사람이다"나 "대각선은 두 변과 동일한 단위에 의해 측정가능하다"와 같은 진술을 이루는 낱말들, 즉 '소크라테스', '사람', '대각선', '측정가능하다'와 같은 것들을 가리킬 수도 있다.

100 합성되지 않은 것들(*asyntheta*)을 가리킨다.

101 '접촉(*thigein*)과 발언(*phanai*)은 참'이라고 할 때, '접촉'은 직접적인 파악에 대한 비유적인 표현이다. XII 7, 1072b21에서는 지성과 사유 대상의 직접적인 접촉을 일컬어 그 낱말을 사용한다. 이런 접촉은 오류의 가능성이 없고, 어떤 매개도 필요로 하지 않는다. 이런 지적 활동은 오류의 가능성이 없다는 점에서는 고유한 감각 대상에 대한 감각과 비슷하고(『영혼론』 III 6, 430b29), 매개를 필요로 하지 않는다는 점에서는 촉각과 비슷하다(『영혼론』 II 11).

102 '긍정' 혹은 '긍정진술'(*kataphasis*)과 '발언'(*phasis*)의 차이에 대해서는 『명제론』 3, 16b27과 17a17 참고. 예컨대 '사람'이라고 말하면, 이 말은 '발언'이지만 '긍정'은 아니다. 왜냐하면 진술은 어떤 것에 대해(*kata*) 어떤 것을 말하는 것(*phasis*)이기 때문이다. '사람은 이성적이다'는 긍정진술이다.

103 "소크라테스는 아고라에 앉아 있다"는 참일 수도 있고 거짓일 수도 있다. 하지만 "사람은 두 발 가진 동물이다"는 언제나 참이다.

으로 있는 것들, 이런 것들의 경우에는 잘못이란 불가능하며 그것들을 사유하거나 그렇지 않거나 둘 중의 하나이다. 하지만 그것들에 대해서 그것들이 '무엇'인지, 즉 그것들이 이러저러한 본성을 갖는지 그렇지 않는지는 탐구 대상이다.

(b) 참이라는 뜻에서의 '~이다'와 거짓이라는 뜻에서의 '~이 아니다'를 두고 말하자면, 한 경우에는 (주체와 그에 속하는 것이) 결합되어 있으면 참이고 결합되어 있지 않으면 거짓이며, 다른 한 경우에는 어떤 것이 있다면 일정한 방식으로 있고, 그런 방식으로 있지 않다면 있지 않다.[105] 이 경우 참은 그것들에 대한 사유에 있다.[106] 그것들에 대해서는 거짓도 착오도 없고 무지가 있을 뿐인데, 이것은 눈이 먼 상태와 같은 상태가 아니다. 왜냐하면 눈이 먼 상태는 어떤 사람이 사유능력을 전혀 갖지 않은 것과 같기 때문이다.

그렇다면 분명 운동하지 않는 것들의 경우, 만일 누군가가 그것들을 운동하지 않는 것이라고 판단한다면, 시점(時點)에 따라 잘못이 빚어지는 일은 있을 수 없다. 예컨대 삼각형이 변화하지 않는다고 생각한다면, 어떤 때는 삼각형의 내각의 합이 두 직각과 같고 어떤 때는 그렇지 않을 것이라고 생각할 수 없을 것이다(왜냐하면 만일 그렇다면, 삼각형은 변화하는 셈일 것이기 때문이다). 하지만 (삼각형과 같은 대상들을 두고) 어떤 것은 이러저러하고 어떤 것은 그렇지 않다고 생각할 수는 있는데, 예컨대 어떤 짝수도 소수(素數)가 아니라고 생각할 수 있고 혹은 어떤 수들은 소수이

104 1051b30의 'hoper einai ti'에서 'einai'는 'to ti en einai'의 축약어로 볼 수 있다. 그리고 'hoper einai ti'라는 표현 전체는 이를테면 "갑은 무엇인가?"라고 물을 때 그 '무엇'에 대한 대답으로 제시되는 것을 가리킨다.

105 참과 거짓이라는 뜻의 '이다'와 '아니다'는 합성된 것들의 경우와 단순한 것들의 경우에 각각 달리 정의된다. 예컨대 "소크라테스는 아고라에 앉아 있다"는 소크라테스와 아고라에 앉아 있음이 결합되어 하나를 이루면 참이지만, 그렇지 않으면 거짓이다. 반면 "사람은 두 발을 가진 동물이다"는 언제나 참이다. 사람은 언제나 두 발 가진 동물이기 때문이다. 두 발 가진 동물이 아닌 사람은 없다.

106 위의 1051b31-2 참고.

고 어떤 수들은 그렇지 않다고 생각할 수 있다. 하지만 수가 하나인 것들[107]에 대해서는 이런 생각도 할 수 없다. 왜냐하면 그런 경우 어떤 것들은 이러저러하고 어떤 것들은 그렇지 않다고 우리는 생각할 수 없고, 우리의 믿음은 참이거나 거짓일 것인데, 그 이유는 그것들은 언제나 일정한 방식으로 존재하기 때문이다.

107 '수가 하나인 것들'(*arithmōi hena*)은 태양이나 달과 같은 천체들을 가리킨다. 이런 것들에 대한 인식이 사람이나 동물들에 대한 인식과 어떻게 다른지에 대해서는 VII 15 참고.

X권(I)

1. '하나'의 네 종류. 양이나 질의 척도라는 데 하나의 본질이 있다. 다양한 종류의 척도

'하나'가 여러 가지 뜻으로 쓰인다는 사실은 낱말의 여러 가지 뜻을 구분한 글에서 먼저 이야기했다.[1] 그런데 그 말은 더 많은 뜻으로 쓰이지만, 부수적인 뜻에서가 아니라 첫 번째 뜻에서 그 자체로서 그렇게 불리는 것들을 주요 항목에 따라 함께 묶어 분류해 보면 그 수는 넷이다. (1) 무제한적인 뜻이나 가장 높은 수준에서 연속적인 것, 즉 접촉이나 끈에 의해서가 아니라 본성에 의해서 연속적인 것이 하나인데, 그 가운데 더 분할불가능하고 더 단순한 운동을 갖는 것은 더 높은 수준에서 하나이고 다른 것들에 앞선다.[2] 또한 (2) 전체를 이루면서 어떤 형태나 형상을 가진 것은 더 높은 수준에서 하나인데, 특히 어떤 것이 본성에 의해서 그런 성질을 갖고, 접착제나 못이나 끈에 의해서 그럴 때처럼 어떤 강제력에 의해서 그런 것이 아니라 자기 자신 안에 연속적인 존재의 원인을 가

1 V 6 참고.

2 '본성'(*physis*)에 대한 V 4, 1015a13의 정의 참고.

진다면 그것은 가장 높은 수준에서 하나이다. 그런 것은 단일하면서 장소에서나 시간에서 분할불가능한 운동을 갖기 때문에 하나인데, 따라서 분명히 어떤 것이 본성적으로 첫째 운동의 첫째 원리를 — 예컨대 이동의 경우 원환운동이 그런 것에 해당한다[3] — 가진다면 그것이 그런 성질을 갖는데, 그 까닭은 그런 것은 첫 번째 뜻에서 하나의 연장물이기 때문이다. 그렇다면 어떤 것들은 이런 방식으로, 즉 그것이 연속적이거나 전체인 한에서 하나이지만, 다른 것들은 하나의 정식을 갖는 한에서 하나인데,[4] 단일한 사유의 대상이 되는 것들, 즉 분할불가능한 사유의 대상이 되는 것들이 뒤의 경우에 해당하며, 종이나 수에서 분할불가능한 것에 대한 사유는 분할불가능하다. (3) 개별자는 수에서 분할불가능하고, (4) 앎이나 학문적 인식의 측면에서 분할불가능한 것은 종에서 분할불가능한데, 따라서 실체들의 경우 그것들을 (각각) 하나이게 하는 원인[5]은 첫 번째 뜻에서 하나일 것이다. 그렇다면 '하나'는 이렇게 여러 가지 뜻으로 쓰여서, 본성에 따라 연속적인 것과 전체인 것, 개별자와 보편자가 하나라고 불리지만, 이것들은 모두 두 가지 이유에서, 즉 그것들이 분할불가능한 운동을 갖거나 분할불가능한 사유나 정식을 갖는다는 이유에서 하나이다.

하지만 어떤 종류의 대상들이 '하나'라고 불리고 '하나임'은 무엇이며[6] 그것에 대한 정식이 어떤 것인지에 대한 논의를 똑같은 뜻으로 받아들여서는 안 된다는 사실을 우리는 고려해야 한다. 그 이유는 이렇다. '하나'는 이렇게 여러 가지 뜻으로 쓰이고, 이런 여러 가지 용법 중 어떤 것이 속하는 것은 각각 하나이겠지만, '하나이다'는 어떤 때는 그런 것

3 XII 7, 1072b8 참고.

4 V 6, 1016b9 참고.

5 VII 17, 1041b11 아래 참고.

6 'ti esti to heni einai'의 물음은 곧 "X가 하나이다"라고 할 때, 술어의 자리에 오는 '하나이다'가 무엇을 뜻하는지를 묻는다. 그리고 이 물음에 대한 대답의 내용이 바로 '하나임'(*to heni einai*), 즉 하나의 본질을 이룬다.

들 가운데 어떤 것에 대해서 쓰이지만, 또 어떤 때는 그와 달리 '하나'라는 낱말에 더 가까운 것에 대해서 쓰일 텐데, 이는 어떤 능력 때문에 다른 것들이 그렇게 불리는 것과 대비된다. 이는 '요소'나 '원인'에 대해서 그에 해당하는 것들을 규정하고 그 낱말에 대한 정의를 제시하면서 논의를 해야 하는 경우와 사정이 같다. 그 이유는 이렇다. 어떤 뜻에서 보면 불은 요소이다(하지만 그와 똑같이 무한자나 그런 종류의 다른 어떤 것도 그 자체의 본성상 요소이다). 하지만 그것은 어떤 뜻에서는 그렇지 않다. 왜냐하면 불임과 요소임[7]은 동일한 것이 아니고, 불은 특정한 대상이자 자연물이라는 뜻에서 요소이지만, '요소'라는 낱말은 이런 사실, 즉 그것을 첫 번째 내재적인 구성부분으로 삼아 다른 어떤 것이 있다는 사실이 불에 부수적으로 속한다는 것을 가리키기 때문이다. 원인이나 하나를 비롯해서 그런 종류의 모든 것의 경우도 이와 같고, 그런 까닭에 '하나이다'는 '분할불가능하다', 즉 '"이것"이자 고유한 것으로서 장소에서나 종에서나 사유에서 분리가능하다', '전체이고 분할불가능하다', 무엇보다도 '각 유, 주로 양의 첫째 척도이다'를 뜻한다.[8] 왜냐하면 '하나이다'는 이것으로부터 다른 것들로 그 쓰임이 전이되었기 때문이다. 그 이유는 척도는 양을 인식하는 수단이고, 양적인 것은 — 그것이 양적인 것인 한에서 — 하나나 수에 의해서 인식되지만 모든 수는 하나에 의해서 인식되기에, 결국 양을 갖는 것은 모두, 그것이 양적인 것인 한에서, 하나에 의해서 인식되는데, 양적인 것들이 인식되는 데 쓰이는 첫째 수단은 바로 하나 자체이기 때문이다. 그러므로 하나는 수인 한에서 수의 원리

7 두 진술 "X는 불이다"와 "X는 요소이다"를 보자. 이 경우에도 술어의 자리에 오는 '불이다' 또는 '요소이다'에 대해 그것들이 각각 무엇인지, 즉 '불이다'와 '요소이다'가 무엇을 뜻하는지 물을 수 있다. 이에 대한 대답이 각각 '불임'(*to pyri einai*)과 '요소임'(*to stoicheiōi einai*)을 이룬다. 물론, 이때 어떤 대상 X는 불이면서 요소일 수 있지만, 그렇다고 해서 '불임'과 '요소임'이 같은 것은 아니다.

8 "X가 하나이다"라고 할 때, 그 말은 "X는 분할불가능하다(*adihaireton*)", "X는 '이것'으로서 장소나 종이나 사유에서 분리가능하다(*chōriston*)", "X는 전체이고 분할불가능하다(*holon kai adihaireton*)", "X는 양의 첫째 척도(*metron*)이다" 등의 뜻을 가진다.

이다. 하지만 여기서부터 시작해서 다른 것들의 경우에도 '척도'라는 말이 쓰이는데, 이것은 각 대상을 인식하는 첫째 수단이며 각각의 경우 척도는 하나, 즉 길이나 넓이나 깊이나 무게나 속도에서 하나이다('무게'와 '속도'라는 말은 반대되는 것들에 대해 공통적으로 쓰인다. 왜냐하면 그것들은 각각 두 가지 뜻을 갖기 때문인데, 예컨대 '무게'는 임의의 중량을 가진 것과 초과하는 중량을 가진 것에 대해 함께 쓰이고 '속도' 역시 임의의 운동을 가진 것과 초과하는 운동을 가진 것에 대해 함께 쓰이기 때문이다. 그 이유는 느린 것에도 일정한 속도가 있고, 가벼운 것에도 일정한 무게가 있기 때문이다).

이 모든 것에서 척도와 원리는 하나이자 분할불가능한 어떤 것인데, 심지어 선들의 경우에도 보폭(步幅)을 불가분적인 척도로 사용한다. 왜냐하면 사람들은 어디서나 하나이면서 분할불가능한 어떤 것을 척도로서 찾기 때문인데, 성질이나 양에서 단순한 것이 그에 해당한다. 그렇다면 빼기나 더하기가 가능해 보이지 않는 경우, 그런 경우에 통용되는 척
1053a 도는 엄밀하다(그런 까닭에 수의 척도가 가장 엄밀한데, 사람들은 모나스를 모든 측면에서 분할불가능한 것으로 내세우기 때문이다).[9] 하지만 다른 경우 우리는 그런 성격의 척도를 모방한다. 스타디온이나 탈란톤[10]의 경우를 비롯해서, 상대적으로 더 작은 것보다는 항상 더 큰 것에서 눈에 띄지 않고 어떤 부분을 빼거나 거기에 어떤 부분을 더할 수 있을 것이기 때문이다. 그러므로 감각을 통해 볼 때 그것으로부터 어떤 부분을 뺄 수 없는 첫째가는 것이 있다면, 그것을 모든 사람이 척도로 삼는데, 이는 액체에서나 고체에서나, 무게에서나 크기에서나 마찬가지다. 그리고 사람들은 그런 척도를 통해서 그 양을 알았을 때 그것을 알고 있다고 생각한다. 그리고 사실 그들은 운동마저도 단순하고 가장 빠른 운동에 의해서 안다고 생각하는데, 이런 운동은 가장 짧은 시간을 점유하기 때문이다. 그런 까닭에 천문학에서는 그런 종류의 하나[11]가 원리요 척도이며(왜냐하면

9 '모나스'(*monas*) 개념에 대해서는 V 6, 1016b24-5 참고.

10 1스타디온(*stadion*)은 약 185미터이고, 1탈란톤(*talanton*)은 26.6킬로그램이다.

사람들은 천계의 운동을 균질적이고 가장 빠른 운동이라고 전제하고 그것에 의거해서 다른 운동들을 판별하기 때문이다) 음악에서는 4분음[12]이 최소 단위이기 때문에 척도이며 목소리에서는 철자가 척도이다. 이런 것들은 모두 이런 뜻에서 일종의 하나이지만, 이는 '하나'가 모든 것에 공통된 어떤 것이라고 할 때와 같은 뜻에서 그렇지는 않고 지금까지 이야기한 것과 같은 뜻에서 그렇다.

하지만 언제나 척도가 수적으로 하나가 아니라 둘일 때도 있는데, 예컨대 4분음은 (귀로 듣기에는 그렇지 않아도 비율에 따르면) 둘이고[13] 우리가 척도로 삼는 목소리들은 여럿이며 (사각형의) 대각선과 빗변은 두 가지 단위에 의해 측정되고 연장물들이 모두 그렇다. 이와 같이 하나는 모든 것의 척도인데, 왜냐하면 우리는 실체를 양의 측면이나 형상의 측면에서 분할함으로써 그 실체의 구성부분들을 인식하기 때문이다. 그리고 이런 이유 때문에 하나는 분할불가능한데, 각 유에 속하는 것들 중에서 첫째가는 것은 분할불가능하기 때문이다. 하지만 예컨대 발(足)이나 모나스의 경우에 그렇듯이 모든 것이 똑같은 방식으로 분할불가능한 것은 아니고, 뒤의 것은 모든 측면에서 그렇지만, 앞의 것은 감각을 통해 볼 때 분할불가능한 것들에 속하는 것으로 분류해야 하는데, 이는 이미 위에서 말한 바와 같다. 왜냐하면 연속적인 것은 모두 분할가능할 것이기 때문이다.

하지만 척도는 언제나 측정되는 것과 같은 부류이다. 왜냐하면 크기를 가진 것들의 척도는 크기이며, 특히 길이의 척도는 길이이고, 넓이의 척도는 넓이이며, 목소리의 척도는 목소리이고, 무게의 척도는 무게이며, 모나스들의 척도는 모나스이기 때문이다(왜냐하면 우리는 문제를 이런 방식으로 파악해야지, 수들의 척도가 수라고 말해서는 안 되기 때문이다. 실상 우

---

11 다른 운동을 측정하는 척도로서 가장 짧은 시간을 점유하는 '단순하고 가장 빠른 운동'(*haplē kai tachista kinēsis*)을 가리킨다.

12 V 6, 1016b22에 대한 각주 참고.

13 4분음(*diesis*)은 1/4의 분수로 표현되기 때문이다. V 6, 1016b22에 대한 각주 참고.

리가 각각의 상황에 알맞은 낱말들을 사용한다면, 그렇게 말해야 할 것이다. 하지만 그런 요구는 사실 합당치 않고, 마치 모나스들의 척도가 모나스가 아니라 모나스들이기를 요구하는 것과 마찬가지다. 하지만 수는 다수의 모나스이다).

우리는 인식뿐만 아니라 감각을 사물들의 척도라고 부르는데, 이는 똑같은 이유에서이다. 즉, 우리는 그것들을 통해서 어떤 것을 아는데, 실제로 그것들은 다른 것들을 측정하기보다는 측정된다. 이때 우리는, 다른 사람이 우리를 측정하고 우리는 그가 우리의 이런저런 신체 부위에 완척[14]이라는 단위를 갖다 대는 것을 봄으로써 우리 자신의 크기가 얼마인지를 알 때와 같은 상황에 있다. 하지만 프로타고라스는 "사람이 모든 것의 척도다"[15]라고 말하는데, 이는 '인식하는 사람'이나 '감각하는 사람'이 그렇다는 말과 다를 바가 없으며, 이들을 두고 그렇게 말을 할 수 있는 까닭은 한 사람은 감각을, 다른 사람은 인식을 가지며, 이것들을 일컬어 우리는 그것들이 관계하는 대상들[16]의 척도라고 부르기 때문이다. 그래서 그들은 무언가 뛰어난 것을 말하는 것처럼 보이지만 실제로는 말하는 것이 아무것도 없다.

그렇다면 분명 가장 높은 수준에서 '하나임'은 — 우리가 낱말의 뜻에 따라서 그것을 규정한다면 — 일종의 척도이며, 가장 주도적인 뜻에서는 양의 척도이고 그 다음으로는 성질의 척도이다. 그리고 어떤 것이 양적인 측면에서 분할불가능하다면 그런 성질을 가질 것이고, 또 어떤 것이 질적인 측면에서 그렇다면 그런 성질을 가질 것이다. 그로부터 무제한적인 뜻에서나 또는 하나인 한에서 하나는 분할불가능하다는 결론이 나온다.

---

14 '완척'(腕尺)이라고 옮긴 'pēchys'는 가운데손가락 끝에서 팔꿈치까지의 길이를 가리킨다.

15 D-K, 80 B 1 참고.

16 'ta hypokeimena'를 풀어 옮겼다. 이 말은 인식(*epistēmē*)이나 감각(*aisthēsis*)의 영역에 속하는 대상들을 가리킨다.

2. 하나는 실체가 아니라 보편적 술어이다. '하나'의 외연은 '있는 것'의 외연과 같다

우리는 하나의 실체 및 본성과 관련해서 그것들이 다음의 두 방식 가운데 어떤 방식으로 있는지 탐구해야 한다. 의문들을 다루는 곳에서[17] 우리가 돌이켜 보았듯이, 하나가 무엇이고 그것에 대해 어떻게 파악해야 하는지, 즉 먼저 피타고라스학파가 그렇게 말했고 나중에는 플라톤이 그랬듯이 하나 자체가 일종의 실체인지, 아니면 자연학자들이 생각했던 대로 어떤 자연적인 것이 기체로서 밑에 놓여 있고 하나는 더 알기 쉽고 자연철학자들이 생각했던 방식에 더 가깝게 설명되어야 하는지 탐구해야 한다. 왜냐하면 자연철학자들 가운데 어떤 사람은 하나가 사랑이라고 말하고, 어떤 사람은 공기라고 말하며, 또 어떤 사람은 무한자라고 말하기 때문이다.[18]

그런데 실체와 있는 것에 대한 논변들에서 말했듯이,[19] 보편자들 가운데 어떤 것도 실체일 수 없으며, 있는 것 자체도 여럿과 떨어져 있는 하나로서 실체가 될 수 없고 (왜냐하면 그것은 공통적이기 때문이다) 단지 술어에 지나지 않는다면, 하나 역시 실체일 수 없음이 분명하다. 왜냐하면 있는 것과 하나는 가장 보편적으로 모든 것에 대해 술어가 되기 때문이다. 따라서 한편에서 보면 유(類)들도 자연물들이 아니고 다른 것들과 분리가능한 실체들이 아니며, 다른 한편에서 보면 하나는 유일 수도 없으니, 이는 있는 것과 실체가 그럴 수 없는 것과 같은 이유에서이다.[20]

또한 이런 사정은 모든 종류의 하나에 대해 똑같을 수밖에 없다. '있는 것'과 '하나'는 똑같이 여러 가지 뜻으로 쓰이며, 따라서 성질에 해당하

17 III 4, 1001a4-b25 참고.

18 엠페도클레스, 아낙시메네스, 아낙시만드로스를 염두에 두고 하는 말이다.

19 VII 13 참고.

20 III 3, 998b22 아래를 보라.

는 것들 가운데 하나이고 자연적인 어떤 것이 있고 양에 해당하는 것들의 경우에도 이와 마찬가지라면, 분명히 그 모든 범주에 걸쳐서 하나가 무엇인지를 탐구해야 하고, 이는 있는 것이 무엇인지를 탐구하는 경우와 다르지 않은데, 있는 것의 본성이 바로 그렇다고 말하는 것으로는 충분하지 않기 때문이다. 색깔들 가운데 있는 하나는 색깔, 예컨대 하양이고, 다른 것들은 이것과 검정으로부터 생겨남이 분명하며, 마치 어둠이 빛의 결여이듯이, 검정은 하양의 결여이다.[21] 따라서 만일 있는 것들 모두가 색깔이라면, 있는 것들은 어떤 수일 것이다. 그렇지만 어떤 것들의 수인가? 분명 색깔들의 수일 것이고, 그 하나는 어떤 특정한 종류의 하나, 즉 하양일 것이다. 이와 마찬가지로 만일 있는 것들이 모두 소리(音)라면, 그것들은 모두 수, 즉 4분음들의 수일 테지만, 그것들의 실체는 수가 1054a 아닐 것이다. 그리고 그 경우의 하나는 (보편자로서의) 하나가 아니라 4분음을 실체로 갖는 어떤 것일 것이다.[22] 하지만 이는 목소리들의 경우에도 마찬가지여서, 만일 있는 것들이 모두 목소리들이라면, 이것들은 철자들의 수일 것이고, 그 경우 하나는 음소(音素)[23]일 것이다. 그리고 만일 있는 것들이 모두 직선으로 이루어진 도형이라면, 그것들은 도형들의 수일 것이고, 그 경우 하나는 삼각형일 것이다.[24] 이와 똑같은 논변이 다른 유들에도 적용되며, 따라서 만일 양태나 성질이나 양이나 운동에 수들과 하나가 있고 그 모든 경우 수가 어떤 것들의 수이며 하나가 어떤 종류의 하나일 뿐 이것 자체가 실체가 아니라면, 실체들의 경우에도 사정은 마찬가지일 수밖에 없다. 왜냐하면 모든 종류의 하나에서 사정은 똑같기 때문이다.

---

21 1053b31의 'touto d' esti sterēsis phōtos'는 예거를 따라 빼고 읽었다.

22 색깔(*chrōmata*)이나 소리(*melē*) 등 모든 것에 공통된 하나가 있는 것이 아니라 각각의 부류에 대해 하나는 특정한 종류의 색깔이거나 소리라는 것이 논변의 요지이다.

23 원어는 'phthongōn stoicheia'이다.

24 예컨대 플라톤에 따르면 모든 다면체는 2개의 요소 삼각형, 즉 직각 이등변삼각형과 직각 부등변삼각형으로 환원된다. 『티마이오스』 53C 아래 참고.

그렇다면 모든 유에서 하나가 특정한 자연물이라면, 바로 그것, 즉 하나는 분명히 어떤 것의 본성도 아니다. 그와 달리 색깔들의 경우 하나 자체에 해당하는 것으로서 하나의 색깔을 찾아야 하는 것과 마찬가지로, 실체의 경우에도 하나 자체에 해당하는 것으로서 하나의 실체를 찾아야 한다. 하지만 어떤 점에서 '있는 것'과 '하나'가 동일한 것을 가리킨다는 것은 다음과 같은 사실들에 의거해 볼 때 분명하다. 즉, 그 둘은 여러 범주들에 대해 똑같이 적용되고 어떤 범주 안에도 있지 않다(예컨대 그것은 '무엇'의 범주 안에도 성질의 범주 안에도 있지 않고, '있는 것'과 똑같은 방식으로 범주들과 관계한다). 또한 '한 사람'은 '사람'과 다른 어떤 것을 부가해서 진술하지 않으며 (이는 '무엇'이나 성질이나 양과 떨어져서 '있음'이 존재하지 않는 것과 마찬가지다) '하나이다'는 '어떤 것이다'와 다른 것이 아니다.[25]

3. 하나와 여럿. 동일, 질의 동일, 다름, 차이

'하나'와 '여럿'은 여러 가지 방식으로 서로 대립하는데, 그 중 한 방식에 따르면 하나와 다수는 분할불가능한 것과 분할가능한 것으로서 서로 대립한다.[26] 왜냐하면 나뉘어져 있거나 나뉠 수 있는 것은 다수라고 불리고 나뉠 수 없거나 나뉘지 않는 것은 하나라고 불리기 때문이다. 그런데 그런 대립에는 네 가지 방식이 있기 때문에, (하나와 여럿의 관계는) 어느 하나가 결여라는 뜻에서의 대립도 아니고, 모순도, 관계도 아니며 〈반대일 것이다〉.[27] 그리고 하나는 그 반대자로부터 이름을 얻고 그 내용이 밝

25 '한 사람'(*eis anthrōpos*)과 '사람'(*ho anthrōpos*)이 가리키는 것이 다르지 않듯이, '하나이다'(*to heni einai*)와 '어떤 것이다'(*to hekastōi einai*)가 가리키는 것은 다르지 않다. 로스의 번역 "to be one is just to be a particular thing"을 참고.

26 'ta polla'와 'to plēthos'를 구분해서 '여럿'과 '다수'로 옮겼다.

27 예거는 보니츠의 추정에 따라 이 구절을 읽었다. 그 뜻은 하나와 여럿의 관계가 결여

혀지는 바, 분할가능한 것으로부터 분할불가능한 것이 이름을 얻는데, 그 이유는 다수와 분할가능한 것은 분할불가능한 것보다 더 쉽게 감각에 드러나고, 따라서 그런 감각으로 인해 다수가 정식의 측면에서 볼 때 분할불가능한 것보다 앞서기 때문이다.

하지만 반대자들을 나누면서 도식화했듯이,[28] 동일과 질의 동일과 양의 동일은 하나에 속하고, 다름과 질의 비동일과 양의 비동일은 다수에 속한다.[29] '동일하다'는 여러 가지 뜻으로 쓰여서,[30] (1) '수가 동일하다'고 말할 때가 있고, (2) 정식이나 수가 하나일 때 '동일하다'고 말하기도 하는데, 예컨대 너는 형상과 질료에서 너 자신과 하나라고 말할 때 그렇다. 또한 (3) 첫째 실체에 대한 정식이 하나일 때 '동일하다'고 말하는데, 예컨대 길이가 같은 직선들은 서로 동일하고, 길이와 각도가 같은 정사각형들도 그렇다. 물론 그 수는 여럿이지만, 이것들 안에 있는 양적 동일성은 단일성을 이룬다.

어떤 것들이 무제한적인 뜻에서도 동일하지 않고 결합된 실체에서도 차이가 없지 않지만 종이 동일하다면, 그것들을 일컬어 '질이 동일하다'고 말하는데, 이런 뜻에서 큰 사각형과 작은 사각형이 질이 동일하고 길이가 다른 직선들은 질이 동일하다. 왜냐하면 이것들은 성질이 동일하기 때문인데, 그렇다고 해서 무제한적인 뜻에서 동일한 것은 아니다. 또 어

(*sterēsis*)나 모순(*antiphasis*)이나 관계(*pros ti*)라는 뜻에서의 대립관계가 아니라 반대(*enantia*)라는 뜻에서의 대립관계를 이룬다는 데 있다. 대립의 네 종류에 대해서는 X 4, 1055a38 아래를 보라. Bonitz, *Metaphysica*, p. 423 참고.

28 IV 2, 1004a2에 대한 각주 참고.

29 '동일', '질의 동일', '양의 동일'은 각각 'tauto'(*same*), 'homoion'(*like*), 'ison'(*eqaul*)을, '다름', '질의 비동일', '양의 비동일'은 각각 'heteron'(*other*), 'anomoion'(*unlike*), 'anison'(*unequal*)을 옮긴 것이다. 아리스토텔레스는 'heteron'과 'diaphron'(*different*)을 구별하는데, 이 둘은 각각 '다르다'와 '차이가 있다' 혹은 '차이가 난다'로 옮겼다. 이 번역에서는 '양적 동일성'(等量性, *isotēs*), '양적 비동일성'(不等性, *anisotēs*), '질적 동일성'(同質性, *homoiotēs*), '질적 비동일성'(異質性, *anhomoitēs*) 등의 표현도 함께 사용한다. 1055b19 아래 참고.

30 V 9 참고.

떤 것들은 동일한 형상을 가지면서 많고 적음의 차이를 보이는데, 그런 것들 중 많고 적음의 차이를 보이지 않는 것들은 질이 동일하다. 또 어떤 것들은 예컨대 하양처럼 동일한 속성을 갖고 종이 하나이지만 강약의 정도 차이를 보이는데, 이것들도 질이 동일하다. 그 이유는 그것들이 가진 형상이 하나이기 때문이다. 또 어떤 것들은 무제한적으로 보거나 직접적으로 드러나는 측면에서 볼 때 다른 점보다는 동일한 점이 많은데, 그런 것들을 일컬어 질이 동일하다고 한다. 예컨대 주석은 〈하얗다는 측면에서〉 은과 질이 동일하고 금은 노랗고 붉다는 측면에서 불과 질이 동일하다.

그렇다면 분명 '다르다'와 '질이 동일하지 않다'는 여러 가지 뜻으로 쓰인다. 그리고 아님[31]은 동일함과 대립하는데, 그 이유는 모든 것은 서로 동일하거나 (다른 것이) 아니기 때문이다. 또 어떤 뜻에서 보면 질료와 정식이 하나가 아닌 것들은 다른데, 그런 이유에서 너와 너의 이웃은 다르다. 세 번째 뜻에서의 다름은 수학적인 것들 가운데 있다.[32] 이런 이유 때문에 모든 것은 서로 '동일하다'거나 '다르다'라고 불리는데, '하나'나 '있는 것'이라고 불리는 것들은 모두 그렇다. 왜냐하면 '다르다'는 '동일하다'의 모순항이 아니기 때문이다. 그런 이유 때문에 그런 말은 있지 않은 것에 대해서는 쓰이지 않지만 (하지만 '동일하지 않다'는 말은 쓰인다) 있는 것들 모두에 대해서 쓰인다. 왜냐하면 있으면서 하나인 것은 본성상 (다른 것과) 하나이거나 하나가 아니기 때문이다.

그런데 '다르다'와 '동일하다'는 이렇게 서로 대립하는 반면, '차이'와 '다름'은 서로 다르다.[33] 그 이유는 이렇다. 갑과 을이 서로 다르다면, 그것들이 반드시 어떤 특정한 측면에서 달라야 할 필요는 없다(왜냐하면 모

31 '아님'은 'to allo'를 옮긴 것인데, 'to heteron'과 특별한 의미상의 차이는 없다. 로스와 보니츠도 둘을 구별하지 않고, 각각 'other'와 'das Andere'로 옮겼다.

32 위의 X 1의 1053a35-b3 참고.

33 V 9, 1018a12 아래 참고.

든 것은 — 그것이 있는 한 — 다르거나 동일하기 때문이다). 하지만 갑과 을이 서로 차이가 있다면, 그것들은 반드시 어떤 특정한 측면에서 차이가 있어야 하며, 따라서 그것들이 차이가 있다고 할 때 그 준거가 되는 어떤 동일한 것이 반드시 있어야 한다. 바로 이 동일한 것은 유나 종인데, 왜냐하면 차이가 있는 것은 유나 종에서 차이가 있기 때문이다. 질료를 공통으로 갖지 않고 서로간의 생성이 불가능한 것들은 유에서 차이가 있는데, 예컨대 다른 형태의 범주에 속하는 것들이 그렇다. 반면 동일한 유를 갖는 것들은 종에서 차이가 있다('유'는 서로 차이가 있는 둘에 대해 실체의 측면에서 동일하게 술어가 되는 것을 일컫는다).[34]

반대자들은 서로 차이가 있으며, 반대는 일종의 차이이다. 우리의 이런 전제가 옳다는 것은 귀납을 통해 볼 때 분명하다.[35] 왜냐하면 반대자들 역시 분명히 서로 차이가 있기 때문인데, 단순히 다른 것이 아니라 어
1055a 떤 것들은 유가 다르고, 또 어떤 것들은 동일한 축의 술어 안에서 다르며,[36] 따라서 동일한 유 안에 있고 유가 동일하다. 어떤 것들이 유가 동일한지 또는 다른지에 대해서는 다른 곳[37]에서 이미 규정한 바 있다.

4. 반대는 마지막 차이이다. 결여 및 모순과의 관계

차이가 있는 것들은 많고 적음의 정도를 보이면서 차이가 있을 수 있기 때문에, 가장 큰 차이도 있는데, 이것을 일컬어 나는 '반대'라고 부른

34 예컨대 '사람'과 '말'은 서로 차이가 나는(*diapheron*) 2개의 종(*eidos*)인데, 그 둘은 똑같이 '동물' 또는 '생명체'라고 불린다. 이때 '생명체'는 사람과 말에 대해 술어가 되는 유(*genos*)이다. 그런 뜻에서 '유'는 '서로 차이가 있는 둘에 대해 실체의 측면에서 동일하게 술어가 되는 것'이라고 불릴 수 있다.

35 예컨대 하양과 검정은 반대자들(*enantia*)인데, 이것들은 모두 '색깔'이라는 유에 속한다.

36 I 5, 986a23 아래 참고.

37 V 9 참고.

다. 이것이 가장 큰 차이라는 사실은 귀납을 통해 볼 때 분명하다. 그 이유는 이렇다. 유에서 차이가 있는 것들은 상대방에 이르는 길을 갖지 못하고 너무 멀리 떨어져 있어서 함께 합산될 수 없다.[38] 그에 반해 종에서 차이가 있는 것들은 반대자들이 극단을 이루고 그것들로부터 생성들이 유래하며, 그 극단에 있는 것들 사이의 간격은 가장 크고, 따라서 반대자들 사이의 간격이 가장 크다.

그러나 각 유 안에서 가장 큰 것은 마지막에 온다.[39] 왜냐하면 더 큰 것이 없는 것이 가장 큰 것이고, 그것 밖에서 다른 어떤 것도 취할 수 없는 것이 마지막이기 때문이다. 왜냐하면 마지막 차이[40]는 (다른 모든 것들도 끝을 가진다는 이유에서 마지막이라고 불리듯이) 끝을 가지며, 끝 밖에는 아무것도 없기 때문이다. 왜냐하면 그것은 모든 것에서 극단이고 다른 것들을 포함하며, 그 때문에 끝 밖에는 아무것도 없고 마지막에 오는 것은 다른 어떤 것도 추가적으로 필요로 하지 않는다. 그렇다면 반대가 마지막 차이라는 사실은 이로부터 분명하다. 그리고 '반대자들'은 여러 가지 뜻으로 쓰이기 때문에,[41] 그것들이 '마지막'이라고 불리는 방식은 그것들이 반대자들이라고 불리는 방식에 따라 여러 가지 뜻이 있다.

사실이 이러하다면, 분명 여럿은 하나에 반대되는 것일 수 없다(왜냐하면 극단보다 더 극단에 있는 것은 있을 수 없고, 하나의 간격에 대해 둘 이상의 극단도 있을 수 없기 때문이다). 일반적으로 말해서 반대는 차이이며 차이는 둘 사이에 있고 따라서 마지막 차이도 그렇다는 사실을 놓고 보아도 그 점은 분명하다.

---

38 '함께 합산될 수 없다'라고 옮긴 'asymblēta'는 문맥상 '비교가 불가능하다'라는 뜻으로 이해해야 할 것이다. '유에서 차이가 있는 것들은 상대방에 이르는 길을 갖지 못한다'(*ta genei diapheronta ouk echei hodon eis allēla*)라는 사실을 일컬어 아리스토텔레스는 『분석론 후서』 I 9, 76a22에서 "논증은 다른 유에 적용되지 않는다"(*hē d' apodeixis ouk epharmottei ep' allo genos*)라고 말한다. 아래의 X 7, 1057a26-7도 참고.

39 원어 'teleion'은 '완전하다'는 뜻도 함께 가진다. V 16 참고.

40 원어 'teleia diaphora' 역시 '완전한 차이'라는 뜻에서 '마지막 차이'를 가리킨다.

41 V 10, 1018a31 아래 참고.

그리고 (일반적으로 인정되는) 반대자들에 대한 다른 정의들 역시 필연적으로 참이다. 그 이유는 이렇다. (1) 마지막 차이는 가장 큰 차이다(유와 종에 차이가 있는 것들의 경우 그 영역 밖에서는 어떤 차이도 취할 수 없으니, 이미 위에서 밝혀졌듯이 특정한 유 밖에 있는 것들 사이에는 어떤 차이도 없으며,[42] 종에서 서로 차이가 있는 것들 사이에서는 마지막 차이가 가장 큰 차이이기 때문이다). 또한 (2) 동일한 유에 속하면서 가장 큰 차이가 있는 것들은 반대자들이다(왜냐하면 마지막 차이는 그것들 사이의 가장 큰 차이이기 때문이다). 또한 (3) 동일한 수용자 안에 있으면서 가장 큰 차이가 있는 것들이 반대자들이다(왜냐하면 반대자들에 대해서는 동일한 질료가 있기 때문이다). 그리고 (4) 동일한 능력에 귀속하는 것들 가운데 가장 큰 차이가 나는 것들이 반대자들이다[43](왜냐하면 하나의 유에 대한 학문은 하나이기 때문이다). 이런 것들에서는 마지막 차이가 가장 크다.

첫째 반대를 이루는 것은 소유상태와 결여이지만, 모든 결여를 두고 그렇게 말하는 것은 아니고 ('결여'는 여러 가지 뜻으로 쓰이기 때문이다)[44] 마지막 결여를 두고 그렇게 말하는 것이다.[45] 그리고 다른 반대자들은 바로 그런 것들에 의거해서 그렇게 불리는데, 어떤 것들은 그런 것들을 갖기 때문에, 어떤 것들은 그런 것들을 만들어내거나 그렇게 할 수 있는 능력이 있기 때문에, 또 어떤 것들은 그런 반대자들이나 다른 반대자들을 획득하거나 상실하기 때문에 그렇게 불린다.[46] 그런데 만일 대립

42 예컨대 하양과 소가 '다르다'(*hetera*)라고는 말할 수 있지만, 그것들이 '차이가 난다'(*diaphora*)고는 말할 수 없다. 반면 하양과 검정은 다르면서 차이가 나고, 소와 말도 다르면서 차이가 난다. 하양과 검정, 소와 말은 각각 '색깔'과 '네 발 짐승'이라고 불리는 유(*genos*)에 속하기 때문에 비교가 가능하다.

43 예컨대 건강과 질병은 몸의 상태라는 점에서 하나의 유에 속하지만, 서로 반대되는 것들이다. 그리고 의술은 그 둘 모두에 관계한다.

44 V 22 참고.

45 소유상태(*hexis*)와 마지막 결여(완전한 결여, *teleia sterēsis*) 사이의 대립이 바로 '첫째 반대'(*prōtē enantiōsis*)이다.

46 이런 뜻의 이른바 'pros-hen analogy'에 대해서는 IV 2, 1003a33 아래 참고.

적인 것에 모순, 결여, 반대, 관계가 있고[47] 이것들 가운데 첫째가는 것은 모순이고 모순의 중간에는 아무것도 없지만 반대자들 사이에는 그런 것이 있을 수 있다면, 분명 모순과 반대는 같지 않다. 하지만 결여는 일종의 모순인데, 다음과 같은 이유 때문이다. 어떤 것을 전혀 가질 수 없거나 본성적으로 가질 수는 있지만 실제로는 갖고 있지 않은 것을 일컬어 — 모든 측면에서나 또는 어떤 특정한 측면에서 — 결여상태에 있다고 말하며(다른 곳에서 우리가 논의했듯이,[48] 이렇게 말하는 데는 여러 가지 뜻이 있다), 따라서 결여는 일종의 모순이거나 아니면, 이미 규정되어 있거나 수용자와 결합된 무능력이다. 그런 까닭에 모순에는 중간이 없지만, 결여에는 경우에 따라서 중간이 있다.[49] 왜냐하면 모든 것은 양이 같거나 같지 않지만, 그렇다고 해서 모든 것이 양이 같거나 다른 것은 아니고, 만일 그것이 가능하다면, 이는 문제의 대상이 양적 동일성을 수용하는 것의 영역 안에 있다는 조건에서만 그렇다.[50] 그런데 만일 생성들이 반대자들을 출발점으로 삼아 질료 안에서 일어나고 이때 형상과 형상을 가진 상태가 출발점이 되거나 형상과 형태의 결여가 출발점이 된다면, 분명 모든 반대는 결여이겠지만, 그렇다고 해서 모든 결여가 반대는 아닐 텐데(그 이유는 결여상태에 있는 것은 여러 가지 뜻에서 그런 상태에 있을 수 있기 때문이다), 변화는 극단에 있는 것들을 출발점으로 삼아 진행되며, 반대자들이 바로 그렇게 극단에 있는 것들이기 때문이다. 1055b

이는 귀납에 의해서도 분명한데, 그 이유는 이렇다. 모든 반대의 경우

47 위의 X 3, 1054a23 아래를 보라.

48 V 22 참고.

49 예컨대 모든 것은 양이 동일하거나(*ison*) 동일하지 않다(*anison*). 즉, 모든 것은 양적 동일성을 소유하고 있거나 그것을 결여하고 있다. 이런 경우에 양적 동일성과 양적 비동일성은 서로 모순적이다. 반면 모든 것이 좋거나 나쁜 것은 아니다. 좋지도 않고 나쁘지도 않은 중간(*metaxy*)이 있기 때문이다. 이 경우 좋음과 그것의 결여인 나쁨은 모순관계에 있지 않다. 아래의 이어지는 설명과 V 22, 1022b32 아래 참고.

50 양적으로 비교될 수 있는 것들에 대해서만 양적 동일성과 비동일성을 이야기할 수 있다는 뜻이다.

반대자들 가운데 어느 한쪽은 결여이다. 하지만 모든 경우에 사정이 똑같지는 않다. 왜냐하면 양적 비동일성은 양적 동일성의 결여이고, 질적 비동일성은 질적 동일성의 결여이며, 나쁨은 좋음의 결여이지만, 앞서 말했듯이[51] 경우마다 차이가 있기 때문이다. 왜냐하면 단순한 결여상태가 있을 수 있고, 일정한 때 혹은 일정한 부분에서 결여상태가 있을 수 있으며(예컨대 일정한 나이에서나 중추적인 부분에서 결여상태가 있을 수 있다), 또는 모든 측면에서 결여상태가 있을 수 있기 때문이다. 그런 까닭에 어떤 경우에는 중간이 있지만(예컨대 좋지도 나쁘지도 않은 사람이 있다), 어떤 경우에는 그렇지 않다(수는 홀수이거나 짝수이어야 한다). 또한 어떤 반대자들은 일정한 기체를 갖는 반면, 어떤 것들은 그렇지 않다. 그러므로 분명 반대자들 가운데 하나는 항상 결여라는 뜻에서 그렇게 불리지만, 반대자들 가운데 첫째가는 것, 즉 유적인 반대자들, 예컨대 하나와 여럿이 그렇게 불리는 것으로 충분한데, 다른 것들은 그런 것들로 환원되기 때문이다.

5. 양적 동일성과 큼과 작음의 대립관계

하나는 다른 하나에 반대되기 때문에, 하나와 여럿은 어떻게 대립하고 양의 동일성은 큼과 작음에 또 어떻게 대립하는지 의문을 갖는 사람이 있을 수 있다. 그 이유는 이렇다. "그것은 하양인가 혹은 검정인가?" 혹은 "그것은 하양인가 혹은 하양이 아닌가?"라는 물음이 그렇듯이, 우리는 '~인가 혹은 ~인가'라는 의문사[52]를 언제나 대립관계 속에서 사용한다("그것은 사람인가 혹은 하양인가?"라고는 묻지 않는다. 어떤 전제에서

51 위의 1055b4-6을 보라.

52 원어 'poteron'은 선언적(選言的) 물음을 이끄는 의문사이며 영어의 'whether'에 해당한다.

출발해서 “다가오는 사람이 클레온인가 혹은 소크라테스인가”와 같은 질문을 던지는 경우는 예외이다 — 하지만 모든 유 안에 그런 종류의 선택지가 있어야 할 필연성은 없다. 그러나 이것조차도 대립으로부터 파생된 것인데, 왜냐하면 오로지 대립자들만이 동시에 성립할 수 없으며, “다가오는 사람이 클레온인가 혹은 소크라테스인가”라는 물음에서 역시 그런 양립불가능성이 활용되기 때문이다. 만일 그들이 둘 다 다가올 수 있다면, 그 물음은 우스운 질문이 될 것이다. 하지만 만일 그들이 둘 다 다가왔다면, 그때도 역시 그 물음은 대립관계에 1056a 부합하는데, 거기서 문제되는 것은 하나와 여럿의 대립, 즉 “그들이 둘 다 왔는가 혹은 둘 중 하나만 왔는가?”의 대립이기 때문이다). 그런데 ‘~인가 혹은 ~인가’라는 물음에 대한 탐구는 언제나 대립자들 사이에서 이루어지지만, 우리가 어떤 것에 대해 “그것은 더 큰가 혹은 더 작은가 혹은 크기가 같은가?”라고 말한다면, 크기의 동일성이 다른 것들에 대해 갖는 대립은 어떤 것인가? 왜냐하면 그것은 다른 둘 가운데 오직 어느 하나에 반대되는 것도 둘 다에 반대되는 것도 아니기 때문이다. 크기의 동일이 더 작음보다 더 큼에 반대되는 것이어야 할 이유가 무엇인가? 또한 양적 동일은 양적 비동일에 반대된다. 그 결과 그것은 하나보다는 여럿에 반대될 것이다.[53] 그러나 만일 양적 비동일이 그 둘[54]에 대해 똑같은 뜻으로 쓰인다면, 양적 동일은 그 둘 모두와 대립할 것이다(그리고 이런 의문은 양적 비동일성이 ‘둘’이라고 말하는 사람들[55]을 지지해준다). 하지만 그로부터 하나가 다른 둘에 반대된다는 결과가 따라 나오는데, 이는 불가능한 일이다. 또한 양적 동일은 큼과 작음의 중간에 있음이 분명한데, 분명히 어떤 반대도 중간에 있을 수 없고 또 반대에 대한 정의에 비추어 보아도 그것은 가능한 일이 아니다. 왜냐하면 반대가 어떤 것들 중간에 있다면 그것

53 더 큼(*to meizon*), 더 작음(*to ellaton*), 양적 동일성(*to ison*)이 있을 때, 양적 동일성은 더 큼이나 더 작음 중 어느 하나가 아니라 그 둘 모두에 반대된다는 뜻이다.

54 더 큼과 더 작음을 가리킨다.

55 이것은 플라톤의 이론이다. 이에 대해서는 I 6, 988a13-4와 XIII 1, 1087b7을 보라.

은 마지막에 오는 것일 수 없겠기 때문이다.[56] 반대는 (다른 것들 중간에 있는 것이 아니라) 언제나 자기 자신 사이에 어떤 중간을 갖는다.

남는 것은 그것이 부정이나 결여라는 뜻에서 대립해 있을 가능성이다.[57] 그런데 그것은 둘 중 어느 하나의 부정이나 결여일 수 없다. 양의 동일이 작음이나 큼에 대해 그럴 이유가 어디 있는가? 그렇다면 그것은 그 둘 모두의 결여적 부정이며, 이런 이유 때문에 '~인가 혹은 ~인가' 라는 말은 그 둘 모두와 관련해서 쓰이는 것이지 그 중 어느 하나와 관련해서 쓰이는 것이 아니다(예컨대 우리는 "그것은 더 큰가 혹은 동일한가" 또는 "그것은 동일한가 혹은 더 작은가"라고 묻는다). 언제나 세 가지 경우가 있다. 하지만 그 결여는 필연적이 아니다. 왜냐하면 더 크거나 더 작지 않은 것이 모두 양적으로 동일한 것은 아니고, 단지 본성상 이런 성질들을 가진 것들만이 그렇기 때문이다.

양이 동일한 것은 본성상 크거나 작지만,[58] 크지도 않고 작지도 않다. 그것은 결여적 부정으로서 그 둘과 대립하지만, 그런 이유에서 중간이기도 하다. 그리고 좋지도 않고 나쁘지도 않은 것은 그 둘[59]과 대립해 있지만, 그것을 가리키는 이름이 없다. 이들은 각각 여러 가지 뜻으로 쓰이고 그것들을 받아들이는 수용자는 하나가 아니지만,[60] 하얗지도 않고 검지도 않은 것은 그보다 더 높은 수준의 단일성을 가진다. 하지만 이것 역시 하나의 이름을 갖지는 않지만, 결여의 방식으로 부정을 술어로 갖는 색깔들[61]은 어느 정도 제한되어 있다. 왜냐하면 회색이나 노랑이나 그런

---

56 위의 1055a16을 보라.

57 1055b30에서 제기한 물음에 대한 논의가 계속된다.

58 '양이 동일하다'(*ison*)는 술어는 '크다'(*mega*)나 '작다'(*mikron*)를 술어로 가질 수 있는 것, 즉 양적 크기에 대해서 쓰인다.

59 좋은 것(*agathon*)과 나쁜 것(*kakon*)을 가리킨다.

60 '좋다'거나 '나쁘다'라고 불리는 것들에는 여러 가지가 있기 때문이다. 『니코마코스 윤리학』 I 6, 1096a19 아래 참고.

61 "노랑은 하얗지도 않고 검지도 않다"에서는 결여의 방식으로(*sterētikōs*) 부정(*apophasis*)을 표현하는 술어가 노랑에 대해 쓰인다.

종류의 다른 것이 반드시 있기 때문이다. 그러므로 모든 것이 똑같은 방식으로 쓰이고, 따라서 모든 경우에 중간적인 어떤 것이 있을 것이라고 믿고서, 좋은 것도 아니고 나쁜 것도 아닌 것이 좋은 것과 나쁜 것 중간에 있기 때문에 신발도 아니고 손도 아닌 것이 신발과 손 중간에 있다고 생각하는 사람들의 판단은 옳지 않다. 그런 결론은 필연성이 없다. 왜냐하면 대립자들을 동시에 부정하는 표현은 본성상 자신들 사이에 중간과 일정한 간격을 포함하는 것들에 대해 적용되는 반면, 어떤 것들은 차이 1056b
를 갖지 않기 때문이다. 그 이유는 (뒤의 경우 대립자들을) 함께 부정하는 표현들이 관계하는 것들은 다른 유에 속하고, 따라서 그것들의 기체는 하나가 아니기 때문이다.[62]

6. 하나와 여럿(많음)의 대립관계

어떤 사람은 하나와 여럿[63]에 대해서도 똑같은 의문을 가질 수 있을 것이다. 왜냐하면 만일 여럿이 무제한적인 뜻에서 하나에 대립적이라면, 몇 가지 불가능한 결과가 따라 나오기 때문이다. 그 이유는 이렇다. 그런 경우 하나는 수가 적은 것[64]이 될 것이다. 왜냐하면 수가 많은 것들은 수

---

62 '대립자들을 함께 부정하는 표현'(*synapophasis*)은 이중부정을 담은 표현, 즉 '좋은 것도 아니고 나쁜 것도 아닌 것'을 가리킨다. 1056a35-b2의 요지는 다음과 같이 풀이할 수 있을 것이다. 좋은 것과 나쁜 것은 반대자들이며, 그것들 사이에는 좋지도 않고 나쁘지도 않은 것이 있다. 따라서 '좋지도 않고 나쁘지도 않은 것'이라는 이중부정은 의미가 있다. 하지만 신발과 손은 같은 유에 속하는 것이 아니고 따라서 그것들 사이에는 아무런 '차이'(*diaphora*)도 없다. 즉, '신발도 아니고 손도 아닌 것'이라는 이중부정은 성립하지 않는다.

63 'hen'(하나)과 'ta polla'(여럿, 수가 많은 것들) 사이의 대립은 이미 3장에서 논의되었다. 그런데 'ta polla'가 '수량의 많음'을 뜻한다면, 그것은 '하나'뿐만 아니라 'ta oliga'(수량의 적음, 수가 적은 것들)에도 대립되는 셈이다. 이 장의 논의 주제는 바로 이러한 수량이 많은 것과 적은 것의 대립이다.

64 1056b5: "to gar hen oligon hē oliga estai". 여기서 단수형 'oligon'(*little*)과 그것의 복

가 적은 것들에 대립적이기 때문이다. 또한 둘은 수가 많은 것이 될 터인데, 왜냐하면 두 배는 여러 배에 해당하고 '둘'이라는 말에서 파생된 것이기 때문이다. 따라서 하나는 수가 적은 것이 될 것이다. 왜냐하면 그것보다 더 수가 적은 것은 없기 때문이다. 또한 만일 긺과 짧음이 길이 안에 있듯이 많음과 적음[65]이 다수 안에 있고 양이 많은 것은 수가 많은 것이기도 하고 수가 많은 것은 양이 많은 것이기도 하다면(쉽게 제한할 수 있는 연속체[66]의 경우에는 그 둘 사이에 차이가 있다는 사실은 논의에서 제외한다), 양이나 수가 적은 것은 일종의 다수가 될 것이다. 따라서 만일 양이나 수가 적은 것도 일종의 다수라면, 하나는 일종의 다수일 것이다.[67] 이는, 둘이 수가 많은 것이라면, 필연적으로 따라 나오는 결론이다.[68] 하지만 수가 많은 것들은 어떤 뜻에서는 양이 많은 것이라고 불릴 수도 있겠지만, 거기에는 차이가 있으니, 예컨대 물은 양이 많아도 수는 많지 않다. 하지만 분할가능한 것들에 대해서는 그런 말이 쓰이는데,[69] 그것은

수형 'oliga'(*few*)가 함께 술어로 쓰였는데, 이를 문자 그대로 옮기면 각각 '양이 적은 것'(*little*)과 '수가 적은 것'(*few*)으로 옮길 수 있을 것이다. 하지만 아리스토텔레스는 그런 의미의 차이를 염두에 두었다기보다는 문법적 관계를 고려해서 두 표현을 함께 사용하는 듯하다. 즉, 문법적으로 본다면, 복수형 'oliga'는 'hen'에 대한 술어가 될 수 없다. 그런데 아래에서 논의하려는 것은 'polla'(*many*)와 'hen'의 대립이 함축하는 'polla'와 'oliga'(*few*)의 대립 또는 'poly'(*much*)와 'oligon'(*little*)의 대립관계이다. 따라서 'hen'에 대해서 아리스토텔레스는 단수형 'oligon'과 복수형 'oliga'를 함께 썼고, 그런 뒤 이 둘에 상응해서 각각 단수형인 'poly'와 복수형인 'polla'를 사용한다. 따라서 여기서 쓰이는 'poly', 'oligon', 'oliga', 'polla'는 각각 '양이 많은 것'(*much*), '수가 적은 것'(*few*) 또는 '양이 적은 것'(*little*), '수가 적은 것들', '수가 많은 것들'(= 여럿)을 뜻한다.

65 원어는 'to poly kai oligon'이다. 로스는 이를 'much and little'이라고 옮겼지만, 맥락을 통해 볼 때 양의 많음과 적음뿐만 아니라 수량의 많음과 적음도 함께 함축하는 듯하다.

66 예컨대 그릇에 담을 수 있는 액체의 경우가 그렇다.

67 수가 적은 것(*oligon*)과 수가 많은 것(*polla*)은 모두 '다수'(*plēthos*)라고 불릴 수 있다. 그런데 하나(*hen*)는 수가 적은 것이다. 따라서 하나도 '다수'라고 불릴 수 있다.

68 둘이 하나, 즉 수가 적은 것과 비교해서 수가 많은 것(*polla*)이라고 불리지 않는다면, 다른 어떤 것에 비해서도 그렇게 불릴 수 없을 것이다.

69 분할가능한(*dihaireta*) 것들에 대해서는 '수가 많다'(*polla*)라는 말을 쓴다.

어떤 뜻에서는 무제한적인 뜻에서나 상대적인 뜻에서의 초과를 가진 다수를 뜻하기도 하고('수가 적은 것' 역시 이와 같은 뜻에서 부족을 가진 다수를 뜻한다), 또 어떤 뜻에서는 수를 뜻하기도 하는데, 오로지 이런 뜻에서만 그것은 하나와 대립적이다. 왜냐하면 우리가 '하나'와 '많음'이라는 말을 사용하는 방식은, 어떤 사람이 '하나와 하나들'이나 '하얀 것과 하얀 것들'이라는 말에서 그렇듯이 척도에 따라 측정된 것들을 〔측정가능한 것이나〕 척도와 관련해서 표현할 때 쓰는 방식과 같기 때문이다. 여러 배(倍)라는 말도 이와 같은 방식으로 쓰인다. 왜냐하면 각각의 수는 많은 것인데, 그것은 여러 하나들로 이루어지고 각각의 수는 하나에 의해 측정될 수 있기 때문이다. 그리고 각각의 수는 수가 적은 것과 대립적이 아니라 하나와 대립한다. 이런 뜻에서 보면 둘도 많은 것인데, 상대적인 뜻이나 무제한적인 뜻에서 초과를 가진 다수를 갖는다는 뜻에서가 아니라 첫째 다수라는 뜻에서 그렇다. 하지만 무제한적인 뜻에서 보면 둘은 수가 적은 것인데, 그 이유는 부족을 가진 첫째 다수이기 때문이다(그런 까닭에 아낙사고라스가 "모든 것은 혼재해 있고 다수성에서도 크기의 작음에서도 무한하다"는 말을 하고서 이야기를 끝낸 것은 옳은 일이 아니다. 그는 '크기의 작음에서도' 대신 '수의 적음에서도'라고 말했어야 하는데, 왜냐하면 그것들은 수의 적음에서 무한할 수 없었을 것이기 때문이다).[70] 왜냐하면 수의 적음은 — 어떤 사람들이 말하듯이 — 하나에 의해서가 아니라 둘에 의해서 있기 때문이다.

하나와 여럿 사이의 대립은 척도와 그 척도에 의해 측정가능한 것 사

70 아낙사고라스에 대한 아리스토텔레스의 비판이 정확히 무슨 뜻인지는 분명하지 않지만, 대체적으로 다음과 같은 두 가지 점을 염두에 두는 듯하다. 첫째, 아낙사고라스는 다수성(*plēthos*)에 반대되는 것으로 크기의 작음(*mikrotēs*)을 말했는데, 다수성에 반대되는 것은 사실은 크기의 작음이 아니라 수의 적음(*oligotēs*)이다. 둘째, 이렇게 바꿔놓고 본다면, '다수성에서도 크기의 작음에서도 무한하다'(*apeira kai plēthei kai mikrotēti*)라는 아낙사고라스의 발언은 옳지 않다. 왜냐하면 수의 적음, 즉 아낙사고라스가 잘못해서 '크기의 작음'이라고 표현한 수의 적음에는 한계가 있기 때문이다. 둘이 그 한계이다. 이에 대해서는 Ross, *Metaphysics* II, pp. 296~97 참고.

이의 대립과 같다.[71] 이것들은 관계적인 것들이라는 뜻에서 서로 대립하며, 그것들의 관계성은 그 자체의 본성에서 유래하는 것이 아니다. 우리가 다른 곳에서 이미 다루었듯이[72] '관계'는 두 가지 뜻으로 쓰이는데, (1) 하나는 반대를 뜻하고, (2) 다른 하나는 인식가능한 것에 대한 인식의 관계와 같은 것을 뜻하며, 뒤의 경우 갑은 그 갑에 대해 다른 것 을이 어떤 관계에 있기 때문에 관계 속에 있는 것이라고 불린다.[73] 하지만 하나가 어떤 것, 예컨대 둘보다 더 적은 것이 되는 것을 가로막는 점은 전혀 없다. 왜냐하면 그것이 더 적다고 해서, 적은 것이어야 할 이유는 없기 때문이다.[74] 하지만 다수는 수가 속하는 유인데, 수는 하나에 의해 측정가능한 다수이기 때문에 그렇다. 그리고 어떤 뜻에서 보면 하나와 수는 서로 대립하는데, 반대라는 뜻에서 그런 것이 아니라 앞서 말했듯이 관계가 그렇다는 뜻에서 그렇다. 즉, 하나는 척도이고 수는 측정가능한 것이라는 점에서 그것들은 대립하는데, 바로 이런 이유 때문에 어떤 것이 하나라고 해서 그것이 모두 수는 아니다. 예컨대 그것이 분할불가능하다면 그것은 수가 아니다. 하지만 인식은 이와 같은 뜻에서 인식가능한 것과의 관계 속에 있다고 말할 수 있지만, 똑같은 양상을 보이지는 않는다. 왜냐하면 인식이 척도이고 인식가능한 것은 측정되는 것처럼 보일 수 있지만, 실제로 따라 나오는 결과는 그렇지 않기 때문이다. 즉, 모든 인식은 인식가능한 것이지만, 인식가능한 것이 모두 인식은 아닌데, 어떤 뜻에서 인식은 인식가능한 것에 의해 측정되기 때문이다.[75] 다수는 적은 것에 반대되는 것이 아니며(이것에 반대되는 것은 많은 것인데, 이는 초과하는 다수가 초과당하는 다수와 반대되는 것과 마찬가지다), 어떤 측면

71 X 1, 1052b18 아래 참고.

72 V 15, 1021a26-30 참고.

73 V 15, 1020b30-2 참고.

74 1057a2: "ou gar, ei elatton, kai oligon". '더 적다'(*ellaton*, *fewer*)는 비교 개념이지만, '적다'(*oligon*, *few*)는 그렇지 않다.

75 X 1, 1053a31 아래 참고.

에서 보건 하나의 반대도 아니다. 하지만 앞서 말했듯이 어떤 뜻에서 보면 그것들은[76] 서로 반대되는데, 한쪽은 분할가능하고 다른 한쪽은 분할불가능하기 때문이다. 또 어떤 뜻에서 보면 그것들은 인식과 인식 대상이 그렇듯이 서로 관계 속에 놓여 있는데, 다수는 수이고 하나는 척도이기 때문이다.

7. 중간자들과 반대자들은 같은 유에 속하며, 중간자들은 반대자들 사이에 있고 이 반대자들로 이루어진다

반대자들 사이에는 일정한 중간자가 있을 수 있고 어떤 경우에는 실제로 있기 때문에, 중간자는 필연적으로 반대자들로부터 유래해야 한다. 그 이유는 이렇다. (1) 모든 중간자는 그것을 중간으로 갖는 것들과 동일한 유 안에 있다. 왜냐하면 우리는 변화하는 것이 변화의 과정에서 반드시 먼저 거쳐야 하는 것들을 일컬어 중간자라고 하기 때문이다. 예컨대 우리가 작은 간격을 거쳐 가장 높은 현에서 출발해서 가장 낮은 현으로 옮아간다면, 우리는 먼저 중간소리들로 가야 하고, 색깔의 경우 하양으로부터 출발해서 검정으로 옮아간다면, 먼저 자주색이나 회색을 거쳐 검정으로 가야 한다. 다른 경우도 이와 같다. 하지만 한 유로부터 다른 유로 변화하는 것은 부수적인 뜻에서 그런 경우를 제외하고는 가능하지 않은데,[77] 예컨대 색깔에서 형태로 변화하는 것은 가능하지 않다. 그러므로 중간자들과 그것들을 중간에 갖는 것들은 필연적으로 동일한 유 안에 있어야 한다.

하지만 (2) 모든 중간자는 어떤 종류의 대립자들 사이에 있는데, 왜냐하면 이것들을 출발점으로 해서만 그것들 자체의 본성에 따르는 변화가

---

76 하나(*hen*)와 다수(*plēthos*)를 가리킨다.

77 X 4, 1055a6-7과 그에 대한 각주 참고.

일어나기 때문이다(따라서 중간자는 대립자가 아닌 것들 사이에는 있을 수 없는데, 그런 경우 대립자가 아닌 것들을 출발점으로 해서도 변화가 일어날 수 있을 것이기 때문이다). 대립자들 중 모순에는 중간이 있을 수 없는데, 이것이 바로 모순이다. 즉, 서로 대립하는 두 부분 가운데 어느 하나가 반드시 임의의 대상에 속하고 그 관계가 어떤 중간도 갖지 않는다면 바로 그런 대립이 모순이다. 나머지 대립자들 가운데 어떤 것들은 관계적인 것들이고 어떤 것들은 결여이며, 어떤 것들은 반대이다. 하지만 관계적인 것들 가운데 반대가 아닌 것들은 중간을 갖지 않는데, 그 이유는 그것들은 동일한 유에 속하지 않기 때문이다. 무엇이 인식과 인식 대상 사이의 중간인가?[78] 하지만 큰 것과 작은 것 사이에는 중간이 있다.

(3) 이미 밝혔듯이 중간자들이 동일한 유에 속하고 반대자들 사이에 있다면, 그것들은 필연적으로 반대자들로 구성되어야 한다. 그 이유는 이렇다. 반대자들을 갖는 어떤 유가 있거나 아무것도 없을 것이다. 그리고 만일 (a) 어떤 유가 있어서 그 반대자들보다 앞선다면, 그 유에 속하면서 서로 반대되는 종들을 만들어내는 차이들은 그 종에 앞서는 반대자들일 것인데, 왜냐하면 종들은 유와 차이들로 이루어지기 때문이다[79](예컨대 하양과 검정이 반대자이고, 그 가운데 하나는 투과하는 색깔이고 다른 하나는 압박하는 색깔이라면,[80] 바로 이런 차이들, 즉 '투과'와 '압박'은

---

78 인식의 주체와 인식의 대상은 관계적인 것들(*ta pros ti*)이지만, 이 둘의 중간에 오는 것은 없다.

79 예컨대 '사람'이라는 종(*eidos*)은 '동물'이라는 유(*genos*)와 '두 발 가진'이라는 차이(종차, *diaphora*)로 이루어진다. VII 12, 1038a3 아래 참고. 『토피카』 VI 6, 143b8 아래를 보라.

80 '투과하는 색깔'(*diakritikon chrōma*)과 '압박하는 색깔'(*synkritikon chrōma*)에 대해서는 플라톤, 『티마이오스』(67E)의 색깔론 참고. 이에 따르면 색깔에 대한 지각은 물체에서 나오는 입자들이 시각광선의 입자들에 미치는 두 가지 효과, 즉 'diakrisis'와 'synkrisis'를 통해서 일어난다. 즉, 물체에서 나오는 입자들이 눈에서 나오는 입자들보다 작으면, 앞의 것이 뒤의 것의 틈새를 투과해 들어가 눈에서 나오는 입자들 사이의 틈을 갈라놓는다. 반면 물체에서 나오는 입자들이 시각광선의 입자들보다 크면, 앞의 것이 뒤의 것을 함께 모아 그것들을 붙여놓는다. 박종현·김영균 역주, 『티마이오스』,

(하양과 검정보다) 앞서며, 따라서 서로에 대한 반대자들로서 다른 것들에 앞선다). 하지만 서로 반대되면서 차이가 있는 것들[81]은 더 높은 수준의 반대자들이다. 그리고 나머지 유들, 즉 중간의 유들은 (더 상위의) 유와 차이들을 통해 이루어질 것이다(예컨대 하양과 검정 사이에 있는 색깔들은 모두 중간색이며, 이것들은 그것들을 포함하는 유, 즉 색깔과 어떤 차이들로 이루어져야 한다. 하지만 이런 차이들은 첫째 반대자들이 아닐 것인데, 만일 그렇지 않다면, 모든 색이 하양이거나 검정일 것이기 때문이다. 따라서 그런 차이들[82]은 첫째 반대자들과 다르다. 따라서 그런 차이들은 첫째 반대자들 사이에 있는 중간자들이며, 첫째 차이들에 해당하는 것은 '투과'와 '압박'이다).

그러므로 우리는 (b) 하나의 유에 속하지 않는 이 첫째 반대자들과 관련해서 그것들 사이의 중간자가 어떤 것으로 이루어지는지를 탐구해야 한다[83](왜냐하면 동일한 유에 속하는 반대자들은 반드시 유적으로 합성되지 않은 것들로 이루어지거나 아니면 그것들 자체가 합성되지 않은 것이어야 하기 때문이다).[84] 그런데 반대자들은 상대방을 구성부분으로 해서 이루어

서광사, 2000, 190쪽의 각주 507도 함께 참고.

81 '서로 반대되면서 차이가 있는 것들'(*ta enantios diapheronta*)은 종들을 가리킨다. 예컨대 하나의 유(색깔)에 속하는 하양과 검정은 서로 종적인 차이를 가지면서 서로 반대된다.

82 하양과 검정 사이에 있는 중간색들을 만들어내는 차이들을 가리킨다.

83 위의 (a)의 경우에는 하나의 유에 속하는 반대자들, 예컨대 하양과 검정 사이의 중간자들이 논의거리였다. 이제 (b)에서는 그런 반대자들을 만들어내는 서로 반대되는 차이들, 예컨대 '투과'와 '압박' 사이의 중간자들이 논의거리가 된다.

84 유에 속해 있는 반대자들(예컨대 하양과 검정)은 i) '유적으로 합성되지 않은 것들'(*ta asyntheta tōi genei*), 즉 그 자체가 다시 일정한 유와 차이들로 이루어진 합성체가 아닌 것들(예컨대 '투과'와 '압박')을 차이로 삼아 이루어지거나, 아니면 ii) 그 반대자들 자체가 합성적이 아닌 것이어야 한다. 하지만 여기서 두 번째 경우는 가능하지 않다. 이 구절의 내용에 대한 로스(*Metaphysics* II, p. 300)의 풀이를 참고하라. "For the contraries which are in the same genus must be compounded out of (the genus and) the differentiae which are not themselves compounded with the genus (i. e. in which the genus is not an element as it is in the species), or — else be uncompounded (which is incompatible with their nature as species)."

지는 합성체가 아니며, 따라서 원리들이다. 그에 반해 중간자들은 모두 합성되지 않은 것이거나 아니면 모두 합성된 것이어야 할 것이다. 그러나 반대자들로부터 무엇인가 생겨나는 것이 있고, 따라서 변화는 한쪽 반대자로부터 다른 쪽 반대자로 진행되기에 앞서 생성과정에 있는 그것에 도달할 것이다. 왜냐하면 그것은 특정한 성질을 한쪽 반대자보다는 더 많이, 다른 쪽 반대자보다는 더 적게 가지고 있기 때문이다. 따라서 그것 역시 반대자들 사이의 중간일 것이다. 그러므로 다른 모든 반대자도 합성적이다. 왜냐하면 어떤 성질을 한쪽에 있는 것보다는 더 많이, 다른 쪽에 있는 것보다는 더 적게 가진 것은 어떻게 보면 그것과 그렇게 비교되는 것들로 이루어진 합성체이기 때문이다. 하지만 반대자들에 비해 더 앞서면서 그것들과 동류의 다른 것들은 없기 때문에, 모든 중간자는 반대자들로 이루어질 것이고, 따라서 그것들 아래 있는 것들, 즉 반대자들과 중간자들은 첫째 반대자들로 이루어질 것이다. 그렇다면 분명히 모든 중간자는, (1) 동일한 유에 속하고, (2) 반대자들 사이에 중간자이며, (3) 그것들 모두가 반대자들로 결합된다.

8. 종이 다른 것들은 같은 유에 속하며 서로 반대된다. 그것들의 본성에 대한 자세한 기술

종이 다른 것은 어떤 것 안에서 어떤 것과 다르고, 앞의 어떤 것에 해당하는 것은 서로 다른 것 둘 모두에 속해야 한다. 예컨대 종이 서로 다른 동물들이 우리의 논의 대상이라면, 그것들은 둘 다 동물이어야 한다. 따라서 종이 서로 다른 것들은 필연적으로 동일한 유 안에 있어야 한다.
1058a 왜냐하면 하나의 동일한 것으로서 그 둘에 대해 술어가 되고 부수적인 뜻에서 그런 것과 다른 방식으로 차이를 갖는 것을 일컬어 나는 '유'라고 부르기 때문인데,[85] 그것을 질료로 이해하건 다른 방식으로 이해하건 상관없다. 왜냐하면 공통적인 것이 서로 다른 것들에 속해야 할 뿐만 아

니라, 예컨대 둘 다 동물이어야 할 뿐만 아니라, 이 동물 자체는 그 둘의 경우에 각각 다르기 때문인데, 예컨대 하나는 말이고 다른 하나는 사람이다. 그런 까닭에 이 공통적인 것은 종이 서로 다르다. 하나는 그 자체의 본성에 따라서 이런저런 동물이고, 다른 하나는 그 자체의 본성에 따라서 이런저런 동물인데, 예컨대 하나는 말이고 다른 하나는 사람이다. 따라서 이런 차이는 필연적으로 그 유에 속한 다름일 수밖에 없다. 왜냐하면 나는 동일한 것을 서로 다른 것으로 만드는 다름을 일컬어 '유에 속하는 차이'라고 부르기 때문이다.[86]

그렇다면 그것은 반대[87]일 것이다(이는 귀납을 통해 볼 때 분명하다). 왜냐하면 모든 것은 대립자들에 의해서 나뉘고, 이미 밝혀졌듯이 반대자들은 동일한 유에 속하기 때문이다.[88] 앞에서 말했듯이 반대는 마지막 차이이고,[89] 모든 종적인 차이는 어떤 것 안에서 어떤 것과의 차이이며, 따라서 앞의 어떤 것에 해당하는 것은 동일한 것이며 그 둘에 적용되는 유이다(그런 까닭에 유적인 측면이 아니라 종적인 측면에서 서로 다른 모든 반대자들은 동일한 술어 축에 속하고,[90] 가장 높은 수준에서 서로 다르며 — 왜냐하면 그 차이는 마지막 차이이기 때문이다 — 동시에 공존하게 되는 일이 없다). 그러므로 차이는 반대이다.

어떤 것들이 '종이 다르다'는 것은, 그것들이 동일한 유 안에 있고 불가분적인 것으로서 반대를 갖는다는 사실을 뜻한다(불가분적이지만 반대를 갖지 않는 것들은 종이 동일한 것들이다).[91] 왜냐하면 분할의 과정에서는

85 '유'(*genos*)에 대한 이런 정의에 대해서는 X 2, 1054b30 참고.

86 '다름'(*heterotēs*)과 '유에 속하는 차이'(*genous diaphora*)에 대해서는 V 9, 1018a12 아래 참고.

87 원어는 'enantiōsis'인데, 'enantiotēs'와 구별 없이 쓰였다.

88 X 4, 1055a2 아래를 보라.

89 X 4, 1055a16을 보라.

90 X 3, 1054b35를 보라.

91 A와 B가 동일한 유 안에 있으면서 불가분적(*atoma*)이며 반대(*enantiōsis*), 즉 종차를 가진다면 그 둘은 '종이 다르다'(*hetera tōi eidei*). 즉, 그것들은 서로 다른 개별 종이거나

중간단계에서도 반대자들이 출현하고, 이 과정은 마침내 불가분적인 것들에 도달하기 때문이다. 따라서 분명히 '유'라고 불리는 것과의 관계에서 보면, 하나의 유에 속하는 종들 가운데 어떤 것도 그 유와 종이 동일하거나 다르지 않다[92](그리고 이는 이치에 맞는 일이다. 왜냐하면 질료는 부정을 통해서 드러나고, 유는 그 유를 술어로 갖는 것의 질료이기 때문이다. 하지만 이때의 유는 헤라클레이데스의 종족[93]이라는 뜻이 아니라 자연 안에 있는 유[94]라는 뜻이다). 또한 동일한 유에 속하지 않는 것들과의 관계에서도 마찬가지인데, 그것은 그것들과 유가 다를 것이고, 동일한 유에 속해 있는 것들과는 종이 다를 것이다. 왜냐하면 어떤 것이 종적인 측면에서 다른 어떤 것과 차이가 있다면, 그것들의 차이는 필연적으로 반대일 수밖에 없기 때문이다. 그리고 이런 차이는 오직 동일한 유 안에 있는 것들에만 속한다.

9. 종이 다른 것을 이루는 반대관계에 대하여

어떤 사람은 이런 의문을 제기할 수도 있을 것이다. 암과 수는 반대자들이고 그것들의 차이가 반대라면, 무엇 때문에 여자는 남자와 종에서 서로 차이가 나지 않는가? 암컷 동물과 수컷 동물은 종적으로 다르지 않

아니면 서로 다른 종에 속하는 개체들이다. 반면 A와 B가 같은 유 안에 있는 불가분적인 것이지만 반대를 갖지 않는다면, 그 둘은 '종이 동일하다'(*tauta tōi eidei*). 즉, 그것들은 동일한 종에 속하는 개체들이다. 여기서 '불가분적인 것'(*atoma*)이라는 개념이 개별 종(*infimae species*)과 감각적 개별자를 함께 가리킨다는 데 주의해야 한다. '반대를 가진다'(*enantiōsin echein*)라는 말은 '차이를 가진다'를 뜻한다.

92 예컨대 '말'이라는 종이 그 종을 포섭하는 '동물'이라는 유와 종적으로 '동일하다'거나 '다르다'는 말은 하지 않는다.

93 'genos'의 이런 여러 가지 뜻에 대해서는 V 28, 1024a32 아래를 보라.

94 원어 'to ⟨genos⟩ en tēi physei'를 로스는 'an element in a thing's nature'라고 옮겼는데, 이런 번역은 오해의 여지가 있다. 'genos'는 내재적 요소로서 한 사물 안에 들어 있을 수 없기 때문이다. 그것은 다양한 종들에 대해 공통적으로 쓰이는 술어일 뿐이다.

다. 또한 그 차이는 그 자체로서 동물에 속하는 것이어서 하양이나 검정이 동물에 속한다고 할 때 그 말의 뜻과 달리, 암과 수는 동물인 한에서 동물에 속하는데, 그럼에도 불구하고 무엇 때문에 암컷 동물과 수컷 동물은 종이 다르지 않은가? 이 의문은 다음과 같은 의문과 거의 똑같은 것이다. 어떤 반대는 종이 서로 다른 것들을 만들어내는 데 반해, 어떤 반대는 그렇지 않은 것은 무슨 이유일까? 예컨대 무엇 때문에 '발을 가진'과 '날개가 달린'은 종이 다른 것들을 만들어내는데, 하양과 검정은 그렇지 않은가?[95] 그 이유는 아마도 하나는 그 유에 고유한 속성들인 데 반해, 다른 것은 그 수준에 미치지 못한다는 데 있을 것이다. 그리고 그 가운데 하나는 정식[96]이고 다른 하나는 질료이기 때문에, 정식에 속하는 반대들은 종적인 차이를 만들어내지만, 질료와 결합된 것에 속하는 반대들은 그렇지 않다. 그런 까닭에 사람에 속하는 하양이나 검정은 종적인 차이를 만들어내지 않고, 하얀 사람과 검은 사람 사이에는 종에 따르는 차이가 존재하지도 않는데, 이는 그것들 각각에 하나의 이름[97]이 붙는다고 해도 마찬가지다. 왜냐하면 그 경우 사람은 질료적인 측면에서 그렇게 불리는 것인데, 질료는 차이를 만들어내지 않기 때문이다. 그런 이유에서 사람들은, 비록 이 사람 저 사람을 이루는 살과 뼈가 다르다고 하더라도,[98] 사람의 종들이 아니다. 복합체는 다르지만, 종에서는 다르지 않은데, 그 이유는 (개개인들에 대한) 정식 안에 반대가 들어 있지 않기 때문이다. 그런 것은 최종적이고 불가분적인 것[99]이다. 하지만 칼리아스는 질

---

95 즉, '발을 가진'(*pezon*)과 '날개가 달린'(*pteron*)은 서로 반대관계에 있고 하양과 검정도 그와 마찬가지라면, 왜 앞의 것은 종적인 차이로서 서로 다른 종들을 낳는 데 반해 뒤의 것은 그렇지 않은가? 앞의 것들은 '고유한 속성들'(*oikeia pathē*)이기 때문이다.

96 로스는 'logos'를 '정의'라고 옮겼는데, 이 맥락에서는 그런 뜻으로 볼 수도 있다. 하지만 아래 10행의 'ho logos meta tēs hylēs'와 같은 표현에서는 'logos'가 형상(*eidos*)에 대한 다른 이름으로 쓰였다.

97 예컨대 '흑인'이나 '백인'과 같은 말이 쓰인다고 하더라도, 흑인과 백인이 종적으로 다른 것은 아니다.

98 VII 11, 1036b2 아래 참고.

료와 함께 있는 정식[100]이며, 하얀 사람이 있는 것은 칼리아스가 하얗기 때문이다. 그렇다면 사람이 하얀 것은 오직 부수적인 뜻에서 그럴 뿐이다. 청동 원(圓)과 나무 원도 종은 다르지 않다. 그런가 하면 청동 삼각형과 나무 원이 다르다면, 이는 질료 때문이 아니라 그것들에 대한 정식 안에 반대가 내재하기 때문이다. 하지만 질료는 일정한 방식으로 다른 상태에 있음으로써 종이 다른 것들을 만들어내지 못하는가, 아니면 그것은 어떤 뜻에서 그렇게 할 수 있는가? 여기 있는 이 말이 여기 있는 이 사람과 종이 다른 것은 무엇 때문인가? 그것들에 대한 정식이 질료와 함께 결합되어 있음에도 불구하고 그런 것은 무엇 때문인가? 아마도 그것들에 대한 정식 안에 반대가 내재한다는 데 그 이유가 있을 것이다. 왜냐하면 하얀 사람과 검은 말 사이에도 반대가 있고 이것은 종적인 측면에서의 반대이지만, 그것은 하나가 하얗고 다른 하나가 검다는 데서 오는 것이 아니다. 설령 그 둘 모두 하얗다고 하더라도 그것들은 종이 다를 것이기 때문이다. 하지만 수와 암은 동물에 고유한 속성들이긴 하지만, 실체에 따르는 속성들은 아니고 질료와 육체 안에 있는 것들이니, 그 까닭은 동일한 씨가 어떤 양태를 수용하는가에 따라 암컷이 되고 수컷이 되기 때문이다.[101] 그렇다면 지금까지는 '종이 다르다'는 것이 무엇이고, 어떤 것들은 종에 차이가 나는데 어떤 것들은 그렇지 않은 것은 무엇 때문인지에 대해 이야기했다.

---

99 전체 문맥에서 볼 때, '최종적이고 불가분적인 것'(*to eschaton atomon*)은 개별 종(*infimae species*)이 아니라 감각적 개체를 가리키는 듯하다.

100 '질료와 함께 있는 정식'(*logos meta tēs hylēs*)에 대해서는 VII 15, 1039b 21도 함께 참고.

101 1058b23: "dio to auto sperma thēly ē arren gignetai pathon ti pathos". 성별이 어떻게 나뉘는가는 『동물발생론』 V 3의 중요한 논의 대상이다. 아리스토텔레스에 따르면, 수컷에게서 오는 씨 또는 정액(*sperma* 또는 *gonē*)과 암컷에게서 오는 경혈(*katamenia*)의 상호작용(*pathon ti pathos*)을 통해 생명체가 생겨나는데, 이 상호작용이 이루어지는 방식의 차이에 따라 새로운 생명체의 성별이 결정된다. 이에 대해서는 조대호, 「유전 이론」, 145쪽 아래 참고.

10. 불멸하는 것과 가멸적인 것은 유가 서로 다르다

반대자들은 종이 서로 다르고 가멸적인 것과 불멸하는 것은 반대자이기 때문에 (왜냐하면 결여는 일정하게 규정된 무능력이기 때문이다)[102] 가멸적인 것과 불멸하는 것은 필연적으로 유가 서로 다를 수밖에 없다.[103]

그런데 우리는 지금까지 보편적인 낱말들 자체에 대해 말했는데, — 하양과 검정이 그렇듯이 — 불멸하는 것과 가멸적인 것은 어떤 것이든 종이 달라야 할 필연성이 없다고 생각할 수도 있을 것이다. 왜냐하면 동일한 것이 그 두 상태에 있을 수 있고, 그것이 보편자라면 마치 사람이 하야면서 검을 수 있듯이, 심지어 동시에 그럴 수도 있을 것이기 때문이다. 그리고 개별자들의 경우에도 마찬가지인데, 왜냐하면 동일한 사람이 동시에 그렇지는 않지만 하얗고 검을 수 있을 것이기 때문이다. 하지만 하양은 검정에 반대된다.

하지만 반대자들 가운데 어떤 것들은 부수적인 뜻에서 다른 것들에 속하는 반면(예컨대 방금 언급한 것들과 다른 많은 것들이 그렇다), 어떤 것들은 그럴 수 없는데, 가멸성과 불멸성은 뒤의 경우에 속한다. 왜냐하면 부수적인 뜻에서 소멸하는 것은 없기 때문이다. 왜냐하면 부수적인 것은

---

102 V 12, 1019b15 아래 참고.

103 'genos'와 'eidos'는 일반적으로 'genus'(유)와 'species'(종)로 번역되지만, 이 구절에서 볼 수 있듯이, 이 번역이 항상 옳은 것은 아니다. 첫째, 'genos'는 아리스토텔레스 철학 안에서 여러 수준의 '부류'를 가리킨다. '유', '종', '인종', '종족' 등 다양한 수준의 집단들이 모두 'genos'라고 불릴 수 있다(V 28을 보라). 둘째, 'eidos' 역시 '종'이라는 뜻 이외에도 '형상'이라는 뜻을 가지고, 드물기는 하지만 'genos'라고 불리는 집단에 속하는 하위 집단을 가리키는 상대적인 개념으로 쓰일 때도 있다(『범주론』 8, 8b27; 9a4; 『정치학』 IV 4, 1290b33, 36). 'genos'와 'eidos'가 보다 엄밀하게 구분되어 '유'와 '종'의 의미로 쓰이는 것은 생물학에서이다. 여기서 'eidos'는 'genos'보다 하위의 집단을 가리키는 상대적인 용어가 아니라 절대적인 용어로서 'infimae species'를 가리킨다. 'genos'는 물론 다양한 수준의 집단을 가리킬 수 있지만, 분류학적 맥락에서는 'eidos'라고 불리는 집단보다 상위에 있는 분류군들을 가리키는 용어로 쓰인다.

속하지 않을 수도 있지만, 가멸성은 그것이 속하는 대상들에 필연적으로 속하는 것들 가운데 하나이기 때문이다. 그렇지 않고 만일 가멸성이 그 대상에 속하지 않을 수도 있다면, 동일하면서 하나인 것이 가멸적이면서 불멸하는 것이 될 것이다. 따라서 가멸적인 것들 각각에 있어서 가멸성은 각각 그것의 실체이거나 아니면 실체 안에 속해야 한다. 불멸하는 것들에 대해서도 동일한 설명이 적용되는데, 왜냐하면 그 둘 모두 어떤 것에 필연적으로 속하는 것들에 해당하기 때문이다. 따라서 가멸적인 것과 불멸하는 것을 나눌 때 구별의 수단이자 첫째 준거점이 되는 것이 있다면, 그것은 대립을 포함하고, 따라서 필연적으로 유가 다르다. 그렇다면 분명 어떤 사람들이 주장하는 것과 같은 종류의 형상들은 있을 수 없다. 만일 그런 주장이 옳다면 어떤 사람은 가멸적이고 어떤 사람[104]은 불멸할 것이기 때문이다. 하지만 사람들의 주장에 따르면 형상들은 개별자들과 종이 동일하며, 단순히 이름만 같은 것들[105]이 아니다. 하지만 유가 다른 것들 사이의 간격은 종이 다른 것들 사이의 그것보다 더 멀다.

---

104 여기서는 구체적인 사람과 사람의 이데아 또는 이데아의 사람을 대비해서 말하고 있다.

105 '이름만 같은 것들'(*homōnyma*)에 대해서는 VII 4, 1030b3에 대한 각주 참고.

XI권(K)[1]

1. III 2, 3의 요약

지혜는 원리들에 대한 어떤 학문이다. 이는 원리들에 대해 다른 사람들이 했던 말들을 상대해서 의문을 제기했던 첫 부분의 논의[2]에 비추어 볼 때 분명하다. 하지만 어떤 사람은 지혜를 하나의 학문이라고 생각해야 할지 아니면 여러 학문이라고 생각해야 할지 의문을 가질 수도 있다.[3] 만일 지혜가 하나의 학문이라면, 하나의 학문은 항상 반대자들을 다루지만 원리들은 반대자들이 아니다. 반면 만일 지혜가 하나의 학문이 아니라면, 그것들을 어떤 종류의 학문으로 간주해야 할까?

또한 논증의 원리들을 고찰하는 일은 하나의 학문에 속하는 일인가 아

1 XI권(K)은 『형이상학』 III(B), IV(Γ), VI(E)과 『자연학』 III권과 IV권에서 발췌한 글들을 엮은 편찬서이다. 뒤링(I. Düring)의 추측에 따르면, 이 글은 아리스토텔레스가 죽은 뒤 그의 '첫째 철학'에 대한 강의록을 보완하기 위한 목적에서 편집된 것이다. 자세한 주석은 관련 출처의 구절에 대한 각주 참고.

2 I권 3-10장 참고.

3 1059a20-3 ≃ III 3, 996a18-b26. 앞의 항은 XI권의 구절을, 뒤의 항은 관련 출처를 가리킨다.

니면 하나 이상의 학문에 속하는 일인가?[4] 만일 그 일이 하나의 학문에 속한다면, 다른 어떤 학문이 아니라 우리가 말하는 학문에 속하는 이유는 무엇일까? 반면 만일 그 일이 하나 이상의 학문들에 속한다면, 그것들을 어떤 종류의 학문들로 간주해야 할까?

또한 지혜는 모든 실체를 다루는가 아니면 그렇지 않은가?[5] 만일 모든 실체를 다루는 것이 아니라면, 어떤 실체들을 다루는지 제시하기 쉽지 않다. 반면 만일 하나의 학문이 모든 실체를 다룬다면, 어떻게 동일한 학문이 여럿을 다룰 수 있는지 분명치 않다.

또한 지혜는 실체들만을 다루는가 아니면 부수적인 것들도 다루는가?[6] 만일 부수적인 것들에 대해 논증이 있다면, 실체들에 대해서는 존재하지 않는다. 반면 만일 두 학문[7]이 서로 다르다면, 그것들은 각각 무엇이며 어떤 것이 지혜인가? 지혜가 첫째가는 것들에 대한 학문이라면, 그것은 실체들에 대한 학문일 것이다.

더욱이 탐구되는 학문이 자연학 저술에서 이야기했던 원인들을 대상으로 삼는다고 전제해서는 안 된다.[8] 왜냐하면 그것은 (A) 지향 대상을 다루지 않기 때문이다(지향 대상은 좋은 것인데, 이것은 행동이나 운동하는 것들에 속한다. 그리고 그것은 첫 번째로 운동을 낳지만 — 목적은 그런 성격을 갖기 때문이다 — 운동하지 않는 것들 가운데는 첫째 원동자가 없다). 그리고 (B) 일반적으로 우리가 찾는 학문이 감각적 실체들을 대상으로 하는지 아니면 그렇지 않고 다른 실체들을 대상으로 하는지는 의문을 낳는다.[9] 그 이유는 다음과 같다. 만일 다른 실체들을 다룬다면, 그 학문은 형

4 1059a23-6 ≅ III 4, 996b26-997a15.

5 1059a26-9 ≅ III 2, 997a15-25.

6 1059a29-34 ≅ III 2, 997a25-34.

7 실체들(*ousiai*)을 다루는 학문과 부수적인 것들(*ta symbebēkota*)을 다루는 학문을 말한다.

8 1059a34-8 ≅ III 2, 996a21-b1.

9 1059a38-b21 ≅ III 2, 997a34-998a19.

상들을 다루거나 아니면 수학적 대상들을 다룰 것이다. 그런데 (a) 형상들이 존재하지 않는다는 것은 분명하다. 설령 어떤 사람이 그것들이 있다고 전제한다 하더라도 의문이 생긴다. 형상들을 갖는 다른 것들이 수학적 대상들의 경우와 사정이 똑같지 않은 이유는 무엇일까? 내 말의 뜻은 이런 것이다. (형상들을 주장하는 사람들은) 수학적 대상들을 형상들과 감각물들 사이의 중간에 두면서, 그것들을 형상들이나 여기 있는 것들과 떨어져 있는 제3의 대상으로 전제하지만, 그 자체로 있는 것과 개별적인 것들과 떨어져 있는 제3의 인간이나 제3의 말(馬)은 없다. 만일 그들의 말이 사실이 아니라면, 수학자는 어떤 종류의 대상에 대해 연구한다고 전제해야 할까? 분명 여기 있는 것들에 대해 연구하지는 않는데, 그것들 가운데 어떤 것도 수학적인 학문들이 탐구하는 것과 같은 성질을 갖고 있지 않기 때문이다. 또한 (b) 지금 탐구되는 학문은 수학적 대상들을 다루지도 않지만 (왜냐하면 수학적 대상들 중 어떤 것도 분리가능하지 않기 때문이다) 그렇다고 해서 감각적 실체들을 다루지도 않는데, 그것들은 가멸적이기 때문이다.

일반적으로 수학적 대상들이 갖는 질료와 관련된 의문을 다루는 것이 어떤 종류의 학문에 속하는 일인지 의문을 갖는 사람도 있을 것이다. 왜냐하면 그 일은 자연학에 속하는 것도 아니고 (그 이유는 자연학자의 모든 연구는 자기 자신 안에 운동과 정지의 원리를 포함하는 것들에 대한 것이기 때문이다) 논증과 학문에 대해 고찰하는 학문에도 속하지 않기 때문인데, 이 학문은 바로 그 유[10]에 대해서 탐구하기 때문이다. 그렇다면 남는 것은 우리 앞에 놓여 있는 철학이 그것들에 대한 탐색을 수행한다는 사실이다.

반면 어떤 사람은 탐구되는 학문을 원리들에 대한 것으로, 즉 다른 어떤 사람들이 말하는 이른바 요소들에 대한 것으로 간주해야 하는지 의문을 제기할 수 있을 것이다.[11] 누구나 요소들을 합성체들 안에 내재하

---

10 1059b19의 'auto touto to genos'는 논증(*apodeixis*)과 학문(*epistēmē*)을 가리킨다.

는 것으로 전제하기 때문이다. 하지만 탐구되는 학문은 그보다는 오히려 보편자들을 다루어야 한다고 생각할 수도 있을 것이다. 왜냐하면 모든 정식과 학문은 최종적인 것들[12]이 아니라 보편자들에 대한 것이고, 따라서 이런 방식으로 첫째 유들을 다룰 것이기 때문이다. 그런데 있는 것과 하나가 그런 것들일 텐데, 그 이유는 이것들은 가장 광범위하게 있는 것들 전체를 포섭하며 가장 높은 수준의 원리들에 해당한다고 생각될 수 있기 때문이다. 그것들은 본성적으로 첫째가는 것들이기 때문이다. 왜냐하면 그것들이 소멸하면 나머지 것들은 함께 없어지기 때문인데, 그 이유는 모든 것은 있는 것이고 하나라는 데 있다. 하지만 어떤 사람이 그것들을 유로 전제한다면, 그것들에는 필연적으로 차이들이 관여해야 하는데, 실제로 그 유에는 어떤 차이도 관여하지 않는다.[13] 그런 점에서 그것들을 유로 전제해서도 안 되고 원리로 전제해서도 안 되는 것처럼 생각될 수 있을 것이다. 또한 더 단순한 것이 덜 단순한 것보다 더 높은 수준의 원리이고 유에서 유래하는 것들 중 최종적인 것들이 그 유들보다 더 단순하다면(왜냐하면 최종적인 것들은 불가분적인 데 반해 유들은 여러 종들로 나뉘기 때문이다), 종들이 유들보다 더 높은 수준의 원리라고 생각될 수 있을 것이다. 반면 유들과 함께 종들이 없어진다면, 유들이 더 원리들
1060a 과 닮았다. 왜냐하면 (자신이 사라지면서) 다른 것들을 함께 없애는 것이 원리이기 때문이다. 그렇다면 이런 것들과 그런 종류의 다른 것들이 의문을 낳는 문제들이다.

---

11 1059b21-1060a1 ≃ III 3, 998a20-999a23.

12 1059b26의 'ta eschata'는 문맥에서 볼 때, 가장 낮은 수준의 보편자인 종(*infimae species*)이 아니라 개별자들을 가리키는 듯하다. a35의 'ta eschata'는 분명히 '마지막 종'(*teleutaion eidos*, 1061a24)을 가리킨다.

13 1059b33의 "diaphora d' oudemia tou genous metechei"에 대해서는 998b23 아래 참고.

2. III 4–6의 요약

또한 개별자들과 따로 어떤 것을 전제해야 하는가, 아니면 그렇지 않고 탐구되는 학문은 그런 개별자들을 다루는가?[14] 하지만 개별자들은 무한하다. 개별자들과 떨어져 있는 것들은 유들이거나 종들이다. 하지만 지금 탐구되는 학문은 이들 중 어떤 것도 다루지 않는다. 이것이 불가능한 이유에 대해서는 이미 이야기했다.[15] 그리고 일반적으로 여기 있는 감각적인 실체들과 떨어져 있는 분리가능한 실체를 생각해야 하는지, 아니면 바로 그것들이 있는 것들이고 그것들에 대해서 지혜가 성립한다고 생각해야 하는지는 의문을 낳는다. 왜냐하면 우리는 다른 종류의 실체를 찾고 있는 것 같고, 바로 이것, 즉 어떤 감각물에도 속하지 않고 그 자체로서 분리가능한 어떤 것이 있는지를 간파하는 일이 우리 앞에 놓인 과제이기 때문이다. 또한 만일 감각적인 실체들과 떨어져서 다른 어떤 실체가 있다면, 어떤 종류의 감각적 실체들과 떨어져서 그런 실체가 있다고 전제해야 할까? 다른 동물들이나 일반적으로 생명이 없는 것들보다는 사람들이나 말(馬)들을 염두에 두고 그것들과 떨어져 있는 실체를 전제하는 이유는 무엇일까? 감각적이고 가멸적인 실체들과 같은 수(數)의 다른 영원한 실체들을 꾸며내는 것은 이치에 맞지 않는 일로 생각될 수 있을 것이다. 그러나 지금 우리가 찾는 원리가 물체들과 분리가능하지 않다면, 어느 누가 다른 원리를 전제하면서 그것이 질료보다 더 적합하다고 말할 수 있을까? 다만 질료는 현실적으로 있는 것이 아니라 가능적으로 있다는 데 문제가 있다. 그래서 질료보다는 형상과 형태가 더 높은 수준의 주도적인 원리라는 생각이 들 수 있을 것이다. 하지만 형상과 형태는 가멸적이며, 따라서 분리가능하고 그 자체로서 있는 영원한 실체는 전혀 존재하지 않는다. 하지만 이는 불합리하다. 왜냐하면 그런 실체가

14 1060a3-27 ≃ III 4, 999a24-b24.

15 1059b24-38 참고.

있는 것 같고, 가장 고상한 사람들[16]은 거의 모두 그런 종류의 원리와 실체가 있다는 생각을 가지고 탐구하기 때문이다. 영원하고 분리가능하며 지속되는 어떤 것이 없다면 어떻게 질서가 존재할 수 있을까?

또한 만일 지금 우리가 찾고 있는 것과 같은 본성을 가진 실체와 원리가 있고 이것이 모든 것의 단일한 원리이자 영원한 것들과 가멸적인 것들의 동일한 원리[17]라고 한다면, 이런 의문이 생긴다.[18] 동일한 원리가 있는데 무엇 때문에 그런 원리에 의존해 있는 것들 가운데 어떤 것들은 영원하고 어떤 것들은 영원하지 않은가? 이는 불합리하다. 반면 가멸적인 것들의 원리와 영원한 것들의 원리가 서로 다르다고 해 보자. 이 경우 가멸적인 것들의 원리가 영원하다면, 우리는 똑같은 의문에 직면할 것이다. 원리가 영원한데 무엇 때문에 그 원리에 의존해 있는 것들은 영원하지 않은가? 그렇지 않고 그 원리가 가멸적이라면, 그것과 다른 어떤 원리가 있을 것이고 또다시 이 원리와 다른 것이 있게 되어 결국 이런 과정은 무한히 진행된다.

반면 만일 어떤 사람이 가장 부동적인 원리들로 간주되는 것들, 즉 있는 것과 하나를 전제한다면 이때는 다음과 같은 결과가 따라 나온다.[19] 첫째로 만일 그 둘이 각각 '이것'과 실체를 가리키지 않는다면, 어떻게 그것들은 분리가능하고 그 자체로서 있을 수 있을까? 하지만 우리가 찾고 있는 영원하고 첫째가는 원리들은 그런 성격을 갖는다. 그러나 만일 그 둘이 각각 '이것'과 실체를 지시한다면, 있는 것들은 모두 실체들이다. 왜냐하면 '있는 것'은 모든 것에 대해 술어가 되기 때문이다('하나'도 그 중 일부에 대해 술어가 된다). 그러나 있는 것들이 모두 실체라는 말은 거짓이다. 또한 하나가 첫째 원리이자 실체라고 말하면서 그 하나와 질

16 1060a25의 'hoi chariestatoi'는 본래 교양이나 지식의 측면에서 매우 세련된 사람들을 가리킨다.

17 1060a28-9: "mia pantōn kai hē autē tōn aidiōn te kai phthartōn".

18 1060a27-36 ≅ III 4, 1000a5-1001a3.

19 1060a36-b19 ≅ III 4, 1001a4-1002b11.

료로부터 첫 번째로 수가 생겨나며 이것이 바로 실체라고 주장하는 사람들의 말이 어떻게 참일 수 있을까? 왜냐하면 둘을 비롯해서 나머지 합성된 수들 하나하나를 어떻게 하나라고 생각해야 하는가? 이 점에 대해 그들은 아무 말도 하지 않고, 말하기가 결코 쉽지 않기 때문이다. 그러나 만일 어떤 사람이 선들이나 그에 이어지는 다른 것들을 (나는 첫째 표면들[20]을 두고 하는 말이다) 원리들로 전제한다면, (다른 것은 몰라도) 그것들은 분리가능한 실체들이 아니라 절단부들이요 분할체들이다. 즉, 그 가운데 어떤 것들은 표면들의, 어떤 것들은 물체들의 분할체들이고, 점들은 선들의 분할체들이며, 이런 분할체들은 그것들로 나뉘는 것들의 한계들이다. 하지만 그 모든 것은 다른 것들 안에 속하며 결코 분리가능하지 않다. 또한 우리는 어떻게 실체가 하나와 점으로 이루어진다고 생각할 수 있을까? 왜냐하면 모든 실체에는 생성이 속하지만, 점에는 속하지 않기 때문이다. 점은 분할체이기 때문이다.

하지만 다음과 같은 사실은 의문을 낳는다.[21] 즉, 모든 학문은 보편자들과 '이런저런 것'[22]을 대상으로 삼는 데 반해, 실체는 보편자들에 속하는 것이 아니라 '이것'이요 분리가능한 것이다. 사실이 이렇고 학문이 원리들에 대한 것이라면, 어떻게 원리를 실체라고 생각해야 하는가?

더욱이 복합체와 떨어져서 어떤 것이 있는가 그렇지 않은가?[23](내가 말하는 복합체란 질료 및 질료와 함께 있는 것을 가리킨다). 이것이 문제되는 이유는, 만일 복합체와 떨어져서 아무것도 없다면, 질료 안에 있는 것들은 모두 가멸적이고, 만일 복합체와 떨어져서 무언가 있다면, 형상과 형태가 그럴 것이다. 그런데 이것이 어떤 경우에 떨어져 있고 어떤 경우에 그렇지 않은지 그 경계를 정하기는 어려운 일이다. 왜냐하면 어떤 경우

20 '첫째 표면'(*prōtai epiphaneiai*)은 이데아계의 표면들, 즉 표면의 이데아들을 가리킨다.

21 1060b19-23 ≅ III 6, 1003a5-17.

22 '이런저런 것'(*to toiondi*)에 대해서는 VII 8, 1033b24에 대한 각주 참고.

23 1060b23-8 ≅ III 4, 999a24-b24.

형상이 분리가능하지 않음이 분명한데, 예컨대 집의 경우가 그렇다.

또한 원리들은 종에서 동일한가 아니면 수에서 그런가? 왜냐하면 수가 동일하다면, 모든 것이 동일하게 될 것이기 때문이다.[24]

3. IV 1, 2의 요약

철학자의 학문은 부분적인 관점을 떠나서 보편적으로, 있는 것을 있는 것인 한에서 다루지만, '있는 것'은 한 가지 뜻이 아니라 여러 가지 뜻으로 쓰인다.[25] 그런데 만일 '있는 것'이 어떤 공통적인 의미에 따라서가 아니라 동음이의적으로 쓰인다면, 그것은 하나의 학문에 귀속되지 않는다(왜냐하면 그런 동음이의어들에 대해서는 하나의 유가 존재하지 않기 때문이다). 반면 만일 '있는 것'이 어떤 공통적 의미에 따라서 쓰인다면, 하나의 학문에 귀속될 것이다. 그러나 그 말은 사실 우리가 이미 말했듯이 '의술적'이나 '건강한'과 같은 방식으로 쓰이는 것 같다. 그 이유는 다음과 같다. 우리는 그런 말들을 둘 다 여러 가지 뜻으로 사용한다. 하지만 그것들은 각각 다음과 같은 방식으로 어떤 것과의 관계 속에서 쓰이는데, 하나는 일정한 방식으로 의술적인 학문과의 관계 속에서 쓰이고, 다른 하나는 건강과의 관계 속에서 쓰이며, 다른 경우에도 저마다 동일한 것과의 관계 속에서 쓰인다. 왜냐하면 어떤 이론과 칼이 '의술적'이라고 일컬어진다면, 그 중 하나는 의술적인 학문에서 비롯된다는 뜻에서 그렇게 불리고, 다른 하나는 의술적인 학문에 유용하다는 뜻에서 그렇게 불리기 때문이다. '건강한'의 경우도 이와 마찬가지인데, 왜냐하면 어떤 것은 건강의 징표라는 뜻에서, 어떤 것은 건강을 만들어낸다는 뜻에서 '건강하다'고 불리기 때문이다. 나머지 경우들에도 동일한 용법이 적용된

24 1060b23-30 ≅ III 4, 999b24-1000a4.

25 XI 3 ≅ IV 1-2.

다. '있는 것'도 모두 이와 똑같은 방식으로 쓰이는데, 왜냐하면 그것들은 각각 있는 것인 한에서 있는 것의 속성이거나 상태이거나 배치이거나 운동이거나 그런 종류의 다른 어떤 것이라는 이유에서 '있는 것'이라고 불리기 때문이다. 그런데 있는 것은 모두 하나의 공통적인 어떤 것으로 환원되기 때문에, 있는 것에 속하는 여러 형태의 반대상태들도 그것의 첫째 차이들과 반대상태들로 환원될 터인데, 있는 것의 첫째 차이들이 다수와 하나이건 양의 같음과 다름이건 아니면 다른 어떤 것이건 사정은 마찬가지다.[26] 이것들은 이미 살펴본 것으로 해 두자. 있는 것이 있는 것과의 관계로 환원되건 하나와의 관계로 환원되건 아무 차이도 없다. 왜냐하면 그것들은 똑같지 않고 서로 다르지만 서로 환위되기[27] 때문인데, 하나인 것은 어떤 뜻에서 있는 것이고, 있는 것은 하나로서 있기 때문이다.

모든 반대자들을 이론적으로 고찰하는 것은 하나의 동일한 학문에 속하는 일이고, 반대자들 가운데 하나는 다른 하나의 결여라고 불린다. 몇몇의 경우, 예컨대 불의와 정의처럼 중간에 오는 것이 있는 경우 그것들이 어떻게 결여에 의거해서 불리는지 의문을 가질 사람도 있겠지만, 그런 모든 경우 결여는 정식 전체에 속하는 것이 아니라 마지막 종에 속하는 것으로 전제해야 한다. 예컨대 정의로운 사람이 어떤 습성에 따라 법을 준수하는 사람이라면, 불의한 사람은 그런 정식 전체의 내용을 모든 측면에서 결여하는 사람이 아니라, 법의 준수와 관련해서 어떤 점에 부족함이 있는 사람이며, 이런 점에서 결여가 그에게 속한다. 다른 경우에도 똑같다.

수학자는 추상물들에 대해 이론적 고찰을 한다(왜냐하면 그는 이론적으로 고찰할 때 모든 감각적인 것, 예컨대 무거움과 가벼움, 거칢과 그 반대되는

---

26 이에 대해서는 X권 3장 참고.

27 'antistrephein'은 본래 '반대쪽으로 되돌리다'라는 뜻이지만, 논리적으로는 서로 자리를 바꾸어 술어가 될 수 있다는 뜻에서의 환위(換位)를 가리킨다. 『범주론』 5, 2b21; 12, 14b11 등 참고.

것은 물론 뜨거움과 차가움을 비롯해서 다른 감각적인 반대상태들을 배제하고 오직 양적이고 연속적인 것만을 남겨두기 때문인데, 그는 어떤 때는 한 차원, 어떤 때는 두 차원, 어떤 때는 세 차원의 연속성만을 남겨두며 그런 것들에 속하는 속성들을 다른 측면은 배제한 채 양적이고 연속적인 한에서 고찰한다. 또한 그가 주목하는 것은 대상들의 상대적 위치들과 그것들에 속하는 것들일 때도 있고, 측정가능성과 측정불가능성일 때도 있으며, 비율들일 때도 있지만, 그
1061b 럼에도 불구하고 우리는 그 모든 일을 다루는 것이 하나의 동일한 학문, 즉 기하학적인 학문이라고 여긴다). 있는 것에 대한 이론적 고찰도 이와 똑같은 방식으로 이루어진다. 있음의 측면에서[28] 있는 것에 속하는 부수적인 것들을 고찰하는 것과 있는 것인 한에서 그것에 속하는 반대상태들을 고찰하는 것은 다른 학문이 아니라 철학의 과제다. 있는 것인 한에서가 아니라 운동에 관여하는 한에서 있는 것을 고찰하는 일을 사람들은 자연학에 맡길 것이기 때문이다. 반면 변증술이나 소피스테스의 기술은 있는 것들에 속하는 부수적인 것들을 다룰 뿐, 있는 것인 한에서 그것들에 속하는 것들이나 있음의 측면에서 있는 것 자체를 다루지는 않는다. 그러므로 남는 것은, 철학자는 앞에서 말한 것들을 있음의 측면에서 고찰하는 사람이라는 사실이다. 하지만 '있는 것'은 여러 가지 뜻으로 일컬어지지만 그것들은 모두 공통적인 어떤 하나에 따라서 쓰이고 반대자들 역시 똑같은 방식으로 쓰이며 (왜냐하면 그것들은 있는 것에 속하는 첫째 반대상태들과 차이들로 환원되기 때문이다) 그런 것들은 하나의 학문에 귀속될 수 있기 때문에, 처음에 언급된 의문은 해결될 수 있을 것이다. 나는 유의 측면에서 차이가 있는 것들 여럿에 대해 어떻게 하나의 학문이 있을 수 있는가라는 의문을 두고 하는 말이다.

28 '있음의 측면에서'(*kath' hoson estin on*)는 '있는 것인 한에서'(*hēi on*)와 뜻이 같다.

4. IV 3, 4의 요약

수학자는 공통적인 것들[29]을 고유한 방식으로 사용하기 때문에, 그런 것들의 원리들을 이론적으로 고찰하는 일 역시 첫째 철학의 과제일 것이다.[30] 그 이유는 이렇다. 양이 같은 것들에서 같은 양을 빼면 같은 양이 남는다는 사실은 모든 양적 크기에 공통적으로 적용된다. 하지만 수학은 자신의 고유한 질료의 한 부분을 떼어내어 그것에 대해 이론적 고찰을 하는데, 예컨대 선이나 각도나 수나 그 밖의 양적인 것이 그에 해당한다. 하지만 수학은 그것들을 있음의 측면에서 다루는 것이 아니라 그것들이 각각 하나의 차원이나 두 차원이나 세 차원에서 갖는 연속성의 측면에서 다룬다. 반면 철학은 특정한 영역에 속하는 것들을 대상으로 삼아 그 것들에 각각 부수적으로 속하는 것들의 측면에서 그 대상들을 고찰하는 것이 아니라, 있는 것을 대상으로 삼아, 있음의 측면에서 있는 것들을 하나하나 고찰한다. 자연학적인 학문의 경우도 수학의 경우와 사정이 다르지 않은데, 왜냐하면 자연학은 있음의 측면이 아니라 운동의 측면에서 있는 것들에 속하는 부수적인 것들과 원리들을 고찰한다(하지만 우리가 이미 말했듯이 첫째 학문은 주어져 있는 것들[31]을 다른 어떤 특정한 측면이 아니라 있음의 측면에서 다룬다). 이런 이유 때문에 자연학과 수학은 지혜의 분과(分科)들로 간주되어야 한다.

5. IV 3, 4의 요약(계속)

있는 것들 중에는 우리가 속임을 당하는 것이 불가능하고 언제나 그와

---

29 '공통적인 것들(*ta koina*)은 공리들을 가리킨다.

30 XI 4 ≅ IV 3, 1005a19-b2.

31 1061b31의 'ta hypokeimena'는 탐구의 대상으로서 주어져 있는 것들을 가리킨다.

반대되는 것을 행할 수밖에 없는 원리, 즉 우리가 참으로 받아들일 수밖
1062a 에 없는 원리가 있는데, 이를테면 동일한 것이 하나의 동일한 시간에 있으면서 있지 않기란 가능하지 않으며, 그런 방식으로 서로 대립하는 것들을 갖기란 가능하지 않다는 원리다.[32] 그리고 그런 종류의 원리들에 대해서는 무제한적인 뜻의 논증은 있을 수 없지만, 특정한 개인을 상대로 한 논증은 있다.[33] 왜냐하면 바로 이 원리보다 더 믿을 만한 원리로부터 추론하는 것은 가능하지 않지만, 무제한적인 뜻의 논증이 이루어지려면 그런 일이 가능해야 하기 때문이다. 하지만 그 원리와 대립하는 발언들을 하는 사람에 맞서 그의 주장이 거짓인 이유를 밝히려는 사람은, (그가 인정하는) 다음과 같은 종류의 어떤 것, 즉 동일한 것이 동일한 시간에 있으면서 있지 않기란 가능하지 않다는 원리와 한편으로는 동일하면서도, 다른 한편으로는 그 원리와 동일하지 않게 보이는 어떤 것을 취해야 한다.[34] 왜냐하면 대립하는 발언들이 동일한 대상에 대해 참이 될 수 있다고 주장하는 사람에 맞서서 논증하는 데는 그 방법밖에 없기 때문이다. 그렇다면 논증에 참여하려는 사람들은 무언가 함께 이해하는 점이 있어야 한다. 그렇지 않다면, 그들 사이에 어떻게 논변의 공유가 가능하겠는가? 그렇다면 각각의 낱말들은 이해가능하고 어떤 것을 지시해야 한다. 여럿을 지시해서는 안 되고 하나만을 지시해야 한다. 반면 만일 (해당 낱말이) 가리키는 것이 하나 이상이라면, 그 가운데 어떤 뜻으로 그 낱말이 쓰이는지 분명히 밝혀야 한다. 그렇다면 "이것은 갑이면서 갑이 아니다"라고 말하는 사람은 자신이 긍정하는 것을 부정하는 셈이며, 따라서 그는 그 낱말이 어떤 것을 가리킨다는 사실을 부정하는[35] 셈이 되는

---

32 1061b34-1062a2 ≅ IV 3, 1005b8-34.

33 1062a2-5 ≅ IV 4, 1006a5-18.

34 1062a5-19 ≅ IV 4, 1006a18-1007a20.

35 1062a17-8의 "ho sēmainei tounoma tout' ou phēsi sēmainein"은 직역하면 "그 낱말이 가리키는 것을, 그 낱말이 가리킨다는 사실을 부정한다"이다. 로스의 다음 번역 참고: "what the word signifies, he says it does not signify".

데, 이는 불가능한 일이다. 그러므로 만일 "이것은 갑이다"가 어떤 뜻을 갖는다면, 동일한 대상에 대한 부정이 참이 되는 것은 불가능한 일이다.

또한 그 낱말이 어떤 것을 가리키고 그것이 참이라면, 이는 필연적으로 그럴 수밖에 없는데, 필연적인 것은 어떤 경우에도 달리 있을 수 없다.[36] 그러므로 대립하는 발언들이 동일한 것에 대해 참일 수는 없다. 또한 긍정과 부정이 똑같이 참이라면, '사람이다'라고 말하는 사람과 '사람이 아니다'라고 말하는 사람이 똑같이 옳을 것이다.[37] 또한 "사람은 말(馬)이 아니다"라고 말하는 사람과 "사람은 사람이 아니다"라고 말하는 사람은 똑같이 옳게 보일 것이고, 따라서 동일한 사람에 대해 "사람은 말이다"라는 말도 참이 될 터인데, 대립하는 발언들이 똑같이 참일 수 있다고 앞에서 가정한 바 있기 때문이다. 그렇다면 동일한 대상이 사람이면서 말이고 혹은 다른 어떤 동물이라는 결론이 따라 나온다.

그렇다면 이런 것들에 대해서는 무제한적인 뜻에서의 논증이란 존재하지 않지만, (모순율에 반대되는) 그런 주장을 내세우는 사람을 반박하는 논증은 있을 수 있다. 그리고 우리는 헤라클레이토스 자신에게도 이런 방식의 질문을 던져, 곧바로 그로 하여금 동일한 대상들에 대해 대립하는 발언들이 참이 되는 것은 결코 가능하지 않다는 데 동의하지 않을 수 없게 만들 수 있을 것이다.[38] 하지만 그는 자신이 무엇을 말하는지 이해하지 못한 채 그런 의견을 취했다. 전체적으로 볼 때 그가 한 말이 참이라면, 그 주장 자체, 즉 동일한 것이 하나의 동일한 시간에 있으면서 있 1062b
지 않을 수 있다는 말[39]도 참이 아닐 것이다.[40] 왜냐하면 그 진술들을 나

---

36 1062a19-23 ≅ IV 4, 1006b28-34.

37 1062a23-30 ≅ IV 4, 1007b18-1008a2.

38 1062a31-5 ≅ IV 3, 1005b23-6.

39 1062b1-2: "to endechesthai to auto kath' hena kai ton auton chronon einai te kai mē einai". 모순율을 부정하는 진술 자체도 참이 아니게 된다는 것이 아리스토텔레스의 반박이다.

40 1062a36-b7 ≅ IV 4, 1008a4-7.

누면 긍정과 부정이 똑같이 참일 것이고, 이와 마찬가지로 두 진술을 연결한 긍정진술이 단일한 긍정진술과 같다면, (방금 말한 것과 같은 방식으로) 긍정을 통해 내세운 전체 진술에 못지않게 그것의 부정도 참이 될 것이기 때문이다.[41] 또한 만일 어떤 것도 참으로 긍정할 수 없다면, 참인 긍정진술이란 존재하지 않는다는 발언 자체도 거짓이 될 것이다.[42] 반면 참인 긍정진술이 존재한다면, 그것에 반대하면서 대화의 근본토대를 무너뜨리는 사람들의 말은 힘을 잃을 것이다.

6. IV 5, 6의 요약

프로타고라스의 주장도 위에서 다룬 주장들과 비슷하다.[43] 그 이유는 이렇다. 그는 사람이 모든 것의 척도라고 말했는데, 이 말은 곧 각자의 의견이 확고부동한 것이기도 하다는 뜻이다. 하지만 이것이 사실이라면, 동일한 것이 있으면서 있지 않고, 나쁜 것이면서 좋은 것이라는 결론이 따라 나오고, 다른 대립하는 발언들도 마찬가지인데, 어떤 특정한 대상이 어떤 사람들에게는 아름답게 나타나고 다른 사람들에게는 그와 반대로 나타나는 일이 자주 있지만 겉으로 나타나는 현상이 각자에게 척도이기 때문이다. 이 의문은 그런 판단이 어디서 처음 유래했는지를 살펴보면 풀릴 수 있을 것이다. 생각건대 그 의문은 어떤 측면에서는 자연연구자들의 의견에서 생겨난 것이고, 또 어떤 측면에서는 동일한 것들에

41 이 주장의 내용은 다음과 같이 풀이할 수 있을 것이다. "S는 P이면서 P가 아니다"라고 해 보자. 그렇다면 "S는 P이다"와 "S는 P가 아니다"가 똑같이 참일 것이다. 이 두 판단, 즉 긍정(*kataphasis*)과 부정(*apophasis*)을 연결한 "S는 P이면서 P가 아니다"는 판단 자체를 하나의 단일한 판단으로 본다면, 이 판단 자체나 그것의 부정("S는 P이면서 P가 아니라는 것은 참이 아니다")이나 둘 다 참일 수 있을 것이다. 이런 뜻에서 "동일한 것이 하나의 동일한 시간에 있으면서 있지 않을 수 있다"라는 진술은 자기모순적이다.

42 1062b7-9 ≅ IV 8, 1012b13-8.

43 1062b12-24 ≅ IV 5, 1009a6-16, 22-30.

대해 모든 사람이 똑같은 내용의 앎을 가지고 있는 것이 아니라 특정한 대상이 어떤 사람들에게는 즐거움을 주는 것처럼 나타나는 반면 다른 사람들에게는 그 반대로 나타난다는 데서 생겨난 것이다. 그 이유는 이렇다.[44] 있지 않은 것에서는 아무것도 생겨나지 않고 모든 것은 있는 것에서 생겨난다는 것이 거의 모든 자연학자들의 공통적인 교설이었다. 그런데 하얗지 않은 측면이 전혀 없이 완전히 하얀 것에서는 결코 하얀 것이 생겨나지 않기 때문에, 하얗게 되는 것은 하얗지 않은 것에서 생겨날 것이다. 따라서 그들은 주장하기를, 만일 동일한 것이 하야면서 하얗지 않을 수 없다면, 하얀 것은 하얗지 않은 것에서 생겨나게 될 것이라고 한다.[45] 하지만 이 의문은 풀기 어렵지 않다. 왜냐하면 어떤 뜻에서 생겨나는 것들이 있지 않은 것에서 생겨나고 또 어떤 뜻에서 있는 것에서 생겨나는지는 자연학 저술에서[46] 이미 이야기한 바 있기 때문이다.

하지만 서로 상충하는 주장을 하는 사람들의 의견과 상상에 똑같이 관심을 기울이는 것은 순진한 일이다.[47] 왜냐하면 그 중 어느 하나는 필연적으로 거짓일 수밖에 없기 때문이다. 이는 감각의 측면에서 일어나는 일들을 놓고 보면 분명하다. 동일한 것이 현상적으로 어떤 사람들에게는 달지만 어떤 사람들에게는 그 반대로 나타난다면, 그 이유는 어느 한쪽의 경우 논의 대상이 되는 냄새를 지각하고 판별하는 감각기관이 완전히 손상되고 잘못되었기 때문이다. 사정이 이렇다면, 어느 한쪽은 척도로 간주되어야 하지만, 다른 쪽은 그렇지 않다. 좋음과 나쁨, 아름다움과 추함을 비롯해서 그런 종류의 다른 것들에 대해서도 내가 하는 말은 똑

44 1062b24-33 ≃ IV 5, 1009a30-6.

45 이 논변의 요지는 다음과 같다. 완전히 하얀 것으로부터는 하얀 것이 생겨날 수 없다. 또 하얗지 않은 것으로부터 하얀 것이 생겨날 수도 없다. 왜냐하면 그것은 (하얗게) 있지 않은 것으로부터는 (하얗게) 있는 것이 생겨나지 않는다는 자연철학자들의 교설에 어긋나기 때문이다. 따라서 하얀 것은 하야면서도 하얗지 않은 것에서 생겨날 수밖에 없다.

46 『자연학』 I 7-9; 『생성·소멸론』 I 3, 317b14-319b5 참고.

47 1062b33-1063a10 ≃ IV 5, 1010b1-26; 6, 1011a31-4.

같다. (인간이 만물의 척도라는 주장은) 눈 밑을 손가락으로 눌러 하나를 둘로 보이게 하는 사람들에게는 현상으로 나타나는 것들이 — 겉으로 보기에 그렇다는 이유에서 — 둘이고, 눈을 만지지 않는 사람들에게는 하나가 하나로 나타나기 때문에 다시 하나라고 주장하는 것과 아무 차이가 없다.

전체적으로 말해서, 현상적으로 볼 때 여기 있는 것들이 변화를 겪고 결코 동일한 상태에 머물러 있지 않다는 사실을 근거로 삼아 진리에 대해 판정을 내리는 것은 불합리하다.[48] 왜냐하면 우리는 언제나 동일한 상태에 있으면서 어떤 변화도 겪지 않는 것들을 출발점으로 삼아 진리를 쫓아야 하기 때문이다. 코스모스를 이루는 천체들[49]이 그런 종류의 대상들인데, 왜냐하면 그것들은 어떤 때는 이런 모습으로, 또 어떤 때는 다른 모습으로 나타나는 일이 없이 언제나 동일하고 어떤 종류의 변화에도 관여하지 않기 때문이다.

또한 운동이 있다면 운동하는 것이 있고, 모든 운동은 어떤 것으로부터 어떤 것으로 진행된다.[50] 그러므로 운동하는 것은 운동의 출발점이 되는 상태에 있다가 (더 이상) 그 상태에 있지 않고 다른 상태로 운동해서 이 새로운 상태에 들어서야 하며, 모순적인 것은 — 그들의 주장과 달리 — 동시에 참이 아니다.

그리고 여기 있는 것들이 양적인 측면에서 연속해서 흘러가는 상태에 있고 운동한다고 해 보자.[51] 이것은 참이 아니지만, 그래도 누군가 그런 전제를 내세운다고 해 보자. 그렇다고 해서 그것이 질적인 측면에서 지속되지 않을 이유가 어디 있을까? 왜냐하면 모순적인 것들을 동일한 대상에 대해 동시에 진술하는 일은 주로, 물체들의 양이 지속하지 않기 때

48 1063a10-7 ≅ IV 5, 1010a25-32.

49 1063a15의 'ta kata ton kosmon'을 직역하면 '질서를 따르는 것들' 정도로 옮길 수 있겠지만, 여기서는 코스모스를 이루는 천상의 실체들, 즉 천체들을 가리킨다.

50 1063a17-21 ≅ IV 5, 1010a35-b1.

51 1063a22-8 ≅ IV 5, 1010a22-5.

문에 동일한 것이 4완척(腕尺)[52]이면서 4완척이 아니라고 생각한 데서 유래한 것처럼 보이기 때문이다. 하지만 실체는 성질에 의존하고, 이것은 확정된 본성을 갖는 반면, 양은 불확정적인 본성을 갖는다.

또한 의사가 사람들에게 이런저런 음식을 섭취하라고 처방을 내리면 그것을 섭취하는 이유는 무엇인가?[53] 무엇 때문에 "이것은 빵이다"가 "이것은 빵이 아니다"보다 더 참일까? (만일 그 둘 사이에 아무 차이가 없다면) 결과적으로 빵을 먹거나 먹지 않거나 아무 차이가 없을 것이다. 그런데 사람들은 의사들이 음식에 대해 하는 말은 참이고 그것이 의사가 처방한 음식이라고 믿고서 그 음식을 섭취한다. 감각물들의 영역에 확고부동하게 항상 머물러 있는 어떤 자연적인 것도 없고 모든 것이 언제나 운동하고 흘러가는 상태에 있다면, 그럴 필요가 없을 것이다.

또한 우리가 항상 질적으로 변화하면서 한순간도 동일한 모습으로 머물러 있지 않다고 가정해 보자.[54] 그 경우 병든 사람들에게 그렇듯이 우리에게 대상들이 동일한 모습으로 나타나지 않는다고 해서, 놀랄 일이 무엇이 있을까? (그 이유는 이렇다. 병자들은 건강할 때와 똑같은 상태에 놓 1063b
여 있지 않기 때문에 그들에게도 감각적인 것들은 동질적으로 나타나지 않는다. 그렇다고 해서 감각물들이 그 자체로서 어떤 변화를 겪는 것은 아니고 병든 사람들에게 (이전과) 똑같지 않고 (이제) 다른 내용의 감각내용들을 만들어낸 것이다. 앞서 말한 변화가 일어난다면, 건강한 사람들의 사정도 그와 똑같을 수밖에 없다). 하지만 우리가 변화를 겪지 않고 동일하게 지속적으로 있다면, 무언가 지속되는 것이 있을 것이다.

그런데 논변에 의거해서 지금까지 이야기한 의문들을 품은 사람들의 경우, 만일 이들이 더 이상의 논변이 필요 없는 어떤 것을 내세우지 않는

52 '완척'이라고 옮긴 'pēkys'는 가운데손가락 끝에서 팔꿈치까지의 길이로 보통 43~53센티미터의 길이를 가리키는 고대 그리스의 척도이다.

53 1063a28-35 ≃ IV 4, 1008b12-27.

54 1063a35-b7 ≃ IV 5, 1009a38-b33.

한 그들과 상대해서 그 의문들을 해결하기는 쉬운 일이 아니다. 왜냐하면 모든 논변과 모든 논증은 그런 방식으로[55] 이루어지기 때문인데, 그들은 아무것도 내세우지 않음으로써 대화와 논변 전체의 토대를 무너뜨리기 때문이다. 그러므로 그런 종류의 사람들을 상대해서는 논변이 성립하지 않는다. 하지만 전통적인 의문들로 말미암아 의문에 사로잡힌 사람들의 경우에는 그들을 상대해서, 그들에게 의문을 낳는 것들을 해결하기는 어렵지 않다.[56] 이는 지금까지 했던 이야기를 통해 볼 때 분명하다.

따라서 지금까지 했던 이야기를 통해 볼 때 분명히 동일한 대상에 대한 대립하는 발언들은 동시에 참일 수 없다. 반대자들도 마찬가지인데, 모든 반대상태는 결여의 뜻으로 쓰이기 때문이다. 이는 우리가 반대자들에 대한 정식을 그것들의 원리에 이를 때까지 분석해 보면 분명해진다.

이와 마찬가지로 (반대자들의) 중간에 있는 것들 가운데 어떤 것도 (반대자들 가운데 하나를 술어로 가진 것과) 동일한 하나의 대상에 대해 술어가 될 수 없다.[57] 어떤 대상[58]이 하얗다면, 그것이 검지도 않고 하얗지도 않다고 말하는 것은 잘못이다. 그렇지 않다면 그것이 하야면서 하얗지 않다는 결론이 따라 나오기 때문인데, 함께 연결된 술어들[59] 가운데 뒤의 것이 그 대상에 대해서 참인 술어가 될 것이고, 그것은 하양의 모순항이기 때문이다.

헤라클레이토스를 따라 주장을 펴는 것뿐만 아니라 아낙사고라스를

55 더 이상의 논변이 필요 없는 어떤 것을 내세운 상태에서 논변을 펼치는 것을 말한다.

56 1063b17-9 ≃ IV 6, 1011b17-22.

57 1063b19-24 ≃ IV 7, 1011b23-1012a24. 1063b19-20에 대해서는 로스의 번역 참고: "no intermediate between contraries can be predicated of one and the same subject, of which one of the contraries is predicated."

58 1063b20의 'hypokeimenon'은 문맥에 비추어 볼 때, '기체'보다는 진술의 '대상'을 뜻한다고 볼 수 있다.

59 예컨대 "옷이 검지도 않고 하얗지도 않다"라는 말이 참이라고 해 보자. 이렇게 함께 연결된 두 술어(*ta sympeplegmena*), 즉 '검지 않다'와 '하얗지 않다'는 둘 다 그 옷에 대해 술어가 될 것이고, 그렇다면 "옷은 하얗지 않다"도 참이 되는데, 이 진술은 "옷은 하얗다"와 모순관계에 있다.

따라 주장을 펴는 것도 참이 될 수 없다.[60] 만일 그렇지 않다면, 반대자들이 동일한 대상에 대해 술어가 되는 결과가 따라 나온다. 왜냐하면 모든 것 안에 모든 것의 몫이 내재한다는 아낙사고라스의 말은 단 것과 쓴 것의 차이가 없고 여타의 다른 반대상태들의 경우도 마찬가지라는 말이기 때문인데, 만일 모든 것 안에 모든 것이 단지 가능적인 것이 아니라 현실적인 것으로서 서로 분리되어 내재한다면 그렇게 된다. 이와 마찬가지로 모든 진술이 거짓일 수도 없고 모든 진술이 참일 수도 없는데, 이는 그런 전제로부터 따라 나오는 것으로 끌어 모을 수 있는 많은 다른 어려움들에 비추어 보아도 그렇지만, 이런 이유에서도, 즉 모든 진술이 거짓이라면 그렇게 말하는 사람의 진술 자체도 참이 아닐 것이고 모든 진술이 참이라면 모든 진술이 거짓이라는 진술도 거짓이 아닐 것이라는 이유에서도 그렇다.

7. VI 1의 요약

모든 학문은 그에 귀속되는 인식 대상들 가운데 각 대상과 관련해서 어떤 원리들과 원인들을 찾는데, 이를테면 의학과 체육학이 그렇고 그 밖의 제작적인 학문들과 수학적인 학문들에 속하는 각각의 학문이 그렇다.[61] 왜냐하면 그런 학문들은 각각 어떤 유에 국한해서 그것을 주어진 것이자 있는 것으로 간주하면서 연구하지만, 그렇다고 그것을 있음의 측면에서 다루지는 않기 때문인데, 그런 학문들 이외에 다른 어떤 학문이 있다. 위에서 말한 학문들은 저마다 일정한 방식으로 각 유에서 '무엇'에 해당하는 것을 취한 다음, 나머지 것들을 — 더 취약하거나 더 엄밀하게 — (논증을 통해) 제시하려고 노력한다. 어떤 학문들은 '무엇'을 감각을

60 1063b24-35 ≅ IV 7, 1012a24-b18.

61 XI 7 ≅ VI 1.

통해 취하고, 또 어떤 학문들은 전제된 것으로써 취하는데, 결국 그런 종류의 귀납을 통해 보면 실체와 '무엇'에 대한 논증이 없다는 것은 분명한 사실이다.

자연에 대한 어떤 학문이 있으니, 이것은 분명 실천적인 것이나 제작적인 것과 다르다. 제작적인 학문의 경우 운동의 원리가 제작되는 것 안에 있는 것이 아니라 제작자 안에 있기 때문인데, 기술이나 다른 어떤 능력이 바로 그런 원리이다. 마찬가지로 실천적 학문의 경우 운동은 행동 안에 있기보다는 행동하는 사람들 안에 있다. 그러나 자연학자의 학문은 자체 안에 운동의 원리들을 갖고 있는 것들을 대상으로 삼는다. 그러므로 이런 점들을 놓고 볼 때, 자연학은 분명히 실천적인 것도 제작적인 것도 아니고 이론적인 것일 수밖에 없다(왜냐하면 자연학은 이 세 부류 가운데 어느 하나에 속해야 하기 때문이다). 그런데 각각의 학문은 반드시 어떤 방식으로든 '무엇'에 대해 알고 그것을 원리로 사용해야 하기 때문에, 자연학자는 어떻게 정의를 해야 하고 어떻게 실체에 대한 정식을 파악해야 하는지, 다시 말해서 딱부리를 정의할 때처럼 해야 하는지, 아니면 볼록함을 정의할 때처럼 해야 하는지를 간과해서는 안 된다. 왜냐하면 이 가운데 딱부리에 대한 정식은 대상의 질료와 함께 진술되는 데 반해, 볼록함에 대한 정식은 질료 없이 진술되기 때문이다. 그 까닭은 딱부리 모양은 눈에 생겨나고, 그렇기 때문에 그것에 대한 정식은 눈과 함께 고찰의 대상이 되기 때문인데, 딱부리는 볼록한 눈이기 때문에 그렇다. 그렇다면 살과 눈과 나머지 부분들에 대한 정식은 언제나 질료와 함께 제시되어야 함이 분명하다.

있는 것을 있고 분리가능한 것인 한에서[62] 다루는 어떤 학문이 있기

62 'on hēi on kai chōriston'(being qua being and capable of existing apart — Ross)을 다루는 학문을 일컬어 이어지는 부분에서는 '신학'(*theologikē*, 1064b3)이라고 부른다. 따라서 'on hēi on kai chōriston'이 'to chōriston on kai akinēton'(1064a33-4)과 함께 신적 존재(*to theion*, 1064a37)를 가리키는 것으로 볼 수 있다. 하지만 'on hēi on kai chōriston'은 형이상학적 탐구의 양면성, 즉 그것이 있는 것을 있음의 측면에서 다루면

때문에, 그것을 자연학과 동일한 것으로 전제해야 할지 아니면 다른 것으로 내세워야 할지 살펴보아야 한다. 그런데 자연학은 운동의 원리를 자기 자신 안에 가지고 있는 것들을 다루는 데 반해, 수학은 이론적 학문이면서 정지해 있지만 분리가능하지 않은 것들을 대상으로 다룬다. 따라서 분리가능하고 부동적인 것에 대해서는 이 두 학문과 다른 어떤 학문이 있으니, 그런 종류의 실체, 즉 분리가능하고 부동적인 실체가 있다면 그럴 텐데, 바로 이것을 밝히기 위해 우리는 노력할 것이다. 그리고 만일 그런 종류의 자연물이 있는 것들 가운데 속해 있다면, 바로 거기에[63] 신적인 것이 놓여 있을 것이고, 그것은 첫째가는 가장 주도적 원리일 것이다. 그러므로 분명히 이론적 학문들 가운데는 세 부류, 즉 자연학, 수학, 신학이 있다. 이론적인 학문들의 부류가 가장 뛰어나지만, 이들 가운데서는 마지막에 언급된 것이 가장 뛰어나다. 왜냐하면 그것은 있는 것들 가운데 가장 고귀한 것을 다루는데, 각 학문은 그에 고유한 인식 대상에 따라 그 우열이 갈리기 때문이다.

어떤 사람은 있는 것을 있는 것인 한에서 다루는 학문을 보편적인 것으로 전제해야 할지 그렇지 않은지에 대해 의문을 가질 수도 있을 것이다. 왜냐하면 수학적인 학문들에 속하는 각 학문은 어느 한 유를 떼어내어 그것을 대상으로 삼는 반면, 보편적인 수학은 모든 것에 대해 공통적이기 때문이다. 그래서 자연적인 실체들이 있는 것들 가운데 첫째가는 것들이라면, 자연학이 학문들 가운데 첫째가는 것이겠지만, 다른 자연물, 즉 분리가능하고 부동적인 실체가 있다면, 그것을 대상으로 삼는 다른 어떤 학문이 있고 그것은 자연학에 앞서며, 앞선다는 이유에서 보편적일 수밖에 없다.

서 동시에 분리된 신적 존재를 다룬다는 사실을 드러내기 위해 쓰인 것이라고 볼 수도 있다. 실제로 아리스토텔레스는 1064b6 아래에서 'on hēi on'을 다루는 학문의 그런 이중적 성격을 분명히 하는 데 주력한다.

63 1064a35의 '분리가능하고 부동적인 실체'(*chōristē kai akinētos ousia*)를 가리킨다.

8. VI 2-4의 요약. 『자연학』에서 발췌한 내용: 우연적인 것에 대하여 (『자연학』 II 5, 6)

무제한적인 뜻에서 있는 것은 여러 가지 뜻으로 쓰이는데[64] 그 중 하나는 우연적인 뜻에서[65] 있는 것이므로, 먼저 이런 뜻에서 있는 것을 살펴보아야 한다. 분명히 전통적인 학문들 가운데 어떤 것도 우연적인 것에 대해 연구하지 않는다. 왜냐하면 건축술은 집을 사용하는 사람들에게 우연적으로 속하게 될 것, 예컨대 그가 그 집에서 고통을 겪으며 살게 될지 그 반대가 될지에 주목하지 않으며, 직조술이나 제화술이나 제과술도 마찬가지다. 이런 학문들은 각각 자신에게 고유한 것에 주목하는데, 각자의 고유한 목적이 바로 그것이다.[66] 또한 어떤 학문도 음악적인 사람을 다루지 않는다. 음악적인 사람이 이전에는 그렇지 않다가 문법을 알게 되면, 그 둘 모두 그에게 동시에 속하겠지만, 항상 그렇지 않고 (지금만) 그런 것은 생겨난 것이고 그 생성의 결과 그에게 음악적 교양과 문법적 지식이 동시에 속하게 된 것이다. 소피스테스의 기술을 제외하고, 사람들이 일반적으로 인정하는 학문들 가운데 어떤 것도 그런 것을 탐구하지 않는다. 왜냐하면 오직 소피스테스의 기술만이 우연적인 것에 대해서 연구하기 때문인데, 그런 이유에서 소피스테스의 기술이 있지 않은 것 주변을 맴돈다는 플라톤의 말은 잘못된 것이 아니다.[67]

우연적인 것이 도대체 무엇인지 이해하려고 시도해 본 사람들에게는

---

64 1064b15-1065a26 ≅ V 2-4.

65 이 장에서 다루어지는 'kata symbebēkos'는 '우연적'이라는 뜻에서 '부수적'인 것을 가리킨다. 이를 분명히 하기 위해 '부수적'이라고 하지 않고 '우연적'이라고 옮겼다. V 30 참고.

66 1064b23의 'oude mousikon kai grammatikon'은 빼고 읽었다. '자신에게 고유한 것'(*to kath' hauten idion*), 즉 '고유한 목적'(*oikeion telos*)은 물론 위에서 말한 '우연적인 것'(*to symbebēkos*)에 반대된다.

67 플라톤, 『소피스테스』 254A. 이에 대한 아리스토텔레스의 견해는 XIV 2, 1089a15 아래 참고.

그것이 학문의 대상이 될 수 없다는 사실이 분명해질 것이다. 모든 것은 항상, 그리고 필연적으로 그런 때도 있고 (여기서 말하는 것은 강제하는 것이라는 뜻의 필연성이 아니라[68] 논증적 학문들에서 우리가 활용하는 필연성이다) 대다수의 경우에 그런 때도 있으며, 대다수의 경우 그렇지도, 항상 필연적으로 그렇지도 않으며 그때의 우연적 사정에 따라 그런 때도 있다. 예컨대 삼복 때 추위가 닥칠 수 있지만, 이런 일은 항상 일어나는 것도 아니고 필연적으로 그런 것도 아니며 대다수의 경우에 그런 것도 아니고, 어떤 때 한번 우연히 일어난다. 그렇다면 우연적인 것은 발생하긴 하지만 항상 그런 것도 아니고 필연적으로 그런 것도 아니며 대다수의 경우에 그런 것도 아니다.[69] 그렇다면 우연적인 것이 무엇인지는 이미 이야기한 바와 같고, 무엇 때문에 그런 것에 대해 학문이 존재하지 않는지는 분명하다. 왜냐하면 모든 학문은 항상 그렇거나 또는 대다수의 경우에 그렇게 있는 것을 대상으로 하는 반면, 우연적인 것은 이 가운데 어떤 것에도 속하지 않기 때문이다.[70]

우연적인 뜻에서 있는 것에 대해서는 분명 그 자체로서 있는 것[71]에 속하는 것과 같은 원인들이나 원리들이 존재하지 않는다. 왜냐하면 그런 것들이 있다면, 모든 것이 필연적으로 있을 것이기 때문이다. 그 이유는 이렇다. 갑은 을이 있을 때 있고 을은 병이 있을 때 있으며, 병은 우연적인 사정에 따라서가 아니라 필연적으로 있다면, 을을 원인으로 해서 있는

68 '강제하는 것'(*to biaion*)이라는 뜻의 필연성에 대해서는 V 5, 1015a26 아래 참고.

69 1065a1-3: "esti dē to symbebēkos ho gignetai men, ouk aei d' oud' ex anankēs oud' ōs epi to poly".

70 이런 뜻에서 아리스토텔레스는 모든 학문이 보편자(*katholou*)를 대상으로 삼는다고 말한다. 다음의 구절을 참고: III 6, 1003a14-5; XIII 3, 1077b34-5; 10, 1086b33.

71 여기서 말하는 '그 자체로서 있는 것'(*to kath' hauto on*)은 다른 것과 따로 떨어져 존재하는 실체를 가리키는 것이 아니라 그 자체로서 어떤 것에 속하는 것, 즉 어떤 것에 본성적으로 속하는 것을 가리키는 것으로 보아야 한다. 이런 것에는 어떤 대상에 본질적인 것과 그런 본질로부터 필연적으로 따라 나오는 것이 있다. 이런 뜻에서 그 자체로서 있는 것에 대해서는 V 18, 1022a25 아래 참고.

것도 필연적으로 있을 것이고, 그런 과정은 이른바 마지막 결과[72]에 이를 것이고(위에서는 이것이 우연적이라고 가정했다), 따라서 모든 것은 필연적으로 있을 것이고, 우연적으로 일어나는 것과 생성할 수도 있고 그렇지 않을 수도 있는 것은 생성하는 것들의 영역에서 완전히 사라진다. 원인은 있는 것이 아니라 생겨나는 것이라고 전제한다 하더라도, 똑같은 결과가 따라 나온다. 왜냐하면 모든 것은 필연적으로 생겨날 것이기 때문이다. 내일의 월식은 갑이 발생하면 발생할 것이고, 갑은 을이 발생하면 일어날 것이며, 을은 다시 병이 발생하면 생겨날 것이다. 이런 방식으로 지금부터 내일 사이의 제한된 시간에서 시간을 빼면 어느 순간 현재의 상황에 이르게 될 것이고, 결국 이 상황이 주어져 있다면, 그 뒤에 오는 모든 것은 필연적으로 발생해서, 결과적으로 모든 것은 필연적으로 생겨날 것이다.

참이라는 뜻에서 있는 것과 우연적인 뜻에서 있는 것을 놓고 보면, 앞의 것은 사고를 통한 연합 안에 존재하고 또 사고의 양태이다[73](이런 이유 때문에 우리는 그런 뜻에서 있는 것에 대해서는 원리들을 찾지 않고 밖에 있으면서 분리가능한 것에 대해서 원리들을 찾는다). 반면 뒤의 것은 필연적이 아니라 불확정적인데, 이것은 우연적인 뜻에서 있는 것이고, 그런 종류의 사물에 속하는 원인들은 무질서하고 무한하다.

본성적으로 생겨나거나 사고에서 시작해서 생겨나는 것들 안에는 지향 대상이 있는 반면,[74] 그런 것들 중 어떤 것이 우연적으로 생겨날 때는 거기에 우연이 있다. 왜냐하면 있는 것 가운데 그 자체로서 있는 것과 우연적인 뜻에서 있는 것이 있다면, 원인도 마찬가지이기 때문이다. 우연은 목적지향적 선택에 따라 생겨나는 것들 안에 있는 우연적 원인이며,

72 원어는 'aitiaton'이다.

73 '참이라는 뜻에서 있는 것'(*to hos alēthes on*)에 대해서는 VI권 4장과 IX권 10장 참고.

74 1065a26-30 ≅『자연학』II 5, 196b21-5. '사고에서 시작해서'(*apo dianoias*) 생겨나는 것들에 대해서는 VII 7, 1032a28 아래를 함께 참고.

그런 이유 때문에 우연과 사고는 똑같은 것들에 관계한다.[75] 왜냐하면 선택은 사고와 분리되지 않기 때문이다. 우연적인 것들이 생겨날 때 그 출발점을 제공하는 원인들은 불확정적이고, 그런 이유 때문에 우연은 인간의 추론에 비추어 볼 때 불분명하고 우연적 원인이지만, 무제한적인 뜻에서 보자면 어떤 것에도 속하지 않는다. 좋은 우연과 나쁜 우연은 그 결과의 좋고 나쁨에 달려 있다.[76] 하지만 그 결과가 중대하면, 행운과 불운이 된다. 우연적인 것들은 결코 그 자체로서 있는 것들에 앞서지 않기 1065b
때문에, 그 원인들도 그렇다. 그러므로 우연이나 자생성[77]이 우주의 원인이라면, 지성과 본성은 그에 앞서는 원인이다.[78]

9. 가능태, 현실태, 운동에 대하여(『자연학』 III 1–3)

어떤 것들은 현실적으로 있을 뿐이고, 어떤 것들은 가능적으로 있을 뿐이며, 또 어떤 것들은 가능적이면서 현실적으로 있다.[79] 또 어떤 것은 〈이것〉으로서 있고, 어떤 것은 양으로서 있으며, 나머지 것들 중 하나로 있다. 하지만 사물들과 떨어져서는 운동이 존재하지 않는다.[80] 왜냐하면 변화는 항상 있는 것의 범주들에 따라 일어나며, 하나의 범주에 속하지 않으면서 여러 범주에 공통적인 것은 존재하지 않기 때문이다.[81] 하지만

75 1065a30-5 ≅『자연학』 II 5, 197a5-14.

76 1065a35-b1 ≅『자연학』 II 5, 197a25-7.

77 '우연'(*tychē*)과 '자생성'(*to automaton*)에 대해서는 I 3, 984b14와 XII 3, 1070a6 참고.

78 1065b1-4 ≅『자연학』 II 6, 198a5-13.

79 1065b5-7 ≅『자연학』 III 1, 200b26-8.

80 1065b7-20 ≅『자연학』 II 9, 200b32-III 1, 201a19.

81 예컨대 '있는 것'(*on*)과 '하나'(*hen*)는 "여러 범주들에 대해 똑같이 적용되고 어떤 범주 안에도 속하지 않는다"(X 2, 1054a13-5). 그렇지만 그 두 개념은 모든 범주들에 공통적인(*koinon*) 유가 아니다. 그것들은 여러 범주들에 유비적으로 적용되기 때문이다.

각 범주는 두 갈래로 나뉘어 모든 것에 속한다(예컨대 '이것'의 경우 그것의 한쪽은 형태이고 다른 쪽은 결여이며, 성질의 경우에는 (예컨대) 하양과 검정이 있고, 양의 경우에는 완전한 것과 불완전한 것이 있으며, 이동의 경우에는 상향운동과 하향운동이 있고, 혹은 가벼운 것과 무거운 것이 있다). 그러므로 있는 것의 종들[82]이 있는 만큼 여러 종의 운동과 변화가 있다. 그런데 각각의 개별적인 유와 관련해서 가능적인 것과 완전한 것이 나뉘는데, 가능적인 한에서 가능적인 것의 현실태를 일컬어 나는 운동이라고 부른다.[83] 우리가 하는 말이 옳다는 것은 다음과 같은 사실로부터 분명하다. 집이 될 수 있는 것이, 우리가 말하는 그런 가능성을 (여전히) 가지고 있는 한에서 현실적으로 있을 때 건축이 이루어지는데, 이것이 집짓기이다. 배움, 치료, 보행, 도약, 노화, 숙성도 마찬가지다. 완전한 상태 자체가 (현재) 있을 때 운동이 일어나며, 운동은 그에 앞서지도 않고 뒤에 오지도 않는다.[84] 그렇다면 가능적으로 있는 것의 완전한 상태는, 그 가능적인 것이 완전한 상태에 있으면서 현실적으로 활동하고 있지만 그 자체인 한에서가 아니라 운동가능한 것인 한에서 그럴 때, 운동이라고 불린다.[85] '~인 한에서'라는 말은 다음과 같은 것을 뜻한다. 청동은 가능적

82 '있는 것의 종들'(*eidē tou ontos*)은 범주들을 가리킨다. 보통 범주를 가리킬 때는 일반적으로 'genos'라는 낱말이 쓰인다. 『자연학』 I 1, 189a14, b24와 『영혼론』 I 1, 402a23-5 참고.

83 1065b16의 'ten tou dynamei hēi toiouton estin energeian legō kinēsin'의 의미는 이렇다. 조각과정에 있는 대리석은 채석장의 대리석과 달리 현실적으로 조각상이 되는 과정에 있지만, 아직 조각상이 될 수 있는 가능성이 완전히 실현된 것은 아니다. 그런 뜻에서 대리석의 조각과정은 가능적인 조각상인 대리석에서 진행되는 현실적 과정이지만, 이 과정에는 아직 변화의 가능성이 남아 있다. 그런 뜻에서 조각과정을 일컬어 운동(*kinēsis*)이라고 부를 수 있다.

84 1065b21-2 ≃『자연학』 III 1, 201b6-7.

85 1065b21-1066a26 ≃『자연학』 III 1, 201a27-202a3. '운동'(*kinēsis*)에 대한 1065b21-3의 정의내용은 다음과 같다. 예컨대 청동은 그 자체로서는 완전한 상태(*entelecheiai*)에 있다. 하지만 그것은 동시에 가능적인 조각상, 즉 조각상이 될 수 있는 것이다. 이렇게 청동 자체인 한에서가 아니라 조각상이 될 수 있는 것인 한에서(*ouch hēi auto all' hēi kinēton*, 1065b22-3) 청동에 속하는 완전한 상태(*entelecheia*)와 현실적 활동(*energeia*),

으로 조각상이다. 하지만 그럼에도 불구하고 청동인 한에서 청동의 완전한 상태는 아직 운동이 아니다. 왜냐하면 청동임과 가능적으로 어떤 것임은 똑같지 않기 때문이다.[86] 만일 그것들이 정식의 측면에서 무제한적으로 동일하다면, 청동의 완전한 상태가 일종의 운동일 터인데, 둘은 동일하지 않다(이 점은 반대자들을 보면 분명하다. '건강해 질 수 있다'와 '병이 들 수 있다'는 동일한 것이 아니다. 만일 그 둘이 동일하다면 '건강하다'와 '병이 있다'는 동일할 것이기 때문이다. 하지만 건강한 상태와 병든 상태의 기체는, 그것이 습기든 피든, 하나의 동일한 것이다). 하지만 색깔과 가시적인 것이 동일하지 않듯, 그 둘은 동일한 것이 아니기 때문에, 가능적인 한에서 가능적인 것의 완전한 상태가 운동이다.[87] 그렇다면 이런 완전한 상태가 운동이고 완전한 상태가 있을 때 그에 부수적으로 운동이 있으며 이것은 (완전한 상태에) 앞서는 것도 뒤에 오는 것도 아니라는 점이 분명하다 (왜냐하면 각 사물은 어떤 때는 현실적으로 활동하고 어떤 때는 그렇지 않을 수 있다. 예컨대 집이 될 수 있는 것이 그런데, 집이 될 수 있는 한에서 집이 될 수 있는 것의 현실태가 집짓기이다. 왜냐하면 이것, 즉 집짓기[88]나 집이 현실태이기 때문이다.[89] 그러나 집이 있을 때, 집이 될 수 있는 것은 더 이상 존재하지 않으며, 반면에 집이 될 수 있는 것은 건축된다. 그러므로 필연적으로 집짓기는 현실태일 수밖에 없고, 집짓기는 일종의 운동이며, 이런 설명은 다른 운동들에도 해당한다).

이제까지 한 말이 옳다는 것은 다른 사람들이 운동에 대해 하는 말들이나 그것을 달리 규정하기 어렵다는 사실에 의거해 볼 때 분명하다. 그

즉 조각과정이 바로 운동이다. 위의 b16에 대한 각주를 함께 참고.

86 어떤 것에 대해서 "이것은 청동이다"라고 말할 때와 "이것은 조각상이 될 수 있는 것이다" 또는 "이것은 가능적인 조각상이다"라고 말할 때 그 의미는 서로 다르다.

87 1065b33: "hē tou dynatou hēi dynaton entelecheia kinēsis estin". 이 구절을 로스는 "it is the complete reality of the potential, and *as* potential, that is movement"로 옮겼다.

88 1066a3은 'he oikodomēsis'를 넣어서 읽었다.

89 건축과정이나 집이 모두 '현실태' 혹은 '현실적인 것'(*energeia*)이라고 불린다면, 이는 유비적인 뜻에서 그렇다(IX 6, 1048a30 아래 참고).

이유는 이렇다. 우선 그것을 다른 어떤 유에 포함시키는 것은 가능한 일이 아니다. 이는 몇몇 사람들[90]의 말을 들어보면 분명하다. 어떤 사람들은 운동이 다름, 양적인 비동일성, 있지 않은 것이라고 말하지만, 그 가운데 어떤 것도 운동을 할 필연성이 없고, 변화 역시 그런 것들로 종결되거나 그런 것들로부터 출발하지 않고 그것과 대립하는 것들로부터 출발하지도 않는다. 사람들이 운동을 그런 것들 안에 놓는 이유는, 운동이 불확정적인 것처럼 보이고 다른 축에 속하는 그 원리들은 결여를 포함하는 탓에 불확정적인 것처럼 보이기 때문이다.[91] 그 가운데 어떤 것도 '이것'이나 '이런저런 것'이 아니고 다른 범주들에 속하는 것도 마찬가지이다. 한편, 운동이 불확정적인 것처럼 보이는 이유는 그것을 어떤 것들의 가능태로도, 현실태로도 놓을 수 없기 때문이다. 왜냐하면 가능적으로 일정한 크기를 갖는 것이나 현실적으로 일정한 크기를 갖는 것이나 그 어느 것도 운동할 필연성이 없기 때문이다. 운동은 일종의 현실태인 것 같지만 불완전하다. 그 이유는 현실태의 가능성을 지닌 것은 불완전하기 때문이다. 이런 이유 때문에 운동이 어떤 것인지를 파악하기 어렵다. 그것을 결여나 가능적인 것이나 무제한적인 뜻의 현실태로 분류할 수밖에 없는데, 운동은 분명 그 가운데 어떤 것일 수도 없고, 따라서 남는 것은 운동이 우리가 말한 것이라는 사실이다. 그에 따르면 운동은, 이미 말했듯이, 현실태이면서 현실태가 아닌 것[92]인데, 이를 이해하기는 어렵지만, 실제로 있을 수는 있다.

그리고 운동이 운동할 수 있는 것 안에 있다는 것 또한 분명하다.[93] 왜냐하면 운동은 운동을 낳을 수 있는 것에 의해 일어나는, 운동할 수 있는 것의 완전한 상태이기 때문이다. 그리고 운동을 낳을 수 있는 것의 현실

90 피타고라스학파와 플라톤을 가리킨다. 『소피스테스』 256D와 『티마이오스』 57E 아래 참고.

91 I 5, 986a23 아래의 한계(*peras*)와 무한자(*apeiron*)의 두 축 참고.

92 1066a25: "energeia kai mē energeia".

93 1066a26-34 ≃『자연학』 III 3, 202a13-21.

적 활동은 그와 다른 것이 아니다. 왜냐하면 그 현실적 활동은 그 둘 모두의 완전한 상태이어야 하기 때문이다.[94] 그 이유는 운동을 낳을 수 있는 것은 그것이 가진 가능성에 의해 존재하고 운동을 낳는 것은 그것이 수행하는 현실적 활동에 의해 존재하기 때문이다. 하지만 현실적 활동을 낳을 수 있는 것은 운동할 수 있는 것에 속하는 능력이며, 따라서 운동할 수 있는 것과 운동을 낳을 수 있는 것의 현실적 활동은 하나이다. 이는 마치 하나에서 둘 사이의 간격과 둘에서 하나 사이의 간격이 똑같고 오르막길과 내리막길이 똑같지만 그 본질이 하나가 아닌 것과 마찬가지다. 운동을 낳는 것과 운동을 하는 것 사이의 관계도 이와 같다.

10. **무한자에 대하여**(『자연학』 III 4, 5, 7)

무한자는, 마치 목소리가 가시적(可視的)이 아니듯이, 본성상 통과될 수 없기 때문에 통과하기 불가능한 것,[95] 통과가 불완전하거나 어려운 것, 본성상 통과할 수는 있지만 완전한 통과나 한계를 갖지 않는 것 1066b
이다.[96] 또한 더하기, 빼기 또는 그 양쪽으로 무한한 것이 있다. 무한자는 〈감각물들〉과 분리가능한 어떤 것으로서 있을 수 없는데, 그 이유는 다음과 같다. 만일 그것이 연장물도 아니고 다수도 아니며, 무한자 자체가 그것의 실체이지 부수적인 것이 아니라면, 그것은 분할불가능할 것이다(왜냐하면 분할가능한 것은 연장물이거나 다수이기 때문이다). 그러나 만일 분할불가능하다면, 그것은 무한하지 않을 것인데, 목소리가 가시적이 아니라고 말할 때와 같은 뜻에서만 우리는 분할불가능한 것이 무한하다

94 이에 대해서는 『영혼론』 II 12, 424a25 아래와 III 2, 425b26 아래 참고.

95 무한자(*apeiron*)를 규정하는 'to adynaton dielthein'은 '끝까지 갈 수 없는 것'을 뜻한다. 로스도 이런 구체적인 뜻을 살리기 위해 'that which is incapable of being traversed'라고 옮겼다.

96 1066a35-b7 ≃ 『자연학』 III 4, 204a3-b14.

고 말할 수 있을 뿐이다. 하지만 우리는 무한자에 대해 그런 방식으로 말하지 않으며, 우리가 찾고 있는 것은 그런 뜻의 무한자도 아니다. 우리가 찾는 것은 통과가 불가능한 것이라는 뜻의 무한자다. 또한 만일 무한자가 수도 아니고 연장물도 아니며 그것들의 속성이라면, 그런 무한자가 어떻게 그 자체로서 있을 수 있을까?[97] 또한 만일 그것이 부수적인 것이라면, 무한자는 — 그것이 무한한 것인 한 — 있는 것들의 요소가 될 수 없을 것인데, 이는 목소리가 가시적이 아니지만 그렇다고 해서 가시적이 아닌 것이 말(語)의 요소가 되지는 않는 것과 마찬가지다.[98] 무한자가 현실적으로 있을 수 없다는 것도 분명한데, 그 이유는 다음과 같다.[99] 그것에 속하는 어떤 부분을 취하든 그 부분은 무한할 것이다(왜냐하면 무한자가 실체이고 다른 기체에 대해 술어가 되는 것이 아니라면, 무한자임과 무한자는 동일할 것이기 때문이다).[100] 따라서 그것은 분할불가능하거나, 그렇지 않고 부분을 갖는다면 무한자들로 분할가능할 것이다.[101] 하지만 동일한 것이 다수의 무한자이기는 불가능하다(공기의 부분이 공기이듯이, 무한자의 부분도 무한자일 텐데, 만일 무한자가 실체이자 원리라면 그렇다는 말이다). 그러므로 무한자는 부분을 갖지 않고 분할불가능하다. 하지만 완전한 상태에 있는 것은 무한할 수 없다. 그런 것은 필연적으로 일정한 양을 가진 것이어야 하기 때문이다. 그러므로 무한자는 다른 것에 부수적으로 속한다. 하지만 이것이 사실이라면, 앞서 말했듯이[102] 무한자는 원리

---

97 1066b7-8 ≃『자연학』III 5, 204a17-9. 수나 공간적 크기가 개별자들과 독립적으로 존재할 수 없다는 데에 대해서는 I 9, 991b9 아래 참고.

98 1066b8-11 ≃『자연학』III 5, 204a14-7.

99 1066b11-21 ≃『자연학』III 5, 204a20-32.

100 VII 6, 1031a28 아래에 따르면 그 자체로 있는 것(*ta kath' hauta legomena*), 예컨대 실체는 자신의 본질과 동일하다. 따라서 무한자가 실체라면, 무한자임 혹은 무한자의 본질(*to apeiroi einai*)과 이것을 본질로 갖는 무한자는 동일해야 한다.

101 무한자가 분할가능하다(*diaireton*)면, 이런 분할을 통해 출현한 부분들도 무한할 것이라는 말이다.

102 위의 b9를 보라.

일 수 없고 오히려 그것이 부수적으로 속하는 것, 즉 공기나 짝수가 원리일 것이다.[103]

이런 탐구는 보편적이다.[104] 하지만 무한자가 감각 대상들 가운데 있을 수 없다는 것은 다음의 사실로부터 분명하다. '평면에 의해 제한된 것'이 물체에 대한 정식이라면, 감각 대상이든 사유 대상이든 어떤 물체도 무한할 수 없을 것이다. 또한 수도 분리된 상태에서 무한한 것으로서 있을 수 없을 텐데, 수나 수를 가진 것은 셈이 가능하기 때문이다.[105] 자연학의 관점에서 보면 무한자에 대한 우리의 주장은 다음과 같은 사실들로부터 분명하다.[106] 무한자는 합성체일 수도 없고 단순체일 수도 없다. (a) 합성된 물체일 수 없는 이유는 요소들의 다수에 제한이 있기 때문이다. 그 이유는 이렇다. 반대자들은 양적으로 동일해야 하고 그 가운데 어느 하나가 무한해서는 안 된다. 왜냐하면 (서로 반대되는) 물체들 가운데 어느 하나가 다른 하나에 비해 능력이 뒤떨어지면, 유한한 것은 무한자의 작용에 의해 소멸할 것이기 때문이다. 하지만 그것들 하나하나가 무한하기는 불가능하다. 왜냐하면 물체는 모든 측면에서 연장을 가진 것이고 무한자는 무한히 연장된 것이어서, 만일 무한자가 물체라면 그 물체는 모든 측면에서 무한할 것이기 때문이다. (b) 무한한 물체는 하나이자 단순한 것일 수 없으며, 또한 몇몇 사람들이 주장하듯이 요소들과 떨어져서 그 요소들의 출처가 될 수도 없다[107](왜냐하면 요소들과 떨어져 있는 그런 물체는 존재하지 않기 때문이다.[108] 왜냐하면 모든 것은 그것이 유래

103 무한한 공기를 만물의 'archē'로 내세웠던 아낙시메네스(D-K, 13 B 3)를 염두에 둔 말이다. 피타고라스학파는 짝수(*artion*)가 무한하다고 생각했다. 이에 대해서는 I 5, 986a18-9 참고.

104 1066b21-6 ≃『자연학』III 5, 204a34-b8.

105 수나 수를 가진 것을 헤아릴 수 있다는 뜻에서 셈이 가능하다(*arithmēton*)면, 무한자는 수로써 헤아릴 수 없다.

106 1066b26-36 ≃『자연학』III 5, 204b10-24.

107 아낙시만드로스의 무한자(*apeiron*)가 그렇다. D-K, 12 B 1, A 9, A 16 참고. 1066b36의 'outh' haplos'는 빼고 읽었다.

한 것으로 해체되어 되돌아가지만, 그것[109]은 단순한 물체들과 떨어져서 현상적
1067a 으로 나타나지는 않는다). 무한한 물체는 불도 아니고 요소들 가운데 어느 하나도 아니다. 왜냐하면 그것들 가운데 어느 하나가 무한하다는 주장의 정당성 유무와 독립적으로 모든 것이 — 비록 그것이 유한한 것이라고 하더라도 — 그 요소들 가운데 어느 하나이거나 그 하나가 되기는 불가능한 일이기 때문이다.[110] 헤라클레이토스는 모든 것은 언젠가 불이 된다고 말하는데,[111] 이는 옳지 않다. 자연학자들이 요소들과 떨어져서 있다고 주장하는 하나에도 동일한 논변이 적용된다. 왜냐하면 모든 것은 반대자로부터 변화하는데, 예컨대 뜨거운 것으로부터 차가운 것으로 변화가 일어나기 때문이다.

또한 감각적인 물체는 어딘가에 놓여 있고 동일한 장소가 그 물체 전체와 부분에 속하는데, 예컨대 땅의 경우에 그렇다.[112] 따라서 만일 (a) 무한한 물체가 동종적이라면, 그것은 부동적이거나 항상 장소를 바꿀 텐데, 이는 불가능하다. 무엇 때문에 그것은 다른 곳이 아니고 아래나 위에 머물러 있거나 혹은 그쪽으로 움직이는 것일까? 예컨대 무한한 물체를 흙덩이라고 해 보자. 그것은 어디서 운동하거나 머물러 있을까? (이런 의문이 생기는 것은) 그 흙덩이와 동류의 물체에 속하는 장소는 무한하기 때

108 1066b36-1067a7 ≅『자연학』 III 5, 204b32-205a7.

109 모든 것의 출처(*ex hou*)이자 귀환처(*eis touto*)가 되는 것을 말한다.

110 이런 맥락에서 아리스토텔레스는 아낙시만드로스를 염두에 두고 이렇게 말한다(『자연학』 III 5, 204b 24 아래 = D-K, 12 A 16): "어떤 사람들은 공기나 물이 아닌 무한한 것을 이것(= 요소들과는 다른 것이면서 그 요소들의 시작이 되는 것)으로 삼는데, 그 이유는 그것들 중 어느 하나가 무한자 노릇을 해서 그것에 의해 나머지 것들이 소멸하는 경우를 생각할 수 없도록 하기 위함이다. 왜냐하면 그것들은, 이를테면 공기는 차갑고, 물은 축축하며, 불은 뜨겁듯이, 서로 대립된 상태에 있어서 그것들 가운데 어느 하나가 무한한 것이 되면 나머지 것들은 그때 벌써 소멸했을 것이기 때문이다. 그것들의 시작이 되는 다른 어떤 것이 있다고 말한다."

111 D-K, 22 B 30, 64, 66, 90 참고.

112 1067a7-20 ≅『자연학』 III 5, 205a10-25. 즉, 땅이나 땅의 일부인 흙덩이(*bōlos*)에는 같은 곳, 즉 우주의 중심부가 본성적인 장소(*topos*)이다.

문이다. 그렇다면 그것은 장소 전체를 점유하는 것일까? 어떻게 그럴 수 있을까? (무한자에게 있어서) 정지와 운동이란 무엇일까? 혹시 그것은 모든 곳에 두루 걸쳐 머물러 있는 것일까? 그렇다면 그것은 운동하지 않을 것이다. 아니면 그것은 모든 곳에서 운동할까? 그렇다면 그것은 정지하지 않을 것이다. 반면 만일 (b) 무한자가 전부(全部) 이질적이라면, 장소들도 이질적일 것이다. 그리고 첫째로 그 몸체 전부[113]는 접촉에 의하지 않고서는 하나가 되지 못할 것이고, 그 다음 그 이질적인 부분들은 종(種)의 측면에서 유한하거나 무한할 것이다. 그런데 그것들은 유한할 수 없다. 왜냐하면 그럴 경우[114] — 전부가 무한하다면 — 어떤 부분들은 무한하고 다른 부분들은 그렇지 않을 텐데, 예컨대 불이나 물이 그럴 것이다.[115] 하지만 그와 같이 무한한 것은 그 반대자들에게 소멸을 안겨줄 것이다.[116] 반면 만일 그 이질적인 부분들이 무한하고 단순하다면, 장소들도 무한하고 요소들도 무한할 것이다.[117] 그런데 이것이 불가능하고 장소가 유한하다면,[118] (있는 것) 모두는 필연적으로 유한할 수밖에 없다.

일반적으로 모든 감각적인 물체가 무거움이나 가벼움을 갖는다면, 물체와 물체들에 속하는 장소는 무한할 수 없다.[119] 왜냐하면 그런 물체는 중심이나 위쪽으로 움직이겠지만, 무한자는 — 그것이 전체이든 절반이든 — 그 어떤 쪽으로도 움직임을 겪을 수 없을 것이기 때문이다. 당신은 어떻게 그것을 나눌 것인가? 어떻게 무한한 것에 아래와 위가 있으며 극단과 중간이 있을까? 또한 모든 감각적 물체는 장소 안에 있고, 장

---

113 1067a16: "to soma tou pantou".

114 즉, 무한자의 이질적인(*anhomoia*) 부분들이 종적으로 유한할 경우를 말한다.

115 즉, 불이나 물이 각각 유한하거나 무한할 것이라는 말이다.

116 위의 a4에 대한 각주 참고.

117 1067a20-3 ≃『자연학』 III 5, 205a29-32.

118 우주에는 위(*anō*)와 아래(*katō*), 앞(*emprosthen*)과 뒤(*opisthen*), 오른쪽(*dexion*)과 왼쪽(*aristeron*)밖에 없다(『자연학』 III 5, 205b31 아래 참고).

119 1067a23-33 ≃『자연학』 III 5, 205b24-206a7. 천구들은 감각물들이 아니기 때문에 가벼움도 무거움도 갖지 않는다.

소에는 여섯 형태가 있는데,[120] 이것들은 무한한 물체 안에 속할 수 없다. 일반적으로 무한한 장소가 있을 수 없다면, 무한한 물체 역시 있을 수 없다. 왜냐하면 장소 안에 있는 것은 어딘가에 놓여 있는데, 이 장소는 위나 아래나 그 밖의 어떤 곳을 가리키고, 이것들은 각각 일종의 한계이기 때문이다.

무한한 것은 어떤 단일한 자연물처럼 크기나 운동이나 시간에서 동일한 것이 아니고, 그 셋 가운데 뒤에 오는 것이 앞서는 것과의 관계에 따라서 무한하다고 일컬어진다.[121] 이를테면 크기를 갖는 것에서 운동과 변이와 증가가 일어나는 까닭에 운동은 크기와의 관계에서 무한하다고 일컬어지고, 시간은 운동이 있기 때문에 무한하다고 일컬어진다.

11. 변화와 운동에 대하여(『자연학』 V 1)

1067b 변화하는 것이 변화한다고 할 때 그 뜻은 다음과 같다.[122] 한편으로는 음악적인 사람이 걷는다고 말할 때처럼 부수적인 뜻에서 어떤 것이 변화한다고 말할 때도 있고, 다른 한편으로는 변화하는 것의 한 부분이 변화한다는 사실에 의거해서 무제한적인 뜻에서 어떤 것이 변화한다고 말할 때도 있는데, 부분들에서 변화를 겪는 것들은 뒤의 경우에 해당한다. 즉, 눈이 건강해지기 때문에, 몸이 건강해진다고 말한다. 그러나 처음에 그 자체로서 운동하는 어떤 것이 있는데, 이것은 그 자체로서 운동할 수

---

120 위와 아래, 앞과 뒤, 오른쪽과 왼쪽이 그에 해당한다.

121 1067a33-7 ≃『자연학』 III 7, 207b21-5. 즉, 크기나 운동이나 시간에서의 무한성은 서로 다르다는 말이다. 이 가운데 뒤에 오는 무한성은 '앞서는 것과의 관계에 따라서(*kata*)', 즉 그것에 의존해서 무한하다고 일컬어진다. 시간의 무한성은 운동의 무한성에, 운동의 무한성은 크기를 갖는 것에 속하는 운동과 변화의 무한성에 의존한다.

122 1067b1-9 ≃『자연학』 V 1, 224a21-b1. 11장과 12장은 『자연학』 V 1-3의 발췌이다. 변화(*metabolē*) 혹은 변화하는 것(*to metaballon*)의 본성과 자연적 관계들에 대한 정의가 논의 주제이다.

있는 것이다. 운동을 낳는 것의 경우도 사정이 같은데, 그 가운데 어떤 것은 부수적인 뜻에서, 어떤 것은 부분적인 측면에서, 어떤 것은 그 자체로서 운동을 낳기 때문이다. 첫째 원동자가 있고,[123] 운동하는 것이 있는데, 그것은 특정한 시간에 어떤 것으로부터 어떤 것으로 운동한다. 운동하는 것들이 운동을 할 때 그 종결점이 되는 형상들과 양태들과 장소는 운동하지 않는데, 예컨대 학문적 인식과 열기가 그렇다.[124] 하지만 열기는 운동이 아니고 가열이 운동이다.[125] 부수적이 아닌 변화는 모든 것에서 성립하는 것이 아니라 반대자들과 중간자 사이에서 성립하기도 하고 모순관계에서 성립하기도 한다. 이런 확신은 귀납을 통해 얻을 수 있다.

변화하는 것은 기체로부터 기체로 변화하거나, 기체가 아닌 것으로부터 기체가 아닌 것으로 변화하거나 기체로부터 기체가 아닌 것으로 변화하거나 기체가 아닌 것으로부터 기체로 변화한다[126](내가 말하는 기체란 긍정진술 속에서 드러나는 것을 뜻한다[127]). 그러므로 필연적으로 세 종류의 변화가 있을 수밖에 없는데, 왜냐하면 기체가 아닌 것으로부터 기체가 아닌 것으로의 변화는 존재하지 않기 때문이다. 그 경우에는 반대

123 '그 자체로서 운동할 수 있는 것'(*to kath' hauto kineton*)과 '첫째 원동자'(*to kinoun prōton*), 즉 최초로 운동을 낳는 것의 구별에 대해서는 XII 4, 1070b22 아래 참고.

124 1067b9-12 ≃『자연학』 V 1, 224b11-6. 학문적 인식(*epistēmē*)은 배움의 종결점이고, 뜨거움은 가열(*thermansis*)의 종결점이다.

125 1067b12-4 ≃『자연학』 V 1, 224b28-30.

126 1067b14-1068b15 ≃『자연학』 V 1, 225a3-226a16.

127 여기서 '기체'(*hypokeimenon*)는 '질료'보다 넓은 뜻에서 쓰였다. 아리스토텔레스 자신이 정의하고 있듯이, 이 문맥에서 기체는 긍정진술(*kataphasis*) 속에서 드러나는 것, 즉 '~인 것'을 가리킨다. "변화하는 것은 기체로부터 기체로 변화하거나, 기체가 아닌 것으로부터 기체가 아닌 것으로 변화하거나 기체로부터 기체가 아닌 것으로 변화하거나 기체가 아닌 것으로부터 기체로 변화한다"라는 말은 "변화하는 것은 ~인 것에서 ~인 것으로 변화하거나, ~이 아닌 것으로부터 ~이 아닌 것으로 변화하거나 ~인 것으로부터 ~이 아닌 것으로 변화하거나 ~이 아닌 것으로부터 ~인 것으로 변화한다"라는 뜻이다. 그래서 로스는 이 구절을 다음과 같이 옮겼다. "That which changes changes either from positive into positive, or from negative into negative, or from positive into negative, or from negative into positive."

이든 모순이든 대립이 존재하지 않기 때문이다. 그런데 기체가 아닌 것으로부터 그것과 모순적인 기체로의 변화는 생성이고, 이 가운데 무제한적인 뜻의 변화는 무제한적인 뜻의 생성이며, 그에 반해 특정한 측면에서의 변화는 특정한 측면에서의 생성이다.[128] 반면 기체로부터 기체가 아닌 것으로의 변화는 소멸인데, 이 가운데 무제한적인 뜻의 변화는 무제한적인 뜻의 소멸이고, 특정한 측면에서의 변화는 특정한 측면에서의 소멸이다. 있지 않은 것(~이 아닌 것)은 여러 가지 뜻으로 쓰이고, 합성이나 분할에 의해 있지 않은 것[129]도 운동할 수 없고 무제한적인 뜻에서 있는 것과 대립하는 가능적인 것도 운동할 수 없다면 (물론 하얗지 않은 것이나 좋지 않은 것은 부수적인 뜻에서 운동할 수 있는데, 왜냐하면 하얗지 않은 것이 사람일 수 있겠기 때문이다. 하지만 어떤 뜻에서도 '이것'이 아닌 것은 운동할 수 없다), 있지 않은 것은 운동할 수 없다(이것이 사실이라면, 생성 역시 운동일 수 없으니,[130] 있지 않은 것은 생성하기 때문이다. 있지 않은 것의 생성이 아무리 부수적인 뜻에서 이루어지는 일이라고 하더라도, '있지 않은 것'이 무제한적인 뜻에서 생성하는 것에 술어가 된다는 말은 참이기 때문이다). 이와 마찬가지로 있지 않은 것은 정지할 수도 없다. 이런 것들이 어려운 점들로 따라 나오며, 더욱이 운동하는 것은 모두 장소 안에 있는 반면, 있지 않은 것은 장소 안에 있지 않은데, 만일 그것이 장소 안에 있다면 어딘가에 있을 것이기 때문이다. 소멸도 운동이 아니다. 왜냐하면 운
1068a 동이나 정지는 운동에 반대되지만 소멸은 생성에 반대되기 때문이다. 하지만 모든 운동은 일종의 변화이고 변화에는 이미 말한 바와 같이[131] 세

---

128 예컨대 식물이 아닌 것, 즉 씨에서 식물인 것이 되는 과정은 '무제한적인 뜻의 생성'(*haplē genesis*)이고, 식물이 녹색이 아닌 상태에서 녹색의 상태로 바뀌는 과정은 '특정한 측면에서의 생성'(*genesis tis*)이다.

129 '합성이나 분할에 의해 있지 않은 것'(*to mē on kata synthesis ē dihairesin*)은 거짓이라는 뜻에서 있지 않은 것을 가리킨다. 다음의 구절을 참고하라: V 7, 1017a31; VI 2, 1026a35; IX 10, 1051b1.

130 아래의 XI 12, 1068a10 참고.

131 위의 b19에서 말한 세 가지 변화, 즉 i) 기체로부터 기체로의 변화(~인 것에서 ~인

종류가 있으며 이 가운데 생성과 소멸이라는 뜻의 변화는 운동이 아니라 모순적인 것들 사이에서 일어나기 때문에, 필연적으로 기체로부터 기체로의 변화만이 운동이다. 기체들은— 결여도 반대되는 것이라고 치자— 서로 반대관계에 있거나 (양쪽 극의) 중간에 있으며 '벌거벗은', '이가 없는', '검정'과 같은 긍정적 표현을 통해 밝혀진다.[132]

12. 세 가지 운동에 대하여(『자연학』 V 2)

'장소에 함께 있다'(*hama kata topon*), '분리되어 있다'(*chōris*), '접촉하다'(*haptesthai*), '중간자'(*metaxy*), '계속적'(*hexēs*), '연접적'(*echomenon*), '연속적'(*syneches*)에 대한 정의들(『자연학』 V 3).

범주들이 실체, 성질, 장소, 능동과 수동, 관계, 양으로 나뉜다면,[133] 운동에는 세 가지가 있을 수밖에 없으니, 운동은 성질과 양과 장소에서 일어난다. 실체적인 측면에서의 운동은 존재하지 않는데, 실체에 반대되는 것은 없기 때문이다.[134] 관계의 측면에서의 운동도 없다(관계를 맺고 있는 두 항 가운데 하나는 변화한 반면 다른 하나는 전혀 변화하지 않았다면, 뒤의 것의 변화에 대한 진술은 참이 아닐 수 있다. 따라서 관계를 맺고 있는 그 둘에

것으로의 변화), ii) 기체로부터 기체가 아닌 것으로의 변화(~인 것에서 ~이 아닌 것으로의 변화), iii) 기체가 아닌 것으로부터 기체로의 변화(~이 아닌 것으로부터 ~인 것으로의 변화)를 말한다.

132 그리스어의 'gymnon'(벌거벗은), 'nōdon'(이가 없는), 'melan'(검정)은 결여상태를 가리키는 낱말들이지만, 'atomon'(불가분적인), 'adynamia'(무능력)와 같은 부정어 'a'를 포함하지 않는 긍정적 표현(*kataphasis*)이다.

133 『범주론』 4, 1b26-7이나 『토피카』 I 9, 103b21-3과 비교해 보면, 이 범주의 목록에는 '언제'(*pote*), '놓인 상태'(*keisthai*), '소유'(*echein*)가 빠져 있다. V 7, 1017a24 아래를 함께 참고.

134 『범주론』 5, 3b24 아래 참고. 실체에서의 변화는 반대자들 사이에서 이루어지는 운동이 아니라, 서로 모순되는 것들 사이에서 일어나는 생성과 소멸이다(1067b21 아래와 1068a24 아래 참고).

운동이 속하는 것은 부수적인 뜻에서이다[135]). 능동적인 주체와 수동적인 주체 또는 운동을 낳는 것과 운동하는 것의 경우에도 운동이 존재하지 않는데, 운동의 운동도 없고 생성의 생성도 없으며, 일반적으로 변화의 변화는 존재하지 않기 때문이다.[136] 그 이유는 다음과 같다. 우리는 운동의 운동을 두 가지 뜻으로 생각해 볼 수 있다. (1) 운동이 (운동의) 기체라는 뜻에서[137] 그럴 수 있다. 예컨대 사람이 운동한다면, 이는 사람이 하얀 것에서 검은 것으로 변화하기 때문이다. 따라서 이런 방식으로 운동도 뜨거워지거나 차가워지거나 장소를 바꾸거나 증가할 수 있다. 하지만 이는 불가능한 일이다. 왜냐하면 변화는 기체들 가운데 어느 하나가 아니기 때문이다. 또 (2) 기체 구실을 하는 다른 어떤 것이 변화로부터 다른 어떤 형상으로 변화한다는 뜻에서 운동의 운동을 말할 수도 있을 것인데, 예컨대 사람이 병든 상태에서 건강한 상태로 변화하는 경우가 그렇다. 하지만 그것 역시 부수적인 뜻에서가 아니라면 가능하지 않은 일이다. 왜냐하면 모든 운동은 어떤 것으로부터 다른 것으로의 변화이기 때문이다. 이는 생성과 소멸의 경우도 마찬가지이다. 이것들이 반대되는 것들로의 변화로서 취하는 방식과 다른 것, 즉 운동이 그런 변화로서 취하는 방식은 다르다.[138] 그렇다면 어떤 것은 건강한 상태로부터 병든 상태로 변화하며 (그와 동시에) 바로 이 변화로부터 다른 것이 생겨난다. 만일 어떤 것이 이미 병이 들었다면, 그것은 이미 다른 어떤 상태로 변화를 겪은

---

135 A와 B가 서로 관계를 맺고 있는 경우에 A는 아무 변화가 없고 오직 B만이 변화한다면, 이 관계 속에서 A의 운동은 B의 변화에 부수적이다. 예컨대 양적 측면에서 A와 B의 크기가 똑같다가 B가 커진다면, 그런 B의 변화에 따라 A는 상대적으로 작아진다.

136 1068a14-6: "ouk esti kinēseōs kinēsis oude geneseōs genesis, oud' holōs metabolēs metabolē".

137 예컨대 불이 운동하듯이, 운동이 운동한다는 뜻에서 그렇다는 말이다.

138 이 구절에 대한 여러 가지 독해의 방식에 대해서는 Ross, *Metaphysics* II, p. 341 참고. 생성(*genesis*)과 소멸(*phthora*), 예컨대 사람이 아닌 것에서 사람이 되는 것이나 그 반대의 과정은 모순적인 것들 사이에서 일어나는 변화인 데 반해, 작은 것이 크게 되거나 하얀 것이 검게 되는 것과 같은 운동은 반대자들 사이에서 일어나는 변화이다.

셈이다. 왜냐하면 정지가 있을 수 있기 때문이다. 그리고 이런 변화는 언제나 되는대로 아무 상태로나 진행되는 것이 아니고, 그 변화는 어떤 것으로부터 다른 어떤 것으로의 이행일 것이다. 따라서 대립적인 상태, 즉 건강회복이 이루어지겠지만, 이는 부수적인 뜻에서 일어나는 일이다. 예컨대 상기로부터 망각으로 변화가 일어나는 것은 상기의 과정이 속하는 주체가 변화하기 때문인데, 어떤 때는 인식의 상태로, 또 어떤 때는 무지의 상태로 변화한다.

또한 변화의 변화가 있고 생성의 생성이 있다면, 무한한 진행이 일어난다. 분명 뒤의 것이 일어난다면, 필연적으로 앞의 것도 일어나야 한다.[139] 예컨대 언젠가 무제한적인 뜻의 생성이 생겨났다면, 생성하는 것[140] 1068b
역시 생겨났다. 따라서 무제한적인 뜻에서 생겨나는 것은 아직 존재하지 않았지만, (그 무제한적인 것을 생겨나게 하는) 생성을 통해 생겨나는 어떤 것은 이미 있어야 한다. 그리고 이것은 언젠가 생겨났고, 따라서 그때는 아직 생겨나는 것이 없었다.[141] 그런데 무한한 계열에서는 첫째가는 것이 없기 때문에, 첫째가는 것은 없을 것이고 따라서 그 뒤에 오는 것도 없을 것이다. 그렇다면 어떤 것도 생성하거나 운동하거나 변화할 수 없을 것이다. 또한 운동과 그것의 반대자인 정지, 생성과 소멸은 동일한 것에서 발생하며,[142] 따라서 생겨나는 것은, 그것이 생겨나는 것으로 생겨나는 과정에 있을 때, 소멸의 과정을 겪고 있다. 왜냐하면 생겨나는 것은 즉시 소멸하지도 않고 나중에 소멸하지도 않는데, 소멸하는 것이 있어야 하기 때문이다.[143] 또한 생성과 변화과정의 기체 구실을 하는 질료가 있어야

139 생성(1)의 생성(2)이 일어나려면, 먼저 생성(1)이 생성해야 한다.

140 '생성하는 것'(*to gignomenon*)은 생성의 기체 또는 생성의 담지자를 가리킨다.

141 생성은 생겨나는 것을 전제로 한다. 그런데 생성 자체가 생겨난다면, 그에 앞서 먼저 그 생성 자체를 겪는 것이 있었을 것이다.

142 한 형태의 운동을 겪을 수 있는 것은 그와 반대되는 운동, 즉 정지도 겪을 수 있고, 생겨나는 것은 소멸할 수도 있다는 말이다.

143 로스의 해석(*Metaphysics* II, p. 343)을 참고로 해서 풀이하면 다음과 같다. 생겨나는 것이 생겨나게 된다면, 그것은 또한 소멸하기도 한다. 그러나 언제 그럴까? 생성하는

한다. 그렇다면 어떤 것이 그럴까? 신체나 영혼이 변이의 주체이듯이, 운동이나 생성이 되는 것[144]은 무엇인가? 또한 그것들이 운동을 통해 도달하는 마지막 상태는 무엇인가? 왜냐하면 운동이나 생성은 어떤 것이 주체가 돼서 어떤 것으로부터 어떤 것으로 되는 과정이어야 하기 때문이다. 그렇다면 어떻게 이런 일이 있을 수 있을까? 배움의 배움은 없을 것이며,[145] 따라서 생성의 생성도 없을 것이다.

실체, 관계, 능동과 수동에 속하는 운동은 존재하지 않기 때문에, 성질과 양과 장소의 운동이 남는다[146](그것들은 각각 반대상태를 갖기 때문이다). 성질이라고 할 때 내가 가리키는 것은 실체 안에 있는 성질이 아니라 (이렇게 말하는 이유는 차이도 성질이기 때문이다) 수동적인 성질인데,[147] 이와 관련해서 우리는 어떤 사물이 '작용을 받는다'거나 '작용을 수용하지 않는다'고 말한다. 부동적인 것이란 어떤 측면에서도 (다른 것의 작용에 의해) 운동할 수 없는 것, 오랜 시간 동안 운동하기 어려운 것이나 느리게 운동을 시작하는 것, 본성적으로 운동하고 운동능력을 가지고 있지만 본성에 따라 운동할 시각에, 운동할 장소에서 적절한 방식으로 운동하지 않는 것을 가리킨다.[148] 운동하지 않는 것들 가운데 오로지 이 마지막

것이 생겨나는 과정 중에 있을 때는 아니다. 그때는 생겨나는 것이 아직 있지 않고 따라서 소멸할 수 없기 때문이다. 즉, 생겨난 것이 없다면 소멸할 것도 없다. 하지만 생겨난 다음에도 소멸할 수 없다. 그때는 (이미 생겨난 것은 있겠지만) 생겨나는 것은 더 이상 있지 않고 따라서 소멸하는 것도 없기 때문이다. 따라서 생겨나는 것이 생겨나면서 동시에 소멸하고 있다는 결론이 나오는데, 이는 불합리하다.

144 1068b12: "gignomenon kinēsis ē genesis". 예컨대 '신체가 커진다'와 같은 형태로 'x는 운동이 된다'라고 말할 수 있다면, 이때 'x'에 해당하는 것은 무엇일까?

145 1068b15의 'genesis'는 빼고 읽었다.

146 1068b15-20 ≅『자연학』 V 2, 226a23-9. 여기서 말하는 '성질과 양과 장소의 운동'(*kinēsis kata to poion kai to poson kai to pou*)은 1068a10에서 말한 세 가지 종류의 운동이다.

147 '실체 안에 있는 성질'(*to poion to en tē ousia*)과 '수동적인 성질'(*to pathētikon*), 즉 수동적인 작용(*paschein*)을 통해 생겨나고 사라지는 성질의 차이에 대해서는 V권 14장 참고. 실체 안에 있는 성질의 변화는 운동이 아니라 생성과 소멸이다.

148 1068b20-25 ≅『자연학』 V 2, 226b10-6.

것만을 일컬어 나는 '정지해 있다'고 말하는데, 정지는 운동에 반대되는 것이고, 따라서 결여로서 (운동의) 수용자에 속할 것이기 때문이다.

한곳에 있는 것들을 일컬어 '장소에 함께 있다'고 하고, 다른 곳에 있는 것들을 일컬어 '분리되어 있다'고 하며, 끝이 함께 맞닿아 있는 것들을 일컬어 '접촉한다'고 말하고, 변화하는 것이 자신의 본성에 따라 연속적으로 변화하는 경우 그 변화의 마지막 상태에 이르기에 앞서서 본성적으로 먼저 접촉하는 것을 일컬어 '중간자'라고 한다.[149] 어떤 것이 시작 뒤에 오고 (이것은 위치나 형상의 측면에서 그렇거나 다른 어떤 방식으로 그렇다) 동류를 이루는 것들 가운데 그것과 그 뒤에 오는 것 사이에 중간자가 아무것도 없다면, 그런 것을 일컬어 '계속적'이라고 하는데, 예컨대 선은 선에 계속되고, 모나스는 모나스에 계속되며, 집은 집에 계속된다(중간에 다른 (부류에 속하는) 어떤 것이 있어도 문제될 것이 없다).[150] 왜냐하면 계속 이어지는 것은 어떤 것에 계속되고 뒤에 오는 것인데, 하나는 둘에 계속되지 않고 초하루는 초이틀에 계속되지 않기 때문이다. 계속되면서 접촉하는 것을 일컬어 '연접적'이라고 한다(모든 변화는 대립자들 사이에서 일어나고 대립자들은 반대관계나 모순관계에 있으며 모순관계에는 중간자가 없기 때문에, 중간자는 반대자들 가운데 있는 것이 분명하다). 연속적인 것은 연접적인 것의 일종이다. '연속적'이라는 말은, 서로 접촉하면서 함께 연속적인 두 대상이 동일한 하나의 한계를 공유하고 있을 때 사용되며, 따라서 연속성은 함께 접촉해서 본성적으로 하나의 통일체를 이루는 것들 사이에 존재하는 것이 분명하다. 또한 계속적인 것이 이런 것들 가운데 첫째가는 것임이 분명하다(왜냐하면 계속되는 것은 접촉하지 않지만 접촉하는 것은 계속되기 때문이다. 그리고 어떤 것이 연속적이라면 접촉하지만, 접촉한다고 해서 꼭 연속적인 것은 아니다. 접촉이 없는 것들은 어떤 유기적 통일성도 없다).[151] 그러므로 점은 모나스와 똑같은 것이 아니다. 왜

149 1068b26-30 ≅『자연학』 V 3, 226b21-5.

150 1068b30-1069a14 ≅『자연학』 V 3, 226b32-227a31.

냐하면 점들은 접촉하지만 모나스들은 접촉이 없이 계속되고, 두 점 사이에는 중간이 있지만, 두 모나스 사이에는 중간이 없기 때문이다.

---

151 1068b26-1069a14의 내용은 대체로 다음과 같이 요약될 수 있을 것이다. 이 단락에서 아리스토텔레스는 '계속'(*to hexēs*, *succession*), '연접'(*to echomenon*, *contiguity*), '연속'(*to syneches*, *continuity*)을 구별하려고 한다. A와 B가 '계속적'(*hexēs*, *successive*)인 관계에 있다는 것은 A와 B가 접촉의 유무와 무관하게 이어짐을 뜻한다. 한편, 이런 계속적인 관계에 있는 A와 B가 서로 접촉해 있다면, A와 B는 '연접적'(*echomenon*, *contiguous*)으로 이어져 있다. 나아가 이런 연접적인 것들이 함께 하나의 본성적인 통일체를 이루는 경우, 그런 통일체를 이루는 연접적인 것들을 일컬어 '연속적'(*syneches*)이라고 한다. 이런 뜻에서 연속적인 것들은 하나의 유기적 통일체(*symphysis*)를 이룬다. 더 자세한 논의는 Ross, *Metaphysics* II, pp. 344~45 참고.

XII권(Λ)

1. 실체가 우리의 탐구주제이다. 세 종류의 실체: 가멸적인 감각적 실체, 영원한 감각적 실체, 부동적이고 감각적이 아닌 실체

우리의 이론은 실체에 대한 것이다. 왜냐하면 지금 탐구되는 것은 실체들의 원리들과 원인들이기 때문이다.[1] 왜냐하면 만일 온 세계가 일종의 전체를 이루고 있다면, 실체는 그 첫째 부분이고, 만일 계열을 이루고 있다면, 이런 경우도 역시 실체가 첫째가는 것이고 그 뒤에 성질이 오고 그 다음에 양이 오기 때문이다.[2] 동시에 이것들은 무제한적인 뜻에서 있는 것들이 아니라 성질들이나 운동들로서 있고[3] 또는 하얗지 않은 것과 곧지 않은 것도 사정이 마찬가지인데, 왜냐하면 예컨대 어떤 것에 대해

1 IV 2, 1003b18-9 참고.

2 실체의 우선성에 대한 이런 진술은 다음과 같이 이해될 수 있을 것이다. 모든 것이 하나의 유기적 전체와 같은 일종의 전체(*holon ti*)라면, 실체는 그런 전체의 가장 중심적인 부분에 해당하고, 모든 것이 수(數)처럼 하나의 계열을 이룬다면(*tōi ephexēs*), 실체는 이 계열의 출발점이 된다. '전체'의 다양한 의미와 수의 계열에 대해서는 각각 V 26과 XIII 7, 1081a22-3 참고.

3 1069a22는 예거와 달리 'tauta alla'로 읽었다.

서 '그것은 하얗지 않다'고 말할 때처럼 우리는 그것들도 '있다'고 말하기 때문이다.[4] 또한 (실체 이외의) 나머지 것들 중에서는 어떤 것도 분리가능하지 않다. 옛날 사람들도 실제로 이를 입증하는데, 왜냐하면 그들이 탐구했던 것은 실체들의 원리들이요 요소들이요 원인들이기 때문이다. 그런데 지금의 사람들[5]은 보편자들을 더 높은 수준의 실체로 내세운다 (왜냐하면 유들은 보편자인데, 그들은 정의에 의거한 탐구방식[6]을 취함으로 말미암아 유들이 원리들이자 실체들이라고 말하기 때문이다). 반면 옛날 사람들은 불이나 흙과 같은 개별자들을 (더 높은 수준의 실체로) 내세웠지 공통적인 물체를 내세우지 않았다.

그런데 실체들은 세 가지인데, 하나는 감각적인 것이니 — 이 가운데 하나는 영원하고 다른 하나는 가멸적인데, 뒤의 것은 모든 사람들이 인정하는 것이며 예컨대 식물들과 동물들이 그에 해당한다 — 우리는 그것의 요소들을 — 요소가 하나이건 여럿이건 — 파악해야 한다.[7] 다른 하나는 부동적인 것이니, 어떤 사람들은 그것이 분리가능하다고 말하는데, 그 가운데는 그런 실체를 두 가지로 나누는 사람들이 있는가 하면 형상들과 수학적인 것들을 단일한 본성을 가진 것으로 내세우는 사람들이 있고, 또 그 가운데 수학적인 것들만을 내세우는 사람들이 있다.[8] 앞

---

4 V 7, 1017a18 아래에 따르면, '하얗지 않은 것' 또는 '하얗지 않음'(*to mē leukon*, *not-white*)은 명시되지 않은 어떤 대상에 속해 있으며, 그렇기 때문에 "하얗지 않은 것이 있다"라는 진술이 가능하다.

5 플라톤주의자들을 가리킨다.

6 1069a28의 'to logikōs zētein'에서의 'logikōs'는 '추상적' 또는 '논리적'으로 옮길 수 있다. 그런 쓰임에 대해서는 IV 3, 1005b22와 VII 4, 1029b13 등 참고. 다음의 구절에서는 소크라테스, 플라톤, 플라톤주의자들을 가리킬 때 쓰인다. I 6, 987b3; IX 8, 1050b35; XIV 1, 1087b21.

7 감각적 실체(*aisthētē ousia*)의 두 부류에 대해서는 『동물부분론』 I 5, 644b22 아래 참고.

8 수학적 대상들(*ta mathēmatika*)에 대한 이런 상반된 견해들은 각각 플라톤, 크세노크라테스, 스페우시포스에 의해 주장된 것이다. 이에 대한 자세한 논의는 XIII과 XIV에서 이루어진다. XIII 1, 1076a16 아래 참고.

서 말한 두 가지 실체는 (운동을 수반하기 때문에) 자연학의 대상이지만, 1069b
뒤의 것은, 만일 이것과 앞의 것들에 공통된 원리가 없다면, 다른 학문의 대상이다.

감각적인 실체는 가변적이다. 그런데 변화는 대립자들이나 중간자들에서 시작되고 이때 변화의 출처는 모든 형태의 대립자들이 아니라 (왜냐하면 소리도 하얗지 않기 때문이다) 반대자라면, 필연적으로 반대상태로 변화하는 어떤 것이 밑에[9] 놓여 있어야 하는데, 반대자들은 변화하지 않기 때문이다.

2. 변화에는 형상과 결여뿐만 아니라 질료가 관여한다

또한 그것은 밑에 남지만 반대자는 밑에 남아 있지 않다. 그러므로 반대자들과 떨어져서 제3의 어떤 것, 즉 질료가 있다. 그런데 변화에는 네 가지가 있어서, '무엇'의 측면에서 일어나거나 성질, 양 또는 장소의 측면에서 일어난다. '이것'의 측면에서 일어나는 무제한적인 뜻의 변화는 생성과 소멸이고 양의 변화는 증가와 감소이며 양태의 변화는 변이이고 장소의 변화는 이동이기 때문에, 변화는 특정한 상태로부터 각각 그 반대상태로 진행될 것이다. 그렇다면 질료는 필연적으로 그 두 상태를 거쳐 변화할 수 있는 가능성을 갖추고 있어야 한다. 한편, 어떤 것이 '있다'고 할 때 거기에는 두 가지 뜻이 있기 때문에, 모든 것은 가능적으로 있는 것으로부터 현실적으로 있는 것으로 변화한다. 예컨대 가능적으로 하얀 것으로부터 현실적으로 하얀 것으로 변화하는데,[10] 이는 증가와 감소

9 1069b6의 'hypeinai ti'는 변화의 기체로서 밑에 남아 있는 것을 가리킨다. 이어지는 설명에서 밝혀지듯이, 실체적 변화의 경우에는 질료(*hylē*)가, 다른 범주에서의 변화, 즉 질적인 변이(*alloiōsis*), 양적인 변화인 증가와 감소(*auxēsis kai phthisis*), 장소의 이동(*phora*)의 경우에는 감각적인 실체가 밑에 놓여 있는 것에 해당한다.

10 IX 8, 1049b24 아래 참고.

의 경우에도 마찬가지다. 따라서 생성은 부수적인 뜻에서는 있지 않은 것으로부터 일어날 수도 있지만, 그뿐만 아니라 모든 것은 있는 것으로부터, 즉 현실적으로는 있지 않지만 가능적으로 있는 것으로부터 생겨난다. 그리고 이것이야말로 아낙사고라스의 하나인데, 왜냐하면 "모든 것이 혼재해 있다"[11]고 말하는 것보다 — 엠페도클레스와 아낙시만드로스가 생각한 혼돈과 데모크리토스가 제시한 설명의 경우도 마찬가지다[12] — "모든 것은 가능적으로는 혼재해 있지만 현실적으로는 그렇지 않다"고 말하는 편이 더 낫다. 그러므로 이들은 질료를 염두에 두고 있었을 것이다. 그러나 변화하는 것은 모두 질료를 갖지만, 질료는 저마다 다르다. 생겨남이 없이 이동을 통해 운동하는 영원한 것들은 생성의 질료가 아니라 어디서 어디로 움직이는 장소적인 질료를 갖는다.

〔〔어떤 사람은 어떤 종류의 있지 않은 것으로부터 생성이 시작되는가라는 의문을 제기할 수도 있을 터인데, 있지 않은 것에는 세 종류가 있기 때문이다.[13]〕〕 그런데 어떤 것이 가능적으로 있다면, 그것은 아무것이나 다 될 수 있는 것이 아니고 생겨나는 것과 생성의 출처가 되는 것은 저마다 서로 다르다. 또한 모든 사물이 혼재해 있다는 것도 충분한 설명이 아니다. 질료에 차이가 있기 때문인데, (그렇지 않다면) 무엇 때문에 하나가 아니라 무한한 것이 생겨났겠는가? 왜냐하면 지성은 하나이므로, 만일 질료까지 하나라면, 그 질료에 가능적으로 내재해 있던 것이 현실적으로 생겨났을 것이기 때문이다.[14] 그렇다면 원인은 셋이고, 원리들도 셋인데, 이 가운데

---

11 아낙사고라스의 'homou panta'에 대해서는 IV 4, 1007b25 아래와 D-K, 59 B 1 참고.

12 세계가 생겨나기 전의 구형(*Sphairos*)의 상태(Empedokles, D-K, 31 B 27), 만물의 혼돈상태(Anaxogoras, D-K, 59 B 1), 원자론자들이 생각하는 원자들의 혼재상태(D-K, 67 A 1, 14) 등을 염두에 둔 말이다.

13 '있지 않은 것'(*to mē on*)의 세 종류는 각각 범주적 구분에 따라 있지 않은 것, 거짓이라는 뜻의 있지 않은 것, 가능적인 것이라는 뜻의 있지 않은 것을 가리키는 듯하다. XIV 2, 1089a26-8 참고.

14 아낙사고라스의 지성(*nous*)에 대한 이론을 염두에 둔 말이다. D-K, 59 B 1 참고.

둘은 반대상태로서 하나는 정식과 형상이고 다른 하나는 결여이며, 세 번째 것은 질료이다.

3. 질료도 형상도 생겨나지 않는다. 생겨나는 것은 모두 같은 종의 실체로부터 생겨난다. 만일 형상이 떨어져서 존재한다면, 이는 자연물들의 경우에 그렇다

그 다음 질료도 형상도 생겨나지 않는데, 최종적인 것들을 두고 하는 말이다.[15] 왜냐하면 모든 것은 어떤 것이 어떤 것의 작용에 의해 어떤 것으로 변화하기 때문이다. 그런데 작용인은 첫째 원동자(原動者)이고, 변 1070a
화하는 것은 질료이며, 변화의 종결점은 형상이다.[16] 그런데 만일 청동이 구형이 되는 데 그치지 않고 구형과 청동도 생겨난다면, 그 과정은 무한히 진행되겠지만, 사실 어딘가에서 필연적으로 정지해야 한다.

그 다음으로 각각의 실체는 이름이 같은 것으로부터 생겨난다(자연적으로 있는 것들과 나머지 것들이 실체들이다).[17] 그 이유는 이렇다. 생성은 기술이나 본성이나 우연이나 자생성에 의해[18] 일어난다. 그런데 기술은 다른 것 안에 있는 원리인 데 반해, 본성은 자신 안에 있는 원리이며(사람이 사람을 낳기 때문이다), 나머지 원인들은 그것들의 결여들이다.

실체에는 세 가지가 있는데, 하나는 겉보기에 '이것'인 질료이고(유기

---

15 최종적인 것들(*ta eschata*), 즉 최종적인 질료와 최종적인 형상의 선재(先在)에 대해서는 VII 8, 1033a25 아래 참고.

16 생성의 이런 구조에 대해서는 VII 7, 1032a13 아래 참고.

17 VII 8, 1034a22에 대한 각주 참고.

18 '자생성'(*to automaton*)이나 '우연'(*tychē*)에 대해서는 다음 구절 참고: I 3, 984b14; VII 7-9; XI 8, 1065a27-b4. 자생적인 생성은 의술의 도움 없이 저절로 병이 낫는 경우나 유성생식과 달리, 진흙 등에서 벌레가 생겨나는 경우 등을 가리킨다(『동물발생론』 I 1, 715a23-5). 우연에 의한 생성 또는 우연적 사건의 사례에 대해서는 V 30, 1025a14 아래 참고.

적 통일성이 아니라 접촉에 의해서 있는 것들은 질료이자 기체이다).[19] 다른 하나는 '이것'이면서 생성의 종결점에 있는 (적극적인) 상태[20]인 본성이며, 세 번째 것은 이들 둘로 이루어진 개별적 실체인데, 예컨대 소크라테스나 칼리아스가 그렇다. 그런데 어떤 경우 '이것'에 해당하는 것[21]은 합성실체와 떨어져 있지 않은데, 예컨대 집의 형상은, 건축술을 가리켜 그렇게 부르지 않는 한, 떨어져서 존재하지 않는다(이런 형상들에는 생성도 소멸도 속하지 않으며, 질료 없는 집이나 건강을 비롯해서 기술의 영역에 속하는 것들은 모두 다른 방식으로 있으면서 있지 않다). 만일 형상이 떨어져서 있다면, 이는 자연적으로 있는 것들의 경우에 그렇다. 그러므로 만일 형상들이 있다면 자연물들의 (종류의) 수만큼 있지만 불이나 살이나 머리와 같은 것들에는 속하지 않는다는 플라톤의 말은 틀린 것이 아니다.[22] 이것들은 모두 질료이기 때문인데, 마지막 질료는 가장 완전한 실체에 속한다.[23]

운동을 낳는 원인들은 (생성의 결과보다) 앞서 생겨난 것들로서 존재하지만 정식이라는 뜻의 원인들은 (생성의 결과와) 동시적이다. 왜냐하면 사람이 건강하게 될 때 건강도 있는 것이고, 청동 구(青銅球)의 모양도 청동 구와 동시에 있기 때문이다. 〔〔나중에 어떤 것이 존속하는지는 살펴보아야 할 문제다. 어떤 것들의 경우 그것을 가로막는 점이 전혀 없기 때문이다. 예컨대 아마도 영혼이 그런 성격을 가질 터인데, 영혼 전체가 아니라 지성이 그렇다.[24] 영혼 전체가 그럴 수는 없는 일이기 때문이다.〕〕 적어도 이런 이유에서

19 VIII 1, 1042a27 참고.

20 '생성의 종결점에 있는 상태'(*hexis tis eis hen*)는 생성의 결과로서 얻어지는 형상 혹은 형상을 소유한 상태를 가리킨다.

21 위에서 말한 '본성'(*physis*)을 가리킨다.

22 『파르메니데스』 130CD 참고.

23 앞에서 말한 불은 흙, 공기, 물과 함께 살의 질료가 되고, 살은 피나 뼈와 함께 머리의 질료가 되며, 머리는 팔이나 다리와 함께 완전한 유기체의 질료가 된다. 그런 점에서 '마지막 질료'(*teleutaia hylē*)는 머리를 가리키는 것으로 보인다. 질료로부터 완전한 유기체에 이르는 이런 단계에 대해서는 『동물부분론』 II 1, 646a12 아래 참고.

보면 분명 이데아들이 꼭 있어야 할 필요는 없다. 왜냐하면 사람이 사람을 낳고, 개별적인 사람이 다른 사람을 낳기 때문이다. 하지만 기술적인 것들의 경우도 사정이 같은데, 의술은 건강에 대한 정식이기 때문이다.[25]

4. 서로 다른 것들의 원인들과 원리들은 수가 달라도 종은 똑같다. 그것들은 모두 형상과 결여와 질료를 갖는다. 그것들은 또한 저마다 서로 다른 운동인과 모든 것을 운동하게 하는 원인을 갖는다

서로 다른 것들의 원인들과 원리들은 어떤 의미에서는 다르고, 어떤 의미에서는 모든 경우에 동일한데, 보편적이고 유비적으로 말하면 그렇다. 어떤 사람은 실체들과 관계적인 것들의 경우 그것들의 원리들과 요소들이 다른지 동일한지 의문을 가질 수 있을 것이고, 다른 범주들 각각에 대해서도 마찬가지다. 하지만 모든 것의 원리들과 요소들이 동일하다면, 이는 불합리하다. 그럴 경우 동일한 것들로부터 관계적인 것들과 실체들이 나올 것이다. 그렇다면 그에 해당하는 것은 무엇일까? 이 물음이 제기되는 것은 다음과 같은 이유 때문이다. (1) (a) 실체와 그 밖에 술어가 되는 것들과 떨어져 있으면서 그것들에 공통된 것은 아무것도 없으며, 요소는 그 요소를 가지고 있는 것들보다 앞선다. 그런가 하면 (b) 실체는 관계적인 것들 안에 있는 요소가 아니고, 관계적인 것들 가운데 어떤 것도 실체의 요소가 아니다. 더욱이 (2) 어떻게 동일한 것들이 모든 것의 요소들이 될 수 있을까? 왜냐하면 요소들 가운데 어떤 것도 요소들

---

24 영혼의 여러 부분 가운데 지성(*nous*)에 아리스토텔레스는 특별한 지위를 부여한다. 그의 생물학에 따르면 영혼의 다른 부분적 기능들은 그것을 수행하는 신체기관들과 함께 생겨나지만, 지성만은 그렇지 않다. 아리스토텔레스는 지성이 '문 밖에서'(*thyrathen*) 들어온다고 말한다. 이에 대해서는 『동물발생론』 II 3, 736a28과 6, 744b21-2 등 참고.

25 본성적인 생성과 기술적인 제작의 공통성에 대해서는 VII 7, 1032a15 아래 참고.

이 결합된 것과 똑같지 않기 때문인데, 예컨대 B나 A는 BA와 똑같은 것이 아니다.[26] 〔〔그러므로 지성적인 것들, 예컨대 있는 것이나 하나는 요소가 아닌데, 왜냐하면 이것들은 합성체들 하나하나에 대해 술어가 되기 때문이다.[27]〕〕 그렇다면 어떤 요소도 실체나 관계적인 것이 아닐 텐데, 그럴 수는 없는 일이다. 따라서 모든 것에 동일한 요소들이 속한다는 말은 참이 아니다.

오히려 우리가 주장하듯이,[28] 어떤 뜻에서는 모든 것의 요소들이 동일하고 어떤 뜻에서는 그렇지 않을 것이다. 예컨대 감각적인 물체들에 속하는 것들 가운데 형상에 해당하는 것은 열기이면서 다른 측면에서 보면 그것의 결여인 냉기이고,[29] 질료에 해당하는 것은 직접 그 자체로서는 그런 성질들을 가능적으로 가진 것이며, 실체들에 해당하는 것은 그 둘과 그것들을 원리로 해서 이루어진 것들, 혹은 살이나 뼈처럼 열기와 냉기로부터 생겨나는 하나의 통일체일 것이다. 왜냐하면 생겨난 것은 그런 요소들과는 다른 것일 수밖에 없기 때문이다. 그렇다면 이런 것들은 동일한 요소들과 원리들을 갖지만(다른 것들은 다른 요소들과 원리들을 가

---

26 VII 17, 1041b12-3 참고.

27 '있음'(*on*)이나 '하나'(*hen*)는 모든 것에 대해서 술어가 되기 때문에 실체일 수 없다. 이에 대해서는 VII 16, 1040b16 아래 참고.

28 위의 a31을 보라.

29 정확히 말하자면 열기(*to thermon*)는 형상(*eidos*)이 아니라 형상을 낳는 원리, 즉 질료에 작용을 가해서 질료를 일정한 형상을 가진 복합체로 만드는 작용인이다. 생명체의 조직과 기관의 발생과정에 대한 『동물발생론』 II 1, 734b30-6의 서술은 열기와 냉기가 어떻게 생명체에 형상을 부여하는 원리가 되는지를 구체적으로 보여준다: "딱딱함, 부드러움, 끈기, 부서지기 쉬움을 비롯해서 그와 같은 다른 성질들이 생명력 있는 (몸의) 부분들에 속하는데, 이런 성질들을 만드는 것은 열기와 냉기이다. 하지만 살이나 뼈는 로고스(*logos*) 없이는 있을 수 없으니, 이 로고스를 제공하는 것은 (불이 아니라) 낳는 자에게서 오는 운동이다. 낳는 자는, 생성의 재료가 가능적으로만 구현하는 존재를 (이미) 현실적으로 구현하고 있으니, 기술을 통해 생겨나는 것들의 경우에도 이와 마찬가지이다. 쇳덩이를 딱딱하고 부드럽게 만드는 것은 열기와 냉기이지만, (쇳덩이가) 칼이 되게 하는 것은 기술의 로고스를 갖춘 도구들의 운동이다. 기술은 생겨나는 것의 원리요 형상인데, 이것들은 다른 것 안에 들어 있는 데 반해, 자연의 운동은 현실적으로 형상을 갖춘 다른 자연물의 작용을 받아 (자연물) 자체 안에서 일어난다."

지며), 그런 뜻에서 모든 것이 동일한 요소들과 원리들을 갖는다고 말하는 것은 아니고 유비적으로 보면 그렇다는 말인데, 이는 어떤 사람이 원리들은 셋, 즉 형상과 결여와 질료라고 말할 수 있는 것과 같은 이치다. 그 각각에 해당하는 것은 각각의 유마다 다른데, 예를 들어 색깔의 경우에는 하양, 검정, 표면이 그에 해당하고, 다른 경우에는 빛과 어둠과 공기가 그에 해당하는데, 낮과 밤은 그런 것들로 이루어진다.

사물 안에 내재하는 것들만이 원인이 아니라 밖에 있는 것, 이를테면 원동자도 원인이기 때문에, 분명 원리와 요소는 서로 다르지만[30] 그 둘 모두 원인이고 원리는 이런 것들로 나뉜다. 운동이나 정지를 낳는 것이라는 뜻의 원인은 일종의 원리이자 실체이다.[31] 따라서 유비적으로 보면 요소들은 셋이고, 원인과 원리는 넷이다. 하지만 다른 사물 안에는 다른 요소가 들어 있고, 원동자라는 뜻에서의 첫째 원인도 저마다 서로 다르다. 어떤 경우 건강, 질병, 신체가 그 사례이고 그 경우 원동자는 의술이다. 또 어떤 경우에는 형상, 특정한 무질서, 벽돌들이 그 사례이고 이때 원동자는 건축술이다(그리고 이런 것들로 원리는 나뉜다). 하지만 자연물들의 경우 원동자는 사람이고[32] 사고에 의해 있는 것들의 경우[33] 원동자는 형상이나 그것의 반대자인 까닭에, 어떤 뜻에서는 세 가지 원인이 있을 것이고, 또 어떤 뜻에서는 네 가지 원인이 있을 것이다. 왜냐하면 의술은 어떤 의미에서는 건강이고 건축술은 집의 형상이며, 사람이 사람을 낳기 때문이다. 또한 이것들과 떨어져서 모든 것 가운데 첫째가는 것이면서 모든 것을 운동하게 하는 것[34]이 있다.

---

30 원리(*archē*)와 요소(*stoicheia*)의 차이에 대해서는 V 1, 1013a4, 7; 4, 1014a26 참고.

31 1070b24-5는 로스를 따라 읽었다: "to d' hōs kinoun ē histan archē tis kai ousia ……."

32 아래의 1070b34에서 밝혀지듯이, "사람이 사람을 낳는다"(*anthrōpos anthrōpon gennai*)라는 뜻에서 그렇다.

33 VII 7, 1032a27-8에 따르면, "모든 제작은 기술이나 능력(*dynamis*)이나 사고(*dianoia*)에서 비롯한다."

34 1070b34-5: "to hos proton panton kinoun panta".

5. 또한 현실적인 것과 가능적인 것은 모든 것에 공통된 원리이지만, 이것들 역시 사물마다 다르고 그 방식도 서로 다르다. 모든 것의 원리들은 서로 다르지만 유비적 동일성을 가진다

어떤 것들은 분리가능하지만 어떤 것들은 그렇지 않은데, 실체들은 앞 1071a 의 경우에 해당한다. 그러므로 모든 것의 원인들은 동일한데, 그 이유는 실체들이 없다면 양태들도 운동들도 없기 때문이다.[35] 나아가 아마도 영혼과 육체가 그런 것들일 것이고 아니면 지성과 욕망과 육체가 그럴 것이다.[36]

또한 다른 측면에서 보면 유비적으로 동일한 것들, 즉 현실태와 가능태가 원리들이다.[37] 하지만 이것들 역시 사물들마다 다르고 그 방식도 서로 다르다. 어떤 경우 동일한 것이 현실적으로 있을 때도 있고 가능적으로 있을 때도 있는데, 예컨대 포도주나 살이나 사람이 그렇다(하지만 이것들 역시 앞서 말한 원인들로 분류된다. 왜냐하면 형상은 분리가능한 것인 한에서 현실적으로 있고 둘로 이루어진 것도 현실적으로 있으며 결여, 예컨대 어둠이나 질병도 그렇지만 질료는 가능적으로 있다. 왜냐하면 질료는 그 둘이 될 수 있는 가능성을 가진 것[38]이기 때문이다). 그러나 또 다른 관점에서 보자면 동일한 질료를 갖지 않는 것들은 현실태와 가능태에서 차이가 있

35 모든 것은 실체에 의존해서 존재하기 때문에 실체의 원인들이 모든 것의 존재 원인이 된다. 『범주론』 5, 2b3-6; VII 1, 1028a22-5; XII 1, 1069a21-5 참고.

36 실체들 가운데 가장 본래적인 뜻의 실체는 생명체들이다(VII 16, 1040b5-10, VIII 3, 1043b21-3). 여기서 아리스토텔레스가 열거하는 영혼과 육체 등은 모두 그런 생명체들의 원인들에 해당한다. 다음의 구절을 함께 참고하라. V 8, 1017b14-6; VII 8, 1034a5-8; VII 11, 1037a5-6.

37 현실태(*energeia*)와 가능태(*dynamis*)의 유비적 쓰임 및 유비적 동일성에 대해서는 IX 6, 1048a35-b9에서 논의되었는데, 아래에서는 이 논의가 더욱 더 확대된다.

38 질료는 형상을 가질 수도 있고 그와 반대로 형상을 결여한 상태에 있을 수도 있다는 뜻에서 '그 둘이 될 수 있는 가능성을 가진 것'(*to dynamenon gignesthai amphō*)이라고 불린다. 그런 뜻에서 질료는 형상도 아니고 결여도 아닌 '제3의 어떤 것'(*ti triton*)이다(XII 2, 1069b8).

는데, 이런 것들은 동일한 형상이 아니라 다른 형상을 가진다. 예를 들어 사람의 원인으로는 (1) 요소들(질료에 해당하는 불과 흙과 고유한 형상)과, (2) 밖에 있는 다른 어떤 것, 즉 아버지와 (3) 이것들과 떨어져서 태양과 그것의 황도[39]가 있는데, 이것들은 질료도 형상도 결여도 아니고 사람과 동종적이지도 않지만 운동을 낳는다.

또한 어떤 경우에는 보편적인 것들을 (원인으로) 언급할 수 있지만, 어떤 경우에는 그럴 수 없다는 데 주목해야 한다. 어떤 것이든 그것의 첫째 원리들은 현실적으로 첫째가는 '이것'과 가능적으로 첫째가는 다른 어떤 것이다. 그렇다면 위에서 말한 보편적인 것들은 (원인으로서) 존재하지 않는다. 왜냐하면 개별자들의 원리는 개별자이기 때문인데, 사람은 보편적으로 사람의 원리이지만, 보편적인 사람은 존재하지 않고, 펠레우스가 아킬레우스의 원리이고 네 아버지가 너의 원리이기 때문이다. (여기 있는) 이 B가 (여기 있는) 이 BA의 원리이며, 일반적인 B는 무제한적인 뜻에서 BA의 원리이다.

더욱이 실체들의 원인들과 요소들이 있다면, 다른 것들의 원인들과 요소들은, 앞에서 말했듯이, 그것들과 다른데,[40] 동일한 유에 속하지 않는 것들, 즉 색깔, 소리, 실체, 양의 원인들과 요소들은 유비적으로 동일하다는 점을 제외한다면, 서로 다르다. 동일한 종에 속하는 것들의 원인들도 다르지만, 종이 다른 것이 아니라, 개별자들의 원인이 서로 다르다는 뜻

---

39 원어 'ho loxos kyklos'는 '기울어진 원'이라고 옮길 수 있는데, 이것은 우리의 눈으로 볼 때 태양이 지나는 길인 '황도'(黃道)를 가리키며, '황도대의 중간을 지나는 원'(*ho dia mesōn tōn zōidiōn kyklos*, 1073b19)이라고도 불린다. 천구의 적도를 기준으로 할 때, 23.5도 기울어져 있기 때문에 '기울어진 원'이라고 불린다. 태양은 한 해 동안 이 황도를 따라 운동하며(年周運動), 하루 동안 적도를 따라 운동한다(日周運動). 연주운동에 따라 태양이 지구에 가까이가면 생성이 일어나고 멀어지면 소멸이 일어난다고 아리스토텔레스는 생각했다(1072a10 아래 참고).

40 1071a24 아래의 구절은 로스를 따라 읽었다: "epeita, ei dē ta tōn ousiōn, alla de allōn aitia kai stoicheia ……." 이어지는 진술에서 분명하게 드러나듯이, 아리스토텔레스가 주장하려는 것은 실체의 원인과 원리들은 다른 범주에 속해 있는 것들의 원인과 원리들과 다르지만, 유비적으로는(*tōi analogon*) 동일하다는 내용이다.

에서 서로 다른데, 너의 질료와 형상과 운동인은 나의 것과 다르지만, 보편적인 정식에서는 동일하다. 그래서 우리가 실체들과 관계들과 성질들의 원리들이나 요소들이 어떤 것인지, 그것들이 동일한지 다른지를 탐구한다면, 다음과 같은 점은 분명하다. '원인'은 여러 가지 뜻으로 쓰이는 까닭에 각 사물의 원인들은 동일하지만, 그 말의 뜻을 구별해 놓고 보면 동일하지 않고 서로 다르다. 다만 다음과 같은 의미에서는 모든 것의 원인들이 동일하다. 즉, (1) 질료, 형상, 결여, 원동자가 모든 것의 원인이라는 뜻에서 보면 모든 것의 원인들은 유비적으로 동일하고, (2) 실체들이 없어진다면 다른 것들도 없어진다는 뜻에서 보면 실체들의 원인들은 모든 것의 원인들 역할을 한다. 또한 (3) 첫 번째로 완전한 상태에 있는 것이 있는데, 이것도 모든 것의 원인이다. 반면 유들을 뜻하지도 않고 여러 가지 뜻으로 쓰이지도 않으면서 반대자들로서 존재하는 첫째가는 것들이 있는데, 이것들은 서로 다르며 또한 질료들도 서로 다르다. 이제까지, 어떤 것들이 감각물들의 원리들이며 그 수가 얼마나 되는지, 그것들은 어떤 뜻에서 서로 동일하고 어떤 뜻에서 서로 다른지 이야기했다.

6. 운동은 영원해야 하기 때문에 영원한 원동자가 있어야 하며, 이런 원동자의 본질은 현실적인 활동이다. 세계의 질서 있는 변화를 설명하기 위해서 항상 동일한 방식으로 작용하는 원리와 때때로 다르게 작용하는 원리가 있어야 한다

실체에는 세 가지가 있는데 둘은 자연적인 것들이고 하나는 부동적인 것이기 때문에,[41] 뒤의 것과 관련해서 우리는 영원하고 부동적인 어

41 '자연적인 실체들'(*physikai ousiai*)과 '부동적인 실체'(*akinētos ousia*)의 구분에 대해서는 XII 1, 1069a30 아래와 『동물부분론』 I 5, 644a22 아래 참고. 이렇게 자연적인 것과 부동적인 것을 대비하는 근거는, 자연적인 것은 본성상 자기 안에 운동의 원리를 가지

떤 실체가 있는 것이 필연적이라고 말해야 한다. 그 이유는 이렇다. 실체들이 있는 것들 가운데 첫째가는 것인데, 만일 그것들 모두가 가멸적이라면 모든 것이 가멸적일 것이다. 하지만 운동이 생겨나거나 소멸하기는 불가능한 일이며[42] (왜냐하면 그것은 항상 있었기 때문이다) 시간 역시 그렇다. 왜냐하면 시간이 없다면 앞서는 것과 뒤에 오는 것도 있을 수 없기 때문이다. 그래서 시간이 그렇듯이, 운동 또한 연속적인데, 그 까닭은 그것은 운동과 동일한 것이거나 또는 운동의 어떤 속성이기 때문이다.[43] 장소운동을 빼놓고는 어떤 운동도 연속적이 아니며, 장소운동 가운데는 원환운동이 연속적이다.[44]

하지만 운동하게 하거나 만들어내는 능력은 갖지만 현실적으로 활동하지 않는 어떤 것이 있다면, 운동은 있지 않을 것이다. 왜냐하면 능력을 가진 것은 현실적으로 활동하지 않을 수도 있기 때문이다. 그래서 설령 우리가 형상들을 주장하는 사람들처럼 영원한 실체들을 만들어낸다고 하더라도, 만일 그것들 가운데 변화를 낳을 능력을 가진 어떤 원리가 없다면, 아무 쓸모도 없을 것이다.[45] 아니, 실제로는 그런 원리[46]도, 형상들과 떨어져 있는 다른 실체[47]도 충분하지 않으니, 그 까닭은 만일 그것이 현실적으로 활동하지 않는다면, 운동은 있지 않을 것이기 때문이다. 또

고 운동한다는 데 있다(XII 3, 1070a7-8 참고).

42 『자연학』 VIII 1-3 참고.

43 시간이 운동의 속성(*pathos*)이라는 주장에 대해서는 예컨대 『자연학』 IV 10, 219b2 아래 참고. 거기서 시간은 '앞뒤와 관련된 운동의 수'(*arithmos kinēseōs kata to proteron kai hysteron*)로 정의된다. 다음 구절도 함께 참고: IV 11, 220a24; 12, 220b8; 14, 223a33, VIII 1, 251b12.

44 원환운동(*kinēsis kyklōi*)의 연속성에 대해서는 『자연학』 VIII 8, 261b27-263a3과 264a7-265a12 참고.

45 이데아론에 대한 VII 8, 1033b26 아래의 비판도 같은 맥락에 있다. 두 곳에서 모두 아리스토텔레스는 운동의 원리(*archē*)를 제시하지 못한다는 사실을 들어 이데아론을 비판한다.

46 '변화를 낳을 능력을 가진 어떤 원리'(*tis dynamenē archē metaballein*)를 말한다.

47 이를테면 수학적인 대상들이 그런 실체에 해당한다.

한 그것이 현실적으로 활동한다고 하더라도, 만일 그것의 실체가 능력[48]이라면, 그것도 충분하지 않은데, 그 까닭은 그 경우 운동은 영원하지 않을 것이기 때문이다. 왜냐하면 가능적으로 있는 것은 있지 않을 수 있기 때문이다. 그러므로 현실적인 활동을 실체로 갖는 원리가 있어야 마땅하다. 더욱이 그런 실체들은 질료 없이 있어야 하는데, 만일 무엇인가 영원한 것이 있다면, 바로 그것들이 영원해야 하기 때문이다.[49] 그러므로 그것들은 현실적으로 있어야 한다.[50]

그런데 의문이 하나 있다. 왜냐하면 일반적 의견에 따르면 현실적으로 활동하는 것은 모두 활동할 수 있지만, 활동할 수 있는 것이 모두 현실적으로 활동하는 것은 아니며, 그 결과 가능태가 앞서는 것처럼 보이기 때문이다. 그런데 만일 이것이 사실이라면, 있는 것들 가운데 어떤 것도 있지 않을 터이니, 왜냐하면 그것들은 있을 수 있는 가능성은 갖지만 결코 있지 않을 수 있기 때문이다. 더욱이 세계가 밤으로부터 생겨났다고 말하는 신학자들의 말이 맞거나[51] 또는 "모든 것이 혼재해 있다"고 말

48 여기서 원어 'ousia'는 어떤 것의 실체, 즉 본질이라는 뜻의 실체를 가리킨다. 'dynamis'는 물론 잠재적 능력이라는 뜻의 가능성 혹은 가능태를 가리킨다. 여기서 쓰인 'dynamis'와 'energeia'는 각각 '능력'이나 '현실적 활동'으로 옮겨야 그 뜻이 분명해 질 것이다.

49 질료는 본성상 있거나 있지 않을 수 있는 가능성(*dynamis*)을 갖고 있기 때문에(VII 15, 1039b29-30 참고), 질료 없는 것만이 영원한 현실적 활동(*energeia*) 상태에 있을 수 있다.

50 XIV 2, 1088b26 참고.

51 헤시오도스(Hesiodos)의 『신들의 계보』(*Theogonia*)에 따르면 맨 먼저 생겨난 것은 '카오스'이며, 이에 뒤이어 다른 신들이 생겨난다(116-22). "맨 처음 카오스가 생겼고, 그런 뒤/ 가슴이 넓은 가이아, 모든 영원한 것들의 앉을 자리가 생겼으니,/ 곧 눈 덮인 올림포스 산정에 거하는 죽지 않는 자들의 앉을 자리라./ 또한 안개 짙은 타르타로스가 생겼으니, 넓은 땅속의 외딴 구석에 있도다./ 또한 에로스, 죽지 않는 신들 가운데 가장 아름다운 신이 생겼는데,/ (이 신은) 사지의 맥을 풀고 모든 신들과 사람들의/ 가슴 속에 든 생각과 사려 깊은 뜻을 억누른다." 아리스토파네스(Aristophanes), 『새』 693ff.(=D-K, 1 A 12)에서는 오르페우스교의 우주발생론을 다음과 같이 기술한다. "맨 처음에는 카오스와 밤과 검은 어둠과 넓은 타르타로스가 있었으나,/ 가이아도 아에르도 우라노스도 없었다. 검은 날개의 밤이 어둠의/ 끝없이 넓은 몸속에 바람 알(風

하는 자연학자들의 말이 맞다면,[52] 똑같이 불가능한 결과가 따라 나온다. 만일 현실적으로 활동하는 어떤 원인이 없다면, 어떻게 다른 것들이 운동을 부여받을 수 있을 것인가? 왜냐하면 분명 목재 자체가 자기 자신을 운동하게 하는 것이 아니라 목수의 기술이 그렇게 하며,[53] 경혈이나 흙도 자기 자신을 운동하게 하지는 못하고 씨나 정액이 그것들을 운동하게 하기 때문이다.[54] 그렇기 때문에 어떤 사람들, 예컨대 레우키포스와 플라톤은 영원한 현실적인 활동을 내세우는데,[55] 그 까닭은 그들은 운동이 영원하다고 말하기 때문이다. 하지만 그것이 무엇 때문에 있고 어떤 것인지에 대해서 그들은 말하지 않으며, 또한 이렇게 〈또는〉 저렇게 있는 이유에 대해서도 말하는 바가 없다. 왜냐하면 우연히 운동이 이루어지는 경우는 없고, 언제나 (운동을 낳는) 어떤 것이 주어져 있어야 하기 때문인데, 본성에 따라서는 어떤 것이 이러저러하게 움직이지만, 강제력이나 지성이나 그 밖의 다른 어떤 것의 작용에 의해서는 그와 다른 방식으로 움직이는 것과 같은 이치이다. 더욱이 첫째가는 것은 어떤 성질을 갖는가? 이 문제에 대해서는 이루 따질 수 없을 만큼 의견 차이가 있다. 하 1072a
지만 플라톤으로서는 그가 때때로 원리로 내세우는 것, 즉 스스로 운동하는 것이 (첫째 원리로서) 있다고 말할 수 없는데, 그 까닭은 그의 설명에 따르면 영혼은 뒤에 오는 것이고 천체들과 동시적이기 때문이다.[56] 그렇다면 가능태가 현실태에 앞선다고 생각하는 것은 어떤 점에서는 옳지

卵)을 낳았으니, …… /" 자세한 전거에 대해서는 Ross, *Metaphysics* II, p. 370의 주석 참고.

52 아낙사고라스의 견해를 두고 하는 말이다. D-K, 59 B 1 참고.

53 VII 9, 1034a16 아래 참고. 원어 'hylē'는 일반적으로 '질료'라고 옮길 수 있지만, 여기서는 보다 구체적으로 '목재'(木材)를 뜻한다.

54 경혈(經血, *epimenia*)에 미치는 씨(*spermata*) 혹은 정액(*gonē*)의 작용에 대해서는 VII 7, 1032a25에 대한 주석 참고.

55 레우키포스와 플라톤에 대해서는 각각 『천체론』 III 2, 300b8 아래와 『티마이오스』 30A 참고.

56 이 말은 플라톤의 『티마이오스』 34BC를 염두에 둔 것인데, 이에 따르면 영혼은 '스스로 운동하는 것'(*to auto heauto kinoun*)이며 천체들과 함께 나중에 생겨난다.

만, 어떤 점에서는 그렇지 않다(그 의미에 대해서는 이미 설명한 바 있다[57]). 현실태가 앞선다는 사실을 입증한 사람으로는 아낙사고라스가 있고(왜냐하면 그의 '지성'은 현실적으로 있기 때문이다), 사랑과 싸움을 내세우는 엠페도클레스도 그렇고, 운동이 언제나 있다고 말하는 레우키포스도 그렇다.

따라서 카오스나 밤이 무한한 시간 동안 있었던 것이 아니고, 만일 현실적인 것이 가능적인 것보다 앞선다면, 항상 동일한 것들이 원환운동 속에 있거나[58] 아니면 그와 다른 방식으로 있었던 셈이다. 그런데 동일한 것이 항상 원환운동 속에 있다면, 어떤 것[59]이 동일한 방식으로 현실적으로 활동하면서 항상 그대로 머물러 있어야 한다. 한편, 생성과 소멸이 있으려면, 항상 다른 방식으로 현실적으로 활동하는 다른 어떤 것[60]이 있어야 한다. 그러면 이것은 불가불 어떤 방식으로는 자기 자신의 힘으로 활동하지만, 또 어떤 방식으로는 다른 어떤 것의 힘으로 활동할 수밖에 없으니, 결국 제3자[61]나 첫째가는 것이 그 다른 어떤 것에 해당할 것이다. 그런데 그것은 불가불 첫째가는 것에 의존할 수밖에 없으니, 왜냐하면 그렇지 않다면 제3자로 설정된 것이 그것의 운동의 원인이 될 뿐만 아니라 그 제3자에 대해서도 운동의 원인이 또 있을 것이기 때문이다. 그러므로 첫째가는 것이 그런 것이 더 나으니,[62] 그 까닭은 그것은 언

57 위의 1071b22-6을 보라.

58 1072a9-10의 'to auto aei periodōi'가 가리키는 '항상 동일한 것들의 원환운동'은 엠페도클레스가 말한 4원소의 원환운동이라는 것이 일반적 생각이다(『천체론』 I 9, 279b14와 『자연학』 VIII 1, 250b26 참고). 하지만 이어지는 진술과 관련지어 보면, 오히려 천체들의 영원한 원환운동을 염두에 둔 표현이라고 볼 수도 있다.

59 항성들(붙박이별들)의 하늘을 가리킨다. 이 하늘의 회전에 따라 다른 천체들의 원환운동이 일어난다.

60 1072a11의 '항상 다른 방식으로 현실적으로 활동하는 다른 어떤 것'(*allo aei energoun allōs kai allōs*)은 태양을 가리킨다. 태양은 해마다 황도를 따라 운동하고 날마다 적도를 따라 운동한다. 앞의 운동은 생성과 소멸의 원인이다. XII 5, 1071a15에 대한 각주 참고.

61 태양도 첫째 하늘도 아닌 제3의 어떤 것을 말한다.

제나 동일한 방식으로 이루어지는 운동의 원인이었으며, 다른 방식으로 이루어지는 운동의 원인은 다른 어떤 것이었고, 그 둘이 언제나 다른 운동의 원인임이 분명하다. 그러므로 여러 운동들은 이런 방식으로 이루어진다. 그렇다면 왜 다른 원리들을 찾아야 하는가?[63]

7. 영원한 원동자는 욕구의 대상으로서 운동을 낳는다. 그것은 현실적인 활동이기 때문에 변화하거나 운동하지 않는다. 그것은 살아 있는 것이고 완전하며 감각물들과 분리되어 있고 부분들을 갖지 않는다

이것이 (1) 문제에 대해 있을 수 있는 설명이고, (2) 그렇지 않을 경우 세계는 밤이나 모든 것의 혼재상태나 있지 않은 것으로부터 유래할 것이기 때문에,[64] 의문들이 해결된 것으로 볼 수 있을 것이다. 그렇다면 쉼 없는 운동 속에서 항상 운동하는 어떤 것이 있으니, 원환운동이 바로 그런 운동이다(이는 논리적으로 보나 실제적으로 보나 분명하다). 따라서 첫째 하늘은 영원할 것이다.[65]

그렇다면 그것을 운동하게 하는 어떤 것도 있다. 그리고 운동하면서 운동을 낳는 것은 중간자이기 때문에 …… 결국 운동하지 않으면서 운동을 낳는 어떤 것,[66] 영원하고 실체이며 현실적인 것이 있다. 그런데 욕

---

62 아리스토텔레스는 태양의 운동을 첫째가는 것(*to prōton*), 즉 첫째 하늘의 운동 탓으로 돌리는 것을 더욱 '경제적인 가설'(*economical hypothesis*)로 받아들인다.

63 이데아들을 내세웠던 플라톤주의자들을 겨냥한 반문이다. 이미 VII 16에서 보았듯이, 아리스토텔레스는 이데아들 대신 달 위 세계의 천체들을 영원한 실체들로 내세운다.

64 오르페우스교와 아낙사고라스의 우주발생론 등을 겨냥한 발언이다.

65 '첫째 하늘'(*prōtos ouranos*)이란 붙박이별들의 천구를 말한다. 이 천구는 우주의 가장 바깥을 둘러싸고 있기 때문에 첫째 하늘이라고 불린다.

66 '운동하지 않으면서 운동을 낳는 어떤 것', 이른바 '부동의 동자' 또는 '부동의 원동자'에 대한 원어는 'ti ho ou kinoumenon kinei'이다. 아래의 1072b7의 'ti kinoun auto

망의 대상과 사유의 대상은 그런 방식으로 운동을 낳는데, 그것들은 운동하지 않으면서 운동을 낳는다. 욕망의 첫째 대상과 사유의 첫째 대상은 서로 똑같다. 왜냐하면 겉보기에 아름다운 것은 욕구의 대상이 되지만, 의지의 첫째 대상은 실제로 아름다운 것이기 때문이다.[67] 우리가 욕망을 갖기 때문에 좋게 여기는 것이 아니라, 좋다고 여기기 때문에 우리가 욕망을 갖게 되는 것이니, 그 까닭은 사유[68]가 시작이기 때문이다. 그러나 지성은 사유의 대상에 의해 운동하게 되는데, 대립 쌍의 한 축은 그 자체로서 사유가능하고,[69] 실체는 그 가운데 첫째가는 것이며, 실체 가운데는 단순하고 현실적인 것이 첫째간다(하나와 단순한 것은 똑같지 않은데, 그 까닭은 하나는 척도를 가리키고, 단순하다는 것은 어떤 것의 존재방식을 가리키기 때문이다). 그러나 좋은 것과 그 자체 때문에 선택되는 것은 같은 축에 속하며, 어떤 부류에서나 첫째가는 것은 항상 가장 좋은 것이거나 혹은 그것의 유비적 대응자이다.

하지만 지향 대상이 운동하지 않는 것들에 속한다는 사실은 그 의미를 나누어 보면 분명하게 드러나는데, 지향 대상에는 (a) 어떤 활동을 통해 실현되는 것과 (b) 어떤 활동의 지향 대상이 있으니,[70] 그 가운데 뒤의 것

---

akinēton on'(운동을 낳지만 그 자신은 운동하지 않는 것)도 같은 것을 가리킨다.

67 여기서 아리스토텔레스는 '욕망의 대상'(*to orekton*), '의지의 대상'(*to boulēton*), '욕구의 대상'(*to epithymetikon*)을 구분하는데, 좋은 것에 대한 '의지'(*boulēsis*)와 식욕이나 성욕과 같은 즐거움에 대한 '욕구'(*epithymia*)는 넓은 뜻의 '욕망'(*orexis*)의 하위 형태들이다. 『영혼론』 II 3, 414b2, III 10, 433a23 아래 참고.

68 'noēsis'는 'dianoia'(사고)와 구별해서 문맥에 따라 '생각', '사유' 또는 '사유활동' 등으로 옮긴다.

69 위의 I권 5장에서 소개한 피타고라스학파의 대립자 이론에 따르면 한계-무한자, 홀수-짝수, 하나-여럿, 오른쪽-왼쪽, 수컷-암컷, 정지-운동, 곧음-굽음, 빛-어둠, 좋음-나쁨, 정사각형-직사각형이 두 축(*systoichia*)의 대립자들이다. 아리스토텔레스의 주장에 따르면, 이 대립자들의 한 축은 그 자체로서 실질적인 내용을 가진 것이고 다른 축은 그 내용의 결여태이다. 그래서 앞의 것은 그 자체로서 사유가능하다(*noētē kath' hautēn*).

70 1072b2-3의 'tini to hou heneka 〈kai〉 tinos'를 로스는 '(a) some being for whose good an action is done, and (b) something at which the action aims'로 옮겼는데, 적절한 우

은 운동하지 않는 것들에 속하지만, 앞의 것은 그렇지 않다. 그것은 사랑받음으로써 운동을 낳고, 나머지 것들은 운동함으로써 운동을 낳는다.

그런데 어떤 것이 운동한다면, 그것은 달리 있을 수 있다. 그러므로 그것의 현실적인 활동이 첫째 형태의 (공간적) 이동이라면,[71] 그런 상태에서 운동하는 한, 그것은 달리 있을 수 있다. 즉, 실체에서가 아니라면 장소에서 달리 있을 수 있다.[72] 그러나 운동을 낳지만 그 자신은 운동하지 않고 현실적인 활동 가운데 있는 것[73]이 있다면, 그것은 어떤 방식으로도 달리 있을 수 없다.[74] 왜냐하면 이동은 변화들 가운데 첫째가는 것이요, 이동 가운데는 원환운동이 첫째가는 것이기 때문이다.[75] 이것은 바로 그

리말 번역을 찾기는 어렵다. 하지만 이 차이를 내용에 따라 풀이하면, 그 뜻은 이렇다. 두 가지 활동, 예컨대 생각과 산책을 비교해 보자. 두 활동 모두 그것들이 겨냥하는 것, 즉 지향 대상 및 목적이 있다. 생각의 지향 대상은 생각의 대상이고, 산책의 지향 대상은 건강이다. 산책의 목적인 건강은 산책함으로써 얻어지며, 그렇기 때문에 산책은 건강에 유용하다. 반면에 우리가 어떤 대상을 지향해서 생각한다면, 이때는 사정이 다르다. 생각의 대상은 생각의 지향점이지만, 그 대상 자체가 생각에 의해 어떤 유익을 얻지는 않기 때문이다. 이런 구분에 따르면 건강은 'tini to hou heneka'의 의미에서 산책의 지향 대상 또는 목적이고, 사유의 대상은 'to hou heneka tinos'라는 뜻에서 사유의 목적 또는 지향 대상이다. 목적 개념의 이런 구분에 대해서는 W. Kullmann, *Die Teleologie in der aristotelischen Biologie*, Heidelberg 1979, 특히 S. 31~37과 같은 저자의 논문 "Different Conceps of the Final Cause in Aristotle", in: A. Gotthelf(ed.), *Aristotle on Nature and Living Things*, Bristol 1985, pp. 169~75 참고.

71 1072b5는 로스를 따라 'hōste ei 〔hē〕 phora prōtē hē energeia estin'으로 읽었다.

72 생성과 소멸은 겪지 않지만 장소운동, 즉 이동(*phora*)은 한다는 말이다.

73 위의 1072a25에 대한 각주 참고.

74 '운동을 낳지만 그 자신은 운동하지 않고 현실적인 활동 가운데 있는 것'(*ti kinoun auto akinēton on, energeiai on*, 1072b8-9)은 XII 2, 1069b9 아래에서 소개된 네 가지 종류의 변화, 즉 실체의 생성(*genesis*)과 소멸(*phthora*), 양의 증가(*auxēsis*)와 감소(*phthisis*), 성질의 변이(*alloiōsis*), 장소의 이동(*phora*)을 모두 벗어나 있다.

75 첫째 운동인이 운동한다면, 그 운동은 첫째가는 것이어야 할 것이다. 그러나 그것은 첫째 운동, 즉 원환운동(*hē kyklōi kinēsis*)을 낳을 뿐, 그 스스로 그 운동에 관여할 수는 없다. 왜냐하면 만일 그것이 운동한다면, 그것에 앞서 있으면서 그것에 그런 운동을 부여해 주는 다른 어떤 것을 또다시 상정해야 하기 때문이다. 이런 논변의 밑바탕에는 앞서 아리스토텔레스가 밝힌 생각, 즉 운동하면서 다른 것을 운동하게 하는 것은 중간자('*to kinoumenon kai kinoun kai meson*', 1072a24)라는 생각이 깔려 있다.

것[76]에 의해 운동을 부여받는다. 그것은 필연적으로 있는 것이며,[77] 필연적인 한에서 그것은 좋은 상태에 있으며,[78] 그런 뜻에서 원리이다. 왜냐하면 필연적인 것에는 여러 가지 종류가 있으니, 그것은 어떤 때는 내적 추동력에 반대되는 강제에 의한 것을, 어떤 때는 좋은 것이 있기 위해서 없어서 안될 것을, 또 어떤 때는 달리 있을 수는 없고 단 한 가지 방식으로만 있는 것을 가리키기도 하기 때문이다.

그러므로 천계와 자연세계는 그런 원리에 의존한다. 그것은 여유 있는 삶[79]이며, 우리에게는 짧은 시간 동안 허락된 최선의 여유 있는 삶과 같은 것이다. 왜냐하면 (우리는 그럴 수 없지만) 그것은 영원히 그런 상태에 있기 때문인데, 그 까닭은 그것의 현실적인 활동은 즐거움이기도 하기 때문이다(그리고 이런 이유 때문에 깨어있음, 감각, 사유는 가장 즐거운 것이요, 희망과 기억은 그것들로 말미암아 즐거움을 준다). 그리고 사유활동 자체는 그 자체로서 가장 좋은 것과 관계하며, 가장 좋은 것은 가장 좋은 것과 관계한다. 그런데 지성은 사유 대상을 포착함으로써 자기 자신을 사유하는데, 그 까닭은 지성은 대상과 접촉하고 사유하는 가운데 사유 대상이 되고, 결과적으로 지성과 사유 대상은 동일한 것이 되기 때문이다.[80] 왜냐하면 사유 대상, 즉 실체를 수용하는 능력이 지성이요, 그것은 사유 대상을 소유함으로써 현실적으로 활동하기 때문이다. 따라서 수용능력보다는 소유가 지성이 가진 것으로 여겨지는 신적인 것이며, 이론

76 그 자신은 운동하지 않으면서 현실적인 활동 가운데 있는 것(1072b8)을 가리킨다.

77 여기서 말하는 필연성(*ex anankēs*)은 부수성 또는 우연성과 반대되는 뜻의 필연성이다. 그것은 강제(*bia*)라는 뜻의 필연성이나 어떤 목적을 이루기 위해 필요조건이 지니는 필연성과 다른 것이다. '필연성'의 다양한 뜻에 대해서는 V 5, 1015a20 아래 참고.

78 그것은 이랬다저랬다 하는 것이 아니기 때문이다.

79 원어 'diagōgē'는 어떤 것에도 매이지 않은 자유인의 한가하고 여유로운 삶 혹은 유유자적(悠悠自適)한 삶을 말한다. I 1, 981b18 참고. 더욱 자세한 뜻에 대해서는 『정치학』 VII 15, 1334a16 아래 참고.

80 인간의 지성은 사유 대상과 접촉하고(*thinganōn*) 그것을 포착함(*metalēpsis*)으로써 자기 자신을 사유한다. 아리스토텔레스는 먼저 인간의 지성활동을 분석하고, 이를 실마리 삼아 신적 지성의 사유활동을 설명해내려고 한다.

적 활동[81]은 가장 즐겁고 좋은 것이다. 그런데 만일 우리가 한순간 누리는 좋은 상태를 신이 항상 누리고 있다면, 이는 놀라운 일이요, 그 정도가 더하다면, 더욱 놀라운 일이다. 하지만 실제로 그렇다. 그리고 신에게는 삶이 속하는데, 그 까닭은 지성의 현실적인 활동은 삶이요 그 현실적인 활동이 바로 신이기 때문이다. 현실적인 활동은 그 자체로서 신에게 속한 것으로서 가장 좋고 영원한 삶이다. 우리는 신이 영원하고 가장 좋은 생명체이며, 그래서 끊임없는 영원한 삶이 신에게 속한다고 말하는데, 신은 바로 그런 것이기 때문이다.

피타고라스학파나 스페우시포스처럼, 식물과 동물의 원리들이 원인들이며 아름다움과 완전함은 그 원인들로부터 생겨난 것들 안에 있다는 이유를 들어, 가장 아름다운 것과 좋은 것이 시초에 놓여 있지 않다고 믿는 사람들은 잘못 생각하는 것이다. 왜냐하면 씨는 그에 앞선 다른 완전한 개별자들로부터 오며, 첫째가는 것은 씨가 아니라 완전한 것이기 때문인데, 예를 들어 씨에 앞서 사람이 있다고 말할 수 있으니, 이때 말하는 사람은 씨에서 나온 사람이 아니라 씨의 출처가 되는 다른 사람을 가리킨다.[82]

그러면 영원하고 부동적이며 감각물들과 분리된 어떤 실체가 있다는 것은 이제까지의 논의를 놓고 볼 때 분명하다. 동시에 이 실체는 어떠한 크기도 가질 수 없으며 부분이 없고 분할불가능한 것이라는 점도 이미 밝혀졌다(왜냐하면 그것은 무한한 시간에 걸쳐 운동을 낳는데, 어떤 유한자도 무한한 능력을 갖지 못하기 때문이다.[83] 따라서 만일 모든 크기가 무한하거나

81 '이론적 활동'(*theōria*)에 대해서는 I 2, 982a29에 대한 주석 참고.

82 현실적인 것이 이미 현실화되어 있는 다른 어떤 것으로부터 나온다는 생각은 아리스토텔레스 생성이론의 근본전제이다. 그는 이를테면 『동물발생론』 II 1, 734b21-2에서 다음과 같이 말한다. "본성적으로 생겨나는 것이나 기술을 통해 생겨나는 것은 현실적으로 있는 것(*energeiai on*)의 작용을 받아 가능적으로 있는 것(*dynamei on*)으로부터 생겨난다." IX 8, 1049b17-27에도 같은 생각이 펼쳐진다.

83 『자연학』 VIII 10, 266a24-b6 참고.

유한하다면, 그 실체는 위에서 말한 이유로 말미암아 유한한 크기를 가질 수 없을 것이며, 그렇다고 무한할 수도 없으니, 그 까닭은 무한한 크기란 결코 있을 수 없기 때문이다[84]). 한편 그것이 수동적 변화를 겪지 않고 변이를 겪지 않는 것이라는 사실도 이미 분명해졌으니, 그 까닭은 다른 모든 운동은 장소의 운동 뒤에 오기 때문이다.[85] 어째서 그런지 그 이유는 분명하다.

8. 첫째 원동자 이외에, 행성들의 운동들과 관계하는 단순한 운동들의 수만큼 많은 수의 부동의 원동자가 있다. 그 수는 55개이거나 47개이다. 첫째 원동자가 하나인 까닭에, 하나의 우주가 있을 뿐이다[86]

하지만 그런 실체로 내세워야 할 것이 하나인지 아니면 하나 이상인지, 그리고 (뒤의 경우라면) 그 수가 몇 개인지를 간과해서는 안 된다. 다른 사람들의 발언들을 놓고 볼 때 그들이 그런 실체의 수에 대해서 분명히 말할 수 있는 것을 전혀 말하지 않았다는 것을 우리는 기억해야 한

84 『자연학』 III 5와 『천체론』 I 5 참고.

85 위의 1072b7-8과 『자연학』 VIII 7, 260a26-261a26 참고.

86 예거에 따르면, XII 8은 다른 부분과 달리 아리스토텔레스의 생애 말년에 저술된 것이다(*Aristoteles. Grundlegung einer Geschichte seiner Entwicklung*, Berlin 1923, S. 366~92). 이 장에는 이른바 '지성체들'(*intelligences*)에 대한 신학-천문학적 이론이 담겨 있다. 이 이론에 따르면 영원한 운동을 하는 것에는 첫째 하늘 이외에도 47개 또는 55개의 천구들(*spheres*)이 있는데, 아리스토텔레스는 달, 태양, 5개의 행성들 각각에 5~9개씩의 천구들을 배당한다. 한편, 그는 영원한 운동 가운데 있는 이 천구들 하나하나에 대해 부동의 원동자, 즉 그 자체로는 운동하지 않으면서 천구를 운동하게 하는 지성체를 배당하는데, 그 결과 47개 또는 55개의 지성체들에 대한 이론이 생겨난다. 다수의 부동의 원동자들에 대한 이런 이론이 XII권의 다른 주장들과 어떻게 조화를 이룰 수 있는지는 논란거리이다. 왜냐하면 아리스토텔레스는 XII 10에서 분명히 하나의 지배자(*heis koiranos*)만을 인정하는데, 이런 주장은 그의 지성체들에 대한 이론과 양립하기 어려워 보이기 때문이다. 이에 대한 최근의 논의로는 G. E. R. Lloyd, "Metaphysics Λ 8", in: M. Frede and D. Charles (eds.), *Aristotle's Metaphysics. Lamda. Symposium Aristotelicum*, Oxford 2000, pp. 245~74 참고.

다. 왜냐하면 이데아 이론에는 그에 대한 고유한 고찰이 없기 때문이다(왜냐하면 이데아들을 주장하는 사람들은 이데아들이 수라고 말하지만, 그들은 수들에 대해 어떤 때는 그것들이 무한하다고 말하고, 어떤 때는 10으로 제한되어 있다고 말하며, 뒤의 경우 어떤 이유에서 수들의 수가 그만큼인지에 대해 엄격한 논증을 통해 제시되는 설명이 전혀 없기 때문이다). 반면 우리는 우리가 앞서 내세운 전제들과 구별들을 바탕으로 이야기해야 한다. 원리이면서 있는 것들 가운데 첫째가는 것은 한편으로는 그 자체의 본성에 의해서도 부수적인 방식으로도 운동하지 않지만, 다른 한편으로는 영원하고 단일한 첫째 운동[87]으로 하여금 운동하게 한다. 한편, 운동하는 것은 반드시 다른 어떤 것의 작용에 의해서 운동해야 하고, 첫째 원동자는 그 자체의 본성상 운동하지 않아야 하며, 영원한 운동은 영원한 것의 작용에 의해서, 하나의 운동은 하나의 원동자의 작용에 의해서 운동해야 하는데, 우리의 관찰에 따르면 이른바 부동적인 첫째 실체가 운동하게 해서 움직이는 온 세계의 단순한 이동과 별도로 행성들의 영원한 이동들이 있기 때문에 (왜냐하면 원환운동을 하는 물체는 영원하고 정지하지 않는데, 이에 대해서는 자연학 저술에서 이미 밝힌 바 있다[88]) 그 이동 하나하나는 그 자체의 본성상 부동적이고 영원한 실체의 작용에 의해 운동할 수밖에 없다. 왜냐하면 별들은 본성상 일종의 영원한 실체이고 영원한 원동자는 운동하는 것에 앞서기 때문에, 실체에 앞서는 것은 실체일 수밖에 없기 때문이다.[89] 그렇다면 분명히 별들의 운동의 수와 같은 수의 실

87 1073a25의 'prōtē aidion kai mia kinēsis'는 양파처럼 여러 겹의 천구들로 둘러싸인 하늘의 가장 바깥에 있는 붙박이별들의 하늘(= 항성천구)의 운동을 가리킨다.

88 원환운동을 하는 물체는 영원하며 정지하지 않는다. 행성들(*planētai*)은 원환운동을 한다. 따라서 행성들은 정지함이 없이 영원히 운동한다. 그렇다면 이런 행성들을 운동하게 하는 '그 자체의 본성상 부동적이고 영원한 실체'(*akinētos kath' hautēn kai aidios ousia*, 1073a33-4)는 어떤 것들인가?

89 별들, 즉 행성들이 영원한 실체(*aidios ousia*)로서 운동한다면, 그 운동을 있게 하는 부동의 원동자, 즉 '영원한 원동자'(*to kinoun aidion*)가 있어야 하고, 운동하는 실체들뿐만 아니라 부동의 원동자도 실체여야 한다. 왜냐하면 실체에 앞서는 것은 실체여야 하

체들이 있어야 하고 그것들은 그 자체의 본성상 영원하고 부동적이어야 하며, 앞서 말한 이유로 말미암아 크기를 갖지 않아야 한다.[90]

1073b 그렇다면 분명 원동자들은 실체들이고, 별들의 이동들이 따르는 것과 동일한 질서에 따라 그 가운데 어떤 것은 첫째가고 어떤 것은 둘째간다. 하지만 이동들의 수를 우리는 수학적인 학문들 가운데 철학과 가장 밀접한 학문, 즉 천문학의 관점에서 살펴보아야 한다. 왜냐하면 천문학은 감각적이지만 영원한 실체에 대해 이론적으로 연구하는 반면, 다른 수학적인 학문들은 어떤 실체도 대상으로 삼지 않는데, 예컨대 수들에 대한 학문과 기하학이 그렇다. 이동들이 움직이는 것들보다 수가 더 많다는 것은, 제한된 범위 안에서 그 문제를 다룬 사람들에게도 분명하다(왜냐하면 행성들 각각의 이동은 하나 이상이기 때문이다).[91] 그 수가 얼마인지에 대한 이해를 얻기 위해 우리는 몇몇 수학자들이 하는 말을 인용하는데, 그 목적은 (추론적) 사고를 통해 그 정확한 수를 파악하기 위해서다. 하지만 나머지 문제에 관한 한 우리 스스로 탐구해서 파악할 것들이 있는가 하면, 다른 탐구자들에게 들어서 파악해야 할 것들이 있으며, 만일 그 문제를 연구한 사람들이 우리가 방금 말한 것들과 어긋나는 생각을 가지고 있다면, 우리는 양쪽을 모두 존중하되 더 엄밀한 입장들을 따라야 한다.

에우독소스[92]의 의견에 따르면 태양과 달의 이동은 각각 3개의 천구에서 이루어지는데, 그 가운데 첫째 천구는 항성들의 천구이고,[93] 둘째 천

기 때문이다.

90 운동하지 않는 것은 질료가 없고, 질료가 없는 것은 공간적 크기를 갖지 않는다(*aneu megethous*).

91 '행성들'(*planōmena astra*), 예컨대 태양과 달에는 일주운동(日週運動)뿐만 아니라 연주운동(年周運動)이 있다.

92 아래에서 아리스토텔레스는 당대 최고의 천문학자로 알려져 있던 크니도스(Knidos)의 에우독소스와 그의 제자인 퀴지코스(Kysikos)의 칼리포스의 천문학 이론을 소개한다.

93 1073b18-9의 'hōn tēn men prōtēn tēn tōn aplanōn astrōn einai'를 그대로 옮겼다. 하지만 그 뜻은 태양의 운동을 낳는 첫째 천구(*prōtē sphaira*)는 항성들의 천구와 같은 방식

구는 황도대의 중심을 가로지르는 원[94]을 그리며 움직이는 천구이고, 셋째 것은 황도대의 폭을 가로지르는 경사로를 따라 원을 그리며 움직이는 천구[95]이다(하지만 달이 움직이는 원의 기울기는 태양이 움직이는 원의 기울기보다 더 크다[96]). 반면 행성들 각각의 이동은 4개의 천구에서 이루어지며, 그 가운데 첫째 천구와 둘째 천구는 앞서 언급한 것들에 속하는 천구들과 동일하다(왜냐하면 항성들의 천구는 다른 모든 천구들을 움직이게 하며, 그것 아래 놓여 있으면서 황도대의 중심을 가로지르는 원을 그리며 운동하는 천구는 그것들 모두에 공통되기 때문이다). 각 행성의 셋째 천구의 운동

으로 운동한다는 말이다. 에우독소스는 동쪽에서 서쪽으로 진행되는 태양의 일주운동을 이 천구의 운동 탓으로 여겼다.

94 1073b19의 'ho dia mesōn tōn zōidiōn ⟨kyklos⟩'는 1071a16의 '기울어진 원'(*ho loxos kyklos*)과 똑같이 황도대의 중심을 가로지르는 태양의 궤도(황도)를 일컫는다. 태양의 연주운동을 설명하기 위해 도입된 것이다.

95 황도와 경사각을 이루면서 원환운동을 하는 천구를 말한다.

96 이런 천문학적 체계를 떠받치고 있는 기본 생각을 로스는 다음과 같이 요약한다. "태양과 달을 비롯한 행성들의 운동들은 한 벌의 동심천구 가설에 의해 설명된다. 이 설명에 따르면, 각 천구의 축들은 그 천구 밖에 있는 인접 천구의 표면에 고정되어 있다. 따라서 각 천구는 자기 자신의 운동을 그것 안에 있는 다음 천구에 전달하고, 첫째 원동자(*prime mover*)는 가장 바깥에 있는 천구를 움직임으로써 다른 모든 천구들을 움직인다. 첫째 원동자는 태양이 24시간에 한 번씩 지구 둘레를 돌면서 움직이게 만들고, 그렇게 함으로써 낮과 밤의 리듬을 산출하며, 그런 뜻에서 지상에 있는 모든 생명체의 원인이 된다. 하지만 파종과 추수, 동물들의 번식기를 낳는 계절의 리듬은 지상세계의 운영에서 더욱 중요한데, 그 리듬은 황도를 따라 이루어지는 태양의 연주운동(*yearly movement*) 탓이다. 생성이 어떤 곳에서 일어나건 그 일은 태양이 지상의 그 장소에 접근할 때 이루어지고, 태양이 멀어지면 소멸이 일어난다(『생성·소멸론』 336a32, b6). 그리고 이런 운동은, 태양이나 달이나 행성들이 갖는 각자의 천구들의 다른 운동들이 그렇듯이, '지성체들'(*intelligences*) 탓이다. 이것들 역시 '목적'으로서 운동을 낳는다(XII 1074a23). 다시 말해서 지성체들은 욕망과 사랑의 대상으로서 운동을 낳는다. 그것들이 첫째 원동자에 대해 갖는 관계는 분명치 않지만, 첫째 원동자는 우주의 단일한 지배자이고(1076a4) '하늘과 자연 전체가 의존하는'(1072b13) 것이기 때문에, 첫째 원동자는 욕망과 사랑의 대상으로서 지성체들을 움직인다고 가정할 수밖에 없다. 이 체계의 세세한 측면은 모호하게 남아 있지만, 천구(*heavenly sphere*) 하나하나는 영혼과 육체의 통일체로서 각자에게 해당하는 '지성체'를 욕망하고 사랑한다고 생각해야 할 것이다."

축은 황도대의 중심을 가로지르는 원 위에 놓여 있으며 넷째 천구의 이동은 셋째 천구의 적도와 각을 이루면서 기울어진 원을 따라 진행된다. 셋째 천구의 운동축은 각 항성마다 서로 다르지만 금성과 수성의 운동축은 동일하다. 칼리포스는 천구들의 위치를 〔즉, 그것들의 거리의 질서를〕 에우독소스와 똑같이 정해 놓았지만, 그는 한편으로는 목성과 토성의 운동에 대해 에우독소스가 배당했던 것과 똑같은 수의 천구들을 제시하면서도, 다른 한편으로는 현상들을 해명하려고 한다면 태양과 달에 2개의 천구들을 추가해야 하고 나머지 행성들에 대해서는 각각 하나의 천구를 추가해야 한다고 생각했다.

1074a 하지만 모든 천구들이 합성되어 천체 현상들을 해명하려면, 행성들 각각에 대해 (칼리포스가 가정한 천구들보다) 하나 적은 수의 다른 천구들이 있어서, 이것들은 (다른 천구들에) 역행하면서 각각 바로 아래에 놓인 행성의 첫째 천구[97]를 똑같은 위치로 되돌려 놓아야 한다. 왜냐하면 그런 방식을 통해서만 그 전체가 행성들의 이동을 낳을 수 있기 때문이다. 그런데 행성들 자체의 이동이 이루어지는 천구들은 8개와 25개이며,[98] 이들 가운데 가장 아래 위치한 행성을 움직이는 천구들만이 역행의 작용을 받지 않기 때문에 처음 두 행성의 천구들에 역행하는 천구들은 6개일 것이고,[99] 그 다음에 있는 4개의 행성의 천구들에 역행하는 천구들은 16개일

97 1074a4의 'tou hypokatō tetagmenou astrou'는 바깥의 다른 행성을 기준으로 볼 때 더 안쪽에 위치한 행성을 가리킨다. 그런 뜻에서 로스는 그 구절을 'the outermost sphere of the star which in each case is situated below the star in question'으로 옮겼다. 예컨대 금성은 수성 바깥의 궤도를 따라 움직이는데, 금성에는 그에 속하는 순행(巡行) 천구들과 더불어 그것들에 역행(逆行)하는 천구들이 있고, 이때 금성에 속하는 역행 천구들의 운동은 그 아래 있는 수성의 첫째 천구 — 즉, 수성에 속하는 천구들 중 가장 바깥에 있는 천구 — 를 제자리로 돌려놓는다고 생각해 볼 수 있다.

98 칼리포스에 따르면 목성과 토성의 경우에는 각각 4개의 천구가 있고, 나머지 다섯 행성(달, 태양, 수성, 금성, 화성)의 경우 각각 5개씩 모두 25개의 천구가 있다.

99 1074a8-9의 '처음 두 행성의 천구들에 역행하는 천구들'(*hai men tas tōn prōtōn dyo anelittousai*)에서 '처음 두 행성'은 가장 바깥에 있는 두 행성, 즉 목성과 토성을 가리킨다. 이 두 행성에는 각각 3개의 역행 천구들이 있다.

것이다.[100] 그러므로 운반하는 천구들과 그것들에 역행하는 천구들 전체의 수는 55개일 것이다.[101] 그리고 달과 태양에 우리가 언급한 운동들[102]을 덧붙이지 않는다면, 전체 천구는 47개가 될 것이다.

이제 천구들의 수가 이 정도라고 해 보자. 그렇다면 부동적인[103] 실체들과 원리들도 그만큼 수가 많다고 가정해야 이치에 맞다(필연성 있는 설명은 더 능력 있는 사람들에게 맡겨 두기로 하자). 하지만 별의 이동에까지 미치지 않는 이동은 존재하지 않으며, 다른 것의 작용을 받지 않고 그 자체로서 가장 좋은 상태에 있는 자연적인 것과 실체는 모두 목적이라고 생각해야 한다면, 그런 실체들과 별도로 다른 어떤 자연적인 것이 있을 수는 없는 일이고 실체들의 수는 지금까지 말한 만큼 있어야 한다. 왜냐하면 만일 다른 실체들이 있다면, 그것들은 이동의 목적으로서 운동을 낳겠지만, 위에서 말한 것들 이외에 다른 이동은 있을 수 없기 때문이다. 그리고 이동하는 것들[104]을 놓고 볼 때 그렇게 가정하는 것이 이치에 맞다.[105] 그 이유는 이렇다. 만일 다른 것을 운반하는 것이 모두 본성상 이동하는 것을 위해 있고 모든 이동이 이동하는 어떤 것을 위해서 있다면,

---

100 태양, 수성, 금성, 화성에는 각각 5개의 순행 천구들과 그보다 하나 적은 4개의 역행 천구가 있다.

101 이 추정치를 도표로 표시하면 다음과 같다.

	토성	목성	화성	금성	수성	태양	달	
에우독소스	4	4	4	4	4	3	3	26
칼리포스	4	4	5	5	5	5	5	33
아리스토텔레스	7	7	9	9	9	9	5	55

102 1073b35, 38-1074a4 참고.

103 1074a16의 'kai tas aisthētas'는 예거(Jaeger)의 추정에 따라 삭제했다.

104 1074a25에는 'ta kinoumena'가 아니라 'ta pheromena'가 쓰였다. 지금 논의되는 것이 장소운동 혹은 이동(*phora*)을 하는 것이기 때문에 이 표현을 쓴 것 같다. 어쨌든 이 표현은 행성들을 가리킨다.

105 위에서 아리스토텔레스는 행성들의 운동을 설명하기 위해 55개 또는 47개의 천구의 운동을 가정했다. 그리고 목적인으로서 각 천구의 운동을 낳는 부동의 원동자를 가정했다. 아리스토텔레스는 이것들 이외에 다른 실체를 추가 가정할 필요를 인정하지 않는다.

어떤 이동도 자기 자신을 위해서나 다른 어떤 이동을 위해서가 아니라 별들을 위해서 있기 때문이다. 왜냐하면 어떤 이동이 다른 이동을 위해서 있다면, 이 뒤의 이동 역시 다른 어떤 것을 위해 있어야 할 것이기 때문이다. 따라서 이런 과정이 무한히 진행될 수는 없기 때문에, 모든 이동의 목적은 하늘에서 이동하는 신적인 물체들[106] 가운데 하나일 것이다.

하지만 하늘은 분명히 하나다. 왜냐하면 사람들이 여럿인 것처럼 하늘도 여럿이라면, 각각의 하늘과 관계하는 (운동의) 원리는 종은 하나지만 수가 여럿일 것이기 때문이다. 하지만 수가 여럿인 것은 질료를 갖는다 (왜냐하면 하나의 동일한 정식, 즉 사람에 대한 정식은 여러 대상에 적용되지만 소크라테스는 하나이기 때문이다). 하지만 첫째 본질은 질료를 갖지 않는데, 그것은 완전한 상태이기 때문이다.[107] 그러므로 첫째 부동의 원동자는 정식에서뿐만 아니라 수에서도 하나이다. 그 결과 움직여지는 것 역시 영원하고 연속적으로 움직인다. 그러므로 하나의 하늘이 있을 뿐이다.[108]

1074b 먼 옛날의 선인들은 신화의 형태를 빌어, 이들이 신들이고 신적인 것이 전체 자연세계를 에워싸고 있다는 전승을 후대에 남겼다. 하지만 그런 전승의 나머지 부분은 대중에 대한 설득을 고려하거나 관습법과 이익에 부합하는 활용가능성을 고려해서 나중에 신화적으로 덧붙여졌는데, 왜냐하면 그들은 이 신들이 사람의 모습을 가지고 있고 다른 동물 중 몇몇과 유사하다고 말하기 때문이다. 그들은 또한 이것들에 부합하는 다른 것들과 앞서 말한 것들과 비슷한 것들에 대해 말한다. 우리가 이런 것들을 떼어놓고 그 첫 번째 점, 즉 사람들은 첫째 실체들을 신들이라고 생각했다는 것만을 취한다면, 이런 말을 신적 영감에서 유래한 것이라

106 1074a30-1의 'pheromenōn ti theiōn sōmatōn kata ton ouranon'은 바로 위에서 말한 '별들'(*astra*)을 가리킨다.

107 1074a35-6: "to de ti ēn einai ouk echei hylēn to prōton· etelecheia gar". '첫째 본질'은 첫째 부동의 원동자(*to prōton kinoun akinēton*)를 가리킨다. XII 7, 1072a25 참고.

108 로스의 추측에 따르면 이 단락은 아리스토텔레스가 초기에 쓴 단편으로, 나중에 쓴 장에 삽입되었다.

고 여겨야 할 것이다. 또한 각각의 기술과 철학이 — 능력이 미치는 만큼 — 수시로 발명되었다가 다시 사라졌지만, 위에서 우리가 소개한 의견들은 말하자면 그런 기술과 철학이 남긴 유물처럼 오늘날까지 보존되어왔다. 그렇다면 선조들의 의견과 선대인들이 남긴 의견 가운데 우리에게 분명한 것은 이 정도뿐이다.

9. 신적 사유는 가장 신적인 것을 대상으로 삼아야 하며, 그런 대상은 자기 자신이다. 질료가 없는 대상을 사유하는 경우 사유와 사유 대상은 하나이다

지성에 대한 논의는 몇 가지 의문을 낳는다. 일반적 의견에 따르면 그것은 현상적인 것들[109] 가운데 가장 신적인 것이지만, 그것이 어떻게 그런 성질을 가질 수 있는지는 몇 가지 어려움을 낳기 때문이다. 만일 지성이 아무것도 사유하지 않는다면, 거기에 무슨 위엄이 있겠는가? 그것은 마치 잠자는 자와 같은 상태에 있을 것이다. 한편 만일 그것이 사유하지만 다른 어떤 것이 그 사유를 주도한다면, 그것의 실체는 사유[110]가 아니라 능력일 것이기 때문에, 그것은 가장 좋은 실체일 수 없을 터인데, 그 이유는 그것에 고귀함이 속하는 것은 사유함을 통해서이기 때문이다. 더욱이 그것의 실체가 지성이건 사유이건, 도대체 그것은 무엇을 사유하는가? 그것은 자기 자신을 사유하거나 다른 어떤 것을 사유할 것이다. 그리고 다른 어떤 것을 사유한다면, 그것은 항상 동일한 것이거나 다른 것일 것이다. 그렇다면 (신적 지성이) 훌륭한 것을 사유하는가 아무것이나

109 로스(*Metaphysics* II, p. 399)의 지적대로, 여기서 말하는 '현상적인 것들'(*ta phainomena*)은 감각뿐만 아니라 지성에 드러나는 것들 모두를 가리키는 것으로 보아야 할 것이다.

110 이 장 전체에 걸쳐 'noēsis'는 사유의 능력(*dynamis*)에 대비되는 현실적인 활동으로서의 사유를 가리킨다.

사유하는가에 따라 어떤 차이가 있는가 그렇지 않은가? 그것이 (추론을 통해) 사고하기에 불합리한 것들이 있지 않을까? 그것은 분명 가장 신적이고 고귀한 것을 사유하며, 변화하지도 않는다. 왜냐하면 (이러한 경우의) 변화란 더 나쁜 것으로의 이행일 것이며, 그런 것은 이미 일종의 운동일 것이기 때문이다.

그렇다면 첫째로, 만일 (신적 지성이) 사유가 아니라 능력이라면, 연속적인 사유는 당연히 그에게 피곤한 일이 될 것이다. 둘째로, 그럴 경우 지성보다 더 고귀한 어떤 것, 즉 사유되는 것이 있을 것이다. 왜냐하면 사유함과 사유는 가장 나쁜 것을 사유하는 자에게도 속할 것이므로, 그런 일을 삼가는 것이 마땅하다면(왜냐하면 어떤 경우에는 보지 않는 것이 보는 것보다 더 낫기 때문이다), 사유는 가장 좋은 것일 수 없기 때문이다. 그러므로 사유는, 만일 그것이 가장 좋은 것이라면, 자기 자신을 사유하고, 그 사유는 사유에 대한 사유이다.

하지만 분명 학문적 인식, 감각, 의견, (추론적) 사고는 언제나 다른 어떤 것을 그 대상으로 삼으며, 부수적으로 자기 자신을 대상으로 삼는다. 더욱이 만일 사유와 사유됨이 서로 다르다면, 둘 중 어떤 방식으로 좋은 상태가 그것에 속하는 것일까? 왜냐하면 사유활동임과 사유 대상임은 동일한 것이 아니기 때문이다.[111] 하지만 우리는, 어떤 경우 학문적 인식이 곧 대상 자체라고 말할 수 있을 것인데, 제작적인 학문들의 경우에는 질료가 없는 실체와 본질이 대상이요, 이론적인 학문들의 경우에는 정식과 사유활동이 대상이다. 그렇다면 질료를 갖지 않는 것들의 경우, 사유되는 것과 지성은 서로 다르지 않기 때문에 동일할 것이며, 사유활동은 사유되는 것과 하나일 것이다.[112]

---

111 1074b38의 'to einai noēsei'와 'to einai nooumenōi'를 보니츠는 'Denken-sein'과 'Gedachtes-sein'으로, 로스는 'thinking'과 'being thought'로 옮겼다. '사유임'과 '사유 대상임'은 각각 신적인 사유의 두 측면, 즉 주체적 측면과 대상적 측면을 나타낸다. 'to einai noēsei'와 같은 표현법에 대해서는 VII 4, 1029b15에 대한 주석과 XII 10, 1075b4 아래에 대한 주석 참고.

또한 사유되는 것이 합성체인가라는 문제가 남아 있으니, 그 까닭은 그럴 경우 (신적 지성은) 전체의 부분들 사이를 오가며 변화할 것이기 때문이다. 아마도 질료를 갖지 않는 것은 모두 분할불가능할 것이다. 그래서 마치 합성체들에 대한 인간의 지성[113]이 시간 속에 놓여 있듯이(왜냐하면 그것은 이런 순간 저런 순간에 좋은 상태에 놓여 있는 것이 아니고, 그것의 가장 좋은 상태는 — 이것은 다른 어떤 것이기 때문에 — 어떤 전체 시간 안에 놓여 있기 때문이다), 자기 자신에 대한 사유활동 자체는 영원한 시간에 걸쳐 있을 것이다.

---

112 『영혼론』 III 4, 430a2 아래의 다음과 같은 진술을 참고하라. "그것(=지성) 역시 (……) 사유 대상들과 마찬가지로 사유의 대상이 될 수 있다. 왜냐하면 질료 없는 것들의 경우 사유하는 것(사유 주체, *to nooun*)과 사유되는 것(사유 대상, *to nooumenon*)은 동일하기 때문이다. 말하자면 이론적 인식과 그런 인식의 대상은 동일하다." 현실화된 지성(현실적으로 사유활동을 하는 지성)과 현실화된 사유 대상(사유활동을 하는 지성에 의해, 가능적인 사유 대상으로부터 현실적인 사유 대상으로 변화된 사유 대상)은 동일하다. 그리고 이는 현실적인 감각과 현실화된 감각 대상의 경우에도 마찬가지이다(『영혼론』 II 12, 424a25와 III 2, 425b26 아래 참고). Ross, *Metaphysics* II, p. 379 참고. 만일 이런 의미의 동일성을 배경으로 본다면, 그 본성상 현실태 혹은 현실적 활동인 신적 사유의 경우, 사유와 사유 대상은 언제나 동일할 것이다. 이에 대한 최근의 논의로는 A. Kosman, "Metaphysics Λ 9: Divine Thought", in: M. Frede and D. Charles(eds.), 앞의 책, p. 319 아래 참고.

113 1075a8의 'hōsper ho anthrōpinos nous ē ho ge synthetōn'은 해석하기 쉽지 않다. 로스는 'as human thought, or rather the thought of composite beings'로 옮겼다(Ross, *Metaphysics* II, p. 398 아래 참고). 하지만 여기서 쓰인 'synthetōn'이 1075a5의 'synthetōn'과 다른 것을 뜻한다고는 보기 어렵다. 그래서 이 번역에서는 보니츠(*Metaphysica* II, p. 518)를 따라 'ē'를 빼고 읽었다. 그렇게 읽는다면, 그 논지는 아마도 롤페스(*Metaphysik* 2, S. 408, Anm. 68)의 다음과 같은 풀이에서 크게 벗어나지 않을 것이다. "절대적 사유의 대상, 즉 신적인 실체는 단순하고 분할불가능하다. 인간의 사유는, 개별적이고 시간적인 계기 속에서 사유될 수 있고 그렇게 함으로써 사유 주체를 변화시킬 수 있는 개념들의 결합에 의존한다. 그에 걸맞은 대상, 물질적인 것 역시 질료적이고 분할가능하다. 인간의 사유는 서로 분리된 것을 결합하는 판단 속에서야 비로소 완성에 이른다. 하지만 절대적 사유는 그의 전체내용을 지성의 순간적인 바라봄 속에서 파악하며, 그런 이유 때문에 영원히 완전한 상태에 있다."

10. 세계의 최고선은 그것을 이루는 부분들의 질서 가운데 놓여 있고, 세계의 지배원리에도 있다. 다른 철학자들의 이론에 따르는 어려움들

우리는 또한 세계 전체의 본성[114]이 둘 가운데 어떤 방식으로 좋음과 최고선을 갖는지,[115] 즉 그것이 분리된 상태로 그 자체로서 있는지 아니면 질서 가운데 있는지 살펴보아야 한다. 아마도 군대가 그렇듯이, 그 두 방식 모두에 따라 그럴 것이다. 그 경우 좋음은 질서 안에도 있지만 사령관도 좋은 것이며, 뒤의 것이 더욱 그렇다. 왜냐하면 그가 그 질서에 의존하는 것이 아니라 그 질서가 그에게 의존하기 때문이다. 그런데 모든 것은 어떤 방식으로든 함께 질서를 이루고 있지만 그 방식은 똑같지 않다. 물고기들과 새들과 식물들이 그런데, 이것들은 서로 아무 관계없이 있는 것이 아니라 어떤 관계 속에 놓여 있다. 왜냐하면 그 모든 것은 하나와의 관계 속에서 함께 질서를 이루고 있지만, 그 방식은 마치 집 안의 사정과 똑같아서 자유민들은 집 안에서 우연히 닥치는 것을 아무것이나 할 수 있는 여지가 거의 없이 모든 일 또는 거의 모든 일이 질서에 따라 정해져 있지만, 노예들과 짐승들은 공통적인 것을 위해 하는 일이 적고 대다수의 경우 우연히 닥치는 것을 아무것이나 하는 것과 똑같으니, 그 까닭은 그것들[116] 각각의 본성은 바로 그런 종류의 원리이기 때문이다. 모든 것은 필연적으로 서로 분리된 상태로 돌아갈 수밖에 없고, 이런 방식으로 모든 것들이 전체를 위해 공유하는 다른 점들이 있다.[117]

---

114 여기서 쓰인 표현 '세계 전체의 본성'(*he tou holou physis*)은 1076a1의 'tēn tou pantos ousian'(세계 전체의 실체)과 같은 뜻으로 보아야 할 것이다. 둘 다 세계의 본질, 즉 내적 구성과 짜임새를 가리키는 표현이다. 'physis'는 아리스토텔레스의 저술 여러 곳에서 'ousia'와 같은 뜻으로 쓰인다. 예를 들어 V 4, 1014b35 아래를 보라.

115 1075a10의 '좋음'(*to agathon*)과 '최고선'(*to ariston*)은 물론 도덕적 선만을 뜻하는 것이 아니다. 그 안에는 도덕적 관념, 유용성의 관념, 미적 관념이 모두 들어 있다.

116 세계를 구성하는 모든 것들을 말한다.

117 1075a23-4의 'eis ge to diakrithēnai anankē apasin elthein'의 뜻은 분명하지 않다. 로

이와 다른 주장을 내세우는 사람들이 도달하는 불가능하거나 불합리한 결과들이 얼마나 많은지, 더 고상한 방식으로 주장하는 사람들이 말하는 것은 어떤 것들이고 의문의 여지가 가장 적은 것은 어떤 주장들인지를 간과해서는 안 된다. 그 내용은 이렇다. 모든 사람은 모든 것이 대립자들로부터 생긴다고 주장한다. 그러나 '모든 것'이 생긴다는 주장도, '반대자들로부터' 생긴다는 주장도 옳지 않으려니와, 반대자들을 안에 갖고 있는 것들의 경우 어떻게 그것들이 반대자들로부터 유래하는지에 대해서도 그들은 설명하지 못하는데, 그 까닭은 반대자들은 상대방의 작용에 의해 아무 수동적인 변화도 겪지 않기 때문이다.[118] 우리가 제3의 어떤 것을 상정하면 이런 의문은 자연스럽게 해결된다. 반면 다른 사람들은 반대자들 가운데 어느 하나를 질료로 삼는데, (양적인) 동일에 대해 (양적인) 비동일을, 하나에 대해 여럿을 질료로 삼는 사람들이 그렇다.[119]

스는 "(……) all must at least come to be dissolved into their elements (sc. in order that higher forms of being may be produced by new combinations of the elements)"로 옮겼다. 하지만 세계 안에 있는 것들은 각자의 본성에 따라 여기저기 흩어져 작용하면서도, 전체의 선 또는 유익을 위해 공통적으로 하는 것이 있다는 뜻으로 볼 수도 있을 것이다. 이런 뜻에서 보면, 아리스토텔레스의 논지는 — 롤페스(*Metaphysik* 2, S. 408, Anm. 70)를 따라 — 대체적으로 다음과 같이 풀이할 수 있을 것이다. "보다 높은 자리에 있는 것들은 낮은 자리에 있는 것들보다 전체를 위해 더 많이 봉사한다. 따라서 그것들은 더욱 엄격한 법칙에 묶여 있다. 천체들은 더 높은 정도의 규칙성에 따라 운동하는 반면, 달 아래의 세계, 생성과 소멸의 영역은 훨씬 더 높은 정도로 우연에 내맡겨져 있으니, 이런 우연성은 기형의 탄생이나 기상이변 등에서 볼 수 있다. 하지만 여기에도 넘어설 수 없는 확고한 질서들이 있다. 그래서 예컨대 각각의 자연물은 그 나름의 본성을 가지며, 이 본성에 따라 대자연의 집 안에서 정해진 자리를 지키고 있다. 그에 반해 소멸함이 없는 하늘에서는 거기 있는 것 모두가 전체에 복무할 수밖에 없도록 정해져 있다. 우주 전체를 이끌어가는 위대한 아버지가 각자에게 내리는 명령은 똑같지 않다. 자연물들이 가진 서로 다른 본성은 그의 의지의 계시이며, 이 본성은 자연물들의 고유한 활동의 법칙이다."

118 예컨대 뜨거움이 차가움이 되거나 차가움이 뜨거움이 되는 일은 없다는 뜻에서 반대자들은 상대방의 작용에 의해 아무 수동적인 변화도 겪지 않는다(*apathē*). 오직 차가운 '것'이 뜨거운 '것'으로 되거나, 뜨거운 '것'이 차가운 '것'으로 될 뿐이다. 따라서 이런 변화를 겪는 것은 차가움도 뜨거움도 아닌 제3의 기체이다. XII 1, 1069b4 아래와 VIII 1, 1042a32 아래 참고.

그러나 이 역시 똑같은 방식으로 해결되는데, 그 까닭은 하나의 질료는[120] 어떤 것에도 반대되지 않기 때문이다. 더욱이 (우리가 비판하는 견해에 따르면) 하나를 제외한 모든 것들은 나쁜 상태에 관여할 것인데, 그 까닭은 나쁨 자체는 두 요소 가운데 하나이기 때문이다.[121] 또 다른 사람들은 좋음과 나쁨을 원리들로 내세우지 않지만, 좋음은 모든 것 가운데 최고의 원리이다.[122] 어떤 사람들은 그것을 원리로 삼는다는 점에서는 옳지만, 어떻게 좋음이 원리인지, 즉 그것이 목적으로서 그런지 운동인으로서 그런지 형상으로서 그런지 말하지 않는다.[123] 엠페도클레스 역시 불합리한 의견을 펼친다. 왜냐하면 그는 사랑이 좋은 것이라고 말하는데, 그것은 운동인이라는 뜻에서 원리이기도 하고 (사랑은 결합시키기 때문이다) 질료라는 뜻에서 그렇기도 하다. 왜냐하면 그것은 혼돈의 한 부분이기 때문이다.[124] 하지만 동일한 것이 질료라는 뜻에서 원리이기도 하

---

119 XIV 1, 1087b4 아래 참고. 양적인 비동일(*to anison*)을 질료로 삼는 사람은 플라톤을, 여럿(*ta polla*)을 하나에 대한 질료로 삼는 사람들은 피타고라스학파나 스페우시포스를 가리킨다.

120 1075a34는 다른 사본들과 로스를 따라 'hē gar hylē hē mia oudeni enantion'으로 읽었다. 하나의 질료란 '반대자들 밑에 있는 질료'를 말한다.

121 여기서 말하는 '하나'(*hen*)는 플라톤의 하나일 것이고, '나쁨' 또는 '악'(*to kakon*)은 그 하나의 대립자인 '여럿'일 것이다.

122 좋음(*to agathon*)을 모든 것의 원리 또는 시작으로 삼지 않았던 피타고라스학파와 스페우시포스를 겨냥한 비판이다. 1072b30 아래 참고.

123 좋음의 이데아를 내세운 플라톤을 두고 하는 말이다.

124 D-K, 31 B 17, 18-20 참고. B 20에서 엠페도클레스는 사람과 물고기와 짐승과 새들을 지배하면서 번갈아 우세를 보이는 사랑(*Philia*)과 싸움(*Neikos*)의 작용에 대해 이렇게 말한다. "이는 사람의 몸에서 분명히 드러난다. 때로는 몸을 이루는 모든 지체가 피어나는 생의 절정에서 하나로 모이고, 때로는 나쁜 뜻을 가진 싸움에 의해 다시 사분오열 나뉘어 제 각각 생의 가장자리에서 이리저리 방황한다. 덤불이나 물에 사는 물고기들이나 산에 사는 짐승들이나 날아다니는 새들도 이와 같다." 한편 B 17에서는 사랑을 네 요소들과 더불어 복합체의 한 부분을 이루는 것처럼 기술하고 있다. "사랑은 그것들 가운데서 똑같은 넓이와 폭을 갖고 있도다. …… 생각건대, 그것은 죽을 것들의 지체들 속에 들어 있으니, 그로 말미암아 그들은 사랑의 뜻을 품고 화합을 이룬다. 사람들은 그것을 일러 즐거움(*Gēthosynē*) 또는 아프로디테라고 부른다."

고 운동인이라는 뜻에서 그렇기도 하다고 해도, 그 둘의 본질은 동일하지 않다.[125] 그렇다면 사랑은 둘 가운데 어떤 것인가? 싸움이 불멸한다는 주장도 불합리한데, 그의 주장에 따르면, 나쁨의 본성은 바로 싸움에 놓여 있기 때문이다.[126] 아낙사고라스는 운동을 낳는 자라는 뜻에서 좋음을 원리로 삼는데, 그 까닭은 지성은 운동을 낳기 때문이다. 하지만 그것은 어떤 것을 위하여[127] 운동을 낳는데, 따라서 그것은 — 우리가 앞서 말했던 것과 같은 방식을 따라 (의술이 어떤 의미에서 건강이라고) 말하지 않는다면[128] — 지성과 다른 어떤 것이어야 한다. 또한 좋음 및 지성에 반대되는 것을 주장하지 않는다는 것 또한 불합리하다.[129] 하지만 반대자들을 내세우는 사람들은 모두, 누군가 나서서 그 주장에 모양새를 부여하지 않는 한,[130] 그것들을 활용하지 않는다. 그리고 무엇 때문에 어떤 것

---

125 "사랑은 질료이다"와 "사랑은 운동인이다"라고 말한다면, 이 두 진술을 통해 '사랑'에 두 가지 서로 다른 존재, 즉 질료임 혹은 질료로서의 존재(*hylēi einai*)와 운동인임 혹은 운동인으로서의 존재(*kinounti einai*)가 속한다. 하지만 그 두 존재가 함께 사랑에 속한다고 하더라도, 적어도 정의의 관점에서는 그 둘은 서로 다르다. 1074b38의 표현법 참고.

126 D-K, 31 B 20의 '나쁜 뜻을 가진 싸움에 의해'(*kakēisi* …… *Eridessi*)라는 표현 참고.

127 1075b9의 'heneka tinos'는 '어떤 것 때문에'라고 옮길 수도 있겠지만, 지금의 문맥에서는 목적으로서의 원인을 가리키는 것이기 때문에 '어떤 것을 위하여'라고 옮기는 것이 적절하다.

128 지성은 세계질서의 근거로서 좋은 것이라고 불릴 수 있다. 하지만 그것은 어떤 것을 위해서 운동을 낳기 때문에, 그것은 이 목적에 의해 움직여지는 것처럼 보인다. 하지만 신적인 지성의 경우 사유되는 것과 사유하는 지성은 하나이다(위의 XII 9, 1075a3 참고). 이런 사유 대상과 사유 주체의 통일성은 — 제한적 형태에서이기는 하지만 — 유한한 지성의 경우에도 나타난다. 왜냐하면 의사가 가지고 있는 의술은 어떻게 보면 사상 속에서 파악된 건강이고, 이에 따라서 치료과정이 진행되기 때문이다. VII 7, 1032a5 아래 참고.

129 아리스토텔레스는 I 6에서 아낙사고라스가 좋음과 나쁨을 대립적 원리로 내세운다고 말한다. 이런 발언을 배경으로 해서 보면, 아낙사고라스가 만물의 혼재상태(*homou panta*)를 지성이나 좋음의 대립자로서 분명하게 파악하지 못했다는 것이 그에 대한 아리스토텔레스의 비판인 듯하다.

130 'rhythmizein'을 '모양새를 부여하다'라는 말로 옮겼다. 그 말은 본래 '형태'(*rhythmos*)의 동사형으로 '형태를 부여하다', '정돈하다'의 뜻이 있는데, 로스는 'bring into

들은 가멸적이고 어떤 것들은 불멸적인지, 어느 누구도 말하지 않는데, 왜냐하면 그들은 모든 것이 동일한 원리들로부터 생긴다고 주장하기 때문이다.[131] 더욱이 어떤 사람들은 있는 것들이 있지 않은 것으로부터 생긴다고 주장하는 반면, 다른 사람들은 그런 주장의 필연성을 회피하기 위해 모든 것이 하나라고 주장한다.[132] 더욱이 무엇 때문에 언제나 생성이 있으며, 생성의 원인은 무엇인지, 누구도 말하지 않는다.[133] 그리고 두 가지 원리를 내세우는 사람들은 더 주도적인 다른 원리를 상정하지 않을 수 없다.[134] 형상들을 내세우는 사람들의 경우도 마찬가지인데, 더 주도적인 다른 원리가 있기 때문이다. 무엇 때문에 관여가 일어났고 관여가 있는지 그 이유를 말해야 하기 때문이다. 그리고 다른 사람들의 의견에 따르면 지혜와 가장 고귀한 학문에 반대되는 어떤 것이 필연적으로 있어야 하지만,[135] 우리의 의견에 따르면 그렇지 않은데, 첫째가는 것에 반대되는 것은 없기 때문이다. 그 이유는 이렇다. 반대되는 것들은 모두 질료를 가지며, 그것들은 가능적으로 있다. 그런데 지혜에 반대되는 무지는 (지혜의 대상에) 반대되는 것과 관계하겠지만, (지혜의 대상인) 첫째가는 것에 반대되는 것은 없다.[136] 더욱이 감각적인 것들과 떨어져서 다른

shape'로 옮겼다. I 4, 985a4와 I 8, 989a30에서 아리스토텔레스는 대립자 이론의 맥락에서 각각 엠페도클레스와 아낙사고라스의 주장의 속뜻을 드러내어 그것에 모양새를 부여하려고 한다.

131 III 4, 1000a5-b21 참고.

132 앞의 사람들은 우주생성론을 내세운 헤시오도스를 비롯한 신학자들이나 자연철학자들을, 뒤의 사람들은 생성을 부정한 파르메니데스와 멜릿소스(Melissoss)를 가리킨다.

133 여기부터 1076a4에 이르는 부분에는 생성과 운동의 원인에 대해 충분한 설명을 제시하지 않은 데 대한 비판뿐만 아니라 자연철학자들과 플라톤주의자들에 대한 일반적 비판이 함께 포함되어 있다.

134 여기서 말하는 '더 주도적인 원리'(*archē kyriōtera*)란 운동인을 가리킨다.

135 모든 것에는 그것에 반대되는 것이 있다고 한다면, 지혜에도 역시 반대되는 어떤 것(*ti enantion*)이 있어야 할 것이다. 로스의 지적대로, 여기서 아리스토텔레스의 발언은 『국가』 477A 아래를 연상시킨다. 거기서 플라톤은 무지(*agnosia*)를 지식(*gnōsis*)에 반대되는 것으로 보면서 그 둘을 각각 있지 않은 것(*to mē on*)과 있는 것(*to on*)으로 결부시킨다.

것들이 있지 않다면, 시작도, 질서도, 생성도, 천체들도 없을 것이고,[137] 언제나 시작의 시작이 있을 텐데, 신학자들이나 자연학자들의 경우에 모두 그렇다.[138] 하지만 형상들이나 수들이 있다면, 그것들은 어떤 것의 원인도 되지 못할 것이다. 그렇지 않다면 적어도 운동의 원인은 되지 못할 것이다. 더욱이 어떻게 연장이 없는 것들로부터 연장물과 연속체가 생겨날 수 있는가? 왜냐하면 수는 연속체를 만들어낼 수 없을 것이기 때문인데, 운동을 낳는 것으로서도 그럴 수 없고 형상으로서도 그럴 수 없다. 하지만 본성적으로 제작능력과 운동능력을 갖는 것은 결코 반대자들에 속할 수 없으니, 그렇다면 그런 원리는 있지 않을 수도 있을 것이기 때문이다. 적어도 제작활동은 능력보다 뒤에 온다. 그러므로 있는 것들은 영원하지 않을 것이다. 하지만 그것들은 지금 있으니, 결국 이런 주장들 가운데 어느 하나는 버려야 한다.[139] 어떻게 그런지는 이미 이야기했다.[140] 더욱

---

136 로스의 지적대로 만일 철학과 대립하는 무지가 있다면, 그것은 철학의 대상인 첫째가는 것(*to prōton*)에 대립되는 어떤 대상을 가져야 할 것이다. 하지만 첫째가는 것은 어떤 반대자도 갖지 않는다.

137 로스(*Metaphysics* II, p. 404)의 해설대로 감각적인 것들과 떨어져 있는 것들이 없다면, (1) 첫째 원리도 없고, (2) 질서도 없다. 왜냐하면 질서가 있으려면 질료와 분리된 영원한 것이 있어야 하기 때문이다(1060a26). (3) 생성도 없고(1072a10-8), (4) 천체의 운동도 없다. 천체의 운동은 감각적인 것들과 분리된 첫째 운동인에 의존하기 때문이다.

138 이를테면 헤시오도스의 『신들의 계보』(116행 아래)에 따르면 만물의 시작은 카오스이지만, 이 카오스 자체는 영원히 있었던 것이 아니고 어떤 시점에서 생긴 것이다. 카오스가 만물의 시작이라면, '시작의 시작'(*archē tēs archēs*)이 있는 셈이다.

139 1075b30-4에 대해서는 로스(*Metaphysics* II, p. 405)의 다음과 같은 해설 참고. "하지만 반대자들 가운데 어떤 것도 그 본성상 제작과 운동의 원리(*a principle of production and of motion*)일 수 없다. 왜냐하면 반대자들은 있지 않을 가능성을 내포하고 있고, 어쨌든 그것의 작용시기는 단순히 작용할 능력을 갖고 있는 시기보다 나중에 올 수밖에 없다. 그러므로 그런 원리에 의존해서는 사물들이 영원히 있을 수 없다. 그러므로 있는 것들은 영원하지 않다. 하지만 실제로는 영원히 있는 것들이 있다. 그러므로 우리는 우리의 가정들 가운데 하나를 버려야 한다." 다시 말해서 오로지 반대자들만이 사물들의 원리들이라는 가정을 버려야 한다. 현실적이고 영원한 실체인 첫째 원리가 있어야 한다.

이 어떤 것에 의해서 수들이 하나가 되는지, 또는 영혼과 육체, 일반적으
로 형상과 사물이 하나가 되는지, 이에 대해 어느 누구도 말하지 않는데,
우리처럼 운동을 낳는 것이 그것들을 하나로 만든다고 말하지 않는 한,
어느 누구도 설명할 수 없을 것이다. 그리고 수학적인 수를 첫째가는 것
1076a 으로 삼고 한 종류의 실체에는 항상 다른 종류의 실체가 뒤따라 나온다
고 말하면서 각 실체의 원리들이 다르다고 주장하는 사람들은 온 세계
의 실체를 삽화적인 것으로 만들면서 (왜냐하면 어떤 실체가 있건 없건 다
른 실체에는 아무 영향을 미치지 않을 것이기 때문이다) 여러 원리들을 내세
우는데,[141] 사실 있는 것들은 나쁜 통치를 받으려고 하지 않는다.

"여럿의 지배는 좋지 않다. 하나의 지배자만 있게 하라."[142]

---

140 모든 대립자는 질료를 가지며 가능태에 있다. 하지만 첫째 운동은, 앞의 6장에서 보았듯이, 순수한 현실적인 활동으로부터 온다. 현실적인 활동이 가능적인 능력보다 뒤에 온다는 말은 순수한 현실적인 활동에는 적용되지 않는다.

141 스페우시포스가 이런 주장을 내세웠다. XIV 3, 1090b13 아래를 보라. 『시학』(1451b34)에서는 '여러 삽화들이 개연성도 필연성도 없이 연속되는 플롯'을 일컬어 '삽화적인 것'이라고 부르는데, 스페우시포스의 이론은 세계 전체의 실체(*he tou pantos ousia*)를 이런 식으로 짜임새 없는 '삽화적인 것'(*epeisodiōdē*)으로 만든다고 아리스토텔레스는 비판한다.

142 『일리아스』 2. 204 참고.

XIII권(M)

1. 부동적이고 영원한 실체들에 대한 논의. 이런 종류의 실체들로서 사람들은 수학의 대상들과 이데아들을 내세운다. 우리는 먼저 수학의 대상들을 다루고, 그 다음에 이데아들을 다룬다. 그런 뒤 수들과 이데아들이 감각물들의 실체라는 의견을 검토한다. (1) 수학의 대상들

감각물들의 실체에 대해서는 그것이 무엇인지 이미 이야기했다. 자연학 저술의 탐구과정에서는[1] 질료에 대해, 그 뒤에는[2] 현실적인 실체에 대해 이야기했다. 하지만 우리의 고찰은 감각적 실체들과 떨어져 있는 부동적이고 영원한 실체가 있는지 없는지, 있다면 무엇인지에 대한 것이기 때문에, 먼저 다른 사람들의 주장들을 살펴보아야 한다. 그렇게 하는 목적은 그들이 무언가 옳지 않은 말을 하고 있다면, 우리가 똑같은 주장에 말려들지 않기 위함이고 그들과 우리에게 공통된 어떤 교설이 있다면, 그에 대해 오직 우리 자신에게만 불만을 품지 않기 위함이다. 왜냐

1 『자연학』 I권을 가리킨다.

2 『형이상학』 VII권과 IX권을 가리킨다.

하면 누군가 앞 세대 사람들에 비해 더 훌륭한 말을 하면서 더 수준 낮은 말을 하지 않는다면, 우리는 그 정도로 만족해야 하기 때문이다.[3]

이 문제에 대해서는 두 가지 의견이 있다. 어떤 사람들은 수학의 대상들, 예컨대 수나 선이나 그와 같은 부류의 것들이 실체라고 말하고, 그에 덧붙여 이데아들이 실체라고 말한다. 그런데 (1) 그 중 어떤 사람들은 그것들, 즉 이데아들과 수학적인 수들을 두 부류로 나누는 반면, (2) 어떤 사람들은 그 둘이 하나의 본성을 갖는다고 말하고, (3) 또 다른 사람들은 오직 수학적인 것들만이 실체라고 말하기 때문에,[4] 우리는 먼저[5] 수학적인 것들에 대해 그것들에 다른 어떤 것도 덧붙이지 말고, 예컨대 그것들이 실제로 이데아들과 일치하는지 그렇지 않은지, 그것들이 있는 것들의 원리이자 실체인지는 제쳐두고, 오직 수학의 대상들에 대해서 그것들이 있는지 있지 않은지, 있다면 어떤 방식으로 있는지 살펴보아야 한다. 그런 다음[6] 이와 별도로 이데아들 자체에 대해 일반적으로 절차상 필요한 만큼만 살펴보아야 한다. 왜냐하면 이와 관련된 많은 점은 대중적인 저술들[7]에서도 거듭 거론되었기 때문이다. 더욱이 있는 것들의 실체와 원리가 수들과 이데아들인지를 살펴본다면,[8] 이전에 우리가 행한 고찰에 더 많은 설명을 덧붙여야 하는데, 왜냐하면 바로 이것이 이데아들에 대

---

3 이어지는 두 권의 논의는 대략 다음과 같이 전개된다. 먼저 수학적 대상들이 이데아들과 일치하는지, 또는 그것들이 자연물들의 원리와 실체 구실을 하는지의 문제와 무관하게 그 자체로서 논의된다(2~3장). 그 다음 이와 마찬가지로 이데아론이 그 자체로서 논의된다(4~5장). 마지막으로 XIII권 6장부터 XIV권에 걸쳐 자연물들의 실체들과 원리들이 수들이나 이데아들인가라는 문제가 다루어진다.

4 (1)은 플라톤, (2)는 크세노크라테스(Xenokrates), (3)은 피타고라스학파와 스페우시포스(Speusippos)의 주장이다.

5 아래의 2~3장 참고.

6 아래의 4~5장 참고.

7 '대중적인 저술들'(*exōterikoi logoi*)이 어떤 저술을 가리키는지에 대해서는 논란이 많다. 추측컨대 『철학에 대하여』(*De philosophia*)나 『이데아에 대하여』(*De ideis*) 등 이데아론을 비판한 대화편들을 가리키는 듯하다. 자세한 내용에 대해서는 Ross, *Metaphysics* II, p. 409의 주석 참고.

8 아래의 6~9장 참고.

한 고찰에 이어 세 번째 고찰의 주제로 남기 때문이다.

(I) 수학의 대상들이 있다면, (A) 그것들은 어떤 사람들이 주장하듯이 감각물들 안에 있거나, (B) 감각물들과 분리된 상태에 있어야 한다(어떤 사람들은 그렇게 주장한다). 만일 그 둘 중 어떤 것도 아니라면, (C) 그것들은 있지 않거나 아니면 또 다른 어떤 방식으로 있어야 한다. 따라서 그것들의 존재가 아니라 존재방식이 우리의 논의 주제가 될 것이다.

2. (I) 수학의 대상들(계속). (A) 수학의 대상들은 감각물들 안에 있는 실체들일 수도 없고, (B) 그것들과 분리된 상태에 있는 실체들일 수 없다

(A) 수학의 대상들이 감각물들 안에 있을 수 없으며 그 이론이 허구적
이라는 사실은 의문들을 다룬 글에서[9] 이미 이야기했는데, 그 이유는 두 1076b
입체가 동시에 한곳에 있기는 불가능하고, 또한 똑같은 근거에서 다른 능력과 본성들도 감각물들 안에 있으며 그 중 어느 것도 분리된 상태에 있을 수 없기 때문이다.[10] 그런데 이에 대해서는 이미 앞서 말한 바 있지만, 그에 덧붙여 분명한 점은 (우리가 다루는 이론에 따르면) 어떤 물체도 분할될 수 없으리라는 점이다. 왜냐하면 물체는 평면에 따라 나뉠 것이고, 평면은 선에 따라, 선은 다시 점에 따라 나뉠 터인데, 따라서 점을 나누는 것이 불가능하다면 선도 그럴 것이고, 이것을 나누는 것이 불가능하다면, 다른 것들도 그럴 것이기 때문이다. 그렇다면 감각물들이 그런 본성을 갖는다고 말하는 것과 그것들 자체는 그렇지 않지만 그것들 안에 그런 본성을 갖는 것들이 있다고 말하는 것 사이에 무슨 차이가 있는가? 왜냐하면 결과는 똑같을 것인데, 감각물들이 나뉜다면 수학적인 것들도

9 III권에서 특히 2, 998a7-19 참고.

10 이 발언은 이데아들이 감각물들과 떨어져서 존재한다고 주장하는 이론을 겨냥한 것이다.

나뉠 것이고, 수학적인 것들이 나뉘지 않는다면, 감각물들도 그럴 것이기 때문이다.

(B) 그런가 하면 그런 본성을 갖는 것들은 분리된 상태에 있을 수 없다. 왜냐하면 감각물들과 떨어져서 이것들과 분리된 상태에 있는 다른 입체들이 있고 이것들이 감각물들보다 앞선다면, 평면들과 떨어져서 이것들과 분리된 다른 평면들과 선들과 점들이 반드시 있어야 하기 때문이다[11](그 근거는 똑같다). 하지만 이런 것들이 있다면, 다시 수학적인 입체와 떨어져서 그것과 분리된 다른 평면들과 선들과 점들이 있어야 한다(왜냐하면 합성되지 않은 것들이 결합된 것들보다 앞서기 때문인데, 감각적이 아닌 물체들이 감각적인 물체들보다 앞선다면, 똑같은 근거에서 그 자체로서 있는 평면들이 운동하지 않는 입체들[12] 안에 있는 평면들보다 앞설 것이고, 그 결과 이것들은 분리된 물체들과 동시적인 평면들이나 선들과는 다른 평면들과 선들일 것이다. 왜냐하면 어떤 것들은 수학적인 입체들과 동시적인 반면, 어떤 것들은 수학적인 입체들에 앞서기 때문이다).[13] 그렇다면 다시 이 평면들에 앞서는 선들이 있을 것이고, 똑같은 근거에서 이 선들에 앞서는 다른 선들과 점들이 있을 것이다. 그리고 이렇게 앞서 있는 선들 안에 있는 점들에 앞서는 다른 점들이 있을 터인데 이것들에 앞서는 다른 점들은 더 이상 없을 것이다. 그런데 (1) 이런 식의 쌓아올리기는 불합리하다(감각적인 입체들과 떨어져서 한 종류의 입체가 생겨나고, 감각적인 평면들과 떨어져서 세 종류의 평면들이 생겨나며 — 세 종류의 평면들이란 감각적인 것들과 떨어져 있는 것들, 수학적인 입체들 안에 있는 것들, 그리고 이것들과 떨어져 있는 것들을 가리킨다 — 선들에는 네 종류가 있을 것이고, 점들에는 다섯 종류가 있을 것이기 때문이다.[14] 그렇다면 수학적인 학문들은 이 가운데 어떤 종류

11 감각적인 물체들과 분리된 입체들이 있다면 감각적인 평면, 선, 점들과 분리된 평면, 선, 점도 있어야 할 것이라는 말이다.

12 1076b21의 '운동하지 않는 입체들'(*akinēta sterea*)은 수학적인 입체들을 가리킨다.

13 감각적인 물체 — 수학적인 물체 — 그 자체의 계열을 염두에 두고 하는 말이다.

14 한 종류의 입체, 세 종류의 평면, 네 종류의 선들, 다섯 종류의 점들의 누적적인 증가,

의 것들을 대상으로 삼는가? 운동하지 않는 입체 안에 있는 평면들과 선들과 점들을 대상으로 하지는 않는다. 왜냐하면 학문은 언제나 앞선 것들을 대상으로 하기 때문이다). 그리고 (2) 동일한 논변이 수들에도 적용되는데, 각 종류의 점들과 떨어져서 다른 종류의 모나스들이 있을 것이고,[15] 각 종류에 속한 것들, 즉 감각물들과 떨어져서 지성적인 것들이 있을 것이며, 따라서 수학적인 수들의 부류는 무한할 것이다.

또한 의문점들을 다룬 글에서[16] 우리가 검토한 어려움들을 어떻게 해 1077a
결할 수 있을까? 왜냐하면 천문학의 대상들도 그와 마찬가지로 감각적인 것들과 떨어져서 있을 것이고 기하학의 대상들도 마찬가지일 것이기 때문이다. 하지만 하늘과 그 부분들, 아니 그 종류를 불문하고 운동을 하는 것이 어떻게 (감각물들과 떨어져서) 있을 수 있는가? 광학의 대상들이나 화성학의 대상들의 경우도 사정이 같은데, 소리와 시각이 감각적인 개별자들과 떨어져서 있을 것이기 때문이다.[17] 따라서 분명 다른 감각들이나 감각물들도 그럴 것이다. 어느 하나는 그렇고 다른 것은 그렇지 않을 이유가 무엇인가? 하지만 만일 이것이 사실이라면, 감각들이 그렇게 (감각물들과 떨어져) 있기 때문에, 생명체들도 그럴 것이다.

또한 수학자들에 의해 증명되는[18] 몇몇 보편적 정리들은 이런 실체들과 동떨어져 있다. 그렇다면 이데아들이나 중간자들과 분리된 상태로 그것들의 중간에 다른 어떤 실체가 있을 것인데, 이것은 수도 아니며 점도 아니고 연장물도 아니며 시간도 아닐 것이다. 그리고 만일 이런 일이 불

혹은 '쌓아올리기'(*sōreusis*)에 대한 자세한 설명으로는 Ross, *Metaphysics* II, pp. 412~13 참고.

15 모나스(*monas*)와 점(*stigmē*)의 차이에 대해서는 V 6, 1016b25-6 참고.

16 III 2, 997b15 아래 참고.

17 아리스토텔레스의 학문분류에 따르면, 광학이나 화성학은 모두 수학적 학문이기 때문에 '광학의 대상들'(*ta optika*)이나 '화성학의 대상들'(*ta harmonika*)은 수학적인 대상들로 분류될 수 있다. VI 2, 1026a27에 대한 각주와 이어지는 1078a14 아래의 논의를 함께 참고.

18 원어 'graphestai'는 도형이나 그림을 이용해서 증명이 이루어졌음을 함축한다.

가능하다면, 위에서 우리가 말한 것들이 감각물들과 분리된 상태에 있을 수 없음은 분명하다.

그리고 일반적으로 볼 때, 만일 어떤 사람이 이런 방식으로 수학의 대상들을 분리상태에 있는 자연물들로 상정한다면, 진리나 우리가 습관적으로 가정하는 것과 반대되는 결론이 따라 나온다. 왜냐하면 그것들이 이런 방식으로 (감각물들과 분리된 상태에) 있다면 그런 이유에서 감각적인 연장물보다 앞서겠지만, 실제로는 그것들 뒤에 오기 때문이다. 불완전한 연장물은 생성의 측면에서는 앞서지만, 실체의 측면에서는 뒤에 오기 때문인데,[19] 예를 들어 생명이 없는 것이 생명 있는 것에 대해 갖는 관계가 그렇다.

또한 수학적인 연장물들은 무엇에 의해서 언제 하나의 통일체가 되는가? 우리 주변에 있는 것들이 영혼이나 영혼의 부분이나 다른 어떤 것에 의해 통일체가 된다는 것은 이치에 맞는다. 만일 그렇지 않다면, 그것들은 여럿이 되어 해체될 것이다. 하지만 앞서 말한 것들[20]은 분할가능하고 양적인 것들인데, 그것들이 하나의 통일체이고 그런 상태로 함께 머물러 있는 것은 어떤 원인에 의해서일까?

또한 여러 형태의 생성[21]이 진상을 분명히 보여준다. 그 이유는 이렇다. 첫째로 길이가, 그 다음에 넓이가, 마지막에 깊이가 생겨나면서 생성 과정은 끝에 도달한다. 그래서 만일 생성에서 뒤서는 것이 실체에서는 앞선다면, 물체가 평면이나 선보다 앞서고, 이런 방식으로 (물체 중에서는) 완전한 전체가 더 앞설 것인데, 그 이유는 마지막에 생명체가 생겨나기 때문이다. 그러나 선이나 평면이 어떻게 생명체일 수 있는가? 그런 가정[22]은 우리 감각의 범위를 넘어설 것이다.

---

19 생성에서의 선행성(*proteron genesei*)과 실체에서의 선행성(*proteron tēi ousiai*)의 구별에 대해서는 I 8, 989a15-8 참고. 『동물부분론』 II 1, 646a24-6도 함께 참고.

20 점, 선, 평면과 같은 수학적인 대상들을 가리킨다.

21 여기서 말하는 것은 물론 수학적인 대상들의 생성이다.

22 원어 'axiōma'는 보통 수학의 공리들을 뜻하지만, 여기서는 '전제' 혹은 '가정'으로 이

또한 물체는 일종의 실체이지만 (왜냐하면 그것은 어떤 뜻에서 완전성을 이미 가지고 있기 때문이다), 선들은 어떤 뜻에서 실체인가?[23] 왜냐하면 그것은 영혼이 그렇듯이 형상이나 형태라는 뜻에서도, 물체처럼 질료라는 뜻에서도 실체가 아니기 때문인데, 그 이유는 분명 그 어떤 것도 선들이나 평면들이나 점들로 합성된 것일 수 없고, 만일 그것들이 일종의 질료적 실체라면, 그것들은 변화를 겪을 수 있는 것으로 나타나겠지만, 사실은 그렇지 않기 때문이다.

1077b

그렇다면 그것들이 정식에서 앞선다고 해 보자. 그렇다고 하더라도 정식에서 앞서는 것이 모두 실체에서도 앞서는 것은 아니다. 왜냐하면 분리되어 있음의 측면에서 볼 때 더 우월한 것들이 실체에서 앞서는 데 반해, 다른 것들에 대한 정식들의 구성부분이 되는 것들을 (자신에 대한 정식으로) 갖는 것들이 정식에서 앞서기 때문이다.[24] 그 둘은 일치하지 않는다. 예컨대 운동이나 하양 같은 양태가 실체들과 떨어져 있지 않다면, 하양은 정식의 측면에서는 사람에 앞서지만, 실체에서는 아니다. 왜냐하면 그것들은 분리된 상태로는 존재할 수 없고, 언제나 복합체와 함께 있기 때문이다(내가 말하는 복합체란 하얀 사람을 가리킨다).[25] 따라서 분명 생략을 통해 생긴 것[26]이 앞서는 것도 아니고 부가에 의해 생긴 것이 뒤

해하는 것이 문맥에 맞는다. 로스도 'supposition'이라고 옮겼다.

23 자연물을 구성하는 기하학적 형태들의 실체성에 대한 설명으로는 V 8, 1017b17-21 참고.

24 1077b3-4의 'tōi logōi de hosōn hoi logoi ek tōn logōn'을 그 뜻에 따라 풀어 옮겼다. 이 말의 뜻은 다음과 같다. A가 정식에서 B에 앞선다면, A에 대한 정식들은 B에 대한 정식들의 구성요소가 된다. 예컨대 선에 대한 정식 "선은 점들로 이루어진다"라고 말한다면 '점'이라는 '정식'(*logos*), 즉 어구가 선에 대한 정식의 구성요소가 되며, 그런 점에서 '점'은 'logos'에서 '선'에 앞선다. 따라서 여기서 'logos'는 정식은 물론 정식을 구성하는 어구들을 가리킬 수 있다. 이 점은 이어지는 '하양'과 '하얀 사람'의 예에서 분명히 드러난다.

25 '복합체'(*to synholon*)로서 '하얀 사람'에 대해서는 VII 4, 1029b34에 대한 각주 참고.

26 1077b9-10의 'to ex aphaireseōs'는 보통 수학의 대상인 '추상물들'을 가리키는 표현이다(1061a29 참고). 하지만 여기서는 보다 넓은 뜻으로 쓰였는데, 예컨대 '하얀 사람'에서 '사람'을 뺀 '하양' 등을 가리킨다.

에 오는 것도 아니다. 왜냐하면 하양에 무언가를 부가함으로써 하얀 사람이라는 말이 성립하기 때문이다.

이렇듯 수학적 대상들이 물체들보다 더 높은 수준의 실체들이 아니고 있음의 측면에서 감각물들보다 앞서는 것이 아니라 정식의 측면에서만 그러하며 감각물들과 분리된 상태에 있을 수 없다는 사실은 충분히 이야기되었다. 하지만 그것들은 감각물들 안에도 있을 수 없기 때문에, 전혀 있지 않거나 아니면 특정한 방식으로 있으며, 그런 이유로 말미암아 무제한적인 뜻에서 있는 것이 아닌데, 왜냐하면 '있다'는 여러 가지 뜻으로 쓰이기 때문이다.

3. (I) 수학의 대상들(계속). (C) 그것들은 오직 사유를 통해서 분리될 수 있다. 수학은 보통 사람들이 생각하는 것처럼 아름다움에 대한 고찰과 완전히 동떨어진 것은 아니다

(C) 수학의 보편적 명제들은 연장물이나 수들과 떨어져서 분리된 상태에 있는 것들이 아니라 연장물들이나 수들을 다룬다. 다만 연장을 갖거나 분할가능한 성질을 갖는 한에서[27] 그것들을 다루지는 않는다. 이와 마찬가지로 분명 감각적인 연장물들에 대해서도 정식들이나 논증들이 있을 수 있다. 다만 감각적인 측면에서가 아니라 어떤 특정한 성질들을 갖는 것인 한에서 그렇다. 이 말의 뜻은 다음과 같다. 사물들에 대해 그것들이 각각 무엇이고 그것들에 속하는 부수적인 것들이 각각 무엇인지를 고려하지 않은 채 그것들을 오로지 운동의 측면에서 다루는 정의들이 여럿 있다. 하지만 그렇다고 해서 감각물들과 분리된 상태에서 운동

---

27 VI 1, 1026a9-10에서 아리스토텔레스는 수학적 학문들이 대상들을 '부동적인 한에서 그리고 분리가능한 한에서'(*hēi akinēta kai hēi chōrista*), 즉 부동적이고 분리가능한 측면에 국한해서 탐구한다고 말한다.

하는 어떤 것이 있어야 하거나 그것들 안에 경계가 정해진 어떤 자연물이 꼭 있어야 하는 것은 아니다. 이와 마찬가지로 운동하는 것들에 대해서도 정식들과 학문들이 있겠지만, 운동체의 측면이 아니라 오직 물체라는 측면에서, 오직 평면이라는 측면에서 그리고 선이라는 측면에서, 그리고 분할가능한 것이라는 측면과 위치를 갖는 분할불가능한 것이라는 측면과 오직 분할불가능한 측면에서 대상들을 다루는 정의들과 학문들이 있다. 따라서 분리된 것들과 분리되지 않은 것들(예컨대 운동체들이 그렇다)이 있다고 말하는 것은 무제한적인 뜻에서 참이기 때문에, 수학의 대상들이 있다고 말하는 것도 참이며 이때 그 대상들은 사람들[28]이 말하는 성질들을 가진 것으로서 존재한다. 그리고 다른 학문들도 어떤 대상을 다루지만 이 경우 대상은 우연적인 것이 아니고(예컨대 건강한 사람이 하얗다고 하면, 학문은 하양을 다루는 것이 아니라 건강함을 다룬다),[29] 각 학문은 건강의 측면에서 건강한 것을, 사람이라는 측면에서 사람을 다루듯이, 기하학도 그렇다. 이 학문이 대상을 감각물이라는 측면에서 다루지는 않지만 부수적으로 감각물들을 다룬다면, 수학적 학문들이 다루는 것은 감각물들이 아니겠지만, 그렇다고 해서 감각물들과 떨어져서 그것들과 분리된 상태에 있는 것들도 아니다. 부수적인 것들 가운데 많은 것은 그 자체의 본성에 따라 대상들에 속하고,[30] 이 대상들이 각각 있는 한에서 속하는데, 그 이유는 동물이 수컷인 한에서 또는 암컷인 한에서 동물에 속하는 고유한 속성들이 있기 때문이다(하지만 동물들과 분리되어 암컷이나 수컷이 있는 것은 아니다).[31] 따라서 어떤 학문이 정식에서 앞서고 더 단순한 것을 다룬다면, 그런 만큼 그 학문은 더 높은 엄밀성을 가진다(단

28 수학자들을 가리킨다.

29 '건강한 사람이 하얗다'는 우연적인 사태를 표현하는데, 이런 우연적인 것에 대한 학문은 없다. VI 2, 1027a11 아래와 XI 8, 1064b23 참고.

30 '그 자체의 본성에 따라'(*kat' hauta*) 대상들에 속하는 부수적인 것들의 사례에 대해서는 V 28, 1025a30-4 참고.

31 '고유한 속성들'(*idia pathē*)의 이런 사례에 대해서는 X 9, 1058a29 아래 참고.

순성이란 바로 엄밀성을 일컫는다). 따라서 연장성을 고려하지 않는 학문이 연장성을 고려하는 학문보다 더 엄밀하고, 운동을 고려하지 않는 학문이 가장 엄밀하며, 운동을 다룬다면, 첫째 운동을 다루는 것이 가장 엄밀한데, 이 운동은 가장 단순하고 이 단순한 운동은 균질적이다.[32]

똑같은 논리가 화성학과 광학에도 적용된다. 왜냐하면 이 둘 중 어떤 것도 그 대상을 시각의 측면이나 소리의 측면에서가 아니라 선과 수의 측면에서 고찰하기 때문이다(선과 수는 시각과 소리에 속하는 고유한 속성들이다). 역학도 마찬가지다. 따라서 어떤 사람이 대상들을 그것들에 부수적인 것들과 분리된 상태에 있는 것으로 전제해 놓고, 그 대상들이 이런저런 성질을 가진다는 측면에서 살펴본다면, 그렇다고 해서 그가 거짓말을 하는 것은 아닐 것이다. 이는 어떤 사람이 땅바닥에 선을 하나 긋고 사실은 한 걸음의 너비가 아닌데 한 걸음의 너비라고 말하는 것이 거짓말이 아닌 것과 마찬가지다. 그런 전제에는 거짓이 포함되어 있지 않기 때문이다.

이런 방식으로 어떤 사람이 분리된 상태에 있지 않은 것을 분리된 것으로 전제한다면, 각각의 문제에 대해 가장 훌륭하게 고찰할 수 있을 텐데, 산수학자나 기하학자가 하는 일은 바로 이런 것이다. 왜냐하면 사람은 사람인 한에서는 하나이고 분할불가능하지만, 산수학자는 사람을 분할불가능한 하나로 상정한 다음 분할불가능한 것이라는 측면에서 사람에게 속하는 부수적인 것이 어떤 수적인 속성인지 고찰할 것이기 때문이다. 그런가 하면 기하학자는 사람을 사람인 한에서 고찰하지도 않고 분할불가능한 것이라는 측면에서 고찰하지도 않으며, 입체의 측면에서 고찰한다. 왜냐하면 비록 사람이 (지금과 달리) 분할불가능한 것이 아니라고 하더라도, 그에게 속할 것들은 지금 그에게 속해 있는 것들[33]과 따로

---

32 X 1, 1052a26-7에 따르면, 첫째 천구의 원환운동이 이런 뜻에서 균질적(均質的, *homalē*) 운동이다.

33 분할불가능성과 인간성 등을 말한다.

그에게 속할 수 있을 것이 분명하기 때문이다. 가능적으로 그렇다. 그러므로 이런 이유에서 보자면 기하학자들은 옳은 말을 하고 있고, 있는 것들에 대해 대화를 하고 있으며 그들이 다루는 것들은 있는 것들이니, 그 이유는 있는 것은 두 가지여서, 하나는 완전한 상태에 있는 것이고, 다른 하나는 질료의 상태로 있는 것이기 때문이다.[34]

그런데 좋은 것과 아름다운 것은 다르기 때문에 (왜냐하면 좋음은 항상 행동 안에 있고[35] 아름다움은 운동하지 않는 것 안에 있기[36] 때문이다) 수학적인 학문들이 아름다움과 좋음에 대해서 아무것도 말하지 않는다고 주장하는 사람들은 잘못을 범하고 있다. 왜냐하면 수학적인 학문들은 그런 것들에 대해서 말을 하고 더 없이 많은 것을 밝혀내기 때문이다. 그들이 그런 것들을 거명하지 않은 채 사물들에 속하는 기능들과 정식들을 밝힌다고 해서, 그들이 좋음과 아름다움에 대해 침묵하는 것은 아니다. 아름다움에 속하는 가장 큰 종들에 해당하는 것으로는 질서와 균형과 확정성이 있는데, 수학적인 학문들은 이런 것들을 가장 잘 밝혀내기 때문이다. 그리고 그런 것들은(예컨대 질서와 확정성을 두고 하는 말이다) 많은 것들의 원인임이 분명하기 때문에, 분명 수학적인 학문들은 그런 성격의 원인, 즉 아름다움도 어떤 방식으로는 원인이라고 말할 수 있을 것이다. 하지만 이런 문제들에 대해서는 다른 곳에서[37] 더 분명하게 이야기할 것이다.

---

34 '완전한 상태에 있는 것'(*to entelecheiai on*)과 '질료 상태에 있는 것'(*to hylikōs on*)은 물론 '현실적인 것'(*to energeiai on*)과 '가능적인 것'(*to dynamei on*)을 가리킨다.

35 『니코마코스 윤리학』 I 1, 1094a1 아래 참고.

36 아래 1078b1에서 예시되듯이, 아름다움(*to kalon*)은 질서(*taxis*)와 균형(*symmetria*)과 확정성(*to horismenon*)에서 성립한다는 뜻에서 그렇다.

37 어디를 가리키는지 분명치 않다.

4. (II) 형상들. 사람들을 이데아론으로 이끈 논변들. 이런 논변들의 불충분성

(II) 그렇다면 수학적 대상들에 대해서 그것들이 있는 것이라는 사실과 그것들의 존재방식, 그리고 어떤 뜻에서 (그것들이 감각물들에) 앞서고 어떤 뜻에서 그렇지 않은지에 대해서는 이 정도로 해 두자. 이제 우리는 이데아들에 관해서, 그것들을 수들의 본성과 결부시키지 말고 처음에 이데아들이 있다고 주장한 사람들이 맨 처음 생각한 그대로 이데아 이론 자체를 살펴보아야 한다. 사람들이 형상이론[38]을 주장하게 된 것은 다음과 같은 이유 때문이다. 그들은 진리에 대한 헤라클레이토스의 주장들을 받아들였으니, 이에 따르면 모든 감각물은 항상 흐르는 상태에서, 학문과 지혜가 어떤 대상을 갖는다면 다른 어떤 부류의 자연물들이 있고 이것들은 감각물들과 떨어져서 정지상태에 있어야 한다. (헤라클레이토스의 생각에 따르면) 흘러가는 것들에 대해서는 학문이 존재하지 않기 때문이다. 반면 소크라테스는 윤리적 탁월성들에 대해 연구하면서 맨 처음으로 그것들에 대한 보편적 정의를 찾았다(자연학자들 중에서는 데모크리토스가 유일하게 그 문제에 겨우 손을 대서 뜨거움과 차가움을 그 나름대로 정의했다.[39] 그런가 하면 피타고라스학파는 그에 앞서 몇몇 대상들에 대해 눈을 돌려 그것들에 대한 정의를 수들과 결부시켰으니, 예컨대 그들은 고비가 무엇이고 정의로운 것이 무엇이며 혼인이 무엇인지를 그렇게 정의했다.[40] 반면 소크라테스는 정당한 근거에서 '무엇'을 찾았으니, 그가 찾은 것은 추론활동이고 '무엇'은 추론들의 시작[41]이기 때문이다. 왜냐하면 그때는 아직 변증술의 능력이

38 원어는 'hē peri tōn eidōn doxa'이다.

39 『자연학』 II 3, 194a20-1과 『동물부분론』 I 1, 642a24-31 참고.

40 I 5, 985b23 아래와 D-K, 58 B 4 참고.

41 '무엇'(*to ti esti*)에 대한 보편적 정의(*horismos*)와 추론(*syllogismos*)의 관계에 대해서는 다음의 구절들 참고. 『분석론 후서』 I 3, 72b18-25; 22, 84a30-b2; II 3, 90b24-5 참고.

갖추어지지 않아서 '무엇'을 고려하지 않고서는 반대자들을 탐색할 수 없었고, 반대자들에 대해 동일한 학문이 있는지 알 수 없었기 때문이다. 마땅히 소크라테스의 공적으로 돌려야 할 것이 둘이 있는데, 귀납적 추론과 보편적 정의가 그렇다.[42] 이것들은 둘 다 학문의 출발점과 관계한다). — 하지만 소크라테스는 보편자들도, 정의들도 분리시키지 않은 반면, 그들은[43] 그것들을 분리시켰고 그런 것들을 있는 것들의 이데아들이라고 천명했으며, 이에 따라 거의 동일한 논변에 의해서 그들은 보편적으로 일컬어지는 모든 것들에 대해 이데아들이 있다는 결론에 이르렀으니, 이는 마치 수를 세려고 하는 사람이 (여기) 있는 것들의 수가 적으면 셈을 할 수 없다고 생각하고서 셈할 것을 더 많이 만들어 수를 세려 하는 것과 비슷하다.[44] 왜냐하면 그들은 우리 눈앞에 있는 것들의 원인들을 탐구하면서 이것들로부터 그 형상들로 나아갔는데, 이른바 형상들은 개별적인 감각물들보다 수가 더 많기 때문이다. 왜냐하면 각 개별자에 대해 그것과 이름이 같으면서 그 (개별적) 실체들과 떨어져 있는 어떤 것이 있으며, 다른 것들의 경우에도 여럿에 대한 하나가 있으니 이는 그 여럿에 해당하는 것이 (여기 있는) 이 개별적인 것들인 경우나 영원한 것들인 경우나 사정이 다르지 않기 때문이다.

또한 형상들이 있다는 사실을 밝힐 때 사용되는 여러 증명 가운데 분명한 것은 아무것도 없다. 어떤 경우에는 추론의 필연성이 없고, 어떤 경우에는 우리가 생각하기에 형상들을 갖지 않는 것들에 대해서도 형상들이 있게 되는 결과가 따라 나온다. 학문적인 인식들에 의거한 증명에 따르면 학문의 대상이 되는 모든 것에 대해 형상이 있고, 여럿에 대한 하나의 증명에 따르면 부정적인 것들에 대해서도 형상이 있으며, 어떤 것이

42 소크라테스의 '귀납적 추론'(*epaktikoi logoi*)과 '보편적 정의'(*horizesthai katholou*)의 전형적인 사례에 대해서는 『라케스』 190E 아래와 『메논』 71D 아래를 보라.

43 플라톤주의자들을 가리킨다.

44 1078b34-1079b3은 I 9, 990b2-991b8과 동일하다.

소멸한 뒤에라도 사유의 대상이 되는 어떤 것이 있다는 증명에 따르면 가멸적인 것들에 대해서도 형상들이 있다(이런 것들에 대한 어떤 상상내용이 있기 때문이다). 또한 보다 엄밀한 증명들의 경우, 그들이 그 자체로서 독립된 유를 인정하지 않는 관계들에 대해 이데아들을 만들어내고, 또 어떤 증명들은 '제3의 인간'을 낳는다.

그리고 일반적으로 형상들에 대한 논변들은, 형상들을 주장하는 사람들이 이데아들의 존재보다 더 높은 수준의 존재를 부여하길 원하는 것들을 부정하게 되는 결과에 이른다. 왜냐하면 그 논변들에 따르면 둘이 아니라 먼저 수가 있고 수보다는 관계가 있으며 이것이 그 자체로 있는 것보다 앞선다는 결론과 함께 다른 결론들이 따라 나오기 때문인데, 이데아 이론을 따르는 사람들 중 몇몇은 그런 결론들에 반대한다.

또한 그들이 이데아들이 있다고 말하면서 그 근거로 삼았던 판단에 따르면 실체들에 대해서뿐만 아니라 다른 많은 것들에 대해서도 형상들이 있을 것이다(왜냐하면 실체들에 대해서뿐만 아니라 다른 것들에 대해서도 하나의 개념이 있으며, 실체에 대해서만 학문이 있는 것이 아니기 때문이다). 그런데 이로부터 앞서 말한 것과 같은 종류의 다른 문제들이 수없이 따라 나오는데, (추론의) 필연성에 따르거나 이데아 이론에 따르면, 형상들은 다른 것들이 관여할 수 있는 것이므로 실체들의 이데아들밖에는 있을 수 없기 때문이다. 그 이유는 그것들이 관여의 대상이 되는 것은 부수적인 방식에 의해서가 아니고, (이데아에 관여하는) 다른 것들은 다른 어떤 기체에 대해 술어가 되지 않는 방식으로 있는 한에서 각각의 이데아에 관여하기 때문이다(예컨대 어떤 것이 두 배 자체에 관여한다면, 그것은 영원함 자체에도 관여하지만, 이는 부수적인 방식으로 그런데, 그 까닭은 두 배에는 영원함이 부수적으로 속하기 때문이다). 따라서 형상들은 실체일 것이다. 그렇다면 동일한 낱말들이 여기 있는 실체들과 거기 이데아계에 있는 실체들을 가리키는 셈이다(그렇지 않다면, 여기 있는 것들과 떨어져서 어떤 것이 있다는 말, 즉 여럿에 대한 하나가 있다는 말은 무슨 뜻인가?). 그리고 만일 이데아들과 그것들에 관여하는 것들에 대해 하나의 동일한 형상이 있다면, 그것은 그 둘 모두에 공통된 어떤 것일 것이다(왜냐하면 가멸적인 2들과 수가 많지만 영원한 2들에 대해서 하나의 동일한 2가 있다면, 어째서 2 자체와 개별적인 2들에 대해서는 그렇지 않겠는가?). 그러나 만일 동일한 형상이 없다면, 그것들은 이름만 같은 것들일 터이어서, 마치 어떤 사람이 그 둘 사이의 어떤 공통성도 고려하지 않은 채 칼리아스와 목상(木像)을 '사람'이라고 부르는 것과 사정이 같을 것이다.

그러나 만일 우리가 다른 측면을 고려해서, 이를테면 원 자체에 '평면도형'을 비롯해서 원에 대한 정식에 속하는 다른 부분들이 적용되듯이 형상들에 공통의 정식들이 들어맞는다고 상정하면서, 다른 한편으로는 그것들에 ('원'의) '무엇'에 해당하는 것[45]을 덧붙인다면, 우리는 그 말이 전혀 공허한 말이 아닌지 살펴보아야 한다. 도대체 어떤 것에 그것을 덧붙이겠는가? 중심에, 평면에, 아니면 모든 것에? 왜냐하면 실체 안에 있는 것들이 모두 이데아일 터인데, 예컨대 동물과 두 발 가짐이 모두 그럴 것이다.[46] 또한 '평면'이 가리키는 어떤 것 자체가 있어서 이것은 형상들 안에 유로서 존재하는 어떤 본성적인 것일 수밖에 없음이 분명하다.

5. (II) 형상들(계속). 설령 이데아들이 있다고 하더라도, 그것들은 감각 세계에서 일어나는 생성을 설명하지 못한다

그러나 무엇보다도, 도대체 형상들이 감각물들에 대해서 — 이것들이 영원한 것이건 생성하고 소멸하는 것이건[47] — 무슨 도움이 되는지 의문

45 1079b6의 'ho esti'를 풀어 옮겼다. 로스는 'what really is'라고 옮겼다. XIII 10, 1086b27의 '각 대상의 무엇을 이루는 것'(*ho estin hen hekaston*)과 같은 뜻이다.

46 사람을 '두 발 가진 동물'이라고 정의한다면, 이 정의의 두 요소 '동물'(*zōion*)과 '두 발 가짐'(*to dipoun*)에 해당하는 이데아들이 있을 것이다.

47 감각물의 이런 구별에 대해서는 『동물부분론』 I 5, 644b22 아래를 참고하라. "자연적으로 이루어진 실체들(*ousiai*) 가운데 어떤 것들은 영원토록 생성하지도 소멸하지도

을 제기하는 사람이 있을 수 있다. 왜냐하면 형상은 그 두 종류의 감각물이 겪는 어떤 종류의 운동과 변화에 대해서도 원인이 되지 못하기 때문이다. 더욱이 형상들은 다른 것들에 대한 학문적 인식에도 아무 도움을 주지 못하며(왜냐하면 형상들은 감각물들의 실체가 아닌데, (그것들이 만일 감각물들의 실체라면) 그것들 안에 있을 것이기 때문이다),[48] 그것들에 관여하는 것들 안에 내재하지 않기 때문에 그것들의 있음에도 도움을 주지 못한다. 따라서 하양이 다른 것과 뒤섞여서 하얀 것의 원인이 되는 것과 같은 뜻으로 형상들이 원인이 된다고 생각해 볼 수는 있을 것이다. 하지만 가장 먼저 아낙사고라스가, 나중에는 에우독소스와 다른 사람들이 의문을 품고 내세운 그런 설명은 너무 불안정하다(그런 생각에 상충하는 여러 가지 불가능한 점들을 끌어 모으기는 쉽기 때문이다).

더욱이 일상어법의 어떤 용법에 비추어보더라도 다른 것들이 형상들 '로부터' 유래한다는 말은[49] 이해하기 어렵다. 그것들은 본보기이며 다른 것들은 그것들에 '관여한다'는 것은 공허한 말이고 시적 비유에 지나지 않는다. (만일 이데아들이 본보기라면) 이데아들을 바라보면서 작용하는 것[50]은 무엇인가? 어떤 것이든 다른 것과 닮은 모방물이 아니면서도 그것과 닮거나 닮게 될 수 있으니, 소크라테스가 있건 없건 소크라테스와 같은 사람이 생겨날 수 있는 것과 마찬가지다. 소크라테스가 영원하다고 하더라도 사정은 분명 똑같다. 또한 동일한 것에 대해 여러 본보기가 있어서, 예컨대 사람에 대해서는 동물과 두 발 가짐이 있을 것

않는 데 반해 어떤 것들은 생성하고 소멸한다." 물론 여기서 영원한 실체들은 달 위 세계(月上界)의 천체들을, 생성하고 소멸하는 실체들은 달 아래 세계(月下界)의 동물과 식물들을 가리킨다.

48 아리스토텔레스가 내세우는 형상은 '안에 있는 형상' 또는 '내재적 형상'(*eidos enon*)이다(VII 11, 1037a29).

49 '~으로부터'(*ek tinos*)의 여러 가지 뜻에 대해서는 V 24, 1023a26 아래 참고.

50 '이데아들을 바라보면서 작용하는 것'(*to ergazomenon pros tas ideas apoblepon*)에서 'to ergazomenon'은 아래의 1080a3에서 말하는 '운동을 낳는 것'(*to kinoun*)과 같은 것을 가리킨다.

이고 그와 동시에 사람 자체도 있을 것이다. 또한 형상들은 감각물들뿐만 아니라 형상들 자체의 본보기일 것인데, 예컨대 유는 그 유에 속하는 종들의 본보기일 것이다. 따라서 동일한 것이 본보기이면서 모방물일 것이다.[51]

또한 생각건대 실체와 그 실체가 속하는 것은 분리가능하지 않을 텐데 어떻게 이데아들이 사물들의 실체들이면서 그것들과 분리되어 있을 수 1080a
있겠는가?[52] 『파이돈』에서는 이런 방식으로 형상들이 있음과 생성의 원인이 된다고 말한다.[53] 하지만 형상들이 있다고 하더라도, 운동을 낳는 것[54]이 없다면 생성이 일어나지 않을 것이고,[55] 그들이 그것들에 대해서는 형상들을 인정하지 않는 다른 많은 사물, 예컨대 집과 반지도 생겨나는데, 그렇다면 그들이 이데아들을 인정하는 다른 것들 역시, 방금 말한 것들을 낳는 원인들과 같은 종류의 원인들에 의해서 있거나 생겨날 수 있음이 분명하다. 그러나 이데아들에 대해서 이런 방식으로뿐만 아니라 보다 더 논리적이고 엄밀한 논변들에 의거해서도 지금까지 고찰한 것들과 같은 부류의 여러 반론들을 끌어들일 수 있다.

6. (III) 분리가능한 실체이자 첫째 원인으로서의 수들. 수를 있는 것들의 실체로 이해하는 여러 가지 방식. (A) 형상적인 수와 수학적인 수를 주장하는 의견(플라톤), (B) 수학적인 수만을 인정하는 의견(a. 스페우시포스, b. 피타고라스학파), (C) 형상적인 수만을 인정하거나

51 예컨대 사람 자체(*autoanthropos*)는 사람에 대해서는 본보기(*paradeigma*)가 되지만, 동물 자체(*autozōion*)에 대해서는 모방물(*eikon*)이 될 것이다.

52 이런 뜻의 분리불가능성에 대해서는 VII 6, 1031a31 아래 참고.

53 『파이돈』 100D 참고.

54 '운동을 낳는 것' 혹은 '원동자'(*to kinoun*)는 1079b27의 '작용을 하는 것'(*to ergazomenon*)과 같다.

55 VII 8, 1034a2 아래 참고.

그것을 수학적인 수와 동일시하는 의견(a. 다른 플라톤주의자들, b. 크세노크라테스)

(III) 이제 이런 것들에 대해서는 설명이 되었으므로, 수들이 분리가능한 실체들이고 있는 것들의 첫째 원인이라고 주장하는 사람들이 수들과 관련해서 이르게 되는 결과들을 다시 살펴보는 것이 좋겠다. 만일 수가 일종의 자연물[56]이고 그것의 실체가, 어떤 사람들 말대로, 다른 어떤 것이 아니라 수 자체라면, 필연적으로 (1) 그 가운데 첫째가는 것과 그 다음에 오는 것이 있고 그것들은 각각 종이 다를 수밖에 없으며, 이는 곧바로 모나스들에 적용되어 어떤 모나스도 다른 모나스와 합산될 수 없을 것이다.[57] 그렇지 않다면 (2) 그것들은 모두 예외 없이 계열을 이루고 어떤 모나스이건 다른 모나스와 합산될 수 있을 것인데, 사람들은 예컨대 수학적인 수가 그렇다고 말한다(왜냐하면 수의 경우에는 한 모나스와 다른 모나스 사이에 아무 (종적인) 차이가 없기 때문이다). 혹은 (3) 일부 모나스들은 합산가능하고 일부 모나스들은 그렇지 않아야 한다. 예컨대 1 뒤에는 첫째 2가 있고 그 다음에 3이 오고 이런 방식으로 다른 수가 온다면, 각 수 안에 있는 모나스들은 서로 합산가능할 터인데, 예컨대 첫째 2 안에 있는 모나스들은 서로 합산가능할 것이고 첫째 3 안에 있는 모나스들도 서로 합산가능할 것이며 다른 수들의 경우도 사정이 같을 것이다. 하지만 2 자체 안에 있는 모나스들은 3 자체 안에 있는 모나스들과 합산불가능할 것이고 그에 연속하는 다른 수들의 경우도 똑같을 것이다. 따라서 수

---

56 여기서 '일종의 자연물'(*physis tis*)은 아래 1083b20의 '그 자체로서 있는 것'(*ti kath' hauto*)과 같은 뜻으로 쓰였다.

57 아리스토텔레스는 '모나스'(*monas*)를 '어떤 차원에서도 분할불가능하며 위치를 갖지 않는 것'(V 6, 1016b25)으로 정의한다. 여기서는 '모나스'가 수를 구성하는 기본 '단위'(*unit*)의 뜻으로 쓰인다(아래의 1080b30-1 참고). "어떤 모나스도 다른 모나스와 합산될 수 없을 것이다"라고 할 때, '합산불가능성'이라고 옮긴 'asymblētos'는 비교불가능성과 합산가능성을 함께 포함하는 낱말이다. 로스는 'inassociable'이라고 옮겼고 안나스(J. Annas)는 'non-combinable'로 옮겼다.

학적인 수는 이와 같이 1에 뒤이어 2 — 앞의 1에 다른 1이 더해진 수 — 가 오고, 그 다음에 3 — 앞의 두 수에 다른 1이 더해진 수 — 이 오며, 다른 수도 이와 사정이 같겠지만, 우리가 말하는 수[58]의 경우는 이와 달리 1 다음에 첫째 1을 포함하는 일이 없이 다른 2가 오고, 3은 2를 포함하지 않으며 다른 수의 경우도 이와 사정이 같을 것이다. 또는 (4) 수들 중에서 한 부류는 맨 처음에 말한 것과 같고, 둘째 부류는 수학자들이 말하는 것과 같으며, 셋째 부류는 마지막에 말한 것과 같아야 한다.[59]

1080b 또한 이 세 부류의 수들은 사물들과 분리가능하거나, 분리가능성 없이 감각물들 안에 있거나 (앞에서[60] 살펴본 것과 같은 방식으로 그렇다는 것이 아니라 감각물들이 그것들 안에 내재하는 수들로 이루어져 있다는 뜻에서 그렇다는 말이다) 혹은 부류마다 차이가 있거나 아니면 모두 똑같을 것이다.

그렇다면 수들이 있을 수 있는 방식들은 이것들이 전부일 수밖에 없다. 그리고 1이 모든 것의 원리이자 실체이며 요소라고 주장하면서 다른 수는 그 1과 다른 어떤 것[61]으로 이루어진다고 말하는 사람들은 대개 그런 방식들 가운데 한 방식을 취해 그렇게 말하는데, 다만 그들은 모든 모나스가 합산불가능하다는 말을 하지 않을 뿐이다. 그리고 이는 당연한 결과인데, (수들이 있을 수 있는 방식에는) 이미 말한 것과 다른 방식이 있을 수 없기 때문이다. 그런데 (A) 어떤 사람들은[62] 두 가지 수가 있다고 주장하면서, 하나는 앞서는 것과 뒤서는 것에 차이가 있는[63] 이데아의 수들이고, 다른 하나는 이데아들 및 감각물들과 구별되는 수학적인 수이며,[64]

58 종(*eidos*)이 서로 다른 수들, 즉 이데아의 수들(아래의 1080b12)을 말한다.

59 이 세 부류는 각각 위의 15~35행에서 말한 (1) 종이 다른 수(이데아의 수), (2) 수학적인 수와 같은 수, (3) 부분적으로 합산가능한 수를 가리킨다.

60 위의 XIII 1, 1076a38-b11 참고.

61 이에 해당하는 것으로 피타고라스학파는 '무한자'(*apeiron*)를, 플라톤은 '무한정한 2'(*aoristos dyas*), 즉 '큼과 작음'(*to mega kai mikron*)을 든다.

62 플라톤을 가리킨다. I 9, 992b13-8 참고.

63 '종이 다르다'(*heteron tōi eidei*)라는 뜻이다.

64 이데아들과 감각물들 사이에 있는 '중간자'(*metaxy*)로서 수학적인 수에 대해서는 I 6,

그 둘 모두 감각물들과 분리가능하다고 말한다. (B) (a) 또 어떤 사람들은[65] 오직 수학적인 수가 있을 뿐이고 그것이 있는 것들 가운데 첫째가는 것이며 감각물들과 분리된 상태에 있다고 말한다. (b) 그리고 피타고라스학파도 수에는 오직 한 종류, 즉 수학적인 수가 있을 뿐이라고 주장하지만, 다만 이 수는 분리된 상태에 있는 것이 아니라 감각적 실체들의 구성부분을 이루고 있다고 말하는 점에 차이가 있다.[66] 왜냐하면 이들은 우주 전체가 수들로써 짜여 있다고 주장하지만, 다만 이 수들은 모나스들로 이루어지지 않고 모나스들이 연장을 가진다고 가정하기 때문이다.[67] 그러나 어떻게 첫째 하나가 연장을 갖도록 이루어져 있는가라는 물음과 관련해 그들은 의문에 붙잡혀 있는 것 같다.

(C) (a) 다른 사람은[68] 오직 첫째가는 수, 즉 형상들의 수 하나만 있다고 말하는가 하면, (b) 어떤 사람들은[69] 수학적인 수들이 그것과 동일하다고 말한다.

선과 평면과 입체들의 경우에도 사정이 유사하다.[70] 이렇게 말하는 것은 다음과 같은 이유 때문이다. (A) 어떤 사람들은 수학의 대상들과 이데아들 뒤에 오는 것들이 서로 다르다고 말하지만,[71] 그와 다른 주장을 하는 사람들이 있다. (B) 그 가운데 어떤 사람들은 수학의 대상들에 대해 수학적인 방식으로 말하는데, 이들에 따르면 이데아의 수들도 없고 이데아들도 없다.[72] (C) 반면 수학의 대상들에 대해 수학적이 아닌 방식으로

987b14-8과 XIV 3, 1090b35 참고.

65 스페우시포스와 같은 사람을 가리킨다.

66 I 8, 990a22 참고.

67 아래의 1083b14-7 참고.

68 익명의 플라톤주의자를 가리키는 듯하다.

69 크세노크라테스를 가리킨다.

70 즉, 수뿐만 아니라 기하학적 대상들에 대해서도 합산 및 비교가능성의 문제가 등장해 다양한 의견이 충돌한다는 말이다. Ross, *Metaphysics* I, p. lii 참고.

71 플라톤이 이런 주장을 한다. I 9, 992b13-8 참고. '이데아들 뒤에 오는 것들'(*ta meta tas ideas*)은 이데아의 수들 뒤에 오는 이데아의 기하학적 대상들을 가리킨다.

72 스페우시포스를 가리킨다.

말하는 사람들도 있으니, 이들에 따르면 모든 연장물이 연장을 갖는 것으로 나뉠 수 있는 것도 아니고 어떤 모나스를 나누건 2가 생기는 것도 아니다.[73] 그런가 하면 모든 사람은 수들을 모나스들로 이루어진 것으로 여기지만, 피타고라스학파는 예외여서 이들은 하나가 있는 것들의 요소이자 원리라고 말한다. 하지만 앞서 말했듯이[74] 모나스가 연장을 갖는다고 말하는 사람들이 바로 그들이다. 수들에 대한 논의에 얼마나 여러 가지 방식이 있을 수 있는지, 그리고 그에 대한 모든 논의방식이 다 이야기되었다는 것은 이로부터 분명하다. 그 모두가 성립불가능하지만, 어떤 것들은 다른 것들보다 그 정도가 더 심하다.

7. (A) 플라톤의 의견에 대한 검토. (1) 모든 모나스가 서로 합산가능하다면, 수학적인 수만 있을 뿐 이데아의 수는 없다. (2) 모든 모나스가 서로 합산불가능하다면, 수학적인 수도 없고 이데아의 수도 없다. (3) 몇몇 모나스들만이 서로 합산가능하다면, 이는 똑같은 어려움들을 낳는다. 모나스들은 아무런 종적인 차이도 가질 수 없다.

8. (B) (C) 다른 플라톤주의자들과 피타고라스학파의 의견에 대한 검토. 수들의 분리가능성을 주장하는 모든 이론에 반대하는 논변들. (1) 어떻게 모나스들이 무한정한 2로부터 생겨날 수 있을까? (2) 수의 계열은 무한한가 유한한가? 유한하다면, 그 한계는 어디에 있을까? (3) 1은 어떤 종류의 원리인가?[75]

---

73 크세노크라테스가 이렇게 주장한다.

74 위의 b19 아래 참고.

75 7장에서는 6, 1080a15-25에서 소개한 세 가지 가능성, 즉 (1), (2), (3)의 타당성이 (2), (1), (3)의 차례로 검토된다. 7장부터 9장까지의 논의는 다음과 같은 순서로 진행된다. 플라톤의 의견에 대한 검토(7-8, 1083a20); 다른 플라톤주의자들과 피타고라스학파의 의견에 대한 검토(8, 1083a20-b23); 수들의 분리가능성에 대한 모든 이론에 대항하는 논변들(8, 1083b23-9, 1085b34); 이데아의 수들에 대한 비판의 요약(9, 1085b34-1086a18).

1081a (A) 그렇다면 첫째로 모나스들이 합산가능한지 불가능한지, 그리고 합산가능하다면, 우리가 앞서 분류한 방식들[76] 가운데 어떤 방식으로 그런지 살펴보아야 한다. 왜냐하면 어떤 모나스이건 다른 모나스와 합산불가능할 수 있는가 하면, 2 자체[77] 안에 있는 모나스들은 3 자체 안에 있는 것들과 합산불가능하고 일반적으로 각각의 첫째가는 수[78] 안에 있는 모나스들은 다른 (이데아의) 수 안에 있는 모나스들과 합산불가능할 가능성도 있기 때문이다. (1) 만일 모든 모나스가 합산가능하고 서로 (종적인) 차이가 없다면, 수학적인 수가 있고 오직 그것 하나만 있을 뿐 이데아의 수들은 존재할 수 없다(왜냐하면 그렇지 않다면 다음과 같은 물음이 제기되기 때문이다. 사람 자체나 동물 자체나 형상들 가운데 다른 어떤 것이든 그것은 어떤 종류의 수인가? 각 대상의 이데아는 하나인데, 예컨대 사람 자체에 대해서는 하나의 이데아가 있고, 동물 자체에 대해서도 또 다른 하나의 이데아가 있을 것이다. 그러나 동질적이고 서로 차이가 없는 수들은 무한히 많아서, 어떤 특정한 3도 다른 3에 비해 더 사람 자체가 되지는 않을 것이다). 그러나 만일 이데아들이 수가 아니라면, 그것들은 결코 존재할 수 없을 것이다. 이데아들은 어떤 종류의 원리들로부터 유래하는가? 이런 의문이 제기되는 것은 수가 1과 무한정한 2로부터 유래하고 〈이것들은〉 수의 원리들이자 요소들로 불리기 때문이다. 이데아들은 수들보다 더 앞선 지위도 더 뒤진 지위도 갖지 않을 것이다.

그러나 (2) 만일 모나스들이 합산불가능하고 어느 것도 다른 것과 합산불가능하다는 뜻에서 그렇다면, (a) 그런 수는 수학적인 수일 수 없다. 왜냐하면 수학적인 수는 차이가 없는 모나스들로 이루어지기 때문인데, 수학적인 수에 대해 증명된 것은 수의 그런 성질에 부합한다. 그런 수는 또한 형상들의 수일 수도 없다. 왜냐하면 첫째 2는 1과 무한정한 2로부터 유

---

76 위의 1080a18-20, 23-35 참고.

77 '2 자체'(*autē hē dyas*)는 물론 이데아의 2를 가리킨다.

78 '첫째가는 수'(*prōtos arithmos*)는 이데아의 수를 가리킨다. 위의 1080b22 참고.

래하지 않을 것이고, 사람들이 말하는 '2, 3, 4'처럼 계열을 이루는 수들도 마찬가지일 것이기 때문이다. ― 왜냐하면 첫째 2 안에 있는 모나스들은 동시에 생겨날 터인데, 이는 그 이론을 맨 처음 주장한 사람의 말대로 2가 같지 않은 것들로부터 생겨나건 (그의 주장에 따르면 이것들이 균등하게 됨으로써 2가 생겨난다[79]) 그렇지 않건 마찬가지이다 ― 만일 어떤 모나스가 다른 모나스보다 앞선다면, 그것은 그것들로 이루어진 2에도 앞설 것이다. 왜냐하면 어떤 것이 앞서고 어떤 것이 뒤에 온다면, 그것들로 구성된 것은 그 가운데 하나에는 앞서고 다른 것보다는 뒤에 오기 때문이다.[80]

(b) 또한 1 자체는 첫째가는 것이고 그 뒤에 오는 1은 다른 수들 가운데는 첫째가는 것이지만 1 자체 뒤에 오는 두 번째 수이고, 그 다음에는 세 번째 1이 오는데 이것은 두 번째 수[81] 뒤에 오는 두 번째 수지만 첫째 1에 비하면 그 뒤에 오는 세 번째 수이다. 그렇다면 모나스들은, 사람들이 그것들로 이루어진다고 말하는 수들보다 앞설 것인데, 예컨대 2 안에는 개별적인 3들에 앞서서 세 번째 모나스가 속해 있을 것이고 3 안에는 개별적인 4들과 5들에 앞서서 네 번째와 다섯 번째 모나스가 속해 있을 것이다.[82] (수 이론을 내세운) 사람들 중 어느 누구도 모나스들이 이런 방식

---

79 '같지 않은 것들'(*anisa*), 즉 '큼과 작음'의 균등화(*isasthenai*)에 의해 2가 생긴다고 말한 사람은 플라톤이다.

80 이데아의 수에 대한 이론에 따르면, 2는 첫째가는 1 다음에 온다. 그리고 이 1과 '무한정한 2'(*aoristos dyas*)가 수의 원리이다. 하지만 모든 모나스가 서로 다른 종에 속한다면, 2 안에 있는 모나스들 가운데 하나는 다른 하나에 앞설 것이고 따라서 2에도 앞서고 최초의 1 다음에 ― 즉, 최초의 1과 2 사이에 ― 올 것이다. 2와 3 사이의 관계도 이와 마찬가지여서 3 안에 최초의 모나스가 들어 있을 것이며, 이는 다른 수의 경우에도 마찬가지일 것이다.

81 1 자체(*auto to hen*) 뒤에 오는 수로서의 1을 말한다.

82 이 구절의 내용은 다음의 그림을 통해 설명될 수 있다.

수들(*numbers*)	1	2		
모나스들(*units*)	1	1′	1″	1‴
모나스들의 수(*number of units*)	1	2	3	4

1081b 으로 합산불가능하다고 말한 적은 없지만, 그들이 내세운 원리들에 따르면 당연히 사정이 그러한데, 진리의 관점에서 보면 이는 불가능한 일이다. 첫째 모나스와 첫째 1이 있다면, 모나스들 가운데 앞선 것과 뒤에 오는 것이 있는 것이 당연하고, 첫째 2가 있다면, 2들의 경우에도 사정은 당연히 같을 것이다. 왜냐하면 첫 번째 것 다음에는 두 번째 것이 오고, 두 번째 것이 있다면 세 번째 것이 있으며, 이렇게 해서 나머지 것들이 계열을 이루는 것은 당연하고 필연적인 일이기 때문이다(하지만 그 둘을 동시에 주장하는 것, 즉 (이데아의) 1 다음에 첫째 모나스와 둘째 모나스가 있다고 말하면서 동시에 2가 그 1 뒤에 오는 첫 번째 것이라고 말하는 것은 불가능하다). 하지만 그들은 첫째 모나스와 첫째 1은 내세우면서 둘째 1과 셋째 1은 더 이상 주장하지 않고, 첫째 2는 내세우면서 둘째 2와 셋째 2는 주장하지 않는다.

(c) 만일 모든 모나스가 합산불가능하다면, 2 자체와 3 자체를 비롯해서 그런 방식으로 있는 나머지 수들이 존재하는 것은 분명 불가능하다. 왜냐하면 모나스들이, 서로 차이가 없건 저마다 차이가 있건, 더하기에 의해 수를 세는 것은 필연적인 일이어서, 예컨대 1에 다른 1을 더해서 2를 세고 그 2에 다른 하나를 더해서 3을 세며 4도 이와 같은 방식으로 센다. 사정이 이렇다면, 수들의 생성이 그들의 주장처럼 2와 1로부터 발생할 수는 없다. 그 이유는 이렇다. 2는 3의 부분이 되고 3은 4의 부분이 되며 이어지는 수들의 경우에도 방식은 똑같다. 그러나 그들의 주장에 따르면 4는 첫째 2와 무한정한 2로부터 생겨나고, 두 2는 2 자체와 따로 떨어져 있다.[83] 만일 그렇지 않다면, 2 자체가 (4의) 부분일 것이고 다른

이에 따르면 2에 앞서서 2개의 모나스가 있고, 3에 앞서서 3개의 모나스가 있을 것이다. J. Annas(trans.), *Aristotle's Metaphysics. Books M and N*, Oxford 2003(초판 1976), p. 169 참고.

83 아래의 1082a13-4 참고. 무한정한 2는 이데아의 2에 작용을 가함으로써 (4에 속하는) 2개의 2를 만들어내며, 그런 점에서 '2를 만드는'(*dyopoios*) 것이라고 불린다 (1083b36 참고). 이데아의 2와 떨어져 있다는 말은 뒤에 오는 2개의 2를 두고 하는

2가 하나 그것에 더해질 것이다. 그리고 2는 1 자체와 다른 1로부터 유래할 것이며, 만일 그렇다면, 그 다른 요소는 무한정한 2일 수 없을 것인데, 왜냐하면 그것은 하나의 모나스를 낳지만 (무한정한 2가 그렇게 하듯이) 한정된 2를 낳지는 않기 때문이다.

(d) 또한 3 자체와 2 자체와 떨어져서 어떻게 다른 3들과 2들이 있을 수 있을까? 그리고 그것들은 어떻게 앞선 모나스들과 뒤에 오는 모나스들로 이루어질 수 있을까? 왜냐하면 그 모두는 〈불합리하고〉 허구적이며,[84] 첫째 2가 있고 그 다음에 3 자체가 있는 것은 불가능하기 때문이다. 하지만 1과 무한정한 2가 요소가 된다면, 그것은 필연적인 일이다. 하지만 그로부터 따라 나오는 결론이 불가능하다면, 그것들은 (수들의 생성의) 원리일 수 없다.[85]

그런데 만일 모나스들이 서로 차이가 있다면, 그와 동일하거나 같은 종류의 다른 결론들이 필연적으로 따라 나온다.[86] (3) 한편, 만일 다른 수 안에 있는 모나스들은 서로 차이가 있지만 같은 수 안에 있는 것들은 차이가 없다면, 그렇다고 해도 그에 못지않은 어려움들이 따라 나온다. 1082a
(a) 왜냐하면 10 자체 안에는 10개의 모나스가 있고 10은 그것들로 이루어지기도 하고 두 묶음의 5들로 이루어지기도 하기 때문이다. 그러나

말이다.

84 '불합리하고 허구적'(*atopon kai plasmatōdes*)이란 말뜻에 대해서는 아래 1082b3-4 참고.

85 후건부정(*modus tollens*)의 형태를 취한 이 논증의 논지는 다음과 같다. 1과 무한정한 2가 요소라면, 먼저 첫째 2가 있고 그 다음에 3 자체가 있어야 한다. 하지만 이는 불가능하다. 따라서 1과 무한정한 2는 수들의 생성의 원리일 수 없다.

86 여기서부터 8장의 앞부분(1083a20)까지의 논변은 다음과 같이 진행된다. 만일 다른 수들 안에 있는 모나스들이 서로 차이가 있다면(*diaphoroi*), (a) 예컨대 10 안에 있는 5들의 모나스들은 다른 5들과 차이가 있어야 한다. (b) 어떻게 2가 두 모나스들과 떨어져서 실체일 수 있을까? (c) 2들 가운데 앞서는 것과 뒤에 오는 것이 있을 것이고, 이데아는 여러 이데아들의 복합체일 것이다. (d) 모나스들의 차이를 가정하는 것은 인위적이다. (e) 모나스들이 동일하건 다르건, 1에 1을 더하면 2이다. (f) 이데아들은 수들일 수 없다. (g) 수들과 모나스들의 차이를 규정하는 데 따르는 어려움. (h) 결론.

10 자체는 임의(任意)의 수도 아니고 임의의 5들로 이루어지지도 않기 때문에 — 이는 10이 임의의 모나스들로 이루어지지도 않는 것과 마찬가지다 — 10 자체 안에 있는 모나스들은 필연적으로 (다른 수 안에 있는 모나스들과) 차이가 있어야 한다. 왜냐하면 만일 그것들이 차이가 없다면 10을 이루고 있는 5들도 차이가 없겠고, 이것들이 차이가 없다면, 모나스들도 차이가 없기 때문이다. 하지만 만일 그것들이 차이가 있다면, 10 안에는 그 둘만이 있을 뿐 다른 5들은 없거나 아니면 다른 것들이 있을 터인데, 그 중 어떤 것인가? 만일 다른 것들이 (10 안에) 속해 있지 않다면, 이는 불합리하다. 만일 속해 있다면, 그것들로 이루어지는 것은 어떤 종류의 10인가? 왜냐하면 10 자체와 떨어져서 다른 10이 그 10 안에 속해 있을 수는 없기 때문이다. 하지만 (그들의 의견에 따르면) 임의의 2들로부터 4가 이루어질 수 없음은 필연적이다. 왜냐하면 그들의 주장에 따르면 무한정한 2는 한정된 2를 받아들여 두 2를 만들기 때문인데, 그 까닭은 받아들인 것을 둘로 만드는 것은 그것의 본질이기 때문이다.[87]

(b) 또한 2개의 모나스들과 떨어져서 2가 일종의 자연물로서 존재하고 3개의 모나스들과 떨어져서 3이 일종의 자연물로서 존재하는 것이 어떻게 가능할까? 가능성은 두 가지다. 마치 하얀 사람이 하양 및 사람과 떨어져 있듯이 (왜냐하면 하얀 사람은 이것들에 관여하기 때문이다) 하나가 다른 하나에 관여함으로써 그렇거나 아니면 사람이 동물과 두 발 가짐과 떨어져 있듯이 하나가 다른 하나의 (종적인) 차이를 이루는 방식으로써 그럴 것이다.[88]

(c) 또한 어떤 것들은 접촉에 의해서 하나이고 어떤 것들은 결합에 의해서 하나이며, 또 어떤 것들은 위치에 의해서 하나이다. 그런데 이 가운데 어떤 것도 2와 3을 이루는 모나스들에는 적용될 수 없다.[89] 그렇지 않

87 위의 1081b21-2 참고.

88 '하얀 사람'과 '두 발 가진 동물'의 차이(*diaphora*)에 대해서는 VII 12, 1037b14 아래 참고.

고 마치 두 사람이 그 둘과 떨어진 상태에서는 하나의 통일체로서 있을 수 없듯이,[90] 모나스들도 그럴 수밖에 없다. 그리고 그것들이 분할불가능하다고 하더라도 그 사실로 말미암아 사정이 달라지지는 않는다. 왜냐하면 점들 역시 분할불가능하지만, 그럼에도 불구하고 두 점은 그 둘과 떨어져 있는 다른 어떤 것이 아니기 때문이다.

(d) 하지만 다음과 같은 사실을 간과해서는 안 된다. (그들의 주장으로부터는) 앞선 2들과 뒤에 오는 2들이 있으며 다른 수들의 경우도 마찬가지라는 결론이 따라 나온다. 그 이유는 이렇다. 4 안에 있는 2들이 동시적으로 있다고 해 보자. 그렇다고 하더라도 이것들은 8 안에 있는 2들보다 앞서며, 마치 2가 그것들을 만들어냈듯이 그것들은[91] 8 자체 안에 있는 4들을 만들어낸다. 그러므로 첫째 2가 하나의 이데아라면, 그 2들 역시 이데아들일 것이다. 그리고 동일한 논변이 모나스들에도 적용되는데, 그 이유는 첫째 2 안에 있는 모나스들은 4 안에 있는 모나스들을 만들어내고, 그 결과 모든 모나스들은 이데아들이 될 것이고 이데아가 이데아들로 구성되는 셈이 된다. 그러므로 이데아들 자체를 자신들의 이데아로 삼아 이루어진 것들은 구성체들일 터인데, 이는 마치 동물들 — 이것들에 대해 이데아들이 있다면 — 이데아의 동물들로 이루어진다고 말하는 것과 같다.

(e) 일반적으로 어떤 방식으로든 모나스들에 차이를 두는 것은 불합리한 일이고 허구적이다(나는 전제에 억지로 맞춘다는 뜻에서 허구라고 말한다). 왜냐하면 우리가 보기에 모나스는 양적인 측면에서도 질적인 측면에서도 서로 차이가 없기 때문이다. 그리고 수는 필연적으로 (양적인 측면에서) 서로 같거나 다를 수밖에 없고, 이는 무엇보다도 모나스의 수[92]가

89 접촉(*haphē*), 결합(*mixis*), 위치(*thesis*) 등에 의한 모나스들의 합산가능성에 대해서는 아래의 1085b11-3을 함께 참고.

90 소크라테스와 플라톤을 하나의 통일체로 간주한다면, 이 통일체는 소크라테스와 플라톤과 떨어져서 존재할 수 없다.

91 4 안에 있는 2들을 가리킨다.

그런데, 만일 그것들 사이에 더 작거나 크거나 하는 일이 없다면 양적으로 같을 것이다. 하지만 우리는 수들의 경우 크기가 같고 어떤 방식으로도 차이가 없는 것들을 일컬어 양적으로 같다고 생각한다. 만일 그렇지 않다면, 10 자체 안에 있는 2들 역시 — 서로 양적으로 같음에도 불구하고 — 차이가 없지 않을 것이다. 그것들이 차이가 있다고 말하는 사람은 무슨 근거에서 그런 주장을 할 것인가?

(f) 또한 만일 모든 경우 하나의 모나스와 다른 모나스가 합쳐서 둘이 된다면, 2 자체에서 빼낸 모나스와 3 자체에서 빼낸 모나스는 합쳐서 2가 될 것이다. 그래서 (α) 이 2는 서로 차이가 있는 것들로 이루어질 터인데, (β) 그것은 3보다 앞서는가 아니면 뒤에 오는가? 그것은 3보다 앞설 수밖에 없을 것 같다. 왜냐하면 두 모나스[93] 가운데 하나는 3과 동시적이고 다른 하나는 2와 동시적이기 때문이다. 그리고 우리는 일반적으로 1과 1은, 그 둘이 같거나 다르거나 상관없이, 2라고 생각하는데, 예컨대 좋음과 나쁨이 그렇고 사람과 말이 그렇다. 하지만 우리가 지금 소개하는 주장을 내세우는 사람들은 두 모나스조차 2가 아니라고 생각한다.

(g) 그리고 만일 3 자체라는 수가 2 자체라는 수보다 더 크지 않다면, 이는 놀라운 일이다. 반면 만일 3이 더 크다면, 그 안에는 2와 같은 수가 속해 있고 따라서 그 수는 2 자체와 차이가 없을 것이다. 하지만 첫째 수와 둘째 수가 있다면[94] 이는 있을 수 없는 일이다.

(h) 또한 이데아들은 수가 아닐 것이다. 이 점에 국한해서 보면, 앞에서 이미 말한 바와 같이,[95] 모나스들이 이데아들이려면 그 모나스들 사이에는 차이가 있어야 마땅하다고 여기는 사람들의 말이 옳다. 왜냐하면 형상은 하나이기 때문이다.[96] 그러나 만일 모나스들이 서로 차이가 없다

---

92 위의 1080b18 참고.

93 2 자체에서 빼낸 모나스(*hē monas ek tēs dyados*)와 3 자체에서 빼낸 모나스(*hē monas ek tēs triados*)를 말한다.

94 즉, 수의 종류에 차이가 있다면.

95 위의 1081a5-17 참고.

면, (그것들로 이루어진) 2들과 3들 역시 차이가 없을 것이다. 바로 그런 이유 때문에 그들은, 우리가 주어진 수에 다른 수를 더하지 않고서[97] 지금처럼 '1, 2'와 같은 방식으로 셈을 한다고 말할 수밖에 없는 것이다(왜냐하면 (수의) 생성이 무한정한 2로부터 일어나는 것도 아니고 (수가) 이데아일 수도 없기 때문인데, 그 이유는 그런 경우 하나의 이데아가 다른 이데아 안에 있을 것이고 모든 형상은 한 이데아의 부분들이 될 것이기 때문이다). 그러므로 그들은 전제에 맞는 올바른 주장을 하고 있지만, 전체적으로 볼 때 그들의 말은 옳지 않다. 왜냐하면 그들의 주장은 많은 것을 파괴하는데, 그들은 다음과 같은 물음이 의문에 직면한다는 사실을 시인할 것이기 때문이다. 즉, 우리가 셈을 하면서 '1, 2, 3'이라고 말한다면, 우리는 더하기에 의해서 셈을 하는가 아니면 독립된 몫을 취해서 그렇게 하는 것일까?[98] 우리는 두 방식을 모두 사용한다. 그러므로 그 차이를 그토록 커다란 본질적 차이로 환원하는 것은 우스운 일이다. 8. (i) 가장 먼저 할 일은 수의 차이가 무엇이고, 만일 모나스들이 서로 차이가 있다면 모나스의 차이가 무엇인지 올바로 규정하는 것이다. 그것들은 필연적으로 양적인 측면이나 질적인 측면에서 차이가 있어야 하는데, 이 가운데 어떤 방식으로도 차이가 가능하지 않은 것처럼 보인다. 그것들이 수인 한, 양적인 측면에서 차이가 있어야 한다. 하지만 만일 모나스들도 양적인 측면에서 차이가 있다면, 똑같은 수의 모나스들로 이루어진 수들도 서로 다를 것이다. 또한 첫째 모나스들이 더 큰가 아니면 더 작은가, 그리고 뒤에 오는 모나스들은 크기가 증가하는가 아니면 그 반대인가? 이래도 저래도 모두 불합리하다. 모나스들이 질적인 측면에서 차이가 있는 것도 가능치 않은 일이다. 그것들에는 어떤 속성도 속할 수 없기 때문이

96 형상은 모두 독특하다는 뜻이다.

97 1, 1+1, 1+1+1식의 셈법을 가리키는 듯하다.

98 1에 1을 더해서 2를 얻고, 2에 다시 1을 더해서 3을 얻는 식으로 셈이 이루어지는가, 아니면 종이 서로 다른 1과 2와 3을 각각 따로 취해서 셈을 하는가?

다. 왜냐하면 그 사람들의 말에 따르면 수들에는 성질이 양보다 나중에 속하기 때문이다. 또한 성질은 1이나 2로부터도 수들에 속하게 되지 않는데, 왜냐하면 앞의 것은 성질을 지니지 않으며 뒤의 것은 양을 만들어 내는 것이기 때문인데, 그 이유는 둘은 본성상 있는 것들을 여럿으로 만드는 원인이기 때문이다. 만일 사정이 우리가 말하는 것과 다르다면, 처음부터 의심의 여지없이 분명하게 그 점을 말해야 하고 모나스의 차이에 대해서 규정해야 하며, 무엇보다도 그런 차이가 있는 원인을 규정해야 한다. (h) 그래서 만일 이데아들이 수라면, 모나스들은 모두 서로 합산될 수도 없고 둘 중 어떤 방식으로[99] 합산불가능할 수도 없다는 것이 분명하다.

(B) (a) 하지만 수들에 대해서 다른 사람들이 주장하는 방식 역시 옳지 않다.[100] 이데아들은 무제한적인 뜻에서나 일종의 수라는 뜻에서나 어떤 방식으로도 있지 않지만 수학적인 것들은 있으며 있는 것들 가운데 수들이 첫째가는 것이고 1 자체가 그것들의 원리라고 생각하는 사람들이 있다. 이들의 주장이 옳지 않은 이유는, 그들이 주장하듯이 1들 가운데는 첫째 1이 있지만 2들 가운데 첫째 2는 없으며 3들 가운데 첫째 3도 없다는 것은 불합리하기 때문인데, 동일한 논변이 모든 것에 적용되기 때문이다. 그래서 만일 수와 관련해서 사정이 이러하고 누군가 수학적인 수만을 있는 것으로 내세운다면, 1은 원리가 아닐 것이다(왜냐하면 그런 종류의 1은 다른 모나스들과 차이가 있어야 하기 때문이다. 반면 만일 사실이 그렇다면 2들 가운데 첫째 2가 있을 것이고 이어지는 다른 수들의 경우에도 마찬가지일 것이다). 반면 만일 1이 원리라면, 수들과 관련된 사정은 플라톤이 말했던 바와 똑같아서 첫째 2와 3이 있어야 하고 수들은 서로 합산불가능할 수밖에 없다. 하지만 누군가 다시 이런 주장을 내세운다면, 우리가

---

99 위의 1080a18-20와 23-35 참고.

100 여기서부터 1083b1까지는 스페우시포스의 수 이론이 검토된다. 위의 1076a20-1 참고.

앞서 말했듯이[101] 많은 불가능한 결과들이 따라 나온다. 그런데 그 둘 가운데 어느 하나는 사실이어야 하는데, 둘 다 사실이 아니라면 수는 분리 가능할 수 없을 것이다.

(C) (b) 세 번째 설명방식, 즉 형상들의 수와 수학적인 수가 동일한 수 1083b
라는 의견이 가장 열등하다는 사실은 이상의 논의로부터 분명하다.[102] 왜냐하면 두 가지 잘못이 하나의 의견으로 귀결될 수밖에 없기 때문이다. (1) 수학적인 수는 그런 방식으로 존재할 수 없는데, 그럼에도 불구하고 사람들은 고유한 전제들을 전제하면서 장광설을 늘어놓을 수밖에 없고, (2) 그들은 수가 이데아라고 주장하는 사람들에게 따라 나오는 결론들을 주장할 수밖에 없기 때문이다.

(B) (b) 피타고라스학파의 설명방식은 어떤 측면에서 보면 앞서 다루었던 설명방식들에 비해 어려움이 덜하지만, 그 나름의 다른 어려움이 있다. 왜냐하면 수가 분리가능하지 않다는 주장은 많은 불가능한 점들을 제거해 주지만, 물체들이 수들로 이루어지며 여기서 말하는 수들이 수학적인 수라는 주장은 성립할 수 없기 때문이다. 불가분적인 연장물이 있다는 주장은 참이 아니며,[103] 설령 그런 설명방식이 옳다고 해도 모나스는 연장을 갖지 않는다. 연장물이 분할불가능한 것들로 이루어지는 것이 어떻게 가능한 일일까? 하지만 적어도 산수의 수는 모나스의 성격을 갖는다. 그에 반해 그들은 수를 있는 것들이라고 말한다. 어쨌건 그들은 물체들이 수들로부터 유래한다고 믿고서 수학적인 정리들을 물체들에 대해 적용한다.

그래서 만일 수가 그 자체로서 있는 것[104]이라면 그것은 앞에서 말한 설명방식 가운데 어느 한 방식을 취할 터인데, 그 중 어떤 것도 가능하지 않

---

101 1080b37-1083a17 참고.

102 1083b1-8까지는 크세노크라테스에 대한 비판이다.

103 불가분적인 연장물(*atoma megethē*)이 있을 수 없다는 데 대해서는 『생성·소멸론』 I 2, 315b24-317a17 참고.

104 원어는 'ti kath' hauto'이다.

다면, 수가 그런 종류의 자연물, 즉 수가 분리가능한 것이라고 주장하는 사람들이 꾸며대는 것과 같은 종류의 자연물이 아니라는 것은 분명하다.

(1)[105] 또한 각각의 모나스는 균등화된 상태의 큼과 작음으로 이루어진 것인가, 아니면 어떤 것은 작음으로, 어떤 것은 큼으로 이루어진 것인가? (a) 만일 뒤의 경우라면, 어떤 것도 모든 요소들로 이루어지지 않고 모나스들도 차이가 없을 것이다. 왜냐하면 어떤 것 안에는 큼이 속하고 어떤 것 안에는 작음이 속하는데, 그 둘은 본성상 서로 반대되기 때문이다. 또한 3 자체 안에 있는 모나스들은 어떤가? 그것들 중 하나는 홀수이기 때문이다. 하지만 그들이 1 자체가 홀수들의 중간에 온다고 말하는 것은 아마도 그런 이유 때문일 것이다.[106] 하지만 (b) 만일 두 모나스가 모두 양적으로 동일하게 된 상태의 큼과 작음으로 이루어진다면, 2는 어떻게 하나의 자연물이면서 큼과 작음으로 이루어질 수 있을까? 또는 그것은 어떤 점에서 모나스와 다를까? 또한 모나스는 2보다 앞선다. 모나스가 사라지면 2도 사라지기 때문이다. 그렇다면 그것은 이데아에 앞선 것으로서 이데아의 이데아이고 이데아보다 앞서서 존재해야 한다. 그렇다면 그것은 무엇으로부터 유래하는가? 왜냐하면 무한정한 2는 2를 만드는 것이기 때문이다.[107]

(2) 또한 수는 필연적으로 무한하거나 유한해야 한다. 그들은 수가 분
1084a 리가능한 것이라고 주장함으로써, 그 둘 중 어떤 것도 사실일 수 없게 만든다. (a) 수가 무한할 수 없다는 것은 분명하다. (α) 왜냐하면 무한한 수는 홀수도 아니고 짝수도 아닌 반면, 수들의 생성은 언제나 홀수의 생성

105 수들의 분리가능성을 주장하는 모든 이론에 대항하는 논변들(8, 1083b23-9, 1085b34)이 전개된다.

106 이에 대해서는 로스(*Metaphysics* II, p. 446)의 해설을 참고하라. "더욱이 플라톤주의자들은 3의 이데아 안에 있는 모나스들에 대해 어떤 설명을 제시할 수 있을까? 그것들 중 하나는 홀수의 모나스이고, 따라서 그것은 큼과 작음의 탓으로 돌릴 수 없다(왜냐하면 큼과 작음은 각각 하나의 모나스만을 낳기 때문이다). 아마도 이런 이유 때문에 그들은 1의 이데아를 홀수들 안에서 중간의 자리에 오는 모나스로 간주하는 것 같다."

107 '2를 만드는'(*dyopoios*) 무한정한 2에 대해서는 위의 7, 1081b22에 대한 각주 참고.

이거나 짝수의 생성이기 때문이다. 어떤 경우 1이 짝수에 붙어 홀수가 되고, 어떤 경우는 2가 따라붙어 1로부터 배가된 수가 생겨나며, 또 어떤 경우는 홀수들이 따라붙어 다른 짝수가 생겨난다.[108] (β) 또한 만일 모든 이데아가 다른 어떤 것의 이데아이고 수들이 이데아들이라면, 무한한 수 자체는 다른 어떤 것의 이데아일 것이고, 그때 그 다른 어떤 것은 감각물이거나 다른 종류의 어떤 대상일 것이다. 그러나 이는 그들의 전제에 의거해서 보거나 논리적으로 보거나 있을 수 없는 일인데, 적어도 그들의 설명방식에 따라서 이데아들을 배치한다면 그렇다.[109]

(b) 그러나 만일 수가 유한하다면, 그 한계는 어디에 있을까? 이에 대해서는 사실뿐만 아니라 그런 사실의 원인도 제시해야 한다. 하지만 어떤 사람들이[110] 주장하듯이 수가 10까지 있다면, (α) 첫째로 형상들이 즉시 부족해질 것이다. 이를테면 만일 3이 사람 자체라면, 어떤 수가 말〔馬〕 자체일까?[111] 각각의 수 자체는 10을 넘지 않고, 그래서 그것은 그 가운데 있는 수들 중 어떤 것일 수밖에 없다. 왜냐하면 바로 이것들이 실체들이자 이데아들이기 때문이다. 그렇지만 그것들로는 부족하다. 왜냐하면 동물 종(種)의 수는 (그 한계를) 초과하기 때문이다. (β) 그와 동시에 만일 이와 같이 3이 사람 자체이고 다른 3들도 이와 같다면 (왜냐하면 동일한 수들에 속하는 이데아들은 동질적이기 때문이다), 결과적으로 사람들의 수는 무한할 것이다. 만일 각각의 3이 이데아라면 각각의 수는 사람 자체이고, 만일 그렇지 않다면 적어도 사람들이기는 할 것이다. (γ) 그리고 더 작은 것이 더 큰 것의 부분이고 그것이 동일한 수 안에 있는 합산가능

---

108 XIV 3, 1091a12에 대한 각주 참고.

109 '이데아들을 배치한다(*tattein*)'라는 말의 뜻은 분명치 않다. 아마도 위의 "만일 모든 이데아가 다른 어떤 것의 이데아(*idea tinos*)이고 수들이 이데아들이라면 (……)"을 고려한 발언으로 보인다.

110 XIV 1, 1088b10과 XII 8, 1073a19에 따르면 이런 주장을 내세운 것은 이데아론자들이지만, 그 기원은 피타고라스학파로 거슬러 올라간다. I 5, 986a8 참고.

111 '사람 자체'(*autoanthropos*)와 '말〔馬〕 자체'(*autoippos*) 같은 표현에 대해서는 VII 16, 1040b32-4 참고.

한 모나스들로 이루어진다면, 그리고 4 자체가 어떤 것의 이데아, 예컨대 말이나 하양의 이데아라면, 사람은 말의 이데아가 될 터인데, 사람이 2라면 그렇다. (δ) 10의 이데아는 있지만 11의 이데아는 없고 이어지는 다른 수들의 이데아가 없다는 것은 불합리하다. (ε) 또한 형상들을 갖지 않지만 존재하고 생겨나는 것들이 있는데, 그런 것들의 경우에는 왜 이데아가 없을까? 그렇다면 이데아들은 원인이 아니다. (ζ) 또한, 만일 10까지의 수와 10 자체를 비교해서, 앞의 것은 하나의 통일체로서 생성하지 않는 반면 뒤의 것은 생성하기 때문에, 10까지의 수가 10 자체보다 더 높은 정도로 있는 것이고 형상이라고 한다면, 이는 불합리하다. 하지만 그들은 10까지의 수가 완전하다고 믿고서 설명을 시도한다. 그들은 적어도 후속적인 것들, 예컨대 공허, 비례, 홀수를 비롯해서 그런 종류의 다른 것들이 10 안에서 생겨난다고 주장한다. 왜냐하면 그들은 어떤 것들, 예컨대 운동과 정지, 좋음과 나쁨 같은 것들은 원리들에 의거해 설명하지만,[112] 나머지 것들은 수들에 의거해서 설명하기 때문이다. 이런 이유 때문에 그들은 1을 홀수와 동일시하는데, 그것이 3 안에 있다면, 어떻게 5가 홀
1084b 수일까?[113] 또한 그들에 따르면 연장물들이나 그런 종류의 다른 것들은 일정한 양을 넘지 않는데, 예컨대 첫째가는 것, 즉 불가분적인 것은 선이고,[114] 그 다음에는 2가 오고 그런 종류의 것들이 10까지 이어진다.[115]

(3) 또한 만일 수가 분리가능하다면, 어떤 사람은 1과 3과 2 가운데 어

---

112 여기서 말하는 원리들은 물론 1과 무한정한 2를 말한다. 1로부터 정지(*stasis*)와 좋음(*agathon*)이, 둘로부터 운동(*kinēsis*)과 나쁨(*kakon*)이 도출된다.

113 홀수의 홀수성은 최초의 홀수인 3이 아니라 모든 수 안에 내재하는 원리인 1에 의해서 설명된다. 따라서 만일 실제로 3이 홀수성의 원리라면, 플라톤주의자들은 왜 5가 홀수인지를 설명할 수 없을 것이다. 왜냐하면 그들은 1이 짝수인 4에 부가됨으로써 5가 생겨난다고 보기 때문이다. 이 경우에 3은 아무 작용도 하지 않는다. Ross, *Metaphysics* II, p. 451의 관련 주석 참고.

114 I 9, 992a22 참고.

115 1은 점, 즉 불가분적인 선에 해당하고, 2는 선, 3은 평면, 4는 입체에 해당하며, 그것들이 합쳐져서 10이 된다. XIV 3, 1090b21-4 참고.

떤 것이 앞서는지 의문을 제기할 수 있을 것이다. 수가 합성체라는 점에서 보자면 1이 앞서지만, 보편자와 형상이 (다른 것에) 앞선다는 점에서 보자면, 수[116]가 앞선다. 왜냐하면 각각의 모나스는 수의 부분으로서 질료에 해당하고 수는 형상에 해당하기 때문이다. 그리고 실제로 어떤 뜻에서는 직각은 예각에 앞서는데, 정식에 따르는 정의의 측면에서 볼 때 그렇다.[117] 하지만 어떤 뜻에서는 예각이 앞서는데, 예각은 부분이고 직각은 예각으로 이루어지기 때문이다. 그러므로 질료의 측면에서는 예각과 요소와 모나스가 앞서고, 형상과 실체에 따른 정식의 측면에서는 직각과, 질료와 형상으로 이루어진 전체[118]가 앞서는데, 왜냐하면 두 부분으로 이루어진 것은 형상과 정식의 대상에 더 가깝지만, 생성에서 뒤에 오기 때문이다. 그렇다면 1은 어떤 뜻에서 원리인가? 앞서 말했듯이 1은 분할불가능하지만, 보편자와 개별자[119]와 요소도 분할불가능하다. 하지만 그 방식은 다른데, 어떤 것은 정식의 측면에서 원리이고, 어떤 것은 시간의 측면에서 원리이다.[120] 그렇다면 그 둘 중 어떤 뜻에서 1은 원리인가? 앞서 말했듯이 직각이 예각의 원리라고 생각할 수도 있고 예각이 직각의 원리라고 생각할 수도 있는데, 그 둘은 저마다 단일한 특성을 갖는다. 그런데 그들은 그 둘 가운데 어떤 방식으로 보건 1이 원리라고 말한다. 하지만 이는 불가능한데, 왜냐하면 어떤 것은 형상과 실체라는 뜻에서 앞서고, 어떤 것은 부분과 질료라는 뜻에서 앞서기 때문이다. 어떻게 보면 그 둘은 각각 하나이지만, 진실을 말하자면 가능적으로는 하나이고 (적어도 수는 일종의 통일체이지 더미가 아니고,[121] 그들 말대로 다른 수가 서

---

116 모든 수에 대해 술어가 되는 보편 개념으로서의 '수'(*arithmos*)를 가리킨다.

117 예각은 '직각보다 작은 각'이라는 정식(*logos*)에 의해 정의되기 때문이다(VII 10, 1035b6-8).

118 원어는 'to holon to ek tēs hylēs kai tou eidous'이다.

119 여기서는 개별자를 가리키는 말로 'to kath' hekaston'이 아니라 'to epi merous'가 쓰였다.

120 'archē'의 본뜻에 따라 어떤 것은 '정식의 측면에서 시작'이고, 어떤 것은 '시간적인 측면에서 시작'이라고 보면 뜻이 더 분명할 것이다.

로 다른 모나스들로 이루어진다면 그렇다), 완전한 상태에서는 그렇지 않은데, 각각의 모나스는 완전성의 측면에서 하나다. 그들이 이런 잘못을 범한 이유는, 수학의 대상과 보편적 정의들을 동시에 탐색의 출발점으로 삼은 데 있다. 그 결과는 다음과 같다. (1) 수학적 대상들에 비추어 그들은 1을 점에 해당하는 것으로 보고 원리로 삼았다(이렇게 말하는 까닭은 모나스는 위치를 갖지 않는 점이기 때문이다.[122] 그래서 이들 역시, 있는 것들은 최소의 부분들이 합쳐져서 이루어진다고 주장했던 사람들[123]과 같은 주장을 내세웠다. 그 결과 모나스는 수들의 질료이면서 동시에 2보다 앞선 것이 된다. 그러나 그것은 다시 (2보다) 뒤에 오는데, 2는 일종의 전체이자 하나이며 형상이기 때문이다). (2) 그러나 그들은 보편자를 찾았기 때문에 (1은 수에 대해서) 술어가 되는 하나이고 그런 뜻에서 (수의) 부분이라고 말했다. 하지만 똑같은 것이 이 두 가지 성질을 동시에 가지는 것은 불가능하다.[124]

만일 1 자체가 모나스의 성격을 가져야 하고[125] (왜냐하면 원리라는 점을 제외하고는 그것은 다른 수들과 차이가 없기 때문이다) 2는 분할이 가능하지만 모나스는 그렇지 않다면, 모나스는 1 자체와 성질이 더 같을 것이다. 그러나 모나스가 1 자체와 더 성질이 같다면, 2보다는 1 자체가 모나스와 더 성질이 가까울 것이고, 따라서 2 안에 있는 각각의 모나스가 2보다 앞설 것이다. 하지만 그들은 그렇게 말하지 않는다. 적어도 그들은 2를 첫째가는 것으로 삼는다.[126] 1085a 또한 만일 2 자체가 일종의 통일체이

121 이 말의 뜻에 대해서는 다음의 구절을 참고하라. VII 17, 1041b12; VIII 3, 1044a4; 6, 1045a9.

122 '위치를 갖지 않는 점'(*stigmē athetos*)으로서의 '모나스'에 대해서는 V 6, 1016b30 참고.

123 원자론자들을 가리킨다.

124 그들은 수에 대해 술어가 되는 단일성뿐만 아니라 수 안에 있는 단일성도 수의 부분으로 여겼다는 말이다. 아리스토텔레스에 따르면, 어떤 것에 대해 술어가 되는 것은 그 어떤 것 안에 있을 수 없다. VII 13, 1038b16-8과 『범주론』 5, 3a9-15 참고.

125 1084b33의 'monen atheton'은 로스를 따라 'monadikon'으로 읽었다.

126 모든 수가 2에서 유래한다고 보는 점에서 그렇다는 말이다.

고 3 자체 역시 그런 것이라면, 그 둘은 2를 이룰 것이다. 그렇다면 이 2는 무엇으로 이루어지는가?

9. 수들의 분리가능성을 주장하는 모든 이론을 반박하는 논변들(계속). (4) 기하학적 대상들의 원리와 관련된 어려움들. (5) 수들과 공간적 연장물들의 생성과 관련된 어려움들. 이데아의 수들에 대한 비판의 요약. 이데아론에 대한 비판. (A) 이데아론은 보편자들을 분리된 것으로 만든다

어떤 사람은 이런 의문을 제기할 수 있을 것이다. 수들 사이에 접촉은 없지만 계열은 있는데, 중간에 아무것도 없는 모나스들의 경우, 예컨대 2 안에 있는 모나스들과 3 안에 있는 모나스들의 경우 그것들은 1 자체에 연속해서 오는가 그렇지 않은가, 그리고 둘은 그것에 연속해서 오는 것들에 앞설까 아니면 모든 종류의 모나스들에 앞설까?

(4) 이와 마찬가지로 수 뒤에 오는 유들에 대해서도 어려운 점들이 따라 나오는데, 선과 평면과 물체의 경우가 그렇다. (a) 어떤 사람들[127]은 그것들이 큼과 작음의 종(種)들[128]로부터 생겨난다고 주장하면서, 예컨대 긺과 짧음으로부터는 길이들이 생기고, 넓음과 좁음으로부터는 평면들이 생기며, 깊이와 얕음으로부터는 입체들이 생긴다고 말한다. 그들에 따르면 이런 것들이 큼과 작음의 종들이다. 하지만 1에 해당하는, 그런 부류의 대상들의 원리[129]를 내세울 때 그들은 의견이 구구각색이며,

127 아마도 플라톤 자신까지 포함해서 플라톤주의자들을 일컫는 듯하다.

128 a9-10에서 'ek tōn eidōn tou megalou kai tou mikrou'는 이어지는 설명에서 확인할 수 있듯이 큼과 작음으로 양분되는 다른 기하학적 속성들, 즉 긺(*to makron*)과 짧음(*to brachy*), 넓음(*to platy*)과 좁음(*to stenon*) 등을 가리킨다.

129 1이 수들에 대해 원리(*archē*)가 되듯이, 기하학적 형태들에 대해서 원리가 되는 것을 말한다.

그 의견들에서도 수많은 불가능성과 허구와, 어떤 이치와도 어긋나는 점들이 눈에 띈다. (i) 만일 그것들의 원리들이 서로 수반관계에서 넓음과 좁음이 깊과 짧음이 아니라면 그것들은 서로 떨어져 있게 되는 결과가 따라 나온다(하지만 만일 사실이 그렇다면,[130] 평면은 선과 같을 것이고 입체는 평면과 같을 것이다.[131] 또한 각(角)과 형태를 비롯해서 그런 종류의 것들을 어떻게 설명할 수 있을까?). (ii) 똑같은 결과가 수에 대해서도 따라 나오는데, 왜냐하면 깊과 짧음 등은 연장물의 속성들이지만, 연장물은 그것들로 이루어지지 않으니, 이는 마치 길이가 곧음과 굽음으로 이루어지지 않고 물체가 부드러움과 거침으로 이루어지지 않는 것과 마찬가지다.[132]

이 모든 의견은 공통적으로, 어떤 사람이 보편자를 내세울 때 그 결과로서 유에 속하는 종들과 관련해서 따라 나오는 의문과 똑같은 의문에 직면한다. 즉, 동물 자체는 (어떤 종의) 동물 안에 있는가 아니면 그 동물과 다른 것인가라는 문제가 그것이다.[133] 보편자가 분리가능하지 않다면 아무 문제도 없겠지만, 그렇게 주장하는 사람들의 말대로 하나가 수들과 분리가능하다면 그 문제는 해결하기 쉽지 않다. 여기서 '불가능하다'라는 말 대신에 '쉽지 않다'는 말을 써야 한다면 그렇다.[134] 왜냐하면 우리가 2 안에서나 일반적으로 수 안에서 단일성을 지각한다면, 그때 우리가 지각하는 것은 하나 자체인가 다른 어떤 것인가?

(b) 그런데 어떤 사람들은 연장물이 그런 종류의 질료에서 생겨난다고 주장하는 반면, 연장물이 점과(왜냐하면 그들 생각에 점은 1이 아니라 1과 같은 종류의 것이기 때문이다), 다수는 아니지만 다수와 같은 종류의 질료에서 생긴다고 주장하는 사람들이 있지만,[135] 그것들과 관련해서도

130 즉, 넓음과 좁음이 깊과 짧음과 같다면.

131 1085a7-19에 대해서는 I 9, 992a10-9 참고.

132 I 9, 992b1-7과 아래의 XIV 1, 1088a15-21 참고.

133 '유에 속하는 종들'(*ta eidē ta hōs genous*)과 관련된 이런 논의에 대해서는 VII 13 참고.

134 '불가능하다'와 '쉽지 않다'는 각각 'adynaton'과 'rhaidion'을 옮긴 말이다.

똑같은 어려움들이 앞의 경우에 못지않게 따라 나온다. 그 이유는 이렇다. (i) 만일 질료가 하나라면, 선과 평면과 입체가 똑같을 것이다(왜냐하면 동일한 것들로부터 생겨나는 것은 동일한 것이겠기 때문이다). (ii) 만일 질료들이 여럿이어서 선의 질료와 평면의 질료와 입체의 질료가 서로 다르다면, 그것들은 서로 선후관계에 있거나 그렇지 않아서, 결국 그런 경우에도 똑같은 결과들이 따라 나올 것이다. 왜냐하면 평면은 선을 갖지 않거나 선이거나 둘 중의 하나일 것이기 때문이다.

(5) 또한 어떻게 하나와 다수로부터 수가 유래할 수 있는지, 아무 설명도 제시된 적이 없다. 그들이 어떤 말을 하든, 그들은 하나와 무한정한 2로부터 수가 생겨난다고 말하는 사람들이 겪는 것과 똑같은 여러 가지 어려움에 직면한다. 왜냐하면 그 가운데 한 의견은 수가 술어가 되는 보편자[136]로부터 생겨나는 것이지 특정한 다수에서 생겨나는 것이 아니라고 주장하는 반면, 다른 의견은 특정한 수가 다수로부터 생겨나지만 이때의 다수는 첫째가는 것이라고 주장하기 때문이다(왜냐하면 둘은 첫 번째 다수이기 때문이다). (a) 따라서 사실 그 두 의견은 아무 차이가 없고, 똑같은 의문들이 따라 나온다. 즉, 그것들 사이의 관계는 결합인가 위치인가 혼합인가 생성인가 아니면 그런 종류의 다른 어떤 것인가?[137] (b) 특히 어떤 사람은, 만일 각 모나스가 하나라면, 그것은 어떤 것으로부터 유래하는가라는 문제를 탐구의 대상으로 삼을 수도 있는데, 각각의 모나스는 하나 자체가 아니기 때문이다. 그렇다면 그것은 하나 자체와 다수 또는 다수의 부분으로 이루어져야 한다. 그런데 모나스가 일종의 다수라는 말은 성립할 수 없는데, 그것은 분할불가능하기 때문이다. 그것이 다수의 부분으로 이루어진다는 말도 똑같이 많은 어려움을 낳는다. 왜냐

---

135 연장물이 (1과 같은) 점(*stigmē*)과 〔다수(*to plēthos*)와 같은〕 질료에서 생긴다고 말하는 사람들에 속하는 사람은 스페우시포스인 듯하다.

136 위의 1084b31 참고.

137 아리스토텔레스는 위의 XIII 7, 1082a20 아래에서 거론했던 모나스들의 합산가능성 문제를 다시 제기한다.

하면 (α) 각 부분은 필연적으로 분할불가능하고 (그렇지 않다면 그 부분은 다수이고 모나스는 분할가능할 것이다) 하나와 다수는 그 요소가 될 수 없기 때문이다(각 모나스는 하나와 다수로부터 유래하지 않기 때문이다). 또한 (β) 이런 의견을 내세우는 사람이 하는 일은 다른 종류의 수를 만들어내는 것에 불과한데, 차이가 없는 것들이 여럿 있으면 그것이 바로 수이기 때문이다. (c) 또한 우리는 이런 주장을 하는 사람들과 관련해서도 수가 무한한지 아니면 유한한지를 탐구해야 한다. 왜냐하면 얼핏 보기에 유한한 다수가 먼저 주어져 있고 그것과 하나로부터 유한한 수의 모나스들이 유래하기 때문이다. 그런데 다수 자체와 무한한 다수는 서로 다른데, 하나와 짝을 이루어 요소가 되는 것은 어떤 종류의 다수인가? (d) 이와 마찬가지로 어떤 사람은 점에 대해서도 탐구할 수 있을 텐데, 그들은 연장물들이 점으로 이루어진다고 주장한다. 왜냐하면 그것은 유일한 하나의 점이 아니기 때문이다. 그렇다면 나머지 점들은 각각 무엇으로부터 유래하는가? 분명 일정한 간격과 점 자체로부터 유래하지는 않는다. 그러나 간격을 이루는 것들은 분할불가능한 부분들일 수 없는데, 이는 모나스들을 이루는 것들이 다수의 분할불가능한 부분들일 수 없는 것과 마찬가지다. 왜냐하면 수는 분할불가능한 부분들로 이루어지지만, 연장물은 그렇지 않기 때문이다.[138]

이런 점들이나 그런 종류의 다른 반박들은 수와 연장물이 분리가능한 것일 수 없다는 사실을 분명히 보여준다.[139] 또한 수들에 대한 설명방식들 사이의 의견 차이는, 그들이 주장하는 사태들 자체가 진리에 어긋나서 그들에게 혼란을 안겨준다는 사실에 대한 징표이다. 그 내용은 이렇다. (1) 오직 수학적인 대상들만 감각적인 것들과 떨어져 있다고 주장하

---

138 점은 간격(*diastema*)을 요소로 가질 수 없다. 간격을 갖는다면 점의 단순성(V 6, 1016b29-30)이 사라지기 때문이다. 그것은 또한 간격의 부분을 가질 수도 없다. 일정한 간격의 부분이 있다면, 그것이 어떤 것이든 간격을 가져야 하기 때문이다.

139 이데아의 수들에 대한 비판의 요약(9, 1085b34-1086a18)이다.

는 사람들[140]은 형상들과 관련된 어려움들과 허구성들을 간파하고 형상적인 수들을 포기하고 수학적인 수만 주장했다. (2) 그에 반해 형상들과 수들을 동시에 주장하고 싶어했지만, 누군가 수들을 원리들로 내세운다면 어떻게 수학적인 수가 형상적인 수와 떨어져 있을 수 있는지를 간파하지 못했던 사람들[141]은 형상적인 수와 수학적인 수가 동일한 것이라고 주장했으니, 이는 말에 불과하다. 왜냐하면 실제로는 수학적인 수가 부정되었기 때문이다(왜냐하면 그들은 (형상이론에) 고유한 전제들은 내세우지만 수학적인 전제들은 주장하지 않기 때문이다). (c) 그런가 하면 형상들이 존재하고 이 형상들은 수이며 그것뿐만 아니라 수학적인 대상들도 존재한다고 맨 처음 주장했던 사람[142]은 정당한 근거에서 그것들을 분리시켰다. 따라서 누구나 제한된 측면에서는 옳지만 전체를 놓고 보면 옳지 않다. 그들 자신들도 이런 생각에 동의하는데, 왜냐하면 그들이 하는 주장은 똑같지 않고 서로 반대되기 때문이다. 제반 전제들과 원리들이 거짓이라는 데 그 원인이 있다. 그러나 에피카르모스의 말[143]대로 사실에 잘 들어맞지 않는데 말을 잘하기는 어려운 일이다. "말을 꺼내기 무섭게, 사실에 잘 들어맞지 않는 게 드러난다."

(A) 그러나 수들에 대해서는 지금까지 제기한 의문들과 설명들로 충분하다.[144] 왜냐하면 (지금까지의 논의를 통해) 이미 확신을 얻은 사람은 더 많은 내용의 논의에도 확신을 얻겠지만, 아직까지도 확신을 갖지 못한 사람이 있다면 그는 더 이상 확신에 이르지 못할 것이기 때문이다.

하지만 첫째 원리들과 첫째 원인들 및 요소들과 관련해서, 오로지 감각적 실체에 대해서밖에 논의한 것이 없는 사람들이 주장한 내용 가운

140 스페우시포스를 가리킨다.

141 크세노크라테스를 가리킨다.

142 플라톤을 가리킨다.

143 에피카르모스(Epicharmos)는 기원전 5세기 초반에 시켈리아에서 활동했던 희극작가이다.

144 여기서부터 이데아론에 대한 비판(XIII 9, 1086a18-XIV 2, 1090a2)이 이어진다.

데 일부는 자연에 대한 여러 저술에서[145] 이야기되었고, 일부는 지금의 탐구과정에 속하지 않는다. 반면 감각적 실체들과 다른 실체들이 있다고 말하는 사람들이 주장한 내용은 이제까지 다루었던 점들에 이어서 살펴보아야 한다.[146] 그런데 어떤 사람들은 이데아들과 수들이 그런 실체들이라고 주장하고 이것들의 요소들이 있는 것들의 요소들이자 원리들이라고 말하기 때문에, 그들이 이 문제에 대해 하는 이야기가 무엇이고 어떻게 그런 주장을 하는지 살펴보아야 한다.

오직 수들만 있고 이것들은 수학적인 것들이라고 말하는 사람들은 나중에 추가로 살펴보아야 한다.[147] 우리는 이데아를 주장하는 사람들의 설명방식과 그들을 둘러싼 의문점을 동시에 개관할 수 있을 것이다. 왜냐하면 그들은 이데아들이 보편자라고 주장하면서 다시 그것들이 분리가능한 것이요 개별자들이라고 말하기 때문이다.[148] 이런 일이 있을 수 없다는 데 대해서는 이미 앞에서 의문을 제기했다.[149] 실체들이 보편자라고 주장하는 사람들이 그 두 가지 특징을 하나로 결부시킨 이유는 실체들을 감각물들과 동일한 것으로 여기지 않은 데 있다. 그들은 감각물
1086b 들 사이에 있는 개별자들이 흘러가는 상태에 있으며 그 가운데 어떤 것도 머물러 있지 않고, 보편자는 그것들과 떨어져서 그것들과 다른 어떤 것으로 존재한다고 생각했다. 앞서 말했듯이 소크라테스는 정의들에 주목함으로서 이런 생각에 동기를 부여했지만, 그는 (정의의 대상인 보편자들을) 개별자들로부터 분리시키지 않았으니, 분리시키지 않은 점에서 그의 생각이 옳았다. 이는 그 결과들에 비추어 보면 분명히 밝혀지는데, 보편자 없이는 학문적 인식을 얻을 수 없지만, 그것을 분리시키는 것은 이데아들과 관련해서 많은 어려움이 따라 나오는 원인이 되기 때문이다. 그

145 다음의 구절들 참고: 『자연학』 I 4-6; 『천체론』 III 3-4; 『생성 · 소멸론』 I 1.
146 1086a21-1087a25까지는 이데아 이론에 대한 검토가 이루어진다.
147 스페우시포스의 수 이론에 대해서는 XIV 2, 1090a7-15와 20-b20 참고.
148 이 테제는 아리스토텔레스의 이데아론 비판의 핵심이다.
149 III 6, 1003a7-17 참고.

에 반해 그를 따르는 사람들은, 감각적이고 흘러가는 상태에 있는 것들과 떨어져서 어떤 실체들이 있다면 그것들은 필연적으로 분리가능한 것이어야 한다고 생각했기 때문에, 다른 것들을 찾지 못해 보편적으로 일컬어지는 것들을 (분리된 실체들로) 내세웠고, 그로부터 보편자들과 개별자들이 거의 동일한 본성을 갖게 되는 결과가 따라 나오게 되었다. 그렇다면 이 점은 그 자체로서 우리가 이야기했던 많은 어려움 가운데 하나가 될 것이다.

10. 이데아론에 대한 비판(계속). 실체들의 첫째 원리들은 (1) 개별적인가 (2) 보편적인가?

이데아를 주장하는 사람들과 그렇지 않은 사람들에게 일정한 어려움을 제공하는 점에 대해서는 처음에 의문들에 대한 논의에서 먼저 거론되었지만[150] 이제 그 점에 대해 이야기해 보자. 그 내용은 이렇다. 만일 어떤 사람이 실체들이 분리되어 있다고 말할 때 개별자들이 그렇다고 말할 때와 그 뜻이 똑같지 않다면, 그는 우리가 주장하려고 하는 실체를 부정하는 셈이 될 것이다. 하지만 만일 누군가 분리가능한 실체들을 내세운다면, 어떻게 그것들의 요소들과 원리들을 내세울 것인가?

(1) 만일 그것들이 보편자가 아니라 개별자라면, (a) 있는 것들은 그 요소들이 있는 만큼 많이 있을 것이고, (b) 그 요소들은 학문적 인식의 대상이 될 수 없을 것이다. (a) 목소리를 이루는 음절들이 실체들이고 음절의 철자들이 실체들의 요소들이라고 해 보자. 그 음절들이 보편자이면서 종이 하나가 아니라 각각 수가 하나이고 '이것'이어서 이름만 같은 것이 아니라면, 필연적으로 BA는 하나밖에 없고 각 음절은 단 하나일 수밖에 없다. 〔(또한 그들은 각 대상의 무엇을 이루는 것 자체[151]를 하나로 내세

150 III 4, 999b24-1000a4, 6, 1003a5-17 참고.

운다.]) 그러나 만일 음절들이 유일하다면, 그것들로 이루어진 것들 역시 마찬가지일 것이고, 그렇다면 하나 이상의 A는 있을 수 없을 것이며, 다른 철자들의 경우도 그럴 텐데, 이는 똑같은 음절이 여기저기 여럿 있지 않은 경우와 사정이 같을 것이다. 하지만 만일 이것이 사실이라면, 요소들과 떨어져 있는 다른 것들은 없을 것이고 오로지 요소들만 있을 것이다. (b) 또한 요소들은 학문적 인식의 대상이 되지 못한다. 왜냐하면 그것들은 보편자가 아닌데, 학문은 보편자들을 대상으로 삼기 때문이다. 이는 논증들과 정의들을 놓고 볼 때 분명하다. 만일 모든 삼각형이 내각의 합이 두 직각과 같지 않다면, 이 삼각형은 내각의 합이 두 직각과 같다는 추론은 성립하지 않으며, 만일 모든 사람이 동물이 아니라면, 이 사람은 동물이라는 추론도 성립하지 않는다.

1087a (2) 그러나 만일 원리들이 보편자라면, 그것들로 이루어진 실체들도 보편자이거나, 아니면[152] 실체가 아닌 것이 실체보다 앞설 것이다. 왜냐하면 보편자가 실체가 아니고 요소와 원리가 보편자라면, 요소와 원리는 그것들을 원리와 요소로 삼아서 있는 것들보다 앞설 것이기 때문이다.

이데아들이 요소들로 이루어진 것이라고 주장하면서 동일한 형상을 가진 실체들과 떨어져서 단일한 어떤 것이 분리된 상태에 있다는 생각을 고수하는 한, 이 모든 결과가 언제나 따라 나오기 마련이다. (a) 하지만 예컨대 목소리의 음절들을 놓고 볼 때, a와 b가 여럿이고 이런 다수의 철자들과 따로 떨어져서 a 자체와 b 자체가 존재하지 않는다고 해도 아무 문제가 없다면, 이로 말미암아 동질적인 음절들이 무수히 많게 될 것이다. (b) 그에 반해 모든 학문적 인식이 보편적이며, 따라서 있는 것들의 원리들도 보편적이고 결코 분리상태의 실체들이 아니라는 주장은 지금까지 이야기했던 것들 가운데 가장 큰 의문을 제공하지만, 그럼에

151 1086b27의 '각 대상의 무엇을 이루는 것 자체'(*auto ho estin hekaston*)를 로스는 'the just what a thing is'라고 옮겼는데, 이 표현은 이데아를 가리킨다.

152 로스를 따라 읽었다.

도 불구하고 그런 주장은 어떤 뜻에서는 참이고 어떤 뜻에서는 참이 아니다. 그 이유는 이렇다. 학문적 인식은 — 학문적 인식활동[153]이 그렇듯이 — 두 가지 뜻을 갖고, 그 가운데 하나는 가능적 인식이고 다른 하나는 현실적 인식이다. 그래서 가능적인 것은, 질료가 그렇듯이 보편적이고 불확정적이어서 보편자와 불확정적인 것을 대상으로 삼는 데 반해, 현실적인 것은 확정된 것이기에 확정된 것을 대상으로 삼는다. 즉, 그것은 '이것'으로서, '이것'을 대상으로 삼는다. 하지만 부수적인 뜻에서 보면 시각은 보편적인 색깔을 보는데, 그것이 보는 이 색깔은 색깔이고 문법학자가 이론적으로 고찰하는 이 a는 a이기 때문이다.[154] 왜냐하면 원리들이 필연적으로 보편자일 수밖에 없기 때문에 그것들로 이루어진 것들도 필연적으로 보편자일 수밖에 없는데, 예컨대 논증들이 그렇다.[155] 그리고 이것이 사실이라면, 어떤 것도 분리가능하지 않을 것이고 실체도 없을 것이다. 하지만 학문적 인식이 어떤 뜻에서는 보편적이지만 어떤 뜻에서는 그렇지 않다는 것은 분명한 사실이다.

153 1087a15에 쓰인 'epistēmē'와 'epistasthai'를 구별해서 각각 '학문적 인식'과 '학문적 인식활동'으로 옮겼다.

154 '이 색깔'이나 '이 a'는 모두 지시사를 포함하는 표현인 'tode to chrōma'(this individual colour — Ross)와 'tode to alpha'(this individual a)를 옮긴 것이다. 이런 표현들은 물론 '보편적인 색깔'(*to katholou chrōma*) 등의 표현과 대비된다.

155 학문적인 논증의 대전제와 소전제와 결론은 모두 보편적인 명제들이기 때문이다.

XIV권(N)

1. 이데아론에 대한 비판(계속). (B) 이데아론은 반대자들을 첫째 원리들로 간주한다. 반박들. (1) 형상적 원리와 관련된 반박. (2) 질료적 원리와 관련된 반박

(B) 이런 종류의 실체에 대해서는 이 정도로 해 두자. 자연학 저술에서 밝힌 바와 같이, 누구나 원리들이 서로 반대된다고 주장하는데, 이는 운동하지 않는 실체들의 경우도 마찬가지다. 하지만 모든 것의 원리보다 더 앞서는 것은 있을 수 없기 때문에, 원리가 다른 어떤 것에 속해 있다는 이유에서[1] 원리의 구실을 하기는 불가능할 것이다. 그렇게 말하는 것은, 예컨대 하양이 원리인 것은 다른 어떤 것으로서가 아니라 하양으로서 그렇다고 말하면서, 그것이 하양인 것은 어떤 기체에 대해 술어가 되며 다른 어떤 것에 속해 있기 때문이라고 말하는 것과 같을 것이다. 이

---

1 1087a33의 'heteron ti ousan'을 풀어 옮겼다. 실체 이외의 것들은 그 자체로서 존재하지 못하고 언제나 실체에 의존해서 존재한다. 예컨대 하양은 하양 자체로서 존재하지 못하고 언제나 하얀 것에 속해 있고, 그런 뜻에서 하얀 것에 의존해서 존재한다. 이런 뜻에서 '모든 것의 원리'(*archē tōn hapantōn*)가 있다면 그것은 그와 다른 어떤 것에 속해서, 즉 그것에 의존해서 존재할 수 없다.

런 경우 (하양이 속해 있는) 그 다른 어떤 것이 (하양에) 앞선다. 그러나 모든 것은 반대되는 것으로부터 생겨나며, 그 밑에는 어떤 기체가 놓여 있다.[2] 따라서 무엇보다도 반대자들 밑에는 필연적으로 그런 기체가 놓여 있어
1087b 야 한다. 그래서 모든 반대자는 기체에 대해 술어가 되고 결코 분리될 수 없는데, 어떤 것도 실체에 반대되지 않는다는 것은[3] 현상적으로 나타나는 사실일 뿐만 아니라 논리적으로도 입증된다. 그렇다면 반대자들 가운데 어떤 것도 주도적인 뜻에서 모든 것의 원리일 수 없고 다른 어떤 것이 그런 원리이다.

그러나 이들은[4] 반대자들 가운데 한쪽이 질료라고 주장하는데, 그 중에는 양적인 비동일성이 본성상 다수라는 이유를 들어 그 비동일성을 하나에 대한 질료로 보는 사람들[5]이 있는가 하면, 다수를 하나의 질료로 보는 사람[6]도 있다(앞의 사람들에 따르면 수들은 동일하지 않은 둘, 즉 큼과 작음으로부터 생겨나고, 뒤의 사람에 따르면 다수로부터 생겨나는데, 양쪽 모두 수들이 하나의 실체의[7] 작용에 의해서 생겨난다고 본다). 왜냐하면 양적인 비동일성과 하나는 요소들이며 비동일성은 큼과 작음으로 이루어진 둘이라고 말하는 사람조차도, 비동일성과 큼과 작음이 하나라고 말하면서도 그것들이 정식에서는 하나이지만 수에서는 그렇지 않다는 사실을 분명하게 규정하지 않기 때문이다. 더욱이 그들은 자신들이 요소라고 부르는 원리들도 올바로 제시하지 못하는데, 어떤 사람들은[8] 하나 다음에 큼과 작음이 온다고 말하면서 이 셋을 수들의 요소로 보고 그 가운데 둘을

---

2 생성과 변화의 이런 구조에 대해서는 XI 10, 1067a6-7과 XII 1, 1069b3-9 참고.

3 『범주론』 5, 3b24 아래 참고.

4 위에서 말한 원리들이 서로 반대된다고 말하는 사람들을 가리킨다.

5 본성상 다수(*plēthos*)인 양적인 비동일성(*to anison*)이 하나(*hen*)에 대한 질료라고 보는 사람들 가운데는 플라톤도 속한다. 이어지는 말에서 드러나듯이, 플라톤이 말하는 '비동일성'은 '큼과 작음'(*to megalon kai mikron*)을 가리킨다.

6 스페우시포스가 여기에 속한다.

7 '하나의 실체'(*hē tou henos ousia*)란 'the essence of the One'을 뜻한다.

8 플라톤이 여기에 속한다.

질료, 하나를 형태로 여기는가 하면, 어떤 사람들은[9] 큼과 작음이 본성적으로 (수보다) 연장물에 더 고유한 것이라는 이유를 들어 많음과 적음[10]을 끌어들인다. 그런가 하면 또 어떤 사람들[11]은 그것들에 공통적으로 적용되는 더 높은 수준의 보편자로서 초과하는 것과 초과당하는 것을 내세운다.[12] 이런 여러 의견들은 그것들로부터 따라 나오는 몇 가지 결과에 비추어보면 사실 아무 차이가 없고 단지 논리적인 어려움들에 비추어 볼 때 차이가 날 뿐인데, 그들은 자신들이 논리적인 논증들을 제시한다는 이유를 대면서 그런 어려움들을 회피한다. 다만, 큼과 작음이 아니라 초과하는 것과 초과당하는 것이 원리들에 해당한다면, 동일한 논변에 따라 수는 원리들로 이루어진 2보다 앞선다는 점을 지적해야 하는데, 그 이유는 그 둘 모두 더 높은 수준에서 보편적이기 때문이다.[13] 하지만 그들은 한쪽 것은 말하면서 다른 쪽은 말하지 않는다. 어떤 사람들은 다른 것과 아닌 것[14]을 하나에 대립시키고 또 어떤 사람들은 다수와 하나를 서로 대립시킨다. 하지만 그들이 원하는 대로 있는 것들이 반대자들로부터 유래하고, 하나에 반대되는 것이 아무것도 없거나, 혹시 있다면 다수가 그것에 반대되는 것이라면, 그리고 양적인 비동일성이 양적인 동일성에, 다름이 동일에, 아님이 어떤 것 자체에 반대된다면, 하나를 다수에 대립시키는 사람들이 가장 그럴 듯한 의견을 가진 셈이지만, 그럼에도 불구하고 그들 역시 충분치 못하다. 왜냐하면 하나는 수가 적은 것이기

9 플라톤주의자들 가운데 누구를 가리키는지 분명치 않다.

10 '많음과 적음'(*to poly kai oligon*)에 대해서는 X 6, 1056b11에 대한 각주 참고.

11 피타고라스학파를 가리키는 듯하다.

12 큼과 작음, 많음과 적음은 모두 '초과하는 것'(*to hyperechon*)과 '초과당하는 것'(*to hyperechomenon*)이라고 불릴 수 있기 때문이다.

13 큼과 작음보다는 초과하는 것과 초과당하는 것이 더 보편적이고, 둘보다는 수가 더 보편적이다.

14 여기서 각각 '다른 것'과 '아닌 것'이라고 옮긴 'to heteron'과 'to allo'는 모두 '다름', '다른 것'으로 옮길 수 있지만, 여기서는 둘의 의미를 구별하기 위해 각각 '다름'(相異性)과 '아님'(他者性)으로 옮겼다.

때문인데, 다수는 소수와 대립하고, 많음은 적음과 대립하기 때문이다.[15]

(1)[16] '하나'가 척도를 가리킨다는 것은 분명하다.[17] 모든 것 안에는 (그것과) 다른 어떤 것이 기체로서 놓여 있으니, 예컨대 화성 안에는 4분음이, 연장물 안에는 손가락마디나 발의 길이나 그런 종류의 것이, 운율 안에는 운보나 음절이 기체로서 놓여 있다. 이와 마찬가지로 무게 안에는 일정한 중량이 기체로서 놓여 있다.[18] 그리고 다른 모든 경우에도 동일한 방식이 적용되는데, 질적인 것들 안에는 어떤 성질이, 양적인 것들 안에는 어떤 양이 (척도로서) 놓여 있으니, 앞의 경우 척도는 종의 측면에서 분할불가능하고 뒤의 경우에는 감각적으로 볼 때 그렇다. 하지만 이런 경우 하나는 그 자체로서 어떤 것의 실체가 되지는 않는다.[19] 그리고 이는 이치에 맞는다. 왜냐하면 '하나'는 어떤 다수의 척도를 가리키고 '수'는 척도에 의해 측정된 다수와 척도들의 다수를 가리키기 때문이다. 그렇기 때문에 하나는 수가 아니라는 말은 이치에 맞는데, 척도는 척도들이 아니며 척도와 하나는 원리이기 때문이다. 그런데 척도는 (그것에 의해 측정되는) 모든 것들과 똑같은 것이어야 한다.[20] 예컨대 만일 척도가 말

---

15 여기서 언급되는 양적 관계나 수적 관계와 관련된 여러 개념들, 즉 양적인 비동일성(*anison*), 양적인 동일성(*ison*), 다름(*heteron*), 동일(*tauto*), 아님(*allo*), 자체(*auto*)를 비롯해서 적은 것(*oligon*), 다수(*plethos*), 소수(*oligotes*), 많음(*poly*), 적음(*oligon*)에 대해서는 X권 3장과 6장 참고.

16 반박들(1, 1087b33-2, 1088b35)이 이어진다. (1) 형상적 원리와 관련된 반박에 이어 (2) 질료적 원리와 관련된 반박이 온다.

17 지금까지의 논의가 플라톤주의자들이 내세우는 반대자들 가운데 질료적 원리에 대한 것이었다면, 이제 척도(*metron*)이자 형상적 원리인 '하나'(*hen*)가 논의 주제이다.

18 4분음(分音, *diesis*)은 화성(*harmonia*)의 척도 혹은 단위, 손가락마디(*daktylos*)와 발의 길이(*pous*)는 길이의 단위, 운보(*basis*)나 음절(*syllabē*)은 운율(*rhythmos*)의 단위이다. 일정한 중량(*stathmos*)은 물론 무게(*barys*)를 재는 척도 혹은 단위이다. 'basis'는 원래 '보행', '걸음'을 뜻하지만 여기서는 그리스 서사시나 서정시의 운율의 단위를 이루는 '운보'(韻步)를 가리킨다. 4분음에 대해서는 V 6, 1016b21에 대한 각주 참고.

19 하나는 척도이기는 하지만 그렇다고 해서 실체는 아니다. 이에 대해서는 VII 15, 1040b16 아래 참고.

20 척도와 그것에 의해 측정되는 것이 종(種)적으로나 유(類)적으로 똑같아야 한다는 말

〔馬〕이라면 (측정되는 것은) 말들이고, 척도가 사람이라면 측정되는 것은 사람들이다. 만일 사람과 말과 신이 있다면, 척도는 생명체일 것이고 그것들의 수는 생명체들일 것이다. 만일 사람과 하양과 보행이 있다면, 그것들의 수를 헤아리기는 거의 불가능한데, 그것들은 모두 수적으로 하나인 동일한 것에 속하지만,[21] 그것들의 수는 유들의 수이거나 그런 종류의 다른 공통적 술어[22]의 수일 것이다.

(2) 양적인 비동일성을 일종의 하나로 여기고 둘을 큼과 작음으로 이루어진 무한한 것으로 간주하는 사람들은 개연성이나 가능성과 매우 동떨어진 말을 한다. 왜냐하면 (a) 그런 것들은 수들이나 연장물들의 기체가 아니라 그것들의 양태이자 부수적인 것이기 때문인데, 짝수와 홀수, 부드러움과 거침, 곧음과 굽음이 저마다 그렇듯이 많음과 적음은 수의 양태이고 큼과 작음은 연장물의 양태이다. 또한 (b) 이런 잘못 말고도, 큼과 작음을 비롯해서 그런 종류의 것들은 관계적인 것일 수밖에 없다.[23] 하지만 관계적인 것들은 모든 〔범주들〕 중에서 특정한 자연물이나 실체가 되기에 가장 부족하고[24] 성질이나 양보다 뒤에 온다. 그리고 이미 말했듯이, 관계적인 것은 양에 속하는 일종의 양태이지 질료가 아닌데, 그 까닭은 일반적으로 '관계'라고 불리는 것과 그것의 부분들과 종류들에는 다른 어떤 것이 기체로서 놓여 있기 때문이다. 왜냐하면 많거나 적거나 크거나 작거나 어떤 관계를 맺고 있는 것이 없다면, 큼이나 작음, 많음과 적음, 일반적으로 관계는 결코 존재하지 않기 때문이다. 이에 대한 징표는 다음과 같은 사실에 있다. 관계는 실체나 있는 어떤 것이 되기에

이다.

21 예컨대 "하얀 사람이 걷고 있다"라고 말한다면, 하양, 보행, 사람은 모두 단일한 대상에 속한다.

22 여기서는 '술어'의 뜻으로 'katēgoria'가 아니라 'prosēgoria'가 쓰였다.

23 '관계' 혹은 '관계적인 것'(*pros ti*)에 대한 더 자세한 논의는 V 15 참고.

24 '관계적인 것'은 물론 '있는 것'이고, 하나의 독립된 범주를 이룬다. 하지만 관계는 항상 다른 어떤 것에 속하는 '양태'(*pathos*)로서 있기 때문에 '있는 어떤 것'(*on ti*)이 되기에 가장 부족하다.

가장 부족하고 그것 자체에 대해서는 생성도 소멸도, 양적인 측면에서의 증가나 감소도, 질적인 측면에서의 변이도, 장소적 측면에서의 이동, 실체의 측면에서의 무제한적인 뜻의 생성이나 소멸도 없다.[25] 관계의 측면에서의 변화는 존재하지 않는다. 왜냐하면 (스스로) 운동함이 없이도 다른 어떤 것이 양의 측면에서 운동한다면 양이 커지거나 작아지거나 같
1088b 아지는 일이 일어날 것이기 때문이다. (c) 가능적으로 그런 성질을 가진 것은 필연적으로 각자의 질료일 수밖에 없으며, 따라서 실체의 질료일 수밖에 없다. 하지만 관계는 가능적으로도 현실적으로도 실체가 아니다. 그런데 실체가 아닌 것을 실체의 요소로 삼거나 실체보다 앞선 것으로 여기는 것은 불합리한 일이고, 더 정확히 말하면 불가능한 일이다. 왜냐하면 모든 범주는 실체보다 뒤에 오기 때문이다.[26] (d) 또한 요소들은 그 요소들로 이루어진 것들에 대해 술어가 되지 않지만, 많음과 적음은 서로 떨어져서도 동시적으로도 수에 대해 술어가 되고, 긺과 짧음은 선에 대해 술어가 되며, 평면은 넓고 좁다. 그래서 만일 언제나 적음이 속하는 다수, 즉 2가 있다면 (만일 2가 다수라면 1은 (사실과 달리) 적음이 될 것이다) 무제한적인 뜻의 다수가 있을 텐데, 예컨대 10보다 더 큰 수가 없다면, 10이 다수이고 아니면 10,000이 그럴 것이다. 그렇다면 어떻게 수가 적음과 많음으로 이루어질 수 있을까? 그 둘은 똑같이 그것에 대해 술어가 되거나 둘 다 그렇지 않아야 하지만, 사실 그 가운데 하나만 술어가 된다.

25 이를테면 큼 자체가 커지거나 작음 자체가 작게 되는 일은 없다. 하지만 큰 '것'은 작게 되고 작은 '것'은 커질 수 있다. 플라톤은 이런 사실을 적극적으로 수용해서 자신의 이데아론을 전개한다. 『파이돈』 102D 참고.

26 실체가 어떤 뜻에서 다른 것들에 선행하는지에 대해서는 VII 1, 1028a31 아래 참고.

2. 반박들(계속). (3) 영원한 실체들이 요소들로 구성된다는 주장에 대한 반박. 이데아론의 밑바탕에 깔린 오류. 수 이론에 대한 비판. (A) 수학적인 수들이 분리된 상태로 존재한다는 이론

(3) 일반적으로 우리는 영원한 것들이 요소들로 구성되는지를 살펴보아야 한다. (만일 그렇다면) 그것들은 질료를 가질 터인데, 왜냐하면 요소들로 이루어진 것은 모두 합성체이기 때문이다. 그래서 어떤 대상이 다른 것으로 이루어져 있다면, 비록 그 대상이 영원히 있다고 하더라도, 그 구성요소로 이루어져 있어야 하고, 만일 그 대상이 생겨났다면 그 구성요소로부터 생겨나야 한다. 그런데 생겨나는 것은 모두 가능적으로 있는 것으로부터 생겨나며 (왜냐하면 불가능한 것으로부터는 어떤 것이 생겨날 수도, 존재할 수도 없을 것이기 때문이다) 가능적인 것은 현실적으로 있을 수도 있고 있지 않을 수도 있다.[27] 만일 이 모든 것이 사실이라면, 수나 질료를 가진 다른 어떤 것은, 그것이 아무리 영원히 있는 것이라고 하더라도, 있지 않을 수 있을 텐데, 이는 마치 하루살이나 이루 헤아릴 수 없이 여러 해의 수명을 갖는 것이나 있지 않을 수 있다는 점에서는 똑같은 것과 마찬가지다. 만일 사실이 이렇다면, 끝없이 오랜 시간에 걸쳐 있는 것도 사정이 똑같을 것이다. 그렇다면 그것은 영원할 수 없을 터인데, 있지 않을 수 있는 것은 영원하지 않기 때문이다. 이에 대해서는 다른 저술들에서 이미 연구한 바 있다.[28] 그러나 지금 하는 말, 즉 현실적인 활동이 아니고서는 어떤 실체도 영원하지 않다는 말이 일반적으로 참이라면,[29] 그리고 요소들이 실체의 질료라면, (그런 영원하지 않은) 실체를 구성하는 내재적인 요소들은 어떤 영원한 실체에도 속하지 않을 것이다.

---

27 "가능적인 것(*to dynaton*)이 현실적으로 있을(*energein*) 수도 있고 있지 않을 수도 있다"라는 말의 뜻에 대해서는 IX 8, 1050b10-1과 XII 6, 1071b19 참고.

28 IX 8, 1050b7 아래와 『천체론』 I 12 참고.

29 XII 6, 1071b20 참고.

그런가 하면 한편으로는 하나와 함께 하는 요소가 무한정한 2라고 주장하면서, 다른 한편으로는 양적인 비동일성으로부터는 불가능한 결과가 따라 나온다는 이유를 들어 그것을 비판하는 사람들[30]이 있는데, 이 비판은 정당하다. 하지만 이들은 기껏해야, 양적인 비동일성과 관계를 요소라고 주장하는 사람들이 그 주장의 결과 직면할 수밖에 없는 어려움들을 제거했을 뿐이다. 그런 의견과 독립적으로 등장하는 어려움들은 그들 자신에게도 놓여 있으니, 그들이 형상적인 수이건 수학적인 수이건, 그 수가 요소들로 이루어진다고 주장한다면 그런 어려움들에서 벗어날 수 없다.

사람들이 원인들에 대한 이런 설명들로 잘못 이끌려 간 데는 많은 이유들이 있지만, 그 가운데 가장 중대한 것은 오래전에 제기된 의문이다.[31] 만일 누군가가 "있지 않은 것이 있다는 것은 결코 입증되지 않을 것이다"라는 파르메니데스의 말[32]을 무력화시켜 그것을 반박하지 못한다면, 모든 것은 하나, 즉 있는 것 자체가 될 것이고 있지 않은 것이 있다는 사실을 밝혀내는 것이 필요하다고 그들은 생각했으니, 만일 있는 것들이 여럿이라면, 그것들은 그런 방식으로, 즉 있는 것과 다른 어떤 것으로부터 생겨나리라고 생각했던 것이다.

하지만 (1) 첫째로, '있는 것'은 여러 가지 뜻으로 쓰이는데(왜냐하면 그것은 실체를 가리키기도 하고 성질이나 양을 비롯해서 다른 범주들을 가리키기도 하기 때문이다),[33] 있지 않은 것이 있지 않다면, 있는 것들 모두는 어떤 종류의 하나인가?[34] 실체들이 하나인가 아니면 양태들과 다른 것들도 똑같이 하나인가, 그리고 '이것', '이런저런 것', '이 만큼'[35]을 비롯

30 크세노크라테스를 가리키는 듯하다.

31 여기서부터 이데아론의 밑바탕에 놓인 오류(2, 1088b35-1090a2)가 분석된다.

32 D-K, 28 B 7 참고.

33 IV 2, 1003b5 아래와 VII 1, 1028a10 아래 참고.

34 아리스토텔레스에 따르면, 설령 '있지 않은 것' 또는 '~이 아닌 것'(*to mē on*)을 가정하지 않는다고 해도 '있는 것' 또는 '~인 것'은 여러 가지 뜻을 갖는다.

해서 그런 방식으로 하나의 유를 가리키는 다른 것들도 모두 하나일까? 그러나 단일한 어떤 자연물[36]이 있어서 이것이 있는 것의 일부는 '이것'이, 일부는 '이런저런 것'이, 일부는 '이만큼'이, 일부는 장소가 되도록 하는 원인이 된다는 것은 불합리한 일이고, 더 정확하게 말하자면 불가능한 일이다.[37] (2) 둘째로, 있는 것들은 어떤 종류의 있지 않은 것과 있는 것으로부터 유래하는가? 왜냐하면 있는 것이 여러 가지 뜻으로 쓰이는 까닭에, 있지 않은 것도 여러 가지 뜻으로 쓰이기 때문이다.[38] 다시 말해서 '사람이 아니다'는 '이것'이 아님을 뜻하고, '직선이 아니다'는 '이런저런 것'이 아님을 뜻하며, '세 완척이 아니다'는 일정한 양이 아님을 뜻한다. 그렇다면 많은 있는 것들은 어떤 종류의 있는 것과 있지 않은 것으로 이루어지는가? 그는 거짓을 염두에 두면서, 있는 것과 함께, 많은 있는 것들을 이루는 있지 않은 것은 그런 본성을 갖는다고 말한다.[39] 이런 이유에서 그는, 기하학자들도 (실제로는) 한 걸음의 너비가 아닌 것을 한 걸음의 너비라고 전제하는 것과 똑같이, 거짓된 것을 전제해야 한다고 주장했다. 하지만 이는 불가능한 일이다. 왜냐하면 기하학자들은 거짓된 것을 전혀 전제하지 않을 뿐만 아니라(그런 전제는 추론에 포함되지 않기 때문이다), 그런 뜻에서 있지 않은 것으로부터는 있는 것들이 생성하는 일도 소멸하는 일도 없기 때문이다. 그러나 다양한 경우들[40]에 따

35 '이것'(*tode*), '이러저런 것'(*toionde*), '이만큼'(*tosonde*)의 구체적인 예는 아래의 a16 아래 참고.

36 '있지 않은 것' 또는 '~이 아닌 것'(*to mē on*)을 가리킨다.

37 '있지 않은 것'의 있음을 상정한다고 해서, 있는 것의 다양성이 보장되는 것은 아니라는 말이다.

38 '있는 것'과 마찬가지로 '있지 않은 것'도 여러 가지 뜻으로 쓰인다. IX 10, 1051a34 아래 참고.

39 '있지 않은 것'(*to ouk on* 혹은 *to mē on*)을 '거짓'(*to pseudos*)과 동일시하는 플라톤의 이런 주장에 대해서는 『소피스테스』 237A와 240 참고.

40 '다양한 경우들'(*ptōseis*)은 위에서 말한 다양한 범주들을 가리킨다. 이런 쓰임에 대해서는 『에우데모스 윤리학』 I 8, 1217b29 아래 참고. 여기서는 좋음(*to agathon*)이 'ptōseis'에 따라, 즉 범주들에 따라 나뉜다.

라 일컬어지는 '있지 않은 것'은 범주들의 수만큼 여러 가지 뜻으로 쓰이고 거짓뿐만 아니라 가능적인 것도 있지 않은 것이라 불리는데, 이것으로부터 생성이 일어난다. (현실적으로는) 사람이 아니지만 가능적으로 사람인 것으로부터 사람이 생기고 하양이 아니지만 가능적으로 하양인 것으로부터 하양이 생기며, 이런 사정은 생겨나는 것이 하나이건 여럿이건 다르지 않다.

분명, 어떻게 실체들이라는 뜻에서 있는 것이 여럿이 되는가가 탐구 주제이다.[41] 그 이유는 이렇다. 생겨나는 것은 수이고 길이이며 물체이다. 그런데 어떻게 '무엇'이라는 뜻에서 있는 것[42]이 여럿인지를 탐구하면서 어떻게 성질이나 양이 그런지를 탐구하지 않는 것은 불합리하다. 왜냐하면 무한정한 2, 즉 큼과 작음도 하양이나 색깔이나 냄새나 형태가 둘 또는 여럿 있는 데 대한 원인이 아니기 때문인데, (만일 무한정한 둘이 그런 것들의 원인이라면) 그런 것들은 수들이며 모나스들일 것이다. 하지만 만일 그들이 이런 점들을 검토했다면 여러 실체들이 있는 원인과 다른 범주에 속한 것들이 여럿 있는 원인을 알아냈을 터인데, 왜냐하면 동일한 것이나 그것의 유비적 대응자가 (실체의 범주와 다른 범주들에서 여럿이 있게 하는) 원인일 것이기 때문이다.[43] 이런 일탈[44] 때문에 그들은 한편으로는 있는 것과 하나를, 다른 한편으로는 그것들과 대립하는 것을 있는 것들을 이루는 구성요소라고 생각하면서 그 대립자에 해당하는 것으로서 관계와 양적인 비동일성을 전제했다. 그러나 양적인 비동일성은 그런 것들에 대한 반대자도 부정도 아니고, '무엇'이나 성질과 마찬가지로 있는 것들에 속하는 단일한 자연물이다.

그리고 그들은 마땅히 이런 문제, 그러니까 어떻게 관계가 하나가 아

---

41 a31-b8까지는 '있는 것'의 다양성에 대한 논의가 되풀이된다.

42 '"무엇"(*ti esti*)이라는 뜻에서 있는 것'은 실체의 범주에 속하는 것을 가리킨다.

43 '원리'나 '원인'의 유비적인 동일성에 대해서는 XII 4, 1070a31-2 참고.

44 '일탈'(*parekbasis*)은 있는 것과 있지 않은 것의 관계 문제를 해결하는 데서 플라톤이 취한 잘못된 선택의 길을 가리킨다.

니라 여럿인가라는 문제를 탐구했어야 한다. 그러나 그들은, 어떻게 첫째 1과 떨어져서 여러 모나스들이 있는지는 탐구하지만, 어떻게 양적인 비동일성과 떨어져서 양이 동일하지 않은 여럿이 있는지는 탐구하지 않는다. 그러면서도 그들은 큼과 작음, 수의 구성요소인 많음과 적음, 길이의 구성요소인 긺과 짧음, 평면의 구성요소인 넓음과 좁음, 입체의 구성요소인 깊음과 얕음을 끌어들여 사용하고 그것들에 대해 이야기한다. 또 그들은 여러 종들의 관계에 대해서도 이야기한다. 그렇다면 이것들이 여럿 있는 데 대한 원인은 무엇인가?

그렇다면 우리가 주장하듯이 필연적으로, 각 대상에 대해서 가능적으로 있는 것을 전제해야 한다(그리고 이런 주장을 하는 사람은 한 걸음 더 나아가, 가능적으로는 '이것'이자 실체이지만 그 자체로서는 그렇지 않은 것이 어떤 것인지를 천명했다. 즉, 그는 — 마치 성질을 두고서 그런 말을 하는 듯 — 그것이 가능적으로 하나이거나 있는 것도 아니고 하나의 부정이나 있는 것의 부정도 아니며 있는 것들 가운데 하나인 관계라고 천명했다[45]). 앞서 말했듯이,[46] 만일 그가 똑같은 범주 안에 있는 것들을 탐구하기보다 어떻게 있는 것들이 여럿인지를 탐구했다면, 즉 어떻게 실체들이 여럿인지, 어떻게 성질들이 여럿인지를 탐구하기보다 어떻게 있는 것들이 여럿인지를 탐구했다면, 가능적인 것을 전제해야 할 필요성은 훨씬 더 컸을 것이다. 왜냐하면 어떤 것들은 실체들이고, 어떤 것들은 양태들이며 어떤 것들은 관계들이기 때문이다.[47] 실체와 다른 범주들의 경우 어떻게 각 범주에 속하는 것들이 여럿인가라는 물음에는 또 다른 어려움이 뒤따른다

---

45 양적인 비동일성(*to anison*), 즉 관계(*pros ti*)를 가능적인 실체로 규정한 플라톤을 공격하는 발언이다.

46 위의 a34 참고.

47 아리스토텔레스의 철학에서 범주들은 10개로 나뉘기도 하고(『범주론』 4, 1b25, 『토피카』 I 9, 103b21) 8개로 나뉠 때도 있고(『분석론 후서』 I 2, 83b16, 『자연학』 V 1, 225b5) 이 구절에서처럼 셋으로, 즉 실체(*ousia*), 양태(*pathē*), 관계(*pros ti*)로 나뉘기도 한다.

(왜냐하면 그것들은 분리되어 있을 수 없기 때문에 기체가 여럿 생겨나거나 있는 데 상응해서 성질도 양도 여럿 생겨나거나 있기 때문이다.[48] 하지만 각각의 유에 대해서 어떤 질료가 있어야 하는데, 그것이 실체들과 분리가능하지 않다는 점을 제외한다면 사정은 (실체의 경우와) 똑같다). 하지만 '이것'들의 경우 어떻게 '이것'이 여럿인가라는 물음에 대해서는, 만일 어떤 대상이 '이것'이면서 이런저런 자연물[49]로 간주되지 않는 한, 설명이 가능하다. 하지만 그렇게 그런 대상을 상정한다면, 어떻게 현실적으로 하나의 실체가 아니라 여러 실체가 있는가라는 의문이 그로부터 생겨난다.

또한 '이것'과 양이 동일한 것이 아니라면, 어떻게 양이 여럿인가라는 문제만 설명되고, 어떻게 그리고 무엇 때문에 있는 것들이 여럿인지는 설명되지 않는다. 왜냐하면 모든 수는 일정한 양을 가리키며 모나스 역시 그렇기 때문인데, 모나스는 오직 양적으로 분할불가능한 것을 1090a 가리킨다는 데 차이가 있을 뿐이다. 그런데 양과 '무엇'이 서로 다르다면, '무엇'이 어떤 것으로 이루어지고 어떻게 여럿인지에 대해서는 설명이 제시되지 않는다. 반면 만일 그것들이 동일하다면, 그런 주장을 하는 사람은 많은 반론들을 예상해야 한다.

(A)[50] 어떤 사람은 수들과 관련해서도, 그것들이 있다는 확신을 어디서 얻어야 하는가라는 문제에 고찰의 방향을 맞출 수 있을 것이다. 그 이유는 이렇다. 이데아들을 내세우는 사람에게 그들은 수들이 있다는 사실에 대한 근거를 제시하는데, 이에 따르면 각각의 수는 일종의 이데아이고 이데아는 다른 것들에 대해 일정한 방식으로 (이것이 그들의 이론의 밑

48 성질과 양을 비롯해서 비실체적인 것들의 개별성에 대해서는 『범주론』 2, 1b25 아래 참고.

49 여기서 '이러저런 자연물'(*physis tis toiautē*)은 보편자로서의 이데아를 가리키는 표현이다. 플라톤주의자들이 이데아에 양립불가능한 두 가지 성격, 즉 실체성('이것', *tode ti*)과 보편성('이러저런 것', *toionde*)을 부여했다는 것은 이데아론에 대한 아리스토텔레스의 핵심적인 비판이다. XIII 9, 1086a32-5 참고.

50 이제 수 이론에 대한 비판(2, 1090a2-6, 1093b29)이 전개된다.

에 놓여 있다는 것을 인정하자) 있음의 원인이 된다. 반면 이데아론에 내재하는 어려움들을 간파한 탓에 위에서 든 근거를, 수를 주장하는 근거로서 받아들이지 않고 그런 설명방식을 생각에서 배제한 채 수학적인 수를 상정하는 사람[51]에게는 이런 물음이 제기된다. 그런 종류의 수가 있다고 믿어야 할 근거는 어디 있으며, 그런 종류의 수는 다른 것들에 대해 무슨 쓸모가 있는가? 왜냐하면 그런 수가 있다고 말하는 사람은 그것이 어떤 것의 원인인지에 대해 말하지 않은 채, 본성적으로 그런 것이 그 자체로서 있다고 주장할 뿐이며, 그것은 어떤 것의 원인으로 보이지도 않기 때문이다. 왜냐하면 이미 위에서 말했듯이,[52] 모든 산수의 정리들은 감각물들에 대해서도 성립하기 때문이다.

3. 수 이론에 대한 비판. (A) 수학적인 수들이 분리된 상태로 존재한다는 이론(계속). (B) 수들이 영원하다면 그것들이 생성한다고 생각하는 것은 불합리하다

(a) 이데아들을 내세우면서 그것들이 수들이라고 말하는 사람들은 각각의 경우 표본제시법에 따라 여럿과 따로 어떤 것 하나를 취해서 각 대상이 왜 있는지를 설명하려고 시도한다.[53] 하지만 그런 설명들은 필연성도 없고 가능하지도 않기 때문에 그런 이유를 들어 수가 있다고 말해서는 안 된다. (b) 반면 피타고라스학파는 여러 수들이 감각적인 물체들에

51 스페우시포스를 가리킨다. 이에 대해서는 다음의 구절을 참고하라: XIII 9, 1086a2-5; a29 아래; XIV 3, 1090a26, b17.

52 XIII 3, 특히 1077b17-22 참고.

53 '표본제시법'이라고 옮긴 'ekthesis'는 어떤 것을 그것의 사례들과 독립된 것으로 내세우는 방법(*the method of setting out each term apart from its instances*)을 가리킨다. 이데아가 본보기(*paradeigma*)로 제시된다는 데 착안해서 '표본제시법'이라고 옮겼다. I 9, 992b10에 대한 각주와 Ross, *Metaphysics* II, p. 480의 관련 주석 참고.

내재하는 양태들이라는 사실을 간파한 탓에 있는 것들이 수들이라고 주장하긴 하지만 그것들을 분리가능한 것으로는 여기지 않고 있는 것들이 수들로 이루어진다고 생각했다. 그러나 그 이유는 무엇인가? 그 이유는 화성과 천계와 그 밖의 여러 사태 속에는 수들의 양태가 속해 있기 때문이다.[54] (c) 하지만 수학적인 수가 있을 뿐이라고 말하는 사람들은[55] 감각물들에 대해서는 학문적 인식이 존재할 수 없다고 말하는데, 자신들이 세운 전제들에 따르면 결코 그런 주장을 할 수 없기 때문이다. 하지만 앞에서 말했듯이 우리는 감각물들에 대해 학문적 인식이 있다고 말한다. 그리고 수학적인 대상들이 분리된 상태에 있지 않다는 것은 분명한데, 만일 그것들이 분리된 상태에 있다면 그것들에 속하는 양태들은 물체들에 속할 수 없기 때문이다. 그래서 피타고라스학파는 이 점에서는 아무 잘못도 범하지 않았지만, 자연적인 물체들이 수들로 이루어진다고 주장한 점에서, 즉 가벼움과 무거움을 가진 것들이 무거움도 가벼움도 갖지 않는 것들로 이루어진다고 주장하는 점에서 그들은 감각물들이 아니라 다른 우주와 물체들에 대해서 말하는 것 같다.[56] 반면 수들이 분리가능하다고 주장하는 사람들은, (수학의) 공리들은 감각물들에 들어맞지 않지
1090b 만 수학의 진술들이 참이고 영혼을 즐겁게 한다는 이유를 들어 수들이 있으며 분리가능하다고 말하는데, 이는 수학적인 연장물들의 경우도 마찬가지다. 그렇다면 분명 그에 반대되는 주장은 반대되는 말을 할 것이다. 그리고 그렇게 주장하는 사람들은 방금 우리가 제기한 의문, 즉 수들이 결코 감각물들 안에 속해 있지 않다면 수들의 속성들은 무엇 때문에 감각물들 안에 속해 있는가라는 의문에 대해 해답을 내놓아야 한다.

(d) 한편, 점은 선의 한계이자 극단이고 선은 평면의 한계이자 극단이

54 I 5, 985b23 아래 참고.

55 스페우시포스가 여기에 포함된다. 위의 XIII 9, 1086a2-5 참고.

56 아래의 XIV 5, 1092a20-1에서는 이와 비슷하게 스페우시포스를 겨냥해서 수학적 대상들의 영역이 분명치 않다는 비판이 가해진다.

며 평면은 다시 입체의 한계이자 극단이라는 이유를 들어[57] 그런 성질을 가진 것들이 필연적으로 있어야 한다고 생각하는 사람들이 있다. 그러므로 우리는 이런 이론에 대해서도 그것이 너무 취약한 것이 아닌지 살펴보아야 한다. 그 이유는 이렇다. (i) 극단들은 실체들이 아니고, 오히려 그런 것들은 모두 한계들이다.[58] 왜냐하면 보행을 비롯해서 일반적으로 운동에는 어떤 한계가 있기 때문이다. 그들의 이론이 옳다면 이런 한계가 '이것'이자 어떤 실체일 텐데, 이는 불합리한 일이다. (ii) 설령 그것들이 실체라고 하더라도 그것들은 모두 이곳에 있는 감각물들의 실체들일 텐데, 이 설명이 대상으로 삼는 것은 이런 대상들이기 때문이다. 그렇다면 그것들이 분리가능한 것이어야 하는 이유는 무엇일까?

(2) 또한 너무 쉽게 만족하지 않는 사람은, 모든 수 및 수학적인 대상들과 관련해서 그것들이 서로 아무 도움도 주지 못한다. 즉 앞서는 것들은 뒤서는 것들에 아무 도움도 주지 못한다는 점을 탐구 대상으로 삼을 것이다. (a) 왜냐하면 수학적인 대상들만이 있다고 말하는 사람들의 관점에서 보면 수가 없어도 연장물들은 그와 상관없이 있을 것이고 수학적인 대상들이 없어도 그와 상관없이 영혼과 감각적인 물체들은 있을 것이기 때문이다. 많은 현상을 통해 드러나는 것을 보면 자연은 마치 조야한 비극같이 삽화적인 것이 아니다.[59] (b) 반면 이데아들을 내세우는 사람들은 이런 비판을 벗어난다. 왜냐하면 그들은 연장물들이 질료와 수로 이루어진 것이라고 주장하고, 길이는 2로, 평면은 아마도 3으로, 입체는 4로 이루어진다고 주장하기 때문이다. 혹시 그것들이 다른 수들로 이루어진다고 주장해도 아무 차이가 없다. (i) 하지만 이런 것들은 이데아들인가, 아니면 그것들의 존재방식은 무엇이며, 그것들이 있는 것들에

57 점이 어떻게 선의 '한계'(*peras*)와 '극단'(*eschaton*)이 되는지 등에 대해서는 V 7, 1017b16 아래 참고.

58 VII 2, 1028b16 아래 참고.

59 이 유명한 구절은 스페우시포스를 겨냥한 비판이다. 그에 대한 이와 비슷한 비판에 대해서는 VII 2, 1028b21-5도 함께 참고. XIV 3, 1090b19-20.

도움을 주는 바는 무엇인가? 수학적인 것들이 그렇듯이, 그것들은 도움을 주는 것이 전혀 없다. (ii) 누군가 수학적인 것들을 바꿔서 고유한 의견들을 제시하려는 의지가 없는 이상, 정리들조차도 그것들에는 적용되지 않는다. 아무 전제나 취해 거기에 긴 주장과 일련의 추론들을 연결시키는 것은 쉬운 일이 아니다. 그런데 이들은[60] 이런 방식으로 수학적인 대상들을 이데아들과 결부시키려 애를 쓰면서 잘못을 범하고 있다. (c) 그리고 맨 처음 두 종류의 수, 즉 형상들의 수와 수학적인 수를 내세웠던 사람들은[61] 수학적인 수가 어떤 방식으로 있고 무엇으로 이루어지는지에 대해 결코 말한 적도 없고 말할 수도 없을 것이다. 왜냐하면 그들은 그것을 형상적인 수와 감각적인 수 사이의 중간에 놓기 때문이다.[62] 만일 (i) 그것이 큼과 작음으로 이루어진다면, 그것은 이데아들의 수와 똑같을 것이다(연장물들은 다른 어떤 작음과 큼으로 이루어지는 것일까?). 그
1091a 에 반해 만일 (ii) 수학적인 수가 이데아들의 수와 다르다고 말하면, 그들은 여러 요소를 말하게 될 것이다. 그리고 만일 두 종류의 수의 원리가 각각 어떤 1이라면, 1은 그것들에 공통적인 것이 될 것이고, 우리는 어떻게 1이 그렇게 여럿 있는지, 그의 주장에 따르면 수는 1과 무한정한 2로부터 생겨나는 수밖에 없는데, 어떻게 1이 그렇게 여럿일 수 있는지 탐구해야 한다.

이런 주장들은 모두 이치에 맞지 않는다. 그리고 그것들은 서로 상충할 뿐만 아니라 이치에 맞는 주장들과도 상충하며, 그 안에는 시모니데스[63]가 말한 '장광설'이 들어 있는 것 같다. 즉, 노예들의 말이 그렇듯이

60 크세노크라테스 등을 말한다.

61 '형상들의 수'(*arithmos tōn eidōn*)와 '수학적인 수'(*mathēmatikos arithmos*)를 나누었던 사람은 플라톤이다. 스페우시포스와 크세노크라테스에 뒤이어 플라톤에 대한 비판이 이어진다.

62 이데아들과 감각물들의 '중간자'(*metaxy*)로서 수학적인 수에 대해서는 I 6, 987b14-8과 XIII 6, 1080b13-4 참고.

63 케오스(Keos)의 시모니데스(Simonides)는 기원전 6세기 후반에서 5세기 후반에 활동했던 서정시인이다.

사람들은 실속 없는 말을 할 때 장광설을 늘어놓는 법이다. 바로 이 두 요소, 즉 큼과 작음이 끌려다니면서 비명을 지르는 것 같다. 왜냐하면 그것들은 1로부터 배가과정[64]을 거쳐 생겨나는 수를 제외하고는 다른 어떤 방식으로도 수를 낳을 수 없기 때문이다.

(B) 영원히 있는 것들의 생성을 주장하는 것은 불합리하고, 더 정확하게 말하자면 그런 것은 불가능한 일들 가운데 하나다.[65] 피타고라스학파가 그런 생성을 주장하지 않았는지 주장했는지에 대해서는 의심의 여지가 전혀 없다. 왜냐하면 이 학파는 하나가 — 평면이건 표면이건 씨이건 그들이 말하지 못하는 다른 어떤 것들이건 — 그 어떤 것으로부터 합성된 뒤 즉시 무한자에 속한 가장 가까운 부분들이 끌려왔고 한계에 의해 한정되었다고 분명히 말하고 있기 때문이다.[66] 그러나 그들은 세계의 질서를 설명하면서 자연학자와 같은 방식으로 주장을 펴기 때문에, 마땅히 자연에 관한 그들의 주장을 검토해야겠지만, 그런 일은 지금의 탐구과정에서 벗어나는 일로 남겨두어야겠다. 왜냐하면 우리가 지금 탐구하는 것은 운동하지 않는 것들 사이에서 작용하는 원리들이며, 따라서 우리는 그런 성격을 갖는 수들의 생성에 대해서 더 살펴보아야 하기 때문이다.

---

64 '배가과정'(*diplasiazesthai*)이란 무한정한 2에 의해 1이 배가되는 과정을 가리킨다. 아리스토텔레스에 따르면 큼과 작음은 2와 2의 배수밖에는 만들어낼 수 없는데, 큼과 작음은 '둘로 만드는 것'(*dyopoios*)이기 때문이다(XIII 7, 1082a14). 다른 수들을 이끌어내기 위해 플라톤주의자들은 그들 자신이 천명한 원리들과 어긋나게 배가의 과정과 더불어 부가의 과정(1084a4)을 끌어들일 수밖에 없었다.

65 이 비판은 피타고라스학파와 플라톤을 겨냥한 것이다. 3장 마지막까지 피타고라스학파에 대한 비판이 전개되고, 4장부터는 플라톤에 대한 비판이 이어진다.

66 여기서 아리스토텔레스의 진술에 따르면 피타고라스학파는 점들로부터 선들이, 선들로부터 평면들이, 평면들로부터 입체들이 생겨나는 것으로 보았다. 그리고 씨(*sperma*)에 대한 그의 언급에 비추어볼 때, 일부 피타고라스학파의 구성원들은 수들의 생성과정이 생명체의 발생과정과 비슷한 것으로 생각했던 것 같다. 더 자세한 주석으로는 Ross, *Metaphysics* II, p. 484의 관련 각주 참고.

4. 수 이론에 대한 비판(계속). (C) 첫째 원리들과 좋음 사이의 관계

그들은 홀수의 생성을 부정하는데, 그 배경에는 분명히 짝수의 생성이 있다는 가정이 있다.[67] 그리고 어떤 사람들은 맨 처음 양적으로 동일하지 않은 것들로부터, 즉 큼과 작음이 균등하게 됨으로써 짝수가 만들어졌다고 말한다. 그렇다면 필연적으로 그것들에는, 균등화(均等化)[68]에 앞서 먼저 양적인 비동일성이 속해 있어야 한다. 하지만 만일 짝수들이 항상 동일한 상태로 있었다면, 그것들은 먼저 동일하지 않은 상태에 있었을 수 없을 것이다. 왜냐하면 항상 있는 것보다 더 앞선 것은 없기 때문이다. 따라서 그들이 이론적 고찰을 위해서 수들의 생성을 내세운 것이 아님은 분명하다.[69]

(C) 요소들과 원리들이 좋음 및 아름다움과 어떤 관계에 있는가라는 물음은 의문을 낳고, 그 물음을 안이하게 처리하는 사람에게는 비판을 낳는다. 의문의 내용은 다음과 같다. 요소들이나 원리들 가운데는 우리가 좋음 자체나 최고의 좋음이라고 부르길 원하는 것과 같은 종류의 어떤 것이 속하는가, 아니면 그렇지 않고 뒤의 것들은 앞의 것들보다 뒤에 생겨나는가? 신학자들은[70] 지금 활동 중인 몇몇 철학자들과 의견이 같은 듯한데, 그들은 위의 물음에 대해 부정적인 태도를 취하면서 본성적으로 있는 것들이 앞서 나간 뒤[71] 좋음과 아름다움이 그 안에 출현했다

---

67 4장의 첫 단락은 플라톤을 겨냥해서 "영원히 있는 것들의 생성을 주장하는 것은 불합리하다"라는 비판을 펼친다.

68 '균등화'라고 옮긴 'isasthēnai'는 양이 서로 동일하게 됨을 뜻한다.

69 『천체론』 I 10, 279b32-280a10 참고.

70 신학자들(*theologoi*)이란 자연철학자들(*physikoi*)과 대비되는 뜻으로 호메로스나 헤시오도스 등을 가리킨다. III 4, 1000a9, XII 7, 1071b27, 10, 1075b26 참고.

71 1091a35: "proelthousēs tēs tōn ontōn physeōs". '있는 것' 대신에 '본성적으로 있는 것들' 또는 '있는 것들로 이루어진 자연세계'라고도 옮길 수 있을 것이다. 예컨대 동식물들을 가리킨다. 좋음과 아름다움이 그 안에 출현하기(*emphainesthai*)에 앞서 먼저 있는 것들이 생겨났다고 주장한 사람들 가운데는 스페우시포스도 포함된다. XII 7, 1072b31 아래 참고.

고 말한다(몇몇 사람들이 그렇듯, 그들이 이런 주장을 하는 것은 하나가 원리라고 말할 때 그런 말을 하는 사람들에게 따라 나오는 진정한 어려움을 피하기 1091b
위함이다. 하지만 어려움은, 그들이 좋음을 원리에 속하는 것으로 내세우는 데서 오는 것이 아니라 하나를 원리로 삼고 이 원리를 요소라고 보면서 그 하나로부터 수를 이끌어내려는 데서 온다). 옛 시인들도 이 점에서는 생각이 같은데, 그들은 (시간적으로) 앞선 것들, 예컨대 밤과 하늘 또는 카오스나 오케아노스가 아니라[72] 제우스가 왕 노릇하고 지배한다고 말하는 점에서 그렇다. 하지만 그 시인들이 그와 같은 주장을 하게 된 까닭은 있는 것들을 지배하는 원리들이 변화한다고 생각했기 때문인데, 왜냐하면 그들 가운데 모든 것을 신화적인 이야기로 풀어나가지 않는다는 점에서 뒤섞인 발언을 하는 사람들, 예컨대 페레퀴데스[73]나 다른 몇몇 사람들은 최초로 낳는 자를 가장 좋은 것으로 내세웠고, 제관들[74]도 그렇다. 그리고 엠페도클레스나 아낙사고라스와 같은 후세대의 현자들 가운데 앞 사람은 사랑을 요소로 여긴 데 반해 뒤의 사람은 지성을 원리로 여겼다. 부동적인 실체들이 있다고 말한 사람들 가운데[75] 어떤 사람들은 하나 자체가 좋음 자체라고 말하지만, 그들은 그것의 실체가 무엇보다도 그것이 지닌 단일성에 놓여 있다고 생각했다.

그렇다면 문제는 다음과 같은 점에 있다. 둘 중 어떤 방식으로 주장해야 할까? 만일 첫째가고 영원하며 가장 자족적인 것에 바로 이것, 즉 자족성과 자기보존[76]이 좋음으로서 맨 먼저 속하지 않는다면, 이는 놀라운 일이 될 것이다. 하지만 그것이 불멸하거나 자족적인 것은 다른 어떤 이

---

72 여기서 아리스토텔레스가 말하는 시인들(*poiētai*)은 각각 오르페우스교의 우주생성론의 지지자들(밤과 하늘), 헤시오도스(카오스, 『신들의 계보』 116행), 호메로스(오케아노스, 『일리아스』 14. 201)를 가리킨다.

73 기원전 6세기에 활동한 쉬로스(Syros)의 페레퀴데스(Perekydes)는 제우스(하늘)-크로노스(시간)-크토니아(땅) 또는 제우스-크토니아-에로스를 만물의 시원으로 여겼다.

74 'Magoi'는 조로아스터교의 세습 제관계급을 가리킨다.

75 플라톤과 그의 추종자들을 가리킨다.

76 원어는 'to autarkes kai hē sōteria'이다.

유 때문이 아니라 그것이 좋은 상태에 있다는 이유 때문이고, 따라서 그 원리가 그런 성질을 갖는다고 말하는 것이 참이라고 보아야 이치에 맞을 것이다. 하지만 하나가 그런 원리라고 말하거나, 그렇지 않으면 하나가 요소, 즉 수의 요소라고 말하는 것은 불가능한 일이다. 왜냐하면 거기에는 많은 어려움이 따라 나오기 때문이다(어떤 사람들은 이 어려움을 피하기 위해 이론 전체를 부정했다.[77] 하나가 최초의 원리이자 요소라는 데 동의하면서도 그것이 수학적인 수의 원리라고 주장하는 사람들이 그런 사람들이다). 그 경우 모든 모나스는 본성상 좋은 것[78]이 되고 좋은 것들의 과잉상태가 빚어질 것이다. 또한 만일 형상들이 수들이라면, 모든 형상은 본성상 좋은 것이 될 것이다. 하지만 원하는 경우마다 그것의 이데아들을 상정한다고 해 보자. 만일 좋은 것들에 대해서만 이데아들이 있다면, 이데아들은 실체들이 아닐 것이고, 만일 실체들에 대해서 이데아들이 있다면, 동물과 식물을 비롯해서 이데아에 관여하는 것들은 모두 좋은 것일 것이다.

(좋음이 원리로서 하나이거나 수들의 요소라고 가정한다면) 이런 불합리한 결과들이 따라 나온다. 그리고 (하나에) 반대되는 요소는, 그것이 다수이건 양적인 비동일성, 즉 큼과 작음이건, 나쁨 자체라는 결론도 함께 따라 나온다(그러므로 어떤 사람은[79] 좋음을 하나에 귀속시키기를 기피했으니, 생성은 반대자들로부터 유래하기 때문에 나쁨은 필연적으로 다수의 본성일 수밖에 없다고 생각했기 때문이다. 반면 다른 사람들은[80] 양적인 비동일성이 나쁨의 본성[81]이라고 말한다). 그렇다면 이로부터 하나, 즉 하나 자체를 빼놓고 있

77 스페우시포스의 경우가 그렇다.

78 '본성상 좋은 것'이라고 옮긴 'hoper agathon ti'는 '직접적으로 좋은 것', '그 자체로서 좋은 것'이라고도 옮길 수 있다. 'hoper'의 쓰임에 대해서는 III 4, 1001a26에 대한 각주 참고.

79 스페우시포스를 가리킨다.

80 플라톤과 크세노크라테스를 가리킨다.

81 원어 'hē tou kakou physis'는 '본성상 나쁜 것'이라고 옮길 수 있다.

는 것은 모두 나쁨에 관여하고 수들은 연장물들보다 더 순수한 나쁨에 관여하며, 나쁨은 좋음이 실현되는 공간이고[82] 가멸적인 것에 관여하고 1092a 그것을 욕망한다는 결론이 따라 나오는데, 그 이유는 반대자는 반대자를 소멸하게 하기 때문이다. 우리가 이미 말했듯이[83] 예컨대 가능적인 불이 현실적인 불의 질료이듯이, 질료는 가능적으로 각 대상인 것[84]이라면, 나쁨은 그 자체로서 가능적인 좋음일 것이다.

이 모든 결과가 따라 나오는 데는 여러 가지 이유가 있으니, 그들이 모든 원리를 요소로 여기기 때문이기도 하고, 반대자들을 원리들로 여기기 때문이기도 하며, 하나를 원리로 여기기 때문이기도 하고, 수들을 첫째 실체들이자 분리가능한 형상들로 여기기 때문이기도 하다.

5. 수 이론에 대한 비판(계속). (D) 수와 그것의 첫째 원리들 사이의 관계. (E) 다른 것들의 원인으로서 수들

그래서 만일 좋음을 원리들 가운데 놓지 않는 것이나 놓는 것이나 똑같이 불가능하다면, 사람들은 분명 원리들도, 첫째 실체들도 올바로 제시하지 못하고 있다. 만일 더 완전한 것들은 불확정적이고 불완전한 것들로부터 생겨난다는 이유를 들어 세계 전체의 원리들을 동·식물들의 원리와 비교하는 사람이 있다면, 그런 가정 역시 옳지 않다. 그런 사람은 그와 같은 이유를 들어 첫째로 있는 것들에서도 사정이 다르지 않으며 따라서 하나 자체는 있는 것 중의 하나가 아니라고 말한다.[85] 이런 생각

82 플라톤의 『티마이오스』(42AB)에 따르면, 공간(*chora*)은 생겨나는 모든 것에 자리(*hedra*)를 제공한다.

83 XIII 1, 1088b1 참고.

84 질료가 '가능적으로 각 대상인 것'(*to dynamei hekaston*)이라는 말은 쉽게 말해 A의 질료는 가능적인 A, 즉 A가 될 수 있는 것이라는 뜻이다.

85 스페우시포스의 이런 견해에 대해서는 XII 7, 1072b30-4 참고.

이 옳지 않은 이유는 우리 주변에서도 동물과 식물들의 출처가 되는 원리들은 완전하기 때문인데, 사람이 사람을 낳는 것이지 씨가 처음에 있는 것은 아니기 때문이다.[86]

또한 장소가 수학적인 입체들과 동시에 생겨난다고 주장하는 것은 불합리하고 (왜냐하면 장소는 개별자들에 고유하며, 그런 이유 때문에 개별자들은 장소에서 분리될 수 있지만 수학적인 대상들은 어디에도 있지 않다) 수학적인 대상들이 어딘가 있을 것이라고 하면서 그 장소가 무엇인지를 말하지 않는 것 또한 불합리하다.[87]

(D) 있는 것들이 요소들로부터 유래하는 것들 가운데 첫째가는 것은 수들이라고 말하는 사람들은 마땅히, 어떤 것이 다른 것으로부터 유래한다고 할 때 어떻게 그런지 그 뜻을 구별한 다음 그 중 어떤 방식으로 수가 원리들로부터 유래하는지를 말했어야 한다.

결합에 의해서 그런가? 하지만 (1) 모든 것이 결합가능하지는 않으며, (2) 생겨나는 것은 그것을 이루는 요소들과 다른데, 그렇다면 하나는 요소들과 분리가능하지도, 요소들과 본성이 다르지도 않을 것이다. 하지만 그들은 그렇게 주장하기를 원한다.

그렇지 않다면 음절처럼 합성구조[88]에 의해서 그런가? 하지만 그런 경우 (1) 요소들은 필연적으로 위치를 가져야 하며, (2) 수에 대해 생각하는 사람은 하나와 다수를 따로 분리해서 생각할 것이다. 그렇다면 수는 이것, 즉 모나스이면서 다수이거나 아니면 하나이면서 양적인 비동일성일 것이다.

---

86 VII 9, 1034a33 아래와 다음의 구절들을 참고하라: VII 7, 1032a25; XII 3, 1070a28; 『동물부분론』 I 1, 640a25; 『동물발생론』 II 1, 735a20-1.

87 장소(*topos*)와 수학적인 입체들(*ta sterea mathēmatika*)에 대한 1092a17-b8의 내용은 주로 스페우시포스를 겨냥한 비판이다. 피타고라스학파에 대한 이와 비슷한 비판에 대해서는 위의 3, 1090a34 아래 참고.

88 'synthesis'는 'mixis'와 마찬가지로 보통 '결합'으로 옮길 수 있지만, 여기서는 음절 안에서 철자들의 결합처럼 일정한 위치(*thesis*)와 순서에 따른 결합을 가리킨다. 위의 'mixis'와 구별해서 '합성구조'라고 옮겼다. V 2, 1013b23에 대한 각주 참고.

또한 어떤 것이 다른 어떤 것들로부터 있다[89]고 할 때 후자에 해당하는 것들은 내재적인 것들이거나 그렇지 않다. 수는 둘 중 어떤 경우일까? 왜냐하면 생성이 속하는 것들만이 내재적인 것들로 이루어지기 때문이다. 그렇지 않으면 수는 마치 씨에서 나오듯 생겨나는 것일까? 하지만 분할불가능한 것으로부터는 어떤 것도 나올 수 없다. 수는 존속하지 않는 반대자로부터 생겨날까? 하지만 이런 방식으로 있는 것들은 모두 존속하는 다른 요소가 있어서 그것으로부터 유래한다.[90] 그런데 하나를 다수의 반대자로 여기는 사람이 있는가 하면,[91] 하나를 양적 동일성으로 1092b
활용하면서 그것을 양적 비동일성의 반대자로 여기는 사람이 있기 때문에,[92] 이들의 의견에 따르면 수는 반대자들로 이루어질 것이다. 그렇다면 (그 반대자들의 기체로서) 존속하는 다른 어떤 것이 있어서 이것과 다른 것으로부터 수가 있거나 생겨났을 것이다. 또한 반대자들로 이루어져 있거나 자신의 반대자들을 갖는 것은 모두 — 설령 그것이 모든 것으로 이루어진다고 하더라도 — 소멸하기 마련인데, 어째서 수는 그렇지 않을까? 이에 대해 사람들은 아무 말도 하지 않는다. 또한 어떤 것에 내재하건 내재하지 않건, 반대자는 소멸을 낳는데, 예컨대 싸움이 혼돈을 소멸시키는 것과 같은 이치이다[93](하지만 그런 일이 일어나서는 안될 텐데, 싸움은 혼돈에 반대되는 것이 아니기 때문이다).

(E) 다음 두 가지 가운데 어떤 방식으로 수들이 실체들과 있음의 원인인지는 전혀 규정된 바가 없다. (1) (예컨대 점들이 연장물들의 경계들이듯이) 수들이 경계들[94]이라는 뜻에서 그런 것일까? 이는 에우뤼토스가 어

89 '~으로부터 있다'(*ek tinōn einai*)의 여러 가지 뜻에 대해서는 V 24 참고.

90 XII 2, 1069b7-9와 『자연학』 I 7 참고.

91 스페우시포스를 가리킨다.

92 플라톤을 가리킨다.

93 엠페도클레스의 이런 주장에 대해서는 D-K, 58 B 17과 B 27 참고. '혼돈'(*migma*)이란 모든 것이 뒤섞여 있는 둥근 공(球, *Spairos*)의 상태를 가리킨다. I 4, 985a4 아래도 함께 참고.

94 여기서 '경계들'(*horoi*)은 '한계들'(*perata*)과 같은 뜻으로 쓰였다.

떤 수가 어떤 사물에 속하는지를 규정하면서 택했던 방식인데, 예컨대 그는 어떤 수는 사람의 수이고 어떤 수는 말(馬)의 수라고 규정했다. 그는 마치 어떤 사람들이 여러 가지 모양의 삼각형이나 사각형에 수들을 적용하듯이, 조약돌을 써서 식물들의 모양을 유사하게 묘사하면서 그런 주장을 펼쳤다.[95] 또는 (2) 협화음이 수적인 비율이고, 사람을 비롯해서 나머지 것들도 각각 그렇다는 뜻에서 그런 것일까? (1) 하지만 양태들, 즉 하양, 달콤함, 뜨거움이 어떻게 수인가? (2) 수들은 분명 실체도, 형태의 원인도 아니다. 왜냐하면 비율은 실체이지만,[96] 수는 질료이기 때문이다. 예컨대 살이나 뼈의 수가 그렇다. 실체는 이런 방식으로 불과 흙의 3:2 비율이다.[97] 그리고 수는 항상 어떤 것들의 수, 즉 불의 수이거나 흙의 수이거나 모나스의 수인데 반해, 실체는 결합의 양적 관계에서 성립한다.[98] 하지만 이것은 이미 수가 아니라, 물체적인 것들의 수들이건 다른 어떤 것들의 수들이건, 수들의 결합의 비율이다.

그렇다면 수는, 일반적인 수이건 아니면 모나스의 수이건, 무엇을 만들어내는 원인도 아니고 질료도 아니며 사물들의 정식과 형상도 아니다. 그것은 또한 지향 대상이라는 뜻의 원인도 아니다.

---

95 에우뤼토스(Eurytos)는 기원전 4세기에 활동했고 필롤라오스(Philolaos)의 제자였다. 고대 주석가의 견해에 따르면, 그는 색깔을 칠한 조약돌들로 사람의 윤곽 혹은 모양(*schema*)을 그린 다음에 그 조약돌의 수가 사람의 수라고 말했다고 한다. 이것은 각 기하학적 도형을 규정하는 데 필요한 최소의 점들의 수를 근거로 선을 2로, 평면을 3으로, 입체를 4로 이해했던 초기 피타고라스학파의 생각을 통속화한 것이다. 자세한 주석으로는 Ross, *Metaphysics* II, p. 494의 관련 각주 참고.

96 '결합의 비율'(*logos tēs mixeōs*)이라는 뜻의 실체 또는 본질 개념에 대해서는 다음과 같은 구절들 참고: I 10, 993a17 아래; 『영혼론』 I 4, 408a12 아래; 『동물발생론』 II 1, 734b33 아래.

97 엠페도클레스의 이런 생각에 대해서는 D-K, 58 B 96 참고.

98 1092b20-1: "hē ousia to tosond' einai pros tosonde kata tēn mixin".

6. 수 이론에 대한 비판(계속). 수에 인과적 작용을 부여하는 것은 순전히 허구적인 생각이다

어떤 사람은 이런 의문을 제기할 수도 있을 것이다. 즉, 계산하기 쉬운 수이건 홀수이건 수를 통해 표현되는 결합[99]에 의해, 수들로부터 유래하는 좋음은 무엇인가? 그 이유는 이렇다. (1) 꿀물이 3×3의 비율로 섞이면 더 이상 몸에 좋지 않지만, 특정한 비율에 얽매이지 않고 물에 섞여 녹아 있을 때가 수적인 비율에 따라 섞여 진한 상태에 있을 때보다 몸에 더 좋을 것이다. (2) 또한 다양한 결합의 비율들은 수들을 더하는 데서 성립하는 것이지[100] 단순히 수들에서 성립하는 것이 아닌데, 예컨대 비율은 2에 3을 더해서 성립하는 것이지 2를 세 배로 만들 때 성립하는 것이 아니다. 왜냐하면 아무리 배가[101]를 되풀이해도 유는 동일할 수밖에 없으니, 결과적으로 1×2×3의 행렬[102]은 1에 의해서 측정될 수밖에 없고, 4×5×6의 행렬은 4에 의해 측정될 수밖에 없으며, 따라서 그런 모든 행렬은 (첫째 요소와) 동일한 요소에 의해서 측정될 수밖에 없다.[103] 그렇다면 불의 수가 2×5×3×6이면서 동시에 물의 수가 2×3이 되는 일은 있을 수 없다.[104]

(3) 만일 모든 것이 수에 참여해야 한다면,[105] 많은 것들이 동일하며,

---

99 '계산하기 쉬운'(*eulogistos*) 수에 의한 수적 결합의 비율은 3:2나 3:4와 같은 비율을, 홀수에 의한 수적 결합의 비율은 1:3과 같은 비율을 가리킨다.

100 여기서 아리스토텔레스는 예컨대 2:3을 2에 3을 '더한다'(*prothesis*)라고 표현한다.

101 '배가'(*pollaplasiōsis*)에 대해서는 『정치학』 V 7, 1308b5와 플라톤, 『국가』 587E 참고.

102 원어 'stoichos'를 '곱수의 열'이라는 뜻에서 '행렬'로 옮겼다.

103 1을 두 배로 만들고 그것을 다시 세 배로 늘인다고 해도 그 수는 모두 1의 유(*genos*)를 늘인 것에 지나지 않기 때문에 그것을 측정하는 기준, 즉 인수(因數)는 1이다.

104 불과 물은 서로 대립하는 본성을 갖고 있음에도 불구하고, 두 행렬은 모두 동일한 유(*genos*)인 2를 기본으로 삼기 때문이다.

105 "모든 것이 수에 참여(*koinonein*)해야 한다"라는 가정은 있는 것들 모두가 '수들의 모방에 의해서'(*memēsei tōn arithmōn*, I 6, 987b11-2) 있다고 말한 피타고라스학파의

동일한 수가 여기 있는 이것뿐만 아니라 다른 것에도 속해야 한다는 결론이 따라 나온다. 그렇다면 수가 원인이고, 이것 때문에 사물이 있는가, 아니면 이는 분명치 않은가? 예컨대 태양의 운행들에 속하는 수가 있는가 하면 달의 운행들에 속하는 수가 있고,[106] 각 동물의 수명과 전성기에 속하는 수도 있다. 그렇다면 이 수들 가운데 어떤 것들은 정방수이고 어떤 것들은 입방수[107]이며 또 어떤 것들은 동일한 수이고 어떤 것들은 배수인 것을 가로막는 점이 무엇이 있겠는가? 왜냐하면 그렇게 되는 것을 가로막는 점은 아무것도 없고, 모든 것이 수에 참여한다면, 모든 것은 그런 수들의 범위 안에서 움직일 것이기 때문이다. 또한 그런 의견에 따르면 서로 차이가 있는 것들이 동일한 수에 귀속될 것이다. 따라서 여러 대상에 동일한 수가 속한다면, 그 대상들은 동일한 형상의 수를 갖는다는 이유 때문에 서로 동일할 텐데, 예컨대 해와 달은 동일할 것이다.[108] 그러나 무엇 때문에 이 수들은 원인이 되는가? 7개의 모음이 있고 음계는 7개의 현으로 이루어지며 플레이아데스 성단(星團)에는 7개의 별이 있고 동물들은 7살에 이(齒牙)를 간다(어떤 것들은 그렇지만, 어떤 것들은 그렇지 않다). 테바이를 공격한 용사들도 7명이었다. 그렇다면 그 용사들이 7명이고 플레이아데스 성단이 7개의 별로 이루어지는 것은 그 수가 본질적으로 어떤 본성을 갖고 있다는 사실 때문일까? 분명 용사들이 7명이었던 이유는 성문이 7개였기 때문이거나 혹은 다른 어떤 원인 때문이겠지만, 우리는 플레이아데스 성단의 별의 수가 7이라 하고 곰자리의 별의 수가 12라 하지만, 다른 사람들은 그 별자리의 별의 수가 더 많다고

견해를 염두에 둔 말일 것이다.

106 태양이나 달의 '운행들' 또는 '이동들'(*phora*)에 대해서는 XII 8, 1073b21 아래 참고.

107 '정방수'(*tetragonos, square number*)는 정사각형의 모양을 만드는 수들로서 계속되는 일련의 홀수들의 합, 즉 1, 1+3, 1+3+5 등을 말하고, '입방수'(*kybos, cubic number*)는 입방체의 형태를 만들어내는 세제곱수를 가리킨다.

108 해와 달은 그것들에 속하는 운동들의 수가 똑같다는 뜻에서 '동일한 형상의 수'(*to auto eidos arithmou*)를 갖고 그런 이유에서 동일하게 되리라는 말이다.

여긴다. 또한 그들은 Ξ와 Ψ와 Ζ가 협화음이며 협화음이 셋이기 때문에 그것들도 셋이라고 말한다.[109] 그런 말을 하는 사람들은 그런 것들이 수없이 많이 있을 수 있다는 사실을 전혀 개의치 않는데, ΓΡ을 가리키는 하나의 기호도 있을 수 있기 때문이다.[110] 앞의 세 자음은 각각 다른 자음들 2개를 합친 것이지만 다른 것은 그렇지 않으며, 발음의 자리는 세 곳이 있는데[111] 각 자리에 s가 하나 덧붙여진다는 데 그 이유가 있다고 그들이 말한다. 만일 그렇다면 그런 이유 때문에 (이중자음이) 세 자음밖에 없는 것이지, 협화음이 셋이기 때문에 그런 것은 아닐 텐데, 협화음들은 수가 더 많지만, 이중자음들의 경우에는 그럴 수 없기 때문이다. 이들은, 작은 동일성들은 보지만 큰 동일성들은 간과하는 옛날 호메로스 해석가들[112]과 똑같다. 또 어떤 사람들은 말하길 그런 것들이 여럿 있어서 예컨대 중간 현들은 9와 8에 해당하고 서사시 행은 17로서 그 둘을 합친 것과 같은 수이며 오른쪽에서는 9개의 음절로 진행하고 왼쪽에서는 8개의 1093b
음절로 진행한다고 말한다.[113] 그리고 A부터 Ω까지 글자들의 간격이 아

109 그리스어의 이중자음 'Ξ'(ks)와 'Ψ'(ps)와 'Ζ'(ds)를 각각 5도 음정(3:2), 8도 음정(2:1), 4도 음정(4:3)에 상응하는 것으로 여겼다는 말이다.

110 예컨대 'graphein'이나 'grammata'와 같은 단어의 두 자음 'g'와 'r'을 합쳐 하나의 기호로 표시할 수 있을 것이라는 말이다.

111 위에서 언급한 이중자음 'Ξ'(ks)와 'Ψ'(ps)와 'Ζ'(ds)는 각각 구개음(口蓋音) k, 순음(脣音) p, 치음(齒音) d에 s가 붙었다.

112 '옛날 호메로스 해석가들'(*archaioi Homērikoi*)은 기원전 6~5세기에 활동하면서 호메로스를 비유적으로 해석했던 페레퀴데스, 테아게네스, 메트로도로스, 아낙사고라스, 데모크리토스 등을 가리킨다.

113 호메로스의 서사시의 한 행은 장단단(—⌣⌣)의 닥튈로스(*daktylos*)가 여섯 번 되풀이되는 육음보(*hexameter*)로 이루어진다. 따라서 그 전체는 —⌣⌣ ⋮ —⌣⌣ ⋮ —⌣⌣ ⋮ —⌣⌣ ⋮ —⌣⌣ ⋮ ——의 형태를 취하면서 17개의 음절로 이루어진다〔물론 여기서 장단단(—⌣⌣)은 ——으로 대체될 수 있는데, 이 점은 여기서 고려의 대상이 아니다〕. 아리스토텔레스는 "오른쪽에서는 9개의 음절로 진행하고 왼쪽에서는 8개의 음절로 진행한다"라고 말하는데, 여기서 오른쪽이란 처음의 절반을, 왼쪽은 나중의 절반을 가리키는 듯하다. 혹은 호메로스 시대에는 소가 밭을 가는 식으로 첫 행은 오른쪽에서 시작해서 왼쪽으로 글을 쓰고, 둘째 행은 왼쪽에서 오른쪽으로, 셋째 행은 다시 오른쪽에서 왼쪽으로 글을 썼는데, 이런 필기법과 관련이 있을 수도 있다.

울로스[114]에서 최저음부터 최고음까지의 간격과 똑같으며, 그 수는 우주의 전체 지체[115]의 수와 같다고 그들은 말한다. 하지만 그런 것들은 가멸적인 것들 가운데도 놓여 있기 때문에 누구도 어려움 없이 영원한 것들과 관련해서 그런 것들을 말하거나 찾아낼 수 있는 것은 아닐지 돌이켜 보아야 한다.

하지만 수들에 속해서 사람들의 찬양거리가 되는 본성들이나 이것들에 반대되는 것들, 그리고 일반적으로 수학적인 학문들에 속하는 것들은, 어떤 사람들은 그런 것들이 자연 또는 본성의 원인이라고 주장하지만, 위에서 다룬 방식으로 살펴보면 시야에서 사라진다. 왜냐하면 그것들 중 어떤 것도, 앞에서 원리들과 관련해서 규정했던 방식들 가운데 어느 한 방식으로 원인이 되지 못하기 때문이다.[116] 그들이 주장하듯이, 분명 좋음이 있으며 홀수, 곧음, 정사각형, 같음, 어떤 수들의 제곱수들은 아름다움이 속해 있는 축에 속한다.[117] 왜냐하면 계절들과 특정한 종류의 수는 동시적이기 때문이다. 그리고 수학적인 정리들로부터 그들이 끌어 모은 다른 것들은 모두 이런 의미를 가지고 있다. 그러므로 그것들은 우연의 일치인 것 같다. 왜냐하면 사실 그것들은 모두 부수적인 것들이지만, 서로 다른 것들에 고유하며, 유비적으로 하나이기 때문이다. 왜냐하면 있는 것의 각 범주에는 유비적 대응자가 있으니, 예컨대 곧음이 선 안에 있듯이 평평함은 표면 안에 있고, 수 안에는 아마도 홀수가 있을 것이고 색깔에는 하양이 있다.[118]

---

114 아울로스(*aulos*)는 오보에와 닮은 관악기로 '엘레게이아'(*elegeia*)라고 불린 서정시의 반주악기로 쓰였다. 위에 4개, 아래에 1개의 구멍이 있었다.

115 원어 'oulomeleia'는 '지체 전체'를 뜻하지만 여기서는 '전체 천계'(*the whole celestrial system*)를 뜻한다. 황도대의 12궁, 8개의 천구, 4요소를 합친 24가 그 수라고 말할 수도 있지만(Alexander), 천구들의 음악적 조화를 가리키는 것으로도 볼 수 있다(I 5, 986a2-3). 이에 대해서는 Ross, *Metaphysics* II, pp. 498~450 참고.

116 위의 1092b23-5 참고.

117 I 5, 986a23 아래 참고.

118 선, 표면, 수, 색깔은 서로 다른 범주에 속하지만, 그것들 사이에는 다음과 같은 비례

(4) 또한 형상적인 수들은 화성학의 대상들이나 그런 것들의 원인이 아니다(그런 수들은 같은 수라고 해도 종에 서로 차이가 있기 때문인데, 모나스들조차 그렇기 때문이다). 따라서 적어도 이런 이유 때문에 형상들을 주장할 필요는 없다.

그렇다면 이런 것들이 그 이론에서 따라 나오는 결과들이고 더 많은 것들을 끌어 모을 수도 있을 것이다. 하지만 그 이론의 옹호자들이 수들의 생성과 관련해서 수많은 곤란을 겪고 있고 어떤 방식으로도 그 이론을 체계화할 수 없다는 것은, 수학적인 대상들이 — 몇몇 사람들이 주장하듯이 — 감각물들과 분리가능한 것이 아닐 뿐만 아니라 원리들도 아니라는 사실에 대한 증거인 것 같다.

혹은 유비적 대응관계(*analogia*)가 성립한다. 곧음: 선 = 평평함: 표면 = 홀수 : 수 = 하양: 색깔. 위의 XII 5, 1071a24 아래 참고.

부록 | 아리스토텔레스의 저술목록

라틴어	영 어	한국어
Categoriae	*Categories*	범주론
De interpretatione	*On Interpretation*	명제론
Analytica priora	*Prior Analytics*	분석론 전서
Analytica posteriora	*Posterior Analytics*	분석론 후서
Topica	*Topics*	토피카
De sophistici elenchi	*Sophistical Refutations*	소피스테스식 반박
Physica	*Physics*	자연학
De caelo	*On the Heavens*	천체론
De generatione et corruptione	*On Generation and Corruption*	생성 · 소멸론
Meteorologica	*Meteorology*	기상학
De Anima	*On the Soul*	영혼론
Parva naturalia:	*Little Physical Treatises:*	자연학 소논문집:
De sensu et sensibilibus	*On Sense and Sensibles*	감각과 감각물에 대하여
De memoria et reminiscentia	*On Memory and Recollection*	기억과 상기에 대하여
De somno et vigilia	*On Sleep and Waking*	잠과 깸에 대하여
De insomnis	*On Dreams*	꿈에 대하여
De divinatione per somnum	*On Divination in Sleep*	잠에서의 계시에 대하여
De longitudine et brevitate vitae	*On Longness and Shortness of Life*	장수와 단명에 대하여
De iuventute et senectute	*On Youth and Old Age*	젊음과 노령에 대하여
De vita et morte	*On Life and Death*	삶과 죽음에 대하여
De respiratione	*On Breathing*	호흡에 대하여
Historia animalium	*History of Animals*	동물지
De partibus animalium	*Parts of Animals*	동물부분론
De motu animalium	*Movements of Animals*	동물운동론
De incessu Animalium	*Progression of Animals*	동물이동론
De generatione animalium	*Generation of Animals*	동물발생론
*Problemata**	*Problems*	문제집
Metaphysica	*Metaphysics*	형이상학
Ethica Nicomachea	*Nicomachean Ethics*	니코마코스 윤리학
Magna moralia	*Magna Moralia*	대 윤리학
Ethica Eudemia	*Eudemian Ethics*	에우데모스 윤리학
Politica	*Politics*	정치학
Oeconomica	*Economics*	가정학
Rhetorica	*Rhetorics*	수사학
Poetica	*Poetics*	시학
Atheniensium Respublica	*Constitution of the Athenians*	아테네의 정체(政體)

옮긴이 해제

1. 『형이상학』은 어떤 책인가

1) 'Ta meta ta physika'

아리스토텔레스의 저술 가운데 『형이상학』은 그 유래뿐만 아니라 내용도 다른 저술과 달리 독특하다. 누구나 알고 있듯이 『형이상학』의 그리스어 이름은 'ta meta ta physika'이다. 아리스토텔레스 연구자들의 일반적인 의견에 따르면, 'ta meta ta physika'라는 이름을 짓고 그 아래 아리스토텔레스의 글들을 함께 묶어 편집한 것은 아리스토텔레스 자신이 아니라 기원전 1세기에 활동했던 로도스의 안드로니코스(Andronikos v. Rhodos)라는 인물이다. 안드로니코스는 로마에서 '아리스토텔레스 전집'(*Corpus Aristotelicum*)을 편찬하는 과정에서 다른 저술 어디에도 속하지 않는 일군의 글들을 함께 묶어 편집한 뒤, 그것들을 '자연학 저술들'(*ta physika*) '뒤에'(*meta*) 두고 이를 '자연학에 대한 글들 뒤에 오는 것들'이라고 불렀다고 사람들은 생각한다.[1]

---

* 이 해제의 일부는 조대호 역해, 『아리스토텔레스의 형이상학』, 문예출판사, 2004의 관련 서술내용을 필요에 따라 수정·보완한 것이다.

아리스토텔레스의 글들이 그의 사후 200년이 넘은 시점에, 그것도 아테네가 아닌 로마에서 안드로니코스라는 사람에 의해 편집되기까지의 과정은 우여곡절과 많은 부분이 베일에 가려져 있지만, 이 과정은 아리스토텔레스 철학이 걸었던 역사적 운명을 보여주는 듯해서 무척 흥미롭다. 간추려 말하면 그 과정은 다음과 같다.[2] 아리스토텔레스가 죽은 뒤 그의 글들은 뤼케이온(Lykeion)에 소장되었다가, 그의 후계자였던 테오프라스토스(Theophrastos)를 거쳐 스켑시스(Skepsis) 출신의 넬레우스(Neleus)에게 넘어간다. 넬레우스는 몇 사람 남지 않았던 아리스토텔레스의 직계 제자였으며, 스트라톤(Straton)과 더불어 테우프라스토스의 후계자로 유력한 인물이었다. 테오프라스토스가 죽고 스트라톤이 페리파토스학파의 수장 자리에 오르자, 이에 실망한 넬레우스는 아리스토텔레스의 유고(遺稿)들을 가지고 트로이아와 인접한 고향 스켑시스로 은퇴한다. 그 뒤 넬레우스는 이 유고들을 페리파토스학파에 돌려주지 않고 철학에 문외한이었던 상속인에게 맡겼다. 전해 오는 말에 따르면 이 상속인은 이 유고들을 지하실에 숨겼는데, 이는 새로이 학문의 메카로 떠오른 알렉산드리아(Alexandria)의 도서관에 맞서 페르가몬(Pergamon)의 도서관을 운영하려던 그 지역 지배자들의 눈을 피하기 위한 조처였다고 한다. 넬레우스가 아리스토텔레스의 원고들을 알렉산드리아의 도서관에 팔아넘겼다는 이야기도 있지만 신빙성은 없다. 어쨌건, 기원전 1세기 초에 테오스(Theos) 출신으로 서적 수집가였던 아펠리콘(Apellikon)이라는 사람이 그동안 부분적으로 상당히 훼손된 아리스토텔레스의 유고들을 스켑시스에서 찾아내 아테네로 가져온다. 하지만 이 유고들은

---

1 이에 대해서는 다음의 글들을 참고하라. I. Düring, *Aristoteles. Darstellung und Interpretation seines Denkens*, Heidelberg 1966, S. 591~92; H. Flashar(Hrsg.), *Die Philosophie der Antike, Bd. 3 Ältere Akademie, Aristoteles-Peripatos*, in: F. Überweg, *Grundriß der Geschichte der Philosophie*, Basel-Stuttgart 2004, S. 238~39; J. Barnes(ed.), *The Cambridge Companion to Aristotle*, Cambridge 1995, p. 66.

2 H. Flashar(Hrsg.), 위의 책, S. 180 아래 참고.

그 뒤 얼마 지나지 않아 다시 로마로 옮겨지는 운명에 처한다. 기원전 86년, 아테네를 정복한 로마의 독재자 술라(Sulla)가 아펠리콘의 도서관을 전리품으로 손에 넣었던 것이다. 술라는 이 유고들을 로마로 가져온 뒤에 아들 파우스투스(Faustus)에게 넘겨주었다. 술라가 죽고(78) 대략 10년이 흐른 뒤에 파우스투스는 유고들의 교감(校勘)과 정리를 튀라니온(Tyrannion)에게 위임한다. 튀라니온은 전쟁포로로 로마에 잡혀왔던 그리스의 지식인들 가운데 한 명이었는데, 당시의 다른 포로들이 그랬듯이 로마의 지식인 사회와 폭넓은 교류가 있던 인물이다. 튀라니온이 위임받은 정리목록에는 그동안 로마의 정복전쟁 과정 중에 소아시아로부터 로마로 유입된 아리스토텔레스의 다른 글들도 함께 포함되어 있었다. 이렇게 로마로 흘러들었다가 튀라니온의 손에 넘어간 아리스토텔레스의 글들은 마침내 그의 제자인 로도스 출신의 안드로니코스에 의해 최종적으로 편집·출간되기에 이른다. '아리스토텔레스 전집'은 바로 그런 굴곡진 과정의 마지막 결실이었고, 이 가운데는 물론 'ta meta ta physika'도 들어 있었다.

'ta meta ta physika'가 안드로니코스에 의해 붙여진 이름이라는 데는 거의 이견이 없지만,[3] 그 이름이 단순히 서지학(書誌學)적 의미만을 갖는 용어인지, 아니면 다른 철학적인 뜻을 함축하고 있는지에 대해서는 논란의 여지가 있다. 지금까지의 연구에 비추어 보면, 그 용어의 철학적 의미와 관련해서 적어도 두 가지 방향의 해석이 가능하다.

그 하나는 멀리 고대 주석가들에게로 거슬러 올라가는 신플라톤주의적 해석이다. 기원전 1세기에 '아리스토텔레스 전집'이 출간된 뒤 아리

3 고대의 아리스토텔레스 형이상학에 대한 권위 있는 주석가인 알렉산더 아프로디시아스(Alexander Aphrodisias)는 예외이다. 그는 'ta meta ta physika'라는 이름이 아리스토텔레스 자신에게서 유래하는 것으로 보았다(Alexander Aphrodisiensis 1891, *In Aristotelis metaphysica commentaria*, ed. M. Hayduck, Berlin, 171, 4). 이에 대한 평가에 대해서는 H. Bonitz, *Aristotelis Metaphysica*, 2 vol., Bonn 1848~49, S. 4와 Düring, 앞의 책, S. 592, Anm. 38 참고.

스토텔레스 연구는 새로운 르네상스를 맞이했는데, 이를 주도한 인물들 가운데는 신플라톤주의 계열의 주석가들이 끼어 있었다. 그런데 이들은 주석 작업의 주된 목적을, 아리스토텔레스 철학의 고유성을 드러내는 일보다는 그 철학을 플라톤 철학과 조화시키는 데 두었다. 'ta meta ta physika'에 대한 주석 작업이 이런 정신적 분위기 속에서 이루어졌음은 말할 것도 없다. 따라서 신플라톤주의자들은 'ta meta ta physika'라는 이름 아래 이루어진 탐구가 플라톤의 변증법적 학문(*dialektikē*)과 같이 비물질적이고 지성적인 대상들, 즉 초자연적인 대상들을 연구의 대상으로 삼는다고 보았으며, 'ta meta ta physika'를 그런 초자연적·초월적 대상들에 대한 학문을 가리키는 이름으로 이해했다. 신플라톤주의자이면서 아리스토텔레스 주석가로 6세기에 활동했던 심플리키오스(Simplikios)는 이런 방향의 해석을 분명하게 표현했는데, 그는 'ta meta ta physika'를 '자연적인 것들을 넘어서 있는 것'이라는 뜻으로 풀이한다.[4]

'ta meta ta physika'에 대해 비교적 최근에 이루어진 또 다른 해석은 이 용어를 아리스토텔레스의 연구방법과 결부시켜 이해하려고 한다. 아리스토텔레스는 자신의 저술 여러 곳에서 학문적 인식의 방법론적 주요 원칙으로, 우리에게 더 앞서는 것(*proteron pros hēmas*)을 출발점으로 삼아 본성적으로 더 앞서는 것(*proteron tēi physei*)으로 나아가야 한다는 것을 제시한다.[5] 이에 따르면 『형이상학』에서 다루는 것들은 본성적으로

---

4 심플리키오스(Simplicios)는 그의 주석(*In Aristotelis physicorum libros quattor priores commentaria*, ed. H. Diels, 2. vols, Berlin 1882~95, 9.1.17)에서 다음과 같이 말한다: "그들은(=페리파토스학파의 사람들은) 그것이 자연적인 것들을 넘어서 있는 것이라고 생각하기 때문에 '신학', '제일철학', '메타 타 퓌지카'라고 부른다"(*touto theologikon kai prōtēn philosophian kai meta ta physika kalousin hōs epekeina tōn physikōn tetagmenēn*). 훗날, 칸트(I. Kant) 역시 비슷한 태도를 취했다. 그는 'Metaphysik'이라는 이름이 그것이 가리키는 학문 자체와 정확하게 부합하기 때문에 아무렇게나 생겨났다고 볼 수는 없다고 말하면서, 그것을 단순히 편집과정에서 생긴 용어로 받아들이기를 거부한다. M. Heinze(Hrsg.), *Vorlesungen Kants über Metaphysik aus drei Semestern*, Leipzig 1894, S. 186.

5 『분석론 후서』 I 2, 71b34 아래와 『형이상학』 VII 3, 1029b3 아래 참고.

는 자연적인 것들에 앞서지만, 우리가 인식하는 순서에서는 자연적인 것들 뒤에 온다. 두 번째 방향의 해석은 이런 방법론적 원칙에 따라 형이상학적인 글들이 자연학적인 글들 뒤에 오게 되었고, 그런 뜻에서 'ta meta ta physika'라고 불리게 되었다고 추측한다. 이런 주장을 내세운 라이너(H. Reiner)는 그 이름이 처음부터 아리스토텔레스 자신에게서 유래한 것이거나, 아니면 그와 가까운 시기에 살았던 로도스 출신의 에우데모스(Eudemos)가 사용한 것이라고 추정한다.[6]

기원전 1세기에 안드로니코스가 아리스토텔레스의 유고들을 편집하면서 'ta meta ta physika'라는 이름을 사용한 의도가 무엇이고, 그 명칭이 아리스토텔레스 자신의 철학적 의도를 얼마나 충실하게 반영하는지는 대답하기 어려운 문제이다. 다만, 위의 두 방향의 해석 가운데 어느 하나를 취한다면, 신플라톤주의적 해석보다는 최근의 방법론적 해석에 더 신뢰를 둘 수 있을 것 같다. 왜냐하면 『형이상학』의 주된 목적은 — 신플라톤주의적 해석과 달리 — 초월적인 대상에 대한 탐구보다는 있는 것들의 일반적 구조와 원리에 대한 탐구에 있기 때문이다. 하지만 아리스토텔레스의 'ta meta ta physika'나 그 이름을 딴 서양의 철학이 동아시아 문화권에 수용되는 과정에서는 신플라톤주의적 관념이 지배적인 영향을 행사했던 것은 부정할 수 없는 역사적 사실이다. 우리가 사용하는 '형이상학'(形而上學)이라는 용어가 바로 그런 영향의 단적인 증거이다.

'ta meta ta physika' 또는 'metaphysica'의 번역어인 '형이상학'이 언제 어떤 과정을 거쳐 쓰이게 되었는지는 분명하지 않다. 알려져 있기로는 '형이상학'이라는 말을 처음 사용한 것은 메이지(明治) 시대에 활약한 일본 철학자로서 서구 철학을 일본에 소개하는 데 앞장섰던 이노우에 데쓰지로(井上哲次郞, 1856~1944)이다. 어쨌건 '형이상학'이 『주역』

---

6 H. Reiner, "Die Entstehung und Ursprüngliche Bedeutung des Namens Metaphysik", in: F-P. Hager(Hrsg.), *Metaphysik und Theologie des Aristoteles*, Darmstadt 1979, S. 139~74.

(周易)「계사전」(繫辭傳)의 한 구절인 "形而上者, 謂之道, 形而下者, 謂之器"의 '형이상자'(形而上者)에서 비롯된 것임은 확실하다. 이노우에 데쓰지로이건 다른 누구이건 간에 그 말을 처음 사용한 사람은 '형이상학'이 가리키는 철학분야가 형체가 없는 것들, 즉 경험의 한계를 넘어서 있는 것들을 다루는 학문이라고 생각했던 것 같다. 그 뒤 '형이상학'이라는 말은 초자연적인 것에 대한 사변적 학문을 가리키는 일반적 용어로 굳어지게 되었다. '형이상학'이라는 말을 동아시아 문화권에서 처음으로 사용한 사람이 얼마나 철저하게 의식했는지는 알 수 없는 일이지만, 그 말은 처음부터 플라톤주의적 관념을 담고 있었던 것이다. 'ta meta ta physika'이건 '형이상학'이건 간에 모두 아리스토텔레스의 철학적 사유가 전파되는 과정에서 겪을 수밖에 없는 역사적 운명을 보여준다고 하겠다.

2) 『형이상학』의 내용

아리스토텔레스의 『형이상학』은 모두 14권으로 이루어져 있다. 각 권은 글의 성격과 다루는 내용, 집필시기가 저마다 달라 지금까지 그것들 사이의 연관성을 놓고 연구자들 사이에 많은 논란이 이어져왔다. 그런 논란에 대한 자세한 논의는 제쳐두고, 오늘날 편집된 순서대로 각 권의 내용을 소개하면 다음과 같다.[7]

『형이상학』의 I권(A)은 '지혜'(*sophia*)의 성격규정과 선대(先代) 철학자들의 여러 학설에 대한 소개로 이루어져 있다. 여기서 아리스토텔레스는 '지혜'를 앎의 최고 단계에 올려놓으면서, 그것을 있는 것 모두의 첫째 원인들과 원리들에 대한 이론적 학문으로 규정하고(1~2장), 원인들의 종류를 나눈 뒤(3장)에 자신의 4원인설의 관점에서 선대 철학자들의 학설들을 검토한다. 3~5장은 소크라테스 이전의 자연철학자들을, 6장에

7 I. Düring, 앞의 책, S. 592f.와 H. Flashar, 앞의 책, S. 240~45의 내용요약 참고.

서는 플라톤의 이론을 소개한다. 그 뒤 8장과 9장에서는 각각 자연철학자들과 플라톤을 비판한다.

II권(α)은 조각글 형태로 남아 있는데, 철학연구에 대한 일반적 안내서이다. 이 글의 저자는 — I권 2장에서 지혜의 몇 가지 특징들을 규정한 데 덧붙여 — 지혜를 '진리에 대한 이론적 고찰'(*hē peri tēs alētheias theōria*, 993a30)로 규정하면서, 이런 관점에서 선대 철학자들의 이론적 기여를 평가하고 그들의 이론에 대한 역사적 연구가 필요함을 강조한다(1장). 2장에서는 첫째 원인들이 네 부류로 나눠진다는 주장을 통해 4원인설을 옹호하는 한편, 원인들에 대한 탐구가 무한히 진행될 수 없다는 논변을 펼친다. II권은 강의를 듣는 청중들에 대한 권고로 끝을 맺고(3장) 있는데, "수학적 엄밀성을 모든 것에서 요구해서는 안 된다"(995a14 아래)라고 저자는 말한다.

III권(B)은 '탐구되는 학문'(*epizētoumenē epistēmē*)의 핵심적 문제들을 의문(*aporia*)의 형태로 소개한다. 이 권은 강의록이 아니라 — 뒤링(I. Düring)의 표현을 빌리면 — '개인용 메모록'(*ein Memorandum für den eigenen Gebrauch*)이자 연구 계획서이다. 거기서는 여섯 장에 걸쳐 모두 15개의 문제들이 소개된다. 처음 4개의 문제는 탐구되는 학문으로서 형이상학에 관한 것이다. 그 탐구 대상에 해당하는 것은 실체(*ousia*)들뿐인지 아니면 그것들에 속하는 부수적인 것들(*ta symbebēkota*)도 그런지, 그 학문은 학문의 공리들(*axiōmata*), 모순율과 배중률을 탐구해야 하는지, 모든 종류의 실체가 탐구 대상인지 아니면 어떤 특정한 종류의 실체만이 탐구 대상인지, 실체들의 원인들 가운데 네 종류의 원인들을 모두 다루는지 아니면 어느 하나만을 다루는지 등의 문제가 처음 네 문제에 해당한다. 이어지는 11개의 문제는 실체들과 그것들의 원인들 및 원리들과 관련된 것이다. 감각적이고 운동하는 실체들 이외에 다른 실체들이 있는지, 감각적인 사물들 안에는 질료인 이외에 다른 어떤 원인, 즉 형상인도 들어 있는지, 원인과 원리들은 보편적인 것인지 아니면 개별적인 것들과 같은 방식으로 있는지 등의 문제가 다섯 번째에서 열다섯 번째의 의문에 해당한다.

IV권(Γ)은 있는 것(*on*)의 한 부분을 탐구하는 다른 개별 학문들에 맞세워 '있는 것인 한에서 있는 것'(*on hēi on*)을 탐구하는 학문의 존재를 천명하면서, 있는 것에 속하는 첫째 원인들을 파악해야 한다고 말한다(1장). 하지만 곧바로 2장에서는, '있는 것'이 여러 가지 뜻으로 쓰이지만 있는 것은 모두 실체와 관련해서 '있는 것'이라고 불린다는 이유를 들어 있는 것에 대한 탐구를 첫째로 있는 것, 즉 실체에 대한 탐구로 바꿔놓는다. 이어지는 장의 주제는 공리들(*axiōmata*)이다. 3장부터 6장까지는 모든 원리 가운데 '가장 확고한 원리'(1005b11)인 모순율의 정당성을 논의하면서 그 정당성을 부정하는 사상가들, 특히 프로타고라스(Protagoras)를 비판한다. 7장과 8장에서는 배중률을 옹호하고 그것을 부정하는 사람들을 비판한다.

V권(Δ)은 철학용어사전이다. 여기서는 전체 30장에 걸쳐 30개의 중요한 철학용어들에 대해 설명하는데, 아르케(*archē*), 원인(*aition*), 요소(*stoicheion*), 자연 또는 본성(*physis*), 있음(*einai*), 실체(*ousia*)와 같은 주요한 철학적 개념들이 그에 속한다. 저자는 여기서 각 개념의 다양한 의미와 그것들 사이의 연관성을 강조한다.

VI권(E)의 논의 주제는 첫째 철학(*prōtē philosophia*)의 성격과 대상이다. 그 논의에 따르면 학문에는 세 가지 종류, 즉 실천학(*praktikē*), 제작학(*poiētikē*), 이론학(*theōrētikē*)이 있고, 이론적인 학문은 다시 수학(*mathēmatikē*)과 자연학(*physikē*)과 신학(*theologikē*)으로 나뉜다. 그 가운데 '분리가능하고 부동적인 것들'(*chōrista kai akinēta*, 1026a16)을 대상으로 삼는 신학은 다른 이론적인 학문들에 앞서는 '첫째 철학'이다. 하지만 첫째 철학은 '첫째간다는 이유에서 보편적'(*katholou hoti prōtē*, 1026a30)이며, 그런 이유에서 '있는 것을 있는 것인 한에서 이론적으로 고찰하는 것' 또한 첫째 철학의 과제로 천명된다(1장). 이어지는 2장과 3장에서는 부수적인 것 또는 우연적인 것(*ta symbebēkota*)과 그것의 원인들이 논의되는데, 우연적인 뜻에서 있는 것은 학문적인 탐구의 대상에서 배제된다.

4장의 주제는 참(*alēthes*)과 거짓(*pseudos*)인데, 이것들 또한 대상 자체 안에 있는 것이 아니라 사유 안에 있는 것이라는 이유에서 있는 것에 대한 학문에서 배제된다.

이어지는 세 권(Z, H, Θ)은 '실체에 대한 책들'로서 하나의 통일체를 이루고 있다. VII권(Z) 1장에서 아리스토텔레스는 — 실체에 대한 『범주론』의 논의를 바탕으로 — 실체(*ousia*)를 첫째로 있는 것으로 내세운 뒤, "있는 것은 무엇인가?"(*ti to on*)라는 물음은 결국 "실체란 무엇인가?"(*tis hē ousia*)라는 물음으로 귀결된다고 말한다. 2장에서는 실체에 대한 선대 철학자들의 학설을 간단히 소개하고, 3장부터 17장까지는 본격적으로 실체에 대한 고찰이 이루어진다. 일반적인 의견에 따라 '실체'의 네 가지 후보자가 — 본질(*to ti ēn einai*), 보편자(*katholou*), 유(*genos*), 기체(*hypokeimenon*) — 자세히 검토된다. 먼저 3장에서는 실체가 '기체'라는 규정을 비판적으로 검토하면서, '기체'의 개념은 무엇보다도 아무런 내용도 없는 질료(*hylē*)에 합당한 것이기 때문에 실체를 기체로 규정하는 것은 충분하지 않다고 말한다. 4장부터 12장까지는 '본질'이 다양한 측면에서 논의된다. 본질에 대한 일반적 논의들(4~6장), 감각적인 사물의 생성과정에서 본질의 지위(7~9장), 본질과 정의의 관계(10~12장) 등이 논의의 중심적인 주제이다. 보편자와 유를 함께 다루는 13장은 "보편자는 어떤 뜻에서도 실체가 아니다"라는 테제를 내세우고, 뒤이어 플라톤의 이데아론을 비판한다(14장과 15장). 16장에서는 질료의 실체성을 검토하면서 질료를 가능적인 실체(*ousia dynamei*)라고 규정한다. 17장은 원인론의 관점에서 본질을 다루면서 본질을 감각적 실체의 '있음의 원인'(*aition tou einai*, 1041b27)이라고 부른다.

VII권이 주로 '각자의 실체'(*ousia hekastou*)라는 뜻의 실체를 논의 주제로 다룬다면, VIII권에서는 감각적 실체(*aisthētē ousia*)의 구성원리를 다룬다. 1장에서는 VII권의 논의를 요약한 다음, 감각물의 구성원리로서 질료를 내세워 그것을 기체라는 뜻에서의 실체이자 가능적인 것(*dynamis*)으로서 규정한다. 2장과 3장의 주제는 형상(*eidos*), 즉 현실태(*energeia*)라는 뜻에서 실체이다. 한편 아리스토텔레스는 4장에서 실체들을 규정할 때는 각 실체에 '가장 가까운 원인들'(*engytata aitia*, 1044b2)을 제시해야지 불이나 흙과 같은 원인들을 제시해서는 안 됨을 강조하면서, 뒤이어 5장에서는 생성과 소멸이 가능태와 현실태에 대해 갖는 관계를 다룬다. 6장은 VII권 12장의 논의와 관련된 것으로서 정의 및 정의 대상의 단일성을 다룬다. 이에 따르면 정의의 단일성은 정의의 두 요소인 유(*genos*)와 차이(*diaphora*)가 질료와 형상의 관계 또는 가능적인 것과 현실적인 것의 관계에 놓임으로써 가능한 것으로 드러난다.

가능태(*dynamis*)와 현실태(*energeia*)를 다루는 IX권(Θ)은 앞의 두 권의 존재론을 보완한다. 앞의 두 권에서 10개의 범주들, 특히 그 가운데 첫째가는 의미에서 있는 것인 실체를 중심점으로 삼아 있는 것을 탐구했다면, IX권에서는 가능태와 현실태의 새로운 구분에 의거해 있는 것을 다룬다. 처음 다섯 장의 주제는 능력이라는 뜻의 가능태이다. 능동적인 능력과 수동적인 능력의 구분(1장), 이성적인 능력과 비이성적인 능력의 구분(2장), 가능적인 것과 현실적인 것을 구분하지 않은 메가라학파에 대한 비판(3장), '가능한'(*dynaton*), '불가능한'(*adynaton*), '거짓'(*pseudos*)이라는 개념에 대한 자세한 논의(4장), 타고난 능력과 습관 및 이성에 의해 습득된 능력의 구분(5장)이 다섯 장의 논의 주제이다. 6장에서는 현실태를 가능태와 구분하면서 그 둘의 비교를 통해, 현실태 혹은 현실적인 것에 대한 유비적 정의를 제시한다. 이어지는 7장에서는 어떤 것이 어떤 조건 아래에서 다른 것이 될 수 있는 가능성을 갖게 되는지를 다룬 뒤, 8장에서는 현실태가 가능태에 대해 갖는 선행성을 논의한다. 정식에서, 시간에서, 실체에서 현실적인 것은 가능적인 것보다 앞선다고 아리스토텔레스는 말하는데, 8장은 XII권의 신학적 논의를 시사하고 있다는 점에서 중요하다. 나머지 두 장에서는 현실태가 가능태에 대해 갖는 우위성(9장)과 현실적인 것과 참된 것의 관계(10장)가 논의된다.

X권(I)은 '있는 것'(*on*)과 '하나'(*hen*) 및 그 둘과 관련된 개념들, 예컨대 동일성(*tauto*), 다름(*to heteron*), 동질성(*to homoion*), 반대(*ta enantia*) 등

에 대한 강의록이다. '하나'와 '있는 것'은 외연이 일치하기 때문에, '하나' 및 그와 상관된 개념들에 대한 탐구는 있는 것을 다루는 학문에 속한다는 생각이 그 배경을 이룬다.

XI권(Κ)은 『형이상학』 III권, IV권, VI권과 『자연학』 II권, III권, V권 등에서 발췌한 글들을 엮은 편찬서이다. 뒤링의 추측에 따르면, 이 글은 아리스토텔레스가 죽은 뒤에 그의 첫째 철학에 대한 강의록을 보완하기 위한 목적에서 편집된 것이다. III권의 의문들, 첫째 철학의 단일성과 대상, 모순율과 배중률, 있는 것인 한에서 있는 것을 다루는 학문이 논의 주제이며, 뒤이어 자연철학의 근본 개념들인 원인과 본성, 우연성(*kata symbebēkos*, 8장), 운동(*kinēsis*, 9장), 무한자(*apeiron*, 10장), 변화(*metabolē*)와 운동(*kinēsis*, 11장과 12장) 등이 다루어진다.

XII권(Λ)은 실체, 특히 부동적이고 영원한 실체들을 주제로 다루는데, 있음과 운동의 원리들에 대한 '독립적이고 그 자체로서 완결된 강의록'(뒤링)이다. XII권 앞부분(1~5장)의 주요한 주장들은 ― 그 내용에서 ― 『형이상학』 VII권과 VIII권 및 『자연학』 I권에 나오는 주장들과 그 논의의 범위가 일치하는데, 다음과 같은 주장들이 전개된다. 형이상학은 있는 것들의 첫째 원인들을 고찰해야 한다. 그런데 첫째가는 뜻에서 있는 것은 실체이기 때문에, 있는 것에 대한 탐구는 결국 실체의 원인들을 고찰해야 한다. 실체에는 세 종류가 있다. 감각적인 실체들 가운데는 가멸적인(*phthartē*) 것과 영원한(*aidios*) 것이 있고, 셋째로 감각적이 아닌 실체들이 있다. 이런 주장들을 앞세운 다음에 3장까지 감각적 실체의 원리들이 고찰된다. 먼저 생성과 변화의 기체 구실을 하는 질료(2장부터 1069b32까지)가 논의되고, 뒤이어 생성의 지향점인 형상과 그에 반대되는 상태로서 결여에 대한 논의가 이어진다. 한편, 감각적 실체들 안에 내재하는 원리로서 질료, 형상, 결여는 감각물의 밖에 있으면서 그것을 생겨나게 하는 또 다른 원인인 운동인과 대비된다. 4장과 5장에서는 실체의 원리들과 다른 범주들의 원리들이 같은지 다른지의 문제가 제기되고, 그것들의 유비적 동일성이 강조된다. XII권의 나머지 다섯 장은 앞의 다섯 장과 뚜렷이 구별된다. 6장은 '영원하고 부동적인 어떤 실체'(*tis aidios ousia akinētos*, 1071b4-5)의 존재를 증명하는 일련의 주장들로 시작된다. 이런 종류의 실체가 있어야 하는 이유는 영원한 것, 즉 첫째 하늘의 운동이 있기 때문이다. 다시 말해 영원한 운동이 있기 때문에 그것을 낳는 것이 있어야 하는데, 이것은 본질적으로 순수한 현실적 활동(*energeia*)이어야 한다. 왜냐하면 그것이 가능적으로 있는 것에 불과하다면, 현실적으로 작용하지 않을 수도 있기 때문이다. 카오스, 밤, 만물의 혼돈상태를 모든 것의 시작으로 삼아 우주생성론을 전개했던 선대 철학자들에 맞서 아리스토텔레스는 현실적인 활동을 모든 것의 시작에 둔다. 7장에서는 현실적인 활동을 자신의 본질로 삼는 실체의 작용방식을 다룬다. 그에 따르면 그것은 그 자체는 운동함이 없이, 사유의 대상이자 욕망의 대상으로서 운동을 낳는다. 다시 말해 그것은 사유와 욕구를 낳는 최고의 좋음이며, 사랑받음으로써 운동을 낳는다. 그것은 또한 영원한 삶이고 순수한 사유활동이며, 순수한 행복이다. 이 점에서 아리스토텔레스는 신을 영원히 존재하는 완전한 생명체라고 믿는 일반적 믿음을 근거 있는 것으로 본다. 따라서 우주론자들과 피타고라스학파, 스페우시포스가 생각했듯이, 모든 것들의 시작은 불완전한 것이 아니라 완전한 것이다. 8장에서는 당대의 천문학 이론을 바탕으로 55개 또는 47개의 부동의 원동자(*to kinoun akinēton*)에 대한 이론을 소개한 뒤, 9장에서는 부동의 원동자의 존재방식을 사유활동으로 규정하면서 이 신적인 사유활동의 본성을 탐구한다. 신은 순수한 현실적 작용이자 완전한 것인 자기 자신을 인식할 뿐, 다른 어떤 것도 생각하지 않는다. 그것은 '사유에 대한 사유'(*noēsis noēseōs*)이다. XII권의 마지막 장에서 다루는 주제는 자연세계 가운데 있는 좋음(*to agathon*)이다. 6장과 7장이 아리스토텔레스 신학의 우주론적 측면을 담고 있다면, 10장은 그것의 목적론적 측면을 우리에게 보여준다. 세계의 좋음은 그 안에 내재된 질서 안에도 있지만, 궁극적으로는 그 질서의 원천인 신에게 있다. 세계 안에서 사물들은 한편으로는 하나의 목적을 지향점으로 삼아 서로 공동체적 관계를 맺고 있지만, 다른 한편으로는 저마다 본성이 달라 그에 따라 다양한 방식으로 존재한다. 모든 것의 운동을 낳는 원리이자 모든 것이 지향하는 목적인 신은 하나의 원리로서 세계를 지배한다.

XIII권(M)과 XIV권(N)은 플라톤의 추종자들이 실체로 여긴 두 종류의 대상, 즉 수학적인 대상들과 플라톤의 이데아들에 대한 강의록이다. 1장부터 3장까지 수학적 대상들의 존재방식에 대한 질문이 제기되고, 그것들은 감각적인 사물들 안에도 있지 않고 분리된 실체로서 있을 수도 없다는 대답이 제시된다. 4장과 5장에서는 이데아론의 발생에 대한 역사적 분석과 그 이론에 대한 비판이 수행된다. 나머지 장에서는 이데아들과 수들에 대한 여러 가지 의견들이 비판적으로 검토된다. XIV권에서도 플라톤주의자들의 이론에 대한 비판과 원리들과 수들에 대한 피타고라스학파의 이론에 대한 비판이 전개된다.

3) 『형이상학』의 저술시기

『형이상학』을 이루는 글들은 그 성격과 내용뿐만 아니라 집필된 시기도 천차만별이다. 『일리아스』와 『오디세이아』에 대한 이른바 '분석론자들'(*Analytiker*)의 연구가 한창 목소리를 높이던 1920년대 독일에서 아리스토텔레스 연구자 예거(W. Jaeger)는 『형이상학』에도 분석론적 방법을 도입해 발전사적 연구를 수행했다.[8] 그 뒤 많은 연구자들이 예거의 방법론을 실마리로 삼아 『형이상학』에 포함된 각 권들 사이의 시간적 선후관계를 밝히는 일에 매달렸지만, 일반적으로 동의할 수 있는 결과에는 아직 이르지 못했다. 그 대표적인 연구결과를 소개하면 다음과 같다.

---

8 W. Jaeger, *Studien zur Entstehungsgeschichte der Metaphysik des Aristoteles*, Berlin 1912와 같은 저자의 *Aristoteles. Grundlegung einer Geschichte seiner Entwicklung*, Berlin 1923(= *Aristotle. Fundamentals of the History of his Development*, trans. R. Robinson, Oxford 1948).

a) W. Jaeger(1923)

1층: I(A9의 '우리'-문체), II, IV, XII, XIII9-XIV, XI, VI 1. 347년 이후에 쓰여진 '원-형이상학'(*Ur-Metaphysik*); 비물질적으로 있는 것에 대한 학문으로서의 형이상학

2층: VII, VIII, IX; 실체에 대한 책들, 본래 독립적인 저술이며 새로운 형이상학 개념으로의 이행을 보여준다. 보편적 존재론으로서의 형이상학

3층: VI 2-4, X, XIII 1-9('그들'-문체); 335년 이후의 저술

b) W. Theiler(1958)

1층: V, XIV, XII (8장 제외); 347년 무렵의 저술

2층: I(7장 제외), III, IV, VI; 347년 이후의 저술, 앗소스 체류 시기

3층: VII, VIII, IX; 335년 무렵; 아테네의 교육활동을 다시 시작하는 시기

4층: I 7과 XIII 추가; 330년 무렵

5층: XII 8 추가(학생의 강의노트); 330년 이후

아리스토텔레스 사후에 에우데모스가 모든 글을 함께 묶었으리라고 추정되며, 나중에 II권이 추가되었을 가능성이 있다.

c) I. Düring(1966)

1층: XII(최초의 저술), XIII 9-XIV, I, XIII 1-9, III, X; 347년 이전

2층: IV, VI, VII, VIII, IX; 335년 이후

V권은 여러 시기에 쓰인 글들의 묶음이며, XI권은 아리스토텔레스 사후의 편찬서

예거의 기념비적 연구를 시작으로, 마치 트로이아의 지층을 파헤쳤던 슐리만(H. Schliemann)처럼 『형이상학』의 사유의 층상을 탐사했던 연구자들이 내놓은 결과는 서로 일치하지 않는다. 이런 접근에서 우리가 기

대할 수 있는 합의에는 분명한 한계가 있을 수밖에 없다. 하지만 그동안의 연구는 대체적으로 다음의 결과들을 확인해 주었다는 점에서 그 의의를 인정할 수 있다.

(1) 대다수의 연구자들이 인정하듯이, 『형이상학』 XII권은 가장 일찍 쓰인 글 가운데 하나이고, 본래 독립적으로 저술된 강의록이다. 그리고 이 강의록 때문에 우리는 『형이상학』의 신학적 성격을 인정하지 않을 수 없다. 왜냐하면 아리스토텔레스는 여기서 감각적 실체들의 존재와 그 원인들을 다룬 뒤, 그것들의 첫째 원인으로서 분리된 부동(不動)의 실체인 신을 끌어 들여 그것의 본성과 작용을 탐구하기 때문이다.

(2) X권과 XI권을 사이에 두고 XII권과 떨어져 있는 VII~IX권은 하나의 통일체를 이루고 있는데, 이 부분은 『형이상학』에 속한 저술들 가운데 가장 늦은 시기에 쓰인 것이라고 보는 것이 정설이다(가장 나중의 것이라고 단정할 수는 없다고 하더라도, 그것들이 적어도 XII권보다 뒤늦게 쓰인 것이라는 데 의견을 달리하는 연구자들은 없다). XII권의 신학적 연구를 아리스토텔레스 『형이상학』의 '갓돌'(*coping-stone*)[9]로 여기는 사람들은 VII~IX권에서 이루어지는 실체에 대한 연구가 비물질적인 실체에 대한 신학적 연구를 위한 예비적 연구라고 주장하지만, 이 주장이 모든 면에서 들어맞는 것은 아니다. 실체에 대한 연구가 궁극적으로 부동의 실체에 대한 연구로써 완결된다는 점에서는 분명 VII~IX권은 XII권의 연구를 위한 예비적인 것이라고 불릴 수도 있겠지만, 사실 이 '예비적 연구'는 나중에 이루어진 것이고, 그 연구의 내용은 그것과 상관 있는 XII권 전반부의 연구내용과 비교할 수 없을 정도로 복잡하고 정교하기 때문이다. 비유하자면, '갓돌'(XII권)이 먼저 만들어진 뒤에 건물의 주요부(VII~IX권)가 지어졌고, 나중에 이 건물 위에 먼저 마련되어 있던 갓돌이 얹혔다고 보아야 할 것이다.

---

9 W. D. Ross, *Aristotle's Metaphysics, a revised text with introd. and comm*. I. II, Oxford 1953(초판 1924), p. cxxx.

(3) II권과 IV권을 제외한 처음의 네 권(A, B, Γ, Δ)의 저술시기를 잘라 말하기는 어렵지만, 아마도 XII권과 VII~IX권의 저술시기 사이로 잡을 수 있을 것이다. 여기서는 주로 『형이상학』의 대상을 밝히고 탐구해야 할 주요 문제들을 제시함에 치중하는데, XII권에서 이미 수행된 연구를 자료삼아 그것을 확장해서 새롭게 '탐구되는 학문'의 성격, 규모와 내용을 확정하려는 의도로 저술된 것으로 보아도 크게 틀리지 않을 것이다.[10]

요컨대 『형이상학』을 하나의 완결된 저술로 볼 수는 없지만, 그럼에도 불구하고 '탐구되는 학문'의 성격을 논의하는 강의록들, 실체에 대한 강의록들, 신학적 연구가 『형이상학』 전체의 중심축을 이루고 있다.

2. '형이상학'의 학문적 성격

1) 형이상학의 양면성: 존재론과 신학

그 전체의 내용을 훑어보면 한눈에 드러나듯이, 'Ta meta ta physika'라는 이름으로 전승된 아리스토텔레스의 저술은 하나의 독립적이고 완결된 저술이 아니다. 그런 뜻에서 반스(J. Barnes)는 『형이상학』을 일컬어 '한 권의 에세이 모음집'(*a collection of essays*)이라고 부르고,[11] 뒤링 역시 우리는 "아리스토텔레스가 형이상학이라는 교과서를 쓴 적이 없다는 사실을 놓쳐서는 안 된다"라고 말한다.[12] 그렇다면 이 한 묶음의 철학적 에세이들에 일관된 주제는 없는 것일까? 『형이상학』의 대상이나 주제, 그 안에 담겨 있는 학문의 학문적 성격 등의 문제는 아리스토텔레스 사후부터 지금까지 2,000년 넘는 세월 동안 끊임 없는 논란의 대상이 되었는

10 W. D. Ross, *Metaphysics* I, p. xviii.

11 J. Barnes(ed.), 앞의 책, p. 67.

12 I. Düring, 앞의 책, S. 592.

데,[13] 이제 이 문제에 대해 살펴보기로 하자.

『형이상학』 I권 1장에서 아리스토텔레스는 자신이 탐구하는 것이 '지혜'(*sophia*)이자 원인들과 원리들에 대한 학문적 인식이라고 말한다. 그의 표현을 옮기면, "지혜라고 불리는 것은 첫째 원인들과 원리들에 관한 것이라고 누구나 생각한다"(981b28-9). 한편, 이어지는 2장에서 아리스토텔레스는 또 다시 '지혜' 또는 '지혜로운 자'(*ho sophos*)에 대한 일반적 관념들을 실마리로 삼아 지혜의 성격을 규명하면서 여러 가지 특징을 제시한다. 이에 따르면 지혜는 (i) 가능한 한 모든 것을 안다는 뜻에서 보편적인 학문이고, 그런 뜻에서 (ii) 가장 어려운 것에 대한 앎이다. 왜냐하면 가장 보편적인 것들은 사람들이 공통적으로 가지고 있는 감각에서 가장 멀리 떨어져 있어 알기 어렵기 때문이다. 다른 네 가지 특징, 그러니까 (iii) 엄밀성, (iv) 가르칠 수 있는 능력, (v) 자기목적성 및 앎 자체를 위한 학문의 성격, (vi) 지배적 위치 등이 그에 뒤따라오는데, 아리스토텔레스에 따르면 이런 것들은 모두 '첫째 원리들과 원인들'(*prōtai archai kai aitia*, 982b9)을 다루는 학문에 속하는 특징들이다. 이 학문은 적은 수의 원리들을 다루기 때문에 엄밀하며, 원인들에 대해 가르치고 다른 모든 것에 대한 앎의 기초가 되는 최고의 인식 대상을 다룬다는 뜻에서 자기목적적 혹은 자족적이다. 그런가 하면 각 행동의 목적이나 자연 전체의 좋음(*agathon*)은 첫째 원인들에 포함되는 것이기 때문에, 그런 원인들에 대한 인식은 다른 학문들보다 앞자리를 차지한다고 아리스토텔레스는 말한다.

만일 이런 것들이 『형이상학』에서 '탐구되는 학문의 본성'(*hē physis tēs epistēmēs tēs zētoumenēs*, 983a21)이라면, 그런 관념에 부합하는 학문은 구체적으로 어떤 학문일까? 이에 대한 아리스토텔레스의 대답은 크게 다음과 같은 두 방향에서 이루어진다.

(1) 『형이상학』 IV권 1장에 따르면, '탐구되는 학문'은 있는 것의 원인

13 H. Flashar(Hrsg.), 앞의 책, S. 388 아래.

들과 원리들에 대한 학문이다. 이 학문은 있는 것의 한 부분을 떼어내서 그것을 다루는 다른 개별 학문들과 달리 '있는 것을 있는 것인 한에서'(*on hēi on*, 1003a21) 다루며, 그런 뜻에서 보편적 존재론이다. 이 보편적 존재론은 있는 것 모두에 공통적으로 속하는 가장 보편적인 것들과 원리들을 탐구한다.

(2) 『형이상학』 VI권 1장에서는 '첫째 학문'(*prōtē epistēmē*, 1026a16, a29) 또는 '첫째 철학'(*prōtē philosophia*, 1026a24)이라는 개념이 도입되고, 이에 의거해서 탐구되는 학문이 규정된다. 이에 따르면 첫째 철학은 감각세계를 넘어선 부동적인 존재영역에 대한 학문으로서, 자연학이나 수학과 달리 '분리가능하고 부동적인 것들'(*chōrista kai akinēta*, 1026a16), 즉 감각물들과 떨어져 있으면서 감각물들과 달리 운동하지 않는 것들을 대상으로 하는 신학(*theologikē*, 1026a19)이다. 그리고 이 학문은 첫째 철학으로서 '첫째간다는 이유에서 보편적'(*katholou hoti prōtē*, 1026a30-1)이라고 아리스토텔레스는 말하면서, "있는 것을 있는 것인 한에서 이론적으로 고찰하는 것, 즉 있는 것이 무엇이고 있는 것인 한에서 있는 것에 속하는 것들을 고찰하는 것도 그 학문이 할 일이다"(1026a31-2)라고 덧붙인다.

형이상학에 대한 이 두 가지 관념은 서로 양립할 수 있을까? 두 관념이 양립가능하다면, 그 가능성은 어디에 있는가?

형이상학의 이런 양면성, 즉 보편적 존재론의 성격과 신학적 성격은 전통적으로 '일반 형이상학'(*metaphysica generalis*)과 '특수 형이상학'(*metaphysica specialis*)이라는 이름으로 불리면서 오랫동안 불편한 동거관계를 유지해왔다. 하지만 19세기 말부터는 그 둘 사이에 공존이 불가능함을 지적하는 목소리가 높아졌다. 예컨대 나토르프(P. Natorp)를 비롯한 신칸트학파 계열의 연구자들은 형이상학의 신학적 성격을 내세우는 주장을 담은 부분들을 — 『형이상학』 VI권 1장과 XI권 7장 — 삭제하려고 했다.[14] 한편, 이와 다른 방향에서 예거는 발전사의 관점을 수용한 『아리스토텔레스 형이상학의 발생사에 대한 연구』[15]에서 형이상학에 대한 두 규정, 즉 존재론적 규정과 신학적 규정이 아리스토텔레스 사상의 두 발전단계를 보여주는 것이라고 가정했다. 그는 형이상학에 대한 신학적 규정이나 『형이상학』 XII권의 연구가 감각적 영역과 초감각적 영역을 엄격하게 분리하는 경향을 띤 '신학적이고-플라톤적인' 기획을 보여주는 반면, 둘째 규정은 '보다 아리스토텔레스적인' 발전단계를 보여주며, 통일성을 갖춘 하나의 거대한 구조물을 보여준다는 이론을 내세웠다.

하지만 발전사의 관점에서 형이상학의 학문적 성격과 관련된 모순을 해소하려는 예거의 시도는 그 참신성에도 불구하고, 문제의 갈등을 봉합하기보다는 오히려 오랜 상처를 건드리는 결과를 낳았다. 예거의 연구에 촉발된 후속 연구들은 그가 풀려고 했던 모순과 불일치점을 폭로하는 방향으로 나아갔기 때문이다. 특히, 논쟁의 중심에는 아리스토텔레스가 '탐구되는 학문'의 대상으로 지적한 'on hēi on'에 대한 해석이 놓여 있었다. 대다수의 연구자들은 이 표현을 '있는 것인 한에서 있는 것'이라고 해석한다. 있는 것을 어떤 특정한 관점에서, 즉 운동의 관점이나 양적 연속성의 관점에서 다루는 다른 학문들과 달리, '탐구되는 학문'이 있는 것을 오직 '있음의 측면에서' 다룬다는 사실을 분명히 하기 위해 아리스토텔레스가 'on hēi on'을 사용했다는 것이다. 반면 멜란(P. Merlan) 같은 연구자는 'on hēi on'이라는 어구가 추상적인 보편자가 아니라 '분리가능한 것'(*chōriston*)과 동일한 것, 즉 지성의 대상인 '부동적인' 신적 존재영역을 가리킨다고 주장한다.[16] 앞의 주장이 옳다면 'on hēi on'에 대한 학문은 보편적 존재론이 되어 신학과는 다른 학문이 될 것이고, 뒤의 주장이 옳다면 'on hēi on'에 대한 학문은 신학적 학문이 될 것이다.

멜란처럼 'on hēi on'을 신학적 관점에서 해석하려는 연구자들은 더

14 P. Natorp, "Über Aristoteles' Metaphysik K. 1-8. 1065a26", *Archiv für Geschichte der Philosophie* 1, 1888, S. 178~93.

15 W. Jaeger, *Studien zur Entstehungsgeschichte der Metaphysik des Aristoteles*, Berlin 1912.

16 Ph. Merlan, "Metaphysik: Name und Gegenstand", *Journal of Hellenic Studies* 77, 1957, S. 87~92.

이상 없다. 거의 모든 아리스토텔레스 연구자들은 'on hēi on'이 'on', 즉 있는 것에 대한 탐구의 관점을 제한하는 표현이라고 생각한다.[17] 그리고 'on hēi on'에 대한 이런 해석을 받아들인다는 것은 곧, 'on hēi on'을 다루는 보편적 존재론과 분리가능하고 부동적인 실체를 다루는 신학이 하나의 학문이 아니라 서로 다른 두 개의 학문임을 인정함을 뜻한다. 이로써 형이상학에 대한 아리스토텔레스의 양면적 성격규정과 관련된 논의는 더 이상의 의미를 잃게 된다. 보편적 존재론과 신학을 연결시킬 가능성이 더 이상 없기 때문이다. 지금은 물밑으로 가라앉은 이 논쟁이 다시 수면 위로 떠오른다고 하더라도, 누구나 쉽게 동의할 만한 대답을 찾기란 쉽지 않을 것이다. 아마도 가장 그럴 듯한 대답을 찾는다면, 우리는 그 대답을 아리스토텔레스의 『형이상학』 안에서 찾아야 할 것이다.

2) 형이상학의 존재론과 신학은 통합될 수 있는가

보편적 존재론과 신학 사이의 관계에 대한 아리스토텔레스 자신의 생각이 어떤 것인지를 살펴보기 위해 세 구절을 이어서 읽어보자. 첫 번째 구절은 VI권 1장의 마지막 부분이다(VI 1, 1026a23-32).

> 어떤 사람은 첫째 철학이 보편적인지 아니면 어느 하나의 유, 즉 특정한 자연물에 대한 것인지 의문을 가질 수도 있을 것이다(……). 그런데 만일 자연적으로 이루어진 실체들과 떨어져서 다른 어떤 실체가 있지 않다면, 자연학이 첫째 학문이 되겠지만, 만일 운동하지 않는 어떤 실체가 있다면, 이것에 대한 학문이 (자연학에) 앞서고 첫째 철학이 될 터이니, 그것은 첫째간다는 이유에서 보편적이기도 하다. 있는 것을 있는 것인 한에서 이론적으로 고찰하는 것, 즉 있는 것이 무엇이고 있는 것인 한에서 있는 것에 속하는 것들을 고찰하는 것도 그 학문이 할 일이다.

17 이에 대해서는 특히 J. Barnes(ed.), 앞의 책, pp. 70~71 참고.

아리스토텔레스가 보편적 학문과 신학적 학문 사이의 틈새를 의식하고 있었음은 명백하다. "첫째 철학이 보편적인지 아니면 어느 하나의 유, 즉 특정한 자연물에 대한 것인지"라는 질문은 다른 해석의 여지를 남기지 않는다. 이 물음에 대한 그의 대답 또한 의문의 여지를 남기지 않는다. 그에 따르면 신학인 제일철학은 '첫째간다는 이유에서 보편적'이며, 그렇기 때문에 "있는 것이 무엇이고 있는 것인 한에서 있는 것에 속하는 것들을 고찰하는 것도 그 학문이 할 일이다." 하지만 이 말의 뜻은 무엇인가?

이에 대한 아리스토텔레스의 생각은 IV권 2장에서 확인된다. 아리스토텔레스는 있는 것들을 있음의 관점에서 다루는 학문과 관련해서 이렇게 말한다(IV 2, 1003b15-9).

> 그러므로 있는 것들을 있는 것들인 한에서 이론적으로 고찰하는 것은 하나의 학문의 과제임이 분명하다. — 그러나 어디에서나 학문은 주로 첫째가는 것을 다루며, 다른 것들은 그것에 의존하고 또 그것에 의해 그 이름을 얻는다. 그런데 만일 이것이 실체라면, 철학자는 마땅히 실체들의 원리들과 원인들을 소유해야 할 것이다.

아리스토텔레스는 여기서 있는 것을 있는 것의 관점에서 다루는 학문이 실체에 대한 학문이라고 말한다. 있는 것들을 있는 것으로서 다루는 학문이 실체들의 원리들과 원인들에 대한 탐구가 되는 이유에 대해서는 설명이 더 필요하겠지만, 이에 대한 자세한 논의는 뒤로 미루자. 여기서는 다음과 같은 점만을 확인하는 것으로 충분하다. 아리스토텔레스에 따르면, 있는 것들은 여러 가지 뜻에서 '있다'라고 불린다. 하지만 그와 동시에 그것들은 모두 첫째가는 뜻에서 있는 것, 즉 실체의 관계에 따라 '있다'라고 불리며, 바로 이런 연관성, 이른바 '하나와의 관계'(*pros-hen*, IV 2)로 말미암아 있는 것에 대한 탐구에서는 실체에 대한 탐구가 중심이 된다.[18] 보편적 존재론이 실체론이 되는 이유는 거기에 있다.

XII권 6장에는 여기에서 한 걸음 더 나아간 발언이 나온다(XII 6, 1071b2-5).

> 실체에는 세 가지가 있는데 둘은 자연적인 것들이고 하나는 부동적인 것이기 때문에, 뒤의 것과 관련해서 우리는 영원하고 부동적인 어떤 실체가 있는 것이 필연적이라고 말해야 한다.

아리스토텔레스는 있는 것을 있음의 측면에서 보편적으로 다루는 일이, 있는 것들 가운데 첫째로 있는 것인 실체를 다루는 일이라고 말한 뒤에 다시 실체를 세 종류로 나눈다. 생성·소멸하는 자연적인 실체, 영원한 운동 가운데 있는 자연적인 실체, 끝으로 영원하고 부동적인 실체이다. 이어지는 구절에서 아리스토텔레스는 세 번째 종류의 실체가 있어야 하는 이유를 제시한다. 그런 실체는 모든 실체들 가운데 첫째가는 것이며, 그 밖의 모든 실체들은 물론 그런 실체들에 의존해서 있는 것들의 있음의 원인이 되기 때문이다. '영원하고 부동적인 어떤 실체'(*tis aidios ousia akinētos*)는 물론 현실적 활동(*energeia*)을 자신의 본질로 가지는 신을 가리킨다.

인용한 세 구절을 함께 읽어보면, 그 논지는 저절로 드러난다. 아리스토텔레스에 따르면, '탐구되는 학문'은 있는 것을 모두 다룬다. 그런데 학문은 어디에서나 주로 첫째가는 것을 다룬다. 따라서 있는 것들 가운데 첫째로 있는 것이 실체라면, 있는 것에 대한 학문은 실체에 대한 학문이 된다. 그런데 실체에는 여러 종류가 있고 다른 모든 실체는 첫째 실체, 즉 '부동적인 실체'인 신에 의존해서 있다. 따라서 실체에 대한 학문

18 이에 대한 고전적 연구로는 J. Owens, *The Doctrine of Being in the Aristotelian Metaphysics*, Toronto 1978, 특히 p. 116 아래와 G. E. L. Owen, "Logic and Metaphysics in Some Earlier Works of Aristotle", in: J. Barnes et al.(eds.), *Articles on Aristotle 3. Metaphysics*, London 1979, p. 24 아래 참고.

은 첫째가는 실체인 신에 대한 학문이 될 수밖에 없다. 보편적 존재론은 실체론으로, 실체론은 신학으로 이어지고, 거꾸로 신학은 다른 모든 실체들의 근거로서 부동적인 실체를 다룸으로써, 모든 실체는 물론 실체에 의존해서 있는 것 모두를 다룬다는 것이 아리스토텔레스의 생각이다.

보편적 존재론과 신학의 관계 문제와 관련해 우리가 아리스토텔레스에게서 찾을 수 있는 대답은 이런 것이다. 신학으로서의 첫째 철학이 '첫째간다는 이유에서 보편적'이라는 그의 말은 그런 대답에 대한 함축적 표현이라고 할 수 있다. 물론, 많은 아리스토텔레스 연구자들은 아리스토텔레스의 그런 주장을 평가하여 '난외주석'(Jaeger), '타협'(Düring) 또는 난감함의 표현이라고 부르면서 그 가치를 폄하한다. 비교적 최근에 쓰인 글에서 반스는 위에서 인용한 구절을 두고 "이 논변은 타당하지 않다"라고 잘라 말한다.[19] 하지만 고대의 아리스토텔레스 주석가인 알렉산더는 존재론과 신학의 통일성에 대한 아리스토텔레스의 견해를 수용했고 토마스 아퀴나스(Thomas Aquinas) 역시 그 뒤를 따랐다. 그리고 이런 해석은 비교적 최근 파치히(G. Patzig)의 해석에서 다시 부활한다. 'pros-hen'에 의거해서 보편적 존재론과 신학의 통일성을 이해하려고 시도한 파치히는 이렇게 말한다. "아리스토텔레스의 입장에서 보면, 보편적 존재론인 '제일철학'과 신학으로서 신의 본성만을 연구하는 '제일철학' 사이에는 아무런 심각한 모순도 놓여 있지 않다. 제일철학은 (……) 신학, 그 본성상 동시에 일반적인 존재론일 수도 있는 종류의 신학이다."[20] 잘 알려진 대로 형이상학의 존재-신학적 구조에 대한 하이데거(M. Heidegger)의 지적도 같은 방향에 있다.[21]

19 J. Barnes(ed.), 앞의 책, p. 109.

20 G. Patzig, "Theologie und Ontologie in der 'Metaphysik' des Aristoteles", *Kant-Studien*, Bd. 52, 1960/1, S. 192.

21 M. Heidegger, *Identität und Differenz*, Gesamtausgabe Bd. 11, Frankfurt a. M. 1957, S. 31 아래.

3. 존재론과 실체론

1) "있는 것은 여러 가지 뜻으로 쓰인다"

『형이상학』의 존재론에 대한 전체적인 전망을 얻기 위해 이야기를 다시 원점으로 되돌려보자. 앞서 말했듯이, 『형이상학』의 학문은 '있는 것인 한에서 있는 것'을 고찰한다. 있는 것을 다룬다는 점만을 떼어놓고 보면 이 학문은 다른 학문들, 예컨대 수학이나 자연학과 전혀 다를 바가 없다. 그 어떤 학문도 있지 않은 것을 다루지는 않기 때문이다. 아리스토텔레스가 형이상학의 대상을 일컬어 단순히 '있는 것'이라고 하지 않고, '있는 것인 한에서 있는 것'이라는 제한적인 문구를 사용하는 데는 분명한 이유가 있다. 그는 형이상학이, 있는 것을 다루는 관점을 다른 학문과 달리한다는 사실을 분명히 하려고 한다. 즉, 있는 것을 다룬다는 점에서는 모든 학문이 똑같지만, 수학적인 학문들은 있는 것을 양적인 관점에서, 자연학은 있는 것을 운동과 변화의 관점에서 다루는 반면, 형이상학은 있는 것을 다른 어떤 제한된 관점이 아니라 오직 있음의 관점에서 '무제한적으로'(*haplōs*) 다루며, 바로 여기에 형이상학의 고유성이 있다는 말이다.[22]

한편, 있는 것에 대한 탐구의 당연한 절차이겠지만, 아리스토텔레스는 있음 그 자체의 관점에서 있는 것을 다루겠다는 의도를 천명한 뒤에 '있는 것'('~인 것') 또는 '있음'('~임')의 의미에 대한 질문을 던진다.[23] 어

---

22 이에 대해서는 『형이상학』 VI 1과 XI 3 참고.

23 '있는 것'과 '있음'은 각각 그리스어 'on'(*being*)과 'einai'(*to be*)를 옮긴 것이다. 이 두 낱말은 보통 '존재자'나 '존재'로 번역되곤 하는데, 여기서는 뜻을 분명히 하기 위해 우리말 번역어를 택했다. 물론 '있는 것'과 '있음'이 'on'과 'einai'의 여러 가지 뜻을 모두 담아내지는 못한다. 무엇보다도 그리스어의 'einai' 동사는 존재사적 용법('있다') 외에도 서술적 용법('~이다')으로도 쓰이기 때문이다. 그래서 'on'은 '있는 것'과 '~인 것'을, 'einai'는 '있음'과 '~임'을 뜻한다. 이런 용법을 고려해 보면, "있는 것은 여러 가지 뜻으로 쓰인다"라는 테제도 "'~인 것' 혹은 '~이다'는 여러 가지 뜻

떤 것이 '있다' 혹은 '~이다'라고 할 때, 우리는 그 말을 한 가지 뜻으로 사용하는가, 아니면 여러 가지 뜻으로 사용하는가? 아리스토텔레스가 존재론적 탐구에 이 물음을 앞세우는 이유는 쉽게 이해할 수 있다. 그에 대한 분명한 대답 없이 있는 것을 찾아나서는 것은 목표를 확정하지 않은 채 찾아나서는 것과 같은 일이 아니겠는가? 이런 맥락에서 '있는 것' 혹은 '~인 것'의 의미구분은 아리스토텔레스의 존재론적 탐구의 출발점을 이룬다. 그리고 이때 '있는 것' 혹은 '~인 것'의 의미구분의 실마리를 제공하는 것은 그리스어 동사 'einai'의 다양한 쓰임이고, 그 구체적인 내용은 『형이상학』 V권 7장에서 소개된다. "X는 Y이다"라는 형태의 단순한 진술 속에서 '~이다'가 쓰이는 방식을 실마리로 삼아 그 의미를 구별해 보면, 그 내용은 다음과 같다(V 7, 1017a7 아래 참고).

(1) "그 사람은 음악적이다": 우리가 어떤 사람에 대해 "그 사람은 음악적이다"라고 말하는 경우, 음악적이라는 사실은 그에게 우연적인 일이다. 왜냐하면 음악적 교양은 그에게 속할 수도 있고, 그렇지 않을 수도 있기 때문이다. 이런 뜻에서 '음악적이다'는 '부수적인 뜻에서의 ~임 또는 있음'이다. 따라서 "그 사람은 음악적이다"와 같은 내용을 표현하는 "X는 Y이다"는 "X는 우연적으로(*kata symbebēkos*) Y이다"라는 뜻을 갖는다.

(2) "사람은 실체다" 또는 "하양은 성질이다": 여기서 "X는 Y이다"는 외면적 형태만을 놓고 보면 (1)의 경우와 다를 바 없지만, 그것이 표현하는 내적 사태는 완전히 다르다. 왜냐하면 사람이 우연적으로 실체인 것도 아니고, 하양이 우연적으로 성질인 것도 아니기 때문이다. 그와 달리 사람은 '그 자체로서'(*kath' hauto*) 실체이고, 하양은 '그 자체로서' 질이다. 이런 뜻에서 위의 두 진술에서 드러나는 것은 '그 자체로서의 존재'(*on kath' hauton*) 또는 '본질적 존재'이다.

(3) "소크라테스는 교양이 있다": 이 진술 역시 "X는 Y이다"의 형식을

으로 쓰인다"라고 옮길 수 있다.

취하고 있지만, 이 진술은 "소크라테스는 교양이 있다는 것은 참이다"의 뜻으로 풀이할 수 있다. 이는 그리스어 동사 'einai'의 용법에서 보면 직접 드러나는데, 'esti' 또는 'ouk esti'가 문장 첫머리에 올 때 그 표현들은 각각 "X가 Y라는 것은 참이다"라거나 "X가 Y라는 것은 거짓이다"를 뜻하기 때문이다.[24] 동사 'einai'의 이런 쓰임에 비추어 있는 것에는 '참이라는 뜻에서 있는 것'(*on hōs alēthes*)도 포함될 수 있다.

(4) "헤르메스 상(像)이 돌 안에 있다", "반선(半線)은 선 안에 있다": 헤르메스의 조각상이 현실적으로 돌 안에 새겨져 있을 때뿐만 아니라 돌을 쪼아 헤르메스 조각상을 만들어낼 수 있을 때도 "헤르메스 상이 돌 안에 있다"라고 말할 수 있다. 즉, "헤르메스 상이 돌 안에 있다"라는 진술은 "헤르메스 상이 현실적으로 돌 안에 있다"는 뜻으로도, "헤르메스 상이 돌 안에 가능적으로 있다"는 뜻으로도 풀이된다. "반선은 선 안에 있다"라는 경우도 비슷하다. 이로부터 '~이다' 혹은 '있는 것'은 '현실적으로 있는 것'(*on energeiai*)과 '가능적으로 있는 것'(*on dynamei*)으로 나뉠 수 있다.

이런 분석을 통해 아리스토텔레스가 자신의 존재론의 핵심적인 테제인 "있는 것은 여러 가지 뜻으로 쓰인다"에 이르고, 이 테제를 자신의 존재론적 탐구의 출발점으로 삼는다는 점은 매우 중요하다. 이는 그의 존재론이 '있는 것'의 의미에 대한 아무런 사전분석 없이 단순히 "있음은 있고 없는 것은 있지 않다"(D-K, 28 B 6)라는 전제 위에 존재론을 구축하려는 파르메니데스의 시도나 그와 같은 유형의 존재론과 근본적으로 다르다는 점을 보여주기 때문이다. 하지만 '있는 것'이 이렇게 네 부류로 나뉘어 다양한 의미를 가진다고 해서, 그것들 모두가 형이상학의 탐구 대상이 된다는 말은 아니다. 아리스토텔레스에 따르면, 방금 소개한 네 부류의 의미 가운데 『형이상학』의 고유한 탐구 대상은 (2)와 (4)뿐이다. (1)의 뜻에서 우연적으로 있는 것은 학문적 탐구에 부적합하다

24 이에 대한 더 자세한 설명은 『형이상학』 V 7, 1017a33에 대한 각주 참고.

는 이유에서 배제된다(VI 2, 1026a33 아래와 V 30, 1025a24 아래 참고). 우연적으로 있는 것에 대해서는 어떤 종류의 확정된 원인이 없으므로 학문이 추구하는 확정적 설명의 대상이 될 수 없기 때문이다. (3)의 뜻에서 있는 것, 즉 참과 거짓이라는 뜻에서 있는 것과 있지 않은 것은 오직 인간의 사고(*dianoia*)를 떠나서는 성립하지 않는다는 이유 때문에 배제된다. 즉, "참은 주어와 술어가 실제로 결합되어 있을 때 이를 긍정하는 데서 성립하고 그것들이 분할되어 있을 때 이를 부정하는 데서 성립"(VI 4, 1027b20-3)하는데, 이런 결합과 분할의 사태는 자연세계 안에 있는 것이 아니라 생각 안에만 있기 때문에 『형이상학』의 탐구에서 배제된다는 말이다.[25] 그 결과 그 자체로서 있는 것과 가능태 혹은 현실태라는 뜻에서 있는 것만이 『형이상학』의 존재론적 탐구의 두 영역으로 남는다.

2) 있는 것의 범주분류와 실체

(1) 있는 것의 범주분류

먼저 '그 자체로서 있는 것'에 대한 논의가 어떻게 전개되는지를 더 자세히 살펴보기 위해 『형이상학』 V권 7장의 한 구절을 읽어보자(V 7, 1017a22-7).

> '그 자체로서 있다(~이다)'고 불리는 것에는 범주의 형태들이 가리키는 것만큼 그 수가 많은데, 왜냐하면 범주의 형태들의 수만큼 여러 가지 뜻으로 '있다'('이다')가 쓰이기 때문이다. 그런데 술어들 가운데 어떤 것들은 '무엇'을 가리키고, 어떤 것들은 성질을, 어떤 것들은 양을, 어떤 것들은 관계를, 어떤 것들은 능동이나 수동을, 어떤 것들은 장소를, 어떤 것들은 때를 가리키는데, '있다'는 이것들 하나하나와 동일한 것을 가리킨다.

25 다음의 구절도 함께 참고: 『형이상학』 IX 10, 1051b1 아래; XI 8, 1065a21 아래.

아리스토텔레스는 여기서 '그 자체로서 있다(~이다)'(*kath' hauta einai*)가 범주의 형태들(*ta schēmata tēs katēgorias*)의 수만큼 여러 가지 뜻을 갖는다고 말한다. 다시 말해 '있다' 혹은 '~이다'는 '범주들'에 상응해서 여러 가지 뜻으로 쓰인다는 말인데, 이 말은 무슨 뜻일까?

'範疇'라는 한자어는 그리스어 동사 'katēgorein'에서 나온 명사 'katēgoria'를 옮긴 것이다. 'katēgorein'은 본래 법률용어로서 어떤 사람을 '비난하다'(*to speak against*), '고발하다'(*to accuse*)를 뜻하며, 이에 따라 'katēgoria'도 '고발'과 '비난'의 뜻을 갖는다. 논리학에서 쓰이는 'katēgoria'란 용어는 그런 법률적인 뜻에서 따라 나온 것으로서, 어떤 사람이나 사물에 대한 '진술'(*statement*)이나 진술을 구성하는 '술어'(*predicate*) 또는 술어의 종류를 가리킨다. 사실 법정에서 어떤 사람을 고발하려면 그에 대해 여러 가지 진술을 해야 할 것이고, 그 안에서 그가 어떤 사람인지, 언제 어디서 무엇을 했는지 등을 밝혀야 할 것이다. 'katēgoria'의 '고발'이라는 법률적인 뜻에서 '진술' 또는 '술어'라는 논리학적인 뜻이 파생되었다고 보면 된다.

예컨대 법정에 선 소크라테스에 대한 진술들을 예로 들어보자. 그에 대해 가능한 진술과 각각의 진술 가운데서 쓰이는 술어의 종류는 여럿이다. 그 종류를 분류하는 데는, 소크라테스에 대해서 우리가 던질 수 있는 여러 가지 질문들이 진술들을 구별하는 좋은 실마리가 된다. 예컨대 "소크라테스는 **무엇**인가?"라고 묻는다면, 우리는 "소크라테스는 사람이다" 또는 "소크라테스는 동물이다"라고 대답한다. "소크라테스는 키가 **얼마**인가?"라고 묻는다면, "그는 키가 170센티미터이다"라고 대답할 것이다. 한편, 소크라테스의 외모나 자질을 염두에 두면서 "소크라테스는 **어떤 성질**의 사람인가?"라고 묻는다면, 이런 물음에 대해서는 "그는 체중이 70킬로그램이다"라고 대답하지 않고 "그는 얼굴이 못생겼다"거나 "그는 지혜롭다"라고 대답할 것이다. 나아가 "소크라테스는 누구와 어떤 **관계**에 있는가?"라고 물을 수도 있는데, 이에 대해서는 "그는 크산티페의 남편이다"라고 진술할 것이다. 이렇게 아리스토텔레스는 어떤 사람이나 사물에 대해 던질 수 있는 물음들을 여러 종류로 나누고 그에 대한 대답의 방식들을 세분함으로써, 진술의 종류와 술어의 종류를 구분한다. 위에서 예로 든 진술들을 분류해 보면 드러나듯이, 그 진술들 가운데 등장하는 술어들은 실체('무엇', *ti estin*), 양(*poson*), 성질(*poion*), 관계(*pros ti*), 위치(*pou*), 시간(*pote*), 자세(*keisthai*), 소유(*echein*), 능동(*poiein*), 수동(*paschein*) 등으로 분류할 수 있는데, 아리스토텔레스는 이런 술어의 종류 하나하나를 '범주'(*katēgoria*)라고 부르면서 10개의 범주를 구분한다.

위에서 인용한 『형이상학』 V권 7장의 구절은 이런 여러 범주에 따라 있는 것이 나뉜다는 사실을 분명히 한다. 예컨대 "소크라테스는 사람이다", "소크라테스는 키가 170센티미터이다", "소크라테스는 지혜롭다"라는 진술에서 술어의 자리에 오는 '사람', '170센티미터'의 키, '지혜로운'은 각각 실체, 양, 성질의 범주에 속한다. 물론 이때 사람, 170센티미터의 키, 지혜로움은 모두 '있는 것'이다. 하지만 그 하나하나가 모두 똑같은 뜻에서 있는 것은 아니다. 어떤 것은 종(種, *eidos*)으로서 있는 것이고, 어떤 것은 일정한 양으로서 있는 것이며, 또 어떤 것은 일정한 성질로서 있는 것이다. 장소, 관계, 능동, 수동 등 다른 범주에 속하는 것들도 마찬가지이다. 그것들 역시 저마다 어떤 특정한 뜻으로 있는 것들이다. 이렇듯 '있다'('~이다') 또는 '있는 것'('~인 것')이라는 하나의 말도 그것이 어떤 범주에서 쓰이는가에 따라 그 내용이 달라지고, 그에 상응해서 실제로 있는 것 또한 여러 범주로 나뉠 수 있는데, 바로 이를 가리켜 아리스토텔레스는 "범주의 형태들의 수만큼 여러 가지 뜻으로 '있다'('~이다')가 쓰인다"라고 말한다.

(2) 있는 것과 실체

지금까지의 논의를 통해 '있는 것'이 여러 범주로 나뉜다는 사실이 분명해졌다고 하자. 하지만 '있는 것'의 범주적인 구분만으로 그것의 의미가 충분히 밝혀졌다고 단정하는 것은 너무 성급한 일이다. 적어도 아리스토텔레스의 관점에서 보면 그렇다. 이런 질문을 다시 던져보자. 우리가 '있다'라고 부르는 것들이 다양한 범주들로 분류되는 데 그치고, 그것들 사이에는 아무런 관계도 없는 것일까? 만일 아무런 관계도 없다면, '있는 것'에 대한 탐구는 어떤 통일성도 지닐 수 없을 것이고, 따라서 '있는 것'에 대해서는 하나의 존재론이 아니라 다수의 존재론만이 있을 것이다. 왜냐하면 '있는 것'의 범주 하나하나에 상응해서 실체의 존재론, 양의 존재론, 성질의 존재론 등 여러 존재론이 있을 것이기 때문이다. 하지만 정말 이렇게 복수의 존재론만이 있을 뿐 '하나의' 존재론은 없는 것일까? 이에 대해 아리스토텔레스는 다음과 같이 말한다(IV 2, 1003a33-b12).

> '있는 것'은 여러 가지 뜻으로 쓰이지만, 하나와의 관계 속에서, 즉 어떤 하나의 자연적인 것과의 관계 속에서 쓰이는 것이지 동음이의적으로 쓰이는 것이 아니다. 그 사정은 이렇다. '건강한'은 모두 건강과의 관계 속에서 쓰이는데, 어떤 것은 건강을 지켜준다는 뜻에서, 어떤 것은 건강을 낳는다는 뜻에서, 어떤 것은 건강의 징후라는 뜻에서, 어떤 것은 건강의 수용자라는 뜻에서 그렇게 불리고, '의술적'이라는 말 역시 의술과의 관계 속에서 쓰인다. 이와 마찬가지로 '있는 것' 역시 여러 가지 뜻으로 쓰이지만 그 모두가 하나의 원리와 관계를 맺고 있으니, 그 까닭은 어떤 것들은 실체라는 이유에서 있는 것이라고 불리고, 어떤 것들은 실체의 양태들이라는 이유에서, 어떤 것들은 실체에 이르는 과정, 실체의 소멸이나 결여나 성질, 실체를 만들어내는 것이나 낳는 것이라는 이유에서나 혹은 실체와의 관계에 따라 일컬어지는 것들 가운데 속해 있다는 이유에서, 또는 그것들 가운데 어느 하나의 부정이거나 실체의 부정이라는 이유에서 있는 것이라고 불리니, 그런 이유 때문에 우리는 있지 않은 것에 대해서도 그것이 '있지 않다'고 말한다.

'있는 것'의 범주적 다양성에 대한 생각은 여기서 보다 완전한 형태로 마무리된다. 인용문의 핵심적인 요지는 '있는 것'이 여러 가지 뜻으로 쓰이지만, 그 다양한 의미들은 어떤 하나와 관계를 맺고 있어서 단순히 소리만 같고 뜻이 다른 동음이의어(同音異義語)가 아니라는 데 있다. 예컨대 사물을 바라보는 신체의 기관과 공중에서 물기가 얼어 땅으로 떨어지는 결정체가 모두 '눈'이라고 불리는데, 이 경우 '눈'은 동음이의어이다. 신체의 기관인 '눈'과 하늘에서 내리는 '눈' 사이에는 아무런 의미상의 공통점도 없기 때문이다. '건강한' 또는 '건강에 좋은'(*healthy*)의 경우에는 사정이 다르다. 예컨대 신체, 낯빛, 약초 등에 대해 우리는 '건강한'이라는 말을 쓸 수 있고, 그 뜻은 저마다 다르다. 약초는 건강을 만들어낸다는 뜻에서 '건강한' 것이고, 건강한 얼굴빛은 건강의 징후라는 뜻에서 '건강한' 것이고, 건강한 몸은 건강의 담지자라는 뜻에서 '건강한' 것이다. 하지만 '건강한'에 이렇게 여러 가지 뜻이 있긴 하지만, 그렇다고 해서 그 말이 동음이의어인 것은 아니다. 왜냐하면 그것들은 모두 신체의 '건강'과 관련되어 쓰이기 때문이다. 아리스토텔레스에 따르면, '있는 것'의 쓰임은 '눈'의 쓰임보다는 '건강한'의 쓰임에 가깝다. 실체도 있고 성질도 있고 크기도 있고 어떤 행동도 있으며 장소도 있다. '있는 것'은 이렇듯 여러 범주들로 나뉘고, 각 범주에 속하는 것들은 저마다 그 있음의 내용이 모두 다르다. 하지만 '건강한 것'이 모두 '건강'과 관련해 쓰이듯이, 다른 범주에 속해 있는 것들은 모두 하나, 즉 실체(*ousia*)와의 관계 속에서 쓰인다. 즉, 실체는 '첫째로 있는 것'(*prōton on*, VII 1, 1028a14)이며, 다른 것들은 그런 실체에 의존해서 존재한다.

'있는 것'이 여러 가지 뜻으로 쓰이긴 하지만 하나와의 관계 속에서(*pros hen*) 쓰인다는 사실은, '있는 것'에 대한 학문의 통일성 문제와 관련해서 중요한 의미를 갖는다(IV 2, 1003b11-9).

> 그런데 건강한 것들 모두에 대해서 하나의 학문이 있으니, 다른 것들의 경우도 사정이 같다. 왜냐하면 하나에 따라서 일컬어지는 것들뿐만 아니라 하나의 자연적인 것과의 관계 속에서 일컬어지는 것들을 이론적으로 고찰하는 것 또한 하나의 학문이 할 일이기 때문인데, 그것들도 어떻게

보면 하나에 따라서 있는 것들이기 때문이다. 그러므로 있는 것들을 있는 것들인 한에서 이론적으로 고찰하는 것은 하나의 학문의 과제임이 분명하다. — 그러나 어디에서나 학문은 주로 첫째가는 것을 다루며, 다른 것들은 그것에 의존하고 또 그것에 의해 그 이름을 얻는다. 그런데 만일 이것이 실체라면, 철학자는 마땅히 실체들의 원리들과 원인들을 소유해야 할 것이다.

'건강하다'라고 불리는 것들에는 여럿이 있지만 그것들 모두는 어떤 것 하나, 즉 신체의 건강함과 관계해서 있고 그런 점에서 그것들에 대한 하나의 학문이 가능하다. 물론 이 학문의 중심 대상은 신체에 속하는 건강이고, 이를 중심으로 그와 관련된 다른 것들을 함께 다룰 것이다. '있는 것'들의 경우에도 사정은 똑같다. '있다'라고 불리는 것들에는 여럿이 있지만 그것들은 모두 어떤 것 하나, 즉 실체의 있음과 관계해서 있고 그런 점에서 그것들에 대한 하나의 통일적인 학문, 즉 존재론이 가능하다. 그런데 이 존재론의 대상이 되는 '있는 것'들은 모두 실체와의 관계 속에서 있는 것이기 때문에, 이 실체에 대한 탐구가 존재론의 중심에 자리를 잡는다.

영국의 아리스토텔레스 연구자 오언(G. E. L. Owen)은 아리스토텔레스의 실체를 일컬어 'focal meaning'이라고 불렀다.[26] 있는 것들은 여럿이지만 그 핵심은 실체라는 뜻에서 그런 표현을 사용했는데, 실제로 아리스토텔레스 존재론의 '포커스'는 실체에 맞춰져 있다. '있는 것'들은 모두 첫째가는 뜻에서 있는 것, 즉 실체와 관계해서 있다는 사실을 들어 전통적으로 'pros-hen analogia'라고 불리기도 한다.[27] 하지만 아리스토텔레스의 생각을 어떤 명칭으로 표현하는지는 중요하지 않다. 중요한 것

26 G. E. L. Owen, "Logic and Metaphysics in Some Earlier Works of Aristotle", in: *Articles on Aristotle, 3. Metaphysics*, p. 19.

27 이에 대해서는 J. Owens, 앞의 책, 특히 p. 118 아래 참고.

은 아리스토텔레스가 'pros-hen analogia'에 대한 생각을 통해 '있는 것'들의 다양성을 수용하면서도 그것들에 대한 하나의 통일된 학문의 가능성을 확보한다는 점이다. 더 결정적인 것은 이 학문의 근본물음이 실체에 대한 물음이라는 사실이다. 그런 뜻에서 아리스토텔레스는 '있는 것'의 의미구분에 대한 논의가 낳는 최종결과를 다음과 같이 표현한다(VII 1, 1028b2-7). "그러므로 옛날이나 지금이나 언제나 탐구 대상이 되고 언제나 의문거리인 것, 즉 있는 것은 무엇인가라는 물음은 실체란 무엇인가라는 물음이니, (……) 우리는 가장 많이, 가장 먼저 그리고 전적으로, 그런 뜻으로 있는 것에 대해 그것이 무엇인지를 이론적으로 고찰해야 한다."

3)『범주론』과『형이상학』의 실체론

『형이상학』의 핵심주제인 '실체'(*ousia*)가 가리키는 것들에는 어떤 것들이 있고 그것들 각각의 본성은 무엇인지에 대한 논의는 아리스토텔레스의 저술 여러 곳에 흩어져 있지만, 그 가운데 가장 대표적인 곳은 보통 '실체에 대한 책들'(*Substanzbücher*)이라고 불리는『형이상학』VII~VIII권이다.[28] 하지만 아리스토텔레스의 실체론을 이해하기 위해서는『형이상학』의 이 부분을 다루기에 앞서『범주론』을 먼저 살펴볼 필요가 있다.『범주론』의 실체론과『형이상학』의 실체론은 연속적이고, 이 연속성의 내용은 아리스토텔레스 연구자들 사이에 끊임없는 논란의 대상이 되어왔기 때문이다.

28 이런 명칭은 물론 아리스토텔레스의 저술에 나오는 다음과 같은 표현들을 근거로 해서 붙여진 것이다: 'tois peri tēs ousias logois'(1037b10); 'peri tēs ousias hē skepsis'(1038b1); 'en tois peri tēs ousias logois'(1049b27-8); 'peri tēs ousias hē theōria'(1069a18).

(1) 『범주론』: 첫째 실체와 둘째 실체

잘 알려져 있듯이 『범주론』에 따르면, '실체'는 '있는 것'들을 가르는 10개의 범주 가운데 첫째 범주를 가리킨다. 여기에서 아리스토텔레스는 실체의 범주에 속하는 것들을 두 부류로 나누는데, 첫째, '이 사람', '이 말', '이 소'처럼 지시가능한 감각적 개별자(*to kath' hekaston*)들이 실체이다. 이런 뜻의 개별자를 일컬어 아리스토텔레스는 "가장 주요하고 첫째가며 엄밀한 뜻에서 실체라고 불리는 것은 기체에 대해 술어가 되지도 않고 기체 안에 들어 있지도 않은 것, 예컨대 이 사람이나 이 말이다" (『범주론』 5, 2a11-4)라고 말한다. 이 정의에 따르면, 다른 어떤 것에 대해 술어가 되지도 않고 다른 어떤 것 안에 속해 있지도 않은 것, 다시 말해 ① 진술의 주어이자, ② 속성의 담지자인 주체, 바로 이런 것이 가장 엄밀한 뜻에서의 실체 또는 '첫째 실체'(*prōtē ousia*)이다. 둘째, 그런 개별적인 실체가 '무엇'(*ti esti*)인지를 밝히는 진술 속에서 술어 구실을 하는 것들도 실체라고 불린다. 이를테면 어떤 사람을 앞에 두고 "이것은 무엇인가?"라고 묻는다면, 당연히 '사람' 또는 '동물'이라고 대답할 텐데, 이때 제시되는 '사람'이나 '동물' 같은 종(*eidos*)과 유(*genos*)가 실체라고 불린다. 주어 없이는 어떤 말도 성립할 수 없기 때문에 주어가 술어보다 중요하다고 생각한 아리스토텔레스는 주어 구실을 하는 개별자에 대한 술어인 종과 유 같은 보편자(*katholou*)를 — '첫째 실체'인 개별자와 구별해서 — '둘째 실체'(*deutera ousia*)라고 부른다.

아리스토텔레스의 『범주론』은 이 구분을 토대로 실체에 대해, 특히 첫째 실체에 대해 자세한 분석을 수행하는데, 이 분석내용은 『형이상학』의 실체론을 올바로 이해하기 위해 반드시 짚고 넘어가야 한다. 왜냐하면 『범주론』에서 아리스토텔레스가 첫째 실체에 부여한 특징들은 실체에 대한 후속 연구에서도 논의의 길잡이 노릇을 하기 때문이다. 『범주론』에서 아리스토텔레스는 실체의 범주에 속해 있는 보편자, 즉 둘째 실체나 다른 범주에 속해 있는 것들의 존재방식과 비교하면서 첫째 실체의 존재방식을 주로 다음과 같은 점에서 찾는다.

(1) 개별적인 실체는 궁극적인 주어 구실을 한다. 우리는 "사람은 동물이다"라거나 "하양은 색깔이다"라고 말할 수 있다. 하지만 이때 주어로 쓰인 '사람'이나 '하양'은 다른 것, 예컨대 소크라테스나 플라톤에 대해 술어가 될 수 있다. 그에 반해 '소크라테스'나 '이 말(馬)'은 오직 주어 구실을 할 뿐이다. 물론 '소크라테스'가 술어의 자리에 오는 경우가 전혀 없지는 않다. 예컨대 "저기 아고라에서 이야기를 하는 사람은 소크라테스이다"라고 말할 수 있다. 하지만 이 진술은 주어에 해당하는 '저기 아고라에서 이야기를 하는 사람'에 무엇인가를 진술하는 것이 아니라 '저기 아고라에서 이야기를 하는 사람'과 '소크라테스'의 동일성(同一性)을 표현할 뿐이다. 그런 뜻에서 '소크라테스'나 '이 말(馬)' 같은 개별자는 오직 주어가 될 뿐 결코 엄밀한 뜻에서 술어가 될 수는 없다고 아리스토텔레스는 말한다.

(2) 개별적 실체는 '이것'(*tode ti*)이라고 지시가능하다.[29] 언제나 주어의 자리에만 올 수 있는 개별적인 실체가 갖는 또 다른 특징은 지시가능성이다. 예컨대 "소크라테스는 사람이다"라는 진술에서 쓰인 '사람'은 지시가능한 대상을 가리키지 않는다. 우리는 '사람'이나 '동물'에 대해 "사람은 이성적이다", "사람은 두 발을 가지고 있다"라는 식의 기술(記述)은 할 수 있어도, 이 말이나 이 사람을 가리킬 때처럼 손가락으로 가리킬 수는 없다. 아리스토텔레스에 따르면 개별자는 지시가능한 대상, 즉 '이것'임을 그 본질적 특징으로 갖는다.

(3) 개별적 실체는 다른 것들과 분리되어 있을 수 있다. 개별자는 '이것'이라고 가리킬 수 있는 것이라고 말했지만, 꼭 소크라테스나 이 말 등의 실체들만이 그런 지시가능성을 갖는 것은 아니다. 우리는 옷가게에서 옷을 사면서 "이 크기의 옷을 주세요"라거나 꽃가게에서 꽃을 고르면서 "이 색깔의 꽃이 내 마음에 든다"라고도 말할 수 있다. 따라서 지시가능성은 궁극적인 주어가 되는 개별적인 실체뿐만 아니라 다른 범주에

29 『범주론』 5, 3b10, 12, 14.

속한 개별자들도 함께 공유하는 특성이다. 다만, 똑같이 '이것'이라는 지시사(指示詞, *demonstrativum*)로써 가리킬 수 있음에도 불구하고, 실체범주에 속하는 개별자와 다른 범주에 속하는 개별자 사이에는 분명한 차이가 하나 있다. 이 색깔이나 이 크기 등은 결코 따로 떨어져서(*chōris*) 혼자 있을 수 없다. 그것은 오직 '이 사람'이나 '이 옷' 같은 것에 속해 있을 뿐 다른 것과 떨어져 있을 수 있을 만큼 완결된 독립적 개체가 아니다. 그에 반해 '소크라테스'나 '이 말' 같은 개체는 하나의 완결된 개체로서 혼자 떨어져 있다. 그것은 자립적인 단위체인데, 이런 뜻에서 아리스토텔레스는 그런 개체를 '분리가능한 것'(*chōriston*) 혹은 '분리된 것'이라고 부른다.

『범주론』에 따르면, 이렇게 궁극적인 주어 구실을 하고 '이것'으로 지시되며, 혼자 분리되어 있을 수 있는 개별적 실체와 그런 개별적 실체가 '무엇'인지에 대해 대답하는 진술 속에 등장하는 '사람'이나 '동물' 같은 보편적인 것들이 모두 실체의 범주에 포함된다. 하지만 그것들이 각각 첫째 실체(*prōtē ousia*)와 둘째 실체(*deutera ousia*)로 불리는 데 우리는 주목해야 한다. 이는 실체범주에 속해 있는 것들은 다른 범주에 속해 있는 것들보다 앞서고, 실체범주에 속한 것들 가운데서는 개별적인 것이 보편적인 것보다 우선함을 뜻하기 때문이다. 다른 것들은 이 개별적인 실체, 즉 첫째 실체에 대한 술어이거나 그 실체에 속해 있는 것일 뿐이며, 여기서 개별적인 실체의 존재론적 우위성이 확인되는 것이다.

(2)『형이상학』: 복합실체와 형상

『형이상학』의 실체론으로 눈을 돌려보자. 실체에 대한 고찰이 본격적으로 시작되는『형이상학』VII권은 다음과 같은 말로 시작된다(VII 1, 1028a10-20).

> (……) '있는 것'은 여러 가지 뜻으로 쓰인다. 왜냐하면 그것은 어떤 때는 '무엇'과 '이것'을 가리키고, 어떤 때는 성질, 양 또는 그와 같은 방식

으로 술어가 되는 것들 가운데 어느 하나를 가리키기 때문이다. '있는 것'은 이처럼 여러 가지 뜻으로 쓰이지만, 분명히 그 가운데 첫째로 있는 것은 실체를 가리키는 '무엇'인 반면 (……) 다른 것들은 모두 그렇게 있는 것에 속하는 양이라거나 성질이라거나 상태라거나 그런 유의 다른 어떤 것이라는 이유에서 '있는 것'이라고 불린다.

실체에 대한 『형이상학』의 논의는 지금까지 우리가 살펴본 내용을 요약하면서 시작한다. '있는 것'이 여러 범주로 나뉜다는 점, 그 가운데 실체가 '첫째로 있는 것'(*prōton on*)이라는 점, 실체의 범주에 속하는 것들은 '이것'(*tode ti*)과 '무엇'(*ti esti*), 즉 첫째 실체와 둘째 실체로 나뉜다는 점, 다른 것들은 모두 실체에 의존해서 있다는 점 — 이런 생각들은 『범주론』의 실체론과 『형이상학』의 실체론을 연결하는 사유의 가교이다.

하지만 이 다리를 가운데 두고 갈라진 두 세계는 같지 않다. 『형이상학』의 실체론은 『범주론』의 논의범위를 훨씬 넘어서고 있으며, 그 논의의 전개방향도 여러 갈래로 나뉜다. 여기서는 그 내용을 자세히 다룰 수 없으므로,[30] 『형이상학』에 담긴 실체와 관련된 주장들 가운데 몇 가지 중요한 논점만을 짚고 넘어가도록 하자.

(1) 『형이상학』 VII권에서는 『범주론』에서 '첫째 실체'라고 일컬어졌던 개별자가 두 구성부분으로 분석된다. 질료(*hylē*)와 형상(*eidos*)이 바로 그것인데, 질료와 형상으로 이루어져 있다는 이유에서 개별자는 이제 '복합실체'(*synolos ousia*, 1033b18)나 '합성실체'(*synthetos ousia*, 1043a30)라고 불린다.

(2) 『형이상학』 VII권에서는 개별자뿐만 아니라 그것의 구성부분인 질료와 형상에 대해서도 '기체'라는 이름이 쓰인다.[31] 특히 그 둘 가운데

30 조대호, 「아리스토텔레스 실체론의 지형도」, 『화이트헤드연구』 제14권, 2007, 61쪽 아래 참고.

31 『형이상학』 VII 3, 1029a2-3.

질료에 그 개념이 사용되는데, 질료는 형상을 수용해서 특정한 개별자를 이루는 기체 구실을 하기 때문이다. 반면 질료와 함께 개별자를 이루는 형상(*eidos*)에 대해서는 '첫째 실체'(*prōtē ousia*, 1032b2, 1037a6, 1037b1)라는 말이 쓰인다. 그와 더불어 『범주론』에서 첫째 실체에 대해 쓰였던 '이것'이자 '분리가능한 것'이라는 특징이 이제 형상에도 적용된다(VII 3, 1029a27 아래).

(3) '첫째 실체'라고 불리는 형상은 — 이미 그 명칭에서도 드러나듯이 — 그것을 구성부분으로 삼아 존재하는 개별자에 비해 더 우월한 지위를 부여받는다. 그 이유는 각 개별자가 특정한 종류의 개체로서 존재할 수 있는 것은 바로 형상 덕분이기 때문이다. 예컨대 소크라테스라는 개별자가 어떤 사람일 수 있는 것은 소크라테스의 형상 때문이고, 반대로 말하면 형상은 특정한 개별자를 일정한 종의 구성원으로 만든다. 형상이 개별자의 '있음의 원인'(*aition tou einai*, V 8, 1017b15; VII 17, 1041b28), '각자의 실체'(*ousia hekastou*, VII 17, 1041b27), '본질'(*to ti ēn einai*, VII 7, 1032b1)이라고 불리는 것은 그런 맥락에서이다. 소크라테스를 사람으로 만드는 것은 바로 소크라테스의 형상인 까닭에, 소크라테스가 '무엇'인지를 규정하려고 할 경우에 그런 규정, 즉 정의(*horismos*)에서는 형상이 그 준거점 구실을 한다(VII 10, 1035a21; b34).

개별자의 '있음의 원인'(*aition tou einai*), '각자의 실체'(*ousia hekastou*), '본질'(*to ti ēn einai*)에 해당하는 형상은 『형이상학』의 실체론의 핵심적인 주제이다. 하지만 아리스토텔레스 자신도 인정하듯이, 형상은 '가장 어려운 주제'(VII 3, 1029a33)이며, 그것에 대한 논의는 여러 차원에 걸쳐 있어 그 내용을 개관하기가 쉽지 않다. 형이상학에 대한 수많은 논란이 주로 형상의 개념을 둘러싼 것이었음은 결코 우연이 아니다. 하지만 『형이상학』에서 아리스토텔레스가 형상의 특징으로 제시하는 '이것'과 '분리가능성'이나 형상의 구체적 사례들을 살펴보면, 아리스토텔레스가 '형상'의 개념을 통해 말하려는 것이 무엇인지를 우리는 어렵지 않게 이해할 수 있다.

먼저 '형상'으로써 아리스토텔레스가 가리키는 것이 무엇인지에 대해 기술적인 제작물의 예를 통해 확인해 보자. 집을 예로 들어보자. 집은 여러 가지 재료로 이루어져 있다. 벽돌과 나무와 철근 등이 그런 건축재료에 해당한다. 하지만 그런 건축재료를 아무렇게나 모아 놓았다고 해서 집이 되지는 않는다. 그런 건축재료들이 일정한 방식으로 '결합'되어 집의 '형태'를 갖추고 '기능'을 행사할 수 있을 때 비로소 집이라고 할 수 있다. 아리스토텔레스의 용어법에 따르면 건축재료는 집의 '질료'이며, 건축재료의 결합의 질서, 집의 형태, 집의 기능 등은 '형상'이다. 'eidos'는 일상어에서는 본래 겉모양을 뜻하지만, 아리스토텔레스 철학에서는 그 용어의 뜻이 넓혀져 질료에 부가되어 있는 집의 비물질적인 측면이 '형상'이라고 불린다.

자연물의 경우에는 어떨까? 예컨대 사람의 질료와 형상은 무엇인가? 이 경우에는 질료와 형상을 나누기가 그렇게 쉽지 않다. 아리스토텔레스는 흔히 육체(*sōma*)와 영혼(*psychē*)을 사람의 질료와 형상이라고 부른다(VII 11, 1037a6; 10, 1035b14 아래). 하지만 이것은 자연물의 질료와 형상에 대한 일면적 규정에 불과하다. 영혼을 일컬어 사람의 형상이라고 부른다면, 이는 '기능'의 측면에서 사람의 형상에 대해 말하는 것일 뿐이다. 영혼은 육체에 속한 생명기능들의 총괄 개념이기 때문이다(『영혼론』 II 1, 412a19-20 참고). 그런데 사람의 육체가 영혼의 다양한 기능들을 수행하려면, 신체는 그 기능에 합당한 '형태'를 가지고 있어야 한다(VII 11, 1036b3-4; 28-32). 각 기능을 실현하는 데 필요한 일정한 형태를 갖추지 않은 영양섭취기관, 생식기관, 감각기관, 운동기관 등을 우리는 생각할 수 없다. 이렇게 형태적 측면에서 보면, 영혼의 기능을 수행하기에 합당한 신체의 형태(*morphē*)도 형상이다(VII 8, 1033b5-6; V 6, 1016a19). 여기서 한 걸음 더 나아갈 수도 있다. 신체의 기관들이 일정한 형태를 가지고 있는 것은 더 단순한 조직이나 궁극적으로는 네 가지 요소인 물, 불, 흙, 공기가 일정한 수적 비율과 배치관계에 놓여 있기 때문이다. 즉, 물, 불, 흙, 공기가 일정한 수적 비율에 따라 결합되어 단순한 조직(예컨대 피나 살)을 이루고, 단순한 조직들이 다시 수적 비율에 따라 결합되어 기관(소화기관, 생식기관)을 이루며, 이 기관이 수적 비율에 따라 결합되어 유기체를 이룬다. 이렇게 조직, 기관, 유기체의 구조를 가능하게 하는 '결합의 비율'도 아리스토텔레스에 따르면 형상이다(I 9, 991b16-7; I 10, 993a17-22; XIII 2, 1092b17 아래). 따라서 육체의 기능(*psychē*), 육체의 형태(*morphē*), 다양한 수준에서 확인되는 육체적인 부분들의 결합비율(*logos mixeōs*) — 이런 것들이 모두 '형상'이라고 불릴 수 있다. 그리고 형상의 이런 다양한 측면 가운데 무엇에 초점을 맞추어 이야기하는가에 따라, 상대 개념인 '질료'가 지시하는 것도 달라진다. 아리스토텔레스가 '질료'라는 용어를 사용해서 때로는 육체 전체(VII 11, 1037a5-6)를, 때로는 살과 뼈 같은 신체의 부분들을(VII 8, 1034a5-7), 때로는 신체의 구성요소들이나 신체를 만들어내는 최초의 질료적 원리인 경혈(*katamēnia*, VIII 4, 1044a35)을 가리키는 것은 그 때문이다.

아리스토텔레스는 한편으로 '형상'의 개념으로써 육체의 기능, 형태, 수적 비율과 구조 등을 가리키면서, 다른 한편으로는 형상을 '이것'이자 '분리가능한 것'이라고 부른다. 이 말의 뜻은 또 무엇일까?

형상의 분리가능성은 이해하기 어렵지 않다. 아리스토텔레스는 그의 저술 여러 곳에서 형상은 '정식에서 분리가능하다'(*chōriston tōi logōi*, VIII 1, 1042a29, 『자연학』 II 1, 193b4-5)라고 말한다. 이때 정식에서의 분리가능성은 무제한적인 뜻에서의 분리가능성(*chōriston haplōs*)과 대비되는 개념이다. 즉, 시·공간 안에서 독립적인 자리를 차지하는 감각적인 실체가 무제한적인 뜻에서 분리가능한 것이라면, 그런 실체의 형상은 제한된 뜻에서, 즉 정식에서 분리가능하다. 예컨대 호메로스의 조각상은 특정한 공간 안에 독립적으로 분리된 것이지만, 그것의 형상은 대리석 안에 있다. 이 형상이 대리석으로부터 분리될 수 있다면, 그것은 오로지 추상적 사유나 언어적 표현(*logos*)을 통해서뿐이다. 사람의 형상을 비롯한 생명체의 형상은 더욱 더 그렇다. 사람의 생김새와 기능은 살과 뼈 등의 물질적인 부분을 떠나서 있을 수 없기 때문이다(VII 11, 1036b3 아래). 만일 그것이 분리가능하다면, 그것은 오로지 추상적인 사유에 의해서이다. 바로 그런 뜻에서 아리스토텔레스는 형상이 '정식에서 분리가능하다'라고 말한다.

형상이 어떤 뜻에서 '이것'인지에 대해서는 논란의 여지가 있다. 아리스토텔레스는 '이것'이라는 표현을 아무런 의미구분 없이 복합실체와 형상에 함께 적용하기 때문이다. 두 가지 해석이 가능하다. 하나는 형상이 자연적 실체들과 마찬가지로 개별자이고 수적으로 하나라는 뜻에서 '이것'이라고 불릴 수 있다는 해석[32]이다. 다른 하나는 '이것'이 형상의 규정성을 표현한다고 보는 해석이다.[33] 두 번째 해석을 옹호하는 로스(W. D. Ross)는 형상은 개별자를 '이것'으로 만드는 원리라는 뜻에서 '이것'이라고 불린다고 본다. 질(M. L. Gill) 역시 같은 해석의 방향을 취해 "형상이 그런 이름을 얻는 근거는 그것이 가지는 개별성(*individuality*)에 있는 것이 아니라 그것이 가지는 규정성(*determinateness*)에 있다"라고 말한다. 그리고 이런 규정성은 "각 사람에게 고유한 개별적인 형상에 속하는 것이 아니라 종의 형상에 속하는 것이다"라고 덧붙인다.[34] 사실 로스나 질이 제시하는 유형의 해석은 전통적으로 신플라톤주의 계열의 아리스토텔레스 연구자들이 내세웠던 주장과 흡사하다. 형상을 보편적인 것으로 보았던 고대의 아리스토텔레스 주석가들은 형상이 가지는 '이것'의 의미를 약화시킴으로써 형상의 개별성을 부정하려고 했다. 하지만 주석가들보다는 아리스토텔레스 자신의 말에 귀를 기울여 보자. 아무런 편견 없이 형상에 대한 아리스토텔레스의 발언들을 꼼꼼히 읽어보면, 전

---

32 M. Frede-G. Patzig, *Aristoteles 'Metaphysik Z'. Text und Übersetzung und Kommentar*, Bd. 1, München 1988, S. 52.

33 W. D. Ross, 앞의 책, p. cxix. M.-Th. Liske, *Aristoteles und der aristotelische Essentialismus: Individuum, Art, Gattung*, Freiburg-München 1985, S. 384; J. Hübner, *Aristoteles über Getrenntheit und Ursächlichkeit*, Hamburg 2000, S. 71~72도 함께 참고.

34 M. L. Gill, *Aristotle on substance*, Princeton 1989, p. 32. 비슷한 해석을 우리는 로스에게서 찾아볼 수 있다. Ross, 앞의 책, p. cxix 참고.

통적 해석에는 받아들이기 힘든 것이 많다. 우선, 그런 해석을 뒷받침하는 아리스토텔레스의 명시적 발언이 전혀 없다. 만일 아리스토텔레스가 개별성의 의미가 아니라 뭔가 특별한 뜻으로 형상을 '이것'이라고 부르고자 했다면, 그는 무언가 추가적인 설명을 덧붙였을 것이다. 더욱이 형상의 내재성에 비추어 보더라도, '이것'은 형상의 개별성을 가리키는 표현이라고 보는 것이 자연스럽다. 널리 알려져 있듯이, 아리스토텔레스의 형상은 질료 안에 있는 형상, 즉 내재적 형상(*eidos enon*, VII 11, 1037a29, V 25, 1023b22도 함께 참고)이다. 이런 형상은 일정한 시·공간을 점유하는 질료와 결합되어 있기 때문에 개별자일 수밖에 없다. 그가 형상에 대해 사용한 표현, 즉 '이것 안에 있는 이것'(*tode en tōide*, VII 11, 1036b23)은 그에 대한 단적인 증거이다.[35] 형상이 종적 보편성의 원리라는 사실을 들어 이런 해석에 반론을 제기할 사람도 있겠지만, 이런 반론은 형상의 개별성을 부정해야 할 만큼 설득력을 갖지는 못한다. 이렇게 생각해보자. 호메로스 조각상의 형태는 개별적이다. 그러나 그것은 어느 한 개인의 형태인 동시에 어떤 사람의 형태이다. 마찬가지로 소크라테스의 형상, 즉 그의 신체적 형태나 영혼기능은 소크라테스에게 고유한 것이면서도 동시에 소크라테스를 사람으로서 있게 만든다. 소크라테스에게 속한 형상은 소크라테스의 형상이면서 동시에 사람의 형상이다. 개별적 형상이 동시에 종적 보편성의 원리가 되지 못할 이유는 전혀 없다.[36]

형상이 그 자체로서 개별적인 것이면서도 동시에 개체가 가진 종적인 보편적 규정성의 원인이 될 수 있다는 것은 아리스토텔레스의 형상이론에 담긴 고유한 통찰이다. 아마도 우리는 바로 이 점을 들어 아리스토텔레스의 형상과 플라톤의 이데아 사이의 근본적 차이를 지적할 수 있을 것이다. 플라톤의 이데아는 개별적인 감각물들을 떠나 그 자체로서 존

35 『동물부분론』 I 1, 640b26과 『영혼론』 III 4, 429b14도 함께 참고.

36 이에 대한 더 자세한 논의는 조대호, 「형상의 개별성과 보편성」, 『철학연구』 제78집, 2007, 2~29쪽 참고.

재하는 보편자이다. 예컨대 아름다움의 이데아는 아름다운 것들과 분리된 상태로 그 자체로서 존재한다.[37] 아리스토텔레스의 형상은 적어도 다음과 같은 세 가지 점에서 그런 플라톤의 이데아와 다르다. ① 내재적 형상: 아리스토텔레스의 형상은 각 사물 **안에** 있다(VII 11, 1037a29). 사람의 형태와 기능은 사람의 몸을 떠나 있을 수 없다는 뜻에서 그렇다. ② 개별적 형상: 형상은 개별적이다(VIII 3, 1029a28; VII 11, 1036b23). 사람들은 생김새도 능력도 제 각각이다. 사람들은 각자 고유한 모양과 기능을 가지고 있으며, 그런 뜻에서 각 사람의 형상은 개별적이다. ③ 형상의 보편적 기술가능성: 각 사람의 형상은 모두 개별적이지만, 어떤 공통점을 드러낸다(VIII 8, 1034a6). 한 사람 한 사람의 생김새가 아무리 달라도, 모든 사람은 사람의 생김새를 갖추고 있기 때문이다. 또한 한 사람 한 사람의 능력이 아무리 달라도, 사람들이 실현하는 기능은 모두 사람의 기능이다. 그런 뜻에서 각 사람의 형상은 개별적이면서도 동시에 보편적으로 기술될 수 있다. 이런 형상에 대한 보편적인 기술가능성 덕분에 우리는 사람들을 비롯한 각각의 자연물들을 그들이 내보이는 공통적 측면에 따라 하나의 종(*species*)이나 유(*genus*)로 분류하고, 이런 종적·유적 보편성에 따라 자연물들을 정의할 수 있다. 그런 점에서 형상은 개별자들의 있음의 원인이자 그것들에 대한 인식의 원리가 된다.

4) 형상, 종, 보편자

『형이상학』의 실체론에 대한 그동안의 연구에서 논쟁거리가 되었던 두 가지 문제도 빼놓고 넘어갈 수 없다. 하나는 '첫째 실체'라는 용어의 쓰임과 관련된 문제이고, 다른 하나는 종이나 유 같은 보편자의 존재론적 지위의 문제이다.

『범주론』의 실체론과 『형이상학』의 실체론을 비교할 때 무엇보다도

37 플라톤, 『파이돈』 78C 아래와 『잔치』 210E 아래 등의 구절 참고.

눈에 띄는 점은 '첫째 실체'라는 용어의 서로 다른 쓰임이다. 『범주론』에서는 이 용어가 '이 사람'이나 '이 말' 따위의 개별적 실체에 대해 쓰이는 데 반해, 『형이상학』에서는 그런 개별적 실체의 형상이 '첫째 실체'라고 불린다. '첫째 실체'라는 용어의 이런 상이한 용법은 오랫동안 아리스토텔레스 연구자들 사이에서 무수한 추측과 해석을 낳았다. 아리스토텔레스는 어째서 『범주론』에서는 개별자를 '첫째 실체'라고 부르다가 『형이상학』 VII권에 와서는 형상에 '첫째 실체'의 지위를 부여하는가? 여러 연구자들은 이런 질문을 던지면서 아리스토텔레스 실체론에 일정한 모순이 있고, 이 모순은 아리스토텔레스 존재론에 내재하는 어떤 깊은 틈새를 보여주는 것이라고 추측한다. 이런 주장은 다양한 형태로 제기되었지만, 그 기본논점은 이렇다. 즉, 아리스토텔레스는 『범주론』에서 보편적 형상 또는 이데아를 참된 뜻에서 있는 것이라고 보았던 플라톤에 맞서 개별적인 감각물을 '첫째 실체'라고 부르면서 종이나 유 등의 보편자들보다 감각적이고 개별적인 실체들에 존재론적 우위성을 부여했다가, 나중에 『형이상학』의 실체론을 저술하던 시기에 와서는 태도를 바꾸어 다시 보편적 형상을 '첫째 실체'라고 부르면서 '보편적' 형상에 개별적인 감각물보다 높은 자리를 허락하게 되었다는 것이다.[38]

『형이상학』 VII권의 실체론이 『범주론』의 실체론에 담긴 반(反)플라톤적 입장에서 친(親)플라톤적 입장으로의 전회를 보여준다는 해석은 그럴 듯하게 들리긴 해도, 플롯의 개연성이 너무 낮다. 그런 주장은 아리스토텔레스 철학의 발전방향에 대한 연구결과와 어긋날 뿐만 아니라 'eidos'의 두 가지 뜻을 섬세하게 구별하지 않은 결과이기 때문이다. 아

38 이런 해석에 대해서는 G. E. L. Owen, "The Platonism of Aristotle", *Proceedings of the British Academy* 51, 1965, pp. 125~50; H. J. Krämer, "Das Verhältnis von Platon and Aristoteles in neuer Sicht", *Zeitschrift für philosophische Forschung* 26, 1972, S. 329~53; M. Loux, "Form, Species and Predication in Metaphysics Z, H, and Θ", *Mind* 88, 1979, pp. 1~23; M. Loux, *Primary OUSIA. An Essay on Aristotle's Metaphysics Z and H*, Ithaca 1991 참고.

리스토텔레스가 'eidos'라고 부르는 것 가운데는 존재론적 지위가 전혀 다른 두 대상, 즉 종(*species*)과 형상(*form*)이 있다는 사실을 놓쳐서는 안 된다. 『범주론』에서 '둘째 실체'라고 불리는 'eidos'는 종(種, *species*)이다. 예컨대 사람, 말, 소와 같은 종은 여러 개별자들에 대해 술어가 되고, 여러 개별자들에 공통적인 보편자(*katholou*)이다. 반면 『형이상학』에서 '첫째 실체'라고 불리는 'eidos'는 보편적인 종이 아니라 각각의 개별적인 실체 안에 있는 개별적 형상(*eidos enon*, VII 11, 1037a29)을 가리킨다. 위에서 언급한 사례를 들면, 소크라테스나 코리스코스 같은 개인들에 속하는 영혼이나 육체의 형태가 그런 형상이다. 『범주론』은 오직 주어-술어의 관계 속에서 실체에 대해 연구하면서 주어의 자리에 오는 개별자를 '첫째 실체'라고 불렀지만, 이제 『형이상학』의 실체론은 거기서 한 걸음 더 나아가 그런 실체의 내적 구성과 있음의 원인을 분석하면서 그것의 구성부분으로서의 형상을 밝혀내고, 이 형상이 감각물의 있음의 원인이라는 이유를 들어 '첫째 실체'라고 부르게 되는 것이다. 그런 점에서 『형이상학』 VII권과 VIII권에서 중심적으로 전개되는 실체론은 『범주론』의 실체론의 부정이 아니라 지양(止揚)이라고 말해야 옳다. 애크릴(J. L. Acrill)이 적절히 지적했듯이, "실체에 대한 『형이상학』 VII권과 VIII권의 논의는 『범주론』의 이 장(즉, 5장 — 옮긴이)에서 한 것보다 훨씬 깊은 차원에서 이루어진다."[39]

'eidos'가 가리키는 두 대상, 즉 형상과 종 가운데 형상이 '첫째 실체'라면, 같은 이름으로 불리는 종은 『형이상학』에서 어떤 지위를 얻을까? 얼핏 보면 아리스토텔레스 철학 안에는 이 물음에 대해 서로 상충하는 두 가지 답이 공존하는 것 같다. 말을 반복하는 셈이지만, 『범주론』에서는 종을 일컬어 '실체'라고 부른다. 비록 개별적인 실체에 비해 그 존재론적 지위가 떨어져 '둘째 실체'라고 불리긴 해도 종이 실체임에는 틀림없다. 하지만 『형이상학』 VII권 13장에서 아리스토텔레스는 종이나 유

39 J. L. Ackrill, *Aristotle's Categories and De Interpretatione*, Oxford 1963, p. 81.

등을 겨냥해 "보편자들 가운데 어떤 것도 실체가 아니라"라고 단언한다(VII 13, 1041a4). 이렇게 서로 모순되는 것처럼 보이는 주장을 어떻게 받아들여야 할까? 아리스토텔레스의 사상적 '전회'를 가정했던 연구자들의 추측을 뒤집어, 이제는 『범주론』을 쓸 당시의 아리스토텔레스가 플라톤의 유산을 일부 받아들여 보편자에 둘째 실체의 지위를 허락했다가 나중에는 남은 유산마저도 내버린다고 말해야 할까?

추측이야 다양할 수 있지만, 그런 추측은 문제해결에 전혀 도움이 안 된다. 문제를 해결하려면 우리는 '있는 것'이 그렇듯이 '실체' 또한 여러 가지 뜻으로 쓰인다는 사실을 고려해야 한다. 우선 용어만 놓고 보아도 '첫째 실체', '둘째 실체', 그리고 각 대상에 고유한 본질을 가리키는 '각자의 실체'(*ousia hekastou*)가 서로 구별된다. '실체' 개념의 이런 다의성(多義性)을 염두에 두고 읽으면, 양립할 수 없어 보이는 보편자에 대한 아리스토텔레스의 발언들 사이에 사실은 아무런 모순도 없다는 사실이 쉽게 드러난다. 개별적 실체가 '무엇'인지를 가리키는 보편자가 실체라는 것은 『형이상학』에서도 변함없는 아리스토텔레스의 확신이다. 이는 우리가 앞서 언급한 『형이상학』 VII권 첫머리의 발언에서 증명된다. "'있는 것'은 이처럼 여러 가지 뜻으로 쓰이지만, 분명히 그 가운데 첫째로 있는 것은 실체를 가리키는 '무엇'인 반면 (……) 다른 것들은 모두 그렇게 있는 것에 속하는 양이라거나 성질이라거나 상태라거나 그런 유의 다른 어떤 것이라는 이유에서 '있는 것'이라고 불린다"라는 말을 기억해 보자. 여기서 분명히 아리스토텔레스는 '무엇'이 실체라고 말한다.

그렇다면 보편자가 실체일 수 없다는 말의 뜻은 무엇일까? VII권 13장의 첫 부분을 읽어보자. 아리스토텔레스는 여기서 보편자가 실체일 수 없다고 단정하면서 그 이유를 다음과 같이 제시한다(VII 13, 1038b9-16).

> 그 이유는 첫째로 각자의 실체(*ousia hekastou*)는 각 대상에 고유하고 다른 것에 속하지 않지만, 보편자는 공통적이기 때문인데, 그 본성상 여럿에 속하는 것을 일컬어 보편자라고 부른다. 그렇다면 그것은 어떤 것의 실

체이겠는가? 모든 것의 실체이거나 아무것의 실체도 아닐 터인데, 모든 것의 실체일 수는 없다. 그리고 그것이 어느 것 하나의 실체라면, 다른 것들도 그것과 똑같을 것인데, 그 까닭은 그것들의 실체가 하나이고 본질도 하나인 것들이 있다면, 그것들 역시 하나일 것이기 때문이다. 또한 기체에 대해 술어가 되지 않는 것이 실체라고 불리지만, 보편자는 항상 어떤 기체에 대한 술어가 된다(밑줄은 인용자의 강조).

아리스토텔레스는 보편자의 실체적 지위를 부정하면서 두 가지 실체 개념을 앞에 내세운다. 보편자는 '각자의 실체'(*ousia hekastou*)라는 뜻에서도, '기체'라는 뜻에서도 실체일 수 없다는 것이다. 첫째, '각자의 실체'라는 뜻에서의 실체는 그것이 속하는 것에 고유한(*idios*) 데 반해, 보편자는 '그 본성상 여럿에 속하는 것'이기에 어떤 것의 고유한 실체가 될 수 없다는 이유에서 '각자의 실체'가 될 수 없다. 예컨대 우리는 수많은 동물들을 두고 그것들이 '동물'이라고 부르는데, 만일 '동물'이라는 보편자가 어떤 동물의 실체라면 그것은 다른 동물들의 실체이기도 할 것이고, 결국 모든 동물들은 똑같은 실체를 갖게 되어 어떤 개별성도 가질 수 없을 것이다. 둘째, 보편자는 기체라는 뜻에서도 실체일 수 없다. '동물'과 같은 보편자는 수많은 동물들에 대해 술어가 되는 공통적인 것으로서 궁극적인 주어 노릇을 할 수 없다. 그런 보편자는 '언제나 어떤 기체에 대한 술어가 된다'(VII 13, 1038b16).[40] 중요한 것은, 이런 논변들 가운데는 보편자에 대해 『범주론』에서 말한 '둘째 실체'라는 뜻의 실체적 지위를 부정하는 내용이 전혀 없다는 점이다. 보편자가 가지는 둘째 실체의 지위는 『형이상학』에서도 그대로 인정된다. 이 저술에서 주장되는 것은 종과 유 같은 보편자는 개별적인 감각물처럼 궁극적인 기체일 수도 없고, 개별적인 감각물 안에서 그것의 본질을 이루는 실체, 즉 '각자의 실체'일 수도 없다는 사실뿐이다.

40 『형이상학』 VII 10, 1035b27-8도 함께 참고.

4. 가능태-현실태 이론

『형이상학』 VII권과 VIII권이 실체를 핵심에 두고 '있는 것'을 고찰한다면, IX권은 '가능태'(*dynamis*)와 '현실태'(*energeia*)라는 새로운 개념쌍에 의거해 '있는 것'을 다룬다. 앞의 3절 1)에서 소개한 '있는 것' 혹은 '있음'의 네 가지 구분, 즉 ① 범주분류에 따라 있는 것, ② 우연적인 뜻에서 있는 것, ③ 참이라는 뜻에서 있는 것, ④ 가능태-현실태라는 뜻에서 있는 것의 구분에 비추어 보면, 『형이상학』 VII권과 VIII권은 범주분류에 따라 '있는 것'을, IX권은 가능태-현실태라는 뜻에서 '있는 것'을 다루는 셈이다. 그리고 이때 가능태와 현실태에 대한 논의는 아리스토텔레스의 존재론 전체에 걸쳐 크게 두 가지 의미를 가진다. 첫째, 그것은 운동의 관점에서 감각적 실체를 분석함으로써 앞의 두 권의 실체론을 보완한다. VII권과 VIII권이 주로 질료와 형상의 측면에서 감각적 실체의 내적 구성을 분석하고 형상이 지니는 본질의 지위와 그에 대한 정의의 문제 등을 다룬다는 점에서 '실체에 대한 정적 고찰'이라고 한다면, IX권은 질료와 형상이 각각 어떻게 감각물의 가능성과 현실성을 구현하는지를 밝히면서 가능성과 현실성의 결합인 운동의 측면에서 감각적 실체를 해명하는 데 목적을 둔, 감각적 실체가 겪는 '변화에 대한 동적 고찰'이라고 할 수 있다.[41] 둘째, 우리가 주목할 점은 '가능태'와 '현실태' 개념에 의거한 운동과 변화의 논의에 담긴 신학적 함축이다. 감각물의 운동과 변화에 대한 논의는 자연스럽게 그런 자연적 운동과 변화의 궁극적 원리에 대한 의문으로 이어지고, 이런 의문은 신학적 논의로 넘어가는 다리 구실을 한다.[42]

41 W. D. Ross, 앞의 책, p. cxxiv.

42 아리스토텔레스의 가능성-현실성 이론에 대한 그동안의 연구내용에 대해서는 E. Berti, "Der Begriff der Wirklichkeit in der Metaphysik(θ 6-9 u. a.)", in Ch. Rapp(Hrsg.), *Aristoteles. Metaphysik Die Substanzbücher*(*Z, H, Θ*), Berlin 1996, S. 289 아래 참고.

1) 철학적 배경

『형이상학』 IX권의 가능태-현실태 이론은 크게 '능력'이라는 뜻의 가능태에 대한 정의, '가능태'와 '현실태' 개념에 대한 유비적 정의, 가능태에 대한 현실태의 선행성과 우위성에 대한 논의 등을 통해 전개된다. 한편, 이런 논의의 큰 흐름에서 벗어나 있긴 하지만, IX권 3장의 메가라학파에 대한 비판도 아리스토텔레스의 가능태-현실태 이론에서 중요한 비중을 차지한다. 이 비판은 파르메니데스로 거슬러 올라가는 서양 존재론의 근본 문제를 건드리면서 있음에 대한 탐구에서 가능태와 현실태의 구분이 필요한 이유를 분명히 보여주기 때문이다.

IX권 3장에서 아리스토텔레스가 비판의 표적으로 삼는 메가라학파의 근본테제는 "현실적 활동을 할 때만 능력이 있는 것이고 현실적 활동을 하지 않을 때는 능력이 없다"(IX 3, 1046b29-30)라는 주장으로 압축된다. 예컨대 집을 짓고 있지 않는 사람은 집을 지을 능력이 없는 것이고 집을 짓고 있을 때 집을 짓는 것이며, 다른 경우도 마찬가지라는 말이다. 즉, S가 있다면 있고 없다면 없는 것이요, S가 P라면 P이고, P가 아니면 P가 아닌 것이지, S가 아직 없지만 있을 수 있고, S가 지금은 P가 아니지만 언젠가는 P일 수 있다는 말은 성립하지 않는다는 것이 메가라학파의 논리인 셈이다. 이런 논리는 근본적으로 파르메니데스 존재론의 한 변이(變異) 형태이다. 왜냐하면 있는 것은 있고, 없는 것은 없다는 것은 파르메니데스 존재론의 근본원리이기 때문이다.

파르메니데스의 철학을 돌이켜 보자. 널리 알려져 있듯이, 파르메니데스는 서양 최초로 '있는 것'(*on*)에 대한 논리적 형태의 이론을 전개한 인물이다. 그런 점에서 파르메니데스는 서양 존재론(*ontology*)의 아버지라고 불릴 만하다. '있는 것'에 대한 파르메니데스 사유의 출발점은 익명의 여신의 입을 통해 전달되는 다음과 같은 발언이다. "이제 내가 말하리니, 너는 이 말을 듣고 잘 간직하라./ 바로 이 길들만을 생각할 수 있노라. 그 한 길은 **있고**(*estin*) 또 **있지 않음**(*mē einai*)은 있을 수 없다는 길이니, 이는 여신 믿음의 길이라(……) 다른 길은 **있지 않고**(*ouk estin*) 또 **있지 않음**(*mē einai*)은 불가피하다는 길이니, 네게 말하건대, 이 길은 전혀 따라갈 수 없는 막다른 길이니라"[43]라고 말한다. 여신은 또한 "반드시 있는 것이 있다(*eon emmenai*)라고 말하고 또 그렇게 생각해야 하느니, 있음은 있고 없는 것은 없기 때문이라(*esti gar einai, meden d' ouk estin*). 내가 명하노니 너는 이것을 마음에 두라"[44]라고 당부하기도 한다. 이처럼 파르메니데스의 존재론에서는 있음과 없음이 양자택일의 가능성으로 분명하게 갈린다. '있는 것은 있고, 없는 것은 없다'라는 주장이 그의 철학의 알파이자 오메가인 셈이다. 이런 그의 테제는 동어반복처럼 들리지만, 그것이 당대 철학에 행사한 파괴력은 엄청난 것이었다. 왜냐하면 파르메니데스의 테제는 누구나 당연히 받아들이는 자연세계의 변화를 생각할 수 없는 것으로 만들어버리는 결과를 낳았기 때문이다. 자연세계에서 일어나는 변화에는 양의 변화, 성질의 변화, 장소운동 등 여러 형태가 있지만, 그 모두에 선행하는 가장 기본적인 형태의 변화는 생성과 소멸이다. 그런데 생성과 소멸은 각각 없던 것이 있는 것이 되고, 있는 것이 없게 되는 과정이다. 다시 말해 생성과 소멸은 있는 것과 없는 것 사이의 이행(移行)에서 성립한다. 하지만 파르메니데스가 옳다면, 그런 이행의 가능성은 설 자리를 잃는다. '있는 것은 있고 없는 것은 없다'라는 파르메니데스의 논리를 받아들이는 순간, 있는 것에서 없는 것으로, 없는 것에서 있는 것으로의 이행은 불가능하기 때문이다. 생성이 가능하다면, 있는 것이 생겨나기에 앞서 없는 것이 있어야 한다. 소멸이 가능하려면, 있는 것에 뒤이어 없는 것이 따라 나와야 한다. 하지만 어떻게 없는 것이 있는 것 앞이나 뒤에 있을 수 있는가? 애당초 없는 것은 없다고 말하지 않았는가? 파르메니데스 이후 기원전 5~4세기의 철학자들이 그의 '논리적 올가미'에서 벗어나 생성과 소멸의 자연세계의 '구제'에 몰두한 데

---

43 D-K, 28 B 4.

44 D-K, 28 B 6.

는 충분한 이유가 있다. 파르메니데스를 '아버지'라고 불렀던 플라톤조차 파르메니데스 존재론의 전횡에 맞서 '부친살해'를 감행할 수밖에 없었다.[45]

『형이상학』 IX권에서 아리스토텔레스는 파르메니데스를 직접 상대하지 않는다. 그의 상대는 파르메니데스의 대변자격인 메가라학파이다. 이제 "현실적으로 활동을 할 때만 할 수 있는 능력이 있고 현실적으로 활동하지 않을 때는 할 수 있는 능력이 없다"라는 그들의 주장을 받아들인다고 해 보자. 또한 있는 것은 언제나 현실적으로 있는 것이요, 현실적으로 있는 것이 아니면 전혀 없는 것이라고 해 보자. 이로부터 따라 나오는 것은 어떤 결과들일까? 메가라학파의 주장이 옳다면, ① 어떤 사람이 집을 짓고 있지 않을 때는 건축가가 아닐 것이고, 다른 기술의 경우도 마찬가지일 것이다(IX 3, 1046b30 아래). 우리는 현재 집을 짓고 있지 않는다고 하더라도 집을 지을 수 있는 능력이 있는 사람을 일컬어 '건축가'라고 하겠지만, 메가라학파의 논리에서는 현재 집을 짓고 있지 않는 사람은 건축가가 아니다. ② 나는 포도주가 지금 내 입 안에서 달콤한 맛을 내지 않아도 달콤한 맛을 낼 수 있는 힘이 있다는 이유에서 포도주가 달콤하다고 말하는데, 메가라학파에 따르면 이 말도 성립할 수 없다. 또한 내가 지금 눈을 뜨고 무언가를 보고 있지 않다면, 그런 나는 보지 못하는 사람일 것이다. 왜냐하면 나는 현재 보고 있지 않기 때문이다. 그렇다면 나는 하루에도 수천 번 장님이 되고 귀머거리가 되는 셈이 될 것이다(1047a8-10). 그러나 무엇보다도 ③ 메가라학파의 주장은 운동과 생성을 부정하는 결과를 낳는다(1047a10-7). 그에 따르면 서 있는 사람은 항상 서 있을 것이고 앉아 있는 사람은 항상 앉아 있을 것이다. 왜냐하면 어떤 사람이 앉아 있다면 그는 다시 일어서지 못할 것인데, 일어설 수 있는 능력이 없는 사람은 다시 일어서는 것이 불가능할 것이기 때문이다. 메가라학파의 논리는 지금 앉아 있는 사람은 앉은뱅이로, 지금 서 있는 사람

45 플라톤, 『소피스테스』 241D 참고.

은 장승으로 만드는 불합리한 결과를 낳는다.

메가라학파의 주장에 대한 아리스토텔레스의 비판은 귀류법적이다. 그는 메가라학파의 의견으로부터 따라 나오는 비상식적 결론들을 들어 그들의 전제를 공격한다. 아리스토텔레스의 비판은 너무도 상식적인 반론이기에 철학적인 반론답지 않게 들릴 수도 있다. 하지만 그의 비판은 논리와 현상이 일치하지 않을 때 논리에 따라 현상을 부정해서는 안 되고 현상에 맞는 논리를 찾아야 한다는 그의 학문적 신념을 반영하고 있다는 점에서 매우 중요하다.[46] 그의 눈으로 보면, 파르메니데스의 사변이나 메가라학파의 주장은 현상을 설명하지 못하는 허구의 논리에 지나지 않는다. 그에 맞서 아리스토텔레스는 현상을 설명할 수 있는 논리를 찾는다. 그런 점에서 그의 논리를 일컬어 현상(*phanomena*)에 대한 논리(*logos*), 즉 'phenomenology'라고 불러도 좋을 것이다.[47] 아리스토텔레스는 현상에서 가장 멀리 떨어져 있는 형이상학적 탐구에서도 이와 같은 방법적 원리를 견지한다.

2) '가능태'와 '현실태'에 대한 유비적 정의

아리스토텔레스가 운동과 생성의 현상을 설명하기 위해 전개하는 가능태와 현실태 이론의 내용은 어떤 것일까? 먼저 '뒤나미스'에 대한 IX권 1장의 규정에서 시작해서 논의의 큰 흐름을 따라가 보자.

『형이상학』 IX권 1장의 서두에서 아리스토텔레스는 '뒤나미스'(*dynamis*, 가능태)와 '에네르게이아'(*energeia*, 현실태)가 본래 운동(*kinēsis*)

---

46 『천체론』 III 7, 306a16-7, 『젊음과 노령에 대하여』(*De iuventute et senectute*) 4, 469a23ff.를 참고.

47 아리스토텔레스 철학에 대한 현상학적 해석에 대해서는 M. Heidegger, *Einführung in die phänomenologische Forschung*, Gesamtausgabe Bd. 17, Frankfurt a. M. 2006, S.5 아래와 그의 *Aristoteles, Metaphysik Θ 1-3. Von Wesen und Wirklichkeit der Kraft*, Gesamtausgabe Bd. 33, Frankfurt a. M. 2006을 참고.

과 관련된 개념이라고 소개한다(1046a1 아래). 그의 정의에 따르면, '가장 주도적인 뜻에서의 가능태'는 '변화의 원리'(*archē metabolēs*)가 되는 능력 또는 가능성을 가리킨다. 이런 뜻에서 그의 '뒤나미스' 개념은 단순한 양상적 '가능성'(*possibility*)이 아니라 현실화의 '능력'(*potency*) 혹은 능력의 상태(*potentiality*)를 뜻한다.[48] 이를테면 어떤 작용을 할 수 있는 능력(능동적 능력), 어떤 작용을 받을 수 있는 능력(수동적 능력), 다른 것으로 오는 작용에 맞서는 능력(저항능력), 젖은 장작은 불에 잘 탈 수 없다고 말할 때처럼 잘 작용하거나 잘 작용받을 수 있는 능력 등이 모두 '뒤나미스'라고 불린다. 그런 점에서 우리는 '뒤나미스'를 '능력', '가능성', '잠재력', '가능태' 등의 낱말들로 옮길 수 있을 것이다. 반면 '에네르게이아'는 본래 그런 능력 또는 가능성의 현실화하는 운동을 가리킨다. 1047a30-2에 따르면, "'에네르게이아'라는 말은 '엔텔레케이아'와 연관되어 있지만, 주로 운동들로부터 다른 것들로 그 뜻이 확대되었다. 왜냐하면 일반적 견해에 따르면 '에네르게이아'는 대다수의 경우 운동이기 때문이다." 예를 들어, 집을 지을 수 있는 능력이나 볼 수 있는 능력이 '뒤나미스'라면, '에네르게이아'는 그런 능력이 현실적으로 작용하는 운동의 상태를 가리킨다. 이런 뜻에서 보면, '에네르게이아'는 가능성의 실현으로서 '현실적 활동', '현실적인 것', '현실태'의 뜻을 갖는다.

이처럼 '뒤나미스'와 '에네르게이아'는 본래 운동할 수 있는 능력과 그 능력의 현실화로서 운동을 가리키는 용어이지만, 아리스토텔레스는 그 사용범위를 넓혀 각각 어떤 것이 될 수 있는 가능성을 가진 질료와 그 가능성이 현실화된 상태에 있는 실체에 대해 그 두 개념을 적용하기도 한다. 예를 들어 집을 짓는다고 해 보자. 집을 짓기 위해서는 먼저 건축재료가 있어야 하는데, 건축재료는 아직 완성된 집이 아니라 완성된 집이 될 수 있는 것에 불과하다. 그런 뜻에서 건축재료는 집이 될 수 있

48 이에 대한 더 자세한 분석으로는 M.-T. Liske, "Inwieweit sind Vermögen intrinsische dispositionelle Eigenschaften(Θ 1-5)?" in Ch. Rapp(Hrsg.), 앞의 책, S. 253 아래 참고.

는 가능성 또는 능력을 가진 것이다. 아리스토텔레스는 건축재료를 비롯해서 모든 재료 또는 질료를 아직 어떤 것이 아니고 그저 어떤 것이 될 수 있는 가능성의 상태에 있다는 뜻에서, 그것을 '가능성의 상태에 있는 것' 혹은 '가능적인 것'(*dynamei on*)이라고 부르기도 한다. 건축재료를 써서 완성한 집의 존재방식은 물론 그와 다르다. 집은 건축재료 안에 있는 가능성이 현실화된 것, 현실적인 것이다. 그런 점에서 건축재료가 '뒤나미스'라고 불린다면, 완성된 집은 '에네르게이아', '현실적인 상태에 있는 것' 혹은 '현실적인 것'(*energeiai on*)이라고 불릴 수 있다. 이렇게 '뒤나미스'와 '에네르게이아'는 본래 능력과 능력의 현실화인 운동을 가리키지만, 더 나아가서는 능력을 갖추고 있는 것(예컨대 건축재료)과 그 능력이 실현되어 완성된 실체(예컨대 집)를 가리키기도 한다. IX권 6장, 1048a25-b9에서 아리스토텔레스는 '뒤나미스'와 '에네르게이아'의 쓰임에 대한 유비적 설명을 제시하는데, 이에 따르면 능력: 운동 = 질료: 완성된 실체의 비례관계에 있다. 이 가운데 능력과 질료는 '뒤나미스', 운동과 완성된 실체는 '에네르게이아'라고 불린다.

3) 현실태의 선행성

아리스토텔레스의 가능태-현실태 이론에 포함된 여러 주장 가운데 특히 눈길을 끄는 것은 '뒤나미스'와 '에네르게이아'의 선후관계에 대한 주장일 것이다. 이에 대한 논의는 IX권 8장에서 자세히 전개되는데, 여러 사례가 풍부하게 열거되어 논지의 파악이 비교적 수월하다. 아리스토텔레스는 이 장에서 세 가지 측면에서, 즉 정식(*logos*)과 시간과 실체에서 현실적인 것이 가능적인 것에 앞선다고 말하는데, 그 골자는 다음과 같다(IX 8, 1049b10 아래).

첫째, 모든 능력이나 가능성은 정의상 어떤 현실적 활동을 수행할 수 있는 능력이나 가능성이다. 이를테면 건축가는 집을 지을 수 있는 능력을 갖추고 있고, 눈은 볼 수 있는 능력을 갖추고 있다. 이런 경우에 능력 또는 가능성에 대한 정식, 예컨대 '집을 지을 수 있다' 또는 '볼 수 있다' 안에는 언제나 현실적 활동에 대한 정식, 예컨대 '집을 짓다' 또는 '보다'가 들어 있다. 이런 뜻에서 현실태는 정식에서 가능태에 앞선다.

둘째, 현실태는 시간에서 가능태에 앞선다. 사람이나 곡식은 씨에서 생기기 때문에, 씨는 거기서 생겨날 현실적 사람이나 곡식에 시간적으로 앞선다고 말할 수 있다. 하지만 사람의 씨나 곡식의 씨 그 자체는 다른 어떤 현실적 사람이나 곡식에서 생겨난 것이다. 그리고 그런 뜻에서는 현실태가 가능태에 앞선다. 이를 형식화해서 아리스토텔레스는 "생겨나는 것은 모두 어떤 것으로부터 어떤 것의 작용에 의해 어떤 것이 되는데, 작용을 하는 어떤 것은 생겨난 것과 종적으로 동일하다"(1049b28-9)라고 말한다. 곡식과 씨의 경우만 그런 것이 아니라 다른 모든 활동의 경우에도 그렇다. 왜냐하면 집을 지을 수 있는 능력을 갖추기 위해서는 실제로 집을 지어 보아야 하고, 키타라 연주능력을 갖추기 위해서는 키타라를 직접 연주해 보아야 하기 때문이다.

아리스토텔레스가 더 비중 있게 다루는 것은 현실태가 갖는 세 번째 뜻의 선행성, 즉 실체에서의 선행성이다. 이에 대한 논의는 크게 두 부분으로 나뉜다. 그 첫 부분(1050a4-b6)에서 아리스토텔레스는 우리 주변의 자연세계와 경험세계에서 관찰할 수 있는 것들에 비추어 현실태가 앞섬을 보인 뒤, 두 번째 부분(1050b6 아래)에서는 영원한 것들을 논의 대상으로 끌어들여 이것들이 가멸적인 것에 대해 갖는 관계에 비추어 현실태의 선행성을 논증한다.

1050a4 아래에서 아리스토텔레스는 현실적인 것이 가능적인 것보다 더 높은 수준의 실체라는 사실을 여러 측면을 들어 설명한다. ① 생성과정은 가능성이 실현되는 과정인데, 이런 과정에서 뒤에 오는 것이 앞선 것보다 실체에서 더 앞선다. 왜냐하면 앞서는 것은 아직 덜 현실화된 것인 데 반해, 뒤에 오는 것은 형상(*eidos*)을 갖추고 완성된 것이기 때문이다. ② 모든 생성은 어떤 것을 실현하기 '위해서'(*heneka*) 진행되는데, 그런 점에서 생성과정의 마지막에 오는 현실적인 것은 목적(*telos*)으로서

생성과정 전체의 시작(*archē*)이며, 모든 가능성은 그것을 이루기 '위해서' 있다. 예컨대 집짓는 사람이 건축재료를 구하는 것은 집을 짓기 위해서이며, 집을 짓는 능력을 습득하는 것은 집을 짓기 위해서이다. ③ 질료와 형상을 일컬어 각각 가능태와 현실태라고 부르는데, 질료를 일컬어 '가능적'(*dynamei*)이라고 하는 이유는 그것이 형상에 도달할 수 있는 능력을 갖고 있기 때문이다. ④ 능력 또는 가능성을 활용한다고 할 때, 거기에는 두 가지 의미가 있다. 시각능력의 활용처럼 그로부터 다른 어떤 결과물(*ergon*)도 생기지 않는 경우와 집을 짓는 능력의 활용처럼 그로부터 결과물이 생기는 경우이다. 이처럼 두 가지 종류의 활동이 있지만, 두 경우 모두 활동은 그 자체가 목적이거나 혹은 목적에 더 가깝고, 그런 뜻에서 활동은 단순한 가능성이나 능력에 앞선다. 이상의 논의로부터 아리스토텔레스는 다음과 같은 결론을 이끌어낸다(1050b2-6). "따라서 분명히 실체와 형상은 현실태이다. 이런 근거에서 분명 현실태가 실체의 측면에서 가능태에 앞서며, 앞서 말했듯이 현실태가 있으면 항상 다른 현실태가 그것에 시간적으로 앞서고, 이는 영원한 첫째 원동자의 현실적 활동으로까지 이어진다."

현실태가 갖는 보다 주도적인 뜻의 선행성에 대한 1050b6 아래의 논의는 인용한 발언에 직접 이어진다. 이제 영원한 것들(*ta aidia*)이 새로운 논의거리로 등장하는데, 이와 관련해서 아리스토텔레스가 제시하는 논변의 내용은 다음과 같이 간추릴 수 있다. 영원한 것들은 가멸적인 것들(*ta phtharta*)보다 실체에서 앞선다. 그런데 가멸적인 것들은 소멸의 가능성을 포함하는 반면, 영원한 것들은 그런 가능성을 포함하지 않은 채 현실적으로 있다. 따라서 우리는 가멸적인 것들과 영원한 것들을 비교해보면, 현실적인 것이 가능적인 것에 앞섬을 확인할 수 있다.

이런 논변에 우리가 주목해야 하는 것은 두 가지 이유 때문이다. 한편으로 그 논변은 어떤 뜻에서 현실태가 가능태보다 실체에서 앞서는지를 분명하게 보여준다. 다른 한편으로는 그것은 지금까지 VII권과 VIII권에서 전개한 실체에 대한 이론, IX권의 가능태-현실태 이론, XII권에서 전개될 신학적 이론을 매개한다. 1050b6 아래의 논변에서 우리가 만나는 '영원한 것들'(*ta aidia*), '필연적으로 있는 것들'(*ta ex anankēs onta*), '영원한 운동'(*aidios kinēsis*)을 비롯해서 해, 달, '천계 전체'(*holos ho ouranos*) 등에 대한 발언들은 IX권의 가능태-현실태 이론과 XII권의 신학적 이론의 연속성을 보여주는 분명한 증거이다.

5. 신학이론

'부동의 원동자'(*to kinoun akinēton*)에 대한 사상으로 널리 알려진 아리스토텔레스의 신학이론은 우리가 지금까지 살펴본 존재론과 함께 형이상학적 탐구의 또 다른 층을 이룬다. 신학이론은 XII권의 후반부에서 그 정점에 이르는데, 그에 앞서 감각적 실체들의 생성의 원리들에 대한 논의(XII 1-5)[49]가 예비적으로 펼쳐진다. 『형이상학』 XII권의 이런 중층적 구성은 아리스토텔레스가 신학적 논의로 나아가는 길목에서 VII~IX권의 실체론 내용을 다시 한 번 요약하는 인상을 주기도 한다.[50] 하지만 그런 인상은 사실과는 거리가 있다. 집필시기를 따져 보면, 『형이상학』 XII권은 VII~IX권이 저술되기 이전에 쓰인 '완전히 자립적이고 그 자체로서 완결된 강의록'이며,[51] 이 강의록은 나중에 다른 글들에 덧붙여져 『형이상학』에 편입되었다고 보는 것이 옳기 때문이다.[52] 어쨌든 감각적 실체에 대한 논의에서 신적 실체에 대한 논의로 진행되는 『형이상학』 XII권의 구성은 아리스토텔레스 형이상학 안에서 존재론과 신학의 긴

49 '1. 2. 『형이상학』의 내용' 중 관련부분 참고.

50 예컨대 E. Rolfes, *Aristoteles, Metaphysik Bd. 2*, Leipzig 1904, S. XIX와 W. D. Ross, 앞의 책 I, p. lxxix 참고.

51 I. Düring, 앞의 책, S. 593.

52 이에 대한 보다 최근의 논의로는 M. Frede and D. Charles(eds.), *Aristotle's Metaphysics. Lamda. Symposium Aristotelicum*, Oxford 2000, p. 4 참고.

밀한 연관성을 보여주는 한 징표임에 틀림없다. 그런 뜻에서 『형이상학』 XII권(Λ)은 아리스토텔레스 형이상학의 기본 얼개, 즉 존재-신학적 구조(*Onto-theologische Verfassung*)의 단적인 증거라고 할 수 있다.

1) 신의 존재와 작용

오늘날까지 남아 있는 아리스토텔레스 대화편의 조각글 가운데는 신의 존재에 대한 다양한 형태의 논증이 흩어져 있다. 그 중 하나는 대화편 『철학에 대하여』(*De philosophia*)의 다음과 같은 구절이다. "일반적으로 더 좋은 것이 있는 곳에는 가장 좋은 것도 있다. 그런데 있는 것들 가운데 어떤 것은 다른 것보다 더 좋기 때문에, 결국 가장 좋은 것도 있어야 한다. 이것이 바로 신적인 것(*to theion*)이 될 것이다."[53] 로스는 이 논증을 소개하면서 '존재론적 논증'(*ontological argument*)이라고 불렀는데, 그런 표현이 얼마나 적절한지는 따로 따져볼 일이다. 어쨌든 아리스토텔레스의 단편에서 신의 관념이 — 훗날 안셀무스(Anselmus)나 데카르트(R. Descartes)도 그렇게 생각했지만 — 최고 완전자의 관념과 결부되어 있다는 점은 주목할 필요가 있다. 『철학에 대하여』에서 우리가 만나는 또 다른 형태의 논증은 세계의 질서로부터 질서의 부여자인 신을 논증하려는 이른바 '목적론적 논증'(*teleological argument*)이다.[54] 이 논증은 원환운동을 하는 하늘의 천구들, 규칙적으로 조화롭게 운동하는 행성들과 다른 별들, 그리고 지상의 생명체들이 만들어내는 생명의 질서로부터 그것을 있게 한 제작자(*demiourgos*)를 이끌어낸다. 기술적인 제작물로부터 기술자를 파악할 수 있듯이, 그의 그림자로부터 신을 파악할 수 있다는 유비추론이 논증의 핵심을 이룬다. 그 기본적인 관념은 플라톤의 대화편 『티

53 *De philosophia* Fr. 16 in: W. D. Ross(ed.), *Aristotelis Fragmenta Selecta* (OCT), Oxford 1955.

54 같은 곳, Fr. 13.

마이오스』에서의 세계제작설,[55] 페일리(W. Paley)의 『자연신학』(*Natrual Theology*, 1802)에서의 '설계논증'(*design argument*),[56] 오늘날의 이른바 '지적 설계론'(*intelligent design*)과 상통한다.

『철학에 대하여』에서 전개된 '존재론적 논증' 및 '목적론적 논증'은 『형이상학』 XII권에도 그 흔적을 남기고 있지만,[57] 주도적인 역할을 하지는 않는다. 『형이상학』 XII권에서 중요한 역할을 하는 것은 이른바 '우주론적 논증'(*cosmological argument*)이다. 아리스토텔레스는 다음과 같은 말로 이 논증을 시작한다(1071b3-5). "실체에는 세 가지가 있는데 둘은 자연적인 것들이고 하나는 부동적인 것이기 때문에, 뒤의 것과 관련해서 우리는 영원하고 부동적인 어떤 실체가 있는 것이 필연적이라고 말해야 한다." 왜 그런가? 이에 대한 논증은 1071b5부터 1072a26에 걸쳐 길게 이어지는데, 다음과 같은 주장들이 논증의 뼈대를 이룬다. 자연세계의 운동은 영원해야 하는데, 그렇기 위해서는 영원한 운동 중에 있는 첫째 하늘(*prōtos ouranos*)이 있어야 하며, 첫째 하늘의 영원한 운동은 이 운동을 낳으면서 그 자체는 운동하지 않는 원리, 이른바 '부동의 원동자'(*ti ho ou kinoumenon kinei*, 1072a25 또는 *kinoun akinēton*, 1074a37)에 의존한다. 크게 보면 ① 자연세계의 영원한 운동에 대한 가정과, ② 영원한 운동의 원리로서 부동의 원동자에 대한 요청이 논증의 대전제를 제공하는 셈이다. 아리스토텔레스 이후 스콜라철학에서 한층 정교하게 형식화된 이 '우주론적 논증'은 이제 옛날의 왕 같은 권위를 상실했지만, 서구 형이상학의 전통에서 갖는 의의 때문에 조금 더 자세히 살펴볼 가치가 있다.

(1) 자연세계의 운동의 영원성: 아리스토텔레스는 자연세계의 운동의

---

55 플라톤, 『티마이오스』, 27C 아래 참고.

56 이에 대한 자세한 논의는 이창우, 「설계논증의 기원」, 『철학연구』 제73집, 2006, 1~21쪽 참고.

57 예컨대 1072a34-1072b3과 1075a11 아래에서 신은 각각 최고선(*to ariston*)이자 지향 대상 혹은 목적(*to hou heneka*)으로서 표상된다.

영원성에 대한 가정을 내세우면서 이를 시간의 영원성에 대한 믿음과 결부시킨다. 그에 따르면 실체들은 있는 것들 가운데 첫째가는 것이다. 그러므로 실체들이 가멸적이라면, 결국 모든 것이 가멸적일 것이다. 하지만 운동도 시간도 생겨나거나 사라질 수 없다. 왜냐하면 만일 시간이 생겨나거나 사라질 수 있다면, 마땅히 시간이 생겨나기 '이전'(*prōteron*)이나 시간이 사라진 '이후'(*hysteron*)가 있을 터인데, 시간이 없이는 '이전'도 '이후'도 생각할 수 없기 때문이다. 그런데 시간이 영원하다면, 운동 또한 영원해야 한다. 왜냐하면 시간은 운동과 동일한 것이거나 운동의 속성(*pathos*)이기 때문이다.[58] 한편, 운동 가운데 연속적인 것은 장소운동이고, 장소운동 가운데는 원환운동(*kinēsis kyklōi*)이 연속적이다. 이때 아리스토텔레스가 말하는 '원환운동'은 구체적으로 달 위의 세계에서 일어나는 천체들의 원환운동이다. 이 원환운동은 한편으로 달 아래 세계에서 일어나는 생성과 소멸의 순환을 낳지만, 다른 한편으로는 똑같은 방식으로 작용하면서 항상 그대로 머물러 있는 것, 즉 붙박이별들의 첫째 하늘에 의해서 이루어진다.[59]

(2) 영원한 운동을 낳는 원인으로서 부동의 원동자: 시간의 영원성에 대한 믿음과 결부시켜 운동의 영원성을 정당화한 다음, 아리스토텔레스는 부동의 원동자를 영원한 운동의 궁극적 원리로 요청하기에 이른다. 논의는 다시 두 방향으로 갈라진다. ① 그 하나는 가능태-현실태 이

58 『형이상학』 XII 6, 1071b10에 대한 각주 참고.

59 아리스토텔레스는 당시의 세계관을 받아들여 자연세계를 두 구역, 즉 달 위의 세계와 달 아래의 세계로 나눈다. 달 위의 세계에서는 천체들의 원환운동이 이루어지고, 달 아래의 세계에서는 동물과 식물들의 생성과 소멸의 운동이 이루어진다. 그런데 이 모든 운동은 직·간접적으로 첫째 하늘의 운동, 이른바 '붙박이별들의 하늘' 혹은 '항성천구'의 운동에 의존한다. 첫째 하늘은 다른 천체들은 물론 적도와 평행선을 그리는 태양의 운동을 낳는다. 한편, 태양은 하루거리 운동을 할 뿐만 아니라 해를 주기로 황도대를 따라 운동하는데, 이에 따라 생성과 소멸이 일어난다. 자연세계를 월상계(月上界)와 월하계(月下界)로 나누는 것에 대해서는 『동물부분론』 I 5, 644b22 아래와 『천체론』 I 2, 269b13 아래 참고. 그에 대한 자세한 주석으로는 H. Happ, *Hyle*, Berlin-New York 1971, S. 474 아래 참고.

론에 뿌리를 두고 있다(1071b12-22). 이에 따르면 운동의 궁극적 원리는 현실적으로 활동하는 것일 뿐만 아니라 현실적 활동(*energeia*)을 자신의 실체(*ousia*)로 갖는 것이어야 한다. 가능성 또는 능력(*dynamis*)을 가진 것은 영원한 운동의 원리가 될 수 없는데, 운동을 낳을 수 있는 능력을 갖는 것은 현실적으로 그 능력을 행사하지 않을 수 있고, 그럴 경우 그것에 의존하는 자연세계의 운동 역시 소멸할 수 있을 것이기 때문이다. ② 다른 한쪽의 논의는 운동의 원인에 대한 자연학적 이해에 기반을 둔 것이다. 이에 따르면 어떤 것도 자기 자신을 원인으로 해서 운동할 수는 없고, 운동하는 것은 모두 다른 어떤 것에 의해서 운동한다.[60] 첫째 하늘 자체는 한편으로 직·간접적으로 다른 천체들의 운동뿐만 아니라 생성과 소멸의 운동을 낳지만, 다른 한편으로는 그 자체도 운동한다. 따라서 이런 첫째 하늘의 운동은 영원한 운동의 궁극적 원인이 되기에 충분하지 않다. 왜냐하면 운동하면서 운동을 낳는 것은 중간자(*meson*)이며, 그런 중간자인 첫째 하늘만으로는 영원한 운동에 대한 궁극적 설명을 구할 수 없기 때문이다. 다시 말해 운동의 궁극적 원리로서 첫째 하늘의 운동을 낳으면서도 그 자신은 운동하지 않는 원리가 있어야 한다. 7장 첫머리(1072a24-6)의 진술은 바로 그런 뜻이다. "그렇다면 그것(= 첫째 하늘)을 운동하게 하는 어떤 것도 있다. 그리고 운동하면서 운동을 낳는 것은 중간자이기 때문에 (……) 결국 운동하지 않으면서 운동을 낳는 어떤 것, 영원하고 실체이며 현실적인 것이 있다."

이제 영원한 실체(*aidios ousia*)이면서 현실적인 활동(*energeia*)을 그 본질로 갖는 원리가 있다고 하자. 하지만 그것은 어떻게 자기 자신은 운동하지 않으면서 다른 것들을 운동하게 할 수 있을까? 현상(*phainomena*)이

60 『자연학』 VII 1, 241b34, VIII 5, 256a13 아래. 이에 대한 자세한 논의는 유원기, 「아리스토텔레스 자연철학에 있어서의 자동운동의 문제」, 『철학』 제73집, 2002, 53~74쪽과 김율, 「자기운동의 불가능성에 대한 아리스토텔레스의 논변」, 『철학』 제83집, 2005, 61~88쪽 참고.

나 통념(*endoxa*)이 이론구성의 출발점이 되어야 한다고 믿는 아리스토텔레스의 입장에서는 분명 이 물음에 대답하기가 쉽지 않다. 왜냐하면 영원하고 운동하지 않는 실체는 우리의 경험에 현상적으로 주어지지도 않고, 그에 대해 일반적으로 통용되는 의견도 없기 때문이다. 이런 어려움 때문에, 그 자신은 운동하지 않으면서 다른 것을 운동하게 하는 원리의 작용방식과 본성에 대해 말하면서 아리스토텔레스는 유비추론에 호소할 수밖에 없다.

부동의 원동자가 어떤 물리적이고 기계적인 힘을 통해 다른 것을 운동하게 할 가능성은 처음부터 배제된다. 왜냐하면 그것은 비물질적인 실체(*immaterial substance*)이기 때문이다. 그래서 아리스토텔레스는 질료를 전혀 갖지 않는 이 실체가 세상을 움직이는 것은 '사랑받음으로써'(*hōs erōmenon*, 1072b3)라고 말한다. 예컨대 건강을 얻기 위해 산책을 하는 사람이 있다면, 이 사람의 머릿속에 있는 건강은 그 자체는 움직이지 않으면서도 그 사람의 마음을 움직일 수 있다. 그리고 이런 마음의 움직임이 다시 그의 신체의 움직임을 낳는다. 영원히 운동하는 첫째 하늘이 부동의 원동자에 의해 움직이는 방식도 이와 유사하다. 그것은 욕망의 대상(*to orekton*)이나 사유의 대상(*to noēton*)으로서 운동을 낳는다(1072a27 아래). 즉, 욕망의 대상이나 사유의 대상이 우리 안에 욕망과 사유를 일으키고 이것이 다시 신체의 운동을 낳듯이, 부동의 원동자 역시 욕구의 대상이자 사유의 대상으로서 첫째 하늘의 운동을 낳고, 그럼으로써 세계 전체의 운동을 낳는다.[61]

이러한 유비추론에 따라 인간의 욕망과 신을 향한 우주의 욕망을 비교하면서 아리스토텔레스는 두 가지를 분명히 한다. 첫째, 인간의 욕망이 지향하는 좋은 것은 신체의 움직임을 낳고 그 움직임에 의해서야 비

---

61 욕망(*orexis*)이나 사유(*noēsis*)에 의해 일어나는 신체의 운동과 부동의 원동자에 의해 일어나는 우주의 운동 사이의 계기적·구조적 유사성에 대해서는 『동물운동론』 6, 특히 700b25 아래 참고.

로소 현실화되는 반면, 신은 그렇지 않다. 예컨대 산책의 목적인 건강은 산책을 통해서야 비로소 실현된다. 그에 반해 신은 그것을 지향하는 세계의 운동을 통해 실현되는 것이 아니라 그것에 전혀 의존함이 없이 이미 실현된 상태에 있는 현실적 활동 자체이다. 아리스토텔레스의 신은 그런 점에서 자기부정을 통해 타자가 되고 이를 통해 자기실현에 이르는 헤겔의 정신(*Geist*)과 근본적으로 다르다. 둘째, 부동의 원동자가 욕망의 대상인 동시에 사유의 대상이라는 것도 아리스토텔레스가 강조하는 중요한 점이다(1072a27-b1). 이 말의 뜻은 이렇다. 욕망은 좋은 것을 지향한다. 물론 욕망의 대상인 좋은 것은 겉보기에 좋은 것(*to phainomenon agathon*)일 수도 있고 실제로 좋은 것일 수도 있지만, 어쨌든 간에 우리가 어떤 대상에 대해 욕망을 갖는 것은 그것을 우리가 좋다고 생각했기 때문이다. 그런 점에서 욕망의 시작은 생각 또는 사유(*noēsis*)이다. 그렇다면 어떤 것이 사유를 불러일으킬까? 일찍이 피타고라스학파의 대립자 이론에서 집약적으로 표현되었듯이, 사유의 대상은 두 축(*systoichia*)으로 나뉜다.[62] 한 축에는 그 자체로서 사유되는 것들이 속하고, 다른 축에는 그렇지 않은 것들이 속한다. 예컨대 건강은 그 자체로서 사유의 대상이 되지만, 병은 건강의 부재 또는 결핍으로서 사유의 대상이 되는 것과 같은 이치이다. 그런데 그 자체로서 사유되는 것들 가운데 첫째가는 것은 실체이고, 실체들 가운데 첫째가는 것은 다시 단순하고 현실적인 작용 가운데 있는 실체이다. 바꿔 말하자면 사유의 첫째 대상은 단순하고 현실적인 실체라는 것이다. 이 사유의 첫째 대상은 욕망의 첫째 대상과 일치한다. 왜냐하면 사유의 첫째 대상은 좋은 것과 같은 축에 놓여 있고, 어디서나 첫째가는 것은 가장 좋은 것이기 때문에 사유의 첫째 대상은 좋은 것을 추구하는 욕망의 첫째 대상이기도 하기 때문이다. 부동의 원동자가 사유와 욕망의 첫째 대상이라는 말은 달리 표현하면, 그것이 지향 대상(*to hou heneka*) 혹은 목적(*telos*)임을 말하는 것이지만, 여기서 말하

62 『형이상학』 I 5, 986a22 아래 참고.

는 목적은 우리가 일상세계에서 말하는 목적과는 다르다. 방금 지적했듯이, 우리가 내세우는 목적은 일정한 과정을 통해 현실화되어야 하지만, 부동의 원동자는 그 자체로 존재하는 현실적 작용이기 때문이다. 그것은 세상에 작용하지만, 세상으로부터 작용받지는 않는다. "그것은 사랑받음으로써 운동을 낳고, 나머지 것들은 운동함으로써 운동을 낳는다" (1072b3-4).

2) 신의 현실태와 사유활동

신의 존재와 작용방식에 대한 아리스토텔레스의 생각에서 한 걸음 더 나아가 신의 현실적 활동이 어떤 것인지를 살펴보자. 우리가 지금까지 확인한 대로 다른 것을 운동하게 하면서도 그 자신은 운동함이 없이 현실적 활동 가운데 있는 신은 어떤 방식으로도 달리 있을 수 없다. 달리 있을 수 없다는 점에서 신은 어떤 우연성도 가지지 않는 필연적 존재이며, 더 좋아질 수 없는 최선의 상태에 있다. 그렇기 때문에 그것은 사유와 욕망의 대상이 되고 그럼으로써 운동을 낳는 원리, 즉 하늘과 자연세계 전체가 의존하는 원리로서 작용한다. 이 원리를 일컬어 아리스토텔레스는 '최선의 여유 있는 삶'(*diagogē aristē*)이라고 부른다(XII 7, 1072b14-30).

그러므로 천계와 자연세계는 그런 원리에 의존한다. 그것은 여유 있는 삶이며, 우리에게는 짧은 시간 동안 허락된 최선의 여유 있는 삶과 같은 것이다. 왜냐하면 (우리는 그럴 수 없지만) 그것은 영원히 그런 상태에 있기 때문인데, 그 까닭은 그것의 현실적인 활동은 즐거움이기도 하기 때문이다(그리고 이런 이유 때문에 깨어있음, 감각, 사유는 가장 즐거운 것이요, 희망과 기억은 그것들로 말미암아 즐거움을 준다). 그리고 사유활동 자체는 그 자체로서 가장 좋은 것과 관계하며, 가장 좋은 것은 가장 좋은 것과 관계한다. 그런데 지성은 사유 대상을 포착함으로써 자기 자신을 사유하는데,

그 까닭은 지성은 대상과 접촉하고 사유하는 가운데 사유 대상이 되고, 결과적으로 지성과 사유 대상은 동일한 것이 되기 때문이다. 왜냐하면 사유 대상, 즉 실체를 수용하는 능력이 지성이요, 그것은 사유 대상을 소유함으로써 현실적으로 활동하기 때문이다. 따라서 수용능력보다는 소유가 지성이 가진 것으로 여겨지는 신적인 것이며, 이론적 활동은 가장 즐겁고 좋은 것이다. 그런데 만일 우리가 한순간 누리는 좋은 상태를 신이 항상 누리고 있다면, 이는 놀라운 일이요, 그 정도가 더하다면, 더욱 놀라운 일이다. 하지만 실제로 그렇다. 그리고 신에게는 삶이 속하는데, 그 까닭은 지성의 현실적인 활동은 삶이요 그 현실적인 활동이 바로 신이기 때문이다. 현실적인 활동은 그 자체로서 신에게 속한 것으로서 가장 좋고 영원한 삶이다. 우리는 신이 영원하고 가장 좋은 생명체이며, 그래서 끊임없는 영원한 삶이 신에게 속한다고 말하는데, 신은 바로 그런 것이기 때문이다.

신의 영원한 현실적 활동(*energeia*)이 어떤 것인지는 우리의 인식범위를 넘어선다. 사유는 현상세계에 대한 감각적 경험에서 출발할 수밖에 없는데, 신적 활동은 우리의 경험세계 안에 현상적으로 주어져 있지 않기 때문이다. 신적 현실을 파악하는 길은 오로지 유비추론뿐이다. 따라서 신의 현실적 활동을 규정하면서 아리스토텔레스는 그런 유비추론에 의존한다. 실마리는 '현상적인 것들 가운데 가장 신적인 것'(1074b16), 즉 사유활동(*noēsis*)이다. 이 활동에 대한 『니코마코스 윤리학』 X권 9장의 진술과 비교해 보자(1177b19 아래).

> 지성의 현실적 활동은 이론적인 것으로서 그 진지함에서 다른 것들과 차이가 있으며 그 자체 이외에는 다른 어떤 목적도 추구하지 않고 고유한 즐거움을 가지며 (이 즐거움은 그 활동을 증대시킨다) 인간에게 가능한 자족성과 여가활동의 성격과 싫증나지 않는 성질을 갖는 것처럼 보인다. 복 있는 사람에게 귀속되는 다른 모든 것들도 이 활동에 의존함이 분명하다. 실로 이 활동이 삶의 긴 시간을 완전히 차지하는 한, 그것은 인간의 완

전한 행복일 것이다.[63]

아리스토텔레스는 자족적이고, 즐겁고, 한가로우며 인간에게 완전한 행복을 가능하게 하는 이런 사유활동의 영원한 형태를 바로 신의 현실적 활동에서 찾는다. 신은 우리가 한순간 누리는 좋은 상태를 항상 누린다. 신에게는 영원한 삶이 속하고 이 삶은 지성(*nous*)의 현실적 활동이며 이 활동은 그 자체로서 신에게 속한 것으로서, 가장 좋고 영원한 삶이다. 인간의 사유활동과 신의 사유활동이 지속성의 측면에서 차이가 나는 이유는 두 경우의 활동방식이 근본적으로 다르기 때문이다. 인간의 지성은 우선적으로 사유 대상을 수용하는 능력이다. 그것은 사유 대상을 소유함으로써 현실적 상태에 놓이게 되어 사유 대상을 포착하고, 이를 통해 자기 자신을 사유한다.[64] 인간의 지성은 이렇게 가능성의 상태에서 현실적 사유활동의 상태로 이행함으로써 사유하기 때문에, 그의 사유활동은 영원할 수 없다. 신적 사유는 이와 다르다. 신적 지성은 항상 사유활동의 상태에 놓여 있기 때문이다. 신에게는 사유활동의 삶이 속하며, 그 사유활동이 바로 신이다. 물론 이 사유활동은 인간의 사유활동과 비교할 수 없이 탁월하고 지속적인 것이기에, 거기서 이루어지는 신의 삶은 가장 좋고 영원한 삶이다. 그런 뜻에서 "우리는 신이 영원하고 가장 좋은 생명체이며, 그래서 끊임없는 영원한 삶이 신에게 속한다고 말하는데, 신은 바로 그런 것이기 때문이다"(1072b28-30).

문제는 신적 사유의 대상과 내용이다. 신은 도대체 무엇을 사유하는가? 신적 지성은 대상을 갖지 않는 사유일까? 그럴 수는 없다. 아무것도 생각하지 않는다는 말은 아무 생각이 없다는 뜻이고, 그 경우 신의 사유는 마치 잠자는 사람과 같아 아무런 위엄도 가질 수 없기 때문이다(XII 9,

63 김재홍·강상진·이창우 옮김, 『니코마코스 윤리학』, 도서출판 길, 2011의 우리말 번역을 부분적으로 고쳤다.

64 이에 대해서는 『형이상학』 XII 9, 1075a5에 대한 각주 참고.

1074b17-8). 하지만 만일 그것이 무엇인가를 생각한다면, 이때의 사유는 사유되는 대상에 의존해서는 안 된다. 그 경우 신적 사유활동은 사유 대상과의 관계 속에서만 가능할 뿐, 그 자체로서는 사유능력에 불과할 것이며, 따라서 최선의 실체일 수 없을 것이기 때문이다. 나아가 신적 사유가 — 그것이 본성상 잠재적 사유능력이건 사유활동이건 간에 — 생각하는 대상은 무엇인가? 가능성은 두 가지이다. 자기 자신을 생각하거나 아니면 다른 어떤 것을 생각하는 것이다. 그리고 만일 뒤의 경우라면, 그때 사유 대상은 변하지 않는 것이거나 아니면 끊임없이 변화하는 것일 것이다. 그러나 어떤 것을 생각하는가에 따라 생각의 가치는 달라지지 않는가? 이것이 사실이라면 최선의 존재인 신적 사유는 가장 신적인 것을 대상으로 가져야 하며, 결코 순간순간 변하는 것을 대상으로 취할 수 없다.

이런 것들은 최선의 존재로서 신적 사유를 둘러싼 중심물음들이다. 그리고 아리스토텔레스는 1074b28-35에서 신적 사유를 사유활동으로, 특히 다른 것에 의존하지 않는 사유활동으로 규정함으로써 그런 물음들에 대해 대답한다. 그에 따르면 신적 사유는 두 가지 이유에서 사유활동이어야 한다. 첫째, 만일 신적 사유가 능력으로부터 활동으로의 이행에서 성립한다면, 연속해서 이런 일을 하는 것은 신적 지성에게 피곤한(*epiponon*) 일일 텐데, 이는 당치 않은 일이다. 둘째, 만일 신적 지성이 사유 대상(*nooumenon*)에 의존해서 실현되는 능력 혹은 가능성에 불과하다면, 지성보다는 그 지성에 현실적 활동성을 제공하는 사유 대상이 더 높은 가치를 지니게 될 것이다. 왜냐하면 신적 사유의 가치는 그것이 사유하는 대상의 가치에 따라 결정될 것이고, 따라서 그 자체로서는 가치중립적인 그런 사유능력을 최선의 사유활동으로 만드는 사유 대상 자체가 신적 지성보다 더 고귀할 것이기 때문이다. 하지만 신적 사유보다 더 높은 가치를 지니는 대상은 있을 수 없다. 결과적으로 신적 사유가 본성적으로 사유활동이고 이 사유활동보다 더 좋은 것이 있을 수 없다면, 신적 사유활동은 사유활동 자체를 대상으로 삼아야 한다. "그러므로 사유는,

만일 그것이 가장 좋은 것이라면, 자기 자신을 사유하고, 그 사유는 사유에 대한 사유이다"(1074b33-5).

신의 사유는 처음부터 다른 대상에 의존함이 없이 최고의 사유 대상인 자기 자신을 생각할 뿐이다. 신적 사유의 이런 자기관계는 의문을 낳는다. 신은 다른 아무것도 생각하지 않고 오로지 자기 자신만을 생각하는가? — 이 물음에 대해서는 전통적으로 서로 상충하는 두 가지 대답이 제시되었다. 많은 아리스토텔레스 연구자들은 신의 사유를 자기 자신만을 대상으로 하는 절대적 자기관계로 이해한다.[65] 하지만 이에 반대해서 토마스 아퀴나스나 브렌타노(F. Brentano)는 신의 자기관계가 타자관계를 배제하지 않는 것으로 본다.[66] 이들에 따르면 신의 고유한 사유 대상은 물론 자기 자신이지만, 부수적으로는 신에 의존해 있는 것들 모두를 생각하는데, 예를 들어 건강을 생각하는 사람은 건강과 관련된 모든 것을 알고 나아가서는 건강의 부재상태인 병에 대해서도 아는 것과 같은 이치이다.[67]

이 두 방향의 해석 가운데 어떤 것이 아리스토텔레스의 원래 뜻에 더 가까울까? 이런 물음을 둘러싸고 20세기 초반에 브렌타노와 첼러(E. Zeller) 사이에 격렬한 논쟁이 있었으며,[68] 20세기 후반에도 크래머(H. J. Krämer)와 왤러(K. Oehler) 사이의 논쟁이 그 뒤를 이었다.[69] 여기서 신

---

65 E. Zeller, *Die Philosophie der Griechen*, II 2, Leipzig ³1879, S. 362~83 참고.

66 토마스 아퀴나스의 입장은 다음과 같은 그의 말로 압축된다: "Nec tamen sequitur, quod omnia alia a se ei sunt ignota; nam intelligendo se intelligit omnia alia"(그렇지만 그에게는 자신과 다른 것 모두가 알려지지 않는다는 사실이 따라 나오지는 않는다. 그는 자기 자신을 앎으로써 다른 모든 것을 알기 때문이다)(*In duodecim libros Metaphysicorum Aristotelis expositio*, ed. M. R. Cathara, O. P. exarata retractatur cura et studio P. Fr. Raymundi M. Spiazzi. O. P, Turin 1950, lib. xii. lect. xi. F. Brentano, *Aristoteles Lehre vom Ursprung des menschlichen Geistes*, Hamburg 1980, S. 121~41 참고).

67 『형이상학』 IX 2, 1046b12 아래 참고.

68 이 논쟁의 자세한 내용에 대해서는 F. Brentano, 앞의 책, S. 121~41 참고.

69 이 논쟁의 자세한 내용에 대해서는 K. Oehler, *Antike Philosophie und byzantinische*

의 사유를 둘러싼 이 논쟁들의 세부내용을 자세히 살펴볼 수는 없다고 하더라도, 이 논쟁들이 『형이상학』의 신학에 대한 해석뿐만 아니라 그리스의 신 관념과 기독교적인 신 관념의 관계 및 서구 '정신 형이상학'(*Geistmetaphysik*)의 전통을 이해하는 데 결정적 의미를 갖는다는 것만큼은 분명하다.[70]

아리스토텔레스는 신적 사유를 '사유에 대한 사유'라고 규정하면서 이에 대해 제기될 수 있는 반론도 함께 다룬다. 그가 고려하는 반론은 두 가지이다. 인간적 인식, 예컨대 지식이나 감각은 먼저 다른 대상과 관계하고 오로지 부수적으로만(*en parergōi*) 자기 자신과 관계하는데, 신적 사유는 어떻게 이와 다른 것일 수 있는가? 또 신적 사유의 두 측면, 즉 사유활동의 측면과 사유 대상의 측면은 서로 구별되는데, 이 가운데 어디에 더 높은 가치가 놓여 있는가? 이에 대한 아리스토텔레스의 대답은 매우 함축적이다. 그에 따르면 질료를 갖지 않는 것들의 경우, 사유 주체와 사유 대상은 동일하다. 예컨대 사유의 주체인 의사가 환자의 치료를 위해 건강에 대해 사유한다면, 이때 사유 대상인 건강은 의사 자신의 지성 속에 있다. 하지만 신적 사유에 본질적 동일성, 즉 사유활동과 사유 대상의 동일성에 대한 주장을 직접 뒷받침하는 것은 사유 주체와 사유 대상의 일치에 대한 『영혼론』 III권 4장의 논의이다. 여기서는 현실적 사유나 감각을 일종의 '동화'(*assimilation*)로서, 즉 사유 주체와 사유 대상이

Mittelalter. Aufsätze zur Geschichte des griechischen Denkens, München 1969, S. 162~83 참고. 여기 실린 글 "Zum Ursprung der Geistmetaphysik"에서 웰러는 아카데미아 학파나 신플라톤주의의 입장에 서서 신적 사유는 '신 안에 내재한 실체들', 즉 55개의 지성체들을 생각한다고 주장하는 크래머의 해석을 반박한다. Flashar(Hrsg.), 앞의 책, S. 337도 함께 참고.

70 H. J. Krämer, *Der Ursprung der Geistmetaphysik: Untersuchungen zur Geschichte des Platonismus zwischen Platon und Plotin*, Amsterdam 1967(초판 1964) 참고. 헤겔의 정신철학과 관련된 논의로는 예컨대 K. Gloy, "Die Substanz ist als Subjekt zu bestimmen. Eine Interpretation der XII Buches von Aristoteles' Metaphysik", *Zeitschrift für Philosophische Forschung*, Bd. 37, H. 4, 1983, S. 515~43 참고.

하나가 되는 과정으로 파악하는데, 이에 따르면 항상 현실적 상태에 있는 신적 사유에서는 사유활동의 주체와 사유 대상의 구별은 지양된다.[71] 1074b38-1075a5의 압축적 논변은 그런 이론을 전제로 삼아 신적 사유에 특유한 자기인식과 대상인식의 불가분성, 사유 주체와 사유 대상의 동일성을 옹호한다.

한편, 신적 사유를 다루는 9장의 마지막 부분(1075a5-10)에서 아리스토텔레스는 그 사유를 다시 한 번 사유 대상의 측면에서 해명한다. 신적 사유 대상은 복합적인 것(*syntheton*)인가? 아리스토텔레스는 신적 사유 대상이 복합적일 가능성을 부정하는데, 그럴 경우 신적 정신은 복합체 전체의 부분들을 오가면서 변화를 겪게 될 것이기 때문이라는 것이 그가 제시하는 이유이다. 그에 따르면 신적 사유는 인간의 사유와 달리 시간적 과정을 거치지 않는다. 복합체를 대상으로 삼는 인간의 사유는 시간적 과정 속에서 이루어지지만, 절대적으로 단순하고 질료 없는 것, 즉 자기 자신을 대상으로 삼는 신적 사유는 그런 시간적 과정을 초월한다. 그런 점에서 아리스토텔레스는 신적 사유에 대해 "자기 자신에 대한 사유활동 자체는 영원한 시간에 걸쳐 있을 것이다"(1075a9-10)라고 말한다.

3) 신과 세계의 관계

아리스토텔레스는 『형이상학』 XII권 6장과 7장에서 운동의 관점에서 신에 대한 세계의 의존성을 논의한 데 이어, 10장에서는 좋음(*agathon*)의 관점에서 세계와 신의 관계를 밝히는 데 주력한다. 세계의 본성은 어떤 방식으로 좋음과 최고의 좋음을 갖는가? 그것은 따로 떨어져서 그 자체로서 있는가 아니면 세계의 질서 가운데 놓여 있는가? 이것이 『형이상학』 XII권의 마지막 장에서 다뤄지는 물음들이다.

아리스토텔레스는 다시 유추에 의존해 두 가지 비유를 도입한다. 첫

71 『형이상학』 XII 7, 1072b19-21과 관련 각주 참고.

번째는 군대와 사령관의 비유이다. 이에 따르면 마치 군대의 경우가 그렇듯이, 세계의 좋음 혹은 선은 내재적 방식과 초월적 방식 모두에 따라서 있다. 즉, 군대의 좋음이 군대의 편재된 질서 안에 내재해 있을 뿐만 아니라 그런 질서의 최고 정점인 사령관 안에도 있듯이, 좋음은 세계의 질서 가운데 구현되어 있을 뿐만 아니라 그런 질서를 가능하게 하는 원리인 신 안에도 있다는 뜻이다. 아리스토텔레스는 군대의 경우에 질서의 원리인 사령관이 더 좋은 것이듯이, 세계의 경우에도 좋은 질서를 가능하게 하는 신이 더 좋다고 덧붙인다. 그렇다면 세계의 내재적 질서의 모습은 또 어떤가? 세계 안에 있는 모든 것은 일정한 질서 속에서 서로 관계를 맺고 있지만, 모두가 똑같은 방식으로 있는 것은 아니다. 아리스토텔레스의 두 번째 비유에 따르면, 세계 안에 있는 것들의 결속상태는 마치 집 안의 상태와 사정이 똑같다. 자유민들에게는 집 안에서 해야 할 일이 질서에 따라 확실하게 정해져 있기 때문에 아무 일이나 닥치는 대로 하지 않는 반면, 노예들과 짐승들은 닥치는 대로 아무것이나 한다. 이 비유에서 말하는 자유민들은 물론 필연적 법칙에 따라 규칙적 운동을 하는 달 위 세계의 천체들을, 노예들과 짐승들은 우연적 변화에 내맡겨져 있는 달 아래 세계의 존재자들을 표현한다.

이 두 비유를 우리는 어떻게 이해해야 할까? 군대의 비유는 세계의 내적 질서가 합목적적인 것이고 그 질서는 — 마치 군대의 질서가 사령관의 의도의 소산이듯이 — 신적 계획에서 유래하는 것 같은 인상을 낳는다. 그런 점에서 아리스토텔레스가 서로 다른 종류의 생명체들의 관계를 목적-수단의 관계로서 이해했으며, 그런 관계를 통해 이루어진 세계의 질서를 조물주의 의도 탓으로 돌린다고 주장하는 해석가들[72]의 해석에도 일리가 없지 않다. 하지만 그들의 해석처럼 아리스토텔레스 자신은 정말로 세계의 목적적 관계를 조물주의 의도 탓으로 돌리려고 했을까?

---

72 F. Brentano, *Aristoteles und seine Weltanschauung*, Hamburg 1977, S. 72~73; E. Rolfes, 앞의 책 2, S. 408 참고.

그런 해석이 흔히 전거로 삼는 『정치학』의 한 구절을 함께 읽어보자(I 8, 1256b7-22).[73]

> 살아가는 데 꼭 필요한 이런 종류의 재산은 모든 생물에게 태어나면서부터 다 성장할 때까지 자연에 의해 주어지는 것 같다. 어떤 동물은 새끼를 낳는 순간 새끼가 식량을 자급할 수 있을 때까지 새끼를 충분히 먹일 만한 식량을 생산한다. 예컨대 유충이나 알을 낳는 동물이 그렇다. 그리고 태생(胎生) 동물은 새끼에게 먹일 식량을 일정 기간 몸 안에 갖고 있는데, 이것이 이른바 젖이다. 마찬가지로 다 성장한 것들을 위해서도 식량이 마련되어 있다고 우리는 추론하지 않을 수 없는데, 식물은 동물을 위해 존재하고, 다른 동물은 인간을 위해 존재한다. 그 중 길들인 동물은 노력과 식량을 제공하기 위해, 그리고 전부는 아니더라도 대부분의 야생동물은 식량 외에도 옷과 여러 가지 도구를 제공하기 위해 존재한다. 자연은 어떤 것도 불완전하거나 쓸데없이 만들지 않는다면, 자연이 이 모든 것을 만든 것은 인간을 위해서라고 추론하지 않을 수 없다.

군대와 사령관의 관계에 대한 비유나 집 안의 질서의 비유는 물론, 인용한 『정치학』의 구절은 아리스토텔레스의 신학에 대한 기독교적 해석에 실마리를 제공하는 것처럼 보인다. "식물은 동물을 위해 존재하고, 다른 동물은 인간을 위해 존재한다"라는 말을 달리 어떻게 해석할 수 있을까? "자연이 이 모든 것을 만든 것은 인간을 위해서"라는 아리스토텔레스의 발언은 모든 자연세계는 신이 인간을 위해 창조한 것이라는 기독교적 관념의 그리스적 대응물이 아닐까? 하지만 비유는 단지 비유일 뿐이다. 『형이상학』 XII권 10장의 비유들에서 창조된 질서나 창조자의 관념을 확인하려는 태도에는 비유의 의미에 대한 지나친 확대해석의 위험성이 내포되어 있다. 아리스토텔레스의 자연관 안에는 그런 기독교적 해

---

73 인용은 아리스토텔레스, 『정치학』, 천병희 옮김, 숲, 2009의 우리말 번역을 따랐다.

석의 여지가 거의 없기 때문이다.

아리스토텔레스에 따르면 분명 신은 최고선으로서 목적이고, 신에 이르기까지 '자연의 사다리'(*scala naturae*)가 있다(화보 부분 참고). 달 아래 세계에는 네 요소에서 시작해서 여러 등급의 식물과 동물을 거쳐 사람에 이르는 위계질서가 있고, 달 위의 세계에도 그에 상응하는 등급이 있다. 하지만 아리스토텔레스는 자신의 이론적 저술 어디에서도 이런 사다리의 위와 아래에 있는 것들 사이에 수단과 목적의 관계가 있다고 말하지 않는다. 이를테면 식물이 동물을 위해서 있고, 동물이 사람을 위해서 있으며, 사람이 신을 위해서 있다는 식의 수단-목적 관계에 대한 관념을 아리스토텔레스에게서 찾기란 매우 어렵다. 물론 사람은 식물과 동물을 생존을 위한 수단으로 이용할 수 있고, 동물도 살아남기 위해 식물을 이용할 수 있다. 하지만 이런 수단과 목적의 관계는 어디까지나 사람이나 포식자 편에서 성립할 뿐이다. 『정치학』 I권 8장의 발언내용은 아마도 그런 뜻으로 이해해야 할 것이다.[74] 아리스토텔레스의 보다 엄밀한 자연학적 진술들에 따르면, 식물이나 동물의 존재목적은 사람에게 먹히는 데 있는 것이 아니다. 각 생명체는 저마다 고유한 목적을 가지고 있다. 신적인 영원한 삶에 참여하는 것이 바로 그것이다. 물론 이 참여는 본성에 따라 달리 실현된다. 예컨대 천체들은 영원한 운동을 통해, 땅 위의 생명체들은 종의 번식을 통해 영원한 삶에 도달하려고 한다.[75] 아리스토텔레스는 자신의 저술 어디에서도 신을 정점으로 하는 이런 생존의 사슬이 신의 계획의 소산이라고는 말하지 않는다. 그것이 어디에서 오는지에 대해 그는 아무런 말도 하지 않았다. 그는 어떤 형태의 세계의 시작도, 예컨대 『티마이오스』류의 제작적 세계관에서 제시하는 뜻의 시작이나 진화론

74 이에 대한 자세한 논의는 W. Kullmann, *Aristoteles und die moderne Wissenschaft*, Stuttgart 1998, S. 271 아래 참고.

75 이에 대해서는 『영혼론』 II 4, 415a22 아래; 『동물발생론』 II 1, 731b18 아래 참고. 뒤의 구절에 대한 자세한 분석은 D.-H. Cho, *Ousia und Eidos in der Metaphysik und Biologie des Aristoteles*, Stuttgart 2003, S. 242 아래를 함께 참고.

적 세계관에서 말하는 뜻의 세계의 시작도 인정하지 않는다. 아리스토텔레스의 세계는 시작도 끝도 없는 영원한 세계이다. 세계의 영원성은 천구의 원환운동이나 "사람이 사람을 낳는" 순환적 운동을 통해 보존된다. 그리고 신은 바로 이런 형태의 운동원리이다. 왜냐하면 천구들의 원환운동이나 사람이 사람을 낳는 운동은 모두 신적인 영원성에 참여하기 '위한' 자연세계의 운동이기 때문이다. 이런 뜻에서 자연세계의 질서와 운동에 대한 설명을 '신적인 계획의 작용보다는 자연의 무의식적 목적론'에서 찾는 것이 아리스토텔레스의 사상에 대한 보다 설득력 있는 해석일 것이다.[76]

6. 이데아론 비판

플라톤의 이데아론에 대한 비판이 『형이상학』에서 차지하는 비중은 매우 크다. 이는 그렇게 놀랄 일이 아니다. 아리스토텔레스의 존재론 전체가 플라톤과 아카데미아의 이데아론 및 원리론에 대한 비판적 대안이라고도 말할 수 있기 때문이다.[77] 이데아론에 대한 아리스토텔레스의 비판은 『형이상학』 전체에 걸쳐 산발적으로 제기되지만, 특히 『형이상학』 I권 9장과 XIII~XIV권에 집중되어 있다. 비판의 방향은 크게 두 갈래로 나뉜다. 하나는 플라톤의 대화편들에 담긴 이데아론을, 다른 하나는 아카데미아 내부에서 전개된 구술이론과 논쟁들을 겨냥한 것이다.

이 가운데 두 번째 방향의 비판이 다루는 플라톤과 아카데미아의 이른바 '쓰여지지 않은 이론'(*agrapha dogmata*)은 지난 세기에 새로이 주목받기 시작해 그동안 그에 대한 연구가 적지 않게 축적되었다.[78] 하지만 수

76 W. D. Ross, 앞의 책 I, cxxxi과 J. Barnes(ed.), 앞의 책, pp. 73~76도 함께 참고.

77 H. Flashar, 앞의 책, S. 343 참고.

78 이에 대한 대표적 연구로는 K. Gaiser, *Platons ungeschriebene Lehre*, Stuttgart 1963

와 수의 원리들에 대한 아카데미아 내부의 이론이나 그에 대한 아리스토텔레스의 비판은 그 단편적 성격 때문에 여전히 재구성과 해석의 어려움을 안고 있다.[79] 어쨌든 그 이론에 대한 아리스토텔레스의 논지는 분명한 것 같다. 플라톤과 아카데미아의 철학자들이 생각하듯이 수들은 자립적이고 '분리가능한 실체들'(*ousiai chōristai*, 1080a13)이 아니고 수의 원리들 역시 '있는 것들의 요소들'(*stoicheia tōn ontōn*, 1086a28, 998b9-10)이 아니며, 수들을 비롯한 수학적 대상들은 자연물들에서 감각적으로 지각가능한 측면들을 덜어낸 '추상물들'(*ta ex aphaireseōs*, 1061a29)에 불과하다는 것이 아리스토텔레스 주장의 핵심이다.[80]

한편, 첫 번째 방향에서 전개되는 이데아론 비판은 우리에게 비교적 친숙한 내용이다. 이 비판은 I권 9장과 XIII권 4~5장, 10장에 집약되어 있으며, 내용상 서로 중첩된다. 아래에서는 먼저 이데아론의 기원에 대한 I권 6장과 XIII권 4장의 보고내용을 소개하고, 그 뒤 이데아론에 대한 아리스토텔레스의 반박내용을 살펴보기로 한다.

아리스토텔레스는 플라톤의 이데아론(*hē peri tōn eidōn doxa*)을 주로 세 가지 사유 흐름의 혼성물로 이해한다(I 6, 987a29 아래, XIII 4, 1078b12 아래). 첫째, 헤라클레이토스와 크라튈로스의 영향이 있는데, 이들의 의견에 따라 플라톤은 "모든 감각물은 언제나 흘러가는 상태에 있어서 이것들에 관한 학문적 인식은 존재하지 않는다"(987a33-4)라고 생각하게 되었다. 플라톤은 젊은 시절부터 이런 견해에 친숙해졌고 평생 동안 이런

과 H. J. Krämer, *Arete bei Platon und Aristoteles: Zum Wesen und zur Geschichte der platonischen Ontologie*, Heidelberg 1959 참고. 이에 대한 국내의 연구로는 이강서, 「'문자화되지 않은 이론'(*agrapha dogma*)과 『필레보스』 編」, 『서양고전학연구』 제10권, 1996, 155~81쪽 참고.

79 예컨대 체르니스(H. Cherniss)는 '쓰여지지 않은 이론'에 대한 아리스토텔레스의 보고내용이 단순한 오해의 산물이거나 반박을 위해 플라톤 대화편들에 나오는 이데아들을 투사한 것이라고 주장한다.

80 J. Annas, "Die Gegenstände der Mathematik bei Aristoteles", in A. Graeser(Hrsg.), *Mathematics and metaphysics in Aristotle*, Bern 1987, S. 131~47.

생각을 견지했다. 둘째, 플라톤이 소크라테스에게서 받은 영향이다. 윤리적 영역에서 보편자(*katholou*)를 찾고 이것을 정의(*horismos*)의 대상으로 여긴 소크라테스의 가르침을 받아들인 플라톤은 언제나 변화상태에 있는 감각적 대상들과 떨어져 있는 것들이 정의의 대상으로 존재한다고 생각하면서, 이런 것들을 일컬어 이데아들이라고 불렀다. 나아가 플라톤은 이런 이데아들에 감각물들이 관여하고(*metechein*) 그것들에 따라 이름을 얻는다고 생각했는데, 이것은 이데아론에 끼친 세 번째 영향, 즉 피타고라스학파의 영향이다. 피타고라스학파는 있는 것들이 수들의 모방(*mimēsis*)에 의해 있다고 말한 데 반해, 플라톤은 이름만 바꾸어 감각적인 것들이 이데아에의 관여(*metexis*)에 의해 있다고 주장했다고 아리스토텔레스는 말한다.

이것이 I권 6장과 XIII권 4장에 공통된, 이데아론의 기원에 대한 보고이다. 이 보고내용의 역사적 사실성에 대해서는 더 자세한 논의가 필요하겠지만,[81] 여기서는 한 가지 점만을 지적하고 넘어가자. 그것은 바로 플라톤의 이데아론이 소크라테스의 보편적 정의에 대한 관심과 피타고라스학파의 수학적 사유를 결합한 결과라는 사실이다. 이 결합은 얼마나 성공적인 것일까? 아리스토텔레스의 판단에 따르면, 그 결합은 이데아론이 갖는 온갖 어려움의 원천이다. 이런 뜻에서 그는 플라톤과 그의 후계자들을 두고 "그들이 이런 잘못을 범한 이유는, 수학의 대상들과 보편적 정의들을 동시에 탐색의 출발점으로 삼은 데 있다"(XIII 8, 1084b23-5)라고 지적한다. 아리스토텔레스가 이데아론의 기원을 이야기하면서 수학적 대상들에 대한 플라톤 이론을 함께 소개하는 것도 같은 맥락에서이다. 그에 따르면 플라톤은 감각물들과 형상들 사이의 중간에 수학적 대상들을 상정하면서, 이것들은 영원하고 운동하지 않는다는 점에서는 이데아들과 비슷하고, 형상은 하나이지만 수학적 대상들은 같은 것이

81 이상인, 「플라톤의 이데아론의 철학적 기원: 아리스토텔레스의 설명에 대한 비판적 고찰」, 『철학연구』 제88집, 2010, 89~125쪽 참고.

여럿 있는 점에서 감각물들과 비슷하다고 말한다(I 6, 987b14 아래). 예컨대 이데아의 삼각형은 하나이지만, 기하학이 다루는 삼각형들은 면적이나 형태에 따라 여럿이 있다는 말이다. 더 나아가 아리스토텔레스는 "형상들이 다른 것들의 원인이라는 이유를 들어 그는 그 형상들의 요소들이 있는 것 모두의 요소들이라고 생각했다"(987b18 아래)라고 덧붙인다. 이 말은 플라톤이 형상들을 감각물들의 있음의 원인으로 내세운 데 머물지 않고, 그런 형상들의 존재의 원인을 또 다른 요소들에서 찾았다는 것을 함축한다. 즉, 감각물들 : 형상들 = 형상들 : 형상의 요소들의 유비관계를 플라톤이 가정했다는 뜻이다. '형상들의 요소들'(*stoicheia tōn eidōn*)은 구체적으로 어떤 것인가? 987b20 아래의 설명에 따르면 형상들의 요소들에는 질료적 원리와 형상적 원리가 있는데, 질료적 원리에 해당하는 것은 '큼과 작음'(*to mega kai to mikron*)이고 형상적 원리에 해당하는 것은 '하나'(*to hen*)이다. 아리스토텔레스의 보고에 따르면, 플라톤은 이런 원리들의 출처가 되어, 즉 큼과 작음이 하나에 관여함으로써 형상들이 생겨난다고 생각했다. 이렇게 큼과 작음과 하나를 원리로 해서 존재하는 형상들은 본성상 수들이다. 이런 방식으로 감각물들과 다른 형상들, 그 둘 사이의 중간자로서 수학적인 수들, 또 이런 수학적인 수들과는 다른 형상들의 수, 다시 수적인 이데아들의 원리들이 차례차례 도입되면서 이데아론은 점점 더 복잡해지고 그와 관련된 문제들도 계속 늘어간다.

위에서 말했듯이 『형이상학』 XIII권과 XIV권에서 아리스토텔레스가 목표로 삼는 것은 형상들과 수학적 대상들의 관계에 대한 다양한 견해들, '형상들의 요소들'에 대한 플라톤의 이론, 그리고 수와 이데아의 관계에 대해 아카데미아 내부에서 이루어졌던 다양한 이론적 변주들을 비판적으로 고찰하는 일이지만, 이에 대한 자세한 논의는 이 해제의 범위를 훨씬 넘어선다. 이 해제에서는 I권 9장에서 소개되는 이데아론에 대한 23가지의 비판을 개관하는 데 만족하기로 하자. 처음 7가지 논변부터 살펴보자.[82]

(i) 이데아들을 원인들로 내세우는 사람들은 우리 눈앞에 있는 것들

의 원인들을 설명하기 위해 이데아들을 끌어들이는데, "우리는 눈앞에 있는 것들의 원인들을 파악하려고 탐구하면서 그것들과 같은 수의 다른 것들을 끌어들였으니, 이는 마치 수를 세려고 하는 사람이 (눈앞에) 있는 것들의 수가 적으면 셈할 수 없다고 생각하고서 셈할 것을 더 많이 만들어 수를 세려고 하는 것과 비슷하다"(990a34-b4). 즉, 그들은 설명해야 할 것들을 도리어 배가시킨다.

(ii) 형상들이 있다는 사실을 밝히는 데 사용되는 여러 증명 가운데 일부는 추론의 필연성이 없고, 일부는 '우리가 생각하기에'(*oiōmetha*) 형상들을 갖지 않는 것들에 대해서도 형상들을 가정하게 만드는 결과를 낳는다. (α) 학문적 인식들에 의거한 증명에 따르면, 학문의 대상이 되는 모든 것에 대해 형상이 있고, (β) 여럿에 대한 하나의 증명에 따르면, 부정적인 것들(*apophaseis*)에 대해서도 형상이 있으며, (γ) 어떤 것이 소멸한 뒤에라도 사유의 대상이 되는 어떤 것이 있다는 증명에 따르면, 가멸적인 것들에 대해서도 형상들이 있다. (δ) 보다 엄밀한 증명들의 경우에 어떤 증명들은 우리가 그 자체로서 독립된 유(*genos*)를 인정하지 않는 관계들에 대해 이데아들을 만들어내고, 또 어떤 증명들은 '제3의 인간'(*ho tritos anthrōpos*)을 낳는다.

(iii) 일반적으로 형상들에 대한 논변들은 '우리'가 이데아들의 존재보다 더 높은 수준의 존재를 부여하길 원하는 것들을 부정하게 되는 결과를 낳는다. 왜냐하면 둘이 수보다 먼저 있고 수보다는 관계가 먼저 있게 되기 때문이다. 이런 문제들을 두고 이데아 이론을 따르는 사람들 사이에서 의견충돌이 일어난다.

(iv) 이데아론의 근거가 되는 믿음에 따르면, 실체들에 대해서뿐만 아니라 다른 많은 것들에 대해서도 형상들이 있을 것이다. 왜냐하면 실체들에 대해서뿐만 아니라 다른 것들에 대해서도 하나의 개념(*noēma*)이나

---

82 일련 번호 (i), (ii), (iii)…는 로스가 관련부분을 구분하면서 사용한 기호이다. *Metaphysics* I, p. 187 아래 참고.

학문(*epistēmē*)이 있기 때문이다. 그러나 추론의 필연성에 따르거나 이데아 이론에 따르면, 형상들은 다른 것들이 관여할 수 있는 것이므로 실체들의 이데아들밖에는 있을 수 없기 때문이다. 그 이유는 (α) 그것들이 관여의 대상이 되는 것은 부수적 방식에 의해서가 아니고, 이데아들에 관여하는 다른 것들은 다른 어떤 기체에 대해 술어가 되지 않는 방식으로 있는 한에서 각각의 이데아에 관여하기 때문이다. 예컨대 어떤 것이 2배 자체에 관여한다면 그것은 또한 영원함 자체에도 관여하지만, 이는 부수적 방식으로 그런데, 그 까닭은 2배에는 영원함이 부수적으로 속하기 때문이다. (β) 동일한 낱말들이 여기 있는 실체들과 거기 이데아계에 있는 실체들을 가리키는 셈이다. 그렇지 않다면 여기 있는 것들과 떨어져서 어떤 것이 여럿에 대한 하나로서 존재한다는 말이 무슨 뜻인가? 만일 이데아들과 그것들에 관여하는 것들에 대해 하나의 동일한 형상이 있다면, 그것은 그 둘 모두에 공통된 어떤 것일 것이다. 왜냐하면 가멸적인 2들과 수는 많지만 영원한 2들에 대해 하나이자 동일한 2가 있다면, 어째서 2 자체와 개별적인 2들에 대해서는 그렇지 않겠는가? 그러나 만일 동일한 형상(*to auto eidos*)이 없다면 그것들은 이름만 같은 것들(*homōnyma*)일 것이어서, 마치 어떤 사람이 그것들 사이의 어떤 공통성도 고려하지 않은 채 칼리아스와 목상(木像)을 '사람'이라고 부르는 것과 사정이 같을 것이다.

(v) 도대체 형상들이 감각물들에 대해 — 이것들이 영원한 것이건 생성하고 소멸하는 것이건 간에 — 무슨 도움이 되는가? (α) 형상은 감각물들이 겪는 어떤 종류의 운동과 변화에 대해서도 원인이 되지 못한다. (β) 형상들은 다른 것들에 대한 학문적 인식에도 아무런 도움을 주지 못하며, (γ) 그것들의 있음에도 도움을 주지 못한다. 왜냐하면 그것들에 관여하는 것들 안에 있지(*enhyparchonta*) 않기 때문이다.

(vi) 일상어법의 어떤 용법에 비추어 보아도 다른 것들이 형상들'로부터'(*ek tōn eidōn*) 유래한다는 말은 이해하기 어렵다. 그것들이 '본보기'(*paradeigmata*)이며 다른 것들은 그것들에 '관여한다'(*metechein*)는 것

은 공허한 말(*kenolegein*)이고 시적 비유(*metaphoras poiētikas legein*)에 불과하다. (α) 만일 이데아들이 본보기라면, 이데아들을 바라보면서 작용하는 것은 무엇인가? (β) 어떤 것이든 다른 것을 모방하지 않고서도 그것과 닮거나 닮게 될 수 있다. 예컨대 소크라테스가 있건 없건 간에 소크라테스 같은 사람이 생겨날 수 있다. (γ) 동일한 것에 대해 여러 개의 본보기가 있어서, 예컨대 사람에 대해서는 '동물'과 '두 발 가짐'이 있을 것이고 그와 동시에 '사람 자체'도 있을 것이다. (δ) 형상들은 감각물들뿐만 아니라 형상들 자체의 본보기일 것인데, 예컨대 유는 그 유에 속하는 종들의 본보기일 것이다. 따라서 동일한 것이 '본보기이면서 모방물'(*paradeigma kai eikōn*)일 것이다.

(vii) 또한 실체와 그 실체가 속하는 것은 분리(*chōris*)가능하지 않을 텐데, 어떻게 이데아들이 사물들의 실체들이면서 그것들과 분리되어 있을 수 있을까? 『파이돈』에서는 이런 방식으로 형상들이 존재와 생성의 원인이 된다고 말한다. (α) 하지만 형상들이 있다고 하더라도 운동을 낳는 것이 없는 한, 그것들에 관여하는 것들은 생겨나지 않으며, (β) 우리가 그것들에 대해서는 형상들을 인정하지 않는 다른 많은 사물, 예컨대 집이나 반지도 생겨나는데, 그렇다면 우리가 이데아들을 인정하는 다른 것들 역시 방금 말한 것들을 낳는 원인들과 같은 종류의 원인들에 의해 있거나 생겨날 수 있음이 분명하다.

이상의 논변을 포함한 I 9, 990b2-991a8과 991a8-b9는 각각 XIII 4, 1078b34-1079b3과 XIII 5, 1079b12-1080a8과 내용이 동일하다. I권에서는 이데아론을 내세우는 사람들이 '우리'라고 일컬어지는 반면, XIII권에서는 '그들'이라고 불리는 데 차이가 있을 뿐이다. 널리 알려져 있듯이, 예거는 이런 차이를 자신의 발전론적 해석의 중요한 실마리로 삼았다. 그는 I권과 XIII권을 각각 '우리-문체'(*Wir-Stil*)와 '그들-문체'(*Sie-Stil*)로 구분하면서, 이 가운데 XIII권은 아리스토텔레스가 플라톤 철학의 영향권에서 벗어난 뒤에 쓰여진 것이라고 추론한다.[83]

I권 9장의 나머지 논변 16가지 거의 모두는, 이데아들은 수학적인 수

들과 다른 종류의 수들이며, 이런 수들은 '하나'와 '큼과 작음'을 원리로 해서 이루어진다는 견해를 겨냥한 비판이다. 그리고 이 비판은 XIII권과 XIV권의 나머지 부분에서 플라톤과 아카데미아의 다른 철학자들, 예컨대 스페우시포스나 크세노크라테스 등의 견해들에 대한 비판으로 발전한다. 16가지의 반박논변 가운데 다음의 몇 가지 논변은 아리스토텔레스의 기본의도를 잘 보여준다.

(viii) 형상들이 수라면, 그것들은 어떻게 원인일 수 있는가?(991b9 아래) (α) 만일 있는 것들이 수들이기 때문이라면, 예컨대 어떤 수는 사람이고, 어떤 수는 소크라테스이며 또 어떤 수는 칼리아스라면, 어떤 이유에서 그런 수들은 이런 수들의 원인이라는 말인가? 앞의 것들은 영원하고 뒤의 것들은 그렇지 않다고 하더라도, 그것만으로는 충분한 대답이 되지 못한다. (β) 만일 우리 주변에 있는 것들, 예컨대 협화음이 수적인 비율인 것과 같은 뜻에서 그렇다면, 분명 그런 비율들이 속하는 다른 어떤 부류의 것들이 있을 것이며, 그 수들 자체 역시 서로 다른 것들 사이의 비율일 것이다. 예컨대 칼리아스가 불과 흙과 물과 공기의 수적인 비율이라면, 사람 자체 역시 다른 어떤 종류의 기체들의 수, 즉 수적인 비율이지 엄밀한 뜻에서의 수는 아니다.

(x) 산수의 대상이 되는 또 다른 부류의 수와 일부 사람들이 말하는 모든 중간자를 꾸며내야 하는데, (α) 이것들은 어떻게 존재하며 또 어떤 원리들로부터 존재하는가?(991b27 아래) 또 (β) 무엇 때문에 그것들은 여기에 있는 것들과 그 자체로서 있는 것들 사이의 중간에 있어야 하는가?

(xv) 일반적으로 지혜는 감각적 현상들의 원인을 탐구하지만, '우리는' 이를 제쳐두었다(992a24 아래). '우리'는 변화가 시작되는 출처에 대해 아무것도 말하지 않기 때문이다. 반면 감각적인 것들의 실체에 대해 말한다고 생각하면서 '우리'는 또 다른 종류의 실체들이 있다고 말하지만, 어떻게 이것들이 감각물들의 실체들이 되는지에 대한 우리의 설명은

83 앞의 594쪽의 논의 참고.

공허한 말에 불과하다. 왜냐하면 '관여한다'라는 말은 아무런 뜻도 없기 때문이다.

(xvii) 어떤 사람은 질료라는 뜻에서 밑에 놓여 있는 실체(큼과 작음)가 수학적 인식의 대상이라고 생각하는데, (α) 그것은 질료가 아니라 질료에 대한 술어이다(992b1 아래). 그것들은 일종의 초과와 부족(*hyperochē kai elleipsis*)이기 때문이다. (β) 만일 큼과 작음이 운동이라면, 분명 형상들도 운동할 것이다. 하지만 만일 그렇지 않다면, 운동은 어디서 왔는가? 그래서 자연에 대한 고찰 전체가 부정된다.

(xix) 수들 다음에 오는 선과 평면과 입체에 대해 그것들이 어떻게 존재하고 존재할 수 있을지, 그리고 그것들이 어떤 능력을 갖는지에 대해 아무런 설명도 없다(992b13 아래). 왜냐하면 그것들은 수적인 형상들일 수도 없고 중간자들일 수도 없으며, 가멸적인 것들일 수도 없고 네 번째의 또 다른 부류이어야 하기 때문이다.

아리스토텔레스의 이데아론 비판을 두 줄로 줄여보자. 이데아론은 그 자체로서 일관성이 없고 감각세계를 설명하는 데 무용한 시적 허구에 지나지 않는다. 아리스토텔레스의 이런 비판이 플라톤의 이데아론에 실제로 얼마만큼 타격을 줄 수 있는지에 대해서는 다양한 평가가 있을 수 있다. 하지만 한 가지 논점만은 분명히 할 필요가 있을 것 같다. 다음의 인용문을 읽어보자(XIII 9, 1086a31-7).

> 우리는 이데아를 주장하는 사람들의 설명방식과 그들을 둘러싼 의문점을 동시에 개관할 수 있을 것이다. 왜냐하면 그들은 이데아들이 보편자라고 주장하면서 다시 그것들이 분리가능한 것이요 개별자들이라고 말하기 때문이다. 이런 일이 있을 수 없다는 데 대해서는 이미 앞에서 의문을 제기했다. 실체들이 보편자라고 주장하는 사람들이 그 두 가지 특징을 하나로 결부시킨 이유는 실체들을 감각물들과 동일한 것으로 여기지 않은 데 있다.

이데아론에 대한 아리스토텔레스 비판의 핵심은 그것이 서로 양립하기 어려운 두 가지 특성을 이데아에 부여한다는 사실을 들춰내는 데 있다. 보편성과 분리가능성이 그것이다. 플라톤의 이데아는 하나의 정의를 갖는 다수의 개별자들에 공통적으로 적용된다는 뜻에서 보편자(*katholou*)이지만 술어적 보편자는 아니다. 만일 그렇다면 그것은 그것을 술어로 갖는 개별적인 대상들을 떠나서는 존재할 수 없을 것이기 때문이다. 그래서 플라톤은 이데아를 개별적인 감각 대상들과 분리가능한(*chōristos*) 보편자로 만든다. 하지만 이 '분리'(*chōrismos*)는 판도라의 항아리를 여는 주문과 같다. 분리된 이데아는 감각물들과 어떤 관계에 있는가? 사람들은 흔히 아리스토텔레스가 '분리'를 공간적인 뜻으로 왜곡해서 이해했다고 비난한다. 하지만 이런 비난 자체가 왜곡이다. 아리스토텔레스 역시 이데아의 분리성을 공간적 격리가 이데아의 자립성을 뜻하는 것으로 이해했기 때문이다. 그의 물음은 "자립적인 이데아는 감각물들과 어떤 관계를 가지며 어떤 뜻에서 그것들의 원인이 될 수 있는가?"라는 데 있다. 물론 플라톤은 감각물들이 이데아에 관여하며, 감각물들은 이데아에 따라 이름을 얻는다고 말한다. 하지만 아리스토텔레스가 보기에 이것은 아무런 대답도 제공하지 못한다. 예컨대 아름다움 자체가 있고 그것에 관여함으로써 아름답다고 불리는 감각물들이 있다고 하자. 이때 아름다움 자체를 일컫는 '아름다움'과 아름다운 것들을 일컫는 '아름다움' 사이에는 어떤 공통성이 있을 수 있을까? 또한 사람 자체가 있고 그것에 관여함으로써 존재하는 개별적인 사람들이 있다고 하자. 그 둘 모두에 적용될 수 있는 '사람'에 대한 정의가 있는가? 예컨대 이데아의 사람도 숨을 쉬고 두 발을 가지고 이성적으로 사유하고 말하는가? 만일 사람의 이데아와 개별적인 사람에게 함께 적용될 수 있는 공통적인 정의가 없다면, 아리스토텔레스의 말대로 "그것들은 이름만 같은 것들일 터이어서, 마치 어떤 사람이 그 둘 사이의 어떤 공통성도 고려하지 않은 채 칼리아스와 목상(木像)을 '사람'이라고 부르는 것과 사정이 같을 것이다"(XIII 4, 1079b1-3). 그리고 이렇게 되면 이데아와 그것에 따라 이름을 얻는 감각물은 전혀 다른 뜻에서 있는 것이다. 이처럼 감각물과 전혀 다른 방식으로 존재하는 이데아가 어떻게 감각물들의 있음의 원인이 될 수 있을까? 또한 그 둘이 전혀 다르다면, 이데아에 대해 아는 것은 감각물에 대한 앎에 무슨 도움이 되는가? 물론 이데아는 감각물들의 세계에서 일어나는 운동과 변화의 원인도 될 수 없다. 어떻게 — 정의상 — 비물질적인 이데아들이 감각물들의 물질적 운동을 낳을 수 있는가? 이데아들이 본보기라고 해도 아무런 소용이 없다. "그것들은 본보기이며 다른 것들은 그것들에 '관여한다'는 것은 공허한 말이고 시적 비유에 지나지 않는다. (만일 이데아들이 본보기라면) 이데아들을 바라보면서 작용하는 것은 무엇인가?"(XIII 5, 1079b24-6) 이데아론에 대한 아리스토텔레스의 이런 비판은 수들을 분리가능하면서 자연물들의 원리로 여기는 아카데미아의 수 이론들에도 똑같이 적용된다. 왜냐하면 수들도 일종의 보편자이기 때문이다. 철학사적으로 평가한다면, 아리스토텔레스의 이데아론 비판은 감각적 현상세계의 원인을 초월적 영역에서 찾으려는 모든 형태의 시도에 대한 비판의 원형적 형태를 보여준다.

7. 『형이상학』의 영향과 수용사[84]

기원전 322년 아리스토텔레스가 세상을 떠난 뒤에 그의 '첫째 철학'은 페리파토스학파 내부에서도 지지를 얻지 못했다. 아리스토텔레스의 제자이자 동료인 테오프라스토스(Theophrastos, 기원전 372~287)의 『형이상학적 단편』(*Ta meta ta physika*)에서부터 벌써 형이상학적 문제들에 대한 근본적인 문제제기와 회의를 기본논조로 삼았던 것으로 보인다. 부동의 원동자에 대한 그의 비판은 그 뒤 디카이아르코스(Dikaiarchos)

84 이에 대한 최근의 신뢰할 만한 서술은 Flashar(Hrsg.), 앞의 책, S. 402~06에 담겨 있다. 이 절은 이 부분을 풀어서 옮긴 것이다.

와 '자연학자'(*ho physikos*)라는 별명을 가졌던 람사코스(Lampsakos) 출신의 스트라톤(Straton)을 거치면서 모든 형태의 초월성을 포기하는 결과를 낳았다. 이들에게는 자연학을 넘어서는 하나의 '첫째 철학'은 더 이상 존재하지 않았다. 테오프라스토스 이후 아리스토텔레스학파는 형이상학적 질문들에 관심을 기울이지 않았다.

그 뒤 아리스토텔레스 형이상학의 역사적 수용과 평가과정에서 결정적 역할을 한 것은 형이상학의 대상과 그 지위, 그리고 나머지 학문들과의 관계에 대한 물음이었다.

로마 제정기에 페리파토스학파의 일원으로서 형이상학에 대한 주석을 통해 아리스토텔레스 형이상학의 본래 정신을 되살리려 했던 알렉산더 아프로디시아스(Alexander Aphrodisiensis, 2세기 말~3세기 초 활동)는 형이상학을 있는 것 자체에 대한 학문이자, 동시에 첫째 원리들과 원인들에 대한 학문으로서의 신학으로 이해했다. 그의 활동은 분명 플라톤주의 및 스토아학파와의 대결상황이나 앞 세대 페리파토스학파의 자연철학 연구를 배경에 두고 있었다. 이런 상황에서 그는 이제 형이상학의 고유한 대상이 현실적으로 있는 것, 즉 자연물(*ta physei onta*)이라고 천명한다. 바로 이 점에서 형이상학에 대한 그의 이해방식은 3세기 이래 아리스토텔레스의 저술들을 수용한 플라톤주의의 신학적 전통과 차이를 보인다. 신플라톤주의자들에 따르면, 철학의 한 분야로서 형이상학이 다루는 주제는 자연을 넘어서 있는 것의 비물질적 원리들과 원인들(암모니오스, Ammonios Sakkas, †242 혹은 243), 그리고 이데아(심플리키오스, Simplikios, 대략 490~560) 내지는 지성적인 것(보에티우스, Boethius, 대략 480~524 혹은 525)이다. 이들에게 형이상학은 철학적 신학으로서 자연세계의 초월적 근거들에 대한 학문이 된다. 아리스토텔레스주의와 신플라톤주의의 형이상학 이해는 많은 부분 아랍의 전통을 거쳐 중세 전성기의 스콜라철학에 전승되며, 이 과정에서 선구자 역할을 한 인물은 특히 아비센나(Avicenna, 아랍명: Ibn Sīnā, 980~1037)와 아베로에스(Averroes, 아랍명: Ibn Rušd, 1126~1198)이다. 아비센나에게 형이상학은 신적 학문으로서 절대적 존재를 다루는 반면, 아베로에스에 따르면 형이상학에 주어진 과제는 자연세계 안에 실재하는 것의 원리들을 탐구하는 것이다.

형이상학의 지위와 학문적 경계설정 문제는 당연히 형이상학의 대상에 대한 물음과 직접적인 관련이 있다. 형이상학을 있는 것에 대한 일반적 학문으로 이해하는 입장과 그것을 특정한 최고 존재자에 대한 이론으로 이해하는 입장은 형이상학에 대한 존재론적 이해방식과 신학적 이해방식을 특징짓는다. 그리고 형이상학의 대상 및 대상영역에 대한 이해방식의 차이에 따라, 다시 말해 형이상학의 대상을 있는 것 전체, 즉 자연물들의 있음의 원리들로 보는가 아니면 오직 지성을 통해 파악되는 것의 원리들로 보는가에 따라 형이상학은 신학이나 논리학과 다른 영역에 놓인 보편적인 근본학문으로 인정된다. 논리학과의 경계설정 문제는 예컨대 스토아나 그 뒤 얌블리쿠스(Jamblicus, 대략 245~325)나 보에티우스에게서 분명하게 나타나고, 자연학과의 경계설정 문제는 페리파토스학파, 암모니오스, 아비센나, 아베로에스에게서 뚜렷하게 나타난다.

형이상학의 대상에 대한 갖가지 규정을 둘러싸고 기울인 온갖 노력과 그와 결부되어 이루어진 경계설정, 학문적 분류의 시도는 특히 형이상학에 대한 스콜라철학과 근대 초기의 논의가 가진 두드러진 특징일 것이다.

『형이상학』의 그리스어 판본이 알려지고 12세기부터 라틴어 (부분) 번역이 이루어지면서 본격적인 논의를 위한 기본토대가 마련되었다. 특히 빌헬름 뫼르베케(Wilhelm van Moerbeke, 1215~1286)가 완성한 『신역(新譯) 형이상학』(*Metaphysica novae translationis*)이 이정표 구실을 했다. 아무리 늦추어 잡아도 1271년에는 완료된 이 번역은 아리스토텔레스 수용에 한층 높은 정확성을 부여했으며, 그와 더불어 플라톤주의, 아우구스티누스주의, 아랍 철학과의 이론적 대결이 가능하게 되었다. 이런 맥락에서 전성기 스콜라철학과 후기 스콜라철학에서는 특히 두 가지 문제가 형이상학적 논쟁의 구심점을 이루었다. 하나는 철학적 신학 및 (아우구스티누스 전통의) 계시신학의 경계를 정하려는 시도들이었고, 다른 하나는 보편자 개념의 실재성 문제였다. 본래적인 뜻에서 '있는 것'과 그에 대한 가장 보편적인 규정들에 대한 근본물음을 놓고 실재론(*Realismus*), 개념론(*Konzeptualismus*), 유명론(*Nominalismus*)이 갈라졌다. 그리고 이런 입장의 차이는, 논리학이나 자연학과의 관계 속에서 형이상학의 대상영역과 과제를 설정하는 일이나 철학에 속한 개별 분과 사이의 관계를 더 포괄적인 학문체계 속에서 규정하려는 시도에도 반영되었다. 토마스 아퀴나스(Thomas Aquinas, 1225~1274)와 윌리엄 오컴(William Ockham, 1285~1347)의 상이한 관념들이 확대된 논의를 대표한다. 토마스가 자신의 온건한 실재론의 입장에서 첫째 철학을 근본학문, 즉 여타 학문들의 원리들과 추론들에 대한 학문으로 이해하는 것들을 자연적인 것(*ens naturae*), 관념적인 것(*ens in anima, rationis, in mente*), 도덕적인 것(*moralia*)으로 나누면서 그 각각의 있음의 방식에 따라 철학적 학문들을 자연철학, 정신철학, 도덕철학, 제작적인 기술들로 나눈 데 반해, 오컴은 형이상학의 통일성과 타당성에 의문을 제기하면서 그것의 대상영역을 본질적으로 논리학에 배당한다.

그 뒤에 형이상학의 전개과정에서 특히 흥미를 끄는 것은 요크의 토마스(Thomas von York, 13세기에 활동)의 『형이상학』(*Metaphysica*)(=『지혜서』*Liber sapientialis*, 대략 1260)과 로버트 그로스테스트(Robert Grosseteste, 1175~1253)의 저술로 알려진 『철학대전』(*Summa philosophiae*, 대략 1270)이다. 이 두 저술에서는 후기 스콜라철학 시기에 스코틀랜드의 철학자들이나 유명론자들에 의해 지속적으로 추진된, 신학으로부터 철학적 학문을 분리시키려는 노력이 두드러진다. 특히 요크의 토마스에 의해 13세기에 기초가 놓인 다음 여러 세대를 거치면서 실현된, 일반 형이상학과 특수 형이상학의 구분이 돋보인다. 이는 무엇보다도 형이상학의 대상들을 엄밀한 체계 속에서 다루려는 치열한 노력 덕분인데, 이 점에서 위의 두 저술은 다른 주석서나 문제집들과 다르다.

근대 초기의 두드러진 특징은 상이한 사유방향들이 다채롭게 형성된

데 있다. 후기 스콜라철학의 유명론이 남긴 사상적 유산의 발전적 계승과 비판, 플라톤주의·스토아주의·에피쿠로스주의·회의주의의 새로운 수용, 논리학·변증론·수사학·문법학에 대한 관심, 자연철학과 자연과학에 대한 관심, 종교와 신비주의에 대한 관심 등이 다채롭게 펼쳐진다. 아리스토텔레스 연구에서는 이제 역사적·문체적·문헌학적 물음들이 전면에 등장한다. 이런 경향은 특히 이탈리아와 스페인의 르네상스에 이어 몇몇 독일의 대학들에서 두드러진 현상이었다. 그런 물음들을 다루는 과정은 — 체계지향적 수용과 반대로 — 훗날 원전(原典) 위주의 정치(精緻)한 아리스토텔레스 연구를 가능하게 했다. 이 시대의 가장 의미심장한 결실은 예수회 소속의 프란치스코 수아레즈(Francisco Suarez, 1548~1617)가 저술한 『형이상학 연구』(*Disputationes metaphysicae*, 1597)이다. 이 저술에는 인문주의적 전통과 아리스토텔레스-스콜라철학의 전통이 함께 보존되어 있다. 수아레즈의 『형이상학 연구』가 17세기 독일 루터파의 강단철학 내부에서 형이상학적 체계들이 형성되는 데 지대한 영향을 끼칠 수 있었던 것은 전례가 없는 역사적 안목과 상세함, 작품의 체계적 일관성과 목차, 아리스토텔레스의 형이상학 텍스트에 기반을 둔 세심한 접근, 그리고 일부 수정된 토마스 아퀴나스의 실재론을 실마리로 수용한 점 덕분일 것이다.

하지만 전체적으로 볼 때 수아레즈의 활동기나 그 이후는 첫째 철학과 형이상학의 학문적 위상이 크게 흔들리기 시작한 시기이다. 이런 흐름을 주도한 것은 물론 베이컨(F. Bacon, 1561~1626)과 데카르트(R. Descartes, 1596~1650)이다. 베이컨 이후의 경험론 진영은 수학적 자연과학에 경도된 방법론, 새로운 자연 개념, 인간의 모든 인식을 인식론적 비판 위에 정초하려는 시도들을 통해 첫째 철학과 형이상학에 대한 비판적 태도를 취했다. 인식의 통일성을 이성에 정초하고 첫째 철학을 모든 (철학적) 학문들의 근본학문으로 재정립해서 이 학문들이 새로운 방법론적 요구를 충족시킬 수 있게 하려는 이성론자들의 노력도 같은 배경에서 이루어졌다. 형이상학적 근본학문을 가리키는 이름으로 '존재론'(*Ontologia*)이 일반화된 것도 이 무렵이다. 이제 형이상학은 있는 것 자체를 다루는 근본 학문으로서 그 영역이 명확해진다.[85]

한편, 전체 형이상학을 강단철학에 부합하는 가장 포괄적인 형태로 체계화한 것은 18세기 크리스티안 볼프(Christian Wolff, 1679~1754)의 공적이다. 그는 한편으로 스콜라철학의 형이상학과 그 대상들, 그리고 존재에 대한 규정들에 맞추어 착안되고 수아레즈와 독일 강단 형이상학을 거치면서 자리 잡은 목차를 채택하면서도, 다른 한편으로는 무엇보다도 라이프니츠의 이성주의적 정신 속에 담긴 인식비판적 단초와 과학주의적 방법을 지향하면서 기존의 전통을 갱신했다. 이런 작업은 1720년의 『독일 형이상학』(*Deutsche Metaphysik*)(=『신과 세계와 인간의 영혼, 그리고 다른 모든 것들에 대한 이성적 사유들』), 일반 형이상학으로 기획되어 1730년 출간된 『첫째 철학 혹은 존재론』(*Philosophia prima sive Ontologia*), 1731~37년 사이에 특수 형이상학의 분과들로서 출간된 『일반 우주론』(*Cosmologia generalis*), 『경험적 영혼론』(*Psychologia empirica*), 『이성적 영혼론』(*Psychologia rationalis*), 『자연신학』(*Theologia naturalis*)을 통해 체계적으로 수행된다. 이런 작업과 나란히 18세기는 물론 오늘날에도 스콜라철학의 영역에서는 아리스토텔레스의 형이상학과 근대적 자연관을 매개하려는 노력이 지속적으로 이루어져왔다. 하지만 이런 작업을 제외한다면, 볼프 이래 현대에 이르기까지 아리스토텔레스 고유의 형이상학을 체계적으로 계승·전개하려는 노력은 더 이상 찾아보기 힘들다. 경험주의, 이성주의, 실증주의, 회의주의, 유물론은 그 경향이나 명시적 입장에 비추어 볼 때 형이상학에 대해 적대적이다. 반면 독일 관념론의 틀 안에 있는 칸트(I. Kant, 1724~1804)의 선험철학, 피히테(J. G. Fichte, 1762~

85 'Ontologia'라는 용어는 독일의 데카르트주의자 요하네스 클라우베르크(Johannes Clauberg)의 『철학원리 혹은 존재학』(*Elementa philosophiae sive Ontosophia*, 1647)과 데카르트와 가까운 입장에 서 있던 하멜(Jean-Baptiste Du Hamel)의 『신구(新舊) 철학』(*Philosophia vetus et nova*, 1678)에 이르러 일반화되었다.

1872)의 학문론, 셸링(F. W. J. Schelling, 1775~1854)과 헤겔(G. W. F. Hegel, 1770~1831)의 사변적 체계들은 존재와 존재의 원리들에 대한 보편적 근본학이 아리스토텔레스 이후 최고의 전성기를 누린 경우이다.

19세기 말 이후의 시기는 실증과학의 시대이다. 이에 따라 철학에서도 인식론을 중심에 두는 경향이나 실증주의나 경험주의적 흐름이 대세를 이루었다. 하지만 이런 비(非)형이상학적 · 반(反)형이상학적 경향에 맞서 존재론적 물음을 갱신하려는 노력도 20세기 전반기 이래 다양한 방향에서 이루어졌다. 예컨대 화이트헤드(A. N. Whitehead, 1861~1947)의 철학, 신토마스주의, 하르트만(N. Hartmann, 1882~1950)의 비판적 존재론(*kritische Ontologie*) 등이 그 사례이다. 하지만 20세기에 전통 형이상학을 둘러싸고 이루어진 철학적 논의들 가운데 가장 극적인 대비를 보여주는 것은 하이데거(M. Heidegger, 1889~1976)의 철학과 논리실증주의(*Logischer Positivismus*)일 것이다.

하이데거는 존재물음(*Seinsfrage*)을 새롭게 가다듬는 일을 기초존재론(*Fundamentalontologie*)의 과제로 삼고〔『존재와 시간』(*Sein und Zeit*), 1927〕 형이상학을 존재자의 존재(*Sein des Seienden*)에 대한 물음으로 규정함으로써〔『칸트와 형이상학의 문제』(*Kant und das Problem der Metaphysik*), 1929〕, 존재론과 형이상학의 근본적 쇄신을 시도한다. 더불어 하이데거는 존재자의 존재에 대한 물음에서 존재 자체를 은폐된 상태로 남겨둔 전통 형이상학의 존재-신학적 구성〔『동일성과 차이』(*Identität und Differenz*), 1957〕을 폭로하는데, 이는 그의 후기 철학에서 형이상학을 극복하려는 노력으로 이어진다.

거의 같은 시기에 카르납〔R. Carnap, 1891~1979, 『언어에 대한 논리적 분석을 통한 형이상학의 극복』(*Überwindung der Metaphysik durch logische Analyse der Sprache*), 1931〕과 비엔나 학단(Wiener Kreis)은 하이데거와 형이상학 일반에 대한 혹독한 비판을 펼친다. 논리실증주의는 하이데거와 전통적 형이상학에 대해 별다른 차이를 두지 않는다. 이런 이해방식에 따라 논리실증주의는 모든 형이상학적 명제들을 무의미한 것으로 천명한다. 형이상학적 명제들은 수학이나 논리학의 명제처럼 형식적인 참과 거짓을 갖는 것도 아니고, 자연과학적 명제들처럼 경험적으로 검증가능하지도 않다는 것이 그 이유이다. 카르납의 관점에서 보면, 형이상학적 명제들의 무의미성을 드러내는 작업을 통해 형이상학의 철저한 극복이 성취되고 사이비명제들로 이루어진 형이상학에 맞서 논리적 분석이 토대연구로서 학문적 철학을 형성하는 과제를 떠맡는다.

형이상학적 물음들을 복권하는 일은 오늘날 분석철학과 몇몇 메타과학적 분과영역들 내부에서, 예컨대 보편자 문제에 대한 논의 가운데서 이루어지고 있다. 반면에 아리스토텔레스 형이상학의 새로운 비판적 수용은 새로운 형태의 선험철학이나 해석학 같이 철학사에 대한 의식을 중시하는 철학적 흐름들 속에서 만날 수 있다.

참고문헌

I. 아리스토텔레스 철학에 대한 일반적인 문헌

Ackrill, J. L., *Aristotle the Philosopher*, London 1981(= 한석환 옮김, 『철학자 아리스토텔레스』, 서광사, 1992).

Allan, D. J., *The Philosophy of Aristotle*, London 1952(= 장영란 옮김, 『아리스토텔레스 철학의 이해』, 고려원, 1993).

Barnes, J., *Aristotle*, Oxford 1982(= 문계석 옮김, 『아리스토텔레스의철학』, 서광사, 1989).

_____(ed.), *The Cambridge Companion to Aristotle*, Cambridge 1995.

Bonitz, H., *Index Aristotelicus*, Berlin 1870.

Brentano, F., *Aristoteles und seine Weltanschauung*, Hamburg 1977.

Buchheim, Th., *Aristoteles*, Freiburg 1999.

Düring, I., *Aristoteles. Darstellung und Interpretation seines Denkens*, Heidelberg 1966.

Flashar, H.(Hrsg.), *Die Philosophie der Antike, Bd. 3. Ältere Akademie*, Aristoteles-Peripatos, Basel-Stuttgart 2004.

Höffe, O.(Hrsg.), *Aristoteles-Lexikon*, Stuttgart 2005.

Kullmann, W., *Aristoteles und die moderne Wissenschaft*, Stuttgart 1998.

Rapp, C., *Aristoteles zur Einführung*, Hamburg 2007.

Ross, W. D., *Aristotle*, London 1949(초판 1923).

Zeller, E., *Die Philosophie der Griechen*, II 2, Leipzig ^{3}1879.

조요한, 『아리스토텔레스의 哲學』, 경문사, 1991.

한석환, 『존재와 언어』, 도서출판 길, 2005.

II. 『형이상학』 텍스트, 번역, 주석서

Alexander von Aphrodisias, *In Aristotelis Metaphysica commentarii*, ed. M. Hayduck, CAG I, Berlin 1891.

Annas J., *Aristotle's Metaphysics. Books M and N*, Oxford 1976.

Bassenge, F., *Aristoteles. Metaphysik*, Berlin 1960.

Bonitz, H., *Aristotelis Metaphysica*, 2 vol., Bonn 1848~49.

_____, *Aristoteles. Metaphysik*, hrsg. v. E. Wellmann, Berlin; neu hrsg. von U. Wolf, Hamburg 1994(초판 1890).

Bostock, D., *Aristotle, Metaphysics Books Z and H. Translated with a Commentary*, Oxford 1994.

Burnyeat, M.(ed.), *Notes on Book Z of Aristotle's Metaphysics*, Oxford 1979.

Christ, W.(ed.), *Aristotelis Metaphysica*, Lipsae 1895.

Frede, M. und Patzig, G., *Aristoteles 'Metaphysik Z'. Text und Übersetzung und Kommentar, Bd. 1. Einleitung, Text und Übersetzung, Bd. 2. Kommentar*, München 1988.

Jaeger, W., *Aristotelis Metaphysica*(OCT), Oxford 1957.

Kirchmann, J. H. von, *Aristoteles. Die Metaphysik*, 2 Bde., Leipzig 1871.

Kirwan Ch., *Aristotle's Metaphysics. Books Γ, Δ, E*, Oxford 1984(초판 1971).

Lasson, A., *Aristoteles. Metaphysik*, Jena 1907.

Rolfes, E., *Aristoteles. Metaphysik*, 2 Bde., Leipzig 1904.

Ross, W. D., *Aristotle's Metaphysics, a revised text with introd. and comm. I. II*, Oxford 1953(초판 1924).

_____, *Metaphysics*, in: *The works of Aristotle translated into English*, vol. I, Oxford 1928(초판 1908).

Schmitz, H., *Aristoteles: Kommentar zum 7. Buch der Metaphysik*, Bonn 1985.

Schwegler, A., *Die Metaphysik des Aristoteles, Grundtext, Übersetzung und Commentar nebst erläuternden Abhandlungen*, 4 Bde., Tübingen 1847~48.

Seidl, H., *Aristoteles, Metaphysik, griech.-dt., in der Übersetzung von H. Bonitz neubearbeitet, mit Einleitung und Kommentar*, 2 Bde., Hamburg 1991.

Szlezak, T., *Aristoteles, Metaphysik*, Berlin 2003.

S. Thomas Aquinas, *In duodecim libros Metaphysicorum Aristotelis expositio*, ed. Cathara, M. R., O. P exarata retractatur cura et studio P. Fr. Raymundi M. Spiazzi. O. P, Turin 1950.

김진성(옮김), 『형이상학』, 이제이북스, 2007.

조대호(역해), 『아리스토텔레스의 형이상학』, 문예출판사, 2004.

III. 『형이상학』에 대한 이차문헌

강상진, 「아리스토텔레스의 『형이상학』에 나타난 수학적 대상에 대한 연구」, 『철학논구』 제18집, 1990, 121~41쪽.

_____, 「아리스토텔레스에 있어서 사물의 본질 — 동일성과 동음이의 사이」, 『철학연구』 제69집, 2003, 45~62쪽.

권혁성, 「아리스토텔레스에서 실체가 갖는 세 가지 주요 표징들」, 『철학사상』 제32집, 2009, 45~80쪽.

_____, 「아리스토텔레스의 실체 연구에 나타난 본질: 개별자와 종 양자에 있어 로고스와 존재방식의 양 국면에 따라 파악되는 본질」, 『서양고전학연구』 제41권, 2010, 49~87쪽.

김완수, 「아리스토텔레스의 '형이상학'에 나타난 실체 개념을 중심으로 본 형이상학의 제 문제」, 조요한 외 지음, 『희랍철학연구』, 종로서적, 1988, 209~82쪽.

김율, 「자기운동의 불가능성에 대한 아리스토텔레스의 논변」, 『철학』 제83집, 2005, 61~88쪽.

박종현, 「아리스토텔레스의 플라톤 비판」, 조요한 외 지음, 『희랍철학연구』, 종로서적, 1988, 163~207쪽.

박희영, 「그리스철학에서의 Einai, To on, Ousia의 의미」, 한국서양고전철학회(편), 『서양고대철학의 세계』, 서광사, 1995, 11~38쪽.

손병석, 「부동의 원동자로서의 신은 목적인이자 작용인이 될 수 있는가? — 아리스토텔레스의 『형이상학』 12책(Λ)을 중심으로」, 『철학연구』 제61집, 2003, 63~84쪽.

손윤락, 「아리스토텔레스의 '벗기기' 혹은 추상 논증 — 『형이상학』 제7권을 중심으로」, 『동서철학연구』 제54권, 295~317쪽.

송대현, 「아리스토텔레스의 『형이상학』 14권 2장 1088b35-1089a31에서 플라톤의 비존재에 대한 비판」, 『동서철학연구』 제43권, 2007, 27~51쪽.

양문흠, 「실재하는 것에 관한 아리스토텔레스의 물음」, 소광희 외 지음, 『고전형이상학의 전개』, 철학과 현실사, 1995, 73~99쪽.

유원기, 「아리스토텔레스 자연철학에 있어서의 자동운동의 문제」, 『철학』 제73집, 2002, 53~74쪽.

이상인, 「플라톤의 이데아론의 철학적 기원: 아리스토텔레스의 설명에 대한 비판적 고찰」, 『철학연구』 제88집, 2010, 89~125쪽.

이영환, 「아리스토텔레스에 있어서의 필연성과 소위 아리스토텔레스적 본질주의 — 콰

인의 반(反)본질주의와 관련하여」, 『서양고전학연구』 제39권, 35~58쪽.

이창우, 「아리스토텔레스 형이상학 Γ편 연구 — 제4장을 중심으로」, 『철학논구』 제16집, 1988, 249~59쪽.

_____. 「설계논증의 기원」, 『철학연구』 제73집, 2006, 1~21쪽.

조대호, 「아리스토텔레스의 논리학과 생물학에서 게노스와 에이도스의 쓰임」, 『논리연구』 제5집, 제1호, 2001, 119~45쪽.

_____, 「아리스토텔레스 본질론의 생물학적 측면: Metaphysica VII권을 중심으로」, 『철학연구』 제56집, 2002, 195~218쪽.

_____, 「『동물의 생성에 대하여』를 통해 본 아리스토텔레스의 생성이론」, 『서양고전학연구』 제18권, 2002, 95~122쪽.

_____, 「형상의 개별성과 보편성」, 『철학연구』 제78집, 2007, 2~29쪽.

_____, 「아리스토텔레스 실체론의 지형도」, 『화이트헤드연구』 제14권, 2007, 54~104쪽.

_____, 「아리스토텔레스의 보편자 이론」, 『헤겔연구』 제28권, 2010, 441~69쪽.

Ackrill, J. L., "Aristotle's distinction between 'energeia' and 'kinesis'", in: R. Bambrough(ed.), *New Essays on Plato and Aristotle*, London 1965, pp. 121~41.

_____, "Change and Aristotle's theological argument", *Oxford Studies in Ancient Philosophy*, supp., 1991, pp. 57~66.

Albritton, R., "Forms of particular substances in Aristotle's Metaphysics", *Journal of Philosophy* 54, 1957, pp. 699~708.

Apostle, H. G., *Aristotle's Philosophy of mathematics*, Chicago 1952.

Arnim, H. von, *Die Entwicklung der aristotelischen Gotteslehre*, Wien 1931(Hager 1969, S. 1~74에 재수록).

Arpe, C., *Das "ti ên einai" bei Aristoteles*, Hamburg-New York 1938.

_____, "Substantia", *Philologus* 94, 1940/41, S. 65~78.

Aubenque, P., "Aristoteles und das Problem der Metaphysik", *Zeitschrift für Philosophische Forschung* 9, 1961, S. 77~99.

Balme, D. M., "GENOS and EIDOS in Aristotle's Biology", *Classical Quarterly* NS 12, 1962, pp. 81~98.

_____, "The place of biology in Aristotle's philosophy", in: A. Gotthelf and J. G. Lennox(eds.), 1987, pp. 9~29.

_____, "Aristotele's use of division and differentiae", in: A. Gotthelf and J. G. Lennox(eds.), 1987, pp. 69~89.

_____, "Aristotle's biology was not essentialist", in: A. Gotthelf and J. G. Lennox(eds.),

1987, pp. 291~312.

Bambrough R.(ed.), *New Essays on Plato and Aristotle*, London 1979.

Barnes, J., Schofield, M. and Sorabji, R.(eds.), *Articles on Aristotle 1. Science*, London 1975.

_____, *Articles on Aristotle 3. Metaphysics*, London 1979.

_____, "Aristotle's arithmetic", *Revue de la philosophie ancienne* 3, 1985, pp. 97~133.

Barnes, K. T., "Aristotle on identity and its problems", *Phronesis* 22, 1977, pp. 48~62.

Bartels, K., "Der Begriff Techne bei Aristoteles", in: *Synusia. Festgabe für W. Schadewaldt*, Pfullingen, 1965, S. 275~90.

Bärthlein, K., "Über das Verhältnis des Aristoteles zur Dynamislehre der griechischen Mathematiker", *Rheinisches Museum* 108, 1965, S. 35~61.

_____, "Zur Entstehung der aristotelischen Substanz-Akzidenz-Lehre", *Archiv für Geschichte der Philosophie* 50, 1968, S, 196~253.

Berti, E., "Logical and Ontological Priority among the Genera of Substance in Aristotle", in: *Kephalaion. Festschrift für C. de Vogel*, Assen 1975, pp. 55~69.

_____, "Der Begriff der Wirklichkeit in der Metaphysik(θ 6-9 u. a.)", in Ch. Rapp (Hrsg.), 1996, S. 289~311.

Bessenge, F., "Das 'to heni einai', 'to agathôi einai' etc. etc. und das 'to ti en einai' bei Aristoteles", *Philologus* 104, 1960, S. 14~47, 201~22.

_____, "Der Fall to ti ēn einai", *Helikon* 3, 1963, S. 505~18.

Bolton, R., "Science and the science of substance in Aristotle's Metaphysics Z", in: F. A. Lewis and R. Bolton(eds.), *Form, Matter, and Mixture in Aristotle*, 1996, pp. 231~ 80.

_____, "The Material Cause: Matter and Explanation in Aristotle's Natural Science", in: W. Kullmann und S. Föllinger(Hgg.), 1997, pp. 97~124.

Bonitz, H., Über die Kategorien des Aristoteles, Vienna 1853.

_____, *Index Aristotelicus*, Berlin 1870.

Brentano, F., *Von der mannigfachen Bedeutung des Seienden nach Aristoteles*, Freiburg i. Br. 1970(초판 1862).

_____, *The True and the Evident*, trans. by Chisholm, R. M., London 1966.

_____, *Aristoteles Lehre vom Ursprung des menschlichen Geistes*, Hamburg 1980.

Brinkmann, K., *Aristoteles' Allgemeine und Spezielle Metaphysik*, Berlin-New York 1979.

_____, "The Consistency of Aristotle's Thought on Substance", in: W. Wians(ed.), *Aristotle's Philosophical Development. Problems and Prospects*, New York 1996, pp. 289~302.

Buchheim, Th., "Genesis und substantielles Sein. Die Analytik des Werdens im Buch Z der

Metaphysik(Z 7-9)", in: Ch. Rapp(Hrsg.), S. 105~34.

_____, "The Functions of the Concept of physis in Aristotle's Metaphysics", in: *Oxford Studies in Ancient Philosophy* 20, 2001, pp. 201~34.

Charles, D., "Aristotle and the Unity and Essence of Biological Kinds", in: W. Kullmann und S. Föllinger(Hrsg.), 1997, pp. 27~42.

_____, "Matter and Form-Unity, Persistence, and Identity", in: T. Scaltas, D. Charles and M. L. Gill(eds.), 1994, pp. 75~105.

Charlton, W., "Aristotle and the Principle of Individuation", *Phronesis* 17, 1972, pp. 239~49.

Chen, Ch. -H., "Aristotle's concept of primary substance in books Z and H of the Metaphysics", *Phronesis* 2, 1957, pp. 46~59.

_____, "The relation between the terms 'energeia' and 'entelecheia' in the philosophy of Aristotle", *Classical Quaterly* 52/NS 8, 1958, pp. 12~17.

Cherniss, H., *Aristotle's Criticism of Presocratic Philosophy*, Baltimore 1935.

_____, *Aristotle's Criticism of Platon and the Academy*, New York 1962.

Cho, D.-H., *Ousia und Eidos in der Metaphysik und Biologie des Aristoteles*, Stuttgart 2003.

_____, "Drei Aspekte des aristotelischen Begriffs der Essenz", *Elenchos* XXVI fasc. 2, 2005, S. 357~77.

_____, "Beständigkeit und Veränderlichkeit der Spezies in der Biologie des Aristoteles", in: Sabine Föllinger(Hrsg.): Was ist, 'Leben'? Aristoteles' Anschauungen über Entstehung und Funktionsweise von, 'Leben', Stuttgart 2010, S. 299~313.

Code, A., "No universal is a substance: interpretation of Metaphysics Z 13, 1038b8-15", *Paideia* 7, 1978, pp. 65~74.

_____, "The persistence of Aristotelian matter", *Philosophical Studies* 29, 1976, pp. 357~67.

Cohen, S. M., "Essentialism in Aristotle", *Review of Metaphysics* 31, 1977, pp. 387~ 405.

Cooper, J. M., "Metaphysics in Aristotle's embryology", in: D. Devereux et P. Pellegrin(eds.), 1990, pp. 55~84.

Copi, I. M., "Essence and Accident", *Journal of Philisophy* 51, 1954, pp. 706~19〔J. M. E. Moravcsik(ed.), 1967, pp. 149~66에 재수록〕.

Devereux, D. et Pellegrin, P.(eds.), *Biologie, Logique et Métaphysique chez Aristote*, Paris 1990.

Düring, I., "Von Aristoteles bis Leibniz. Einige Hauptlinien in der Geschichte des Aristotelismus", *Antike und Abendland*, Bd. IV, Hamburg 1954, S. 118~54.

_____, *Aristoteles. Darstellung und Interpreatation seines Denkens*, Heidelberg 1966.

Easterling, H. J., "The unmoved mover in early Aristotle", *Phronesis* 16, 1970, pp. 252~65.

Elders, L., "Aristote et l'objet de la métaphysique", *Revue de philosophique de Lauvain* 60, 1962, pp. 165~83.

Elm, R., "Dynamis und Energeia. Zum Problem des Vollzugs des Seienden bei Aristoteles", in: J. Speck(Hrsg.), *Grundprobleme der grossen Philosophen. Philosophie des Altertums und des Mittelalters*, Göttingen, 1997, S. 78~121.

Ferejohn, M. T., "Aristotle on focal meaning and the unity of science", *Phronesis* 25, 1980, pp. 117~28.

Fonfara, D., *Die Ousia-Lehren des Aristoteles: Untersuchungen zur Kategorienschrift und zur Metaphysik*, Berlin-New York 2003.

Frede, M., "Individuen bei Aristoteles", *Antike und Abendland* 24, Berlin-New York 1978.

_____, "Substance in Aristotle's Metaphysics", in: A. Gotthelf(ed.), 1985, pp. 17~26.

_____, "The definition of sensible substances in Metaphysics Z", in: D. Devereux et P. Pellegrin(eds.), 1990, pp. 113~29.

_____, "Aristotle's notion of potentiality in Metaphysics Theta", in: T. Scaltsas, D. Charles and M. L. Gill(eds.), 1994, pp. 173~93.

Frede M. and Charles D.(eds.), *Aristotle's Metaphysics. Lamda. Symposium Aristotelicum*, Oxford 2000.

Furth, M., "Transtemporal stability in Aristotelian substances", *Journal of Philosophy* 75, 1978, pp. 624~46.

_____, "Aristotle on the unity of form", *Boston Area Colloquium in Ancient Philosophy* 2, 1987, pp. 209~36.

_____, *Substance, form and psyche: an Aristotelean metaphysics*, Cambridge 1988.

_____, "Specific and individual form in Aristotle", in: D. Devereux et P. Pellegrin(eds.), 1990, pp. 85~111.

Gaiser, K., *Platons ungeschriebene Lehre*, Stuttgart 1963.

Gill, M. L., *Aristotle on substance. The paradox of unity*, Princeton 1989.

_____, "Individuals and individuation in Aristotle", in: T. Scaltsas, D. Charles and M. L. Gill(eds.), 1994, pp. 55~71.

_____, "Material Necessity and Meteorology IV 12", in: W. Kullmann und S. Föllinger(Hrsg.), 1997, pp. 145~61.

Gillespie, C. M., "The Aristotelian Categories", *Classical Quarterly* 19, 1925, pp. 75~ 84.

Gigon, O., "Die Geschichtlichkeit der Philosophie in Aristoteles", *Archivio di Filosofia*, 1954, pp. 129~50.

Gilson, E., *Being and some philosophers*, Toronto 1952.

Gotthelf, A.(ed.), *Aristotle on Nature and Living Things*, Bristol 1985.

_____, "Notes toward a Study of Substance and Essence in Aristotle's Parts of Animals ii-iv", in: A. Gotthelf(ed.), 1985, pp. 27~54.

_____, "First principles in Aristotle's Parts of Animals", in: A. Gotthelf and J. G. Lennox(eds.), 1987, pp. 167~97.

Gotthelf, A. and Lennox, J. G.(eds.), *Philosophical issues in Aristotle's biology*, Cambridge 1987.

Graeser, A., "Aristoteles und das Problem von Substanzialität und Sein", *Freiburger Zeitschrift für Philosophie und Theologie* 25, 1978, S. 120~41.

_____(ed.), *Mathematics and Metaphysics in Aristotle*, Bern-Stuttgart 1987.

Graham, D. W., "Aristotle's discovery of matter", *Archiv für Geschichte der Philosophie* 66, 1984, S. 37~51.

Granger, H., "Aristotle on the subjecthood of form", *Oxford Studies in Ancient Philosophy* 13, 1995, pp. 135~59.

Grene, M., "Is genus to speceis as matter to form?" *Synthèse* 28, 1974, pp. 51~69.

Günther, H.-Ch. und Rengakos, A.(Hrsg.), *Beiträge zur antiken Philosophie*(Festschrift für Wolfgang Kullmann), Stuttgart 1997.

Guthrie, W. K. C., "The development of Aristotle's theology-I", *Classical Quarterly* 27, 1933, pp. 162~71.

_____, "The development of Aristotle's theology-II", *Classical Quarterly* 28, 1934, pp. 90~98.

_____, "Aristotle as a historian of philosophy", *Journal of Hellenic Studies* 77, 1957, pp. 35~41.

Hager, F. P.(Hrsg.), *Metaphysik und Theologie des Aristoteles*, Darmstadt 1969.

Halfwassen, J., "Substanz: Substanz/Akzidenz", *Historisches Wörterbuch der Philosophie* Bd. 10, Basel-Darmstadt 1998, S. 495~509.

Halper, E., "The origin of the aporiai in Aristotle's Metaphysics B", *Apeiron* 21, 1988, pp. 1~27.

Happ, H., *Hyle. Studien zum aristotelischen Materie-Begriff*, Berlin-New York 1971.

_____, "Kosmologie und Metaphysik bei Aristoteles. Ein Beitrag zum Tranzendenzproblem", in: K. Flash(ed.), *Parusia. Studien zur Philosophie Platons und zur Problemgeschichte des Platonismus. Festgabe für J. Hirschberger*, Frankfurt a. M. 1965, S. 155~87.

Haring, E., "Substantial form in Aristotle's Met. Z", *Review of Metaphysics* 10, 1956~57, pp. 308~22, 482~501, 698~713.

Hartmann, E., "Aristotle on the identity of substance and essence", *The Philosophical Review* 85, 4, 1976, pp. 545~61.

Hartmann, N., "Zur Lehre vom Eidos bei Platon und Aristoteles," in: N. Hartmann, *Kleinere Schriften* II, Berlin 1957.

Heath, T. L., *Mathematics in Aristotle*, Oxford 1949.

Heidegger, M., *Aristoteles, Metaphysik θ 1-3. Von Wesen und Wirktlichkeit der Kraft*, in: Gesamtausgabe II 33, Frankfurt a. M. 1981.

Heinaman, R., "Aristotle's tenth aporia", *Archiv für Geschichte der Philosophie* 61, 1979, S. 249~70.

_____, "An argument in Aristotle's Metaphysics Z 13", *Classical Quarterly* NS 30, 1980, pp. 72~85.

Hintikka, K. J. J., "The varieties of being in Aristotle", in: Simo Knuuttila and Jaakko Hintikka(eds.), *The Logic of Being*, Dordrecht 1986, pp. 81~114.

Hirschberger, J., "Paronymie und Analogie bei Aristoteles", *Philosophisches Jahrbuch* 68, 1960, S. 191~203.

Hirzel, R., "Ousia", *Phililogus* 72, 1913, S. 42~64.

Husik, I., "Aristotle on the law of contradiction and basis of the syllogism", *Mind* 58, 1906, pp. 215~22.

Inciarte, F., "Die Einheit der Aristotelischen Metaphysik", *Philosophisches Jahrbuch* 101, 1994, S. 1~21.

Irwin, H., "Aristotle's discovery of metaphysics", *Review of Metaphysics* 31, 1977, pp. 210~29.

Jaeger, W., *Studien zur Entstehungsgeschichte der Metaphysik des Aristoteles*, Berlin 1912.

_____, *Aristoteles. Grundlegung einer Geschichte seiner Entwicklung*, Berlin 1955(초판 1923).

Kahn, C. H., *The Verb 'Be' in Ancient Greek*, Dordrecht-Boston 1966.

_____, *The Verb Be in Ancient Greek*, Dordrecht 1973.

Kamlah, W., "Aristoteles's Wissenschaft vom Seienden als Seienden und die gegenwärtige Ontologie", *Archiv für Geschichte der Philosophie* 49, 1967, S. 269~97.

Kapp, E., "Sokrates der Jüngere", in: E. Kapp, *Ausgewählte Schriften*, Berlin, 1968, S. 180~87.

King, R., "Making things better: the art of changing things: Aristotle, Metaphysics Θ 2", *Phronesis* 43/1, 1998, pp. 63~83.

Kirwan, J., "Aristotle on essence and explanation", *Philosophical Studies* 31, 1977, pp. 361~83.

Kosman, L. A., "Substance, Being, and 'Energeia'", *Oxford Studies in Ancient Philosophy* 2, 1984, pp. 121~49.

_____, "Divine being and divine thinking in Metaphysics Lamda", *Boston Area Colloquium in Ancient Philosophy* 3, 1987, pp. 165~88.

König, E., "Aristoteles' erste Philosophie als universale Wissenschaft von den archai", *Archiv für Geschichte der Philosophie* 52, 1970, S. 225~46.

Krämer, H. J., *Arete bei Platon und Aristoteles: Zum Wesen und zur Geschichte der platonischen Ontologie*, Heidelberg 1959.

_____, "Zur geschichtlichen Stellung der Aristotelischen Metaphysik", *Kant-Studien* 58, 1967, S. 313~54.

_____, *Der Ursprung der Geistemetaphysik, Untersuchungen zur Geschichte des Platonismus zwischen Platon und Plotin*, Amsterdam 1967(초판 1964).

_____, "Grundfragen der aristotelischen Theologie", *Theologie und Philosophie* 44, 1969, S. 363~82, 481~505.

_____, "Das Verhältnis von Platon and Aristoteles in neuer Sicht", *Zeitschrift für philosophische Forschung* 26, 1972, S. 329~53.

_____, "Aristoteles und die akademische Eidoslehre", *Archiv für Geschichte der Philosophie* 55, 1973, S. 119~90.

Kullmann, W., *Wissenschaft und Methode. Interpretationen zur aristotelischen Theorie der Naturwissenschaft*, Berlin-New York 1974.

_____, *Die Teleologie in der aristotelischen Biologie. Aristoteles als Zoologe, Embryologe und Genetiker*, Heidelberg 1979.

Kullmann, W. und Föllinger, S.(Hgg.), *Aristotelische Biologie. Intentionen, Methoden, Ergebnisse*(Philosophie der Antike Bd. 6), Stuttgart 1997.

Kung, J., "Aristotle on 'being is said in many ways'", *History of Philosophy Quarterly* 3, 1986, pp. 3~18.

_____, "Aristotle on essence and explanation", *Philosophical Studies* 31, 1977, pp. 361~83.

Lacey, A. R., "Ousia and Form in Aristotle", in: *Phronesis* 10, 1965, pp. 54~59.

Lang, H. S., "God or soul-the problem of the first mover in Physics VII", *Paideia* 7, 1978, pp. 86~104.

Lear, J., "Aristotle's philosophy of mathematics", *Philosophical Review* 91, 1982, pp. 161~92.

LeBlond, J. M., "Aristotle on definition", in: J. Barnes, M. Schofield and R. Sorabji(eds.), *Articles on Aristotle 3. Metaphysics*, 1979, pp. 63~79.

Lennox, J. G., "Are Aristotelian Species Eternal?" in: A. Gotthelf(ed.), 1985, pp. 67~ 94.

_____, "Kinds, forms of kinds, and the more and the less in Aristotle's biology", in: A. Gotthelf and J. G. Lennox(eds.), 1987, pp. 339~59.

Lesher, J., "Aristotle on Form, Substance and Universal: A Dilemma", *Phronesis* 16, 1971, pp. 169~78.

Leszl, W., *Logic and Metaphysics in Aristotle-Aristotle's treatment of equivocity and its relevance to his metaphysical theory*, Padova 1970.

_____, *Aristotle's Conception of Ontology*, Padova 1975.

Lewis, F., "Form and predication in Aristotle's Metaphysics", in: J. Bogen & J. McQuire(eds.), *How Things Are*, Dordrecht 1985, pp. 59~83.

Liske, M.-Th., *Aristoteles und der aristotelische Essentialismus: Individuum, Art, Gattung*, Freiburg-München 1985.

_____, "Inwieweit sind Vermögen intrinsische dispositionelle Eigenschaften(θ 1-5)?" in Chr. Rapp(Hrsg.), 1996, S. 253~88.

Lloyd, A. C., "Aristotle's Principle of individuation", *Mind* 79, 1970, pp. 519~29.

_____, *Form and Universal in Aristotle*, Liverpool 1981.

Lloyd, G. E. R., "Aristotle's Zoology and his Metaphysic: The status quaestionis. A Critical Review of some Recent Theories", in: D. Devereux et P. Pellegrin(eds.), 1990, pp. 7~35.

_____, "The relationship of psychology to zoology", in: M. Nussbaum and A. O. Rorty(eds.), *Essays on Aristotle's De anima*, Oxford 1992, pp. 147~67.

_____, *Aristotelian explorations*, Oxford 1996.

Loux, M., "Form, Species and Predication in Metaphysics Z, H, and Θ", *Mind* 88, 1979, pp. 1~23.

_____, *Primary OUSIA. An Essay on Aristotle's Metaphysics Z and H*, Ithaca 1991.

Lowe, M. F., "Aristotle on being and the one", *Archiv für Geschichte der Philosophie* 59, 1977, pp. 44~55.

Lukasiewicz, J., "On the principle of contradiction in Aristotle", *Review of Metaphysics* 95, 1971, pp. 485~509.

Marten, R., *OUSIA im Denken Platons*, Meisenheim am Glan 1962.

Martin, G., "Platons Lehre von der Zahl und ihre Darstellung durch Aristoteles", *Zeitschrift für philosophische Forschung* 7, 1953, S. 191~203.

Mansion, S., "La prèmiere doctrine de la substance: la substance selon Aristote", *Revue de philosophique de Lauvain* 44, 1946, pp. 349~69.

_____, "Die erste Theorie der Substanz: die Substanz nach Aristoteles", in: F. P. Hager (Hrsg.), 1969, S. 114~38.

_____, "'To simon' et la définition physique", in I. Düring(Hrsg.), *Naturphilosophie bei Aristoteles und Theophrast*, Heidelberg, 1969, S. 124~32.

_____, "The Ontological Constitution of Sensible Substances in Aristotle (Metaphysics VII 7-9)"(trans. into English by J. Barnes), in: J. Barnes, M. Schofield and R. Sorabji(eds.), *Articles on Aristotle 3. Metaphysics*, London, 1979, pp. 80~87.

_____, "La notion de matière en Métaphysique Z 10 et 11", in: P. Aubenque(ed.), *Études sur la Métaphysique d'Aristote*, Paris 1979, pp. 185~205.

Matthews, G. B., "Aristotelian essentialism", *Philosophy and Phenomenological Research* 51, 1990, pp. 251~62.

Merlan, Ph., "Aristotle's unmoved movers", *Traditio* 4, 1946, pp. 1~30.

_____, "Zwei Bemerkungen zum aristotelischen Plato", *Rheinisches Museum* 111, 1968, S. 1~15.

_____, "Metaphysik: Name und Gegenstand", *Journal of Hellenic Studies* 77, 1957, pp. 87~92.

_____, "On hei on and prote ousia: Postskript zu einer Besprechung", *Philosopische Rundschau* 7, 1959, S. 148~53.

Mesch, W., "Die Teile der Definition(Z 10-11)", in: Ch. Rapp(Hrsg.), 1996, S. 135~56.

Moravcsik, J. M. E.(ed.), *Aristotle. A Collection of critical essays*, London 1968.

Morrison, D., "Some remarks on definition in Metaphysics Z", in: D. Devereux et P. Pellegrin(eds.), 1990, pp. 131~44.

_____, "The place of unity in Aristotle's metaphysical project", *Proceedings of the Boston Area Colloquium in Ancient Philosophy* 9, 1993, pp. 131~56.

Mueller, I., "Aristotle's approach to the problem of principles in Met. M and N", in: A. Graeser(ed.), 1987, pp. 241~59.

Natorp, P., "Thema und Disposition der aristotelischen Metaphysik", *Philosophische Monatshefte* 24, 1887, S. 36~65.

Nussbaum, M. and Rorty A. O.(eds.), *Essays on Aristotle's De anima*, Oxford 1992.

Oehler K., "Die Beweis für den Unbewegten Beweger bei Aristoteles", *Philologus* 99, 1955, S. 70~92.

_____, "Die systematische Integration der aristotelischen Metaphysik. Physik und Erste Philosophie im Buch Lambda", in: I. Düring (Hrsg.), 1969, S. 168~92.

_____, *Antike Philosophie und Byzantinisches Mittelalter. Aufsätze zur Geschichte des griechischen Denkens*, München 1969.

Owen, G. E. L., "The Platonism of Aristotle", *Proceedings of the British Academy* 51, 1965, pp. 125~50.

_____, "Logic and Metaphysics in some earlier works of Aristotle", in: J. Barnes, M. Schofield and R. Sorabji(eds.), *Articles on Aristotle 3. Metaphysics*, London 1979.

_____, "Aristotle in the snares of ontology", in: R. Bambrough(ed.), 1979, pp. 69~96.

_____, "Particular and General", *Proceedings of the Aristotelian Society* 79, 1978~79, pp. 1~21.

Owens, J., *The Doctrine of.Being in the Arisotelian Metaphysics*, Toronto 1978(초판 1951).

_____, "Matter and predication in Aristotle", in: E. McMullin(ed.), *The Concept of Matter in Greek and Medieval Philosophy*, Notre Dame Ind. 1968, pp. 79~95.

Patzig, G., "Bemerkung über den Begriff der Form", *Archiv für Philosophie* 9, 1959, S. 93~111.

_____, "Theologie und Ontologie in der Metaphysik des Aristoteles", *Kant-Studien* 52, 1960/61, S. 185~205.

Rapp, Ch., Identität, Persistenz und Substantialität: Untersuchung zum Verständnis von sortalen Termen und aristotelischer Substanz, Freiburg 1995.

_____ (Hrsg.), *Aristoteles. Metaphysik Die Substanzbücher* (Z, H, Θ), Berlin 1996.

_____, "'Kein Allgemeines ist Substanz'(Z 13, 14-16)", in: Ch. Rapp(Hrsg.), 1996, S. 157~92.

_____, "Substanz als vorrangig Seiendes (Z 1)", in: Ch. Rapp(Hrsg.), 1996, S. 27~40.

Reale, G., *The Concept of First Philosophy and the Unity of the Metaphysics of Aristotle*, ed. and trans. by J. R. Catan, New York 1980.

Reiner, H, "Die Entstehung und ursprüngliche Bedeutung des Namens Metaphysik", *Zeitschrift für Philosophische Forschung* 8, 1954, S. 210~37.

_____, "Die Entstehung der Lehre vom bibliothekarischen Ursprung des Namens Metaphysik. Geschichte einer Wissenschaftslegende", *Zeitschrift für Philosophische Forschung* 9, 1955, S. 77~99.

Robin, L., *La théorie platonicienne des Idées et des Nombres, d'après Aristote*, Paris 1908.

Scaltsas, T., "Substratum, Subject and Substance", *Ancient Philosophy* 5, 1985, pp. 215~40.

Scaltsas, T., Charles, D. and Gill, M. L.(eds.), *Unity, Identity and Explanation in Aristotle's Metaphysics*, Oxford 1994.

Schmitt, A., "Rezension: H. Schmitz, Die Ideenlehre des Aristoteles, Bonn 1985", *Gnomon* 60, 1988, S. 107~16.

Schramm, M., *Die Bedeutung der Bewegungslehre des Aristoteles für seine beiden Lösungen der zenonischen Paradoxie*, Frankfurt 1962.

Seel, G., "Die Bedeutung des Begriffspaares 'Dynamis-Energeia' für die Aristotelischen

Güterlehre. Zu Met. θ 9. 1051a 4-15", *Archiv für Geschichte der Philosophie* 60, 1978, S. 27~58.

Seidl, H., *Beiträge zu Aristoteles' Erkenntnislehre und Metaphysik*, Amsterdam-Würzburg 1984.

Sellars, W., "Substance and form in Aristotle", *Journal of Philosophy* 54, 1957, pp. 688~99.

Sharples R. W., "Species, Form, and Inheritance: Aristotle and After", in: A. Gotthelf(ed.), 1985, pp. 117~28.

Shields, C., "Soul as subject in Aristotle", *Classical Quarterly* 38, 1988, pp. 140~53.

Sorabji, R., *Necessity, Cause and Blame*, London 1980.

Stallmach, J., *Dynamis und Energeia Untersuchung am Werk des Aristoteles zur Problemgeschichte von Möglichkeit und Wirklichkeit*, Meisenheim 1959.

Steinfath, H., *Selbständigkeit und Einfachheit. Zur Substanztheorie des Aristoteles*, Frankfurt a. M. 1991.

_____, "Die Einheit der Definition und die Einheit der Substanz. Zum Verhältnis von Z 12 und H 6", in: Ch. Rapp(Hrsg.), 1996, S. 229~52.

Teichmüller, G., *Aristotelische Forschungen, Bd. 3, Geschichte des Begriffs der Parusie*, Halle 1873.

Theiler, W., "Die Entstehung der Metaphysik des Aristoteles, mit einem Anhang über Theophrasts Metaphysik", *Museum Helveticum* 15, 1958, S. 85~105.

Trendelenburg, A., "Das to ēni einai, to agathōi einai etc. etc. und das to ti ēn einai bei Aristoteles. Ein Beitrag zur Aristotelischen Begriffsbestimmung und zur Griechischen Syntax", *Rheinisches Museum* II, 1828, S. 457~83.

_____, *Geschichte der Kategorienlehre*, Berlin 1846.

Tugendhat, E., *TI KATA TINOS. Eine Untersuchung zu Struktur und Ursprung aristotelischer Grundbegriffe*, Freiburg/München 1958.

_____, "Rezension: Aristoteles Metaphysik. Übersetzt von Friedrich Bassenge. Berlin 1960", *Gnomon* 33, 1961, S. 703~06.

Viertel, W., *Der Begriff der Substanz bei Aristoteles*, Königstein/Ts. 1982.

Vogel, C. J. de, "Did Aristotle ever accept Plato's theory of transcendent ideas? Problems around a new edition of the Protrepticus", *Archiv für Geschichte der Philosophie* 47, 1965, S. 261~98.

Vollrath, E., "Aristoteles, das Problem der Substanz", in: J. Speck(Hrsg.), *Grundprobleme der großen Philosophen, Philosophie der Antike*, Göttingen 1972, S. 84~128.

_____, "Essenz", in: *Historisches Wörterbuch der Philosophie*, Bd. 2, Basel-Darmstadt 1972, S. 753~55.

Wagner, H., "Zum Problem des aristotelischen Metaphysikbegriff", *Philosophische Rundschau* 7, 1959, S. 129~48.

_____, "Über das aristotelische 'pollachos legetai to on'", *Kant-Studien* 53, 1961/62, S. 75~91.

Wedin, M. V., "Subjects and Substance in Metaphysics Z 3", in: Ch. Rapp(Hrsg.), 1996, pp. 41~74.

_____, *Aristotle's Theory of Substance. The Categories and Metaphysics Zeta*, Oxford 2000.

Weidemann, H., " 'Tode ti' und 'ti ên einai', Überlegungen zu Aristoteles, Metaphysik Z 4. 1030a3", *Hermes* 110, 1982, S. 175~84.

_____, "Zum Begriff des ti ên einai und zum Verständnis von Met. Z 4, 1029b22-1030a6", in: Ch. Rapp(Hrsg.), 1996, S. 75~103.

White, N., "Aristotle on sameness and oneness", *Philosophical Review* 80, 1971, pp. 177~97.

White, M. J., "The metaphysical location of Aristotle's mathematika", *Phronesis* 38, 1993, pp. 12~33.

Whiting, J., "Aristotle on Form and Generation", in: John J. Cleary and Daniel C. Shartin(eds.), *Proceedings of the Boston Area Colloquium in Ancient Philosophy* Vol. VI, Lanham-New York-London 1990, pp. 35~63.

Wieland, W., *Die aristotelische Physik*, Göttingen 1970(초판 1962).

Wiggins, C. J. F., *Sameness and substance*, Oxford 1985.

Wilpert, P., "Zur Interpretation von Metaphysik Z 15", in: F. P. Hager(Hrsg.), S. 367~98.

_____, "Zum aristotelischen Wahrheitsbegriff", *Philosophisches Jahrbuch* 53, 1940, S. 3~16.

Witt, Ch., "Aristotelian essentialism revisited", *Journal of the History of Philosophy* 27, 1989, pp. 285~98.

Woods, M., "Problems in Met. Z, Chapter 13", in: J. M. E. Moravcsik(ed.), *Aristotle. A Collection of critical essays*, London 1968.

Zeller, E., *Die Philosophie der Griechen*, II 2, Leipzig ^{3}1879.

연보

기원전

384 아리스토텔레스, 그리스 북부 칼키디케(Chalkidike) 반도의 동부 해안도시 스타기라(Stagira)에서 탄생. 그의 아버지 니코마코스(Nikomachos)는 인근 마케도니아의 왕 아뮌타스 3세의 주치의. 그의 어머니 파에스티스(Phaestis) 역시 의사 집안 출신.

377 아테네의 주도 아래 제2차 아티카 해상동맹 결성.

371 레욱트라(Leuktra) 전투. 이 전투에서 승리한 테바이(Thebai)가 그 뒤 9년 동안 그리스의 패권을 장악.

370 원자론자 데모크리토스(Demokritos)와 서양의학의 아버지 히포크라테스(Hippokrates) 별세.

367 플라톤의 제2차 시켈리아 여행. 17세의 아리스토텔레스, 아카데미아에 입학〔수학자이자 천문학자인 크니도스의 에우독소스(Eudoxos)가 플라톤을 대행한 것으로 추정됨〕.

349/8 스타기라의 이웃 도시 올린토스(Olynthos)가 마케도니아에 함락. 아테네에서는 데모스테네스(Demosthenes, 384~322)를 중심으로 반(反)마케도니아 운동. 데모스테네스의 반(反)필리포스 연설('Philippica').

347 플라톤의 죽음. 그의 조카 스페우시포스(Speusippos)가 아카데미아의 수장이 됨. 아리스토텔레스는 아테네를 떠나 옛 동료 헤르메이아스(Hermeias)가 통치하는 아타르네우스(Atarneus)의 아소스(Assos)에 2년 동안 체류.

345 아리스토텔레스, 레스보스(Lesbos) 섬의 미틸레네(Mytilene)로 이주해서 평생의 동료이자 제자인 테오프라스토스(Theophrastos)와 공동작업.

343 아리스토텔레스, 필립포스 2세의 초빙으로 마케도니아의 수도 펠라(Pella)로 가서 13세의 알렉산드로스(Alexandros)를 교육.

341 철학자 에피쿠로스(Epikuros)와 희극작가 메난드로스(Menandros) 탄생.

340 아리스토텔레스, 이 무렵 페르시아인들에 의해 살해된 헤르메이아스의 양녀

(?)와 결혼하고 테오프라스토스와 함께 스타기라로 이주.

338 필리포스 2세가 카이로네이아(Chaironeia)에서 그리스 연합군을 격파. 스페우시포스 별세. 크세노크라테스(Xenokrates)가 아카데미아의 수장이 됨.

336 필립포스 2세의 피살. 20세의 알렉산드로스가 왕위 계승.

335 아리스토텔레스, 아테네로 귀환해서 뤼케이온(Lykeion)을 세우고 가르침.

323 알렉산드로스, 많은 학자들을 대동하고 인더스 강까지 진군한 뒤 귀환 중 바빌로니아에서 사망. 아테네에서는 다시 데모스테네스를 중심으로 아테네의 주권회복 운동.

322 아리스토텔레스, 에우보이아 섬의 칼키스(Chalkis)로 도피. 63세의 나이로 병사.

찾아보기

1. 이 찾아보기는 W. D. Ross, *Aristotle's Metaphysics, a revised text with introd. and comm.* I-II, Oxford 1953(초판 1924)의 'Index verborum'을 토대로 삼았다.
2. 예컨대 '981a1'은 Bekker판의 쪽과 행수를 가리킨다. Bekker판의 1000a-1093b는 0a-93b로 줄인다.
3. 다음과 같은 줄임말을 사용한다.
 (대) 대비되는 말
 (비) 비슷한 말
 (반) 반대되는 말
 (연) 연관되는 말
 (정의) 해당 낱말에 대한 정의
4. 예컨대 '(플라톤)'이나 '(아카데미아)'는 해당 낱말이 각각 '플라톤'과 '아카데미아'에서 사용되었음을 가리킨다. 또한 '(수학)', '(기하학)' 역시 해당 낱말이 수학, 기하학에서 쓰인다는 것을 가리킨다.

ㄱ~ㄴ

가능성, 가능태, 능력, 뒤나미스, 제곱수 dynamis V 12, IX 1-9
-요소들은 가능적으로 있는가 poteron dynamei ta stoicheia 2b33
-불확정적인 것은 가능적으로 있다 to dynamei on ahoriston 7b28
-(대) 현실적인 것, 현실적인 활동, 현실태 energeia 7b28, IX 3, 48a32 69b15, 71a7
-기하학에서의 '뒤나미스' hē en tēi geometriai 19b34, 46a6
-(대) 지성 nous, 기술 technē, 본성 physis 25b23, 27a6, 32a28, 33b8, 64a13, 49b9

-(연) 질료 hylē 42a28, b10, 49a23, 50a15, b27, 60a20, 69b14, 70b12, 71a10, 75b22, 88b1, 92a3
-가능태와 현실태는 어떤 뜻에서는 하나 to dynamei kai to energeiai hen pōs estin 45b21
-비이성적인 능력 d. alogoi, 이성적인 능력 meta logou IX 2, 50b33, 참고. 47b31
-무한한 것과 공허한 것은 어떤 뜻에서 가능적으로 있다고 말해진다 pos to apeiron kai to kenon legetai dynamei 48b9-17
-각 대상은 언제 가능적으로 있는가? pote dynamei hekaston IX 7
-현실태는 가능태에 앞선다 proteron energeia dynameōs IX 8
-영원한 것은 결코 가능적으로 있지 않다 ouden dynamei aidion 50b8
-대립의 능력 hama tēs antiphaseōs 50b31, 참고. 71b19
-가능태는 현실태에 앞선다 proteron d. energeias 71b24, 참고. 3a1
-기억은 하나의 경험능력을 낳는다 mias empeirias dynamin apotelein 981a1
-능력을 쓰는 방식 tropos tēs d. 4b24
=학문적 인식 epistēmē 18a30, 55a31, 참고. 27a5
-어떤 수들의 제곱수들 hai d. eniōn arithmōn 93b14
가능한, 능력이 있는 dynaton
-여러 가지 뜻 posachōs 19a33, b28, IX 4, 48a27
-(연) ~할 수 있다 endechetai 47a26, 50b11
-가능성이 있다 d. einai 47b8
-첫 번째 뜻에서 능력을 가진 것 to prōtōs dyn. 49b13
-동일한 것에 속하는 반대되는 것을 할 수 있는 능력 tauton dynaton tanantia 51a6
-능력이 미치는 만큼 eis to d. 74b11
-가능적으로 to d. 78a28
가멸적, 소멸하는 phthartos
-가멸적 실체 ph. ousia 69a31
-소멸과정을 거치지 않고 소멸하는 실체 ousia ph. aneu tou phtheiresthai 43b15, 참고. 27a29
-가멸적인 것과 불멸하는 것 to ph. kai to aphtharton X 10
-가멸적인 것들 ta phtharta 992b17, 0a6
☞ 소멸 phthora
가변적인 metablētos
-가변적인 실체 ousia m. 69b3
☞ 변화 metabolē
가지다, 소유하다 echein
-여러 가지 뜻 posachōs V 23;
가진 것 echon 72b23
☞ 연접적 echomenos
간격 diastēma 55a9, 85b30
감각 aisthēsis 980a22, 27, 29, b25, 981b10, 986b32, 999b3, 10b2, 3, 36a6, 88a3
-감각은 변이 hē ai. alloiōsis 9b13
-공통적인 감각들 hai koinai aisthēseis 981b14
감각기관 aisthētērion 63a2
감각내용 aisthēma 10b32, 63b4
감각적인, 감각가능한, 감각물 aisthētos 987b8, 14, 997b12, 10b32, 78b16
-흘러가는 상태의 감각물들 tōn ai. aei

rheontōn 987a33, 참고. 999b4, 10a3, 36b28, 69b3
-감각물들에 대한 학문은 존재하지 않는다 epistēmēs peri tōn ai. ouk ousēs 987a34, VII 15
-(반) 수학적인 mathēmatikos 989b31, 990a15
-(반) 지성적인 noētos 990a31, 999b2, 25b34, 36a3, 9, 43b29, 45a34
-(연) 운동 kinēsis 989b31, 36b28
-(반) 형상적인 eidetikos 90b36
-감각적 실체들만 있다고 말해야 하는가 poteron tas ai. ousias monas einai phateon 997a34, 2b12, 59a39
-모든 감각적 실체는 질료를 가진다 ai. ousiai hylēn echousi 42a25
-감각적인 반대상태들 ai. enantiōseis 61a32
-감각적인 실체들 ousiai ai. 69a30
감독자 architektōn 981a30
-(반) 일꾼 cheirotechnēs 981a31, b4
감소 phthisis 69b11
강제 bia
-(반) 설득 peithō 9a18, 11a15
-강제하는 것과 강제 to biaion kai hē b., (연) 필연적인 것 anankaion 15a26, 30
강제하는 biaion 15a26, 28, 36
-(비) 본성에 어긋난 para physin b15
같은 부류의 syngenes 995b12, 53a24, 76a18
☞ 타고난
같은 이름의 homōnymos
☞ 이름이 같은
개념 noēma ☞ 지각내용
개별~ meros ☞ 부분
개별자, 개별적인 것 kath' hekaston
-모든 생성은 개별적인 것과 관계 hai geneseis peri to kath' he. eisin 981a17
-만일 개별자들과 떨어져서 아무것도 없다면 eite mē esti ti para ta k. he. 999a26, 참고. 60a3
-원리들은 보편자인가 개별자인가 poteron hai archai hōs ta kath' hekasta 3a7, 71a20, 86b21
-(비) 현실적인 것들 energounta 14a21, 참고. 13b36
-감각의 측면에서는 개별자들이 앞선다 kata tēn aisthēsin protera 18b33
-더 높은 수준의 실체들 mallon ousiai 69a29
개별적인 tode ti ☞ '이것'
거짓 pseudos V 29
-(정의) 11b25
-거짓이라는 뜻에서 있지 않은 것 to hōs ps. mē on VI 4, IX 10
(대) 불가능한 adynaton 47b14
=(플라톤) 있지 않은 것 ouk on 89a20
거짓된 pseudos
-거짓된 사람 pseudes anthrōpos 25a2
-거짓된 사물 pragma pseudos 24b17-24
건강, 건강한 상태 hygieia 34a10, 28, 29, 68a22, 26, 70a17, 23, b28
건강한 hygienos 3a35, 60b37, 77b36
건강하다 hygiainein 17a28, 32b18
건축가 oikodomos 14a23, 25, 26b37
☞ 집 oikia, 집짓기
건축술 oikodomikē 26b10, 50a26, 70b29, 33
-'집을 지을 수 있다' oikodomikon 49b14
건축활동 oikodomikē ☞ 집짓기 oikodomēsis

결과, 결론으로 따라 나오다, 귀결되다 symbainein
=귀결되다 convenire 83b4
=결과로서 따라 나오다 evenire 982b22, 988a1
=결과(결론)에 이르다, 결과(결론)가 따라 나오다 concludi posse 987a27, 989a22, b1, 16, 990b19, 991b24, 998a9, 17, 0b3, 2b31, 42a12, 56b5
☞ 부수적 symbebēkos
결속된 것들 syndyazomenon 31a6, 43a4, 30b16
결여 sterēsis 4a12, 19b7, 21a25, 53b31, 54a24, 56a16, 20, 57a36, 58b27, 61a20-27
-여러 가지 뜻 posachōs V 22, 46a32
-반대자들 가운데 한 축은 결여 tōn enantion hē hetera systoichia s. 4b27, 11b18, 55b27, 61a20, 63b17, 참고. 55b14
-이름이 없는 결여 hōn hē s. adelos 33a13
-(반) 소유상태 hexis, 형상 eidos 44b33, 55b13, 69b34, 70b12
-첫째 결여 s. prōtē 46b14
-마지막 결여 teleia 55a35
-(대) 모순 antiphasis, 반대 enantiotēs, 관계 ta pros ti 55a33-b29, 참고. 4a12
결여적 부정 sterētikē apophasis 56a17, 24
-결여의 방식으로 sterētikōs 56a29
결합(mixis) 989b4, 43a13, 82a21, 85b11, 92a24
결합 synkrisis 984a15, 988b32, 35
☞ 분리 diakrisis
결합되다 synkeisthai
-(반) 분할되다 diēirēsthai 2b2, 27b21, 51b2-19, 34, 35
-~으로 결합되다 ek tinos 57b33, 70b6
-결합된 실체 hē synkeimenē ousia 54b5
-결합된 것들 synkeimena (반) 합성되지 않은 것들 asyntheta 76b18
결합하다 synkrinein 984a10, 985a24, 26, 989a16
경계 horos ☞ 정의
경험(empeiria) 980b26-981b9
경혈(katamēnia) 44a35
계속적(hexēs) 68b31-69a2
계속적, 계열을 이루는(ephexēs) 4a9, 68b33-69a14, 69a20; (대) 하나와의 관계 속에서, 하나 pros hen, hen 5a11, 27b24; 수의 계열 80a20, 85a4
고귀한 timion 983b33, 64b4, 74b21, 26, 30
-가장 고귀한 학문 timiōtatē epistēmē, 가장 고귀한 유 timiōtaton genos 983a5, 75b20, 26a21
고비, 때 kairos
-(피타고라스학파) 985b30, 990a23, 78b22
-문제제기가 맞을 때 echei tina kairon 43b25
고상한 charieis
-가장 고상한 사람들 chariestatoi 60a25
-고상한 방식으로 chariestherōs 75a26
고유한 idios 990a18, 10b3, 16, 64b22; 고유한 속성 i. pathē 4b11, 15, 16
-(어떤 종에) 고유한 것으로서 속하다 hōs i. hyparchein 38b23
-(형상이론에) 고유한 전제들 hypotheseis 86a10, 고유한 의견들 doxai 990b20
고유한 진술 oikeios logos 24b33

-유에 고유한 속성들 oikeia pathē tou genous 58a37, b22
-고유한 뜻에서 ~라고 불리다 oikeiōs legesthai 14a7
공기 aēr
-(아낙시메네스) 66b21
공리, 가정 axiōma
-논증의 출발점 apodeiktikē archē 997a7, 11, 5a20, b33, 90a36
-제논의 공리 1b7
-가정 77a31
공존 ('함께 있음') synousia 45b9, 13
관계, 관계적인 것 pros ti V 15, 56b34, 35, 57a5, 16, 68a11, 70b3, 88a21-b2, 89b6, 14
-관계들의 이데아들 tōn pros ti ideai 990b16, 79a12
-(반) 그 자체로서 있는 것 to kath' hauto 990b20
-관계적인 것들은 특정한 자연물이 되기에 가장 부족 to pros ti hēkista physis tis 88a23, 30, 참고. 990b20
-하나와의 관계 pros hen 3a33, 30b3
-서로 관계적인 것들 pros allēla 11a1
관념(=의견, 판단, 이론 등의 바탕이 되는 기본적인 생각), 이론 hypolēpsis 981a7, 982a6, 73a17
-대중의 오래된 관념 hy. archaia kai dēmotikē 989a12
☞ 생각하다 hypolambanein
관습법, 절차 nomoi 995a4, 74b5
-절차상 nomou charin 76a27
관여 metochē. 관여의 관계에 의해서 kata metochē 30a13
관여 methexis
-(플라톤) 987b9-14, 21, 45b8, 82a17
-관여에 의한 있음 einai kata m. 31b18, 45a18
관여하다 metechein 990b30-991a3, 37b18, 75b19, 20, 82a18
-관여하는 것들 ta metechonta 991a14, b5, 79b18
(다른 것들이) 관여할 수 있는 methektos 990b28, 40a27, 79a25
광학 optikē 997b20, 78a14
-광학의 대상들 ta o. 77a5
교설 dogma 62b25, 76a14
-기하학적인 교설 geometrikon d. 992a21
구, 구형 sphaira 33a30, b14, 34b11, 35a32
-별들의 천구 sphairiai tōn astrōn XII 8
궁극적인, 극단의, 최종적인 eschatē
-궁극적인 의견 doxa 5b33
-최종적인 기체, 질료, 형상 e. hypokeimenon, hylē, eidos 16a23, 17b24, 35b30, 69b36, 참고. 14a29, 33
-더 극단에 있는 것 eschatōteros 55a20
-궁극적으로 eschaton 983a28
규정 dihorismos 5b23, 48a2, 20
규정하다 dihorizein 996b8, 14, 27b18, 29a1, 48b37, 55b8
-규정된 dihorismenai (반) 임의적인 tychousai 986a32, 참고. 58b27
균질적, 평평함 homalos 78a13, 93b20
균형상태 homalotēs 32b7, 43a26
귀납 epagōgē 25b15, 64a9
-(대) 논증 apodeixis, 정의 horismos 992b33, 48a36
-귀납에 의해 결론을 취하다 lambanein dia tēs, e. 귀납에 의해서 분명하다 delon ek tēs e. 25a10, 54b33, 55a6, b17, 58a9

-귀납적인 추론 epaktikoi logoi 78b28
그 자체로서, 그 자체의 본성에 따라서 kath' hauto 990b21, 20a14-26, 22a24-36, 29b14, 16, 29, 30b22, 31a28
-그 자체로서 첫 번째 뜻에서 있는 것들 k. hau. kai prota 31b13
극단의 eschatos ☞ 궁극적인
긍정 kataphasis
-(대) 발언 phasis 51b24
긍정하다 kataphanai 7b21, 11b20
긍정(하다), 발언(하다) phanai
-(반) 부정하다 apophanai 8a4-b1
-접촉과 발언 thigein kai ph. 51b24
긍정, 발언 phasis
-(비) 긍정 kataphasis 8a9, 62a24
-(대) 긍정 kataphasis 51b25
-대립하는 발언들 antikeimenai ph. 11b14, 62a6-34, b17, 63b16
기능, 작용 ergon
-(반) 도구 organon 13b3
-(대) '에네르게이아' energeia 50a23
기름진 liparon 44a22, 46a24
기술 technē 980b28-981b27
-기술은 경험을 통해 생겨난다 apobainei dia tēs empeirias 981a3
-(반) 경험 empeiria 981a25, b8
-(대) 학문적 인식 epistēmē 981b26, 참고. 46b3
=학문 epistēmē 997a5
-(대) 지성 nous, 능력 dynamis, 사고 dianoia 25b22, 32a28, 33b8
-본성적인 생성 gignesthai physei, 기술적인 생성 technēi, 자생적인 생성 apo tautomaton VII 7-9, 참고. 25b22
-(대) 본성 physis 33b8, 70a7, 17
-기술은 형상이다 hē t. to eidos 34a24, 70a15
-배움을 통해 생겨난다 gignetai mathēsei 47b33, 참고. 46b37
-기술의 영역에 속하는 것들 ta kata technēn 70a17
-감독술 t. architektonikai 13a13
기술자 technitēs
-(대) 유경험자 empeiros 981b31
기억 mnēmē 980a29, b25, 26, 28, 29
기억하다 mnēmoneuein 980b22
기체 hypokeimenon
=질료 hylē, 형태 morphē, 그것들의 복합체 to ek toutōn 28b36-29a3, 참고. 38b5, 42a26, 49a28
=질료 hylē 983a30, 984a22, 22a19, 24b9, 42a13, 70a11, 88a18, 참고. 985b10, 992b1, 42b9
-첫째 기체 prōton, 마지막에 오는 기체 teleutaion, 최종적인 기체 eschaton 16a19, 22a19, 24b10, 16a23, 17b24
-기체로서의 유 genos hy. 997a6, 24b3
=(질료와 형상의) 복합체 to ek toutōn (res concreta) 996a2, 19a5, 31b16, 44b9, 참고. 1a8
-(반) 양태, 속성 pathos, 부수적인 것 symbebēkos 1b31, 10b34, 7a35, 참고. 37b16
-기체에 대한 술어 kath' hypokeimenou 990b31, 1b31, 7a35, 17b13, 16, 29a8, 66b14, 79a28, 87a35, b1
-밑에 놓여 있는 것들, 대상들 ta hy. = 유에 포섭되는 것들 ta hypo to genos onta 982a23, b4, 53b3, 63b21
☞ 밑에 남다, 밑에 놓이다

hypokeisthai
기하학 geōmetria 996b34, 997b27, 19b33, 46a8
-기하학과 측량술의 차이 ti diapherei geōdasias 997b27
-기하학적인 교설 geōmetrikon dogma 992a21
기하학 명제들 diagramma 998a25, 14a36, 51a22
기하학자 geōmetrēs 998a1, 4, 5a11, 31, 78a25, 89a22
길다 makros
-긺과 짧음 makron kai brachy 992a11, 85a10
-장광설(= 긴 말) logos makros 43b26, 91a7
길이 mēkos 20a12
깊음과 얕음 bathy kai tapeinon 992a13, 15, 20a21, 85a11, 89b13
끝 telos ☞ 목적
나누다 dihairein ☞ 분할하다
나뉠 수 없는 adihaireton ☞ 분할불가능한
나쁜 kakos
-나쁨은 성질을 가리킨다 to k. semainei to poion 20b23 참고. ib. 13
-나쁜 것들 ta kaka, 나쁨 to kakon 51a15-21, 75b7
-나쁜 것들이 좋은 것들보다 더 많다 plei ta k. tōn agathōn 985a2
-(피타고라스) 나쁨 986a26
-(아카데미아) 나쁨 자체는 두 요소 가운데 하나 to k. thateron tōn stoicheiōn 75a35, 참고. ib. 37, 84a35, 91b34
내재하다, 내재적이다 enhyparchein 986b7, 13a4, 7, 24, 14a26, b15, 18, 70b22, 92a30
-내재적인 부분들을 제시하는 정식 ho ek tōn enhyparchontōn logos 43a20
넓음과 좁음 platy kai stenon
-(플라톤) 992a12, 88b8
네메아 경기 Nemea 18b18
노새 hēmionos 33b33, 34a2, b3
논변, 말, 설명, 수적인 비율, 어구, 이론, 이성능력, 이치, 정식, 정의, 주장 logos
-논변 (반) 생각 dianoia 9a20, 참고. 11a4
-논변을 내세우기 위해서 logou charin 11b2, 참고. 12a6
-목소리에 담긴 논변 ho en tēi phōnēi logos 9a22
-(경험 없이) 이론을 가지다 l. echein 981a15, 근거가 있다 996b9, 6a13, 10a17
-정의들을 통해 이루어지는 고찰 hē en tois logois skepsis 987b31
-변증론자들 hoi en tois logois 50b35, 참고. 84b25
-(반) 현상적으로 나타남 phainesthai 87b2
-이치에 맞는 kata logon 989a31, 88a4
-논변에 의거해서 ek logou 63b8
-동일한 논변 ho autos l., tou autou l. 989b10, 2a25, b10, 7a1, 998a13 등
-다른 설명 allos l. 27b23, 44b6
-논변을 기다리다 l. hypomenein, 6a26, 논변을 제시하다 l. hypechein 11a22, 24, 논변을 찾다 l. zētein 6a14, 11a9, 12, 15, 21, 12a18, 19, 21, 63b9
-논쟁적인 논변들 l. eristikoi, 더 논리적인 logikōteroi, 엄밀한 akribesteroi 12a19, 80a10
-거짓 진술 l. pseudes 24b26-25a1

논증적 apodeiktikē
-논증적 학문 apodeiktikē epistēmē 997a5-30
-논증의 원리들 apod. archai 996b26
놀라다 thaumazein 982b12
놀라운 thaumaston 63a36, 82b21
뇌 enkephalos 13a6, 35b26
느슨함과 조밀함 manon kai pyknon 985b11
능가(하는 것) hyperbolē 21b15
능동, 능동적인 작용 poiein ☞ 제작하다
능력 dynamis ☞ 가능성

ㄷ~ㄹ

다른 heteron
-여러 가지 뜻 posachōs 18a9, 54b14-23
-종이 다르다 toi eidei 18a38-b7, X 8, 9
-게노스가 다르다 tōi genei 24b9-16
다름 heterotēs 18a15, 54b23, 58a7
-(대) 차이 diaphora 4a21
다수 plēthos
-ti 20a8, 10, 54a22, 57a3
-다수 (반) 소수 oligotēs, 하나(1) hen 984a10, 986a24, 4a10, 17, 85a33, b5-32, 87b6, 8, 27-32, 91b31, 34, 92a28, 35
-첫째가는 다수 p. prōton 85b9
단순한 haplous
-(대) 하나 hen 72a32
-(비) 뒤섞여 있지 않은 amigēs 989b17, 분할불가능한 adihairetos 14b5
-단순한 물체들 ha. sōmata 984a6, 988b30, 17b10, 42a8, 67a1
-단순한 실체 ha. ousia 27b27, 41b9, 72a32
단일성 henotēs 18a7, 23b36, 54b3
☞ 하나 hen
달 selēnē 73b17, 22, 36, 74a12
대각선의 측정불가능성 diametros asymmetria 983a16, 47b6
-두 가지 단위에 의해서 측정되다 dysi metreitai 53a17
대립 antitheseis
-네 가지 방식 tetrachōs 18a20, 54a24
대립적, 대립하다 antikeisthai
-'대립적인 것' 혹은 '대립자'의 여러 가지 뜻 antikeimena posachōs V 10, 55a38, 57a33
-대립하는 발언들 antikeimenai phaseis 11b14, 62a6, 10, 22, 33, b17
-대립적인 차이들 antikeimenai diaphorai 16a25
-대립자들 쪽으로의 변화 metabolē eis ta antimeimena 11b34, 69b4
-(대) 반대자 enantion 69b5
대중적인 저술들 exōterikoi logoi 76a28
더미 sōros 40b9, 41b12, 44a4, 45a9, 84b22
더하기 prosthesis ☞ 부가
데모크리토스 Demokritos 985b4-20, 9a27, b11, 15, 39a9, 42b11, 69b22, 78b20
도구 organon
-(반) 작용 ergon 13b3
도형 schēma ☞ 모양
동류(同類)의 homogenes 981b26, 57b29
동물 zōion VII 14, 74b6
-몸이 절단되어도 살아 있는 동물들 zōia enia dihairoumena zēi 40b13
동음이의 homōnymia 6b19

☞ 이름이 같은
동일 tauto 995b21, 21a11
-여러 가지 뜻 posachōs V 9, 54a32
-종이, 종적으로 ~ tōi eidei, 수가 ~ tōi arithmoi 18b7, 49b18, 29, 58a18
-부수적인 뜻에서 ~ t. kata symbebēkos 37b7
동일성 tautotēs 18a7
(양적으로) 동일한, 같은 isos
-(정의) 21a13, 56a22, 82b7
-양의 동일성은 큼과 작음에 어떻게 대립하는지 pōs antikeitai tōi megalōi kai tōi mikrōi X 5
-(플라톤) (양적인) 동일 to i. 75a33
(양적인) 동일성 isotēs 4b11, 54b3
동종적인, 같은 종에 속하는 homoeides 991b24, 2b16, 22, 13b31, 14a30, 24b8, 32a24, 67a9, 71a17
동질적, (성질이) 같은, 동일한 homoion 18a15, 21a11, 54b3
-지식은 같은 것에 의해 같은 것을 아는 것 hē gnōsis tou h. tōi h. 0b6
동질체들 homoiomerēs 984a14
두루마기(겉옷) himation 29b27-30a2, 45a26
두 발이 있는 dipoun 38a23
둘(2) dyas
-(플라톤) 987b26, 988a13, 87b7
-무한정한 2 d. ahoristos 81a14, 22, b21, 32, 82a13, b30, 83b36, 85b7, 88a15, b28, 89a35, 91a5
-2 자체 autē d. 81b27, 82b12, 20, 22, 참고. 991b31
-첫째 2 d. prōtē 81a21, 23, b4-83a33
뒤서는 hysteron ☞ 앞서는
디오게네스 Diogenēs 984a5
디오뉘소스 제전 Dionysia 23b10
딱부리 ☞ 안장코 simon
때 kairos ☞ 고비
떨어져 있다 apolelymenon 31b3, 85a16
뛰어난 perittos 983a2, 53b3
☞ 홀수 perittos
레우키포스 Leukippos 985b4, 71b32, 72a7
뤼코프론 Lykophrōn 45b10
리듬 rhythmos
-원자론자 985b15, 16, 42b14

ㅁ~ㅂ

많음, 여럿 polys
-하나가 여럿이 될 것이다 polla to hen estai 987a27
-(플라톤) 여러 사물들 ta p. 987b10
-많음과 적음 poly kai oligon (아카데미아) 992a16, 87b16, 88a18, 89b12
-여럿 polla (반) 하나 to hen X 3, 6, 75a33
-수가 많은 것들 (대) 양이 많은 것 poly 56b15
-대다수의 경우 hōs epi to poly 25a15, 18, 20, 26b30, 27a21-25, 64b35
-(파르메니데스) 더 많은 것 pleon 9b25
-더 광범위하게 쓰이다 epi pleon einai 46a1
맹세 horkos 983b31
-(엠페도클레스) 1000b16
머리 kaphalē 70a19
메가라학파 Megarikoi 46b29
멜릿소스 Melissos 986b19
모나스 monas 16b25, 30, 84b26, 89b35

-위치를 갖지 않는 점 stigmē athetos 84b26, 참고. 69a12
-동종적인 모나스 m. homoeideis 991b24
-서로 차이가 있는, 합산불가능한 모나스 m. diaphoroi, asymblētoi 992a3, XIII 6-8
-모나스의 차이는 무엇인가 tismonados diaphora 83a2
모나스의 수, 모나스로 이루어진 수 monadikoi arithmoi 80b19, 30, 82b6, 83b17, 92b20
모든 것은 혼재해 있다 homou panta
-(아낙시메네스) 7b26, 69b21, 23, 29, 71b28, 72a20
모방 mimēsis
-(피타고라스) 987b11, 13
모방물 eikōn 991b1, 79b35
모순, 모순관계, 모순적인 것, 모순적인 진술, 모순항 antiphasis IV 3-6, XI 5-6
-모순의 중간에는 아무것도 없다 metaxy antiphaseōs outhen IV 7, 56a34, 63b19, 69a3
-(대) 결여, 반대 sterēsis, enantiotēs 55b1
-모순적인 것 to kata tēn a. 63a21, 24
-모순적인 진술의 배분 merismos antiphaseōs 27b20, 22
모양, 겉모양, 도형, 형태 schēma
=리듬 rythmos (원자론) 985b14, 42b14
-(수학) 도형 999a9, 모양 2a21, 70a23
-평면도형 epipedon, 직선으로 이루어진 도형 euthygrammon, 삼각형 trigonon 24b1, 54a3, 92b12
-철학자와 겉모양이 똑같은 tauton s. tōi philosophōi 4b18
-범주의 형태 s. katēgorias 16b34, 17a23, 24b13, 26a36, 51a35, 54b29
-겉보기의 모양 s. tēs ideas 29a4
-신화의 형태를 빌어 en mythou schēmati 74b2
모양이 없는 arythmistos 14b27
목적, 끝 telos 21b23-29
-목적 (연) hou heneka 994b9, 13a33, 59a38, 참고. 994b16, 74a30
-끝 (연) 형태 morphē 23a34
-끝 (연) 현실태 energeia 51a16
-끝을 맺다 t. epitheinai 42a4
무경험 apeiria
-(반) 경험 empeiria 981a5
-(반) peras 988a28
무능력 adynamia 46a29
-(정의) 46a29
-여러 가지 뜻 posachōs 19b15
-이미 규정되어 있거나 수용자와 결합된 무능력 a. dioristheisa ē syneilemmene toi dektikōi 55b8, 58b27
무능력한, 능력이 없는, 불가능한 adynaton
-여러 가지 뜻 a. posachōs 19b15
-(대) 거짓 pseudos 47b13
무엇 tis
-'무엇' to ti 26a36, 45b33, 69b9, 89b8
-'무엇' to ti esti 25b31, 27b32, 28a11, 17, 30a17 등
-ta ti estin 25b31, 27b28
-he ti esti 54a15
-'무엇'에 속하는 것들 en tōi ti estin hyparchein 22a27, 참고. 20a18, 24b5
-여러 가지 뜻 to ti esti pleonachōs 30a17, 참고. 25b31
-추론들의 시작 ek tou ti estin hōi syllogismōi 34a31, 78b24

-본질 to ti ēn einai 28b34, VII 4-6, 8, 45b3, 74a35
-(연) 실체 ousia 983a27, 988a34, 993a18, 7a21, 22a9, 31a18, 32b2, 14, 35b16, 37a23, 38b14, 75a2
-(연) 정의 horismos, 정식 logos 994b17, 16a33, 17b21, 30a6, 45b3, 25b28
-(연) 형상 eidos 13a27, 30a12, 33b7, 35b16, 44a36
-본질 ta ti ēn einai 31b9, 29
무지 agnoia
-(반) 앎 to eidenai 982b20, 75b23
-(대) 거짓, 착오 pseudos, apatē 52a2
무한한, 무한자 apeiron
-무한한, 무한자 to a. II 2 XI 10, 69b35-70a4
-무한한 크기는 있을 수 없다 ouk estin a. megethos 73a10
-무한한 것에 대한 사유는 불가능하다 to a. pōs endechetai noein 994b22, 28, 999a27
-(플라톤) 큼과 작음으로 이루어진 무한자 ek megalou kai mikrou 987b26
-무한자는 분리가능하지 않다 to ap. ou chōriston 48b15
문법을 아는, 문법적인 grammatikos 64b24, 26
-문법학 grammatikē 3b20
-부수적인 것의 사례 exemplum tou symbebēkotos 26b17-19, 64b23-36
물 hydor 983b21, 31
물체, 육체 sōma 992a6, 1b27, 16b28, 71a3
-단순한 물체들 hapla s. 984a6, 42a8
-자연적 물체들 physika 28b10
물체적인 원리 sōmatikē archē 987a4
-물체적인 자연물 physis 988b23
(기체로서) 밑에 놓다, 밑에 놓이다, 전제되다 hypokeisthai 983b16, 33b1, 990a9, 67b15-24, 68a4, 5, 73a23
☞ 기체 hypokeimenon
밑에 남다. 존속하다, 기다리다. 예상하다 hypomenein
-밑에 남다, 존속하다 2a3, 69b8, 70a25
-논변을 기다리다 logon 6a26, 반론들을 예상하다 enantiōseis 90a2
밑변 basis
-(기하학) (삼각형의) 밑변 51a28
반대, 반대되는, 반대상태, 반대의, 반대자 enantion et enantiōsis X 4, 5, 7
-여러 가지 뜻 ti esti, posachōs legetai 4b3, 18a25
-반대 enantiōsis = 가장 큰 차이 megistē diaphora 55a4
-반대자들 가운데 하나는 결여라고 불린다 legetai kata sterēsin 55b14, 27, 61a20
-위치의 측면에서 반대되는 것 e. kata topon 68b30
-반대자들 가운데 한 축은 결여 tōn enantion hē hetera systoichia sterēsis 4b27, 11b18, 63b17
-반대되는 것들은 질료를 갖는다 hylēn echei 75b22, 87b1
-모든 반대자들은 동일한 원리로 환원된다 panta ta en. anagetai eis mian archēn 4a1, b27
-모든 반대자들이 상대방으로부터 생겨날 수 있는 것은 아니다 ou panta tanantia gignesthai ex allēlōn 44b25, 참고. 69b7
-반대자들은 합성체가 아니다 asyntheta

ex allēlōn 57b22
-반대자들은 상대방의 작용에 의해 아무 수동적인 변화도 겪지 않는다 pathē hyp' allēlōn 75a30
-반대자들은 있는 것들의 원리 pōs archai tōn ontōn 986b2, 4b30, 75a28-32, b12, 87a30
-반대되는 것들에는 동일한 형상이 속한다 tōn e. to auto eidos 32b2
-반대자들에 대해서는 동일한 학문이 있다 ta. e. tēs autēs espistēmēs 61a19, 참고. 996a20, 78b26
-반대되는 것들이 동일한 것에 속하기는 불가능 ta en. hama hyparchein tōi autōi adynaton 11b17, 참고. 63b26
-반대자들은 동일한 원리로 환원된다 anagetai tan. eis tēn archēn tautēn 4a1, 참고. b27
-반대되면서 차이가 있는 것들 ta enantiōs diapheronta 57b11
반대, 반대상태 enantiotēs 995b22, 55a16-b15, 58a11, 63b17
-(대) 차이 diaphora, 다름 heterotēs, 부정 antiphasis, 결여 sterēsis, 관계 pros ti 4a20, 55b1
-어떤 반대는 종이 서로 다른 것들을 만들어내는 데 반해, 어떤 반대는 그렇지 않은 것은 무슨 이유일까? dia ti hē men poiei tōi eidei hetera enantiōsis hē d' ou X 9
반대상태, 반론들 enantiōseis
-실체 안에서 반대상태에 있는 것들 en tēi ousiai e. echein 18b3
=반대 enantiotēs X 3, 4, 58a8
-있는 것에 속하는 첫째 반대상태들 prōtai e. tou ontos 61a12, b13, 참고. b5
-감각적인 반대상태들 aisthētai e. 61a32
-많은 반론들을 예상하다 pollas hypomenein e. 90a2
반박 elenchos
-(반) 논증 apodeixis 6a18, 9a21
-소피스트식 반박 sophistikos 32a7, 49b33
반선 hēmiseia
-전체 선에 있는 절반의 선 hēmiseia en tēi holēi 48a33, 참고. 17b7
반원 hēmikyklion 35b9, 10
-반원 안에 있는 각 hē en hēmikykliō orthē 51a27
밤 nyx 71b27, 72a8, 19, 91b5
방식 tropos
-모든 방식의 원인들 tropoi aition 996b5, 13b17, 29
배(胚) embrya 14b22
배우다 manthanein 980b23, 24
배움 mathēsis
-배움은 어떻게 이루어지는지 mathēsis pōs gignetai 992b30, 29b4
배치상태 diathesis
-여러 가지 뜻 posachōs V 19
벌 melitta 980b23
범주, 술어 katēgoria 4a29, 18a38, 29a22, b23, 32a15, 34b10, 47a34, 65b8, 68a8, 88a23, 89a27, b24
-범주의 형태 schēma, schēmata tēs k 16b34, 17a23, 24b13, 51a35, 54b29
-술어의 축 systoichia tēs k. 54b35, 58a14
변이(變異) alloiōsis 989a27, 42a36, 69b12, 88a32
변증가들 dialektikoi, 변증술 dialektikē 995b23, 4b17, 61b8, 78b25

-시험을 일삼는 변증술 dial. peirastikē 4b25
-앞 세대 사람들은 변증술에 관여하지 않았다 tēs dialektikēs hoi poteroi ou meteichon 987b32
변화 metabolē XI, 11, 12
-변화는 대립자들이나 중간 쪽으로 진행 eis ta antikeimena kai metaxy 11b34
-변화는 대립자들이나 중간자들에서 시작한다 ek tōn antikeimenōn ē tōn metaxy 69b3-14, 참고. 57a33
-(연) 기체 hypokeimenon 42a33
-수동적인 변화 m. pathētikē 46a12
-네 가지의 변화 m. tessares 69b9, 참고. 42a33, 72b9
☞ 가변적인 metablētos
(수동적인) 변화를 겪지 않는, (변화에서 유래하는) 속성이 없는 apathēs 991b26, 19a31
-(비) 변화를 겪지 않는 ametablētos, 변이를 겪지 않는 analloiōtos 19a27, 73a11
-(수동적인) 변화를 겪지 않는 상태 apatheia 46a13
변화하다 metaballein
-양태들의 변화 tois pathesi 983b10
-질적인 측면에서의 변화와 양적인 측면에서의 변화 kata to poson, poion 10a23
-변화하는 것이 변화의 과정에서 반드시 먼저 거쳐야 하는 것들을 일컬어 중간자라고 한다 metaxy tauta eis hosa m. anankē proteron to metaballon 57a21
-대립자들로부터의 변화 ex antikeimenōn 57a26-31
-반대자들은 변화하지 않는다 ou ta enantia m. 69b7
-(연) 질료 hylē, 가능성, 능력 dynamis 69b14, 24, 참고. 10a15-22
-어떤 것이 어떤 것의 작용에 의해 어떤 것으로 변화 ti, hypo tinos, eis ti 69b36, 참고. 984a22
변화를 낳을 수 있는 metablētikon 13a32
-변화의 원리 archē m. 20a5, 49b6, 51a3
별들 astra XII 8
-별들의 본성 hē tōn a. physis 73a34
병 nosos 27b10, 68a22, 26
보조원인 synaition 15a21, b3
보편자, 보편적 katholou 23b29, 38b11
-(대) 유 genos 992b12, 15b28, 28b34
-(연) 모든 것들에 대해 술어가 되는 것 kata pantōn, 공통적인 것 koinon, 전체적으로 술어가 되는 것 holōs 999a20, 3a8, 23b29
-(반) 개별적인, 최종적인, 부분적인 kath' hekaston, eschaton, kata meros, epi merous, stoicheion 18b33, 71a28, 59b26, 60b32, 84b14
-원리들은 보편자인지 poteron hai archai katholou 3a7, 60b19-23, 69a27, XIII 10, 참고. 71a20
-보편자들은 실체가 아니다 ta k. ouk ousiai 3a8, VII 13, 53b16, 60b21, 87a2, 참고. 69a26, 27, 71a20
-보편적인 것들은 (어떤 것에) 그 자체로서 속한다 kath' hauta hyparchein 17b35
-이데아들은 보편자와 일치한다 tōi k. hai ideai synatousin 42a15, 참고. 86a32
-보편자들에 대한 학문 epistēmē tōn k. 59b26, 60b20, 87a17, 참고. 999a28, 3a13, 36a28, 86b5

보폭, 한 걸음의 너비 podiaia 52b33, 78a20, 89a23
복합~, 복합체 synolos 35a6, b19, 20
-복합실체 s. ousia 33b17, 37a26, 30, 32
-복합체 to s. 995b35, 999a32, 29a5, 35a21, b22, 36a2, 39b20, 60b24, 77b8
본보기 paradeigma 13a27
-(플라톤) 991a21, 27, 29, 31, 79b25, 31, 33, 35
-본보기를 들어 paradeigmatikōs 995a7
본성, 자연, 자연물, 자연적 원리, 퓌지스 physis
-여러 가지 뜻 posachōs V 4, 32a22-24
=hothen hē kinēsis hē protē en autōi hēi auto hyparchei 운동의 원리를 그 자체의 본성에 따라 자기 안에 가지고 있는 것들의 운동의 출처 혹은 원리 14b18, 15a14, 49b8, 70a7
-아르케(=원리)로서의 본성 hē physis archē 13a20
-본성에 의해서, 본성에 따라서, 본성적으로 physei (반) 습관에 의해서 di' ethos, 기술에 의해서 technēi, 자생성에 의해서 tōi automatōi, 사고에서 시작해서 apo dianoias 981b4, 32a12, 65a27, 70a6, 17
-(대) 능력 dynamis 33b8, 49b8
-(대) 기술 technē 33b8, 70a7
-(반) 강제력 bia 52a23, 71b35, 참고. 15b15, 33b33
-자연적으로 있는 것들 ta physei onta 14b19, 27, 32, 참고. 34a23, 70a5, 17
=질료 hylē 14b33, 참고. 983b13, 24a4
=형상 eidos, 완전한 상태 entelecheia, 상태 hexis 15a5, 32a24, 44a9, 70a11
-자연과의 일치성 to kata tēn physin 986b12
-생성에서 뒤서는 것이 본성적으로 앞서고 to tēi genesei hysteron tēi ph. proteron 989a15
-본성적으로 physei (반) 우리에게(= 우리와의 관계에서) pros hemas 29b4
-퓌지스, 본성을 가지다 physin echein 15a5, 32a23
=실체 ousia 993b2, 997b6, 1a11, 3a27, 14b36, 15a12, 19a2, 31a30, 53b9, 21, 64b11, 88a23
-본성만이 소멸하는 것들 안에 있는 실체 hē physis monē tōn en tois phthartois ousia 43b23
-본성상 습기를 포함하는 ph. hygra 983b26
-본성상 운동을 가진 ph. kinētikē 984b7
-좋음의 본성 hē tou agathou, 불확정적인 것의 본성 tou aoristou, 나쁨의 본성 tou kakou ph. 994b13, 996a23, 10a4, 75b7
-성질은 확정된 본성을 가진다 to poion tēs hosrismenēs ph. 63a28
-단일한 자연물처럼 다루다 chrētai hōs mia ph. 등 985b1, 988b22, 998a6, 3b23, 69a35, 89b7
-자연 전체 holē, pasa, 있는 것들의 본성 hē tōn ontōn, 세계 전체의 본성 tou holou ph. 5a32, 10a7, 984b9, 75a11, 참고. 993b2
-자연에 대한 저술 ta peri ph. 983a33, 985a12, 988a22, 989a24, 86a24
-자연에 대한 이론들 hoi peri ph. logoi 990a7
-자연학자들 hoi peri ph. = 자연연구자들 hoi physiologoi 1a12, 6a3, 50b24,

62b26
-자연은 있는 것들의 한 가지 유이다 hē ph. hen ti genos tōn ontōn 5a34
-(엠페도클레스) 15a1
자연~, 본성~ physikos
-자연학에 맞는 방식 tropos 995a16
-자연학자(= 자연연구자 physiologos) 5a31, 34, 26a5, 37a16, 67a6, 71b27, 75b27, 78b19
-본성적인 생성들 geneseis ph. 32a16
-자연적인 실체들 ph. ousiai 42a8, 44b6
-자연학 hē physikē 995a18, 5b1, 25b19, 26, 26a6, 12, 37a14, 59b16, 61b6, 28, 69a34
-자연적 물체들 ph. sōmata 28b10, 90a32, 참고. 25b34
-자연물들 ta ph. (반) 사고에 의해 있는 것들 ta apo dianoias 70b30
-자연학 저술 ta ph. (= 자연학 연구서 hē ph. pragmateia) 993a11, 42b8, 59a34, 62b31, 73a32, 76a9
-자연학자와 같은 방식으로 주장하다 physikōs legein 91a18, 참고. 66b26
볼록한 25b31, VII 5 (원문의 'koilos'는 본래 '오목한'이라는 뜻)
볼록함 25b33, VII 5, 35a4(원문의 'koilotēs'는 '볼록함'이라는 뜻)
부가, 더하기 prosthesis
-(논리) 부가 3b31
-부가에 의한, 부가적인 (설명, 진술, 정식) ek prostheseōs 982a27, 29b30, VII 5, 77b10
-(수학) 더하기 994b30, 66b1, 81b14, 92b31
부가하다, 더하다 prostithenai 1b8, 12, 16, 30a33
부동(不動)의 상태 akinēsia 988b3, 44b19
☞ 운동하지 않는, 부동(不動)적인 akinētos
부분, 개별~ meros
-여러 가지 뜻 posachōs V 25, 34b32
-(반) 전체 holon 993b6
-제작의 원인은 그 제작에 본질적인 첫 부분 to aition tou poiein prōton m. 34a26
-정식의 부분들 m. tou logou, 사물의 부분들 tou pragmatos VII 10, 11
-개별 형상들, 개별 학문들 특수적 en merei 989b12, 3a22
-부분적으로 kata meros 5a29
-개별자 to epi merous 84b14
-부분이 없는 amerēs kai adiairetos 73a6
부수적, 우연적 symbebēkos
-여러 가지 뜻 posachōs V 30
-그 자체로서 부수적인 것 s. (kath' hauto) = 속성 proprium 989b3, 995b20, 997a20, 29, 33, 3a25, 4b7, 25a30, 59a30, 33, 61b4. 88a17, 참고. 981a20, 995b26, 78a5
=우연적인 것 accidens 7a15, 21-b16, 13b34-14a20, 18a1, 25a14, 25, 26b13, 21, 32, 27a14, b33, 30a14, 59a2, 61b8, 64b18, 31, 65a1, 참고. 7a32
-질료가 우연적인 것의 원인 hē hylē aitia tou s. 27a14
-부수적, 부수적인 뜻에서, 우연적인 뜻에서 kata s. 988b15, 7a31, 14a8, 15b16, 17a7, 19-22, VI 2, 3, 31a19-27, 52a19, 59a2, XI 8
-부수적인 술어의 두 가지 뜻 to kata s. ditton 31b22

-우연적인 뜻에서 있는 것에 대해서는 어떤 이론적인 고찰도 존재하지 않는다 oudemia esti peri auto theōria 26b3, 참고. 64b31, 65a4
-부수적인 뜻에서 동일 tauta kata s. 37b7
-부수적인 뜻에서 소멸하는 것은 없다 outhen phtharton kata s. 59a2
☞ 결과, 결론으로 따라 나오다 symbainein
부정 apophasis
-(플라톤) 부정적인 것들의 형상들 eidē tōn apophaseōn 990b13, 79a10
-(대) 결여 sterēsis 4a12
-반대자를 동반하는 부정 to enantion epipherei 12a9, 참고. 46b13
-결여적 부정 a. sterētikē 56a17, 29
부정의 접두어 a a privativum 22b32
부정하다, 배제하다 exairein 994b12, 43b12, 47a14
부정하다, 무너뜨리다, 파괴하다 anairein
-인식활동을 부정하다 994b20
-실체를 부정하다 7a20, 86b18
-항상 부정될 수 있다 aei anairein estin 40a7
부족 elleipsis
-(반) 초과 hyperochē 992b7, 42b25, 35
부패 phthora ☞ 소멸
분리 chōrismos 989b4
분리 diakrisis 984a15, 98b33
☞ 결합 synkrisis
분리가능한 chōriston 5a10, 17b25, 25b28, 26a9, 14, 28a34, 40a9, 59b13, 60a8, 78b30, 86a33
-정식에서 분리가능한 logōi, 무제한적인 뜻에서 분리가능한 haplōs 42a29, 30
-현실적으로, 지식의 대상으로서 분리가능한 energeiai, gnosei 48b15
분리되어 chōris 998a18, 68b26
-분리되어 있다 einai, hyparchein ch. 991b1, 3, 79b36, 40b27
-분리해서 생각하다 ch. noein 27b23, 24
분리하다, 분리시키다 (본래 공간적인 뜻에서) chōrizein 989b3, 16b2, 40b6, 28, 78b31, 86b4
분리하다('떼어놓다', '구별하다'라는 뜻에서) diakrinein 984a11, 985a24, 28, 75a23
분석론 analytika 5b4
분할, 분할체 dihairesis 2a19, b10, 27b19, 37b28, 48b16, 60b14, 19, 72b2
-분할의 방법에 의한 정의 ho kata tas dihaireseis horismos 37b28
-세 차원에서 분할가능한 dihaireton trichei 16b27
분할(하다), 나누다 dihairein 27b33, 51b3, 69a34
-수학에서 2b3
-논리적으로 8a19, 21, 27, 62b3
-나누다 dihaireisthai 4a28, 28a10, 29b1
분할불가능한, 나뉠 수 없는 adihairetos I 1, 84b14, 85b16-22
-양의 측면에서 kata to poson, 종의 측면에서 kata to eidos, tōi eidei, 999a2, 14a27, 16a19, 21, b23, 89b35, 참고. 88a2
-종들로 분할가능한 eis eidē 999a4
-시간적으로 분할불가능한 kata chronon 16a6
-하나 자체는 분할불가능 a. auto to hen 1b7
-분할불가능한 점 a. stigmē 2b4

-(비) 단순하고 분할불가능한 haplous 14b5
-비교해서 분할불가능한 ha. pros 16a33
불 pyr 984a7, 989a2, 1a15, 67a5, 70a19
불가능한 adynaton ☞ 무능력한
불가분적인 atomon
-불가분적인 선들 atomoi grammai 992a22, 참고. 84b1
-불가분적인 연장물 a. megethē 83b13
-불가분적인 것 ta a. = 최고류 maxime universalia 994b21
-불가분적인 것 = 개별자(종, 감각적 실체) ta kath' hekaston 995b29, 998b16, 29, 999a12, 34a8, 58a18
=불가분적인 종들 a. eidē 998b29, 34a8, 58a18, b10(?), 59b36
-유에서 불가분적 tōi genei 18b5
불구 kolobon V 27
불멸하는 aphthartos
-불멸하는 실체들 aphthartoi ousiai 40b31
-가멸적인 것과 불멸하는 것은 유가 서로 다르다 heteron tōi genei to phtharton kai to a. X 10
불완전한 동물 pērōma 34b3
불의 adikia
-(피타고라스학파) 990a24
불의한 adikos 61a22, 25
불합리한 alogos ☞ 이치에 맞지 않는
불확정적, 불확정적인 것 ahoristos 989b18, 10a3, 63a28, 92a13
-불확정적인 것은 가능적으로 존재 a. to dynamei on, 질료 hē hylē, 우연적인 것 to symbebēkos 7b29, 37a27, 65a25
(양적인) 비동일성, 같지 않은 anison 22b33
-(양적인) 비동일성 to a. (아카데미아) 75a33, 87b5, 9, 88a15, b29, 32, 89b6-15, 91b35, 참고. 81a25
비방 loidoria 13a10, 23a30
비례 analogia ☞ 유비
비율 logos ☞ 논변
빈, 공허한 kenon
-빈 것 to k. 48b10
-(데모크리토스) 985b5, 9a28
-(아카데미아) 84a33
-공허한 말을 하다 dia kenes legein 992a28
빛 phōs 986a25, 53b31
빼기 aphairesis 66b1
-추상물들, 생략을 통해 생긴 것들 ta ex aphaireseōs 61a29, 77b10
빼다, 생략하다, 떼어내다 aphairein
-(반) prostithenai 1b8, 30a33
-사유 안에서 떼어내다 tēi dianoiai 36b3

ㅅ~ㅇ

사고, 생각 dianoia 12a2, 13a20, 21a31, 32, 25b6, 17, 27b27, 28, 32a28
=의견 doxa 984a5, 986b10, 9a16
-(반) 말하다 legein 985a4
-(정의들에) 생각의 방향을 맞추다
ephistanai tēn d. 987b4
-사고를 통해 확정하다 tēi d. horisai, 떼어내다 aphelein, 파악하다
hypolabein, 9a4, 36b3, 73b12
-연합이나 분할을 통한 사고 synaptēi ē dihairēi hē d. 27b33
-사고를 통한 연합 synplokē tēs d. 65a22
-사고에서 시작되는 생성 apo d. gignesthai 49a5, 참고. 32a28, 70b31

사람, 인간 anthrōpos
-사람임(=사람의 본질) to anthrōpōi einai 6a33-7a1
-거짓된 사람 a. pseudes 25a2-13
-사람이 사람을 낳는다 a. anthrōpon gennai 32a25, 33b32, 70a8, 27, b34, 92a16
-제3의 인간 tritos anthrōpos 990b17, 39a2, 59b8, 79a13
사람의 모습을 한 신들 anthrōpoeideis theoi 997b10, 74b5
사랑 philia
-(엠페도클레스) 985a3, 24, 988a33, 996a8, 4b33, 72a6, 75b2, 6
사랑 philotēs
-(엠페도클레스) 0b11
사려 phronēsis 9b13, 32
-사려가 있는 phronimos 980b21, 22
☞ 지혜 phronēsis
사례 제시 ekthesis ☞ 표본 제시법
4분음(分音) diesis 16b21, 53a12, b35, 87b35
-(비율에 따르면) 둘 hai d. dyo 53a15
사실 hoti
-(반) 이유 dioti 981a29, b13
-사실과 있음 to hoti kai to einai 41a15
사유, 사유활동 noēsis 16b1
-(반) 제작 poiēsis 32b15
-(대) 감각 aisthēsis 36a6
-(연) 정식 logos 52a30, b1, 75a3, 참고. 991b27
-(대) 지성 nous XII 7, 9, 참고. 51a30
-사유에 대한 사유 noēseōs noēsis 74b34
사유능력('사유할 수 있는') noētikon 52a3
사유하다, 생각하다 noein 990b14, 994b23, 24, 26, 6b10, 32b6, 8
산수~, arithmētikos
-산수학자 5a31
-산수의 정리들 90a14
-산수의 수 a. arithmos 83b16
-산수가 기하학보다 더 엄밀하다 arithmetikē akribestera geōmetrias 982a28
-산수 hē arithmetikē 991b28
살 sarx 993a19, 20, 70a19
살다 zēn
-영혼과 육체의 '합성' 또는 '결속' 45b12
-상상에 의존하는 삶 tais phantasiais, (반) 기술에 의존하는 삶 technē 980b26
-열기는 습기에 의해 산다 to thermon tōi hygrōi 983b24
삶 zōē
-신에게 속하는 삶 zōē tou theou 72b26-30
삼각형 trigonon 92b12
-두 직각을 (내각의 합으로) 갖는 t. to dyo orthas echon 25a32, 참고. 51a24, 86b35
삼단논법 syllogismos ☞ 추론
삽화적인 epeisodiodes 76a1, 90b19
상상 phantasia 980b26, 10b3
-상상을 만들어내다 empoiein phantasian 24b24, 25a6
-어떤 것으로부터 생겨난 상상 hē apo tinos ph. 24b26
=의견 doxa 62b34
상상내용 phantasma 990b14, 79a11
상호접촉 diathigē
-(데모크리토스) 985b14, 42b14

색깔 chrōma
-투과하는 색깔과 압박하는 색깔 diakritikon, synkritikon 57b9
생각 dianoia ☞ 사고
생각하다, 믿다, 판단하다 hypolambanein 998a22, 5b26, 6a1, 8b10, 26
☞ 관념 hypolēpsis
생명이 없는 apsychos 981b4, 46a36, 47a4
생명이 있는 empsychos 46a37, 48a4
생성 genesis, 생겨나다 gignesthai
-생겨나는 것은 어떤 것의 작용에 의해 어떤 것으로부터 어떤 것이 된다 gignetai ek tinos, hypo tinos, ti 32a13, 33a24, 44b24, 49b28
-어떤 것으로부터, 즉 질료와 결여에서 시작되는 생성 ek tinos i. e. hylē et sterēsis 32a20, 33a9, 55b11, 69b18, 88b17
-이름이 같은 것에서 시작되는 생성 gign. ex homonymou, synonymou 34a21, 49b29, 70a5
-어떤 것이 다른 어떤 것으로부터 생긴다고 할 때 거기에는 두 가지 뜻이 있다 dichōs gignetai tode ek toude 994a22
-본성적인, 기술적인, 자생적인 생성 g. physei, technēi, apo tautomatou VII 7-9
-복합실체는 생겨난다 g. to synholon VIII 8, 42a30, 69b35, 70a15
-생성은 개별적인 것과 관계한다 hai g. peri to kath' hekaston 981a17, 참고. 42a30, 70a15
-생성에서 뒤서는 것이 본성적으로 앞선다 genesei hysteron, physei proteron 989a15, 50a4, 77a26
-있음과 있지 않음의 중간에 생성이 있다 metaxy tou einai kai mē einai 994a27, 참고. 55b11, 91b34
-생성과정들 가운데 하나는 사유이고 다른 하나는 제작이다 tōn g. hē mēn noēsis hē de poiēsis 32b15
-어떤 것으로부터 어떤 것의 생성 genesis ek tinos ti estai 33b11
-생성과 소멸의 과정을 거치지 않은 채 있고 있지 않음 einai aneu g. esti kai ouk estin 44b21
-(정의) 67b22, 69b10, 88a33
-무제한적인 뜻의 생성 g. haple 67b23, 68a35, 69b10, 88a33
-(대) 운동 kinēsis 67b31, 68a2
-생성의 생성은 없다 ouk esti geneseos genesis 68a15
서사시 epos
-육음보 hexam. 93a30
선 grammē 2a5, 76b6-35, 78a15
-불가분적인 선들 gr. atomos 992a22, 참고. 84b1
-감각적인 선들 gr. aisthetai et geōmetrikai 998a1
-선은 점들로부터 유래하지 않는다 ouk ek stigmōn 1b18
-(정의) 16b26
-선에 대한 정식 grammēs ho logos 36b13, 43a33
선택 prohairesis 15a27, 20b25
-선택은 아르케(=시작) hē p. archē, 주도적인 것 kyrion 13a21, 18b25, 48a11
-(대) 욕망 orexis 48a11
설득 peithō 9a17, 74b4
성질, 질 poion 14b26, 28a12, 15, 3a11,

89b26
-여러 가지 뜻 posachōs V 14, 68b18
-성질을 갖는 것들로서의 수들 hoi arithmoi poioi tines 20b3
-확정된 본성을 갖는 성질 to p. tēs horismenēs physeōs 63a27
-성질의 변화, 질적인 측면의 변화 metabolē kata to p. 69b10, 참고. 10a23
-수들에는 성질이 양보다 나중에 속한다 hysteron to p. tou posou 83a11
성질 poiotēs 22b15
세계 전체 holon ☞ 전체
소멸, 부패 phthora 994b6, 0a27, 67b24, 69b11
-(질료와 형상의) 복합체만이 소멸을 겪는다 tou ek toutōn monou ph. esti 42a30, 참고. 70a15
-결여와 부패에 의해서 kata sterēsin kai phthoran 44b33, 참고. 45a1
☞ 가멸적 phthartos
소멸하다 phtheiresthai 0a22, 27a30, 43b15
-모든 것은 소멸하여 자신이 유래한 것들로 되돌아간다 hatanta ph. eis tauta ex hōn 0b25
소유상태, 상태 hexis
-(반) 기체 hypokeimenon 983b15
-(연) 속성 pathos 986a17, 15b34
=신체의 상태 somatos diathesis 9b18
-(반) 결여 sterēsis 18a34, 19b7, 8, 55a33, b13
-여러 가지 뜻 posachōs V 20
-(연) 형상 eidos, 본성 physis 44b32, 70a12
-형상을 가진 상태 hē tou eidous he. 55b12
-수동적인 변화를 겪지 않음의 상태 he. apatheias 46a13
소크라테스 Sokratēs 987b1, 2, 78b17, 28, 30, 86b3
-연하의 소크라테스 S. ho neōteros 36b25
-사례로서 '소크라테스' S. ut exemplum 981a19, 983b13, 18a2-4, 32a8, 37a7, 74a35, etc.
소포클레스 Sophoklēs 15a30
소피스테스 sophistēs 996a32, 4b17, 26b15
소피스테스의 기술 sophistikē 4b18, 23, 26
-(플라톤) 있지 않은 것을 다루는 기술 peri to mē on 26b14
-소피스테스식 반박 s. elenchos 32a6, 49b33
속담 paroimia 983a3, 18
-paroimiazesthai 속담을 말하다 993b4
속성 pathos ☞ 양태
(어떤 것에) 속하다 hyparchein 37b16, 40a15
-어떤 것에 그 자체로서(= 어떤 것 자체에, 어떤 것의 본성에) 속하다 hyparchein kath' hauto 3a22, 25a31, b12, 30b23
-(어떤 것에) 속하는 것들 ta hyparchonta (반) '무엇' ti esti 26a32
'수'와 '수(컷)'
수 arithmos
-완전수로서 10 hē dekas dokei pasan perieilēphenai ten tōn a. physin 986a9, 73a20, 84a12, 32
-원리로서의 수 ton a. nomizontes archēn einai 986a16, 76a31
-수의 요소들, 생성, 속성들, 양태들

37b16, 58b22, 68a9, 14, b16
-첫째 수동적인 주체 to prōton paschon 44b16
수동적 변화 pathētikē metabolē 46a12
수용자 dektikon 18a23, 29, 32, 23a12, 56a26, 68b25
수학, 수학적인 학문 mathēmata 985b24, 수학 992a32, 996a29, 4a9, 77b18
-수학적인 화성학 hē en tois m. harmonikē 997b21
-(수학의) 몇몇 분야 enia m. 26a9
수학~, 수학자, 수학적인 mathēmatikos 997b2, 61a28, 77a9, 80a36
-수학적인 인식에 더 합당한 질료 hylē mathēmatikōtera 992b2
-수학적인 수 arithmos m. XIII 6, 86a5, 참고. 76a20
-수학 hē m. 26a7-26, 61b32, 64a32, 참고. 981b23, 78a33
-수학적인 학문의 부분들 hē m. echei merē 4a7
-수학적인 학문 m. epistēmai (대) 제작적인 학문 poiētikai 64a1, 참고. 78a33
-(플라톤) 중간자로서의 수학적인 것들(= 수학적인 학문의 대상들) ta m. metaxy 987b15, 992b16, 995b17, 2b14, 28b20, 59b6, 69a35
-수학적인 것들 (반) 감각물들 aisthēta 989b32, 990a15, 36a4
-수학적인 것들에는 동종의 것들이 여럿 있다 ta m. poll' atta homoeide 2b14
-(연) 형상들 eidē, 이데아들 ideai (아카데미) 2b14, 23, 28b20, 76a20, 83a23, 90b26
-수학적인 것들은 실체인가 poteron ousiai 42a12, 69a35, XIII 1-3
-수학적인 대상들은 분리가능하지 않다 chōriston autōn outhen 59b13
-수학적인 대상들의 질료 hē tōn m. hylē 59b16
-수학적인 방식으로 말하다 mathēmatikōs legein 995a6, 80b26, 28
순진한 euēthes 62b34
-단순히 euēthōs 24b32
술어 katēgoria ☞ 범주
술어가 되다 katēgorein
-~에 대해 술어가 되다 epi tinos 998b16, 24, 999a15
-~에 대해 술어가 되다 kata tinos 999a20, 23b31, 60b5
-술어가 되는 것들 ta katēgoroumena 70b1, 참고. 28a13
술어, 술어가 되는 것들 katēgorēma 28a33, 53b19
스튁스 Styx 983b32
스페우시포스 Speusippos 28b21, 72b31
습관 ethos
-습관에 의해서 di' (반) 본성에 의해서 physei 981b5, 참고. 47b32
-습관에 따라 kata ta e. 994b32
시가(詩歌) melopoiia 993b15
시각, 눈 opsis 21a33-b3
=눈 opsthamos 11a28, 63a7, 10
-시각 (대) 보는 활동 horasis 50a24
시간 chronos
-부수적인 뜻에서의 양 kata sym. poson 20a29
-시간이 생겨나거나 소멸하기는 불가능하다 adynaton chronon ē genesthai ē phtharenai 1b7

아르키타스 Archytas 43a21
아름다운, 아름다운 것 kalon
-(비) 좋은 것 agathon 13a22, 91a30
-(대) agathon 78a31-b5
-겉보기에 아름다운 것 phainomenon l. on k. 72a28
-(피타고라스) 아름다움 93b13
-to kaliston mē en archēi einai 가장 아름다운 것은 시초에 놓여 있지 않다는 생각 72b32
아리스티포스 Aristippos 996a32
아르키타스 Archytas 43a21
아틀라스 Atlas 23a20
~ 안에 출현하다 emphainesthai 28a28, 91a36
안장코 simon (이 번역에서는 '딱부리')
-(대) 오목한 koilos (이 번역에서는 '볼록한') 25b31-26a1, VII 5, 10
안장코 형태 simotēs (이 번역에서는 '딱부리 형태')
-(대) 오목한 형태 koilotēs VII 5, 37a31 (이 번역에서는 '볼록한 형태')
안티스테네스 Antisthenēs 24b32,
-안티스테네스학파 Antistheneioi 43b24
(이미) 알고 있다, (학문적으로) 알다 eidenai 980a21, 981a24, 28, 983a25, 993b23, 994b21, 29, 996b15, 19, 28a36
-(비) (학문적인) 인식활동 epistasthai 982a30, b21, 994b20
(일상적인 뜻에서) 알다 gignōskein 994b22, 28a37, b2, 31b7
-어떤 것에 대해서 peri tinos 997a2(감각적으로, 학문적으로) 알다 gnōrizein
=감각을 통해 지각하다 sensu percipere 980a26, 36a6
-(비) 인식하다 epistasthai 등 981b6, 983a26, 994b30, 996b16, 997a1, 4, 998b5, 4a20, 23, b7, 5a28, 36a8
-어떤 것에 대해서 peri ti 5a28, peri tinos 37a16
알크마이온 Alkmaiōn 986a27
암(컷), 여성 thely 988a5, 24a35, X 9
-(피타고라스) 암 986a25
앞서는, 뒤서는, 뒤에 오는 proteron kai hysteron
-여러 가지 뜻 posachōs V 11
-생성에서 genesei, 본성적으로 physei 989a16, 참고. 50a5, 77a27
-정식의 측면에서 kata ton logon, 감각의 측면에서 tēn aisthēsin 18b33
-본성과 실체의 측면에서 kata physin kai ousian 19a2
-서로 떨어져 있을 수 있는 능력에서 tōi einai aneu allēlōn 34b32
-정식에서 logōi, 시간에서 chronōi 생성에서 genesei 38b27
-정식에서 logōi, 실체에서 ousiai, 시간에서 chronōi 49b11
-정식에서 logōi 54a29, 78a9, 참고. 35b5
-실체에서 ousiai 77a27
-정식에서 logōi, 실체에서 ousiai 77b1
-앞서는 것과 뒤서는 것의 구분이 있는 경우들 en hois to. p. kai hy. 999a6
-앞서는 것과 뒤서는 것에 차이가 있는 수들 arithmon echonta to p. kai hy. 80b12
-어떤 것은 다른 것보다 앞선다 proterōs legesthai 13b31
양('얼마') poson
-여러 가지 뜻 posachōs V 13

-양 (반) 종, 형상 eidos 999a3, 10a24, 16b23
-양적인 측면에서 하나 hen kata to poson 14b25
-양적인 것의 속성들 pathē tou p. 20a19
-양적인 것은 하나나 수에 의해 인식된다 gignōsketai ē heni ē arithmōi 52b21
-양은 불확정적인 본성을 갖는다 to p. tēs aoristou physeōs 63a28
-양의 측면에서의 변화 metabolē kata to p. 69b10, 참고. 10a23
-수들에는 성질이 양보다 나중에 속한다 hysteron to poion tou. p. 83a11
-두 번 곱한 양 20b5
양태, 속성 pathos
-여러 가지 뜻 posachōs V 21
-(반) 실체 ousia 983b10, 985b11, 989b3, 2a2, 38b28, 71a2
-수들의 양태 arithmōn p. 985b29, 참고. 990a27
-속성과 상태들 pathē kai hexeis 986a17, 15b34, 20a19
-(연) 부수적인 것 symbebēkos, 운동 kinēsis, 989b3, 30a14, 71a2
-그 자체로 속하는 속성들 kath' hauta pathē 4b6, 19a1, 30b19, 31, 참고. 997a7, 4b11, 90a30
-고유한 속성들 oikeia, idia 58a37, b22, 78a7, 16
-(반) 기체 hypokeimenon 49a29
-양태의 변화 metabolē kata to p. 69b12
양태, 현상 pathēma
-양태 (반) 실체 ousia 985b12
-달 표면의 현상들 selēnēs pathēmata 982b16
어떤 것 안에 en tini
-여러 가지 뜻 posachōs 23a24
어떤 것으로 된 ekeininos 33a7, 49a19, 21
어떤 것으로부터 ek tinos 991a19, 994a22, V 24, 44a24, 92a23
어둠 skotos 986a26, 53b31
어려움 dyschereia 995a22, 85b17, 86a4, b12, 90a8, 91a37, b1, 22
-논리적인 logikai 5b22, 87b20
엄밀한, 엄밀성 akribēs 982a13, 995a10, 73b16, 78a10
-보다 엄밀한 증명들 akribesteroi logoi 990b15, 79a11
-더 엄밀한 원인들 aitiai akribesterai 25b7
-척도는 엄밀하다 a. to metron 52b36
-엄밀한 akribesteros (반) 느슨한 malakōteros 64a7
-(연) 더 논리적이고 엄밀한 논변들 logikōteros 80a10
-엄밀하게 akribōs 31a7
에로스 eros
-(헤시오도스) 에로스 984b29
-(파르메니데스) 984b24, 27, 988a34
에우독소스 Eudoxos 991a17, 73b17, 79b21
에우뤼토스 Eurytos 92b10
에피카르모스 Epikarmos 10a6, 86a17
여가를 누리다 scholazein 981b23
여기 있는 것들 ta deuro 991b30, 2b15, 59b8, 11, 60a9, 63a11, 22
☞ 우리 주변에 있는 것들 ta enthauta
여럿 polys ☞ 많음
여유 있는 삶 diagōgē 981b18, 982b23, 72b14
여자 gynē 34b3, 58a29

1a12, 69b21, 72a6, 75b2, 91b11
-(인용) 0a29-b16, 9b18, 15a1
오류추론 paralogismos 22a22
오목한 koilos ☞ 볼록한
오목함 koilotēs ☞ 볼록함
오케아노스 Ōkeanos 983b30, 91b6
온 세계 pan ☞ 전부
완벽한 teleion ☞ 완전한
완성 teleiōsis 21b20
완전한, 마지막에 오는, 완벽한 teleion
-(정의) 23a34, 55a11
-여러 가지 뜻 posachōs V 16
-10은 완전수 t. hē dekas (피타고라스) 986a8, (플라톤) 84a32
-(원은) 완전한 선 grammē t. 16b17
-(피타고라스) 완전함은 원리들로부터 생겨난 것들 안에 있다 to t. en tois ek tōn archōn
-(스페우시포스) 72b34, 참고. 92a13
-완전히 teleiōs 21b27
-완전히 teleōs 62b27
완전한 상태 entelecheia
-(반) 가능태 dynamis 7b28, 15a19, 17b1
-완전한 상태를 벗어난 뒤 apelthonta ek tēs e. 36a7
-(반) 질료 hylē 38b6, 78a30
-완전한 상태는 (반선들을) 분리시킨다 hē e. chōrizei 39a7
-(비) 실체 ousia, 본성 physis 44a9
-'엔텔레케이아', 완전한 상태 (연) '에네르게이아' energeia 47a30, 50a22, 65b22
'왜', '무엇 때문에', 이유 dia ti
-(반) 사실 hoti 981b12, 41a10
-첫째 '무엇 때문에' dia ti proton 983a29
요소, 철자 stoicheion
=철자 littera 993a10, 23a36, 34b26, 27, 35a11, 14, 41b13, 86b23-32, 87a8
=요소 elementum 985a25, 986b7, 9, 989a4, 6, 31, 992b18, 993a9, 1a18, 59b23, 84b15, 86b20-87a5, 88b3, 15-32
-(연) 원리 archē, 원인 aition 983b10, 989b30, 995b28, 998a22, 25b5, 42a5, 59b23, 69a26, 70a34-b16, 71a25, 86a22, 87a2, 91a31
-(대) 원리 archē 41b31, 70b22-26, 87b13-15
-기하학 명제들의 요소들 tōn diagrammatōn 998a26
-요소들이 가능적으로 있는지 poteron dynamei esti ta s. 2b33
-여러 가지 뜻 posachōs V 3
-네 가지 요소 s. tettara (엠페도클레스) 985a32, 참고. 999a31
-(플라톤) 형상들의 요소들 tōn eidōn stoicheia 987b19
욕구를 가지다 epithymein 48a21
-욕구의 대상 epithymetikon 72a27
욕망 orexis 48a11, 71a3
욕망을 가지다, ~하고 싶어 하다 oregesthai 980a21, 72a29
욕망의 대상 orekton 72a26
우리 주변에 있는 것들 ta enthauta 990b34, 991b13, 2b17
☞ 여기 있는 것들 ta deuro
우연, 우연적 결과 tychē 981a5, 65a27-b3
-(연) 자생성 tautomaton 984b14, 32a29
-(대) 자생성 tautomaton 70a6
-기술, 본성, 우연, 자생성에 의한 생성

gignesthai technēi, physei, tychēi, tōi automatōi 70a6, 참고. 32a29, 49a4
우연적인 symbebēkos ☞ 부수적인
우주 kosmos ☞ 코스모스
우주 ouranos ☞ 하늘
운동 kinēsis XI 9, 68a8-b25
-운동이 시작되는 출처, 운동의 출처 hothen hē archē tēs k. 983a30, 984a27, 985b19, 참고. 988b27, 996b6, 13b9
-(반) 정지 stasis 4b29, 25b20
-(연) 현실적인 활동 energeia, 행동 praxis 20b20, 48b28, 22a7, b5, 48b20
-(연) 자연 physis 25b20
-(연) 질료 hylē 26a3, 참고. 989b32, 36b29, 69b1
-(연) 성질 poion, 양 poson 등 29b25
-(대) 현실적 활동 energeia 48b28
-단순한 haplē, 가장 빠른 tachistē, 연속적 synechēs, 쉼 없는 apausstos, 첫째 prōtē, 균질적 homalē 53a9, 71b9, 72a21, 78a13
-(대) 생성 genesis, 소멸 phthora 67b31-68a5
-운동에는 세 가지가 있을 수밖에 없다 anankē treis einai kinēseis 68a9
-운동이 생겨나기는 불가능하다 adynaton k. genesthai 71b7, 참고. 33
-장소의 운동 k. kata topon 73a12
-(아카데미아) 84a35
운동의, 운동할 수 있는 kinētikos 984b6, 49b7, 66a28
운동을 낳다, 운동하게 하다 kinein
-운동을 낳는 것(운동인, 원동자) to kinēson, to kinoun 991b5, 80a4
-형상들의 운동 kinēsetai ta eidē 992b8
-운동하다 kineisthai (반) 정지하다 eremein 10a36, 12b24, 67b30
-운동을 낳는 것은 운동하는 것보다 앞선다 to kinoun tou kinoumenou proteron 10b37, 참고. 70a21
-첫째 원동자 자체는 운동하지 않는다 to prōton kinoun akinēton auto 12b31, XII 7
-첫째 원동자 to kinoun prōton 67b8, 참고. 70a1
-(연) 행동하다 prattein 23a18
-운동하는 것의 어떤 부분은 이미 운동을 마친 상태에 있다 dia to tou kinoumenou kekinesthai ti 49b36
-원동자 to kinoun XII 3, 4
-(피타고라스) 운동 kinoumenon 986a25
-(플라톤) 스스로 운동하는 것 to auto heauto kinoun 72a1
운동축(poloi) 73b28, 31
운동하지 않는, 부동(不動)적인 akinētos
-운동하지 않는 하나 to hen a. 984a31
-운동하지 않는 어떤 자연적 원리가 있다 estin a. tis physis 10a34, 참고. 69a33, XII 6, 73a24, 33
-부동적인 것의 여러 가지 뜻 posachōs 68b20
☞ 부동(不動)의 상태 akinēsia
운보(韻步) basis
-(운율) 87b36
원 kyklos 16b16, 36a1-18
-원환운동 hē kyklōi phora 72b9, 참고. 71b11, 72a22
원리, 시작 archē
-(비) 원인 aitia, aition 982b9, 983a29, b4, 986b33, 989b23, 990a2, 3b24,

13a17, 25b5, 42a5, 69a26, b33, 86a21
-시작이 되는 원인들 ta ex a. aitia 983a24
-신은 일종의 원리 ho theos a. tis 983a9
-(비) 요소 stoicheion 983b11, 989b30, 995b27, 998a22, 25b5, 42a5, 69a26, 80b32, 86a21
-(대) 요소 stoichein 41b31, 70b23, 91b3, 10
-질료의 형태를 갖는 원리 a. en hylēs eidei, 생성의 출처 to ex hou, 질료적 원리 hōs hylē 983b7, 24, 986a17, 987a4, 46a23, 참고. 984a6
-운동의 출처 tēs kinēseōs, 변화의 원리 metablētikē, 운동과 정지의 원리 kinētikē ē statikē, hōs kinoun ē histan 984a27, 46a14, b4, 49b6-9, 70b25, 참고. a17
-다른 것 안에 en allōi, 자신 안에 있는 원리 en autōi 70a7
-지향 대상은 원리 a. to hou henaka 50a8
-무한히 많은 원리들 apeiroi a. (아낙사고라스) 984a13
-(피타고라스) 열 개의 원리 tas a. deka tas kata systoichian legomenas 986a22
-반대자들이 있는 것들의 원리
tanantia archai 986b3, 4b31, 87a30
-어떤 원리가 있다 estin a. tis 994a1
-정식 안에 있는 원리들과 기체 안에 있는 원리들 en tois logois, en tōi hypokeimenōi 996a1
-논증의 원리들 apodeiktikai a. 996b26, 참고. 993b28
-가장 확고한 원리 bebaiōtatai a. 5b9, 11, 18, 22, 6a5
-가장 잘 알려진 원리 gnōrimōtatē a. 5b13
-무전제적인 원리 anhypothetos 5b14
-더 믿을 만한 원리 pistōtera 62a3
-유들은 원리들인가 poteron ta genē archai 998a22
-종이 하나 eidei, 수가 하나 arithmōi hen, 999b25, 2b31, 60b29, XII 4, 5
-가멸적인 것들과 불멸적인 것들의 원리들 tōn phthartōn kai tōn aphthartōn 0a6
-원리들은 보편자인가 개별자들인가 poteron katholou ē kath' hekasta 3a7, 71a20, XIII 10, 참고. 60b22, 69a28
-여러 가지 뜻 a. posachōs V 1
-있는 것인 한에서 있는 것들의 원리들과 원인들 hai a. tōn ontōn hēi onta VI 1, 참고. IV 1
-(연) 실체 ousia 41a9, 60b23, 69a28, 70b25, 76a24, 80b6
-더 단순한 것이 덜 단순한 것보다 더 높은 수준의 원리 mallon a. to haplousteron 59b35
-(자신이 사라지면서) 다른 것들을 함께 없애는 것이 원리 a. to synanairoun 60a1
-서로 다른 것들의 원리들은 어떤 의미에서는 다르고, 어떤 의미에서는 동일하다 a. pōs hai autai, pōs heterai XII 2-5
-좋음은 최고의 원리 pōs to agathon a. 75a38, 참고. 12
-1은 원리 pōs to hen a. 84b19
-원리들은 좋음 및 아름다움과 어떤 관계에 있는지 pōs echei pros to agathon 91a31
-출발점에 놓인 것에 대한 되물음 aiteisthai to en a. 6a17, 참고. 20, 8b2

원인 aitia
-(비) 원리, 아르케 archē 982b9, 983b4, 986b33, 989b23, 13a17
-첫째 원인 prōtē ai. 983a25, 참고. 3a31
-우연적인 뜻에서 있는 것의 원인 tou kata symbebēkos ai. 65a7
-네 원인 ai. tessares 70b26
-원인들을 이론적으로 고찰하는 일은 하나의 학문에 속하는가 여러 학문에 속하는가 poteron mias ē pollōn epistēmōn theōresai tas ai. 995b6
원인 aition
-지혜라고 불리는 것은 첫째 원인들과 원리들에 관한 것이라고 누구나 생각한다 sophian peri ta prota ai. hypolambanousi pantes 981b28, 참고. 982a13
-시작이 되는 원인들 ta ex archēs ai. 983a24
-(비) 원리 archē 983a29, 990a2, 3b24, 13a16, 69b33
-(비) 요소 stoicheion 25b5, 42a5, 69a26, 71a25, 86a22
-네 종류의 원인 legetai tetrachōs 983a26, 996b5, 44a33, XII 4
-원인들은 무한하지 않다 ouk apeira ta ai. II 2
-모든 부류의 원인을 이론적으로 고찰하는 일이 하나의 학문에 속하는지 아니면 더 많은 학문에 속하는지 poteron mias ē pleionōn epistēmōn theōresai panta ta genē tōn ai. 996a20
-여러 가지 뜻 posachōs 13a16, V 2
-모든 원인은 영원하다 panta ta ai. aidia 26a17
-원인들의 생성과 소멸 ai. geneta kai phtharta VI 3
-우연적인 것들의 원인은 우연적 tōn kata symbebēkos ta ai. kata symbebēkos 27a8, 참고. 65a6
-가장 가까운 원인들 ta engytata ai. 44b1
-운동을 낳는 원인들 ta kinounta ai, ta hōs ho logos 정식이라는 뜻의 원인들 70a21
원하다, ~하려고 하다, 의도하다, 염두에 두다 boulesthai 989b19, 2b28, 86b19, 89a20, 91a32
원환운동 kyklophoria 52a28
유용성, 활용 chrēsis
-(반) 앎 eidenai 982b21
-(반) 기능 ergon 50a24
위치 thesis
-(수학) 985b15, 16b26, 22a23, b2, 42b19, 77b30, 82a21, 85b12
위치변화 metathesis 24a4
위해서 heneka
-지향 대상 hou heneka 44a36, 65a26
=좋음, 좋은 것 tagathon 982b10, 983a31, 996a24, b12, 13a21, b25, 44b12, 59a36
-(연) 목적 telos, 원리 archē 994b9, 13a33, b26, a21, 50a8
-두 종류의 지향 대상 to hou heneka ditton 72b2
유, 부류 genos
-종(種)들의 유 eidōn 991a31
-유에 속하는 종들 eidē hōs genous 57b7, 58a22, 79b34 참고. 998b24, 30a12, 38a5, 85a24
-(대) 보편자 katholou 992b12, 15b28, 28b35
-최종(最終)의, 최종적인 teleutaia, eschata

유, 첫째 prōta, 최상(最上)의 anōtatō, 최근(最近)류 engytata 995b29, 998b15, 18, 999a1, 23a27, 34a1, 37b30, 59b27
-유들은 요소들인가 poteron ta g. stoicheia 998a21, 14b11, 참고. 42a14, 59b21-27, 69a27
-유들은 정의의 원리들 archai ta g. tōn horismōn 998b5
-'하나'도 '있는 것'도 있는 것들의 하나의 유일 수 없다 ouch hoion te oute to hen oute to on einai g. 998b22, 45b6
-(연) 정의 horismos, 종 eidos 998b13-999a23, 16b32, 23b28, 24, 25, VII 12, 39a26, 57b7, 59b36-60a5
-(연) 차이, 종차(種差) diaphora 998b31, 14b11, 16a24, 37b19, 21, 39a26, 42b32, 59b33
-여러 가지 뜻 posachōs V 28
-질료라는 뜻의 유 g. hōs hylē 24b8, 38a5, 58a23
-유는 실체가 아니다 to g. ouk ousia 42a21, 53b21, 참고. VII 13
-차이가 나는 것은 유나 종에서 차이가 난다 to diapheron diapherei ē genei ē eidei 54b28, 참고. 24b9, 58a7
-(정의) 54b30, 57b38
-한 유로부터 다른 유의 변화는 불가능하다 metaballein eis allo genos ouk estin 57a27
=종 eidos 58b28
-첫째 유들 ta prōta g. 59b27
-차이들의 부류들 genē tōn d. 42b32
유기적 통일성 symphysis 14b22, 40b15, 69a12, 70a11
유기적 통일성을 가지다('함께 자라다') symphyein, sympephykenai 14b21-25, 46a28
유비, 비례 analogia
-비례 84a33
-유비의 측면에서, 유비적으로 kat' a. 16b32, 34, 17a2, 18a13, 70a32, b26
유비적 대응자, 유비적 대응관계 analogon 43a5, 48b7, 93b19
-유비적 대응관계에 의해서 전체를 개관 to a. synran 48a37
-유비적으로 동일한, 유비적으로 하나 tōi a. tauta 70b17, 71a4, 26, 93b18
-동일한 것이나 그것의 유비적 대응자 to auto kai to a. 89b4
유한한 peperasmenon 994a16 ☞ 한계
-(피타고라스) 유한한 986a18, 유한자 987a15
-(파르메니데스) 유한한 986b20
육체 sōma ☞ 물체
윤리적인 ēthika 981b25, 987b1
-윤리적인 탁월성들 ē. aretai 78b18
음계 harmonia ☞ 화성
음악적인 mousikos
-우연적인 것 혹은 부수적인 것의 사례 exemplum tou symbebēkotos 15b17-31, 17a8-17, b28-18a3, 26b17-20, 31a27, b23, 64b23-26
음절 syllabē 23a36, 34b26, 27, 35a10, 15, 16, 41b12, 86b23-30, 87a10
의견, 이론 doxa 984a2, 991a19, 993b12, 18, 996b28, 9b36, 10a1, 51b14
-헤라클레이토스의 의견들 Herakleiteioi d. 987a33
-(피타고라스) 990a23
-이데아들에 대한 의견들 = 이데아 이론

hai peri tōn ideōn doxai 등 990b22, 28, 78b10, 13, 79a18, 25
-(연) 관념 hypolēpsis 5b29-31, 9a23 (참고. 30), 10a10
-(연) 사고 dianoia 9a6, 참고. 16
-(연) 상상 phantasia 62b33
-(대) 학문적 인식 epistēmē 39b33, 34
-선조들의 의견 patrios d. 74b13
-어떤 것에 대해 의견을 가지다 echonai tinos doxēs 87b31
-고유한 의견들 idiai doxai 90b29
의도적 hekōn 25a9, 12
의문 aporia 995a30, 87a13
-의문들을 자세히 검토하다 a. dierchesthai 988b21
-의문을 해결하다 dialyein 61b15, 62b31
의문 diaporēma 53b10, 76b1, 86b15
의문을 제기하다, 의문을 갖다, 의문에 직면하다 등 diaporein 991a9, 995a28, 35, b5, 996a17, 999a31, 9a22, 59a19, b15, 79b12, 21, 85a25, 86a19, 34
의문을 해결하다 euporein 995a27, 996a16
의문의 해결 euporia 995a29
의문점 aporēma 4a34, 11a6, 77a1
의술적 iatrikos 3b1-4, 60b33-61a5, 70a30, b33
(지시 대상이 되는) '이것', 이 개별적인 hode 990b8, 997b30, 14a22
-'이것' tode (비) ousia 38b24, 69b11, 89a11, b32
-'이것' tode ti 1b32, 17b25, 29a28, 30a4, 39a30, 32, b4, 42a27, 29, 49a35, 70a10, 13 등
-'이것' 안에 있는 '이것' tode en tōide 30b18, 36b23
-이런저런, (여기 있는) 이것 hodi 981a8, 990b1
~ 이다 ☞ 있다
이데아, 겉보기 idea
-(플라톤) 987b8, I 9, 31a31-b16, 39b12, 70a28, XIII 1, 4, 5, 83b34 -84a6, 86a26-b7, 91b28, 29
-이데아들을 원인들로 내세우는 사람들 hoi tas i. aitias tithemenoi, legontes 등, 990a34, 90a16, b20, 36b14, 39a25, 73a19, 86a31, b14, 78b12
-관계들의 이데아 i. tōn pros ti 990b16, 79a12
-어떤 이데아도 정의될 수 없다 oudemian estin horisasthai 40a8
-분리가능한 이데아 chōristē 40a9, 86a33
-모든 이데아는 (다른 것들이) 관여할 수 있는 것 pasa methektē 40a27
-보편자 katholou 42a15, 86a33
-(연) 수들 arithmoi 76a20, 80b12, 87a7, 90b37
-이데아들 뒤에 오는 것들 ta meta tas 80b25
-겉보기의 모양 ta schēma tēs i. 29a4
이동(장소운동) phora 69b12, 72b5
-이동을 통해 운동하는 것들 kinētai phorai 69b26
-이동은 변화들 가운데 첫째가는 것 prōtē tōn metabolōn 72b8
-행성들의 이동 phorai tōn planētōn XII 8
-단순한 이동 haplē ph. 73a29
이등변 삼각형 isoskles 16a31
이론 doxa ☞ 의견
이론, 이론적인 고찰, 이론적 활동 theōria

989b25, 993a30, 5a29, 61a29
-가장 즐겁고 가장 좋은 것 to hēdiston kai ariston 72b24
이론적, 이론적인 학문 theōretikē 993b20, VI 1, 75a2
-어떤 것에 대한 tinos 982a29, b9, 5a16
-어떤 것에 대해 (이론적으로) 고찰하는 사람 peri ti theōretikos 5a35, 25b26, 61b11
(이론적으로) 고찰하다, 살펴보다, 이론적인 활동을 하다 theōrein
-peri tinos 3b35, 4b1 등
-이미 충분히 고찰했다 tetheōrētai hikanos, tetheōrēsthō 983a33, 4a1
-어려움을 고찰하다 th. tas dyscheirias, 정식을 tōn logōn 등, 995a33, 64a26, 997a15, 998a10, 999a25, 4a1, 10, 76a13, 78a21
-그 자체로서 부수적인 것들을 이론적으로 고찰하다 ta kath' hauta symbebēkota 997a20-33, 3a25, 참고. 80a13
-서툴게 고찰하다 phortikōs 1b14
-(비) 탐색하다 episkopein 3a23
-있는 것을 있는 것인 한에서 to on hēi on 3a21, 5a3, 참고. 3b15
-어떤 것에 대해서 peri ti 27b28
-~을 통해 ek tinos 38b34
-(반) 학문을 알고 있는 사람 epistēmōn 48a34, 참고. 50a12, 14
-원리들을 tas archas 61b19, 참고. 996b25, 59a24
-이론적인 고찰을 위해서 tou th. heneka 91a28
이름 onoma
-(연) 정식 logos 6b2, 30a9
-(반) 사물 pragma 6b22
이름이 같은, 이름만 같은, 동음이의의 homōnymos 990b6, 34a22, 991a6, 35b25, 59a14, 86b27
-(어떤 낱말이) 동음이의적으로 쓰이다 homōnymōs legesthai 3a34, 30a32, 46a6, 60b33
이름이 같은, 같은 이름의 synonymos 987b10, 993b25, 6b18
-실체는 이름이 같은 것으로부터 생겨난다 ek synonymou gignetai ousia 70a5
이름이 없는 anōnymos 33a14, 56a25
이성능력 logos ☞ 논변
이오니아 사람들 Iōnes 24a33
이질적(異質的)인 anhomoion 18a19, 24a21
이집트 Aigyptos 981b23
이치에 맞는, 당연한 eulogos 991b26, 999b13, 0a23, 60a18, 74b28, 77a22, 85a15, 91a7, b20
-이치에 맞지 않다 ouk eu. 997a18, b19, 998a11
-(대) 필연적 anankaion 74a16, 81b4, 참고. 0b31, 74a24, 81a37, b2
-이치에 맞게, 정당한 근거에서 eulogōs 989a26, 78b23, 86a12, 88a6, b30
-당연하다 eu. sympiptei, 자연스럽게 해결되다 lyetai, 당연한 결과이다 symbebēke 26b13, 75a31, 80b10
이치에 맞지 않는, 불합리한 alogos 990b23, 2a29, 83a8
-비이성적인 능력들 a. dynameis 46b2, 48a4, 50b33
이탈리아의 철학자들 Italikoi 987a10, 31, 988a26
인간 anthrōpos ☞ 사람

인식 epistēmē ☞ 학문
(학문적으로) 인식하다, 인식활동 episthasthai
-(비) (이미) 알고 있다, (학문적으로) 알다 eidenai 982a30, b21, 994b20, 8b27, 30
인식 대상, 인식가능한 것 epistēton 982b2, 996b13, 3a14, 21a29, 56b36, 57a8-12
일꾼 cheirotechnēs ☞ 감독자
일탈 parekbasis 89b4
입증하다 martyrein 69a25, 87b3
입체 onkos 85a12, 89bl4
입체 stereon 76b1-34
있다, ~이다 einai
-(술어들의 주체에 속하는) 있음(= 본질)은 술어들 하나하나와 다르다 hoi to ei. heteron kai tōn kategoriōn hekastei 29a22, 참고. 52b15, 75b5
-있는 것 to on (연) 하나 to hen 986b15, 998b22, 1a5-b1, 3b23, 4b5, 5a9, 12, 40b16, 45b6, X 2, 59b28, 31, 60b5, 70b7
-있는 것은 있는 것들의 유도 아니고 그것들의 실체도 아니다 ouk einai genos, ouk einai ousia tōn ontōn 998b22, 1a5, 5a9, 40b18, 45b6, 59b31, 70b7
-'있는 것'의 여러 가지 뜻 to on pollachōs 992b19, 3a33, V 7, 19a4, 26a33, 27b31, 28a5, 10, 30a21, 42b25, 51a34, 60b32, 64b15, 89a7
-있는 것인 한에서 있는 것 to on hēi on, (비) 무제한적인 뜻에서 있는 것, 보편적인 뜻에서 있는 것 on haplōs, katholou, (반) 부분적인 뜻에서 있는 것 on ti, kata meros IV 1, 2, 25b3, 9, 26a31, 32, 60b32, 64b15
-부수적인 혹은 우연적인 뜻에서 있는 것 to on to kata symbebēkos 17a7, VI 2, 3
-참이라는 뜻에서 있는 것 to hōs alēthes 17a31, VI 4, IX 10, 65a21
-가능적으로 있는 것 to on dynamei, 질료 상태에 있는 것 hylikōs, (반) 완전한 상태에 있는 것 entelecheiai 17a35, 78a30
-주도적인 뜻에서 있는 것 kyriōs on 27b31
-첫째로 있는 것 prōton on to ti esti 28a14, 참고. 30
-실체 혹은 '무엇'이라는 뜻에서 있는 것 to on to kata tas ousias 89a32, 참고. 89a34
-있지 않은 것(~이 아닌 것) mē on 69b19, 72a20
-있지 않은 것은 있지 않다 to mē on einai mē on 3b10
-거짓이라는 뜻에서 있지 않은 것(~이 아닌 것) to mē on hōs to pseudos 26a35, VI 4, IX 10, 89a28
-있지 않은 것(~이 아닌 것)의 여러 가지 뜻 to mē on legetai pleonachōs 67b25, 참고. 51a34, 69b27, 89a26
-있지 않은 것은 운동할 수 없다 adynaton to mē on kineisthai 67b30
-(플라톤) 있지 않은 것 to mē on 26b14, 89a5-28

ㅈ~ㅊ

자기보존 sōteria 91b18
자생~, 자동~ automaton
-984b14, 32a13, 29, b23, 34a10, b4, 65b3, 70a7

-자동인형 tōn thamatōn tau. 983a14
자연 physis ☞ 본성
자연연구자들 physiologoi 986b14, 989b30, 990a3, 992b4, 23a21, 62b21
(모든 것에 대해서) 자연학적인 연구를 하다 physiologein peri pantōn 988b27
자유로운, 자유민 eleutheros 982b26, 75a19
자유인답지 않은 aneleutheros 995a12
자족성, 자족적인 autarkes 91b16, 18, 19
자체 autos
-감각물들에 '자체'라는 말을 덧붙인 뒤 prostithentes tois aisthētois to rhēma to auto 40b34, 참고. 991a5
-두 배 자체 autodiplasion 990b32
-사람 자체 autoanthrōpos 991a29, b19, 997b8, 40b33, 79b33, 81a8, 11, 84a14, 18, 21
-좋음 자체 autoagathon 996a28
-하나 자체, 있는 것 자체 auto hen, on 1a22, 27, 30
-선 자체 autogrammē 36b14
-동물 자체 auto to zōion 39b9-16
-말 자체 autohippos 40b33, 84a14
-학문 자체 auto epistēmē 50b36
-어떤 것 자체 auto ti 79b9, 85a31
-각 대상의 무엇을 이루는 것 자체 auto ho estin 86b27
-a 자체와 b 자체 auto alpha, bēta 87a9
작용 ergon ☞ 기능
잘못 hamartia 83b4, 84b24
잘못 hamartmēma 51a20
장소 topos 67a8-31, 68b26, 92a17-21
-장소의 변화 metabolē kata topon 42a34, 69b13
장소적 질료 topikē hylē 42b6
(수량이) 적은, 적은 것 oligon X 6
(수량의) 적음, 소수 oligotēs 984a10, 56b30
전부, 온 세계('모든 것') pan
-전부 (대) 전체 holon, panta 24a1-10
-온 세계 to pan 69a19, 73a29, 76a1
전제 thesis
-(논리) 32a7, 63b32, 84a9
전제 protasis 996b31, 5b28, 78a20, 89a25
(가설적) 전제 hypothesis
-출발점으로서 전제들 ex hy. 5a13, 55b34
-어떤 것이든 그것을 아는 사람이 필연적으로 소유해야 하는 원리는 전제가 아니다 hēn anankaion echein ton hotioun xynienta ouch hy. 5b16
-논증의 전제 = protasis 13a16, b20
-전제에 맞는 pros tēn hy. 82b32
-고유하지만 수학적이 아닌 전제들 idiai kai ou mathēmatikai hy. 86a10, 참고. 83b6
-(연) 원리들 archai 86a15
-전제들에 따르면 kata tas hy. 90a27
전제하다 hypotithenai 986b14, 988a25, 47b10, 89a22
-전제가 옳다 kalos 54b33
-'무엇'을 전제된 것으로 취하다 lambanousi to ti estin hypotithemenai 64a8
전체, 세계 전체 holon 993b6, 13b22, 24a12, 52a22, 69a19
-여러 가지 뜻 posachōs V 26
-(대) 전부 pan 24a3
=코스모스('질서 있는 우주') kosmos 75a11
-(비) 복합체 synholon 84b11
-일반적으로 holōs 990b17, 13a29, 31, 14a2, 11, 12, 18a11

48a36
정의 logos ☞ 논변
정지 stasis
-(반) 운동 kinēsis, 변화 metabolē 4b29, 25b2l, 13b25, 84a35
정지를 낳을 수 있는 statikos
-정지를 낳을 수 있는 것 to s. 19a35
-정지의 원리 archē s. 49b8
정지해 있다 ēremein 10a36, 12b23
-정지 ēremoun 986a25
제곱수 dynamis ☞ 가능성
제관들 Magoi 91b10
제논 Zēnōn 1b7
제3의 인간 tritos anthrōpos 990b17, 39a2, 59b8, 79a13
제우스 Zeus 73b34, 91b6
제작 poiēsis
-(대) 생성 genesis 32a27
-(대) 사유 noēsis b10, 15
제작적인 학문 poiētikē epistēmē 982a1, b11, 25b21, 25, 26b5, 46b3, 64a1, 75a1
-능동적으로 행할 수 있는 것, 작용할 수 있는 것 to poiētikon 21a15, 48a6
제작하다, 능동적으로 작용하다, 능동 poiein
-제작하다 (대) 행동하다 prattein 25b22
-생겨나다('생성을 만들어내다') genesin poiēsthai = gignesthai 988b31
-이미 행해진 것 poiēsomenon 21a23
-능동과 수동 poiein ē paschein 68a9, b16, 참고. 68a14
조각상 andrias 13b35-14a11
종 eidos ☞ 형상
-유에 속하는 종들 genos eidōn 991a31
-유에 속하는 종들 eidē hōs genous 57b7, 58a22, 79b34, 85a24, 참고. 998b24, 30a12
-(연) 유 genos 999a4, 23b18, 24, 25, 38a7, 57b7, 59b37-39
=유 genos 58b27
-있는 것들에 대한 인식을 갖는다는 것은 곧 종들에 대한 인식을 갖는다는 뜻이다 tōn ontōn labein epistēmēn to tōn ei. labein 998b7
-종의 측면에서, 종이 분할불가능한 adihaireton kata to ei. 999a3, 참고. 2b24, 16b32, 18a13, b8, 49b18, 29, 58a18
-종이 다르다 hetera tōi eidei 18a38, X 8, 9, 참고. 54b28
-마지막 종 teleutaion ei. 18b5, 61a24
-불가분적인 종 atomon 34a8
-종들은 유와 차이들로 이루어진다 to eidos ek tou genous kai tōn diaphorōn 57b7
좋게, 잘 eu
-좋음, 잘함 to 988a14, 21b14, 31, 92b26, 93b12
좋음, 좋은 것(善) agathon
=지향 대상 혹은 목적 982b10, 983a32, 996a24, b12, 13b25, 59a36
-(비) 아름다운 것, 아름다움 kalon 13a22, 91a30
-(대) 아름다운 것 kalon 78a31
-(대) 겉보기에 좋은 것 phainomenon a. 13b27; 좋음은 성질을 가리킨다 semainei to poion 20b23, 20b13; 원리 pōs archē 75a38, 참고. 75a12, 75b8, 11; 좋음과 원리들 사이의 관계 pōs echousi 91a30, 참고. 92a9; 수학은 좋

음에 대해서 아무것도 말하지 않는다 outhen legein 78a31; 좋은(=능력이 뛰어난) 도둑 kleptēn 21b19; 더 좋은 것 to ameinon 8b27, 983a18; (피타고라스) 986a26; (플라톤) 31a31-b12, 84a35
주도적인, 중추적 kyrios 981b11, 10b13, 20a4, b14, 55b22, 74b19
-실체의 중추적인 부분 ta k. tēs ousias 24a24, 참고. 35b25
-주도적인 뜻에서, 주로 kyriōs 3b16, 15b12, 45b36
-주도적인 것 to kyrion 48a12
-보다 주도적인 뜻에서 kyriōteros 50b6
중간 meson ti 994a11-19
-중간에 오는 ana meson 61a21, 63b19
-비례중항의 발견 mesēs heuresis 996b21
-(키타라의) 중간 현들 hai mesai 93a29
auxēsis 증가 42a35
-(반) 감소 phthisis 69b11, 88a31
중간~ metaxy
-(플라톤) 중간자 987b16, 991b29, 992b16, 997b2, 13, 998a7, 2b13, 21, 59b6, 77a11
-(정의) 68b27, 참고. 56a32, 57a21, 69a5, 14
-모순의 중간에는 아무것도 없다 m. antiphaseōs outhen IV 7, 55b2
-(연) 대립자들 antikeimena 11b35, 69b4, 참고. 23a7
-중간자들은 반대자들로 이루어진다 ek tōn enantiōn ta m. X 7
중추적 kyrios ☞ 주도적인
즐거움 hēdonē
-현실적인 활동은 즐거움 hēdonē hē energeia 72b16
증가 auxēsis 42a35
-(반) 감소 phthisis 69b11, 88a31
지각 nous
-(파르메니데스) 9b23
지각내용, 개념 noēma 990b25, 79a21
-(파르메니데스) 지각내용 9b25
지금 nyn
-지금 to nyn 2b6
-지금 있는 것에 이르기까지 mechri tou nyn 994a18
-지금의 사람들 hoi nyn 992a33, 69a26
지성 nous 70a26, XII 7, 9
-지성과 자연 n. kai physis 992a30
-우리의 영혼 안에 있는 지성 tēs hēmeteras psychēs ho. n. 993b11
-인간의 지성 anthrōpinos n. 75a7
-지성을 가지다 n. echein 994b15, 9b5
-지성 n., 기술 technē, 능력 dynamis 25b22
-지성과 사유 대상은 동일 tauton n. kai noēton 72b21
-(아낙사고라스) 984b15, 985a21, 989b15, 69b31, 75b8, 11
-(피타고라스) 985b30
-(파르메니데스) 9b23
지성적인 noētos
-(반) 감각적인 aisthētos 990a31, 999b2, 36a3, 43b30, 45a34, 70b7
-(직관적인) 사유의 대상 noēton (대) (추론적) 사고의 대상 dianoēton 12a2
-사유의 대상 (대) 욕망의 대상 orekton 72a26
-사유의 첫째 대상 to prōton n. 72a27
-사유 대상의 포착 metalēpsis tou n. 72b20 ☞ 사유 noēsis
지식 gnōsis 981b11, 18b30, 28a33, 48b15,

49b17 지식은 같은 것에 의해 같은 것을 아는 것 tou homoiou tōi homoiōi 0b6
지지자 (← 판정자) kritēs 989a7
지향 대상 to hou heneka ☞ 위해서
지혜 mētis
-(엠페도클레스) 9b16
지혜 phronēsis 982b24, 78b15 ☞ 사려
지혜 sophia I 1, 2, 996b9, 5b1, 59a18-34, 60a10, 61b33, 75b20
-지혜들 sophiai 995b12
지혜를 사랑하는 사람 philosophos ☞ 철학자
지혜로운 sophos 981b5, 982a6-21
직각 orthē (gonia) 36a18-21
직선 자 kanōn 998a3
직선적인 계열 euthyōria 994a2
진리 alētheia 983b3, 988a20, 993a30, b17, 20, 5b3, 9b1, 78b13 ☞ 참
질료, 목재 hylē 983b7-984a18, VIII 3, 4
-(비) 기체 hypokeimenon 983a29, 22a18, 24b9, 42a32, 61b22, 70a11, 참고. 985b10, 988a11, 992b2, 42b9
-(대) 기체 hypokeimenon 29a2, 42a27, 44b9
=생성의 출처 ex hou gignetai 32a17, 참고. 42a32, 69b9
-(반) 정식 logos, 정식에 따른 실체 hē ousia hē kata ton logon, 완전한 상태 entelecheia, 현실적인 것, 현실태 energeia 986b20, 74a34, 84b9, 38b6, 43a6, 45a35, 71b21, 76a9
-(반) 형상 eidos, 형태 morphē 988a3, 29a4, 6, 41b8, 50a15, 70a2
-(연) 암컷, 여성 thēly 988a2-7, 24a35, 참고. 44a35
-목재 자체가 자기 자신을 운동하게 하지는 못할 것이다 ou gar h. kinēsei autē heautēn 71b31
-질료는 생겨나지 않는다 agenetos 999b12
-첫째 질료 prōtē 15a7, 17a5, 49a25, 참고. 23a27
-형상의 질료 hē tou eidous hy. 23b2
-질료라는 뜻의 유 genos hōs hy. 24b8, 38a6, 58a23, 참고. 23b2
-감각적인 질료 aisthētē, 지성적인 질료 noētē 25b34, 36a9, 45a34, 참고. 36b35
-수학적인 대상들이 갖는 질료 hy. tōn mathēmatōn 59b16, 참고. 992b2
-(연) 운동 kinēsis 26a3
-생겨나는 것은 모두 질료를 갖는다 hapanta ta gignomena echei hylēn 32a20, 42a26, 44b27
-우연적인 것의 원인 aitia tou symbebēkotos 27a13
-질료는 실체인지 poteron ousia VII 3, 42a27
-(정의) 29a20
-그 자체로는 알 수 없다 agnōstos kath' hautēn 36a8
-불확정적 ahoriston 37a27, 49b1
-(연) 가능성, 가능태 dynamis 42a27, b9, 49a23, 50a15, b27, 60a20, 69b14, 70b12, 71a10, 75b22, 88b1, 92a3, 참고. 39b29
-장소적 질료 topikē, 생성의 질료 gennētē 42b6, 69b26, 참고. 42a32- b1, 44b7, 50b22
-질료가 다르면 현실태도 다르고 정식도

다르다 hē energeia allē allēs hy. kai ho logos 43a12, 참고. 69b24
-최종적인 질료와 형태는 동일한 것이자 하나 hē eschatē hy. kai hē morphē tauto 45b18
-질료는 차이를 만들어내지 않는다 ou poiei diaphoron 58b6, 14
-겉보기에 '이것' hē hy. tode ti tōi phainesthai 70a9
-반대되는 것들은 질료를 가진다 ta enantia hy. echei 75b22
질료적인 hylikos
-질료적인 것 to hylikon 35a8
-질료적 실체 hy. ousia 44a15, 49a36, 77a36
-질료의 상태로 hylikōs 78a31
질서 taxis 984b17, 985b14, 22b1, 42b15, 78b1
-실체 안에는 아무 순서도 없다 ouk estin · en tēi ousiai 38a33
-세계의 질서 ordo mundi 75a13-15, b25
집 oikia 16b6, 70a14, 75a19
-질료 없는 집 hē aneu hylēs 70a16
집짓기, 건축활동 oikodomēsis 50a27-32, 65b19, 66a3, 6
징표, (기하학의) 기호 sēmeion 980a21, 981b7, 998a6
짝수, 짝수성 artion
-(피타고라스) 986a18, 24, 990a9, 66b21
-(플라톤) 84a3-7, 91a24
차이, 종차(種差) diaphora 98b23, b25, 30, 4a14, 20a33-b2, b15, 42b15, 57b4-19, 58a30, 59b33
-많은 차이점들을 밝혀주다 pollas dēloi d. 980a27
-세 가지 종류의 차이 d. treis (데모크리토스) 985b13, 42b12
-(대) 반대, 다름 enantiotēs, heterotēs 4a21, 54b23-55a33, 58a11
-대립적인 차이들 antikeimenai d. 16a25, 참고. 57b5
-차이들의 부류들 genē tōn d. 42b32
-차이들을 제시하는 정식 ho dia tōn d. logos 43a19
-(반) 단일성을 만들어내는 정식 logos henopoios 45b17
-(정의) 58a7
-유에 속하는 차이 genous d. 58a8
-질료는 차이를 만들어내지 않는다 ou poiei d. hē hylē 58b6
-첫째 차이들 prōtai d. 61b14
-수의 차이가 무엇이고, 모나스의 차이가 무엇인지 tis arithmou diaphora, kai monados, ei estin 83a1
차이가 있다 diaphoros
-여러 가지 뜻 posachōs 18a12
-모나스들의 차이 monades d. 81b33, 35
차이가 없다 adiaphoros 16a18, 38a16, 54b4
-차이가 없는 모나스들 a. manades 81b13, 36, 82b27
착오 apatē
-(대) 무지 agnoia 52a2
참 alēthes
-참인 진술, 말 eipein 989b7, 6b29, 7b32, 12a28, 17b34, 21b1, 25a14, 77b31, 33
-더 많이 참인 것에 가까이 있는 참인 어떤 것 ti a. hou engyteron to mallon a. 9a1
-어떤 사람에게 참 toutōi a. 11b3

청강(聽講) akroaseis 994b32
청동 chalkos 14a12, 34b11
청동의 chalkous
-청동 구 chalkē sphaira 33a30, 34b11
초과 hyperochē
-(연) 부족 elleipsis 992b6, 4b12, 42b25, 35, 52b30
초과하다 hyperechein 84a17
-초과하는 것 hyperechon, 초과당하는 것 hyperechomenon 20b28, 21a4, 6, 57a13, 87b18
최종적인 eschatos ☞ 궁극적인
추동력, 충동 hormē 23a18, 23
-충동과 선택 ho. kai proairesis 15a27, 참고. b2
-(연) 본성 physis 23a9
추론 logismos 980b28
추론, 삼단논법 syllogismos 990b10, 79a6
-첫째 삼단논법들 s. prōtoi 14b2
-추론들은 '무엇'으로부터 시작 ek tou ti estin hoi s. 34a32, 78b24
-추론하다, 결론을 끌어내다 syllogizesthai 42a3, pass. 22a21
축 systoichia 986a23, 4b27, 54b35, 58a13
-(대립 쌍들의) 한 축은 사유가능하다 noētē hē hetera s. 72a31, 35
-아름다움이 속하는 축 s. tou kalou 93b12
충동 hormē ☞ 추동력
충만한 것 plēres
-(데모크리토스) 985b5, 9a28
취약한 이론 malakos logos 90b8
-더 취약한 논증을 통해 밝히다 malakōteron apodeiknynai 25b13, 64a6
측량술 geōdaisia 997b26, 32
측정가능한 metrētos 983a20, 21a29, 56b22
측정가능성, 균형 symmetria 4b11, 78b1
측정가능한, 측정될 수 있는 symmetros 12a33, 19b24, 24b20
측정하다 metrein 983a17, 53a33
치료하다 hygiazein 981a18, 26b37

ㅋ~ㅌ

카오스 chaos 72a8, 91b6
-(헤시오도스) 984b28
칼리아스 Kallias 981a8, etc.
칼리포스 Kallipos 73b32
코리스코스 Koriskos 15b17-32, 26b18, 37a7
코스모스 kosmos 984b16, 990a22
-코스모스를 이루는 천체들 ta kata ton kosmon 63a15
크기, 연장물 megethos 990a26, 20a9, 11, 53a18, 25, 83b13
크라튈로스 Kratylos 987a32, 10a12
크세노파네스 Xenophanēs 986b21, 10a6
큼과 작음 mega kai mikron 20a23
-(플라톤) 987b20, 988a26, 998b10, 83b24, 32, 87b8-16, 88a16, 90b37, 91a10
-무한자는 큼과 작음으로 이루어진다 to apeiron ek m. kai m. 987b26
-작음과 큼 mikron kai mega 992a12
-큼과 작음의 종(種)들 eidē tou m. kai tou m. 85a9, 12, 참고. 992a12
-양의 동일성은 큼과 작음에 어떻게 대립하는지 pōs antikeitai to ison tōi m. kai tōi m. X 5
타고난 syngenēs 47b31

ㅍ~ㅎ

-연속성, 형상, 정식에서 하나 synecheiai, eidei, logōi 16b9
-접촉에 의해서 haphēi, 결합에 의해서 mixei, 위치에 의해서 thesei 82a20
-정식에서 logōi, 수에서 arithmōi 87b12
-모든 것이 하나 hen to pan 988b22
-여럿에 대한 하나 hen epi pollōn 990b7, 13, 991a2, 40b29
-하나는 보편자도 실체도 아니다 ouk esti genos, ousia 998b22, 1a15-b25, 5a9, 참고. 40b18, 45b6, X 2, 59b31, 70b7
-하나와 있는 것 kai to on 998b22, a15-b4, 3b23, 4b5, 5a9, 12, 40b16, 45b6, X 2, 59b28, 31, 60b5, 70b7
-하나는 분할불가능한 것 hen to adihaireton 999a2, 41a19
-하나와의 관계 속에서 pros hen, 하나에 따라서 kath' hen, kath' henos, hen 3a33, b15, 5a10, 30b3, 43a37, 61b12, 6b15
-모든 것은 하나가 될 것이다 hen hapanta estai 6b17, 36b20
-여러 가지 뜻 posachōs V 6, 52a15
-수의 원리이자 척도 archē arithmou kai metron 16b18, 21a12, 52b18, 23, 84b18, 참고. 87b33
-하나임(=하나의 본질) to heni einai 16b18, 41a19, 52b3, 16
-하나로서 수와 정의 arithmos, horismos eis 44a3, 6, VIII 6, 참고. VII 12
-하나와 여럿 hen kai polla X 3, 6, 75a33, 참고. 4a10, 87b28
-여러 하나들 hena 56b23, 83a25
-(대) 단순한 것 haploun 72a32
-하나는 수가 아니다 ouk estin arithmos 88a6
-(피타고라스) 986a19, 21, 24, 987a18, 27, 1a11, 80b20, 31
-(엘레아학파) 986b15, 19, 24, 1a33
-(플라톤) 987b21, 988b2, 992a8, 1a11, 80b6
-(아낙사고라스) 989b17, 69b21
-(엠페도클레스) 0a28
☞ 단일성 henotēs
하늘, 우주 ouranos
-우주 986a3, b24, 997b9, 10a28
-하늘 990a5, 20, 28b12, 42a10, 91b5
-첫째 하늘 prōtos ou. 72a23
-하늘은 하나다 hoti heis ou 74a31
하양, 하얀 것 leukon 991a15, 62b26-30
-부수적인 것 혹은 우연적인 것의 사례 exemplum tou symbebēkotos 17a15, 18, b28, 29b17-30a5, VII 6, 37b15, 44b25, 77b5-11, 36
학문, 학문적인 인식, 인식 epistēmē 981a2, 3, b26
-더 지배적인 위치에 있는 archikōtera, 예속된 hyperetousa 등 982a14-17, b4, 27, 31, 983a5, 996b10
-시작이 되는 원인들에 대한 학문적 인식 tōn ex archēs aitiōn epistēmē 983a25, 참고. 25b6
-학문적 인식에 의거해서 ap' epistēmēs 985a16
-감각물들에 대한 학문적 인식은 존재하지 않는다 epistēmēs peri tōn aisthētōn ouk ousēs 987a34
-학문적 인식에 의거한 증명 hoi logoi hoi apo tōn epistēmōn 990b12
-학문들에 대한 원인 hoper tais epistēmais

aition 992a29
-있는 것들에 대해 인식을 가진다는 것은 종들에 대한 인식을 가진다는 뜻 tōn ontōn labein epistēmēn to tōn eidōn labein 998b7, 참고. 31b6
-(반) 감각 aisthēsis 999b3
-보편자 katholou 3a15, 59b26, 참고. 60b20, 86b37, 87a11-25, 59b26, 참고. 60b20, 86b37, 87a11-25
-사고의 학문 dianoētikē 25b6
-실천적 praktikē, 제작적 poiētikē, 이론적 theōretikē 25b18-26, 64a16-19, 참고. 982b9
-제작적인 학문들 poiētikai epistēmai 46b3, 75a1
-우연적인 것에 대한 학문은 없다 ou tou symbebēkotos 26b4, 27a20, 64b31, 65a4, 77b34
-(반) 의견 doxa 39b32
-(연) 이성능력, 정식 logos 46b7, 59b26, 77b28
-사물들의 척도 metron tōn pragmatōn 53a31, 57a9
-하나의 유에 대한 학문은 하나 hē e. peri hen genos hē mia 55a32, 참고. 3b13
-(연) 인식가능한 것 epistēton 56b36, 57a8-12
-반대자들에 대한 동일한 학문 tanantia tēs autēs e. 61a19, 78b26, 참고. 996a20, 4a9
-(반) 무지 agnoia 75b21-24
-학문적 인식의 두 가지 뜻 e. ditton 87a15
☞ 인식 대상 epistēton
학문을 아는 사람 epistēmōn 48a34
학문적인 epistōmonikos 39b32
한계 peras
-여러 가지 뜻 posachōs V 17
-(피타고라스) 986a23, 990a8, 4b32
-한계에 도달하다 epi p. hēkein 994b14
-(연) 목적 telos, 아르케 archē 994b16, 22a12
-기하학에서의 한계 (수학) 2b10, 60b16
-행동의 한계 praxeōn p. 48b18
☞ 유한한 peperasmenon
'~ 한에서' hēi 65b23
합산가능한 모나스들 symblētai manades XIV 6
합성, 합성구조 synthesis
-형상과 질료의 합성구조 formae et materiae 13b22, 45b11
-요소들의 합성구조 elementum 14b37, 42b16, 43a13, 92a26
-주어와 술어의 합성 27b19, 67b26
합성된, 합성체 syntheton
-질료와 형태의 합성체 ek tēs hylēs kai tēs morphēs 23a31, 참고. 75a8
-합성실체 s. ousia 23b2, 43a30, 참고. 57b27
-합성체 esti kai kata tas allas katēgorias syntheta 29b23, (반) 요소 stoicheion 70b8, 88b15
-반대자의 합성적 성격 syntheta enantia 57b27
항성들 aplanē astra 73b19
행동('실천적인') prakton 25b23, 24, 59a36
(실천적) 행동 praxis
-모든 행동은 개별적인 것과 관계 peri to kath' hekaston 981a17
-(대) 운동 kinēsis 48b21
행동하다 prattein 23a18

-세 개의 협화음 symphōnai 93a20
형상 eidos
-(반) 질료 hylē 988a3, 50a5, 69b34, 70a2, b11, 84b10, 참고. 35a8
-질료에 대한 우위성, 질료에 대한 원인 tēs hylēs mallon on, aition 29a6, 41b8
-(비) 형태 mophē 999b16, 15a5, 17b26, 33b5, 44b22, 52a23, 60a22, b26, 참고. 22a6
-(연) 본질, 실체 ti ēn einai, ousia 13a26, 30a12, 32b1, 33b5, 35b16, 32, 41b8, 44a36, 50b2, 84b10
-(연) 정식 logos, 정의 horismos 13a26, 35a21, 36a28, b5, 43a20, 44b12, 69b34, 84b10
-연속성이나 형상이나 정식에서 하나 mia ē syecheiai ē eidei ē logōi 16b9
-(연) '이것' tode ti 17b26, 49a35
-(정의) 32b1
- (연) 기술 technē 34a24, 70a14
-형상은 생겨나지 않는다 to mē gignesthai to ei. 34b8, 참고. 43b17, 44b22, 69b35, 70a15
-형상의 부분들 ta tou ei. merē VII 10, 11
-형상 (비) 소유상태 hexis 44b33
-(반) 결여 sterēsis 44b33, 70b11
-질료의 형태를 가진 en hylēs eidei 983b7, 984a17
-(플라톤) 형상들 eidē I 6, 9, 999a3, III 6, 28b20, 31b14, 15, 36b15-20, VII 14, 59a11, 13, XIII 4, 5, 84a13-29, 39a26
-형상들을 주장하는, 내세우는 사람들 hoi ta ei. tithentes, legontes 988b1, 997b2, 79a15, 참고. 42a11, 75b19
-형상들의 요소들 ta tōn ei. stoicheia 987b19
-(이데아론에서) 부정적인 것들에 대한 형상 ei. tōn apophaseōn 990b13, 79a9
-자연물들의 (종류의) 수만큼 많은 (플라톤의) 형상들 eidē estin hoposa physei 70a18, 참고. 14, 991b7
-(플라톤의) 형상들은 다른 것들이 관여할 수 있는 것 methēkta ta ei. 990b28
-(연) 수 arithmoi 991b9, 80b22, 81a21, 83b3, 86a4, 90b33, 91b25
-(플라톤의) 형상들은 영원한 감각물들 ta ei. aisthēta aidia 997b12
-(플라톤의) 형상들로 이루어진 원인 hē tōn ei. aitia 33b26
-(플라톤의 형상들은) 생성이나 실체와 관련해서 아무 쓸모가 없다 pros tas geneseis kai tas ousias ou chrēsima 33b28
☞ 종(種) eidos
형태 morphē
-(연) 형상 eidos 999b16, 15a5, 17b25, 29a3, 33b6, 44b23, 52a22, 60a22, b26
-(연) 정식 logos 42a29
-(연) 현실태 energeia 43a26, 28, 31
-형태는 끝이다 hē m. telos esti 23a34
-최종적인 질료와 형태는 동일한 것이자 하나 hē eschatē hylē kai hē m. tauto 45b18
형태 schēma ☞ 모양
호메로스 Homēros 9b28
-(인용) 76a4
호메로스 해석가들 Homērikoi 93a27
혼돈 migma
-(아낙사고라스) 12a28
-(엠페도클레스) 69b22, 75b4, 92b7

혼합 krasis 42b16, 85b12
-(파르메니데스) 9b22
홀수~ perittos
-(반) (피타고라스) 짝수~ artios 986a18, 23, 990a9, 91a23, 92b28, 93b13
-(플라톤) 84a33-37, 91a23
☞ 뛰어난 perittos
화성, 음계 harmonia 985b31, 986a3, 93a14
화성학 harmonikē 997b21, 78a14
-화성학의 대상들 ta harmonika 77a5, 93b22
확신을 가진 pepeismenos 11a3, 86a20
환원 anagōgē 5a1, 27b14, 61a11, 16
환원하다, 이끌어가다 anagein
-정식으로 eis ton logon, 원리로 eis tēn archēn, 수들로 eis tous aristhmous, 현실적인 활동으로 energeian 등 983a28, 4a1, 36b12, 51a30, 994b17, 4b28, 34, 55b29, 61a12, 82b37
-(대상을) 잘 알려질 수 있는 것으로 이끌어가다 eis gnōrimeteron 40b20
황도(黃道) loxos kyklos 71a16
황도대 zōidion 73b20, 22
회전, 회귀 tropē
-(데모크리토스) 985b16, 17, 42b14
-태양의 회귀 heliou tropai 983a15
획득 lēpseis 18a34, 55a37
훌륭한 spoudaios 21b24
-훌륭한 능력 s. dynamis 51a4
흐르다 rhein 987a33, 63a22, 35, 78b14, 86a37
힙파소스 Hipassos 984a7
힙폰 Hippōn 984a3

찾아보기(그리스어 - 우리말)

A~D

E~G

echein 가지다, 소유하다
eidenai 앎
eidos 형상, 종(種)
einai 있다, ~ 이다
elenchos 반박
empeiria 경험
enantiōsis 반대, 반대상태
enantiotēs 반대, 반대상태
energeia 현실적인 것, 현실태, 현실적인 활동
epagōgē 귀납
epistēmē 학문, 학문적인 인식, 인식
epistēton 인식 대상, 인식가능한
ergon 기능, 작용
erōs 에로스('사랑')
eschaton 궁극적인, 극단의, 최종적인
ēthika 윤리적인
ethos 습관
eu 좋음, 잘함
euporia 의문의 해결
genesis 생성
genos 유, 부류
gignesthai 생겨나다, 생성
gnōsis 지식
gnōrizein 알다

H~K

hēdonē 즐거움
hēn 하나, 1
heteron 다른
hexis (소유)상태
holon 전체, 세계 전체
horismos 정의
hoti, to 사실
hou heneka, to 지향 대상
hylē 질료, 목재
hypokeimenon 기체
hysteron 뒤서는
idea 이데아, 겉보기
kakon 나쁜
kalo, to 아름다운 것
kataphasis 긍정
katēgoria 범주, 술어
kath' hauto, to 그 자체로서 있는 것
kath' hekaston, to 개별자, 개별적인 것
katholou, to 보편자
kinēsis 운동
kinoun 운동을 낳는 것, 운동인, 원동자
kosmos 코스모스(우주)

L~N

logismos 추론
logos 논변, 말, 설명, 수적인 비율, 어구, 이론, 이성능력, 이치, 정식, 정의, 주장
mathēmatika 수학
mē on, to 있지 않은 것(~이 아닌 것)
meros 부분, 개별~
meson 중간
metaballein 변화하다
metabolē 변화
metaxy, to 중간~, 중간자
metechein 관여하다
methexis 관여
metron 척도
mimēsis 모방
mnēmē 기억

monas 모나스
morphē 형태
neikos 싸움
noein 사유하다, 생각하다
noēsis 사유
nomos 관습법, 절차
nous 지성

O~P

on, to 있는 것, ~인 것
onoma 이름
ousia 실체
pan 전부, 온 세계('모든 것')
paradeigma 본보기
paschein 수동, (수동적인 변화를) 겪다, (수동적으로) 받아들이다, 수용하다, 작용하다
pathos 양태, 속성
peras 한계
phainomenon 현상, 겉보기(겉으로 나타나는 것)
phantasia 상상
phantasma 상상내용
philia 사랑
philosophia 지혜에 대한 사랑, 철학
phronēsis 사려, 지혜
phtharton 가멸적인, 소멸하는
phthora 소멸, 부패
physis 본성, 자연, 자연물, 자연적 원리, 퓌지스
plēthos 다수
poiein 제작하다, 능동적으로 작용하다, 능동
poiētike 제작적인 학문
poiēsis 제작
poion ti, to 성질, 질
polla, ta 여럿
poson ti, to 양
pragma 사물
praktikē 실천적인 학문
prattein (실천적으로) 행동하다
praxis (실천적) 행동
pros ti, to 관계
proteron, to 앞서는 것
prōton, to 첫째, 첫째가는 것
pseudos 거짓된
psychē 영혼

S~T

schēma 모양, 겉모양, 도형, 형태
scholazein 여가를 누리다
sōma 물체, 육체
sophia 지혜
sterēsis 결여
stoicheion 요소, 철자
syllogismos 추론, 삼단논법
symbebēkos 부수적인, 우연적인
syneches 연속적
synholon 복합체
synkrisis 결합
synthesis 합성, 합성구조
tauton to 동일한 것, 똑같은 것
taxis 질서
technē 기술
technitēs 기술자
teleion 완전한, 마지막에 오는, 완벽한
telos 목적, 끝
thaumazein 놀라다

theion 신적인 것, 신적인 존재
theōria 이론, 이론적 고찰, 이론적 활동
theōrētike 이론적 학문
theōrētikos 이론적으로 고찰하는 사람
theos 신
thesis 전제
ti ēn einai, to 본질
ti estin, to '무엇'
tode ti '이것'
tychē 우연